KARL BARTH
VORTRÄGE UND KLEINERE ARBEITEN

1909–1914

KARL BARTH · GESAMTAUSGABE

Im Auftrag der Karl Barth-Stiftung
herausgegeben von Hinrich Stoevesandt

III. Vorträge und kleinere Arbeiten

VORTRÄGE UND KLEINERE ARBEITEN
1909–1914

THEOLOGISCHER VERLAG ZÜRICH

KARL BARTH

VORTRÄGE UND KLEINERE ARBEITEN
1909–1914

In Verbindung mit Herbert Helms und
Friedrich-Wilhelm Marquardt
herausgegeben von Hans-Anton Drewes und Hinrich Stoevesandt

THEOLOGISCHER VERLAG ZÜRICH

Gedruckt mit Unterstützung der Evangelischen Kirche in Deutschland
und der Karl Barth-Stiftung

Die redaktionelle Betreuung des Bandes durch das
Karl Barth-Archiv wurde ermöglicht vom
Schweizerischen Nationalfonds zur Förderung der
wissenschaftlichen Forschung

BT
80
.B366
1993

Die Deutsche Bibliothek – CIP-Einheitsaufnahme

Barth, Karl:
Gesamtausgabe / Karl Barth. Im Auftr. der Karl-Barth-Stiftung
hrsg. von Hinrich Stoevesandt. – Zürich: Theol. Verl.
NE: Stoevesandt, Hinrich [Hrsg.]; Barth, Karl: [Sammlung]

3. Vorträge und kleinere Arbeiten.
1909–1914 /
in Verbindung mit Herbert Helms und Friedrich-Wilhelm Marquardt
hrsg. von Hans-Anton Drewes und
Hinrich Stoevesandt. – 1993
ISBN 3-290-10131-2
NE: Drewes, Hans-Anton [Hrsg.]

© 1993 Theologischer Verlag Zürich
Alle Rechte vorbehalten
Printed in Germany
by Druckerei Sommer GmbH, Feuchtwangen

INHALT

Vorwort	IX
Abkürzungen	XV
Faksimilia	nach Seite XVI
Reformation, 1909	1
Rezension von E. Schrenk, Seelsorgerliche Briefe für allerlei Leute, 1909	6
Christ ist geboren! 1909	8
Den Menschen ein Wohlgefallen! 1909	11
[Ein altertümliches Weihnachtslied], 1909	14
[Ansprache bei der Weihnachtsfeier der deutschen reformierten Schule in Genf], 1909	16
Aus einem Teller, 1910	19
Ein sonderbares Mißverständnis, 1910	25
Zu den beiden Gedichten, 1910	28
Mit Christus gestorben, 1910	33
Ob Jesus gelebt hat? Eine nachträgliche Osterbetrachtung, 1910	37
Konfirmanden-Abende, 1910	46
Evangelische Missionskunde, 1910	59
Lebensbilder aus der Geschichte der christlichen Religion, 1910/11	71
Ideen und Einfälle zur Religionsphilosophie, 1910	126
Gott im Vaterland, 1910	139
Spittler, Christian Friedrich, 1910	145
Stockmeyer, Immanuel, 1910	148
Der christliche Glaube und die Geschichte, 1910	149
Etwas über die Kirche! Speziell über die deutsche reformierte in Genf und was davon zu halten sei, 1910	213
Gemeinde-Nachrichten, 1910	219
Monsieur Tout le monde, 1910/1911	224
Die moderne Seelsorge und ihre psychologischen und religiösen Grundlagen, 1910/11	227
Gerhard Tersteegen [Vortrag], 1910	230
Gerhard Tersteegen [Aufsatz], 1910	257

Gott lenkt und der Mensch soll denken!
Aus Calvins Institutio (1559), 1911 — 262
John Mott und die christliche Studentenbewegung, 1911 — 266
Vorträge von John Mott, 1911 — 285
Tue recht und scheue niemand! (Keine Abhandlung, aber sonst
zum Nachdenken), 1911 — 288
Auferstehung Jesu, 1911 — 293
Novalis [Vortrag], 1911 — 296
Novalis [Aufsatz], 1911 — 302
Pour la dignité de Genève, 1911 — 310
Wir wollen nicht, daß dieser über uns herrsche! 1911 — 320
La réapparition de la métaphysique dans la théologie, 1911 — 329
Menschenrecht und Bürgerpflicht, 1911 — 361
Jesus Christus und die soziale Bewegung, 1911 — 380
    W. Hüssy, Offener Brief an Herrn Karl Barth, Pfarrer
    in Safenwil — 409
    Antwort auf den offenen Brief des Herrn W. Hüssy in Aarburg — 411
    W. Hüssy, Offener Brief an Herrn Karl Barth, Pfarrer
    in Safenwil — 417
Religion und Wissenschaft, 1912 — 418
Verdienen, Arbeiten, Leben, 1912 — 439
«Gruppe 44 IV Kirchenwesen», 1912 — 457
Rezension von K. Heim, Das Gewißheitsproblem in der
systematischen Theologie bis zu Schleiermacher, 1912 — 469
Frömmler, 1912 — 480
Gegenrede betreffend Militär-Flugzeuge, 1913 — 485
Der Glaube an den persönlichen Gott, 1913 — 494
Paulus, 1913 [?] — 555
[Einladung zum aargauischen Abstinententag], 1913 — 559
Noch einmal: Jesus und die Psychiatrie, 1913 — 563
Sokrates, 1913 — 572
Die Arbeiterfrage, 1913/14 — 573
    I. Teil: Lage und Lebensverhältnisse des Arbeiters — 579
        1. Kapitel: Die Stellung des Arbeiters — 579
        2. Kapitel: Die Lebensverhältnisse des Arbeiters — 585

II. Teil: Antworten und Lösungen	628
1. Kapitel: Die Unternehmer	628
2. Kapitel: Der Staat	646
Festrede an der Novemberfeier des Grütlivereins Ober-Entfelden, 1913	683
Der Jetzer Handel, 1913	690
Reformation in Bern, 1913/14	693
Aargauische reformierte Kirchensynode [I], 1913	704
[Rede beim Blaukreuzfest in Rupperswil], 1913	710
Der Segen eines christlichen Elternhauses, 1913	712
Aargauische reformierte Kirchensynode [II], 1913	716
Weihnachtsfeier des Arbeitervereins Rothrist, 1913	723
Weihnacht Schule, 1913	726
Evangelium und Sozialismus, 1914	729
Bessere Zeiten, 1914	734
Nachweis früherer Veröffentlichungen des Inhalts dieses Bandes	739
Register	743
I. Bibelstellen	744
II. Namen	749
III. Begriffe	762

VORWORT

Wie im Vorwort zu dem Band «Vorträge und kleinere Arbeiten 1905-1909» angekündigt, folgt diesem die Fortsetzung im Abstand von ungefähr einem Jahr. Der vorliegende zweite Band der Abteilung III umfaßt die der Gattung «Vorträge und kleinere Arbeiten» zuzurechnenden Texte Karl Barths aus der Zeit, die er als «Pasteur suffragant» an der Deutschen – d. h. überwiegend aus dort lebenden Deutschschweizern bestehenden – reformierten Gemeinde in Genf zubrachte (Mitte September 1909 bis Ende Juni 1911), sowie aus den ersten Jahren im Pfarramt der aargauischen Gemeinde Safenwil.

Die Abgrenzung zwischen dem vorangehenden Band und diesem fällt also mit einer biographischen Zäsur in Barths Leben zusammen, die sich auch in einem spürbar anderen Zuschnitt der in Genf entstandenen «kleineren Arbeiten» gegenüber denen der Zeit davor spiegelt. Hatte in den zehn Marburger Monaten (1908/09) der Nicht-mehr-Student Barth kleine, aber energische erste Schritte auf das Gebiet freier theologischer Schriftstellerei getan, so nötigte ihn das Genfer Amt, häufig ex officio zur Feder zu greifen. Er tat es regelmäßig als Mitbetreuer – während der Vakanz der Pfarrstelle an jener Gemeinde als alleiniger Betreuer – des dortigen Gemeindeblattes, wo er seiner in Marburg bei der «Christlichen Welt» entdeckten journalistischen Begabung die Zügel schießen ließ wie später nur noch selten. Gegen Ende der Genfer Zeit ergriff er gelegentlich auch in auswärtigen Periodica zu Genfer Ereignissen temperamentvoll das Wort. Seinen – teilweise selbstgestellten – pfarramtlichen Aufgaben entspringen auch beträchtliche weitere Teile der in der ersten Hälfte dieses Bandes gesammelten Materialien: die (nachher jeweils in Gemeindeblatt-Artikeln resümierten) Gemeindevorträge über Tersteegen und Novalis und die beiden in Redekonzepten vorliegenden Reihen von Konfirmanden-Abenden, die ihm unter der Hand zu so etwas wie Volkshochschulvorlesungen gerieten. Die im engeren Sinne theologischen Stücke, die als eine Fortsetzung der Marburger Arbeiten gelten können, treten demgegenüber quantitativ zurück. Immerhin fallen in die Genfer Zeit außer einer abgeschlossenen und einer Fragment gebliebenen Rezension für die «Christliche Welt» eine Skizze «Ideen und Einfälle zur Religionsphilosophie» und zwei große Vorträge, deren einer, «Der christliche Glaube und die Geschichte», zu Barths frühen Veröffentlichungen gehört, während der andere, «La réapparition de la métaphysique dans la théologie», in diesem Band erstmals gedruckt wird. Die Abgrenzung am Ende dieses Bandes fällt nicht mit einem biographisch markanten Zeitpunkt zusammen, sondern ist ausschließlich durch den eben noch zumutbaren Umfang bedingt. Das letzte Stück des Bandes ist die Skizze eines im Safenwiler Blaukreuzverein gehaltenen Vortrags vom 8. Februar 1914. Der gesamte Zeitraum, den dieser Band umfaßt, endet jedoch mit dem März 1914, dem Zeitpunkt, zu dem die umfassende (später wiederholt ergänzte) Materialsammlung »Die Arbeiterfrage« in der ersten, den Winter 1913/14 ausfüllenden Niederschrift abgeschlossen wurde. Alles weitere, was aus der Zeit zwischen dem April 1914 und Barths Wechsel in die Göttinger Professur im Oktober 1921 der Gattung angehört, wird seinen Platz im dritten Band der Abteilung III, «Vorträge und kleinere Arbeiten 1914–1921», finden.

Eine weitere biographische Zäsur, die an ihrem literarischen Niederschlag gerade in der Gattung der kleineren Arbeiten deutlich ablesbar ist, fällt jedoch mitten in den in diesem Band dokumentierten Zeitraum. Der Übergang von dem von Barth nur kommissarisch bzw. dann in unselbständiger Stellung versehenen Genfer Stadtpfarramt in das dörfliche von Safenwil bedeutet den Übergang in einen grundverschiedenen Wirkungskreis, in dem sich Barth, wie er die Anforderungen dieses Wirkungskreises erfuhr, erheblich veränderte Aufgaben stellten. Die in Marburg begonnene theologisch-wissenschaftliche Arbeit setzt sich in den frühen Safenwiler Jahren nur noch mit der Rezension von Karl Heims Buch über das Gewißheitsproblem fort sowie mit dem Vortrag «Der Glaube an den persönlichen Gott», der auf Jahre hinaus Barths letzter Beitrag auf diesem Felde bleiben sollte – bis er es mit der um die Jahreswende 1918/19 erschienenen ersten Römerbrief-Auslegung, inzwischen selber gründlich gewandelt, erneut betrat. Die in Safenwil entstandenen Vorträge und kleineren Arbeiten gehören neben Gelegenheitsprodukten zum Teil journalistischer Art vor allem zwei Textgruppen an, die in den Jahren des aargauischen Pfarramts neu hinzutreten. Zum einen nahm sich Barth hingebend des kleinen lokalen *Blaukreuzvereins* an, in dem er, zeitweise als dessen Präsident, regelmäßig an den sonntagabendlichen Zusammenkünften teilnahm und häufig das Programm bestritt. Allermeist hielt er dort – wie auch in dessen Jugendabteilung, dem «Hoffnungsbund» – Bibelstunden, für deren Wiedergabe die Abteilung III nicht der Ort ist, vereinzelt aber auch Vorträge zu verschiedenen Themen. Diese sind, obgleich nur sehr skizzenhaft notiert, in diesem Band abgedruckt. Sie stehen sozusagen stellvertretend für ein breites Feld von Barths Safenwiler Tätigkeit. Die zweite Gruppe von Arbeiten, die in einem viel umfassenderen Sinne für Barth Neuland bedeutete, sind Vorträge und Niederschriften *politischen* Inhalts. Sie verdanken ihr Entstehen der Tatsache, daß die Bevölkerungsstruktur des mehr durch die einheimische Textilindustrie als durch die Landwirtschaft geprägten Dorfes ihn zu einer vehement einsetzenden Beschäftigung mit der sozialen Frage veranlaßte und er dabei zunehmend sozialistische Überzeugungen gewann. Das Fundament von dazugehörigen Sachkenntnissen, das er sich dafür erarbeitete, wird eindrucksvoll bezeugt durch die bereits erwähnte Sammlung «Die Arbeiterfrage» aus dem Winter 1913/14. Aber bereits zwei Jahre vorher, im ersten Safenwiler Winter, begann er als Redner im Safenwiler Arbeiterverein, der lokalen Organisation der Sozialdemokratischen Partei, hervorzutreten und wurde dann auch außerhalb des eigenen Dorfes mehr und mehr zu Vorträgen in sozialistischen Versammlungen eingeladen. Die ersten der aus solchem Anlaß gehaltenen Vorträge schrieb er wörtlich aus, den zweiten – «Jesus Christus und die soziale Bewegung» – ließ er sofort in einer Zeitung drucken und erntete damit öffentlichen Widerspruch, dem er seinerseits öffentlich entgegentrat.[1] Bald ging er jedoch dazu über, auch diese Vorträge nur noch in Stichwortkonzepten von unterschiedlicher Ausführlichkeit niederzuschreiben. 32 dieser Konzepte finden sich in seinem Nachlaß zusammengelegt in einem gebrauchten Briefumschlag, der die von Barths Hand mit Blaustift geschriebene und unterstrichene Aufschrift *«Sozialistische Reden»* trägt. Der Poststempel dieses Umschlags vom 30. Januar 1915 läßt vermuten, daß Barth etwa um diese Zeit die separate Sammlung dieser Konzepte begonnen hat, die in der Tat zusammen mit den wenigen wörtlich aus-

---

[1] Da es in der Gesamtausgabe, Abteilung V (Briefe), eine eigene Unterabteilung «Offene Briefe» gibt, wird dieser offene Briefwechsel mit W. Hüssy zu gegebener Zeit dort abgedruckt werden. Sein enger Zusammenhang mit dem Vortrag, der ihn ausgelöst hat, hat es jedoch zwingend nahegelegt, ihn auch in diesen Band aufzunehmen und in diesem Fall ausnahmsweise einen Doppelabdruck innerhalb der Gesamtausgabe in Kauf zu nehmen.

gearbeiteten Vorträgen dieser Provenienz eine eigene Gattung bilden. Unter dem Sammeltitel jener Aufschrift ist diese Gattung, die mit der Veröffentlichung in diesem und dem folgenden Band der Abteilung III erstmals lückenlos zugänglich sein wird, bereits recht bekannt geworden und hat mancherlei Neugier erregt.

Über die Editionsgeschichte der ersten drei Bände dieser Abteilung ist im Vorwort zu den «Vorträgen und kleineren Arbeiten 1905-1909» bereits das Wichtigste gesagt. Nach der dort beschriebenen ursprünglichen Verteilung der editorischen Verantwortlichkeiten lag bei *Herbert Helms* zunächst die Zuständigkeit für den Vortrag «Der christliche Glaube und die Geschichte», für den über Gerhard Tersteegen und den französischsprachigen über den Wiedereinzug der Metaphysik in die Theologie aus der Genfer sowie für den Vortrag «Der Glaube an den persönlichen Gott» aus der Safenwiler Zeit. Die von ihm geleisteten Vorarbeiten haben den Grundstein für die Edition dieser Texte gelegt. Um die z. T. sehr mühselige Entzifferung und einen wesentlichen Grundstock für die Nachweise hat sich *Friedrich-Wilhelm Marquardt* hohe Verdienste erworben bei den «Ideen und Einfällen zur Religionsphilosophie» im ersten Teil des Bandes und bei den folgenden Stücken im zweiten Teil: «Menschenrecht und Bürgerpflicht», «Jesus Christus und die soziale Bewegung», «Religion und Wissenschaft», «Verdienen, Arbeiten, Leben», «Weihnachtsfeier des Arbeitervereins Rothrist», «Evangelium und Sozialismus» und vor allem bei dem höchste Ansprüche stellenden Text «Die Arbeiterfrage». Eine große Fülle von zur Erhellung dieser Texte und namentlich des letztgenannten erforderlicher Detailforschung konnte jedoch nur in der Schweiz und nur von einer ausschließlich damit beschäftigten Person geleistet werden. Dieser Aufgabe hat sich mit großem Fleiß Dr. *Ulrich Winkler* unterzogen, der, als Vikar der Evangelischen Kirche im Rheinland, von der Leitung dieser Kirche in den Jahren 1986-1988 dem Karl Barth-Archiv für achtzehn Monate als Assistent zur Verfügung gestellt, die dafür geeignete Qualifikation in einem bei Theologen ungewöhnlichen Maße mitbrachte. Die Redaktion aller bisher genannten Texte einschließlich der Abfassung der den einzelnen Texten vorangestellten Einleitungen hat schließlich *Hinrich Stoevesandt* besorgt, der auch den von den «Basler Nachrichten» abgewiesenen sarkastischen Leserbrief «Gruppe 44 IV

Kirchenwesen» herausgeberisch betreut hat. Für sämtliche anderen Stücke dieses Bandes hat *Hans-Anton Drewes* alle editorischen Arbeiten von der Entzifferung bis zur Endredaktion geleistet und die Einleitungen[2] geschrieben. Ohne alle Spuren der Bearbeitung durch so viele verschiedene Hände beseitigen zu wollen, haben die beiden unterzeichneten Herausgeber sich in vielfältigem mündlichem und schriftlichem Austausch um einen möglichst hohen Grad formaler Vereinheitlichung bemüht.

Die *Anordnung der Stücke* folgt wie im vorangegangenen Bande der Chronologie ihrer Niederschrift, wobei dieser Zeitpunkt freilich im Falle des kurzen Textes mit der lapidaren Überschrift «Paulus» und der Fragmente des Artikels «Monsieur Tout le monde» und der Rezension «Die moderne Seelsorge und ihre psychologischen und religiösen Grundlagen» nur geschätzt werden konnte, da sich für die exakte Datierung keine Anhaltspunkte finden. Texte mit sukzessiver Entstehung wie die Vortragsreihen «Evangelische Missionskunde», «Lebensbilder aus der Geschichte der christlichen Religion» und «Reformation in Bern» sowie «Die Arbeiterfrage» wurden in die Chronologie nach dem *Anfang* ihrer Niederschrift eingereiht.

Die in diesem Band angewandten editorischen Prinzipien stimmen mit denen überein, die im Vorwort zu «Vorträge und kleinere Arbeiten 1905-1909» dargelegt wurden. Deshalb erübrigt es sich, hier nochmals darauf einzugehen.

Die Herausgeber haben vielen zu danken, die mit mancherlei Spezialauskünften oder sonst mit Rat und Tat zur Entstehung dieses Bandes beigetragen haben. Namentlich genannt sei vor allem Frau *Caren Algner*, vom Frühjahr 1991 bis zum Frühjahr 1992 Assistentin am Karl Barth-Archiv, ebenfalls von der Evangelischen Kirche im Rheinland dorthin entsandt. Sie hat die Umbruchkorrekturen mitgelesen und sich der großen Mühe unterzogen, alle drei Register zu erstellen. Beim Aufspüren und Erschließen von Quellen hat wiederum Herr *Jörg-Michael*

---

[2] Das biographische Material, das in den Einleitungen verarbeitet ist, stammt, wo nicht anders vermerkt, aus dem Karl Barth-Archiv, Basel. Das in den Einleitungen zu den Texten sozialen und politischen Inhalts verwendete statistische Material hat Ulrich Winkler zusammengetragen.

Bohnet wertvolle Hilfe geleistet. Den «Nachweis früherer Veröffentlichungen des Inhalts dieses Bandes» hat Herr *Hans Markus Wildi* in Aarau zusammengestellt. Herr *Werner Blum*, der Leiter des Theologischen Verlages Zürich, hat bei der Drucklegung dieses Bandes wie schon bei der des vorigen ein überdurchschnittliches Maß an Geduld aufgebracht. Die äußerst diffizilen Nachweisungsprobleme nicht zuletzt bei jenen Stücken, die infolge ihrer Skizzenhaftigkeit Rätsel aufgaben und doch für die Leser bestmöglich erschlossen werden wollten, machten immer wieder erneute Recherchen erforderlich, deren vorher nicht abschätzbarer Aufwand die Fertigstellung des Manuskripts lange verzögerte. Und da der besondere Charakter vieler in diesem Band enthaltener Texte ein Höchstmaß an typographischer Sorgfalt erforderte, nahm der Verleger die Notwendigkeit, auch in fortgeschrittenen Stadien der Drucklegung noch Korrekturen anzubringen, willig in Kauf. Er wird jenen Lesern, die auf bestimmte sie besonders interessierende Teile dieses Bandes lange haben warten müssen, am kompetentesten bezeugen können, daß die Wartezeit nicht ungenutzt verstrichen ist.

Tübingen und Basel, im Oktober 1992

       Hans-Anton Drewes   Hinrich Stoevesandt

ABKÜRZUNGEN*

AFranc	Analecta Franciscana
AMZ	Allgemeine Missionszeitschrift
ASS	Acta sanctae sedis
BSLK	Die Bekenntnisschriften der evangelisch-lutherischen Kirche, hrsg. vom Deutschen evangelischen Kirchenausschuß, Göttingen 1986^{10}
BSRK	Die Bekenntnisschriften der reformierten Kirche, hrsg. von E. Fr. K. Müller, Leipzig 1903 [= Zürich 1987]
Busch	E. Busch, Karl Barths Lebenslauf. Nach seinen Briefen und autobiographischen Texten, München 1986^4
Bw.B.	K. Barth/R. Bultmann, Briefwechsel 1922–1966 (Karl Barth-Gesamtausgabe, V. Abt.: Briefe), hrsg. von B. Jaspert, Zürich 1971
Bw.R.	K. Barth/M. Rade, Ein Briefwechsel, hrsg. von Chr. Schwöbel, Gütersloh 1981
Bw.Th. I	K. Barth/E. Thurneysen, Briefwechsel, Bd. 1: 1913–1921 (Karl Barth-Gesamtausgabe, V. Abt.: Briefe), hrsg. von E. Thurneysen, Zürich 1973
CChr.SL	Corpus Christianorum, Series Latina
CR	Corpus Reformatorum, Halle/Braunschweig/Berlin; Leipzig; Zürich 1834ff.
CSEL	Corpus scriptorum ecclesiasticorum Latinorum
CW	Die Christliche Welt
DS	Enchiridion symbolorum, definitionum et declarationum de rebus fidei et morum, ed. H. Denzinger et A. Schönmetzer, Barcinone/Friburgi Brisgovae/Romae/Neo-Eboraci 1973^{35}
EA	M. Luther, Sämtliche Werke, Erlangen 1826ff.
EKG	Evangelisches Kirchengesangbuch
GCS	Die griechischen christlichen Schriftsteller der ersten drei Jahrhunderte, Berlin 1897ff.
GERS (1891)	Gesangbuch für die evangelisch-reformirte Kirche der deutschen Schweiz (eingeführt 1891)
GERS (1952)	Gesangbuch der evangelisch-reformierten Kirchen der deutschsprachigen Schweiz (eingeführt 1952)
HBLS	Historisch-biographisches Lexikon der Schweiz, Neuenburg 1921ff.
KBRS	Kirchenblatt für die reformierte Schweiz
KHC	Kurzer Hand-Commentar zum Alten Testament
LThK	Lexikon für Theologie und Kirche
MGKK	Monatsschrift für Gottesdienst und kirchliche Kunst
MPG	J.-P. Migne, Patrologiae cursus completus, Series Graeca
MPL	J.-P. Migne, Patrologiae cursus completus, Series Latina
NZZ	Neue Zürcher Zeitung

* Für die in dem Text «Die Arbeiterfrage» (S. 573–682) zusätzlich verwendeten Abkürzungen s. die separate Aufstellung am Ende dieses Verzeichnisses.

PhB	Philosophische Bibliothek, Leipzig 1868ff.
RE	Realencyklopädie für protestantische Theologie und Kirche
RGG	Die Religion in Geschichte und Gegenwart
RV	Religionsgeschichtliche Volksbücher für die deutsche christliche Gegenwart, Halle/Tübingen 1904ff.
SThZ	Schweizerische Theologische Zeitschrift
ThB	Theologische Bücherei, München 1953ff.
VTKG	Vorträge der theologischen Konferenz zu Gießen
WA	M. Luther, Werke. Kritische Gesamtausgabe, Weimar 1883ff.
WA.B	– Briefwechsel
WA.DB	– Deutsche Bibel
WA.TR	– Tischreden
ZThK	Zeitschrift für Theologie und Kirche

Abkürzungen in dem Text «Die Arbeiterfrage»

BN	Basler Nachrichten
BV	Basler Vorwärts
FA	Der freie Aargauer
Fabr.Insp.	Berichte der eidgenössischen Fabrik- und Bergwerkinspektoren über ihre Amtstätigkeit in den Jahren 1910 und 1911, Aarau 1912; ... in den Jahren 1912 und 1913, Aarau 1913
FSA	Der freie Schweizer Arbeiter. Wochenblatt für Sozialgesinnte aller Stände (von Barth verwendete Abkürzung: Fr. Schw. A.)
GR	Gewerkschaftliche Rundschau für die Schweiz (von Barth verwendete Abkürzung: Gew. Rsch.)
Herkner	Heinrich Herkner, Die Arbeiterfrage. Eine Einführung, Berlin 1908[5]
NFA	Neuer Freier Aargauer. Sozialdemokratisches Tagblatt
NZZ	Neue Zürcher Zeitung
Pflüger	Paul Pflüger, Einführung in die soziale Frage, Zürich 1910
Sombart I	Werner Sombart, Die gewerbliche Arbeiterfrage (Sammlung Göschen), Berlin/Leipzig 1912[2]
Sombart II	Werner Sombart, Das Proletariat. Bilder und Studien (Die Gesellschaft. Sammlung sozialpsychologischer Monographien, hrsg. von M. Buber, Bd. I), Frankfurt a.M. 1906
Sombart III	Werner Sombart, Sozialismus und soziale Bewegung, Jena 1908[6]
TA	Der Textilarbeiter

No. 43.   VII. Jahrgang   13. April 1911.

AUDITOIRE

Gemeinde-Blatt

für die

Deutsche reformierte Gemeinde

✦ GENF ✦

Erscheint 8 Mal im Jahr — Jahresabonnement 50 Cts.

Unser Gesangbuch.

V.

Novalis. Ist es eine wundervolle, selige Fernsicht nach den letzten Höhen und Tiefen des Lebens, oder ist es ein rätselhafter, gefährlicher Abgrund, in dem alles Leben untergeht, was sich vor uns auftut, wenn wir hineinsehen in das kurze, an überraschenden Wendungen so reiche äussere Dasein und in die fast nur aus Fragmenten bestehenden Werke dieses Mannes? An der Wende zweier Zeiten steht er da in der Geschichte der Geisteswelt und sein Geist ist selbst der beiden Zeiten Schlachtgebiet. Wird er uns zurückführen zu dem weltverlorenen, eisengepanzerten und doch so traumhaft unbestimmten Gott des Mittelalters oder vorwärts in eine moderne, hochgemute Welt der reinen Wissenschaft und der reinen Kunst, die von einer neuen Gottverlassenheit beständig bedroht erscheint? Oder wird er die höhere Einheit entdecken der Lebenskräfte beider Zeiten und ein Schatzmeister alter und neuer Reichtümer werden, wie es seine Zeitgenossen Goethe und Schleiermacher geworden sind? Man kann auf alle diese Fragen mit Ja oder mit Nein antworten. Aber das Ja und das Nein wird nicht mehr sein als eine Vermutung. Denn der Weg und das Werk des Novalis sind da abgebrochen, wo er selber uns klare Antwort hätte geben können. Der Novalis, den wir *kennen*, steht jenseits von gut und böse, von wahr und unwahr, von alt und neu. Er gleicht einem Wanderer auf schwindelnd hohem Bergfirst. Ist er ein Nachtwandler, der dem Tod geweiht ist oder ein geübter Steiger, der sein Ziel und seinen Weg kennt? Wir wissen es nicht. Wir blicken in ein Paar tiefer, leuchtender Kinderaugen. Werden es die Augen eines Schwärmers sein oder eines Propheten? Wir wissen es nicht. Aber vielleicht ist es gerade die Unverständlichkeit und Fragwürdigkeit dieses in der Blüte abgerissenen Lebens, die es immer wieder anziehend macht. Denn sie ist im letzten Grunde echt menschlich. Die Art derer, die lieber auf den Bergen wandern als in den Tälern, haben die Andern nie klipp und klar definieren können, und wer selber dazu gehört, wird in seinem eigenen inneren Leben bei allen Verschiedenheiten das Doppelgesicht des Novalis wiedererkennen.

Das alles gilt nun auch von seinen «geistlichen Liedern». Die vorsichtige Auswahl, die unser Gesangbuch davon bietet (Nr. 135, 249, 250) giebt von ihrem Gehalt nur einen ziemlich blassen Eindruck. Ob sie sich gerade zum Gemeindegesang eignen, ist überhaupt die Frage, und auch als Lektüre werden sie immer nur zu verhältnismässig Wenigen reden. Die möchten es sich auch nicht verdriessen lassen, Novalis Werke *selbst* zur Hand zu nehmen. Billige Ausgaben gibt es genug.

Man hat schon oft darüber den Kopf geschüttelt und hin und her geraten, wie dieser pantheistische Philosoph überhaupt dazu gekommen sei, zu dem feurigen und innigen *Christus*dichter zu werden, als der er in diesen

Erstdruck des Textes von S. 302f. (verkleinert)

Manuskript des Textes von S. 362f. (verkleinert)

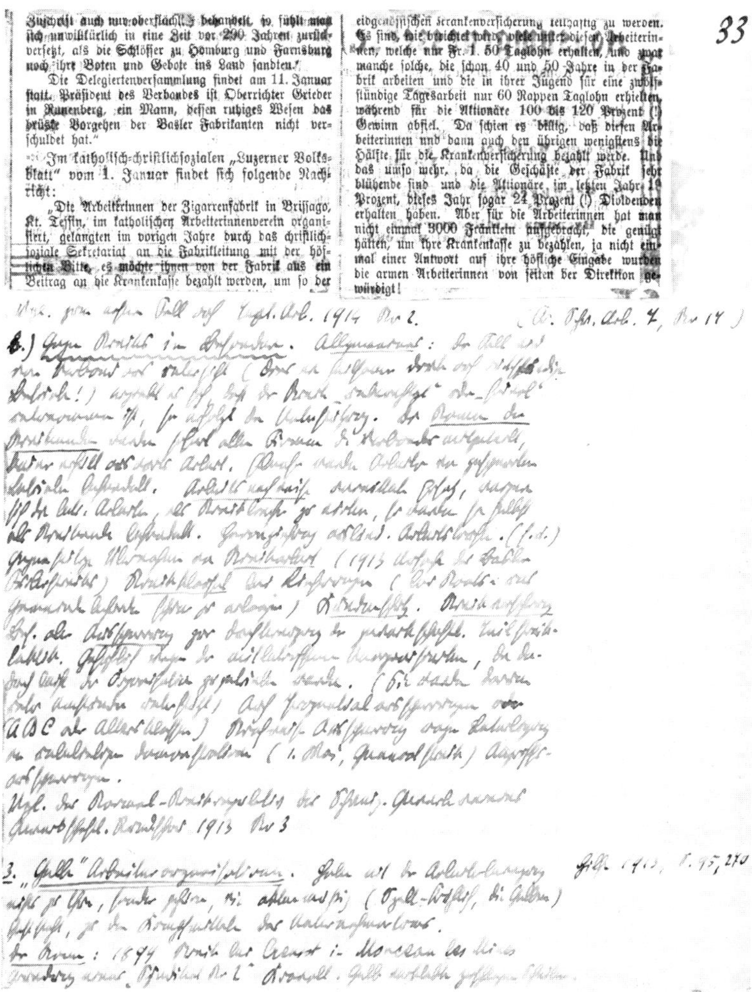

Zuschrift auch nur oberflächlich behandelt, so fühlt man sich unwillkürlich in eine Zeit vor 200 Jahren zurückversetzt, als die Schlösser zu Homburg und Farnsburg noch ihre Boten und Gebote ins Land sandten."

Die Delegiertenversammlung findet am 11. Januar statt. Präsident des Verbandes ist Oberrichter Grieder in Runenberg, ein Mann, dessen ruhiges Wesen das brüske Vorgehen der Basler Fabrikanten nicht verschuldet hat."

Im katholisch-christlichsozialen „Luzerner Volksblatt" vom 1. Januar findet sich folgende Nachricht:

„Die Arbeiterinnen der Zigarrenfabrik in Brissago, Kt. Tessin, im katholischen Arbeiterinnenverein organisiert, gelangten im vorigen Jahre durch das christlichsoziale Sekretariat an die Fabrikleitung mit der höflichen Bitte, es möchte ihnen von der Fabrik aus ein Beitrag an die Krankenkasse bezahlt werden, um so der eidgenössischen Krankenversicherung teilhaftig zu werden. Es sind, wie berichtet wird, viele unter diesen Arbeiterinnen, welche nur Fr. 1.50 Taglohn erhalten, und zwar manche solche, die schon 40 und 50 Jahre in der Fabrik arbeiten und die in ihrer Jugend für eine zwölfstündige Tagesarbeit nur 60 Rappen Taglohn erhielten, während für die Aktionäre 100 bis 120 Prozent (!) Gewinn abfiel. Da schien es billig, daß diesen Arbeiterinnen und dann auch den übrigen wenigstens die Hälfte für die Krankenversicherung bezahlt werde. Und das umso mehr, da die Geschäfte der Fabrik sehr blühende sind und die Aktionäre im letzten Jahr 19 Prozent, dieses Jahr sogar 24 Prozent (!) Dividenden erhalten haben. Aber für die Arbeiterinnen hat man nicht einmal 3000 Fränklein aufgebracht, die genügt hätten, um ihre Krankenkasse zu bezahlen, ja nicht einmal einer Antwort auf ihre höfliche Eingabe wurden die armen Arbeiterinnen von seiten der Direktion gewürdigt!

Manuskript (mit eingeklebtem Zeitungsausschnitt)
des Textes von S. 638–640 (verkleinert)

Manuskript des Textes von S. 701f. (Originalgröße)

REFORMATION
1909

Als Karl Barth am 16. 9. 1909 die Stelle eines pasteur suffragant der «Deutschen reformierten Gemeinde Genf» antrat, war deren Pfarrer Adolf Keller (1872–1963) schon im Begriff, nach Zürich zu wechseln. Kellers Nachfolger war erst noch zu wählen. So kam es, daß Barth vom Oktober 1909 bis zum Februar 1910[1] die Gemeinde allein zu versehen hatte – statt sich, wie vorgesehen[2], «mit dem Pfarrer so in die Arbeit» zu «teilen, dass er monatlich zweimal predigen und abwechselnd Kinderlehre halten wird, dass er ein besonderes Quartier, Pâquis, für die spezielle Gemeindepflege übernimmt und sonst dem Pfarrer in Armenpflege und Gemeindearbeit zur Hand geht». In Barths Verantwortung fiel während dieses Interims auch die Herausgabe des «Gemeinde-Blatts für die Deutsche reformierte Gemeinde Genf», das «6 Mal im Jahr» erscheinen sollte («Jahresabonnement 50 Cts.»). Im Jahrgang 1909/10 kamen schon sieben, später acht Nummern heraus[3] – vielleicht eine Bestätigung der Hoffnung, die im Gemeinde-Blatt bei der Begrüßung des neuen Vikars zum Ausdruck gebracht wurde: daß nämlich seine «Tätigkeit» «in der Redaktion der ‹Christlichen Welt›» «auch unserm Gemeindeblatt zu gute kommen wird».[4] Nach den ersten beiden Nummern schreibt Barth auch tatsächlich an Martin Rade: «Es kam mir da doch recht zugute, daß ich eine Weile Redakteur gelernt, wenn auch unser gutes Orgänchen neben der Chr. W. wie ein Zebra neben einem Elefanten sich ausnimmt.»[5]

Zunächst hatte Barth für das erste von ihm verantwortete Heft den Aufruf des «Kirchenrates» (d. h. des leitenden Gremiums der Gemeinde) «Zur bevorstehenden Pfarrwahl» zu «kanzeln».[6] Die Wahl sollte am

---

[1] Siehe unten Anm. 6.
[2] So die Ankündigung in der Gemeinde-Nachricht zu Barths Begrüßung im Gemeinde-Blatt für die Deutsche reformierte Gemeinde Genf, Jg. 6, No. 31 vom 17. 9. 1909.
[3] Gemeinde-Blatt, Jg. 7, No. 38 vom 14. 9. 1910, S. 5.
[4] Gemeinde-Blatt, Jg. 6, No. 31 vom 17. 9. 1909.
[5] Bw. R., S. 73.
[6] Diesen von ihm überhaupt gern verwendeten Ausdruck benutzt Barth auf einer Postkarte (Poststempel vom 5. 11. 1909) an den dann gewählten (von zwei) Kandidaten, Pfarrer Paul Walter, damals in Marseille, der in seinem Genfer Amt

Samstag, dem 6., und am Sonntag, dem 7. November, stattfinden. Am selben ersten Sonntag im November war nach Brauch der reformierten Schweiz das Gedächtnis der Reformation zu begehen. Dazu verfaßte Barth den folgenden Artikel, der die Nummer des Gemeinde-Blatts vom 2.11.1909 einleitet.

Der kommende Sonntag 7. November soll nach alter Übung dem Gedächtnis der Reformation bestimmt sein.[7] In Genf mag der Eine oder Andere denken, es sei nun des Guten genug: Noch stehen ja in aller Erinnerung die festlichen Tage, da die Geister der merkwürdigen, aber wunderlichen Zeit heraufbeschworen wurden in Wort und Bild, in Gesang und Darstellung.[8] Der Vergangenheit ist Ehre getan, nun soll aber wieder die Gegenwart recht haben. Das *kann* eine gute Rede sein. Es ist eine alte Klage, daß wir Schweizer zuviel mit dem Feiern der Vergangenheit beschäftigt sind, und diese Klage geht auch das schweizerische Christentum an. Man kann sich für den Ruhm und die Größe des alten calvinistischen Genf begeistern, ohne von Calvins Geist einen Hauch verspürt zu haben, vielleicht mit dem stillen Hintergedanken: Gut, daß ich wenigstens damals nicht dabei war unter Calvins strengem Regiment! Reformationsbegeisterung, Reformationsfeier à distance, nein das wollen wir auch nicht. Das mag gut sein für den Antiquar, für den Geschichtsschreiber. Menschen der täglichen Arbeit, Menschen der Gegenwart empfinden das als hohl und gemacht. Aber damit werden doch die Wenigsten den Gedanken an die Vergangenheit der evangelischen Kirche von sich schieben wollen. Dem Menschen der Gegenwart, der ein eigenes Leben hat, ist die Vergangenheit mehr als eine Antiquitätenkammer. Am Beinhaus von Murten, in dem die Überreste der in der Schlacht von 1476[9] Gefallenen aufbewahrt wurden, bis die Franzo-

---

am 20.2.1910 installiert wurde. Barths Aufruf erschien in No. 32 (Jg. 6) des Gemeinde-Blatts vom 2.11.1909. Er wird innerhalb der Gesamtausgabe in der Abteilung *V. Briefe (Offene Briefe)* erscheinen.

[7] Auf Anregung der Konferenz (Schweizer) evangelischer Kirchenbehörden wurde in der Schweiz gewöhnlich der erste Sonntag im November gemeinsam als Reformationstag gefeiert; vgl. Fr. Meyer, Art. «Schweiz», in: RE³ XVIII, S. 55, Z. 58f.; S. 60, Z. 3f.

[8] Feiern zum 400. Geburtstag J. Calvins in Genf vom 2. bis 7. Juli 1909. Vgl. *Les Jubilés de Genève en 1909*, Nr. 1–3, Genf 1909.

[9] Schlacht zwischen den Eidgenossen und Karl dem Kühnen bei Murten am

sen es 1798 zerstörten[10], war das Wort Albrecht von Hallers angebracht:
> Sag an, Helvetien, du Helden-Vaterland,
> Wie ist dein jetzig' Volk dem einstigen verwandt?[11]

Nicht wahr, bei dieser Frage bekommt die Vergangenheit ein anderes Gesicht? Und gerade diese Frage wollen wir evangelische Christen uns stellen, wenn wir die Reformation feiern. Dann merken wir, daß alle äußern Veranstaltungen: Reden, Singen, Umzüge, u.s.f., an die wir bei dem Worte «Fest» unwillkürlich denken, nur eine Vorbereitung oder Einkleidung sein können[12] für die Hauptsache, für die Gewissensfrage: Wie steht's mit uns? Und dann merken wir weiter, daß man die Reformationsfeier nicht erledigen kann, wie man ein Schützenfest erledigt. Für wache, lebendige Menschen kann die Reformationsfeier gar nicht *vorbei* sein, eben weil sie in der Gewissensfrage besteht.

Aber wie nun? Wenn die «Verwandtschaft», nach der wir uns fragen sollen, wenn die Verwandtschaft des jetzigen mit dem einstigen Volk, unseres Christentums mit dem Calvins oder Zwinglis oder Luthers, wenn sie in den Gedanken und Worten, in den kirchlichen Einrichtungen und öffentlichen und privaten Sitten bestehen sollte, dann wären wir schlimm daran. Auch die in Lehre und Leben Konservativsten unter uns würden vor dem Auge eines Calvin keine Gnade finden und würden sich vergeblich darum bemühen. Und wieder hätten wir die praktischen Menschen der Gegenwart gegen uns, die von der Erneue-

---

22. Juni 1476; die erfolgreiche Abwehr des burgundischen Angriffs besiegelte die außenpolitische Unabhängigkeit der Eidgenossenschaft. Vgl. W. Schaufelberger, *Spätmittelalter*, in: *Handbuch der Schweizer Geschichte*, Bd. I, Zürich 1972, S. 323.

[10] Zur Geschichte des Ossuariums: E. Flückiger, Art. «Beinhaus bei Murten», in: HBLS II, S. 79. Dort ist auch der Sechszeiler wiedergegeben, den von Haller 1755 für das Beinhaus schrieb und der im gleichen Jahr dort angebracht wurde (s. auch Th. de Quervain, *Wie Albrecht Hallers Inschrift am Beinhaus in Murten entstanden ist*, in: Berner Zeitschrift für Geschichte und Heimatkunde, 1950, S. 163f.). Daß Barth die im folgenden zitierten Zeilen aus einem anderen Gedicht von Hallers mit der Murtener Kapelle in Verbindung bringt, beruht offenbar auf einer Verwechslung.

[11] Vgl. A. von Haller, *Die verdorbenen Sitten*, in: ders., *Versuch Schweizerischer Gedichte*, Bern 1777[11], S. 122–140, dort S. 124:
> Sag' an Helvetien, du Helden-Vaterland!
> Wie ist dein altes Volk dem jetzigen verwandt?

[12] Im Erstdruck: «kann»; Korrektur vom Hrsg.

rung einer *solchen* Verwandtschaft nichts wissen wollten. Wir müssen also nach etwas anderem fragen. Ob wir wollen oder nicht, wir können an der Tatsache nichts ändern: Es lebt ein andersdenkendes Geschlecht. Anders *denkend!* Aber das *Denken* ist eben nicht das Letzte und Höchste im Menschenleben und in der Geschichte, sowenig wie die wechselnden Formen des staatlichen, kirchlichen und gesellschaftlichen Lebens. So werden wir als Menschen der Gegenwart *und* als evangelische Christen wünschen:

> Der Ahnen Geister, laßt sie ruhn,
> Der Ahnen Geist nur kann es tun.[13]

Der Ahnen Geist ist aber – und wenn wir von den Reformatoren reden, mehr als je – der Geist Gottes, der sich immer wieder *mancherlei* Werkzeuge geschaffen hat. Dieser Geist hat in ihnen und mit ihnen das Werk der Freiheit und der Kraft getan, das die Menschen nötig hatten.

Und nun stellt uns die Reformationsfeier die Gewissensfrage, ob wir *diesen* Geist auch haben. Ob wir in unserm verborgensten persönlichen Leben, in unseren Kirchen und Schulen, in unserm Staat, in unserer Gesellschaft etwas spüren von der innerlichen Allgewalt jenes Stromes, der Gerechtigkeit und Liebe verbreitet, wo er hinkommt. Der Strom des Gottesgeistes ist in den Tagen der Reformation hervorgebrochen aus dem Geröll und Geschiebe alt gewordenen Menschengeistes. Das ist ihre Bedeutung. Noch einmal:

> Wie ist dein jetzig' Volk dem einstigen verwandt?

Haben wir in *unsern* Formen des Denkens und Lebens jene verborgene Stoßkraft, die in denen der Reformationszeit über die Welt triumphierte? So gefragt, haben wir dann allen Anlaß, besinnlich und be-

---

[13]   *Die Ahnen*
O Schweizer, ladet nicht an's Licht
Der Ahnen Geister, lasst sie ruhn!
Der *Ahnen Geister* helfen nicht,
Der *Ahnen Geist* nur kann es thun.
Das Gedicht gehört zur Überlieferung der Basler Zofingia und wurde im Centralblatt des schweizerischen Zofingervereins, Jg. 33 (1892/93), S. 469, ohne Verfasserangabe in der Abteilung *Choix de Poésies* unter dem Rubrum *Aus dem Basler Gärtli* gedruckt.

scheiden zu werden. Aber die Selbstbesinnung ist nur die eine Hälfte. Die andere heißt:
> Was du ererbt von deinen Vätern hast,
> *Erwirb* es, um es zu besitzen![14]

Den innern Sinn für das eine und die Kraft für das andere müssen wir uns aber schenken lassen. Und *so* wollen wir die Reformation feiern.

---

[14] Vgl. J. W. von Goethe, *Faust I*, V. 682f. (Nacht).

REZENSION VON E. SCHRENK, SEELSORGERLICHE BRIEFE FÜR ALLERLEI LEUTE
1909

Der folgende Text gehört zu der Reihe von Rezensionen, die Barth für die «Christliche Welt» verfaßt hat. Siehe dazu im einzelnen Vorträge und kleinere Arbeiten 1905–1909, S. 313–317.

E. Schrenk, Seelsorgerliche Briefe für allerlei Leute, Kassel 1909. Als Erbauungsbuch in den Händen der Leser der Christlichen Welt kann ich mir diese Briefe schwer denken.[1] Es braucht viel kirchen- und dogmengeschichtliches Verständnis, um trotz der Sprache des Gemeinschaftschristentums, in der sie geschrieben sind, das gemeinsame religiöse Motiv und Quietiv wieder zu erkennen, und die Notwendigkeit solcher Abstraktion dürfte den asketischen Gebrauch für unsere Freunde kaum erleichtern. Auch die Theologen dürften Mühe haben, für die eigene seelsorgerliche Arbeit daraus zu lernen. Wir leiden eben, wie es S. 114 heißt, an «dogmatischer Knochenerweichung» und würden uns von dem autoritativen Rekurs des Verfassers auf diese und jene «biblische» Lehre und Einzelstelle, der denn doch häufig förmliche exegetische Explikationen nötig macht, wenig versprechen.

Aber als ein Stück Menschenleben, das interessant ist, wo man's packt[2], in religiöser Hinsicht zumal, kann das Buch manchem Freude machen. Es bietet eine reiche Skala religiöser und sittlicher Probleme, alle sichtlich dem Leben entnommen, von der Frage der Erkennbarkeit des Willens Gottes[3] bis zu der andern, ob ein europäischer Missionar eine Eingeborene heiraten dürfe oder nicht[4]. Und wie die Problemstellungen menschlich bedeutsam sind, so die Antworten Schrenks religionsgeschichtlich und religionspsychologisch. Und die wertvollste Beobachtung, die Jeder in diesen Briefen machen kann, wird die sein:

---

[1] Außer dem hier rezensierten Band erschienen noch ein zweiter und dritter Band (Kassel 1910 bzw. 1911). Über den Missionsprediger und Evangelisten Elias Schrenk (1831–1913) vgl. die ihm gewidmeten Artikel in RGG¹ V, Sp. 388, und RGG² V, Sp. 263f.
[2] Vgl. J. W. von Goethe, *Faust I*, V. 167–169 (Vorspiel auf dem Theater).
[3] Vgl. E. Schrenk, a.a.O., S. 158–162.
[4] Vgl. a.a.O., S. 183–185.

Was macht die cura animarum, den religiösen Verkehr der Menschen überhaupt, im letzten Grunde möglich und wirklich? *Nicht* die Überzeugungskraft der rationalen und «biblischen» Demonstrationen, sondern die innere Lebendigkeit des bedeutenden Mannes, der dahinter steht.

CHRIST IST GEBOREN!
1909

Über die Entstehung dieses und zugleich über die Veranlassung des folgenden Stücks gibt ein Brief Aufschluß, den Karl Barth am 14.12.1909 an seinen zukünftigen Vorgesetzten Pfarrer Paul Walter richtete. Er sagt ihm zunächst «schönsten Dank» für dessen Artikel «An die Gemeinde», mit dem Walter sich, am 6./7.11. zum Nachfolger Adolf Kellers gewählt, für sich und seine «künftige Tätigkeit ... im Voraus euer ganzes Vertrauen und eure Nachsicht» erbittet. Barth fährt dann in seinem Brief fort: «Ich muß mich nun schleunigst an die Abfassung meines Beitrags setzen, hoffentlich wirds nicht Stroh. Direkt vor meinem Fenster hat sich eine abscheuliche Rutschbahn etabliert mit einer Dampfpfeife und einem Orchestrion, das beharrlich dieselben Melodien aus der ‹Lustigen Witwe› etc. in die Welt schreit. Sie sind nicht zufällig im Besitz einer Kanone, sonst schicken Sie sie mir! Das Ding bleibt bis 3. Januar hier, wie gemacht für ‹fröhliche Festtage›!»

Barths unter diesen Umständen geschriebener Beitrag «Christ ist geboren!» eröffnet die auf den 22.12.1909 datierte Weihnachts-Nummer des Gemeinde-Blattes. Auf den erwähnten Brief Walters «An die Gemeinde» folgen unter der Überschrift «Den Menschen ein Wohlgefallen!» die Betrachtungen, auf die das störende musikalische oder doch akustische Phänomen vor seinem Fenster Barth führte.

Auf die Volksliedersammlung «Im Röseligarte» schließlich, aus der Barth noch «Ein altertümliches Weihnachtslied» in dieselbe Nummer einrückt, wurde er vermutlich in der «Zofingia» aufmerksam. Otto von Greyerz, der die Sammlung herausgab, war «Zofingerbruder», und auf das erste Heft wies in den «Centralblättern» eine ausführliche Besprechung hin, die «die Studenten, als Gebildete», an ihr «Stück Verantwortung» im Blick auf «die jetzige frisierte ‹Volksmusik›» erinnerte. Dem Artikel ist auch zu entnehmen, daß insbesondere die Berner Zofinger mit Freude «immer und immer wieder» aus diesen «prächtigen Liedern» sangen.[1]

---

[1] A. Rollier, *Im Röseligarte*, in: Centralblatt des schweizerischen Zofingervereins, Jg. 48 (1907/08), S. 188–199, S. 190.197f.; vgl. Centralblatt, Jg. 47 (1906/07), S. 596–600.

Am 10. 1. 1910 schreibt Barth an die Großmutter und die Tante in Basel: «Wie hat Euch das Weihnachtsgemeindeblatt gefallen mit der neuen Mischung von Heiterkeit u. Erbaulichkeit? Habe ich nicht Anlagen zum Volksboten-Redaktor oder dgl.? ... Ein Verrückter hat mir verschiedene Briefe geschrieben wegen der Rutschbahn. Er las daraus, ich wolle die Leute auffordern, Rutschbahn zu fahren was das Zeug halte und macht mir bittere Vorwürfe, das sei nicht schön von einem Pfarrer etc. Sonst war das Volk von Genf sehr erbaut von dem Artikel.» Von beidem, von der irregeleiteten Empörung eines Einzelnen neben der sonst waltenden Erbauung, ist auch schon in einem Brief an die Eltern vom 23. 12. 1909 die Rede: «Heute waren eben zwei Frauen bei mir, die eine extra um mir ihr Vergnügen über die Rutschbahngeschichte im Gmbl. auszudrücken und die andre beteuerte mir auch, dies sei die schönste Nr. des edlen Blattes, die sie erlebt habe. Nicht ganz derselben Meinung ist offenbar der Schreiber des beiligenden Briefes ... Entweder er ist verrückt oder sonst konfus.»

Christ ist geboren!

Das will sagen: Es ist Licht in die Welt gekommen [vgl. Joh. 3,19; 12,46]. Ich weiß, man redet von vielen Lichtern, und man hat Recht damit. Es hat Leuchten der Wissenschaft und der Kunst gegeben vor und nach Christus, und die Menschheit tut wohl daran, sie ebensowenig zu vergessen wie diesen. Vergessene Lichter sind immer ein Verlust, größer als die Oberflächlichkeit denkt. Aber Wissenschaft und Kunst sind herrliche Gestaltungen des Lebens, sie sind nicht das Leben selbst. Und darum hat es gar keinen Sinn, Christus mit Plato oder Beethoven in Vergleich zu stellen. Und wir machen uns keiner Beschränktheit schuldig, wenn wir's wiederholen: Es ist Licht in die Welt gekommen, als Christus kam. Denn in ihm war *das* rein und selbständig und ungebrochen, was den Namen *Leben* verdient [vgl. Joh. 1,4].

Und das bedeutet für dich und mich, daß uns eine geheimnisvolle Türe geöffnet ist, wenn wir sie einmal gesehen haben. Denn zunächst sehen wir nichts, als daß wir unrein, unselbständig, gebrochen sind. In der Bedrängnis der Not und des Bösen in der Welt sind wir so geworden. Und alle Wissenschaften und Künste helfen uns darüber nicht hinweg, wenn wir ehrlich mit uns selbst sind. Leben entsteht nur durch Leben. Und nun ist *das* Leben, wenn ein Mensch gehorcht und dient, nicht weil er muß oder weil es ihm so paßt, sondern weil er will. Dieser Gehorsam und dieses Dienen ist aber das Geheimnis der Person Christi. Du kannst dieses Geheimnis in tausend Bildern ausgedrückt sehen.[2] Es ist immer Christus, der durch die Menschheit schreitet. Und *wenn* du's gesehen hast, so oder so, dann hast du den Ausweg gesehen aus Not und Tod zum Leben. Und darum ist die Botschaft: Christ ist geboren, eine Botschaft der Gegenwart.

---

[2] Anspielung auf das Marienlied «Ich sehe dich in tausend Bildern ...» von Novalis; s. unten S. 303f.

DEN MENSCHEN EIN WOHLGEFALLEN![1]
1909

Einleitung s. S. 8f.

Unter meinem Fenster, auf der Insel in der Rhône[2], haben sie vor einigen Tagen eine Rutschbahn errichtet, ein ungefüges Ding mit vielen elektrischen Lampen und zuoberst eine Schweizerfahne. Eine Maschine setzt die Sache irgendwie in Bewegung, und nun lassen sich die großen und kleinen Kinder hinuntergleiten, zuerst in der Spirale, und dann gradeaus. Zur Vermehrung ihres und meines Vergnügens gibt ein Orchestrion in regelmäßigen Abständen und in regelmäßiger Reihenfolge die Gesänge der «Lustigen Wittwe» und andere klassische Weisen zum besten. Ich vernehme mit freudigem Erstaunen, daß das bis zum dritten Januar so fortgehen wird, und mache mir erbauliche Betrachtungen über Freuden und Leiden der Predigtvorbereitung in der Großstadt. Lieber Kollege und Studiengenosse im verschneiten Gebirgstal, dergleichen erlebst du nicht, das ist klar. Und du bist zu bedauern.

Aber dieser egoistische Gedankengang hätte kein Recht auf die Spalten des Gemeindeblattes. Ich sehe also weiter den gleich Marmelkugeln herunterkollernden Menschen dort drüben zu und suche mir unter Aufbietung von Scharfsinn klar zu machen, ob und was für Gedankengänge dies kollernde Vergnügen in *ihnen* auslösen mag. Denn offenbar macht ihnen das doch Vergnügen, sonst würden sie es nicht tun. Und nun spazieren meine Gedanken einige Tage zurück: das Volk von Genf hat sich in das Narrenkleid gesteckt, um die Tatsache zu feiern, daß es dem Herzog von Savoyen damals nicht gelungen ist.[3] Die vielen Savoyarden in Genf feiern vermutlich auch mit. Warum auch nicht? Fest ist

[1] Lk. 2,14.
[2] K. Barth wohnte als pasteur suffragant in Genf zunächst 1909/10 am Rhoneufer mit Blick auf die Rousseau-Insel (Quai des Bergues 21, 4. Stock); vgl. Busch, S. 63f.
[3] Nächtlicher Überfall des Herzogs Karl Emanuel von Savoyen am 21./22. Dez. 1602, der schließlich mißlang, obwohl eine savoyardische Sturmtruppe die Stadtmauer Genfs zu ersteigen vermochte. Die Verteidigung ihrer Freiheit gegen diese deshalb so genannte «Escalade» wird von den Genfern alljährlich gefeiert. Vgl. P. Stadler, *Das Zeitalter der Gegenreformation*, in: *Handbuch der Schweizer Geschichte*, Bd. I, Zürich 1972, S. 609f.

Fest. Und der Anblick des Rutschvergnügens und die Erinnerung an die fragwürdigen Gestalten, die die Escalade auf die Straße brachte, führt mich weiter. Ich denke an all den Tingeltangel, der täglich seine Pforten öffnet und offenbar täglich sein Publikum findet. Ich denke an das, was man «Großstadtleben» nennt, und ich meine nur die harmlose Seite davon. Ich denke an die musikalisch eigentümlich problematischen Melodieen, die unsere Buben auf der Straße vor sich hin pfeifen. Wohlverstanden, ich denke an das Alles nicht, weil ich ein «schwarzer Mann» bin, der sich über dergleichen von Amtswegen ärgern muß. Ich interessiere mich rein menschlich für die Frage, was eigentlich «dahinter» sei. Alles das bedeutet ja Vergnügen und Freude! Und da müßte ich doch ein Langweiler sein, wenn ich mich nicht dafür interessierte zu erfahren, in was diese Freude besteht, wenn ich's selbst nicht verstehe. Wenn ein Sachkundiger diese Zeilen liest, möge er nicht säumen, mich gründlich aufzuklären.

Und auf diesem kleinen Umweg bin ich nun schon bei der Weihnachtsfreude angelangt, der wir entgegengehen. Allerlei Anzeichen drohen mich zu belehren, daß auch hier auf weite Strecken die Losung gilt: Fest ist Fest. *Einen* Teil der Weihnachtsbotschaft versteht nämlich jeder, auch der, der zu faul ist, sich auf den Inhalt der übrigen auch nur zu besinnen. Und das ist der Teil: *Den Menschen ein Wohlgefallen.* Er übersetzt sich das so: das sind die Tage, in denen der Mensch allerlei erlebt, was ihm wohlgefällt. Und schon schweben Tannenbäume, Lebkuchen, Lotterien und animierte Vereinsabende lockend vor seinen Augen. Fest ist Fest, ob's nun Weihnacht heiße oder anders, die Hauptsache ist das Vergnügen dabei. Ich will auch da nicht den Störefried machen, aber das beunruhigt mich, daß mich nun das fatale Fragezeichen, von dem ich eben sprach, bis unter den Weihnachtsbaum verfolgt. Oder tue ich der Menschheit doch Unrecht, indem ich so mißtrauisch bin? Fast bin ich geneigt, das zu glauben, wenn ich folgende Annonce in N° 24 des *Schweizerischen Familien-Wochenblattes* lese:

«Das Großartigste für den Christbaum ist mein Engel-Christbaum-Geläute, Posaunenchor mit der Geburt Christi. Die schwebenden Engel, welche sofort nach Anzünden der Kerzen den Baum umfliegend in der Luft schweben und die hellklingenden Glocken bringen die echte, rechte Weihnachtsstimmung. Mein Engelgeläute ist aus vernickeltem Metall hergestellt u.s.f.»[4]

[4] Schweizerisches Familien-Wochenblatt für Unterhaltung und Belehrung, (29. Jg.) Halbband 57, Nr. 24 vom 12. Dez. 1909, Beilage [S. 12].

Es ist erreicht. Ein Tingel-Tangel für's christliche Haus. Die echte, rechte Weihnachtsstimmung, wer wäre so roh, danach nicht Verlangen zu tragen? Lauf und kauf, lieber Leser, für den Spottpreis von Fr. 1.75 kriegst du die ganze Herrlichkeit! Den Menschen ein Wohlgefallen! Und nun ist das Fest ein Weihnachtsfest, die Freude Weihnachtsfreude, der Posaunenchor mit der Geburt Christi leistet ja Garantie dafür.

Oder bist du nun deinerseits mißtrauisch, gegen mein Entzücken nämlich? Weil du mich so energisch am Rockknopf fassest und meine wirkliche Meinung wissen möchtest, so will ich dir's ins Ohr sagen: Mir scheint's, das großartige «Engelchristbaumgeläute» hat eine unheimliche Verwandtschaft mit dem Rutschvergnügen da drüben. Man fragt sich beim einen wie beim andern nach dem großen «Dahinter», und man kriegt keine Antwort, ich wenigstens nicht. Und weil so viel von dem, was sich jetzt wieder Weihnachtsfeier nennt, ebenso «großartig» und ebenso geschmackvoll ist wie das «Engelchristbaumgeläute», so – du kannst meinen Satz selbst vollenden.

Und nun möchte ich ein rasches Punktum hinter meine Betrachtungen setzen. Kein erbauliches Punktum. Ich möchte nämlich den freundlichen Leser bitten, an Hand der verschiedenen Fragezeichen, die ich hier gesetzt habe, mir zu helfen bei der Revision dessen, was wir so gewohnt sind, «Freude» zu nennen. Vielleicht bekommen wir dabei noch vor Weihnacht auch das unter die Lupe, was man so «Weihnachtsfreude» nennt. Umso besser: ein deutliches Fragezeichen ist immer schon eine halbe Antwort.

[EIN ALTERTÜMLICHES WEIHNACHTSLIED]
1909

Einleitung s. S. 8f.

Das altertümliche Weihnachtslied, das wir dem geneigten Leser in dieser Nummer unterbreiten, stammt aus Gontenschwil im Kanton Aargau, d. h. es ist dort wieder entdeckt worden, wie man ja heute gerade auf dem Gebiete des Volksliedes daran ist, das gute Alte aus dem Schwemmlande moderner Süßlichkeiten wieder hervorzugraben. Wir haben es aus der Sammlung «Im Röseligarte» von O. v. Greyerz abgedruckt.[1] Sie enthält in den bis jetzt erschienenen drei Hef-

---

[1] *Im Röseligarte. Schweizerische Volkslieder,* hrsg. von O. von Greyerz, Erstes Bändchen, Bern 1908, S. 37–39. Der Abdruck im «Gemeinde-Blatt», wie er im folgenden wiedergegeben wird, weicht gelegentlich orthographisch von der Vorlage ab:

Weihnachtslied

1. Es ist für uns eine Zeit ankommen.
   Sie bringt für uns eine große Gnad:
   Unser Heiland Jesus Christ,
   Der für uns uns, der für uns uns,
   Der für uns Mensch worden ist.
     Die Hirten of em Feld
     Die laufen eso schnell.
     Sie laufen und springen
     Und mänge hört singen:
     Die Ehr Gott in der Höh
     Und Friede sei auf Erd!

2. Jesulein lag in der Krippe
   Auf einem harten Felsenstein
   Zwischen Ochs und Esulein.
   O du armes, o du armes,
   O du armes Jesulein.
     Ach Gott, erbarm!
     Wie ist die Mueter eso arm!
     Sie hat ja kein Pfännelein,
     Zu kochen dem Kindelein,
     Kein Brot und kein Salz.
     Kein Butter und kein Schmalz.

ten[2] eine reiche Fülle solchen alten Gutes. Vielleicht ermutigt die Probe den einen oder den anderen Deutschschweizer, der *nicht* verwelschen möchte, die Seinigen und sich selbst auf Weihnacht mit einem oder auch allen dieser gewandt illustrierten und wohlfeilen Hefte zu erfreuen.

3. Es kamen drei Könige her zu reisen.
   Sie kamen her aus dem Morgenland.
   Einen Stern tät sie begleiten
   Und führte sie bis, führte sie bis,
   Führte sie bis gen Bethlehem.
     Im Morgenland,
     Dort ist es eso kalt.
     's mueß mänge verfriere
     Und ds Läbe verliere.
     Doch d' Mueter, au no so arm,
     Sie haltet ds Chindli warm.

4. Über einem Stalle, da hielt der Stern stille.
   Sie traten ein und in den dunkeln Raum;
   Kneuleten vor dem Kindelein her;
   Großes Opfer, großes Opfer,
   Großes Opfer brachten sie dar.
     «Wir kommen hier an,
     Das wünschen wir euch an:
     Ein guetes glücksäligs,
     Gesund und auch fröhlichs,
     Ein guetes neues Jahr,
     Das wünschen wir euch an.»

[2] Das 2. und 3. Bändchen der Sammlung kamen mit Erscheinungsjahr 1909 bzw. 1910 ebenfalls in Bern heraus.

[ANSPRACHE BEI DER WEIHNACHTSFEIER
DER DEUTSCHEN REFORMIERTEN SCHULE IN GENF]
1909

Eingangs eines Briefes an die Eltern vom Sonntag, dem 19. 12. 1909, gibt Karl Barth eine schöne Schilderung des Anlasses der «beifolgenden Worte»: «Euer Kindli hat einen belebten Tag hinter sich. Morgens Predigt (von zweifelhafter Erquicklichkeit) u. Kinderlehre wie gewohnt, nachmittags ... Weihnachtsfest in der großen Salle de réformation, die mit einer Menge deutscher Gemeindegenossen gefüllt war, die das Auditoire etwa fünf mal platzen lassen würde!!! Oehl-Dubach (das ist der Kirchen- und Schulpräsident, den Mama kennt) oehlte, die Turner turnten, die Mädchen tanzten, Grütli, Alpenrose und Concordia sangen ergreifende Weisen vom Vaterland etwa so

$$\left\{ \begin{array}{c} \textit{Schwei ----- zerland} \\ \textit{du liebes liebes Schweizerland} \\ \textit{du lie --- bes Schweizerland} \end{array} \right\}$$

zum Schluß trat der schwarze Mann auf die Tribüne, euer Kindli nämlich und sprach mit Donnerstimme beifolgende Worte. Wenn sie Euch zu ‹wacker› sind, so müßt Ihr an das Milieu denken und werdet mich begreifen. Die Hauptsache war ja, daß die Hauptsache kam.»

Das dem Brief beigelegte Programm der «Weihnachtsfeier der deutschen reformierten Schule in Genf unter gefl. Mitwirkung der Vereine: Männerchor Concordia ⁎ Damenchor Alpenrose ⁎ Männerchor Grütli», in dem Barth durch Pfeile und Unterstreichungen die Steigerungskurve bis zu seiner eigenen Ansprache hervorgehoben hatte, kann Stellung und Funktion seiner Worte veranschaulichen und einige Anspielungen erklären: Neben verschiedenen Lieddarbietungen gab es einen «Blumenballreigen» der «Mädchen der VI. Klasse», «Frei- und Stabübungen» und «Pyramiden» der «Knaben der V.» resp. «VI. Klasse» und schließlich, vorgetragen vom «Männerchor Concordia», den «Eidgenossen Wachtgesang». Dann aber rückte der «Christbaum» in den Mittelpunkt, und es folgte die «Ansprache von Herrn Pfarrer Barth» und die «Weihnachtsbescherung».

Liebe Kinder!
So da habt ihr nun euren Weihnachtsbaum und ihr habt ihn durch Euer Singen u. Turnen heute Abend wohl verdient. Seht ihn Euch nur genau an, er kommt erst übers Jahr wieder. Und der kleine Finger hat mir auch gesagt, daß nachher noch andere Herrlichkeiten auf Euch warten. Wollt ihr mir trotzdem einige Minuten zuhören? Ich möchte zu dem Allem auch noch ein Wörtchen sagen.

Ihr wißt Alle, was das bedeutet, wenn wir Weihnacht feiern. Das soll nicht bedeuten, daß die großen und die kleinen Leute eben auch im Winter ein Fest haben müssen, wie sie im Sommer manches genug haben. Sondern das soll bedeuten, daß wir uns da an die Geburt des Herrn Jesus erinnern. Das wißt ihr alle, das brauche ich euch nicht zu sagen. Aber wißt ihr auch noch genau, wie das damals zugegangen ist mit dem Kindlein in der Krippe und den Hirten auf dem Feld? Wenn ihrs nicht mehr genau wißt, dann lauft einmal nachher zu euren lieben Eltern und sagt ihnen, ihr möchtet die Geschichte hören.

Aber paßt einmal auf! Das ist noch lang nicht Alles, daß man weiß, daß wir heute den Geburtstag des Heilands feiern und daß man vielleicht auch weiß, wie das damals zugegangen ist. Habt ihr euch auch schon darüber besonnen, warum wir diesen Geburtstag feiern? Denn daß man so mir nichts dir nichts alle Jahre wegen dieses Geburtstags einen Baum mit Lichtern anzündete, Äpfel und Lebkuchen verteilte, das wäre doch eine kuriose Sache, meint ihr nicht auch?

Seht einmal, ihr geht in die Schule, einen Tag um den andern, ein Jahr ums andre und eure Lehrer u. Lehrerinnen geben sich große Mühe mit Euch, um Euch allerlei nützliche Dinge beizubringen: Lesen u. Schreiben u. Rechnen u. Geographie u. Handarbeit. Wozu das Alles? Etwa zu ihrem Vergnügen? Ich glaube[,] es ist manchmal kein Vergnügen für sie. Oder zu eurem Vergnügen? Da werdet ihr mir selbst sagen[,] daß das Lernen nicht immer ein Vergnügen ist. Nein, sondern ihr wandert jetzt in die Schule[,] damit später tüchtige und brauchbare Männer u. Frauen aus Euch werden. Und ein tüchtiger Mensch werden bedeutet nicht nur, daß man lernt[,] wie man sich einen Sack voll Geld verdient, einen kleinen Sack oder einen großen Sack, damit man alle Tage etwas zu schnabulieren hat und dazu womöglich noch etwas[,] um damit am Sonntag nachmittag auf den Salève[1] gehen zu können. Ein tüchtiger

[1] Vielbesuchter Berg mit weiter Aussicht südöstlich von Genf.

Mensch ist nur der, der ein guter Mensch ist[,] und ein guter Mensch ist nur der, der weiß was Recht ist u. was Unrecht, der das nicht nur weiß, sondern der danach thut. Der Geldsack kann leer werden von heut auf morgen wie er voll geworden ist, das Vergnügen auf dem Salève od. sonstwo geht vorbei wie die Lichter des Tannenbaums verlöschen, wenn ihre Zeit um ist. Aber etwas geht nicht vorbei und das ist die Freude und Ruhe[,] die ein guter Mensch im Herzen trägt. Und nun hat uns der Herr Jesus gezeigt, wie man ein guter Mensch wird, er hats uns nicht nur gezeigt, sondern vorgemacht durch die merkwürdig freundliche Art wie er gelebt hat u. wie er gestorben ist. Und er hat zu dir und zu mir gesagt: Wenn du probieren willst, es zu machen, wie es recht u. gut ist, dann ist ein lieber Vater da, unsichtbar und doch ganz nahe bei dir, der nimmt dich bei der Hand, und will dich durchs Leben führen, so gut und sicher, wie es auch die besten Eltern u. Lehrer nicht können. Seht, das war der Herr Jesus und darum feiern wir heute seinen Geburtstag.

Wir haben heute Abend viel vom Vaterland gehört und ihr Buben habt mit eurem Turnen gezeigt, daß ihr auch einmal tapfere Schweizersoldaten werden wollt. Und weiter werdet ihr[,] wenn ihr groß seid, einen Stimmzeddel in die Hand bekommen, bis dahin vielleicht sogar ihr Mädchen[2][,] und sollt entscheiden helfen über Wohl und Wehe von Stadt u. Land. Ja, was meint ihr? Eine Uniform anziehen und einen Tschako und den Stimmzeddel in die Urne werfen als wahlberechtigter Bürger, das kann jeder, aber ein *guter* Schweizersoldat und ein *guter* Schweizerbürger werden, das kann nicht jeder; das kann nur der, der schon vorher ein guter Mensch ist.

Und dazu zeigen Euch die Lichter des Weihnachtsbaums den Weg, wenn ihr sie recht versteht. Gott helfe euch dazu, das ist das Weihnachtsgeschenk, das ich euch wünsche.

---

[2] Das Recht zur Teilnahme der Frauen an politischen Wahlen und Abstimmungen (Frauenstimmrecht) wurde in der Schweiz auf eidgenössischer Ebene erst 1971 eingeführt, auf kantonaler Ebene sukzessive zwischen 1959 (Genf: 1960) und 1972, in Appenzell Innerrhoden erst 1990. Immerhin beschloß die Genfer Nationalkirche bereits am 23./24. 4. 1910 in einer Abstimmung der wahlberechtigten Glieder, den Frauen die Stimmberechtigung in kirchlichen Angelegenheiten zu erteilen.

AUS EINEM TELLER
1910

Zum letzten der drei Hefte des Gemeinde-Blattes, die unter Karl Barths Verantwortung erschienen, trug er selber drei Stücke bei: Die Betrachtung «Aus einem Teller», die Berichtigung «Ein sonderbares Mißverständnis» und die Erläuterung «Zu den beiden Gedichten» (von C. F. Meyer und H. Annoni), die Barth in diese Nummer einrückte.

Der erste der Texte Barths hat eine erzählenswerte Vor- und eine erwähnenswerte Nachgeschichte. Am 21. 7. 1909 schreibt Barth aus Marburg an die Eltern: «Am Sonntag [18. 7.] habe ich wieder etwas Einzigartiges erlebt. Der Pfr. Cornelius in N'Gr. Bach [Niedergrenzebach] hatte Loew und mich längst dringend eingeladen zu einem Abschiedsbesuch. Wir trödelten die Sache hinaus ... Nun wars doch gut, daß wir gerade letzten Sonntag gingen, denn als wir ankamen, ward uns eröffnet, wir seien mit der Pfarrfamilie an eine große Bauernhochzeit eingeladen. So führte ich denn, kaum angekommen, die älteste Tochter des Pfrs zum Glück nicht zum Altar, aber doch in die Kirche, inmitten eines Zuges von abenteuerlichen Gala-Trachten, wie sie dort üblich sind. ... Zum Glück hatte ich meinen großen Hut an, sodaß ich doch auch ein wenig ungewöhnlich aussah in diesem Trachtenmuseum, in dem man selbst unwillkürlich ganz vorsündflutlich zu denken anfing. Nach der Kirche hub ein ungeheures Essen an, was ich mir in Anbetracht der Marburger Küchenverhältnisse gern gefallen ließ. Viel Fleisch. Das zog sich mit einer großen Pause bis gegen Abend. Dem Tanz haben wir natürlich nur zugesehen. Dagegen habe ich die Rede auf den Brautvater (!) übernommen, resp. das Hoch, denn die Rede bewegte sich sehr in allgemeinen Regionen und war z. B. geschmückt durch den eingelegten Vortrag eines Schweizerlieds, das den Schwälmern viel Vergnügen machte. Pfr. Cornelius hielt am spätern Abend nicht weniger als 3 Reden: eine auf das Brautpaar, eine auf die Schweiz (!) und eine auf die alldeutsche Verbrüderung aller germanischen Stämme ‹von der Mailänder Tiefebene bis zum Nordkap›. Germanisch war die Sache, das ließ sich nicht leugnen, aber ich glaube die Bauern waren klüger als ihr Pfarrer: wenigstens erwiderten sie mein energisches Kopfschütteln durch sehr pfiffige Gesichter, wie man sie im Kt. Bern bei ähnlichen Anlässen wohl auch sehen kann. Natürlich ereignete sich viel Religionsgeschichtliches und sonst Seltsames.»

Die hier anknüpfende Betrachtung Barths für das Genfer Gemeinde-Blatt fand auch in welschen kirchlichen Kreisen ein freundliches Echo. Am 12.2.1910 berichtet Barth den Eltern: «Gestern» war «bei Pfr. Heyer ... die Rede davon, den ‹einen Teller› für die Feuille paroissiale der französ. Gemeinden zu übersetzen. Es war wohl mehr ein kräftiges Compliment als ernste Absicht, aber der Gedanke Ulchen [= K.B.] als auteur français très remarquable ist doch bauchpinselnd.» Es blieb keineswegs bei einem Compliment: Am 7.3.1910 konnte Barth den Eltern den «Messager paroissial de Plainpalais mit dem übersetzten Teller» übersenden. Und noch ein anderes Echo ist berichtenswert: Prof. E. Chr. Achelis, mit dem Barth erst 1909 eine lebhafte Auseinandersetzung über «Moderne Theologie und Reichsgottesarbeit» gehabt hatte[1], zeigte sich, wie Barth am 24.7.1910 nach einem Besuch in Marburg den Eltern zu melden hat, «sehr huldvoll» und teilte ihm mit, «er habe die Geschichte ‹Aus einem Teller› zu einem Hochzeitstoast verwendet!!»

Über die Umstände, die Barth veranlaßten, ein sonderbares Mißverständnis des Namens seiner «deutschen reformierten Gemeinde» aufzuklären (und nebenbei auch das andere, als sei der «Freisinn» an eine Partei «verpachtet»), gibt der Text selber anschaulich Auskunft.

Daß Barth sich für die geistliche Lyrik Hieronymus Annonis (1697–1770) interessierte und daß er seine Gemeinde dafür zu interessieren versuchte, hat einen Grund auch in seiner Familiengeschichte: Einer seiner Vorfahren, Johannes Rudolf Burckhardt, «stand auf vertrautem Fuße mit dem in Muttenz wirkenden Pfarrer Hieronymus d'Annone, der ein so gewaltiger Prediger war, daß der löbliche Rat von Basel auf Verlangen der ehrwürdigen Geistlichkeit wegen des ‹Geläufs nach Muttenz› am Sonntagvormittag die Stadttore sperren lassen mußte», berichtet Barth in dem 1965/1966 verfaßten Fragment einer Autobiographie. Ein Exemplar von Annonis «Geistlichen Lieder-Buscheln Für Gutwillige Himmels-Pilger» (Basel 1774), in denen sich auch die «Erbaulichen Wasch-Gedanken» finden, ist aus der Familie Burckhardt in Barths Besitz gekommen, nachdem es zunächst zur Bibliothek von J.R. Burckhardts Sohn Johannes gehört hatte. Wenn Barth in dem erwähnten biographischen Text bekennt, unter seinen Vorfahren von diesem Manne «den stärksten geistlichen Eindruck empfangen» zu haben,

---

[1] Siehe *Vorträge und kleinere Arbeiten 1905–1909*, S. 323–355.

so galt die Achtung vor dessen spezifischem Pietismus in entsprechender Abwandlung auch der von Annonis Liedern bezeugten Lebensfrömmigkeit, auf die Barths kleine Betrachtung hinweisen wollte.

Als ich noch Student war, da zog ich einmal mit einem guten Freund aus dem schönen Marburg in Hessen über Land. Wir wollten einen Pfarrherrn aufsuchen, für den wir beide schon gepredigt hatten. Und als wir an den Ort kamen, da geschah es, daß eben das ganze Dorf eine große Hochzeit feierte. Das hatten wir vorher nicht gewußt, aber weil wir einmal da waren, gings uns wie denen von den Straßen und an den Zäunen im Gleichnis: Man nötigte uns, hereinzukommen [vgl. Lk. 14,23]. Das ließen wir uns gerne sagen, und so haben wir eine hessische Bauernhochzeit miterlebt, schöner als dergleichen in den schönsten Büchern geschildert und abgebildet ist. Aber ich habe es nicht darauf abgesehen, dem freundlichen Leser nun etwa meinerseits eine Schilderung dieser Hochzeit zum besten zu geben. Nur von einer Sitte möchte ich ihm erzählen, die es vielleicht auch anderswo gibt, die ich aber dort zum ersten Mal selbst mitangesehen habe. Das Brautpaar war nämlich während des ganzen Essens – und es war nicht kurz – darauf angewiesen, zusammen nur aus *einem Teller* zu essen, mit Hilfe *eines* Löffels, *einer* Gabel und *eines* Messers. Der freundliche Leser schüttelt den Kopf und denkt: Die armen Leute! Ja, die armen Leute! dachten wir damals auch, aber uns wurde bald erklärt, das habe seinen guten Sinn: Mann und Frau sollen ja in Zukunft alles gemeinsam haben, Essen und Trinken und Alles. Das soll ihre größte Freude sein, aber auf diese Freude müssen sie sich einrichten durch gegenseitige Freundlichkeit und Verträglichkeit. Freundlichkeit und Verträglichkeit wollen aber gelernt sein, und da sollen sie's nur gleich am Hochzeitstag anfangen – und darum aus einem Teller essen.

Ei, mir ist's, was für das Brautpaar im Hessenland gilt und – wohlgemerkt – für alle Braut- und Eheleute, das gilt am Ende auch für die Menschen und Christen insgemein.

Das ist eine traurige Weltanschauung, wenn einer meint, es sei alles gut, wenn ihm der liebe Gott den eigenen Teller recht gefüllt habe mit allerlei guten Sachen, und nun sei's die Hauptsache, ihn mit Anstand und Würde eiligst zu leeren, bevor ein Anderer mit seinem Löffel hin-

einlangt. In der guten, alten Zeit gab's in einer andern Gegend des deutschen Reiches ein Gesangbuch, da stand folgende Strophe darin:
> Schick Regen, Herr, und Sonnenschein,
> Auf Schleiz und Greiz und Lobenstein.
> Und wollen andere auch was han,
> So mögen sie Dir's selber san![2]

So stellen sich viele Leute ihr Verhältnis zum lieben Gott vor. Gerade wie wenn er nur für sie da wäre, für die Fürstentümer Schleiz, Greiz und Lobenstein, für den Herrn X. und die Frau Y., für den Hans und die Liese, um just akkurat *ihnen* allerlei Glück zu beschaffen. Aber es ist nichts mit dem vollen Teller für dich allein. Es ist nicht gut, daß der Mensch allein sei [Gen. 2,18]. Da sind eine ganze Menge Andrer, die möchten und sollen auch etwas haben, und das ist erst die rechte Freude am Leben und an den guten Gaben Gottes, wenn *ihre* Freude *deine* Freude wird und wenn du dich gar nicht mehr deines Lebens freuen magst und willst als mit den andern zusammen. Aber du weißt schon: Diese Freude mit den andern zusammen hat so ihre Haken. Denn die Menschen sind nun einmal keine weichen Molluskentiere, bei denen alles nachgibt, wo man sie berührt, sondern unbeschreiblich borstige Wesen mit vielen Kanten und Stacheln. Da gibt's Reibung und Konkurrenz. Da möchte jeder – offen oder heimlich – vom lieben Gott den größten Teller gefüllt kriegen. Da wär's wohl fein und lieblich, wenn Brüder einträchtig beieinander wohnen würden [vgl. Ps. 133,1], aber das will gelernt sein; darauf muß man sich einrichten. Und wenn der Hans und die Liese *damit* anfangen, dann merken sie bald, daß das nicht so leicht ist, daß sie da vielmehr am Anfang eines langen Weges stehen. Und die Stationen auf diesem Wege heißen: Klarheit, Ernst, Gehorsam, Treue, Verzicht, Opfer. Und wenn sie anfangen zu merken, daß gerade die beiden letzten Stationen die wichtigsten sind, dann geht es ihnen vielleicht auf: Aha, der Mensch ist eigentlich etwas, das über-

---

[2] Der Vers, von dem freilich auch etwa J. Keßler (*Ich schwöre mir ewige Jugend*, Leipzig 1935, S. 7) behauptet, er sei in einem der «alten Gesangbücher» des Fürstentums Reuß älterer Linie enthalten gewesen, zählt nach W. Nelle (*Die Rabenaasstrophe und einige andere Seeschlangen*, in: MGKK, Jg. 7 [1902], S. 323–326. 358–365, s. bes. S. 363f.) zu den «Seeschlangen», «die in der populären Kirchenliedkunde» spuken: angebliche Kirchenlieder, die in Wahrheit nie in einem Gesangbuch gestanden haben.

wunden werden muß³, der alte borstige Mensch nämlich. Aha, Gott hat mich eigentlich zu etwas anderem geschaffen als dazu, allerlei Teller mir füllen zu lassen und zu leeren, nämlich dazu, frei und stark zu werden, frei mir selbst gegenüber und stark zum Guten. So erzieht uns Gott durch die Reibung und Konkurrenz des Lebens, durch den gemeinsamen Teller aus Menschen zu Christen.

Aber die Sache ist noch nicht fertig. Gerade für den Christen nicht. Das ist ein Christ, der jenen Weg unter die Füße genommen hat, tapfer und dankbar. Warum dankbar? Weil er bei jedem getanen Schritt sich sagen muß: das hast nicht du fertig gebracht, du kleiner borstiger Mensch, das war Gott, der ganz anders ist als du und der daran ist, auch dich ganz anders zu machen, als du immer noch bist. Und weil er darum auch das freie starke Leben, das auf diesem Weg in ihm erwacht, immer nur als ein Geschenk verstehen kann, nicht als etwas, das er sich selbst zurecht machen kann. Und nun ist's eine sehr wesentliche Sache, daß er merkt, daß dies Gottesgeschenk – wir wollen es immer mehr als das *eine* große Geschenk verstehen lernen – nicht etwas ist für ihn allein, sondern für viele Brüder und Schwestern mit ihm. Auch für viele, die jetzt noch meinen, dem lieben Gott aus der Schule laufen zu können. Die rechte Freude an Gott ist wieder nur die Freude *mit andern zusammen*. Jesus hat nicht umsonst von einem *Reich* Gottes geredet. Es ist ihm ernst damit gewesen. Einsiedeleien gibt es in diesem Reich nicht. Das mußt du dir klar machen. Aber nun zeigt sich gerade hier die Borstigkeit des alten Menschen in besonders hellem Licht. Er kann und kann sich mit seinesgleichen nicht vertragen, sogar wenn es sich um das eine große schlichte Gottesgeschenk handelt. Seit alten Zeiten hat es auch da Reibung und Konkurrenz gegeben. Und es scheint uns schon fast selbstverständlich, daß jeder seinen besondern Teller mit besonders guten Sachen, seine besondere Kirche oder Richtung mit besonders guten Lehren und Ansichten haben müsse. Vielleicht ist es praktisch so und vielleicht notwendig. Vielleicht ist es eines der wichtigsten Stücke in der Erziehung, die wir als Christen erst recht durchmachen müssen,

---

[3] Vgl. Fr. Nietzsche, *Also sprach Zarathustra. Ein Buch für Alle und Keinen*, Nietzsche Werke. Kritische Gesamtausgabe, hrsg. von G. Colli und M. Montinari, Abt. 6, Bd. I, Berlin 1968, S. 8, Z. 13–15: «*Ich lehre euch den Übermenschen. Der Mensch ist Etwas, das überwunden werden soll. Was habt ihr gethan, ihn zu überwinden?*»

uns daran zu gewöhnen, Andere anders von Christus reden zu hören, als wir selbst es tun. Und jedenfalls richtet Gott auch so mit seinen Leuten aus, was er vorhat. Aber das ändert nichts daran, daß wir, wenn wir mit dem Reich Gottes ernst machen wollen, den Gedanken ins Auge fassen müssen, daß Gottes Geschenk wirklich und ohne Hintergedanken für Alle dasselbe ist, so verschieden wir davon denken und reden mögen. Der gemeinsame Teller, die äußere Einheit der Christen, mag vorläufig ein schöner Zukunftstraum sein, der nur bei einzelnen Anlässen wie z. B. bei der Calvinfeier des letzten Jahres[4] zur Verwirklichung kommt. So wollen wir wenigstens in offener, freundlicher Gesinnung jedes hinter seinen geliebten besondern Teller sitzen, nicht scheel nach links und rechts guckend, sondern in dem aufrichtigen Bewußtsein: *Und wir gehören doch zusammen!* Schließlich kam's ja auch bei der hessischen Hochzeit oder bei der Kappeler Milchsuppe unserer tapfern Vorfahren[5] nicht auf den gemeinsamen Teller oder Zuber an, sondern darauf, daß die Menschen und Christen und Schweizer dieses *zusammen* verstehen und leben lernten.

Der Apostel Paulus ist auch dieser Meinung gewesen. Vergleiche I. Cor. 1,10–13; 3,1–15; 8,6; 12,4–30; Röm. 12,3–6; Eph. 4,2–7.

---

[4] Vgl. oben S. 2, Anm. 8.
[5] Die «Kappeler Milchsuppe», zu der sich die Kontrahenten des Ersten Kappelerkriegs zusammengefunden haben sollen, ist Sinnbild eines gesamteidgenössischen Bewußtseins. Vgl. P. Dürrenmatt, *Schweizer Geschichte*, Bd. I, Zürich 1976, S. 299–309, bes. 303f.; L. von Muralt, *Renaissance und Reformation*, in: *Handbuch der Schweizer Geschichte*, Bd. I, Zürich 1972, S. 499f.

EIN SONDERBARES MISSVERSTÄNDNIS
1910

Einleitung s. S. 19–21.

Ein sonderbares Mißverständnis, dem ich nun schon öfters begegnet bin, finde an dieser Stelle einmal seine Berichtigung. Es handelt sich um die Bezeichnung unsrer Gemeinde als «deutsche reformierte Gemeinde». Das Mißverständnis betrifft das Wort «reformiert». Ist es übrigens nicht ein klein wenig beschämend, daß es in der Stadt Calvins nötig ist, gerade *darüber* Erläuterungen zu geben? Also in der Reformationszeit hat sich der Protestantismus infolge von Verschiedenheiten der Lehre über die Erwählung und über das Abendmahl in zwei große Gruppen gespalten, in die *lutherische* Kirche einerseits und in die zwinglische und calvinische Kirche andererseits. Die beiden letztern einigten sich auf gemeinsame Bekenntnisse und bekamen zusammen den Namen *reformierte* Kirche. Es gab Zeiten, in denen Lutheraner und Reformierte sich untereinander eben so hitzig befehdeten wie mit den Katholiken. Aber das ist lange her. Die Unterschiede haben sich verwischt. Nicht völlig; aber es braucht schon recht geübte Ohren, um eine lutherische von einer reformierten Predigt zu unterscheiden. Dagegen ist noch heute für jedermann offenkundig der Unterschied in der äußern Ordnung des Gottesdienstes. Und weil die Menschen gerade die äußern Ordnungen am zähesten festzuhalten pflegen, gibt es noch heute Lutheraner und Reformierte. In Norddeutschland sind die Protestanten vorwiegend Lutheraner, in Süddeutschland, in der Schweiz, in Frankreich Reformierte. Wir sind somit Reformierte, und das ist so selbstverständlich, daß es z.B. im offiziellen Titel der Genfer Nationalkirche[1] gar nicht erst gesagt wird. Nun gibt es aber in Genf eine *deutsche lutherische* Gemeinde[2] und zur Vermeidung von Verwechslungen heißen wir die *deutsche reformierte* Gemeinde. Dies der Tatbestand.

---

[1] Église nationale protestante de Genève.
[2] Zur Geschichte der deutschen lutherischen Kirchgemeinde in Genf vgl. K. Daniel, *Die Deutsche Lutherische Kirche in Genf. 1707–1907. Zum Zweihundertjährigen Jubiläum ihrer Begründung im Auftrag der Kirchendirektion verfasst*, Genf 1906.

Nun das Mißverständnis: Ich höre mit Erstaunen das Wort «reformiert» gebraucht im Sinne von «freisinnig»[3]. Man sagt mir, «die Leute» faßten das so auf. Es ist eine schöne Sache um den Freisinn, besonders wenn es wirklicher Freisinn ist und nicht bloß ein Schlagwort. Aber der altehrwürdige Name unserer Kirche hat damit nichts zu tun. Das Mißverständnis ist auf komplizierte Weise entstanden, und der Prozeß sei hiermit aufgedeckt: Es gibt in Genf bekanntlich eine weitere deutsche Gemeinde, deutsche *evangelische* Gemeinde[4] nennt sie sich. Dies «evangelisch» wird in der französischen Schweiz als Bezeichnung für die theologische Richtung gebraucht, die anderwärts «positiv» oder «orthodox» heißt.[5] Mißbräuchlicherweise übrigens, denn das Evangelium ist zum Glück an keine Partei verpachtet, sowenig wie der Freisinn. Nun gehörte der allseitig in bestem Andenken stehende verstorbene Herr Pfarrer Steiger[6] an unsrer Gemeinde zu der theologisch freisinnigen Partei, die in der deutschen Schweiz *Reform*richtung[7] heißt.

---

[3] «Freisinnig» hießen in der Schweiz sowohl die Anhänger des theologischen Liberalismus, der sogenannten «Reform», als auch die des politischen Liberalismus; vgl. [O.] Pfister, Art. «Reformer in der Schweiz», in: RGG¹ IV, Sp. 2102–2104; [O. E.] Straßer, Art. «Reformer, Schweizerische», in: RGG² IV, Sp. 1783–1784; R. Pfister, Art. «Reformer, schweizerische», in: RGG³ V, Sp. 882f., und O. Pfister, *Die gegenwärtige Metamorphose der theologisch-kirchlichen Parteien in der Schweiz*, in: SThZ, Jg. 21 (1904), S. 65–96.139–172. Die Partei des oder jedenfalls eines bestimmten politischen Liberalismus trug (und trägt) den Namen «Freisinnig-demokratische Partei der Schweiz» («Parti radical Suisse»); vgl. F. Steinmann, Art. «Freisinnig-Demokratische Partei der Schweiz», in: HBLS III, S. 314–316.

[4] Zur «Deutschschweizerischen evangelischen Kirchgemeinde», einer 1868 von der orthodoxen Minderheit der deutschsprachigen Protestanten in Genf gegründeten freien Kirche, vgl. den Anhang in: A. Schreiber, *Die deutsche Gemeinde in Genf 1580–1917. Geschichtlicher Ueberblick auf ihre Entstehung und Entwicklung. Dargestellt auf Grundlage des Gemeindearchivs und der Ratsbücher*, Genf 1919, S. 26–28.

[5] So trägt z. B. die aus pietistischen Anfängen hervorgegangene Freie Kirche des Kantons Genf den Namen «Église évangélique de Genève»; vgl. Ch. Correvon, Art. «Freikirchen: 6. in der französischen Schweiz», in: RE³ VI, S. 252–259, bes. S. 253, Z. 37.48.

[6] Otto Steiger (1828–1903) war seit 1875 deutschsprachiger Pfarrer der Genfer Nationalkirche und wurde 1903 Gemeindepfarrer der damals neu gebildeten «Deutschen reformierten Kirchgemeinde Genf»; vgl. A. Schreiber, a.a.O., S. 27f.

[7] Vgl. oben, Anm. 3, und Art. «Reformrichtung», in: *Schweizer Lexikon in sieben Bänden*, Bd. III, Zürich 1946, Sp. 349.

Und es entstand im Handkehrum die Verwechslung: Reformiert und Reform. Und das «*reformierte* Gemeinde» wurde im Gegensatz zur *evangelischen* verstanden, während in Wirklichkeit die eine so reformiert und – fügen wir hinzu – im wohlverstandenen Sinn so evangelisch ist wie die andere. Der langen Rede kurzer Sinn: Die deutsche reformierte Gemeinde ist *keine Parteikirche,* sondern sie ist für alle da.

Der eine oder andere Leser macht sich Gedanken über all die Namen, Kirchen, Gemeinden und Parteien. Ich mache mir auch Gedanken darüber, und insofern ist die Sache eine Illustration zur Frage des gemeinsamen Tellers, von der weiter oben die Rede ist.[8]

---

[8] Siehe oben S. 19–24.

ZU DEN BEIDEN GEDICHTEN
1910

Einleitung s. S. 19–21.

Das von K. F. Meyer[1] wird dem nachdenklichen Leser zur mehrmaligen Lektüre empfohlen, mit dem Versprechen, daß es sich lohnt. Es ist hiehergesetzt als ein weiterer Beitrag zur Frage der Gemeinschaft unter den Christen.[2] Und ich glaube, der Dichter führt uns da auf die höchste Warte.

[1] C. F. Meyer, «Alle», Sämtliche Werke. Historisch-Kritische Ausgabe, Bd. I, Bern 1963, S. 260. Im folgenden wird der Text nach dem Abdruck im «Gemeinde-Blatt» wiedergegeben:

Alle

Es sprach der Geist: Sieh auf! Es war im Traume.
Ich hob den Blick. In lichtem Wolkenraume
sah ich den Herrn das Brot den Zwölfen brechen
und ahnungsvolle Liebesworte sprechen.
Weit über ihre Häupter lud die Erde
er ein mit allumarmender Gebärde.

Es sprach der Geist: Sieh auf! Ein Linnen schweben
sah ich und vielen schon das Mahl gegeben,
da breiteten sich unter tausend Händen
die Tische, doch verdämmerten die Enden
in grauen Nebel, drin auf bleichen Stufen
Kummergestalten saßen ungerufen.

Es sprach der Geist: Sieh auf! Die Luft umblaute
ein unermeßlich Mahl, soweit ich schaute,
da sprangen reich die Brunnen auf des Lebens,
da streckte keine Schale sich vergebens,
da lag das ganze Volk auf vollen Garben,
kein Platz war leer und keiner durfte darben.
                                                              K. F. Meyer

[2] Vgl. K. Barth, *Aus einem Teller*, oben S. 19–24, und ders., *Ein sonderbares Mißverständnis*, oben S. 25–27. Zwischen diesen beiden Artikeln ist im «Gemeinde-Blatt» das Gedicht von C. F. Meyer eingefügt; die «Erbaulichen Waschgedanken» stehen zwischen «Ein sonderbares Mißverständnis» und «Zu den beiden Gedichten».

Auch die «Erbaulichen Waschgedanken» sind das Werk eines Schweizerdichters. Die Basellandschäftler dürfen ihn zu den ihrigen zählen. Es ist der ehrsame Hieronymus Annoni, geb. 1697, von 1747–1770 Pfarrherr zu Muttenz.[3] Was denkt die geneigte Leserin von

[3] H. Annoni, *Erbauliche Wasch-Gedanken, zu singen nach der Melodey des 100. Psalms*, Basel 1758. Wieder abgedruckt in: *Hieronymus Annoni. Ein Abriß seines Lebens sammt einer Auswahl seiner Lieder*, bearb. durch Chr. J. Riggenbach, Basel 1870, S. 150–152. Der Abdruck im «Gemeinde-Blatt» bietet den Text nach der Ausgabe von Riggenbach in deren Orthographie: Barths Exemplar diente dem Setzer als Vorlage, in die Barth auch die neu hinzuzufügende Erklärung des Wortes «bauchen» eingetragen hatte. Der folgende Abdruck stellt kleinere orthographische Abweichungen des Genfer Setzers nach der Riggenbachschen Vorlage richtig und korrigiert nach dem Druck von 1758 ein Versehen, das aus jener Vorlage auch in das Gemeinde-Blatt gelangt war (Str. 2 statt «Wie» fälschlich «Wir»):

Erbauliche Waschgedanken
Jes. 1,16; Joh. 13,8

Möchten doch die Wäscherinnen
Bei der Arbeit Gutes sinnen!
O sie trügen mit dem Lohn
Auch die Himmelsfrucht davon.

Beten, Singen, Waschen, Baden
Ist der Weg zu Davids Gnaden (Ps. 51).
Schwadern in dem Sündenkoth
Ist der Weg zur Höllennoth.

1. Wir arme Weiber haben nun
   Mit einer Wasche viel zu thun.
   Der Leib empfindts, wir werden matt:
   Wohl dem, der Gott im Herzen hat!
2. Der Zeug, den man jetzt säubern soll,
   Ist schwarz und freilich unratsvoll.
   So sind wir alle von Natur:
   Wie nöthig wär auch uns die Cur.
3. Nun waschen wir es schön und weiß;
   Doch macht ihm erst die Lauge heiß:
   Sie dringt durch jedes Fädemlein
   Und bauchts* von Ruß und Flecken rein.

* Bauchen heißt in Basel das Einlegen der Wäsche in heißes Wasser [Anmerkung Barths].

seiner Poesie? Für viele ist sie wohl verständlich und genießbar ohne weitere Auslegung. Der Wunsch:

> Möchten doch die Wäscherinnen
> Bei der Arbeit Gutes sinnen

4. Die Lauge, so uns beizen muß
   Heißt insgemein die wahre Buß,
   Wo Gottes Zorn das Herze preßt
   Und Sünd und Schulden fühlen läßt.
5. Wie findt der Mensch sich hier so schwarz!
   Die Erbsünd klebt ihm an wie Harz,
   Das Herze klopft in Schuldennoth,
   Man weint und fürchtet gar den Tod.
6. Die Leinwand spinnt und webt und schlicht't**
   Und baucht und wascht sich selber nicht.
   Nein, es bringt eine fremde Hand
   Das Werk so nach und nach zu Stand.
7. Hier faßt man alles Stück für Stück,
   Kein Stücklein bleibet je zurück.
   Man salbts mit Seife, klopft und reibt,
   Bis nichts unsaubers überbleibt.
8. So wirket auch, der Schöpfer heißt,
   In seinem Sohn, durch seinen Geist,
   Und macht bald langsam, bald geschwind,
   Nachdem ers gut und nöthig findt.
9. Da greift ers immer ernstlich an.
   Das Werk ist nicht so flugs gethan,
   Der Sünder selber kanns auch nicht;
   Durch Gott allein wirds ausgericht't.
10. Doch hält man wie die Leinwand still
    Dem, der uns neugebären will,
    So geht es ohne Fehlen gut
    Mit Leib und Seel, mit Sinn und Muth.
11. O große Jesuskraft und Treu!
    Sie macht sogar das Alte neu,
    Das Schwache stark, das Schwarze weiß.
    Wer sagt genugsam Dank und Preis?
12. Ist denn der Zeug genug gespühlt
    Und auch beim Brunnen abgekühlt,
    So wird er an die Sonn gebracht,
    Die vollends weiß und trocken macht.

** Das ist: appretiert [Anmerkung Riggenbachs, von Barth für das Gemeinde-Blatt übernommen].

gilt heute so gut wie damals, in Genf so gut wie in Muttenz, für Wäscherinnen so gut wie für alle andern -innen. Andere werden denken: Ein bißchen merkwürdig! Da und dort ein bißchen geschmacklos!

13. So, wenn der Mensch erneuert ist,
    So wird ihm auch die Noth versüßt
    Und auf den Schuld- und Sündenschmerz
    Scheint ihm die Gnadensonn ins Herz.
14. Jetzt sieht er erst die Wahrheit ein,
    Wie Gott so groß, wie er so klein;
    Jetzt findt er erst in Gottes Wort
    Die Kraft, die Ohr und Herz durchbohrt.
15. Jetzt merkt er erst, wie Christi Blut
    So groß' und süße Wunder thut;
    Jetzt fühlt er erst an Leib und Seel
    Des heil'gen Geistes Zucht und Oel.
16. Jetzt steht er erst im Gnadenstand
    Und lebt im heil'gen Liebesbrand;
    Jetzt spricht er erst recht, was er spricht.
    Wer unrein ist, der kennt dies nicht.
17. O Sonne der Gerechtigkeit,
    O wär ich doch auch schon erneut,
    Von deinem Gnadenschein bestrahlt,
    Lebendig, weiß und roth bemalt!
18. Zuletzt, wenn mans zum Kasten trägt,
    Wirds ordentlich zurecht gelegt;
    Und wenn es dann noch Falten hat,
    Macht mans mit Bügeleisen glatt.
19. So, wann der Herr sein Werk vollbracht
    Und er den Menschen neu gemacht;
    So trägt er ihn der sel'gen Ruh
    In seiner Arch und Tempel zu.
20. Wer sich nun hier zu schicken weiß,
    Dem macht nicht Tod noch Hölle heiß:
    Er fährt im Glauben fröhlich hin,
    Denn Sterben ist nun sein Gewinn.
21. Hingegen, wo man ungestalt,
    Hat freilich noch der Tod Gewalt:
    Sein Stachel sticht, sein Feuer brennt.
    Wie mancher hat es schon bekennt!
22. Mein Schmelzer! nun so bitt ich dich:
    Bewirke hier, vollende mich,
    Daß ich fein fröhlich, rein und schön
    Kann in die Ewigkeiten gehn.

Wenn ich's trotzdem gewagt habe, diese herbe Kost aus vergangenen Tagen hier aufzutischen, so war's darum, weil es uns allen gesund ist, die Frömmigkeit der klugen Leute, die *vor uns* gelebt, verstehen und würdigen zu lernen, ohne Achselzucken und verächtliches Lächeln, auch wenn sie uns sehr merkwürdig vorkommen sollten. Solches Verständnis heißen die Theologen *Religionsgeschichte*. Doch haben's die, die nicht Theologen sind, ebenso nötig, auf diesem Gebiet *verständnisvoll*, d. h. religionsgeschichtlich denken zu lernen. Und wer ein wenig tiefer geht, dem wird das in diesem Fall gar nicht so schwer fallen. Annoni ist freilich ein Pietist gewesen, und da überkommt heute den einen oder andern schon beim Klang des Wortes ein gelindes Gruseln. Aber die Pietisten waren zu jener Zeit gerade die, die verlangten, daß eine rechte Frömmigkeit *Leben* und ein rechtes Leben *Frömmigkeit* sein müsse. Und da mag es uns nun lange vorkommen, die Übersetzung vom einen ins andere, von der orthodoxen Dogmatik jener Tage in die Sprache der Waschküche und umgekehrt, sei hier denn auch gar zu wörtlich. Wir werden doch Annonis *Absicht* verdienstlich finden müssen. Wir würden Einiges, sehr vieles sogar, anders sagen, und einige von seinen Vergleichen würden wir lieber nicht ziehen. Die Hauptsache ist, *daß* wir es uns sagen, daß das Vergängliche, wenn wir es recht verstehen, ein Gleichnis ist für das Unvergängliche[4], *daß* wir munter und als ganze Menschen an unserer Arbeit stehen, jeder an der seinigen, munter und ganz, gerade *weil* wir wissen:

> Die Welt mit ihrem Gram und Glücke,
> Will ich, ein Pilger, frohbereit
> Betreten nur wie eine Brücke
> Zu Dir Herr, übern Strom der Zeit.[5]

---

[4] Vgl. J. W. von Goethe, *Faust II*, V. 12104f. (5. Akt).
[5] J. von Eichendorff, «Morgengebet», 3. Strophe, in: ders., *Werke*, Bd. I: *Gedichte, Versepen, Dramen, Autobiographisches*, München 1970, S. 265f.

MIT CHRISTUS GESTORBEN
1910

Mit No. 35 vom 10.3.1910 ging die Leitung des Gemeinde-Blattes auf Pfarrer Walter über. Aber er überließ es noch dem pasteur suffragant, die Passionsbetrachtung für dieses Heft zu schreiben. Zwei Wochen später hielt Vikar Barth dann auch die Karfreitagspredigt (über Hebr. 12,1–3). Zusammen mit der Predigt über Jak. 1,13–18 – von Barth am 13.2.1910 im Rahmen seiner Reihe über den Jakobusbrief gehalten – spielen die beiden Passionstexte eine Rolle in den theologischen «Verhandlungen» (Brief vom 18.3.1910), die Karl Barth in diesen Wochen mit Wilhelm Loew führt. Barth schickt die beiden Predigten dem Studienfreund am 1.5.1910 «zu ernstlicher Überlegung und Begutachtung der darin vorgetragenen Auffassung von der Versöhnung» und fügt an: «Vgl. dazu den Gembl.-Artikel ‹Mit X gestorben›.» Von besonderem Interesse ist, daß Barth weiter erklärt, im Konfirmandenunterricht habe er sich «über Tod und Auferstehung Jesu und ihre Bedeutung für uns ... noch stärker und einseitiger als in der Predigt ... an Röm 6 Anfang angeschlossen. Ich finde dort alles Material zu einer Versöhnungslehre, die unsrer ethisch-geistigen Auffassung entspricht, und doch nicht ein bloßes Parergon wird wie vielfach bei den Modernen.»[1] Hier scheint eine Linie eigenständiger Beschäftigung mit dem Römerbrief zu beginnen, die sich zunächst im Paulusteil der «Lebensbilder aus der Geschichte der christlichen Religion» fortsetzte (s. unten S. 81–87). Sie ist für uns in der folgenden kleinen Passionsbetrachtung über Röm. 6,8 deutlicher greifbar als in den überlieferten Präparationen Barths für seinen Unterricht.[2]

> Röm. 6,8. Sind wir mit Christus gestorben, so glauben wir, daß wir auch mit ihm leben werden.

Die Botschaft des Karfreitags birgt den Inhalt des Christentums. Nicht weil die Bibel und die Dogmatik es so verlangen, sondern weil tatsächlich alle ernsthafte Lebenserfahrung in dieser oder jener Weise

---

[1] Vgl. K. Barth, *Konfirmandenunterricht 1909–1921*, hrsg. von J. Fangmeier (Gesamtausgabe, Abt. I), Zürich 1987, S. 48f., Anm. 100d.
[2] Vgl. ebd.

im Kreuz Jesu ihren Anfang und ihre Vollendung findet. So war es und so ist es. Aber ebenso unleugbar ist die Tatsache, daß die Botschaft vielen ernsthaften Christen Schwierigkeiten bereitet. Die Einen haben daran Anstoß genommen, aber sie haben trotzdem mit offenen Augen und willigem Herzen ihren Lebensinhalt sich angeeignet und sind so, ohne es zu wissen und zu wollen, Träger und Prediger des Kreuzes Christi geworden. Aber die Zahl der Andern ist doch viel größer, für die der Anstoß, den sie an der Botschaft nehmen, ein Hindernis bedeutet zur Teilnahme an dem Lebensinhalt, den sie birgt. Man sagt, das sog. moderne Denken sei schuld daran, daß ihrer so Viele sind, und manche «entschiedene» Christen[3] sind dann gerne bereit, das Pauluswort auf sie anzuwenden, daß das Wort vom Kreuz eine Torheit sei denen, die verloren gehen [1. Kor. 1,18]. Aber jene Erklärung und dieses Urteil entspricht nicht der Ernsthaftigkeit der Sache. Beide sind unrichtig, weil äußerlich. Sie erwecken oder bestätigen das Vorurteil, als ob das Christentum und das Kreuz Christi ein Dogma, zu deutsch: eine Meinung seien, die man «glauben» müsse, um selig zu werden. Und es kommt nun darauf an, entweder das alte Dogma für wahr anzunehmen trotz dem modernen Denken oder das alte Dogma umzudeuten, d. h. ein modernes Dogma daraus zu machen. Die Schwierigkeit, von der ich redete, besteht aber gerade darin, daß ernste, redliche Menschen einen Widerwillen dagegen haben müssen, Dogmen, d. h. Meinungen, ob sie nun alt oder neu seien, anzunehmen, um dadurch Gottes teilhaftig zu werden. Denn sie müssen sich sagen, daß durch solches Annehmen an ihrem guten oder schlechten Verhältnis zu Gott so wenig etwas geändert wird wie dadurch, daß sie eine Wallfahrt nach Lourdes oder Einsiedeln antreten würden. Das eine wie das andere ist *selbstgemachte* und darum unwahrhaftige Religion. Die Religion der Wahrhaftigkeit dagegen ist immer etwas, was uns *geschenkt* wird. Das Geschenk ist die Freiheit des innern Lebens von Sünde, Not und Tod. In den christlichen Gedanken, die man früher Dogmen nannte, sprechen wir uns aus über dies innere Leben, aber sie sind nicht die Sache selbst, so wenig der Telegraphendraht Elektrizität ist, und sie können die Sache nicht begründen oder ersetzen, so wenig man aus noch so viel Drähten Elektri-

---

[3] Über den «Jugendbund für Entschiedenes Christentum» vgl. RGG¹ III, Sp. 854 und 525, sowie M. Müller, Art. «Jugendvereinigungen und Jugendwerke. I. Ev. Jugendvereinigungen», in: RGG³ III, Sp. 1045–1049, bes. Sp. 1047.

zität machen kann. So steht es mit allen Gedanken, die man zu den christlichen Dogmen zu rechnen pflegt, so steht es auch mit dem Gedanken des Karfreitags, daß Jesus um unsertwillen am Kreuz gestorben ist, in dem die Christen aller Zeiten mit Recht den Kern und Stern aller Glaubensgedanken gesehen haben.

Das Bibelwort, das diesen Zeilen vorangestellt ist, will uns anleiten, recht Karfreitag zu feiern. Es sagt den Willigen und den Widerwilligen, den altmodischen und den neumodischen Christen: Ihr lieben Freunde alle miteinander, es kommt nicht darauf an, daß ihr's fertig bringt, irgend eine alte oder neue Lehre vom Tod Christi zu «glauben», sondern darauf, daß ihr lernt, «mit Christus sterben». Er hat gelebt zur Erfüllung des Willens Gottes und aus Liebe zu den Brüdern, und er ist gestorben, weil er beides nicht halb tun wollte, sondern ganz. Er hat das «Leben» hingegeben um des Lebens willen. Du stehst *dann* vor dem Inhalt des Evangeliums, wenn du im innersten Herzen dieser merkwürdigen Tatsache gewahr wirst. Dies Gewahrwerden heißt aber, daß du merkst: solche ganze Erfüllung des Willens Gottes und solche ganze Liebe sollen und dürfen die meinigen werden. Die Richtung, die dein Leben dann nimmt, ist die Richtung des Kreuzwegs Christi. Er fängt an mit dem ernsthaften Entschluß: Vater, nicht *mein*, sondern *dein* Wille geschehe [Lk. 22,42], und er führt zur Hingabe des «Lebens» um des Lebens willen. Und je ernsthafter und wahrhaftiger du *diesen* Weg gehst, desto ernsthafter und wahrhaftiger wird dir im *Glauben* das *Leben* geschenkt, desto nachhaltiger wird dein kleines Dasein verankert im Grunde der Ewigkeit. Der Glaube und das Leben sind nicht ein für allemal da, sondern sie wachsen, und so steht ein Christ nicht im Wordensein, sondern im Werden.[4] Aber eben darum bleibt Jesu Sterben

---

[4] Vgl. M. Luther, *Grund und Ursach aller Artikel D. Martin Luthers, so durch römische Bulle unrechtlich verdammt sind* (1521), WA 7, 337,30–33: «Das alszo ditz leben nit ist ein frumkeit, szondern ein frumb werden, nit ein gesuntheit, szondernn eyn gesunt werden, nit eyn weszen, sunderen ein werden ..., wyr seyns noch nit, wyr werdens aber.» – *Die erste Vorlesung über den Galaterbrief* (1516/17), WA 57(II), 102,15–18: «Ex quibus patet, quomodo vita christiana non stet in esse, sed in fieri ...» – *Annotationes in aliquot capita Matthaei* (1538), WA 38, 568,37: «Christianus enim, non est in facto, sed in fieri ...» Zu diesem Satz merkt M. Rade an: «Ein viel zitiertes Wort. Wörtlich: ‹Der Christ ist nicht im Gewordenen (oder: im Gewordensein), sondern im Werden›» (*Luther in Worten aus seinen Werken* von M. Rade [Die Klassiker der Religion, Bd. X und XI], Berlin 1917, S. 311, Anm.).

und Leben die immer neue Quelle unsres Wachsens und Werdens. Was *er* getan, ist ein für allemal getan.

>Noch steht in wunderbarem Glanze
>Der heilige Geliebte hier;
>Gerührt von seinem Dornenkranze
>Und seiner Treue weinen wir.
>Ein jeder Mensch ist uns willkommen,
>Der seine Hand mit uns ergreift,
>Und, in sein Herz mit aufgenommen,
>Zur Frucht des Paradieses reift.[5]

So wollen wir glauben, an Karfreitag und alle Tage.

---

[5] Novalis, *Geistliche Lieder*, Nr. I: «Was wär ich ohne dich gewesen?», Strophe 10, in: Novalis, *Schriften. Die Werke Friedrich von Hardenbergs*, hrsg. von P. Kluckhohn und R. Samuel, Bd. I: *Das dichterische Werk*, Stuttgart 1977³, S. 161, Z. 73–80.

OB JESUS GELEBT HAT?
Eine nachträgliche Osterbetrachtung
1910

Wie er mit leicht ironischem Unterton an Martin Rade berichtet, las Karl Barth an seinem «christlichen Mittagstisch alltäglich als christliche Geisteskost» den «Reichsboten»[1], *die Zeitung des christlich-konservativen Mittelstands in Deutschland, mit deren, christlich-sittlich geurteilt, fragwürdiger Kampfesweise sich die «Christliche Welt» immer wieder kritisch auseinandergesetzt hatte. Durch den Bericht des «Reichsboten» wird Barth zuerst auf die Berliner Versammlung vom 20.2.1910 aufmerksam geworden sein, die gegen die Bestreitung der Geschichtlichkeit Jesu protestieren wollte, wie sie zuvor mit besonders weit hallendem Echo auf dem Berliner Religionsgespräch des Deutschen Monistenbundes am 31.1./1.2.1910 von A. Drews u.a. unternommen worden war.*[2]
Daß später auch zahlreiche Sonderdrucke des Berichts aus dem «Reichsboten» in Genf auftauchten, mag für Barth Anlaß gewesen sein, die Frage in einer «nachträglichen Osterbetrachtung» zu besprechen, die grundsätzlich den Linien der Herrmannschen Christologie folgt. Auch diesem Text gibt der ausführliche Brief Barths an Wilhelm Loew vom 30.4.[/1.5.] 1910 einen lebendig-anschaulichen Hintergrund. Er ist darüber hinaus allgemein für die innere Geschichte Barths und seiner Theologie erhellend.

Barth berichtet Loew, er habe «mit großer Lust Melanchthons erste ... Loci durchgearbeitet» und sei «nun an Calvins Institutio von 1559»: «Der Unterschied zu Mel. und Luther in den Fragestellungen ist ganz frappant. Hier die mittelalterl. Scholastik, dort die kuriose Mischkultur der späten Renaissance. Bemerkenswert ist z.B. die Besprechung der Gleichung natura = Deus *die Calvin als die mögliche Behauptung eines frommen* Geistes *erklärt». Diese Beobachtung führt Barth auf ein dogmatisches Kardinalproblem: Es gehe nicht mit «der Exklusivität, wie mir gestern Abend bei der Wiederlesung des Grünen Heinrich des Feu-*

---

[1] Bw. R., S. 76f.
[2] Eine Zusammenfassung der «Diskussion über die Geschichtlichkeit Jesu» gibt A. Schweitzer, *Geschichte der Leben-Jesu-Forschung*, Gesammelte Werke in fünf Bänden, Bd. III, München o.J., S. 704–789. Zu Barths Abrechnung mit dem «Husarenritt» von A. Drews vgl. auch unten S. 208, Anm. bg, außerdem S. 157.188f.

erbachianers Gottfr. Keller wieder deutlich wurde. Nur nenne ich», fügt er zur Abgrenzung gegenüber Loew an, «*diese Erweiterung der religiösen ... Betrachtungsweise nicht eine Erweiterung des Religionsbegriffs resp. des christl. Religionsbegriffs, der für mich durchaus identisch bleibt, auch wenn ich Typen wie Schiller und Goethe unbedenklich darin miteinbegreife. Abzulehnen ist für uns Rades Ablehnung des ‹Unbewußten Christentums.›» «Bewußte Christen»* – *mit Zustimmung zu einer Dogmatik* – *gebe es vielleicht überhaupt selten.* «*Bei den andern ist nur die innere (dem Gedanken gegenüber unabhängige) religiös-christliche Tatsächlichkeit da, in stärkerem od. schwächerem Grad natürlich,* die *Tatsächlichkeit, die Herrmann als das Erlebnis Jesu und seine Wirkungen beschreibt. Ich muß behaupten, daß sie sich auch mit Feuerbach'scher Philosophie vertragen kann»* – «*der liebe Gott muß uns Theologastern größer werden als unsre Schulweisheit sich träumen läßt, das ists».*

Als Barth am nächsten Tag den Brief fortsetzt, knüpft er ironisch-einschränkend bei «*dieser armsdicken Bemerkung» an. Doch macht ja auch seine* «*Osterbetrachtung» deutlich, daß ihm die bezeichnete Herrmannsche* «*Tatsächlichkeit» wirklich Grundlage, Ausgangs- und Zielpunkt seiner Theologie ist. Barth ist sich dabei des kontroversen Standpunktes durchaus bewußt, auf den er sich stellt. Er sieht sich jedoch auch dadurch bestärkt, daß er, wie er dem Freunde weiter schreibt, in seiner Behandlung der Frage nach der Geschichtlichkeit Jesu den* «*enzyklopäd. Versuch vom letzten Sommer»* «*als erfreuliche ‹Aufnahmestellung› bewährt» findet. Barth spielt damit auf einen* «*in Thesen geführten wissenschaftlichen Kampf» an, den er und Loew im Juli 1909 mit Wilhelm Heitmüller ausgefochten hatten und in dem es u.a. um* «*unsere Ansichten über eine zweckmäßigere Gestaltung der NTlichen Theologie» gegangen war (Briefe an die Eltern vom 21.7. und vom 13.7. 1909). Ein Jahrzehnt später, am 22.8. 1919 erinnert Barth den Studienfreund noch einmal an diese Marburger Diskussion mit Heitmüller und fragt ihn, ob er mit seinem Buch über den Römerbrief nun wohl* «*zu Godet und Schlatter geworfen oder gestellt» sei* «*als ein Abtrünniger? Oder anerkennst du die Linie, auf der ich mit allerlei Umwegen von jenem Programm zur Erneuerung der NTlichen Theologie das wir 1909 gemeinsam Heitmüller unterbreiteten zu diesem Einbruch in das heilige Gebiet der Historie geführt worden bin[?]»*

Das Gewicht, das Barth jener Programmdiskussion noch 1919 bei-

mißt, sagt indirekt auch etwas über die weiter reichende Bedeutung des kleinen Gelegenheitstextes von 1910. Wie der Brief an Loew vom 30.4.[/1.5.] 1910 zu erkennen gibt, ist Barth sich durchaus bewußt, daß sein Gemeinde-Blatt-Artikel für Heitmüller «eine Provokation» sein muß. Auch Jülicher gegenüber sieht er sich in Distanz: «die Nacht weicht nur langsam aus den Thälern»; Jülicher sage in seiner Broschüre[3] *«herzliche Unbeträchtlichkeiten über diesen Punkt». (Dagegen sei die Erklärung des Bremer Protestantenvereins*[4] *«prinzipiell erfreulich u. sachgemäß, doch gegen Schluß hin gerade bei der Hauptsache unklar-unvorsichtig-allgemein».)*

So konnte es Barth also nicht verwundern, daß er für seinen Artikel, als er vom 7.–14.7.1910 Marburg besuchte, nur eine geteilte Zustimmung fand. Am 17.7. läßt er die Eltern wissen: «Unser Gemeindeblatt wird in Marburg doch mehr beachtet, als ich gedacht hatte, sogar in dem Papierhaus von Rade wird es tatsächlich und ganz gelesen u. zw. von Herr [sic] u. Frau Professor. Ja auch Jülicher, bei dem ich auch war, hat Notiz genommen von meinen Aussprüchen zur Drews-Sache, er u. Heitmüller, diese historischen Gemüter, fanden zwar meine Lösung des gordischen Knotens mehr alexanderhaft als zureichend, während Herrmann sie billigte.» Auf besondere Weise zwischen Zustimmung und Mißbilligung oszillierte Paul Wernles Urteil, den Barth in den Sommerferien am 24.8.1910 in Langenbruck getroffen und dem er offenbar von seinen Gedanken zu Passion und Ostern berichtet hatte, wie sie in den beiden Beiträgen zum Gemeinde-Blatt «Mit Christus gestorben» und «Ob Jesus gelebt hat?» zusammengefaßt sind. Auf die Zusendung der «Osterbetrachtung» antwortet Wernle am 7.10.1910, er danke sehr für das «Gemeindeblatt, das Sie mir in so schöner fruchtbarer Arbeit zeigt. Der Artikel ob Jesus gelebt hat, ist beim Lesen nicht so schlimm, wie ich vorher meinte, ich kann das alles wohl verstehen, ob es auch die Leser verstanden, weiß ich nicht. Aber das ist mir nachher doch als eine Curiosität durch den Kopf gegangen, wie Sie am Morgen mit mir über die Bedeutung des Todes Jesu disputierten & am Nachmittag die Frage aufwarfen, wie es wäre, wenn Jesus nicht gelebt hätte. Das kann mein Verstand nicht zusammenreimen, d. h. er könnte es schon, aber er will es nicht & sagt sich, da hapert es noch irgendwo.» (Vgl. auch S. 127!)

---

[3] Siehe unten Anm. *.
[4] CW, Jg. 24 (1910), Nr. 17 vom 28.4.1910, S. 402–405.

Die Genfer indessen hatten sich durch den Artikel «erbaut» gesehen; ein Leser meinte sogar, «ich hätte ihn ganz in Sperrdruck *setzen lassen sollen, so erfreut war er über den Tenor der Sache» (Brief an Loew vom 30. 4.[/1. 5.] 1910).*

Das ist eine merkwürdige Frage, aber sie ist in den letzten Jahren von verschiedenen Gelehrten gestellt und allen Ernstes mit «Nein» beantwortet worden. Soweit ich sehe, sind es vorläufig erst die Theologen und die ihnen nächststehenden Kreise, die sich mit der Angelegenheit befassen, und es läge somit ein direkter Anlaß, sie im *«Gemeindeblatt»* vorzubringen, nicht vor. Allein die Beobachtung ist auch schon gemacht worden, daß derartige prickelnde Neuigkeiten aus der Welt der wirklichen und angeblichen Wissenschaft just in dem Moment in weiteren Kreisen populär zu werden pflegen, wo man sie in den höhern Regionen als abgelagert und endgültig abgetan zu den Akten legt. So ist es s. Z. der verwegenen Hypothese Feuerbachs ergangen, so dem groben Materialismus älteren Schlages, so Darwin, so haben wir Alle es erlebt bei der drolligen monistischen Philosophie Ernst Haeckels. So wird es auch hier nicht lange auf sich warten lassen, daß unsere Monisten und Freidenker die Sache ausschlachten nach ihrer Weise zum frischen fröhlichen Kampf «gegen Verfinsterung und Beknechtung, gegen Heuchelei und Priestertrug», um mich ihrer geschmackvollen Redeweise zu bedienen. Der Leser sei hiermit avisiert.

Die neue Idee ist offenbar eine von denen, die man «grundstürzend» nennt. Hat Jesus nicht gelebt, so ist das ganze Christentum ein zwei Jahrtausende alter Irrtum. So hören wir es wenigstens jetzt von beiden Seiten behaupten. Was sollen wir dazu sagen? Man kann solchen «grundstürzenden» Angriffen auf den christlichen Glauben gegenüber zweierlei tun.

Entweder man tritt den Gegenbeweis an. So haben sich s. Z., als Haeckel und Andere den lieben Gott abschaffen wollten, christliche Theologen und Naturforscher zusammengetan und in vielen Vorträgen und Artikeln bewiesen, daß jene Abschaffung ein leichtsinniger unwissenschaftlicher Übergriff sei und daß die Naturerkenntnis, ernst genommen, vielmehr zu Gott zurückführe. Es war gut so. So sind auch bei der heutigen Frage die Sachverständigen bereits auf den Plan getreten mit wuchtigen Gegenbeweisen. Sie haben gezeigt, daß nach allen

Grundsätzen gesunder Geschichtswissenschaft Jesus keineswegs eine Dichtung seiner Anhänger sein kann, wie behauptet worden ist. In allerlei Einzelheiten mag die Überlieferung von ihm unsicher sein, die Tatsache seines Lebens, seines äußern Wirkens, seines Todes unter dem Kaiser Tiberius gehört zum Sichersten des Sichern. Es ist gut, daß sie uns das bewiesen haben, und wir nehmen es gerne an.*

Allein es wäre doch eine fatale Sache, wenn wir bei solchen Angriffen auf den Grund des Glaubens auf die Gegenbeweise der Gelehrten warten müßten, so wertvoll uns diese an sich sind, wenn wir also den Glauben gleichsam zu suspendieren hätten, bis wir klipp und klar die geschichtlichen Gründe verstanden haben, die für das Dasein Jesu sprechen. Das hieße eine eherne Statue auf einen hölzernen Sockel aufrichten, und das kann nicht wohlgetan sein.

So sagen wir: Der Grund unseres Glaubens steht und besteht *unabhängig* von allen Beweisen und Gegenbeweisen. Die Beweise der Wissenschaft geben uns eine Sicherheit, die doch immer nur höchste Wahrscheinlichkeit bleibt, die Sicherheit des Glaubens dagegen vergleiche ich mit der Sicherheit der Tatsache, daß wir atmen und darum leben. Eben damit aber hängt das Andere zusammen: Der Grund des Glaubens, um den jetzt gestritten wird, kann nicht bewiesen werden, und was bewiesen werden kann, ist nicht der Grund unseres Glaubens. So ist die wilde verwegene[6] Abschaffung des lieben Gottes wirklichen Gläubigen alle-

---

* Wer sich für Näheres interessiert oder interessieren wird, der sei besonders auf zwei kleine Schriften aufmerksam gemacht, die auch sonst geeignet sind, geschichtliches Verständnis der Anfänge des Christentums zu wecken und zu fördern. Beide tragen denselben Titel: «Hat Jesus gelebt?» Das Eine stammt von Prof. D. Adolf Jülicher in Marburg, das Andere von Prof. D. Hermann von Soden in Berlin. Beide sind bei Burkhardt, Molard 2, zu haben. Unerfreulich ist dagegen ein Sonderdruck aus dem «*Reichsboten*», der seinen Weg in zahlreichen Exemplaren auch nach Genf gefunden hat.[5] Er enthält einen Bericht über die religiöse Protestversammlung im Zirkus Busch in Berlin vom 20. Februar 1910. Die echt «berlinerische» geschwollene Art, mit der die Sache dort behandelt worden ist, scheint mir mehr Verwirrung als Klarheit zu stiften. Protestieren und demonstrieren beweist gar nichts, wenigstens bei uns in der Schweiz nicht!

[5] A. Jülicher, *Hat Jesus gelebt?*, Marburg 1910; H. von Soden, *Hat Jesus gelebt? Aus den geschichtlichen Urkunden beantwortet*, 4.–10. Tausend, Berlin 1910; lp., *Jesus lebt!*, in: Der Reichsbote, 38. Jg., 3. Beilage zu Nr. 44 vom 22. Febr. 1910 [S. 1, Sp. 1–S. 2, Sp. 1 f.].

[6] Vgl. den Refrain von Th. Körners Gedicht «Lützows wilde Jagd»: «Das ist Lützows wilde verwegene Jagd.»

zeit als ein Gebell wider den Mond vorgekommen. Wenn man uns die Beller verjagt, so ist's gut, aber auch ohne das haben wir um den Mond keinen Augenblick Angst. So steht's auch bei der heutigen Frage.

Was bestritten oder bewiesen werden kann, das ist die Tatsache, daß einmal ein Mensch namens Jesus gelebt und gelehrt und große Taten getan hat, daß er am Kreuz gestorben und daß dann sogleich eine Gemeinde seiner Anhänger entstanden ist. Aber diese Tatsache ist durchaus nicht der Grund unsres Glaubens. Das, was Jesus mit Alexander dem Großen und Napoleon gemein hat, die äußere Tatsächlichkeit seines Daseins, das interessiert den Glauben zuletzt. Das mag uns wertvoll sein als Rahmen: das Bild ist ein anderes. Der Glaube ruht auf Fundamenten, bei denen das Für und Wider der Gelehrten keine Geltung hat.

Denn der Glaube ist nicht ein Annehmen und Für-wahr-halten äußerer Tatsachen, sondern Zuversicht und Gehorsam zu dem, was man nicht sieht [vgl. Hebr. 11,1], nämlich zu dem lebendigen Gott, der uns berufen hat von der Finsternis zu seinem wunderbaren Lichte [vgl. 1. Petr. 2,9]. Jenes Annehmen wäre nach Melanchthons Wort eine «kühle Meinung», die auch dem Gleichgiltigen und Gottlosen möglich ist.[7] Der Glaube dagegen ist unmittelbare lebendige Berührung mit dem Lebendigen, Vergebung der Sünden und ein ewiges Leben.[8] Der Glaube ist ein Geheimnis, und er wird uns geschenkt.

Der Grund des Glaubens ist Jesus. Das will sagen: Solche Zuversicht, die uns frei macht vom Bösen, und solcher Gehorsam, der uns frei macht zum Guten, sie sind möglich und wirklich, weil so etwas wie das Leben Jesu unter den Menschen möglich und wirklich gewesen ist. Aber wenn ich das sage, so meine ich damit etwas, was notwendig außer aller gelehrter Diskussion steht. Das «Leben Jesu», das Grund des Glaubens ist oder das für uns Gottes Offenbarung bedeutet, ist nicht

---

[7] Ph. Melanchthon, *Loci communes rerum theologicarum seu Hypotyposes theologicae* (1521), De justificatione et fide, VII, in: *Melanchthons Werke in Auswahl*, hrsg. von R. Stupperich, Bd. II/1: Loci von 1521 und 1559 (1. Teil), Gütersloh 1978², S. 117, Z. 36f. («Haec fides est de rerum conditione non frigida opinio, sed vivacissima cognitio ...»); S. 120, Z. 9f. («Non credunt enim impii, sed frigida opinione tenentur ...»); vgl. S. 116, Z. 16–S. 122, Z. 27 (CR 21, S. 168–174).
[8] Vgl. den 3. Artikel des *Symbolum Apostolicum* (z. B. BSLK, S. 21).

die Reihe von äußeren Tatsachen, die von ihm überliefert ist. Das wäre der Rahmen, um den sich jetzt der Streit erhoben hat. Sondern Grund des Glaubens ist das persönliche innere Leben Jesu.[9] Ich verstehe darunter sein menschliches Charakterbild, das sich uns darstellt als völliger Gehorsam gegen Gott, als völlige Liebe zu den Brüdern und darum als völlige Selbstverleugnung, die auch vor dem Tode nicht Halt macht, weil der Weg zum Leben durch den Tod geht. Wenn es uns angesichts dieses Charakterbildes deutlich wird, was *Gott ist,* und was wir *werden* sollen, dann *glauben* wir, dann *haben* wir die Versicherung und Verankerung, deren wir bedürfen, um freie frohe Menschen zu werden. Diese Versicherung wird weder schwächer noch stärker durch das, was die Gelehrten für oder gegen die Sicherheit des *äußern* Lebens Jesu zu sagen haben. Auch die, welche heute Jesus zu den nie dagewesenen rechnen, als ob er der erdachte Held einer Sage oder eines Märchens wäre, auch sie kommen um die Tatsache nicht herum, daß jenes sein eigenartiges Charakterbild, mögen sie es nun immer für «erdacht» halten, seit den Tagen der Apostel *dagewesen ist,* daß immer wieder Menschen darin die Versicherung *empfangen haben,* daß Gott sie seine lieben Kinder heißt, die am ersten nach dem Reiche Gottes trachten [vgl. Mt. 6,33] und denen darum alle Dinge zum Besten dienen müssen [vgl. Röm. 8,28]. Du meinst: Wenn mir bewiesen wird, daß Jesus nie gelebt hat, dann muß ich diese Versicherung doch als Täuschung ansehen. Nun sieh, gerade so mögen die Jünger Jesu am Abend des Karfreitags und am stillen Samstag zueinander geredet haben. Du kannst es z. B. Luk. 24,18f[f]. nachlesen. Sie hatten auch Jesus kennen gelernt, ohne sich die Frage auch nur zu stellen, ob dieses wunderbare Leben auch Wahrheit sei, weil die Antwort selbstverständlich war. Als sie ihn aber am Kreuz sterben sahen, da meinten sie auch, die erhaltene Versicherung sei falsch gewesen, sein Tod schien ihnen unwiderleglicher Beweis dafür. Aber es ist ihnen nachher gesagt worden und sie selber haben es eingesehen, daß sie in dieser Meinung «Toren und trägen Herzens» [Lk. 24,25] waren. Auch wir wären dies, wenn wir vor den Beweisen

---

[9] Vgl. zu diesem für die Theologie Wilhelm Herrmanns charakteristischen Gedankengang z. B. *Der Verkehr des Christen mit Gott. Im Anschluß an Luther dargestellt,* Stuttgart/Berlin 1908$^{5.6}$, S. 52–62, bes. S. 57–59, und Herrmanns *Dogmatik,* Gotha/Stuttgart 1925, S. 27–29.

der Gelehrten kapitulierten oder Gegenbeweise abwarteten, möchten beide so unwiderleglich als möglich sein. Der Osterglaube ist die Gewißheit von der Wahrheit der uns in Jesus gewordenen Offenbarung Gottes. Diese Gewißheit ist in sich selbst sicher, in sich selbst ewig. Es ist von jeher ihre Art gewesen, daß sie den äußern Schein selten für sich, öfters gegen sich gehabt hat. *Nur der Osterglaube, der «dennoch» zu sagen weiß, ist wirklicher, christlicher Glaube.* Aber wo dieser Osterglaube ist, da *ist* die Wahrheit, *die* Wahrheit nämlich, daß Gott durch *das* Leben Jesu, das keine Wissenschaft streichen noch beweisen kann, auch uns zu lebendigen Menschen macht. Diese Wahrheit aber ist die letzte Wahrheit, untrüglich in sich selber, und eine höhere Wahrheit, die sie begründen müßte, gibt es nicht. Wenn uns die neue Ansicht, Jesus habe nie gelebt, fester und tiefer macht in solchem Glauben, dann können wir uns freuen, daß sie aufgetreten ist. Denn auch die kräftigste Negation kann nichts *gegen* die Wahrheit, sondern *für* die Wahrheit [vgl. 2. Kor. 13,8].

Und nun seien noch einige Worte des Bandwebers und Dichters *Gerhard Tersteegen* hierhergesetzt, die vielleicht dazu dienen, dem einen oder andern deutlicher zu machen, um was es sich handelt:

«Ach, daß so viele hungrige Gemüter sich noch so lange aufhalten und abspeisen lassen mit dürren, kraftlosen Schalen- und Schattenbildern der Wahrheit, worin doch der Geist keine gründliche und beständige Vergnügung und Frieden finden kann, da indessen die wesentlichen Kernwahrheiten des inwendigen Christenlebens, welche noch hier auf dem Pilgerwege durch göttliche Gnade zu erfahren sind, wo nicht gar verachtet, dennoch so wenig in ihrer Schönheit und Kostbarkeit erkannt und genossen werden, daß es nicht genugsam mit Mitleiden kann beklagt werden. Ach, man sucht einen Schatz weit und breit mit vielen Bemühungen, ohne ihn je recht zu finden, den man doch so leicht und so nahe haben könnte, wenn man nur in die gehörige Bereitschaft oder Disposition des Herzens durch göttlichen Beistand einzugehen sich angelegen sein ließe.

Kommt, ihr von Gott zu seinem reinen Dienste des Geistes berufenen Seelen! Lasset uns in der Kraft des Herrn uns losmachen und losmachen lassen von allem Sichtbaren, von den Sinnen, von der Vernunft und von allen Eigenheiten, damit wir als recht abgeschiedene, vereinfältigte, reine Kreaturen in unsern Geist und Seelengrund können einkehren und Gott, welcher auch ein Geist ist, daselbst finden, schauen, lieben und seinen Frieden genießen mögen, welcher höher ist als alle Vernunft.»[10]

---

[10] G. Tersteegen, *Vorbericht an den Gott suchenden und Gott liebenden Leser*, in: *Des gottseligen Arbeiters im Weinberge des Herrn: Gerhard Tersteegen's gesammelte Schriften*, Bd. I: *Geistliches Blumengärtlein*, Stuttgart 1844, S. 8f.

Das ist christlicher Glaube, nichts Anderes. Und wir schließen mit
E. M. Arndt:

> Das ist das Licht der Höhe,
> Das ist mein Jesus Christ,
> Der Fels, auf dem ich stehe,
> Der unvergänglich ist,
> Der nimmermehr kann wanken,
> Der Heiland und der Hort,
> Die Leuchte der Gedanken,
> Die leuchtet hier und dort.[11]

---

[11] Strophe 5 des Liedes «Ich weiß, woran ich glaube», GERS (1891) 235 (EKG 278, Strophe 5; GERS [1952] 268, Strophe 2).

KONFIRMANDEN-ABENDE
1910

Über den Zweck der Genfer Konfirmanden-Abende und über Barths Motive zu deren Einrichtung gibt sein Artikel im Gemeinde-Blatt vom 30. 5. 1910 anschaulich Auskunft. Er ist mit «Paul Walter, Pfarrer. Karl Barth, Vikar.» gezeichnet. Doch läßt schon der Ton in dem «Zweitunterzeichneten» den Verfasser erkennen. Dem Artikel ist ein empfehlendes Votum des Präsidenten des Kirchenrates der Gemeinde beigegeben:

«Mit großer Befriedigung habe ich die Nachricht erhalten, daß die Herren Pfarrer unserer Gemeinde gewillt sind, sogen. Konfirmandenabende einzurichten, in denen die jungen Leute durch Vorträge und Unterredung weiter angeregt und unterrichtet werden sollen und die auch den Zweck haben, Freundschaft und Zusammenhang unter unserer Jugend aufrecht zu erhalten.

Ich möchte den Besuch dieser Abende sowohl den jungen Leuten wie deren Eltern sehr anempfehlen. Wir hoffen Gutes davon, für sie und für unsere Gemeinde.
A. G. Dubach, Präs. des Kirchenrats.»

Über die beiden Texte – und auch schon über einen ersten Abend – schreibt Barth am 30. 5. 1910 an die Eltern: «Zunächst bringe ich nun die Konfirmandenabende in Gang resp. ich probiere ob sie sich in Gang bringen lassen. Nächstens werdet ihr im Gmbl. eine Proklamation lesen, in der ihr den Verfasser aus dem Styl erkennen werdet. Die Approbation von Dubach ist weniger der Sache als Dubach selbst zu Ehren hingesetzt, übrigens ist sie so wie sie dasteht die energische Umgestaltung einer ganz unbrauchbaren Urschrift, über die Alles gelacht haben würde. – Mit den Knaben habe ich vor 8 Tagen bereits angefangen und habe es zu meinem Erstaunen fertig gebracht, ganze $5/4$ Stunden über Mission zu reden. Da ich meine Gedanken über Missionspflicht etc. vorher selbst erst ex nihilo produzieren mußte, ist jedenfalls die Gefahr vermieden, daß ich ihnen abgelagerte Apologetik vortrug.» Von der anderen Gruppe und dem bevorstehenden ersten Abend mit den «Mädchen u. Frauen» heißt es: «Es wollen auch solche Frauen kommen, die mit den Konfirmanden nichts zu thun haben, und wir wehren es natürlich Niemandem. Nun wirds nur drauf ankommen, daß ich hier Ton u. Stoff finde, die am Platz sind. Zunächst will ich ihnen den Sokrates vorführen, wenns gerät würde ich es auch mit Plato wagen, das sind natürlich nur Anregungen in Anbetracht des Publikums. Aber die praktischen Stoffe, die dabei naheliegen, sind zu verlockend, als daß ich mir sie entgehen *lassen wollte, bes. da doch eine Anzahl Erwachsene u. zw. interessierte zu erwarten sind. Nachher gehe ich mit einem Hupf zu Paulus vor».* Daß seine «Lebensbilder aus der Geschichte der christlichen Religion» mit Sokrates und Plato beginnen und daß Jesus in ihnen keinen eigenen Platz hat – das erscheint Barth in diesem Brief keiner Erläuterung bedürftig.[1] Immerhin erklärt er, «das AT» lasse er «für diesmal abseits», «da es soeben im Unterricht eingehend behandelt ist».

Über den Fortgang der beiden Reihen geben Barths Briefe an die Familie und an Freunde vielfältig Auskunft. Zusammen mit den Ankündigungen im Gemeinde-Blatt erlauben sie auch, die Reihe der Daten und Themen vollständig zusammenzustellen. Gelegentlich, insbesondere wo die Besprechung eines Themas mehrere Abende füllte, kann man die genauere Einteilung des Stoffs freilich nur vermuten. Eine kalendarische Übersicht wird am Schluß der Einleitung gegeben.

Wie schon der eingangs angeführte Brief andeutet, hatte Barth sich die «Evangelische Missionskunde» selber erst zu erarbeiten. In einem Brief an die Großmutter vom 3. 5. 1910 heißt es noch deutlicher: «Ich bin eben daran, einen Konfirmandenabend zu installieren und zu meinem Schreck haben die jungen Leute von mir Vorträge über Missionsgeschichte verlangt. Nun muß ich mich hinsetzen und lernen, denn meine diesbezügl. Kenntnisse gehen nicht weit über die Tatsache hinaus, daß zur Mission ein Gong erforderlich ist, wie ich mich in Basel überzeugt habe. Doch ich will suchen diese magern Kenntnisse schleunigst zu erweitern.» In diesem Sinne bittet er am 5. 5. seinen Bruder Peter: «Du der früher Missionar werden wollte, packe sofort sämtliche bei dir herumstehende u. liegende Missionsliteratur gröberer und feinerer Sorte, dicke u. dünne, ... zusammen und schicke sie mir. Ich habe Konfirmandenabende gegründet und das Volk verlangt nach Missionsgeschichte. Zu diesem Behuf muß ich mich auf die Hosen setzen, eine Lücke meines theol. Werdegangs schleunigst nachzuholen. Es wird fein! würde Papa sagen.» Am 3. 6. kann Karl Barth nach Basel berichten, daß ihm nun

---

[1] Zur Beruhigung von Großmutter, Mutter und Tante schreibt er aber am 3. 6. 1910 in einem Brief nach Basel: «Das eigentlich Christliche wird darüber nicht zu kurz kommen, wenn ich die Sache ganz bewußt auf eine etwas weitere Grundlage stelle. Onkel Ernst [Sartorius] ist damit freilich nicht ganz einverstanden.»

Hans Anstein, Pfarrer bei der Evangelischen Missionsgesellschaft in Basel und zeitweilig Herausgeber des «Evangelischen Heidenboten», «Literatur über die neue Bali-Mission zuschicken will. Dabei lerne ich ebenfalls etwas ... Vorläufig verhandeln wir über die Missionspflicht im Allgemeinen, die ich mir auch vorzu selbst erst klar machen muß. So geht es mir wie dem berüchtigten Prof. K. Fr. Bahrdt im 18. Jahrhdrt, der Syrisch ankündigte als Vorlesung, das er vorzu selbst erst lernen mußte. Kurzum, das Werk ist im Gang und wenn jetzt mein geharnischter Aufruf und die Propaganda von der Kanzel noch wirkt, so wird es ein ‹heerliges› Werk ...»

Die ersten beiden Abende über die Mission in Kamerun verliefen denn auch anscheinend erfreulich. Doch nach einem weiteren Abend melden sich Zweifel, die bis ins Grundsätzliche reichen: «Mit den Missionsabenden mache ich weniger gute Erfahrungen [als mit der Mädchengruppe]. Erstens kommen die Buben viel weniger u. unregelmäßiger, zweitens ist der Stoff mir u. ihnen zu fremd u. auch zu peripherisch. Es ist ja viel Interessantes da, das nett zu erzählen u. anzuhören ist, aber die Sache selbst, der Vorgang, daß Neger zu ‹Christen› werden, packt mich nicht eigentlich, ich weiß nicht recht woran es liegt. Die Lebensgeschichte eines simplen Genferfraueli giebt mir religiös viel mehr zu denken als die schönste Stationsgründung mit Chorälen in Negersprache. Es ist ja sicher, daß das auch Ausbreitung des Reiches Gottes ist, aber sie interessiert mich nicht sehr lebhaft. Es geht mir zu roh zu dabei. Es ist sehr schlimm. Ob vielleicht ein Barth'sches Familienerbe vorliegt??» *(Brief vom 4. 10. 1910 an die Eltern). Auch der nächste Abend mindert diese tiefreichenden Bedenken nicht; am 14. 10. gesteht Barth dem Freunde Loew:* «Das Missionsthema bei der männl. Abteilung befriedigt mich wenig; ich bin offenbar noch nicht reif für eigentl. Missionsinteresse, überhaupt für den spezifisch christlichen Reichsgottesbetrieb.» *So verwundert es nicht, daß Barth nach einem weiteren Abend die* «Missionskunde» *einstellt. Am 23. 10. erklärt er den Eltern:* «Die Konfirmandenabende muß ich nun doch für Knaben u. Mädchen gemeinsam machen. Die Sache nimmt einen etwas andern Verlauf, als ich dachte. In der Mädchenabteilung hatte ich fast lauter Erwachsene, die Knaben aber kommen in so geringer Zahl, daß der Extraabend für sie sich nicht lohnte (das letzte mal waren es nur 3). ... So werde ich ... an dem einen Abend vereinigen, was zu vereinigen ist, mit dem Nebenzweck, den *erwachsenen Gemeindegliedern etwas zu bieten, was sie bis jetzt noch nicht hatten.»*

Von Ende Oktober 1910 bis Anfang 1911 folgten die nun also nicht mehr doppelt geführten Konfirmandenabende dem Programm der «Lebensbilder». In einem Brief an O. Lauterburg vom 29. 1. 1911 gesteht Barth, sie hießen Konfirmandenabende, «weil fast keine (ehemal.) Konfirmanden kommen, dafür wieder ein Kreis von Erwachsenen meist Lehrerinnen u. dgl., denen ich eine fortlaufende Vorlesung über Dogmengeschichte (!) halte». Zumindest am Anfang waren die Lebensbilder jedoch nicht nur «im Grunde eine volkstümliche Vorlesung über Dogmengeschichte» (am 25. 11. 1910 an W. Spoendlin). Barth fragte vielmehr auch «ziemlich viel in die Kreuz u. Quer», und die Erwachsenen beteiligten sich ebenfalls «beim Antworten», so daß «meine Schäfchen von diesem Jahr» «vor den Ältern noch etwas scheuten im Antworten» (Briefe vom 19. 6. 1910 an die Eltern, vom 3. 6. 1910 an Großmutter, Mutter und Tante). Später kamen dann auch umgekehrt Fragen aus dem Auditorium. Am 8. 1. 1911 gibt Barth der Mutter eine Schilderung vom ersten ‹‹Konfirmandenabend› (2 Konfirmanden, fast Alles andre Leute!) über Origenes. Sie waren recht interessiert u. stellten Fragen, hatten aber etwas Mühe, die Dreieinigkeitslehre zu verstehen, was sehr begreiflich ist. Die Wiederbringung aller Dinge, auf die ich das nächste Mal komme, wird ihnen besser gefallen.»[2]

Wie zunächst auch bei der anderen Reihe schätzte Barth den Gewinn nicht gering, den ihm die kirchen- und dogmengeschichtlichen Studien selber brachten: «Für mich ist diese Popularisierung von großen Menschen u. Gedanken selbst sehr anregend und interessant, da es mich nötigt, mich in sie hineinzuleben, wie es bei keinem Examen so nötig war» (am 3. 6. 1910 an Großmutter, Mutter und Tante). «Die Präparation für dgl. ist für mich vielleicht lehrreicher als der Vortrag für meine Zuhörer» (am 4. 10. 1910 an die Eltern). «Die zwei letzten Male u. das näch-

---

[2] Am gleichen Tag an W. Loew: «Über den Origenes ... habe ich letzten Mittwoch 1½ Stunden ununterbrochen geredet.» Die Zuhörer «zeigten sich erquickt, müssen übrigens das nächste Mal noch einmal an ihn glauben, da ich wie gewöhnlich nicht fertig wurde. Nur über die Trinitätslehre schüttelten sie verdrießlich die Häupter; ich glaube, es waren einige da, die zum ersten Mal hörten, daß es so etwas gebe. Die Apokatastasis das nächste Mal wird ihnen schon besser zusagen, denn sie zeigten sich schon bei früherem Anlaß ziemlich unwillig über die Vorstellung einer ewigen Höllenstrafe.» Vgl. S. 105, Anm. 251.

ste bin ich mit Paulus beschäftigt, was für mich selbst wieder sehr ersprießlich ist» *(am 14. 10. 1910 an W. Loew).* «Ich habe zuletzt ‹Johannes› und Justin durchgenommen u. komme nun ... zu Irenäus. Ich komme dabei dazu, den großen Harnack[3] einigermaßen zu studieren, was ich bis jetzt noch unterlassen hatte, und das Volk ist es auch zufrieden» *(am 21. 11. 1910 an W. Loew).*

Anders als bei der «Missionskunde» empfand Barth hier aber auch einen wichtigen inneren Gewinn. Zwar muß er seinem Freunde W. Loew in einem Brief vom 8. 1. 1911 gestehen: «Für das historische Denken halte ich mich verloren; ich sehe gerade bei diesem Anlaß, wie kräftig-einseitig meine sog. Geschichtsdarstellungen ausfallen, und wenn einmal ein Sachkundiger in die z. T. mit lehrerinnenhafter Reinlichkeit geführten Hefte meiner Zuhörer hineinsähe, so könnte es Entrüstungen geben.» Aber im gleichen Brief bringt Barth die Freude zum Ausdruck, in Origenes einem wirklich erfreulichen Theologen begegnet zu sein (s. unten S. 105, Anm. 251). Und welch grundlegende Bedeutung diese historische Arbeit für Barths Werden als Theologe hatte, kommt bewegend in einem Brief an Loew vom 19. 2. 1911 zum Ausdruck, in dem Barth zunächst die «äußeren und inneren Hemmungen» zur Sprache bringt, die der Absicht entgegenstanden, bei Wilhelm Herrmann «in Marburg den Lic. Theol. zu erwerben»[4]. Barth nennt dem Freund folgende Gründe: «Erstens, weil ich die Zeit nicht auftreiben kann für die umfassenden Studien, die dazu nötig wären. Zweitens weil mir theologisch Schleiermacher ... zur Zeit ungemein fern liegt, und ich mich nicht reif fühle, über Schl. u. das 19. Jahrhdt Sprüche zu klopfen, bevor ich mir die Analytik u. Dialektik der reformatorischen Religion ganz anders intus zu eigen gemacht.» *Calvin habe ihn «auf Lücken u. Untiefen» aufmerksam gemacht, an denen er zu arbeiten habe, bevor er sich wieder mit der idealistischen Religionsphilosophie beschäftige. Deshalb seien jetzt nicht*

---

[3] D. h. Harnacks dreibändiges «Lehrbuch der Dogmengeschichte» im Unterschied zu seiner knappen «Dogmengeschichte» in einem Band im «Grundriss der Theologischen Wissenschaften».

[4] So Barth später in seiner Autobiographischen Skizze im Album der Evangelisch-theologischen Fakultät der Universität Münster (1927), in: Bw. B., S. 306. – Am 29. 1. 1911 hatte er bereits seinem Schul- und Studienfreund O. Lauterburg gestanden: «Herrmann erwartet sogar einen Lic. von mir über Schl[eiermacher]'s Lehre vom Gebet, aber ich sehe je länger je mehr, daß nichts daraus wird.»

«Schl. u. Herrmanns Widersacher Schuster», sondern «Luther u. Zwingel» zu lesen, von da aus rückwärtsgehend die Scholastiker, Augustin, eventuell das Neue Testament, «das ich bis jetzt mehr wie die Reformatoren als Belegquelle zu behandeln gewohnt bin». Eines Tages werde dann auch wieder Schleiermacher in den Blick kommen, aber wann und wie, wisse kein Mensch. Es sei nämlich so, «daß ich zur Zeit theologisch überhaupt nicht ‹stehe› sondern sitze nämlich vor den Ansichten Anderer Klügerer.» Die dann folgende Wendung ist natürlich auf dem Hintergrund des Studiums der Reformatoren und der Theologen der Alten Kirche[5] zu lesen: «Will man das ‹stehen› nennen, so stehe ich augenblicklich auf dem Standpunkt der wörtlichen Inspiration und der absoluten doppelten Prädestination, empfinde lebhafte Sympathien für die Trinitätslehre des Athanasianum's und lehre die Leute also.» Der ironische Klang läßt doch den Unterton ernsten Ringens nicht überhören. Gewiß, es geschah hier «keine subita conversio»[6]. Aber die theologiegeschichtlichen Studien, zu denen Barth eben auch die «populäre Vorlesung über Dogmengeschichte» vor «meinen Fräuleins» (an Loew am 21. 11. 1910 und am 8. 1. 1911) Anregung und Ansporn bot, bilden doch einen Konvergenz- und Divergenzpunkt nach vorwärts und rückwärts in Barths theologischer Entwicklung.

Noch eindeutiger ließe sich das von einer Wendung sagen, die Barths Konfirmandenabende in ihrer dritten Phase (von Ende Januar bis Juni 1911) nahmen. In den «Gemeinde-Nachrichten» des Gemeinde-Blattes No. 42 vom 9. 3. 1911 heißt es dazu: «Die seit letzten Sommer als Konfirmandenabende angezeigten Ver[s]ammlungen haben sich in einer Richtung entwickelt, die diesen Namen nicht mehr rechtfertigt. Die neukonfirmierten Mädchen und Jünglinge, für die diese Abende in erster Linie bestimmt waren, haben zum großen Teil Genf verlassen oder sind durch andere Umstände am regelmäßigen Besuch verhindert. Statt dessen hat sich aber ein weiteres Publikum gefunden und mit wachsendem Interesse an den Abenden beteiligt. Auf besondern Wunsch der Teilnehmer finden die Zusammenkünfte fortan allwöchentlich am Mittwoch Abend statt und zwar abwechselnd als Vorträge, Diskussionsabende oder Bibelbesprechungen. Sie sollen auf diese Weise dem

[5] Am 29. 1. 1911 schreibt Barth an die Eltern: «Dürfte ich bitten um eine gute Darstellung *Augustins* ...?»
[6] Autobiographische Skizze, a.a.O., S. 306.

Nachdenken und der religiösen Weiterbildung aller Gemeindeglieder dienen, und wir hoffen, damit eine feststehende Einrichtung geschaffen zu haben, die im Stande ist, das geistige Leben in unserer Gemeinde zu fördern.» Barth war schon im Januar zum Wochenrhythmus zurückgekehrt – nun aber nicht mehr zwischen «Knaben» und «Mädchen» bzw. zwischen Missions- und Kirchengeschichte abwechselnd, sondern zwischen dem Vortrag von «Lebensbildern» und «Diskussionsabenden», wo er sich, wie er am 19. 2. 1911 Loew schreibt, «eigentlich besser im Element» fühlte. «Wir sprachen in 2 Abenden über die Bedeutung der Person Jesu, das nächste Mal über die Wunder, dann über die Auferstehung Jesu.» Nach den hier erwähnten Diskussionsabenden fanden im März – neben den vierzehntäglichen Mittwochsvorträgen, die nun von Augustin und dem pelagianischen Streit handelten – noch zwei «Bibelbesprechungen» statt: am 22. 3. 1911 wurde das Gespräch über die Auferstehung Jesu fortgesetzt, und am 5. 4. war Röm. 1,1–17 das Thema. Nach der Osterpause veränderte Barth den Charakter der Abende noch einmal. Am 27. 4. trug er abschließend über Augustin vor. Dann aber verband er die «Bibelbesprechungen bzw. Vortragsabende», wie das Gemeinde-Blatt No. 43 vom 13. 4. 1911 sie ankündigte, zu einer Veranstaltung: «Alle Mittwoch», berichtet er den Eltern am 7. 5. 1911, «halte ich jetzt statt der Vorträge eine ‹Römerbriefvorlesung› (seit drei Wochen)[7], die jedenfalls für mich selber sehr anregend ist. Ich präpariere mich nach Jülicher und Schlatter, rede dann aber ganz frei, nur mit dem Buch vor mir, und bemerke, daß die Exegese auch ihre Freuden hat.» Diese «Römerbriefvorlesungen» gingen bis zum 21. 6. 1911. Am 25. 6. hielt Barth seinen letzten Gottesdienst in Genf. So heißt es in einem Brief an die Eltern vom 23. 6. 1911: «Hier gehts nun sehr abschiedlich zu. Die Mittwochsabende sind nun geschlossen. Die Damen überraschten mich mit einem schönen Geschenk: 10 Bände Goethe.»

Von den Wurzeln dieser exegetischen Besinnung auf den Römerbrief wurde schon die Hervorhebung von Röm. 6 im Konfirmandenunterricht und in der Passionsbetrachtung «Mit Christus gestorben» berührt. In den «Lebensbildern» selber hat sie, wenn man so sagen darf, ein Vorspiel im theologischen Teil des Paulus-Porträts, den Barth, wie es

---

[7] Wie die Eintragungen in Barths Notizkalender belegen, ist mit dieser Angabe gemeint: bisher dreimal.

scheint, ganz selbständig aus einer Theologie des Römerbriefs aufbaut (s. unten S. 86f.), der später, im Juli 1916, so beherrschend für eine Wende auf Barths weiterem Weg wurde.

Termine und Themen der «Konfirmanden-Abende»

Knaben:	Mädchen:
25. 5. 1910: Missionspflicht usw.	
	1. 6. 1910: Griechenland, Athen, Sokrates
8. 6.: Missionspflicht	
	15. 6.: Sokrates (Fortsetzung)
22. 6.: Land und Leute in Kamerun im allgemeinen	
7. 9.: Erzählungen aus Kamerun	
	14. 9.: Plato
21. 9.: (Fortsetzung)	
	28. 9.: Paulus
	12. 10.: Paulus (Fortsetzung)
19. 10.: (Fortsetzung)	
	26. 10.: «Johannes»

beide Gruppen zusammengefaßt:

9. 11.: Justin
23. 11.: Justin/Irenaeus
7. 12.: Irenaeus
14. 12.: Tertullian

4. 1. 1911: Origenes (Trinitätslehre)
18. 1.: Origenes (Apokatastasis), Athanasius

Diskussionsabende:	Lebensbilder:
25. 1.	
	1. 2.:
	Athanasius (Fortsetzung)
8. 2.:	
Die Bedeutung der Person Jesu	
für den Glauben	
15. 2.:	
(Fortsetzung)	
Di. 21. 2.:	
Die Wunder	
	1. 3.:
	Augustin
Mi. 8. 3.:	
Auferstehung Jesu	
	Do. 16. 3.:
	Augustin (Fortsetzung)
22. 3.:	
(Fortsetzung)	
	Mi. 29. 3.:
	Augustin (Fortsetzung)
5. 4.:	
Bibelbesprechung	
(Röm. 1,1–17)	
Do. 20. 4.:	
Römerbrief (Fortsetzung)	
	Do. 27. 4.:
	Augustin (Schluß)

«Bibelbesprechung bezw. Vortragsabende» («Römerbriefvorlesung»):

Mi. 3. 5.
10. 5.
17. 5.
Di. 23. 5.
Mo. 29. 5.
Mi. 7. 6.
14. 6.
21. 6.

Der Konfirmandenunterricht in unserer Gemeinde dauert nach Genfer Brauch ein halbes Jahr, nicht mehr und nicht weniger. In der deutschen Schweiz hat man dazu ein ganzes, wenn nicht zwei oder drei Jahre. Bei uns geht's Lehrern und Schülern, wie's im Liede steht: Kaum gegrüßt, gemieden.[8] Ein halbes Jahr lang, alle Wochen zwei Stunden, die von manchen Meistersleuten überdies noch widerwillig und murrend freigegeben werden, was besonders bei den Knaben die vielen «notwendigen» Absenzen beweisen. Endlich diese wöchentlichen 2 Stunden noch reichlich verkürzt durch öfteres, z.T. regelmäßiges Zuspätkommen. Das sind die äußern Umstände, mit denen sich der Unterricht abfinden muß, durch den die jungen Leute den Zusammenhang und die Klarheit in ihr inneres Leben bekommen sollten, deren sie für das selbständige Dasein, dem sie entgegengehen, bedürfen. Wir wenden uns an unsere konfirmierte Jugend, älterer oder jüngerer Jahrgänge, selbst – sie müßte es am besten wissen – mit der Frage, ob sie aufrichtig der Ansicht ist, dies Ziel könne auf solche Art in einer auch nur annähernd der Wichtigkeit der Sache angemessenen Weise erreicht werden. Ob sie tatsächlich davon befriedigt sein kann, die Fragen des Lebens und [der] Weltanschauung in einem halben Jahr im Tempo eines Stenographie-Kurses «erledigt» zu haben. Und wenn unsere konfirmierte Jugend vielleicht das Ungebührliche der Situation nicht empfindet, wenn sie erst später auf die Lücken aufmerksam werden wird, so kommt jedenfalls der, der zu unterrichten hat, um die fatale Erkenntnis nicht herum, daß nur zu oft die Gründlichkeit unter dem Bestreben nach Vollständigkeit hat leiden müssen, und umgekehrt die Vollständigkeit und Übersichtlichkeit unter dem Streben nach Gründlichkeit im Einzelnen.

Man kann gegen diese Erwägungen einwenden: Ei, man darf vom Konfirmandenunterricht auch nicht zu viel erwarten und verlangen. Er soll ja nur wiederholen, ergänzen, berichtigen, zusammenfassen, was den Kindern im Religionsunterricht der Schule bereits bekannt gemacht worden ist. Und da wäre in der Tat von den Kenntnissen und Interessen der jungen Leute, die direkt aus der deutschen Schweiz* in unsern

---

* Besonders die *Ostschweiz* wäre hier ehrenvoll zu erwähnen.

[8] Aus der 7. Strophe von Nikolaus Lenaus «Der Postillion», Sämtliche Werke und Briefe, hrsg. von E. Castle, Bd. I, Leipzig 1910, S. 105.

Unterricht kommen, allerlei Rühmliches zu sagen. Nicht ganz dasselbe, vielmehr das Gegenteil ist aber zu sagen von denjenigen unserer jungen Freunde, die aus den Schulen Genfs zu uns kommen, an die wir uns zunächst zu halten haben, weil sie zum Stamm unserer Gemeinde gehören und ihren hoffnungsvollen Nachwuchs zu bilden bestimmt sind. Es ist vor einigen Jahren einem bernischen Pfarrer als schwere Beleidigung angerechnet worden, daß er von den Schulkindern seiner Gemeinde sagte, ihre religiösen Kenntnisse stünden jedenfalls *unter* denen der christlichen Negerkinder von der Goldküste. Ich glaube, in Genf würde man in diesem Ausspruch kaum einen Beleidigungsgrund finden können, sondern wenn wir die Dinge aufrichtig nehmen, wie sie sind, werden wir sagen müssen: es ist so. Am Anfang des letzten Konfirmandenunterrichts ist z. B. auf die Aufforderung, einige *Propheten* des Alten Testamentes zu nennen, die Antwort gegeben worden: «*Abraham* und *Eva*». Ein im übrigen strebsamer und intelligenter junger Mann hat noch zwei Wochen vor der Konfirmation bekundet, daß er von der Existenz der 4 Evangelien keine Ahnung hatte. Daß beim Bibelaufschlagen der Römerbrief in der Gegend der fünf Bücher Moses gesucht wurde, war nichts Außergewöhnliches. Wie kann der Unterricht etwas «wiederholen», «ergänzen», zu klarer Anschauung und eigenem Besitz gestalten, was gar nicht da ist? Wo nichts ist, da hat der Kaiser sein Recht verloren!⁹ Wir kennen die Genfer Schulverhältnisse zu wenig, um uns ein Urteil darüber zu erlauben, woher es kommt, daß es *so* mit den *Voraussetzungen* des Konfirmandenunterrichts steht. Das werden allerdings auch Sachkundigere als wir nicht leugnen wollen, daß z. B. in unsrer deutschen Schule der Religionsunterricht für das Bewußtsein der Lehrer und Kinder dermaßen außerhalb des übrigen Unterrichts steht**, daß er seinen Zweck unmöglich erfüllen kann. Wir halten uns also nur an die Resultate und sagen: die erkenntnismäßigen Voraussetzungen sind *nicht* da.

** Er wird nicht vom Klassenlehrer erteilt, wie es sachgemäß und sicher auch den Lehrern erwünscht wäre, und findet in den ausschlaggebenden oberen Klassen in der letzten, bekanntlich untauglichsten Stunde der Woche statt: am Samstag Nachmittag.

⁹ Vgl. K. Fr. W. Wander, *Deutsches Sprichwörter-Lexikon. Ein Hausschatz für das deutsche Volk*, Bd. II, Leipzig 1870, Sp. 1097 (Nr. 63).

Aber nun könnte man kommen und sagen: die Erkenntnis sei überhaupt nicht die Hauptsache in der Religion. Gott und seinen Willen kennen sei wichtiger als die Bibel und die Kirchengeschichte kennen. Wir sagen: Sehr richtig, das *ist* wichtiger, aber zu einem klaren, bewußten, innern Christentum kommt der nicht, der von den geschichtlichen Zusammenhängen keine Vorstellung hat. Der von den Quellen und von der Geschichte keine Ahnung hat und darum außer stande ist, zu dem, was vor ihm kluge Leute mit Gott erlebt und über Gott gedacht, Stellung zu nehmen und darnach selbständig sein inneres und äußeres Leben zu gestalten. Ein Christentum, das auf die Kenntnisse verzichten wollte, wäre ein Rückfall vom Protestantismus in den Katholizismus. Es würde den suchenden und fragenden Menschen hilflos dem ausliefern, was sein Pfarrer ihm am Sonntag darzubieten für gut findet. Es wäre hier in Genf besonders eine offene Umgehung der Pflicht, die unsere Kirchenverfassung *jedem* Mitglied der Kirche auferlegt, «de se former des convictions personnelles et refléchies».[10]

Es wäre nun aber närrisch und unwitzig, sich über die bestehenden Zustände zu beklagen, ohne selbst Hand anzulegen. Darum soll in dieser Richtung in nächster Zeit ein Versuch unternommen werden, auf den wir die freundliche Aufmerksamkeit der engern und weitern Kreise unserer Gemeinde richten möchten. Es soll vom 25. Mai d. J. an jeden Mittwoch ein *Konfirmandenabend* stattfinden, um unseren jungen Freunden Gelegenheit zu geben, das im Unterricht Gehörte zu vertiefen und zu befestigen, und zwar abwechselnd alle 14 Tage für Knaben und Mädchen. In beiden Abteilungen wird in einer fortlaufenden Reihe von Besprechungen ein bestimmter Gegenstand behandelt werden, auf Grund der Wünsche der diesjährigen Konfirmanden bei den Knaben zunächst *Evangelische Missionskunde*, bei den Mädchen eine Reihe von *Lebensbildern aus der Geschichte der christlichen Religion*. Es soll aber der Nachdruck auf die Besprechung der aus diesen Stoffen sich von selbst darbietenden religiösen und praktischen Fragen gelegt werden. Und es sollen die Verhandlungen nicht den Charakter von Vorträgen

---

[10] *Constitution de l'Église nationale protestante de Genève* (Du 7 Juillet 1908), Titre I, Déclaration, in: *L'Église de Genève. 1535–1909. Esquisse historique de son organisation suivie de ses diverses constitutions, de la liste de ses pasteurs et professeurs et d'une table biographique,* par H. Heyer, [Genf 1909 =] Nieuwkoop 1974, S. 361–375; Zitat: S. 361.

haben, sondern soweit tunlich in freier Rede und Gegenrede sich bewegen. Alles schulmäßige Abhören u. dgl. ist selbstverständlich ausgeschaltet.

Diese Abende werden Mittwoch, den 25. Mai, abends 8½ Uhr für die Knaben, Mittwoch, den 1. Juni, abends 8½ Uhr für die Mädchen ihren Anfang nehmen, für beide Abteilungen in unserem Gemeindesaal, Rue Pépinière 4. *Alle ehemaligen Konfirmanden aller Jahrgänge werden dazu herzlichst willkommen geheißen. Ebenso herzlich sind aber auch alle andern deutschsprechenden jungen Leute eingeladen,* und um besonders den Mädchen das Kommen zu erleichtern, fügen wir hinzu, *daß es uns freuen wird, wenn auch die verehrlichen Eltern oder Anverwandten sich mit ihnen einfinden wollen,* wenn wir uns auch in Ton und Inhalt der Besprechungen naturgemäß an die Jugend wenden.

Wir unterbreiten diese Nachricht der wohlwollenden Teilnahme unserer Gemeindeglieder, die sie zunächst dadurch betätigen können, daß sie die Sache in möglichst weiten Kreisen *bekannt machen.* Unsere Gemeinde leidet Mangel an jungem Nachwuchs. Hier ist eine Gelegenheit geboten, ihr einen solchen schaffen zu helfen, der nicht bloß auf dem Papier steht, wie so manches in unserm Kirchenwesen. Es sei aber ausdrücklich gesagt, daß es sich *nicht* darum handelt, einen *Verein* zu gründen, weder einen Jünglings- noch einen Jungfrauenverein, noch den bestehenden Organisationen Konkurrenz zu machen. Es wird auch niemand zu irgendwelchen Verpflichtungen herangezogen, weder in Beziehung auf finanzielle Leistungen noch in Beziehung auf die Beteiligung, wenngleich ein regelmäßiger Besuch wünschbar, weil förderlicher, ist. Der Zweck der Sache soll sein, unsern jungen Freunden eine freie Anregung und Anleitung zu freier und selbständiger Gestaltung ihres Christentums zu bieten, im Sinne des bereits erwähnten Passus unserer Kirchenverfassung, in dessen Realisierung wir die Grundbedingung zur Entwicklung eines gesunden und lebendigen christlichen Gemeindelebens sehen.

Die Leitung der Abende liegt vorläufig in den Händen des Zweitunterzeichneten.

Paul Walter, Pfarrer
Karl Barth, Vikar

EVANGELISCHE MISSIONSKUNDE
1910

Einleitung s. S. 46–54.

Zweck der Abende: Freie Fortsetzung des zu kurzen Konfirm[anden-] Unterr[ichts] Beschäftigung mit einem Stoff der zum Nachdenken über Welt u. Leben, Gott u. Mensch anleitet
Nachdenken nicht die Hauptsache im Chr[isten]t[um], aber ein wichtiges Mittel dazu[,] ohne das Unklarheit u. Hilflosigkeit. Ein Christ in d. Stadt muß wissen *warum* ers ist
Beteiligung: Frei, das Chrt. ist überhaupt frei od. es ist keins, keine Taufe mit der Feuerspritze[1]
Sommer übel? Steht nirgends geschrieben, daß d. Chrt. im Sommer einschlafen müsse wie die Bären im Winter. Regelmäßige Beteiligung wünschenswert wegen Zusammenhang. Essen thut ihr auch regelmäßig, Geist nicht weniger wichtig!
Einrichtung: Weder Schule noch Vortrag, sondern freie Verhandlung unter Erwachsenen. Disziplin *selbstverständlich,* aktive Beteiligung (Fragen!) solls *werden*
Gegenstand:

---

[1] Anspielung auf die Massentaufen im Zuge der römisch-katholischen Missionierung Amerikas, bei der z. B. in Mexiko zwischen 1524 und 1539 sieben Millionen Eingeborene die Taufe empfangen haben sollen: «faute de missionaires en nombre suffisant» konnte dabei nur einigen wenigen unter den auf einem großen Platz versammelten Neubekehrten die Taufe mit allen vorgeschriebenen Zeremonien gespendet werden, «pour les autres on se bornait à leur donner l'eau qui est de l'essence du baptême» ([M.-R.-A.] Henrion, *Histoire générale des missions catholiques depuis le XIIIe siècle jusqu'a nos jours,* Tome I, Paris 1846, S. 435; vgl. auch G. Warneck, *Protestantische Beleuchtung der römischen Angriffe auf die evangelische Heidenmission. Ein Beitrag zur Charakteristik ultramontaner Geschichtsschreibung,* Gütersloh 1884/1885, [2. Hälfte] S. 367f.).

Evangelische Missionskunde

Mission: Ausbreitung des Chrts. ²/₃ der Menschheit sind nicht-christlich, d. h. nicht christlich getauft u. unterrichtet.² Und das christliche ¹/₃? Unzählige Namenchristen u. direktes Heidentum mitten unter uns. Von «Atheisten» etc. nicht zu reden, wieviel Heidentum bei den Kirchlichen (Aberglauben u. praktisches Heidentum: Stellung zum Geld, zum Vergnügen etc.) Und wie stehts in unserm Innern??

Warum dann Mission? Warum in die Ferne schweifen? ...³ Richtig! Es soll nur jeder in der Nähe anfangen mit der «Ausbreit[ung] d. Chrts» vor Allem bei sich selbst. Dazu sind die verschiedenen *Kirchen* da, ihnen zur Unterstützung die sog. «Innere Mission» (Stadtmissionare, Vereine, Blaues Kreuz, Liebeswerke) Aber man soll d. Eine thun u. d. Andre nicht lassen: Die Heiden sind so gut unsre Brüder, wie die Menschen unsrer Umgebung, bes[onders] da sie uns heute durch den Weltverkehr auch äußerlich nahegerückt.

Interesse für d. Mission gehört sich für gebildete Christen. 6000 Missionare, 17 000 Schulen in Arbeit, ca. 62 Mill[ionen] Frs jährl. Ausgaben nur für protest[antische] Mission.⁴ Also schon äußerlich respektable Sache. Hindernisse des Interesses bei uns: Mission Sache bestimmter christl[icher] Kreise, die uns nicht passen – aber das soll eben anders werden. Art u. Weise wie darüber geredet wird (Traktätchen, englisch[,] schwäbisch)⁵ – aber das ist nicht die Sache selbst

Die Sache selbst ist: wir haben etwas Gutes, das Beste, an unserm Chrt., da sind die Heiden, Menschen wie wir, also müssen wir es ihnen verschaffen.

---

² Vgl. G. Warneck, *Abriß einer Geschichte der protestantischen Missionen von der Reformation bis auf die Gegenwart. Mit einem Anhang über die katholischen Missionen*, Berlin 1910⁹, S. 521, Anm. 2.
³ Vgl. den Anfang von J. W. von Goethes Gedicht «Erinnerung»: «Willst du immer weiter schweifen, / Sieh, das Gute liegt so nah».
⁴ Barth übernimmt die Angaben offenbar von E. Troeltsch, *Die Mission in der modernen Welt*, in: CW, Jg. 20 (1906), Sp. 8 (vgl. den bearbeiteten Abdruck in: ders., *Gesammelte Schriften*, Bd. II: *Zur religiösen Lage, Religionsphilosophie und Ethik*, Tübingen 1922² [= Aalen 1962], S. 782).
⁵ Vgl. G. Warneck, *Abriß*, a. a. O., S. 91–118 und – Barth denkt wohl vor allem an den starken Anteil Württembergs an der *Basler Mission* – S. 135–137.

Aber dagegen werden nun ernsthafte *Einwände* erhoben und wir müssen sie erwägen, um die
Missionspflicht
einzusehen.

1. Die M[ission] stört den Kolonialhandel etc. Im Gegenteil: Durch d. Chrt. werden die Menschen brauchbare Arbeiter, was «gestört» wird, ist die Vergnügungssucht (Schnaps*, Putz[6]) dafür nicht schade. Für viele Europäer sind d. Eingebornen ein Ausbeutungsobjekt, dem tritt die Mission allerdings entgegen.

Durch die Europäer wird viel *zerstört* in den fremden Erdteilen. Man nimmt den Eingebornen die Freiheit, oft die Heimat (Indianer) in den Kriegen sogar Vielen das Leben (Herero)[7] Auch da wo friedl. Verhältnis Einführung europäischer Laster, Auflösung aller alten Art, die ihnen so lieb wie uns (Heimatschutz![8])

Vorlesen: Klagegesang d. Königs Bombilo (Fr. Schweiz. Arb. 20. Mai 1910)[9] In Indien Verfall des Kastenwesens, In China des Ahnenkults. Borniertheiten? Gut, aber dann muß etwas Besseres an die Stelle treten. Wer einreißt hat die Pflicht, aufzubauen

---

* In Kamerun 1906 600 000 M[ark] bei 13 Mill[ionen] Ges[amt-]Einfuhr

[6] Vgl. P. Steiner, *Kamerun als Kolonie und als Missionsfeld* (Handbücher zur Missionskunde, Bd. II), Basel 1909, S. 44. [Auf diese Quelle wird im folgenden mit Verfassernamen und Seitenzahl verwiesen.]

[7] Im sog. Herero-Krieg (1904–1907) im damaligen «Deutsch-Südwestafrika» kamen gegen 80% der einheimischen Herero infolge der Vernichtungsstrategie der deutschen Truppen ums Leben.

[8] 1905 wurde die «Schweizerische Vereinigung für Heimatschutz» zum Kampf gegen die zunehmende Zerstörung der landschaftlichen Schönheiten durch Nutzbauten gegründet. Daneben stellte sie sich die Aufgabe, die überlieferte Bauweise zu fördern, zur Erhaltung der heimischen Gebräuche, Trachten, Mundarten, Volkslieder usw. beizutragen (vgl. E. Leisi, Art. «Heimatschutz», in: HBLS IV, S. 127f.).

[9] Der freie Schweizer Arbeiter, Jg. 3, Nr. 34 vom 20. Mai 1910, [S. 3]. Es handelt sich um die Übersetzung von «La chant du roi Bombilo» («la complainte du roi Bombilo, des Wangatas de l'Equateur») aus den Erzählungen von D. Bersot, *Sous la Chicote. La Vie au Congo. Nouvelles Congolaises*, Genève 1909, S. 37–43. Die Anfangszeilen des Textes, der in den Auseinandersetzungen um die «Greuel im Kongostaat des Königs Leopold von Belgien» ein «Stimmungsbild» über die «Lage und Gefühle der Bevölkerung jenes unglücklichen Landes» geben sollte (Vorbemerkung zur Übersetzung), lauten: «Wir waren glücklich. Da kamen die Weißen!»

Chrt. stört die Kolonialarbeit nicht, aber es wandelt sie. Etwas Anderes kann man gar nicht *wollen*.

2. Man *bringe den Heiden lieber die europ[äische] Kultur*. Was ist das? *Technik?* Eisenbahnen, Automobile, Kanonen. Gut, aber mit all dem sind wir selbst noch nicht besser, ist uns selbst nicht geholfen, geschweige den Heiden (Boxeraufstand, Hererokrieg)[10] Also *Schulbildung*. Sicher, Wissen ist Macht[11], kein rechtes Leben ohne Wissen, daher alle Missionen Schulen gründen. Aber Wissen ist nicht d. Leben selbst, Wissen ist nicht Bildung. Kultur ist nur wo Leben u. Bildung, wo rechte *Menschen*[.] Kultur im andern Sinn haben Indien u. China bereits, sogar viel ältere als Europa (Papier, Schießpulver, indische Philosophie) wir sehen aber gerade dort, daß sie in dem Sinn noch kein eigentlicher Wert ist, oft d. Gegenteil davon (Dünkel u. Grausamkeit d. Chinesen, faule Beschaulichkeit d. Inder)

Sache steht so: Menschheit ist eine Einheit. Die Güter der Kultur müssen in der Tat allen gemein werden. Aber nicht dabei das Wertvollste zurückhalten; d. h. das was die Kulturgüter: Technik, Wissen, Kunst, Staatsordnung erst wertvoll u. wahr macht, die Religion. Die Rel. zeigt wie man *mittels* jener Güter ein rechter Mensch wird. Daher d. Heiden am Besten vor Allem mit Gott bekannt gemacht. Kultur[,] *daher* Chrt.

3. Mission *bedeutet Intoleranz gegen die andern Religionen*. Toleranzidee mächtigster Faktor im rel[igiösen] Geistesleben geworden. Vorher einfach: Chrt. wahre, alle Heiden etc. falsche Rel. Seit 1700 anders. Friedr[ich] d. Gr.: Jeder nach seiner Fasson ...[12]

---

[10] Nachdem es im Zuge des sog. Boxeraufstandes 1900 in Peking zur Belagerung des Gesandtschaftsviertels gekommen war, wurde die chinesische Hauptstadt von deutschen und japanischen Truppen erobert. Im «Boxerprotokoll» von 1901 wurden China Kriegsentschädigungen und u. a. ein Verbot fremdenfeindlicher Aktionen auferlegt. – Zum Hererokrieg s. oben Anm. 7.

[11] «Ipsa scientia potestas est», «knowledge itself is power» – Fr. Bacon, der diesen Gedanken andernorts ausführlicher dargelegt hat, hat ihn in dieser knappen Form in den *Meditationes sacrae* (1597) bzw. *Religious Meditations* (1598) ausgesprochen: *The Works of Francis Bacon*, hrsg. von J. Spedding, R. L. Ellis und D. D. Heath, Vol. VII, London 1861 [= Stuttgart-Bad Cannstatt 1963], S. 241 bzw. 253.

[12] Über den historischen Hintergrund der Weisung Friedrichs des Großen: «Die Religionen Müsen alle Tolleriret werden, ... den hier mus ein jeder nach

Im heutigen Staatsleben Gleichstell[ung] aller Rel[igionen] u. Konfessionen (Volkszählungen![13]) Chrt. eine Rel. neben andern. Dazu Rel[igions-] Wiss[en]schaft: Kenntnis u. Verständnis auch der andern Rel. Überall Spuren der Wahrheit, überall deutlich Gott am Werk. Warum also nicht Alles lassen wie es ist? Warum etwas Fremdes aufdrängen?

Es handelt sich eben *nicht* um etwas Fremdes, sondern um das was eigentlich das Rechte wäre, was die heidn. Religionen stammeln u. ahnen. Paulus Act 17,22–30

Wer ein Christ *ist,* weiß daß er das hat was allen Menschen not tut, den wirklichen Gott. «Toleranz» als *Gleichgiltigkeit* gegen das innere Leben der Andern ist unchristlich. Auch bei uns muß lebendiger Glaube immer den Drang haben, sich auszubreiten, anzustecken. So erst recht bei Berühr[un]g mit d. heidn. Welt, wo die Wirkungen innerer Fehlentwicklung bes. deutlich sind. «Die Liebe Xϱ'i [Christi] dringet uns also.» [2. Kor. 5,14]

Von da aus ist dann erst die wirkliche Toleranz möglich, die *Toleranz d. Liebe*[,] während d. T[oleranz] d. Gleichgiltigkeit im Grunde die tiefste Intoleranz ist. In jeder Rel. ein berechtigter Kern, oft in allerlei Hüllen. Durch die Berühr[un]g mit d. Geist Jesu wird fremde Rel. nicht verachtet in ihrer Besonderheit, aber auf ihr eigentliches wertvollstes Wesen zurückgeführt. Anders chines., anders afrikan. Chrt.!

Das Chrt. uniformiert d. Menschen nicht, aber es einigt sie.

An dieser Aufgabe vorbeigehen, wäre Verleugnung d. Wesens d. Chrts: für den *Einzelnen* u. für die *Kirche* im Ganzen

Summa: 2 feste Punkte, die die Missionsaufgabe mit uns[erm] innern Leben direkt in Bez[iehung] setzen

---

Seiner Faßon Selich werden» vgl. A. Fr. Büsching, *Character Friederichs des zweyten, Königs von Preussen,* Karlsruhe 1789², S. 206f.

[13] Bei der für 1910 anstehenden und am 1. 12. des Jahres durchgeführten Eidgenössischen Volkszählung wurde – wie zuvor 1850, 1860, 1870, 1880, 1888 und 1900 – auch die Konfession erfragt. Die Erhebungsformulare sahen dabei wie seit 1880 die Rubriken «protestantisch», «katholisch», «israelitisch», «andere oder keine [Konfession]» vor. Die Formulare von 1860 und 1870 klassifizierten noch weiter gehend, während 1850 nur «protestantisch», «katholisch» und «israelitisch» unterschieden wurden (Zeitschrift für Schweizerische Statistik/Journal de statistique suisse, Jg. 17 [1881], S. 26f.; Jg. 29 [1893], S. 300f.; Jg. 37 [1901], S. 314f.; Jg. 47 [1911], S. 104f.).

1. Die Art des christl. Glaubens: Liebe. «Gehet hin in alle Welt ...» [Mk. 16,15]
2. Das deutliche Bedürfnis: Welt ohne Liebe. «Komm herüber ...» [Act. 16,9]

Der Missionsbetrieb

In ältester Zeit war d. christl. Kirche per se Missionskirche weil inmitten der Heiden (Innere Kraft läßt nach mit der extensiven Ausbreitung?) Die Reformationszeit verstand *diese* Aufgabe nicht (Heiden verworfen, Ev[an]g[elium] bereits verkündigt, jüngster Tag nahe)[14]

In der Neuzeit ein *Werk freier Liebestätigkeit* (Prinzipiell richtig, Kräfteverteilung, aber hinter d. Einzelnen muß irgendwie d. Gesamtheit stehen, mit Gaben, noch mehr mit Interesse (dein Reich komme [Mt. 6,10 par.]) [)]

Gesellschaften. «Missionsgemeinden» u. Institute in Europa, von da Sendboten[,] «Missionare» nach draußen. Methode mannigfaltig

2 Prinzipien, nicht widerstreitend, sondern ergänzend

a) *alte Methode.* Gründung von «Stationen»: Wohnungen für Miss[ionare,] Kirchen, von da aus Straßen- u. a. Predigt. *Dazu* kommen aber sofort: Schulen, Werkstätten, Pflanzungen, Spitäler. Durch diese Mittel wird bezweckt: direkte *Bekehrung* (erst dann Taufe!) der Heiden, dann Gründung von *Gemeinden*

So für uns bes. die *Basler Mission* (gegr. 1816, bescheidene Anfänge, heute die bedeutendste kontinent[ale] Mission)[15]

b) *neue Methode.* Gründung von Schulen, Spitälern etc. ohne bestimmt christl. Charakter. Beeinflussung d. Heiden einfach durch die Tatsache der Überlegenheit wirklicher christl. Kultur. *Dazu* kommen aber auch sofort: Predigt, Zeitungen, Gemeindegründungen zwecks Bekehrung

So der Allgem. Ev.[-]prot. Miss[ions-]Ver[ein] (gegr. 1884)[16]

[14] Vgl. G. Warneck, *Abriß*, a. a. O., S. 6–23, bes. S. 12.14–16.
[15] Vgl. a. a. O., S. 135–137.
[16] Vgl. a. a. O., S. 148, sowie im übrigen A. Harnack, *Grundsätze der evangelisch-protestantischen Mission*, in: ders., *Reden und Aufsätze*, Bd. II, Gießen 1904, S. 109–128. Der Vortrag erörtert die Motive der Mission und deren Grundsätze im Sinne des Allgemeinen Evangelisch-protestantischen Missionsvereins. Barths Argumentation im Vorangehenden berührt sich an einigen Stellen mit der hier vorgetragenen (vgl. bes. S. 111.113–115.124.128).

Verschiedener Ausgangspunkt. Beide möglich u. berechtigt cf. Trinkerrettung[17]

Kamerun Allgemeines

Geographisches. Bekannt seit d. 15. Jahrh. Sklavenhandel[18] (Preußen![19]). Weckung von Handelsinteresse (Zwischenhandel) u. – Schnaps! Keine Kultur[20]
Größe: Fast wie Deutschland, 3 ½ Mill.[21] (wenig!)
Landschaftliches: Kamerunberg (Mongo ma Loba, Gottesberg[22] cf. Sinai, Olymp, Germanen, Auf den Bergen ist Freiheit[23] etc.) Insel Fernando Po. Stadt Viktoria. Kamerunbecken mit Mangroveinseln. (Fieber!) Flüsse: Mongo, Wuri, Sanaga. 3 Zonen: Tiefland, Urwald, Bergland (mit Hochebene!) Große Naturschönheit[,] aber gefährlich.[24]

Bevölkerung: Gemisch (auch in Afrika Völkerwanderungen!) Uneinigkeit erleichtert Beherrschung durch d. Europäer, zeugt von polit. Unreife[25], es könnte aber anders kommen! (Äthiop[ische] Beweg[ung][26])

---

[17] Barth dachte wohl an das Nebeneinander von Mäßigkeitsbestrebungen mit ausdrücklichen und ausgesprochenen religiösen Motiven (etwa beim «Mäßigkeitsverein vom Blauen Kreuz») und solchen, bei denen die religiösen Antriebe und Ziele (zunächst) im Hintergrund blieben; vgl. E. Blocher, Art. «Mäßigkeits- und Enthaltsamkeitsbestrebungen, evangelische und humanitäre», in: RGG¹ IV, Sp. 25–30.

[18] Steiner 5f.

[19] Der Sinn des nachträglich eingefügten Stichworts ist unklar: Nur am Rande wird Preußen bzw. Brandenburg in der Literatur im Zusammenhang mit dem Sklavenhandel erwähnt (vgl. G. Warneck, *Die Mission in der Schule. Ein Handbuch für Lehrer*, Gütersloh 1887², S. 120). Dachte Barth eher an die Vergleichbarkeit von Sklaverei einerseits und Erbuntertänigkeit im Zusammenhang der Realleibeigenschaft in der ostdeutschen Gutsherrschaft andererseits, die erst in den Reformen von 1807 abgeschafft wurde?

[20] Steiner 6f.43f.
[21] Steiner 10.34.
[22] Steiner 8.
[23] Fr. von Schiller, *Die Braut von Messina oder Die feindlichen Brüder,* IV. Akt, 7. Szene.
[24] Steiner 8–12.
[25] Steiner 12.14.
[26] Selbständigkeitsbewegung in Südafrika, die seit 1892 unter Führung schwarzer Geistlicher mit der Losung «Afrika den Afrikanern» eine von fremder

*1. Bantu*neger im Tiefland bes. *Duala*[27][.] *2. Sudan*neger, bes. *Bali, Bamum, Wute*[28][.] *3. Fulbe* u. *Hausa* (jene Eroberervolk, diese Händler)[29] daher auch *Sprachengemisch*[30] (Mission erhebt einzeln[e] zu Schriftsprachen)[31] Trommelsprache[32]

Religion. Fetischdienst. Losango (Geheimbünde) zu diesem Zweck, aber auch zu Erpressungen. Gottesurteile[33] durch Gifttrunk.[34] Totentänze (Gesichtsmasken u. Tierköpfe) Glaube an höchstes Wesen[35] (Loba)[36] Im Vorderland Medizinmänner, im Hinterland Theokratie.[37]

Islam durch Hausa propagiert. Erfolg. Gründe: a) Überlegenheit (Monotheismus) b) Afrikan[ische] Verwandtschaft (Zauberei, Vielweiberei) c) Handelsgewandtheit d) Offene Wege im Interesse d. Kolonialpolitik[.] Bekehrung vollzieht sich von außen nach innen[38]

Erste *christl.* Mission: *Saker*, Baptist[39] 1846–76[.] Techniker: jeder Hammerschlag ruft: Afrika! «Daß ich noch ein Leben hätte für Afrika.[»] Von Ferna[n]do Po aus.[40] Gewerbl[icher] u. wirtschaftl. Unterricht. Begeisterter Pionier.[41] Schäden: keine kirchl. Zucht.[42]

Leitung freie sog. äthiopisch-afrikanische Kirche erstrebte; vgl. J. Lins, Art. «Südafrika, Britisches», in: RGG¹ V, Sp. 987; B. Sundkler, Art. «Sekten. V. Sektenwesen in den jungen Kirchen», in: RGG³ V, Sp. 1664f.

[27] Steiner 12f.
[28] Steiner 15f.
[29] Steiner 16–18.
[30] Steiner 18f.
[31] Steiner 25; Chr. Römer, *Kamerun. Land, Leute und Mission*, Basel 1902⁹, S. 21.67. [Auf diese Quelle wird im folgenden mit Verfassernamen und Seitenzahl verwiesen.]
[32] Steiner 19.
[33] Steiner 19f.
[34] Römer 17.
[35] Steiner 20f.
[36] Vgl. den nicht gezeichneten Artikel *Die Religion der Küstenstämme in Kamerun*, in: Der evangelische Heidenbote, Jg. 77 (1904), S. 28. Der Aufsatz verweist auf: P. Wurm, *Die Religion der Küstenstämme in Kamerun. Nach Berichten der Missionare Keller, Schuler, Spellenberg, Schürle und Dinkelacker* (Basler Missionsstudien, H. 22), Basel 1904, s. dort S. 31–34.
[37] Steiner 19–21.
[38] Steiner 20–22.
[39] Steiner 23.
[40] Römer 20.34.
[41] Steiner 24f.30.
[42] Römer 41f.; Steiner 67.

Deutsche Kolonie. Handelsinteressen gegenüber Häuptlingen, kein Schutz bei Engländern[.] 1884 Flaggenhissung. Waffengewalt. Landesvermessung. Schutztruppe. Vorteile: Friede, Recht, Gesetze, Wohlfahrt (Städte: Duala, Viktoria, Buea) Nachteile: Sittenlose Weiße[43]
Handel: Kolonialwaren, Kauflust d. Neger.[44] Missionshandel (Personal, Geschäftssauberkeit, Verhältn[is] z[ur] Mission, kein Schnaps)[45]
Probleme: *Schnaps:* Ostdeutschland, Einfuhrzölle[,] «der schlimmste Götze»[46]

   Land: Bakwiri, Mission hilft d. Eingeborenen zu ihrem Recht[47]

   Arbeit: Erziehung d. (faulen?) Negers. An Stelle d. Sklavenarbeit *eigene* Plantagen[48]

        cf. Soziale Bestrebungen bei uns!!

Eisenbahn Bonaberi – Fumban[49]

[43] Steiner 31–34.37f.40f.

[44] Steiner 42–45.

[45] Vgl. *Auszug aus den Komitee-Verhandlungen: Neuordnung der Verhältnisse der Missionsfaktoreien in Afrika,* in: Der evangelische Heidenbote, Jg. 82 (1909), S. 23f.

[46] Steiner 44; Th. Oehler, *Neunundachtzigster Jahresbericht der Evangelischen Missionsgesellschaft zu Basel: Kamerun,* in: Der evangelische Heidenbote, Jg. 77 (1904), S. 68; vom Einfuhrzoll für Spirituosen in den afrikanischen Kolonien handeln z. B. die *Mitteilungen aus den Verhandlungen des Komitees,* in: Der evangelische Heidenbote, Jg. 79 (1906), S. 95; die Klage: «der mächtigste Götze ist bereits der Schnaps» findet sich bei Th. Oehler, *Achtzigster Jahresbericht der Evangelischen Missionsgesellschaft zu Basel,* in: Der evangelische Heidenbote, Jg. 68 (1895), S. 64, vgl. Fr. Würz, *Die Basler Mission auf ihren Arbeitsfeldern,* in: AMZ, Jg. 23 (1896), S. 159. Wenn Barth, über die Stichworte, die ihm diese Vorlagen boten, hinausgehend, «Ostdeutschland» erwähnt, so denkt er wohl an den unverhältnismäßig hohen Verbrauch an Branntwein in den östlichen Provinzen Preußens gegenüber den westlichen und allgemeiner in den östlichen Teilen des Reiches gegenüber den westlichen, den z. B. A. Baer, *Der Alcoholismus, seine Verbreitung und seine Wirkung auf den individuellen und socialen Organismus sowie die Mittel, ihn zu bekämpfen,* Berlin 1878, S. 240f.247f., mit Zahlen belegt.

[47] Steiner 46f.

[48] Steiner 48–50.

[49] Vgl. die Anmerkung zu dem Artikel von F. Ernst, *In einer afrikanischen Festung!,* in: Der evangelische Heidenbote, Jg. 77 (1904), S. 22; s. auch: Der evangelische Heidenbote, Jg. 78 (1905), S. 45 und 47; weiter: Der evangelische Heidenbote, Jg. 79 (1906), S. 93; zur Lage und zu den Namen der Orte vgl.: Der evangelische Heidenbote, Jg. 81 (1908), S. 44f. (Missionskarte von Kamerun) und S. 63.

Missionskonferenz in Bremen 1886. Mischung kolonialer u. relig. Interessen. Basel übernimmt d. Gebiet.[50]

Die Graslandmission

1889 Expedition des *Dr. Zintgraff*. Interesse für d. Mission. Grund der Ablehnung: Kompromittierung der «Gotteseuropäer» durch die «Kriegseuropäer» (schwarze Begleitmannschaften!) Trotzdem Verlangen nach Besserem als Handelsverkehr. Z[intgraff] braucht 1 ganzes Jahr für die Reise, die heute 12–14 Tage erfordert[51]
Balifürst *Garega*. Freundl. Aufnahme, will mit Hilfe d[er] Weißen sein Reich vergrößern. Hält Z. von weiterm Vorgehen ab. Z. gründet in Bali eine *Station* u. bleibt dort. (Baliburg) Begrüßungsfest[52]
Autenrieth S. 13–15 lesen
1891 Krieg gegen die Bafut. Niederlage Z's. Seine 4 Europäer[,] 600 Feinde[,] 170 Bali tot. Z. Regierungsnachfolger. Treubund (Steinhaufen, Blut, Palmwein) Wiederholtes Verlangen nach Mission. Reger Verkehr mit d. Küste (Hindernis: Sonstige Ausbreitung d. Arbeit)[53]

31. Okt.–19. Nov. 1902 *Untersuchungsreise* der Missionare Schuler, Spellenberg, Keller
Aufbruch von Bombe[.] 30 Lastträger. Wollen unterwegs predigen. Fatales Zusammentreffen mit einer deutschen Strafexpedition, Dörfer leer.[54]
Schwierige Flußpassagen (25 an 1 Tag) Hängebrücken, schmale Wege, Elefanten[55]
Autenrieth S. 20–21 lesen
Am Abend des 13. Nov. Ankunft in Bali. Stadt auf Hügeln. Keine Straßen, Wege zw[ischen] d. Gehöften zugleich Bäche. Gehöfte zu 2–4

---

[50] Steiner 51–58.
[51] Vgl. Fr. Autenrieth, *Im Baliland. Missions- und Kulturgeschichtliche Schilderungen* (Christrosen, H. 38. VIII), Basel (o. J.), S. 4–8.10. [Auf diese Quelle – Barths Exemplar ist im Karl Barth-Archiv, Basel, erhalten – wird im folgenden mit Verfassernamen und Seitenzahl verwiesen.]
[52] Autenrieth 11–15.
[53] Autenrieth 15; J. Keller, *Die erste Reise nach Bali*, in: Der evangelische Heidenbote, Jg. 76 (1903), S. 33f.
[54] Autenrieth 16f.; J. Keller, a.a.O., S. 34.
[55] J. Keller, a.a.O., S. 34; Autenrieth 18.20.

Häusern, diese Würfelförmig (4–6 m) wenig Raum, kugelförmige Dächer wie Heuhaufen, Höfe mit Tabaksgärtchen. Hof d. *Königs* geräumiger. Veranda mit Thronsitz: runder Stein mit Elefantenzähnen. Großer Platz mit Steinhaufen für Reden.[56]
Volk vor 60 J[ahren] eingewandert von Südadamaua. Pferdeschweif in Ansehen, Zeichen d. Würde[57]
Große stattl. Leute. Kopf z. T. glatt rasiert. Weites Hausagewand mit Mütze u. Halsschmuck. Felltasche[,] Vorderbeine zum Aufhängen mit Pfeife, Becher, Nüssen. Frauen z. T. nackt, dafür rot angestrichen u. Armspangen bes. gern aus Militärknöpfen. *Schneidezähne* bei Männern ob[en] u. unt[en] spitz zugefeilt. Bei Frauen die obern ausgebrochen, die untern gefeilt, bes. häßlich (schön!) wenn allerlei Schmuck durch die Unterlippe gebohrt.[58]
Handel u. Landbau. Stolz u. selbstbewußt u. furchtlos.[59]
Empfang in Bali. König verlangt sofortige Begrüßung.[60]
Autenrieth S. 22–27 lesen
Am 17. November (Montag) der erste Gottesdienst[61] *Aut[enrieth] S. 29–34 lesen*
Am 18. Nov. Rückkehr[62] *Aut. 35–36 lesen*

11. Febr. 1903 Beschluß d. Komite[e]s: Keller, Ernst, Leimbacher (als Baumeister)[63] Botschaft an d. König für Quartier u. Träger z[u] sorgen[64]
Ankunft 17. Mai: Ernst u. Leimbacher. Keine Träger. König scheint feindlich beeinflußt. «Missionsvolk» hält Wort. 3 Wochen in d. Hütte d. Königs, Regen, kein Platz, König läßt nicht bauen, um zu renommieren[.] «Gottespalaver»[.] «Wenn d. Bali anfangen, bauen sie in 3 Tagen ein Haus»[65]

[56] Autenrieth 21; J. Keller, a. a. O., S. 35.
[57] J. Keller, a. a. O., S. 35.
[58] Ebd.; Autenrieth 28.
[59] Autenrieth 28f.
[60] Autenrieth 22.
[61] J. Keller, a. a. O., S. 36f.
[62] Autenrieth 34f.
[63] J. Keller, a. a. O., S. 37; s. auch: Der evangelische Heidenbote, Jg. 76 (1903), S. 24.
[64] J. Keller, a. a. O., S. 37.
[65] Th. Oehler, *Achtundachtzigster Jahresbericht der Evangelischen Missions-*

König energ. Regent, Frühaufsteher. Oberster Richter, Tanz, will lesen u. schreiben lernen[.] Freundschaftl. Verhältnis. Auf ernstl. Drängen in 3 Tagen ein Haus von 3 Zimmern u. Küche gebaut.[66]
Besuch des Nachbarfürsten *Fotifin,* Ernst begleitet ihn 3 Tagereisen weit.[67]
Bau d. Schulhauses für 50 Schüler, Bänke: Palmrippen. König lernt lesen u. schreiben[.] Volk willig. Kosten 20–30 000 M[ark]. Ansprache d. Königs**[.] Zauberwesen: ... zu Ende geht

22. Jan. 1904 *Keller* mit Frau u. *Trautwein.* Transport d. Kindes: Negerweiber, Fluß[69]

** *Ernsts Besuch in Bamum*[.] Festung mit 10–12 St[un]d[en] langem Graben etc. Moschee! Junger König, sympathisch. Reiterspiel. Gespräch über den Mohammedanismus[.] «Sieh das ist d. Buch d. wahren Gottes» Seligpreisungen, Auferstehung u. Gericht. Weiße gleich gerichtet? Böse Umgebung? Mohammed? «M[ohammed] ist ein Schwindler»[68]

gesellschaft zu Basel, in: Der evangelische Heidenbote, Jg. 76 (1903), S. 68; [F. Ernst,] *Die ersten Erfahrungen unserer Brüder in Bali. Bericht von Br. F. Ernst,* in: Der evangelische Heidenbote, Jg. 76 (1903), S. 74; Autenrieth 37.

[66] F. Ernst, a. a. O., S. 74f.
[67] F. Ernst, a. a. O., S. 86f.
[68] F. Ernst, *In einer afrikanischen Festung!,* in: Der evangelische Heidenbote, Jg. 77 (1904), S. 19–21.
[69] Der evangelische Heidenbote, Jg. 77 (1904), S. 6.24; Th. Oehler, *Neunundachtzigster Jahresbericht der Evangelischen Missionsgesellschaft zu Basel,* in: Der evangelische Heidenbote, Jg. 77 (1904), S. 69; [J. Keller,] *Missionar Kellers Reise nach Bali mit Missionar Trautwein,* in: Der evangelische Heidenbote, Jg. 77 (1904), S. 41–43.

LEBENSBILDER AUS DER GESCHICHTE DER CHRISTLICHEN RELIGION
1910/1911

Einleitung s. S. 46–54.

Zweck d[er] Abende, Beteiligung, Einrichtung cf. M 1[1]

Lebensbilder aus der Geschichte der christlichen Religion[2]

1. Thema für unsern Zweck sehr geeignet: Vertiefung in die chr[istliche] Rel[igion]. Rel. sind nicht die Gedanken u. Gewohnheiten u. Ge-

---

[1] Verweis auf die Einleitung zur «Evangelischen Missionskunde«, s. oben S. 59.
[2] Dem mit Tinte geschriebenen Manuskript ist ein Blatt beigelegt, auf dem sich Barth mit Bleistift folgende – dann nur zum Teil und mit Änderungen durchgeführte – Disposition notiert hatte (die nach rechts verschobenen Namen scheinen nachträglich eingefügt zu sein):

Einleitung	P. Gerhardt
Sokrates	[gestr.: Angelus Silesius]
Plato	Tersteegen
Paulus	Cromwell
[gestr.: Irenäus] Polykarp	Spener
Tertullian	Zinzendorf
[gestr.: Origenes] Antonius	Leibniz
Athanasius	Haller
Constantin	Lessing
Chrysostomus	Kant
Bonifatius	Herder
Karl d. Gr.	Schiller
Gregor VII.	Goethe
Franz v. Assisi	Schleiermacher
Hl. Elisabeth	
Dante	
Jeanne d'Arc	
Savonarola	
Michelangelo	
Luther	
Zwingli	
Calvin	
Baco	
Deskartes	

fühle eines Menschen, sond[ern] er selbst, die Richtung sein[es] Lebens, seine *Persönlichkeit*. Solche, Bilder des Lebens d. h. Gottes sollen wir auch werden

2. Wie werden wir das? *Menschen* müssen die Menschen erziehen. Wichtigkeit d. Persönlichkeit in Familie u. Schule, hier aber immer gewisse Beschränktheit. Menschen in einem schönen Thal, oft auch in dunkler Schlucht. Auf die Berge steigen! Wir sind nicht nur Glieder unsres kl[einen] Kreises, sond. der Geschichte. Ob wir sie kennen od. nicht, unsre Schicksale u. Charaktere sind bedingt u. bestimmt durch sie, mehr u. weniger wie d. Wasser ein[es] Stroms

Aus d. dumpfen Abhängigkeit muß aber ein bewußtes *Verhältnis* werden, so schon bei Eltern u. Lehrern, so auch bei dem weitern Kreis d. Geschichte. Wir müssen klar werden üb[er] Anziehung u. Abstoßung, ebendadurch selbst etwas werden, sonst verlieren wir uns.

3. Was ist das, *Geschichte?* Chroniken: Kriege, Staatsaktionen, Unglücksfälle etc. Aber was ist dahinter? Wie wars mit den Menschen, die all das erlebten? Wo die Motive? Materialist[ische] Erklärung: Alles hat sein[en] Grund in ökonom[ischen] Verhältnissen. Richtig bis zu gewissem Grad: Revolutionen (franz[ösische]!), Kriege, Entdeckungsreisen. Aber damit ist noch nicht erklärt, *daß* z[u] bestimmter Zeit gerade Mirabeau, Napoleon, Columbus auftreten mußten u. *wie* sie auftraten und die Gesch[ichte] schließlich *machten*. Wir stoßen hier auf d. *Geheimnis*, das aus der Notwendigkeit nicht erklärt werden kann. Gleichnis v[om] Strom stimmt nicht ganz. Teich Siloah [vgl. Joh. 9,7.11][3]. D. Geheimnis ist der *Einzelne,* ist d. Mensch[,] d[er] in die Verhältnisse eintritt u. – sie bestimmt.

4. Jeder Mensch ist ein solches Geheimnis. «Mit Ehrfurcht grüßt ...[»][4] Das Wort von den «viel zu Vielen»[5] stimmt nur, wenn wir uns selbst

---

[3] Verwechslung mit dem Teich Bethesda (vgl. Joh. 5,2ff.)?
[4] Anspielung auf die dreifach Ehrfurcht ausdrückenden Grußgebärden in der «Pädagogischen Provinz»? (Vgl. J. W. von Goethe, *Wilhelm Meisters Wanderjahre,* 2. Buch, 1. und 2. Kapitel).
[5] Fr. Nietzsche, *Also sprach Zarathustra. Ein Buch für Alle und Keinen,* Nietzsche Werke. Kritische Gesamtausgabe, hrsg. von G. Colli und M. Montinari, Abt. 6, Bd. I, Berlin 1968, S. 51 («Voll ist die Erde von Überflüssigen, verdorben ist das Leben durch die Viel-zu-Vielen.»). 58.90.223 («Der Rest: das sind immer die Allermeisten, der Alltag, der Überfluss, die Viel-zu-Vielen»).

dazu machen. «Edler Sklave in uns», der zu befreien ist.⁶ Und doch ragen aus den Vielen Einige hervor: *Führer, Lehrer, Helden* der Menschheit, an denen uns d. Geheimnis der Freiheit u. Demut[,] der Gang u. Inhalt u. Wert d. Geschichte deutlich wird.

Doch sind das keineswegs die großen Fürsten, Feldherren etc., (die *könnens* auch sein) sondern die Großen des Innern Lebens, die den Andern hier neue Wege gewiesen haben, jeder in seiner Weise, jeder auch mit sein[en] Schranken. Keine fehlerlosen Tugendbilder, aber wechselnde Bilder ernsten menschl. Strebens u. ebendarin göttl. Waltens

«Macht nicht soviel Federlesen ...[»]⁷

Sokrates

Ein *«Heide»* im Zusammenhang christl[icher] Lebensbilder? Gerade um ihn oft gestritten (Zwingli)⁸ Wir stellen ihn mit Jesus in Beziehung

---

⁶ M. Claudius, *Ein gülden ABC*, Sämtliche Werke, München 1987⁶, S. 549:
    In dir ein *edler Sklave* ist,
    Dem du die *Freiheit* schuldig bist.
Fr. von Lipperheide, *Spruchwörterbuch. Sammlung deutscher und fremder Sinnsprüche*, Berlin 1907, S. 803, notiert den Vers als «Spr[uch] im Berliner Rathause. Erdgeschoß».

⁷ J. W. von Goethe, «Einlaß», 4. Strophe, *West-östlicher Divan*, Chuld Nameh/Buch des Paradieses:
    Nicht so vieles Federlesen!
    Laß mich immer nur herein:
    Denn ich bin ein Mensch gewesen
    Und das heißt ein Kämpfer sein.

⁸ In seinem *Sermonis de providentia dei anamnema* von 1530 erklärte Zwingli, nachdem er schon in früheren Schriften gelegentlich nicht ohne Sympathie auf Sokrates zu sprechen gekommen (vgl. CR 89 [Huldreich Zwinglis sämtliche Werke, Bd. 2], S. 336, Z. 13–18; CR 93/I [Zwingli Bd. 6/I], S. 454, Z. 4–7; CR 101 [Zwingli Bd. 14], S. 86, Z. 19f.; CR 91 [Zwingli Bd. 4], S. 489, Z. 19 – S. 490, Z. 21; Huldrici Zuinglii Opera, hrsg. von M. Schuler und J. Schulthess, Vol. 6/II, Zürich 1838, S. 69.252), lieber dessen oder Senecas Los teilen zu wollen als etwa das des römischen Papstes. «Illi enim ut religionem ad verbum et, quod ad sacramenta pertinet, non agnoverint, attamen, quod ad rem ipsam, aio religiosiores ac sanctiores fuisse quam omnes unquam *Dominicastri* et *Franciscani*» (CR 93/III [Zwingli Bd. 6/III], S. 182, Z. 18–S. 183, Z. 13). So zählte er Sokrates auch wieder in der *Christianae fidei expositio* von 1531 zu dem Reigen der seligen Frommen, die Franz I. in der vita aeterna sehen werde (vgl. CR 93/V [Zwingli Bd. 6/V],

so gut wie die ATlichen Propheten. Es kann nicht verschiedene Wahrheiten geben, eine in der Bibel, eine sonst. Alle guten Menschen Spiegelungen des großen Lichts, das in Xϱ [Christus], warum nicht auch Spiegelungen nach rückwärts, Jesus wird uns nicht kleiner sond. größer wenn wir ihn *überall* wiedererkennen.

Athen damals auf d. Höhepunkt s[eines] äußern u. innern *Glanzes*. Ein Volk von Gebildeten: Kunst u. Wissenschaft Allgemeingut. Straßenleben, Theater. Aber bereits *Dekadenz*erscheinungen. Unsre Bildung nicht absol[ute] Garantie für Kultur! Untätigkeit, Geschwätz, sittl. Laxheit (Stellung d. Frauen!) Wissenschaft: Naturphilosoph[ische] Systeme u. völliger Skeptizismus. Religion? Mehr ein Element d. Schönheit, als d. sittl[ichen] Kultur.[9]

Kleiner häßlicher Mann, geht von einem z[um] andern (Straße!) mit der Frage *Wozu?* scheinbar um sich zu belehren. Zeigt den Leuten, daß sie *nichts wissen*, ohne sich dessen bewußt z[u] sein. Er, S[okrates] *weiß daß er nichts weiß*, dies der Anfang d. Wissens.[10] Bekam öfters Prügel![11]

S. 132, Z. 3). Luther, der doch gelegentlich selbst davon hatte sprechen können, daß Gott «unter den heyden auch die seynen» habe (WA 19,233,34; vgl. WA 16,341,26–342,10), griff ihn deswegen in seinem *Kurzen Bekenntnis vom heiligen Sakrament* (1544) scharf an: Zwingli werde «in diesem Büchlin» «gantz und gar zum Heiden», in dem er behaupte, «solche gottlose Heiden, Socrates, Aristides» usw. seien «selig und heilig mit den Patriarchen, Propheten und Aposteln im Himel» (WA 54,143,15f.29f.32; 144,1 [vgl. S. 144, Z. 7–9]). Als Antwort «vff das vnbegründt ergerlich schmähen/verdamen und schelten D. Martin Luthers» erschien 1545 in Zürich die von Heinrich Bullinger verfaßte *Warhaffte Bekanntnuß der dieneren der kilchen zu Zürych* ... (vgl. das Referat in WA 54, 126–133, bes. S. 127f.). Ein Beispiel des von anderen weitergeführten Streits bietet die Auseinandersetzung Erasmus Albers mit den «schwermern», die «jhren ketzermeister den Zwingel entschuldigen/das er die Gottlosen Heidē Numam ... Socratem ... vnter die kinder Gottes zelet» (*Widder die verflůchte lere der Carlstader*, Neubrandenburg 1556, Bl. riiijʳ–sʳ). – Zu Calvins Kritik an der Lehre Zwinglis und an deren Verteidigung durch die Zürcher Theologen vgl. K. Barth, *Die christliche Dogmatik im Entwurf* (1927), hrsg. von G. Sauter (Gesamtausgabe, Abt. II), Zürich 1982, S. 336, Anm. 63.

[9] In manchem lehnt sich dieser Abschnitt an Hermann Lüdemanns Vorlesung «Geschichte der alten Philosophie» an, die Barth im WS 1904/05 hörte (Nachschrift im Karl Barth-Archiv, Basel): § 16. Sokrates Leben und Persönlichkeit.

[10] Vgl. K. Vorländer, *Geschichte der Philosophie*, Bd. I: *Philosophie des Alter-*

Bleibt dabei nicht stehen. Will anleiten z[um] Bilden von *Begriffen* über die Dinge. Sinn d. Fabrik[ation] eines Tisches: Tauglichkeit zum Gebrauch. Sinn d. Menschen: d. Gute[12][.] S. hat d. Menschen *fragen* gelernt, dies wichtiger als die Antworten[13], die erkannten Wahrheiten, die wechseln. Lebenswert ist die Wahrhaftigkeit: *Erkenne dich selbst!*[14] Wissenschaft *vor* S. «Weisheit», jetzt «Liebe zur Weisheit» = Philosophie.[15] Ein Verzicht[,] in dem der größte immer wieder nötige Fortschritt liegt, weil richtiger Ausgangspunkt (*Selbst*erkenntnis, Philos[ophie] «v[om] Himmel auf d. Erde geholt»[16]) «Die Bäume können mich nichts lehren, wer d. Menschen studiert, hat z[um] Naturerkennen keine Zeit.»[17] Beispiel: Gedankengang des Laches

Frage bei S. wichtiger als s[eine] Antwort:

1. Die *Tugend ist Wissen.* Wer einsieht, handelt gut, niemand mit Einsicht schlecht. Schlechtigkeit Mangel an Einsicht.[18]

Richtig: wenn Einsicht = Gesinnung

Falsch: wenn Einsicht = verständ[ige] Erkenntnis

2. Gut ist[,] was nützt, was d. menschl. Wohlergehen fördert.[19]

Falsch: wenn Nutzen = Wohlbefinden

Richtig: wenn Nutzen = Vollendung d. innern Lebens

Leben: Sohn d. Bildhauers *Sophroniskus* geb. 470. Zeitlang selbst Bildhauer.[20] Soldat in Macedonien.[21] Frau *Xanthippe* (zänkisch, wenig Verdienst! daher Frauenverachtung des S. «Gänsegeschrei»[)].[22] Aske-

---

tums und des Mittelalters (PhB 105), Leipzig 1903, S. 70–72. [Auf diese Quelle wird im folgenden mit Verfasserernamen und Seitenzahl verwiesen.]

[11] Diogenes Laertius, *De vita et moribus philosophorum* II, 21.
[12] Vorländer 72.
[13] Vorländer 73.
[14] Vorländer 71.
[15] Vgl. Fr. Ueberweg, *Grundriss der Geschichte der Philosophie*, Erster Theil: *Das Alterthum*, 9. Aufl., bearbeitet und hrsg. von M. Heinze, Berlin 1903, S. 2f. [Auf diese Quelle wird im folgenden mit Verfassernamen und Seitenzahl verwiesen.]
[16] M. Tullius Cicero, *Tusculanae disputationes* V, 10; Ueberweg 127.
[17] Platon, *Phaedrus*, 5, 230d4f.; Vorländer 71.
[18] Vorländer 73.
[19] Vorländer 73.
[20] Ueberweg 120.125.
[21] Ueberweg 125.
[22] Diogenes Laertius, *De vita et moribus philosophorum* II, 36f.; Ueberweg 125.

se u. Selbstbeherrschung. Tapferkeit geg. Volksmajorität wegen angeklagter Feldherren.[23] Gratis-Unterricht. Apologie cap. 4 *lesen*[.] Aristophanes.[24] Daimonion (ein Göttliches = Taktgefühl)[25] Anhänger.
Anklage: 1. Verführung d. Jugend
2. Nichtanerkennung d. athen. Götter und Einführung neuer Götter[26]
Hinter Allem steckte die verletzte Eitelkeit d. Athener wegen aufgedeckter Ignoranz.[27] Verteidigungsrede. Ist d[em] Pflichtbewußtsein gefolgt, das höher zu achten als d. Gefahr. Anklage auf Atheismus gegenstandslos. Anklage auf Jugendverderbung beweist Tatlosigkeit etc. auf Seiten d[er] Ankläger. Bitten abgelehnt! Antrag auf Versorgung im Prytaneion[.] Todesstrafe für ihn kein Übel. Schluß *lesen*[.][28] D. Urteil erfolgt durch unverständl. Irrtum d[er] Mehrheit[.] Todesstrafe: Damit ist mir nichts Schlimmes widerfahren, *aber Euch.*[29] 30 Tage Aufschub[30], Gespräche mit sein[en] Schülern (Plato!) über Unsterblichkeit[.] Was uns nach d. Tode erwartet, wissen wir nicht, wohl dageg[en,] daß *Rechttun* gut, *Unrecht* thun übel für uns ist.[31] Tod jedenfalls Zuträglichkeit.[32] Befreiungsversuch d. Kriton abgelehnt. Phädon cap. 66 lesen[.][33] Dann ruhiges Trinken d. Giftbechers. Tränen u. Geschrei d[er] Schüler, dann Stille[,] legt sich hin, allmähl. Auslöschen[.] «Kriton, wir sind dem Asklepios einen Hahn schuldig, entrichtet d. Opfer u. vergeßt es nicht!»[34] Tod von ungeheurer Wirkung. Sieg sein[er] Sache.[35]

---

[23] Ueberweg 125 f.; Vorländer 68.
[24] Ueberweg 120.130.
[25] Ueberweg 130.
[26] Ueberweg 131.
[27] Ueberweg 130 f.
[28] Platon, *Apologia*, 16 f.,28a–30c; 14 f.,26a–28a; 12,24c–25c; 23 f.,34b–35d; 26,36b–37a; 18,30cd; 31,40a–c; 33,41c–42a.
[29] A.a.O., 18,30c–e; 29–33, 39cd.40a–41d.
[30] Ueberweg 132.
[31] Vorländer 74 f.
[32] Vorländer 75.
[33] Den Vermerk über das vorzulesende Phädon-Kapitel hat Barth nachträglich eingefügt. Statt an Hand der hier folgenden Stichworte dessen Inhalt zu referieren, hat Barth also wohl das betreffende Kapitel des Phädon vorgelesen.
[34] *Phaedo*, 66, 118a7f.
[35] Vorländer 75.

Sein Tod oft mit dem *Xρ'i* [Christi] verglichen.[36] Auch sonst Parallelen (Innerlichkeit, Konsequenz, Richtung auf d. Sittliche) Verhält sich wie Frage zur Antwort (Liebe!) aber wir müssen immer wieder zur Frage zurückkehren

Plato

427 in Athen geboren. Aristokratenfamilie (Gegensatz zu Sokrates!) Ausbildung in Zeichnen, Malerei, Musik. Eigene Gedichte, aber verbrannt.[37] Ein künstler[ischer] Charakter[38]:

«ein musikal[ischer] Mann, nach der schönsten Harmonie gestimmt, nicht zur Leier od. sonst einem Werkzeuge des Spiels, sondern fürs Leben wahrhaft in sich selbst gestimmt, um in einem reinen Tone zu leben im Einklang der Worte mit den Werken»

(Laches [cap.] 14)

cf. die Menschenbilder der griech. Kunst. So seine Philos. = Musik, künstler. Harmonie

Dankt den Göttern, daß er geboren ist als *Mensch*, als *Mann* (!), als *Grieche* (!) u. als *Bürger Athens zu Sokrates Zeit*.[39] D[as] letztere ausschlaggebend (cf. 1. Stunde: zum Rätsel des Individuums an sich, die Rätsel d. geschichtlichen Zusammentreffens (Jesus u. Joh[annes] d.

---

[36] Vgl. etwa: Origenes, *Contra Celsum* VII, 56, GCS, Origenes Werke, Bd. II, S. 206, Z. 8–12; Marsilius Ficinus, *Epistolarum liber VIII* (Brief an Paulo Ferobanti), Opera, Tomus I, Basel 1561, S. 868; Voltaire, *Traité sur la tolérance à l'occasion de la mort de Jean Calas* (1763), c. 14, Œuvres complètes, Tome XXV, Paris 1879, S. 86f.; J. W. von Goethe, *Aus meinem Leben. Dichtung und Wahrheit*, 2. Teil, 6. Buch, Goethes Werke, hrsg. im Auftrage der Großherzogin Sophie von Sachsen, I. Abth., Bd. 27, Weimar 1889, S. 12, Z. 10–12; G. G. Lord Byron, *Don Juan*, Preface to Cantos VI., VII., and VIII., Works, Poetry, Vol. VI, London 1903, S. 267; F. Chr. Baur, *Das Christliche des Platonismus oder Sokrates und Christus*, in: ders., *Drei Abhandlungen zur Geschichte der alten Philosophie und ihres Verhältnisses zum Christentum*, neu hrsg. von E. Zeller, Leipzig 1876 [= Aalen 1978], bes. S. 342–345.363–369; K. von Hase, *Kirchengeschichte auf der Grundlage akademischer Vorlesungen*, Erster Theil: *Alte Kirchengeschichte*, Gesammelte Werke, Bd. I, Leipzig 1890, S. 76. [Auf diese zuletzt genannte Quelle wird im folgenden mit dem Kürzel *Hase Vorl.* und Seitenzahl verwiesen.]

[37] Vorländer 85.

[38] Vorländer 91.109.

[39] Plutarchus, *Vitae parallelae*, Marius, 46, 1; Vorländer 85.

T[äufer]? d[ie] Reformatoren, Schiller u. Goethe) [)] Wird sein bedeutendster Schüler u. Anhänger, der ihn viell[eicht] besser verstanden als er sich selbst.[40] Selbstloses Pietätsverhältnis in sein[en] spätern Schriften.

Dann *Wanderjahre:* Cyrene: *Mathematik* – Ägypten: *Priesterweisheit*[41] (Monotheismus?) Unteritalien: *Politik,* trübe Erfahrungen mit Dionys, von diesem als Kriegsgefangener durch d. spartan[ischen] Gesandten auf d. Sklavenmarkt z[u] Ägina gebracht. Losgekauft von ein[em] Freund, zurück nach *Athen*[42]

Gründet hier *40jähr[ig]* die «Akademie» (in dem dem Heros Akademos geweihten Garten)[43] Nicht mehr die Publizität des Sokrates, sond. geschlossene Philosophengenossenschaft. Dialoge[,] später Vorträge wie bei uns, warum Dialoge pädagogisch instruktiver? Alle Monate ein Symposion![44] Dazwischen noch zweimal nach Syrakus, beidemal erfolglos.[45] (Männer der hohen theoret. Einsicht sind leider selten d. Männer d. Praxis – u. umgekehrt! in den Wechselbeziehungen beider die Entwickl[un]g d. geist[igen] Lebens, Ideal d. Menschen wäre die Durchdringung beider) Stirbt 80jährig (schreibend?)[46]

Platos Philosophie Unter den *Denkern* d. Menschheit d[er] Tiefste u. Umfassenste[;] alle wirkliche Wahrheitsforschung ist seine Wege gegangen, bewußt od. unbewußt. Eigenartige Auferstehung in *Kant.* Beide sind Prüfsteine, an denen sich die Halb-Bildung (unsrer Zeit!) als solche erweist.

Ausgangspunkt ist die sokrat. *Frage*[,] die der Mensch an sich selbst richtet, die Frage nach d. Sein (Grund) das hinter dem Schein (Zufall) verborgen ist. Phil. heißt Suchen nach Wahrheit, ist also nicht eine fertige Erkenntnis, sondern eine *Methode* des Erkennens.

3 Probleme interessieren d[en] Plato. cf. Sein bekannter Ausspruch: *Denke* was wahr, *wolle* was gut, *fühle* was schön ist.[47]

[40] Vorländer 70.84.
[41] Vorländer 86.
[42] Vorländer 86; Ueberweg 154f.
[43] Vorländer 86; Ueberweg 155.
[44] Vorländer 86.
[45] Vorländer 86f.
[46] Vorländer 87.
[47] Der «bekannte Ausspruch» ist so bei Platon nicht zu finden. Immerhin kann er als Ausdruck des fortwirkenden Platonbildes der deutschen Klassik gel-

1. Das Problem der Wahrheit. Populäre Ansicht: Wahrheit ist das, was man wahrgenommen, durch Beobachtung festgestellt hat. Bes. deutlich im *französ.* Denken: réalité ist was durch experiénce konstatiert ist.

Das ist Kohl, denn: die Wahrnehmungen u. Erfahrungen *1.)* sind nicht erschöpfend[48] *2.)* sind bei verschied[enen] Menschen verschieden *3.)* müssen eine durch d. andre korrigiert werden. Die Konsequenz wäre: Die Wahrheitserkenntnis ist etwas fließendes, relatives. Jeder Mensch ist u. bleibt d. Maß aller Dinge d. h. d. Wahrheit.[49] So dachten Viele z[ur] Zeit d[es] Plato. (Sophisten = «Wissende»!!) Auch diese Folgerung ist heute wieder populär!!

Plato: Wahrnehmung u. Erfahrung bringen uns in der Tat nur zu einer (fließenden) *Meinung.* Die Phil. hat es aber mit d. Wahrheit[,] also mit dem *Bleibenden* (Seienden) im *Wechsel* (Erscheinenden) zu thun[.] Das Bleibende ist aber nicht in den (sichtbaren) Einzeldingen sondern in den (unsichtbaren[)] *Begriffen*[50], die wir uns von ihnen machen (Größe, Zahl, Verhältnis ...)[51] Mittelst dieser Begr[iffe] kommt Erfahrung zu Stande, sie sind die *Methode* d. Erkennens[.] So ist Wahrheit nicht in d. Erfahrung sondern in den *Ideen.* Sie ist also nicht in den Wahrnehmungen u. ist nichts Fließendes, sondern sie ist im («logischen») Den-

---

ten, wie es sich etwa in der Bemerkung Goethes ausspricht: «Alles, was er [Platon] äußert, bezieht sich auf ein ewig Ganzes, Gutes, Wahres, Schönes, dessen Forderung er in jedem Busen aufzuregen strebt» (*Materialien zur Geschichte der Farbenlehre,* 3. Abth., Überliefertes, Goethes Werke, hrsg. im Auftrage der Großherzogin Sophie von Sachsen, II. Abth., Bd. III, Weimar 1893, S. 141, Z. 20–22). Übrigens geht noch H. von Arnim für seinen Abriß der Philosophie Platons von der Frage nach der Konstitution der «Wertbegriffe des Wahren, Guten, Schönen» aus (*Die europäische Philosophie des Altertums,* in: P. Hinneberg [Hrsg.], *Die Kultur der Gegenwart. Ihre Entwicklung und ihre Ziele,* Teil I, Abt. V: *Allgemeine Geschichte der Philosophie,* Berlin/Leipzig 1909, S. 149f.).

[48] Am Ende des Absatzes hat Barth dem Text mit Bleistift – wohl nachträglich – eine Notiz eingefügt: vielleicht Merkworte für eine veranschaulichende Erläuterung, deren erstes sich, wenn man das × als Verweiszeichen zu verstehen hat, auf das erste der drei Argumente gegen die «populäre Ansicht» bezieht. Es finden sich aber im Text bei 2.) und 3.) keine weiteren entsprechenden Verweiszeichen. Die Notiz lautet: «× Bleistift ×× Kerzen ××× Sonne».

[49] Vorländer 93f., auch 63; zum homo-mensura-Satz, auf den Barth anspielt, vgl. H. Diels/W. Kranz, *Die Fragmente der Vorsokratiker,* 80 [Protagoras] B 1, Bd. II, Dublin/Zürich 1972[16], S. 263.

[50] Vorländer 93f.

[51] Vorländer 98.

ken[,] das «logisch» ist, sofern es sich in *mathemat.* Begriffen vollzieht: Zählen, Messen, Wägen u. s. f.[52] In d. Mathematik ist übrigens die Unabhängigkeit von der einzelnen Wahrnehmung handgreiflich. Was hier einmal gilt, gilt überhaupt. Daher Plato von seiner Ideenlehre: Keiner ohne Geometrie hinein![53] Woher die Ideen? Plato: aus «Wiedererinnerung» [(]Seele einst Reigengenossin eines Gottes)[54] Wie entstehen sie? Nicht durch, aber *bei Anlaß* unsrer Wahrnehmungen.[55] So wird Wissenschaft möglich.[56] Verstanden?

                        Chor: Nein, Herr Vikar.

    2. *Das Problem des Guten* Populäre Ansicht: Gut ist das Nützlichste od. Angenehmste. «Ehrlichkeit d. beste Geschäftspraxis.» Unsre unwillkürl. Praxis?

Allein: Da bleibt d. Gute wieder dem *Gutfinden* der verschiedenen Menschen überlassen, Skepsis u. Relativität

Also Plato: Gut ist die Richtung des Willens auf die Idee des Guten, die im Wechsel der verschied. Tugenden d. Bleibende, Ewige ist. Sie *ist*, weil sie notwendig gedacht wird[57] (cf. die Begriffe od. Ideen d. Wahrheitserkennens)

Sie ist die *oberste Idee*[58], Zweck u. Ziel aller andern, sie ist unbedingte Tendenz (Streben) sie ist – *Gott.*[59]

In was besteht d. Gehorsam gegen d. Gute? In d. *Gerechtigkeit* (Einsicht + Mannhaftigkeit + Selbstbeherrschung) *Wagenlenker* (Phädr[us])[60] Aber seine Erfüllung findet dieser Gehorsam nicht schon im Verhalten d. *Einzelnen,* sond. erst im *Staate*[61] (Mensch im Großen[62]) Bes. eingehende Reglementierung der Erziehung bis zum 40. Jahre[63], u. zw. für *alle* Klassen u. *beide* Geschlechter.[64] 5040 Ackerbau-

---

[52] Vorländer 99f.
[53] Vorländer 99. Vgl. unten S. 178, Anm. 56.
[54] Vorländer 95.
[55] Vorländer 98.
[56] Vorländer 92.
[57] Vorländer 106f.
[58] Vorländer 107.
[59] Vorländer 107f.
[60] Platon, *Phaedrus*, 25 und 35, 246ab und 253e–254e.
[61] Vorländer 110.
[62] Vorländer 112.
[63] Vorländer 114.
[64] Vorländer 116.

lose. Diese Idee würde «wirklich», wenn die Philos[ophen] Herrscher od. d. Herrscher Phil. würden, also vor Allem geistig-sittl. Durchdringung d. Volksganzen nötig.[65] Lösung d. soz[ialen] Frage auch heute!

3. Das Problem d. Schönen Populär: Schön ist[,] was gefällt. Aber das führte zur Zuchtlosigkeit d. Gefühls. Daher: in den einzelnen Schönheiten *die* Schönheit suchen, die letz[t]lich mit d. Wahren u. Guten eins ist. Dies Streben nach dem (unsichtbaren, unbedingten) Schönen nennt Pl[ato] die *Liebe*.[66]

Die Höhle   Staat [Buch] VII [cap.] 1–3
So richtet die Lehre Pl's die Aufmerksamkeit überall auf den *Geist*, als auf das Wirkliche (dies seine Antwort auf Sokrates Frage!) ohne doch (Mißverständnis des Aristoteles[67]) Geist u. Materie (Einzelding) zu trennen. In den (bei Anlaß der) Einzeldinge wird die allgem[eine] Wahrheit erfaßt. (Wissenschaft, gutes Leben, Kunst)[68] Dies der ewige Weg

Paulus

Heute Übergang zur *christl[ichen]* Zeit. Ohne spez[ielle] Berücksichtigung *Jesu*. Was er gewesen[,] erkennen wir am Besten an seinen Wirkungen *1.* auf uns *2.* auf d. Geschichte. Er ist der Zeiten *Wendepunkt*[69][,] nicht als Philosoph od. Morallehrer, sondern weil er das *war*[,] was Propheten u. Philosophen als Ideal aufstellten: ein Mensch[,] der in der Zeit im Ewigen lebt (Gerechtigkeit im AT u. bei Plato!) In d. Berühr[un]g mit ihm u. im Anschluß an ihn fanden u. finden d. Menschen das rechte Leben (Plato u. AT prachtvolle Gemälde, Xρ [Christus] Tatsache) So ist er der sicherste Führer durch d. Geschichte vor ihm u. nach ihm. Was ihm gemäß ist, das ist das Wertvolle.

---

[65] Vorländer 115.
[66] Vorländer 109; Ueberweg 210f.
[67] Vorländer 96f.
[68] Vorländer 92–110, bes. 98.100f.
[69] Vgl. das Motto, das Karl [von] Hase seiner *Kirchengeschichte. Lehrbuch für academische Vorlesungen* (Leipzig 1834, S. II) mitgab: «Alles hat seine Zeit. Der Herr der Zeit ist Gott, der Zeiten Wendepunkt Christus.» Seit der «neunten, verbesserten Auflage» (Leipzig 1867, S. IV) ist hinzugefügt: «Der rechte Zeitgeist der heilige Geist.»

P[au]l[us] die überragende Persönlichkeit des *Urchr[isten]t[um]s*. Ihn viel eher als Xo könnte man den Religionsstifter des Chrts nennen, wenigstens in Bez[ug] auf Ausbreitung, bestimmte Lehren, Gemeindegründungen.[70] Als er auftrat, war das Chrt. eine kleine jüd[ische] Sekte, als er starb eine Weltreligion (äußerlich u. innerlich)[71] Anklage gegen ihn, er habe das Chrt. zu etwas anderem gemacht, veräußerlicht in eine komplizierte Lehre.[72] Richtig daran: Pl. war der erste *Theologe*, der erste, der über das Leben mit Xo eine zusammenhängende Lehre aufstellte. Aber das war nötig, Pl. wirkte unter Griechen u. Römern, ihnen konnte er nur verständlich sein mit logischen Gedanken. Das ist immer wieder nötig.[73] Aber er hat nie gesagt: das annehmen sei Chrt. Er war Theol[oge,] weil er *Missionar* sein wollte, der größte aller Zeiten

Wir kennen ihn *1.* aus Act, Reiseberichte eines Augenzeugen, überhaupt wahrscheinlich von sein[em] Begleiter Lc., dem Arzt verfaßt[74]

2. aus sein[en] Briefen[;] echt: I Thess, Gal, 2 Cor, Rom, Phil, Col, Philem., – die übrigen II Thess, Eph, 2 Tim, Tit von Schülern[75]

3. Legenden meist wertlos.[76]

Geb. in Tarsus (Cilicien) von jüd. Eltern (Diaspora) Name: Saul[;] soll jüdischer Rabbi werden (Ausbildung vom 10. Jahr an) lernt nach oriental. Brauch ein Handwerk: Teppichweberei. Aber auch griechisch gebildet (Citate, Styl)[77]

Studium in *Jerusalem* (Gesetzeserforschung u. -erfüllung, um vor Gott gerecht zu sein u. so das Reich d. Messias herbeizuführen) Jesus

[70] Vgl. W. Wrede, *Paulus* (RV I, 5/6), Tübingen 1907[7], S. 104.
[71] Vgl. W. Wrede, a.a.O., S. 102; Hase Vorl. 141.
[72] Vgl. W. Wrede, a.a.O., S. 102.
[73] Vgl. W. Wrede, a.a.O., S. 101–103.
[74] Zu dieser von Harnack nachdrücklich vertretenen Identifizierung des Autor ad Theophilum vgl. A. Harnack, *Beiträge zur Einleitung in das Neue Testament: I. Lukas der Arzt, der Verfasser des dritten Evangeliums und der Apostelgeschichte*, Leipzig 1906; *III. Die Apostelgeschichte,* Leipzig 1908 (auch *IV. Neue Untersuchungen zur Apostelgeschichte und zur Abfassungszeit der synoptischen Evangelien,* Leipzig 1911). Siehe auch K. Barth, *Die Missionsthätigkeit des Paulus nach der Darstellung der Apostelgeschichte*, Vorträge und kleinere Arbeiten 1905–1909, S. 155–243.
[75] Vgl. W. Wrede, a.a.O., S. 2.
[76] Vgl. Th. Zahn, Art. «Paulus, der Apostel», in: RE³ XV, S. 61–88, S. 61.
[77] Hase Vorl. 141.

bereits †, aber seine Anhänger da. Verfolgungen. Saul beteiligt sich. Die Lehre, d. Messias sei schon dagewesen u. gar gekreuzigt, war ihm eine Lästerung. Stephanus.[78] Ob auf diese Weise Beruhigung d. Gewissens?

Luther: [«]Da nun Pl. die Sache so ernst nahm, so hatte unser Herr Jesus auch seine Gedanken u. dachte: der kann gut werden, denn was er treibt, treibt er mit Ernst, diesen Ernst, der nun eine schlimme Sache hat, will ich mit meinem Geiste stärken u. zu einer guten Sache gebrauchen und ihn *wider* die Juden setzen. – Auf solche Weise gebraucht unser Herr heutzutage mich wider den Papst.»[79]

So war das Chrt. vielleicht bereits eine unbewußte Macht in seinem Innern

Sendung nach *Damaskus*[80]

Vor Damaskus das plötzliche Erlebnis einer innern *Umwandlung*. Es gefiel Gott sein[en] Sohn *in mir* zu offenbaren [Gal. 1,15f.].[81] Er erkennt, daß der, den er verfolgt, d. Messias *war* u. stellt sich in seinen Dienst. Ein *Naturereignis* war wohl d. Anlaß: Licht u. Stimme v[om] Himmel! (d. Bericht d[er] Gefährten ist unstimmig!) u. es war ihm später als habe er bestimmte Worte gehört: Saul Saul warum verfolgst du mich? und «Ich bin Jesus den du verfolgst» «Es ist dir schwer wider d. Stachel auszuschlagen» [Act. 9,4f.; 22,7f.; 26,14f.]. Dazu *Erblindung* für einige Tage. – Was äußerlich da geschehen ist, können wir nur vermuten, *objektiv* u. *sicher* ist das was *in* ihm vorgegangen: Er erkennt Jesus (von dem er schon vorher gehört) als den dem er von jetzt an zu folgen hat.[82] [[Das ist ein *Wunder,* wenn Gott sich in etwas offenbart, Alles kann zum Wunder werden (Augustin, Luther, plötzliche Genesung,

---

[78] Hase Vorl. 140; W. Wrede, a.a.O., S. 7f.; K. von Hase, *Kirchengeschichte*, Leipzig 1900[12], S. 25 [Auf diese Quelle – in dieser Auflage! – wird im folgenden mit dem Kürzel *Hase Lehrb.* und Seitenzahl verwiesen.]
[79] Hase Vorl. 142f.; M. Luther, *Eine Predigt am Tage St. Pauli Bekehrung,* Sämtliche Schriften, hrsg. von J.G. Walch, 13. Theil, Halle 1743, Sp. 2524 (vgl. Sämmtliche Schriften, hrsg. von J.G. Walch, Neue revidirte Stereotypausgabe, Bd. 13b, St. Louis, Mo. 1892 [= Groß-Oesingen 1987], Sp. 2651); s. auch WA 52, 613, 3–8; WA 37, 268, 20–22.
[80] Hase Vorl. 144.
[81] Hase Vorl. 145; vgl. 143.
[82] Hase Vorl. 144f.

Rettung etc., ein Wort[)]. Über das Äußere kann man disputieren, das Innere ist d. Sichere]] Jahr 35.[83]

Entschluß *Prediger* der neuen Sache zu werden.[84] 8 Jahre in sein[er] Heimat Tarsus, dann seit 43 in Antiochien i[n] S[yrien] mit Barnabas zus[ammen].[85]

Ca. 50 *erste* (größere) *Missionsreise* nach Cypern u. Kleinasien. Heiden überall empfänglicher als Juden. Dann zurück nach Antiochien.[86]

Sendboten aus d. *Gemeinde von Jerusalem* wegen Beschneidung. Dortige Ansicht: Chrt. ist das wahre erfüllte Judentum, wer Christ werden will, muß erst Jude werden und die Christen sollen das mosaische Gesetz halten. Ausnahmen waren auch schon vorgekommen, Petrus dachte freier, aber es gab eine Partei von Extremen. Darauf *Zusammenkunft* in Jerusalem, offene Aussprache von beiden Seiten (ist erste, nicht die letzte theol. Differenz!) schließlich Einigung: alte Apostel zu den Juden, Pl. zu den Heiden mit voller Freiheit. Kollekten-Bedingung.[87] – Die Extremen agitieren doch von Jerus. aus weiter u. verbittern d. Pl. häufig d. Leben.[88]

Zweite Missionsreise: Kleinasien, Macedonien, Philippi, Thessalonich, Athen, Korinth[.] I *Thessalonicherbrief* d[er] älteste[.] Antiochien i. S. (dort «Streit mit Petrus»)[89]

Dritte Missionsreise: Ephesus – Griechenland. Briefe an die *Galater* (Judaisten) u. *Corinther* (Parteien, sittliche Ärgernisse, Gemeindeeinrichtungen[)] u. *Römer* (Anzeige sein[er] Ankunft, Darlegung seines Ev[an]g[elium]s, das vollständigste «System» im NT) Auf der Rückreise Abschied von d[en] Ältesten in Milet. Erlebnisse auf diesen Reisen II Cor 11,23f.[90] Nach *Jerusalem*, dort Auflauf, Verhaftung durch d. Rö-

---

[83] Barth folgt dem älteren chronologischen Ansatz, vgl. R. Knopf, Art. «Chronologie: II. des Urchristentums», in: RGG¹ I, Sp. 1809. Zu den Synchronismen, auf denen sich die hier und im folgenden von Barth gegebenen Daten gründen, vgl. Th. Zahn, a. a. O., S. 62–68 und S. 73f.

[84] Th. Zahn, a. a. O., S. 72, bes. Z. 19ff.40ff.

[85] Th. Zahn, a. a. O., S. 73f.

[86] Vgl. K. Barth, a. a. O., S. 163–165; Hase Lehrb. 25.

[87] Hase Vorl. 146–149.

[88] Hase Vorl. 149.

[89] Vgl. K. Barth, a. a. O., S. 165–175.

[90] Vgl. K. Barth, a. a. O., S. 175f.; Hase Vorl. 149f.

mer. In Cäsarea Verantwortung vor Felix. 2 Jahre Haft. Appelliert an den Kaiser. Festus u. Agrippa.

Act 25,23–26,32 lesen

Reise nach Rom Sturm, Einzug in Rom, freie Haft u. Wirksamkeit währ[end] 2 Jahren. Briefe an die *Philipper, Colosser, Philemon*

Ob nach Spanien? Wahrscheinlich † 64 in der neron[ischen] Christenverfolgung.[91]

Charakter. Gelehrter (Agrippa! Charakter sein[er] Briefe: beweisen)
          Jude (die Art seiner Beweise, die Rolle des AT, Rom 9,3)
          Römer (Philippi, Prozeß in Jerusalem)
          Visionär (an allen wichtigen Punkten sein[es] Lebens:
              Apostelkonzil [Gal. 2,2], Kleinasien [Act. 16,9],
              Korinth [Act. 18,9f.], Rom [Act. 23,11; 27,23f.,
              vgl. 22,17–21])
          Epileptiker II Cor 12,7–10, jedenfalls krank!
          Gefühlsmensch (Liebe zu den Gemeinden, Inniges Verh[ältnis] z[u] Xϱ[92] I Cor 13[)]
          Fehler: Heftigkeit, Eitelkeit, Herrschsucht[93], Frauenverachtung?
          Äußeres[94]

Lehre   In innigstem Zus[ammen]hang mit Leben u. Persönlichkeit. Redet als «Botschafter an Xϱ'i Statt[»] [2. Kor. 5,20]. U. wirklich ist sein in Xϱ aufgehendes Selbstbewußtsein die einzige tatsächliche Quelle seiner Lehre. Nicht aus Büchern zusammengetrag[enes] Gebäude[,] sondern aus der Autorität des christl. Geistes in ihm fließt Alles.[95]

    Plato: Was ist Wahrheit etc.? Aufrichtung eines Ideals
    Paulus: Wie kommt der Mensch dazu[96]

---

[91] Hase Lehrb. 26; Hase Vorl. 150f.
[92] Hase Vorl. 152f.
[93] W. Wrede, a.a.O., S. 19–23.
[94] Hase Vorl. 153.
[95] Hase Vorl. 153f.
[96] Am 15.1.1911 predigte Barth über 2. Kor. 12,7–10 unter der Überschrift: «Wie komme ich dazu?» (Vgl. unten S. 258 bei und mit Anm. 10.)

1. Die Not a) Die Menschheit ist vom wahren Gott abgefallen, den die *Heiden* unmittelbar ahnten, die *Juden* durch das Gesetz kannten. Beide sind fehlbar, Gott straft den Abfall durch Hingabe an immer größeres Böses. (Rom 1–2)

b) Dieser Abfall von Gott ist das Erbe Adams, der die Sünde in die Welt brachte. Auch daher: alle Menschen sündig (Rom 5,12–21)

c) Nun hat Gott sein heil[iges] u. gutes *Gesetz* gegeben. Aber gerecht wird d. Mensch dadurch nicht, es zeigt ihm nur seinen Abstand vom Ideal, wird dadurch Grund d. Sünde (Gesetz in d. Gliedern, Dualismus) *Rom 7,7–24*

d) Durch die Sünde sind wir *Fleisch* d. h. sinnlich-vergänglich[.] Der *Tod* ist der Sünde Sold. Rom 6,13–23

2. Die Erlösung a) Die Befreiung aus d. allgemeinen u. notwendigen Sünde ist Gottes *Gnade*, die in Χρ offenbar geworden. Gott urteilt: der Mensch soll gerecht sein u. dies Urteil wird angeeignet allein durch den *Glauben*. Rom 3,21–30 1,16–17 5,1,18–19 Gal 3–4 Geschenk d. Geistes Χρ'i

b) Χρ ist der 2te *Adam*, der die Folgen der Sünde des ersten aufhebt. Rom 5,12–21

c) Χρ ist unser *Erlöser* nicht trotzdem sondern *weil* er am Kreuz gestorben ist I Cor 1,22–25[,] denn dadurch hat er seinen völligen Gehorsam bewahrt *Phil 2,5–11*[,] er ist Sühnopfer für uns Rom 3,24–25[,] unser Stellvertreter Rom 5,8–11, unsre Versöhnung mit Gott II Cor 5,19–21

Die Erlösung in Χρ wird aber verstanden u. angeeignet im *Glauben*, nicht intellektuelles Annehmen einer Lehre *über* Χρ[,] sondern Vertrauen u. Dankbarkeit gegen ihn selbst, ihn *nacherleben II Cor 3,18*[,] mit ihm sterben, um mit ihm zu leben *Rom 6,3–15*

d) denn auch die Vergänglichkeit d. Fleisches ist nun grundsätzlich überwunden. Noch tragen wir sie an uns, aber mit d. Gewißheit der siegreichen Zukunft II Cor 4,16–5,10 Rom 8,1–11

3. Das neue Leben a) Christus in uns, der Geist Χρ'i macht uns neu *II Cor 5,17 Gal 2,20*[.] In ihm sind wir gerecht vor Gott, Gottes Söhne *Rom 8,14–17 Gal 3,26–29*[.] In ihm haben wir die Gewißheit d. göttl.

Prädestination Phil 3,3-12 *Rom 8,28-39*[.] Die Gemeinde d. Erlösten sind die Glieder an seinem Leib Rom 12,5 I Cor 12,27 (Eph 4,15-16) Col 1,18 2,19

b) Für den Erlösten gilt kein Gesetzesbuchstabe mehr Rom 7,1-6 Gal 2,18-21 5,1-12 II Cor 3,4-18[.] Das Gesetz hatte den Sinn, Sehnsucht nach Erlösung zu wecken Rom 7,13[,] Erzieher auf Xọ zu sein Gal 3,22-27[.] Aber das bedeutet nicht das Ende des Gesetzes Rom 3,31 6,1 Gal 5,13[.] Der Glaube ist in d. *Liebe* wirksam Gal 5,6 I Cor 13, aber sie kennt kein äußeres Gesetz, ihr Prinzip ist das erneuerte *Gewissen* Gal 6,15, ihm zuwiderhandeln, *das* ist Sünde Rom 14,23[.] So fließt alles Gute aus dem Glauben, dem Erleben Xọ'i

c) Die *ganze Schöpfung* aber findet ihre Vollendung in Xọ. Durch ihn wurde Alles geschaffen Col 1,15-17[,] er kommt wieder, vollendet erst die Seinigen I Thess 4,15-17 *I Cor 15, 22-23*[,] dann die Menschheit *I Cor 15,24-25*, dann die ganze Kreatur *Rom 8,20-23 I Cor 15,26-27*[,] bis Gott Alles in Allem ist *I Cor 15,28*

Johannes

d. h. der *Verf[asser] des 4ten Ev[an]g[elium]s*. Sicher um 150 n. Chr. vorhanden[.] Um 180 n. Chr. die Nachricht, es sei *Johannes d[er] Sohn d[es] Zebedäus* gewesen, habe es in Ephesus geschrieben.[97] Wird aber lebhaft *bestritten:* Gute Traditionen *wissen nichts* davon, bei Papias Nachricht, jener Joh. sei schon um 40 *getötet*, nie in Kleinasien gewesen.[98] Innere Gründe: Verhältnis zu den *Syn*[optikern] und zu *Pl.*[99] Weitere Fragen: wer ist Verf. der Apoc[alypse]? der 3 Johannesbriefe? wer ist der *andre* Joh. in Kleinasien, Ältester von hohem Ansehen?[100] (2 Gräber in Ephesus[101], Sagen[,] die gut zum Ev[an]g[eli]sten paß-

---

[97] Vgl. W. Heitmüller, *Das Johannes-Evangelium*, in: *Die Schriften des Neuen Testaments, neu übersetzt und für die Gegenwart erklärt*, hrsg. von J. Weiß, Bd. II, Göttingen 1908², S. 687.708-710. [Auf diese Quelle wird im folgenden mit Verfassernamen und Seitenzahl verwiesen.]
[98] Heitmüller 709f.
[99] Heitmüller 687-689.698.
[100] Heitmüller 709-711.715.
[101] Hase Vorl. 181.

ten[102], aber vielleicht schon frühe Verwechslung[103]) Kurzum ein Knäuel von Schwierigkeiten, der noch nicht gelöst ist.

Wir hauen ihn durch u. zeichnen das *geistige Bild* des Verf's des 4. Ev.'s; hier haben wir sichern Boden. Von da aus vielleicht einige histor. Rückschlüsse möglich.

1. Charakter des Evgs neben den 3 andern. Übergang vom Auditoire nach St Pierre.[104] Hier wie dort Zweck u. Gegenstand derselbe, aber dort Halbdunkel, gedämpfte Stimmung, undeutliche Umrisse. Verbindung von Licht u. Schatten (Correggio)[105]

a) *Form der Reden Jesu.* Dort kurze Sätze, einfache Bilder, leichtverständliche Gedanken zwanglos aneinandergereiht; *hier* planvoll angelegte Reden, Selbstgespräche, Dialoge; nur tiefem Nachdenken verständlich. *Dort:* etwas für sich[;] *hier:* im Styl des Ganzen[106]

b) *Inhalt der Reden Jesu Dort:* Himmelreich, Umkehr, bessere Gerechtigkeit, Sündenvergebung, Liebe Gottes, Liebe zu d[en] Nächsten, Stellung z[um] Gesetz, gegen die Pharisäer[;] *hier:* seine eigene Person, ihre Sendung u. Bedeutung[107]

c) *Jesu Messiaswürde Dort:* Jesus selbst, aber auch die Jünger u. Joh. d. T[äufer] erkennen sie erst allmählich[;] *hier:* ist sie Voraussetzung d. Selbstbew[ußtsein]s Jesu u. des Glaubens[108]

d) *Stellung zum Judentum. Dort:* Unterscheidungen: Zöllner, Phar[isäer], Sadduz[äer], «das Volk», unterschiedl. Stellung Jesu zu allen[;] *hier:* «die Juden», Typus des Widerstands gegen Jesus[.] *Dort:* Bekämpfung wegen Ungehorsams u. Heuchelei, *hier* wegen Unglaube gegen seine Person[109]

---

[102] Hase Vorl. 185f., dazu Hase Vorl. 22.

[103] Heitmüller 711.

[104] *Auditoire* ist der Name der in ihrer damaligen (wie heutigen) Gestalt im wesentlichen aus dem 16. Jahrhundert stammenden kleineren Kirche, in der die Gottesdienste der Deutschen reformierten Kirchgemeinde stattfanden (vgl. unten S. 215, Anm. 3, und A. Mobbs, *L'auditoire de Calvin*, Genf 1985). *St. Pierre* heißt die große romanische (im 12. und 13. Jahrhundert umgebaute) Kathedrale Genfs. Beide Kirchen stehen nahe nebeneinander. Vgl. im übrigen Heitmüller 685.

[105] Heitmüller 685.

[106] Heitmüller 687.689.

[107] Heitmüller 687f.

[108] Heitmüller 688.

[109] Heitmüller 692.

e) *Der Stoff.* Aus den Syn. nur Einzelnes übernommen, die Hauptmasse fehlt, dafür Neues (Nikodemus, Hochzeit z[u] Kana, Lazarus) bes. die Reden fast ganz neu.[110] Änderungen: Tempelreinigung am Anfang, Datum des Passahmahls[111]

2. *Schriftstellerische Form.* Joh. schreibt nicht historisch zusammen sondern er hat Absichten

a) *Anordnung des Ganzen* Prolog 1,1–51[;] Jesu Offenbarung an die Welt 2–12[;] Jesu Offenbarung an die Seinen 13–20[;] Fortschritt: Nikodemus, Johannes, Samariter – Leben Licht[112]

b) *Anordnung im Einzelnen.* Sorgfältig komponierte *Reden*, veranlaßt durch passende Fragen u. Mißverständnisse (Philippus, Nikodemus)[113] Geschichten nicht als etwas für sich Bedeutendes, sondern als Illustrationen, Transparente die nachher gedeutet werden (Königl[icher] in Kapern[aum], Teich Bethesda – Speisung der 5000)[114]

3. Zweck: Joh. will lehren, überzeugen, er erzählt nicht nur, wie die Syn.[,] sondern er trägt eine Theorie vor. Jesus redet da direkt zu den Lesern. Das Geschichtliche dient als – oft vernachlässigte – Einkleidung.[115] Statt in Abhandlungen wie Pl., trägt Joh. seine Meinung in Form von Geschichte vor.[116] Die Leser sollen überzeugt werden, daß Xϱ die wahre Offenbarung Gottes ist, das sollen sie erkennen, annehmen u. in Liebe bewähren. Bei Jesu Jüngern d. h. bei d. Gemeinde ist d. Offenbarung niedergelegt.[117] Deutlicher Gegensatz gegen die Juden, gegen übertriebene Verehrung Joh. d. T[äufer]'s[118], für X gegen Petrus[119]!

---

[110] Heitmüller 689.702f.
[111] Heitmüller 689.738f.704.
[112] Heitmüller 700f. und die Abschnittüberschriften 739.748.751.758.
[113] Heitmüller 702.690.
[114] Heitmüller 701, auch 690f.698. Zur Auffassung der Geschichten als Transparente vgl. unten S. 195f. mit Anm. aq.
[115] Heitmüller 689.
[116] Heitmüller 705f.
[117] Heitmüller 696.
[118] Heitmüller 692f.
[119] Heitmüller 714f.

4. Grundgedanken Das Christentum die absolute Offenbarung Gottes

a) *Christus ist der Logos.* In der Phil[osophie] Weltvernunft, ein vermittelndes Prinzip zwischen Gott u. Welt. Jesus ist dieser Logos. (Das bedeutete die Einordnung des Chrts in das griech. Denken.) Er offenbart seine Herrlichkeit[,] in dieser die Majestät Gottes[120]

b) *Die Erlösung ist die Offenbarung.* Offenbarend an Xρ ist sein Reden, Thun, Leiden, Sterben, Auferstehen, seine Person, sein Dasein. Erlöstsein heißt an dieser Offenbarung teilhaben.[121]

c) *Sie ist wirksam im Geist.* Jesus starb, aber das ist für die Gläubigen Gewinn. Alles Menschlich-Beschränkte ist nun beseitigt. Sie erhalten den *Tröster*[,] in dem Gott Vater u. Sohn in ihnen Wohnung nimmt.[122]

d) *Die Offenbarung ist für alle Welt.*[123] Daß es unter den Juden auftritt[,] ist eine zufällige Geschichtswahrheit[124]. Gegenüber Jerus[alem] u. Samaria gilt: Gott ist Geist ... [Joh. 4,20.24]

e) *Die Bedeutung d[er] Offenbarung ist das Leben.* Leben schlechthin im Gegensatz zum gewöhnlichen scheinbaren. *Ewiges* Leben *jetzt*! Wer da glaubt[,] der *hat* das ewige Leben [Joh. 3,36; 5,24; 6,40.47].[125] Ewig hier nicht Zeitdauer sondern Unvergänglichkeit gegen Verderben u. Tod. Ewig = christusmäßig = göttlich. Äußert sich als Überwindung d[er] Sünde, Gottesgemeinschaft, Liebe[126]

f) *Die Aneignung d. Offenbarung ist Glaube an Xρ.* Glauben heißt das Licht erkennen. Xρ in sich aufnehmen, sich von ihm durchdringen lassen. Brot des Lebens [Joh. 6,35.41.50] Religion heißt: in Jesus u. Jesus in ihm sein = ihn lieben = seine Gebote halten = die Brüder lieben [Joh. 6,56; 13,34f.; 14,15f.21; 15,4f.7.12.17].[127]

---

[120] Heitmüller 694.
[121] Heitmüller 694.
[122] Heitmüller 695.
[123] Heitmüller 695.
[124] Vgl. G. E. Lessing, *Über den Beweis des Geistes und der Kraft. An den Herrn Direktor Schumann, zu Hannover*, Werke, hrsg. von H. G. Göpfert, Bd. VIII, München 1979, S. 12.
[125] Heitmüller 695f.
[126] Heitmüller 759f.
[127] Heitmüller 696.

5. *Historischer Wert.* Wenn es sich darum handelt, eine Geschichte Jesu zu schreiben, muß man sich entscheiden zwischen der *syn[optischen]* u. *joh[anneischen]* Darstellung. Die erstere ist besser, schon weil sie älter ist, aber auch inhaltlich. Als Geschichte betrachtet ist der Bericht des Johannes dunkel u. ungenau. Ein Augenzeuge konnte die Dinge so nicht darstellen.[128]

6. *Religiöser Wert.* Und doch ist die Darst[ellung] des Joh. «geschichtlich» tief u. richtig. Jesus hat nicht so geredet, aber Joh., der ihn so reden läßt, hat ihn richtig verstanden. Er zieht aus allen Einzeldaten der Syn. die Summe, bleibt darum richtig nicht bei Prophet, Messias etc. stehen[,] sondern sieht in Xϱ Gottes völlige Offenbarung. D. h. er stellt dar, was Xϱ für uns bedeutet, nicht was er war.[129]

Daher die scharfen *Gegensätze,* die Ablehnung alles Widerstandes gegen Xϱ und dann doch wieder diese *Verbindung* der Gegensätze: Überirdisches im Irdischen, Ewiges im Zeitlichen, Gott im Menschen. Das worauf es ankommt, ist in keinem Evg. so klar, wie hier: Leben in Christus ist ewiges Leben. *Luther:* das einige rechte zarte Hauptevg. *Schleiermacher, Herder.*[130] Für uns mod[erne] Menschen bes. erfreulich, weil durchgehende Vergeistigung alles Geschichtlich-Äußerlichen.

7. Und nun *«Johannes»?!* Der Zebedaide sicher nicht *1.* wegen des Verh[ältnisses] der Schrift zu den syn. Ev[an]g[elien] *2.* wegen des Ver-

---

[128] Heitmüller 689f.703.705f.712 u. ö.
[129] Heitmüller 706f.
[130] Heitmüller 686. Luther: WA.DB 6,10,25f. (s. unten S. 168, Anm. 38). Zu Fr. Schleiermachers Auffassung des Johannes-Evangeliums – nach seiner Überzeugung «ist nicht zu läugnen», «daß es mit zu dem Bedeutendsten in der göttlichen Providenz gehört, daß es geschrieben und aufbehalten worden» (*Einleitung ins neue Testament,* hrsg. von G. Wolde, Sämmtliche Werke, Erste Abtheilung, Bd. VIII, Berlin 1845, S. 332) – sind seine *Homilien über das Evangelium des Johannes, in den Jahren 1823 und 1824* [bzw. *1825 und 1826*] gesprochen, zu vergleichen (hrsg. von A. Sydow, Sämmtliche Werke, Zweite Abtheilung, Bd. VIII bzw. IX, Berlin 1837 bzw. 1847). Von J. G. Herder sind insbesondere heranzuziehen: *Christliche Schriften. Dritte Sammlung: Von Gottes Sohn, der Welt Heiland. Nach Johannes Evangelium. Nebst einer Regel der Zusammenstimmung unsrer Evangelien aus ihrer Entstehung und Ordnung,* Sämmtliche Werke, hrsg. von B. Suphan, Bd. 19, Berlin 1880, S. 253–424.

hältnisses zu Pl. 3. wegen der deutlichen Tendenz, die in eine spätere Zeit weist[131]

19,35 Berufung auf das Zeugnis eines *Gewährsmannes*, nicht Selbstzeugnis des «Jüngers den Jesus liebhatte»[.] Solche Selbsthervorhebung wäre geschmacklos.[132] *Vielleicht* ist dieser Gewährsmann der Zebedaide, von dem jedenfalls die Apoc. Ein unbekannter Schüler – nur um so größer – wäre dann Verf. des Evgs u. der (des) Briefe(s).[133]

Justin

Chrt. tritt ein in den Kampf mit der heidn. Religion. Wechselwirkung zwischen äußerer Behauptung u. innerer Gestaltung bis heute! Märtyrerzeit. Ihr entspricht die Zeit der *theoret[ischen] Auseinandersetzung* mit d. Weltweisheit: Apologeten. Christen meist niederer ungebildeter Herkunft. Zu ihnen gesellen sich einzelne Gebildete, die nun mit den Mitteln heidn. Wissenschaft d. Chrt. verteidigen.[134] Was wird dabei aus dem Chrt.?

Flavius Justinus geb. 103 zu Neapolis (Sichem) Grieche, gebildete Erziehung[135], wird Philosophenschüler[136]. Begegnung mit christl. Greis[137], Überzeugung von der Wahrheit d. Chrts. bes. angesichts d. Märtyrer.[138] Wird Apologet (gesprächsweise!) (Wenn ich es nicht täte, würde ich strafwürdig ...[139]) behält den Philosophenmantel, reist in Pa-

---

[131] Heitmüller 687–689.692–694.698.707 u. ö.
[132] Heitmüller 711f.
[133] Vgl. dazu Heitmüller 715.
[134] Vgl. Fr. Böhringer, *Die Kirche Christi und ihre Zeugen oder die Kirchengeschichte in Biographieen*, Ersten Bandes erste Abtheilung, Zürich 1842, S. 53f. [Auf diese Quelle wird im folgenden mit dem Kürzel *Böhringer I/1* und Seitenzahl verwiesen.]
[135] Böhringer I/1 54.
[136] Böhringer I/1 55f.
[137] Böhringer I/1 56.
[138] Böhringer I/1 57.
[139] Böhringer I/1 58f.; es handelt sich nicht um ein Zitat im strengen Sinn – Böhringer bemerkt in seiner Vorrede, daß er «der Kürze halber manche, in den Originalschriftstellern entweder auseinandergerissene oder zu weitläufig gehaltene Stellen zusammenstellte und zusammenzog» (S. [XIX]). Zu den in Frage kommenden Aussagen Justins vgl. die die Quellen genauer dokumentierende 2. Aufl. des Böhringerschen Werkes, 2. Ausgabe, Bd. I, Stuttgart 1873, S. 107f.

lästina, Asien, Italien. Ca. 139 *Apologie an Antoninus*.[140] Alle Welt nennt euch religiös, Philos[ophen] etc. ... es soll sich nun zeigen.[141] Vergleich mit Sokrates.[142] Töten könnt ihr uns zwar, aber nicht schaden.[143] Christen *nicht* Atheisten, *nicht* Lasterhafte, *nicht* Feinde des Staates.[144] Chrt. ist vernunftgemäß, Heidentum absurd.[145] Unter Antonin[us] kein Verfolgungsedikt mehr. In Ephesus *Gespräch mit Tryphon*.[146] Ca. 161 *Apologie an Mark Aurel* (Anlaß Ptolemäus contra Urbicus)[147] Durch Denunziation des Kreszens enthauptet 165 in Rom.[148]

Das Chrt. ist vernünftig.[149] Χϱ war der vollkommene *Logos*. Aber in jedem Menschen ist ein Logoskeim. Χϱ ist d. Logos[,] der in jedem Menschen wohnt. Daher Offenbarung längst vor Χϱ, dunkel u. zerstreut bei den Griechen, hell bei den israel[itischen] Propheten.[150] Ob bei jenen Entlehnungen von diesen? Jedenfalls gilt: Alles Gute ist christlich.[151] – Philos. genügt nicht, weil nur richtige Fragen, nicht Antworten; weil keine Überwindung des Polytheismus; weil erst Chrt. Weisheit für *Alle* u. fürs *Leben*.[152]

Der Logoskeim besteht in der Erkenntnis Gottes, der Tugend, der Unsterblichkeit.[153] Das Chrt. bringt dazu nichts wesentlich Neues, blos Bewährung u. Begründung (Rationalismus) Also das *tatsächliche* Wissen beruht auf Offenbarung[154]

---

[140] Böhringer I/1 59.
[141] Böhringer I/1 60; Justinus, *Apologia prima*, 2, MPG 6, Sp. 329 AB.
[142] Böhringer I/1 66; A. Harnack, *Lehrbuch der Dogmengeschichte*, Bd. I: *Die Entstehung des kirchlichen Dogmas* (Sammlung Theologischer Lehrbücher), Tübingen 1909⁴, S. 507ff. [Auf diese Quelle wird im folgenden mit dem Kürzel *Harnack Lehrb. I* und Seitenzahl verwiesen.]
[143] Böhringer I/1 60; Justinus, a.a.O., Sp. 329B, vgl. Platon, *Apologia*, 18, 30 cd.
[144] Böhringer I/1 60f.
[145] Böhringer I/1 61f.
[146] Böhringer I/1 63f.
[147] Böhringer I/1 64f.
[148] Böhringer I/1 67f.
[149] Böhringer I/1 69, auch 61f.
[150] Böhringer I/1 69.
[151] Böhringer I/1 70.
[152] A. Harnack, *Dogmengeschichte* (Grundriss der Theologischen Wissenschaften, Teil 4, Bd. III), Tübingen 1905⁴, S. 102f., auch S. 100. [Auf diese Quelle wird im folgenden mit dem Kürzel *Harnack Gr.* und Seitenzahl verwiesen.]
[153] Harnack Gr. 104.
[154] Harnack Gr. 102–104, auch 99f.

1. Gott. Grundgedanke nicht aus der christl. Erfahrung geschöpft wie bei Pl. u. Joh. sondern aus philos. Spekulation. Gott ist die letzte Ursache der Welt, also Prinzip u. Wesen der Welt, anfangsloses in sich selbst ruhendes Sein. Christl. Einschlag?: das Prinzip der Welt ist zugleich das Prinzip des Guten[155] (auch bei Plato!)

2. Der Logos. Gott ist in sich ruhend, kann nicht aus sich heraustreten[.] Daher Annahme einer *wirksamen Vernunftkraft* nötig, dies der Logos; durch ihn ist die Welt geschaffen. Gott kann aber auch nicht direktes Subjekt der *Offenbarung* sein, dies ist das *Wort* = der Logos. Diese Gleichung christlich (Joh.) Das Wort = Logos ist der Sohn Gottes. Er ruhte im Wesen Gottes. Zum Zweck der Schöpfung läßt ihn Gott aus sich herausspringen, zeugt ihn. So ist der Logos der offenbare Gott, aber mit Gottes Wesen identisch. Unterschied zu Gott: er hat einen *Anfang,* er war einmal *nicht,* er ist *endlich* geworden[,] um wirken zu können. Gott steht hinter ihm im unerforschlichen Dunkel.[156] [[Diese Gedanken nach manchen Apologeten *der* Inhalt des Chrts!]][157]

3. Die Moral. Mensch ist zur Unsterblichkeit bestimmt. Bedingung: Bewahrung der Erkenntnis Gottes u. der Tugend, vom Menschen selbst zu leisten. Tugend ist Behauptung d. Geistes gegenüber der Sinnlichkeit: Gleichmut, Bedürfnislosigkeit, Reinheit, Güte. Erfüllung schon hier, dafür Vollendung im Jenseits[158]

4. Die Offenbarung. Sie ist *vollständig* enthalten im Logoskeim in jedem Menschen. Aber Gott hat auch die *Dämonen* zugelassen, die die Menschen verführt haben, daher Unsittlichkeit u. Heidentum. Daher *neue* Logoswirkungen nötig. Logos läßt sich auf reine Menschen in bes. Weise nieder, inspiriert ihnen die alte göttliche Wahrheit kräftiger. So vor Allem die *Propheten.* Diese Wahrheit *annehmen* u. ihr *gehorchen* heißt *Christ* sein.[159]

Die prophet. Wahrheit ist aber verbürgt, vor Zweifel sicher gestellt durch Xρ. Die Propheten haben Recht, weil Xρ gekommen ist u. Xρ hatte recht, weil die Propheten ihn geweissagt. Weissagung betrifft die einzelnen Züge seines Lebens (Einfluß auf die Entstehung der evang[e-

---

[155] Harnack Lehrb. I 528f.; Harnack Gr. 105.
[156] Harnack Lehrb. I 530-535; Harnack Gr. 105-107.
[157] Harnack Lehrb. I 536; Harnack Gr. 108.
[158] Harnack Lehrb. I 536-538; Harnack Gr. 107-109.
[159] Harnack Lehrb. I 538-540.

lischen] Texte!) An sich sind die einzelnen Züge des geschichtl. Lebens Jesu *ohne selbständige* Bedeutung.[160] [[Versuche, die aber *neben* dem Grundgedanken stehen, zur bes. Hervorhebung der Gottheit Xϱ'i, seines Todes, der Sündenvergebung, d. Abendmahls]][161]

Würdigung

1. Disposition des Chrts zur Weltreligion. Die christl. Wahrheit ist das Realwerden des Normal-Menschlichen. Richtige Neben- u. Überordnung des Chrts neben das außerchristl. Gute. *Gefahr:* Verflachung, Liebe u. Selbstverleugnung Xϱ'i treten zurück

2. Historische Wahrheit interessiert nur als ewige Wahrheit. Das einzelne Geschichtliche ist nicht an sich selbst wichtig, sondern im Zusammenhang der Offenbarung[;] keine einzelnen «Heilstatsachen»[.] Vrgl. Transparente bei Joh.[162] *Gefahr:* Entleerung des geschichtlich einzelnen Wertes des Lebens Jesu, falsche Allegorese im AT

3. Wendung zum Intellektualismus. Hier der Ursprung d. Vorstellung: Christ sein, heißt Annehmen ... Glaube = Für wahr halten. Hier die Anfänge des oblig[atorischen] Dogmas.

Irenaeus

Auf der Linie des apologet. Grundgedankens entsteht innerhalb der christl. Kirche die Richtung des *Gnosticismus*. Unterscheidet sich von jenem nur durch stärkere Heranziehung heidnischer gnost[ischer] Elemente. Die offiz[ielle] Kirche wird über dies «Zuviel» stutzig u. stößt ihn ab, aber in der Auseinandersetzung mit ihm geht sie noch tiefer auf die griech. Denkweise ein als die Apologeten. Es entsteht in der Opposition gegen ihn die Kirche, die «rechte» Glaubenslehre, das NT

Grundzüge des gnostischen Chrts

a) Tendenz zur *Weltrel.* fortgesetzt, semit[ische] Kosmol[ogie] u. griech. Philos. noch mehr hineingearbeitet[164]

---

[160] Harnack Lehrb. I 540f.
[161] Harnack Lehrb. I 542f.
[162] Oben S. 89.
[163] Harnack Gr. 71ff.
[164] Harnack Gr. 55.57.

b) Das *Historische* wird aufgelöst in ein gewaltiges gottmenschliches *Drama*, in dem Xρ der letzte Akt. *Alles* allegorisch[,] auch das NT![165]
c) Hier zuerst die ausdrückl. Vorstellung einer *Glaubenslehre*. Ihre Erkenntnis (Gnosis) ist das Leben. Nur wenigen Auserwählten (Pneumatikern) ist sie durch Askese u. Mysterien zugänglich, im Vorhof sind die Psychiker, draußen die Hyliker. Eine Rel. der Gebildeten. Die Wirk[un]g Xρ'i ist Aufklärung[166]

1. Die «Gnosis» stammt von den Aposteln, überliefert a) in ihren Schriften b) durch geheime Tradition bes. Erleuchteter.[167]
2. Die Gnosis besteht in der Erkenntnis Gottes u. d. Welt (Selbsterkenntnis spielt sehr geringe Rolle[)]. Gepflegt im mysteriösen Kultus[168]
3. Diese Erkenntnis ist streng *dualistisch*. Mißverständnis Platos. Art der synkretist. Rel. von damals[169]

Gottheit ist *reines Sein* (Abgrund, Schweigen etc.) Sie entfaltet sich in Äonen. Einige kommen mit dem niedern Sein d[er] *Materie* in fatale Berührung. So entsteht unsre Welt, in der d. Geistige gebunden ist durch d. Objekt u. seine Tücke. Der Schöpfer u. Beherrscher dieser Welt ist der Gott des AT! (z. T. direkt böser Geist) jedenfalls ein *anderer* als der höchste gute Gott.[170]

So ist das Böse etwas *Physikalisches*, dem entsprechend die Erlösung. Es kommt der Äon Xρ u. befreit die gebundene Geisteswelt aus d. Materie. An ihm haben teil die Erleuchteten (s. o.) Xρ war rein *göttl[icher]* Natur, sein Erdenleben, Tod etc. ein Schein (bis zur Behauptung: überhaupt nicht geboren! Satornil[171] – Drews[172])

---

[165] Harnack Gr. 57, auch 55.64.
[166] Harnack Gr. 56.58f.65.
[167] Harnack Gr. 64.
[168] Harnack Gr. 57f.
[169] Harnack Gr. 55.57.61f.
[170] Harnack Gr. 57–59.64. Die Wendung «Tücke des Objekts» hat durch Fr. Th. Vischer, *Auch Einer. Eine Reisebekanntschaft*, Stuttgart / Leipzig 1879, ihre Prägung erhalten (vgl. dort Bd. I, S. 24.32).
[171] Harnack Gr. 58.64f.
[172] Der Philosoph Arthur Drews (1865–1935) bestritt die Geschichtlichkeit Jesu schlechthin: vgl. v. a. sein Werk *Die Christusmythe* [I], Jena 1903; s. oben S. 37 und vgl. im übrigen den Bericht von A. Schweitzer, *Geschichte der Leben-Jesu-Forschung*, Gesammelte Werke in fünf Bänden, Bd. III, München o. J., bes. S. 685–716.

Was sagt das offiz[ielle] Chrt dazu? (Ähnliche Tendenz bei Hegel, vielleicht heute wieder, Diederichs[173])

Irenaeus klass[ischer] Vertreter der antignost. Lehrer («Kritik u. Widerlegung der fälschlich sog. Erkenntnis») Ebendadurch Vater des Katholizismus u. d[er] Orthodoxie[174][.] Geb[orener] Grieche ca. 140, als Christ erzogen. Papias, Polykarp. In Lugdunum als Presbyter[175], nach einer Verfolgung Bischof 178. Wendet sich in der Osterdatumsfrage gegen Viktor v. Rom.[176] 24 Jahre Bischof. 202 Märtyrertod. Von seinen Schriften nur die eine erhalten.[177]

1. Die Quelle d[er] Erkenntnis. Vernunft ist beschränkt, möchte aber trotzdem über Gott u. Welt Auskunft. Hier greift *Offenbarung* ein. Wo ist O[ffenbarung]? In der Schrift.[178] Wo in der Schrift? Im Inhalt der *apostol. Normen:* Taufbekenntnis. Also in d. Tradition.[179] Die richtige Schrift u. die richtige Tradition sind aber nur in d. Kirche.[180] Wo d. Geist Gottes ist, da ist die Kirche u. umgekehrt.[181] Alles kommt also an auf die wahre *Sukzession der Apostel.*[182] [[Hier Beginn der Sonderstellung Roms:

«Weil es aber sehr weitläufig wäre, alle Vorsteher aller Kirchen, wie sie aufeinander folgten, aufzuzählen, so führe ich nur die der

---

[173] Zu Eugen Diederichs (1867–1930) und dem programmatischen religiösen Grundzug seines Verlages vgl. H. Mulert, Art. «Diederichsscher Verlag», in: RGG¹ II, Sp. 66; O. Rühle, Art. «Diederichs, Eugen», in: RGG² I, Sp. 1931f.; G. Menz (Hrsg.), *Der deutsche Buchhandel der Gegenwart in Selbstdarstellungen*, Bd. II, Heft 1: *Eugen Diederichs*, Leipzig 1927, S. 41–43.85. Auf der Linie seiner religiösen Bestrebungen hatte Diederichs – außer Drews' *Christusmythe* – z. B. auch das zweibändige Werk *Die Gnosis. Grundlagen der Weltanschauung einer edleren Kultur* von Eugen Heinrich Schmitt verlegt (Leipzig 1903 und Jena 1907), das der «Wiedererzeugung der gnostischen Gedankenwelt im modernen Geiste» dienen wollte (Bd. I, S. 1f.).
[174] Harnack Gr. 111.
[175] Böhringer I/1 206.
[176] Böhringer I/1 207f.
[177] Böhringer I/1 208f.
[178] Böhringer I/1 223, auch 220–223.
[179] Böhringer I/1 211f.
[180] Böhringer I/1 213.
[181] Böhringer I/1 216; Irenaeus, *Contra omnes haereticos* III 24, 1 (*Sancti Irenaei quae supersunt omnia*, ed. A. Stieren, Tom. I, Leipzig 1853, S. 552f.).
[182] Böhringer I/1 213f.

größten ältesten u. *allen bekannten* Kirche, welche *von den zwei ruhmvollsten Aposteln,* Petrus u. Pl.[,] zu Rom gegründet u. errichtet wurde, eigene von den Aposteln empfangene Überlieferung und den der Menschheit verkündigten Glauben[,] welcher durch das *Aufeinanderfolgen der Bischöfe* bis auf uns gekommen ist, an u. tadle alle diejenigen, die auf was immer für eine Weise, entweder aus eigenen Ansichten od. eitler Ruhmsucht od. aus Blindheit u. böser Meinung anders lehren. Denn mit dieser Kirche muß[,] wegen ihrer vorzüglicheren Ursprünglichkeit der Natur der Sache nach, die ganze Kirche d. h. es müssen d. Gläubigen aller Orten übereinstimmen, in welcher immer von Gläubigen aus allen Orten die apostol. Tradition erhalten ist.»]][183]

Die offizielle Kirche *hat* diese Sukzession, die Gnostiker nicht. q[uod] e[rat] d[emonstrandum]!! Im Widerspruch gegen den Anspruch d. Gnosis entsteht die Kirchenautorität der Glaubensregel u. des NTlichen Kanons.[184] 4 Ev[an]g[elien] = 4 Winde, Weltgegenden, Cherubim.[185]

2. Dem entsprechend wird auch hier rechter Glaube = rechte Erkenntnis. Man trennt nicht zwischen Evg. u. theolog. Interpretation. Das unterscheidende Merkmal d[es] Christen ist die Zustimmung.[186]

3. Auch hier ist Gott reines Sein, Unvergänglichkeit, Unsterblichkeit (Philos.!) Aber es ist nur *ein* Gott.[187] Er schafft die Welt. Als Geschaffenes ist sie unvollkommen[,] auch der Mensch[188] (So! also doch dualist. Rest) In ihm der Logos. Verhältnis ist Geheimnis[.][189] Von da ab zwei konkurrierende Theorieen:

a) Der Mensch ist zur Vollkommenheit angelegt. Die Verwirklichung bestünde im Gehorsam. Durch den Sündenfall wird sie imperfekt u. diese Imperfektheit vererbt sich.[190] Der Sündenfall ist aber doch

---

[183] Die schließende Klammer vom Hrsg. ergänzt. Vgl. Irenaeus, a. a. O. III 3, 2 (ed. Stieren, a. a. O., S. 428–430); Böhringer I/1 214f.
[184] Harnack Gr. 71–84.
[185] Böhringer I/1 209f.
[186] Harnack Gr. 111.124.
[187] Harnack Lehrb. I 560f.556f.
[188] Harnack Lehrb. I 588; Harnack Gr. 117; Böhringer I/1 232.
[189] Harnack Lehrb. I 603f.
[190] Harnack Lehrb. I 588–590.

d[er] menschl. Entwicklung förderlich, er giebt d[em] Menschen Erfahrung v. Sünde u. Tod u. Gott Gelegenheit, seine Gnade zu erweisen. Walfisch [Jona 2][191]

Xρ ist der Mensch, der seine Bestimmung verwirklichte, damit ist der Bann gebrochen. Er wird d[er] Lehrer d[er] Freiheit

[[Dies im Rahmen der apologet. Theorie!]][192]

b) Durch den Sündenfall ist d. Mensch unter d. Todesverhängnis geraten[193] (Gegensatz zu Gottes Unvergänglichkeit) Die Erlösung muß sein Versetzung in den Zustand Gottes. Dazu muß Gott werden was wir.[194] «Gott wurde Mensch, damit wir Gott würden»[.][195] Sohn Gottes wird Sohn d. Menschen.[196] Xρ *Mensch u. Gott*

α) *Christus Mensch*. Nicht ein d[er] Menschheit fremdes Wesen, da die M'heit mit durch den Logos geschaffen, für ihn bestimmt ist. Er ist d. Herr der Welt. Geboren aus einer menschl. Jungfrau. Volles Menschenleben. Wirkl. Tod.[197]

β) *Christus Gott*. Ohne das wäre er nicht Erlöser. Darum Geburt aus einer Jungfrau.[198]

Als Gottmensch *stellt Xρ wieder her,* was durch Adam verfehlt, leistet den schuldigen Gehorsam (Holz!) bis zum Tod am Kreuz. So wird d. Mensch erlöst u. Gott versöhnt.[199] Diese Tat aber hat universelle Bedeutung (Höllenfahrt)[200] Durch die Menschwerdung hat Gott sich «gewöhnt» unter Menschen zu wohnen, daher fortdauernde Mitteilung. Abendmahl als «Arzneimittel der Unsterblichkeit»[201]

[[Vollständig *neben* dieser Lehre steht die Erneuerung d. urchristl. Vorstellungskreises *von den letzten Dingen* (hier hatte Ir. sein Herz

---

[191] Harnack Lehrb. I 591f.; Harnack Gr. 117; Böhringer I/1 235.
[192] Harnack Lehrb. I 592.
[193] Harnack Lehrb. I 594.
[194] Harnack Lehrb. I 559–561.
[195] Athanasius, *Oratio de Incarnatione Verbi*, 54, MPG 25, Sp. 192B.
[196] Harnack Lehrb. I 596.
[197] Böhringer I/1 240–242.
[198] Böhringer I/1 249f.
[199] Böhringer I/1 242.
[200] Böhringer I/1 247f. Vgl. K. Barth, *Die Vorstellung vom Descensus Christi ad inferos in der kirchlichen Literatur bis Origenes*, Vorträge und kleinere Arbeiten 1905–1909, S. 289–292.
[201] Böhringer I/1 251; Ign. Eph. 20, 2; Irenaeus, a.a.O. III 17, 1 (ed. Stieren, a.a.O., S. 514).

vielmehr als in jener Theorie)²⁰² Zwischenzustand – Abfall – 1000jähr. Reich]]²⁰³

Das A u. NT versteht Ir. einheitlich unter d. Gesichtsp[un]kt einer stufenmäßigen *Heilsgeschichte* in Anlehnung an Pl. ²⁰⁴

Würdigung
1. Irenäus hat in richtiger Weise die Einheit Gottes u. d[er] Offenbarung gegenüber der unrel. Spekulation der Gnost[iker] vertreten. Er spekuliert aber selbst unreligiös, sofern er von einem Gottesbegr[iff] ausgeht u. zu einem Erlösungsbegriff gelangt, die beide physisch-metaphys[ischer] Art sind. Dieser Gott kann nicht Sache christl. Erfahrung sein. Daher Ablenkung vom relig. auf das intellektuelle Interesse
2. Auch die christolog. Fragestellung des Ir. wäre an sich zutreffend (NT: Gotteskindschaft) sie wird aber falsch von jenem philos. Gottesbegriff aus. In diesem Sinn ist der Gedanke d[er] Gottheit Χϱ'i unvollziehbar u. unreligiös. Gerade in diesem Sinn ist er aber orthodox.
3. Endlich ist richtig, daß die chr[istliche] Wahrheit dem chr. Gesamtbewußtsein anvertraut ist, nicht einzelnen Erleuchteten, aber als freies Prinzip[,] nicht im Sinn einer autorit[ativen] Lehr- und Kultuskirche. Gerade das letztere wurde aber die kathol. Kirche.

Tertullian

Als Gegenstoß geg. Gnostizismus *u.* offiz. Kirche der *Montanismus*. Ca. 150 Montanus in Phrygien, ehemaliger Kybelepriester mit Maximilla u. Prisca[,] weissagen nahe Wiederkunft Christi, Jerusalem in Phrygien. Weltverneinung gegenüber Verweltlichung, Erwartung gegenüber ruhigem Besitz. Güterverkauf u. Räuberleben mancher Gemeinden. Geist redet in Montanus, letzte Offenbarungsperiode, Apoc, 40 Tage lang Jerus[alem] bereits sichtbar. Brautgemeinde mit Sittenzucht u. Hoffnung[.] Gleichgiltigkeit gegen Leiden (Verfolgungen) u. Freuden (Askese) der Welt[.] 2 jährl. Fastenwochen (Trocken Brot essen, Rettig essen). 2ᵗᵉ Ehe verboten, Ehe überhaupt verdächtig.²⁰⁵

---

²⁰² Harnack Gr. 121f.; Harnack Lehrb. I 615f.
²⁰³ Böhringer I/1 263–266.
²⁰⁴ Harnack Gr. 122f.; Harnack Lehrb. I 625–630; Böhringer I/1 237–240.
²⁰⁵ Barth folgt in diesem ersten Abschnitt seiner Nachschrift der Vorlesung

Es kam hier nur die *fortlebende andere* Seite der NTlichen Rel. zum Durchbruch[.] Kräftigste Vertretung in dem zuerst katholischen Quintus Septimius Florens *Tertullianus* geb. ca. 160 in Karthago, Offizierssohn, Wissenschaftl. Bildung, Advokat.[206] Eine der widerspruchsvollsten Erscheinungen d. K[irchen]g[e]sch[ichte]. Wird nach einer Zeit der Weltfreude Christ[207], dann gleich ganz, bricht alle Brükken ab. Tiefernster sittl. Charakter, aber wenig von der Freude u. Liebe Jesu, mehr von Joh. d. T[äufer]. Scharfer Denker, aber nicht Systematiker, sondern mehr gelegentliche tiefe Aperçus. Vereinigt in sich Gnostisches, Urchristliches, Katholisches, Montanistisches. Ihm ist logisch nicht beizukommen, weil Widerspruch sachgemäß. So geht auch seine Schriftstellerei nach verschiedenen Fronten.

1. Apologet Religionsfreiheit Böhr[inger] 279[208] Macht d[er] Christen, Aberglaube der Heiden (Tiber, Nil) Christenblut ist Aussaat[209]

2. Christl. Glaubenslehrer. Appell an die von Natur christliche Seele.[210] Gott ist überall (Verantwortlichkeitsgefühl) Jede Seele ist Zeuge der Wahrheit, Schuldige des Irrtums.[211] Aber der Seele in ihrer Ursprünglichkeit gilt dieser Appell (vgl. Rousseau) nicht der philos. Abstraktion, Gott ist früher als d. Buchstabe[212]

«Was hat Athen mit Jerusalem zu thun? was die Akademie mit der Kirche? Unsre Lehre ist aus Salomons Halle[,] nicht Zenos, nach dessen Überlieferung der Herr in Einfalt des Herzens zu suchen ist. Mögen die zusehen, die ein stoisches, platon. oder dialekt. Christentum vorbringen»[213]

«Prof. Dr. Barth, Kirchengeschichte der sechs ersten Jahrhunderten [sic], WS 1905/06», die im Karl Barth-Archiv, Basel, erhalten ist (S. 112–115).

[206] Böhringer I/1 270.
[207] Böhringer I/1 271.367f.
[208] Böhringer I/1 279 zitiert Tertullianus, *Apologeticum*, 24, 5f., CChr. SL 1, S. 134 [Z. 23–25.27–30].
[209] Böhringer I/1 283–285.
[210] Tertullianus, *Apologeticum*, 17, 6, CChr. SL 1, S. 117 [Z. 27]; Böhringer I/1 304.
[211] Böhringer I/1 304f.373.
[212] Böhringer I/1 304.306.371.
[213] Tertullianus, *De praescriptione haereticorum*, 7, 9–11, CChr. SL 1, S. 193 [Z. 32–37]. Durch den hinzugefügten Namen Zenos verdeutlicht Barth die von Tertullian gemeinte Gegenüberstellung (vgl. Hase Vorl. 345 und die Anm. z. St. MPL 2, Sp. 20: «Opponit Noster Porticum Salomonis Porticui scilicet Stoicorum.»).

Philos. Forschung ist voraussetzungslos u. ein ewiges Suchen, christl. Forschung ist zwar frei[,] aber innerhalb d. Glaubensregel u. führt zu bestimmter Wahrheit.[214] Sie ist nicht vernünftig[,] sondern übervernünftig

«Der Sohn Gottes ist gekreuzigt worden, ich schäme mich nicht, es zu glauben, eben weil es schämenswert erscheint; und gestorben ist der Sohn Gottes, das ist ohne Rückhalt glaubwürdig, weil es Euch thöricht vorkommt; und begraben ist er auferstanden, das ist für mich gewiß, weil es Euch unmöglich dünkt»[215]

Autorität: Bibel – Glaubensregel – Apostelmärtyrerkirchen.[216] Auch Tert. zuerst: Ursprüngliches wahr, Späteres falsch[.][217] Dann: (montanist[isch]) die Kirche ist der Geist[,] nicht die Versammlung d. Bischöfe[218] und unser Herr Jesus Christus hat sich die Wahrheit u. nicht die Gewohnheit genannt.[219] Also Annahme einer kirchl. *Entwicklung* unter Leitung d. Parakleten, der in bes. Offenbarungen (montanist., gnostisch!) redet.[220]

Gott ist körperlich; was nicht körperlich ist, ist nicht. So auch Seele körperlich[.][221] Auferstehung des *Fleisches* – (Fleisch Gottes Gebilde, Gefäß der Seele, verbunden mit der Seele, Gemeinschaft am Christendienst, Analogie d[er] Natur, Gerechtigkeit[,] Gnade, Macht Gottes, Macht des neuen Lebens) als Verwandlung d. Unvollkommenen ins Vollkommene[222]

1000jähr. Reich, Ankunft Χϱ'i, Gericht[223], Weltbrand u. Wiederkehr aller Dinge.[224]

3. Christl. Ethiker. T. legt alles Gewicht auf das *Leben.* Keine Sün-

---

[214] Böhringer I/1 312–314.
[215] Tertullianus, *De carne Christi*, 5, 4, CChr.SL 2, S.881 [Z.26–29]; Böhringer I/1 334.
[216] Böhringer I/1 308f.
[217] Böhringer I/1 310.
[218] Böhringer I/1 360.
[219] Tertullianus, *De virginibus velandis*, 1,1, CChr.SL 2, S.1209 [Z.9f.]; Böhringer I/1 361.
[220] Böhringer I/1 362f.
[221] Böhringer I/1 317.
[222] Böhringer I/1 349–354.
[223] Böhringer I/1 356.
[224] Böhringer I/1 358f.

denvergebung ohne Buße (Kaufpreis!)[225] Sünde = Götzendienst. Hier radikaler Gegensatz zum Heidentum. Auch nicht indirekte Teilnahme erlaubt (Industrie, Unterricht, Staatsdienst, Kriegsdienst, Redensarten, Schauspiele)[226] Allem dem gegenüber das innere Leben d. Geistes.[227] Gegner der Kindertaufe.[228] Als Montanist Verurteilung der 2ten Ehe, das Beste überhaupt keine Ehe, Fasten, endlich Martyrium.[229] Strenge relig. Lebensordnung (Gebete, Kreuzschlagen etc.)[230]

Würdigung

1. Der *Realismus* T's ist ein gesunder radikaler Gegenschlag gegen die Spiritualisierung der Frömmigkeit bei Gnost[ikern] u. K[irchen-]Lehrern. Aber die Gefahr war groß, daß ein relig. Materialismus daraus wurde u. sie trat ein

2. Der *sittl. Ernst* T's war gleicherweise nötig, aber ist schon bei ihm selbst in jüd. Gesetzlichkeit umgeschlagen. *Mußte* mißverstanden werden. Katholiz[ismus]!

3. T's Anschauung von der *Kirche* hätte wertvoll werden können, hob aber sich selbst auf durch die gnost. Fassung d. Geistes. Wirksam blieb hier der *Katholik* T.

Origenes

Gnostiker wollten das Chrt. zur Wissenschaft erheben, verloren dabei die geschichtliche Grundlage. *Irenäus* betont die letztere, macht aber ebenso den Glauben zum Wissen, nur philosophisch ungenügend, baut an einem Gebäude, das er selbst nicht will.[231]

Die *Schule* von Alexandrien anerkennt und verteidigt den histor. Glauben, erhebt ihn aber zum Überglauben (Freiballon u. Fesselballon) zur *christl. Wissenschaft.* Jetzt ist das Chrt. schulfähig – zur selben Zeit, wo die Kirche sich als Staat im Staate konsolidiert.[232]

---

[225] Böhringer I/1 341, auch 286.
[226] Böhringer I/1 287–292.
[227] Böhringer I/1 293.
[228] Böhringer I/1 345.363f.
[229] Böhringer I/1 363–365.
[230] Böhringer I/1 347–349, auch 303.
[231] Harnack Gr. 125.
[232] Harnack Gr. 125–127; Harnack Lehrb. I 697 mit Anm. 1.

Origenes, geb. 185 Sohn des gelehrten u. frommen Christen Leonides. Gleichmäßig religiöse u. wissenschaftl. Erziehung.[233] 202 Verfolgung unter Severus. O[rigenes] will Märtyrer werden, Kleider versteckt. Leonides gefangen (Brief: Hüte dich mein Vater, daß du [um] unsretwillen deinen Sinn nicht änderst!)[234] Leonides stirbt als März[yrer]. Vermögen kassiert, Wittwe mit 7 Kindern. Von einer reichen Dame aufgenommen (Gnostiker) Privatunterricht.[235]

Lehrer der *Katechetenschule* (Unterricht im Chrt. für Heiden) vertrieben, der 18jährige O. ersetzt sie 203, wird Nachfolger d[es] Pantänus u. Clemens. Verkauft seine Klassiker (selbst abgeschrieben) gegen 4 Obolen (25 cts) tägl. Leibrente.[236] Kein Honorar. Strenge Askese.[237] Zieht viele Schüler an. Christenverfolgung. Unterstützt die Betroffenen. Eltern des Plutarch. Palme Christi.[238] – Studiert bei Ammon[ius] Sakkas Philosophie, ferner Hebräisch![239] Buch: «Über die Prinzipien»[240]

[[*Unterrichtsgang:* Fragen, Dialektik, Naturkunde, Geometrie, Astronomie[,] Sittenlehre, Philosophie u. Dichtung[241], Interpretation der hl. Schrift[242]]]

215 Verfolgung d[es] Caracalla. O. nach *Cäsarea.* Predigt daselbst. Unterrichtet in Antiochien die Mammaea, Mutter des Alex[ander] Severus.[243] Dann zurück nach *Alexandrien,* woselbst bes. literar. Tätigkeit. Ambrosius besorgt Papier, Bücher, Stenographen, Abschreiber, Mädchen u. treibt ihn zur Arbeit an. Schrift *«Gegen Celsus».*[244] Bibelausgaben.[245]

228 Reise nach Griechenland. In Cäsarea von Alex[ander] v. Jerus[a-

---

[233] Böhringer I/1 104f.
[234] Eusebius, *Ecclesiastica historia* VI, 2, 6, GCS, Eusebius Werke, Bd. II, 2. Teil, S. 520, Z. 19f.; Böhringer I/1 105f.
[235] Böhringer I/1 106f.
[236] Böhringer I/1 107f.
[237] Böhringer I/1 109f.
[238] Böhringer I/1 109–111.
[239] Böhringer I/1 113–115.
[240] Böhringer I/1 118.
[241] Böhringer I/1 115f.
[242] Böhringer I/1 118.
[243] Böhringer I/1 118f.
[244] Böhringer I/1 119f., auch 126.131.
[245] Böhringer I/1 128f.

lem] u. Theoktistus von Cäsar[ea] zum *Presbyter* geweiht. Darüber Pfaffenzorn des Demetrius von Alexandrien. O. wird dort unmöglich. Synode. O. aus Ägypten verwiesen, als Presbyter abgesetzt.[246] Eröffnet eine Schule in *Cäsarea*.[247] 235 Verfolgung des Maximin. O. in *Cäsarea in Kappadozien* bei Juliana.[248] Dann in *Nikomedien in Bithynien*. 250 Verfolgung des Dezius. O. gefangen u. gemartert. †254 (an den Folgen?)[249]

Von sein[er] Zeit der Diamantene genannt wegen Fleiß u. Charakter.[250]

Die *Gedankenwelt* des O. ist im Gegensatz zu der Polemik des Irenäus etc. *positiv*, nicht polemisch orientiert. Er entwickelt eine christliche Religionsphilosophie, deren *Inhalt* nach sein[er] Meinung die Kirchenlehre, deren *Form* jedenfalls die philosoph. Gnosis ist. Wissenschaftl. Christentum, ebendarin starke *Universalität* u. *Geistigkeit*[.] Weiß Alles Positiv-Geschichtliche zu würdigen, indem er Alles vergeistigt. Bei dieser Bemühung doppelte Gefahr: a) falsche Konservierungen b) falsche Verdampfungen. Konservative u. Radikale konnten sich auf ihn berufen (cf. Schleiermacher.)[251] Für uns interessant als historisches Sammelbecken: «*Wie das Chrt. im Kopf eines griech. Philosophen des 3ten Jahrh[un]derts aussah*»:

Erkenntnisgrundlagen: Nominell nur die *hl. Schrift*. Inspirationstheorie: Alles in der Schrift ist wichtig, Teile stimmen zusammen «wie die Saiten auf dem Psalter in der Hand Davids»[252] – *aber nicht* im wörtlichen Sinn d. Bibel![253] Es ist nämlich immer zu unterscheiden: *1.* wört-

---

[246] Böhringer I/1 120–122.
[247] Böhringer I/1 122f.
[248] Böhringer I/1 123f.
[249] Böhringer I/1 125–127.
[250] Hase Vorl. 354; Böhringer I/1 203, dazu 104.
[251] Harnack Gr. 129–131; der genauere Sinn des Verweises auf Schleiermacher erhellt aus einer Bemerkung, die Barth am 8. 1. 1911 – vier Tage nach dem Konfirmandenabend über Origenes – in einem Brief an Wilhelm Loew macht: Origenes sei «wirklich ein erfreulicher Theologe». «In seinem konservativen Radikalismus und seinem gewaltigen synthetischen Vermögen hat er eigentlich nur an Schleiermacher seinesgleichen.» Vgl. oben S. 49, Anm. 2.
[252] Böhringer I/1 150–152; vgl. Origenes, *Philokalia 6* (ed. J. A. Robinson, Cambridge 1893, S. 49f.; GCS, Origenes Werke, Bd. XII, III, 1, S. 4f.).
[253] Böhringer I/1 153–156.

licher 2. moralischer 3. geistiger Sinn.[254] Nur der letzte ist der Würde Gottes angemessen, oft kommt nur er in Betracht, nämlich wenn d. Wortsinn Unmögliches u. Unsittliches enthält[255] (Weltschöpfung, Taten der Gottesfreunde, Versuchung Jesu, Austreibung aus dem Tempel)[256] Dgl. steht in der Bibel, um zur Erforschung d. Wahrheit anzureizen.[257]

Dazu kommt nun aber als 2tes Element zweifellos die *neuplaton. Philosophie*, die mit dem *Gnostizismus* nahe verwandt ist. Theorie des Clemens über Gesetz u. Philosophie. Nicht haben wir nach Athen zu gehen, aber indem Χρ unser Lehrer, ist uns *die Welt Athen geworden*.[258]

Schema: Gott, der Abfall, die Wiederherstellung

1. a) *Gott* ist absoluter Geist, der Urgrund von Allem (wie seit Apologeten üblich)[259] Böhringer I 161 *vorlesen*[260]

b) Aber Gott ist, weil absolut, wirksam von Ewigkeit, allwissend, allmächtig, aber in diesen Eigenschaften doch beschränkt – durch sich selbst, ebenso in seiner Freiheit. Er kann z. B. nicht, was einen Widerspruch in sich selbst bildet oder er kann nicht alle Dinge *gut* schaffen, weil Geschöpf u. vollkommene Güte Widerspruch wäre[261]

c) Weil der wirksame Gott ewig, ist auch die Welt ewig. Nicht diese Welt[,] sondern eine Reihe vorhergehender. Gott schafft von Ewigkeit.[262]

d) Von Ewigkeit aus Gott *gezeugt* (nicht geschaffen, es giebt keine Zeit wo er nicht war) ist der *Logos,* der Sohn. Er ist selbst

---

[254] Böhringer I/1 156f.
[255] Böhringer I/1 152f.
[256] Hase Vorl. 361.
[257] Böhringer I/1 154f.
[258] Clemens Alexandrinus, *Protrepticus* XI, 112, 1, GCS, Clemens Alexandrinus Werke, Bd. I, S. 79, Z. 7–12; Böhringer I/1 93f.
[259] Harnack Gr. 132; Böhringer I/1 160f.
[260] Zum Charakter und zu den Quellen der hier von Böhringer mitgeteilten Aussagen vgl. oben Anm. 139 und in der 2. Aufl. seines Werkes, 2. Ausgabe, Bd. V, Stuttgart 1874, S. 183–187.
[261] Harnack Gr. 132; Böhringer I/1 162.
[262] Harnack Gr. 133; Böhringer I/1 169–171.

Gott (nicht *der* Gott, aber Gott) *Durch ihn* wird Alles geschaffen, als gezeugter aber steht er *unter* dem Vatergott.²⁶³

e) Endlich ist da als 3ᵗᵉ Stufe der *hl. Geist*, durch den Sohn geworden, im selben Verhältnis zum Sohn wie dieser zum Vater. 3 Reiche: des Seienden, des Vernünftigen, des Geheiligten.²⁶⁴

f) Durch den Sohn geschaffen u. Entfaltung seiner Fülle sind *die Geister*. Sie sind frei[,] aber es ist gottgewirkte Freiheit[,] daher tatsächlich doch nur Entwicklung[.] Als Geschaffene sind sie körperlich.²⁶⁵ *Engel:* fein, kugelförmig[,] *Menschen:* sinnlich[,] *Dämonen:* unsichtbar, wüst.²⁶⁶

2. Der Abfall. Böhringer I S. 175 *vorlesen.*²⁶⁷ Dieser Fall geschah *vorzeitlich*, in Abstufung demgemäß jene Körper. Die Seele ist erkalteter Geist, hat doch absolute Freiheit, sich zum Guten zu entscheiden. Es *müssen* alle Sünder sein, es *können* aber Alle wieder aus der Sünde heraus²⁶⁸

3. Die Wiederherstellung. Die Weltordnung ist Heilsordnung, weil in Gott Gerechtigkeit u. Güte eins sind.²⁶⁹ Die Erlösung geschieht durch den Logos. Der Erlöserlogos redet im Naturgesetz, im mosaischen Gesetz, endlich im Evg. Der Logos *wird Mensch*[,] um dem Menschen zu helfen: dies in mannigfaltigster Weise²⁷⁰

a) Sieg über Tod und Dämon *gezeigt*²⁷¹

b) Opfer u. Sühne gebracht (Lösegeld an den Teufel, Betrug!)²⁷²

c) Göttlicher Lehrer²⁷³

d) Weisheit   Hase S. 363 *vorlesen*²⁷⁴

U. zw. ist diese Wirkung universell, gilt auch für die Geister: Χϱ stellt

---

²⁶³ Harnack Gr. 133; Böhringer I/1 164f.; Hase Vorl. 361f.

²⁶⁴ Harnack Gr. 133; Böhringer I/1 166f.

²⁶⁵ Harnack Gr. 133f.; Böhringer I/1 168f.171f.

²⁶⁶ Harnack Lehrb. I 678.

²⁶⁷ Vgl. oben Anm. 139 und in der 2. Aufl. von Böhringers *Kirche Christi*, a.a.O. [oben Anm. 260], S. 211–217.

²⁶⁸ Harnack Gr. 134.

²⁶⁹ Böhringer I/1 177f.

²⁷⁰ Harnack Gr. 134f.; Harnack Lehrb. I 681f.

²⁷¹ Harnack Gr. 135; Harnack Lehrb. I 682.

²⁷² Harnack Gr. 135; Harnack Lehrb. I 683f. mit Anm. 3; Böhringer I/1 186.

²⁷³ Harnack Gr. 135; Harnack Lehrb. I 682–684.

²⁷⁴ Hase Vorl. 363 zitiert Origenes, *Johannescommentar* I, 20 (22), 124, GCS, Origenes Werke, Bd. IV, S. 25, Z. 16–20; vgl. Harnack Lehrb. I 660, Anm. 1.

die Einheit mit Gott dar, bringt sie zum Bewußtsein, wird wirkendes Prinzip.²⁷⁵

Wie kann er das? Jesus war eine reine Seele, unberührt vom Abfall, auf sie läßt sich der Logos nieder. Der Logos in ihr bleibt unveränderlich (meine *Seele* ist betrübt bis in den Tod [Mk. 14,34 par.]) er wirkt auch gleichzeitig überall. Durch allmähl. Entwicklung wird Jesus schließlich eins mit dem Logos (Feuer – Eisen)²⁷⁶

Wie kommt man dazu? Durch den *Glauben* d. h. die Aufnahme der ganzen Summe der göttl. Heilslehre, der durch die Gnade gewirkt ist. Im Glauben eignet man sich die Rechtfertigung an, durch die *Werke* wird sie vollendet²⁷⁷

Der Erlöste *lebt* in Gott, eigentlich wäre der Gedanke des O. hier fertig. Aber nun kommt aus der kirchl. Überlieferung die Eschatologie. O. *vergeistigt* sie durchweg (Böhringer I 193 *vorlesen*)²⁷⁸ und fügt hinzu die Lehre von der Wiederbringung (Böhring[er] I 197 *vorlesen*)²⁷⁹ So entspricht das Ende dem Anfang. Alles kehrt wieder in Gott ein, von dem es ausgegangen.²⁸⁰

Würdigung

Systembildung dieser Art notwendig – immer wieder! Aber auch immer wieder gefährlich, denn *entweder* a) die wahre Religion wird zur Theologenrel. *oder* b) dem Gläubigen wird das ganze System als «wahr[er] Glaube» auferlegt

Beides führt für den Glauben a) zur Lösung von der Geschichte = Leblosigkeit b) zur sittlichen Gleichgiltigkeit, gute Werke blos Anhang zur Theorie. Zeigt, wie Theol. zur Wegleitung dienen kann, aber sich *nicht fixieren* darf.

---

[275] Hase Vorl. 362; Harnack Gr. 135; Harnack Lehrb. I 685.
[276] Harnack Gr. 136; Harnack Lehrb. I 687, Anm. 3; Hase Vorl. 362.
[277] Böhringer I/1 190.
[278] Vgl. oben Anm. 139 und in der 2. Aufl. von Böhringers *Kirche Christi*, a. a. O. [oben Anm. 260], S. 311.313.335.
[279] Vgl. oben Anm. 139 und in der 2. Aufl. von Böhringers *Kirche Christi*, a. a. O. [oben Anm. 260], S. 315–321.
[280] Böhringer I/1 [1. Aufl.] 197, auch 193.

Athanasius
und
die Entstehung des Dogmas von der wesentlichen Gottheit Christi.

Die Theologie fängt an als Apologetik, endigt bei Origenes als kirchl. Wissenschaft, repräsentiert in irgend einem Sinn die *religiöse Wahrheit*. Im Sinn des O. nur als Gnosis, während der Glaube an sich unangetastet bleibt. Aber diese Unterscheidung wird sich die Gemeinde nie gefallen lassen, hat etwas Verdächtiges. Daher mußte sich jetzt eine Periode der *Nachprüfung* des Bestandes religiöser Wahrheit anschließen. U. zw. vom Standpunkt des relig. *Glaubens* aus. Diese Revision war an sich ganz normal. Glaube u. Theologie müssen in dieser Weise zusammenarbeiten. Aber selbst das richtigste Resultat solcher Revision hätte nicht als juristisch bindendes Bekenntnis stationiert werden dürfen, denn damit wurde der Glaube rationalisiert u. die Theologie tot gemacht. Beides ist denn auch eingetreten.

Die Revision betraf die centrale Frage nach der *Bedeutung der Person* Χϱ'i. Die Theol. hatte als Apologetik u. kirchl. Wissenschaft diese Frage im Rahmen der Logoslehre behandelt. So noch Origenes. Philosophisch schien das einwandfrei. Aber religiös? Die Theol. fragte nur: was ist Χϱ? Der Glaube fragt: was bedeutet er für mich? Inwiefern habe ich in ihm Beziehung zu Gott, wieso Verehrung, Gebet etc.? Bei dieser Fragestellung mußte es sich zeigen, daß die Logoslehre, die Χϱ irgendwie *unter*ordnete[,] nicht genügte.[281]

Bevor es eine theolog. Logoslehre gab, z. B. im NTlichen Zeitalter, konnte diese Frage gar nicht auftauchen. Das NT verehrt Χϱ als den Messias u. Sohn Gottes, ordnet ihn meist Gott naiv-anschaulich unter, nennt ihn andrerseits freilich auch κύϱιος, aber Alles ohne Reflexion.[282] Es ist ein unmittelbares Lebensverhältnis. Nun war aber eine Theologie da, die ausdrücklich das *Gegenteil* sagte und *jetzt* mußte jene Spannung eintreten. Der Streit wird zwar von beiden Seiten von Theologen geführt, die Laien sind z. T. indifferent z. T. sogar auf der «theolog.» Seite, die bereits populär war, und doch stellt er sich dar als Reaktion des Gemeindeglaubens gegen die Theologie.

---

[281] Vgl. zu den einleitenden Absätzen Harnack Gr. 125f.129.139f.155f.159–161 u. ö.
[282] Harnack Gr. 42–46.

So gab es schon im 2^(ten) Jahrhdrt zweierlei Arten von Xρ zu denken.
Die *eine* lehnt sich deutlich an die theol. Logoslehre an, ist beherrscht von dem Interesse an einem *spekulativen Monotheismus* u. konstatiert deshalb einen wesentlichen Unterschied zwischen Gott u. Xρ. Sie lehrt: Xρ nur Mensch wie wir, aber tugendhaft, deshalb wurde ihm der Logos eingehaucht, deshalb *wird* er zum Sohne Gottes. Bes. in Rom vertreten[.] Theodotus, Artemon, P[au]l v. Samosata. Auch Orig[enes] stand ihr nicht fern. Also deutliche *Unterordnung*[283]

Die *andre* Richtung ist deutlich religiöser interessiert. Auch sie betont den Monotheismus, aber sie will die *Bedeutung Jesu* besser ins Licht stellen[.] Deshalb: *ein* Gott – Xρ ist Gott[284], denn Gott ist *zugleich* Vater, Sohn u. Geist.[285] Konnte naiv ausgeschlachtet werden: Gott kam nach Kapernaum, Gott hat am Kreuz gelitten, war aber unstreitig tiefsinniger u. gläubiger. Wegen des herrschenden spekulativen Gottesgedankens leider nachmals als Häresie verworfen[286], doch waren Bischöfe von Rom dieser Ansicht! Beryll v. Bostra, Praxeas, Noëtus, *Sabellius*[287]

Im Anschluß an diese 2 Richtungen gehen nun die Hauptparteien des 4^(ten) Jahrhdrts in den Kampf gegeneinander

Arius, gelehrter Presbyter in Alexandrien stellt über die Unterordnung Xρ'i unter Gott Sätze auf, die (unausgesprochen) der bisherigen Theol. entsprechen: Gott allein ist im Besitz des göttlichen Wesens (ewig, unveränderlich etc.) der Sohn ist (wie die Welt) geschaffen aus dem Nicht-Seienden, es gab eine Zeit wo er nicht war, er ist also ein Geschöpf, nicht Gott, sondern zum Gott gemacht. Darüber Streit mit sein[em] Bischof *Alexander* und Exkommunikation.[288] Sendschreiben des Constantin an Beide, *Rinn u. Jüngst S. 38*[289]

---

[283] Harnack Gr. 140–145.
[284] Harnack Gr. 145 f.
[285] Harnack Gr. 146–151.
[286] Hase Vorl. 368.
[287] Harnack Gr. 146–149.
[288] Hase Vorl. 477 f.; Harnack Gr. 196 f., auch 193 f.
[289] Aus dem «Sendschreiben», wie es Eusebius, *De vita Constantini* II, 64–72, GCS, Eusebius Werke, Bd. I, 1. Teil, 1975², S. 74, Z. 1–S. 79, Z. 2, überliefert, sind in übersetzten Auszügen c. 64 f. 68 f. 71 abgedruckt bei: H. Rinn / J.

Dieser Streit breitet sich aus, Constantin greift (um der polit. Einheit der Kirche willen) ein, beruft auf 325 ein *Concil* nach Nicäa, eröffnet es selbst[,] verbrennt Denuntiationsbriefe.[290] Urteil eines Laien über den Streit *Hase 479.*[291] Entschieden wird mit 318 gegen 5 Stimmen für die Meinung des jungen Diakons[292]

Athanasius, Xϱ sei *mit dem Vater wesenseins.*[293] 268 zu Antiochien verdammt![294] Athan. geht von vornherein aus von der Frage: wie kommt die Erlösung zu Stande? Er antwortet im Sinn des Irenäus: Gott ward Mensch, damit wir Gott würden.[295] Soll das wahr sein, so muß es *wirklich Gott* sein, der in Xϱ d. Fleisch annimmt. So kommt Athan. zu seinen paradoxen Formeln: Wesenseinheit, gezeugt nicht geschaffen, von gleicher Würde mit Gott.[296] *Arius* hat dem gegenüber nur den *monotheist*. Schein für sich, in Wirklichkeit denkt er polytheistisch, denn Xϱ, der für ihn doch auch Gott ist, steht dann *neben* Gott. Die Formel des Athan. ist *religiös* ungleich befriedigender u. tiefer[297]

Aber in Nicäa stand zweifellos die Mehrzahl im Grunde auf Seiten des Arius. Seine Position war die konservativere, die Rechtgläubigkeit des Athanas. war «moderne» Theologie.[298] Unter dem Druck des Kaisers(!) wird sie rezipiert[.] Nizenisches Symbol *Rinn S. 40*[.][299] Arius wird nach Illyrien verbannt, von seinen Anhängern (5) retraktieren noch 3. Böses Gewissen des Euseb v. Cäsarea.[300]

So scheint der Streit entschieden, aber er fängt erst an. Athan. Bisch[of] v. Alexandrien. Widerstand gegen die Wesenseinheit setzt ein

Jüngst (Hrsg.), *Kirchengeschichtliches Lesebuch für den Unterricht an höheren Lehranstalten und zum Selbststudium*, Tübingen/Leipzig 1904, S. 38f. Vgl. Harnack Gr. 195.

[290] Barth stützt sich hier wieder auf die oben Anm. 205 erwähnte Nachschrift der Vorlesung seines Vaters (S. 243f.).
[291] Das bei Hase Vorl. 479 wiedergegebene Votum jenes Laien steht bei Socrates Scholasticus, *Historia ecclesiastica* I, 8, MPG 67, Sp. 64 B.
[292] Hase Vorl. 478.481f.; Harnack Gr. 212.
[293] Harnack Gr. 199.
[294] Harnack Gr. 143-145.192.
[295] Harnack Gr. 198; vgl. oben S. 99 mit Anm. 195.
[296] Harnack Gr. 198f.
[297] Harnack Gr. 200; Hase Vorl. 491.
[298] Harnack Gr. 201f.; Hase Vorl. 485.
[299] Hase Vorl. 480f.; H. Rinn/J. Jüngst, a.a.O., S. 40: Übersetzung des Symbolum Nicaenum.
[300] Hase Vorl. 481.

mit persönl. Klagen gegen Athan. (abgehauene Hand, Getreideschiff, Kelch) Synode von Tyrus 335 setzt ihn ab, Constantin verbannt ihn nach Trier.[301]

Unterdessen wird Arius begnadigt, kommt nach C[on]st[antino]p[e]l, soll in die Kirche wieder aufgenommen werden, Gebet des Erzbischofs, Arius stirbt plötzlich.[302]

346 Athanas. wieder in Alexandrien. *Kaiser Constantius* (Orient) entschieden arianisch, will die Einheit d. Kirche herstellen, Athan. 356 vertrieben. Gewalttaten in Alexandrien.[303] Lebhafte Polemik u. Synodalbeschlüsse hin u. her.[304] Laien![305]

Bildung einer Mittelpartei: Wesensähnlichkeit. Eine Synode zu Ariminum durch Kälte u. Hunger zur Annahme genötigt. Auch Liberius von Rom![306]

Kaiser Julian. Beabsichtigte Indifferenz.[307] Große Kräfteentfaltung der Athanasianer[.] Athanasius paktiert mit der Mittelpartei auf Wesens*gleichheit*. Aber gerade die Betonung der Einheit war die Stärke der nicen[ischen] Formel, jetzt wars gefehlt, dies Entgegenkommen machte die Sache schlimmer.[308]

Kaiser Valens, arianisch[.] 5te Verbannung des Athanasius, Verfolgung seiner Richtung[309]

Kaiser Theodosius, entschieden athanasianisch, führt unter dem Jammer des Volks den Gregor v. Naz[ianz] in K[on]s[tantino]p[e]l ein. 381 Synode zu Kspl. 180 Bischöfe (Erweiterte Bestätigung des Nicenums

---

[301] Hase Vorl. 482f.; Fr. Böhringer, *Die Kirche Christi und ihre Zeugen oder die Kirchengeschichte in Biographien,* Ersten Bandes zweite Abtheilung, Zürich 1842, S. 14.20.13.15. [Auf diese Quelle wird im folgenden mit dem Kürzel *Böhringer I/2* und Seitenzahl verwiesen.]

[302] Hase Vorl. 483.

[303] Hase Vorl. 484f.

[304] Harnack Gr. 204–207.

[305] Harnack Gr. 213; A. Harnack, *Lehrbuch der Dogmengeschichte,* Bd. II: *Die Entwickelung des kirchlichen Dogmas I* (Sammlung Theologischer Lehrbücher), Tübingen 1909⁴, S. 283f. [Auf diese Quelle wird im folgenden mit dem Kürzel *Harnack Lehrb. II* und Seitenzahl verwiesen.]

[306] Hase Vorl. 485f.

[307] Hase Vorl. 487; Harnack Gr. 207.

[308] Harnack Gr. 207–210.

[309] Hase Vorl. 487; Böhringer I/2 59.

*(Wesensgleichheit[)])*³¹⁰ Jetzt Verfolgung der Arianer (Amphilochius vor Theod[osius]).³¹¹

Athanasius stirbt hochbetagt als «Vater der Orthodoxie»³¹²

[[Zur Gottheit des Sohnes wurde bald auch die volle Gottheit des Geistes hinzugefügt[.]³¹³ Symb[olum] Nic[aeno]-C[on]s[tantino]p[o]l[itanum]: qui ex Patre procedit[;] die Abendländer ergänzen filioque]]³¹⁴

Abendland   Morgenland

Würdigung
Nicht Verteidigung d. Dogmas, aber Erklärung u. Kritik der verschied. Positionen. Dies wichtig, weil das Dogma in der Reformation unrevidiert übernommen wurde. D. Reformation bedarf gerade hier der Vollendung. Konservatismus u. Radikalismus sind dabei in gleicher Weise gefährlich.

1. Was wollte Athanasius? Die Sicherstellung, daß wir in Xϱ wirklich Gott erkennen. (Diese Erkenntnis war durch Arius bedroht.)
Auf dem Boden der griech. (Gnostiker, Irenäus) *Erlösungslehre mußte die Frage zur Frage nach dem «Wesen» Xϱ'i werden.* [[Gott: das Ungeschaffene Unvergängliche etc. Erlösung: Menschwerdung Gottes in Xϱ, darum Xϱ: wesentlicher Gott]]³¹⁵

Auf dem Boden dieser Erlösungslehre hatte Athanas. mit seinem: wesenseins recht, Arius mit seinem wesensungleich unrecht. Das Erstere garantierte die volle Erlösung, das letztere machte sie ungewiß. Das erstere garantierte den Monotheismus, das letztere war trotz des gegenteil[igen] Scheines Polytheismus.³¹⁶

Weil die griech. Geisteskultur im nächsten Jahrtausend die christl. Lehrmeisterin Europas blieb, war es von providentieller Bedeutung,

---

³¹⁰ Hase Vorl. 490f.; Harnack Gr. 211f.
³¹¹ Hase Vorl. 491.
³¹² Harnack Gr. 162.210; Böhringer I/2 60.
³¹³ Hase Vorl. 490f.
³¹⁴ Vgl. – auch zum folgenden Schema – Hase Vorl. 492f.
³¹⁵ Vgl. oben S. 98f.
³¹⁶ Vgl. oben S. 111.

daß auf ihrem Boden die wesentl. Gottheit Xṛ'i durch das Nicaenum festgelegt blieb. Garantierte den christl. Charakter des Chrts gegenüber den polytheist. Neigungen der Germanen (aber Heiligenverehrung!)

2. Aber die Art der Festlegung zeigte, daß sie nicht definitiv sein konnte. Athanas. wollte Wesen*einheit*. Das entspricht der rel. Erfahrung: die Gnade kommt *vom* Vater *durch* den Sohn *im* hl. Geist.[317] Aber das entsprach nicht völlig dem spekul[ativen] griech. Gottesgedanken. *Man fürchtet sich vor dem sabellian[ischen] «Abgrund»*[318], vor der Verendlichung Gottvaters[.] *Hier* der Kern des Widerspruchs gegen das Nicaenum.

Darum bevorzugte man schließlich die Wesens*gleichheit*. Damit war einerseits die relig. Tendenz des Athanasius zum Recht gebracht, andrerseits jene spekulative Abneigung gegen den Sabellianismus vermieden. Aber das war nicht anders möglich, als indem in dieser Formel das völlig Absurde (3 = 1, 1 = 3) zum System gemacht wurde. *Damit wurde die Gotteserkenntnis ein für allemal zum Akzeptieren eines bestimmt umschriebenen theoretischen Mysteriums*
Speziell wurde die Bedeutung Xṛ'i damit festgelegt auf die Einzigartigkeit seiner innertrinitar. Position.[319] Indem man die *Gottes*offenbarung in Xṛ betonte, vergaß man die Gottes*offenbarung*. Der Glaube des Laien mußte zur Anerkennung jener Sätze werden, das Denken des Theologen zur Scholastik.[320]

3. Die *Reformation* war viel weniger ein Abstellen von allerlei Mißbräuchen, als eine prinzipielle Selbstbesinnung der christl. Rel. auf ihre Grundlage. Luther geht wie schon Augustin aus von der Frage[:] Wie kriege ich einen gnädigen Gott.[321] Gott ist für ihn nicht in erster Linie

---

[317] Harnack Lehrb. II 289.296. Vgl. zu dieser die Einheit Gottes in der Einheit der göttlichen Akte ausdrückenden Formel z. B. Athanasius, *Epistola I ad Serapionem*, 30, MPG 26, Sp. 600 C, auch Sp. 600 B, und c. 28 und 31, Sp. 596 A und 601 A; Gregorius Nyssenus, *Quod non sint tres dii*, MPG 45, Sp. 125 C; Cyrillus Alexandrinus, *Commentarium in Joannem* X, 2, MPG 74, Sp. 336 A und C.

[318] Hase Vorl. 482f., auch 477.

[319] Harnack Gr. 200f.

[320] Harnack Gr. 213.217f.; Harnack Lehrb. II 283f.314.

[321] Vgl. M. Luther, *Von der heiligen Taufe Predigten.* 1534 (1535), WA 37, 661,23f.: Ich habe «jmer gedacht: O wenn wiltu ein mal from werden und gnug thun, das du einen gnedigen Gott kriegest?» Vgl. WA 36,284,31–33; 52,236, 19–22. – Zur Charakterisierung Augustins vgl. Harnack Gr. 301.

der Ungewordene etc., die Erlösung besteht nicht im Unsterblichwerden, die Bedeutung Xͬ'i daher nicht seine im Sinn der Griechen «wesentliche» Gottheit. Sondern *Gott ist die Gerechtigkeit, die Erlösung besteht im Gerechtwerden, Xͬ ist der Gerechtmacher.* Darin bestand ihr großer Fortschritt über die griech. Stufe des Chrts.

Damit wird die alte Trinitätslehre religiös überflüssig. Bei Luther spielt sie sozusagen keine Rolle. Anders bei Calvin[,] bei dem neben dem reformator[ischen] sehr stark das spekul[ative] Interesse mitspielt. (Doppelcharakter der Institutio)[322] Dem letztern nicht dem erstern ist Servet zum Opfer gefallen. – Im Ganzen haben die Reformatoren die Trinität einfach übernommen, ohne eine Neugestaltung zu versuchen.

4. Die Neuzeit brachte *1.* die prinzipielle Skepsis gegen metaphysische Aussagen von der Art des Trinit[äts]dogmas. Daher bis auf die Gegenwart Abneigung gegen die «Gottheit Xͬ'i»

2. die geschichtl. Erforschung der Ursprünge des Xͬts [Christentums], speziell des Lebens Jesu. Auch dies Moment zunächst weithin blos negativ wirksam.

Der sog. liberale Protestantismus bekämpft die Gottheit Xͬ'i mit philosoph. u. historischen Gründen u. zw. auf dem Boden der griech. Erlösungslehre

Der sog. positive Protestantismus hält daran fest, steht aber eben damit auch auf dem Boden des griech. Chrts

Beide übersehen, daß der Ausgangspunkt zur Beurteilung der Frage in der evangelisch-reformator. Glaubenserfahrung gesucht werden muß. Es würde sich dann zeigen, daß die Ablehnung der Metaphysik und der historische Zug der Zeit zur neuen Gedankenbildung wertvolle Dienste thun.

5.   (*Diskussionsabend* am 8. Febr 1911 über
Die Bedeutung der Person Jesu für den Glauben)

A *Was ist Glaube?* Vertrauensgehorsams-Verhältnis zu Gott = das Leben des Menschen wie es sein soll. *Glaubst du, so hast du.*[323]

---

[322] Am 29.1.1911 – also kurz vor diesem Konfirmandenabend – schreibt Barth an Otto Lauterburg, er lese Calvins *Institutio* von 1559: ein «Wanst von Buch. Es ist aber viel Ungemeines darin, spekulativ und praktisch.» Vgl. oben S. 37.
[323] M. Luther, *Von der Freiheit eines Christenmenschen.* 1521, WA 7,24,13f. Vgl. unten S. 184, Anm. 67. – Das Manuskript dieses Teils bricht hier ab; das

D[ie] Wunder

W[under] heute das meist umstrittene Stück der christl. *Lehre*. Den Apologeten diente es einst als Argument *für* das Chrt, heute ist es Argument *dagegen* geworden. Folge: der Gedanke des W.'s wird in der relig. Verkündigung stark zurückgestellt (links u. rechts!) Ist man sich klar, daß das eine *Verarmung* der rel. Gedankenwelt, damit auch des rel. Lebens bedeutet?

Wichtig ist, daß wir an die Frage nicht von außen (Wissenschaft!) sondern von innen herantreten, vom Standpunkt des rel. Lebens heraus.

U. zw. zunächst *vom Standpunkt des innern Lebens Jesu aus*. Wunder nennen wir ein Ereignis, in dem uns in bes. Weise d. Wirken Gottes entgegentritt.[324] Aber weist nicht ein solcher Ausnahmebegriff hin auf eine Abnormalität unsres rel. Lebens? Müßte nicht ein vollkommenes rel. Leben «in allen Begebenheiten eine Handlung Gottes sehen»? (Schl[eiermacher]!)[325]

In der Tat sehen wir nun, daß *für Jesus Gott überall wirksam* ist. Sein

---

Blatt ist an dieser Stelle abgeschnitten. Es ist nicht klar, ob die Thesen des 5. Abschnitts als *Vorblick* auf den Diskussionsabend vom 8. 2. 1911 zu verstehen sind oder ob sie – an das am 1. 2. 1911 zur «Würdigung» des Athanasius Vorgetragene anknüpfend – dessen *Einleitung* bildeten. Weitere Aufzeichnungen zu dem (am 15. 2. 1911 fortgesetzten) Diskussionsabend sind nicht erhalten.

[324] Vgl. W. Herrmann, *Der Christ und das Wunder. Vortrag, gehalten auf der theologischen Konferenz zu Gießen am 18. Juni 1908*, in: ders., *Offenbarung und Wunder* (VTKG 28), Gießen 1908, S. 27–71 (wieder abgedruckt in: ders., *Schriften zur Grundlegung der Theologie*, hrsg. von P. Fischer-Appelt, Teil II [ThB 36/II], München 1967, S. 170–205), bes. S. 56–58.62.71 (= S. 193–195. 198.205). Barth hat diesen Vortrag gehört. Sein Exemplar des Erstdrucks (im Karl Barth-Archiv, Basel) enthält viele Anstreichungen. Siehe auch W. Herrmann, *Dogmatik* (Bücherei der Christlichen Welt), Gotha/Stuttgart 1925, S. 50. Die Ausgabe beruht auf Nachschriften der letzten Jahrgänge von Herrmanns Vorlesungen über Dogmatik. Ähnlich lautet Herrmanns Bestimmung des Wunders schon in den Diktaten zur Vorlesung *Dogmatik II* vom WS 1907/08, die sich Barth nach der Mitschrift W. Häberlis im Juni 1908 abschrieb (Karl Barth-Archiv, Basel): «Wunder nennt der Glaube diejenigen Ereignisse, die so auf ihn wirken, daß er in ihnen Werke Gottes erkennt» (S. 30).

[325] Vgl. Fr. Schleiermacher, *Über die Religion. Reden an die Gebildeten unter ihren Verächtern*, Berlin 1799, S. 57 (= hrsg. von H.-J. Rothert [PhB 255], Hamburg 1958, S. 32).

Gott ist der Gott des gewöhnl. Lebens (Gleichnisse, Seligpreisungen – Gegensatz gegen die Pharisäer). D. Gewöhnliche ist ihm außergewöhnlich. Dies weist zurück auf sein einzigartiges persönliches Leben u. Gottesbewußtsein. Eben deshalb sind für ihn *seine außerordentl. Taten das Selbstverständliche*

Anders waren schon zu Jesu Zeit *die andern Menschen dran.* Ihr rel. Leben war unvollständig u. demgemäß erschienen ihnen die Taten Jesu als *«Wunder»* d. h. als *Inseln* göttl. Wirkens. Jesus hat sich darauf nie eingelassen, ihnen Wunder zu liefern um des Wunders willen, sondern um sie hineinzuziehen in seine Anschauung von d. totalen Wirksamkeit Gottes (Ablehnung von Schauwundern, Aufforderung zum Auch Wunder Sehen u. Thun)[326]

Und nun wir? d. h. *In was besteht der christl. Wunderglaube?* Kann das Für Wahr Halten der Wunder Jesu uns irgendwie Stütze od. gar Mit-Inhalt des Glaubens werden?

1. Nehmen wir an, sie seien historisch sicher. Aber was *nur* historisch sicher ist, ist noch keine gegenwärt[ige] Realität. Wir sind nicht dabei gewesen. (Vorlesen aus *Lessing* «Über den Beweis ...»)[327]

2. Sie sind aber historisch nicht sicher.

a) wegen unsrer *gesetzlichen Denkweise.* «Natura non facit saltus»[328] ist uns Voraussetzung alles Für Wahr Haltens von Dingen in Raum u. Zeit. Nicht die Durchbrechung objekt[iver] Naturgesetze, aber der Gesetze unsres subjektiven Denkvermögens wäre eine Aufhebung des Denkens selbst. Viele Wunder Jesu sind uns durchaus denkmöglich – um so besser, aber der Glaube ist etwas Anderes als der Selbstzwang, auch die vorläufig denkunmöglichen für wahr zu halten.

b) wegen der *historischen Forschung,* die nachweist

α) daß der Wunderglaube etwas dem ganzen Altertum Gemeinsames ist

β) daß sich innerhalb der christl. Literatur (Syn[optiker] – Joh. –

---

[326] Vgl. W. Herrmann, *Dogmatik,* a. a. O., S. 53f. (ähnlich WS 1907/08, Abschrift S. 33f.); *Der Christ und das Wunder,* a. a. O., S. 34.62.71 (= S. 175. 198.205).

[327] G. E. Lessing, a. a. O. [Anm. 124], S. 9–14.

[328] Zur Geschichte dieser Formulierung eines aristotelischen Gedankens vgl. G. Büchmann, *Geflügelte Worte. Der Zitatenschatz des deutschen Volkes,* Berlin 1972[32], S. 599f.

Apokryphen) eine deutliche Tendenz auf Vergröberung kundgiebt.

Es läßt sich historisch *wahrscheinlich* machen, daß manchen Wunderberichten mindestens einfachere Vorgänge zu Grunde liegen.

3. Aber es hat sich auch als die Meinung Jesu ergeben, daß Wunderannehmen und Glauben nichts miteinander zu thun haben. Für ihn war

a) die Konstatierung eines «Wunders» der Rest eines abnormalen Verhältnisses zu Gott, der nur dazu dienen soll, sich selbst aufzuheben

b) Wir hören noch weniger ein Wort von ihm, daß es zum Glauben nötig sei[,] die Berichte *Anderer* über erlebte Wunder als wahr anzunehmen.[329]

Es ergiebt sich aus alledem, daß das Wesen des Wunderglaubens nicht in der Akzeptierung der histor. Wunder zu suchen ist, so wenig wie das Wesen d. Glaubens überhaupt in der Akzeptierung histor[ischer] Fakten u. Gedanken. (So wertvoll uns die Erlebnisse der Jünger als Anregung sein können!)

Sondern der christl. Wunderglaube liegt auf der Linie, die Jesus selbst angegeben hat: *Selber Wunder erleben,* die Augen auftun für Gottes Wirken in der Wirklichkeit wie Jesus es tut und *Selber Wunder thun*[330] d. h. Andern, weniger Geförderten durch sein Leben u. Thun ein vorläufiges Wunder zu werden, um sie dadurch zu der totalen Wirksamkeit Gottes zu führen.

So wird der Wunderglaube einfach zu einer bes. Seite des christl. Glaubens überhaupt d. h. der Nachfolge Jesu im *Vertrauen* u. im *Gehorsam,* im *Empfangen* u. im *Geben.*

Augustin

Seine Bedeutung[331]

a) als *relig. Persönlichkeit.* Auch Theologe u. Kirchenmann[,] aber darum weil er wie wenige Andre in sein[en] theolog. u. kirchl. Gedan-

---

[329] Vgl. W. Herrmann, *Dogmatik,* a.a.O., S. 53f. (WS 1907/08, Abschrift S. 33f.); *Der Christ und das Wunder,* a.a.O., S. 34 (= S. 175).
[330] Vgl. oben (bei) Anm. 326.
[331] Zu den folgenden Abschnitten vgl. Harnack Gr. 269–289.

ken lebte. Die Griechen spekulierten, die Ideen des Aug. sind seine in Gedanken umgesetzten persönl. Erfahrungen. Großer Meister der Seelenkunde. Seele ist ihm Anfang u. Ziel sein[es] Denkens: «Deum et animam ...»[332]

b) als *Sammelpunkt der relig. Vergangenheit:* Psalmen, Paulus, Neuplatonismus, Athanasius, Rom

c) als *Ausstrahlungsp[un]kt für d. relig. Zukunft.* Er ist gleicherweise der Vater des römischen Katholizismus und der Reformation. Aber auch die Mystik und die Renaissance können sich auf ihn berufen.

Grundzüge seines Chrts: a) Das Problem der *Erlösung,* das für die Griechen Vergottung war, war für ihn die Gerechtwerdung. Das was wir bekommen müssen, ist das sittlich Gute (nicht die Unsterblichkeit u. dgl.!) Darum ist Alles orientiert an dem Gegensatz Sünde – Gnade (den Grundton entnimmt er von Paulus[,] die Ausführung ist vielfach neuplatonisch – dort evangelisch, hier katholisch!)

b) Der Ort, wo man der Gnade teilhaft wird, ist die *Kirche*[,] die Gemeinschaft der Christen. Staat Gottes gegen Staat der Welt. Hier redet der Römer! Teils unsichtbar gedacht (Gemeinschaft der Erwählten) teils doch sichtbar (Gemeinschaft der Sakramente[)]. Von jenem ist die protest.[,] von diesem die kathol. Entwicklung ausgegangen.

Durch beide Seiten erhielt das abendländ. Chrt. (nicht ohne Disposition dazu) seinen Grundcharakter durch Aug.!

Lebensgeschichte. Quelle für d. Jugendzeit: Confessionen (an Gott, nur indirekt an die Zeitgenossen[)].[333] Psychol. Scharfblick. Sittl. Ernst (wichtig für Aug's Lehre!) Ausg. von *Zurhellen*[334]

Geb. zu Tagaste 354 (Numidien) Vater Patricius (erst 370 Christ 371 †) Mutter Monica[335]

Unfreundl. Begehren, Spiel statt Arbeit, *(S. 13 lesen)* lieber Dichter

---

[332] Augustinus, *Soliloquia* I, 2, 7, MPL 32, Sp. 872.
[333] Fr. Böhringer, *Die Kirche Christi und ihre Zeugen oder die Kirchengeschichte in Biographieen*, Ersten Bandes dritte Abtheilung, Zürich 1845, S. 144. [Auf diese Quelle wird im folgenden mit dem Kürzel *Böhringer I/3* und Seitenzahl verwiesen.]
[334] *Augustins Bekenntnisse*. Gekürzt und verdeutscht von Else Zurhellen-Pfleiderer, Göttingen 1907.
[335] Böhringer I/3 100f.

als Lesen u. Schreiben, unsittl. Literatur, Betrügereien, sex[uelle] Unsittlichkeit[336]
Nach *Madura* Birnbaum geplündert[337]
Nach *Karthago* Liebeshändel, Theater, Rednerkünste, Lektüre von *Cicero*'s Hortensius (19jähr[ig])[338] Vergleich mit der Bibel zuungunsten der letztern. Wird *Manichäer*[339]

    Perser Mani 277 † Paraklet. Zwei Reiche, gutes u. böses (Ahuramazda – Ariman!)[340]

    Rauch   Nacht   Feuer   Wasser   Wind
      | | | | |
    Lüfte   Lichter   gutes F.   gutes W.   gut. W.[341]

Seelen halb gut halb böse (Eva Verführerin des Adam!) Jesus als Erlöser von der Sonne gekommen. Beförderung der guten Seele durch Enthaltsamkeit, nach d. Tod Läuterung auf dem Mond. Befreiung des in d. Natur verborgenen Lichtreichs. Auserwählte u. Zuhörer[342]

Augustin wird «Zuhörer». Befriedigung seines wissenschaftl. Bewußtseins – und Neutralisierung des Bösen.[343] Traum der Monika (Wo du stehst, steht auch er, Bischof: Ein Sohn so vieler Thränen ...)[344]

Irrewerden am Manichäismus, Faustus unphilosophisch. Wird Skeptiker.[345]

Nach *Rom* (respektloser Abschied von d. Mutter, Gebet) Anschluß an die Manichäer! Anstoß an d. Menschwerdung Gottes! Suche nach einer Autorität. Vorlesungen, Studenten gehen ihm durch[346]

---

[336] Vgl. *Augustins Bekenntnisse* (Zurhellen-Pfleiderer), a.a.O., S. 4f. (*Confessiones* I, 6, 8); S. 8f. (I, 9f., 15f.); S. 12f. (I, 13, 20f.); S. 15 (I, 18, 28); S. 16 (I, 19, 30); S. 18–20 (II, 1, 1–II, 2, 4).

[337] Vgl. *Augustins Bekenntnisse* (Zurhellen-Pfleiderer), a.a.O., S. 22 (*Confessiones* II, 4, 9); Böhringer I/3 104–106.

[338] Böhringer I/3 108–112.135.

[339] Böhringer I/3 113f.

[340] Hase Lehrb. 77; Hase Vorl. 328.

[341] Augustinus, *De haeresibus*, 46, MPL 42, Sp. 35.

[342] Hase Vorl. 330; Harnack Lehrb. II 519–521.

[343] Böhringer I/3 114f.118.

[344] Böhringer I/3 115f.; *Confessiones* III, 11f., 19–21.

[345] Böhringer I/3 118f.

[346] Böhringer I/3 119–121.

Nach *Mailand* als Lehrer der Rhetorik. Bekanntschaft mit Ambrosius. Vernünftige Anerkennung des Chrts.[347] Verlangt aber mathemat[ische] Gewißheit – und will mit Herz u. Willen d. alte Mensch bleiben. Anerkennung d. Notwendigkeit einer äußern Autorität. D. innere Widerspruch wird lebhafter (Rede auf Valentinian II) Zaudern. Schickt s[eine] Concubine fort, soll heiraten, 2 Jahre Aufschub, neuer Fall.[348] Lektüre des Plato u. P[au]l[us]. Mönche[349] *Vorlesen* [Confessiones] VIII 8 [und] 11–12. Bleibt erst noch in sein[er] Stelle. Ferienaufenthalt in Cassiciacum. Freundeskreis mit mönch[ischem] Leben. Beginn d. Schriftstellerei. 387 Taufe durch Ambrosius. Sucht mit Freunden ungestörten Ort für neues Leben.[350] Abend mit Monika *Vorlesen* [Confessiones] IX, 10 Tod der Monika [Confessiones] IX 11[351]

Grundgedanke d. Confessionen: zeigen, aus welcher *Tiefe* man zu Gott rufen muß. Daher die rücksichtslose Selbstverurteilung neben dem Preis der unendl. Liebe Gottes [Confessiones] X 27–29 *vorlesen*. Das Resultat seiner Bekehrung ist die sittl. Freiheit[,] aber in Form des Katholizismus (lebhafter Charakter cf. Romantiker, Unsittlichkeit des damal. bürgerl. Lebens)

Karthago. Mönchsleben. Schriftsteller.[352]

Hippo. Abneig[ung] gegen öffentl. Amt. Dazu genötigt (Presbyter bei Valerius) 392 Wirksamkeit. Privatleben.[353] Predigt[354] Böhr[inger] III 157 *vorlesen*[355][.] Schriftstellerei.[356] † 430 76jährig (Belag[erung] v. Hippo durch Vandalen)[357]

Die Erlösungslehre u. der pelagian[ische] Streit
D. Interesse an d. Erlösung wendet sich im Abendland von d. objektiven auf die subjektive Seite. Frage: wie wird d. Mensch gerecht.

---

[347] Böhringer I/3 121f.
[348] Böhringer I/3 124–129.
[349] Böhringer I/3 131–135.
[350] Böhringer I/3 138–141.
[351] Böhringer I/3 141–143.
[352] Böhringer I/3 148–150.
[353] Böhringer I/3 150–155.
[354] Böhringer I/3 156f., auch 151–154.
[355] Böhringer I/3 157 zitiert Augustinus, *De catechizandis rudibus*, 2, 3, MPL 40, Sp. 311.
[356] Böhringer I/3 158, auch 173.183–185.196–199.
[357] Böhringer I/3 195.

Pelagius, britann[ischer] Mönch, sittenstreng, kommt nach Rom[.] Eiferer für sittl. Besserung, stößt sich an Augustin[:] «Da quod jubes», betont die sittliche Freiheit des Menschen.[358] Dies der «natürliche» Standpunkt. Verbindet sich mit *Coelestin*[359], reist durch Afrika, lernt Augustin kennen, Coelestin will Presbyter in Afrika werden. Konzil in Karthago, Coelestin weicht aus. Augustin tritt schriftstellerisch dagegen auf. [Pelagius] Im Morgenland gut aufgenommen.[360] «Was geht mich Augustin an»[361] Synode zu Diospolis spricht ihn frei. Afrikaner appellieren an Rom. Innozenz v. Rom verurteilt den Pel[agius]. Zosimus entscheidet für ihn gegen die Afrikaner, später umgekehrt mit Hilfe der Staatsgewalt. Pel. ausgeschaltet.[362]

Thesen d[es] Pelag[ius]	*Gegenthesen Augustins*
1. Adam ist sterblich erschaffen, würde auch ohne Fall gestorben sein	
2. Sein Fall hat nur ihm geschadet, nicht seinen Nachkommen	
3. Die neugeborenen Kinder sind im Zustand Adams vor dem Fall	
4. Weder stirbt durch Adams Sünde u. Tod die ganze Menschheit, noch steht sie durch die Auferstehung Χϱ'i wieder auf	
5. Die Kinder haben auch ohne Taufe das ewige Leben	
6. Das Gesetz führt ebenso zur Seligkeit wie das Evg.	

---

[358] Böhringer I/3 174f.; vgl. *Confessiones* X, 29, 40; 31,45; 37, 60; *De dono perseverantiae*, 20, 53, MPL 45, Sp. 1026.
[359] Richtig Coelestius bzw. Caelestius.
[360] Böhringer I/3 174–177.
[361] Böhringer I/3 177; Paulus Orosius, *Liber apologeticus*, 4,1, CSEL 5, S. 607, Z. 18.
[362] Böhringer I/3 178–182.

7. Auch vor der Ankunft d. Herrn gab es sündlose Menschen[363]

Der erste Mensch hatte die Fähigkeit[,] nicht zu sündigen. Er tut es doch, damit ist diese (Gnade) Fähigkeit verloren. Die Sünde wird Notwendigkeit. Sie wird mit der Seele fortgepflanzt, die Menschheit eine «massa perditionis»[,] nur eine neue Gnade kann helfen.[364]

Gnade[,] die nicht *umsonst* d. Menschen zukäme, wäre nicht Gnade. Berufen sind *Alle*, aber nur *Einige* durch *wirksame* Berufung. Gott überläßt sie der selbstverschuldeten Verdammnis u. bestimmt sie zur Strafe. Andere (gratis!) zur Seligkeit, nicht weil sie gerecht *sind*, sondern damit sie es *seien*[365]

Die Gnadengabe Gottes ist der *Glaube,* der in der Liebe wirksam ist [Gal. 5,6].[366]

Durch den Glauben wird d. Mensch gerechtfertigt, d.h. er wird zu einem Gerechten gemacht. Gesetz: Thu was ich befehle Evg.: Ich gebe was ich befehle[367]

Die Wirkung d. Glaubens hebt an als Sündenvergebung (Sakrament) greift dann durch zur effekt[iven] Heiligkeit[368]

Giebt es Beständigkeit im Glauben? (Relig[iöse] Gewißheit!) *Dies ist an und für sich unsicher.* Darum sind wir auf die *Kirche* angewiesen. In ihr werden unsre an u. für sich schlechten Werke zu guten, zu *Verdiensten*[,] durch die wir das ewige Leben uns aneignen[369]

---

[363] Böhringer I/3 176. Die Thesen sind der Anklage entnommen, die im Jahre 411 auf einer Synode zu Karthago gegen *Caelestius* erhoben wurde; vgl. auch A. Harnack, *Lehrbuch der Dogmengeschichte,* Bd. III: *Die Entwickelung des kirchlichen Dogmas II III* (Sammlung Theologischer Lehrbücher), Tübingen 1910⁴, S. 172–174. Den Vorsatz, diesen Thesen die «Gegenthesen Augustins» unmittelbar gegenüberzustellen, hat Barth nicht ausgeführt.
[364] Fr. Loofs, *Leitfaden zum Studium der Dogmengeschichte,* Halle 1906⁴, S. 381–385.
[365] Fr. Loofs, a.a.O., S. 385f.
[366] Fr. Loofs, a.a.O., S. 390–392.
[367] Fr. Loofs, a.a.O., S. 389f.392.
[368] Fr. Loofs, a.a.O., S. 387–389.
[369] Fr. Loofs, a.a.O., S. 410–412.

Dieser letzte Punkt ist Einfallsthor für neue pelagian. Gedanken – und Ausgangspunkt des Katholizismus.[370]

Semipelagianismus (Cassianus, Gallien, Mönche) Der Mensch zwar geschwächt, böse Gelüste, Erbsünde[;] aber doch sittl. Kraft vorhanden. Christus u. die Kirche absolut nötig. Vermittlung. Zusammenwirken von Gott u. Mensch.[371]

Die *relig.* Betrachtung kommt erst zur Ruhe bei der Einsicht der Alleinwirksamkeit Gottes.

a) Die Annahme eines auch minimalen Guten in uns schwächt die sittl. Energie. Durch das Gefühl d. *totalen* Abstandes zwischen uns u. Gott kommt es gerade dazu.

b) Bekehrung als unser eigenes Werk gäbe keine Heilsgewißheit. D. Grund unsres Heils muß ganz *außer uns liegen*

Etwas ganz Anderes ist die *sittliche* Frage nach der Erfüllbarkeit bestimmter Pflichten. Hier muß unser Wille von Fall zu Fall notwendig als *frei* gedacht werden. Sobald es sich dagegen um die *absolute* Sittlichkeit, um die Gerechtigkeit vor Gott handelt, ist *Unfreiheit* die einzig richtige Antwort.

Die Lehre von d. Kirche und der donatist[ische] Streit.

Die Sicherheit d. Erlösung beruht zuletzt auf d. *Kirche*.[372] Was ist das? Je nach d. Antwort führt d. Satz z[um] Katholiz[ismus] od. z[ur] Evang[elischen] Auffassung

311 Einsetzung des Caecilian durch Felix v. Aptunga. Protest gewisser numid[ischer] Bischöfe. 2 Donatus. Danach *Donatisten*[373]

Nicht andrer Glaube.[374] Aber Reaktion geg. Verweltlichung (cf. Montanisten) Prinzip d. Heiligkeit d. Kirche. Darum Separation: 7000, schmaler Weg.[375] Große Ausbreitung. Gewaltsamkeiten (Märtyrer, Selbstmord, Ausschweifungen)[376] Langer Streit. Endlich unterdrückt[377]

---

[370] Fr. Loofs, a.a.O., S. 412.
[371] Hase Vorl. 528–530.
[372] Vgl. oben bei Anm. 369 und 370.
[373] Böhringer I/3 159f.
[374] Böhringer I/3 311.
[375] Böhringer I/3 313–315.
[376] Böhringer I/3 160.162.164f.
[377] Böhringer I/3 162–172.

Kritik Augustins: Eifer – Pharisäismus, selbstgerechte Betonung d[es] Subjektiven. Aufhebung jeder Kirche, ihrer selbst. Ethische Mangelhaftigkeit.[378]

Posit[ive] Lehre: 2 Staaten. Gott u. Welt[379]
1. Xρ das Haupt, Kirche die Glieder.[380] Sie ist Organ u. Fortleiterin sein[er] Wirkung[,] Mutter der Gläubigen, wirksam im Geist der Liebe. Kirche u. Einzelne bedingen einander.[381] Geschichte Xρ'i ist Geschichte der Kirche[382]
2. Die Wahrheit d. Kirche besteht in ihrer Objektivität:[383] *1.* Xρ, Sie ist Haus *Gottes,* Gem[einde] *Christi, sein* Leib *darum* heilig[384] *2.* Schrift[385]
Wegen ihrer Objektivität (Werk Xρ'i) ist sie universal, für Alle da[,][386] darum die Stadt Gottes, Arche Noah, nicht Winkelkirche[387]
3. Aber von d. subjekt[iven] Seite gesehen ist sie *gemischt*[388] (kein Kennzeichen d[er] Erwählung)[389] Netz, Herde, Haus, Acker.[390] Vollendung nicht durch uns zu machen.[391] Wahrheit erst zuletzt Wirklichkeit[392], jetzt von Tag zu Tag[393]

---

[378] Böhringer I/3 314–317.
[379] Vgl. Augustinus, *De civitate Dei,* bes. XIV, 28.
[380] Böhringer I/3 318f.
[381] Böhringer I/3 697–699.
[382] Böhringer I/3 706.
[383] Böhringer I/3 319.
[384] Böhringer I/3 318f.
[385] Böhringer I/3 319–322.
[386] Böhringer I/3 322–325.
[387] Böhringer I/3 326.324.323.
[388] Böhringer I/3 326–329.
[389] Böhringer I/3 574f.
[390] Böhringer I/3 327.329.
[391] Böhringer I/3 330.706.
[392] Böhringer I/3 327f.
[393] Böhringer I/3 706.

IDEEN UND EINFÄLLE ZUR RELIGIONSPHILOSOPHIE
1910

«Ideen und Einfälle zur Religionsphilosophie» *lautet, in Barths Handschrift, die Aufschrift in der linken oberen Ecke der Vorderseite eines Blattes von weißem Schreibpapier, das, in der Mitte gefaltet, einen Umschlag im Oktavformat bildet; in der rechten unteren Ecke steht: «K. Barth». In diesem Umschlag liegen ein Doppelblatt und vier Einzelblätter von derselben Größe wie der Umschlag. Von dem Doppelblatt mit der Überschrift «Prolegomena zur Relig. Philos.» sind knapp drei Seiten, von den Einzelblättern sind die ersten drei beidseitig, das dritte nur auf der Vorderseite bis zur Seitenmitte beschrieben. Jedes der Einzelblätter trägt eine arabisch numerierte Textüberschrift («1. Aufgabe» usw.) und außerdem am Rand neben dem beschriebenen Blattspiegel jeweils die Bezeichnung «Relig. Phil.» mit fortlaufender römischer Bezifferung I–IV. Außerdem liegen in dem Umschlag ein schmaleres Blatt mit der Überschrift «Religionsphilosophie» und einem Dispositionsentwurf für die projektierte Arbeit, eingeteilt in drei Kapitel «Prolegomena» und vier Kapitel «Religionsphilosophie», sowie ein Zettel mit der Überschrift «Aus Schleiermacher zu verwerten» und ein kleinerer Zettel ohne Überschrift. Ein Datum der Niederschrift oder eine Andeutung über deren Anlaß ist in dem kleinen Konvolut nicht enthalten.*

Aus erhalten gebliebenen Briefen Barths läßt sich erkennen, was Barth zu welchem Zeitpunkt zur Skizzierung seiner Gedanken getrieben hat. Am 3. 7. 1910 schrieb er an seine Eltern: «Auch bin ich an Cohens Ethik, einem guten *Buch, das für die Religionsphilosophie kanonisch werden müßte, aber sie suchen viele Künste und kommen weiter von dem Ziel.» Wenige Tage später kehrte er auf Einladung seines Marburger Bekannten Karl Bornhausen, dessen Habilitationsvorlesung am 9. Juli stattfand, für eine Woche (7.–14.7.) an seinen geliebten Studienort zurück, besuchte seine dortigen Lehrer und führte lange Gespräche mit seinem Freunde Wilhelm Loew, der vom Predigerseminar in Herborn her ebenfalls zu Bornhausens Habilitation nach Marburg gekommen war, und mit Bornhausen selbst. Wieder in Genf, berichtet er am 17. Juli seinen Eltern: «Wo soll ich nun blos anfangen mit Erzählen? Daß ich eine Woche herrlich und in Freuden gelebt, das könnt ihr euch denken ... Ich fand dort Alles im Alten, die freudige akademische Luft und die erfreulichen Menschen, und ich mengte mich, als selbständiger gewordene Figur, aus Herzenslust in das Treiben. Da ist Bornhausen, strahlend und sprudelnd von Ideen und Einfällen, gestern vor 8 Tagen zum Privatdozenten geschlagen mit einer Antrittsvorlesung über Bayle, Voltaire und Rousseau, die den Philosophen (Cohen und Natorp waren da) und Historikern jedenfalls gezeigt hat, daß wirs auch können und vielleicht von der höhern Warte aus.» Und dann über die Gespräche mit Bornhausen: «Ich habe verschiedene Redeschlachten bei Tag und Nachtzeit mit ihm geschlagen, und daß wir, wie üblich, zum Schluß gegenseitig die Köpfe übereinander schüttelten, thut der Freundschaft nicht Eintrag. Jedenfalls hatte ich dabei die Genugthuung, daß einige der religionsphilosophischen Erkenntnisse, die mir im Lauf dieses Genfer Jahrs aufgerochen sind, sich auch in Marburg und gegenüber Privatdozenten sehr wohl halten lassen.»*

Welche den Eltern wahrscheinlich unerwünschten[1] Folgen die beflügelte Stimmung, die er aus Marburg mitbrachte, an seinem Schreibtisch zeitigte, davon schweigen seine Briefe nach Hause. Eingeweiht wird jedoch W. Loew; ihm schreibt Barth am 21. Juli: «Ich bin von Marburg typisch angeregt heimgekommen. Am letzten Abend hatte ich damals noch eine wilde Religionsschlacht mit Bornhausen. Er hat mich mit allen Schimpfnamen, die er zur Verfügung hat (James, Eucken ...) belegt, aber doch nicht zur Strecke gebracht. Vielmehr hatte die Sache den Erfolg, daß ich heimgekehrt anfing, ‹mein System›, die bewußte Kopulation von Cohen und Herrmann, niederzuschreiben. Etwas Neues innerhalb der jetzigen Theologie ist es auf alle Fälle und toll und barock sieht es auch aus auf dem Papier, insofern wäre es nicht ungeeignet, Sensation zu machen. Aber ich habe schon als Gymnasiast einmal gemeint, die Quadratur des Zirkels gefunden zu haben, wurde ausgelacht und bin seitdem mißtrauisch geworden gegen meine zeitweiligen Entdeckungen. Meine christocentrische Theologie eventuell ohne Christus ist mir selbst eben aus jenem subjektiven Grunde auch noch verdächtig, obwohl sie mir immer noch ebenso handgreiflich evident erscheint wie das andre – die religionsphilosophische Grundlegung. Von der letztern sprachen wir wohl gar nicht? Ich behandle die Sache auch als esoterische

---

[1] Vgl. die Einleitung zu K. Barth, *Moderne Theologie und Reichsgottesarbeit*, Vorträge und kleinere Arbeiten 1905–1909, S. 334–341.

Geheimlehre und habe sie mir erst in jener Polemik [scil. dem Gespräch mit Bornhausen] entreißen lassen. Außer esoterisch ist sie übrigens besonders auch noch rudis indigestaque moles, und im Mittelpunkt lauert ein durchaus ungelöstes Problem, ob die Religionsphilosophie eigentlich Sache der Transszendentalphilosophie oder der Psychologie sein soll, ob keins von beidem, sondern ein drittes selbständiges Gebiet, oder ob teils-teils. Schleiermacher hat das bekanntlich auch nicht gewußt und sagt es ziemlich offen. Wie soll ichs dann wissen? Aber daß so viele davon reden, ohne sich die Frage nur zu stellen, ist bekümmernd.»

Im selben Sommer, zwischen Mitte August und Mitte September, hielt sich Loew in der Schweiz auf, machte mit Barth mehrere Wanderungen in dessen Ferien und besuchte ihn nachher auch einige Tage in Genf. Bevorzugtes Gesprächsthema war offenbar das, was Barth in diesen Wochen am meisten beschäftigte: «Gestern war Loew bei mir und wir haben auf der Wannenfluh in einen Mantel gewickelt und unter einem Schirm in strömendem Regen über Religionsphilosophie verhandelt, ebenso nachher auf dem Weg nach Hägendorf» (23. 8. 1910, an die Mutter). In diesen Tagen, spätestens Anfang September in Genf, dürfte Loew auch Einblick in Barths geheimes Manuskript erhalten haben, vielleicht als einziger, der so ins Vertrauen gezogen wurde. Bornhausen gegenüber scheint Barth – unter Vergleich mit einem Kegelspiel – eine Andeutung von seinem nunmehr zu Papier gebrachten «System» gemacht und ihm die graphische Figur am Ende des 2. Hauptabschnitts mitgeteilt zu haben; denn Loew schreibt Barth am 24. 10. 1910, er habe von Martin Rades Sohn Gottfried eine Karte erhalten, auf der ihm dieser von einem Besuch bei Bornhausen erzählt. Dort habe G. Rade «den Gruß aus Genf mit dem Kegelspiel gesehen und erklärt bekommen. Er konnte die Figur natürlich nicht deuten, ließ die Pfeile weg und erklärte, es sei ein Käfer ohne Beine, er würde es so vervollständigt haben: [folgt Zeichnung eines Käfers mit Kopf und Beinen]. Du siehst, unter den jüngeren strebsamen Theologen machst Du schon Schule ...»

Die letzte briefliche Erwähnung von Barths Entwurf findet sich am 19. 2. 1911. W. Loew hatte Barth wiederum Gedanken zur Religionsphilosophie mitgeteilt, und dieser schließt den darauf antwortenden Briefteil mit einem Hinweis auf eine nun auch schon wieder zurückliegende (sonst in Barths Nachlaß nicht dokumentierte) Weiterführung der im Sommer zuvor entwickelten Gedanken: «Als historische Merkwürdig-

keit will ich dir bei dem Anlaß das erweiterte und verbesserte Totalitätssystem aus der Mappe der ‹Ideen und Einfälle› mitteilen:

Kultur — Vernunft — Aufgabe — Transszendentalphilosophie
  | | | |
Universum—Individuum—Realitätsbeziehung —Fundamentaltheologie
  | | | |
Gott — Religion — Leben — Glaubenslehre

Es wird dir wohltätig auffallen, daß die ominöse Deutung auf ein Kegelspiel damit unmöglich geworden ist, und als gelehrten Kenner des Origenes brauche ich dich wohl nicht erst auf die mystische Beziehung zu den 12 Stämmen Israels, den 12 Aposteln etc. zu stoßen. Für das Ganze wäre deshalb vielleicht die schlichte und doch so bezeichnende Titulierung Διδαχή angebracht. Aber wie gesagt, das sind alte Geschichten, deren Erinnerung eigentlich erst dein Brief wieder in mir geweckt hat.»

Der Dispositionsentwurf wird in dieser Ausgabe vor und die beiden Beiblätter werden nach dem eigentlichen Text in Petitsatz abgedruckt. Randbemerkungen Barths im Manuskript werden im ersten Apparat (mit Buchstaben), gegebenenfalls durch Zusätze des Herausgebers in eckigen Klammern ergänzt, wiedergegeben.

Religionsphilosophie
Prolegomena
1. Kapitel: Begriff
2. Kapitel: Geschichte
3. Kapitel: Aufgabe

Religionsphilosophie
1. Kapitel: Rel[igion] innerh[alb] d[er] Kultur als schlechthin[iges] Richtungsgefühl
2. Kapitel: Schlechthin[iges] Richtungsgefühl u[nd] Individuum
3. Kapitel: Rel[igion] außerhalb d[er] Kultur als schlechthin[iges] Abhängigkeitsgefühl
4. Kapitel: Rel[igion] als Symbolbildung (Begriff, Aufgabe, Methode der Gl[aubens]l[ehre])

Prolegomena zur Relig[ions]philos[ophie]
1. Kap. Der Begriff der Religionsphilosophie
§ 1 *Rel[igions-]Phil[osophie] ist Prinzipienlehre der Religionswissenschaft*

Als Phil[osophie] über die Rel[igion] ist die Rel[igions]phil[osophie] wissenschaftl[iche] d. h. methodische Besinnung über das dem wissenschaftl. Bewußtsein irgendwie vorliegende Faktum der *Religion.* Diese Besinnung richtet sich *nicht* auf irgendwelche Objekte der Religion, sie hat es weder mit der Metaphysik noch mit der Moral der Rel. als solcher zu thun², sondern mit den gleich der Wissenschaft, der Moral, der Kunst irgendwo empirisch-geschichtlich vorliegenden d. h. ins Bewußtsein aufgenommenen Faktoren der Rel.[.] Phil. bedeutet Präzisierung d. Objekts, insofern Begründung der einzelnen Wissenschaften.

Als solche Besinnung macht sie die Rel. zum wissenschaftl. Objekt d. h. sie begründet die Möglichkeit einer Relig[ions]wissenschaft od. *Theologie.*

§ 2 *Rel[igions-]Phil[osophie] ist genauer gefaßt Einleitung in die Glaubenslehre*³

Theologie ist immer wissenschaftl. (methodische) Darstellung einer *bestimmten* Rel. in Hinsicht auf die Vorbereitung zur Kirchenleitung in der frommen Gemeinschaft der Bekenner dieser best[immten] Rel. Theol[ogie] ist also ihrem Wesen nach *praktische* Theologie. Als solche hat sie neben der *historischen* Darstellung der Rel. und der *prakt[isch-]techn[ischen]* Anweisung zur Kirchenleitung zum Mittelpunkt die *Glaubenslehre* d. h. die method[ische] Aufweisung der in dem bestimmten geschichtl. Moment gelten sollenden[,] den Inhalt der bestimmten Rel. aussprechenden und charakterisierenden Glaubensgedanken. Die histor[ische] Theolog[ie] ist ihre Voraussetzung, sofern sie ihr das geschichtliche Material an Glaubensgedanken⁴ liefert, an denen

---

² Vgl. Fr. Schleiermacher, *Über die Religion. Reden an die Gebildeten unter ihren Verächtern* (1799), hrsg. von R. Otto, Göttingen 1906, S. 32 (= Originalausgabe S. 50; Ausgabe von H.-J. Rothert [PhB 255], Hamburg 1958, S. 28f.): Die Religion «begehrt nicht das Universum seiner Natur nach zu bestimmen wie die Metaphysik, sie begehrt nicht aus Kraft der Freiheit und der göttlichen Willkür des Menschen es fortzubilden und fertig zu machen wie die Moral. Ihr Wesen ist weder Denken noch Handeln, sondern Anschauung und Gefühl.»

³ In den ersten Sätzen dieses Paragraphen lehnt sich Barth eng an an die Einleitung in: Fr. Schleiermacher, *Kurze Darstellung des theologischen Studiums* (1830²), hrsg. von H. Scholz, Leipzig 1910, bes. §§ 1.3.23.25.26.

⁴ Zum Terminus «Glaubensgedanken» vgl. W. Herrmann, *Der Verkehr des Christen mit Gott im Anschluß an Luther dargestellt*, Stuttgart/Berlin 1903⁴, S. 32f.; ders., *Christlich-protestantische Dogmatik*, in: *Die Kultur der Gegenwart. Ihre Entwicklung und ihre Ziele*, hrsg. von P. Hinneberg, Teil I, Abt. IV, Berlin/Leipzig 1906, S. 624f. (nach der 2. Aufl. von 1909 wieder abgedruckt in:

sie sich *einfühlend* zu orientieren hat bei der Konstruktion der für die Gegenwart gelten sollenden Glaubensgedanken, wie sie selbst die Voraussetzung d. prakt.-techn. Theol. ist.

Relig[ions-]Wissensch. od. wissenschaftl. Theol. im strengen Sinn ist von den dreien nur die Glaubenslehre, *da es sich nur in ihr um die erkenntnismäßige Deutung des Objektes in seinem gegenwärtigen reinen Bestande handeln kann,* während histor. u. prakt. Theologie es mit der vergangenen u. zukünftigen Geschichte der Rel. zu thun haben d. h. aber mit der Rel.[,] sofern sie mit gewissen geschichtlich gegebenen od. vorausgesetzten Setzungen des theoret[ischen], sittl[ichen,] aesthet[ischen] Bewußtseins bereits unauflöslich kombiniert ist.

So wird die *Rel.Phil.* als Prinzipienlehre der Rel[igions]wiss[en]schaft notwendig zugleich *Einleitung u. Prinzipienlehre zur Glaubenslehre:* Sie präzisiert das Objekt, das die Gl[aubens-]L[ehre] dann methodisch zu deuten hat.

§ 3 *Relig[ions-]Phil[osophie] ist also nur möglich auf dem Boden einer bestimmten Religion*

Dies ergiebt sich aus dem Vorangehenden: Gl[aubens-]L[ehre] ist immer Gl.L. einer bestimmten Rel., daher auch die Rel.Phil.[,] die jene begründet

Es ergiebt sich aber auch aus dem Begriff der Rel.Phil. selbst. Ein Objekt kann nicht präzisiert werden[,] das nicht vorhanden ist. Die Rel. kann aber *als Objekt* nur vorhanden sein im rel[igiösen] Bewußtsein des Religionsphilosophierenden, *da in allem historischen Bestand nur die Schlacken lebendiger Rel. vorliegen.* Wenn ihrs nicht fühlt[,] ihr werdets nicht erjagen.[5]

Es ist damit nicht einer Vermengung der Rel.Phil. mit dem prakt[isch-]kirchl[ichen] Charakter der Gl.L. das Wort geredet. Die bestimmte Rel.[,] die die Voraussetzung d. Relig.Phil. bildet, formiert den method. Ausgangspunkt. Auch die wissenschaftl. Erwägung der Tatsache der Mannigfaltigkeit der Religio*n*en ist dadurch keineswegs gefährdet, vielmehr wird sie gerade durch diesen Ausgangspunkt möglich: Der Rel.Phil[osoph] betrachtet das *allgemeine* Faktum der Rel. unter

---

W. Herrmann, *Schriften zur Grundlegung der Theologie,* hrsg. von P. Fischer-Appelt, Teil I [ThB 36/I], München 1966, S. 349–351).

[5] J. W. von Goethe, *Faust I,* V. 534 (Nacht).

dem besondern Gesichtspunkt seiner *besondern*[,] d. h. aber er stellt seine eigene *neben* jene[a]

1. Aufgabe

1. Nachweis d. Verhältnisses der Rel. z[um] Kulturbewußtsein[6] (Logik, Ethik, Ästhetik) 2. Wesen der Religion

1.) Verneinung der Kultur ist[,] auch von d. Rel. aus gesehen, unmöglich. Kultur bedeutet nichts Anderes[7] als normale Lebensgestaltung. Eben das ist aber auch das Problem der Religion.[b] a) Also darf die Rel.Phil. der Rel. im Verh[ältnis] zur Kultur nicht eine gleichgiltige od. negative Stellung anweisen[,] sondern notwendig eine *positive*. b) U. zw[ar] genügt es nicht, die Andersartigkeit der Rel. neben den übrigen Bewußtseinsformen nachzuweisen, sondern sie muß, wenn anders eine einheitliche Gesamtanschauung des Bewußtseins Aufgabe der wissenschaftl. Theologie ist, in innerlich *notwendigen* Zusammenhang mit jenem gesetzt werden. Vorher erfüllt die Theol. ihre Menschheitsaufgabe nicht.

Bis hieher *gegen Herrmann*, der immerhin dem Problem gegenüber mehr zufällige Interesselosigkeit als prinzipielle Gegensätzlichkeit zeigt.[8] Es ist zu erwar-

---

[a] Gl[aubenslehre (= Fr. Schleiermacher, *Der christliche Glaube nach den Grundsätzen der evangelischen Kirche im Zusammenhange dargestellt*, 1830/31²)] § 7,3.

[b] Reden S. 26 [= Fr. Schleiermacher, *Über die Religion*, Ausgabe Otto (siehe oben Anm. 2), S. 26; Originalausgabe S. 41; Ausgabe Rothert S. 24: «Stellet Euch auf den höchsten Standpunkt der Metaphysik und der Moral, so werdet Ihr finden, daß beide mit der Religion denselben Gegenstand haben, nämlich das Universum und das Verhältnis des Menschen zu ihm.»]

[6] Zu dem Cohenschen Begriff «Kulturbewußtsein» vgl. *Vorträge und kleinere Arbeiten 1905–1909*, S. 407, Anm. 71.

[7] Mskr. ursprünglich: «will nichts Anderes sein»; Korrektur von Barth.

[8] Vgl. z. B. W. Herrmann, *Die Lage und Aufgabe der evangelischen Dogmatik in der Gegenwart* (1907), in: ders., *Schriften zur Grundlegung der Theologie*, a.a.O., Teil II (ThB 36/II), 1967, S. 2: «Wenn systematische Theologen einmal originell werden, so nennt *Troeltsch* das religionsphilosophische Originalität. Man könnte im Gegenteil fragen, ob nicht das, was wir als Religionsphilosophie kennen, darauf hinauskommt, daß Gedanken der Religion, die von Theologen entwickelt waren, so lange und künstlich bearbeitet werden, bis sie sich harmlosen Menschen als Erzeugnisse der Wissenschaft vorführen lassen.»

ten, daß H.'s Gegner hier vor Allem auf einen Abfall von H's theol. Prinzipien erkennen werden. Wie zu zeigen sein wird, mit Unrecht

2.) Ebenso verkehrt ist aber der Versuch, die Religion in Form eines religiösen a priori[9] als allgemeingiltige d. h. transszendental[10] notwendige Bewußtseinsform dem Erkennen, Wollen, Fühlen zur Seite zu stellen und sie dem Kulturbewußtsein einzugliedern. a) Die Religion wird damit gegen ihre eigenen Aussagen aus einer individuell unendlich verschiedenen Lebensoffenbarung zu einer a priori vorhandenen u. notwendigen Zuständlichkeit gemacht. b) Und es entsteht andrerseits für die Rel. der Kultur gegenüber der Schein einer willkürlichen, je nachdem überflüssigen od. kulturschädlichen Überhebung über die Realitätsbeziehung in der Logik, Ethik, Aesthetik. (Cohen)[11]

3.) Näher kommt dem Sachverhalt die Auffassung (Natorp)[,] die die Rel. innerhalb d. Humanität darstellen will als das die Aktionen des Bewußtseins *begleitende* Gefühl.[12] Doch ist auch sie relig[ions]philos[ophisch] unbrauchbar, da die Rel. nicht blos begleit[ende] Stimmung, sondern selbst Realitätsbeziehung sein will, während bei N. diese letztere durchaus nur den Bewußtseinsaktualisierungen als solchen innewohnt.

4.) Dagegen ist das Problem scharf gestellt von *Cohen*, der in konsequentem u. tief religiösem Rationalismus Religion u. Mystik aus der konstitutiven Aktualisierung d. Bewußtseins ausgeschlossen sehen will und den Gottesgedanken nur als *Grenzbegriff* in Logik, Ethik, Aesthetik zuläßt.[13]

---

[9] Der Begriff des «religiösen Apriori» wurde eingeführt von E. Troeltsch; siehe vor allem dessen *Psychologie und Erkenntnistheorie in der Religionswissenschaft*, Tübingen 1905, S. 43ff.

[10] Zu der Schreibweise von «transszendental» (neben «transzendent»), die Barth von Cohen und aus älteren Veröffentlichungen von K. Vorländer übernommen hatte, vgl. seinen Brief vom 19. 1. (2.?) 1914 an M. Rade in Bw.R., S. 88. Siehe jedoch Barths eigene Abweichung von dieser Regel unten S. 134 und S. 176.

[11] Vgl. z. B. H. Cohen, *System der Philosophie*, Zweiter Teil: *Ethik des reinen Willens*, Berlin 1904, S. 57f.

[12] Vgl. P. Natorp, *Religion innerhalb der Grenzen der Humanität. Ein Kapitel zur Grundlegung der Sozialpädagogik*, Tübingen 1908², S. 27–61, bes. S. 35f.

[13] Vgl. H. Cohen, a.a.O., S. 405–441.

2. Religion innerhalb d. Kultur als schlechthiniges Richtungsgefühl

1.) In den Aktualisierungen des log[ischen], eth[ischen], ästhet[ischen] a priori konstatiert die Vernunftkritik das Auftreten eines der Methodik jener Bewußtseinsrichtungen ebenso inkommensurablen wie unentbehrlichen Elementes: der *Idee*.[14] Als konstitutive transszendente Erkenntnis verstanden, führt ihr Gebrauch zu den bekannten vorkritischen Antinomieen.

Als regulatives heuristisches Prinzip dagegen bedeutet sie für Log[ik], Eth[ik], Aesthet[ik] die *Realitätsbeziehung*.[15/c] Die Idee in diesem Sinn ist das Ding an sich.[16] Wahrheit suchen u. Wahrheit selbst ist identisch.[17] Und ohne diese Realitätsbeziehung käme ein Kulturbewußtsein einzeln, empirisch gar nicht zu stande, wie auch die Theorie der Vernunft (Hypothese) sie nicht entbehren kann.[18]

2.) In dieser fundamentalen Funktion äußert sich die *Rel.* innerhalb der Kultur, niemals als ein einzelner konstitutiver Faktor, was immer jene Komplikationen erzeugen müßte, wohl aber als das *ewige Richtungsgefühl*, durch das die Kultur erst in lebendigen Menschen Kultur wird.

a) Die Religion anerkennt u. sanktioniert also kraft ihrer eigensten Tendenz (Lebensgestaltung)[d] die Methodik des Kulturbewußtseins, aber sie giebt ihr durch u. in diesem Richtungsgefühl die Realitätsbeziehung, ohne welche jene als bloßer psycholog. Ablauf zu betrachten sein würde. b) Und umgekehrt ist zu sagen: aller *Wahrheitsgehalt* (im krit. Sinn!) im log. Erkennen, sittl. Wollen, ästhet. Fühlen ist Religion oder *Gottesbewußtsein*.[e]

[c] cf. Gl. § 3,4; § 3,5; § 5,3.
[d] cf. Gl. § 3,4.
[e] Gl. § 5,5; § 10 Zusatz S. 65. [Die Seitenzahl bezieht sich auf die von Barth benutzte Ausgabe von Schleiermachers Glaubenslehre: Bd. I, Berlin 1861⁵. Die betreffende Stelle findet sich in der Neuausgabe von M. Redeker, Bd. I, Berlin 1960, auf S. 72f.]

[14] Vgl. I. Kant, *Kritik der reinen Vernunft*, B 377–396.670–675 u. ö., Kant's gesammelte Schriften, hrsg. von der Königlich Preußischen Akademie der Wissenschaften, Abth. 1, Bd. III, Berlin 1904, S. 250–260.426–429.
[15] Vgl. I. Kant, a.a.O., B 699; S. 443.
[16] Vgl. I. Kant, a.a.O., B 603f.; S. 387f.
[17] Vgl. H. Cohen, a.a.O., S. 86: «Das Suchen der Wahrheit, das allein ist Wahrheit» (mit Berufung auf Lessing).
[18] Vgl. I. Kant, a.a.O., B 797–810; S. 502–509.

3.) Das Gottesproblem u. das Vernunftproblem korrespondieren sich als wechselseitig bezogene *Totalitäten*. Calvin und Kant!

Schema zum System der Wahrheit[19]

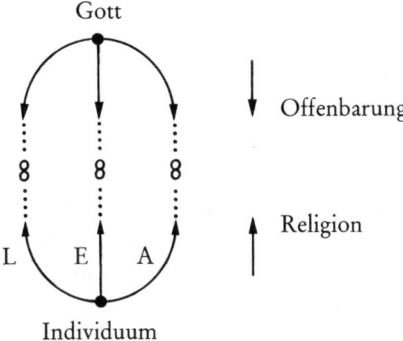

3. Relig[ion] als individ[uelles] Erleben

Hier das Problem[,] das in *Herrmanns* Rel.Phil. ebenso einseitig als fruchtbar in den Vordergrund[,] in *Cohens* Rel.Phil. ebenso einseitig als fruchtbar in den Hintergrund gestellt wird:

Wie wird die realitätsbezügliche Lebensgestaltung (das Problem von *Religion* und *Kultur!*) *wirklich?*

1.) *Cohen* lehnt die Frage ab, als innerhalb der Kultur nicht stellbar, da es sich in der K[ultur] um Bewußt*werden*, nicht Bewußt*sein* handelt.[20] Und in der That gehört die Frage, d. h. die Frage nach dem Entstehen der Religion, als solche nicht in den Problemkreis der Kultur[;] cf. 1. 2.) b.

2.) Aber damit ist die Frage nach dem *Subjekt* der Kultur nicht ausgeschaltet, ja sie muß im wohlverstandenen Interesse der Kultur gestellt werden. Nur unter Vermeidung eines Einbruchs in die Grenzen der

[19] In der graphischen Figur ist das Zeichen innerhalb der punktierten Linien als ∞ (= unendlich) zu lesen. Die Buchstaben L, E und A stehen für Logik, Ethik, Ästhetik.

[20] Vgl. etwa H. Cohen, a.a.O., S. 130: «Das Bewußtsein darf nicht als vorhanden angenommen werden, geschweige das Selbstbewußtsein. Wie das Bewußtsein an seinem Teile, so soll insbesondere auch das Selbstbewußtsein durch den Willen erst erzeugt werden.»

Humanität! Es bedeutet nämlich normmäßiges (gesetzlich-transszendentales) Denken, Wollen etc. an u. für sich noch keinen Kulturwert, d. h. es kommt dadurch Lebensgestaltung noch nicht zu Stande.[21]

Macht sich bes. deutlich bemerkbar in der bekannten Katastrophe des «natürlichen» guten Willens auf dem Gebiet der Ethik, ist aber auch in Logik u. Aesthetik nachzuweisen.

3.) Kulturwert oder Lebensgestaltung kommen erst da zu Stande, wo das Subjekt des normalen Kulturbewußtseins kraft Aufleuchtens der *Idee* in ihm teilnimmt an der «Realität» des (kritisch verstandenen!) Dings an sich. μέθεξις des Plato[22][;] cf. 2. 2.) a.

4.) Welches ist das *Subjekt der Idee*? Das normale Kulturbewußtsein? Nein, denn die Idee transszendiert ja ihrem Begriff nach alle mögliche Erfahrung. Darum keine «Allgemeingiltigkeit» der Idee wie etwa der Anschauungs- u. Denkformen des log[ischen] Bewußtseins. Wie die *Universalität* Subjekt des abstrakt möglichen, so ist die *Individualität*, kraft der μέθεξις an der Dignität der Idee, Subjekt des konkret wirklichen Kulturbewußtseins. *Subjekt der Idee, des wirklichen Kulturbewußtseins, der tatsächlichen Lebensgestaltung ist das Individuum.*

U. zw. handelt es sich hier nicht um d. Individuum[,] sofern es teilnehmend am Allgemeinbegriff «Mensch» ein normal in Kategorien, pflichtmäßig etc. erkennendes, wollendes ... ist, sondern um das *unmittelbare Selbstbewußtsein,* kraft dessen es ein Einzelnes ist.

An diesem Punkt verläßt also die Rel.Phil. die Fragestellung des transszendentalen Kulturbewußtseins u. betritt einen zweiten, für die Humanität im höhern Sinn ebenso unveräußerlichen Problemkreis, den des *individuellen Erlebens*[.][f] Empirisch-psychol. wird sie deshalb nicht. Ob das neue Gebiet «transszendentale Psychologie» zu nennen wäre? (Schl[eiermacher]s Einleit[ung]!)

[f] cf. Schl[eiermacher,] Gl. § 2,2! § 10,3.

[21] Vgl. die ähnlich lautende Kritik W. Herrmanns an Cohen: *Die Religion in Cohens und Natorps Ethik* (1909), in: W. Herrmann, *Schriften zur Grundlegung der Theologie,* a.a.O., Teil II, S. 214–217, und an Natorp: a.a.O., S. 223f.

[22] Vgl. vor allem Platon, *Parmenides,* 132d; K. Vorländer, *Geschichte der Philosophie* (PhB 105), Bd. I, Leipzig 1908², S. 97f.

4. *Religion außerhalb der Kultur als schlechthiniges Abhängigkeitsgefühl*
Die Religion od. das individuelle Erleben (das innerhalb der Kultur cf. *3.* und *2.* ideenprojicierend d. h. regulierend u. damit Realitätsbeziehung gebend auftritt) ist für sich allein betrachtet eine *Bestimmtheit des unmittelbaren Selbstbewußtseins*[23], als solche nicht eine Bewußtseinsfunktion (Troeltsch)[24][,] sondern ein Erleben des Individuums (Herrmann) cf. 3., 4.) d. h. eine nicht transszendental notwendige sondern *geschichtlich* mögliche u. wirkliche Bezogenheit des individuellen Subjektes der Kultur.

[1. Beiblatt]
    Aus *Schleiermacher* zu verwerten
§ 2,2 Begriff d. *Religionsphilosophie*. Kann weder rein wissenschaftlich, noch rein empirisch arbeiten, es handelt sich um d. *individuelle*
§ 3,4 Frömmigkeit schließt immer Wissen u. Thun als Keime in sich
§ 4,3 *Gegen* Schl.: dem schlechthin[igen] Abh[ängigkeits]gef[ühl] wäre *gleichzusetzen* ein schlechthin. Freiheitsgef[ühl] als *sein sollendes* ? ? ?
§ 5,3 Aufeinanderbezogensein der höchsten und der mittleren Stufe als Vollendung des Selbstbewußtseins
§ 5,5 Kontinuität d. frommen Erregungen
§ 5,Zusatz Gottesbewußtsein als *Gedanke*
§ 3,5 *Rolle des Selbstbewußtseins* in
A a) Handlung – Zweck = Sicherheit
   b) Erkennen – Wissen = Gewißheit
B Bestreben nach neuen Verknüpfungen
§ 6,1 Notwendigkeit d. schl[echthinigen] A[bhängigkeitsgefühls] für d. Individuum
§ 10 Zusatz Offenbarung u. Persönlichkeit
    Jedes Urbild Offenbarung

[2. Beiblatt]
Herrmanns Theorie des rel. Erlebnisses ist dahin zu korrigieren resp. zu verdeutlichen, daß das «Erlebnis der Person Jesu» nicht als einmaliger[,] überhaupt nicht als einzelner zeitlicher Akt zu verstehen ist, sondern als unzeitliches resp. kontinuirliches Gewißwerden der Wahrheit u. Wirklichkeit im Zusammenhang der lebendigen Überlieferung von Jesus.

[23] Vgl. Fr. Schleiermacher, *Der christliche Glaube*, a. a. O., § 3, Leitsatz: «Die Frömmigkeit ... ist rein für sich betrachtet eine Bestimmtheit des Gefühls oder des unmittelbaren Selbstbewußtseins.»
[24] Vgl. z. B. E. Troeltsch, a. a. O., S. 46: Die Religion ist «ein Apriori der Vernunft», welches sich «immer in ganz spezifischen und bei aller Verschiedenheit wesentlich gleichartigen psychischen Erlebnissen und Zuständen» aktualisiert.

Zu *Drews* cf. Gl.L. § 10,2 Anfang![25]
Gl.L. § 10,2 zeigt überhaupt, daß Schl. das religionsgeschichtl. Problem der Analogie schon gekannt u. verarbeitet hat
Herrmanns Offenbarungsbegriff § 10 Zusatz 2.)

---

[25] Die Notiz dürfte sich auf P. Drews' Replik auf Barths Aufsatz *Moderne Theologie und Reichsgottesarbeit*, Vorträge und kleinere Arbeiten 1905–1909, S. 341 ff., beziehen, speziell auf Drews' Ausführungen über den Individualismus (a.a.O., S. 351 f.). Den Schleiermacher-Text aus der Glaubenslehre betrachtet Barth wohl als Ergänzung zu den anderen Schleiermacher-Texten, die er in seiner Antwort auf diese Replik angeführt hatte (a.a.O., S. 355.359f.364).

GOTT IM VATERLAND
1910

Der Eidgenössische Bettag (s. unten Anm. 8) fiel 1910 auf den 18. September. Für das in der Vorwoche erscheinende Gemeinde-Blatt verfaßte Karl Barth den einleitenden Artikel, den er – mit Worten aus dem «Schweizerpsalm» (s. unten Anm. 1) – «Gott im Vaterland» überschrieb. Barth sandte ihn am 31. 8. 1910 an Pfarrer Paul Walter in Genf: «Hier kommt der freundlichst bestellte Bettagsartikel für das teure Blättchen.» Aus einem Brief, den er, ebenfalls am 31. 8., an die Mutter schrieb, geht hervor, daß Barth die Bettagsbetrachtung am gleichen Tag im Schloß Greifensee geschrieben hat, dem Elternhaus Willy Spoendlins, seines Freundes aus Schultagen. Dort verlebte Barth vom 25. 8. bis 2. 9. 1910 einen Teil seiner Ferien.

Wir haben es oft gesungen und singen hören an den Gedenktagen unsres Landes, im kleinen oder großen Kreis, von alten und von jungen Schweizern, in der Heimat oder in der Fremde:
Die fromme Seele ahnt
Gott im hehren Vaterland.[1]
Und der Gedanke ist uns durch's Herz und die Worte über die Lippen gegangen, wenn wir einsam hinüberblickten zu der Kette von ewigem Schnee, die der Eidgenossen Hort oder Wahrzeichen ist seit ältesten Tagen, oder wenn wir hinaussahen von den Zinnen jenes Walles auf das nahe und ferne Land, auf die Hügelzüge, die Wälder und Dörfer, die uns grüßten mit all der Lieblichkeit und all dem Reichtum, den wir in ihnen verborgen wußten. Die Farben Rot und Weiß flattern im Winde, die Berge, Täler und Seen der Heimat tauchen in deutlicheren Umrissen auf aus den geheimnisvollen Nebeln des herbstlichen Sommermorgens, und da ahnt die fromme Seele Gott im hehren Vaterland.

Aber das ist ein großer Gedanke, der größte, der über das Vaterland gedacht werden kann. Und es ist das Schicksal gerade der großen und größten Gedanken, daß sie zu oft und zu leicht gedacht und ausgespro-

---

[1] Schlußzeilen der 1. Strophe des «Schweizerpsalms» («Trittst im Morgenrot daher ...») von Leonhard Widmer (1808–1868) («*Eure* fromme Seele ahnt ...»). Das Lied – seit 1961 provisorisch als Schweizer Nationalhymne eingeführt – wurde schon früher neben anderen als solche gesungen.

chen werden und dann zu abgeschliffener Scheidemünze zu werden scheinen. So ist der Gedanke «Gott im Vaterland» im Munde mancher Schweizer zur Scheidemünze und Phrase geworden, und viele Aufrichtige wollen nichts mehr davon wissen. Es ist auch manchem, was in der Bibel zu lesen und in der Kirche zu hören ist, ähnlich ergangen. Aber ich meine, der gedankenlose Mißbrauch soll uns weder hier noch dort den Gebrauch verleiden.

«Gott im Vaterland», wenn wir davon singen und sagen, so sprechen wir die einfache Gewißheit aus, daß wir unser Volk und Land mit seinen Nöten und Hoffnungen dem Ewigen, Allmächtigen befohlen wissen, der alles Daseins Grund und Wesen ist und der uns in Jesus seinen Willen und seine Liebe kundgetan hat. Wenn wir die Worte «Gott» und «Vaterland» nebeneinander stellen, dann bedeutet das, daß wir all unsere Gedanken und Gefühle, all die Regungen guten Willens, die wir unserer Heimat, unserem Staat widmen, in Beziehung und Verbindung setzen wollen mit der verborgenen Tatsache, die unserm innern Lebensgrund Trost im Leben und im Sterben[2] geworden ist. Es ist Gott nicht gleichgültig, ob wir gute Schweizer sind oder das Gegenteil. Und wenn wir in unserm kleinen Ort in der Welt Gott anrufen im Geist und mit den Worten Jesu: Dein Reich komme! [Mt. 6,10 par.], dann beten, glauben und wollen wir normalerweise zunächst, daß Gottes Reich komme in den 22 Kantonen der Eidgenossenschaft. Gewiß auch und ebensosehr in Deutschland und Frankreich und auf den Südseeinseln. Aber hier, im Vaterland sind die starken Wurzeln *unserer* Kraft[3], hier hat Gott gerade *uns* hingestellt, hier sind die Lebenskreise, in denen gerade *wir* den Glauben, die Liebe und die Hoffnung betätigen und bewähren sollen und dürfen.

Gar manches Herz verschwebt im Allgemeinen,
Doch widmet sich das edelste dem *Einen*.[4]

Gott im *Vaterland*, d.h. Gottes Gabe und Gottes Aufgabe in dem Land, das unser Heimatland ist, und unter den Brüdern, die mit uns

---

[2] Vgl. *Heidelberger Katechismus*, 1. Frage, BSRK 682,20.
[3] Fr. von Schiller, *Wilhelm Tell*, II,1 (V. 922–924):
   Ans Vaterland, ans teure, schließ dich an,
   Das halte fest mit deinem ganzen Herzen.
   Hier sind die starken Wurzeln deiner Kraft ...
[4] J.W. von Goethe, «Urworte. Orphisch: ΕΡΩΣ, Liebe».

verbunden sind durch das Band des gemeinsamen Staates. Nicht engherzig und ausschließlich wird das Christentum unter dieser Devise – das gerade Gegenteil –, wohl aber praktisch und bestimmt, und das ist schließlich Alles. Wenn einer ein international denkender Christ gewesen ist, so war es unser Calvin. Aber er hat den Staat Gottes nicht überall und nirgends gesucht und angestrebt, sondern zunächst ganz schlicht und bestimmt da, wo Gott ihn hingestellt, nämlich in der Republik Genf. Das soll uns zu denken geben. – Aber ebenso kann es keine wahre Vaterlandsliebe geben, die nicht in dem Grunde der Ewigkeit verankert wäre, die nicht von daher Lebendigkeit, Zielstrebigkeit, Fruchtbarkeit empfinge. Ohne das innere Leben in Gott, dem das Vergängliche Sinnbild und Mittel wird zum Unvergänglichen, ohne den Glauben, der dem Leben Sinn und Inhalt gibt, ist die Vaterlandsliebe ein roher und unklarer Naturtrieb, eine feinere Sorte Egoismus. Was sich Vaterlandsliebe nennt, ist dann in Wirklichkeit gemeinsamer Rasseninstinkt oder gemeinsames Geschäftsinteresse. Das Übrige ist Draperie, und wir werden nicht bestreiten wollen, daß sie auch rot und weiß sein kann. Besser werden die Menschen dadurch nicht, sie bleiben, was sie sind: Deutsche, Franzosen, Schweizer und Arbeiter, Krämer, Fabrikanten – nein, sie werden schlechter; denn das heißt schlechter, wenn man das, was man ist, noch drapieren will. Darum *Gott* im Vaterland. Und das bedeutet, daß wir das, was wir sind und geworden sind, unsere nationale und staatliche Eigenart, unsere politischen und kommerziellen Einrichtungen und Interessen entgegennehmen sollen aus der Hand der ewigen Güte, die gerade uns gerade all das gegeben hat, damit gerade wir an unserer Stelle bessere, unseres Namens würdigere Menschen würden. Wenn uns das Vaterland und seine besonderen geistigen und materiellen Güter nicht ein fauler Besitz ist, auf dem wir es uns wohl sein lassen, sondern Mittel zum höheren Zweck, das zu werden, was wir noch nicht sind, das ist die wahre Vaterlandsliebe. Solche Ewigkeitsrichtung und Ewigkeitskraft empfängt sie vom Gottesglauben.

Damit ist es aber bereits ausgesprochen, daß dies «Gott im Vaterland» nicht eine festliche Parole neben andern sein kann. Wenn die Religion eines Volkes zur schönen Feierlichkeit wurde, dann war es immer das Zeichen, daß sie aufhörte, Religion zu sein, und Gott hat ihm dann wohl zu verstehen geben müssen, daß er davon nichts wissen wolle. Das Volk Israel hat hier seine Erfahrungen gemacht, und sie bleiben vorbildlich. Gott bewahre uns vor der Eidgenossen-Religion der Schützenfeste! «Möge vielmehr *Recht* sprudeln wie Wasser und *Gerechtigkeit* wie ein nimmer versiegender Bach» (Amos 5,24). Damit erhält das «Gott im Vaterland» erst Wert und Sinn und Bestimmtheit innerhalb eines christlichen Volkes. Es wird dann aus einer Stimmung und Ahnung der frommen Seele zum bewußten Gedanken und Willensentschluß, und Gedanke und Entschluß heißen dann Recht und Gerechtigkeit. Es wird der Ruf zur Buße, zur Umkehr, zur sozialen Erneuerung. Hier kommt jener Zusammenhang zum Ausdruck zwischen rechter Religion und rechtem Patriotismus. Die Religion der Selbstbeschaulichkeit und Feierlichkeit wird zur Religion des innern Vorwärtsschreitens, und der Patriotismus des Schützenfestes wird zum Patriotismus der sozialen Arbeit. Mit dem Worte «sozial» ist das Feld abgesteckt, auf dem der seine patriotische Aufgabe zu suchen hat, der Ernst macht mit dem «Gott im Vaterland». Denn nicht auf den engen modernen Sinn der Klassenfrage ist jenes Wort einzuschränken, sondern es umfaßt ohne Ausnahme alles das, was Jesus als die Gerechtigkeit, die vor Gott gilt [vgl. Röm. 1,17; 3,21.25.26; 10,3; 2. Kor. 5,21], unter den Menschen gelehrt und gelebt hat. Sozial denken und wollen heißt: sich grundsätzlich abwenden von der Beschränktheit des gröbern und feinern Egoismus, heißt: seine Gedanken und Entschlüsse bis in die feinsten Regungen unseres Innern *so* dirigieren lernen, daß *unsere* Motive jederzeit die Würde in Anspruch nehmen können, maßgebend zu sein für *alle Andern,* daß wir also bei Allem, was *wir* denken und wollen, aufrichtig wünschen können, so möchte *jedermann* denken und wollen.[5] «Alles, was ihr wollt, daß euch die Leute tun sollen, das tut ihr ihnen auch, das ist das Gesetz und die Propheten» [Mt. 7,12]. So ist «gerecht» und «sozial» eins und dasselbe. So wird der Gottesglaube im Patriotismus zur schlichten praktischen Aufgabe des guten Willens, die jeder gerade an der Stelle aufnehmen kann und soll, wo er im Leben hingestellt ist. Und so wird das «Gott im Vaterland» zur Predigt der Buße, d. h. der Umkehr und des Neuanfangs.

[5] Barth paraphrasiert hier offenbar Kants Kategorischen Imperativ – vgl. bes. die *Grundlegung zur Metaphysik der Sitten,* Kant's gesammelte Schriften, hrsg. von der Königlich Preußischen Akademie der Wissenschaften, Abth. 1, Bd. IV, Berlin 1911, S. 421.429 u. ö.

Aber unsere Gedanken dürfen noch weiter gehen. Wo der lebendige Glaube lebendige Vaterlandsliebe geworden ist, wo Gottes Aufgabe erfaßt und verstanden ist, da lebt im innern Grunde des Menschen die Gewißheit: *Gott wirkt.* Gott ist an der Arbeit. Sein Werk vollzieht sich unaufhaltsam, durch uns, mit uns, ohne uns, manchmal auch trotz uns. Er spricht: Es werde Licht! und es *wird* Licht [vgl. Gen. 1,3f.]. Und das ist schließlich das Beste in der Welt, diese Gewißheit, daß *er* es besser kann als *wir*. Ein alter politischer Sinnspruch ist mir immer recht tröstlich und stärkend gewesen: *Hominum confusione et Dei providentia Helvetia regitur.*[6] Das heißt in freier Übersetzung: Der Menschen Unverstand und Gottes Vorsehung machen die Schweizergeschichte. Gottlob, daß die fromme Seele das nicht nur ahnt, sondern weiß, daß Gottes Vorsehung unsern Unverstand unter den Mantel nimmt, daß nicht nur unser bißchen besseres Wollen und Streben, sondern auch unsere Dummheit und Bosheit Instrumente sind der ewigen Weisheit, daß Gott mit gewaltiger Hand im Regimente sitzt, jenseits unseres guten Willens und jenseits auch unserer Torheiten. Es wäre übel um uns bestellt, wenn wir unsere vaterländischen Hoffnungen auf das Bißchen sozialer Vernunft, das wir haben, setzen würden, auf die erreichte Kultur, auf unsere politischen und ökonomischen Einrichtungen oder gar auf unsere Eisenbahnen oder auf die neue Militärorganisation[7]. Man braucht noch kein Pessimist zu sein, um in dem Allem mehr Schatten als Licht zu sehen. Aber der Glaube befiehlt auch die eigenen Schatten und die Schatten in und über dem Vaterland Gott an, der der Vater der Lichter und in dem keine Finsternis ist (1. Joh. 1,5; Jak. 1,17).

Ihn wirken lassen, das sei unsere vaterländische *Aufgabe* und unsere vaterländische *Hoffnung. Er* macht die Schweizergeschichte. Und das

---

[6] Vgl. K. Barth, *Hominum confusione et Dei providentia Helvetia regitur*, in: ders., *Eine Schweizer Stimme 1938–1945*, Zollikon-Zürich 1945 [= Zürich 1985³], S. 233–239, bes. S. 233: «Dieser lateinische Spruch stammt aus dem 17. Jahrhundert.» Material zur im einzelnen dunklen Entstehungsgeschichte findet sich in: *Briefwechsel Philipp Anton von Segesser (1817–1888)*, Bd. IV: *1864–1868,* bearbeitet von C. Bossart-Pfluger, Zürich/Köln 1989, S. 178, Anm. 3.

[7] Am 3. November 1907 war in einer Volksabstimmung ein neues Militärorganisationsgesetz angenommen worden, das zur Heeresreform von 1911 führte. Vgl. H. von Greyerz, *Der Bundesstaat seit 1848,* in: *Handbuch der Schweizer Geschichte,* Bd. II, Zürich 1977, S. 1121.

soll die Lektion sein, die wir am eidgenössischen Bettag[8] überdenken wollen.

---

[8] «Der eidgenössische Dank-, Buß- und Bettag, seit 1650 von den evangelischen Ständen angeordnet, 1802 von der Tagsatzung für die ganze Schweiz festgesetzt», wird «seit 1832 am dritten Sonntag des September gefeiert» (Fr. Meyer, Art. «Schweiz», in: RE³ XVIII, S. 60, Z. 5–7).

SPITTLER, CHRISTIAN FRIEDRICH
1910

Das «Handwörterbuch» «Die Religion in Geschichte und Gegenwart» «geht auf eine Anregung zurück, die Prof. Martin Rade dem Verleger Paul Siebeck gegeben hat».[1] Vielleicht war es dann ebenfalls Rade, durch den Privatdozent Lic. Hermann Mulert, Halle, der bei dem zunächst von Fr. M. Schiele als Hauptherausgeber geleiteten Werk als Redakteur für «Biographie des 19. Jhd. und der Gegenwart» verantwortlich zeichnete, auf Karl Barth aufmerksam wurde. Jedenfalls richtet Mulert am 25. 4. 1910 an den «sehr verehrte[n] Herr[n] Kollege[n]» in Genf eine Postkarte mit der Frage: «wären Sie freundlichst grundsätzlich bereit, mir für Schieles Handwörterbuch Die Religion zu helfen? Ich brauche einen Schweizer, der mir entscheiden hilft, ob der und jener Mann aus der Schweiz, entsprechend den für Deutsche angewandten Maßstäben, in einer Notiz behandelt werden muß, oder mit Schweigen übergangen werden kann, und mir ev. auch sonst durch Rat und Auskunft in diesen Dingen hilft.» Ironisch kommentiert Barth in einem Brief vom 28. 4. 1910 an die Eltern: Er sei «angefragt, bei Schieles Lexikon zu wirken, doch nur im Schatten. K. B. empfiehlt sich als Hausknecht für theolog. Unternehmungen. Meinetwegen: Rade, Stephan, Wernle ...» Mit den ersten beiden Namen spielt Barth auf seine Schattenarbeit bei der Redaktion der «Christlichen Welt» und bei der Drucklegung von Horst Stephans «Kirchengeschichte der Neuzeit»[2] an, den er «durch liebenswürdige Unterstützung bei der Korrektur und wertvolle Notizen zu Dank verpflichtet» hatte[3]; die Nennung Paul Wernles erinnert daran, daß Barth für dessen Studie «Calvin und Basel» eine «Notiz» beigesteuert hatte und auch sonst mit Informationen behilflich gewesen war[4].

Immerhin ergab es sich diesmal, daß Barth in der RGG dann doch noch mit zwei eigenen Artikeln – über den Basler Antistes und Professor

---

[1] RGG[1] I, S. V.

[2] *Handbuch der Kirchengeschichte für Studierende*, 4. Teil: *Die Neuzeit*, bearbeitet von H. Stephan, Tübingen 1909.

[3] A.a.O., S. III.

[4] P. Wernle, *Calvin und Basel bis zum Tod des Myconius. 1535–1552. Programm zur Rektoratsfeier der Universität Basel*, Basel 1909, S. 107, Anm. 391, und S. 108.

I. Stockmeyer *und über* Chr. Fr. Spittler, *den Gründer von St. Chrischona – aus dem Schatten treten konnte. Am 18.9.1910 berichtet er dem Vater: «Letzten Mittwoch verbrachte ich mit Lektüre von Spittler-Literatur u. schrieb dann Abends mein Artikelchen fürs Wörterbuch. (Heute hoffe ich noch* Stockmeyer *zu schreiben.) Ich hatte dabei doch sehr den Eindruck einer mir immer fremder werdenden Welt, der Spittler'schen nämlich. Die Stimmung u. Gedankenwelt dieser Kreise hat etwas von der* Kraft *aller Einseitigkeit, aber im Übrigen ist es mir unmöglich, darin Reichsgottesarbeit par excellence gegenüber der ‹Welt›, die im Argen liegt, zu finden. Gott und das Christentum müssen anders, größer sein als so. Wenigstens wenn das, was ich in den Evangelien sehe, Gott u. Christentum ist.» Als die beiden Artikel Barths 1913 gedruckt wurden, zeichnete er schon als «Pfarrer K. Barth – Safenwil, Ktn. Aargau». Der angeführte Brief belegt aber, daß sie schon 1910 entstanden und also bei den Genfer Texten einzuordnen sind.*

Beim vorliegenden Abdruck fallen die wörterbuchinternen Verweiszeichen weg, deren Funktion in unserer Ausgabe die Anmerkungen übernehmen.

Spittler, *Christian Friedrich* (1782–1867), charakteristischer Vertreter des aktiven süddeutschen Pietismus. Geb. zu Wimsheim (Württemberg), 1800 Schreiber am Oberamt Schorndorf, 1801 zum Nachfolger K. F. A. Steinkopfs[5] an das Sekretariat der deutschen Christentumsgesellschaft[6] in Basel berufen, wirkte daselbst, seit 1808 im «Fälkli»[7], in mehr oder weniger unabhängiger «Pilgerarbeit». 1815 ergreift er die Initiative zur Gründung des Basler Missionshauses (Heidenmission: III,4, Sp. 1995)[8], dessen Komitee er fortan angehört. 1817 begründet er zusammen mit C. H. Zeller[9] die Anstalt Beuggen[10] (Erziehung armer

---

[5] [A.] Wollschläger, Art. «Steinkopf, C. F. A.», in: RGG[1] V, Sp. 906.

[6] J. Werner, Art. «Christentumsgesellschaft, Deutsche», in: RGG[1] I, Sp. 1690f.

[7] Vgl. W. Bornemann, Art. «Spittler, Christian Friedrich», in: RE[3] XVIII, S. 670–677, bes. S. 671, Z. 40–46.

[8] [P.] Glaue, Art. «Heidenmission: III. Geschichtlich», in: RGG[1] II, Sp. 1979–1998.

[9] [Chr. Fr. G.] Israel, Art. «Zeller, 1. Christian Heinrich», in: RGG[1] V, Sp. 2199.

[10] Vgl. W. Bornemann, a.a.O., S. 673, Z. 34–37.

Kinder, Ausbildung von Lehrern, später noch Taubstummenpflege), 1822 ist er anfänglich stark beteiligt am Widerstand gegen die Berufung De Wettes[11] an die Universität. Sein eigentlichstes Lebenswerk ist die Begründung der Pilgermissionsanstalt auf St. Chrischona[12] (1840), die die Ausbildung und Aussendung von Laienevangelisten für die Gebiete der äußern und innern Mission zum Zweck hat; der oft tatsächliche Gegensatz zum Basler Missionshaus war von S. nicht gewollt. S. hat sich im Rahmen dieses Werks besonders um Palästina (Bischof Gobat)[13], aber auch um Abessinien und Texas bemüht.

Joh. Kober: Ch. Fr. S., 1885 (Sammlungen für die Liebhaber christl. Wahrheit und Gottseligkeit, Bd. 100); – *Ders.:* Ch. Fr. S.s Leben, 1887 – *Sus. Spittler:* Ch. Fr. S. im Rahmen seiner Zeit, 1876; – *W. Bornemann:* RE³ XVIII, S. 670–677.[14]

---

[11] H. Kähler, Art. «De Wette, Wilhelm Martin Leberecht», in: RGG¹ II, Sp. 3–5.
[12] [K.] Kühner, Art. «Chrischona», in: RGG¹ I, Sp. 1677f.
[13] [P. O. H.] Andrae, Art. «Gobat, Samuel», in: RGG¹ II, Sp. 1487.
[14] [J. Kober,] *Christian Friedrich Spittler,* in: Sammlungen für Liebhaber Christlicher Wahrheit und Gottseligkeit. Vom Jahre 1885, 100. Bändchen, Basel o. J., S. 22–32.52–64.83–96.113–128.146–160.180–192.211–224.244–256. 278–292.313–324.344–356.376–394; ders., *Christian Friedrich Spittler's Leben,* Basel 1887; [S. Spittler,] *Christ. Friedr. Spittler im Rahmen seiner Zeit. Gesammelt aus seinem schriftlichen Nachlaß.* Mit Vorwort von Pfr. A. Sarasin, Bd. I, Basel o. J. [1876]; W. Bornemann, a. a. O.

STOCKMEYER, IMMANUEL
1910

Einleitung s. S. 145f.

Stockmeyer, Immanuel (1814–1894), evg. Theologe, geb. zu Basel, 1841 Pfarrer in Oltingen (Baselland), 1846 an St. Martin in Basel, 1851 Dozent an der Universität für Homiletik und nt.liche Exegese, 1871 Antistes der Basler Kirche, 1876 o. Professor. Als Student von Schleiermacher[1] beeinflußt und mit J. C. K. v. Hofmann[2] eng befreundet, wirkte er als umsichtiger Kirchenpolitiker, feinsinniger Prediger und gewissenhafter Exeget im Sinn eines nüchternen Biblizismus. [Vgl. Art.] Homiletik, Sp. 123.[3]

Verf. u. a.: Das apostolische Symbolum, 1846; – Das NT nach den ältesten Handschriften, frei nach Tischendorf bearbeitet (zusammen mit C. J. Riggenbach), 1880; – Homiletik, 1895 (posthum); – Exegetische und praktische Erklärung ausgewählter Gleichnisse Jesu, 1897 (posthum)[4]. – *Über S.:* K. Stockmeyer: Antistes Immanuel S., 1896.[5]

---

[1] [S.] Eck, Art. «Schleiermacher, Friedrich», in: RGG¹ V, Sp. 303–314.

[2] [S.] Eck, Art. «v. Hofmann, Johann Christian Konrad», in: RGG¹ III, Sp. 99.

[3] J. Bauer, Art. «Homiletik», in: RGG¹ III, Sp. 123–131, erwähnt Stockmeyer Sp. 123.

[4] I. Stockmeyer, *Wann und auf welche Veranlassungen ist das apostolische Symbolum entstanden und welche Bedeutung hat dasselbe für die Kirche überhaupt und insbesondere auch für unsere Zeit? Ein Referat, vorgetragen in der Jahresversammlung der schweizerischen Predigergesellschaft zu Zürich, den 23. Juli 1845,* Zürich 1845; Ἡ Καινὴ Διαθήκη κατὰ τὰ ἀρχαιότατα ἀντίγραφα ἐκδοθεῖσα. *Das Neue Testament nach den ältesten Handschriften. Frei nach Tischendorf bearbeitet von C. J. Riggenbach und I. Stockmeyer,* Basel 1880; *Homiletik. Vorlesungen von Immanuel Stockmeyer,* hrsg. von K. Stockmeyer, Basel 1895; *Exegetische und praktische Erklärung ausgewählter Gleichnisse Jesu. Vorlesungen von Immanuel Stockmeyer,* hrsg. von K. Stockmeyer, Basel 1897.

[5] K. Stockmeyer, *Antistes Stockmeyer,* in: *Basler Jahrbuch 1896,* hrsg. von A. Burckhardt, R. Wackernagel und A. Geßler, Basel o. J., S. 107–181.

DER CHRISTLICHE GLAUBE UND DIE GESCHICHTE
1910

Die Pfarrer der deutschsprachigen Gemeinden in der welschen Schweiz traten in größeren Abständen zu einer Pastoralkonferenz zusammen, deren Präsidium während Barths Genfer Zeit der 1847 geborene Pfarrer der Deutschen lutherischen Kirche in Genf, Adolph Hoffmann, innehatte. Barth nahm erstmals am 1.12.1909 in Lausanne an einer solchen Versammlung teil und kehrte, wie er zwei Tage später seinen Eltern berichtete, «in ganz rabiater Stimmung nach Hause» zurück, weil er den «gedanklichen Inhalt» eines dort gehörten Referates von einem wenige Jahre älteren Kollegen «unter aller Kanone» gefunden hatte. Noch mehr fühlte er sich von der zweiten Zusammenkunft dieses Kreises, der er beiwohnte, am 30.5.1910 in Genf, abgestoßen. Am selben Tage schreibt er den Eltern: «Ich fühle mich in solcher Gesellschaft ganz ungemein fremd, muß mich oft fast gewaltsam daran erinnern, daß ich auch dem Stand angehöre, dessen Gebahren einem bei den meisten seiner Träger so sonderbar entgegentritt, und nicht ein ‹Weltkind› [bin], das für diese Bannerträger des Evangeliums mit ihren vielen Gebeten, Augenaufschlägen, sanft über den Bäuchen gefalteten Händen usf. nur die interessierte Neugierde eines Kuriositätenliebhabers übrig hat. Ich kann meine widerstreitenden Empfindungen kaum auf Worte bringen, die ich von solchen Orten mitbringe.

> *Mich ängstet das befängliche,*
> *Das widrige Geschwätz,*
> *Und mich befällt das Bängliche*
> *Im graugestrickten Netz.*

Wenn ich innerhalb dieses Standes zu etwas taugen soll, so kanns jedenfalls nur sein als ‹Weltpriester› einer Gemeinde wie der unsrigen. In so schrecklich frommer Umgebung spüre ich immer mehr dezidiert heidnische Neigungen.»

Sehr kurzfristig wurde für die folgende Zusammenkunft, am 5.10.1910 in Neuenburg (Neuchâtel), Barth selbst als Referent aufgeboten. Das Thema wählte er anscheinend selbst. Am 25. September schreibt er seinem Vater auf einer Postkarte, zu dem sonst allsonntäglich üblichen Brief nach Hause habe er keine Zeit, weil er jenen Vortrag übernommen habe; er werde «über ‹Der christliche Glaube und die Ge-

schichte› Altes und Neues aus meinem Schatz hervorbringen». Bereits drei Tage später heißt es auf einer weiteren Karte: «Der Vortrag für Neuenburg ist nahezu fertig; ich habe ihn wesentlich als theologiegeschichtlichen Bericht gehalten und gehe nur zum Schluß zu einem (zahmen) Angriff über, sonst ist die Kritik nur immanent darin und es bleibt ihnen Vieles zu ‹merken› überlassen. Troeltsch hat gestern in Nürnberg über dasselbe Thema geredet, jedenfalls totaliter aliter.»[1] Doch dann war Barth mit dem fertigen Manuskript nicht mehr zufrieden; er «beschloß», wie er am 4. Oktober den Eltern schreibt, «es sei doch besser, schwereres Geschütz aufzufahren, systematisch vorzugehen statt mich blos wie hier der Fall mit der Vorführung meiner Gewährsmänner zu begnügen. Und so habe ich im Schweiß meines Angesichts eine ungefähr doppelt so lange Fassung II ausgearbeitet, in der nun derselbe Stoff auf viel breiterer Basis und darum wie ich hoffe wirkungsvoller vorgetragen ist.» Wegen der Länge – eine Vorleseprobe habe 70 Minuten ergeben – und des Fassungsvermögens der Zuhörer macht er sich Gedanken, aber keine Sorgen: «Das wird sich ja nun morgen Alles zeigen, jedenfalls fahre ich nun mit meinem dicken Manuskript in der Tasche sehr zufrieden hin und werde es nötigenfalls ebenso unentwegt herunterlesen wie weiland Münchhausen das seine. Doch stehen schon Sachen drin, die sie von Zeit zu Zeit wecken werden.» Und schon spielt er «mit dem fatalen Gedanken, [die Fassung] II nachher an eine Zeitschrift zu schicken. Troeltsch hat in Schieles Lexikon [der RGG] vollständig ungenügend und unwesentlich über dasselbe Thema georakelt, und was mußte man nicht schon Alles in der Chr. W. darüber lesen. Neulich in Nürnberg soll, wie [Adolf] Keller mir schrieb, wieder ungemeinste Konfusion in Sachen geherrscht haben. Die ältern Ritschlianer aber stehen, von Herrmann abgesehen, händeringend daneben (Typus: Häring) und wissen auch nichts zu thun als weinerlich an das schöne Göttingen zurückzudenken. Ich meine ja auch nicht, den Stein der Weisen entdeckt zu haben, aber ich habe doch eine positive und begründete Ansicht, während die andern immer nur postulieren und schwärmen. Und darum würde ich jetzt mit ruhigem Gewissen

---

[1] In Nürnberg tagten am 27./28. 9. 1910 die «Freunde der Christlichen Welt» aus Süddeutschland und der Schweiz. E. Troeltsch sprach am ersten Tag über «Glaube und Geschichte»; vgl. die Anzeige in: CW, Jg. 24 (1910), Sp. 909.

ins Horn stoßen, wie Rade sagt. Ich kanns aber auch bleiben lassen. Jedenfalls soll Euch II zuvor noch vorliegen und ich bitte um ein Gutachten.»

Doch dann gab Barth seinem Vater gar keine Gelegenheit zur Stellungnahme, sondern berichtete schon am 7. Oktober den Eltern kurz, er habe den Vortrag an den Redaktor der «Schweizerischen Theologischen Zeitschrift», Pfarrer August Waldenburger in Ragaz, geschickt: *«Für das ZThK-Publikum wäre er mir etwas zu formlos, zu viel Bekanntes. Für die schweizerischen Pfarrer, speziell die bernischen, thut ers völlig.»* Worauf der Vater (10. 10.) nur erwidert: *«Mit dem Druckenlassen hätte es nicht so pressiert; aber wie du meinst; du wirst dann auch zu verantworten haben, was du schreibst.»*

Über den Verlauf der Konferenz unterrichtet ein Brief Barths an W. Loew vom 14. 10. 1910: *«Die Pfarrerkonferenz (vorwiegend mildorthodox mit scharf-orthodoxem Einschlag, da meistens Reichsdeutsche) war buchstäblich platt, als ich nach 1¼ Stunden zu Ende war. Man wußte mich durchaus nirgends unterzubringen, der Grundton der (sehr spärlichen) Diskussion war das Vergnügen über meinen ‹Pietismus›, das θαυμάζειν vor dem Klipp-Klapp einer fremdartig-schauerlichen Systematik, endlich ein gewisses mehr in bedenklichem Brummen als in Rede sich kundgebendes Zurückweichen 1. vor dem unverhüllt vorgetragenen historischen Rationalismus, 2. vor den mehr geahnten als gesehenen Konsequenzen der Centralthese über das Wesen des rechtfertigenden Glaubens, die ich an Hand unverdächtiger Personen wie Luther und Melanchthon demonstrierte, exponierte, exekutierte, transponierte, bombardierte. Kurzum es war ein ungemein lustiges Fest für mich. (Redeblüte aus dem diskussionseröffnenden Wort von Pastor Hoffmann-Genf, dem Präsidenten der Sache: ... ja, ich sehe schon, der Bruder Barth ist der Gescheiteste unter uns ...) Die Konferenz ersuchte mich ausdrücklich, den Scherz in Druck zu geben, um das übernächste Mal noch einmal darüber verhandeln zu können. Das ist ein recht schöner Erfolg immerhin. Ich habe nun den ziemlich dicken Wisch an die Schweiz. theol. Zeitschrift geschickt, habe aber noch keine Antwort, ob dies aufnimmt. Wenn nein, dann verschwindet es in der Schublade zu den ‹Ideen und Einfällen› [s. oben S. 126ff.], wenn ja, so werde ich es mit giftigen Anmerkungen bes. gegen Troeltsch versehen, der im Lexikon ... völlig ungenügend über das Thema geschrieben hat. Er ist ein an-*

spruchsvoller ungründlicher Kerl, der die einfachsten Dinge nicht sieht und die Theologie in den Sumpf führen wird.»

Auf seine Bewerbung um Aufnahme des Vortrags in die Zeitschrift bekam Barth bald eine Zusage von Waldburger (31. 10. 1910) und erhielt gleichzeitig verabredungsgemäß sein Manuskript zurück, um es für den Druck zu redigieren. Das geschah sofort. Am 4. November ist es fertig: «*Ich habe den Vortrag diese Woche noch tüchtig überarbeitet, mit Zusätzen, dem üblichen literarischen Apparat und einigen friedlichen und kriegerischen Anmerkungen versehen, sodaß er als ein stattliches kleines Werk mit Würde unter der schweizerischen Priesterschaft auftreten kann. Hoffentlich reißen sie ihn nicht in 2 Nummern auseinander; das wäre fatal, weil die erste Hälfte fast rein destruktiv ist»* (an die Eltern). Der von Waldburger gesetzte Ablieferungstermin (spätestens Anfang Dezember) war damit bei weitem unterschritten, doch die Veröffentlichung, auf die Barth für Januar 1911 gerechnet hatte, verzögerte sich – wohl aus redaktionellen wie aus technischen Gründen – erheblich. Barth war das zunächst nicht unwillkommen. Im Januar 1911, inzwischen in dem im Frühjahr 1910 begonnen Studium von Calvins Institutio weit fortgeschritten, sah er darin eine Chance, «*jetzt noch einige schöne Calviniana hinein[zu]bringen»* (22. 1. 1911, an die Eltern). Tatsächlich benutzte Barth die gewonnene Frist zu einer noch viel eingreifenderen Revision seines Manuskriptes. Nach Eintragungen in seinem Notizkalender war er fast während des ganzen März neben viel anderer Tätigkeit damit beschäftigt (am 3. 3. ist der Anfang, am 25. 3. das Ende dieser Arbeit vermerkt). «*Den in der Schw. Th. Z. zu druckenden Vortrag vom Herbst habe ich noch einmal zurückverlangt und bin damit beschäftigt, ihn noch einmal umzuarbeiten»*, schreibt er am 6. März an die Eltern, und am 19. März: «*... am Freitag saß ich bis schlägs 3 Uhr in der Nacht daran»*. In die Zeit dieser Arbeit fällt Barths Teilnahme an der 15. Christlichen Studentenkonferenz in Aarau, wo er u. a. am 15. März Ernst Troeltsch – den er in seinem Vortrag als prominentesten Gegner im Visier hatte – über «Die Bedeutung der Geschichtlichkeit Jesu für den Glauben» sprechen hörte. Dem Sachverhalt, daß der Vortrag für den Druck noch einmal so weitgehend umgestaltet wurde, trägt der Untertitel Rechnung, mit dem er schließlich, übrigens doch auf zwei Nummern verteilt, in der Schweizerischen Theologischen Zeitschrift erschien: «(Erweitertes) Referat gehalten an der deutschen Pastoralkonfe-

renz der Westschweiz am 5. Oktober 1910 in Neuenburg». Dies geschah jedoch – aus Gründen, die nicht mehr ganz ersichtlich sind (am 16. 5. 1911 schreibt Waldburger an Barth von einem ihm unerklärlichen Schweigen der Druckerei) – erst in den ersten beiden Nummern des Jahres 1912 mit der nunmehr zutreffenden Bezeichnung des Verfassers als «Pfarrer in Safenwil».

Als der erste Teil inzwischen erschienen ist und dem Verfasser die Korrekturabzüge des zweiten vorliegen, am 19. 3. 1912, bittet er seinen Bruder Peter, der so «gewandt» sei «in der Entdeckung von Druckfehlern», um Kontroll-Lesung der schon korrigierten Fahnen und fügt hinzu: «Ich möchte Lüdemann sehen, wenn ers liest!!! Für die meisten Landgeistlichen, die es lesen, ist es wohl zu schwer und zu eigentümlich. Hoffentlich haben sie wenigstens den vagen Eindruck, daß es mit Troeltsch sicher nichts ist. Er ist ja wohl mit Calvin-Schleiermacher gründlich totgeschlagen!! Nach Marburg schicke ich aber nur an Loew ein Exemplar, damit der Friede nicht wieder gestört wird.»[2]

An einer Versammlung jener westschweizerischen Pfarrkonferenz hat Barth als Genfer Hilfsprediger noch ein weiteres Mal teilgenommen: am 29. März 1911 in Lausanne. Dort scheint es, ausgelöst durch den Präsidenten Hoffmann, um Barths Person zu einem Eklat gekommen zu sein. Sein Notizkalender verzeichnet unter diesem Datum: «Hoffmanns Erklärung – raus!» Am 9. April schreibt er an W. Loew: «Als bemerkenswerte Nachricht meinerseits noch die Tatsache, daß ich aus der reichsdeutsch geleiteten und inspirierten Konferenz der westschweizerischen deutschen Pfarrer (wo ich letztes Jahr den Vortrag hielt) nunmehr als nicht ‹biblisch-gläubig-positiv› hinausgeworfen worden bin nach solenner Diskussion und Briefwechsel. Da ists höchste Zeit, daß ich nun zu der Aargauer Orthodoxie übergehe.» Und noch einen Monat vor dem Abschied aus Genf berichtet er den Eltern: «Pastor Hoffmann hat in Bez. auf die Konferenz scheints den Spruch getan, er werde dafür sorgen, daß ‹unruhige Geister› wie der Bruder Barth ihr künftig ferngehalten würden!!!» (29. 5. 1911)

---

[2] Die Vorsichtsmaßnahme mit dem gedrosselten Versand nach Marburg geht auf die Erfahrungen mit dem Sturm zurück, den er dort durch weit gestreute Zusendung des Zeitungsdrucks seines Vortrags «Jesus Christus und die soziale Bewegung» ausgelöst hatte; s. unten S. 381.

Nach dem Erscheinen des Vortrags schickte Barth einen Sonderdruck an E. Troeltsch, worauf dieser mit folgender Postkarte vom 26. 4. 1912[3] *antwortete: «Sehr geehrter Herr Pfarrer! Ich danke Ihnen sehr für die loyale Zusendung Ihrer doch wesentlich gegen mich gerichteten Abhandlung über Glaube und Geschichte. Ich habe in früheren Jahren diesen Standpunkt behaupten zu können gemeint, er erwies sich mir aber als unhaltbar und als lediglich für Orthodoxe allenfalls wirksam. Ich verstehe auch das Überlegenheitsgefühl, mit dem man von einem solchen Standpunkt auf eine so stark tastende Arbeit wie meine herabsehen kann, und lasse es mir gern gefallen. Ergebenst E. Troeltsch.»*

Eine runde Zustimmung erhielt Barth dagegen von dem Tübinger Dogmatiker Theodor Haering: «Lieber Herr Kollege! Ihre Arbeit hat mir viel Freude gemacht. Gleich am Anfang der Hinweis auf Troeltsch's fortlaufende Verwechslung von Glaube und Glaubenserkenntnis. Dann u. a. bes. S. 65 die deutliche Ablehnung, von außen her das Problem überhaupt richtig stellen zu können, was ich unsrem Coll. Süskind schon oft vorhielt, dem ich Ihren Aufsatz geben werde. Dann aber überhaupt der Grundgedanke, die Ausführung jener Briefstelle Schleiermachers, die mir s. Z. geradezu als lösendes Wort begegnete. Ferner die reichlichen Belege aus Calvin. ... Also kurz, ich freue mich, Ihres einst[igen] Briefs gedenkend, daß Sie das δός μοι ποῦ στῶ finden durften, es bleibt Geschenk, und wünschte, Ihr l. Vater hätte diese Freude länger haben, teilen u. vertiefen dürfen. Auch v. H. z. H. fr. Gruß! Ihr T. Haering» (Postkarte vom 20. 4. 1912).

In einem späteren Rückblick auf seine Genfer Zeit und diesen Vortrag schreibt Barth: «Der Genius loci ... mag es veranlaßt haben, daß ich mich hier neben dem immer und immer wieder gelesenen Schleiermacher mit starken Eindrücken in Calvins Institutio vertiefte. Ich erlebte aber keine subita conversio, meinte vielmehr idealistisch-romantische und reformatorische Theologie sehr wohl in mir vereinigen zu können. In diesem Sinn habe ich damals eine größere Abhandlung über Glaube und Geschichte drucken lassen, die besser ungedruckt geblieben wäre.»[4]

---

[3] Original im Karl Barth-Archiv, Basel; abgedruckt bei W. Groll, *Ernst Troeltsch und Karl Barth – Kontinuität im Widerspruch*, München 1976, S. 34.

[4] Autobiographische Skizze im Fakultätsalbum der Evangelisch-theologischen Fakultät der Universität Münster (1927), in: Bw. B., S. 305f.

Von den Manuskripten der ersten Fassung und der verschiedenen Bearbeitungsstufen der zweiten ist nichts erhalten geblieben; lediglich der gedruckte Text liegt vor. Barths Anmerkungen, im Erstdruck seitenweise (jeweils mit 1 beginnend) numeriert, werden in dieser Ausgabe im ersten Apparat (mit Buchstaben) wiedergegeben. Die Seitenzahlen aus dem Erstdruck sind zwischen senkrechten Strichen in den Text eingefügt. In Teil V sind der Übersichtlichkeit halber einige zusätzliche Absätze vom Herausgeber eingeführt, kenntlich gemacht durch einen senkrechten Strich am Absatzende.

In dem Problem, das uns hier beschäftigen soll, sehe ich *das* Problem der protestantischen Theologie der Gegenwart. Ja, angesichts der modernistischen Kontroverse im katholischen Lager[5] wird man sagen dürfen, daß wir es hier mit *dem* Problem der christlichen Theologie überhaupt zu tun haben.

Zwei Fragestellungen möchte ich dabei auseinanderhalten: *Erstens:* Wie verhält sich der Glaube selbst, d. h. wie verhält sich die Frömmigkeit zu ihrer Geschichte, wie steht die Religion im engsten Sinn zur Vergangenheit der Religion? Inwiefern besteht ein Zusammenhang zwischen dem innern Leben, der Gotteserfahrung und dem Gottesgehorsam des jetzt lebenden christlichen Gemeindegliedes, zwischen der Begründung, Gewißheit und Beschaffenheit dieser Tatsächlichkeit, die gegenwärtig, innerlich und ihrem Wesen nach «höher als *alle* Vernunft» [Phil. 4,7], als *alle* Gedanken ist, und – irgendwelchen Tatsachen der Geschichte, die sich als solche dem Bewußtsein darstellen als etwas Gewesenes und zunächst als etwas nicht Unmittelbares, sondern in Gedanken und Worten Gegebenes? – Man wird darin mit mir einverstanden sein, daß mindestens formal von dieser ersten Frage die *zweite* unterschieden werden muß: Welcher Art ist das Verhältnis der intellektuellen Manifestationen jener gegenwärtigen und innern Tatsächlichkeit, das Verhältnis der Glaubens*gedanken* zu irgendwelchen gewesenen Glaubens*gedanken*, zu den intellektuellen Manifestationen der innern Tatsächlichkeit in der Geschichte, in der Vergangenheit? Das ist m. a. W. die Frage, ob und in welchem Sinne die letzteren für die erstere

---

[5] Vgl. K. Holl, *Der Modernismus* (1908), in: ders., *Gesammelte Aufsätze zur Kirchengeschichte*, Bd. III, Tübingen 1928, S. 437–459.

Norm und Inhalt sind oder sein sollen. – Die erste Frage betrifft die Religion, die zweite die Theologie, speziell die Dogmatik. Selbstverständlich stehen beide in innigstem Zusammenhang. Es ist nun dringendste Angelegenheit der theologischen Systematik, auf die eine wie die andere methodische Auskunft zu geben. Und zwar wird man wieder damit einverstanden sein, daß die Beantwortung der ersten Frage der der zweiten voranzugehen hat, da die letztere von der ersten abhängt. Durch die Methodik des *Glaubens* muß die Methodik der Glaubens*lehre* bestimmt und bedingt sein, wenn anders der |2| erstere das Objekt der letztern bildet. Von der Methodik des *Glaubens* soll unsere Untersuchung handeln.[a]

---

[a] Die Art, wie *Troeltsch* in den Artikeln «Glaube» und «Glaube und Geschichte» im 2. Band des Lexikons «die Religion in Geschichte und Gegenwart»[6] das Thema abhandelt, kann ich darum nicht für förderlich ansehen, weil dort die oben gemachte Unterscheidung der Fragestellungen, die doch allmählich selbstverständlich sein sollte, in eigentümlicher Weise verwischt wird. Der *Glaube* wird dort definiert als «eine von dem geschichtlich-persönlichen Eindrucke ausgehende mythisch-symbolisch-praktische, eigenartig religiöse *Denk- und Erkenntnisweise*»[7] (von mir gesperrt!). Er unterscheidet innerhalb des weitern Zusammenhangs der Frömmigkeit den Glauben «als das diesen Zusammenhang *beherrschende* (sic!) *Erkenntnismoment*»[8]. Also ist «das Beherrschende» in der Frömmigkeit doch wieder ein Wissen, wenngleich, im Sinne *Troeltschs*, naiv-primitiver Art?! Es ist von da aus verständlich, daß die Diskussion des Problems «Glauben und Geschichte», die übrigens sichtlich auch das (doch auch für *Troeltsch* offenbar irgendwie separate!) Problem «Frömmigkeit und Geschichte» einbegreifen will, ganz unter dem Gesichtspunkt des konkreten religiösen «Gedankeninhalts»[9] und seines Verhältnisses zur Geschichte verläuft. Und ebenso verständlich ist es, daß die *positiven* Ausführungen *Troeltschs*[10] angesichts dieses Rückzugs *hinter* § 3 der Glaubenslehre Schleiermachers[11] zur Erledigung der Hauptarbeit an unserm Gegenstand nur recht vage Allgemeinheiten beibringen können.

[6] E. Troeltsch, Art. «Glaube: III. Dogmatisch» und «Glaube: IV. Glaube und Geschichte», in: RGG¹ II, Sp. 1437–1447 und 1447–1456.
[7] A.a.O., Sp. 1440.
[8] A.a.O., Sp. 1438.
[9] Vgl. z.B. a.a.O., Sp. 1448: «Der G[laube] ist nur G. an einen konkreten Gedankeninhalt, und dieser konkrete Gedankeninhalt entstammt niemals bloß dem einzelnen Subjekt, sondern ist, je reicher und stärker er ist, um so mehr das gemeinschaftliche Werk großer Bildungsepochen und ganzer Generationen, oder bei deren Grundlegung das Werk überragender Persönlichkeiten ... So muß der G. nicht bloß tatsächlich aus der Geschichte gespeist und gebildet werden,

Die zentrale Wichtigkeit dieser Fragen leuchtet ohne Weiteres ein. In dem Problem «Glaube und Geschichte» haben wir die Keimzelle und das Schlachtfeld der großen theologischen Differenzen vor uns, und es wird in Theologie und Kirche zu keiner Verständigung kommen, bevor man sich *hier* verständigt hat. Aus der schiefen Stellung und Behandlung dieses Problems ergaben und ergeben sich fortwährend alle Beschränktheiten und Willkürlichkeiten der religiösen Theorie, des religiösen Lehramts im weitesten Sinne, zur Rechten und zur Linken, von der Christusmythe Arthur Drews'[12] bis zu den neuen und neuesten Expektorationen Pius' X.[13] samt allen Ungereimtheiten, die dazwischen möglich und wirklich sind. Und die richtige Stellung und Behandlung des Problems ist m. E. für den akademischen und *noch viel mehr* für den praktischen Theologen die unerläßliche Vorbedingung und theoretische Grundlage einer «gesunden Lehre» [vgl. 1. Tim. 1,10 u. ö.] in Predigt und Unterricht, d. h. aber zur Erfüllung seiner eigentlichsten und zentralen Berufsaufgabe. – *Das* Problem der protestantischen Theologie der Gegenwart nenne ich diese Frage auch deshalb, weil es das charakteristische Problem der beiden wichtigsten Bewegungen der Theologie der letzten 40 Jahre gewesen ist und weil wir von der durch sie geschaffenen Situation aus unsern Weg in die Zukunft zu suchen haben. Die eine ist die Theologie *Albrecht Ritschls*, die andre ist die sog. *religionsgeschichtliche Schule*. Die letztere hat die Fragestellungen der ersteren in sich aufgenommen |3| und damit in gewissem Sinne überwunden, und es sind Anzeichen dafür da, daß die Füße derer schon

---

sondern muß auch für sein eigenes Bewußtsein um sich selbst sich an die Geschichte und an die ihm vorschwebende Verkörperung der Offenbarung halten.»

[10] A.a.O., Sp. 1452–1456.

[11] Fr. Schleiermacher, *Der christliche Glaube nach den Grundsätzen der evangelischen Kirche im Zusammenhange dargestellt* (1830/31²), § 3, Leitsatz: «Die Frömmigkeit, welche die Basis aller kirchlichen Gemeinschaften ausmacht, ist rein für sich betrachtet weder ein Wissen noch ein Tun, sondern eine Bestimmtheit des Gefühls oder des unmittelbaren Selbstbewußtseins.»

[12] A. Drews, *Die Christusmythe*, 2 Bde., Jena 1910². 1911.

[13] Vgl. vor allem das Dekret *Lamentabili* (3. 7. 1907), DS 3401–3466, und die Enzyklika *Pascendi dominici gregis* (8. 9. 1907), DS 3475–3500, beide gegen den Modernismus gerichtet; ferner die «Responsiones Commissionis de re Biblica» vom 29. 6. 1908, 30. 6. 1909 und 1. 5. 1910, DS 3505–3509.3512–3519. 3521–3528.

vor der Tür sind, die auch die letztere – nicht hinaustragen [vgl. Act. 5,9] und ad acta legen[14], aber die unter Aufnahme und Vertiefung ihrer Fragestellungen ein Neues, Besseres schaffen. *Albrecht Ritschls* theologische Sendung war es, gegenüber der Selbstbewußtseinstheologie der einseitigen Schleiermacherianer, d. h. der Erlanger Schule, der Vermittlung und der protestantenvereinlichen Linken, gegenüber aber auch dem lutherischen Konfessionalismus dem Glauben und damit auch der Theologie wieder das Objekt anzuweisen in der geschichtlichen Offenbarung, speziell in dem in der Gemeinde Christi dargebotenen Bilde Christi.[b] Aber die Art, wie er nun das, was er «die geschichtliche Offenbarung» nannte, beschrieb und umschrieb als das, wonach sich ein Christ zu richten habe, zeigt, daß man ihm nicht mit Unrecht den Titel eines «letzten lutherischen Kirchenvaters» gegeben hat.[16] Es war eine gute und wirksame, aber eigenmächtige Auswahl neutestamentlicher und reformatorischer Gedanken. Weder der Glaube

---

[b] Vgl. *Kattenbusch*, Von Schleiermacher zu Ritschl, 3. Aufl., Gießen 1903.[15]

[14] Vgl. R. H. Grützmacher, *Modern-positive Vorträge*, Leipzig 1906, S. 7: «Die Ritschlsche Theologie selbst und die ihr eigentümliche Stellung zu Modern und Positiv fristet zwar noch in der Gegenwart ihr Dasein ..., aber es gehört nur wenig Sachkenntnis dazu, um zu wissen, wie auf den Höhen der Wissenschaft, in ihren eigentlich führenden Schichten die Füße derer nicht nur vor, sondern schon in der Tür stehen, um sie zu begraben und zum Teil ihr Werk schon getan haben.»

[15] F. Kattenbusch handelt dort S. 17–28 von der Schleiermacher-Nachfolge der liberalen Theologie (A. Schweizer, R. A. Lipsius, O. Pfleiderer, A. E. Biedermann), ohne den (1863 gegründeten) Protestantenverein zu erwähnen, S. 31–40 von derjenigen der Erlanger Schule (J. Chr. K. von Hofmann, G. Thomasius, Fr. H. R. Frank), S. 40–55 von derjenigen der Vermittlungstheologie (C. I. Nitzsch, Fr. Lücke, R. Rothe, J. Müller, I. A. Dorner, A. Twesten, M. Kähler). Die Charakterisierung Ritschls, die Barth aufgreift, z. B. S. 59: «Hier komme ich auf den springenden Punkt in Ritschls System. Derselbe ist m. E. darin zu erkennen, daß Ritschl nicht vom ‹frommen Bewußtsein› ausgeht, sondern vom ‹Evangelium›» – und S. 61: «Wenn Ritschl die Offenbarung, das Evangelium, die heil. Schrift, als solche zum Ausgangspunkte der Dogmatik macht, so ist ihm dabei immer alles einheitlich zusammengefaßt in der ‹geschichtlichen Person Christi›.»

[16] A. von Harnack, *Zur gegenwärtigen Lage des Protestantismus* (1896), in: ders., *Reden und Aufsätze*, Bd. II, Gießen 1904, S. 139: «In dieser Hinsicht ist er [Ritschl] bis auf weiteres der letzte lutherische Kirchenvater; denn seine Eigenart bestand darin, daß er die beiden Elemente des Protestantismus, das doktrinäre und das originalreligiöse, verstärkt und in enger Verbindung gehalten hat.»

noch die Theologie konnten bei¹⁷ dieser Umschreibung dessen, was dem Glauben in der Geschichte als Offenbarung zu gelten habe, stehen bleiben. Ritschls jüngere Schüler, die *«Religionsgeschichtler»*, haben seine Wendung zurück zur Geschichte zunächst mitgemacht. Aber sie wollten l'art pour l'art, Geschichte um der Geschichte willen treiben, und das Resultat war, daß ihnen die Offenbarung abhanden kam. Es zeigte sich nämlich, wie es recht und notwendig war, daß es, wo man die Arbeitsmethoden der geschichtlichen Wissenschaft zur Anwendung bringt und nicht nur tut, als ob man es täte, daß es da unmöglich wird, supranaturale Faktoren und Fakten in der Geschichte, also Offenbarung und Wunder zu *konstatieren*. Das Bild der Religionsgeschichte, der biblischen inbegriffen, das hier¹⁸ entworfen wurde, konnte, weil es rein wissenschaftlich sein wollte – und das wollte es und ist es –, nur Relativitäten aufweisen, nicht aber absolute Größen. *Gott verschwand aus der Geschichte.* Damit war aber dem Glauben und der Dogmatik das nach Ritschls Theologie so einfach gegebene Objekt wieder entzogen, und man stand und steht scheinbar gegenüber dem Nichts.

Wenn dein Wort nicht soll mehr gelten,
Worauf soll der Glaube ruhn?¹⁹

Abschwächungs- und Einschränkungsversuche halte ich dieser Situation gegenüber für vom Übel. Die strikte Anwendung der relativierenden religionsgeschichtlichen Methode entsprach und entspricht dem Gebot der Wahrhaftigkeit, die seit Kant in der |4| Wissenschaft selbstverständlich sein sollte und der sich der Theologe, sofern er es als historischer Theologe mit Fakten, die im Raum und in der Zeit gegeben oder gesucht sind, zu tun hat, nicht entziehen darf. Aber ebenso sicher ist, daß man sich mit der Anwendung jener Methode *außerhalb* des eigentümlich *theologischen* Problemkreises begeben hat. Es sind denn auch nur wenige Vertreter dieser Richtung auf den abenteuerlichen Gedanken gekommen, z. B. das kritisch geläuterte Leben Jesu, eine Sammlung notwendig relativer wissenschaftlicher Ergebnisse und Vermutungen, der Gemeinde als Objekt des Glaubens und der Theologie als Objekt der Glaubenslehre zu präsentieren. Wo von einem religiösen Ver-

---

[17] Erstdruck: «aus»; Korrektur von Barth in seinem Handexemplar.
[18] Erstdruck: «das was hier»; Streichung von Barth in seinem Handexemplar.
[19] Aus dem Lied «Herr, dein Wort, die edle Gabe» von N. L. Graf von Zinzendorf, GERS (1891) 188, Str. 1.

hältnis zum Objekt, von Offenbarung und Wunder im Objekt nicht die Rede sein soll, sondern nur noch von wissenschaftlichem Erkennen, von Ursachen und Wirkungen, da hat der Glaube, da hat die Glaubenslehre, d. h. die Theologie im eigentlichsten Sinne, nichts zu schaffen. Es erhebt sich vielmehr das Postulat, unter voller Voraussetzung und Anerkennung des historischen Relativismus die eigentümlich religiöse und von da aus theologische Methodik nachzuweisen, kraft deren ein absolutes Verhältnis zur absoluten Geschichte, kraft deren Glaube und Offenbarung bestehen, die Methodik des tatsächlichen Entstehens und Bestandes des christlichen Gotteserlebens in der Geschichte.ᶜ Ich betone: es handelt sich im Folgenden um die sachgemäße Darstellung eines *Tatbestandes*, der Beziehung des Glaubens zur Geschichte, wie er im wirklichen christlichen Bewußtsein vorliegt, nicht um die Aufstellung einer neuen Beziehung, um den Nachweis eines «Weges zu Gott für unser Geschlecht»[21] oder dgl. Nur unsere Darstellung, nicht aber jene faktische Beziehung selbst kann durch die geistesgeschichtliche Situation, in der wir uns befinden, bedingt sein.ᵈ Ich bin allerdings der Mei-

ᶜ Es wäre übrigens zu zeigen, daß ein Geschichts*bild*, d. h. im Unterschied zur bloßen Eruierung von Fakten und Faktoren ein von innen nach außen gehendes *Begreifen* und *Aneignen* des geschichtlichen Geschehens nur auf Grund eines solchen absoluten Verhältnisses des Geschichtsbeschauers zur Geschichte zu Stande kommt, also immer irgendwie auf Grund von «Glaube» und «Offenbarung». Man mache sich aber klar, daß dem wirklich so ist, daß bei allem derartigen Begreifen die wissenschaftliche Methodik bereits der religiösen das Feld räumt. Denn wissenschaftlich feststellen heißt *erkennen*. Dieses Erkennen wird freilich seinerseits erst möglich gemacht durch das sichtende[20] und ordnende *Denken*. Aber man läuft in eine unheilvolle Amphibolie, wenn man, was häufig genug geschieht, den *Gedanken* als konstitutive *Erkenntnis* behandelt. Seine Aufgabe ist bescheidener und erhabener zugleich.

ᵈ Dies pflegt von den Neuern besonders Troeltsch beharrlich zu übersehen. Vgl. seinen Vortrag: «Die Bedeutung der Geschichtlichkeit Jesu für unsern Glauben» (15. christl. Studentenkonferenz, Aarau 1911).[22]

[20] Erstdruck: «sühnende»; Korrektur von Barth in seinem Handexemplar.
[21] Vgl. L. Ragaz, *Das Evangelium und der soziale Kampf der Gegenwart*, Basel 1906, S. 40: «Die soziale Bewegung enthüllt sich als der wahre Weg zu Gott für unser Geschlecht.»
[22] E. Troeltsch, *Die Bedeutung der Geschichtlichkeit Jesu für den Glauben*, in: *Die XV. Christliche Studentenkonferenz. Aarau 1911*, Bern 1911, S. 85–112; wieder abgedruckt in: E. Troeltsch, *Die Absolutheit des Christentums und der Religionsgeschichte und zwei Schriften zur Theologie* (Siebenstern TB 138), München/Hamburg 1969, S. 132–162.

nung, daß diese Situation keineswegs eine Notlage ist, wie man es oft darstellt, sondern daß |5| die religionsgeschichtliche Methode, die als Theologie, d. h. als Glaubenslehre außer Betracht fällt, als «profane» Propädeutik der theologischen, d. h. systematischen Arbeit wesentlichste Dienste tut.

Ich brauche wohl nicht erst zu begründen, daß man von mir fertige Formeln und ein ausgebautes System nicht erwarten darf. Was ich beabsichtige, ist die Vorführung der *Fragestellungen*, die sich mir als die sachgemäßen ergeben haben: der psychologischen, der historischen, der kritischen, der religionsphilosophischen und der dogmatischen.

I.

Ich beginne mit einer kurzen *psychologischen* Darstellung des Glaubensvorgangs. Die festgestellten allgemeinen Phänomene haben dann der systematischen Erwägung als Rohmaterial zu dienen.

Glaube ist Gotteserlebnis, unmittelbares Bewußtsein von der Gegenwart und Wirksamkeit der übermenschlichen, überweltlichen und daher schlechthin überlegenen Lebensmacht. Der Gläubige erlebt, erfährt, empfindet, fühlt, weiß, daß er lebt und gelebt *wird*. Passives und aktives Verhalten des Menschen fallen im Glaubensvorgang zusammen. Es handelt sich um die Erhebung des Individuums zum Trans-Individuellen, und es handelt sich ebenso sehr um die Einsenkung trans-individuellen Lebens in das Individuum. In jener Erhebung und in dieser Einsenkung erfährt der Gläubige seine *Realitätsbeziehung* oder sein ewiges Lebendig-Werden. Wir reden hier nicht davon, ob diese Erfahrung Wahrheit oder Einbildung ist, wir stellen nur fest, daß sie in den psychologischen Gegebenheiten des logischen Denkens, des ethischen Wollens, des ästhetischen Fühlens an sich nicht gesetzt ist, nicht gesetzt sein kann.

Schon kraft dieses trans-individuellen absoluten Charakters des Glaubens wird er aus einer Sache *des* Menschen zur Sache *der* Menschen. Der Glaube versteht sich selbst als eine *soziale* Tatsache. Und zwar ganz anders, als dies etwa bei Logik, Ethik, Ästhetik der Fall ist. Sozialen Charakter tragen freilich auch diese, aber er beschränkt sich auf das Problem der *Gültigkeit*, während es sich beim Glauben um das für jene Funktionen des Kulturbewußtseins[23] bekanntlich gar nicht existierende Problem der *Entstehung* resp. *Fortpflanzung* handelt. Damit ist aber der Glaubensvorgang bereits verankert im *Geschichts*vorgang. Der Glaube blickt rückwärts in eine Vergangenheit, und er blickt vorwärts in eine Zukunft. Er hat etwas empfangen, und er will etwas schaffen. Das Unde und das Quo dieser doppelten Bestimmtheit ist aber die menschliche Sozietät, die Menschen. Wie sollte es anders sein, da es sich um das Ewige Lebendig-Werden des *Menschen-*|6|*lebens* handelt? Menschenleben aber kann gar nicht anders gedacht werden denn als empfangendes und schaffendes *Glied* in einer *Reihe* von seinesgleichen. So weiß sich der Glaube nach hinten und nach vorn verkettet in die Sozietät, in die Geschichte.

Ein holder Quell, in dem ich bade,
Ist Überlieferung, ist Gnade.[24/e]

[e] Den «Verehrern des religiösen Apriori», um mit *Theodor Haering* (vgl. Christl. Welt 1910 Nr. 47 Sp. 1106–1110)[25] zu reden, sei auch das andere Goethewort (Jubiläumsausgabe von Cotta Bd. 4, S. 98)[26] ins Stammbuch geschrieben:

Gern wär ich Überlieferung los
Und ganz original;
Doch ist das Unternehmen groß
Und führt in manche Qual.
Als Autochthone rechnet' ich
Es mir zur höchsten Ehre,
Wenn ich nicht gar zu wunderlich
Selbst Überlieferung wäre.

[23] Zum Begriff «Kulturbewußtsein» vgl. *Vorträge und kleinere Arbeiten 1905–1909*, S. 407, Anm. 71.
[24] Aus: «Gott, Gemüt und Welt» (1815) von J. W. von Goethe:
Ich wandle auf weiter, bunter Flur
Ursprünglicher Natur;
Ein holder Born, in welchem ich bade,
Ist Überlieferung, ist Gnade.
[25] Th. Haering, *Ein Wort zu «Glaube und Geschichte» und zum «religiösen Apriori»* (= 3. Teil der Artikelserie *Persönlich-Praktisches aus der Dogmatik*). Haering plädiert dort gegen eine Begründung des Glaubens im «religiösen Apriori» für die «Verbürgung seiner Wahrheit» (Sp. 1106) in einem – geschichtlichen – «Sich-wirksam-erweisen Gottes als einer von unserem Geist unabhängigen Wirklichkeit» (S. 1108). An die Gegenposition richtet er die Frage: «Seit wann ist das Sattwerden Wirkung des Hungers?» (ebd.) und schließt mit der Feststellung: «An uns Theologen ist es, an diesem Punkt weithin in Arbeitsgemeinschaft mit der Philosophie, immer deutlicher zu machen, daß die grundsätz-

Innerhalb des psychologischen Gesamtbestandes des Bewußtseins ist der Glaube das geschichtliche Moment par excellence. Heterogen steht er an sich dem Gültigkeitsapparat der Logik, Ethik und Ästhetik gegenüber. Denn es kreuzen sich hier (dies wird in der Verhandlung über das Apriori zu wenig beachtet) die auf völlig verschiedenen Flächen liegenden Probleme des Ich, des einzelnen Menschen, des individuellen Lebens und das des gesetzlichen Bewußtseins, der Menschenkultur, der Vernunft. Die Artverschiedenheit (die nicht durch die mancherorts übliche plumpe Nebenordnung des sog. religiösen Apriori neben das logische, ethische und ästhetische verwischt werden darf) verwandelt sich aber in die innigste und wirksamste Gemeinschaft im Glaubens*vorgang*, in jener Erhebung und Einsenkung, die das Individuum erfährt oder, von der andern Seite gesehen, im Vorgang des im einzelnen Menschen *wirklichen* Denkens, Wollens und Fühlens, das bekanntlich allemal durch die «Hinschau» auf das Absolute, also im Glauben zu Stande kommt. Durch das regulative, heuristische, grenzbegriffliche Moment des Glaubens (das von Haus aus dem Problemkreis des Individuums, nicht der Vernunft angehört) wird die abstrakte Möglichkeit des Kulturbewußtseins aktualisiert, in konkrete Wirklichkeit verwandelt. D.h. aber: durch das Moment des Glaubens wird das Kulturbewußtsein geschichtlich. Glaube und Geschichtlichkeit der Kultur werden zu Synonymen. Das bezeichnende Paradoxon dieser Bestimmung besteht nun aber gerade darin, daß der Glaube deshalb keineswegs, wie es auf den ersten Blick scheinen muß, gebunden ist an die Anschauungsform der Zeit. In der Realitätsbeziehung des Gotteserlebens gibt es keine Zeit; sondern wie in ihm das aktive und passive Verhalten des Menschen, die schlechthinige Abhängigkeit und die schlechthinige Zielstrebigkeit, |7| zusammenfallen, so ist in ihm die Vergangenheit (seine Entstehung) und die Zukunft (seine Fortpflanzung und Vollendung) in jedem Augenblick Gegenwart.

liche Lösung von der Geschichte eine grundsätzliche Lösung von dem wäre, was bisher christlicher Glaube hieß und aus Gründen hieß, die im innersten Wesen des Glaubens selbst liegen» (Sp. 1109f.). Barths Zitat bezieht sich auf folgenden Satz Haerings: «Es mutet daher wie ein unfreiwilliges Eingeständnis an, wenn die Verehrer des Apriori im Gegensatz zur Geschichte von jeher das Bedürfnis verraten, allerlei Hyperbeln über den Wert der grundsätzlich entwerteten Geschichte zu gebrauchen» (Sp. 1108).
[26] Aus: «Zahme Xenien VI».

Der *christliche Glaube* hat seine Eigentümlichkeit darin, daß hier das passiv-aktive Gotteserleben geschichtlich *irgendwie* bedingt und bestimmt ist durch die innerhalb der menschlichen Sozietät dagewesene *Persönlichkeit Jesu*. In seiner Vergangenheit hat der Gläubige irgendwie in der Anschauung dieser Persönlichkeit jene Realitätsbeziehung erlebt, und diese Anschauung ist irgendwie auch das Realitätsprinzip seiner Zukunft. Ich rede von einer «dagewesenen Persönlichkeit», von Vergangenheit und Zukunft. Aber die charakteristische Beziehung zur Geschichte im christlichen Gotteserleben ist ihrem Wesen nach nicht Beziehung auf ein Vergangenes, Gewesenes, sondern sie hat, wie es oben allgemein ausgesprochen, die vollen Merkmale der Gegenwärtigkeit. «Jesus Christus gestern und heute derselbe und in Ewigkeit.» Dieser Satz des Hebräerbriefs [13,8] ist die richtige Aussprache des religionspsychologischen Sachverhalts.

Ich begnüge mich mit der Feststellung dieser Grundphänomene, die *allen* Arten von Christlichkeit eigen sind, und wende mich zunächst zur historischen Entwicklung des darin aufgegebenen Problems.

II.

Sofort nach den Zeiten der Apostel, ja noch mitten in diesen Zeiten mußte sich die Frage erheben: wo haben wir echt und autoritativ jene Anschauung der Person Jesu, die den Glauben begründet? Denn immer weniger wurden die, die so glücklich waren, die Erinnerung in sich zu haben an «das, was wir gesehen haben mit unsern Augen, das wir beschaut haben und unsre Hände betastet haben» [1. Joh. 1,1]. Die erste Antwort auf jene Frage hat *Paulus* gegeben. Ob er Christus «nach dem Fleisch» noch gekannt hat? Jedenfalls erklärt er, ihn «jetzt nicht mehr» zu kennen (2. Kor. 5,16), sondern *in Christus sein, das* ist neue Schöpfung (2. Kor. 5,17); dies Leben in Christus, die Kraft Gottes oder das Evangelium, das er verkündigt, ist für ihn nicht ein Komplex von Überlieferung, es ist sein Evangelium, das er «von keinem Menschen empfangen und gelernt hat, sondern durch die Offenbarung Jesu» (Gal. 1,12). Gewiß ist diese Offenbarung ganz oder teilweise an ihn durch das Vehikel mündlicher oder schriftlicher Überlieferung herangebracht worden, aber was er empfangen hat und was er weitergibt, das ist trotzdem *sein* Evangelium und nicht das des Petrus. Denn «der Herr ist der

Geist» (2. Kor. 3,17). «Wer aber am Herrn hängt, der ist ein Geist mit ihm» (1. Kor. 6,17). «Ich lebe jetzt nicht als |8| ich selbst; es lebt in mir Christus» (Gal. 2,20). So trägt Paulus Grund und Autorität seines Glaubens in sich selbst. «Im Herzen» ließ Gott es «tagen zum strahlenden Aufgang der Erkenntnis von der Herrlichkeit Gottes im Antlitze Christi» (2. Kor. 4,6). «Ins Herz» ist der Geist gekommen, der für uns eintritt und der alle Dinge erforscht (Röm. 8,26f.; 1. Kor. 2,9f.). Und so ist es nicht eine rednerische Floskel, sondern die Aussprache eines unmittelbaren innern Tatbestandes, wenn Paulus auftritt als «Botschafter an Christi Statt» (2. Kor. 5,20). Es verhielt sich – paradox ausgedrückt – so, wie *Hase* gesagt hat: «Christus ist in ihm wiedergekommen, aber im Rabbi Schaul.»[f] – Die andere Antwort auf die Frage: wo haben wir den wirksamen und autoritativen Jesus? war die *katholische Kirche*. Schon um die Wende des ersten und zweiten Jahrhunderts fing man an, nach sichereren, d. h. vor Allem sichtbareren Garantien zu verlangen, als der innere Christus des Paulus sie zu bieten schien. Es ist bekannt, wie die Dinge gelaufen sind. Aus den zu Missionszwecken gesammelten Erzählungen und Worten aus dem irdischen Leben des Herrn, aus der Sammlung der paulinischen Briefe, dieser persönlichsten Zeugnisse persönlichsten Glaubens, wurde der *Kanon,* der heilige Codex der neuen Religion. Aber nicht genug: bei der Auslegung dieser Bücher konnte der «Geist», jene Autorität des Paulus, eine gefährliche Rolle spielen, das Dasein der Häresien bewies es; so entstand die *Glaubensregel* als authentischer und zuverlässiger Auszug dessen, was man zu glauben habe. Und damit es auch an einer kontinuierlichen Darstellung des Glaubensgrundes und der Glaubensautorität nicht fehle, entwickelte sich ein an sich belangloser Gemeindeposten zum *Bischofsamt.* Ubi episcopus, ibi ecclesia[28] – ibi Christus können wir hinzufügen. Der Katholizis-

---

[f] Kirchengeschichte, I. Band, S. 153.[27]

[27] K. von Hase, *Kirchengeschichte auf der Grundlage akademischer Vorlesungen,* Bd. I, Leipzig 1885, S. 153f.: «In seiner Lehre ist Paulus ein Vorbild christlicher Selbständigkeit, Christus ist in ihm wiedergekommen, aber im Rabbi Schaul. Es liegt in der Art seiner Bekehrung und seines Apostelthums, daß er keine andere Auctorität über sich anerkennt, als sein unmittelbares, in Christus wurzelndes Selbstbewußtsein. Ihm ist das Christenthum keine religiöse Überlieferung, das einzige historische Dogma: Jesus der Messias.»

[28] Vgl. R. Sohm, *Kirchengeschichte im Grundriß,* Leipzig 1888², S. 29: «*Nur wo der Bischof ist, da ist die Ekklesia*»; ders., *Kirchenrecht,* Bd. I, München/

mus war etabliert, und alles, was später noch hinzugekommen ist, war nur die notwendige Konsequenz und Entfaltung jener Institutionen des zweiten Jahrhunderts. Die Identifikation von Vergangenheit und Zukunft war vollzogen, die Geschichte wurde fix und fertig dem Glauben präsentiert. Jene Frage: Wo haben wir Christus? war keine Frage mehr. Jesus Christus gestern und heute und derselbe in Ewigkeit, es ist wieder eine sichere, d. h. sichtbare und prüfbare Tatsache geworden, nämlich in den Elementen der Kirche: Neues Testament, Glaubensregel, bischöfliche Konzilsbeschlüsse. Da ist das Heil, ergreift es; denn nur hier ist es, und extra ecclesiam nulla salus.[29] Die Wucht dieses Gedankens, der die Kirche und ihre ganze Vergangenheit und Zukunft mit Christus identifiziert, |9| ist das Geheimnis der Stärke der römischen Kirche, und sie verteidigt ihr innerstes Heiligtum, wenn sie heute diesen Gedanken gegen die historische Kritik der Modernisten verteidigt. Aus dem religiösen und rationalen Widerspruch gegen diesen Autoritätsgedanken entstanden im 16. Jahrhundert die Kirchen der Reformation. Die scheinbar identisch gewordenen Elemente: Heilige Institutionen, Lehren und Personen hier, Christus dort treten wieder auseinander. *Luther* geht den Weg, den die Kirche gegangen, zurück und kommt bei der Position des Paulus an. Der Autorität der Tradition stellt er die Autorität Christi selbst entgegen. *Nicht* die Autorität der Bibel! Der Vorgang ist lehrreich: Luther hat keineswegs zuerst das Neue Testament als Autorität anerkannt und dann seine Lehre daraus geschöpft, sondern bei Gelegenheit seiner Augustinstudien ist er auf den einen Paulus gestoßen[30], hat sich in die Gedankenwelt wie in die Frömmigkeit dieses Glaubenszeugen eingelebt, und auf Grund einer so entdeckten resp. aktualisierten innern Verwandtschaft mit Paulus ist ihm aus seinem Zeugnis der entgegengetreten, zum Glaubensgrund und zur Glaubensautorität geworden, von dem Paulus zeugte. Es ist bekannt, wie er sich nun zu-

Leipzig 1892, S. 196: «*Nur wo der Bischof ist* – diese Folgerung wird von Ignatius selbst gezogen – *ist die katholische Ekklesia*» – unter Berufung auf Ign. Smyrn. 8,2: ὅπου ἂν φανῇ ὁ ἐπίσκοπος, ἐκεῖ τὸ πλῆθος ἔστω, ὥσπερ ὅπου ἂν ᾖ Ἰησοῦς Χριστός, ἐκεῖ ἡ καθολικὴ ἐκκλησία. – Vgl. auch A. Harnack, *Lehrbuch der Dogmengeschichte*, Bd. I, Tübingen 1909⁴, S. 418 (über Cyprian von Karthago).

[29] Cyprian von Karthago, ep. 73,21: «... quia salus extra ecclesiam non est ...», CSEL 3/II, S. 795.

[30] Vgl. z. B. WA.TR 1,140 (Nr. 347).

nächst zur Geschichte stellte: Nicht die Schrift als heiliger Kanon ist ihm die Offenbarung Gottes, sondern die Schrift, sofern sie «Christum treibt»[31], d. h. doch wohl, sofern sie im Lesen und Hören jene wirksame Bekanntschaft mit Christus erzeugt, wachhält, vertieft und vollendet, die ihm, Luther, beim Studium des Paulus aufgegangen. Der Protestantismus, z. T. schon die Reformatoren selbst, sind dann andere Wege gegangen. Wir werden noch von den tiefer liegenden Gründen zu reden haben, zunächst nur die hieher gehörigen: Luther ist der Notwendigkeit erlegen, der autoritätsfrohen katholischen Polemik mit gleichen Waffen zu begegnen. Es ist bekannt, wie er immer wieder der Berufung auf Papst und Konzilien mit der Berufung auf Schriftstellen begegnet ist. Und in der umgekehrten Lage befand er sich im Kampf gegen Zwingli und die Wiedertäufer. Dort war man geneigt, den inappellablen Geist Christi in einer ihm mißliebigen Weise zur theologischen Instanz zu machen, und er ist auch hier dagegen aufgekommen mit der Autorität des «Es stehet geschrieben.»[32] Est, Est![33] – Etwas komplizierter ist die Stellung *Calvins*. Seine Frömmigkeit, sein Glaubensbegriff sind womöglich noch christozentrischer als die Luthers.[34] Auch für ihn ist auf alle Fälle Christus selbst und nur er Grund und Autorität des Glaubens. Aber Calvin ist in viel höherem Maße als Luther Theologe. Seine Institutio war einst ein Bekenntnisbuch wie der Katechismus Luthers, aber sie erweitert sich in den spätern Auf-|10|lagen immer

---

[31] M. Luther, *Vorrede auf die Episteln Jakobi und Judä*, WA.DB 7,385,26f.: «Auch ist das der rechte Prüfestein alle Bücher zu taddeln, wenn man sihet, ob sie Christum treiben oder nicht ...»

[32] Vgl. Marburger Religionsgespräch 1529, Andreas Osianders Bericht, WA 30/III,147,15–18: «Da hub Luther die Sammaten deck auff und zaiget Im den spruch, das ist mein leyb, den er mit der kreyden hett für sich geschryben, und sprach. alhie steet vnnser schryfft. Die habt Ir vnns noch nicht abgedrungen, wie Ir euch erpotten habt, wir dürffen kainer anndern.» Ähnlich der Bericht von Kaspar Hedio u. a., WA 30/III,112,21–23: «Respondit Lutherus ... Et proposuit domini verba: HOC EST corpus meum, dicens, illa ego aliter quam sonant, intelligere non possum.»

[33] Vgl. WA 30/III,137,9–13: «Tum Lutherus testamenti verba proposuit: HOC EST CORPUS MEUM, ea germanice sic reddens: Mein allerliebsten Herren, dieweil der Text meines HERrn Jhesu Christi alda stehet: HOC EST CORPUS meum, so kan ich warlich nicht fürüber, sondern mus bekennen und gleuben, das der Leib Christi da sey.»

[34] Dieser Satz ist von Barth in seinem Handexemplar mit Schlangenlinie angestrichen: ein Zeichen späterer Selbstkritik.

deutlicher zu einem Kompendium der Wissenschaft vom Christentum. Wie wird sie ihr «Wissen» begründen? Zwei Seelen wohnen in Calvins Brust.³⁵ Im ersten Buch der Institutio von 1559 werden Linien sichtbar, die von der Renaissance zu Descartes führen. Aber der große Mann hat sie nur tastend angedeutet; die Begründung seiner Wissenschaft wird eine andere. Mit festem Zugreifen gewinnt sein Denken Fundament und Material erstens in der *wahren* kirchlichen Tradition, nämlich in den Theologumenen Augustins und in den ökumenischen Bekenntnissen.³⁶ Jenseits dieser Quellen aber erhebt sich als die Quelle theologischer Wissenschaft die «scriptura dux et magistra».³⁷ Letzte und oberste Autorität ist sie darum, weil sie inspiriert ist: «non alio iure plenam apud fideles auctoritatem obtinent, *quam ubi statuunt e coelo fluxisse, ac si vivae ipsae Dei voces illic exaudirentur.*»ᵍ Von der Art, wie Calvin diese Aufstellung begründet und mit seinem Glaubensbegriff in Einklang zu setzen versucht, wird noch zu reden sein. Wir halten uns hier an das Resultat. Es trifft mit der Position Luthers in Marburg und bei ähnlichen Anlässen zusammen. Und nun ist eben nicht die Stellung, die Luther in den Einleitungen zum Neuen Testament zur Geschichte eingenommen³⁸, und es sind nicht die transszendental³⁹-kritischen, das moderne Denken ankündigenden Ansätze Calvins geschichtlich wirksam geworden, sondern Luthers «Es stehet geschrieben», theoretisiert

---

ᵍ Instit. I 7[,1] (Ausgabe von 1559).

[35] Vgl. J. W. von Goethe, *Faust I*, V. 1112 (Vor dem Tor):
   Zwei Seelen wohnen, ach! in meiner Brust ...

[36] Der Satz ist mit Schlangenlinie angestrichen.

[37] J. Calvin, Inst. I,6 (Überschrift): «Ut ad Deum creatorem quis perveniat, opus esse scriptura duce et magistra.»

[38] Siehe oben Anm. 31. Vgl. aus M. Luthers «Vorrede» zu *Das Newe Testament Deutzsch* (1522), WA.DB 6,10,20–28: «Denn wo ich yhe der eyns mangelln sollt, der werck odder der predigt Christi, ßo wollt ich lieber der werck, denn seyner predigt mangelln, Denn die werck hulffen myr nichts, aber seyne wort die geben das leben, wie er selbs sagt. Weyl nu Johannes gar wenig werck von Christo, aber gar viel seyner predigt schreybt, widderumb die andern drey Euangelisten viel seyner werck, wenig seyner wort beschreyben, ist Johannis Euangelion das eynige zartte recht hewbt Euangelion und den andern dreyen weyt fur zu zihen und hoher zu heben. Also auch Sanct Paulus vnd Sanct Petrus Episteln, weyt vber die drey Euangelia Matthei, Marci vnd Luce furgehen.»

[39] Vgl. oben S. 133, Anm. 10.

in der Inspirationslehre Calvins.[h] Von den drei Momenten des katholischen Autoritätsgedankens hat die Reformation nur mit dem dritten gründlich und grundsätzlich aufgeräumt, nämlich mit dem hierarchischen Lehramt. Das zweite, die Glaubensregel, die ökumenischen Bekenntnisse, hat sie achtungsvoll stehen lassen, wobei die innere Stellung dazu variieren konnte zwischen der Gleichgiltigkeit, die ihnen der junge Melanchthon, und der Wertschätzung, die ihnen der spekulative Theologe Calvin entgegenbrachte.[40] Das erste Moment aber, den alt- und neutestamentlichen Kanon, haben die Reformatoren und noch mehr ihre Nachfolger zu einer formalen Autorität erhoben, die es nie zuvor gehabt, so daß die Gegner des alten Protestantismus nicht mit Unrecht sagen konnten, es sei hier der papierene Papst an Stelle des lebendigen getreten.[41] Die «Evangelischen» selbst bekannten sich dazu: «Breviter quod illis est Papa, nobis est Scriptura»[42], und es verhält sich so, wie *Troeltsch* einmal bemerkt: «Der Protestantismus hat das Infalli-

---

[h] Von *Verbal*inspiration bei Calvin würde ich nicht reden. Er hat die *Worte,* gelegentlich nicht nur philologisch, sondern sachlich kritisiert.

[40] Der Nebensatz ist mit Schlangenlinie angestrichen. – Da Melanchthon in den *Loci communes* von 1521 nur Sünde, Gesetz und Gnade behandeln will, nicht aber die Gottes- und Trinitätslehre, geht er auf die drei altkirchlichen Symbole nicht ein; vgl. A. Herrlinger, *Die Theologie Melanchthons*, Gotha 1879, S. 172ff.; J. Koopmans, *Das altkirchliche Dogma in der Reformation*, München 1955, S. 27f.64f. – Calvin gestaltet in der Erstausgabe der *Institutio* (1536) das 2. Kapitel als Auslegung des Apostolikums und legt dieses in der Endfassung (1559) der Disposition des ganzen Werkes zugrunde. Zu seiner Weigerung gegenüber Peter Caroli, die formale Autorität der drei Symbole durch seine Unterschrift anzuerkennen, vgl. J. Koopmans, a. a. O., S. 45–48.

[41] Wann der schon bei Luther (WA 53,239,18) belegte Ausdruck «papierener Papst» die heute gebräuchliche und hier bei Barth vorausgesetzte Bedeutung angenommen hat, hat sich nicht ermitteln lassen.

[42] So, ohne Quellenangabe, zitiert bei E. Troeltsch, *Protestantisches Christentum und Kirche in der Neuzeit*, in: P. Hinneberg (Hrsg.), *Die Kultur der Gegenwart*, Teil I, Abt. IV, 1. Hälfte, Berlin/Leipzig 1906, S. 265. Es handelt sich offenbar um eine durch Troeltsch veränderte und verkürzte Reproduktion des Satzes von Johann Gerhard: «Breviter, quod illis est pontifex ex cathedra pronuncians, id nobis est Spiritus S. in scripturis loquens» (J. Gerhard, *Loci theologici cum adstruenda veritate tum pro destruenda quorumvis contradicentium falsitate per theses nervose solide et copiose explicati*, ed. I. Fr. Cotta, Tubingae 1762, Tom. I, p. 56 [Loc. II, cap. 5, § 80], zit. bei E. Troeltsch, *Vernunft und Offenbarung bei Johann Gerhard und Melanchthon. Untersuchung zur Geschichte der altprotestantischen Theologie*, Göttingen 1891, S. 28).

|111|bilitätsproblem früher gelöst als der Katholizismus.»[i] So legte sich der *Biblizismus* wie ein Mehltau auf die junge protestantische Theologie, und an seinen Milderungen und Abarten kranken wir noch heute. Man hatte wieder etwas, woran man sich halten konnte, sichtbaren Glaubensgrund und sichtbare Glaubensautorität, eine aufs Solideste gegenwärtig gemachte Geschichte; aber man hatte es um den Preis einer gewaltigen und prinzipiellen Konzession an den Grundgedanken der katholischen Kirche.

Bevor wir aber daran Kritik üben, müssen wir uns noch etwas gründlicher in das Wesen dieser katholisch-protestantisch-orthodoxen Position vertiefen. Wir tun es, indem wir den diesem Autoritätsbegriff entsprechenden *Glaubensbegriff* ins Auge fassen. Die katholische Kirche hatte und hat vom Glauben die Vorstellung einer Leistung des natürlichen Menschen, die, an sich nicht verdienstlich, durch das «donum gratiae superadditum» verdienstlich wird.[43] Wir sagten es oben: Die Kirche präsentiert dem zukünftigen Gläubigen das Heil in bestimmten Institutionen, Lehren und Personen, sie hat für ihn die Vergangenheit Gegenwart werden lassen, und nun handelt es sich bloß darum, daß er es annehme. Dies Annehmen ist der Glaube. Wie hat sich der Mensch dabei zu benehmen? Die Kirche antwortet noch heute, wie sie es immer getan hat: Der Mensch hat die in der Kirche deponierte Offenbarung *für wahr zu halten,* er hat ihr mit dem Intellekt zuzustimmen. Einen prinzipiellen Unterschied macht es nicht aus, wenn Thomas von Aquino die «fides informis», das *bloße* intellektuelle Akzeptieren, von der «fides formata (caritate)», dem aus Liebe und *mit Willen Akzeptieren* unterscheidet und nur das letztere durch Hinzukommen des «donum gratiae» verdienstlich werden läßt.[44] Es bleibt doch die Vorstellung einer durch menschlichen Verstand und Willen zustande gebrachten Aneig-

---

[i] Protestantisches Christentum und Kirche in der Neuzeit, S. 265 (Kultur der Gegenwart I, 4, 1, 1. Aufl.).

[43] Zur Formel «donum gratiae superadditum» vgl. Thomas von Aquino, S.th. Ia IIae q. 109 a. 3 i. c.: «Et ideo dicendum est quod homo in statu naturae integrae non indigebat dono gratiae superadditae naturalibus bonis ad diligendum Deum naturaliter super omnia ...»

[44] Zur Unterscheidung von «fides informis» und «fides formata» bei Thomas von Aquino: siehe S.th. IIa IIae q. 4 a. 3s.; zur Verdienstlichkeit der «fides formata»: siehe S.th. IIa IIae q. 2 a. 9.

nung des in bestimmten Sätzen und Satzungen niedergelegten Heilsgutes. Einer zweiten Wendung dieses Glaubensbegriffs begegnen wir parallel der protestantischen Wendung des katholischen Autoritätsbegriffs in der scholastisch-biblizistischen Periode des Protestantismus. Der Glaubensbegriff Luthers *und* Calvins hat hier eine Degeneration durchgemacht; wir werden ihn in seiner Ursprünglichkeit später aufnehmen und halten uns auch hier wieder an das dogmengeschichtliche Resultat. Dem in Gottes Wort niedergelegten objektiven Heilsgut steht die fides *gegenüber* als das subjektive Aneignungs*mittel*. «*Instrumentum*» heißt sie in der Konkordienformel[45], und bei dem Dogmatiker *Hollaz* steht die berühmte Definition: |12| «Est enim fides *organon receptivum* et *quasi manus*, qua homo sibi applicat et ad se recipit salutem. *Oblatio et receptio sunt correlata*. Quare manui gratiae, quae thesaurum justitiae et salutis offert, respondet manus fidei, quae thesaurum oblatum apprehendit et recipit.»[j] So wird die Heilsaneignung auch hier ein Zusammenwirken, συνεργεῖν, Gottes und des Menschen; Gott bringt die Gnade herzu, der Mensch den Glauben. Eine «Hand» schlägt ein in die andere. Aber die Parallele zu der katholischen Vorstellung geht noch weiter. Wie wird der objektive thesaurus psychologisch aufgenommen? mußte weiter gefragt werden. Aus den ersten Jahren der Reformation tönte es herüber: «fides *nihil aliud* est nisi *fiducia*.»[47] Die-

---

[j] Zitiert nach *Luthardt*, Kompendium der Dogmatik, 4. Aufl. 1873, S. 224.[46]

[45] *Formula Concordiae*, Sol. Decl. III,31 (BSLK 924,38–44): «... sola fides est illud unicum medium et instrumentum, quo gratiam Dei, meritum Christi et remissionem peccatorum (quae bona nobis in promissione evangelii offeruntur) apprehendere et accipere possumus.» Vgl. ibid. III,38 (BSLK 927,9–14).

[46] D. Hollaz, *Examen theologicum acroamaticum* (1707), Holmiae et Lipsiae 1735, III, p. 657: «Est enim fides justificans organon receptivum, & quasi manus miseri peccatoris, qua sibi applicat, & ad se recipit, complectitur et possidet ea, quae in gratuita promissione Evangelii offeruntur. DEUS Rex summus e coelo manum gratiae merito Christi partae & in ea salutem porrigit & offert: Peccator in abysso miseriae constitutus manu fidei mendica accipit, quod offertur. Oblatio & receptio sunt correlata. Quare manui gratiae, quae thesaurum justitiae & salutis offert, respondet manus fidei, quae thesaurum oblatum apprehendit & recipit.» – Chr. Luthardt, *Kompendium der Dogmatik*, Leipzig 1873⁴, S. 224 bringt das Zitat in stark verkürzter Form, Barth wiederum weicht von dieser Vorlage in einigen Punkten ab.

[47] Ph. Melanchthon, *Loci communes rerum theologicarum seu Hypotyposes theologicae* (1521): De iustificatione et fide IV: «Est itaque fides non aliud nisi

se Bestimmung hatte nun freilich einen stark subjektiven und irrationalen Einschlag. Das objektive und rationale «Wort Gottes» schien damit sein Korrelat auf Seite des Menschen zu verlieren. Der Schwärmerei war die Türe dabei mindestens nicht zugemacht, und der pädagogische Wert einer Wissenschaft vom Christentum mußte mindestens bedroht erscheinen. Luther ist trotzdem von dieser Bestimmung nicht abgegangen, und Calvin, der Inspirationstheoretiker, der den Glauben, wo er ihn definiert, eine «cognitio» nennt[48], bringt das tapfere Paradox fertig, immer wieder aufs Kräftigste zu polemisieren gegen die Meinung, als ob das Heilsaneignende dieser «cognitio» in der rationalen Zustimmung, also gerade in dem Moment bestehe, das doch das Korrelat zu dem rationalen «Wort Gottes» bilden müßte.[49] Auch für ihn spielt der

fiducia misericordiae divinae, promissae in Christo adeoque quocunque signo» (CR 21,163,1f. und: *Die Loci communes Philipp Melanchthons in ihrer Urgestalt.* Nach G. L. Plitt, hrsg. von Th. Kolde, Leipzig 1900³, S. 168).

[48] J. Calvin, Inst. III 2,7: «Nunc iusta fidei definitio nobis constabit, si dicamus esse divinae erga nos benevolentiae firmam certamque cognitionem, quae gratuitae in Christo promissionis veritate fundata, per spiritum sanctum et revelatur mentibus nostris et cordibus obsignatur.»

[49] Barth dachte an Inst. III 2,1 («Siquidam bona pars orbis, audito eius [scil. fidei] nomine, nihil altius concipit quam vulgarem quandam evangelicae historiae assensum»); III 2,8 («... assensionem ... ipsam ... cordis esse magis quam cerebri, et affectus magis quam intelligentiae ... Consequitur, fidem a pio affectu nullo modo esse distrahendam»); III 2,15 («Longe est alius sensus πληροφορίας, quae fidei semper in scripturis tribuitur; nempe qui Dei bonitatem perspicue nobis propositam extra dubium ponat. Id autem fieri nequit, quin eius suavitatem vere sentiamus, et experiamur in nobis ipsis»); III 2,16 («Hic praecipuus fidei cardo vertitur, ne quas Dominus offert misericordiae promissiones, extra nos tantum veras esse arbitremur, in nobis minime; sed ut potius eas intus complectendo nostras faciamus»); III 2,36 («Restat deinde ut quod mens hausit, in cor ipsum transfundatur. Neque enim si in summo cerebro volutatur Dei verbum, fide perceptum est; sed ubi in imo corde radices egit ...»); III 17,11 («Quo enim vera fides iustificat, nisi dum nos Christo conglutinat, ut unum cum illo facti participatione iustitiae eius fruamur? non ergo eo iustificat quod divinae essentiae notitiam concipiat, sed quod in misericordiae certitudine recumbit»). – Diese Stellen hat Barth in seiner Institutio-Ausgabe angestrichen und unter Hinweis auf sie am Rande notiert: «Diese sehr richtige Polemik gegen *bloßen* intellekt. Glauben ist doch bedrückt von der Schwierigkeit, daß der Glaube so stark als cognitio definiert und beschrieben wird. Dieser paradoxe Gegensatz konnte im Geiste Calvins gefahrlos und sogar in gewissem Sinn fruchtbar bestehen. Aber unter den Händen der Epigonen *mußte* der Glaubensbegriff wieder in den Intellektualismus versinken!» Diese Notiz stammt nach der Handschrift offenbar aus Barths Genfer Zeit (1909–1911).

inspirierte Kanon als solcher bei der Entstehung des Glaubens nicht die ausschlaggebende Rolle. Aber die Fäuste der Epigonen haben die Konsequenzen, vor denen die Reformatoren mit Recht zurückschreckten, gezogen. Schon die Apologie zur Augsburger Konfession etabliert innerhalb des «Glaubens» die Abstufung: notitia – assensus – fiducia.[50] Man bemerke: entsprechend der Wiederaufnahme des katholischen Autoritätsbegriffs die charakteristisch katholische Vorlagerung eines intellektualistisch-voluntaristischen Elementes im Glaubensbegriff. Denn darum handelt es sich, wie wiederum aus der Definition des *Hollaz* deutlich hervorgeht: «Assensus est judicium intellectus approbans quo ea, quae de Christo mediatore et per eum reparata gratia divina ... scriptura sancta tradit, vera esse judicantur.»[k] So geht der Weg zur fiducia, d. h. zu dem, was im Sinne der Reformatoren allein fides justificans heißt, *durch den assensus*, durch die vom Menschen zustande zu bringende Leistung seines Intellekts. Und das muß |13| nun abfärben auch auf die fiducia selbst, die von *Hollaz* ungescheut als weiterer «actus voluntatis» beschrieben wird.[52] Daß man unter diesen Umständen den Glauben als einheitliches Ganzes als ein Mittel, als «organon recepti-

---

[k] Zitiert nach *Luthardt*, a.a.O., S. 223.[51]

[50] Die später übliche schulmäßige Dreistufigkeit im Glaubensbegriff findet sich so in der Apologie der CA noch nicht, wohl aber eine polemische Entgegensetzung der «fiducia» gegen die «notitia historiae» (z.B. BSLK 219,39–41; 203,43–47; 232,14–16 u.ö.). Als «otiosa notitia» ist sie auch bei Ungläubigen und Dämonen vorhanden (BSLK 219,28–30); ihr fehlt aber die Zustimmung und das Vertrauen zur göttlichen Verheißung der Gnade: «Primum enim decipiuntur adversarii in vocabulo fidei, quod si significaret nobis notitiam illam historiae, quae etiam in impiis et diabolis est ... Sed nos non de notitia historiae, sed de fiducia promissionis et misericordiae Dei loquimur» (BSLK 225,36–44). – Der Ausdruck «assensus» fehlt in der Apologie der CA; das Verb «assentiri» wird jedoch öfters verwendet, z.B. BSLK 169,39–44: «Sed illa fides, quae iustificat, non est tantum notitia historiae, sed est assentiri promissioni Dei, in qua gratis propter Christum offertur remissio peccatorum et iustificatio» (vgl. auch BSLK 219,30).

[51] D. Hollaz, op. cit.,III, p. 663: «Assensus fidei est judicium intellectus approbans, quo ea, quae de Christo Mediatore, & per Eum reparata gratia divina, nec non impetranda remissione & aeterna salute sacra Scriptura tradit, vera esse judicantur.»

[52] D. Hollaz, op. cit.,III, p. 663s.: «Fiducia est actus voluntatis, quo peccator conversus & renatus avide expetit & quaerit misericordiam DEI partam merito Christi ...»; auch bei Luthardt, a.a.O., S. 223.

vum», als «Hand» beschreiben muß, ist wohl verständlich. Das geschichtliche Heil steht dem Menschen objektiv *gegenüber*. Nun streckt er die Hand aus, nun eignet er es sich an, nun hat er, was er vorher nicht hatte. Und weil das Heil ihm gegenübersteht in Form des rationalen «Wortes Gottes», ist das psychologisch Wesentliche im Vorgang der Aneignung die rationale Zustimmung. Dies das Wesen des protestantisch-orthodoxen Glaubensbegriffs. Denn die Lehre vom «Testimonium Spiritus sancti internum», die hier in Betracht kommt und die später zu berühren sein wird, gehört *nicht* zu seinem Wesen.[53] Sie war eine Hintertüre, nicht ein konstitutives Element. Dieser Glaubensbegriff ist auch heute noch nicht tot. Beispiele brauche ich nicht zu nennen.

III.

Die irgendwie hierarchisch-äußerliche Herstellung der Beziehung zwischen Glaube und Geschichte hat sich uns nach ihren beiden Seiten, der objektiven und der subjektiven, als ein geschlossenes Ganzes dargestellt. Wir wenden uns zunächst zur Kritik. Denn an dieser geschichtlich ungeheuer wirksamen Position muß sich das ganze Problem positiv oder negativ entscheiden.

Zunächst interessiert uns die oben gegebene psychologische Charakteristik des *Glaubens,* der beschrieben wird entweder direkt und ausschließlich als Zustimmung des Intellekts (katholisch) oder zwar als eine intimere Aneignung, die aber durch die Zustimmung des Intellekts bedingt ist (protestantisch-orthodox). Ist die so hergestellte Beziehung zur Geschichte Glaube, d. h. Gotteserleben, Realitätsbeziehung? Ich kann mich kurz fassen. Es ist schon oft gezeigt worden, daß dem *nicht* so ist. Wir halten uns gleich an die protestantische Nuance dieser Position. Ich trage einem Menschen, der zum christlichen Glauben erst erzogen werden soll, diejenigen Gedankengebilde vor, die ich als orthodoxer Theologe für die normale, weil schriftgemäße Zusammenfassung des «Heils in Christo» halte. Ich sage ihm, daß Christus als wahrer Mensch und wahrer Gott auf Erden gekommen ist, die Sünder selig zu machen [vgl. 1. Tim. 1,15], daß er durch Worte und Wunder seine Göttlichkeit erwiesen, daß er am Kreuz sein Blut vergossen zur Versöhnung

---

[53] Der Satz ist mit Schlangenlinie angestrichen.

der Menschen mit Gott, daß er aber am dritten Tag wieder auferstanden sei usw. Der Grad der Massivheit, mit |14| dem ich ihm diese «Heilstatsachen» vorführe, ist sachlich dabei gleichgiltig, es könnte also auch in «liberaler» Terminologie geschehen. Jedenfalls ist es nun, *bevor* im Andern «fides justificans» entstehen kann, nach orthodoxer Methodik nötig, daß er den assensus vollziehe, d. h. er soll nun alles das Gesagte für wahr annehmen. Ja, *kann* er denn das? Es handelt sich doch offenbar um Gedanken, die sich nicht von selbst verstehen. Seine Erkenntnis weigert sich vielleicht, solche Behauptungen in ihren Zusammenhang aufzunehmen, und doch ist es gerade das, der «assensus intellectus», was ich ihm jetzt zumute. Kann es wohlgetan sein, wenn ich ihn zum Glauben an den Gott der Wahrheit führe, indem ich ihn anleite, eine intellektuelle Unredlichkeit zu begehen, etwas um des Zweckes willen für wahr zu halten, was er sonst nicht für wahr hält? Bringe ich damit nicht das Wertvollste in ihm, die Aufrichtigkeit gegen sich selbst, in schwere Gefahr? Aber nehmen wir einmal an, der Mann ist ungebildet und der assensus macht ihm keine Schwierigkeit, oder er ist zwar gebildet, aber es gelingt mir, als gewandter Apologet seine Bedenken über den Haufen zu reden. Es scheint zu einer persönlichen Heilserfahrung zu kommen, die Vorbedingung ist erfüllt. Aber wenn es dazu kommt, ist dann wirklich der assensus das Vehikel dazu gewesen, oder war er nicht bloß eine sachlich bedeutungslose psychologische Verstärkung der notitia, wenn nicht ein glücklich überwundenes Hindernis? War der psychologische Motor der Heilsaneignung nicht ein ganz anderer, weder notitia noch assensus noch fiducia als «actus voluntatis»? Allein die Erfahrung lehrt, daß die so eingeleitete Heilsaneignung nur zu leicht auf einer Selbsttäuschung beruht. Die Verwechslung zwischen «überzeugtem» assensus und der fides justificans liegt nur zu nahe. Es kommt dann je nachdem zu den religiösen Krankheitserscheinungen der «fleischlichen Sicherheit» oder aber der «Heilsungewißheit», die bekanntlich beide gerade unter den bewußten «Bekehrten» und nicht unter den «Ungläubigen» zu Hause sind. Und aus diesem Scheinglauben gibt es nun keinen Ausweg für den Mann, nämlich solange er meinem Rate treubleibt. Denn weil ich ihn angeleitet habe, den Glauben als «organon receptivum» zu gebrauchen, wozu in erster Linie der «assensus intellectus» gehöre, wird er sich nun, wenn es ihm ernst ist oder wieder ernst wird, bemühen, immer überzeugter zu «glauben», d. h. für wahr zu halten, und es liegt auf der Hand, daß er damit ebensowenig zustande kommen wird als Luther im Kloster mit seinen Kasteiungen. Die Orthodoxie hat in dieser Beziehung unzählige religiöse Existenzen auf dem Gewissen. Und damit kommen wir erst zur Hauptsache: Damit, |15| daß ich dem Mann zugemutet habe: du sollst glauben, und ihn dazu auf diese und jene Gedanken, Sätze und Erzählungen verwiesen habe mit dem Ansinnen, sein Wille soll[e] seinen Verstand bewegen, sie «anzunehmen», damit habe ich in ihm die Vorstellung erweckt, als sei der Glaube etwas, was *gemacht*, und zwar *von ihm* gemacht werden müsse. Er streckt den Glauben aus «wie eine Hand» und erwartet nun nach dem Rezept «Oblatio et receptio sunt correlata»[54] mit Fug, daß Gott in diese Hand einschlage, und wenn es nicht geschieht, wenn seine innerliche Not bleibt, wird er verdrießlich und aufbegehrerisch. Der Mensch tut etwas, Gott soll den Rest tun, das ist diese Vorstellung, und ich brauche wohl nicht erst an ihre fatalen sittlich-religiösen Konsequenzen zu erinnern.

An diese dogmatischen Einwände schließt sich die geschichtliche und die philosophische Kritik an. Hatten es jene vorwiegend mit dem Glaubensbegriff zu tun, so diese vorwiegend mit dem dabei vorausgesetzten *Autoritäts*begriff. Die Kultur des Mittelalters stand unter dem Zeichen jenes hierarchischen Autoritätsgedankens, nicht allein das kirchlich-religiöse, sondern ebensosehr das weltliche Denken und Leben: Wissenschaft, Staat und Kunst. Es war dasselbe Prinzip, das sie alle beherrschte. Das Bild dieser Kultur ist der Syllogismus. Thomas von Aquino hat ihn gedacht, und Dante hat ihn poetisch verklärt. Es war eine theologische Kultur, und sie war Zwangskultur. Die Reformation hat in diese Mauer ein Loch geschlagen; aber wir haben bereits gesehen, daß noch genug stehen blieb. Luther hat den Gedanken einer universalen Zwangskultur prinzipiell anerkannt, und Calvin hat ihn in Genf in die Praxis umgesetzt. Zum papierenen Papst kam das protestantische Rom. Aber nun kam die Renaissance und mit ihr eine Wissenschaft, die zwar den katholischen und protestantischen Autoritäten zunächst die gebührende Reverenz erwies, die aber doch grundsätzlich frei, d. h. untheologisch war. Die Wissenschaft legt Beschlag auf das Gebiet von Raum und Zeit, die Theologen beider Konfessionen sind die Wissenden im Gebiet des Transszendenten *und* in jener transszendenten Provinz im

---

[54] D. Hollaz, s. o. Anm. 46.

Raumzeitlichen, die als historia sacra in der Welt, nicht von der Welt [vgl. Joh. 17,11.14 u. ö.] ist. Eine Zeitlang gehen die beiden Mächte friedlich nebeneinander her. Wenn nur jene theologische Provinz nicht wäre! Denn wer kann es leugnen, daß es sich da zum großen Teil um geschichtliche und naturkundliche Probleme handelt, die sonst überall von der Wissenschaft an die Hand genommen sind? Wer hat die Theologen zu Statthaltern eingesetzt? Und nun kommt es erst da und dort zu Reibungen und Grenzkonflikten, dann zu offenen Einbrüchen; die Theologen versuchen es teils mit Händeringen, teils mit |16| Fluchen, teils mit Parlamentieren und Paktieren, teils mit Überlaufen. Tatsache ist, daß ihre Grenzsteine mit sanfter Gewalt zurückgesetzt werden. Das geozentrische Weltbild der Bibel verschwindet geräuschlos in der Versenkung, in Rom allerdings erst, als es allerhöchste Zeit war, nämlich im 19. Jahrhundert.[55] Das Sechstagewerk der Genesis kommt in ein verdächtiges Licht, die alt- und neutestamentlichen Wunder werden in verwunderlicher Weise vernünftig gemacht. Kanon und Text, Autorschaft und historische Zuverlässigkeit der heiligen Schriften werden in derselben Weise in Frage gestellt und untersucht wie Homer und Livius. Aber auch das Zentrum der theologischen Provinz im Raum-Zeitlichen bleibt vor der Wissenschaft nicht sicher, und der Gottmensch verwandelt sich in den Rabbi von Nazareth, in den «größten Propheten». Die Arbeit des in der Orthodoxie aufgewachsenen Theologengeschlechts besteht in einer Reihe der kläglichsten Subtraktionsexempel. Rationalisten waren sie vorher, und Rationalisten sind sie jetzt; der Unterschied besteht nur darin, daß der quantitative Bestand ihrer rationalen Offenbarungswahrheiten jetzt kleiner geworden ist. Aber die Schwierigkeiten, die dem orthodoxen Autoritätsbegriff *geschichtlich*, d. h. inhaltlich und quantitativ in der modernen Welt bereitet wurden, sind ein Kinderspiel gegenüber der Belastung, die er durch die moderne *Philosophie* erfährt. Denn schon durch die Lehre des Descartes wird nicht nur der Inhalt, sondern der Begriff der theologischen Autorität als solcher in Frage gestellt. Von den angeblich gegebenen Erkenntnissen überhaupt richtet sich hier das Interesse auf den Vorgang des Erkennens, von den Dingen auf die Gesetzlichkeit in den Dingen. Leonardo

---

[55] Die 1633 ausgesprochene Indizierung von Galileo Galileis *Dialogo sopra i due massimi sistemi del mondo* (1632) wurde 1822 aufgehoben. Vgl. W. Stache, Art. «Galilei», in: RGG³ II, Sp. 1192.

da Vinci, Kopernikus, Kepler, Baco, Gassendi, Newton eröffnen das Zeitalter der Naturforschung unter der stillschweigenden oder ausdrücklichen Voraussetzung des platonischen Erkenntnistheorems: οὐδείς ἀγεωμέτρητος εἰσίτω·[56], alles Wirkliche muß mathematisch erkennbar sein. Die Dogmen räumen ihren Platz in den Köpfen den Arbeitsmethoden. Noch versucht es die Aufklärungsdogmatik, sich zu retirieren auf den Begriff eines Gottes, «der nur von außen stieße», wie Goethe gespottet hat.[57] Aber auch diese Autorität soll fallen. Denn nun zieht *Kant* das Fazit aus der geistesgeschichtlichen Entwicklung, kritisiert die Vernunft, zeigt, daß sie nur erkennt, was sie erkennen *kann*, und daß *keine* metaphysische Idee weder dogmatischer noch «empirischer» Herkunft mit dem Anspruch, konstitutive Erkenntnis zu sein, auftreten darf, soll sich die Vernunft nicht in die unheilvollsten Widersprüche mit sich selbst begeben. Und gleichzeitig kommt von der *Ethik* her, auf der Linie, die von |17| Lessing über Kant zu Fichte führt, die Frage, inwiefern denn überhaupt eine selbst absolute Größe der Vergangenheit für den Menschen, der sie nur historisch kennt, eine Lebensbedeutung habe. Hier scheint sich der Angriff förmlich zu überstürzen. 1777 lautet die These: «Zufällige Geschichtswahrheiten können der Beweis notwendiger Vernunftwahrheiten nie werden.»[1] 1806 aber im höhern Chor: «Nur das Metaphysische, keineswegs aber das Historische, macht selig[; das letztere macht nur verständig]. Ist nun jemand wirklich mit Gott vereinigt und in ihn eingekehrt, so ist es ganz gleichgültig, auf welchem Wege er dazu gekommen; und es wäre eine sehr unnütze und verkehrte Beschäftigung, anstatt in der Sache zu leben, nur immer das Andenken des Weges sich zu wiederholen.»[m] Was

---

[1] *Lessing*, Über den Beweis des Geistes und der Kraft.[58]

[56] Μηδεὶς ἀγεωμέτρητος εἰσίτω soll «über dem Eingang der Akademie [scil. Platos] gestanden haben» (K. Vorländer, *Geschichte der Philosophie*, Bd. I [PhB 105], Leipzig 1908², S. 99). Überliefert ist das Wort bei Elias (6. Jh.), *In Aristotelis Categorias commentaria* 118,18 (Liddell-Scott, *Greek-English Lexicon*, Oxford 1940, p. 8).

[57] Aus: «Gott, Gemüt und Welt» von J. W. von Goethe:
    Was wär' ein Gott, der nur von außen stieße,
    Im Kreis das All am Finger laufen ließe! ...

[58] «Zufällige Geschichtswahrheiten können der Beweis von notwendigen Vernunftswahrheiten nie werden.» G. E. Lessing, *Über den Beweis des Geistes und der Kraft. An den Herrn Direktor Schumann, zu Hannover*, Werke, hrsg. von H. G. Göpfert, Bd. VIII, München 1979, S. 12.

wir in diesen beiden philosophischen Gedankengängen sich vollziehen sehen, das ist die Herausschälung der *Autonomie des Bewußtseins* aus den Krusten der mittelalterlichen Zwangskultur. Autonomie ist die *kritische* Instanz, die das Bewußtsein in seiner eigenen *Gesetzlichkeit* entdeckt. Hinter die damit erreichte geistige Entwicklungsstufe können wir nicht zurück. Und damit wird die altprotestantische Fassung des Begriffs der geschichtlichen Autorität in der Tat in jedem Sinne unmöglich.ᵐ Nachdem ich mir kritisch darüber klar geworden bin, was meine Vernunft leisten, d. h. *aufnehmen kann,* kann und darf ich nicht hingehen und nun trotzdem Gedanken, deren Wahrheitsgehalt ich mindestens vernunftgemäß nicht feststellen kann, auf Autorität hin annehmen. Hinfällig wird die Vorstellung von autoritativen Satzungen einer hierarchischen Anstalt, hinfällig aber auch die Vorstellung eines autoritativen Kanons, autoritativer Gedanken, Sätze und Erzählungen, und wenn ein Engel vom Himmel sie gebracht hätte.ᵒ

So hat die dogmatische und die philosophische Kritik zu demselben Resultat geführt: Der Glaube, das christliche Gottes-|18|erleben, kann weder zusammenfallen mit der willens- und verstandesmäßigen Bejahung einer geschichtlichen Lehrautorität, noch kann er durch diese in irgend einem Sinne bedingt sein. Die richtige Problemstellung in der Frage «Glaube und Geschichte» kann das nicht sein. Vom Begriff des

---

ᵐ *Fichte,* [Die] Anweisung zum seligen Leben (sechste Vorlesung).[59]

ⁿ Vgl. zu diesem letzten Abschnitt die bereits zitierte instruktive Abhandlung von *Troeltsch* «Protestant. Christentum» etc., in der allerdings der Radikalismus, der in der frühreformatorischen Position Luthers und Melanchthons offen und in der Theologie Calvins verborgen ist, nicht zu seinem Rechte kommt, so daß ein Bild entsteht, das die Reformation einseitig auf die Seite des Mittelalters stellt.

ᵒ Nur beiläufig möchte ich bemerken, daß es wohlgetan ist, sich zweimal zu besinnen, bevor man nun vorschnell, an eine sehr zweifelhafte Seitenlinie des kantischen Systems anschließend, einen Unterschied von *Glauben* und *Wissen* einführt, bei dem das angebliche Glauben doch wieder ein Wissen ist mit Kirche und Kanon, Metaphysik und Wunder.[60] Die Wege dieser Apologetik sind Schleichwege. Es gibt nur *ein* Wissen, und das ist das Wissen des kritischen Rationalismus.

[59] Ausgabe von Fr. Medicus, Leipzig 1910, S. 95.

[60] Barth denkt wohl an J. Kaftan, der in seiner *Dogmatik,* Tübingen/Leipzig 1901³⁻⁴, S. 108f., an Kants Unterscheidung von Glauben und Wissen anknüpft. A.a.O., S. 48–60 handelt Kaftan vom Kanon, S. 269–277 vom Wunderglauben, S. 582–604 von der Kirche.

Glaubens aus nicht, weil er so verstanden hinauslaufen würde auf intellektuelle Unredlichkeit, auf Selbsttäuschung, auf Werkgerechtigkeit, vom Begriff der Autorität aus nicht, weil die so verstandene Autorität nicht bestehen kann vor dem autonomen, d. h. selber erkennenden modernen Kulturbewußtsein. Eine tiefer eindringende kritische Analyse der damit abgelehnten Position kann erst im Zusammenhang mit der positiven Durchführung des Problems versucht werden. |49|

IV.

Wir gehen über zum konstruktiven Teil unserer Untersuchung. Mit den einschlägigen Problemen der *Religionsphilosophie* ist dabei der Anfang zu machen.

Der deutsche Klassizismus stellt sich uns dar als das philosophische Resultat der geistigen Entwicklung, die mit der Renaissance ihren Anfang nahm. Das Bewußtsein entdeckt seine Eigengesetzlichkeit in Wissenschaft, Moral und Kunst. Die Philosophie *Kants* ist der Aufriß der objektiven Vernunft, für die jedes Dogma als Dogma gestrichen ist. Auch die Gedankenwelt *Goethes* und *Schillers* erscheint zunächst beschränkt auf die großen Objektivitäten der Natur, der Geschichte und der Kunst. Das Problem des individuellen Lebens scheint ausgeschaltet wegen seines kompromittierenden Zusammenhangs mit dem gestrichenen Dogma. Aber es scheint doch nur so. In Wirklichkeit hatte schon in der Renaissance der Gedanke der autonomen Bewußtseinsgesetzlichkeit den Gedanken des autonomen individuell-lebendigen Ich erzeugt. Die Tiefen der Gottheit [vgl. 1. Kor. 2,10] werden wieder entdeckt im Lebensvorgang nicht der Vernunft, sondern des einzelnen Menschen. Von hier sind die klassischen Poeten sogar ausgegangen: Der Götz und die Räuber drehen sich im Grunde um jenes von der modernen Entwicklung scheinbar ausgeschaltete Ich- oder Lebensproblem, in Prometheus und Don Carlos ringt es mit der feindselig-bedrohlichen Objektivität, in Faust und Wilhelm Meister, in Wallenstein und Maria Stuart endlich kommt es zum Ausgleich, ja zur Synthese zwischen dem, was «drinnen», und dem, was «draußen» ist. Aber diese poetische und sicher prophetische Synthese interessierte nun doch die Mehrzahl der Zeitgenossen hauptsächlich hinsichtlich ihres ersten Gliedes, des lange vernachlässigten Individualitätsproblems. Hier setzte die *Romantik* ein.

In Manchen ihrer Vertreter, typisch dafür sind *Fichte* und sein Schüler *Novalis*, präsentiert sie sich als tumultuarische Subjektivierung der modernen Objektivität oder, wenn man will, als Objektivierung der modernen Subjektivität. Sie endet dann in der hoffnungslosen Neu-Verwirrung der Probleme der Gottheit oder des Lebens und der Vernunft oder der Kultur, deren Trennung |50| die vorhergehenden Jahrhunderte in heißem Kampf durchgeführt. Bei Einem aber gestaltete sich der romantische Ansatz zum Ausgangspunkt einer Gottheits- oder Lebenstheorie, d. h. zu einer Religionsphilosophie, die darum fruchtbar und förderlich gewesen ist, weil sie die Probleme in ihrer qualitativen Verschiedenheit anerkannte, ohne doch die in der klassischen Poesie und besonders im Leben Goethes vorliegende Synthese aus dem Auge zu verlieren. Der Eine war *Schleiermacher*.

«Frömmigkeit ... ist rein für sich betrachtet weder ein Wissen noch ein Tun, sondern eine Bestimmtheit des Gefühls oder des unmittelbaren Selbstbewußtseins.» So lesen wir in dem berühmten § 3.[61] Damit ist die Eigenart des religiösen Problems in einer Schärfe erkannt, wie sie in den Werken der klassischen Poesie nicht erreicht und wie sie in denen der andern Romantiker wieder verwischt wurde. Wissen und Tun hier, Fühlen, Leben und Erleben dort. Kulturbewußtsein hier, Selbstbewußtsein dort. Ich wiederhole und unterstreiche: es handelt sich nicht bloß um ein anderes Problem, sondern um ein Problem, das auf einer ganz andern Fläche liegt. Dort steht die Art der objektiv-abstrakten Möglichkeit des Bewußtseins zur Diskussion, die apriorische Gesetzlichkeit des Wissens und Tuns, hier das wissende und tuende *Subjekt*, das denkende und wollende *Individuum*, der *Mensch* der Wirklichkeit mit einem Wort. Dort ist die Erkenntnis eines Dings an sich ausgeschaltet und alle Heteronomie des Pflichtbegriffs verpönt; wahre Erkenntnis ist nur die Erkenntnis von Erscheinungen, und guter Wille ist nur der eigene Wille. Hier steht der erkennende und der wollende Mensch, *indem* er erkennt, im Ding an sich mitten drin und, *indem* er will, unter absoluter Heteronomie. In diesem unmittelbaren Vorgang der Bewußtseins*wirklichkeit* (der für die kritische Fragestellung gar nicht in Frage fällt) haben wir das Phänomen vor uns, das psychologisch bereits als *Realitätsbeziehung* gekennzeichnet wurde. Sie ist individuell und

---

[61] Vgl. oben Anm. 11.

trans-individuell, sie ist Selbstgewißheit und Gottesgewißheit in Einem. Sie steht zum Kulturbewußtsein im Verhältnis des aktualisierenden, weil regulativen Prinzips. Sie läßt die gesetzlich-apriorische Möglichkeit des Denkens und Wollens zu wirklichen Gedanken und Entschlüssen werden. Sie gleicht der platonischen *Idee:* wir sind in der Höhle, wir wenden dem Feuer den Rücken[62], aber «in seinem Lichte sehen wir das Licht» [Ps. 36,10]. «In ihm leben, weben und sind wir» [Act. 17,28]. Und doch ist diese Realitätsbeziehung, «rein für sich betrachtet, weder ein Wissen noch ein Tun», weder ein Gedanke noch ein Entschluß, sondern unmittelbare, unanalysierbare, irrationale, persönlich-individuelle Le-|51|bendigkeit. Der Friede Gottes ist höher als alle Vernunft [Phil. 4,7]. Und es rechtfertigt sich von hier aus religionsphilosophisch, was in der Einleitung bloß vorausgesetzt war, die prinzipielle Artverschiedenheit zwischen unmittelbarem Bewußtsein und der Reflexion darüber, zwischen Glaube und Glaubensgedanken.

Nach dieser Umschreibung des Problemkreises wendet sich die Religionsphilosophie zur nähern Darstellung ihres Objektes, jenes individuellen Lebendigwerdens, dem der Charakter der Realitätsbeziehung zukommt. In *Schleiermachers* zweiter Rede über die Religion sind die Elemente dieser Darstellung enthalten. Genial ist dort der Gedanke durchgeführt, daß im religiösen Erlebnis, d. h. in jenem individuellen Lebendigwerden *zwei Faktoren zwar begrifflich zu unterscheiden, aber sachlich zusammenzuschauen sind,* das Aufnehmen einer Wirksamkeit ins Bewußtsein und das durch diese Wirksamkeit im Bewußtsein Gewirkte. Den ersten Faktor nennt Schleiermacher «*Anschauung*», den zweiten «*Gefühl*». *Anschauung* ist das Aufnehmen des Eindrucks, den der ewige Gehalt im Dasein auf unser Selbstbewußtsein ausübt. Unsrer Vernunft nämlich oder unserm objektiven Bewußtsein ist das Endliche in Natur und Geschichte aufgegeben und kann nur das Endliche zur Bearbeitung aufgegeben sein. Aber *im* Endlichen gibt es ein Universum, ein Ewiges, Absolutes. Und dieses Unendliche im Endlichen befindet sich in ununterbrochener Tätigkeit und offenbart sich unserm unmittelbaren Selbstbewußtsein in jedem Augenblick. Über ein «An sich» dieses Universum[s] Aussagen zu machen, würde Mythologie bedeuten, und zwar erstens unkritische und zweitens religiös wertlose

---

[62] Platons Höhlengleichnis, *Politeia* VII, 514f.

Mythologie. Denn *nicht auf ein allfälliges «An sich» des Wirkenden kommt es in dem Vorgang des individuellen Lebendigwerdens an. Sondern seine Wirksamkeit und Tätigkeit erfahren* und in sich aufnehmen, «alle Begebenheiten in der Welt als Handlungen eines Gottes vorstellen», *das ist die «Anschauung» der Religion.*ᵖ Im Gegensatz dazu und doch in Handlungen tiefster Einheit damit ist das religiöse *Gefühl* das Gewirkte im Selbstbewußtsein, das in der Anschauung entstandene Ergriffensein von der im Endlichen wahrgenommenen ewigen Welt.ᑫ Anschauung und Gefühl bestehen also nicht ohne einander und auch nicht neben einander, sondern *eines durch das andere und im andern*. Das ist die «Geburtsstunde alles Lebendigen in der Religion», wenn *in der Anschauung Gefühl entsteht.*ʳ Was hier vor-|52|getragen ist, ist nicht eine neue Religion, nicht einmal eine neue Theologie, sondern einfach in der

---

ᵖ Reden, Ausgabe von *Otto*, S. 35–42.⁶³
ᑫ A.a.O. S. 42–46.⁶⁴
ʳ A.a.O. S. 46f.⁶⁵ Vgl. bes. folgende Sätze (S. 47–48): «Anschauung ohne Gefühl ist nichts und kann weder den rechten Ursprung noch die rechte Kraft haben. Gefühl ohne Anschauung ist auch nichts: beide *sind nur dann und deswegen etwas, wenn und weil sie ursprünglich eins und ungetrennt sind*. Jener erste geheimnisvolle Augenblick ... könnte und dürfte ich ihn doch aussprechen, andeuten wenigstens, ohne ihn zu enteiligen! Flüchtig ist er und durchsichtig wie der erste Duft, womit der Tau die erwachten Blumen anhaucht, schamhaft und zart wie ein jungfräulicher Kuß, heilig und fruchtbar wie eine bräutliche Umarmung; ja nicht *wie* dies, sondern er *ist* alles dieses *selbst*. ... Ich liege am Busen der unendlichen Welt: *ich bin in diesem Augenblick ihre Seele; denn ich fühle alle ihre Kräfte und ihr unendliches Leben wie mein eigenes; sie ist in diesem Augenblicke mein Leib, denn ich durchdringe ihre Muskeln und ihre Glieder wie meine eigenen und ihre innersten Nerven bewegen sich nach meinem Sinne und meiner Ahndung wie die meinigen. Die geringste Erschütterung, und es verweht die heilige Umarmung, und nun erst steht die Anschauung vor mir als eine abgesonderte Gestalt.* ... Dieser Moment (sc. der Moment der Einheit von Anschauung und Gefühl) ist die höchste Blüte der Religion. *Könnte ich ihn Euch schaffen, so wäre ich ein Gott.*»⁶⁶

⁶³ Fr. Schleiermacher, *Über die Religion. Reden an die Gebildeten unter ihren Verächtern* (1799), hrsg. von R. Otto, Göttingen 1906²; Zitat S. 37. Neuausgabe von H.-J. Rothert (PhB 255), Hamburg 1958, S. 31–37; Zitat S. 32 (Originalausgabe S. 55–66; Zitat S. 57).
⁶⁴ Ausgabe Rothert S. 37–40 (Originalausgabe S. 66–71).
⁶⁵ Ausgabe Rothert S. 40ff. (Originalausgabe S. 72ff.).
⁶⁶ Ausgabe Rothert S. 41f. (Originalausgabe S. 73–75); Hervorhebungen großenteils von Barth.

Terminologie der Romantik das Fazit der religionsphilosophischen Voraussetzungen der reformatorischen Theologie, um nicht zu sagen des Paulinismus. Schleiermacher, *der* moderne Theologe, steht gerade in seiner Grundlegung in intimstem Zusammenhang mit den großen Zentralgedanken des evangelischen Christentums der Vergangenheit. Setzt man für «Anschauung» *fides* ein und für «Gefühl» *justificatio*, so wird man sich sofort zurechtfinden. Für *Luther* ist der *Glaube* keineswegs bloß aneignendes Mittel, wie es später hieß, dem dann die Rechtfertigung als ein Anderes, als das anzueignende Objekt irgendwie gegenüberstünde. Sondern in der «Freiheit eines Christenmenschen» heißt es wörtlich und unmißverständlich: *«Glaubst du, so hast du!»*⁶⁷ Im Glaubensakt *ist* das Glaubensobjekt, es braucht nicht erst per fidem herbeigebracht zu werden. Ähnlich *Zwingli:* «Fidem habere est Deum habere.»⁶⁸ Das setzte aber sofort auch einen andern *Rechtfertigungsbegriff* voraus als den, der später orthodox wurde. Es muß freilich gesagt werden, daß der junge Luther sich in dieser Hinsicht eindeutiger und erfreulicher ausgedrückt hat als der alte. Dem jungen Luther stellte sich das Problem so:⁵ Gott rechtfertigt den Menschen. Das heißt: Gott erkennt den Sünder als gerecht an. Das ist freilich ein synthetisches Urteil, denn der Sünder *ist nicht* gerecht. Aber – und das wurde später außer Acht gelassen – in Gottes Munde ist es *zugleich* ein analytisches Urteil. Der Sünder *ist jetzt* gerecht; denn durch das rechtfertigende Urteil hat Gott zwischen sich und ihm persönliche Beziehung und Gemeinschaft gestiftet. Diese Stiftung aber braucht nicht erst durch den Glauben des Menschen |53| wirksam zu werden – die Wirksamkeit liegt

---

⁵ Vgl. die Darstellung des in der Römerbriefvorlesung von 1516 vorgetragenen Justifikationsbegriffs in dem Artikel von *Karl Holl,* Zeitschrift f. Theologie u. Kirche 1910, Heft 4.⁶⁹

⁶⁷ WA 7,24,12–14: «Sihe da, glaub in Christum, yn welchem ich dir zusag alle gnad, gerechtigkeit, frid und freyheyt, glaubstu, so hastu, glaubstu nit, so hastu nit.»

⁶⁸ Vgl. H. Zwingli, *De vera et falsa religione commentarius* (1525), CR 90 (H. Zwinglis sämtliche Werke, Bd. 3), 848,12f.: «Qui enim fidem habet, deus in eo est et ipse in deo.»

⁶⁹ K. Holl, *Die Rechtfertigungslehre in Luthers Vorlesung über den Römerbrief mit besonderer Rücksicht auf die Frage der Heilsgewißheit,* in: ZThK, Jg. 20 (1910), S. 245–291; wieder abgedruckt in: ders., *Gesammelte Aufsätze zur Kirchengeschichte,* Bd. I: *Luther,* Tübingen 1923²⁻³, S. 111–154.

bei Gott und nicht beim Menschen –, sondern *weil und indem sie wirksam ist, glaubt der Mensch.* So sind auch Glaube und Rechtfertigung bloß begrifflich zu unterscheiden als die zwei verschiedenen Seiten desselben Vorgangs, als Aufnahme der Wirksamkeit Gottes und als das von Gott Gewirkte. Es gilt auch von ihnen, daß sie «ursprünglich eins und ungetrennt» sind.[70] Denn Glaube ist freilich fiducia cordis misericordiae divinae[71] und insofern nichts anderes als Empfänglichkeit, aber *weil* fiducia, persönliches Vertrauen zu dem *gerechten Gott,* zugleich obedientia spiritus[72]. Der rechtfertigende Gemeinschaftswille Gottes wird eben Glaubensgehorsam des Menschen. Ganz im selben Sinne läuft der Abschnitt «De justificatione et fide» in der ersten Auflage von *Melanchthons* Loci[73] auf die Gleichung justificatio = fides und fides = justificatio hinaus. Und auf den womöglich noch schärfern Ausdruck bringt *Calvin* das Problem, indem er die Linien nach der objektiven wie nach der subjektiven Seite verlängert, um dann direkt die göttliche Erwählung und den menschlichen Sittengehorsam einander gleichzusetzen.[t] Das Verhältnis von Subjekt und Objekt in der Realitätsbeziehung des individuellen Lebendigwerdens wird also von der Religionsphilosophie im Anschluß an Schleiermachers und der Reformatoren Stellung

---

[t] Man vergleiche folgende Sätze aus Instit. III 17,5 mit den vorhin zitierten aus Schleiermachers Reden: «Dominus non amare et osculari non potest, quae per spiritum suum in illis efficit bona. ... Unde enim illis *bona opera*, nisi quod Dominus illos, quemadmodum vasa in honorem elegit, ita *vult vera puritate exornare?* ... In summa nihil aliud significat (sc. der Ausdruck «bona opera») hoc loco quam *gratos esse Deo et amabiles suos filios in quibus notas et lineamenta vultus sui videt.*»

[70] Vgl. oben Anm. r.

[71] Diese Definition des Glaubens dürfte eine Kompilation zweier Formeln sein: a) Die bei den Reformatoren häufige Wendung «fiducia cordis» findet sich beim «jungen» Luther, z. B. in: *Luthers Vorlesung über den Römerbrief 1515/1516,* hrsg. von J. Ficker, Leipzig 1908, (I:) *Die Glosse,* S. 110 (jetzt auch: WA 56,117,18–20), zitiert bei K. Holl, a.a.O., S. 134, Anm. 2: «... gratis enim dat fundamentum, requiem conscienciae et fiduciam cordis preveniens omne nostrum satisfacere vel edificare.» b) Die Ergänzung der Wendung könnte aus der oben Anm. 47 zitierten Definition Melanchthons stammen.

[72] *Luthers Vorlesung über den Römerbrief 1515/1516,* hrsg. von J. Ficker, Leipzig 1908, (II:) *Die Scholien,* S. 275 (WA 56,451,25f.), zitiert bei K. Holl, a.a.O., S. 119, Anm. 2: «Quia fides nihil aliud est quam obedientia spiritus.»

[73] CR 21,159–181; Ausgabe Kolde (s. oben Anm. 47) S. 164–189.

des Problems so zu beschreiben sein: *In der Anschauung, im Sehen der Wirksamkeit Gottes, im Glauben, im sittlichen Gehorsam wird das Gefühl, das durch Gott Gewirkte, die Rechtfertigung, die Erwählung Tatsache.*

Von dem so verstandenen Begriff der Anschauung oder des Glaubens wird also die weitere Fragestellung sachgemäß auszugehen haben. Und zwar wird die dritte und letzte Frage, die die Religionsphilosophie hier zu beantworten hat, lauten müssen: Wie kommt der Glaube, die Anschauung, in der die Realitätsbeziehung des religiösen Lebens wirklich ist, zustande? Denn es muß *zustande kommen*, es darf *nicht*, als im Begriff des Menschen gegeben, *vorausgesetzt* werden. Der Begriff des Menschen ist das Kulturbewußtsein in Logik, Ethik und Ästhetik, und dieses kann und darf von solcher Anschauung nichts wissen, will es anders seiner eigentümlichen Methodik getreu bleiben. Hier als im Pro-|54|blemkreis nicht der Vernunft, sondern des Individuums haben wir es nicht wie dort mit der transszendental-allgemein-gesetzlichen Möglichkeit des Geschehens, sondern mit konkret-einzeln-wirklichem Geschehen, mit *Geschichte* zu tun. Und hier erhebt sich die Frage, *muß* sie sich erheben: *wie kommt* Anschauung, fides salvifica *zu Stande?*[u] Vom Begriff des *anschauenden Individuums* aus ergibt sich die allgemeine Antwort, daß auch das Angeschaute, das, worin die Wirksamkeit Gottes gesehen, woher sie aufgenommen wird, individueller, einzelner Art sein muß. Eine einzelne bestimmte Anschauung führt den Menschen vor «ein unbegreifliches Faktum», stellt ihn mitten unter dem Endlichen und Einzelnen unter den Eindruck des Unendlichen und Ganzen[v], gibt ihm, um mit den «Monologen» die Beschreibung dieses Erlebnisses auf das sittliche Gebiet zu erweitern, «das Bewußtsein der innern Freiheit und ihres Handelns», dem «ewige Jugend und Freude» entsprießt.[w] Diese einzelne bestimmte Anschauung wird nun ebenso notwendig als frei «zum Zentralpunkt der ganzen Religion gemacht» und alles darin

---

[u] Es dürfte in dem Gesagten die Begründung dessen liegen, was ich S. 6 [hier: S. 162] in einem Goethezitat erst schüchtern angedeutet, daß die Vorstellung eines «religiösen Apriori» eine contradictio in adjecto ist.

[v] *Schleiermacher*, Fünfte Rede, a.a.O. S. 163–165.[74]

[w] Ausgabe von *Schiele* S. 94.[75]

[74] Ausgabe Rothert S. 147–149 (Originalausgabe S. 264–268).

[75] Fr. Schleiermacher, *Monologen* (1800), hrsg. von Fr. M. Schiele (PhB 84), Leipzig 1902 (Neuausgabe Darmstadt 1953, S. 70; Originalausgabe S. 155).

auf sie bezogen.ˣ Sie bestimmt bei jedem Menschen «den Charakter und Ton, in welche die ganze folgende Reihe seiner religiösen Ansichten und Gefühle» hineingestimmt wird «und welcher sich nie verliert, wie weit er auch hernach in der Anschauung fortschreitet über das hinaus, was die erste Kindheit seiner Religion ihm bot.»ʸ Und wenn wir nun weiter fragen: *wo* findet das Individuum das bestimmte «unbegreifliche Faktum», das ihm zur Anschauung des Universums, des wirksamen Gottes wird, so *scheinen* dafür in den niedern Religionen die Natur und ihre Phänomene oder dgl. in Betracht zu kommen, im Gebiet der höhern, der Geistesreligionen sind es jedenfalls deutlich und ausschließlich die *Sozietät*, die menschlichen Neben-Individuen. Ich lasse noch einmal *Schleiermacher* das Wort: «In dem Fleische von seinem Fleische und Bein von seinem Beine entdeckte schon der erste Mensch die *Menschheit* und in der Menschheit die *Welt;* von diesem Augenblick an wurde er fähig, die Stimme der *Gottheit* zu hören und ihr zu antworten. ... Umsonst ist alles für denjenigen da, der sich selbst allein stellt; denn um die Welt anzuschauen und um Religion zu haben, muß der Mensch erst die Menschheit gefunden haben, und er findet sie nur in *Liebe* und durch Liebe. ... Zur Menschheit also laßt |55| uns hintreten, da finden wir Stoff für die Religion»ᶻ, d. h. also: das Individuum findet die Offen-

---

ˣ Fünfte Rede, a.a.O. S. 160.[76]
ʸ Fünfte Rede, a.a.O. S. 165.[77]
ᶻ Zweite Rede, a.a.O. S. 56–57.[78]

[76] «Daß ichs kurz sage: ein Individuum der Religion ... kann nicht anders zu Stande gebracht werden, als dadurch, daß irgend eine einzelne Anschauung des Universums aus freier Willkür ... zum Zentralpunkt der ganzen Religion gemacht, und alles dann auf sie bezogen wird.» – Ausgabe Rothert S. 144 (Originalausgabe S. 259f.).

[77] «... so entsteht auch in jenem Augenblick, in welchem ein bestimmtes Bewußtsein des Universums anhebt, ein eignes religiöses Leben, eigen ... durch das, was er mit keinem gemein haben kann, durch den immerwährenden Einfluß des Zustandes, in welchem sein Gemüt zuerst vom Universum begrüßt und umarmt worden ist, durch die eigene Art, wie er die Betrachtung desselben und die Reflexion darüber verarbeitet, durch den Charakter und Ton, in welchen dies die ganze folgende Reihe seiner religiösen Ansichten und Gefühle hineinstimmt, und welcher sich nie verliert, wie weit er auch hernach in der Anschauung des Universums fortschreitet über das hinaus, was die erste Kindheit seiner Religion ihm darbot.» – Ausgabe Rothert S. 148f. (Originalausgabe S. 266f.).

[78] «In dem Fleische ... entdeckte er die Menschheit ...» – Ausgabe Rothert S. 49f. (Originalausgabe S. 88f.).

barung, die es in der Religion anschaut und aufnimmt, in der Menschheit, d. h. aber in der Geschichte. Das schöpferische Prinzip aber, durch das die Anschauung zu Stande kommt, ist die Liebe, ist das persönliche innere Erlebnis reiner Hingabe und reiner Gemeinschaft.

V.

Nach dieser religionsphilosophischen Grundlegung wenden wir uns zu unserm christlich-theologisch-*dogmatischen* Problem: christlicher Glaube und Geschichte, d. h. aber laut allgemeiner und allgemein zu verstehender psychologischer Feststellung: christlicher Glaube und Christus. «Ecce cognitio Christi iustificatio est, cognitio autem sola fides est.»[aa] D. h. also: Das religiöse Schauen Christi, das Sehen der Wirksamkeit Gottes in ihm *ist* die Rechtfertigung; darum ist diese Anschauung und nur diese der christliche Glaube. Diese Gleichung ist nun zu diskutieren.

Zunächst eine Näherbestimmung von grundsätzlicher Wichtigkeit. Sie führt uns in das Zentrum des Problems. *Die Methodik des christlichen Glaubens kennt nur einen Christus außer uns. Sie kennt keinen Christus an sich. Sie kennt nur einen Christus in uns.* Man lasse sich nicht verblüffen durch den kontradiktorischen Gegensatz zwischen dem ersten und dritten Satz. Es ist keine unwissenschaftliche Ausflucht ins Erbauliche, sondern die sachlich-notwendige Rechtfertigung, wenn ich ihn begründe mit dem, was *Calvin* dazu bemerkt hat: «Haec quidem secreta est absconditaque philosophia, et quae *syllogismis erui non potest;* sed scilicet eam perdiscunt, quibus oculos aperuit deus, ut in suo lumine lumen videant.»[ab] Derselbe *Calvin* scheint mir für unser Problem theologisch mehr darzubieten als alle Alten und Modernen, weil er die doppelte Gedankenreihe des Christus extra nos und des Christus noster factus in einer Schärfe durchgeführt hat, die ich sonst nirgends erreicht sehe.|

1. Aus dem Begriff der religiösen Anschauung = fides ergibt sich, daß der Christus, den der Glaube meint, schlechterdings Christus außer uns ist. Es ist die denkbar größte Konfusion, wenn *Arthur Drews* und leider

---

[aa] *Melanchthon*, Loci (Ausgabe von *Kolde*), S. 186.[79]
[ab] Instit. III 20,1.

[79] CR 21,179,8f. – Zur Ausgabe von Kolde vgl. oben Anm. 47.

auch bessere Theologen als er von einem uns von Natur eigenen «Christus in uns» reden.[80] «Von Natur eigen» ist uns das Kulturbewußtsein als apriorische Gesetzlichkeit des Bewußtseinsmöglichen, nicht aber der Glaube, geschweige denn ein konkret-historischer Glaube wie der christliche. Glaube ist nach seiner einen und notwendigen Seite immer |56| Anschauung = fides. Anschauung aber ist Anschauung von Etwas, und zwar von *Etwas außer uns*, nur in diesem Sinn ist sie Anschauung des «Universums», in der das «Gefühl des Universums» wirklich werden kann. Gefühl abgesehen von Anschauung, justificatio abgesehen von fides, Leben abgesehen von *Er*leben, das sind Begriffe, die wir uns durch Paulus, durch die Reformatoren, durch Schleiermacher allmählich sollten abgewöhnen lassen. Die Gewißheit, d. h. aber die Wahrheit des Gefühls, der justificatio, des Lebens hangen davon ab, daß sie forensisch, als synthetisches Urteil gedacht werden. «Iustificare dicitur fides, quod oblatam in evangelio iustitiam recipit et amplectitur.»[ac] «Non alia ratione (fides) iustificat, nisi quia in communicationem iustitiae Christi nos inducit.»[ad] «Vides non in nobis, sed in Christo esse iustitiam nostram, nobis tantum eo iure competere, quia Christi sumus participes.»[ae] *In uns* ist zunächst nicht Christus, sondern die apriorische Gesetzlichkeit des Bewußtseins und ein empirischer Lebensbestand, der den Imperativen jener Gesetzlichkeit nicht von ferne gerecht wird.[af]

[ac] Instit. III 11,17.
[ad] Instit. III 11,20.
[ae] Instit. III 11,23.
[af] *Calvin* hat diese Ablehnung im Zusammenhang durchgeführt in der großen Auseinandersetzung mit *Osiander* (Inst. III 11,5–12), die darum besonders interessant ist, weil er selbst sich auf den ersten Blick in verdächtiger Nähe der osiandrischen Position zu befinden scheint.

[80] Vgl. z. B. A. Drews, *Die Christusmythe*, Bd. I, 3.–5. Tausend, Jena 1910, S. 235: «Will man ... noch fortfahren, die göttliche Wesenheit des Menschen, die immanente Gottheit ‹Christus› zu nennen, so kann aller Fortschritt der Religion nur in der Pflege und Herausarbeitung dieses ‹inneren Christus›, d. h. der den Menschen innewohnenden geistig-sittlichen Tendenzen in der Rückbeziehung auf ihren absoluten göttlichen Grund, bestehen ...» – A.a.O., Bd. II, 1.–3. Tausend, Jena 1911, S. XIX, wo die Rede ist von einem «Gott in uns» und einer «religiöse[n] Weltanschauung, die unserm eigenen Wesen entspringt und dem fortgeschrittenen Standpunkte unserer Gegenwart gemäß ist. Solange jedoch der Glaube an Jesus in irgendeiner Form das Denken unserer Zeit beherrscht, sind wir unweigerlich dem Banne der Vergangenheit verfallen ...» – Diese Philosophie von einem der menschlichen Natur immanenten Gott oder «Christus» hat

Die einseitige These vom Christus in uns erledigt sich gleicherweise vom Standpunkt der reformatorischen Heilsgewißheit wie vom Standpunkt des kritischen Idealismus aus.|

2. Aber ebensowenig fällt für die Methodik des christlichen Glaubens ein «Christus an sich» irgendwelcher Herkunft in Betracht. Ich verstehe darunter die Vorstellung eines objektiven, zwar in irgend einem Sinn göttlich bedeutungsvollen, aber erst durch den Akt einer besondern Aneignung wirksam werdenden Christus. Man sieht, daß der Begriff gar nicht zu konstruieren ist ohne tatsächliche Auflösung des Begriffs der religiösen Anschauung. Denn in der Anschauung ist eben die Wirksamkeit und damit das Wirksame bereits mitgesetzt. «Glaubst du, so hast du!»[81] Und doch wird mit diesem Begriff überall da gearbeitet, wo man Christus dem «Glauben» als Objekt irgendwie zur Aneignung gegenüberstellt. Es kommt dann zu jener denkbar kläglichsten Katastrophe des theologischen Denkens, die sich uns im Glaubensbegriff der protestantischen Orthodoxie präsentiert hat, zum Synergismus. Ob dieser objektive, d. h. abgesehen vom Glauben göttlich bedeutungsvolle und doch erst im Glauben göttlich wirksam werdende Christus dabei mehr als «dogmatischer» oder mehr als «historischer» Christus auftritt, ist sachlich belanglos; sie liegen |57| beide von vornherein im selben Grab[82], das nie zum leeren Grab werden wird. Wird diese objektive Größe nicht von vornherein als im Glauben mitgesetzt, d. h. aber als von vornherein subjektiv wirksam gedacht, wie soll dann die Anschauung des Glaubens, die doch Anschauung eines Wirksamen ist, überhaupt entstehen? Und wenn sie mit allen Prädikaten der Göttlichkeit ausgerüstet wäre, was könnte sie uns anderes sein als entweder ein Stück Mythologie oder ein Stück historischer Welterkenntnis, solange sie nicht auf uns wirksam gewesen, d. h. bevor wir ihre Göttlichkeit an

---

A. Drews schon in seinem Buch *Die Religion als Selbst-Bewußtsein Gottes*, Jena 1906, vertreten.

[81] Siehe Anm. 67.

[82] Vgl. den Schlußsatz bei W. Herrmann, *Christlich-protestantische Dogmatik*, in: P. Hinneberg (Hrsg.), *Die Kultur der Gegenwart*, Teil I, Abt. IV, 2. Hälfte, Berlin/Leipzig 1906, S. 630 (nach der 2. Aufl. von 1909 wieder abgedruckt in: W. Herrmann, *Schriften zur Grundlegung der Theologie*, hrsg. von P. Fischer-Appelt, Teil I [ThB 36/I], München 1966, S. 358): «Auch aus dieser Dämmerung wird einmal ein Tag, und dann wird die positive mit der liberalen Dogmatik in dasselbe Grab geworfen.»

uns – in uns erfahren haben? «Habendum est, quamdiu extra nos est Christus et ab eo sumus separati, quidquid in salutem humani generis passus est ac fecit, nobis esse inutile nulliusque momenti.»[ag] Und des alten *Angelus Silesius* Sprüche bestehen vollkommen zu Recht:

Wird Christus tausendmal zu Bethlehem geboren,
Und nicht in dir: du bleibst doch ewiglich verloren.
Das Kreuz zu Golgatha kann dich nicht von dem Bösen,
Wo es nicht auch in dir wird aufgericht't, erlösen.
Ich sag, es hilft dir nicht, daß Christus auferstanden,
Wo du noch liegen bleibst in Sünd und Todesbanden.[ah]

Zweierlei kommt mit diesem Christus an sich, ob es nun der Christus des Athanasius oder der Boussets[85] sei, in Wegfall. Erstens die Vorstellung, als ob der Glaube eine Hand sei, durch die der Mensch sich etwas aneigne, was er vorher noch nicht besitze.[ai] «Du würdest mich nicht suchen, wenn du mich nicht schon gefunden hättest.» Das hat schon

---

[ag] Instit. III 1,1.

[ah] Cherubinischer Wandersmann, Ausgabe von *Bölsche*, Erstes Buch, Nr. 61–63.[83]

[ai] Nur im Vorbeigehen möchte ich hier dagegen protestieren, daß in der neuesten Übersetzung der Institutio von E. F. K. *Müller* diese fatale «Hand» auch in *Calvin* hineininterpretiert wird. S. 417 und bes. kraß S. 388, wo der Satz: «res est mere passiva fides» wiedergegeben wird mit: «Der Glaube ist nichts anderes als eine empfängliche Hand.»[84] Ich halte das für eine unerfreuliche Art, der Propheten Gräber zu schmücken [vgl. Mt. 23,29].

[83] *Des Angelus Silesius Cherubinischer Wandersmann*, hrsg. von W. Bölsche, Jena/Leipzig 1905, S. 9f. (Buch I, Nr. 61–63) (2. Zeile: «... du bleibst noch ewiglich verloren»). Auch in: Angelus Silesius, *Sämtliche poetische Werke*, hrsg. von H. L. Held, Bd. III, München 1924², S. 19f.

[84] Inst. III 13,5: «Nam quoad iustificationem res est mere passiva fides, nihil afferens nostrum ad conciliandam Dei gratiam, sed a Christo recipiens quod nobis deest.» – In der Übersetzung von E. Fr. K. Müller: *Johannes Calvin, Unterricht in der christlichen Religion*, Neukirchen 1909, S. 388: «Im Handel der Rechtfertigung ist der Glaube nichts anderes als eine empfängliche Hand: er bringt nichts von unserem Eigentum herbei, um Gottes Gnade zu gewinnen, sondern nimmt, was uns fehlt, von Christo an.» – Inst. III 20 (Kapitelüberschrift): «De Oratione, quae praecipuum est fidei exercitium, et qua Dei beneficia quotidie percipimus.» E. Fr. K. Müller übersetzt: «Das Gebet, die beste Übung des Glaubens und die Hand, die Gottes Wohltaten täglich ergreift» (a.a.O., S. 417).

[85] Vgl. W. Bousset, *Jesus* (RV I,2/3), Halle a. S. 1904.

Augustin gewußt[86], und wir dürften es uns wohl allmählich zur theologischen Denkgewohnheit machen. Zweitens fällt weg – und hier trifft die Methodik des Glaubens mit der der Wissenschaft zusammen – die Vorstellung, als ob es irgendwo und irgendwie *abgesehen* von der Anschauung des Glaubens einen Christus geben müßte, der uns mehr wäre als «der größte Prophet», wobei auch dieser Superlativ noch diskutierbar ist. Denn abgesehen vom Glauben gibt es wenigstens für den, der mit dem mythologischen Denken fertig ist, nur das Wissen des kritischen Rationalismus.|

3. Darum kennt die Methodik des christlichen Glaubens nur einen «Christus in uns.» Ich kann hier einfach *Calvin* das Wort lassen. Als einen «cuniculus» des Satan gegen die Heilsgewißheit (!) bezeichnet er die Mei-|58|nung, als ob Christus dem Glauben irgendwie erst als Objekt, d. h. fern und fremd gegenüberstehe.[87] «Quasi vero Christum veluti procul stantem et non potius in nobis habitantem debeamus cogitare. Ideo enim ab ipso salutem exspectamus, *non quia eminus nobis appareat, sed quia nos corpori suo insitos non modo suorum omnium bonorum participes faciat, sed sui quoque ipsius.* ... Christum a nobis separare, aut nos ab ipso, minime convenit: sed utraque manu fortiter retinere oportet eam qua se nobis agglutinavit societatem. ... *Christus non extra nos est, sed in nobis habitat,* nec solum individuo societatis nexu nobis adhaeret, sed mirabili quadam communione in unum corpus nobiscum coalescit in dies magis ac magis, donec unum penitus nobiscum fiat.»[aj] Diese Sätze bedeuten nichts anderes als die systematische Präzisierung des Programms, das bereits *Melanchthon* aufgestellt in seinem berühmten: «hoc est Christum cognoscere, *beneficia eius cognoscere.*»[ak] Und ebendieselbe Einsicht hat *Schleiermacher* ausgesprochen, indem er *«die*

[aj] Instit. III 2,24.
[ak] Loci, a.a.O. S. 63.[88]

[86] In dieser Form stammt der Satz nicht von Augustin, sondern von B. Pascal, *Pensées*, Fragment 553 (Brunschvicg): «La Mystère de Jésus: Console-toi, tu ne me chercherais pas, si tu ne m'avez trouvé.» Pascal spielt damit jedoch an auf A. Augustinus, z.B. *Confessiones* X, 17 (MPL 32,col.790s.): «Si praeter memoriam meam te invenio, inmemor tui sum. Et quomodo iam inveniam te, si memor non sum tui?» Neben dem Zitat in Barths Handexemplar ein Fragezeichen.

[87] Inst. III 2,24: «Ita Satan, ubi iam videt apertas machinas illas quibus fidei certitudinem destruere antea solitus erat, nunc nihil valere, obliquis cuniculis eam labefacere conatur.»

[88] CR 21,85,13f.

wirksame, d. h. auf eine bestimmte Art affizierende Erscheinung Christi» die «wahre», d. h. doch wohl die Glauben schaffende Offenbarung und – *das Objektive* nennt.[al] Der Christus des Glaubens ist der affizierende Christus, denn Glaube ist ja als Anschauung selbst nichts anderes als Sehen einer Wirksamkeit, als Affiziertwerden. Und darum ist er Christus in uns. Aber dieser wirksame Christus in uns ist das «Objektive». Damit ist der Kreis geschlossen, den wir begonnen mit dem Satz, daß der Glaube nur einen Christus außer uns kennt. Alles hängt für die Wahrheit des Gefühls, der justificatio, des Lebens davon ab, daß er außer uns, und Alles hängt für die Wahrheit der Anschauung, der fides, des Erlebens davon ab, daß er in uns ist. Der Christus außer uns ist der Christus in uns. Die wirksame Geschichte ist der gewirkte Glaube. Wenn es richtig ist, was *Julius Kaftan* von der synergistischen Kontroverse sagt, daß sie nicht zu lösen, sondern aufzulösen sei[am], dann wäre das nach der Seite Glaube und Geschichte damit geschehen.

Nach diesen Feststellungen, die übrigens samt und sonders bloß eine Anwendung unsrer religionsphilosophischen Grundlegung darstellen, treten wir an die Hauptfrage heran: *Inwiefern ist der wirkende affizierende Christus Quelle und Stoff des christlichen Glaubens?* Nach zwei Seiten ist dieser Vorgang zu untersuchen, nach der objektiven und nach der subjektiven, nach der Seite der Geschichte, d. h. Christi, und nach der Seite des Glaubens.|

1. Wie geht es zu, daß der christliche Glaube unter allen möglichen |59| Anschauungen innerhalb der Menschheit gerade *diese* ergreift, gerade von dem einen Jesus sagt:

>   Was wär' ich ohne dich gewesen
>   Was würd' ich ohne dich nicht sein?[91]

[al] Briefe IV, S. 335.[89]
[am] Dogmatik, 3.–4. Aufl., S. 638.[90]

[89] Brief an K. H. Sack vom 9. 4. 1825, in: *Aus Schleiermacher's Leben. In Briefen*, Bd. IV, hrsg. von W. Dilthey, Berlin 1863, S. 335: «Die wirksame, d. h. auf eine bestimmte Art afficirende Erscheinung Christi ist die wahre Offenbarung und das Objective.»

[90] J. Kaftan, *Dogmatik*, Tübingen/Leipzig 1901$^{3\text{-}4}$, S. 638: «Was jetzt entwikkelt worden ist, erhebt den Anspruch, das Problem, das unter dem Namen der synergistischen Kontroverse bekannt ist, nicht zu lösen aber aufzulösen und zu beseitigen.»

[91] Anfang des ersten der «Geistlichen Lieder» von Novalis, in: Novalis, *Schriften*, hrsg. von P. Kluckhohn und R. Samuel, Bd. I, Stuttgart 1977³, S. 159.

Die Reformatoren antworten auf diese Frage: weil in ihm die besondere misericordia divina gegen uns wirksam, weil er das Vehikel der göttlichen Erwählung, weil in ihm Gottes Wille, Gemeinschaft mit uns zu haben, vollzogen ist. Wir fragen weiter: Worin liegt die besondere misericordia divina in der Erscheinung Christi? Die Reformatoren antworten einhellig: in seinem *Kreuz* und in seiner *Auferstehung*, und alles andere scheint gegenüber dieser doppelseitigen Tatsache des Heils zurückzutreten. So faßte schon Paulus alles, was die Urgemeinde im Bilde des κύριος verehrte, zusammen in das Eine: er ist gestorben und auferstanden. Den Juden ein Ärgernis und den Griechen eine Torheit, ist es denen, die glauben, eine Gotteskraft [vgl. 1. Kor. 1,23f.]. Es scheint mir, daß wir allen Anlaß haben, diese Zusammenfassung des wirksamen Christus ganz anders ernst zu nehmen und fruchtbar zu machen, als es gewöhnlich der Fall ist. Die bekannten mythengeschichtlichen Parallelen sollten uns dazu vielmehr auffordern als uns davon abschrecken. Aber gerade *wenn* wir sie ernst nehmen wollen, müssen wir uns klarer sein über das Warum? als die Meisten, die es ohnehin tun, und weiter fragen: warum ist gerade Kreuz und Auferstehung *Christi* Anschauungsobjekt göttlicher Wirksamkeit auf uns? Wir müssen dann das Zusammengefaßte zunächst doch auseinanderlegen und sagen: Christus überhaupt ist Wirksamkeit Gottes auf uns und darum Quelle und Stoff unsrer religiösen Anschauung. Die Wirksamkeit Gottes ist *er selbst. Wie* er selbst? *Nicht* sein äußeres Leben, *nicht* seine Worte, *nicht* seine Taten. Gewiß, die Kunde davon dient dazu, uns ihn selbst zu *vermitteln*. Aber zunächst gehört diese Kunde dem Gebiet des objektiven Bewußtseins an, zunächst ist sie bloß historisch und darum in jeder möglichen Form der Unsicherheit, der Relativität, der Unwirksamkeit alles bloß Historischen unterworfen. *Wirksamkeit aber setzt voraus eine qualitative Gleichartigkeit des Wirkenden mit dem zu Bewirkenden.* Das Problem des Glaubens besteht darin, daß in der Anschauung das Gefühl, in der fides die justificatio wirklich werde, d. h. eben jene individuelle Lebendigkeit, die wir oben als das Wesen des Glaubens beschrieben haben. Diese individuelle Lebendigkeit hat ihre Norm an der Aktualisierung der apriorischen Bewußtseinsgesetzlichkeit, und zwar zweifellos an ihrer restlosen Aktualisierung. Die Reformatoren haben darum diesen zu erreichenden resp. zu bewirkenden innern Lebens-|60|zustand als justitia beschrieben[an], und zwar eben in dem nähern

Sinn: «Si verum est perfectionem iustitiae in lege nos edoceri, istud etiam consequitur, absolutam eius observationem perfectam esse coram Deo iustitiam.»[ao] In dem dieser Norm entsprechenden innern Lebenszustand haben wir das Gefühl, die justificatio, d. h. das zu Bewirkende vor uns. Und nun steht dem in der Tat ein qualitativ gleichwertig Wirkendes gegenüber in dem Selbstbewußtsein oder in dem *innern Leben Jesu*.[93] «Ubi quaeritur, quomodo abolitis peccatis dissidium Christus inter nos et Deum sustulerit et iustitiam acquisierit quae eum nobis faventem ac benevolum redderet, *generaliter responderi potest, toto obedientiae suae cursu hoc nobis praestitisse.*»[ap] Wir sehen in ihm einen innern Lebenszustand erreicht, der den Namen justitia verdient, denn er ist selbstverleugnender Liebesgehorsam ohne Rückhalt und deshalb *die* restlose Aktualisierung der apriorischen Bestimmung des Menschen. *So sieht wirkliche individuelle Lebendigkeit aus wie das innere Leben Jesu.* Und diese obedientia, die uns als «unbegreifliches Faktum»[94] aus Allem, was wir sonst kennen, entgegentritt, ist nun der fons gratiae, der über alle Kritik erhaben, indifferent gegen historische Bejahung oder Verneinung «in den Evangelien schimmert und leuchtet»[aq]. Erhaben

---

[an] Ich brauche wohl nicht erst aus *Luthers* Auslegung des Dekalogs[92] zu begründen, daß sie dabei an die Aktualisierung einer *apriorischen* und nicht einer empirisch-zufälligen Gesetzlichkeit gedacht haben.
[ao] *Calvin*, Instit. II 7,3.
[ap] Instit. II 16,5.
[aq] Ich brauche absichtlich diese berühmte Wendung *Goethes* aus den Gesprächen mit Eckermann.[95] Es handelt sich eben *nicht* um einen irgendwie festzustel-

[92] M. Luther, Predigten über Ex. 20 (1525), WA 16,421–528; *Großer Katechismus* (1529), WA 30/I,123ff., dort S. 132–182 (und BSLK 560–645); *Kleiner Katechismus* (1531), WA 31/I,346ff., dort S. 353–362 (und BSLK 507–510).
[93] Dieser Satz ist in Barths Handexemplar angestrichen, daneben ein Ausrufungszeichen. – Zu dem Begriff «inneres Leben Jesu» vgl. bes. W. Herrmann, *Der Verkehr des Christen mit Gott, im Anschluß an Luther dargestellt*, Stuttgart/Berlin 1903⁴, z. B. S. 68: «Denn Heilstatsache kann für einen Menschen, der aus seiner inneren Ohnmacht heraus will, nur das sein, was er selbst erlebt, nicht aber das, was ihm bloß erzählt wird. Deshalb nennen wir das innere Leben Jesu die Heilstatsache. Denn das können wir jetzt, wie die Jünger aller Zeiten, selbst als ein Wirkliches erfassen.»
[94] Vgl. oben bei Anm. v.
[95] Gespräch vom 11. 3. 1832. J. P. Eckermann, *Gespräche mit Goethe in den letzten Jahren seines Lebens*, hrsg. von L. Geyer, Leipzig o. J. (1902), S. 622: «Mag die geistige Kultur nur immer fortschreiten, mögen die Naturwissenschaf-

und indifferent einerseits darum, weil sie gegenüber allen Schwankungen im historischen Bild Jesu undiskutierbar bleibt, d. h. weil sie für die Wissenschaft gar nicht Objekt werden kann. Andrerseits einfach darum, weil sie *tatsächlich wirksam ist*. «In der Religion Jesu finden wir Stoff für unsre Religion»[ar], und ich interpretiere: sie *ist* der *tatsächliche* Stoff unserer Religion. Wenn wir überhaupt Religion haben, so haben wir sie, weil uns von der Religion Jesu her durch allerlei Vermittlungen der Stoff dazu gegeben ist. «Jesu |61| Glaube ist die Offenbarung»[as], und

lenden *Ausschnitt* aus der evangelischen Geschichte. Man sollte endlich damit aufhören, meinem Lehrer *Wilhelm Herrmann* diese Meinung unterzuschieben oder als angebliche Konsequenz seines Standpunktes zuzuschieben.[96] Sondern es handelt sich um das nicht nachweisbare, aber erlebbare Faktum menschlich-persönlich-individuellen Lebens, das durch die Berichte der Urkunden *hindurch*leuchtet wie durch ein Transparent, das jenseits aller historischen Dialektik sich als unmittelbare Wirklichkeit, weil Wirksamkeit kundgibt, das die Evangelien zum Evangelium werden läßt. Vgl. den letzten Abschnitt dieses Aufsatzes.

[ar] *Schleiermacher*, Fünfte Rede, a. a. O. S. 180.[97]
[as] *Theodor Haering*, Einfachste Worte für eine große Sache, Zeitschrift für Theologie und Kirche 1909, S. 197.[98]

ten in immer breiterer Ausdehnung und Tiefe wachsen, und der menschliche Geist sich erweitern wie er will, über die Hoheit und sittliche Kultur des Christentums, wie es in den Evangelien schimmert und leuchtet, wird er nicht hinauskommen!»

[96] Barths Polemik dürfte sich u. a. richten gegen J. Kaftan, a. a. O., S. 43.

[97] Der von Barth als Zitat angeführte Satz findet sich weder an der angegebenen Stelle (ihr entspricht in der Ausgabe Rothert S. 163 [Originalausgabe S. 293f.]) noch sonst in Schleiermachers *Reden*. Er läßt sich verstehen als freie Zusammenfassung von Schleiermachers Satz (a. a. O.): «Dieses, daß das Christentum in seiner eigentlichsten Grundanschauung am meisten und liebsten das Universum in der Religion und in ihrer Geschichte anschaut, daß es die Religion selbst als Stoff für die Religion verarbeitet und so gleichsam eine höhere Potenz derselben ist, das macht das unterscheidendste seines Charakters, das bestimmt seine ganze Form.»

[98] Th. Haering, *Einfachste Worte für eine große Sache, die Stellung Jesu im christlichen Glauben*, in: ZThK, Jg. 19 (1909), S. 177–203. S. 196f.: «Was sagten wir doch vom Glauben, von der Gemeinschaft mit dem persönlichen Gott, der allmächtigen Liebe im Vertrauen? Daß dieses Vertrauen Gottes Tat ist, seine Gegenwart in uns; unsre Tat, sofern wir ihn wirken lassen, sein Nahekommen, sein Heilswirken in uns bejahen. Aber nicht so stark und rein ist unser Vertrauen, daß wir in dem Nahekommen Gottes zu uns im tiefsten Grund der Seele den unerschütterlichen Grund der Gewißheit, der Heilsgewißheit zu sehen vermöchten. Auch in den Andern nicht, aus denen Gottes Leben leuchtet. Es bleibt ein unerschwingbares Zuwenig. Aber Jesu Glauben ist so stark und rein, so

ich interpretiere: er ist die Offenbarung, die der *tatsächliche* Inhalt unsres Glaubens ist. Der Christus außer uns ist der Christus in uns. Die wirksame Geschichte ist der gewirkte Glaube. Was für Jesus selbst das Bewußtsein von der Einzigartigkeit, Ursprünglichkeit und Kraft seiner Religiosität und damit das Bewußtsein seines Mittleramtes, seiner Gottheit war, das ist für uns die notwendige und zureichende Anschauung der Wirksamkeit Gottes.[at] «Ihr seid Alle Gottes Söhne durch den Glauben an Christus Jesus» [Gal. 3,26]. – «Scriptura tamen, quo certius definiat modum salutis, hoc *morti Christi* quasi peculiare ac proprium adscribit. ... Illud quidem tenendum est, non potuisse rite Deo obiter litari, quam dum proprio se affectu abdicans Christus illius se arbitrio subiecit, totumque addixit.»[au] Die obedientia des Selbstbewußtseins Jesu kommt definitiv, vollständig und anschaulich zum Ausdruck in seinem *Kreuze*. Auch der geringste Schein kleinmenschlicher Beschränktheit und Egozentrizität im Bilde seines innern Lebens muß verschwinden angesichts der Tatsache, daß der Vollkommene es nicht für einen Raub ansah, Gott gleich zu sein, sondern gehorsam war bis zum Tod [Phil. 2,6.8], bis zur Vernichtung seines menschlichen Selbstbewußtseins. Das war die «absoluta observatio legis» und darum die «perfecta coram Deo iustitia»[101]. Das Andere aber ist nur die Kehrseite

---

[at] *Schleiermacher,* Fünfte Rede, a.a.O. S. 185.[99] Glaubenslehre §§ 93, 100, 101.[100]
[au] *Calvin,* Instit. II 16,5.

durchgeprüft und bewährt in schwerstem Kampf, daß in diesem Glauben Gottes Nahekommen als vollendetes, ungetrübtes uns entgegentritt, wirklich ist und uns von seiner Wirklichkeit gewiß macht. Jesu Glauben ist die Offenbarung.»
[99] «Dieses Bewußtsein von der Einzigkeit seiner Religiosität, von der Ursprünglichkeit seiner Ansicht, von der Kraft derselben sich mitzuteilen und Religion aufzuregen, war zugleich das Bewußtsein seines Mittleramtes und seiner Gottheit.» – Ausgabe Rothert S. 168 (Originalausgabe S. 302f.).
[100] *Der christliche Glaube,* § 93, Leitsatz: «Soll die Selbsttätigkeit des neuen Gesamtlebens ursprünglich in dem Erlöser sein und von ihm allein ausgehen: so mußte er als geschichtliches Einzelwesen zugleich urbildlich sein, d. h. das Urbildliche mußte in ihm vollkommen geschichtlich werden, und jeder geschichtliche Moment desselben zugleich das Urbildliche in sich tragen.» – § 100, Leitsatz: «Der Erlöser nimmt den Gläubigen in die Kräftigkeit seines Gottesbewußtseins auf, und dies ist seine erlösende Tätigkeit.» – § 101, Leitsatz: «Der Erlöser nimmt die Gläubigen auf in die Gemeinschaft seiner ungetrübten Seligkeit, und dies ist seine versöhnende Tätigkeit.»
[101] Vgl. J. Calvin, Inst. II 7,3: «Si verum est perfectionem iustitiae in lege nos

davon. Weil Jesu Leben in diesem Tod seinen geschlossenen Ausdruck fand, ist er *auferweckt* von den Toten. Indem der historische Jesus zu Grabe geht, wird er der lebendige Christus, der über das Grab triumphiert, wird er das Vehikel der göttlichen Erwählung, der göttlichen misericordia, des göttlichen Gemeinschaftswillens gegen uns.[av] Als der Gekreuzigte und *darum* als der Auferstandene ist Christus *die* Heilstatsache des christlichen Glaubens. Für das objektive Bewußtsein, für die Wissenschaft existiert sie nicht und kann sie nicht existieren. Aber im christlichen Glauben wird sie tatsächlich als wirksam angeschaut, und in jedem Faktum dieses Glaubens in lebendig gewordenen Individuen ist sie darum als «Stoff» und «Zentralpunkt» mitgesetzt.[102]|

2. Von dieser subjektiven Seite der Sache, von dem von Gott durch den wirksamen Christus in uns Gewirkten ist nun noch zu reden. Um die *andre* Seite *derselben* Sache handelt es sich. Nicht |62| stehen sich Gott und Mensch gegenüber, der eine wirkend und der andre irgendwie ihm entgegenwirkend. Sondern Gott wirkt im Menschen. Der Glaube selbst ist das Werk Gottes, und darum ist der Glaube die Rechtfertigung. – Ein Satz *Luthers* aus dem Galaterbriefkommentar sei an die Spitze gestellt: «*Fides apprehendit Christum et habet eum praesentem inclusumque tenet ut annulus gemmam et qui fuerit inventus hac fiducia apprehensi Christi in corde, illum reputat Deus iustum.*»[aw] Der Terminus «apprehendere», den Luther da braucht, bezeichnet sehr gut das, worum es sich handelt; er bedeutet nämlich ebensowohl «ergreifen» als «anwenden». Die Anschauung Christi ist die produktive Lebensgemeinschaft. Ihn sehen, heißt ihn sich zu eigen machen. Das Wort Gottes kann nicht leer zurückkommen, sondern es wirkt, wo es gehört wird [vgl. Jes. 55,11]. Oder subjektiv ausgedrückt: es vollzieht sich das ἐνδύεσθαι Χριστόν

[av] Die Art, *wie* die ersten Jünger die Wirksamkeit des lebendigen Christus an sich erfahren haben, gehört ins Gebiet des bloß historischen, d. h. des objektiven Bewußtseins und ist selbstverständlich für seine Wirksamkeit auf *uns nicht* grundlegend und maßgebend.

[aw] Zitiert nach Luthardt, a. a. O. S. 232.[103]

edoceri: istud etiam consequitur, absolutam eius observationem perfectam esse coram Deo iustitiam ...»

[102] Zu diesen von Schleiermacher entlehnten Termini vgl. oben Anm. 97 («Stoff») und Anm. 76 («Zentralpunkt»).

[103] Luthardt zitiert nach EA Gal. I, p. 195. In etwas anderer Textgestalt: WA 40/I,233,17–19.

des Paulus (Gal. 3,27; Röm. 13,14), das «Hineindringen»[104] in Christus. Das einzigartige Faktum seines Selbstbewußtseins, seines innern Lebens beginnt einzutreten in das unsrige. *Luther* beschreibt in der «Freiheit eines Christenmenschen» sehr schön, was da vorgeht: «Wo ein Herz also *Christum* hört, das muß fröhlich werden von ganzem Grunde, Trost empfangen und süß werden gegen Christum, ihn wiederum lieb zu haben. ... Fällt die Sünde und der Tod daher, *so glaubt es, Christi Frömmigkeit sei sein und seine Sünden seien nimmer sein, sondern Christi;* so muß die Sünde verschwinden vor Christi Frömmigkeit in dem Glauben ... und es lernt ... dem Tod und der Sünde Trotz bieten.»[ax] Oder wieder im Galaterbriefkommentar: «Fide ... Christus apprehenditur, ita ut Christus sit obiectum fidei, *imo non obiectum, sed ut ita dicam: in ipsa fide Christus adest.*»[106] Und ebendaselbst noch deutlicher: «Quare fides pure est docenda, quod scilicet per eam sic conglutineris Christo, *ut ex te et ipso fiat quasi una persona,* ut cum fiducia dicere possis: *ego sum Christus* h. e. Christi iustitia, victoria, vita etc. est mea; et vicissim Christus dicat: *ego sum ille peccator* h. e. eius peccata, mors etc. sunt mea, quia adhaeret mihi et ego illi; coniuncti enim sumus per fidem in unam carnem et os.»[ay] Auf diesen Gedanken der Einsenkung des Gläubigen in den wirksamen lebendigen Christus ist auch die ganze Versöhnungslehre *Calvins* aufgebaut. Wie für ihn schon |63| die Erwählung direkt das objektive Korrelat des sittlichen Gehorsams ist, so zieht

---

[ax] Werke (Braunschweig) Bd. I, S. 305.[105]
[ay] Zitiert nach *Luthardt*, a.a.O. S. 223.[107] Der lutherische Compendienschreiber bemerkt dazu etwas unwirsch, diese Auffassung sei «mehr mystisch», zieht seinerseits die «mehr lehrhafte» der späteren Dogmatiker vor und bemerkt nicht, daß zwischen beiden nicht eine Geschmacksdifferenz, sondern eine sachliche Kluft befestigt ist.[108]

[104] Das Wort ist in Barths Handexemplar mit Schlangenlinie unterstrichen; am Rand ein Fragezeichen.
[105] WA 7,29,20–22.24–26.
[106] EA Gal. I, p. 191 (= WA 40/I,228,33–229,15): «Sed si est vera fides, est quaedam certa fiducia cordis et firmus assensus, quo Christus apprehenditur ...»
[107] Luthardt zitiert nach EA Gal. I, p. 247. In erheblich abweichender Textgestalt: WA 40/I,285,24–286,15.
[108] Chr. E. Luthardt, a.a.O., S. 223: «Die Dogmatiker halten sich weniger an diese mehr myst. Fassung Luthers als an die mehr lehrhafte Mel[anchthon]s, die der Sache nach beide ident. sind; denn in u. mit der Gnadenverheißung wird Chr[istus], der unsere Gerechtigk. ist, selbst ergriffen.»

er auch hier deutlicher noch als *Luther* die Linie, die das christliche *Leben* direkt als Inhalt des christlichen *Glaubens* nachweist. «Iam quorsum de fide disputamus? *Nonne ut teneamus viam salutis?* Quomodo autem fides salvifica, nisi *quatenus nos in Christi corpus inserit?*»[az] «... neque tamen a gratuita iustitiae imputatione separetur realis, ut ita loquar, vitae sanctitas.»[ba] Die Gerechtsprechung, die wir in Christus empfangen, wird, weil sie *wirksame* Gerechtsprechung ist, zur Gerechtmachung: «Quem ergo Dominus in coniunctionem recipit, eum dicitur iustificare; quia nec recipere in gratiam, nec sibi adiungere potest quin ex peccatore iustum faciat.»[bb] So wird die Heiligung schlechterdings zum Inhalt[109] der Rechtfertigung.

«Fides est iustitia» lesen wir in den ersten Sätzen des mehrfach zitierten Abschnitts der Loci[110] und weiter unten: «Ea fiducia benevolentiae seu misericordiae Dei cor primum pacificat, deinde et accendit velut gratiam acturos Deo pro misericordia, *ut legem sponte et hilariter faciamus.*»[bc] Christi Gerechtigkeit wird meine Gerechtigkeit, Christi Frömmigkeit wird meine Frömmigkeit. Er wird ich. Das nicht durch einen mystisch-magischen Zauberschlag, sondern «in dies magis ac magis», wie *Calvin* sagt.[112] Denn der Glaube erweist auch dadurch seine Geschichtlichkeit, daß er sich im Leben des Individuums darstellt als Werdeprozeß. Prinzipiell gilt auch von dieser Seite gesehen: der Christus außer uns ist der Christus in uns, die wirksame Geschichte ist der gewirkte Glaube. – Auch hier steht *Kreuz* und *Auferstehung* Christi im

---

[az] Instit. III 2,30.
[ba] Instit. III 3,1.
[bb] Instit. III 11,21.
[bc] A.a.O., S. 168.[111]

[109] Das Wort ist in Barths Handexemplar mit Schlangenlinie unterstrichen; am Rand: «oh!».
[110] Ph. Melanchthon, *Loci,* ed. Kolde, S. 164 (CR 21,159s.): «... sed sola FIDES de misericordia et gratia dei in Jesu Christo IUSTITIA est. ... Atque has duas quidem sententias [scil. Röm. 4,5; Gen. 15,6] ob hoc volo tibi commendatiores esse, ut intelligas apposite dici fidem iustitiam.»
[111] CR 21,163,3–7.
[112] Inst. III 14,9: «Fatemur, dum nos intercedente Christi iustitia sibi reconciliat Deus, ac gratuita peccatorum remissione donatos pro iustis habet, cum eiusmodi misericordiae coniunctam simul esse hanc eius beneficentiam, quod per Spiritum suum sanctum in nobis habitat, cuius virtute concupiscentiae carnis nostrae magis ac magis in dies mortificantur, nos vero sanctificamur ...»

Brennpunkt des Vorgangs. Als der Auferstandene ist Christus auf uns wirksam, aber er ist der Auferstandene, weil er der Gekreuzigte ist. Und darum wird das neue Leben in uns wirksam als die Frömmigkeit, als die Gerechtigkeit des sterbenden, des gekreuzigten Christus. Die justitia des Glaubens ist der wirksame Christus, der in uns betet: Nicht mein, sondern dein Wille geschehe! [Lk. 22,42]. Und es ist der Indikativ des rechtfertigenden Glaubens, was uns das neue Testament an Stellen wie Mk. 8,34–35, Röm. 6,1–11, 2. Kor. 5,14–21, Phil. 2,5–11 als «Nachfolge Jesu», als «Sterben und Auferstehen mit Jesus», als «Gesinntwerden wie Jesus Christus auch war» beschreibt.

Die Denkgewohnheit des Synergismus ist damit auf der ganzen Linie ausgeschaltet. Der Glaube versteht sich selber als ein Werk Gottes in uns. Damit kommen in Wegfall auf der einen Seite die Vorstellung des Glaubensinstruments, auf der |64| andern Seite die Vorstellung der Glaubensautorität, des objektiven thesaurus gratiae, des «Christus an sich». Der Glaube steht der Geschichte nicht gegenüber, sondern er ist einfach die Verlängerung oder die apprehensio der Geschichte im Leben des Individuums. Die protestantische Theologie hat sich nicht auf der Höhe dieser von den Reformatoren eingenommenen Position behauptet. Ob wir ein Nachlassen in der Intensität des religiösen Erlebens unter dem Geschlecht der Epigonen anzunehmen haben? Wer wollte sich darüber zum Richter aufwerfen? Tatsache ist, daß schon *Melanchthon* selbst in seiner spätern Entwicklung zum Inaugurator einer Schule wurde, die, schlechter katholischer Gewohnheit folgend, die Begriffe so lange spaltete, bis man Subjekt und Objekt im religiösen Vorgang glücklich wieder isoliert hatte. Und damit war man bereits in den Sümpfen des Synergismus und Biblizismus. Assensusglaube und Verbalinspiration ergaben sich von jenem πρῶτον ψεῦδος aus mit schleuniger Konsequenz. – Aber der rote Faden der wahren evangelischen Theologie ist doch nicht abgerissen. Sie klagte draußen und ließ sich hören auf den Gassen [vgl. Spr. 1,20]. Während die offizielle Dogmatik in die babylonische Gefangenschaft ging und zur Synagoge wurde, lebte jene, obzwar in wunderlichen Verkleidungen, weiter in den Kreisen der *Mystiker* und der *Pietisten*. Hier sind die Gleichungen fiducia cordis = obedientia spiritus, Christus außer uns = Christus in uns, Geschichte = Glaube, lebendig geblieben. *Gerhard Tersteegen* in seiner zweiten Periode mag als typisches Beispiel dafür genannt sein. Nicht immer waren die Theologumena und Bilder, in denen diese Leute, von *Angelus Silesius* bis zu *Zinzendorf,* jene Gedanken ausführten, diesseits der Grenze der religiösen Wahrhaftigkeit und des guten Geschmacks. Oft genug sind sie der Gefahr erlegen, durch unvorsichtige Betonung der subjektiven Seite des religiösen Vorgangs in einen neuen Synergismus, d. h. Katholizismus zu geraten, um dann ebenso haltlos wie die Offiziellen zwischen Nomismus und Antinomismus hin- und herzuschwanken. Das lassen wir uns von *Albrecht Ritschl* gerne sagen.[113] Aber das innere *Prinzip* dieser Richtung war einfach das reformatorische und evangelische, und es war darin, so untheologisch es aussah, die richtige Stellung des theologischen Geschichtsproblems erneuert und innerhalb des Protestantismus lebendig erhalten. Es ist von providentieller Bedeutsamkeit, daß aus ihr, aus der erneuerten Brüderkirche *Friedrich Schleiermacher* hervorgegangen ist, der Mann, der uns gelehrt hat oder lehren sollte, auf dem Boden des modernen Denkens das wahre Erbe der Reformation zu erwerben, um es zu besitzen.[114] |65|

VI.

Aber damit ist das theologisch-dogmatische Problem noch nicht zu Ende geführt. Grundsätzlich ja: es ist der methodische Zusammenhang des Glaubens mit der Geschichte aufgezeigt. Wir haben dabei den Glauben einfach als ein gegebenes Faktum vorausgesetzt und fanden von da aus die Geschichte im Glauben in der bezeichneten Weise mitgesetzt. Von dieser Fragestellung ist nicht abzugehen, denn alle Entwürfe des Problems, die ihren Standort *über* oder *neben* dem tatsächlichen Glauben nahmen, wie es besonders bei derjenigen Religionsphilosophie und Theologie der Fall ist, die uns Jüngeren heute von Heidelberg aus[115] als Evangelium gepredigt wird, leiden darunter, daß sie, «anstatt in der Sache zu leben»[116] und *von da aus* über die Sache zu reden, die Geschichte und den Glauben als historisch-objektive Phänomene und deshalb selbstverständlich *als zwei getrennte Phänomene* behan-

---

[113] Vgl. A. Ritschl, *Geschichte des Pietismus,* 3 Bde., Bonn 1880–1886.
[114] Vgl. J. W. von Goethe, *Faust I,* V. 682f. (Nacht):
　　Was du ererbt von deinen Vätern hast,
　　Erwirb es, um es zu besitzen.
[115] D. h. von E. Troeltsch.
[116] Vgl. oben bei Anm. m.

deln, damit aber in verhängnisvollem circulus vitiosus wieder bei der durch die Reformation und durch Schleiermacher überwundenen Fragestellung anlangen. Wohl aber muß noch etwas nähere Auskunft gegeben werden über die Art und Weise, wie an der Geschichte und in der Geschichte der Glaube entsteht. Wo und wie ist uns die rechtfertigende und versöhnende Anschauung Christi gegeben und psychologisch vermittelt? Denn zunächst scheinen wir von seiner Person geschieden durch die ganze Kluft von 1900 Jahren, mit all den tiefgehenden Unterschieden der Denk-, Lebens- und Fühlweise, die sie einschließt. *Was ist das psychologisch-historische Vehikel, das die im tatsächlichen Glauben vorliegende unmittelbare apprehensio Christi in corde möglich macht?*

Auch hier gilt der Satz, daß die im Glauben vorliegende Wirksamkeit eine qualitative Gleichwertigkeit des Wirkenden mit dem zu Bewirkenden voraussetzt. Ohne das wäre das Vehikel nicht Vehikel des Glaubens. Von vornherein in Wegfall kommen deshalb die Vorstellungen eines inspirierten *Kanons* und einer normativen *Kirchenlehre*. Denn Offenbarungsglaube einerseits, Schriftbuchstabe und Lehrautorität andrerseits sind vollständig *heterogene* Größen, die gar nicht auf einander bezogen werden können, so daß man eben so gut von hölzernem Eisen reden könnte als von «Glauben an die Bibel» oder «Glauben ans Apostolikum». (Das *sollten* heutzutage Gemeinplätze sein, aber sie sind es in praxi durchaus noch nicht, nicht einmal in der Theologie, geschweige denn in der Kirche.) Wie der Glaube als Bewirktes resp. als zu Bewirkendes individuelles Leben ist und wie das im Glaubensvorgang mitgesetzte primär Wirksame als indi-|66|viduelles Leben in der Person Jesu ist, so muß auch das (zeitlich) sekundär Wirksame als individuelles Leben vorgestellt werden. Durch lebendig gewordene Menschen wird der lebendige Mensch den Menschen vermittelt. So erweitert sich uns der Begriff der im Glauben angeschauten Geschichte, den wir bis dahin scheinbar als eine isolierte Tatsache an der Wende der Zeiten aufgefaßt, zu einer durch die Jahrtausende hin wirksamen Tatsache. *Der historische Jesus wird zum auferstandenen lebendigen Christus in der Gemeinde* Christi. Nicht als ob damit ein quantitativ oder qualitativ Neues zu der wirksamen Offenbarung hinzuträte; «denn *von dem Meinen* wird er's nehmen und euch verkündigen» [Joh. 16,14]. Wohl aber beruht die Tatsache der *Wirksamkeit* der Offenbarung auf dem Vorhandensein jenes Vehikels, das «nimmt» und «verkündigt». Wo zwei oder drei unter euch versammelt sind in meinem Namen, da bin ich mitten unter ihnen [Mt. 18,20]. *Die gläubig, d. h. lebendig gewordenen Individuen aber sind die Felsen, auf die und mit denen immer wieder die Gemeinde gebaut wird* [vgl. Mt. 16,18]. Mit solchen haben wir es nun im neuen Testament zu tun, und weil es so ist, steht es unter den Gliedern der Reihe zeitlich sekundärer Wirksamkeiten Christi, und zwar als zeitlich erstes, an erster Stelle. Die Menschen, die da reden, ein Paulus, ein Jakobus, der Verfasser des 1. Petrusbriefs, die Vielen, die mit Geschick und Ungeschick ihr Scherflein beigetragen haben zu dem, was uns heute als synoptische und johanneische Überlieferung vorliegt, das waren Menschen, die selbst das Erlebnis der apprehensio Christi gemacht haben, und was sie uns hinterlassen an Berichten und Gedanken über ihn, das ist das *Zeugnis* ihres Glaubens, ihrer Anschauung Christi, die sie im Transparent des Wortes weitergaben. «Wir sahen seine Herrlichkeit» [Joh. 1,14], und «das verkündigen wir euch, auf daß auch ihr mit uns Gemeinschaft habt» [1. Joh. 1,3]. Denn wenn *wir* nun an diese zunächst historischen Zeugnisse des Glaubens herantreten, dann *kann* es uns geschehen – ein *Muß* gibt es nicht bei der Entstehung des Lebens –, daß wir Christi Herrlichkeit auch sehen, daß wir hinter dem notwendigen Transparent des Wortes das Licht entdecken, das in ihnen angezündet war. Zwischen uns und ihnen liegt zunächst die *Verschiedenheit* der ganzen Lebensbestimmtheiten, die zum Ausdruck kommt in zwei gründlichst verschiedenen Vorstellungswelten. Aber das ist ein Hindernis, das uns zunächst von *jedem* andern Menschen trennt. Die 1900 Jahre etc. haben hier keine prinzipielle Bedeutung. Durch den psychischen Vorgang der *Einfühlung* werden wir über das zunächst Trennende *hinweg* und doch *durch* das Trennende hineinversetzt in die *Seele* des theopneusten, d. h. christopneusten bibli-|67|schen Autors. Wir sehen, was er gesehen hat, wir erleben, was er erlebt hat, wir glauben nun hinfort nicht um seiner Rede willen, wir haben *selber* gehört und erkannt, daß dieser ist wahrlich Christus, der Welt Heiland [vgl. Joh. 4,42]. Es ist bereits hingewiesen auf das klassische Paradigma, das uns *Luthers* Einfühlung in den Römer- und Galaterbrief des Paulus bietet. Nicht der neutestamentliche Kanon als solcher und auch nicht ein aus der ganzen Bibel zusammengerafftes System von «Heilstatsachen» ist ihm Anlaß seiner Befreiung und Erweckung geworden, sondern der konkrete Paulus, in dessen und durch dessen theologische Gedankenwelt er vordringt zu seiner Frömmigkeit, d. h. eben zu seinem Christus, der eben damit *sein eigener* Christus wird. Wo die Schrift in dieser Weise zu uns redet, wo sie «Christum treibt»[117], da wird sie zur Offenbarungsquelle.[bd] Wieder war es *Calvin*, der für diese Position *Luthers* die glückliche und weite Ausblicke eröffnende theologische Formel gefunden hat. Wie hätte sich die Behauptung |68| einer einseitigen Inspiration

[bd] Sollte das Problem der Offenbarung in der Übertragung *irgendwelcher Vorstellungen* aus einem fremden und noch dazu räumlich und zeitlich mir unendlich fernen Bewußtsein in das meinige bestehen oder *auch* bestehen, dann wäre es in der Tat von den Schwierigkeiten bedrückt, die *Troeltsch* in den eingangs erwähnten Lexikon-Artikeln[118] ausführlich darstellt, und ich wäre dann geneigt, die Situation noch viel skeptischer zu beurteilen, als es dort geschieht. Aber was hat denn die Dialektik der Vorstellungen mit dem Offenbarungsresp. Glaubensvorgang zu schaffen, wenn wir diesen letztern sachgemäß, d. h. sub specie aeternitatis und *von innen heraus* verstehen? Ist das Vergängliche doch wieder mehr als ein Gleichnis[119]? Oder machen wir nicht selbst den konkretesten religiösen Erlebnissen gegenüber die Erfahrung, daß es sich im Grunde um Dinge handelt, ἃ οὐκ ἐξὸν ἀνθρώπῳ λαλῆσαι [2. Kor. 12,4]? Es ist eine bekannte Sache, daß es im Kindesalter frommes Erleben gibt sogar ohne bestimmte historisch-dogmatische Vorstellungen oder mit gänzlich unrichtigen, und daß viele Erwachsene zeitlebens auf dieser Stufe bleiben; daß die Vorstellung überhaupt im religiösen Leben der Naiven (nur der Naiven?) eine viel geringere Rolle spielt, als man als Theoretiker unter dem Druck jahrhundertealter Gewohnheiten anzunehmen geneigt ist. – Das Problem der Offenbarung besteht aber im Sehen und Aneignen *unmittelbaren Lebens*, das uns zunächst in der Person eines Andern entgegentritt. Das *Distanzgefühl*, das mich zunächst von ihm absolut zu trennen scheint, entspringt der *notwendigen* Distanz zwischen den Setzungen seines und meines *objektiven Bewußtseins,* und hieher gehören alle jene Schwierigkeiten, die *Troeltsch* so anschaulich zu schildern weiß. Jene Distanz besteht aber *nicht notwendig* zwischen dem Leben seines und meines unmittelbaren Selbstbewußtseins. Man kann sich ja z. B. an jeder Zwiesprache unter Theologen die Tatsache vergegenwärtigen, daß die Menschen mehr oder weniger beständig «aneinander vorbei reden». Aber trotzdem gibt es Menschen, und zum Glück auch noch Theologen, die einander «offenbar» werden, die «sich verstehen» – *mittels* ihrer Gedanken und Worte, *trotz* ihrer, *ohne* sie oder sonstwie. Das ist der Vorgang, der sich direkt *oder indirekt* (durch die Vermittlung weiterer Individuen!) vollzieht zwischen dem Gläubigen und dem biblischen Autor.

[117] Siehe oben Anm. 31.
[118] Siehe oben Anm. 6.
[119] Vgl. J. W. von Goethe, *Faust II*, V.12104f. (5. Akt):
Alles Vergängliche
Ist nur ein Gleichnis ...

des biblischen Kanons mit seiner Aussage vertragen, daß «Christus non extra nos est, sed in nobis habitat»[120]? Er setzt ihr darum in der These vom *arcanum testimonium spiritus*[121] die Inspiriertheit des Gläubigen notwendig zur Seite. «Tunc demum serio nos afficit (scriptura) quum per spiritum obsignata est cordibus nostris. Illius ergo virtute illuminati, iam non aut nostro aut aliorum iudicio credimus, a Deo esse scripturam.»[be] Damit ist die Konsequenz des Synergismus von der Inspirationslehre abgewehrt. Immerhin klafft ein Hiatus in Calvins Anschauung. Er bezieht das testimonium nicht etwa auf den Inhalt des Kanons, sondern auf den Kanon selber. Der Kanon als solcher ist nun aber einmal eine rationale Größe, und es bedarf des früher erwähnten mit glücklicher Inkonsequenz vorgebrachten Sic volo sic jubeo[123], um den weiteren Verdacht abzuwehren, als sei das Korrelat dieser Größe ein geistgewirkter assensus intellectus. Die Epigonen haben denn auch diese Lehre ausschließlich zur Unterbauung der Inspirationslehre verwendet[124], wohlweislich ohne es zu einer systematischen Applikation auf den Glaubensbegriff kommen zu lassen. Sie sind denn auch weder dem Synergismus noch der Intellektualisierung des Glaubensbegriffs, die Calvin vermeiden wollte, entgangen. Ein Ansatz in der Position *Calvins* liegt vor, der schon damals in andre Richtung hätte weisen können. Er beschreibt nämlich das testimonium so: *«Idem ergo spiritus, qui per os prophetarum loquutus est, in corda nostra penetret necesse est, ut persuadeat fideliter protulisse quod divinitus erat mandatum ... Non aliud loquor, quam quod apud se experitur fidelium unusquisque.»*[bf] Hätte man den ersten mit dem letzten Satz zusammen ernsthaft durchgeführt, statt «im Geiste Calvins», in Wirklichkeit seine Pantoffeln

---

[be] Instit. I 7,5.[122]
[bf] Instit. I 7,4 und 5.

[120] Inst. III 2,24 (vgl. oben bei Anm. aj).
[121] Inst. I 7,4: «Iam si conscientiis optime consultum volumus, ne instabili dubitatione perpetua circumferantur aut vacillent, ne etiam haesitent ad minimos quosque scrupulos, altius quam ab humanis vel rationibus, vel iudiciis, vel coniecturis petenda est haec persuasio nempe ab arcano testimonio spiritus.»
[122] «Etsi enim reverentiam sua sibi ultro maiestate conciliat, tunc tamen demum serio ...»
[123] Juvenal, Satire 6,223: «Hoc volo, sic iubeo: sit pro ratione voluntas!»
[124] Barth bezieht sich wohl auf die Darstellung bei Luthardt, a.a.O., S. 262–268.

schwingend mit dem mittleren Satz die Divinität des Lehrbuchstabens daraus zu folgern, so hätte die Lehre vom testimonium als Dynamitpatrone wirken müssen, die das ganze orthodoxe Gebäude in die Luft gesprengt hätte, und die protestantische Theologie würde sich die Beschämung erspart haben, sich erst durch die Kritik der Aufklärung aus dem dogmatischen Schlummer wecken lassen zu müssen.[125] Man wäre dann vor die Einsicht geführt worden, daß die der Schrift mitgeteilte Divinität des hl. Geistes auf die biblischen *Schriftsteller* bezogen werden muß und daß zwischen *ihnen* und *uns*, nicht aber zwischen ihrem *Buchstaben* und *uns* jener innere Kontakt und Rapport sich herstellen kann, der das Vehikel der apprehensio Christi in corde ist.[bg] |69| Es ist

---

[bg] Wer auf dem Boden des hier vorgetragenen Offenbarungsbegriffs steht, wird mit mir einig gehen, wenn ich sage, daß die historische Arbeit am Neuen Testament nach der *religionsgeschichtlichen* Methode, gerade wo sie *radikal* getan wird, der Methodik des Glaubens nicht nur nicht störend, sondern hilfreich entgegenkommt. Das Wesen dieser Methode besteht zunächst darin, daß sie grundsätzlich Offenbarung und Wunder in der Geschichte weder konstatieren noch leugnen will. Gott verschwindet aus der Geschichte, wie wir oben sagten, und zwar darum, weil Gott, Offenbarung und Wunder wissenschaftlich nicht erkennbar, wissenschaftliche Unbegriffe sind. Damit können wir nur zufrieden sein. Wir haben von der Methodik des Glaubens aus selbst festgestellt, daß diese Größen das, was ihr Name aussagt, nur sind, wenn und weil sie im Vorgang des Glaubens mitgesetzt sind. Die Wissenschaft hat also ganz recht, wenn sie auf die Kompetenz verzichtet, sie zu konstatieren. Sondern das, was die Geschichtswissenschaft im neuen Testament suchen und finden kann, das ist das *Bild*, das sich die Gläubigen von Gottes Offenbarung gemacht haben, der *Widerschein* des erlebten Wunders, ihr *Zeugnis* von der gesehenen Herrlichkeit Christi. Mehr verlangen wir nicht. *Der* Historiker erwirbt sich Verdienste um den Glauben und die Theologie, der uns die ersten Christen und auch Jesus selbst menschlich nahe bringt, der uns unterscheiden lehrt zwischen Eigenem und Angeeignetem, zwischen Notwendigem und Zufälligem in der Struktur ihrer Frömmigkeit, der sie uns befreit von dem Scheindasein der pagina sacra und sie ins wirkliche Leben, das *unser* Leben ist, hineinstellt, so daß wir ihr Zeugnis sehen und verstehen und auf uns wirken lassen können. Was wir nötig haben, ist, daß man uns hineinse-

[125] Vgl. G. E. Lessing, *Eine Parabel, Das Absagungsschreiben* (Werke, hrsg. von H. G. Göpfert, Bd. VIII, München 1979, S. 125f.): «Luther, du! – Großer, verkannter Mann! Und von niemanden mehr verkannt, als von den kurzsichtigen Starrköpfen, die, deine Pantoffeln in der Hand, den von dir gebahnten Weg, schreiend aber gleichgültig daher schlendern!» – I. Kant, *Prolegomena zu einer jeden künftigen Metaphysik, die als Wissenschaft wird auftreten können*, § 50 (Kant's gesammelte Schriften, hrsg. von der Königlich Preußischen Akademie der Wissenschaften, Abth. 1, Bd. IV, Berlin 1911, S. 338).

aber bereits am Schluß der Anmerkung auf Seite 67[129] darauf hingewiesen, daß sich dieser innere Kontakt und Rapport *nicht notwendig direkt* zwischen dem Gläubigen und dem biblischen Autor herstellen muß. Gewiß, zahlreiche Fälle dafür liegen vor. Aber in einer großen Mehrzahl von andern Fällen fehlt dafür einfach die Gelegenheit und die historisch-psychologische Fähigkeit. Das gilt selbst von uns Theologen. Die Wirksamkeit der |70| Geschichte auf uns und damit unsere apprehensio in corde ist dann eben möglich und wirklich geworden durch eine ganze Ahnenreihe *vermittelnder* Individuen, in denen sich durch jenes «Nehmen» und «Verkündigen» (Joh. 16,14) das testimonium auf uns fortgepflanzt hat. Das hat schon *Luther* gewußt, sonst hätte er nicht seinen Katechismus geschrieben und sonst wäre ihm nicht die Reform des Pfarramts und der christlichen Schule so sehr am Herzen gelegen. Es hat noch niemand daran gedacht, ihn deshalb der Mißachtung der biblischen Offenbarung zu zeihen. Ist dem aber so, daß den allermeisten das Offenbarungserlebnis tatsächlich durch Vermittlung eines

hen lasse in die christopneuste Psyche eines Matthäus oder Lukas, wogegen man uns als Gläubige und Theologen nur belästigt, wenn man uns darzulegen versucht, dieses oder jenes Wunder oder die Auferstehung Jesu seien so oder nicht so geschehen, wie Matthäus und Lukas es darstellen. In dem ersteren kann eine Wirksamkeit Christi verborgen sein, die auf uns wartet, wogegen das Letztere den Glauben nicht im Geringsten etwas angeht. Mag es damit stehen oder nicht stehen, wie es will, es ist «zufällige Geschichtswahrheit»[126], es ist *eine* Geschichte und nicht Geschichte, es gehört ins Schattendasein des ewig Gewesenen und nicht ins Reich des Lebendigen, in dem der Glaube seine Offenbarungen erlebt. Die blutleere, willkürliche, ewig unsichere und ewig ferne *Gottes*geschichte hat sich also verwandelt in lebendige, wirkliche, zur Wirksamkeit fähige *Religions*geschichte, und wir können der Wissenschaft für diese Säkularisierung nur dankbar sein.[127] – Aber wie steht's, wenn nun der Radikalismus der Geschichtswissenschaft vorgeht bis zur Streichung Jesu aus der Weltgeschichte? – Ich antworte: Gut, die These ist theoretisch möglich. Aber religiös und von da aus systematisch interessieren uns solche Sätze erst, wenn sie wirklich als Sätze der historischen Wissenschaft auftreten und nicht einen so zugestandenermaßen dogmatischen Hintergrund haben wie der Husarenritt von *Arthur Drews*.[128] Tritt das einmal ein, so werden wir die Antwort nicht schuldig bleiben. (Mit der dogmatischen These von Drews haben wir oben abgerechnet.)

[126] Vgl. oben Anm. 58.
[127] Der Satz ist in Barths Handexemplar angestrichen; daneben ein Ausrufungszeichen.
[128] Vgl. oben Anm. 12 und 80.
[129] = Anm. bd.

oder mehrerer anderer Individuen zu teil wird, so ist nicht abzusehen, mit welchem innern Recht die Theopneustie der Geschichte auf die biblischen Autoren beschränkt sein sollte. Geht[130] es angesichts der tatsächlichen Wirksamkeit eines Augustin oder Luther oder Schleiermacher an, ihnen gegenüber dem Verfasser des Jakobus- oder Judasbriefs oder der Apokalypse eine *besondere, qualitativ* von der des Christenmenschen überhaupt *verschiedene* Theopneustie zuzuschreiben? Sicher wird das neue Testament kraft seiner zeitlichen Priorität unter den Glaubenszeugen immer eine eigentümliche Würde und Wirksamkeit besitzen. Aber geht es an, daraus eine *prinzipiell* höhere Dignität zu machen? Was können Jahrhunderte und Jahrtausende zeitlicher Entfernung vom Χριστὸς κατὰ σάρκα besagen, wo es sich um die rechtfertigende Anschauung des Χριστὸς κατὰ πνεῦμα handelt, der gestern und heute derselbe ist und in Ewigkeit [vgl. Hebr. 13,8]? Ist uns etwa innerhalb des neuen Testamentes Petrus größer als Paulus um seines zeitlichen Verhältnisses zu Jesus willen? Fiat applicatio! Und diese dem neuen Testament qualitativ gleichartige Theopneustie der christlichen Religionsgeschichte darf mit keinem Recht eingeschränkt werden auf die, die ex professo über Gott und Christus geredet haben. Die Wirksamkeit des Geistes Christi hat gottlob noch andre Kanäle als uns Theologen. Franz von Assisi und Bodelschwingh sind mit ihren Taten so gut Offenbarungsquellen für ihre Mitmenschen gewesen, als Paulus und Luther mit ihren Gedanken. Aber auch die Werke eines Michelangelo, eines J. S. Bach, eines Mozart und Beethoven sind schließlich in ihrem tiefsten Inhalt Glaubenszeugnisse, Transparente, die uns «Christum vor Augen malen», um mit Paulus [Gal. 3,1] zu reden. Ist es denn bloß eine Schrulle Burggrafs, Schiller als Prediger des Kreuzes Christi in Anspruch zu nehmen?[131] Und ist nicht *das Wirksame* in der gewaltigen Wirksamkeit sogar Goethes etwas von der obedientia, dem selbstverleugnenden Liebesgehorsam Christi, so weltenfern der Olympier von Weimar dem Mann von Gethsemane auf den ersten Blick zu stehen scheint? Das Gesagte gilt aber keineswegs nur von den Großen, sondern erst recht von den Kleinen, von den Unzähligen und Unbekannten, die auch ein Stück christlicher Religionsgeschichte sind,

---

[130] Von hier an bis zum Ende des Absatzes in Barths Handexemplar Anstreichung mit Schlangenlinie; daneben: «Oh!».
[131] Vgl. J. Burggraf, *Schillerpredigten*, Jena 1905.

Mittelglieder, Träger der Wirksamkeit Christi, durch die unsre Anschauung Christi disponiert und formiert wurde, bevor wir selbst da waren, und deren gewirkte Wirksamkeit in uns fortlebt.

Und nun: wie verhält sich der Glaube zur Geschichte? Unsre Untersuchung hat uns zur *Auflösung dieser in den gegenwärtigen Kontroversen üblichen Gegenüberstellung* geführt. Denn es hat sich uns vom Glauben wie von der Geschichte aus diese Gegenüberstellung als die Quelle aller falschen Problementwürfe und es hat sich uns darum die *Ineinanderstellung* der beiden Faktoren des Problems als das Sachgemäße erwiesen. Dies religionsphilosophisch: vom Begriff des Glaubens aus, und dogmatisch: vom Begriff des christlichen Glaubens aus. Der einfache Umstand der *Tatsächlichkeit* christlichen Glaubenserlebens, das inhaltlich wirklich, d. h. jesusmäßig ist, mag es im übrigen dogmatisch noch so inkorrekt oder gar undogmatisch sein, läßt schon die *Frage:* ob die Geschichte für den Glauben eine Bedeutung habe, als eine *Korruption* des Problems erscheinen. Von der innern Methodik dieser Tatsächlichkeit haben wir geredet. Wir haben nicht geredet davon, wie diese Tatsächlichkeit *entsteht.* Und zwar darum, weil wir darüber nichts zu sagen haben. Wir meinen die Beobachtung zu machen, daß die wirksame Geschichte zwar in Unzähligen zum gewirkten Glauben wird, andern unzähligen Individuen gegenüber aber in ebenso rätselhafter Weise zu versagen scheint. Diese Beobachtung mußte immer wieder dazu verlocken, die scheinbar vor Augen liegenden Tatsachen des Wirkens und Nichtwirkens der Geschichte in einen gesetzmäßigen Zusammenhang zu bringen. Die Versuche in dieser Richtung sind zahlreich gewesen: von der Prädestinationslehre bis zur Apokatastasis. Dürfte einer von diesen Versuchen als gelungen angesehen werden, so würde das bedeuten, daß die Tatsache der wirksamen Geschichte oder des gewirkten Glaubens als eine *notwendige* begriffen wäre in dem Sinne, daß damit ihre Wahrheit verstanden, d. h. mit unsrer Einsicht in anderweitig gewonnene Wahrheiten, z. B. das Gesetz der Kausalität, *verknüpft* wäre. Das gegenwärtige Theologengeschlecht scheint sich z. T. wieder sehnsüchtigst |72| nach solchen notwendigen Verknüpfungen umzusehen, weil man ohne sie händeringend der Konsequenz *Feuerbachs* ausgeliefert zu sein wähnt. Immerhin ist das Werk der metaphysischen Substruktion der Wahrheit des Glaubens zur Stunde über die programmatischen Redensarten noch nicht hinausgediehen. Diese letztern kennen wir nun allmählich. Dafür hat das Unternehmen (was auf dem Boden unsers Problems besonders deutlich werden kann) vorläufig den Erfolg, daß man Subjekt und Objekt im religiösen Vorgang wieder kunstvoll auseinanderzunehmen beginnt, m. a. W. daß man sich im Bewußtsein, das Neueste des Neuen zu vertreten, friedlich wieder an dem Punkt niederläßt, den Luther und Schleiermacher meinten hinter sich gelassen zu haben. Ob das ein Fortschritt ist, wird sich ja herausstellen.[132] Wir unsrerseits denken nicht daran, der Frage nach dem Entstehen der Tatsächlichkeit des Glaubens weitere Folge zu geben. Darum nicht, weil der Glaube selbst die Entstehung ist, die Entstehung der Wirklichkeit des Lebens, die Aktualisierung der in den apriorischen Funktionen gegebenen Bewußtseinsmöglichkeiten. Die Frage nach der Entstehung der Entstehung dürfte ebenso sinnvoll sein wie die Frage nach der Wahrheit der logischen Wahrheit. Andernfalls dürfte das, was für das Kulturbewußtsein recht ist, für den Vorgang des Lebens, d. h. Gotterlebens billig sein, daß es nämlich *Autopistieen*[133] gibt, die aller Ableitung, d. h. jeder andern Notwendigkeit als ihrer *innern* spotten. Wem es Freude macht, das wieder eine «Flucht ins Mysterium»[134]

---

[132] Die Reaktion des mit diesen Sätzen – wie mit der großenteils impliziten Polemik des ganzen Aufsatzes – hauptsächlich apostrophierten Ernst Troeltsch auf einer Postkarte an Barth ist am Ende der Einleitung zu diesem Aufsatz wiedergegeben. Vgl. im übrigen den Vortrag «La réapparition de la métaphysique dans la théologie» unten S. 329–360.
[133] Zum Begriff «Autopistie» vgl. J. Calvin, Inst. I 7,5: «Maneat ergo hoc fixum, quos Spiritus sanctus intus docuit, solide acquiescere in Scriptura, et hanc quidem esse αὐτόπιστον, neque demonstrationi et rationibus subiici eam fas esse; quam tamen meretur apud nos certitudinem, Spiritus testimonio consequi.» Ferner z. B. J. Gerhard bei H. Schmid, *Die Dogmatik der evangelisch-lutherischen Kirche, dargestellt und aus den Quellen belegt*, hrsg. von H. G. Pöhlmann, Gütersloh 1979, S. 50: Scriptura sacra «est θεόπνευστος, ... ideo est αὐτόπιστος, τὸ πιστὸν ἀφ' ἑαυτῆς ἔχουσα.»
[134] So, wenn auch nicht mit diesen Worten, der Vorwurf von E. Troeltsch gegen W. Herrmann, in: E. Troeltsch, *Die Bedeutung der Geschichtlichkeit Jesu für den Glauben* (vgl. oben Anm. 22), S. 95 [= Siebenstern TB 138, S. 144]: «Und auch Herrmanns Rede von der ‹Thatsache Christus›, die doch nicht wie andere Tatsachen festgestellt, sondern ‹nur vom Glauben gesehen werden kann, ist ein dunkler und mystischer Ausdruck für die gleiche Gewaltsamkeit und für einen historisch-kritisch denkenden Menschen nahezu unverständlich.»

zu nennen, der mag es tun. Zu diesen autopisten Wahrheiten gehört die Tatsächlichkeit der wirksamen Geschichte oder des gewirkten Glaubens.

Wenn ich schließlich als praktizierender Theologe meiner Arbeit noch ein Motto hintendreinschicken soll über den *Geschichtsglauben*, als dessen Anreger und Pfleger wir der Gemeinde dienen dürfen, so wäre es das Wort 2. Petr. 1,16: Οὐ γὰρ σεσοφισμένοις *μύθοις* ἐξακολουθήσαντες ἐγνωρίσαμεν ὑμῖν τὴν τοῦ κυρίου ἡμῶν Ἰησοῦ Χριστοῦ δύναμιν καὶ παρουσίαν, ἀλλ' *ἐπόπται* γενηθέντες τῆς ἐκείνου μεγαλειότητος.

ETWAS ÜBER DIE KIRCHE![1]
Speziell über die deutsche reformierte in Genf
und was davon zu halten sei
1910

«Zum Reformationsfest» leiten «Worte der Reformatoren» die Nummer des «Gemeinde-Blattes» vom 29. 10. 1910 ein. Stehen sie an Stelle eines eigentlichen Reformations-Artikels (vgl. Barths Betrachtung aus dem Vorjahr, s. oben S. 1–5), so ist doch der im gleichen Heft abgedruckte Text «Etwas über die Kirche», wie der Schluß zeigt, ebenfalls nicht ohne Bezug auf das reformatorische Gemeinde-Verständnis und so auf die Feier der Reformation. In einem Brief vom 30. 10. 1910 erklärt Barth den Eltern den besonderen Stil seiner Ausführungen: «Die Attacke, die ich im Gmbl. diesmal geritten, kommt Euch vielleicht etwas saftig vor. Aber ‹dies ist die Art mit Hexen umzugehn›, die Genfer Volksseele verlangt eine bes. drastische Art der Behandlung und Präsident Dubach hat mir bereits sein höchliches Lob darüber ausgesprochen.» Ähnlich schreibt Barth am 25. 11. an W. Spoendlin: «Der Kirchenartikel in Nr. 39 hat ein wenig etwas von Revolverpresse an sich, aber es war Absicht; in Genf muß man den Leuten auf die Hühneraugen treten, wenn man sie wecken will.»

Der Artikel, der einen Ton aufnimmt und verstärkt, den Barth vorher schon in «Den Menschen ein Wohlgefallen» (s. oben S. 11–13) und in «Ein sonderbares Mißverständnis» (s. oben S. 25–27) hatte hören lassen, löste durchaus die erhofften Reaktionen aus: «Jener Revolverartikel im Gmbl. hat doch ganz gut gethan, man sieht alle Sonntage eine Reihe neuer männlicher Gesichter, die sichtlich ankommen, um die Sache einmal zu beschauen» (Brief an die Eltern vom 20. 11. 1910). Daneben gab es freilich ein unerwartetes Echo: Barth bekam «auch einen anonymen Brief ..., wegen des Kirchenartikels im Gemeindeblatt, aber gedroht war darin nicht, nur geschimpft» (am 5. 11. an die Großmutter und die Tante). Von diesem Brief ist offenbar die Rede, wenn Barth am 4. 11. an die Eltern schreibt: «Beiliegendes Aufschäumen der kochenden Volksseele wird Euch auch interessieren; ich bitte aber, es zurückzuschicken. Der Knalleffekt mit Licht u. Finsternis kann später wieder

---

[1] Im Gemeinde-Blatt ist neben der Überschrift eine stilisierte Hand abgebildet, die mit ausgestrecktem Zeigefinger auf den Haupttitel weist (s. unten S. 215).

dienlich sein; so ‹unmittelbare› Äußerungen darf man sich nicht entgehen lassen.»

In die Nachgeschichte des Artikels gehört wohl auch die eigene Betrachtung, die Barth dem hier neben anderem schon ins Visier genommenen Herrn Tout le monde *widmete (s. unten S. 224–226).*

Ich besuchte einmal einen alten kranken Mann, und indem ich mich mit ihm unterhielt, stellte ich ihm auch die Frage, zu welcher Kirche oder Gemeinde er denn gehöre. Da bekam ich im Tone ziemlich tiefer Entrüstung folgende Antwort: *Oh Herr Pfarrer, ich bin immer ein braver Mann gewesen. Ich bin nie in eine Kirche gegangen und ich habe nie etwas mit Gendarmen zu tun gehabt.* Ich stelle das Wort dieses braven Mannes dem, was ich über die Kirche sagen möchte, voran, weil er in Genf, in der deutschen reformierten Gemeinde, unter den Empfängern des Gemeindeblattes zahlreiche Vettern und Basen, hauptsächlich Vettern hat.

Die offizielle Liste unserer Gemeinde weist eine Zahl von rund 800 stimmberechtigten Männern auf, von denen wenigstens 250 im letzten Herbst bei der Wahl[2] gezeigt haben, daß es ihnen nicht gleichgültig sei, wer am Sonntag auf unsrer Kanzel steht. Das Gemeindeblatt wurde bis jetzt an rund 1500 Personen verschickt, und wir sind an der Arbeit, die Adressenliste um mehrere Hundert zu vermehren. Das sind ganz respektable Zahlen, und auch die gedruckten Listen sehen sich sehr respektabel an. Kundige wissen übrigens, daß damit noch lange nicht alle deutschsprechenden reformierten Schweizer in Genf aufgezählt und erreicht sind. Wenn man sich aber am Sonntag im Auditoire umsieht, so bekommt die Sache ein anderes Gesicht. Seit Menschengedenken hat man dort weder von den 1500, noch von den 800, noch auch von den 250 Wahlbeflissenen etwas wahrgenommen. Das Gemeindeblatt hat auch eine Anzahl Adressaten in der übrigen Schweiz und im Ausland; wenn das nicht wäre, so würde ich es hier aussprechen, wieviel Männer im Durchschnitt in der Kirche sind. Aber weil wir nicht unter uns sind, wollen wir uns nicht blamieren. Wer in die Kirche kommt, weiß es sonst. Auch die Frauenbänke habe ich übrigens selten vollständig besetzt gesehen. Die «Kirche» veranstaltet aber nicht nur Predigtgottes-

---

[2] Siehe oben S. 1f.

dienste (Sonntags um 10 Uhr, im Auditoire, rechts neben der Kathedrale St-Pierre, es ist das Haus mit der Tafel für John Knox)[3]. Von der Abendmahlsfeier soll demnächst an gebührenderem Ort die Rede sein.[4] Über die Kinderlehre wäre zu sagen, daß sie sich besonders um die Weihnachtszeit herum eines auffallenden Zuspruchs erfreut. Wir haben auch einen Gemeindesaal (rue Pépinière 4) und daselbst neben allerlei Anderem regelmäßige Gemeindeabende und Vorträge für die konfirmierte Jugend, die jedermann offen stehen. Aber die Beteiligung des Herrn Jedermann läßt auch hier lebhaft zu wünschen übrig. Überfüllung oder auch nur Anfüllung des Lokals war bis jetzt nicht vorhanden, obwohl es angesichts der 1500, der 800 und der 250 Wahlbeflissenen zu erwarten wäre. Freundliche Entschuldiger sprechen angesichts dieses Zustandes folgende Trostworte: 1. In Norddeutschland sei es noch viel ärger. 2. Früher sei es auch bei uns viel ärger gewesen. 3. In den Genfer Kirchen französischer Zunge sei es gerade so arg. Diese Excuses gefallen mir alle nicht, weil sie uns einladen, vor anderer Leute Tür zu wischen, statt vor unsrer eigenen, und das ist bekanntlich vom Übel. Sehn wir also stracks auf die Dinge, wie sie sich jetzt und bei uns verhalten, und konstatieren wir offen, wie es guten Schweizern zukommt: Etwas muß faul sein im Staate Dänemark.[5] Neben der Überschrift ist eine Hand angebracht, die zeigt. Der ausgestreckte Finger zeigt auf das Etwas, das faul ist und das anders werden muß. Und wir wollen uns jetzt in gegenseitiger Aufrichtigkeit und Freundschaft darüber unterhalten.

Also wir haben da ein Institut, eine Gesellschaft, «Kirche» benannt, die sich mit der Pflege eines Lebensgebietes beschäftigt, von dem jeder Mensch wissen sollte, daß es wichtig ist, nämlich mit dem Leben der Seele, mit dem Zweck und Sinn und Inhalt des Daseins, um es in einem Wort zu sagen: Mit dem *Menschen*, der doch (oder?) nicht nur arbeitet,

---

[3] Den Namen «L'auditoire» bekam die in der heutigen Gestalt aus dem Anfang des 16. Jahrhundert stammende Kirche «Notre Dame la Neuve», weil sie ab 1562 Calvin und Beza als Hörsaal für ihre Vorlesungen diente. Seit 1903 wurde sie für die Deutsche reformierte Kirchgemeinde Genfs verwendet. Die früher an der Eingangsfront angebrachte Tafel erinnerte an die Predigten, die John Knox hier gehalten hat. Vgl. oben S. 88, Anm. 104.
[4] Am 4. 12. 1910 predigte Barth unter der Überschrift «Die Bedeutung der Abendmahlsfeier» über Mk. 14,22–25; vgl. unten S. 223.
[5] Vgl. W. Shakespeare, *Hamlet, Prinz von Dänemark*, I,4 (Übersetzung von A. W. von Schlegel).

ißt, trinkt und Zeitung liest, sondern *lebt,* oder leben *sollte.* 800 Männer bekunden für diese Gesellschaft ihr Interesse dadurch, daß sie sich in die Wählerliste eintragen lassen. Zwei weitere Männer haben allerlei Studien getrieben und treiben sie noch, um den Andern mit ihren Gedanken zu Hülfe zu kommen, so gut sie's können. Ein ganzer kleiner Apparat ist zu diesem Zwecke in Tätigkeit gesetzt, und Alle nicken mit den Köpfen und sagen: Es muß so sein; es muß Leute geben, die dies Geschäft besorgen, wie es Laternenmänner gibt; *es* muß von Zeit zu Zeit predigen, wie *es* von Zeit zu Zeit regnet.[6] Aber nun ereignet sich das Erstaunliche, das Etwas, auf das der Finger zeigt. Die zwei Männer tun also, was sie tun können, um den Andern etwas zu bieten, dies am Sonntag, dies am Werktag, dies den Alten, dies den Jungen, aber nun verwandelt sich das allgemeine Kopfschütteln in behagliche Gleichgültigkeit. Red Du! Schreib Du! denkt ein jeder und läßt am Sonntag und am Werktag Kirche Kirche und Pfarrer Pfarrer sein. Unbewegt und unbeweglich konstatiert man aus dem Gemeindeblatt und alle Wochen aus der «Tribune», daß die Laternenmänner ihre Arbeit tun[7]; aber daß einen das persönlich angeht? Oh nein! Alles andere ist mir dringlicher, tausend Gründe für einen sagen mir, daß es mich nichts angeht.

Wir wollen uns nun erquicken durch einen raschen Rundgang durch die Galerie der *Ausreden.* Nur die schönsten und tiefgehendsten sollen zu Worte kommen, z. B. vom Ausschlafen und von den dringenden Spaziergängen auf den Salève[8] am Sonntag Morgen soll also hier nicht die Rede sein. *1.* Ich höre Herrn X. sich gewichtig räuspern: «Herr Pfarrer, ich bin immer ein braver Mann gewesen, auch ohne die Kirche ...!» Wo hab ich doch das schon gehört? Richtig, der alte Mann, der mit den Gendarmen auch nie zu tun hatte. «Verehrter Herr X., was heißt denn das, ein ‹braver Mann› sein? Kann man sich wirklich die ‹Bravheit› so ein für allemal aneignen und dann zu seiner Seele sagen: Liebe Seele, du hast einen großen Vorrat auf viele Jahre; iß und trink

---

[6] Vgl. K. Barth, «*Unterricht in der christlichen Religion*», Bd. I: *Prolegomena. 1924,* hrsg. von H. Reiffen (Gesamtausgabe, Abt. II), Zürich 1985, S. 34; ders., *Die christliche Dogmatik im Entwurf. Erster Band: Die Lehre vom Wort Gottes. Prolegomena zur christlichen Dogmatik. 1927,* hrsg. von G. Sauter (Gesamtausgabe, Abt. II), Zürich 1982, S. 51.57.
[7] «La Tribune de Genève. Journal quotidien» notierte in der Sparte «chronique locale» auch kirchliche Ereignisse.
[8] Vielbesuchter Berg mit weiter Aussicht südöstlich von Genf.

und habe guten Mut!?» [Lk. 12,19]. Ich möchte auch gern ein braver Mann sein; aber es kommt mir immer weniger so vor, als könne ich die Bravheit so ein für allemal in die Tasche stecken, als brauche ich keine Anregung und Erneuerung aus dem großen Fonds geistiger Erfahrung, der in der Menschheit aufgespeichert ist. Was tun wir denn in der Kirche anders, als die Goldbarren dieses Fonds in gangbare Münze umsetzen, was vielleicht doch nicht jeder selbst tun kann? Voyons, Herr X., die Sache ist nicht so einfach, wie Sie sich denken. 2. Ich sehe Herrn Y. unwirsch sein Lorgnon abnehmen: «Herr Pfarrer, was Sie da den Leuten erzählen, weiß ich längst ...!» Ah, das ist aber schön, warum haben Sie mir das nicht früher gesagt? Ich hätte Ihnen dann längst und mit Freuden meine Stelle abgetreten, mir geht es nämlich, wenn ich zu reden habe, immer so, daß mir selbst alles wieder neu vorkommt; andere Pfarrer machen diese Erfahrung auch, und doch müßten wir die Ersten sein, die sich langweilen dabei, etwas vorzutragen, was wir längst schon wissen! Wer hat nun recht? Könnte es nicht sein, daß es bei dieser Sache ein «längst Wissen» gar nicht gibt, weil sie immer wieder neu angeeignet werden muß, wenn man sie haben will? A propos: Gehören Ihre Kinder, große und kleine, auch schon zu denen, die Alles längst wissen? Wenn nicht, dann sagen Sie ihnen doch bitte, sie möchten nicht dem allgemeinen Genfer Schlendrian folgen und etwas fleißiger in unsere Veranstaltungen kommen. 3. Aber nun pflanzt sich Herr Z. vor mich hin und spricht mit mürrischer und entschiedener Stimme also: «Herr Pfarrer, ich bin ein moderner Mensch. Finsternis und Pfaffentrug ist meine Sache nicht, die Wissenschaft hat bewiesen, daß ...!» Was höre ich da? Fünf Jahre habe ich mich auf Universitäten herumgetrieben, um in diesen Dingen Klarheit zu haben, und nun kommt Herr Z. und weiß Alles sonst, ohne Universitäten, und *wie* sicher! Erzählen Sie weiter, ich lasse mich gerne belehren. Aber nichtwahr, darüber sind wir ja einig: Der Kulturkampf, das allgemeine Wettschimpfen über Kirche und Dogmatik, das war vor 40 Jahren. Wer heute noch kulturkämpfert, zeigt damit, daß er ein geistig rückständiger Patron ist und ins Museum gehört wie ein ausgegrabener Mammutsknochen. Über Gottesbeweise und Schöpfungstheorien ereifern sich gebildete Menschen nicht mehr, weder dafür noch dagegen. Wir haben auch in der Kirche Dringenderes zu tun. Wenn Sie sich die Mühe nähmen, ein paar Mal hinzugehen, wüßten Sie's längst, verehrter Herr Z.!

Das sind so einige – nicht alle – Erklärungen des Etwas, das faul ist. Die Fäulnis der Sache besteht darin, daß in der Kirche eine Arbeit getan wird, von der viel mehr etwas haben könnten, als es tatsächlich der Fall ist, die also zu 50–90 % für die Katze getan wird, weil aus ganz futilen Gründen die Nachfrage dem Angebot, das Empfangen dem Geben nicht nachkommt, weil der Herr *Tout le monde* die Arme kreuzt und nicht mitarbeitet und weil es Jahr für Jahr die Jungen den Alten nachmachen. Und wir stehen nun vor der Frage, ob das Etwas anders werden wird. Jetzt nur ums Himmels willen nicht die Meinung, das müsse dem Pfarrer zu liebe geschehen, als widerfahre *uns* damit ein besonderes Pläsier, wenn man das eine mal oder das andere mit Gönnermiene den Kopf bei uns hereinsteckt. Man sollte es nicht glauben, aber wahrhaftig, es gibt noch Leute, die unseren Hausbesuch abwarten, um dann uns und dem lieben Gott in der Kirche Gegenbesuch abzustatten. Wenn wir als «moderne» Menschen und Christen mit etwas abfahren wollen, dann muß es dieser erbauliche Tauschhandel sein. Gott behüte uns auch vor einer neuen Verwechslung von Kirchentum und Christentum. Wir wissen sehr wohl, daß zu manchen Zeiten sehr gute Christen sich von der Kirche fern gehalten haben. Aber das wünschen wir den Trägern der vielen Namen, die auf unseren Listen figurieren, daß sie es sich zweimal überlegen, bevor sie sich zu den Ausnahmen rechnen, die in der Kirche nichts zu suchen und zu finden haben, daß sie sich besinnen, ob die wahren Gründe ihrer Abneigung nicht viel tiefer liegen und ob diese verborgenen Gründe der Art sind, daß ein ernsthafter Mensch sie aufrecht erhalten darf. Wir gehen wieder dem Reformationsfest entgegen.[9] Es wird eine sinnlose Feier sein, wenn wir uns da nur zum so und sovielten Mal vorhalten lassen, was Genf und die Kirche der Reformation *gewesen ist*. Sie wird aber Sinn und Bedeutung haben, wenn wir einmal Alle unsere Augen auf das richten, was sie *sein sollte*, wenn wir uns entschließen, aufzuwachen und aus einer Gemeinde, die auf dem Papier steht, zu einer Gemeinde zu werden, die *lebt* und die *arbeitet*.

---

[9] Vgl. oben S. 2, Anm. 7.

GEMEINDE-NACHRICHTEN
1910

Bei Übersendung seines Bettagsartikels (s. oben S. 139) fragte Barth Pfarrer Walter: «Soll der berühmte Artikel zu Gunsten von Henrichs schon in dieser September-Nummer kommen?» Der offenbar zwischen den beiden abgesprochene Begrüßungsartikel zu den «Religiösen Vorträgen gehalten von Herrn Prediger Henrichs[1] aus Elberfeld» erschien aber doch erst in der Oktober-Nummer des «Gemeinde-Blattes», und zwar auf einen Abschnitt der «Gemeinde-Nachrichten» reduziert. Barth war sich mit Walter wohl in der Haltung Henrichs gegenüber einig – wie Barth seinem Vorgesetzten – ebenfalls Harnack-Schüler[2] und «alter Zofinger und Marburger»[3] – überhaupt Vertrauen entgegenbrachte. Daß beide von einem eigentlichen Einladungsartikel für Henrichs abkamen, daß Barth ihm vielmehr nur «eine vorsichtige Empfehlung ... im Gemeindebl. widmete» (Brief an die Eltern vom 30.10.1910) – das hängt wohl mit den Bedenken zusammen, die schon in dem bereits zitierten Brief vom 31.8. an Walter laut werden: «Ich habe inzwischen ... gehört, daß H. das letzte Mal, als er da war, freilich gegen andersgerichtete Theologie polemisiert habe. Da wäre es vielleicht gut, ihn öffentlich auf das in seinem Namen s. Z. gegebene Versprechen festzunageln, damit es sicher nicht wieder geschieht und wir als die Düpierten dastehen. Übrigens me piget, pudet ... in dieser Sache, je näher sie rückt. Mich wird man selten in diesen Versammlungen sehen.» In einem Brief an Wilhelm Loew vom 14.10.1910 wird Barth noch deutlicher: «... ich bin offenbar noch nicht reif für eigentl. Missionsinteresse,

---

[1] Über L. Henrichs (1871–1931), der nach der Ausbildung auf der Missionsschule St. Chrischona bei Basel u. a. im Dienst der Deutschen Zeltmission als Prediger wirkte, s. S. Henrichs, *Ludwig Henrichs*, in: A. Pagel, *Er weiß den Weg*, Marburg an der Lahn 1978, S. 161–168.

[2] Im Postscriptum zu einer Postkarte (Poststempel vom 5.11.1909) an Pfarrer Walter, damals Marseille, berichtet Barth von den Auseinandersetzungen um die Besetzung der vakanten Pfarrstelle in Genf (s. oben S. 1f.): «*Eine* Wahlkampfblüte kann ich mir doch nicht versagen, Ihnen mitzuteilen: *Sie* werden nämlich als *orthodox* ausgegeben, der Erlangen entsprossene v. Steiger [der andere Kandidat] dagegen als ‹von unsrer Richtig›! Da ich auch Schüler Harnacks bin, sonne ich mich von nun an mit Ihnen im Scheine kompetent bestätigter Rechtgläubigkeit!!»

[3] Bw. R., S. 71.

überhaupt für den spezifisch christlichen Reichsgottesbetrieb. Das merkte ich auch gestern nachmittag. Da war eine Versammlung der hiesigen deutschen Pfarrer, Evangelisten etc. (v/o ‹Arbeiter im Weinberge des Herrn›) wegen der kommenden Evangelisationswoche von Henrichs (Henrichs, mir graut vor dir!) mit einer Sündflut von apologet. u. erwecklichen Vorträgen, Bibel- u. Gebetsstunden. Ich spüre an solchen Orten immer Neigung, mich als dezidierten Nicht-Christen zu fühlen, kann jedenfalls mehr als religionsgeschichtliche Duldung diesem Berliner Stadtmissions-Styl gegenüber nicht aufbringen und bin jeweilen froh, wenn ich wieder unter meinen Heidenchristen (v/o ‹Weltkinder›) bin.»

Doch in den Tagen, da Barth Henrichs selber hört, modifiziert sich sein Urteil: «Im Übrigen stehen wir unter dem Zeichen Henrichs. Eben war ich in einer sehr gut besuchten Versammlung in der Madeleinekirche, die sogar von mir eröffnet wurde. Ich gehe häufig hin u. höre mit Teilnahme u. Interesse zu. ... Er redet gut und im Ganzen besonnen, hat keine Speziallehren, trägt gewöhnlich nicht zu dick auf und dogmatisiert nur selten, dann allerdings unrichtig. So polemisierte er z. B. einmal sehr ungeschickt gegen das solo fide (!), ein ander Mal gegen die Unfreiheit des Willens. Dgl. nehme ich ihm sehr übel und hoffe es ihm noch persönlich sagen zu können. Daß er über die Heilsbedeutung des Todes Christi unklare Anschauungen hat, ist ihm nicht zu verargen, weil heutzutage überhaupt wenig Klarheit darüber da ist. Die andern Punkte gedenke ich in der Reformationspredigt, auf die ich mich wieder sehr freue, unter der Hand richtig zu stellen.[4] Wenn doch diese lieben Gemeinschaftsleute den Paulus und die Reformatoren etwas gründlicher studieren wollten; es wäre viel einfacher mit ihnen zu verkehren. Aber so ists ein ewiges heimliches Katholisieren, darin hatte Ritschl ganz recht» (Brief an die Eltern vom 30. 10. 1910).

Später kommt ein ironisch-kritischer Unterton hinzu: «Henrichs redet ununterbrochen; heute muß ich noch einmal hin, wer doch auch so könnte!?» (4. 11., an die Eltern). «Der Henrichs-Komet ist nun an unserm Himmel wieder untergegangen. Pfr. Walter hielt das Schlußwort

---

[4] Barth hielt am Sonntag, dem 6. 11. 1910 (an dem auch die letzten beiden Vorträge von Henrichs stattfanden), den Gottesdienst zum Reformationsfest und predigte – unter der Überschrift «Philipp Melanchthon» dessen Loci analysierend – über Röm. 5,1–2.

u. es war eine gar erhebende Einmütigkeit. Mir wars doch etwas schwül zu Mute dabei» (9. 11., an den Vater). Immerhin gab Barth seiner nächsten Predigt, am 20. 11. 1910, «durch das Beispiel von Henrichs ... angefeuert», ein «eigentümliche[s] Cachet von Grobschmiedart», indem er sich «auch einmal im Volkston» versuchte – «und das Volk schien hocherfreut über die Abwechslung» (Brief vom 20. 11. 1910 an die Eltern).

Über die «Gemeinde-Nachrichten» im Ganzen, die einem auch mit dem am Schluß beigefügten «Programm» das Leben der Genfer Gemeinde farbig vor Augen stellen, schreibt Barth übrigens am 25. 11. 1910 seinem Freunde W. Spoendlin, den vorherrschend aufgeräumten Ton dieser Zeilen treffend charakterisierend: «Der Monatsbericht ... wird dich ans Centralblatt [der Zofingia] erinnern!!»

Im Leben der deutschen Gemeinde kommt der Frühling in den Herbst zu liegen. Die durch die Ferien-Aufenthalte so schmerzlich gelichteten Reihen beginnen sich wieder zu füllen, jedermann scheint das Landleben vorläufig fertig genossen zu haben und so kann auch an Stelle des kirchlichen Sommerschlafes wieder eine lebhaftere Bewegung treten. Wir sind seit Erscheinen des letzten Gemeindeblattes mit Winterfahrplan in diese erfreulichere Tätigkeitsperiode übergegangen. Das erste «Ereignis», der Ausflug des *Kirchenchors* nach La Bâtie s. Versoix[5] stand zwar noch ganz unter den Zeichen eines freundlichen Spätsommers. Man hat sich dort auf einer Wiese sehr heitern Spielen hingegeben, verschiedene Damen haben in athletischen Übungen mit einem Feldstein Hervorragendes geleistet, dann bekamen Alle etwas zu essen und schließlich kam man in gewaltiger Eile gerade noch recht auf den Bahnhof. Wie wir hören, ist für nächstes Jahr ein Aeroplanrennen in Aussicht genommen. Über die Jahresversammlung des Vereins ist zu sagen, daß nach einem Wahlverfahren, in dem eine schwarze Wandtafel eine unheimliche Rolle spielte, der verdiente Präsident Herr Knechtli unter Beifall wiedergewählt wurde. – Am 9. Oktober hatten wir den ersten *Gemeindeabend*, an dem uns Hr. Pfr. Walter über Paul Gerhardt berichtete. Der Kirchenchor sang sehr schön; es war überhaupt sehr schön, aber die Gemeinde glänzte vorläufig hauptsächlich durch Abwe-

---

[5] Ausflugsort nordwestlich von Genf.

senheit. Ob es das nächste Mal besser wird? Wir wollen das Beste hoffen. – Unsere *Konfirmandenabende* d. h. Vortragsabende für die konfirmierte Jugend haben seit Anfang September wieder alle Wochen stattgefunden. Aber es steht mit der Beteiligung nicht, wie es sollte. Ist es denn wirklich so schwer, sich alle 14 Tage einmal einen Abend freizuhalten? Wir rechnen absolut darauf, daß die Eltern und sonstigen Autoritäts-Personen uns in diesem Sinne unterstützen. Sie und die jungen Leute selbst sind mitverantwortlich dafür, ob jetzt ein wenig Zug in die Sache kommt oder nicht. Aufwachen! Es ist beschlossen, die beiden bis jetzt getrennten Abteilungen bis auf Weiteres zu vereinigen. Fortgefahren wird mit dem Thema der Mädchenabteilung: Lebensbilder aus der Geschichte des Christentums. Jedermann ist zu den Abenden freundlichst eingeladen. – Und nun ist auch bereits der *neue Konfirmandenunterricht* eröffnet worden, von Pfr. Walter mit 14 Mädchen (Montag und Dienstag 5–6), von Vikar Barth mit 11 Knaben (Donnerstag 5–7). – Vom 27. Oktober bis 6. November findet in der Salle Centrale eine Serie religiöser *Vorträge von Herrn Henrichs* aus Elberfeld statt. Wir kennen Herrn Henrichs selbst noch nicht, hören aber, daß er ein tüchtiger und taktvoller Redner sei, und wissen, daß in Genf in dieser Richtung nicht leicht zu viel getan werden kann. Wir empfehlen darum dem engern und weitern Kreis unserer Gemeinde den Besuch dieser Vorträge. Sollte der Styl nicht immer unser Styl sein, so ist das weiter kein Unglück. Wir wollen auch nach dieser Seite mit dem Freisinn Ernst machen.[6] Am 4. November wird sich übrigens auch unser Kirchenchor an der Sache beteiligen. – Endlich wiederholen wir aus der letzten Nummer die dringende Aufforderung, die Kinder regelmäßig in unsere *Kinderlehre* (Sonntags 11 ¼ Auditoire) zu schicken. Wir haben jetzt einen erfreulich zahlreichen Kreis von Helferinnen, und es ist noch viel Platz da für die kleinen Mitbürger. – Und nun sei noch zu Nutz und Frommen von Jung und Alt unser *Programm* für die nächsten 6 Wochen mitgeteilt. Wer vergeßlich ist, möge es ausschneiden und an die Wand nageln:

27. Okt. bis 6. Nov. Vorträge Henrichs.
Sonntag 30. Okt., 10 Vorm. Pfr. Walter:
    Matth. 25,14–30, *Brauche deine Kräfte!*

---

[6] Vgl. oben S. 26, Anm. 3.

Sonntag 6. Nov., 10 Vorm. Reformationsfest.
  Vikar Barth: Röm. 5,1–2, *Philipp Melanchthon.*
Mittwoch 9. Nov., Nachm. Ausstellung der Arbeiten der Ameisengruppe im Gemeindesaal.
› 8 ½ Abends. Konfirmandenabend.
Sonntag 13. Nov., 10 Vorm. Pfr. Walter: Luc. 15,1–10.
  Freude im Himmel.
› 8 ¼ Abends. Gemeindeabend: Vikar Barth über *Gerhard Tersteegen.*
Sonntag 20. Nov., 10 Vorm. Vikar Barth:
  Matth. 16,16, *Die Welt und die Seele.*
Mittwoch, 23. Nov., 8 ½ Abends. Konfirmandenabend.
Sonntag 27. Nov., 10 Vorm. I. Advent. Pfr. Walter.
  Joh. 12,20–23, *Jesus sehen.*
Sonntag 4. Dez., 10 Vorm. II. Advent. Vikar Barth:
  Mark. 14,22–25, *Die Bedeutung der Abendmahlsfeier.*
Mittwoch 7. Dez., 8 ½ Abends. Konfirmandenabend.
Sonntag, 11. Dez. 10 Vorm. III. Advent. Pfr. Walter.
  Matth. 11,2–10: *Über den Zweifel.*
› 8 ¼ Abends. Gemeindeabend: Herr Pfr. Walter über *N. L. von Zinzendorf.*

MONSIEUR TOUT LE MONDE
1910/11

Der leider Fragment gebliebene Aufsatz knüpft an den Artikel «Etwas über die Kirche» (s. oben S. 213–218) im Stil und zum Teil auch im Sujet an – der Ausdruck ist hier in seiner spezifisch baslerischen Färbung wohl am Platze. Daß Barth das Begonnene nicht zu Ende führte, mag mit dem Echo zusammenhängen, das jener erste Artikel fand, und vielleicht auch mit der Einsicht, daß der Ton sich hier – jedenfalls für die Spalten des «Gemeinde-Blattes» – doch zu sehr (um Barths eigene Anspielung aufzunehmen [s. oben S. 213]) der Stimme Mephistos annäherte.

Der Text liegt in Barths Handschrift vor: zwei Blätter im Oktav-Format, jeweils auf Vorder- und Rückseite mit Tinte beschrieben.

Wer ist jetzt das wieder? Der Name ist mir ganz unbekannt. – Gemach, lieber Leser, liebe Leserin, gleich sollt ihr von ihm hören. – Ist er ein Genfer? – Ja, er ist ein Genfer, aber die Familie ist sehr ausgebreitet: er hat nahe Verwandte in Zürich, St. Gallen, Bern, Biel, kurzum ein wenig überall im lieben Vaterland. – Ein merkwürdiger Mann; ob er zu unsrer deutschen Gemeinde gehört? – Das kann ich so genau nicht sagen. In den Registern steht er nicht, vielleicht ist er aber auch blos vergessen. Immerhin mag ein jeder denken, was ich sage, gehe nicht ihn an und mag darum ruhig weiterlesen. Ich möchte nämlich Einiges über Leben und Ansichten dieses Monsieur Tout le monde berichten. «Was thuts? Eure Majestät und uns, die wir ein freies Gewissen haben, trifft es nicht,» sagte Hamlet, der Prinz von Dänemark.[1] Wir sagen das auch und erwägen kaltlächelnd Folgendes:

Monsieur Tout le monde ist ein rechtschaffener ruhiger Bürger, es ist nichts gegen ihn einzuwenden, absolut nichts, das sei vor Allem gesagt. Er war zuerst ein Normal-Kind, dann wurde er ein Normal-Jüngling und nun ist er ein Normal-Mensch. Er pflegt zwar jene seine Jugendzeit im heitern Gespräch gerne so darzustellen, als habe er damals über alle Stränge geschlagen, sogar Worte wie «Begeisterung» kommen in sol-

---

[1] W. Shakespeare, *Hamlet, Prinz von Dänemark*, III,2 (Übersetzung von A. W. von Schlegel).

chen Gesprächen ab und zu vor, aber es war in Wirklichkeit nicht so gefährlich, er war von jeher normal, jenseits von gut und böse.[2] Jetzt ist er auf dem Wege dazu, ein gemachter Mann zu werden und das erhöht noch das Gleichgewicht seines durch keine Aufregung noch Anregung unterbrochenen innern Friedens. Dieser innere Frieden besteht darin, daß er sich «voll und ganz» dessen bewußt ist, daß er sein Los reichlich verdient. Denn er *ist* nicht nur rechtschaffen, sondern er *weiß* es auch, daß er es ist; genau besehen ist das Letztere sogar die Hauptsache. Genau besehen kann man sogar sagen, daß seine normale Rechtschaffenheit nur einem schönen Stern vergleichbar ist, der sich um die Sonne drehen muß. Die Sonne ist das erhebende Bewußtsein: Ich bin ich, und ich bin etwas äußerst Wichtiges.

Wir treten in seine Wohnung ein. Wer eine Wohnung kennt, kennt die Menschen, die darin sind. So ists auch bei Herrn Tout le monde der Fall. Wir blicken uns an den Wänden um. Ah, ein Gemälde! Ein Sonnenuntergang, so rot wie ich noch nie ihn sah, im Vordergrund ein Jäger in knallgrünem Gewand, nebst totem Hasen und ein Hund dabei. Daneben ein köstliches Vereinsdiplom unter Glas und Rahmen, dito ein Eichenkranz mittlerer Güte von einem Schützenfest. Endlich General Dufour.[3] Wir stehen vor einem Wandbrett. Es trägt zahlreiche Geschöpfe der plastischen Kunst: Eier, Kaninchen, Vögel, ein Liebespaar, Souvenir de Interlaken, noch ein Jäger, noch ein Hund, Unbeschreibliches, – Alles aus Porzellan, Glas und Holz trefflich gebildet und nachgebildet. Ein guter Freund erzählte mir einmal, bei der Ausgrabung der alten Stadt Troja in Kleinasien seien neben Häusern, Knochen, Töpfen und Waffen auch sog. «Gnander» entdeckt worden. Ich fragte ihn nach der Bedeutung des seltsamen Wortes oder Dinges und vernahm, daß es bedeutet, daß es nichts bedeutet.[4] Die Dinge auf dem Wandbrett würden offenbar in diese Kategorie gehören. Überhaupt, wenn in 3000 Jahren Genf einmal ausgegraben wird, man denke! Aber wir kehren in die Wohnung des Herrn Tout le monde zurück, u. zw. zu seinem Bücher-

---

[2] Vgl. Fr. Nietzsche, *Jenseits von Gut und Böse. Vorspiel einer Philosophie der Zukunft*, Leipzig 1886.
[3] Guillaume Henri Dufour (1787–1875), 1833 Chef des eidgenössischen Generalstabs, 1847 Befehlshaber («General») im Feldzug gegen die Sonderbundskantone, 1849, 1856 und 1859 erneut General, 1832–1864 Leiter der schweizerischen Landvermessung («Dufourkarte»).
[4] Das Wort scheint in der Tat eine Phantasiebildung zu sein.

schrank. Er enthält Brockhaus Konversationslexikon, die sämtlichen Werke des bekannten großen Dichters Schiller, (wie neu!) mehrere Jahrgänge Gartenlaube[5], ein Adreßbuch und Anderes mehr. Wir sehen: bildende Kunst, Wissenschaft und schöne Literatur sind reichlich und aufs Edelste vertreten. Aber auch Frau Musika fehlt nicht. Aus einer Ecke ragt uns nämlich ein hornartiges Gebilde von beträchtlichem und bösartigem Ansehen entgegen: es handelt sich um das Schallrohr eines Grammophons. Wenn es aufgezogen ist, kann es sehr laut und sehr schön schreien, besonders an Sonntagnachmittagen, wo jedermann Zeit hat, ihm zuzuhören, ob er will oder nicht. – Und wenn wir nun den Eindruck des Ganzen auf uns wirken lassen, wie es recht ist, dann ists als ob der Jäger im knallgrünen Gewand und der andere Jäger und das Konversationslexikon und das Grammophon sich vereinigten zu dem lauten Bekenntnis: unser Herr und Besitzer hat allen Grund, mit sich selbst und mit dem Leben zufrieden zu sein; wir selbst und unsre Pracht sind Beweis und Zeugnis dafür. Auch wir sind von den Sternen, denen seine Sonne das Licht giebt.

Aber nun sind wir neugierig, Herrn Tout le monde unter den Menschen zu sehen. Er geht nämlich auch unter Menschen, das verrieten uns schon das Diplom und der Eichenkranz an der Wand. Er geht an Orte, wo er ein paar andere trifft, nicht gerade oft, aber doch öfters[.] Warum auch nicht? Ein Gläslein in Ehren, wer wills verwehren?[6] Tritt doch zufriedenes Menschenbewußtsein nirgends so lebhaft und deutlich in die Erscheinung wie bei solchem Anlaß.

---

[5] «Die Gartenlaube» erschien von 1853 bis 1937 wöchentlich als «illustriertes Familienblatt» und konnte als typische Zeitschrift des Bürgertums gelten.
[6] Vgl. Fr. von Lipperheide, *Spruchwörterbuch. Sammlung deutscher und fremder Sinnsprüche*, Berlin 1907, S. 307 («Wartburgspr. Wirtschaft»).

DIE MODERNE SEELSORGE UND IHRE PSYCHOLOGISCHEN UND RELIGIÖSEN GRUNDLAGEN
1910/11

Der folgende Text ist das Fragment einer Rezension, die Barth für die «Christliche Welt» zu schreiben begann. Siehe dazu im einzelnen Vorträge und kleinere Arbeiten 1905–1909, S. 313–317, besonders S. 316.

Man sagt, die Wissenschaft sei international, und es wird wohl etwas daran sein, wenn wir wenigstens an der Einheit des Menschengeschlechts im transszendentalen Sinn festhalten wollen. Aber diese internationale Einheit wird dann als *Problem* zu verstehen sein, denn wenn wir uns an das vorliegende *Faktum* dessen, was in den verschiedenen Ländern Wissenschaft heißt, halten, so stoßen wir – weniger im Detailbetrieb als gerade in den primären Fragestellungen auf Divergenzen, die ihren Grund keineswegs in dem transszendentalen Subjekt und Objekt der Wissenschaft haben können[,] sondern vielmehr in bestimmten Inklinationen der empirischen wissenschaftlichen Menschen, deren Ursprung letztlich nur in gewissen scheinbar unvermeidlichen Imponderabilien nationaler Art gesucht werden kann. Wenn nun das erwähnte Problem unzweifelhaft darin besteht, daß jene primären *un*wissenschaftlichen Divergenzen überwunden werden müssen, damit die internationale Wissenschaft in zunehmendem Maße Gegenwart werde, so darf andrerseits nicht übersehen werden, daß der Fortschritt und damit der Kulturwert der Wissenschaft geradezu bedingt ist durch jene empirischen Spannungen unwissenschaftlicher Art. Denn, so gewiß die heuristische Methode des Sokrates der ewige Ausgangspunkt aller wahren Wissenschaft ist, – eine Methode, die ihren Schwerpunkt gerade darin hatte, daß sie nicht in einsamer Gelehrtenzelle, sondern *auf dem Markt* geübt wurde – so gewiß entspringt der Funke der wissenschaftlichen Wahrheit immer wieder da, wo die scheinbar diametral entgegengesetzten primären Fragestellungen aufeinanderstoßen u. zw. um so wahrscheinlicher, je reiner und vollständiger diese letztern in sich selbst entwickelt und ausgebildet sind. Der Wert des «Austauschs», wie er heute unter der Wissenschaft der verschiedenen Länder möglich und wirklich ist, beruht daher weniger in der oft etwas oberflächlich verstandenen «Bereicherung der Gesichtspunkte», die er mit sich bringt, als vielmehr in der möglichst reinen Begegnung jener *un*wissenschaftlich bedingten nationalen Inklinationen, die auf die dabei beteiligten wissenschaftlichen Menschen notwendig fortschritts- d. h. kulturfördernd im transszendentalen Sinn wirken muß.

Ich denke dabei an das Verhältnis zwischen deutscher und französischer Theologie und den Anlaß dazu bietet das Buch von Durand-Pallot über die moderne Seelsorge[1], mit dem die Leser der Christlichen Welt hier bekannt gemacht werden sollen. Der Anlaß ist typisch, sofern in der Theologie die wissenschaftliche Gleichheit *und* jene unwissenschaftliche Ungleichheit französischen und deutschen Denkens besonders reinlich zu Tage treten kann und sofern Beides in besonderem Maße von einer Untersuchung aus dem Feld der praktischen Theologie mit philosophischem und theologischem Hintergrund zu erwarten ist.

Der Franzose, der französische Theologe, der französische evangelische Theologe ist von Natur naiver Realist, wie die Menschenseele nach Tertullian von Natur eine Christin ist[2]. Das Wort «réalité» im Sinn von empirisch vorliegender Tatsächlichkeit hat für ihn einen eigentlich religiösen Klang und es wird daher in Controversen gern als letzter Trumpf ausgespielt. Dagegen steht Alles, was er als «abstrait» empfindet[,] im üblen Verdacht luftiger Nicht-Wirklichkeit. Jedenfalls ist für ihn «idée» etwa synonym mit «Gedankending» und da Gedankendinge ihren obersten Maßstab an der «réalité» haben, bleibt auch die «idée» für sein Denken ein geduldeter Ansatz. Sein erkenntnismäßiges Interesse ist daher auf die Feststellung des «im Raum und in der Zeit Wirklichen» gerichtet, wie wir das zu nennen pflegen, nur daß ihm jene unsre kritische Einschränkung des Wirklichkeitsbegriffs wenig oder kein Interesse einflößt. Inwiefern diese Richtung des französischen Denkens wissenschaftlichen *und* unwissenschaftlichen Charakter hat, braucht hier nicht ausgeführt zu werden. Es scheint auf den ersten Blick, als ob sie eine Theologie, die mehr sein möchte als ein Gespinste von unwirklichen «idées», eigentlich unmöglich mache. Aber in Wirklichkeit wird es nun dem Franzosen durchaus nicht schwer, durch eine

---

[1] Ch. Durand-Pallot, *La Cure d'âme moderne et ses bases religieuses et scientifiques*. Préface de Th. Flournoy, Genf/Paris 1910. Durand-Pallot war übrigens «pasteur» der unabhängigen «Eglise de l'Oratoire» in Genf und «professeur auxiliaire à la Faculté de théologie évangélique de Genève».

[2] Tertullianus, *Apologeticum*, 17, 6, CChr. SL 1, S. 117 [Z. 27].

spiritualistische Wendung auf den theologischen Monergismus des Calvin³ zu kommen, welcher darum recht eigentlich *der* französische Theologe ist. Beides, der naive Realismus und der naive theologische Monergismus pflegen nun in dem Maße zurückzutreten, als Beeinflussung durch die deutsche Theologie stattfindet. Es konnte dann unter dieser Beeinflussung zu einer so bedeutenden und selbständigen Bildung kommen wie der sog. Pariser Schule⁴; es kam und kommt aber auch zu weniger wertvollen Kompromissen und Zwitterbildungen zwischen Realismus und Idealismus. Eine solche pektorale aber höchst unphilosophische und untheologische Kombination scheint der Durchschnittsstandpunkt der meisten französischen Theologen zu sein, sofern sie überhaupt Wert darauf legen, ihre Stellung zu den religionsphilosophischen Grundfragen als bewußten Standpunkt zu vertreten. Bewußten Eklektizismus könnte man ihn dann nennen und es ist klar, daß dabei die Energie des positivistischen und genuin-calvinischen Denkens eingebüßt ist[,] ohne daß damit die Geschlossenheit des deutschen kritischen Idealismus gewonnen wäre.

---

³ Vgl. Calvins Providenz- und Prädestinationslehre, bes. Inst. I 16–18; III 21–24.
⁴ Vgl. E. Lachenmann, Art. «Paris: III. Protestantisch-theologische Fakultät», in: RGG¹ IV, Sp. 1212–1214; ders., Art. «Symbolofideismus», in: RGG² V, Sp. 942f.; E. Schott, Art. «Symbolofideismus», in: RGG³ VI, Sp. 553f.

GERHARD TERSTEEGEN
[Vortrag]
1910

Im Winterhalbjahr 1910/11 veranstaltete die Deutsche reformierte Gemeinde Genf einen Zyklus von Gemeindeabenden, an denen jeweils ein Dichter von Gesangbuchliedern vorgestellt wurde. Themen und Termine wurden in der Rubrik «Gemeinde-Nachrichten» im «Gemeinde-Blatt für die Deutsche reformierte Gemeinde Genf» bekanntgegeben. Eine Kurzfassung des Vortrags aus der Feder des Referenten erschien jeweils in der folgenden Nummer des Gemeinde-Blattes. Den Anfang machte am 9. 10. 1910 Paul Walter, der seit dem 20. 2. 1910 amtierende Pfarrer der Gemeinde, mit einem Vortrag über Paul Gerhardt, zusammengefaßt in dem Artikel «Unser Gesangbuch I.» in Nr. 39 des Gemeinde-Blattes. Als zweiter Vortrag folgte «Gerhard Tersteegen» von Vikar Karl Barth am 13. 11. 1910. In die restlichen drei Vorträge teilten sich wieder Pfarrer und Vikar: Am 15. 1. 1911 sprach Walter über Zinzendorf, am 12. 2. über Gellert und am 12. 3. Barth über Novalis.

Während Barth seinen Novalis-Vortrag nur noch skizzenhaft notierte, so daß die Zusammenfassung für das Gemeinde-Blatt in diesem Fall die ausführlichere Version ist, liegt der Tersteegen-Vortrag in einem Manuskript von 20 Seiten Oktav wörtlich ausgearbeitet vor. Dessen Text wird im folgenden wiedergegeben, danach die Artikel-Fassung aus dem Gemeinde-Blatt, weiter unten dann Vortragsskizze und Artikel über Novalis.

Vom ersten Abend der Reihe konstatierte Barth im Gemeinde-Blatt vom 29. 10. 1910 (siehe oben S. 221f.) mangelhaften Besuch: «Ob es das nächste Mal besser wird? Wir wollen das Beste hoffen.» Tatsächlich konnte Barth am 14. 11. 1910 seinem Vater berichten von dem «Tersteegen, der gestern vor endlich einmal besetztem Lokal gestiegen ist. Du wirst bemerken, daß ich mir Ritschls Beurteilung des Pietismus nicht angeeignet habe.» Barth hatte Anlaß, den Vater darauf besonders aufmerksam zu machen. Denn noch zwei Wochen vorher hatte er anders prognostiziert. Im Zusammenhang kritischer Bemerkungen zu den Vorträgen des Predigers Henrichs (s. oben S. 219f.) hatte er am 30. 10. 1910 über «diese lieben Gemeinschaftsleute», die «den Paulus und die Reformatoren etwas gründlicher studieren» sollten, gesagt: «So ists ein ewiges heimliches Katholisieren, darin hatte Ritschl ganz recht. Ich werde auch meinem verehrten Tersteegen stellenweise Unrecht geben müssen.» Nach eingehender Beschäftigung mit Tersteegen war in bezug auf diesen Pietisten von dieser Zustimmung zu Ritschl nichts übriggeblieben. In dem zitierten Brief vom 14.11.1910 heißt es weiter, es sei doch *«ein seltsames Mißverständnis (auch gegenüber Schleiermacher!), den subjektiven methodischen Ausgangspunkt als katholisch zu verdächtigen, bes. wenn es in so kleinlicher Weise geschieht wie bei Ritschl. Die vielberühmte ‹Weltflucht› des Pietismus war die Überspannung eines richtigen Gedankens, den auch die Reformatoren viel mehr betonen, als Ritschls ‹Berufsethik› Wort haben will. (Das hat gerade Troeltsch gut gezeigt!) Ich habe die ‹Weltflucht› des T. demgemäß dargestellt und nicht als Ausfluß eines falschen kathol. Grundgedankens.»*

Daß Barths Rede von «meinem verehrten Tersteegen» mehr ist als der Ausdruck einer Augenblicksstimmung, belegt der erstaunliche Satz, den Barth in ganz veränderter Situation im Zuge der nach dem Ausbruch des Weltkriegs begonnenen theologischen Grundsatzdiskussion mit Martin Rade am 19.6.1915 an diesen schrieb: *«Ihr ginget von Luther aus zu Bismarck, wir zu Tersteegen (oder, etwas anders ausgedrückt, von Calvin aus zum radikalen Sozialismus – sachlich berührt es sich!).»*[1]

Über den ernüchternden Ausklang des Genfer Vortragsabends heißt es in dem Bericht vom 14.11.1910: *«Pfr. Walter hat mich etwas geärgert; er hat, ganz wie an der Konfirmation, wieder so ein plattes Schlußwort gesprochen, das den Eindruck Tersteegens mindestens bedrohen mußte. Das ist der Nachteil, wenn man nicht εἷς κοίρανος ist.»* Und im nächsten Brief an die Eltern (20.11.1910) ist die Rede von einem Nachspiel: *«Pfr. Walter und ich hatten folgenden Tags eine große Auseinandersetzung wegen des Vortrags. Er war ihm zu theologisch, er möchte die Gemeindeabende mehr zu gemütlichen Rendez-vous gestalten und ich tendiere mehr auf die Arbeit. Ich bin ihm zu lehrhaft und er ist mir theologisch-religiös zu indifferent. Er schimpfte gegen das Dozieren und ich gegen das harmlose Muhmen*[2]*. Schien Euch der Tersteegen auch zu schwer? Leichter konnte ich es doch wohl nicht machen, wenn ich sagen wollte, was hier zu sagen war.»*

---

[1] Bw. R., S. 133.
[2] = Daherreden.

Gemeinde 151, 1–3[3]

Kirchenchor: Nr. 174, 1, 5, 6[4]

Von P. Gerhardt herkommend[5] wenden wir uns heute zu G. Tersteegen mit dem Versuch, uns verständlich zu machen[,] was diese christliche Persönlichkeit speziell als Liederdichter für sich und seine Zeit bedeutet hat u. was sie für uns bedeutet oder bedeuten sollte. Wer einige Lieder Gerhardts gelesen hat und unmittelbar nachher zu den in unserm Gesangbuch enthaltenen Dichtungen Tersteegens greift, wird sehr wahrscheinlich zuerst gar nicht den Eindruck haben, daß es sich hier und dort um etwas Verschiedenes, um eine andre Gedankenwelt, um etwas wirklich Neues handle. Das Gefühl der Gleichartigkeit kann zwei Gründe haben, einen unrichtigen und einen richtigen. Der *unrichtige* Grund besteht darin, daß wir gewohnt sind, in der Bibel wie im Gesangbuch in ganz andrer Weise zu lesen, als wirs in andern Büchern thun. Wir haben uns gewöhnt an den Gleichklang gewisser religiöser Worte u. Wendungen[,] wir finden sie in gleicher Weise wieder in den Psalmen des AT und in den Evangelien oder Briefen, bei Gerhardt oder Tersteegen und so ist es uns selbstverständlich geworden, es sei das Gelesene, obs nun hier oder dort steht, das Gleiche. Das hat nun zweifellos seine tiefe Ursache in der Art der Frömmigkeit: Was wir hier u. dort suchen, ist ja dasselbe[:] Erhebung, Aufrichtung, Stärkung unsres Innern, Kraft u. Trost fürs Leben. Insofern ist dies Gefühl der Übereinstimmung richtig. Trotzdem wird es gut sein, wenn wir eine Korrektur anbringen. Wenn die mittelalterlichen Maler den König David oder Karl d. Gr., Maria oder die hl. Elisabeth darstellten[,] dann kleideten sie alle diese Gestalten, mochten sie immer durch Jahrtausende, durch

---

[3] Die Liednummern der den Vortrag umrahmenden bzw. unterbrechenden Gesänge der Gemeinde und des Kirchenchors beziehen sich auf das GERS (1891). Sofern die gesungenen oder von Barth zitierten Lieder auch im EKG bzw. GERS (1952) enthalten sind, wird dies jeweils angegeben, gegebenenfalls mit abweichender Strophennummer. Nr. 151 im GERS (1891) ist das Pfingstlied «O Gott, o Geist, o Licht des Lebens» von G. Tersteegen (GERS [1952] 188).

[4] «Gott ist gegenwärtig» von G. Tersteegen (EKG 128; GERS [1952] 201).

[5] Vortrag von Pfarrer P. Walter am 9. 10. 1910; vgl. die Einleitung zu diesem Stück.

Länder u. Meere getrennt sein, in dasselbe Kostüm, das Kostüm der Zeit des Malers. So sehen sie sich alle zum Verwechseln ähnlich und wenn keine Unterschrift uns belehrt, bleiben wir ganz im Unklaren darüber, ob es sich um David oder Karl d. Gr. handeln soll. Gerade so stellen wir uns oft zu den religiösen Schriftstellern der Bibel u. des Gesangbuchs. Das bedeutet aber gerade auf diesem Gebiet einen Verlust, weil es nur Oberflächlichkeit ist[,] und nichts ist der Frömmigkeit entgegengesetzter als die Oberflächlichkeit. Religion ist etwas Persönliches, Eigenes, Besonderes für jeden Menschen, bei keinem ist sie absolut dasselbe[,] wie kein Blatt im Wald dem andern gleicht, ja man kann sagen: durch die Religion, dadurch daß Gott im Leben eines Menschen Realität wird, bekommt er erst rechte Eigenart, Charakter, Persönlichkeit, während er vorher einer von Vielen ist. Unter diesem Gesichtspunkt müssen wir aber auch die Schriftsteller der Bibel und des Gesangbuchs zu uns reden lassen. Gewiß ist es derselbe Gott[,] der in allen zu uns redet[,] aber ebenso gewiß hat jeder von ihnen etwas Besonderes Eigenes von Gott zu sagen und wenn wir wollen, daß sie *uns* etwas Besonderes sagen, müssen wir ihnen die Ehre anthun, sie persönlich aufmerksam zu lesen[,] als Mensch mit Menschen persönlich in Verkehr zu treten[,] nicht blos als Mensch mit einem Buch, jeden zu nehmen als das was er war und ist und ihn nicht ohne Weiteres mit allen andern auf die gleiche Linie zu stellen. Ich glaube, die Bibel wie das Gesangbuch würden Vielen viel lieber u. vertrauter sein, wenn sie es einmal versuchen wollten, sie in dieser Weise unterscheidend zu lesen. Aber wenn man bei Gerhardt u. Tersteegen das Gefühl einer gewissen Gleichartigkeit hat, so kann das auch einen *richtigen* Grund haben[,] u. damit kommen wir direkt zu unserm Thema. Mehr als ein halbes Jahrhundert liegt zwischen der Wirkungszeit beider und das will viel sagen, völlig verschieden ist die geistige Umgebung beider in weltlicher wie religiöser Beziehung und doch sind wir wenigstens wie es auf den ersten Blick scheint in einer sehr nahe verwandten Gedankenwelt hier wie dort. Gott und die Seele, das ist der Gegenstand der Dichtungen beider und im Hintergrund der einzelnen Gedanken dieser Dichtungen steht hier wie dort deutlich erkennbar die reformatorische Religionslehre von der freien Gnade, die uns in Christus aufgethan ist, sodaß wir uns in kindlichem Vertrauen Gottes Kinder heißen dürfen. Aber die Verwandtschaft geht noch weiter. Schon bei Gerhardt sind wir aufmerksam geworden auf die stark subjektive Richtung des Denkens; es ist das «Ich»[,] das mit Gott verkehrt, das ihn anruft, sich in Gehorsam seinem Willen unterwirft, sich seiner freut u. tröstet. Schon Gerhardts Lieder sind wenigstens in der Hauptsache keineswegs blos gereimte Dogmatik d. h. gereimter Vortrag objektiver Wahrheiten über Gott u. Christus, sondern regelmäßig folgt der Darstellung des Objektiven die Wendung ins Subjektive, die Anwendung u. Aneignung. Der Preis der umfassenden Liebe Gottes muß bei Gerhardt schließen mit der Aufforderung der gläubigen Seele an sich selbst: «Weil denn weder Ziel noch Ende ...»[6] An die Betrachtung der Herrlichkeit Gottes in der Natur muß sich die Selbstbetrachtung anschließen: «Ich selber kann und mag nicht ruhn ...»[7] Die Vertiefung in das Leiden Χρι [Christi] nimmt sofort diese Wendung in der Frage: «Wer hat dich so geschlagen ...»[8] und die Antwort lautet[:] «Ich, ich u. meine Sünden ...»[9] Diese unmittelbare praktische persönliche Auffassungsweise der religiösen Wahrheit ist nun die gemeinsame Voraussetzung[,] die uns von G. zu dem Mann begleitet, der uns heute beschäftigen soll. Man braucht auf der dort begonnenen Linie des religiösen Denkens blos einige Schritte weiterzugehen, um Verständnis zu gewinnen für die eigenartige Geisteswelt G. Tersteegens.

Ich sage: *einige Schritte weiter;* denn es steht in der Tat so, daß uns bei T. gegenüber G. trotz der starken Gemeinsamkeit etwas charakteristisch Neues entgegentritt. Das Neue besteht darin, daß hier von Gott u. Christus sozusagen gar nicht mehr die Rede ist als von objektiven Größen, die dem Menschen *gegenüber*stehen[,] um dann angeeignet zu werden. Sondern der Gedankengang des Gerhardt begegnet uns hier in umgekehrter Reihenfolge: Von dem in der Seele gegenwärtigen, von dem innerlich erfahrenen Gott ist hier die Rede, von dem erlebten u. angeeigneten Christus u. nur von diesem, während die objektiven religiösen Wahrheiten, die P. Gerhardt verherrlicht, bei T. nur als dogma-

---

[6] GERS (1891) 3 und EKG 232: «Sollt ich meinem Gott nicht singen», Str. 11; GERS (1952) 48, Str. 10.
[7] GERS (1891) 57: «Geh aus, mein Herz, und suche Freud», Str. 6; EKG 371, Str. 11; GERS (1952) 97, Str. 8.
[8] GERS (1891) 113 und GERS (1952) 149: «O Welt, sieh hier dein Leben», Str. 2; EKG 64, Str. 3.
[9] Ebd., Str. 3; EKG Str. 4.

tische Garantie im Hintergrund stehen, ohne daß sie bes[onders] betont würden. Um diese Wandlung zu verstehen, müssen wir die veränderte geistige Umwelt des T. kurz ins Auge fassen.

Das religionsgeschichtliche Merkmal der Periode des 16. u. 17. Jahrh[un]d[e]rts war die *Orthodoxie*[,] zu deutsch *Recht*gläubigkeit, wobei das Wort Recht zu unterstreichen ist. Orthodoxie bedeutet die Betonung einer objektiven in bestimmten Sätzen engern od. weitern Umfangs niedergelegten religiösen Gedankenwahrheit. Diese Gedankenwahrheit bestand in dem Inhalt der kirchl. Bekenntnisschriften, in denen die Reformation ihr eigenes Testament gemacht hatte. Wir müssen uns davor hüten, mit diesem Begriff der Rechtgläubigkeit ohne Weiteres die Bezeichnungen von starr, leblos, tot u. dgl. zu verbinden. Schon die Beispiele charakteristisch orthodox[er] Dichter wie Gerhardt od. Nikolai[10] müßten uns davor warnen. Das große Gut dieser Richtung war eine felsenfeste Überzeugung u. Gewißheit von der Wahrheit u. Wirklichkeit des überlegenen, objektiven Gottes und seiner Liebe, wie sie bei Gerhardt in so ergreifender Weise zu Tage tritt. Von jener Gewißheit aus gab man dann auch dem *Dogma* von Gott u. Christus jene Gewißheit u. überlegene Objektivität, von der man auch in Kleinigkeiten nichts abmarkten ließ[,] und umgekehrt war das obj. Dogma wieder eine Stütze der subj.[11] rel[igiösen] Gewißheit. Für die rechte *Gläubigkeit* ist die *Recht*gläubigkeit zu allen Zeiten eine solche wertvolle Stütze gewesen und das Nachlassen in der *Recht*gläubigkeit hat auch für die rechte *Gläubigkeit* zu allen Zeiten mindestens eine Gefahr bedeutet. – Und doch beruht es auf einer innern Notwendigkeit, daß der Protestantismus diesen Weg des Nachlassens gehen mußte. Jener Gefahr stand eine andre größere gegenüber, die Gefahr der Veräußerlichung u. Entleerung des religiös-sittlichen Lebens, wo es vorherrschend unter den Gesichtspunkt der *Recht*gläubigkeit gestellt wurde. Das Umgekehrte ist eben auch richtig, daß *rechter* Glaube noch nicht die Garantie ist für rechten *Glauben*, der Gehorsam gegen Gott u. Liebe zu den Menschen in sich trägt. Man klagt heutzutage viel über die

---

[10] Philipp Nicolai (1556–1608), vor allem bekannt als Dichter der Lieder «Wie schön leuchtet der Morgenstern» (GERS [1891] 237 – dort: «... leucht't uns ...» –; EKG 48; GERS [1952] 255) und «Wachet auf, ruft uns die Stimme» (GERS [1891] 342; EKG 121; GERS [1952] 380).
[11] Mskr. irrtümlich: «obj.».

zunehmende Sittenlosigkeit der Völker und es giebt immer noch Leute, die diese Erscheinung auf den Zerfall der Orthodoxie zurückführen. In Wirklichkeit stehen die Dinge anders. Liest man die Schilderungen von Zeitgenossen jener kirchlich-orthod. Epoche[12], so bemerkt man, daß die sittliche Verderbnis im öffentlichen u. privaten Leben damals mindestens so schlimm, wenn nicht schlimmer war als heutzutage, schlimmer sage ich[,] weil sie damals unter dem weiten Mantel der Rechtgläubigkeit vielfach freundlichstes Gewährenlassen, unbegreiflichste Toleranz fand, so bes. in lutherischen Gebieten, wo die Geistlichkeit nicht selten bei aller Orthodoxie der Lehre ein eigentümlich schlechtes sittliches Beispiel gab. Die objektive Lehre[,] die eine äußere Stütze bieten sollte, wurde hier deutlich eine Bedrohung der innern u. wirksamen Aneignung der religiösen Wahrheit. Wir haben gesehen, wie P. Gerhardt mit der Genialität des Dichters diese Gefahr zu vermeiden sucht; aber es konnte bei der Nebeneinanderstellung von rechtem Glauben u. rechtem Leben, die uns bei ihm entgegentritt, doch sein Bewenden nicht haben. Und so tritt uns vom 17. Jahrhdrt an eine neue Richtung entgegen[,] deren Wesen darin besteht, daß sie mit aller Energie gefordert hat, es sei beim Glauben nicht von außen nach innen zu gehen sondern umgekehrt von innen nach außen, vom rechten *Glauben* zum *rechten* Glauben. Diese Richtung, die sich in scharfen Gegensatz zu der herrschenden Partei stellt, war der *Pietismus*. Als Erklärungsgrund für sein Auftreten könnte man neben jenen innern Grund den mehr äußern stellen, daß infolge der um das konfessionelle Dogma entbrannten Religionskriege in den Herzen der Christenheit ein heißes Sehnen erwacht war nach einer Religiosität, die dem Streit der Theologen u. Juristen ebensosehr entrückt war wie dem Hader der politischen Mächte, die sich der Religion in so unerfreulicher Weise annahmen. Wir können hier nicht auf eine historische u. dogmatische Einzelbetrachtung der Erscheinungen relig[iösen] Lebens, die man unter dem Namen Pietismus zusammenfaßt[,] eintreten, sondern begnügen uns zu seiner Würdigung mit einigen allgemeinen Feststellungen. Wir haben uns die Sache nicht so zu denken[,] als ob diese neue Frömmigkeitsform plötzlich dagewe-

---

[12] Eine Zusammenstellung solcher zeitgenössischen Äußerungen, die Barth vor Augen gehabt haben könnte, findet sich bei A. Tholuck, *Der Geist der lutherischen Theologen Wittenbergs im Verlaufe des 17. Jahrhunderts*, Hamburg/Gotha 1852, S. 93–100.

sen wäre, wie aus der Erde geschossen gegenüber dem herrschenden Regime. So gehen die Dinge in der Geschichte nicht zu. Es handelt sich um eine Erscheinung[,] wie sie wesentlich gleichartig schon vor der Reformation, im kathol. Mittelalter dagewesen ist. Auch dort war bereits 2 Jahrhdrte vor Luther der herrschenden Religionsübung der offiziellen Kirche eine Opposition entgegengetreten, die statt der Verweltlichung u. Veräußerlichung Wahrheit[,] Strenge u. Innerlichkeit predigte. Das waren Franz v. Assisi und die theol. Schule, die aus seinem Orden hervorgegangen ist.[13] Die gleiche Situation brachte im Protestantismus nun denselben Vorgang. Auch hier eine veräußerlichte offizielle Kirche, auch hier eine Gegenrichtung[,] die darüber klagt, daß diese Kirche, die Jerusalem sein sollte, ein Babel geworden ist[14][,] und die deshalb unter Mißbilligung von Seiten der Offiziellen ans Werk geht[,] in kleinen Abseitsgemeinschaften das wahre Jerusalem, die Gemeinde der Heiligen, d. h. der lebendigen Gläubigen inmitten der toten Gläubigen aufzurichten. Die Grundgedanken der pietistischen Oppositionsbewegung sind demgemäß sehr einfach: So wenig die franziskanische Bewegung des Mittelalters am Dogma der kathol. Kirche gerüttelt hat, so wenig denken die Pietisten daran, an das protest. Dogma zu rühren. Und doch ist ihre Stellung zum Dogma gerade die umgekehrte als die der Orthodoxen: dort soll die Frömmigkeit anfangen mit der Annahme der religiösen Gedankenwahrheit[,] um dann wenns gut ging fortzuschreiten zur innern Aneignung u. Berufung[,] wie wirs bei Gerhardt sahen, hier ist das Erste das innere Erlebnis der Bekehrung, die Anwendung des Dogmas auf das innere Leben[,] die dann sofort Heiligung d. h. religiös sittliche Durchdringung des äußern Lebens zur Folge hat, während die Zustimmung zur äußern Glaubens*lehre* zwar selbstverständlich ist, aber an sich weiter keine Rolle spielt. Ja die Energischen dieser Richtung gingen noch weiter und sagten: Frömmigkeit ist überhaupt nur die lebendige innerliche u. äußerliche Aneignung, das Erlebnis der religiö-

---

[13] In dieser Bewertung des Franziskus und der franziskanischen Schule als mittelalterlicher Parallelerscheinung des Pietismus folgt Barth vielleicht dem Urteil von A. Ritschl, *Geschichte des Pietismus,* Bd. I, Bonn 1880, S. 13–19. Vgl. auch Ritschls Feststellung über die Abhängigkeit der quietistischen Mystik, wie G. Tersteegen sie vertrat, von der voluntaristisch orientierten Seligkeitslehre des Duns Scotus: a. a. O., S. 470ff.
[14] Vgl. A. Ritschl, a.a.O., Bd. II, Bonn 1884, S. 105–108.151.197.209.302. 306.311.321f.324.341f.

sen Wahrheit. Das Annehmen des Dogmas hat mit dem Glauben noch gar nichts zu thun, sondern das ist Glaube, wenn der Inhalt des Dogmas, also Gott oder Christus im Menschen gegenwärtig, wahr u. wirklich wird. Glaube ist also Heiligung d. h. Aufnahme Gottes oder Christi in unser Herz[,] in unser Leben. Einer der interessantesten Vertreter dieser Richtung[,] Joh. Scheffler (Ang[elus] Sil[esius])[,] hat es mit einem Wort ausgesprochen, in was der Gegensatz gegen die Orthodoxie u. zugleich ihr eigentlichstes Wesen bestand[:]

«Wird Christus tausendmal ...»[15]

Dieser «lebendige» Glaube im Gegensatz zum «toten» kommt aber dadurch zu Stande, daß wir Jesus nachfolgen, d. h. sein Leben in unserm Leben nachbilden. Es ist dieser große Gedanke des Fr[anziskus] v. Assisi, der hier wieder zum Vorschein kommt[,] u. derselbe Joh. Scheffler ist es[,] dem wir das Lied «Mir nach spricht Christus ...»[16] verdanken.

In diesen Kreis gehört nun unser Tersteegen[,] und die Betrachtung seines äußern u. innern Lebens kann uns vielleicht auch dazu verhelfen, uns ein vorurteilsloses u. für uns selbst wertvolles Urteil über die Richtung, die er vertreten hat, zu bilden.

Kirchenchor: Nr. 241, 1, 3, 4[17]

G. Tersteegen[18] ist am 25. Nov. 1697 zu Mörs bei Krefeld am Niederrhein geboren, als Sohn eines reformierten Kaufmanns, der selbst

---

[15] *Des Angelus Silesius Cherubinischer Wandersmann.* Nach der Ausgabe letzter Hand von 1675 vollständig herausgegeben und mit einer Studie «Über den Wert der Mystik für unsere Zeit» eingeleitet von W. Bölsche, Jena/Leipzig 1905, S. 9 (Buch I, Nr. 61):
Wird Christus tausendmal zu Bethlehem geboren
Und nicht in dir: du bleibst noch ewiglich verloren.
[16] GERS (1891) 294; EKG 256; GERS (1952) 317.
[17] «Ich will dich lieben, meine Stärke» von J. Scheffler (EKG 254; GERS [1952] 318).
[18] Seine Darstellung von Tersteegens Leben hat Barth anscheinend vor allem aus zwei Quellen geschöpft: a) aus der anonymen biographischen Einleitung in: *Gerhard Tersteegen's* [sic] *geistliches Blumengärtlein inniger Seelen nebst der Frommen Lotterie,* nach der Ausgabe letzter Hand berichtigt und mit einigen

bereits in der pietist. Bewegung, die in jener Gegend sehr stark war, drin stand. Der junge Gerhard wurde zum geistlichen Stand bestimmt u. besuchte demgemäß die Lateinschule (Gymnasium)[,] um sich auf das Studium vorzubereiten. Da sich aber nach dem frühen Tode des Vaters die Vermögensverhältnisse der Familie sehr verschlechterten, mußte der junge Mann seine Karriere unterbrechen und wurde zu seinem Schwager[,] dem Kaufmann Brink nach Mühlheim[19] a. d. Ruhr in die Lehre gegeben. Der Aufenthalt in diesem Hause muß entscheidend gewesen sein für die Richtung seines Lebens. Sein Schwager war ein entschiedener Nichtpietist. Sein Lebensgrundsatz sei gewesen: «Wer der Welt dienen will, muß ihr ganz dienen.»[20] Er wandte das auch auf Andre an und ließ z. B. seinen Lehrling[,] wenn gerade nichts Bestimmtes zu thun war, leere Fässer im Hofe hin und herrollen. Umso wirksamer müssen die Eindrücke gewesen sein, die der nun von andrer Seite erfuhr. Auch in Mühlheim hatte nämlich eine sog. Erweckung stattgefunden, d. h. ein Erwachen bewußten Christentums im Sinne des Pietismus. Ein Kandidat namens *Hoffmann*[21] hatte Versammlungen eingerichtet, in denen die Christen das empfangen sollten, was ihnen die «tote» Landeskirche vorenthielt, lebendige innerliche Anregung u. Förderung. Mit diesem Kreis wurde Tersteegen bekannt, erlebte in seinem 16. Jahr ebenfalls eine Erweckung u. brachte nun seine freie Zeit mit Lesen frommer Schriften, mit Selbstbetrachtung u. Gebet zu. Eine Gebetserhörung in einem Kolikanfall, in dem er sich vom Tode bedroht glaubte, hat in ihm den Entschluß zur Reife gebracht, sein Leben ganz

Zusätzen vermehrt, sammt dem Lebenslauf des sel. Verfassers, Stuttgart o. J. (im folgenden zitiert: *Blumengärtlein*), S. III–XVIII; b) M. Goebel, *Geschichte des christlichen Lebens in der rheinisch-westphälischen evangelischen Kirche*, Bd. III, posthum hrsg. von Th. Link, Coblenz 1860, S. 289–447. Soweit Barth die Elemente seiner biographischen Erzählung diesen beiden Quellen entnimmt, wird im folgenden auf Einzelnachweise verzichtet.

[19] Diese Orthographie nach *Blumengärtlein*, S. III; korrekt «Mülheim» bei M. Goebel, a. a. O., S. 292.

[20] Dieser Ausspruch von Matthias (so *Blumengärtlein*, S. III) bzw. Mathias (so M. Goebel, a. a. O., S. 292) Brink findet sich nicht in der von Barth hauptsächlich benutzten Literatur (s. Anm. 18), wohl aber, in indirekter Rede, bei G. Kerlen, *Gerhard Tersteegen. Leben und Auswahl seiner Schriften*, in: *Evangelische Volksbibliothek*, hrsg. von Dr. [K. Fr.] Klaiber, Bd. IV, Stuttgart 1864, S. 1–144; Zitat: S. 9.

[21] Über Wilhelm Hoffmann (1685–1746) vgl. M. Goebel, a. a. O., S. 293–301.

Gott zu übergeben. Als Zwanzigjähriger fing er ein selbständiges Geschäft an, mußte aber die Erfahrung machen, daß der viele Umgang mit Menschen zerstreuend auf ihn wirkte und das Wachstum seines Lebens mit Gott hinderte. Nebenbei hört man übrigens auch, daß das Geschäft nicht gut ging. Wohl aus beiden Gründen gab er es nach 2 Jahren wieder auf, ergriff das Handwerk der Leineweberei[,] dann[,] weil das seiner Gesundheit nicht zuträglich war, die Seidenbandweberei, die er nun in fast vollständiger Einsamkeit jahrelang betrieben hat. Von morgens 5 bis abends 9 Uhr war er an der Arbeit, aß nur einmal des Tags u. zw. eine aus Mehl, Wasser u. Milch selbstbereitete Speise[,] um erst bei eingebrochener Dunkelheit in die Häuser der Armen zu gehen und ihnen mitzuteilen, was er selbst erübrigt. Das was er mit diesem Leben bezweckte, war die «Nachfolge des armen Lebens Jesu».[22] Allerlei Schwieriges ist ihm dabei nicht erspart geblieben. Seine Verwandten billigten sein Thun keineswegs[,] bes. nicht seine Freudigkeit im Verschenken. Bei der Teilung des Erbes der inzwischen verstorbenen Mutter wiesen sie ihm, ohne ihn zu fragen, ein Haus zu, in der Hoffnung, daß er dies immobile Vermögen wenigstens nicht weggeben könne. Er ließ sich dann aber den Wert dieses Hauses nach u. nach in Geld auszahlen und so ist das ererbte Vermögen doch durch seine Hände zu den Armen gewandert. Ernsthafter war die Schwierigkeit, daß seine Gesundheit das asketische Einsiedlerleben nicht ertragen konnte. Er ist oft 10-12 Wochen krank gelegen und befand sich dann in noch größerer Einsamkeit als in gesunden Tagen, da sich niemand um ihn kümmerte. Er hat Krankheit u. Vernachlässigung mit bewundernswürdiger Geduld über sich ergehen lassen und auch tatsächlich überstanden. Aber am schlimmsten war es, daß in dieser Zeit auch eine «*Verdunkelung*»[23] seines innern Lebens über ihn kam. Fünf Jahre lebte er ohne Gewißheit der Gnade Gottes. Der Zweifel[,] in dem er sich befand, war nicht etwa theoretischer[,] sondern praktisch-gefühlsmäßiger Art: er brachte es nicht fertig, sich in den lebendigen gläubigen innern Zustand zu versetzen, der ihm von Jugend an als Lebensziel vorgeschwebt. Er war irre an Gott und an sich selbst u. die Lektüre theosoph[ischer] Schriften wie

---

[22] *Blumengärtlein*, S. IV.
[23] Vgl. M. Goebel, a. a. O., S. 314f.; A. Ritschl, a. a. O., Bd. I, S. 460-462.

die Jak. Böhmes führte ihn eher tiefer in die Verwirrung.[24] Endlich scheint sich eine entscheidende Wendung vollzogen zu haben. Es war im Jahr 1724, als es ihm auf einer Reise wie ein Licht aufging, daß in Jesus Christus die Gnade auch für ihn erschienen sei u. daß er fortan ruhig sein dürfe. Er setzte über dieses innere Geschenk[,] das zugleich einen neuen Entschluß für ihn bedeutete[,] eine Art *Urkunde* auf[,] u. zw.[,] wie es in diesen Kreisen damals manchmal vorkam[,] nicht mit Tinte[,] sondern mit seinem eigenen Blut. Sie lautet folgendermaßen: (Gedichte[25] S. VIII) [«Meinem Jesu! Ich verschreibe mich dir, meinem einigen Heiland und Bräutigam, Christo Jesu, zu deinem völligen und ewigen Eigenthum. Ich entsage von Herzen allem Recht und Macht, so mir der Satan über mich selbst mit Unrecht möchte gegeben haben, von diesem Abend an, als an welchem du, mein Blutsbräutigam, mein Goel, durch deinen Todeskampf, Ringen und Blutschwizen im Garten Gethsemane mich dir zum Eigentum und Braut erkauft, die Pforten der Hölle zersprenget, und das liebevolle Herz deines Vaters eröffnet hast. Von diesem Abend an sei dir mein Herz und ganze Liebe auf ewig zum schuldigen Dank ergeben und aufgeopfert! Von nun an bis in Ewigkeit nicht mein, sondern dein Wille geschehe! Befehle, herrsche und regiere in mir! Ich gebe dir Vollmacht über mich, und verspreche, mit deiner Hilfe und Beistand, eher dieses mein Blut bis auf den lezten Tropfen vergießen zu lassen, als mit Willen und Wissen, in- oder auswendig, dir untreu oder ungehorsam zu werden. Siehe, da hast du mich ganz, süßer Seelenfreund, in keuscher jungfräulicher Liebe dir stets anzuhangen! Dein Geist weiche nicht von mir, und dein Todeskampf unterstüze mich! Ja, Amen. Dein Geist versiegle es, was in Einfalt geschrieben dein unwürdiges Eigenthum

am Gründonnerstag Abend anno 1724

Gerhard Terstegen»]

Die äußere u. innere Form dieser Verschreibung mag uns fremdartig u. schwärmerisch anmuten. Es besteht aber kein Zweifel über den seelischen Inhalt[,] der sich in dieser Form verbirgt. Das innere Leben dieses Mannes beginnt von da an eine sicherere, freiere[,] überlegenere Rich-

---

[24] Vgl. dazu das bei M. Goebel, a.a.O., S. 316f., Anm. 2, angeführte Selbstzeugnis Terstegens.
[25] = *Blumengärtlein*. Der von Barth daraus vorgelesene Text ist hier in eckigen Klammern – nach der Orthographie von Barths Vorlage – eingefügt.

tung anzunehmen, wenn er auch zeitlebens über gewisse Schranken[,] von denen nachher zu reden sein wird, nicht hinweggekommen ist. Dies Neue zeigte sich zunächst darin, daß er anfing, sein Einsiedlerleben etwas rationeller einzurichten. Er verzichtet auf die vollständige Einsamkeit und nimmt einen gewissen Heinr. Sommer als Stubengenossen u. Handwerksgesellen zu sich. Auch die Ernährung wird auf eine vernünftigere Basis gestellt und ein 10stündiger Arbeitstag tritt an Stelle des 15stündigen. Im Übrigen ist das Leben der Beiden genau geregelt: Singen, Beten, Bibellesen. Alles das bekommt seine bestimmte Stunde, den Rest des Abends aber verbringt T. mit schriftstellerischer Arbeit. Denn auf die Zeit der innern Sammlung folgt nun die Zeit äußerer Wirksamkeit. Er veranstaltet eine Neuausgabe des alten christl. Erbauungsbuches «*Die Nachfolge Christi*» von Thomas a Kempis[26], er übersetzt mystische Schriften, bes. die einer in diesen Kreisen damals sehr einflußreichen *Madame Guyon* aus dem Französischen.[27] Darüber wird er nun auch selbst produktiv. Es entstehen der «*Weg der Wahrheit*»[28][,] eine einfache u. gründl. Darstellung des christl. Glaubens u. Lebens[,] vor Allem aber drei Bände «*Lebensbeschreibungen heiliger Seelen*»[29]. Die heiligen Seelen sind bezeichnenderweise lauter katholische Asketen und Mystiker, in deren Leben T. sein eigenes Lebensideal wiederfand. Auf einsamen Spaziergängen aber und in andern stillen Stunden erwachte in ihm auch der Dichter, der doch wie Alles[,] was T. war[,] nur als Ausstrahlung seines eigentümlichen religiösen Genies zu verstehen ist. Was er hier schuf, teils «kurze Schlußrei-

---

[26] 1727. Auszüge aus Tersteegens Vorrede sind abgedruckt bei M. Goebel, a.a.O., S. 329f.

[27] *Die heilige Liebe Gottes und die unheilige Naturliebe, in erbaulichen Versen vorgestellt, aus dem Französischen der Madame Guion* [1738], in: *Blumengärtlein*, S. 183–211 (vgl. M. Goebel, a.a.O., S. 335).

[28] 1750. Von Barth benutzt in der Ausgabe: G. Tersteegen, *Weg der Wahrheit. Zur Belehrung und Erbauung für Christen aller Konfessionen*, Basel 1903[10] (zitiert: *W. d. W.*). Andere Ausgabe (photomechanischer Nachdruck) mit abweichender Reihenfolge der Einzelstücke und kleinen Varianten im Wortlaut: *Weg der Wahrheit, die da ist nach der Gottseligkeit, bestehend aus zwölf bei verschiedenen Gelegenheiten aufgesetzten Stücken und Traktätlein nebst zwei Zugaben.* Nach der letzten vom Verfasser besorgten (4.) Auflage, Stuttgart 1968 (zitiert: *W. d. W.*, Stuttgart).

[29] *Auserlesene Lebensbeschreibungen heiliger Seelen*, 1733/35/53 (vgl. M. Goebel, a.a.O., S. 332ff.).

me»³⁰[,] wie er selbst es nannte, eine damals beliebte Dichtungsart, teils längere Lieder, deren einige in unser Gesangbuch übergegangen sind, hat er selbst später zusammengefaßt unter dem Titel «*Geistl. Blumengärtlein inniger Seelen* nebst *der Frommen Lotterie*».³¹ Diese letztere ist eine Sammlung von über 400 vierzeiligen Spruchversen mit der Überschrift:

> Dies ist der Frommen Lotterie
> Wobei man kann verlieren nie
> Das Nichts darin ist all so groß
> Als wenn dir fiel das beste Los.³²

Aber es hatte bei dieser literarischen Tätigkeit nicht sein Bewenden. Es sammelte sich um den außerordentlichen Mann erst ein Kreis von Hilfesuchenden u. Ratbedürftigen aller Art, dann eine weite Gemeinde geistig Gleichgesinnter in der Nähe u. Ferne, die seine Dienste als Seelsorger und bald auch als Prediger verlangten. T. ist diesen Wünschen mit großer persönl. Zurückhaltung u. Bescheidenheit[,] aber auch mit wachsendem Erfolg nachgekommen. Erst in seinem eigenen Hause, dann in dem jenes W. Hoffmann hat er seine Reden gehalten, die dann unter dem Titel «*Geistliche Brosamen*» auch gedruckt erschienen sind³³[,] u. man hört, daß bei völlig angefülltem Hause oft auch Leitern von außen an die Fenster angelegt wurden[,] um so weitern Zuhörern Raum zu geben.³⁴ Daß er dabei wie die meisten Pietisten zeitweilig von seiten der übelberatenen offiziellen Geistlichkeit durch Polizeischikanen belästigt wurde, konnte es nicht verhindern, daß er für jene Gegend nun ein weithin aufgesuchtes geistliches Kraftzentrum wurde. Sogar Friedrich d. Gr. verlangte auf einer Durchreise seine Bekanntschaft zu

---

³⁰ «Des geistlichen Blumengärtleins erstes Büchlein; enthaltend kurze und erbauliche Schlussreimen»; Überschrift in: *Blumengärtlein*, S. 1.

³¹ 1737. Zu der von Barth benutzten Ausgabe s. oben Anm. 18.

³² *Blumengärtlein*, S. 415.

³³ *Geistliche Brosamen, von des Herren Tisch gefallen, von guten Freunden aufgelesen und hungrigen Herzen mitgetheilt*, 1769–1773 (vgl. M. Goebel, a. a. O., S. 408). Die darin gesammelten 29 Reden sind, zusammen mit vier weiteren, enthalten in der Neuausgabe: G. Tersteegen, *Geistliche Reden*, hrsg. von A. Löschhorn u. W. Zeller (Texte zur Geschichte des Pietismus, Abt. V, Bd. I), Göttingen 1979.

³⁴ Nach einem Eigenbericht Tersteegens, zitiert bei W. Nelle, *G. Tersteegens Geistliche Lieder. Mit einer Lebensgeschichte des Dichters und seiner Dichtung*, Gütersloh 1897, S. 269; vgl. *Blumengärtlein*, S. XII.

machen, T. lehnte aber die gewünschte Begegnung freundlich ab[35], ein Beweis, daß er wirklich kein religiöses Wundertier sein wollte. Endlich unterhielt er mit Gesinnungsverwandten, mit Suchenden u. Interessierten in religiösen Dingen eine große Korrespondenz, suchte sie auf zahlreichen Reisen auf[,] und vielleicht ist neben seiner Dichtung, die für uns das Wichtigste ist, die «Seelenführung»[36] mündlicher od. schriftl. Art sein eigenstes Lebenswerk gewesen. Auch äußerlich; denn nachdem er 1730[37] aus Gesundheitsrücksichten sein Handwerk aufgegeben und seit 1740 auch keine regelmäßigen Versammlungen mehr hielt, widmete er sich ganz jenem eigentüml. Beruf eines protestant. Beichtvaters und die Zahl derer ist unendlich, denen er direkt od. indirekt den Weg zu einer Frömmigkeit, die Wahrheit u. Leben ist, gewiesen hat. Am 3. Apr. 1769 ist er gestorben. Ein Freund hat ihm folgende, in mehr als einer Hinsicht sehr charakteristische Grabinschrift gewidmet (Gedichte[38] S. XVIII)[:]

[Hier ruht ein Gottesmann, ein Menschenfreund, ein Christ,
Der recht durch Kreuz bewährt, nunmehr vollendet ist,
Ein Priester von Gott selbst, der stets vor ihn getreten,
Und tausend Seelen Heil durch Christi Geist erbeten,
Ein wahrer Seelenhirt, ein Vorbild seiner Heerd,
Der Jesu nur gelebt, und Jesum nur verklärt.
Ach, daß ein solcher starb! doch nein, es lebt Tersteegen,
Und bleibt bei Zion hier in ewgem Ruf und Segen.]

Um dieses merkwürdige Leben zu verstehen, müssen wir nun aber unsern Betrachtungsstandpunkt von außen nach innen verlegen und versuchen[,] uns über die Grundzüge der T'schen *Frömmigkeit* klar zu

---

[35] Diese Überlieferung, die Barth bei M. Goebel, a.a.O., S. 432, fand, beruht nach C. P. van Andel, *Gerhard Tersteegen. Leben und Werk – sein Platz in der Kirchengeschichte*, Neukirchen 1973, S. 66, wahrscheinlich auf «spätere[r] Legendenbildung».

[36] Vgl. vor allem M. Goebel, a.a.O., S. 345ff.

[37] Bereits 1728 gab Tersteegen sein Handwerk auf; vgl. M. Goebel, a.a.O., S. 310, Anm. 1; S. 315; C. P. van Andel, a.a.O., S. 36. Die ungenaue Zeitangabe Barths nach *Blumengärtlein*, S. X: «... daher sah er sich genöthigt, etwa um 1730 seine Profession ganz aufzugeben.»

[38] Vgl. oben Anm. 25. Der Verfasser der Grabschrift ist Dr. med. Johann Jakob Burckard in Homburg (M. Goebel, a.a.O., S. 437f.; C. P. van Andel, a.a.O., S. 239).

werden. Damit wird uns dann zugleich das Verständnis für seine religiöse *Dichtung* eröffnet.

Kirchenchor: Nr. 247, 1–3 [39]

«Ein Priester von Gott gelehrt»[40] nennt jene Grabschrift den Tersteegen. Damit ist gleich etwas sehr Wichtiges gesagt, nämlich daß T. kein offizieller Pfarrer und kein zünftiger akademischer Theologe war[,] obgleich er tatsächlich den Beruf eines Pfarrers ausgeübt hat und obgleich er tatsächlich eine theologische Bildung, insbesondere in systematischen Dingen einen scharfen radikal denkenden Sinn besaß, um den ihn bis heute manche akadem. u. nicht-akademisch gebildete Theologen beneiden dürften. Ein Kirchenmann ist er jedenfalls nicht gewesen, nicht einmal ein bewußtes Glied seiner reformierten Kirche. «Ein unparteiischer, ein allgemeiner Christ» wollte er sein nach s[einem] eigenen Zeugnis.[41] In aller Betonung konfessioneller Besonderheiten, die einem P. Gerhardt so teuer waren, sah er «blinde Sektiererei»[42], ja er holt noch weiter aus u. sagt einmal ausdrücklich: Es «sind nur die *Selbstliebe* und die *Liebe Gottes* die eigentlichen zwei Hauptreligionen in der Welt; ein jeder von uns gehört zu einer von beiden und wird in der Ewigkeit zu dem Volke seiner Stadt, entweder Babels oder Jerusalems hingewiesen werden, er habe übrigens in der Welt so oder so geheißen».[43] Von da aus ist es verständlich, daß T. am öffentlichen

[39] «Allgenugsam Wesen» von G. Tersteegen (EKG 270; GERS [1952] 309).
[40] Die Abwandlung des Textes der Grabschrift mag Barth im Gedanken an Joh. 6, 45; 1. Thess. 4, 9 vorgenommen haben.
[41] Zitiert bei M. Goebel, a.a.O., S. 321.
[42] Ebd.
[43] Ebd. (Das Zitat stammt aus G. Tersteegen, *Auserlesene Lebensbeschreibungen Heiliger Seelen* ..., Dritter Band, Dritte Edition, Essen 1786, S. 5, und lautet vollständig: «Wie es auch der heil. Augustinus gar richtig ausgedrücket wenn er sagt: Zweyerley Liebe haben zweyerley Städte gemacht: Die Selbstliebe nemlich, welche bis zur Verschmähung GOttes gehet, hat Babel erbauet; die Liebe GOttes aber, welche bis zur Verschmähung seiner selbst gehet, hat Jerusalem erbauet. Und diese sind wirklich die eigentliche zwey Hauptreligionen in der Welt: ein jeder von uns gehöret zu einer von beiden, und wird in der Ewigkeit zu dem Volk seiner Stadt, entweder Babels oder Jerusalems hingewiesen werden, er habe Uebrigens in dieser Welt so oder sonst geheissen.»)

kirchl. Gottesdienst kein Interesse fand. Er hat zwar seinen Anhängern nicht direkt widerraten, ihn zu besuchen[,] aber er persönlich hat nicht aus Gleichgiltigkeit[,] sondern aus Frömmigkeit die Predigt selten und das Abendmahl nie besucht. Das letztere, weil er wie die meisten Pietisten Anstoß nahm an der Teilnahme auch Unbekehrter u. Gottloser. Er hat es in einer eigenen Schrift versucht, den unmöglichen Beweis zu führen, Judas Ischarioth habe am ersten Abendmahl auch nicht teilgenommen.[44] Und seine Enthaltung vom Gemeindegottesdienst hat er damit gerechtfertigt, er sei gerne bei den Kindern, am Liebsten aber beim Vater.[45] «Hinein hinein mit Gott allein»[46][,] das war *sein* Gottesdienst, in der *«heiligen Einsamkeit»* fand er *sein* Paradies.[47] Es ist deshalb eine eigentümliche Ironie, daß das T'sche Lied «Gott ist gegenwärtig» Nr. 174 in unserm Ges[ang]Buch unter die «Lieder für Sonntag u. Gottesdienst» gestellt ist. In der Seele, wenn Alles in uns schweigt, da geschieht nach T's Meinung der Gottesdienst[,] der diesen Namen verdient[,] und ich meine[,] daß er recht hat, daß wir gut thun, sein wundervolles Lied in diesem Sinn zu lesen u. zu singen u. auch unsre äußern Gottesdienste in diesem Sinn zu feiern. – Es könnte befremden, daß ein Mann, der so gering dachte vom Wert kirchlicher Gemeinschaft, nun seinerseits Versammlungen abgehalten u. gefördert hat. Aber ich denke, das zeigt nur, daß er gesehen hat, daß der Mensch doch zu jener Einsamkeit mit Gott zunächst erzogen u. angeleitet werden muß. Sie ist das Ziel, das gemeinsame Beten, Singen u. Reden über Gott ist das Mittel u. als solches Mittel brauchte er jene Versammlungen. Es muß aber gesagt werden, daß T. nicht wie so viele seiner Richtung auf den Gedanken verfallen ist[,] *seine* Versammlung als das Jerusalem gegen das Babel der Landeskirche auszuspielen. Wie er sich gegen den Sektengeist grundsätzlich verwahrt, so hat er sich selbst davor gehütet, auf Umwe-

---

[44] *Judas excommunicirt, oder Verhandlung von dem Abendmahl Judä Ischarioth*, in: G. Tersteegen, *Nachgelassene Aufsätze und Abhandlungen*, Essen 1842, S. 36–77 (vgl. M. Goebel, a. a. O., S. 421).
[45] Zitiert bei W. Nelle, a. a. O. (Anm. 34), S. 383; vgl. auch G. Kerlen, a. a. O. (Anm. 20), S. 21.
[46] Zitiert bei M. Goebel, a. a. O., S. 422.
[47] «Wenn ich meinestheils die Frage zu beantworten hätte, was das äußere Paradies sei? so würde ich vielleicht auch die heilige Einsamkeit nennen.» Zitiert bei G. Kerlen, a. a. O., S. 21.

gen doch ein Sektierer u. Separatist zu werden.[48] Ja er hat seinen eigenen Freunden u. Anhängern zu bedenken gegeben[,] daß es in Versammlungen zur Pflege der Frömmigkeit leicht ein zu viel gebe: «Die allzu vielen auswendigen Übungen schaden sicherlich dem Inwendigen»[49] und das worauf es ankomme sei, daß man, wenn alles äußere u. eigene Gewirk u. Geräusch verstummt sei[,] in innigster Demut u. Abgeschiedenheit den Herrn in sich wirken lasse.[50]

T. ist auch kein Schriftgelehrter[,] überhaupt kein Gelehrter gewesen. Sowenig für ihn Mitgliedschaft u. Teilnahme an dieser oder jener Kirche den Christen ausmacht, so wenig das *Forschen der Vernunft*. Er will es zwar nicht direkt ablehnen, daß Gott auch durch die Mittel des Verstandes erkannt werden könne, – wir müssen bedenken, daß er in einer Zeit lebte[,] wo die Philosophen sich gerade noch einmal alle Mühe gaben, eine natürlich-vernunftmäßige Erkenntnis Gottes zu erweisen, aber jedenfalls, meint er, ist solche Vernunfterkenntnis Gottes zur wahren Frömmigkeit nicht nötig. Es ist uns dazu «eine weit edlere Gemütskraft gegeben»[51]. Denn – und das ist nun ein sehr wichtiger Gedanke! – die Vernunft vermag von Gott nur in Bildern zu reden, sie sieht ihn und die Wahrheit überhaupt «nur als in einem Gemälde».[52] Die wahre Frömmigkeit dagegen ist *wesentlich*[,] sie hat es mit dem

---

[48] Vgl. M. Goebel, a. a. O., S. 420ff. 436f.
[49] Der Gedanke, wenn auch nicht der Wortlaut: *W. d. W.*, S. 155f. und 199f. (*W. d. W.*, Stuttgart, S. 283 und 239–241).
[50] «Was vorhin erwecket, geschmücket und gefördert hat, will manchmal hernach seinen vorigen Effekt nicht mehr thun; sogar wird Neigung und Vermögen dazu öfters mit Verwunderung entzogen, da die Gnadenkräfte sich tiefer senken und nicht mehr in der Sinnlichkeit, sondern im stillen Grund und Heiligthum wollen wahrgenommen werden und Raum finden. Und da ist dann gewiß in der Seele die Zeit des wahren Separatismus gekommen, da man kein Leben mehr nehmen oder eingehen darf in einiges äußeres und eigenes Gewirk oder Geräusch, sondern in innigster Demuth und Abgeschiedenheit den Herrn in sich muß wirken lassen und aus purer Gnade erwarten, was man sich selbst nicht geben kann.» Aus einem Brief Tersteegens zitiert bei M. Goebel, a. a. O., S. 343.
[51] *W. d. W.*, S. 49 (*W. d. W.*, Stuttgart, S. 78): «... ich verwerfe die Vernunft keineswegs, sondern zeige nur ihre Fähigkeit, Gebrauch und Mißbrauch im Göttlichen an, zeige zugleich wie uns von Gott eine weit edlere Gemütskraft gegeben worden ist, Ihn selbst und die Übernatürlichen Dinge wesentlich und selig zu erkennen.»
[52] *W. d. W.*, S. 64 (*W. d. W.*, Stuttgart, S. 97).

Wesen der Warheit, Gottes zu thun, das höher ist als alle Gedanken. Auch wem in diesen Dingen hohe Einsicht des Verstandes geschenkt ist, bediene sich ihrer «niemals zu heftig[,] zu lange noch zu viel»[,] «sondern allein als ein Nebenwerk u. daß er von Zeit zu Zeit sich wieder in sein Herz einsammle, um wie ein bilderloses, willenloses, unwissendes Kindlein dem Herrn Raum zu geben, und gleichsam einen Sabbat zu halten.»⁵³ Wir verstehen von hier aus, daß T. weder ein Orthodoxer sein noch ein Rationalist werden konnte, denn diese beiden Richtungen sind ja darin einig, daß Gott als Gedankenwahrheit übernatürlicher od. natürlicher Herkunft aufgenommen werden müsse. Das ist das direkte Gegenteil von dem[,] was T. wollte. Für ihn ist Gott der [«]Geist[,] der uns vom Sohne eröffnet u. kristallen rein von Gottes u. des Lammes Throne in stille *Herzen* fließt hinein[»].⁵⁴ Wir treten hier in das innerste Heiligtum T'scher Frömmigkeit, ja was sage ich christlicher Frömmigkeit überhaupt, denn es sind Wenige, die von diesem Mittelpunkt des Glaubens so tief u. umfassend geredet haben wie er[,] und unter den Dichtern unsres Gesangbuches kann man ruhig sagen steht er einzig u. unerreicht da. Für ihn giebt es nur *ein* Christentum[,] wie wir sahen, das *innere Kraftchristentum* der Gottesliebe.⁵⁵ [«]Gott ist in der *Mitte*[,] Alles in uns schweige und sich innigst vor ihm beuge[»]⁵⁶; der Lärm der Welt, der Widerstreit der Gedanken u. Empfindungen ist zur Ruhe gekommen, die Seele feiert den ewigen Sonntag und erhebt sich zu dem gegenwärtigen Gott: [«]Du Atem aus

---

⁵³ *W. d. W.*, S. 60 (*W. d. W.*, Stuttgart, S. 92): «Wenn es nun Gottes Wille ist, so kann ein solcher erleuchteter Mensch einen guten Gebrauch von seiner Vernunft oder seinem wirkenden Verstand machen ... Doch hat sich ein solcher wohl in acht zu nehmen, daß er solches niemals zu heftig, zu lange, noch zu viel thue, sondern allein als ein Nebenwerk ...»

⁵⁴ Nach dem Anfang der 6. Strophe des Liedes «O Gott, o Geist, o Licht des Lebens» (GERS [1891] 151; GERS [1952] 188): «O Geist, du Strom, der uns vom Sohne eröffnet ...»

⁵⁵ Vgl. aus Tersteegens Vorrede von 1726 zu seiner Übersetzung und Bearbeitung *Das verborgene Leben mit Christo in Gott; auf eine recht evangelische Weise entdecket ... von dem erleuchteten Johann von Bernières Louvigny ...* (Titel nach M. Goebel, a.a.O., S. 324, Anm. 1), zitiert bei M. Goebel, a.a.O., S. 308: «Bei diesen Gott gewidmeten Seelen und Einsamlebenden ist, so wie sie bis ins fünfte Jahrhundert waren, das erste inwendige *Kraftchristentum* meistens erhalten und fortgepflanzt worden.»

⁵⁶ Aus Str. 1 des Liedes «Gott ist gegenwärtig», GERS (1891) 174; EKG 128; GERS (1952) 201.

der ewigen *Stille* durchwehe sanft der Seele Grund[»]⁵⁷. Es ist der *gegenwärtige* Gott, nicht über den Sternen, nicht in einer fernen Geschichte haben wir sein Wirken zu suchen, nein er ist [«]da und innig nah[»]⁵⁸. Er ist uns «weit mehr gegenwärtig als das Licht, in ihm leben wir, bewegen wir uns und sind wir. Er durchdringt uns, er erfüllet uns, er ist uns näher als wir uns selber sind.»⁵⁹ Er ist die

> Luft die Alles füllet[,] drin wir immer schweben
> Aller Dinge Grund und Leben
> Meer ohn Grund u. Ende[,] Wunder aller Wunder

und zu ihm sagt nun die Seele:

> Ich senk mich in dich hinunter
> Ich in dir, du in mir
> Laß mich ganz verschwinden
> Dich nur sehn und finden⁶⁰

Und es ist das zugleich Tiefsinnigste u. Feinsinnigste, was ich in der ganzen religiösen Poesie zu nennen wüßte, wie T. nun fortfährt und jenen Vorgang im Allerheiligsten der Seele so beschreibt:

> Du durchdringest Alles, komm mit deinem Lichte
> Zu berühren mein Gesichte
> Wie die zarten Blumen willig sich entfalten
> Und der Sonne stille halten
> Laß mich so,
> Still u. froh
> Deine Strahlen fassen
> Und *dich wirken lassen*⁶¹

Gott wirken lassen[,] das ist der höchste u. eigentlichste Inhalt der Religion. Alles andre kann nur Vorstufe, Hilfsmittel[,] oft genug auch

---

⁵⁷ Anfang der 4. Strophe des Liedes «O Gott, o Geist, o Licht des Lebens», GERS (1891) 151; GERS (1952) 188.
⁵⁸ Vgl. aus Str. 2 des Liedes «Allgenugsam Wesen», GERS (1891) 247; EKG 270; GERS (1952) 309:
> Bist du da
> Und innig nah,
> Muß das Schönste bald erbleichen
> Und das Beste weichen.
⁵⁹ Aus einem Brief von 1731, zitiert bei M. Goebel, a. a. O., S. 416.
⁶⁰ Str. 5 des Liedes «Gott ist gegenwärtig», GERS (1891) 174; EKG 128; GERS (1952) 201 (dort Str. 4).
⁶¹ Ebd., Str. 6 (GERS [1952], Str. 5).

nur trügerisches Schattenbild ihres Wesens sein.⁶² Und weil dies «Gott wirken lassen» der Grundzug T'scher Frömmigkeit u. Dichtung ist, steht er unter den Heroen der Religion in der ersten Linie. Aber wir sahen es an dem Verlauf seines äußern Lebens, das war das reife *Resultat* seiner Entwicklung. Auch er wollte wie einst Luther damit anfangen, das Wirken Gottes im Grunde doch selber zu wirken, die Gegenwart Gottes durch übertriebene Einsamkeit u. Askese gleichsam zu produzieren. Die mystische Frömmigkeit wird gegenwärtig wieder in weiten Kreisen lebendig u. zw. gerade in solchen, die dem Christentum *scheinbar* so ferne stehen als nur möglich. Ich erinnere um nur einen Namen zu nennen an *W. Bölsche*⁶³, den Gesinnungsgenossen Häckels⁶⁴. Aber auch die Entwicklung der neuern Theologie weist darauf hin, daß man bald noch viel allgemeiner zur Erkenntnis kommen wird, daß das «innere Kraftchristentum» das Eine ist[,] auf das Alles ankommt. Aber es gilt Sorge zu tragen, daß wir dabei an die zweite u. nicht an die erste Periode Tersteegens anknüpfen. Das Selbermachenwollen des innern Sabbats würde uns[,] wie es Tersteegen ging, vorbeiführen an der objektiven *Gewißheit*[,] deren wir bedürfen, wie sie uns bei P. Gerhardt so triumphierend entgegengetreten ist, auch wir müßten ohne sie beständig zittern vor Verdunkelungen der Gnade Gottes, wenn nun einmal die Produktion jenes Gotteszustands der Seele nicht gelingt. Jene zweite Erweckung mit der Blutverschreibung an Jesus bedeutete für T., daß

---

⁶² Vgl. «Vorbericht an den Gott suchenden und Gott liebenden Leser» in: *Blumengärtlein*, S. XXI: «Ach, daß so viele hungrige Gemüther sich noch so lange aufhalten und abspeisen lassen mit dürren, kraftlosen Schalen- und Schatten-Bildern der Wahrheiten, worin doch der Geist keine gründliche und beständige Vergnügung und Frieden finden kann, da indessen die wesentlichen Kernwahrheiten des inwendigen Christenlebens, welche noch hier auf dem Pilgerwege durch göttliche Gnade zu erfahren sind, wo nicht gar verachtet, dennoch so wenig in ihrer Schönheit und Kostbarkeit erkannt und genossen werden, daß es nicht genugsam mit Mitleiden kann beklagt werden.»
⁶³ Zu Wilhelm Bölsche (1861–1939), der außer populär-naturwissenschaftlichen Büchern und einer Biographie Ernst Haeckels u. a. die 69 Seiten starke Einleitung in seiner Ausgabe des «Cherubinischen Wandersmanns» von Angelus Silesius (s. oben Anm. 15) verfaßte, vgl. RGG¹ I, Sp. 1283, und unten S. 297, Anm. 3.
⁶⁴ Ernst Haeckel (1834–1919), Biologe, bekannt geworden vor allem durch sein zuerst 1899 erschienenes, in vielen Auflagen (darunter auch Volksausgaben) verbreitetes Werk *Die Welträtsel. Gemeinverständliche Studien über Monistische Philosophie.* Vgl. auch K. Barth, *Vorträge und kleinere Arbeiten 1905–1909*, S. 386, Anm. 28.

er vor diesem gefährlichen *Abgrund* der Mystik bewahrt wurde. Er erkannte in der geschichtlichen Gestalt Christi die objektive von den Schwankungen unsres Innern unabhängige Bürgschaft für Gottes Gegenwart. Er konnte sich von jetzt an dessen trösten, was ein neueres relig. Lied so ausdrückt:

> Wenn ich auch *gar nichts* fühle
> Von deiner Macht
> Du führst mich doch zum Ziele
> Auch durch die Nacht[65]

[«]Hätten wir keinen Jesus *für* uns[»], sagt er einmal, [«]so würden wir nimmer einen Jesus *in* uns bekommen[»].[66] Und wieder ein andermal:

> Ich kann nicht selbst der Sünde steuern
> Das ist *dein* Werk, du Quell des Lichts
> *Du* mußt von Grund aus mich erneuern
> Sonst hilft mir *eignes* Wirken nichts[67]

Das ist kein Rückfall in die falsche unreligiöse Art der Orthodoxie, die das Haus mit dem Dachbau beginnt[,] mit der Forderung der äußern Annahme religiöser Gedankenwahrheit. Sondern das bedeutet den dringend nötigen Hinweis darauf, daß der Mensch in seinem Verhältnis zu Gott nicht auf einer Insel steht, sondern daß er auch sein Bestes nur hat, weil und indem er ein Glied der menschlichen geschichtlichen *Gemeinschaft* ist. Er ist ein Glied in der Kette der *Geschichte* und weil er erkennt[,] daß Christus am Anfang u. Ende der Kette steht[,] wird er selbst etwas. Die Einsamkeit mit Gott, wenn sie sich nicht in buddhist. Nirwana auflösen soll, hat die Gemeinsamkeit mit der Geschichte d. h. aber mit Christus zur Voraussetzung. Und letzten Grundes bedeutet dies energische: *nicht ich, du!* nichts Anderes als die Sicherstellung des eigentlichsten Inhaltes der Religion, der eben darin besteht, daß wir über uns selbst hinauskommen sollen zu dem[,] «der uns näher ist als wir uns selbst», wie T. tiefsinnig sagt.[68]

---

[65] Anfang der 3. Strophe des Liedes «So nimm denn meine Hände» von Julie von Hausmann (1825–1901).
[66] Zitiert bei M. Goebel, a.a.O., S. 328.
[67] Anfang der 3. Strophe des Liedes «O Gott, o Geist, o Licht des Lebens», GERS (1891) 151; GERS (1952) 188.
[68] Siehe oben Anm. 59.

Aber diese Erinnerung an das geschichtliche Bild Christi, die die Mystik T's zur christlichen d. h. zur lebenswahren wertvollen Mystik macht, leistet ihm noch einen andern Dienst als diese Betonung der Objektivität des gegenwärtigen Gottes. Sie garantiert ihm, wie ich eben sagte, daß die Religion Religion bleibt und nicht zu einem feinen seelischen Egoismus wird, wozu bei den Pietisten immer die Gefahr nahelag. Weil T. Gott in Christus u. nirgends anders anschauen will, weiß er, daß Frömmigkeit nicht eine sublime subjektive Glücksempfindung ist, sondern im Gegenteil auf Schritt u. Tritt eine Durchkreuzung, ja Durchstreichung der Subjektivität bis in die innersten Wünsche der Seele hinein. Denn Christus ist gekreuzigt worden, in seinem leidenden Gehorsam haben wir die höchste Anschauung der Liebe[,] die sich selbst verleugnet, nicht das Ihre sucht [vgl. 1. Kor. 13,5,] nur was Gottes ist. Diese Anschauung aber muß *in uns* Wahrheit werden[,] Christus muß *in uns* gekreuzigt werden. Der Weg des Glaubens ist der Weg der Selbstverleugnung. Nicht in dem üblichen gemächlichen Sinn von etwas Opfermut u. Leidensfreudigkeit[,] sondern in dem radikalen Sinn, der uns in der Gesinnung des sterbenden Christus vorgebildet ist.

> Nichts haben, als nur Gott in allen
> Nichts wollen, als nur ihm gefallen
> Nichts können in dir selber mehr
> Nichts sein: dies ist die höchste Lehr[69]

Es ist T. damit rücksichtslos Ernst gewesen in einer Weise[,] von der wir mit unserm landläufigen Christentum keine Ahnung haben.

> Wer Gott aus reinem Herzen liebt
> Der meinet keine Gaben[70]

Wohlverstanden: auch nicht die Gabe einer ewigen Seligkeit od. dgl.

> Hab ich dich nur wesentlich
> So mag *Leib u. Seel* verschmachten
> Ich wills doch nicht achten[71]

Das steht in unserm Gesangbuch[,] m[eine] Fr[eunde]. Ob wir auch schon überlegt haben, was wir da singen und wie weit wir von solcher Frömmigkeit noch entfernt sind[,] wir, die wir auch in unsern erhaben-

---

[69] Der Frommen Lotterie, Nr. 5: «Nichts», in: *Blumengärtlein*, S. 145.
[70] Ebd. Nr. 27: «Reine Liebe», a.a.O., S. 419.
[71] Schluß von Str. 4 des Liedes «Allgenugsam Wesen», GERS (1891) 247; EKG 270; GERS (1952) 309.

sten religiösen Momenten doch immer wieder darauf zurückfallen, Gottes Gaben statt Gott selber zu suchen?

Gott lieben, Gott gehorsam sein *um seiner selbst willen*, das ist nach T. der Glaube und die Bekehrung. Aber nun wird nicht blos der Moment, wo solches Leben in uns anfängt, sondern die ganze Dauer unsres Daseins unter diesen Gesichtspunkt gestellt. Er hat sich in einem «Warnungsschreiben wider die Leichtsinnigkeit»[72] gegen die herrnhutische Brüdergemeinde gewendet, die damals gerade eine innere Krise, die sog. Sichtungszeit durchmachte u. in deren Kreisen vielfach die Meinung herrschte, es könne bei einer einmaligen Bekehrung sein Bewenden haben. Nein, sagt T.[,] das Leben im Evangelium ist das Leben im Gesetz der radikalen Selbstverleugnung und es dürfte nicht schwer sein, hier zu entscheiden, auf welcher Seite die tiefere Erkenntnis vom Wesen des Chr[isten]t[um]s stand.

Selbstverleugnung ist aber ihrer Art nach auch *Weltverleugnung*. Die Selbstsucht, das Interesse, die Hingabe an Äußeres u. Unwesentliches[,] das ist ja die Welt mit ihrem Gram u. Glücke. T. denkt nicht wie Eichendorff[,] der sie betreten will als eine Brücke zu dem Herrn übern Strom der Zeit[73]; er will sie überhaupt nicht betreten. Die Welt d. h. Beruf, Familie, Vaterland, Kunst u. Wissenschaft, die klebt zwar auch dem Christen an u. darf es, um nicht müßig zu gehen, soll er arbeiten, um rein zu bleiben[,] soll er in die Ehe treten, aber Alles das ist ihm doch nur eine Konzession auf Zeit, etwas dem man nicht entgehen kann, aber nichts an sich selber Wertvolles.[74]

---

[72] In: *W. d. W.*, S. 128–153 (*W. d. W.*, Stuttgart, S. 164–201). Über Tersteegens Stellung zu Zinzendorf und den Herrnhutern vgl. M. Goebel, a. a. O., S. 369–375.

[73] J. von Eichendorff, «Morgengebet» («O wunderbares, tiefes Schweigen»), Str. 3:

Die Welt mit ihrem Gram und Glücke
Will ich, ein Pilger, frohbereit
Betreten nur wie eine Brücke
Zu dir, Herr, übern Strom der Zeit.

In: J. Eichendorff, *Werke*, Bd. I, München 1970, S. 265f.

[74] Vgl. etwa G. Tersteegen, *Unpartheiischer Abriß christlicher Grundwahrheiten,*, 2. Theil, 12. Kapitel: Von dem Leben und Wandel eines gläubigen und geheiligten Christen, 1.–9. Frage, Gesammelte Schriften, Bd. II, Stuttgart 1844, S. 277–287; M. Goebel, a. a. O., S. 308f., Anm. 1; S. 418–420; A. Ritschl, a. a. O., Bd. I, S. 466.477f.; G. Lasch, *Tersteegens Frömmigkeit in seinen Liedern*, in: MGKK, Jg. 14 (1909), (S. 114–121.150–155) S. 116.153f.

Was Geschöpfe haben
Kann den Geist nicht laben
Du vergnügst allein
Was ich mehr als dich begehr
Kann mein Seligsein nur hindern
Und den Frieden mindern[75]

Wir sind hier fremde Gäste
Und ziehen bald hinaus[76]

Das ist T's Stimmung gegenüber der «Welt». Seine eigentümliche zurückgezogene mönchsartige Lebensweise wird uns nun von innen heraus verständlich. Aber wir stoßen damit auf den Punkt, wo wir nicht mehr mit ihm gehen können, auf jene Schranken in seinem Wesen, auf die bereits hingewiesen wurde. Gewiß ist Selbstverleugnung stets Weltverleugnung, aber wir werden uns bei aller Ehrfurcht vor diesem hohen Menschen die Freiheit nehmen, diesen Gedanken, wie er uns in seinen Liedern begegnet, anders zu verstehen als er selber. So tief u. richtig die Antwort ist, die er giebt auf die Frage, was Religion u. Christentum an sich selber seien, so wenig werden wir bei seiner Auskunft stehen bleiben können, wenn es sich darum handelt, wie Religion u. Christentum sich im Leben zu bewähren haben.[77] Sind wir wirklich in diese Welt nur hineingesetzt[,] um vor ihr davonzulaufen? Ist Arbeit u. Familie nur ein leidiges Anhängsel[,] wenn es sich um das Suchen u. Finden Gottes handelt? Haben unsre Aufgaben in dieser Welt mit diesem Suchen und Finden nichts zu thun? Würde nicht eine noch mehr vertiefte Auffassung von der Gewißheit des gegenwärtigen Gottes uns geradezu als Ansporn und Motiv in unser Leben in der von Gott geschaffenen Welt begleiten müssen? Wir denken an Luther, an P. Gerhardt, an Calvin, an Schleiermacher, alles Menschen[,] die in tiefster Frömmigkeit mit beiden Füßen auf dieser Erde standen und schafften. Wir denken an

---

[75] Aus Str. 3 des Liedes «Allgenugsam Wesen», GERS (1891) 247; GERS (1952) 309 (in EKG 270 stattdessen die originale Textfassung: «... Was ich mehr als dich begehr, mein Vergnügen in dir hindert, meinen Frieden mindert»).
[76] Aus Str. 3 des Liedes «Kommt, Brüder, laßt uns gehen», GERS (1891) 327; GERS (1952) 325; EKG 272 (dort originalgetreu: «Kommt, Kinder ...»), Str. 5.
[77] Barth berührt sich in den folgenden Fragen mit dem Urteil von A. Ritschl, a. a. O., Bd. I, S. 477f.

Goethe, der sich ein Weltkind nannte[78] und doch keines war. Es ist hier nicht der Ort[,] auf die Fülle der Probleme, die sich hier erheben, einzutreten; genug daß wir es uns klar machen: hier *sind* Probleme, die in T's Frömmigkeit u. Dichtung nicht gelöst sind.

Aber dieser Vorbehalt soll uns keinen Schatten werfen auf das einzigartige Bild, das an uns vorübergezogen ist. Was ist uns Tersteegen? Was sollte er uns sein? Ich will es, so wie ich ihn zu verstehen meine[,] in drei Punkte zusammenfassen:

Er ist der Prophet der *Konzentration*. Seine Lieder predigen es ununterbrochen: Mensch werde wesentlich![79] Dringe von der Oberfläche des Lebens in die Tiefe. Lerne dein Leben einheitlich verstehen. Die Einheit und die Wahrheit im Leben aber ist Gott, sich konzentrieren heißt gottgemäß leben.

> Wer dich hat[,] ist still u. satt
> Wer dir kann im Geist anhangen
> Darf nichts mehr verlangen[80]

Er ist der Prophet der *Innerlichkeit*. Seine Losung heißt: vom Schein zur Wahrheit, von der Schale zum Kern[81], von außen nach innen. Fort mit allem blos Überkommenen, Angelernten, Anempfundenen auch in Religion u. Sittlichkeit. Erlebnis des gegenwärtigen Gottes oder gar nichts.

> Meinen Hunger stille
> Meinen *Grund* erfülle
> Mit dir selber gar

---

[78] Vgl. z. B. J. W. von Goethes Gedicht von 1774 «Diner zu Koblenz» («Zwischen Lavater und Basedow / Saß ich bei Tisch des Lebens froh»), das mit den Versen schließt:
> Und, wie nach Emmaus, weiter ging's
> Mit Geist- und Feuerschritten:
> Prophete rechts, Prophete links,
> Das Weltkind in der Mitten.

Vgl. auch die Schilderung dieser Szene im 14. Buch von «Dichtung und Wahrheit».

[79] Angelus Silesius, *Cherubinischer Wandersmann*, a.a.O. (Anm. 15), S. 45 (Buch I, Nr. 30).

[80] Schluß von Str. 1 des Liedes «Allgenugsam Wesen», GERS (1891) 247; EKG 270; GERS (1952) 309.

[81] Vgl. oben Anm. 62; ferner: *W. d. W.*, S. 66.198 (*W. d. W.*, Stuttgart, S. 100. 239).

> Komm, nimm ein
> Mein *Herz allein*
> Daß ich Allem mich verschließe
> Und nur dich genieße[82]

Er ist der Prophet der *Überlegenheit Gottes.* Seine Frömmigkeit ist nicht eine andächtige Seelenspielerei. Er hat in Christus den Gott kennen gelernt, von dem er in jedem Augenblick weiß: er ist größer als mein Herz [vgl. 1. Joh. 3,20], ich kann ihn nicht aus meinen Gedanken und Gefühlen produzieren, er steht vor mir, nicht als ob ich ihn schon ergriffen hätte oder schon vollkommen sei[,] ich jage ihm aber nach[,] ob ich ihn ergreifen möchte [Phil. 3,12] und habe in jedem Augenblick herzliches Bedürfnis und Verlangen, ihn kindlich anzurufen:

> Herr komm in mir wohnen
> Laß mein Herz auf Erden
> Dir ein Heiligtum noch werden
> Komm du nahes Wesen
> Dich in mir verkläre
> Daß ich stets dich lieb u. ehre
> Wo ich geh, sitz u. steh
> Laß mich dich erblicken
> Und vor dir mich bücken.[83]

Wenn ich ihn recht verstehe, so hat dieser Prophet der Konzentration, der Innerlichkeit, der Überlegenheit Gottes eine wichtige u. große Botschaft gerade an uns Menschen der heutigen Zeit.

Gemeinde 327, 1, 2, 4[84]

---

[82] Schluß von Str. 5 des Liedes «Allgenugsam Wesen», GERS (1891) 247 (dem Original näher als EKG 270, wo die 5. Strophe aus zwei Strophen des Originals zusammengezogen ist).

[83] Str. 8 des Liedes «Gott ist gegenwärtig». Barth folgt der Textfassung in GERS (1891) 174, korrigiert aber die erste und die letzten beiden Zeilen nach dem Original in *Blumengärtlein*, S. 236. EKG 128, Str. 8 hat den originalen Wortlaut. Vgl. GERS (1952) 201, Str. 7.

[84] «Kommt, Brüder, laßt uns gehen» von G. Tersteegen (entspricht EKG 272, Str. 1.2.6; doch ist der Wortlaut im GERS [1891] – fast identisch mit GERS [1952] 325 – stark, im EKG geringfügig verändert gegenüber dem Original in *Blumengärtlein*, S. 328.330; dort Str. 1.2.11).

GERHARD TERSTEEGEN
[Aufsatz]
1910

Der Aufsatz ist der zweite in der Reihe «Unser Gesangbuch». Entsprechend lautet die Überschrift im Gemeinde-Blatt: «Unser Gesangbuch. II.» Vgl. im übrigen die Einleitung zum Vortrag *über Tersteegen, oben S. 230f.*

Gerhard Tersteegen ist kein Kirchenmann gewesen wie Paul Gerhardt. Seine Lieder (in unserm Gesangbuch stammen von ihm die Nr. 99, 151, 174, 247, 327)[1] führen uns nicht sowohl in die Welt der lutherischen oder reformierten Gemeinde, die sich, ihres Glaubens froh, um das ehrwürdige Bekenntnis der Väter zu Gott und Christus schart, um von da aus Gewißheit, Kraft und Trost für das tägliche Leben zu gewinnen, als in das Paradies der heiligen Einsamkeit der Seele mit Gott.[2] «Gott ist gegenwärtig», da heißt es vor Allem: «Alles in uns schweige und sich innigst vor ihm neige».[3] Da müssen alle Gedanken und Entschlüsse, auch die höchsten und frömmsten zurücktreten vor dem unmittelbaren Erlebnis des Gottes, der uns näher ist als wir uns selbst; da kommt es schließlich darauf an, daß der Mensch lerne, «wie ein bilderloses willenloses unwissendes Kindlein dem Herrn Raum zu geben und gleichsam einen Sabbat zu halten».[4] So geht Tersteegen den umgekehrten Weg als Gerhardt: nicht vom Bekenntnis zur Erfahrung, sondern von der Erfahrung zum Bekenntnis. Damit hängt es zusammen, daß er ein «unparteiischer allgemeiner Christ» sein wollte.[5] Die trennenden Zäune zwischen den verschiedenen Glaubensüberzeugun-

---

[1] GERS (1891) 99: «Jauchzet, ihr Himmel» (EKG 133; GERS [1952] 125); GERS (1891) 151: «O Gott, o Geist, o Licht des Lebens» (GERS [1952] 188); GERS (1891) 174: «Gott ist gegenwärtig» (EKG 128; GERS [1952] 201); GERS (1891) 247: «Allgenugsam Wesen» (EKG 270; GERS [1952] 309); GERS (1891) 327: «Kommt, Brüder, laßt uns gehen» (EKG 272; GERS [1952] 325 – dort jeweils: «Kommt, Kinder ...»).
[2] Siehe oben S. 246, Anm. 47.
[3] GERS (1891) 174; EKG 128; GERS (1952) 201, Str. 1.
[4] Siehe oben S. 249 bei Anm. 59 und S. 248, Anm. 53.
[5] Siehe oben S. 245, Anm. 41.

gen, die dem Gerhardt so teuer waren, sind für ihn grundsätzlich gefallen. Er sagt einmal, es seien «nur die *Selbstliebe* und die *Liebe Gottes* die eigentlichen zwei Hauptreligionen in der Welt; ein jeder von uns gehört zu einer von beiden und wird in der Ewigkeit zu dem Volke seiner Stadt, entweder Babels oder Jerusalems hingewiesen werden, er habe übrigens in der Welt so oder so geheißen.»[6] Der Grund, auf dem er steht und auf den er die Andern führen möchte, ist nicht der *rechte* Glaube, sondern der rechte *Glaube*. Gott *wesentlich* haben, d. h. ihn selbst, nicht bloß einen Gedanken über ihn, das war seine Losung. Und er hat wie wenig andere Dichter damit Ernst gemacht, daß Gott selbst Geist und Leben ist. Christentum ist «inneres Kraftchristentum»[7], oder gar nichts. Und das Eine, was not ist [vgl. Lk. 10,42], besteht darin, daß Gott als Geist und Leben, als der «Atem aus der ewigen Stille durchdringe sanft der Seele *Grund*».[8] Man lese unter diesem Gesichtspunkt besonders die Lieder 174 «Gott ist gegenwärtig» und 247 «Allgenugsam Wesen». In dem, was sie bringen, dürfte Tersteegen gerade heutzutage Manchem ein Freund und Führer sein, der sich im Widerstreit der religiösen Gedanken nicht zurechtzufinden vermag, ein Führer zum «wesentlichen» Gott und zum «wesentlichen» Leben.[9]

Aber gerade weil Tersteegen dahin und nur dahin führt, führt er uns auf eine schwindelerregende Höhe der Innerlichkeit und Wahrhaftigkeit. Wer steht zu Gott in dem Verhältnis, wie er es dort schildert? Wer vermag es festzuhalten außer in einzelnen außerordentlichen Sonntagsaugenblicken des innern Lebens? Die ewige Frage: Wie komme ich dazu?[10] muß uns gerade bei einer so tiefen und und umfassenden Darstellung dessen, was wir sein sollten, besonders zu denken geben. Wir

[6] Siehe oben S. 245, Anm. 43.
[7] Siehe oben S. 248, Anm. 55.
[8] GERS (1891) 151; GERS (1952) 188, Str. 4.
[9] Vgl. GERS (1891) 247; EKG 270; GERS (1952) 309, Str. 4; siehe z. B. auch das bei G. Kerlen, *Gerhard Tersteegen, der fromme Liederdichter und thätige Freund der innern Mission*, Mülheim/R. 1853², S. 85–87, angeführte Gebet Tersteegens.
[10] Am 15. Jan. 1911 hielt K. Barth eine Predigt über 2. Kor. 12,7–10, die er unter die Überschrift stellte: «Wie komme ich dazu?»; vgl. die Ankündigung im «Gemeinde-Blatt für die Deutsche reformierte Gemeinde Genf», Jg. 7, No. 40 vom 10. 12. 1910, S. 4 [Sp. 2]. Vgl. auch (aus dem Konfirmanden-Unterricht 1910–1911): K. Barth, *Konfirmandenunterricht 1909–1921*, hrsg. von J. Fangmeier (Gesamtausgabe, Abt. I), Zürich 1987, S. 59.

spüren es: «Uns bleibt ein Erdenrest zu tragen peinlich».[11] Wir spüren es, wenn die Erschöpfungen kommen, die Versuchungen, die Widerwärtigkeiten oder auch einfach der graue Alltag, der uns so wenig erleben läßt von dem Gott, der «da und innig nah»[12] ist. Auch Tersteegen kannte die Frage: Wie komme ich dazu? Es war seine Lebensfrage, wie es die aller schöpferischen Geister gewesen ist. Es gab eine erste Periode seines Lebens, in der er mit aller Energie seines gottsuchenden Geistes an der Arbeit war, Gottes Gegenwart zu *machen;* durch Einsamkeit, durch strenge Arbeit, durch selbstquälerische Enthaltungen suchte er den ewigen Sabbat des Innern *zustande zu bringen.* Die Folge war das Gegenteil: eine «Verdunkelung»[13], eine Erfahrung von der Abwesenheit Gottes, ein durchdringendes Gefühl der Unbefreitheit lag während langen Jahren auf ihm trotz aller Bemühungen. Dann erst hat er 1724 wie einst Luther eine zweite Bekehrung erlebt, die Bekehrung vom selbstgemachten zum *lebendigen* Gott, der uns in *Christus* sein Herz aufgetan hat. Er hat damals die Erfahrung gemacht, daß es für das wahre Leben *nicht auf uns ankommt, sondern auf Gott.*

Das bedeutet zweierlei: *Zuerst* die Erkenntnis:

Ich kann *nicht selbst* der Sünde steuern,
Das ist *dein* Werk, du Quell des Lichts.
Du mußt von Grund aus mich erneuern,
Sonst hilft mein eignes Wirken nichts.[14]

Gott sei Dank, der Mensch, der nach dem wahren Leben sucht, ist nicht auf sich selbst gestellt, er steht nicht auf einer Insel. Sondern *außer uns,* jenseits des Ahnens und Strebens unserer Seele, tritt uns inmitten der Welt, in der wir zu leben haben, eine Tatsache entgegen, die uns befreit aufatmen läßt, wenn wir sie gesehen. Diese Tatsache ist Christus. Sein Leben und Sterben gibt uns die Versicherung: «Gott und der Sünder, die sollen zu *Freunden* nun werden».[15] Angesichts dieser Tatsache merken wir, daß wir uns nicht selbst zu erlösen haben, sondern daß wir erlöst *werden,* ja daß wir erlöst *sind. Jetzt* dürfen wir zu Gott

---

[11] J. W. von Goethe, *Faust II,* V. 11954f. (5. Akt).
[12] GERS (1891) 247; EKG 270; GERS (1952) 309, Str. 2.
[13] Siehe oben S. 240, Anm. 23.
[14] GERS (1891) 151; GERS (1952) 188, Str. 3.
[15] GERS (1891) 99; EKG 133; GERS (1952) 125, Str. 2.

reden, wie Tersteegen es in jenen wunderbar tiefsinnigen und feinsinnigen Versen tut:

> Du durchdringest Alles, komm mit deinem Lichte
> Zu berühren mein Gesichte.
> Wie die zarten Blumen willig sich entfalten
> Und der Sonne stille halten,
> Laß mich so, still und froh
> Deine Strahlen fassen
> Und dich wirken lassen.[16]

Gott *wirken lassen*, das ist der Inhalt der christlichen Gottes- und Lebenserfahrung. Man lese dazu das Weihnachtslied 99 «Jauchzet ihr Himmel» und das Pfingstlied 151 «O Gott, o Geist». Und daß es auf Gott ankommt und nicht auf uns, weil wir Gott sehen und haben im Angesichte Christi [vgl. 2. Kor. 4,6], das bedeutet nun das *Zweite*: Es kann der Sinn des Lebens in Gott nicht der sein, daß *wir* eine sublime seelische Glücksempfindung haben. Es kommt nicht darauf an, daß *wir* selig werden oder wie man modern zu sagen pflegt: daß *wir* entwickelte reiche Persönlichkeiten werden, sondern es kommt darauf an, daß *Gottes* Wille mit uns und in uns und durch uns geschieht, daß seine Liebe in uns zur Erfüllung kommt. Denn der Weg zum Vater, der uns in Christus aufgetan ist, ist nicht der Weg des Glücksuchens, sondern der Weg der Selbstverleugnung.

> Wer Gott aus reinem Herzen liebt,
> Der meinet keine Gaben.[17]

Tersteegen spricht in dieser Richtung Gedanken aus, die uns fast ungeheuerlich berühren, so wenn er z. B. (Nr. 247, Str. 4) sagen kann:

> Hab ich dich nur wesentlich,
> So mag *Leib und Seel* verschmachten,
> Ich wills doch nicht achten.[18]

Das lesen wir und singen wir, aber wer hat den Mut, es dem Dichter nachzusagen, nachzudenken und – nachzuleben? Und doch besteht kein Zweifel, daß er Jesus richtig verstanden hat. Matth. 10,39 vgl. Philipp. 2,5–11. Wir haben hier noch viel – Alles zu lernen.

---

[16] GERS (1891) 174 und EKG 128, Str. 6; GERS (1952) 201, Str. 5.
[17] Siehe oben S. 252, Anm. 70.
[18] GERS (1891) 247; EKG 270; GERS (1952) 309, Str. 4.

Und von da aus kommen wir nun zu einem Gedanken, den Tersteegen selber sehr energisch betont hat, der aber uns mehr eine Frage als eine Antwort bringt. Des Christen Leben vollzieht sich in der *Welt*, inmitten der Gedanken und Aufregungen, Freuden und Leiden des äußern, sichtbaren Lebens. Wie verhält sich das Leben in Gott zum Leben in der Welt? Tersteegen ist recht bestimmt der Meinung gewesen: Um in Gott zu leben, haben wir uns der Welt, d. h. dem äußern, sichtbaren Leben tunlichst zu entziehen. «Es ist gefährlich stehen in dieser Wüstenei.»[19] Sie kann «mein Seligsein nur hindern und den Frieden mindern».[20] In tief ergreifenden Klängen bringt das Lied «Kommt, Brüder, laßt uns gehen» (324) jene Gewißheit zum Ausdruck, die allen innerlich lebendigen Menschen eigen ist: Wir haben hier keine bleibende Stadt, sondern die zukünftige suchen wir [Hebr. 13,14]. Aber während uns z. B. der Dichter Eichendorff rät, die Welt mit ihrem Gram und Glücke zu betreten als eine Brücke zu dir Herr überm Strom der Zeit[21], würde Tersteegen sie am liebsten gar nicht betreten. Die Selbstverleugnung wird in seinem Sinn zur Weltverleugnung. An Dingen wie Familie, Beruf, Vaterland, Kunst und Wissenschaft dürfte ein Christ zwar teilnehmen, aber doch nur als eine Art Konzession, weil es nicht anders geht.[22] Das Ziel besteht darin, das Alles wieder abzuschütteln, wie man einen Rock auszieht. Wir werden sagen dürfen, daß bei solcher Stimmung das Vertrauen auf Gottes gegenwärtige Führung in dieser Welt, daß der Mut zu einem rechten, brauchbaren, ertragreichen Leben in dieser Welt, daß die Freude an Gottes sichtbarem Reichtum in dieser Welt eine schwere, vielleicht unmögliche Sache würden. Tersteegen sagt uns verständlicher als alle andern, was Leben ist und wie man dazu kommt. Auf die Frage aber, wie man es in seinem Dasein zu verwirklichen habe, werden wir bei Luther und Gerhardt und Goethe die tiefere und umfassendere Antwort finden. Es soll uns das die Freude an ihm nicht trüben. Er ist und bleibt einer der Größten, die wir haben, als Prophet der *Konzentration* im Leben und Denken, der *Innerlichkeit* der Seele und ihrer Erlösung, der *Überlegenheit Gottes*, der uns gemacht hat und nicht wir ihn.

[19] GERS (1891) 327; EKG 272; GERS (1952) 325, Str. 1.
[20] GERS (1891) 247; EKG 270; GERS (1952) 309, Str. 3.
[21] Siehe oben S. 253, Anm. 73.
[22] Siehe oben S. 253, Anm. 74.

GOTT LENKT UND DER MENSCH SOLL DENKEN!
Aus Calvins Institutio (1559)
1911

Am 30.4.[/1.5.] 1910 hatte Barth W. Loew berichtet, nach Melanchthons «Loci communes» arbeite er nun Calvins Institutio von 1559 durch, ein «Buch von ungeheurem Gewicht und Umfang, äußerlich u. innerlich». Später, am 8.1.1911, läßt er ihn wissen, er sei weiter mit Calvin beschäftigt: einem «sehr respektabeln Theologen, aus dem sich viel machen läßt, wenn man ihn in der richtigen Weise mit Kant u. Schleiermacher kombiniert». Am 29.1.1911 – inzwischen war seine Textdarbietung aus Calvin im Gemeinde-Blatt erschienen – beschreibt er O. Lauterburg die weitergehende Lektüre der «Institutio»: ein «Wanst von Buch. Es ist aber viel Ungemeines darin, spekulativ und praktisch. Das im Gemeindeblatt ist so eine Lesefrucht. Kennst du die unerfreuliche deutsche Ausgabe von Müller[1]? Ich bin immerhin froh darüber, da es nur mit dem Latein zu langsam vorwärts ginge u. brauche ihn regelrecht als Schlauch!» Wie willkommen Barth die Müllersche Auswahl-Ausgabe als Übersetzungshilfe immer gewesen ist[2] – bei genauerer Betrachtung zeigt sich, daß die Verdeutschung der beiden Abschnitte für das Gemeinde-Blatt an manchen Stellen insbesondere des zweiten Teils aus einer einfachen Übersetzung des Textes zu einer lebendigen Aneignung der Sache wird, die von den in der Calvin-Lektüre gewonnenen Erfahrungen zeugt.[3]

Der von Barth übersetzte Textabschnitt steht in der Institutio von 1559 im ersten Buch, Kapitel 17, 4–5. Über die verschiedenen Formen des auf Spr. 16,9 zurückgehenden Sprichwortes, das Barth in seiner Überschrift abwandelt, s. K. Fr. W. Wander, Deutsches Sprichwörter-

---

[1] *Johannes Calvin Unterricht in der christlichen Religion. Nach der letzten Ausgabe bearbeitet und übersetzt von Professor D. E. Fr. Karl Müller, Neukirchen, Kreis Moers 1910. Zu Barths Kritik vgl. auch oben S. 191, Anm. ai.*

[2] *Barth übernimmt in seiner Übersetzung einige Ausdrücke von Müller, so etwa «Konsequenzmacherei», «einwandfrei[st]er Gebrauch», auch am Schluß das weniger geglückte «Leichnam» für «cadaver» (a.a.O., S. 99f.), zeigt sich aber vor allem in der Umformung des Textes in lebhaft bewegte Sätze von dieser Hilfe unabhängig.*

[3] *Schon Barths Überschrift für die Absätze – bei Müller lautet sie trocken «Falsche Konsequenzen» (a.a.O., S. 98f.) – ist sachlich bemerkenswert.*

Lexikon. Ein Hausschatz für das deutsche Volk, *Bd. III, Leipzig 1867, Sp. 593 (Nr. 104);* auch G. Büchmann, Geflügelte Worte, Berlin 1972[32], S. 41.

Was unsere Absichten für die Zukunft belangt, so hat schon Salomo gesagt, daß es einen Widerspruch zwischen menschlicher Vorsicht und Gottes Vorsehung nicht gibt. Auf der einen Seite spottet er über die Albernheit derer, die so verwegen sind, dies und das vermeintlich ohne den Herrn zu unternehmen, als ob sie nicht von seiner Hand gelenkt würden. Auf der andern Seite sagt er aber (Sprüche 16,9): «*Des Menschen Herz erdenkt sich seinen Weg; und der Herr gibt, daß er fortgehe.*» Damit wollte er sagen: Gottes ewiger Ratschluß besteht. Aber das hindert uns keineswegs, uns unter Leitung seines Willens vorzusehen und demgemäß unsere Angelegenheiten zu ordnen. Und das hängt so zusammen: Derselbe Gott, der unserm Leben seine Schranken gesetzt hat, derselbe hat uns übertragen, Sorge dazu zu haben, hat uns mit Verstand und Mitteln dazu versehen, hat uns mit Kenntnis der Gefahren begabt. So ist's klar, was wir zu tun haben: Da Gott uns unser Leben anvertraut hat, wollen wir Sorge dazu tragen; da er uns Mittel dazu anbietet, wollen wir sie anwenden; da er uns die Gefahren wissen läßt, wollen wir nicht blindlings hineinlaufen; da er uns Arzneien verschafft, wollen wir sie brauchen. Aber gibt es denn nicht Gefahren, die Verhängnisse sind und denen man mit allen Mitteln nicht ausweichen kann? Antwort: Woher weißt du denn, daß es wirklich «Verhängnisse» sind, da dir doch Gott zu ihrer Überwindung die Mittel in die Hand gegeben hat? Paß du auf, daß du mit deiner Konsequenzmacherei nicht mit Gottes Lebensordnung in Widerspruch kommst! Du denkst: Wäre eine Gefahr kein «Verhängnis», dann brauchte ich mich nicht in Acht zu nehmen; ich entkäme ihr ohne weitere Vorsicht. Gott aber macht es dir gerade zur Pflicht, dich in Acht zu nehmen, damit sie dir kein «Verhängnis» werde. Siehst du denn nicht, was doch selbstverständlich ist, daß alle technischen Fähigkeiten dem Menschen von Gott gegeben sind, daß sie die Mittel seiner Vorsehung sind, die über unserm Leben waltet? Und umgekehrt: Durch Faulheit und Leichtsinn ziehen wir uns die Übel zu, die uns bestimmt sind. Oder woher kommt es denn, daß ein vorsichtiger und umsichtiger Mann drohenden Gefahren zu entgehen weiß, ein Tor aber in seiner Unbesonnenheit zu Grunde geht, woher kommt es, wenn nicht daher, daß auch Dummheit und Klugheit Instrumente der göttlichen Weltordnung sind im einen oder im andern Sinn? Gott wollte, daß uns die Zukunft dunkel sei, damit wir den Dingen entgegengingen, als wären sie noch zweifelhaft. Und nun sollen wir mit den uns gegebenen Mitteln tätig in die Zukunft eingreifen, bis entweder unsere Mittel oder unsere Befürchtungen vernichtet sind. So tritt uns *Gottes Vorsehung* nicht unverhüllt entgegen, sondern er kleidet sie ein in die *Mittel*, die *wir* verwenden sollen.

Das gilt auch von der Vergangenheit. Nach Gottes Vorsehung ist *Alles* geschehen, auch Diebstahl, Ehebruch und Mord. Gott will einen Menschen mit Armut bestrafen. Ein Dieb kommt und plündert ihn aus. Gott beschließt das Leben eines andern zu enden. Ein Mörder bringt ihn um. Halt! ruft man da: Warum werden nun der Dieb und der Mörder bestraft, die Gottes Willen gedient haben? Das ist eben nicht wahr, antwortete ich, daß sie Gottes Willen gedient haben. Wer durch böse Gedanken sich leiten läßt, gehorcht nicht Gott, sondern seiner argen Begierde. Gott gehorcht nur der, der sich von ihm unterweisen und leiten läßt. Wo sollen wir aber diese Unterweisung hernehmen, wenn nicht aus seinem Wort? Also wollen wir uns in unserm Handeln nach dem Willen Gottes richten, wie er in seinem Wort uns offenbar ist. Gott fordert nur das von uns, was er uns dort vorschreibt. Wenn wir etwas anderes tun, so ist das kein Gehorsam, sondern Aufruhr und Übertretung. Aber, sagt man, wenn er es nicht wollte, würden wir es nicht tun. Antwort: Sehr richtig, aber tun wir das Böse etwa aus Gehorsam gegen Gott? Nein, wir tun es aus Ungehorsam, wir stemmen uns ja bewußt und mit Absicht gegen seinen klaren Willen. Freilich: Auch so stehen wir unter seiner gerechten Ordnung, weil er in der erhabenen Macht seiner Weisheit auch schlechte Instrumente gut zu brauchen weiß. Sollten deshalb die Bösen straflos sein? Ich räume ja noch mehr ein: Diebe, Mörder und andere Übeltäter sind *als solche* Instrumente der Vorsehung, deren der Herr sich bedient, um die bei ihm beschlossenen Gerichte durchzuführen. Ich bestreite aber durchaus, daß sie damit entschuldigt wären. Was hat ihre Gemeinheit mit Gottes Gerechtigkeit zu tun? Ihr eigenes Gewissen widerlegt ihre Entschuldigung. Auf ihrer Seite ist alles Böse, auf Gottes Seite nur der einwandfreie Gebrauch ihrer Bosheit. Denn freilich wirkt er durch sie. Aber woher, frage ich, kommt es, daß ein Leichnam übel riecht, wenn er unter den Sonnenstrahlen in Fäulniszustand versetzt wird? Jedermann wird sagen, daß es von den Sonnenstrahlen kommt, aber niemand wird deshalb sagen, daß die Sonnenstrahlen selbst übel riechen. Wenn also ein schlechter Mensch Grund und Schuld des Bösen in sich selbst trägt, sollte Gott sich damit verunreinigen, daß er ihn nach seiner Willkür verwendet? Wenn man's nicht lassen kann, mag man darum gegen Gottes Gerechtigkeit bellen; etwas einwenden kann man nicht dagegen.

JOHN MOTT UND DIE CHRISTLICHE STUDENTENBEWEGUNG
1911

Die Erscheinung des Halleyschen Kometen im Mai 1910 mag die Veranlassung dafür gewesen sein, daß das Wort «Komet» zu einer öfter ironisch gebrauchten Metapher in Karl Barths Sprachschatz wurde. Zunächst wendete er sie in einem Brief auf das Auftreten des Predigers Henrichs in Genf an (s. oben S. 220). Aber besser paßte das Bild denn doch, als Barth es (s. unten S. 270) für John Mott und die Vortragstournée gebrauchte, die Mott 1911 in alle Universitätsstädte der Schweiz, das katholische Freiburg ausgenommen, führte. Für die Vortragsreise «wurde eine wirklich amerikanisch anmutende Propaganda mit grossem Geschick in Szene gesetzt». In Bern verteilte man «noch einen besonderen, elegant gedruckten Aufruf», «in welchem der Besuch der Vorträge» Motts u. a. auch von Prof. Fr. Barth empfohlen wurde.[1]
Schon auf Grund dieser Empfehlung seines Vaters mußten Motts Vorträge Karl Barth interessieren. Aber abgesehen davon war für ihn John Mott selbstverständlich schon von den Aarauer Konferenzen her im Zusammenhang der christlichen Studentenbewegung von Bedeutung: galt doch Mott zu Recht im «Christlichen Studentenweltbund» als «die eigentliche Seele des Ganzen»[2].

Daß Barths Aufmerksamkeit für den «Weltmissionar» – «vielleicht die markanteste christliche Persönlichkeit um die Jahrhundertwende!»[3] *– durchaus mit Skepsis gewappnet war, zeigt der noch unter dem Eindruck des ersten Vortrags*[4] *geschriebene Bericht an die Eltern vom*

---

[1] P. Gruner, *Menschenwege und Gotteswege im Studentenleben. Persönliche Erinnerungen aus der christlichen Studentenbewegung*, Bern 1942, S. 206f.
[2] [P.] Glaue, Art. «Studentenverbindungen, christliche», in: RGG¹ V, Sp. 972.
[3] So P. Gruners Einschätzung noch im Rückblick: a. a. O., S. 206.
[4] Zum Inhalt der Genfer Vorträge Motts (die in die Sammlung seiner *Addresses and Papers* nicht aufgenommen sind) vgl. die ausführlichen Referate bei A. G[uillo]t, *John-R. Mott à Genève. Conférences générales*, in: La Semaine religieuse de Genève. Organe du Protestantisme évangélique, 59. Jg., Nr. 6 vom 11. 2. 1911, S. 23 [Sp. 1]–S. 24 [Sp. 2]. Die öffentlichen Vorträge Motts in Genf fanden vom 5. bis zum 7. Febr. 1911 statt und hatten folgende Themen: «L'Action des Universitaires sur le Monde moderne», «A la conquête de soi-même», «Au delà des Forces humaines» (vgl. P. Gruner, a. a. O., S. 206–209, der auch die

6.2.1911: «*Gestern Abend habe ich nun* Mott *gehört. Er leckte erst den Genfern gewaltig Speichel, redete dann von der Bedeutung der Universitäten für die Kultur, von den 40 Völkern, die unter den 140 000 christl. Studenten vertreten seien, von der Notwendigkeit der Tat (besser aktiv sein als orthodox), endlich von Christus als Quelle von alledem. – Es war also ganz recht, was er sagte, z. T. sehr modern und immer sehr amerikanisch-voluntaristisch. Nur kann ich nicht sagen, daß es mich irgendwie ergriffen hätte, und verstehe nicht, warum man gerade als Mott berühmt sein muß, um dgl. zu sagen. Sollte das bei uns eine bes. Wirkung thun, so wäre es nur ein Beweis für die Rolle der Suggestion im geistigen Leben, ich glaube aber kaum, daß es geschieht, u. fürchte nach wie vor, daß man in Bern u. Basel die Köpfe schütteln wird.*»

Am 11.2. hielt Mott seinen ersten Vortrag in Bern. Offenbar über das tatsächlich geteilte Echo, das Mott in Bern fand[5]*, schon im Bild, schreibt Barth am 13.2. an den Vater:* «*Daß es dem Mott in der deutschen Schweiz nicht so einfach gehen werde, dachte ich wohl. Auf Wunsch von Thurneysen schrieb ich gestern einen kleinen Artikel über ihn in die Basler Nachrichten.*» *(Die nur mit* «*K. B.*» *gezeichnete Notiz erschien dort am 16.2. [s. unten S. 285–287]; Motts Basler Vorträge fanden am 16. und*

Themen weiterer Vorträge und Ansprachen Motts in der Schweiz mitteilt). Dem dritten der Vorträge entspricht ein im gleichen Jahr von Mott in Kairo vorgetragenes «address»: «The Battle with Impurity» (J. R. Mott, *Addresses and Papers*, Bd. VI: *Selected Papers and Addresses on Evangelistic, Spiritual, and Ecumenical Subjects, and the Outreach of Life and Influence*, New York 1947, S. 34–40).

[5] Der Berner «Bund» brachte recht kritische Besprechungen der Vorträge Motts (s. unten Anm. 19). In der des einen heißt es: «... unser Idealismus birgt Werte und Tiefen in sich, die vor solch agitatorischer Verwässerung, wie sie Herr Mott mit Christus treibt, zum Glück vorläufig noch bewahrt» bleiben. Und im Rückblick auf «John Motts Abschiedsabend» steht die Ermunterung: «Freuen wir uns der Lichter, die nicht ‹motten›» (P. Gruner, a.a.O., S. 436f.). Auch P. von Benoit, der «spiritus rector» im Organisationskomitee, räumt ein, «man könnte die Geschichte seines Auftretens in Bern mit einem gewissen Recht durch drei lakonische Ausdrücke kennzeichnen: Hochgespannte Erwartungen; überfüllte Säle; vielfache Enttäuschungen, und zwar angenehme und unangenehme» (P. Gruner, a.a.O., S. 206 und 211). Der Bericht *Eduard Thurneysens* aus Basel (in: Nouvelles de l'Association chrétienne d'Étudiants de la Suisse Romande – Nachrichten aus der Christlichen Studentenvereinigung der deutschen Schweiz, Vol. I, No. 5, Mars-Avril 1911, S. 77; gekürzt abgedruckt bei P. Gruner, a.a.O., S. 210) ist hingegen uneingeschränkt positiv.

17. 2. statt.) *Barth fährt fort:* «*Ein großer [Artikel] mit einer offenen Kritik ist bereits an das Centralblatt abgegangen. So bin ich plötzlich Mott-Spezialist geworden.*»

Die beiden Mott-Aufsätze trugen Barth private und öffentliche Kritik ein: Sein eher konservativer Onkel Ernst Sartorius, der sich von Motts erstem Genfer Vortrag «*entzückt*» *gezeigt hatte (Brief Barths an die Eltern vom 6. 2. 1911), fand den Zeitungsartikel* «‹*respektlos*› *und* ‹*sarkastisch*› *und es sei die* ‹*Hauptsache*› *an John Mott darin gar nicht gesagt*» *(Brief Barths an den Vater vom 18. 2. 1911).*

Auf den Centralblatt-Beitrag aber meldete sich öffentlich Kritik: Im Balladenton läßt Barth am 11. 6. 1911 (Poststempel) W. Loew wissen: «*Ich mit Behagen unterdessen wurde in 2 Feuilletons des* ‹*Bund*› *leibhaftig aufgefressen wegen meines Aufsatzes über Mott. Ein jüdischer stud. phil. spielte Lessing contra Goeze gegen mich; es war sehr schön.*» *In seinem Kalender vermerkte Barth unter dem 3. 6.:* «*Totgeschlagen im* ‹*Bund*›*!*» *Es handelt sich um eine in zwei Folgen gedruckte Replik des* «*Bund*»-*Berichterstatters O. V.*[6]*, den Barth wegen Stil und Ton seiner Artikel kritisiert hatte (s. unten S. 273, Anm. b, und S. 274, Anm. c). O. V. galt als einer* «*der treuesten Schüler*» *des* «*militante[n] Vertreter[s] des Freidenkertums*» *in Bern, Prof. F. Vetter.*[7]

Jedoch auch auf der entgegengesetzten Seite nahm man kritisch von Barths Centralblatt-Beitrag Kenntnis: Th. Geisendorf, Secrétaire général de l'Union chrétienne de jeunes gens de Genève, besprach Barths Ausführungen in den «*Nouvelles de l'Association chrétienne Suisse d'étudiants*»[8] *sehr eingehend und übte an manchen Punkten lebhafte Gegenkritik*[9]*. Sie entzündet sich vor allem an den drei* «*griefs*» *Barths gegenüber Mott. Zu der* «*Ideenassoziation: Amerika-Humbug*» *(s. unten S. 270) stellt Geisendorf die Frage:* «*Mais ne serait-ce pas surtout le sens pratique des anglo-saxons qui heurte son sens, très germanique, de la théorie? Je souhaiterais, pour ma part, qu'un Suisse, et surtout un so-*

---

[6] O. V., *Noch einmal John Mott. Ein Angriff und eine Abwehr*, in: Der Bund, 62. Jg., Nr. 256 vom 2. 6. 1911 (Abendblatt), S. 1 [Sp. 1] – S. 2 [Sp. 3]; Nr. 258 vom 4. 6. 1911, S. 1 [Sp. 1–4].

[7] P. Gruner, a. a. O., S. 214 und 212.

[8] *John Mott et la Presse suisse*, in: Vol. I, No. 6, Mai 1911, S. 81–84; No. 7 et 8, Juin-Juillet 1911, S. 104–109.

[9] Bes. a.a.O., S. 105–107.

lide Bernois, fût un heureux mélange des deux éléments.»[10] An Barths Klage über den zu wenig akademischen Stil der Vorträge (s. unten S. 272f.) rügt Geisendorf insbesondere deren geographische Relativierung durch Barth: «*Ce genre-là peut plaire aux étudiants d'Amérique ou d'Australie, voire même (ajoute aimablement M. K. B.), à ceux de la Suisse romande, mais pas à nous ... Oh! Oh! que voilà bien de la commisération pour nos pauvres mentalités anglo-saxonnes ou latines! Et nous nous sentons en effet de très petits enfants devant les grands docteurs d'outre-Aar et Rhin!*»[11] Geradezu heftig wird Geisendorfs Kritik aber auffälligerweise bei Barths drittem Bedenken, das die Mott unterstellte Neigung zum «alten Cliché» «in religiösen Dingen» betrifft und das Barth selber nun doch durch Motts Auftreten «aufs gründlichste beseitigt» sieht (s. unten S. 273f.). Gerade die positive Aufnahme, die Motts Zurückstellen der «Orthodoxie» bei Barth findet, erregt Geisendorfs Mißfallen: «*M. K. B. lui sait un gré infini d'avoir dit quelque part: ‹La bonne volonté vaut mieux que l'orthodoxie.› A cette sentence, notre pourfendeur de truismes religieux ne se sent pas de joie et trouve que cette seule phrase, ou à peu près, a valu le voyage de Mott en Suisse.*» In dieser bissigen Charakterisierung Barths wird ein für Barths damalige theologische Stellung recht kennzeichnender sachlicher Dissens auch gegenüber dieser Seite anschaulich. Um so bemerkenswerter ist es, daß Geisendorf am Schluß seines antikritischen Referats den Artikel des «Intellektualisten» und «Individualisten»[12] doch als «*une des critiques les plus pénétrantes et l'une des appréciations les plus équitables que la personne et l'œuvre de John Mott aient inspirées en Suisse*»[13] würdigen kann.

Vom Manuskript (oder einer Vorlage dazu) ist nur ein Fragment erhalten, das den Text unten S. 271, Z. 22–S. 272, Z. 20 mit ganz geringfügigen Abweichungen enthält. – Barths Anmerkungen, im Erstdruck mit Sternchen gekennzeichnet, werden in dieser Ausgabe im ersten Apparat (mit Buchstaben) wiedergegeben. Die Seitenzahlen aus dem Erstdruck sind zwischen senkrechten Strichen in den Text eingefügt.

[10] A.a.O., S. 105.
[11] Ebd. In diesem Zusammenhang bekennt sich Geisendorf auch als der «grand *naïf*», als den ihn Barth – ohne Namen, nur von einem «der Genfer Verehrer» Motts sprechend – kritisiert hatte (s. unten S. 273, Anm. b).
[12] A.a.O., S. 106f.
[13] A.a.O., S. 108.

Ich gehöre zu denen, die dem Kommen des Herrn Mott in die Schweiz mit nicht geringem Mißtrauen entgegengesehen haben. Nun haben wir ihn angehört. Die Gründe, die ich zu meinem Mißtrauen hatte, sind nur teilweise widerlegt, zum großen Teil bestärkt worden, und doch stehe ich dem amerikanischen Gast nun sympathisch und dankbar gegenüber. Im erstern Fall sind wohl recht viele Leser des Centralblattes gewesen; ob nun auch viele im letztern sind? Ich weiß es nicht. Aber weil es sich um eine *Studentensache* handelt und weil ich der Studentenzeit noch recht nahe stehe, darf ich vielleicht den Zofingern meine *persönlichen Eindrücke* von dem Kometen, der über unsern Himmel zog, anvertrauen.

Mißtrauisch war ich erstens als normaler Mitteleuropäer, dem nun einmal die Ideen-Assoziation: Amerika-Humbug tief im Blute sitzt. Daß ich von einer internationalen Bewegung von solchem Ernst, wie Herr Mott sie vertritt, nicht ohne weiteres: Humbug denke, weil sie aus Amerika kommt, wird man mir hoffentlich glauben. Aber es muß gesagt sein: Wenn man so aus unsern geistigen Gepflogenheiten und Umgangsformen heraus an Herrn Mott und sein Werk herantritt, oder vielmehr: wenn sie an uns herantreten, denn das Passiv ist bei der Sache wesentlich, so wird es einem da recht schwer gemacht, sich, wenn auch milderer, so doch verwandter Empfindungen ganz zu erwehren. Es fällt mir schwer, einen terminus technicus für diese Empfindungen aufzutreiben, aber ich will sie einmal versuchsweise auf den |488| Ausdruck «Geschäft» bringen. Ein gewaltiges, flott betriebenes Religionsgeschäft, das ist der Eindruck, den man aus den Publikationen über Mott und den «Weltbund»[14], aus der Reklame, die für die Vorträge gemacht wurde, schließlich aus den Versammlungen und hauptsächlich aus den besonders charakteristischen Nach- und Nebenversammlungen zunächst mitnimmt. Da spielen vor allem die *Zahlen* eine unheimliche Rolle; mindestens die 140 000 Mitglieder und die 44 Nationen des Weltbundes werden uns in keinem Artikel und keinem Vortrag erspart. Da offenbart sich, ganz wie es bei einem großen Kaufmann auch sein muß, eine bewunderungswürdige Anpassungsfähigkeit an alle und jegliche *Lokal-* und *Nationalinteressen*. Aus dem wie ich höre stereotypen

---

[14] Zum «Christlichen Studentenweltbund» (The World's Student Christian Federation), als dessen Reisesekretär Mott wirkte, vgl. [P.] Glaue, a.a.O., Sp. 972f.

Eingang des Vortrags über die Bedeutung der Universitäten müssen die Berner und die Basler, genau so wie die Genfer, das erhebende Gefühl gewonnen haben, als ob gerade sie mit ihrem Kirchturm den bedeutenden Mittelpunkt der zivilisierten Welt bildeten, und man wird wohl Herrn Mott nicht Unrecht tun, wenn man vermutet, daß es den Kommilitonen in Konstantinopel und Peking jedesmal nicht anders geht. Jedenfalls habe ich ihn versichern hören, daß die nationalen Bewegungen in den Balkanstaaten ebensosehr seine tiefsten Sympathien besäßen wie das patriotische Erwachen Chinas. Aber auch die Mottschen Vorträge selbst tragen doch recht geschäftsmäßigen Charakter. In verschiedener Hinsicht: Man hört, daß Herr Mott persönlich sehr strenge dogmatische Überzeugungen habe. Aber der Inhalt seiner Vorträge *akkommodiert* sich in so weitgehender Weise an das von ihm vorausgesetzte und z.T. wohl wirklich vorhandene religiöse resp. irreligiöse Niveau des Publikums, daß ich, der theologisch auf freiem Boden stehe, einfach den Eindruck einer bedenklichen moralistischen |489| Verwässerung der christlichen Wahrheit hatte.[a] Man sagt mir: das ist Taktik. Aber eben diese Taktik kommt mir als Mitteleuropäer geschäftsmäßig vor. Und der Inhalt dieser angeblich christlichen Moral? Läuft nach den Darlegungen des Herrn Mott nicht alles darauf hinaus, daß es wohlgetan sei, aus einem gewöhnlichen ein «christlicher» Student zu werden, weil das das einzig *Praktische* ist? Mußten wir nicht in einem Vortrag (ganz im Gegensatz zu seinem Inhalt betitelt: Au delà des forces humaines) eine breit ausgesponnene Diatribe über die Geschlechtskrankheiten als Hauptargument für einen christlichen resp. braven Lebenswandel entgegennehmen? Hier Profit, hier Verlust, aber beidemal Geschäft! – Ob er Recht hat oder nicht, steht hier nicht zur Untersuchung, aber der Mitteleuropäer spricht bei diesen verschiedenen religionsgeschäftlichen Beobachtungen: das mag ich nicht. Ihr habt einen andern Geist als wir.[16] – Ich hatte und habe aber auch noch Mißtrauensgründe andersar-

---

[a] Es ist ein wunderliches Schauspiel, daß das von unsereinem z.B. gegenüber der Hymne, die die Semaine religieuse, die doch sonst so getreue Zionswache hält, am 11. Februar auf Mott angestimmt hat[15], festgestellt werden muß.

[15] Vgl. A. G[uillo]t, a.a.O., bes. S. 24 [Sp. 2].

[16] Luthers Worte beim Marburger Religionsgespräch 1529: s. seinen Brief an Jakob Propst in Bremen vom 1. Juni 1530, WA. B 5,340,54; vgl. auch WA 30/III, 150,6–10.

tiger Provenienz. Als «akademisch Gebildeter», wie man ja wohl zu sagen pflegt. Wer aus Amerika zu uns kommt, um zu uns zu reden, wer «akademische Vorträge» (conférences universitaires hieß es hier) ankündigt, wer unter einem so beträchtlichen Aufwand von Rektoren, Notabeln und Übersetzern auftritt[17], von dem dürfte man erwarten, daß er in der im akademischen Geistesleben üblichen *Form* zu uns reden würde und daß er uns *inhaltlich* mindestens einiges Neue oder doch Altes in neuer oder überhaupt solider, d. h. «akademisch» durchgedachter Auffassung zu bieten hätte. Ich zweifle gewiß nicht an den wissenschaftlichen Qualitäten des Herrn Mott; er trägt seinen Edinburger Ehrendoktorhut[18] sicher mit Ehren. Aber er |490| hat sein Auditorium in globo in einer Weise als Kindsköpfe in Weltanschauungsfragen und als Heiden und Zöllner [vgl. Mt. 18,17] in religiösen Dingen angesprochen und behandelt, die sicher im ganzen weder sachgemäß noch zweckdienlich war. Er hat uns fast ausnahmslos Gedanken und Argumentationen vorgebracht, die wir längst kannten und die wir z. T. längst als unbrauchbar wieder über Bord geworfen hatten. Er hat kein einziges der gewaltigen Probleme, die er anrührte, als Problem behandelt, sondern sich begnügt, von der Kanzel einer von vornherein feststehenden Wahrheit aus zu predigen, d. h. gute Ratschläge zu erteilen. Ich würde mir nicht erlauben, meinen Konfirmanden so zu kommen; jedenfalls geht das nicht gegenüber studierenden, d. h. selber denkenden Studenten. Wer ein solcher ist, dem werden auch die als Ersatz für eine ordentliche Denkarbeit häufig genug vorgebrachten Redefiguren von exakten Tatsachen und dgl. schwerlich Eindruck gemacht haben, und wenn ihm Mott sympathisch geworden ist, so war es jedenfalls nicht auf Grund solcher pseudowissenschaftlicher Mätzchen, so war es überhaupt nicht auf Grund des akademischen Inhalts seiner Vorträge. Vielleicht, daß die Kommilitonen in Amerika und Australien, vielleicht auch in der französischen Schweiz, in dieser Hinsicht anspruchsloser sind; im deutschen Kulturgebiet dürfte Herr Mott mit *dieser* ganzen Seite seiner Vorträge gründlichstem Kopfschütteln begeg-

---

[17] Bei den ersten beiden Vorträgen in Genf präsidierte der Rektor bzw. der Prorektor; über den sonstigen «Aufwand» vgl. P. Gruner, a. a. O., S. 206–212.

[18] 1910 wurde Mott in Edinburgh ehrenhalber der Titel eines *Legum Doctor* (LL. D.) verliehen. Vgl. Ch. H. Hopkins, *John R. Mott. 1865–1955. A Biography*, Genf/Grand Rapids 1979, S. 352.

nen, und es wäre *hier* eine Akkommodation an unsere Verhältnisse dringend zu wünschen gewesen.[b] – |491| Endlich hatte ich Bedenken in theologischer Hinsicht. Die Bewunderer des Herrn Mott auf dieser Seite des Ozeans sind wenigstens in der Mehrzahl die Freunde des alten Clichés in religiösen Dingen. Und man hörte die Rede, Herr Mott habe in der Schweiz u. a. die Mission, die in dieser Hinsicht wild gewordene christliche Aarauerkonferenz wieder für das alte Cliché einzufangen.[20] Das Mißtrauen, das ich ihm nach dieser Seite entgegenbrachte, ist nun aufs gründlichste beseitigt worden. Ich habe bereits gesagt, daß mir das religiöse Moment seiner Vorträge eher zu seicht als zu dogmatisch gewesen ist. Aber eines ging aus dem Ganzen mit aller Deutlichkeit hervor: Welches auch die aus Akkommodationsgründen unausgesprochenen dogmatischen Ideen des Herrn Mott sein mögen, er denkt nicht daran, sie als obligatorische Eingangspforte zum wahren Christentum aufzurichten. Und *darauf* kommt es uns an. Der Satz: «Guter Wille ist besser als Orthodoxie» wird wohl allen Zuhörern seines ersten Vortrages in Erinnerung geblieben sein. Und ich interpretiere ihn sicher im Sinne seines Autors so: Das religiös-sittliche Lebens-

---

[b] Soweit ich sehe, ist bei der Zeitungskritik fast ausschließlich *dieser* Punkt zur Sprache gekommen. (Vgl. z. B. den «Bund» vom 14. und 15. Februar und die N. Z. Z. vom 23. Februar.) Es ist bedauerlich, daß besonders Herr O. V. im «Bund» so wenig umsichtig geschrieben vor allem, daß er sich so sackgrob ausgedrückt hat. Aber psychologisch ist mir sein germanischer Zorn durchaus verständlich. Und wenn einer der Genfer Verehrer Motts in einer der letzten Nummern der Patrie Suisse (die übrigens die Wiedergabe einer ausgezeichneten Photographie von Mott bringt) meint, es sei eine Naivetät, solche Gedanken öffentlich auszusprechen, so wird die Frage erlaubt sein, auf welcher Seite in diesem Fall die größere Naivetät liegt.[19]

[19] Vgl. O. V., *Im Kampf um die Persönlichkeit. Vortrag von Dr. John R. Mott*, in: Der Bund. Eidgenössisches Zentralblatt. Organ der freisinnig-demokratischen schweizerischen und bernischen Politik, 62. Jg., Nr. 74 vom 14. 2. 1911 (Morgenblatt), S. 3 [Sp. 1f.]; ders., *John Motts Abschiedsabend*, a. a. O., 62. Jg., Nr. 75 vom 14./15. 2. 1911 (Abendblatt), S. 3 [Sp. 1f.] – s. die Auszüge aus beiden Artikeln bei P. Gruner, a. a. O., S. 436f.; *Dr. John Motts Vorträge*, in: Neue Zürcher Zeitung und schweizerisches Handelsblatt, 132. Jg., Nr. 54 (Zweites Morgenblatt) vom 23. 2. 1911, [S. 1, Sp. 4–S. 2, Sp. 1]; Th. Geisendorf, *Un entraîneur d'hommes*, in: La Patrie Suisse. Journal illustré, Bd. 18, 1911, Nr. 455 vom 1. 3. 1911, S. 57 [Sp. 2f.], S. 59 [Sp. 1]; die Photographie und die kritisierte Wendung finden sich S. 57 [Sp. 2].
[20] Vgl. P. Gruner, a. a. O., S. 184–190.

verhältnis ist das erste, und die Theorie darüber ist das zweite. Ärgernis nach dieser Seite hat also Herr Mott jedenfalls keinem frei oder sehr frei Denkenden^c gegeben, und als Störefried unserer Aarauerkonferenz hat er auf keinen Fall gewirkt. Im Gegenteil, wir haben die freudige Hoffnung, daß jene erwähnte Mehrzahl seiner Bewunderer ihr Cliché in Zukunft im Geiste Motts handhaben wird. Dann ist er jedenfalls nicht umsonst in der Schweiz gewesen.

Nach alledem scheint aber recht wenig Stoff übrig zu bleiben für die Sympathie und Dankbarkeit, die ich eingangs jetzt für Herrn Mott zu empfinden behauptete. |492| Und doch ist solcher genug da. Herr Mott hat mir trotz allem imponiert. Und wenn ich die Mißtrauensgründe schilderte, die ich ihm entgegenbrachte und die sich mir durch den persönlichen Eindruck meistens verstärkten, so tat ich es, um zu zeigen, durch welche Abstraktionen ich hindurch mußte, um zu einer positiven Würdigung des Mannes zu gelangen. Sie kann anheben, nachdem der Verdruß über die Religionsgeschäftigkeit, über die völlig ungenügende intellektuelle Arbeitsweise und nachdem die Befriedigung über die theologische Weitherzigkeit seiner Vorträge zum offenen Ausdruck gekommen sind und sich damit in gewissem Sinn selbst erledigt haben. Vielleicht helfen meine Beobachtungen dem Einen oder Andern, seine eigenen Eindrücke zu ordnen – und zu verstehen.

Als ich mir nämlich klar gemacht, daß Herr Mott ein geschäftiger Amerikaner und daß er kein theologischer oder philosophischer Lehrer sei, blieb für mein Interesse zunächst nur der *Mensch* übrig. Aber indem ich jene beiden Brillen, die des Mitteleuropäers und die des «akademisch Gebildeten» versuchsweise einmal bei Seite legte, fand ich auch sofort, daß ich es mit einem *überlegenen* Menschen zu tun habe: nicht mit einem Quelconque, sondern mit einem Quelqu'un[22], wie die

---

^c Angesichts der erwähnten «Bund»-Kritik muß ich dabei allerdings das «*denkend*» betonen. Es sind nicht alle frei, die ihrer Ketten spotten.[21]

[21] G. E. Lessing, *Nathan der Weise*, IV, 4 (V. 379f.).

[22] Der Ausdruck fällt auch in einer «caractéristique de John Mott», die Th. Geisendorf in persönlichen Erinnerungen gibt, die unter dem Titel *A l'œuvre, on connaît l'ouvrier. John-R. Mott au travail* als *Supplément aux Nouvelles de l'Association* veröffentlicht wurden: «Vraiment, ... on se sent en présence de quelqu'un, d'*un homme* au sens vrai du mot» (S. 5); s. auch Th. Geisendorf, *Un entraîneur d'hommes*, a.a.O., S. 59 [Sp. 1]; P. Bovet, *Quelqu'un. John R. Mott*, Saint-Blaise 1911.

Welschen sagen. Soviel ging mir zunächst auf: der Mann ist etwas für sich, nicht einer von der Herde, die an uns vorüberweidet.[23] Er weiß, was er will, und er will, was er weiß. Mit einem Wort: Er *ist* das, worüber wir Reden halten und Bücher schreiben: eine *Persönlichkeit*.[24] Ich ließ diese Persönlichkeit zunächst rein als *Vorgang* auf mich wirken. Mott erkennt in den Universitäten die Brennpunkte des geistigen Lebens der Menschheit, damit ihres Lebens überhaupt. Er legt zweitens jedem Studenten den Marschallsstab in den Tornister[25] zum Führeramt an |493| irgend einer wichtigen Stelle dieses Menschheitslebens. Er fordert aber drittens, daß der Führer, der an dieser wichtigen Stelle steht, vor allem selbst ein rechter, d. h. ein innerlich, moralisch rechter Mensch sei. Und darum postuliert er viertens, daß der Student ein Jünger Jesu sei, denn in der Gemeinschaft mit Jesus wird man ein innerlich, moralisch rechter Mensch. Menschheit – Universitäten – Student – Mensch – Jesus. Ich sage: das ist für Mott ein *Vorgang*. Für uns ist es zunächst eine Theorie. Wir reflektieren über ihre einzelnen Glieder, wir diskutieren über die Richtigkeit und Zweckmäßigkeit ihrer Verbindung untereinander. Gut, tun wir's. Aber ist es nicht herzquickend, einmal einem Menschen zu begegnen, bei dem die Reflexion und Diskussion aufgehört hat, bevor sie angefangen, in dem die ganze Reihe eins ist, eben nicht als Theorie, sondern als Vorgang? Denn das ist's. Das ist die Persönlichkeit Mott: *Es geschieht etwas*. Und zwar geschieht nicht dies und das, sondern gleich das Letzte und Größte: Der Mensch wird nach seinem Zwecke gerichtet, und der Zweck ist die Menschheit.[26] Unter

---

[23] Vgl. Fr. Nietzsche, *Unzeitgemässe Betrachtungen*, Zweites Stück: *Vom Nutzen und Nachtheil der Historie für das Leben* (1874), Nietzsche Werke. Kritische Gesamtausgabe, hrsg. von G. Colli und M. Montinari, Abt. 3, Bd. I, Berlin/New York 1972, S. 244, Z. 2f.: «Betrachte die Heerde, die an dir vorüberweidet: sie weiss nicht, was Gestern, was Heute ist ...»

[24] Vorträge und Schriften des theologischen Publizisten *Johannes Müller* (1864–1949) gingen darauf aus, «persönliches Leben» zu wecken und zu pflegen («Blätter zur Pflege persönlichen Lebens» [seit 1898]). Die *Christliche Welt* brachte 1908 eine ausführliche Auseinandersetzung über diese moderne «Persönlichkeitskultur» zwischen Georg Koch und Johannes Müller (Sp. 554–562. 578–581.602–608.656–659.722–728).

[25] Zur Geschichte dieser Napoleon I. zugeschriebenen Redewendung vgl. G. Büchmann, *Geflügelte Worte. Der Zitatenschatz des deutschen Volkes*, Berlin 1972^{32}, S. 652.

[26] Der Satz erinnert an diejenige Formulierung des Kategorischen Impera-

den Lesern des Centralblattes ist hoffentlich kein Einziger, den diese Zweckrichtung Motts nicht ebenfalls in irgend einem Sinn «interessiert» und «beschäftigt». Aber was heißt das bei uns? Das heißt, daß wir irgend eine Teilstrecke der genannten Reihe übersehen und bearbeiten. Der eine ist in seinem *vitalen* persönlichen Interesse *nur* Student, der andere *nur* Mensch, der dritte *nur* Christ. Jeder anerkennt bis zu einem gewissen Grade die Auch-Berechtigung der andern Interessenkreise, wagt sich auch wohl gelegentlich und im Gefühl seines Dilettantismus in die andern hinüber. Aber im Grunde bleibt er, was er ist, und verwandelt sich zur Strafe in akuter oder schleichender Erkrankung je nachdem zum Fachsimpel, zum Spieß-|494|bürger oder zum Mômier[27]. In John Mott haben wir einmal einen gründlich gesunden Menschen vor uns gehabt. John Mott bleibt nicht auf der Teilstrecke wie wir, sondern sein persönliches Leben besteht darin, daß er beständig zwischen dem Anfangs- und dem Endpunkt jener Reihe und umgekehrt unterwegs ist und nirgends stehen bleibt. Die Menschheit will er zu Jesus führen, und von Jesus treibt es ihn zur Menschheit.[28] Der Student aber ist nach Motts Anschauung das wichtigste Vehikel, der berufene Träger und Repräsentant dieses Lebensvorgangs, und darum wird Mott selbst zum Studentenapostel, zum Studentenorganisator. Man kann seinen Universalismus amerikanisch finden. Ich tue es *auch*. Ich zucke *auch* mit den Achseln dazu, weil ich mich außerstande fühle, ihn mir anzueignen. Aber es ist jedenfalls ein als *Tatsache* in unsern Gesichtskreis getretener Vorgang, und wenn ich an die heillose Zersplitterung und Sektiererei in unserm geistigen Leben, an der ich auch Anteil habe, denke, so sage ich: der Vorgang Mott imponiert mir, und es wäre gut, wenn wir mehr solcher «Amerikaner» hätten.

Von diesem, wenn man will, geringfügigen Punkt von Verständnis für Motts Person aus ist mir das Verständnis für seine *Arbeit* aufgegan-

---

tivs, in der gefordert wird, so zu handeln, «daß du die Menschheit ... jederzeit zugleich als Zweck, niemals bloß als Mittel brauchst» (I. Kant, *Grundlegung zur Metaphysik der Sitten*, Kant's gesammelte Schriften, hrsg. von der Königlich Preußischen Akademie der Wissenschaften, Abth. 1, Bd. IV, Berlin 1911, S. 429, 9–13; vgl. S. 433, 26–28).

[27] Vgl. unten S. 312, Anm. 7, und Art. «Mômiers», in: RGG¹ IV, Sp. 454.

[28] So interpretierte Mott die Losung des Student Volunteer Movement «The Evangelization of the World in This Generation» (s. unten Anm. 36): «It means

gen, für seine Agitation und für die «Bewegung», deren Seele er ist. Beides sind wieder korrespondierende Momente: Mott agitiert, um die «Bewegung» zu «machen», und die Bewegung besteht darin, daß agitiert wird. Das Studentenapostolat ist die Studentenorganisation. Beides ist einfach die Projektion des Vorgangs Mott nach außen, in einen Makrokosmos: Jesus für die Menschheit und die Menschheit für Jesus. Und dem entsprechend sind nun die beiden Taten – denn es sind in erster Linie Taten und nicht Gedanken –, die Mott in seinen Vorträgen aus sich heraus und seinen Zuhörern an den Kopf wirft (wer ihn gehört |495| hat, weiß, daß das der einzig zutreffende Ausdruck ist): erstens die individuelle Kultur des guten Willens und zweitens die universelle Organisation des guten Willens. – Erstens handelt es sich darum, den *Einzelnen* zum sittlichen Gehorsam zu erwecken. Das geschieht, indem er aufgefordert wird, die Schlingpflanzen der Gleichgiltigkeit, der intellektuellen Bedenklichkeit, der sinnlich-natürlichen Verwahrlosung vom Baum seines Lebens herunterzureißen. Man wird sich erinnern, daß damit nicht die Themata, aber die tatsächlichen Gegenstände der drei Hauptvorträge Motts genannt sind.[29] Es ist bezeichnend genug, daß für ihn alle drei durchaus parallel in der gegnerischen Linie stehen. Hier der gute Wille, dort die Wurstigkeit, der Zweifel, die Verlotterung. Es ist bereits gesagt, daß der gedankliche Apparat, mit dem er gegen diese drei Gegner losgeht, herzlich ungenügend ist, daß besonders seine ethische Argumentation auf den unerfreulichsten Pragmatismus hinausläuft. Wer von Kant auch nur hat läuten hören, dem mußten gewisse Passagen einfach in den Ohren weh tun. Aber ich vermute, daß, wenn nicht die meisten, so doch viele seiner Zuhörer mit intuitiver oder bewußter Abstraktion über diese Mängel hinweggekommen sein dürften. Denn es ist uns bei John Mott im Gewande einer nach unserem begründeten Urteil schäbigen Philosophie ohne allen Zweifel das volle Pathos des kategorischen Imperativs, des sittlichen Idealismus entgegengetreten. Von theoretisch-korrekten Idealisten wimmelt es nachgerade unter uns, ich zähle mich auch dazu. Aber ich hoffe, sie haben es

to bring Christ within the reach of every person in the world that he may have the opportunity of intelligently accepting Him as a personal savior» (J. R. Mott, *Addresses and Papers*, Bd. I: *The Student Volunteer Movement for Foreign Mission*, New York 1946, S. 70).
[29] Siehe oben Anm. 4.

mit mir empfunden, daß uns hier, bewaffnet mit einer schlechten unkantischen Ethik, ein wirklicher lebendiger Idealist und Kantianer entgegengetreten ist. Wir haben es gespürt, daß wir da einmal Einen vor uns hatten, der mit dem Gedanken einer unbedingten überlegenen Pflicht |496| für sich selber rücksichtslosen Ernst gemacht hat. Und von da bekam jedes Wort seiner Forderungen jenen Ton des unbedingt Verpflichtenden, vor dem man wohl die Ohren verschließen, aber dem man sich nicht auf die Dauer entziehen kann. Ob wir korrekten Idealisten immer dasselbe von uns sagen können? Die sittliche Forderung mündet bei Mott in der religiösen Position, im Hinweis auf das gewährleistende Vorbild der Person Jesu. Ein rechter Mensch wird man, indem man in den Fußspuren Jesu geht. Das religiöse Moment (es ist bemerkenswert, daß von *Gott* in den Vorträgen sozusagen gar nicht die Rede war) begegnet uns also in diesem Zusammenhang wesentlich als *Mittel*. Es ist bereits gegen Mott eingewendet, daß er uns einen recht magern Extrakt des Evangeliums geboten hat, daß besonders die Person Jesu auch nicht annähernd genügend zu Worte gekommen ist.[30] Aber wer konnte sich des Eindrucks erwehren, daß wir es mit einem Menschen zu tun gehabt haben, der zu dem Mann von Nazareth in einem Lebensverhältnis steht, empfangend und wirkend, wie wir es wohl trefflich dogmatisch oder ästhetisch zu *schildern* verstehen, aber doch nur recht selten in diesem Grade *erleben*? Ich stehe nicht an, zu sagen, daß mir der Grundgedanke der Institutio *Calvins,* die Lebensgemeinschaft des Christen mit seinem Vorbild, d. h. die Einheit der religiösen Gewißheit und der sittlichen Forderung[31], an John Mott in außerordentlicher Weise anschaulich geworden ist. – Zweitens und zu gleicher Zeit mit dem ersten stellt Mott den Einzelnen nun als Glied in ein *Ganzes* hinein, nämlich in den internationalen christlichen Studentenbund. Er zeigt ihm seine 140 000 als ermutigende Vorbilder, und er sagt ihm: du sollst auch zu den 140 000 gehören. Das neue Leben wird nach Mott ohne weiteres Teilnahme an der Organisation. Der gute Wille will organisiert sein. Und |497| zwar sofort nachdem er einmal erweckt ist. Ich

---

[30] Der Einwand wird etwa im ersten Artikel im «Bund» berührt (62. Jg., Nr. 71 vom 12. 2. 1911, S. 4; vgl. P. Gruner, a. a. O., S. 436), der von «solch agitatorischer Verwässerung, wie sie Herr Mott mit Christus treibt», enttäuscht feststellt: «Selbst über Christus hörten wir nur eine breite Flut von Worten ...»

[31] Vgl. vor allem Inst. III 1.

habe es mitangesehen, wie Mott eine Versammlung von slawischen Studenten, die er eben noch ungefähr als Heiden und Zöllner [vgl. Mt. 18,17] angesprochen hatte, eine halbe Stunde später ein Aktionskomitee aus ihrer Mitte wählen ließ, als ob es nichts Dringenderes in der Welt gäbe. Dergleichen berührt uns nun ohne Zweifel merkwürdig. Die Zahl 140 000 und die andern Zahlen werden doch wohl nur auf die Füchse[32] schon erbaulich gewirkt haben. Wir fragen uns, warum für diese Sache gleich ein Weltbund, warum überhaupt ein Bund, eine Association nötig sei. Für Mott ist der Bund die Sache, und die Sache ist der Bund. Beides ging in seinen Vorträgen völlig ineinander über. Das mißfällt uns. Denn wir sind Individualisten bis über die Ohren. Wenigstens gestehe ich, daß es mir so geht. Ich empfinde die größte Abneigung von der Welt, einer von 140 000 zu sein. Aber in dieser Abneigung zeigt sich unsere deutsche Art im Grunde in einem sehr merkwürdigen Licht. Wir rühmen uns unserer *sozialen* Gesinnung. Wir berauschen uns an dem Gedanken der Solidarität, wir erheben uns an Worten wie dem vom «ehernen Tritt der Arbeiterbataillone»[33], wir sehen wohl gar in alledem das Kommen des Reiches Gottes und spritzen Gift und Galle gegen alle Skeptiker in dieser Beziehung. Und bei alledem sind wir, und zwar *Kutter* und unsere Religiös-Sozialen voran, in praxi die denkbarsten nicht bloß Individualisten, sondern Subjektivisten und Einspänner, denen nichts ungeheuerlicher ist als die Zumutung, uns einmal zu irgend einem Unternehmen mit andern in Reih und Glied zu stellen. In Mott haben wir einmal einen wirklichen praktischen Sozialisten uns ansehen können. Er sagt dem Studenten nicht bloß: du sollst dich als rechter Mensch unter anderem mit sozialen Dingen beschäftigen, sondern gleich direkt: du sollst ein |498| soziales *Wesen* sein, und zwar nicht allgemein, sondern gleich speziell und konkret: als christlicher Student auf deiner Universität. Von der Sozietät hast du alles empfangen, und der Sozietät bist du darum alles schuldig. Und wie Motts Wirksamkeit nicht Halt macht vor den Schranken des Individuums, so noch weniger

---

[32] So heißen die Mitglieder einer studentischen Verbindung in den ersten zwei Semestern, allgemeiner: Studenten in den Anfangssemestern.
[33] Vgl. F. Lassalle, *Herr Bastiat-Schulze von Delitzsch. Der ökonomische Julian oder Kapital und Arbeit*, Gesammelte Reden und Schriften, hrsg. von E. Bernstein, Bd. V, Berlin 1919, S. 355: «Schon höre ich in der Ferne den dumpfen Marschtritt der Arbeiterbataillone.»

vor den Grenzen der Länder und Kontinente. Was einmal richtig ist, das ist für San Franzisco, für Kalkutta, für Kairo, für Zürich und Paris in gleicher Weise giltig. Darum muß sein Bund ein Weltbund sein. Und hier lernen wir vielleicht erst den wahren Mott kennen, Mott den Präsidenten des Edinburger Kongresses[34], den unermüdlichen Weltreisenden, der, wie ich ihn sagen hörte, sich jeden Morgen beim Erwachen erst besinnen muß, in welchem Land er sich eben befinde, den Diplomaten, der Taft und die großen Geldsäcke in Washington für seine chinesischen Unternehmungen zu begeistern weiß[35], den Missionsfeldherrn großen Stils, der nach einer förmlichen Strategie, die ihm so leicht niemand nachprüfen wird, auf dem ganzen Planeten disponiert und kommandiert, als wäre nichts selbstverständlicher, den Propheten und Eroberer in einer Person, der unerschrocken die Losung ausgibt: «Evangelisation der *Welt* in *dieser* Generation!»[36] Man kann tausenderlei gegen das alles einwenden: Richtiges und Unrichtiges. Tatsache ist jedenfalls: Wir stehen schon den Dingen in Frankreich und Deutschland, geschweige denn in Japan und Brasilien in der Regel gegenüber mit dem Gefühl des Bürgers beim Sonntagsschoppen: «Wenn hinten weit in der Türkei ...»[37] Nun haben wir einmal einen *Weltbürger* gesehen, einen, dem nichts Menschliches fremd ist[38], nicht im Sinne eines öden Globetrotters, sondern im Sinne eines *Weltarbeiters*. Denn Motts

---

[34] Mott präsidierte bei den meisten Sitzungen der Internationalen Missionskonferenz Edinburgh 1910 und wurde dort zum Vorsitzenden der Kommission zur Fortführung der Weltmissionskonferenz gewählt (Ch. H. Hopkins, a. a. O., S. 342).
[35] W. H. Taft (1857–1930), von 1909 bis 1913 Präsident der USA, versah schon 1907, damals noch Secretary of War, Mott mit Unterstützungsschreiben für dessen Reise nach Korea, den Philippinen und China. Am 20.10.1910 lud Präsident Taft ein von Mott geleitetes Treffen von ungefähr 200 Personen ins Weiße Haus ein, die Mott zusammengebracht hatte, um die Finanzierung von Gebäuden u. a. in China zu organisieren. Zu denen, die mehr als 2 Millionen Dollar für Motts Pläne aufzubringen halfen, gehörte etwa John D. Rockefeller jr. (Ch. H. Hopkins, a. a. O., S. 305f.321).
[36] Vgl. zu diesem «keynote» und «watchcry» der christlichen Studentenmissionsbewegung: J. R. Mott, a. a. O., Bd. I, S. 30.70f. und S. 305–325 u. ö.; s. auch ders., *Die Evangelisation der Welt in dieser Generation*. Autorisierte Übersetzung von Gräfin E. Groeben, Berlin 1901.
[37] J. W. von Goethe, *Faust I*, V. 862 (Vor dem Tor).
[38] Terentius, *Heauton timorumenos*, I, 1, 25:
        Homo sum: humani nil a me alienum puto.

Universalismus, auch sein geographischer, ist nur der Ausfluß seiner praktischen Idee: Omnia in Christo instaurare [Eph. 1,10][39], |499| Jesus zum König der Menschen machen.[40] Zum zweitenmal taucht hier das religiöse Moment auf. Vorhin als Mittel, diesmal als *Zweck*. Und wiederum spielt es, wenigstens in den Vorträgen, eigentlich bloß die Rolle eines Grenzgedankens. Aber zweifellos ist es auch nach dieser Seite in Wirklichkeit die Luft, in der John Mott lebt, webt und ist [vgl. Act. 17,28]. Wie sieht's mit der Universalität, der intensiven und extensiven, *unserer* Religiosität oder, ich will einmal nur sagen: unseres geistigen Lebens aus? Auch hier hat aus Mott etwas vom Geiste *Calvins*, des Himmel und Erde, des Länder und Meere umspannenden, zu mir geredet.

Ich bin zu Ende. Andere werden bei Mott mehr, andere weniger gefunden haben. Ich habe gesagt, was ich gesehen habe. Und daraus scheint mir hervorzugehen, daß Mott uns Übrigen, und uns Schweizern speziell, in einer Reihe wichtiger Punkte *überlegen* ist. Es folgt daraus keineswegs, daß nun jeder brave Student sich nach dem Stil und den Ideen Motts einzurichten habe. Es steht dem entgegen, daß seine Arbeitsweise für uns zum Teil formell Fremdgewächs, zum Teil sachlich unannehmbar ist. Die, welche von uns verlangen, wir sollten jetzt plötzlich unsere ganze Natur verändern und auf die Dispositionen der Mottschen Strategie einschwenken wie Bleisoldaten, müssen von den Naturgesetzen des geistigen Lebens eine recht kurzsichtige Vorstellung haben. Und sie arbeiten mit einem sehr praktischen Autoritätsbegriff,

---

[39] Vgl. die Epistola encyclica Pius' X. *E supremi apostolatus cathedra* vom 4. Okt. 1903, in der der Papst das «Instaurare omnia in Christo» zum «unum ... propositum» seines Pontifikats und zum «symbolum ..., quod voluntatem animi patefaciat», erklärt: ASS 36, 1903–1904, S. 131 (vgl. auch das Motu proprio *Arduum sane munus* vom 19. März 1904, a.a.O., S. 549). Mott scheint das Wort aus dem Epheserbrief nicht als Ausdruck seiner «Idee» hervorgehoben und sich auch nicht auf dessen programmatische Verwendung durch Pius X. bezogen zu haben. Ob Barth in einem kritischen Sinn eine Gegenüberstellung andeuten oder ob er einfach Eph. 1,10b – nun eben in der Vulgata-Version, wie sie durch das päpstliche Motto gängig geworden war – zitieren wollte, muß offen bleiben.
[40] «Make Jesus King!» galt als «watchword» des «Christlichen Studentenweltbundes»; vgl. J. R. Mott, *The Convention at Northfield and at Williamstown*, in: ders., a.a.O., Bd. II: *The World's Student Federation*, New York 1947, S. 9; s. auch a.a.O., Bd. I, S. 63; P. Gruner, a.a.O., S. 154.

aber es ist der katholische; denn auch die Strategie des Herrn Mott, so großartig sie ist, ist nicht im Himmel beschlossen. Wohl aber folgt daraus, daß wir Motts überlegene *Persönlichkeit* nach allen ihren Seiten zu uns reden lassen wollen. Daß wir uns durch Mott den Menschen wieder einmal in Bewegung setzen lassen |500| in der Centralangelegenheit des Lebens: Dic cur hic![41] Denn wenn uns diese Angelegenheit gewiß alle in stärkerem oder schwächerem Grade beschäftigt, so wird es uns doch wohl angesichts der verhaltenen Energie, mit der dieser Amerikaner vor uns trat, um uns seine Ausgangspunkte, Wege und Ziele in die Seele zu prägen, klar geworden sein, daß wir in der Regel recht matt und schläfrig damit beschäftigt sind, wir hinter unsern Büchern, in unsern Laboratorien – und hinter unsern Biertöpfchen. Und wenn dem so ist, dann wird es weiter keine Schande sein, wenn wir uns selbst einmal etwas unsanft als Bruder Esel anreden wie weiland Franz von Assisi[42], wenn wir uns sagen: du mußt vorwärts! Mehr in die Höhe, mehr in die Tiefe, mehr in die Weite! Mit dem Ochsen und mit dem Schlemmen, beides verschönert durch etwas Ästhetik, ist noch nichts getan. Wir haben einen Wächterruf gehört. Er kam recht aus der Ferne, und er klang für unsere Ohren nicht gerade melodisch. Aber es war der Ruf eines, der zum Sehen geboren, zum Schauen bestellt ist[43], und es war der Ruf ei-

---

[41] «Es ist ein altes und löbliches Studenten-Latein, daß man an die Musaea und Studier-stuben zu schreiben pfleget: Dic, cur hic? Sage an, warum bistu hie? Wir Christen sind allzumahl arme Scholaren Gottes. Die Kirche, in welcher wir leben, ist die himlische Academia und hohe Schul, darinnen wir täglich zu studieren und zu lernen haben. Da sollen wir auch uns zum öfftern gesagt sein lassen: Dic cur hic? Sage an, warum bistu hie?» (B. Meisner, *Predigten über das edle theure Buch der Augspurgischen Confession*, Frankfurt a. M. 1658, S. 2). Einige Belege aus der älteren Geschichte dieses Studenten-Latein gibt H. Walther, *Proverbia Sententiaeque Latinitatis Medii Aevi* (Carmina Medii Aevi Posterioris Latina, Bd. II), Teil 1, Göttingen 1963, S. 679 (Nr. 5556), s. auch *Proverbia Sententiaeque Latinitatis Medii ac Recentioris Aevi. Neue Reihe*, aus dem Nachlaß von H. Walther hrsg. von P. G. Schmidt (Carmina Medii Aevi Posterioris Latina, Bd. II), Teil 7, Göttingen 1982, S. 578 (Nr. 36247d1).
[42] Vgl. Bonaventura, *Legenda [maior] S. Francisci*, *Vita*, c. V, 6; vgl. Opera omnia, Bd. VIII, Quaracchi 1898, S. 518: «Corpus suum fratrem asinum appellabat, tanquam laboriosis supponendum oneribus ...»; vgl. auch in der *Vita secunda* des Thomas von Celano, c. 82,116; 92,129 (AFranc X, 1926–1941, S. 199 [Z. 16f.]; S. 206 [Z. 3–8]).
[43] Vgl. J. W. von Goethe, *Faust II*, V. 11288f. (5. Akt).

nes treuen Wächters. An uns ist es nun, ihn für uns nutzbar zu machen, uns in Bewegung zu setzen, wie ich eben sagte.

Ob daraus nun gerade eine «*Bewegung*» wird, nach der Art der Anglosachsen und der Welschen, d. h. ein Getümmel von großen Zahlen, Sekretären, Zeitschriften und Meetings, das ist eine ganz andere Frage. So wie ich unsere deutsche und deutschschweizerische Art kenne, halte ich es trotz Mott für ausgeschlossen und wünsche es auch gar nicht anders. Was ich auf deutschem Gebiet von Ansätzen in dieser Richtung kenne, macht mir den Eindruck des Künstlichen, Geschraubten, Krampfhaften.[d] Was für die Welschen recht ist, ist für |501| uns durchaus nicht ohne weiteres billig. Den Sinn, in welchem *wir* uns der internationalen Studentenbewegung anschließen können und wollen, hat unsere Aarauerkonferenz in ihrem Motto kurz und bündig zum Ausdruck gebracht: Ardere prius lucere posterius.[45] Es ist von jeher die Rolle der Deutschen im geistigen Leben der Menschheit gewesen, daß sie *für die andern* das ardere, die Verinnerlichung und Vertiefung der Positionen und Fragen gerade in den höchsten Dingen übernommen haben. Es ist speziell der Aarauerkonferenz neulich an autoritativer Stelle das Zeugnis ausgestellt worden, daß ihre Literatur, d. h. die Vorträge, die uns dort gehalten worden sind, zum wertvollsten gehören, was der Weltbund nach dieser Seite hervorgebracht.[e] Ich verhehle mir

[d] Man lese z. B. die Semesterberichte in den «Mitteilungen» der reichsdeutschen christlichen Studentenvereinigung oder den deutschen Einführungsartikel in Nr. 1 des neugegründeten gleichnamigen schweizerischen Organs.[44]

[e] Christliche Welt 1910, Nr. 48, Spalte 1138.[46]

[44] Vgl. die «Semesterberichte der Kreise» in den *Mitteilungen zur Förderung einer deutschen christlichen Studentenbewegung*, z. B. Nr. 110, März-April 1910 (25. Sem., Nr. 5), S. 368–387; Nr. 114/115, Aug.–Sept. 1910 (26. Sem., Nr. 5/6), S. 474–499; *Deutsche Christliche Studentenbewegung. Mitteilungen an ihre Kreise und Freunde*, Nr. 116, Okt. 1910 (27. Sem., Nr. 1), S. 6; E. Aellen, *Warum diese Zeitschrift?*, in: Nouvelles de l'Association chrétienne d'Étudiants de la Suisse Romande – Nachrichten aus der Christlichen Studentenvereinigung der deutschen Schweiz, Vol. I, No. 1, Novembre 1910, S. 3–5.

[45] Vgl. P. Gruner, a. a. O., S. 176. Das Motto geht auf eine Bemerkung des Erasmus zu Joh. 5,35 zurück (D. Erasmus Roterodamus, *Ecclesiastes, sive De ratione concionandi*, I, Opera omnia, Bd. V, Leiden 1704 [= London 1962], Sp. 790 A): Joannes Baptista «erat lucerna ardens & lucens. Ardere prius est, lucere posterius».

[46] J. Kühne, *Moderne Studentenbewegungen. 2. Der Christliche Studenten-Weltbund*, in: CW, Jg. 24 (1910), (Sp. 1136–1139) Sp. 1138.

durchaus nicht, daß uns dafür der religiöse Enthusiasmus und die evangelisatorische Expansionskraft der Konferenz von Ste-Croix[47] abgeht. Aber ist es nicht recht kurzsichtig, deshalb zu jammern, es sei das Reich Gottes nicht «in gleich herrlicher Weise zu uns gekommen»?[48] Als ob das Reich Gottes komme mit den äußern Gebärden [Lk. 17,20]! Ich meine, wir tun gut, uns auch durch die Strategeme des Herrn Mott nicht zu einer μετάβασις εἰς ἄλλο γένος verlocken zu lassen. Herr Mott selber wird das im Grunde nicht wünschen. – Wohl aber heißt es für uns, mit dem ardere noch ganz anders Ernst zu machen, als wir es gewohnt sind. Ich richte mich damit gar nicht in erster Linie an die Besucher der Aarauerkonferenz, sondern an die Vielen, die nicht nur Aarau, sondern die zentralen Lebensfragen überhaupt getrost den Theologen überlassen. Es gibt eine sehr schmale und manchmal fast unerkennbare Grenze zwischen deutscher Innerlichkeit und deutscher Geistesträgheit. Auf welcher Seite stehen wir? Ohne den kategorischen Imperativ und ohne den Blick aufs Ganze, d. h. aber praktisch: ohne den Geist und die Kraft Jesu gibt es kein Leben. Wenn es John Mott gelungen ist, etwas vom *Leben mit diesen dreien* unserer Studentenschaft einzuflößen, so hat er sich um das geistige und damit um das nationale Leben unseres Vaterlandes ein Verdienst erworben.

Genf, Februar 1911

---

[47] In Ste-Croix (Kanton Waadt) fanden seit 1895 Christliche Studentenkonferenzen statt; sie gaben den Anstoß zur Begründung der Aarauer Studentenkonferenzen. Vgl. P. Gruner, a. a. O., S. 63–85 u. ö. sowie *Vorträge und kleinere Arbeiten 1905–1909*, S. 120.
[48] E. Aellen, a. a. O., S. 4.

VORTRÄGE VON JOHN MOTT
1911

Einleitung s. S. 266–269.

Donnerstag, 16. Februar, beginnen hier die Vorträge des vielgenannten Studentenapostels und Studentenorganisators.[1] Wie man hört, sind seine Freunde etwas gespannt, welche Aufnahme der Gast bei den als hyperkritisch verschrieenen Baslern finden wird. Da interessiert es die Letztern vielleicht, vorher ein Wort über die Eindrücke eines in Genf lebenden Landsmannes zu hören.[2] Über zweierlei muß man versuchsweise hinwegsehen können, wenn man für Mott Verständnis gewinnen will, erstens darüber, daß er ein Amerikaner ist und mit amerikanischen Mitteln arbeitet, zweitens darüber, daß er nicht akademische Vorträge im gewöhnlichen Sinne des Wortes hält. Das Erste heißt, daß man sich nicht über sein Operieren mit Zahlen und «Tatsachen» ärgern, das Zweite, daß man nicht neue oder überhaupt sehr tiefe Gedankenarbeit von ihm erwarten darf. Jenseits dieser beiden Hindernisse, deren nähere Begutachtung ich vorderhand der Vaterstadt überlasse, fängt der wahre Mott an. Eine Würdigung von dieser Seite ist dem Zuhörer insofern leicht gemacht, als man durch Motts Vorträge, auch wenn man des Englischen nicht mächtig ist, sich ziemlich bald ein Bild von der *Persönlichkeit* des Mannes machen kann.

Nimmt man Mott einmal rein als Persönlichkeit, so wird man sich der Einsicht nicht verschließen können, was das heißen will: ein Mensch, der von *einer* kräftigen Idee erfüllt und getrieben ist. Von «persönlichem Leben»[3] hören wir ja heutzutage genug, es wimmelt nachgerade von persönlichen Lebemännern; aber das bedeutet in praxi oft genug ein völliges Zerflattern aller Gesichtspunkte, Ideen und Zwecksetzungen. Und an Ideen sind wir gleichfalls überreich, aber denen fehlt es wieder an Menschen, um sie durchzusetzen. In John Mott

---

[1] Die Basler Vorträge Motts fanden am 16. und 17. Februar 1911 statt und hatten zum Thema: «Der Weg zur religiösen Gewißheit» und «Im Kampf um die Persönlichkeit».
[2] Siehe oben S. 266, Anm. 4.
[3] Siehe oben S. 275, Anm. 24.

ist einmal eine große Idee Mensch geworden, und darauf scheint mir sein Geheimnis zu beruhen. Er hat nur *eine* Melodie, wie der alte Dessauer[4], aber die ist gut: *Evangelisation*[5], die Menschheit für Jesus und Jesus für die Menschheit.[6] In den Universitäten, vor allem in den Studenten sieht er das vorzüglichste und wichtigste Organ für diesen Lebensvorgang. Wissen sie es, daß sie das sind? Nein, sie wissen es meist nicht, und darum *sollen* sie es wissen, und darum Studentenmission. In diesem Gedankengang, der für Mott nicht eine Theorie ist, sondern ein Akt, liegt seine Persönlichkeit.

Von da aus sind seine *Vorträge* zu verstehen. Alles dreht sich darin um zwei Pole: hier der sittliche Gehorsam und dort die Assoziation. Und darum ist jeder Vortrag erstens Moralrede und zweitens Agitationsrede. Der Student soll ein christlicher Student werden, und der Student soll hinein in den internationalen christlichen Studentenbund. Beides ist aber für Mott eins und läuft in den Vorträgen ineinander über. Das christlich-religiöse Element tritt im Ganzen und an einzelnen Stellen ausdrücklich hervor: Jesus als das tröstliche Vorbild eines rechten Lebens und als der Anführer auf dem Wege des Sieges. Im Übrigen wirkt es latent und ist mehr aus dem Ton als aus den Worten des Vortragenden herauszuhören. Mit Evangelisatoren wie Keller, Schrenk, Henrichs[7] usw. hat Mott so gut wie gar nichts gemein. Man kann sogar von einer direkt antidogmatischen Haltung seiner Vorträge reden, die sehr sympathisch berührt. Aber was wichtiger ist: man spürt sich einer

---

[4] Leopold I. von Anhalt-Dessau (1676–1747), genannt der «Alte Dessauer», Fürst und preußischer Feldmarschall. Der sog. «Dessauer Marsch» war «sein Alpha und Omega in der Musik», «sein Lieblingsmarsch», «nach dessen Melodie er ... auch in der Kirche, wie die Volkssage erzählt, all und jeden Choral zum Staunen und ... Wunder der Anwesenden gesungen haben soll» (A. Formey, *Leopold's kriegerische Thätigkeit von ihren Anfängen bis zur Schlacht bei Cassano. Mit urkundlichen Quellenbelegen aus dem k. k. Reichs-Kriegs-Archiv zu Wien*, in: W. Hosäus [Hrsg.], *Zur Biographie des Fürsten Leopold von Anhalt-Dessau. Festschrift zur zweiten Säcularfeier der Geburt des Fürsten Leopold von Anhalt-Dessau 3. Juli 1876* [Mittheilungen des Vereins für Anhaltische Geschichte und Alterthumskunde, Bd. I, Heft 5], Dessau 1876, S. 64).

[5] Vgl. oben S. 280 mit Anm. 36.

[6] Vgl. oben S. 276 mit Anm. 28.

[7] Über den Pfarrer und Evangelisten Samuel Keller (1856–1924) vgl. die Art. in: RGG^1 III, Sp. 1058; RGG^2 III, Sp. 719; RGG^3 III, Sp. 1237f. Zu Elias Schrenk s. oben S. 6, Anm. 1. Zu L. Henrichs s. oben S. 219, Anm. 1.

Stärke und Geschlossenheit des religiösen Erlebens gegenüber, das wir, wenn wir aufrichtig sein wollen, gern als *überlegen* anerkennen werden; gerade wie uns unsre individual- und sozialsittlichen Prinzipien neben der *Wirklichkeit,* die uns in Mott entgegentritt, mindestens etwas farblos vorkommen dürften. So ist's wenigstens mir beim Anhören der Genfer Vorträge ergangen. Im Übrigen kann ich die Basler Studenten und die Basler überhaupt nur ermuntern, hinzugehen und sich die Sache selbst anzusehen, mit Kritik selbstverständlich, aber im Bewußtsein, daß es bei Mott, obschon er *kein* Basler ist, etwas zu holen gibt.

TUE RECHT UND SCHEUE NIEMAND!
(Keine Abhandlung, aber sonst zum Nachdenken)
1911

Der Text «zum Nachdenken» eröffnet die Nummer des Gemeinde-Blattes vom 9. 3. 1911. Eingangs scheint Barth an die Artikel anzuknüpfen, in denen er zuvor, ein wenig im Zofinger-Ton, Merkwürdiges aus seinen Erfahrungen als Vikar zur Sprache gebracht hatte (s. oben S. 11ff. 25ff.214ff.219f.). Doch wandelt sich die Betrachtung – des Untertitels ungeachtet – zu einer kleinen Abhandlung von eigenem Gewicht, in der Barth die im Vorjahr Loew vorgetragene These durchführt, daß es bei vielen eine dem Gedanken gegenüber unabhängige religiös-christliche Tatsächlichkeit, ein unbewußtes Christentum gebe (s. oben S. 37f.). Die Kühnheit, mit der Barth in diesem Sinne von der Titel-Maxime aus Gott als, wenn man so will, das Woher meines «Ich soll» und meines «Ich darf» auslegt, ist auch für einen alten Marburger bemerkenswert, an dessen Herkommen im übrigen die Herrmannsche Beziehung auf das Leben erinnert, «das uns in Christus entgegentritt». Aber auch das andere ist bemerkenswert: daß Barth seine Leser zum Schluß auf die ersten acht Kapitel des Römerbriefes, in denen «Besseres und Ausführlicheres über denselben Gegenstand» zu finden sei, hinweist – auf den Text also, den Barth im April in fortlaufenden «Vorlesungen» auszulegen begann (s. oben S. 52).

Leider ist gerade von diesem wichtigen Stück nur ein schwacher Reflex in den biographischen Dokumenten überliefert. Am 10. 3. 1911 schreibt Fritz Barth an seinen Sohn in einem etwas abrückenden Ton, er habe auf eine Anfrage «über deine theologische Stellung ... Auskunft gegeben, so gut ichs konnte», und er fährt dann fort: «Das Gemeindeblatt hat mich gefreut; es waere doch fast schade, jetzt schon von Genf wegzugehen.» Doch ist hier an die Predigt über Eph. 2,5 zu erinnern, die Karl Barth am 14. 8. 1955 in der Strafanstalt Basel hielt und in der er erzählte, ihm habe «einmal Einer gesagt: Ich brauche nicht in die Kirche zu gehen, ich brauche auch nicht in der Bibel zu lesen, ich weiß schon, was in der Kirche gesagt wird und was in der Bibel steht: ‹Tue recht und scheue niemand!›»[1] Im Vergleich mit der Deutung, die das

---

[1] K. Barth, *Predigten 1954–1967*, hrsg. von H. Stoevesandt (Gesamtausgabe, Abt. I), Zürich 1979, S. 33.

«Sprüchlein»[2] in dieser Predigt erfährt, wird der Weg anschaulich, den Barth inzwischen zu gehen hatte.

Wenn der Pfarrer in ein Haus kommt, so haben die meisten Leute einen gewissen Drang, ihm zu erklären, warum sie den Weg um die Kirche herum dem in die Kirche hinein vorziehen. Es kommt aber keine Erklärung so oft und aus so tiefem Herzensgrund wie die kleine Rede: *«Ich habe auch meine Religion: Tue recht und scheue niemand!»*[3] Das ist ein Glaubensbekenntnis. Mit dem Kirchengehen oder Nichtgehen hat es zunächst nichts zu tun. Ich lade die Leser ein, sich mit mir einen Augenblick über das Glaubensbekenntnis an sich zu besinnen. Die Hauptsache müssen sie dabei selbst tun. Ich kann sie nur auf einiges aufmerksam machen.

Zunächst darauf, daß es sich dabei wirklich um ein *Glaubens*bekenntnis handelt. Wer so redet, der geht bereits mit dem halben Fuß aus dem Gebiet des Sichtbaren ins Gebiet des Unsichtbaren, ins Gebiet dessen, das man nur *innerlich* erfahren und sich aneignen kann. Denn das Rechttun und Niemandscheuen sind den Fernrohren und Lupen der Gelehrten genau so unerforschlich wie Gott selbst und Alles das, wovon in anderen, ausführlicheren Glaubensbekenntnissen die Rede ist. Die also in dem Inhalt unseres Sprüchleins ihr Ziel und ihre Zuversicht haben (im Ernst nämlich und nicht nur den Worten nach!), die sind nicht Ungläubige, sondern Gläubige, denn sie leben nicht nur ein äußeres materielles, sondern in gewissem Umfang auch ein geistiges Leben. Was von ihnen zu verlangen ist, das ist nur, daß sie mit dem Inhalt ihres eigenen Sprüchleins Ernst machen und wirkliche *rechte* Gläubige seien. *Rechter* Glaube ist aber überall da, wo der Mensch innerlich nicht still steht, sondern nach seinem Ziel wirklich *unterwegs* ist. Setzt man vor das Sprüchlein das Wörtchen «Ich», dann wird es allerdings zu einer oberflächlichen, unwahren Phrase. Es würde dann so zu verstehen sein: Meine Religion besteht darin, daß ich mit mir zufrieden bin, weil ich recht tue u.s.f. Es steht aber kein «Ich» davor, sondern es ist eine *Forderung*, es steht ein Ausrufezeichen dahinter, es heißt: *Du sollst recht*

[2] Ebd.
[3] Vgl. K. Fr. W. Wander, *Deutsches Sprichwörterlexikon. Ein Hausschatz für das deutsche Volk*, Bd. III, Leipzig 1873, Sp. 1540f. (Nr. 64 und 68).

tun und niemand scheuen! Wer damit Ernst macht, der *kann* gar nicht anders als innerlich unterwegs sein, der *kann* nicht auf seinen Lorbeern ausruhn, der *kann* nicht Atheist sein; denn die wirklichen Atheisten sind nicht die, die so heißen, sondern die Selbstzufriedenen aller Schattierungen. Wo ein Mensch arbeitet und mit den Andern verkehrt und seine Kinder erzieht in dem Gedanken, daß etwas von ihm *gefordert* ist, da ist die Selbstzufriedenheit unmöglich, da heißt es innerlich beständig: Vorwärts! Man achte wohl darauf, ob man das Sprüchlein so versteht oder anders. Es gibt leider manche an sich sehr schöne Glaubensbekenntnisse, die nichts anderes sind als Dokumente der geistigen Faulheit ihrer Bekenner. Und im Munde mancher seiner Bekenner gehört auch unser Sprüchlein dazu.

Auf seinen Inhalt will ich nicht näher eintreten. Manche werden finden, daß mit der Forderung: Tue recht und scheue niemand! schon genug und übergenug vom Menschen verlangt sei, manchem wird die Sache etwas mager vorkommen. Auf ihre Weise haben beide Recht. Ich neige aber zu der Ansicht: Wenn man's mit dem Gehorsam gegen diese kleine Doppelforderung ernst nimmt, so wird man ungefähr sein Leben lang damit beschäftigt sein. Denn «Recht tun» heißt seine Pflicht erfüllen, und Niemand scheuen heißt: Sich durch Dick und Dünn sein gutes Gewissen behaupten. In den Worten Pflicht und Gewissen liegt dann alles Übrige enthalten, was man etwa noch hinzufügen möchte und könnte.

Aber nach einer andern Seite habe ich noch eine Anmerkung zu machen. Zu Jesus kam auch einmal Einer und trug ihm in einem kurzen Sprüchlein das vor, was vom Menschen *gefordert* sei. Es klang etwas anders, als das unsrige, aber es kommt dem Inhalt nach schließlich auf dasselbe heraus, wenigstens wenn man das Eine wie das Andre gründlich versteht und auslegt. Es hieß so: *Du sollst Gott deinen Herrn lieben von ganzem Herzen, von ganzer Seele, von allen Kräften und von ganzem Gemüte und deinen Nächsten wie dich selbst!* [Lk. 10,27]. Manche Christen von heutzutage würden vielleicht auch davon sagen, es sei «zu wenig». Jesus war anderer Meinung. Er hat dem Mann geantwortet: *Tue das, so wirst du leben!* [Lk. 10,28]. Und wenn er heute in unsere Häuser käme, und die Leute würden ihm sagen, was sie dem Pfarrer sagen, ihre Religion bestehe in dem Spruch: Tue recht und scheue Niemand! er würde sehr wahrscheinlich auch ihnen antworten: Tue das, so wirst du leben! Ja verstehen wir das? Merken wir, was für ein erdrückendes Gewicht damit auf das «Tue das» fällt? Ob wir's tun, ob wir der Forderung unseres Spruchs oder Sprüchleins gehorsam sind, davon hängt es jetzt ab, ob wir «leben» oder nicht, d. h. ob unser Dasein in unserem eigenen Urteil und im Urteil Gottes den Namen «Leben» oder «Tod» verdient. Hier ist der Punkt, den die meisten Leute übersehen. Wer kann von sich sagen: Ich *bin* meinem Spruch gehorsam, ich *liebe* Gott von ganzem Herzen und meinen Nächsten als mich selbst, oder ich *tue* recht und scheue Niemand? Wer kann ohne die gewaltigste Selbsttäuschung so reden? Ist es denn nicht so, daß unsere Pflicht, das Rechttun (um von der Liebe zu Gott nicht zu reden!), uns über den Kopf wächst, sobald wir sie ernst nehmen, und daß unser Gewissen uns anklagt, daß wir allen Anlaß haben, uns vor diesem und jenem, vor Gott und vor uns selbst zu «scheuen» auch in dem besten Leben[4], sobald nämlich unser Gewissen nicht schläft, sondern wirklich wach ist? Wenn dem aber so ist, dann bekommt die Antwort: Tue das, so wirst du leben! einen Klang, der uns nicht beruhigen, sondern *beunruhigen* muß. Wir tun ja *nicht*, was von uns gefordert ist. Nicht einmal die anscheinend so magere Forderung: Tue recht und scheue Niemand! erfüllen wir exakt und vollständig. Pflicht und Gewissen fordern an allen Ecken mehr von uns, als wir leisten. Tue das, so wirst du leben! Wir tun es aber nicht – was folgt daraus? Es folgt daraus, daß solche *Forderungen* wie die unseres Sprüchleins zwar sicher das Bekenntnis eines Glaubens sind, aber genau eines halben Glaubens, eines Glaubens, der damit endet, daß wir uns selbst verurteilen, daß wir uns selbst mit Fug und Recht das «Leben» absprechen müssen. Mit dem Glaubensbekenntnis: Tue recht und scheue Niemand! und ähnlichen mag man sich den Pfarrer vom Leib halten. Mit dem Gericht der eigenen Vernunft oder mit dem Gericht Gottes wird man dadurch nicht fertig. Oder ich wollte den sehen, der sich in den Schwierigkeiten der Pflicht und des Gewissens, der sich auf seinem Totenbett tatsächlich mit dem Gedanken tröstet, daß von ihm *gefordert* ist, recht zu tun und Niemand zu scheuen! *Gefordert* ist es, jawohl, aber *erfüllen* wir es denn? Wenn wir auf diesem

---

[4] Vgl. aus der 2. Strophe von M. Luthers Lied «Aus tiefer Not schrei ich zu dir» (GERS [1891] 214; EKG 195; GERS [1952] 137):
Es ist doch unser Tun umsonst
auch in dem besten Leben.

Punkt stehen und nun nicht etwa doch wieder die an uns gestellte Forderung durch allerlei Ausreden matt setzen, dann sind wir reif für den ganzen Glauben. Der wird dann aber bestehen in der Erfahrung, daß wir *empfangen*, was von uns gefordert ist. Die Forderung ist nicht umzustoßen und nicht abzuschwächen, aber wir dürfen uns nach einer *Kraft* umsehen, die die Forderung erfüllt. Und diese Kraft ist da. Jetzt bekommt das Wort «Gott» einen Sinn. Gott ist nicht ein schöner Gedanke und Gott ist nicht ein Schulmeister, der den Menschen von ferne mit dem Stocke droht: du sollst! du sollst! Sondern Gott ist die Kraft und das Leben, durch die der Mensch zum rechten Menschen *wird*. Und dieses Werden ist nicht eine Forderung, sondern ein *Dürfen*, eine *Gnade*. Woher weiß ich, daß ich darf? und wie mache ich mir die Gnade zu eigen? Wir wissen und ergreifen sie, indem wir eine Tatsache wissen und ergreifen, die nicht ferne ist einem jeglichen unter uns, in der wir leben, weben und sind [vgl. Act. 17,27f.], lange bevor wir's ahnen. Und diese Tatsache ist *Jesus Christus*. Hier ist Gottes Wirksamkeit für uns. Denn hier ist uns allen verständlich und faßbar das Leben eines Menschen, das uns den Weg zu Gott und damit zu einem nicht bloß geforderten, sondern wirklichen rechten Leben auftut. Der *ganze* Glaube aber, von dem die Rede war, wird dann nicht ein Gefühl oder eine Anerkennung von allerlei «höheren Mächten» sein, wie Viele es sich denken, sondern sehr einfach die dankbare Aneignung des wunderbaren überlegenen Lebens, das in Christus uns entgegentritt. Der Leser überlege sich noch einmal die Reihe von Erfahrungen, die anfängt mit dem «Tue recht!» und die endet mit der Gewißheit: Ist Gott für uns, wer mag wider uns sein? [Röm. 8,31]. In den acht ersten Kapiteln des Römerbriefs findet er Besseres und Ausführlicheres über denselben Gegenstand.

AUFERSTEHUNG JESU
1911

Die Aufzeichnungen über die «Auferstehung Jesu» gehören in den Zusammenhang der Diskussionsabende, die Karl Barth Anfang 1911 in die Reihe der Vorträge von «Lebensbildern aus der Geschichte der christlichen Religion» einschaltete (s. oben S. 51f.54). Doch während das Fragment der Vorbereitung Barths für den ersten der beiden Abende über «Die Bedeutung der Person Jesu für den Glauben» (s. oben S. 115) und seine Überlegungen für den Abend über «Die Wunder» (s. oben S. 116–118) Teil des Manuskripts der «Lebensbilder» sind, wurde der Text über die «Auferstehung Jesu» für den Abend am 8.3.1911 gesondert abgelegt. Es handelt sich um ein auf Vorder- und Rückseite beschriebenes Blatt ohne Seitenzählung im damals von Barth auch sonst gebrauchten Oktavformat.

Wie in seiner «nachträglichen Osterbetrachtung» 1910 (s. oben S. 37–45) und in den entsprechenden Stücken des Genfer Konfirmandenunterrichts sind Barths Ausführungen vornehmlich an W. Herrmanns Auffassung orientiert. Man kann darüber hinaus vermuten, daß die berühmte Anmerkung, die Harnack in der zweiten Auflage seines «Lehrbuchs der Dogmengeschichte» hinzufügte (Bd. I, Freiburg 1888, S. 74–76, leicht verändert 1909^4, S. 95–97), auf Barths Überlegungen Einfluß hatte. In ihr unterstreicht Harnack, daß «die historische Frage und die Frage des Glaubens scharf zu unterscheiden» seien. Auch er hebt das ἐν ἐμοί von Gal. 1,16 besonders hervor (2. Aufl. S. 74 [s. auch S. 75], 4. Aufl. S. 95). Im übrigen scheinen die Darlegungen Barths aus dem intensiver werdenden Paulus-Studium gespeist, bei dem er sich anscheinend (s. unten Anm. 3) auf die von ihm auch sonst benutzten (s. oben S. 87, Anm. 97) «Schriften des Neuen Testaments» stützte. An einem Punkt der Exegese von 1. Kor. 15 setzt Barth den Akzent freilich deutlich anders als W. Bousset in den «Schriften des Neuen Testaments». Bousset streicht als «außerordentlich bedeutsam» heraus, daß der Apostel vom leeren Grab nichts sage. «Was er nicht sagt, darf man hier auch nicht zwischen den Zeilen lesen wollen.»[1] *Daß Barth vorsichtiger formuliert: «Leeres Grab*

---

[1] W. Bousset, *Der erste Brief an die Korinther*, in: *Die Schriften des Neuen Testaments, neu übersetzt und für die Gegenwart erklärt*, hrsg. von J. Weiß, Bd. II, Göttingen 1908², S. 146.

nicht ausdrücklich», könnte auf den Kommentar zum 1. Korintherbrief von Johannes Weiß zurückgehen, der 1910 erschien. Denn Weiß meint, 1. Kor. 15,4f. schließe vermutlich die Vorstellung ein, daß «Christus ... mit einem schon verklärten Leibe das Grab verlassen» habe.[2] *Doch fehlen direkte Hinweise, die die indirekten so stützen könnten, daß wir in der Lage wären, Barths Apparat bei seinen Paulus-Studien zu rekonstruieren.*

1. Die Frage des Glaubens. Festhalten: Glaube nicht ein Akzeptieren, sondern ein Erleben und Leben auf Grund eines Faktums Christl. Glaube: Erlebnis und Nachfolge Jesu. Wir glauben also nicht an dies u. das, auch nicht *an* die Auferstehung, sowenig wie *an* die Bergpredigt od. *an* die Wunder[,] sond. wir glauben an *Xρ* [Christus] *den Auferstandenen.* Also: Inwiefern ist der christl. Glaube auch Auferstehungsglaube?

Wir halten uns an *Paulus* als klass[ischen] Zeugen des christl. Glaubens. Für ihn ist Xρ schlechterdings der *Gekreuzigte* u. d. *Auferstandene* [vgl. Röm. 8,34; 2. Kor. 5,15; 13,4 u. ö.]. Xρ'i Tod ist Tod der alten Welt, seine Auferstehung der Anfang der neuen. Wie hängt das im Erlebnis des Glaubens zusammen? Antwort: Eph 2,1–13 Rom 6,1–14[.] Die Auferstehung Xρ'i ist ihm also ein *Vorgang,* nicht eine histor. Erinnerung u. zw. sind die *Auferstehung Xρ'i u. der Gläubigen unlöslich mit einander verbunden*

Der *Tod Christi* ist die Versöhnung des Menschen mit Gott. Dein Wille geschehe [Lk. 22,43 Parr.; Mt. 26,42; Mt. 6,10; Act. 21,14]. An den Gekreuzigten glauben heißt: leben in der Gesinnung des gekreuzigten Xρ, also der Welt u. der Sünde sterben [Gal. 6,14; Röm. 6,2], der radikale Gehorsam. Der Tod Xρ'i ist der Weg, in dem sein Leben zus[ammen]gefaßt ist, ebenso unser Weg zu Gott[.] Die *Auferstehung Xρ'i* ist das neue Leben. Versöhnt mit Gott haben wir Gerechtigkeit [vgl. Röm. 5,1f.6–11]. An den Auferstandenen glauben heißt: von Sünde u. Tod frei sein[,] am Ziel, in der «Himmelswelt»[3] sein. Der Untergang im Kreuz erweist sich als kein Untergang, sondern als neue Schöp-

---

[2] J. Weiß, *Der erste Korintherbrief* (KEK V), 1910⁹⁽¹⁾ [= 1977], S. 349.
[3] «Himmelswelt» scheint Barth übernommen zu haben von W. Lueken, *Die Briefe an Philemon, an die Kolosser und an die Epheser,* in: *Die Schriften des Neuen Testaments,* a.a.O., S. 354f., wo der Ausdruck innerhalb der Übersetzung und Auslegung von Eph. 2,6 vorkommt.

fung. Der Auferst[ehungs]glaube ist also *nicht der Anfang[,] sond. das Ende,* er redet von einem Sieg, nach dem wir erst ausschauen. Aber er redet auch von etwas, was in dem kämpfenden Glauben an d. Gekreuzigten bereits mitgedacht ist, nur unentwickelt, oft uns selbst verborgen [[I Cor 15 verbindet P[au]l[us] den Auf[erstehungs]gl[auben] direkt mit der Auferstehung der Toten d. h. derer die «im Herrn entschlafen» sind. Zweifellos ist das prinzipiell im Glauben enthalten, ob als ein zeitliches *Nachher* zu denken? Die Frage, was dabei aus d. Körper wird, beantwortet Pl. mit d. Satz von d. Verwandlung. Ob daraus bei Ausschaltung des *Nachher* die Gestalt unseres menschl-sinnl. Lebens sub specie aeternitatis[4] wurde? Jedenfalls ist auch die Überwindung des Todes eine Kraft der Auferstehung Χϱ'i]][5]

2. Die Frage der Geschichte. Die steht in einem andern Buch.[6] Zusammenhang mit der ersten Frage: Die Kraft des Todes u. d. Auferstehung Χϱ'i [vgl. Phil. 3,10f.] liegt vor in unzähligen relig. Erlebnissen. Wir können u. dürfen sie auch erfahren. Aber eben erfahren d. h. praktisch glauben. Kein histor. Für Wahr halten darf da dazwischen treten. Immerhin haben wir Interesse daran, uns klar zu machen, *wie sich dies Erlebnis zum ersten Mal an den Gläubigen vollzogen hat.* Das Osterfest ist das Hauptfest der christl. Kirche als Erinnerung u. Anschauung des *Präzedenzfalls* unsres Erlebnisses.

Ältester Zeuge ist wieder *Paulus* I Cor 15,1–11
1. Erscheinungen *2.* Leeres Grab nicht ausdrücklich *3.* nur Gläubige *4.* Seine eigene Christophanie (= ἐν ἐμοὶ [Gal. 1,16]!!)

Das nächstälteste Zeugnis ist *Markus* [16,1–8], berichtet in sein[em] echten Schluß nur von d. Tatsache des leeren Grabes. Folgt *Matthäus* [28,1–20]: Weiß von den Frauen, List der Juden, Erschein[ung] in Galiläa[.] Dann *Lukas* [24,1–52]: Frauen, Emmausjünger, die Elf, Jesus ißt, Abschied in Bethanien. Endlich *Johannes* mit einem ziemlich reichen Erzählungskreis [20,1–29 und 21,1–23]

Aus allen 5 Berichten ergibt sich *1.* die Auferstehung selbst hat niemand mitangesehen *2.* der Auferstandene ist nur Gläubigen erschienen Der psycholog. Vorgang in den letztern wird am deutlichsten Lc 24,13–32

---

[4] Die Wendung geht zurück auf Baruch Spinoza, *Ethica ordine geometrico demonstrata,* p. V., prop. XXIX–XXXI.
[5] Schließende Klammer vom Hrsg. ergänzt.
[6] J. W. von Goethe, *Faust I,* V. 2349 (Hexenküche).

NOVALIS
[Vortrag]
1911

Der Novalis-Vortrag gehört zu den Gemeindeabenden, an denen Pfarrer Walter und Vikar Barth über einige Kirchenliederdichter vortrugen. Zu dieser Reihe ist oben S. 230 das Allgemeine gesagt. Zum Abend über Novalis, der am 12. 3. 1911 stattfand, schreibt Karl Barth am 19. 3. an die Eltern: «Ich höre, daß man an Novalis doch Freude gehabt hat. Der Öl-Dubach [s. oben S. 16] erklärte mir heute feierlich, es sei ‹läng aber nid längwilig›, sondern sehr schön gewesen.» Und am 8. 4. teilt Barth ihnen mit: «Ich bin sehr mit Arbeit überladen zur Stunde»; u. a. «war ein Artikel über Novalis zu schreiben, der nun fast eine ganze Nr. des Gmbl. füllen wird». Der Aufsatz leitet die Osternummer des Gemeinde-Blattes ein. Bei den *Vortrags-Notizen handelt es sich um zwei auf drei Seiten mit Tinte beschriebene, mit dem Datum vom* «12. III 11» *versehene Blätter im auch sonst gebrauchten Oktavformat.*

Moderne Welt. *Klassische Epoche.* (1781–1832)[1] Novalis Besondere Richtung: *Romantik.* Übereinstimmung u. Gegensatz. Überbietung oder Reaktion? *Novalis* zweifelhaft. Katholiken[2] u. Monisten[3]. Gegner. Von d. Parteien ...[4] Doppelter Hintergrund:

---

[1] D. h. die Zeit zwischen dem Erscheinen von Kants «Kritik der reinen Vernunft» (zugleich Lessings Todesjahr) und Goethes Todesjahr.

[2] Die Annahme vieler, ja der «Meisten», «daß Novalis, wenn er auch nicht äußerlich zur katholischen Kirche übergetreten sei, doch innerlich die Ansichten der römischen Katholiken getheilt habe und im Herzen eigentlich ein solcher gewesen sei», sucht das 4. Kapitel des «von einem Mitglied der Familie [nämlich Sophie von Hardenberg] herausgegebenen[en]» Buches *Friedrich von Hardenberg (genannt Novalis). Eine Nachlese aus den Quellen des Familienarchivs* ausführlich zu widerlegen (Gotha 1883², S. 213–227): Am Entstehen dieser «Sage» trage (neben L. Tieck) Fr. Schlegel Schuld «durch den Wunsch, in Novalis der römischen Kirche einen werthvollen Convertiten zu verschaffen» (S. 213). Für die fast selbstverständliche Zuordnung Hardenbergs zumindest zum Kunst-Katholizismus ist es bezeichnend, daß O. Wetzstein, *Die religiöse Lyrik der Deutschen im 19. Jahrhundert. Ein Beitrag zur Literaturgeschichte der Neuzeit*, Neustrelitz 1891, S. 13–21, Novalis unter die *«katholische* Liederdichtung» (immerhin im Abschnitt «Romantiker und Convertiten») einreiht. Mit beredter Empörung breitet diesen Sachverhalt aus: Fr. Nippold, *Das deutsche Christuslied des neunzehnten Jahrhunderts*, Leipzig 1903, S. 9.14–19.

Klassizismus. Ergebnis eines Kampfes. Autoritäten des Mittelalters: Gott in Kirche u. Staat. Vernunft unter das Wunder gestellt. Reformation: Grundsätzl. Selbständigwerden des Denkens. Prakt. Schranken. Aufklärung: Naturwissenschaft u. Geschichte, mechan. Welterklärung, Entgötterte Welt – entgöttert durch den Menschen. Theoretisiert in Kants Theorie vom Wissen. Abgebildet in der französ. Revolution. *Das Selbstbewußtsein ist erwacht[,] aber in Natur u. Geschichte begegnet es nach wie vor einem Andern.* Dies das Problem der klass. Periode. Der bloße Naturalismus war überwunden (die Klassiker sind Wissenschaftler, aber vor Allem *Dichter!*) Goethe u. Schiller haben angefangen als Propheten der Alleingeltung d. Individuums (Götz, Werther, Räuber[,] Prometheus) Aber Klassiker werden sie, indem sie d. Individ. vor seine Schranken führen, vor den Ausgleich des Subjektiven durch das Objektive (Prometheus wird zu Faust u. Wilh. Meister, Werther: folge ihm *nicht* nach[5], Goethes eigenes Leben![)] Im Wallenstein u. Maria Stuart die sittl. Schicksalsmacht

Vorlesen: Schiller, Worte des Glaubens I 245[6]
  Goethe, Vermächtnis II 245[7]

[3] Barth denkt wohl besonders an Wilhelm Bölsche, der dem leitenden «Ausschuß des Deutschen Monistenbundes» angehörte (Blätter des Deutschen Monistenbundes, Nr. 1, Juli 1906, S. 13). Bölsche hatte 1899 in einem programmatischen Aufsatz über Novalis geschrieben, «daß seine Mystik nichts Anderes ist als ein folgerichtiger *Monismus*» (*Novalis und das neue Jahrhundert*, in: Deutsche Rundschau, Bd. 101 [October – November – December 1899], S. 191); s. auch W. Bölsche, *Friedrich von Hardenberg genannt Novalis*, in: *Novalis' ausgewählte Werke in drei Bänden*, hrsg. von W. Bölsche, Leipzig o. J., Bd. I, S. VIII. [Auf diese Quelle wird im folgenden mit Verfassernamen und Band- und Seitenzahl verwiesen.]

[4] Fr. von Schiller, *Wallensteins Lager*, Prolog:
  Von der Parteien Gunst und Haß verwirrt,
  Schwankt sein Charakterbild in der Geschichte.

[5] J. W. von Goethe, Motto-Verse zur zweiten Ausgabe der «Leiden des jungen Werthers», 1775, Zum 2. Buch:
  Du beweinst, du liebst ihn, liebe Seele,
  Rettest sein Gedächtnis von der Schmach;
  Sieh, dir winkt sein Geist aus seiner Höhle:
  Sei ein Mann und folge mir nicht nach.

[6] Barth benutzte *Schillers sämtliche Werke in zwölf Bänden*, Bd. I: *Gedichte*, Stuttgart o. J., S. 245: «Die Worte des Glaubens».

[7] Barth benutzte *Goethes Sämtliche Werke. Jubiläums-Ausgabe in 40 Bänden*, in Verbindung mit K. Burdach [u. a.] hrsg. von E. von der Hellen, Bd. II: *Gedichte*, Zweiter Teil, Stuttgart/Berlin o. J., S. 245f.: «Vermächtnis».

Romantik. Das Geschlecht[,] das zwischen 1790–1800 20–30jähr[ig] ist[,] verfolgt den subjektiven Ausgangspunkt der Klassiker tumultuarisch weiter. Fichte outriert den philos. Subjektivismus Kants, immerhin als strenger Wissenschaftler u. Ethiker[.] Ein Kreis jüngerer Schriftsteller geht weiter. Goethe ist *als Poet* ihr Abgott. Sie finden die Wirklichkeit *nur* im Innern. *Das Selbstbewußtsein ist das allein Wirkliche,* das «Andere» (s. o.) wird ausgeschaltet. Das mußte zu einer neuen Wertschätzung der *Rel.* führen, die bei den Klassikern immer nur gedämpft zur Aussprache kam.

Zwei Wege von da aus begangen

1. D. Selbstbew[ußtsein] überläßt sich[,] vom Denken u. sittl. Denken unbehindert, dem phantast. Drang in die Tiefen des Ichs u. der Gottheit. So die Brüder *Schlegel*[,] die mit Libertinismus anfangen, mit der Hochschätzung der «gottvollen» Vergangenheit fortfahren u. im Katholizismus enden. Nach dieser Seite wird die Romantik *Reaktion* (hl. Allianz, Erweckung, polit. u. rel. Repristination, träumer[ischer] Ausgang angesichts der mod[ernen] geist. Entwicklung[)]

2. D. Denken behauptet seine Herrschaft, setzt d. Ich u. Gott in eine bestimmte Beziehung. So *Schleiermacher,* der geniale Wiederentdecker der Rel. als Erlebnis d. Individ[uums]. Von da aus eine neue positive Auffassung des Chr[isten]t[um]s in sein[er] Bezieh[un]g zur Kultur

Novalis zeigt Ansätze nach beiden Richtungen. Er war d. Schüler Goethes wie kein anderer Rom[antiker], er hat aber deren Elemente in sich vereinigt wie auch kein Anderer. Ob er als Synthese von Goethe u. Schleiermacher der Größte jener Zeit geworden wäre? Er ist 29jähr. gestorben, sein Leben wie sein Werk sind Fragment

Leben des Novalis. Friedr. v. Hardenberg geb. 2. V 1772 in Wiederstedt (Thür[ingen]) Vater Bergwerksdirektor, Herrnhuter. Ein Jahr bei Onkel Komtur in Luklum (trockener Freigeist, Bibliothek) Weißenfels. (Salinen) Gymnasium in Eisleben (Erste Gedichte: nichts Besonderes, Schwärmerei für Vernunft u. Revolution) Univers[ität] Jena (Reinhard[8] u. Schiller) Friedr. Schlegel[9]

---

[8] Vielmehr: [Karl Leonhard] Reinhold.
[9] H. Friedemann, *Lebensbild,* in: *Novalis' Werke in vier Teilen,* hrsg. von H. Friedemann, Berlin [u. a.] o. J., 1. Teil, S. IX.XI–XVI. [Auf diese Quelle wird im folgenden mit Verfassernamen und Teil- und Seitenzahl verwiesen.]

Vorlesen: Brief Fr. Schl.'s Friedemann XVII[10] Flottes Studentenleben. Nach Lei[p]zig (Soldat?) Wittenberg (Unklassische Innerlichkeit sein[es] Studierens) Tennstedt. Kr[eis-]Amtmann Just. Tüchtigkeit (cf. Goethe!) 1795 Grüningen Sophie v. Kühn[11]
Vorlesen: «Klarisse» Friedemann IV, 102[12] – 1796 Saline Weißenfels Sophie † 19. III 1797 Bruder Erasmus 14. IV 1797[13] «Der Entschluß»[14] cf. Werther.[15]
Vorlesen: Tagebuch Fr[iedemann] IV 105f.[16] Hymnen an die Nacht.[17]
Herbst 1797 Athenäum: Fragmente «Blütenstaub» Studium in Freiberg (Werner) Lehrlinge v. Sais
1798 Verlob[un]g mit Julie v. Charpentier 1799 Ofterdingen, Europa. 1800 krank (Schwindsucht) 25. I 1801 †[18]

Werk des Novalis. Hymnen an die Nacht *Vorlesen* Bölsche I 13f.[19] Durch den Tod Sophies ist die Neigung v. N. gewaltsam bestärkt, sein

---

[10] Friedemann 1. Teil XVIf. bringt – mit Auslassungen – den Schluß des nicht datierten Briefes Friedrich Schlegels an seinen Bruder August Wilhelm (wohl vom Januar 1792): *Friedrich Schlegels Briefe an seinen Bruder August Wilhelm,* hrsg. von O. F. Walzel, Berlin 1890, S. 34f.; vgl. Novalis, *Schriften. Die Werke Friedrich von Hardenbergs,* hrsg. von P. Kluckhohn und R. Samuel, Bd. IV: *Tagebücher, Briefwechsel, Zeitgenössische Zeugnisse,* Stuttgart 1975, S. 571f.
[11] Friedemann 1. Teil XVI.XX–XXV; zum Verweis auf Goethe vgl. Bölsche Bd. I XXV–XXVII.
[12] = Novalis, *Schriften,* Bd. IV, a. a. O., S. 24f.
[13] Friedemann 1. Teil XXVIII; Bölsche Bd. I XXXIII.
[14] Friedemann 1. Teil XXIf., 4. Teil 104–106.108 u. ö.; vgl. Novalis, *Schriften,* Bd. IV, a. a. O., S. 29–31 u. ö.
[15] Zur «Werther-Stimmung» bei Novalis s. Bölsche Bd. I XXXVII.XXXIX; vgl. XLI.
[16] = Novalis, *Schriften,* Bd. IV, a. a. O., S. 30–33 (bei Friedemann 4. Teil 105–106 stehen die «Journal»-Aufzeichnungen vom 24. April bis zum 4. Mai 1797; da Barths Exemplar der Friedemannschen Ausgabe nicht in seiner Bibliothek erhalten geblieben ist, kann man nicht sagen, welche Abschnitte sich Barth möglicherweise zur Verlesung markiert hatte – auch ist unsicher, ob die Angabe S. 105 und die folgende Seite oder – wofür Barth ebenfalls das einfache f. zu setzen pflegte – S. 105 und mehrere folgende Seiten meint).
[17] Friedemann 1. Teil XXXII.
[18] Friedemann 1. Teil XXXV–XXXVII.XXXIX.XLI–XLIV.
[19] Bei Bölsche Bd. I 13 beginnen die «Hymnen an die Nacht» in der «Versfassung nach der Handschrift»; vgl. Novalis, *Schriften. Die Werke Friedrich von*

Leben verlegt sich ganz ins Innere. Sinn der «Nacht»: das Leben ist nicht im Bewußtsein, sondern im *Unbewußten*, das wahre Leben ist darum der *Tod,* der Erlöser ist der *sterbende Xϱ [Christus]* (S. 25f.)[20] Also die völlige Umkehr aller Begriffe (Gesang d[er] Toten *vorlesen* (Schluß S. 58f.)[)][21]

Und *Natur* u. *Geschichte,* in denen Goethe u. Schiller lebten?

1. Die *Natur* verwandelt sich in eine bloße Spiegelung des Ich. Der Mensch muß sich darin verlieren, um sich wiederzufinden

Vorlesen: Märchen von Hyazinth u. Rosenblütchen S. 148[22]

Einem gelang es ...[23] Wenn nicht mehr Zahlen u. Figuren ...[24]

2. Die *Geschichte:* Ordnung, Anarchie, Neuordnung *Vorlesen* S. 128f.[25]

So steht die *Rel.* am Ende (u. Anfang!) der Natur u. d. Geschichte. Nicht Beseitigung, Verklärung![26] Es giebt nicht ein «Anderes», sondern nur Eins = Geist = Gott. Das war bei N. weniger pantheist. Theorie als *Erlebnis.* Von hier aus seine geistlichen Lieder zu verstehen

Ausgangsp[un]kt: Tod der Sophie, Tod überhaupt, Tod = Christus, daher Sophie = Christus

Marienlieder (für Ofterdingen, jedenfalls tief empfunden!)

Vorlesen S. 61[27]

Christuslieder S. 61[28] vorlesen. Warum gerade Christus? Art seines

---

Hardenbergs, hrsg. von P. Kluckhohn und R. Samuel, Bd. I: *Das dichterische Werk,* Stuttgart 1977³, S. 130ff.

[20] Bei Bölsche Bd. I 25–27 sind drei Versgruppen von Barth angestrichen. Es handelt sich um: Novalis, *Schriften,* Bd. I, a.a.O., S. 146, Z. 551–558.573–587; S. 148, Z. 599–613.

[21] Bölsche Bd. I 58f. (= Novalis, *Schriften,* Bd. I, a.a.O., S. 363, Z. 5–S. 365, Z. 4).

[22] Bölsche Bd. I 148[–151]; vgl. Novalis, *Schriften,* Bd. I, a.a.O., S. 91–93.

[23] Friedemann 1. Teil 132; vgl. Novalis, *Schriften,* Bd. I, a.a.O., S. 110.403.

[24] Friedemann 2. Teil 185f.; vgl. Novalis, *Schriften,* Bd. I, a.a.O., S.(344.)360.

[25] Aus *Die Christenheit oder Europa:* Bölsche Bd. I 128f. = Novalis, *Schriften. Die Werke Friedrich von Hardenbergs,* hrsg. von P. Kluckhohn und R. Samuel, Bd. III: *Das philosophische Werk II,* Stuttgart 1983, S. 516f.

[26] Dieser Satz ist zwischen den Zeilen nachgetragen. Es ist nicht klar ersichtlich, an welcher Stelle er einzufügen ist.

[27] Bölsche Bd. I 61 («Ich sehe dich in tausend Bildern ...»); vgl. Novalis, *Schriften,* Bd. I, a.a.O., S. 177.

[28] Bölsche Bd. I 61[–63] («Was wär ich ohne dich gewesen ...»); vgl. Novalis, *Schriften,* Bd. I, a.a.O., S. 159[–161].

Erlebnisses (Tod) aber auch sachlich bezeichnend: auch die innerlichste Rel. findet keinen höhern Ausdruck als Jesus.

Ob ein anderer N. als in sein[en] sonstigen Werken? Keineswegs S. 73 *vorlesen*.[29] S. 66 *analysieren*[30]

D. *Wertvolle:* Dichterische Empfindung u. Form wie bei keinem andern K[irchen-]Liederdichter

Schwächen: Mangel an willensmäßigem Appell. Daher kein Ernstmachen mit der Sünde. Weichlicher Seelenegoismus

Dies die Unarten des Nov. überhaupt. Eine Kinderseele. Was wäre daraus geworden?

---

[29] Bölsche Bd. I 73 («Wenn in langen trüben Stunden ...»); vgl. Novalis, *Schriften*, Bd. I, a.a.O., S. 175 (und S. 620).
[30] Bölsche Bd. I 66 («Wenn ich ihn nur habe ...»); vgl. Novalis, *Schriften*, Bd. I, a.a.O., S. 164f.

NOVALIS
[Aufsatz]
1911

Der Aufsatz ist der fünfte in der Reihe «Unser Gesangbuch». Entsprechend lautet die Überschrift im Gemeinde-Blatt: «Unser Gesangbuch. V.» Vgl. im übrigen oben S. 230f. und S. 296.

Novalis. Ist es eine wundervolle, selige Fernsicht nach den letzten Höhen und Tiefen des Lebens, oder ist es ein rätselhafter, gefährlicher Abgrund, in dem alles Leben untergeht, was sich vor uns auftut, wenn wir hineinsehen in das kurze, an überraschenden Wendungen so reiche äußere Dasein und in die fast nur aus Fragmenten bestehenden Werke dieses Mannes? An der Wende zweier Zeiten steht er da in der Geschichte der Geisteswelt, und sein Geist ist selbst der beiden Zeiten Schlachtgebiet.[1] Wird er uns zurückführen zu dem weltverlorenen, eisengepanzerten und doch so traumhaft unbestimmten Gott des Mittelalters oder vorwärts in eine moderne, hochgemute Welt der reinen Wissenschaft und der reinen Kunst, die von einer neuen Gottverlassenheit beständig bedroht erscheint? Oder wird er die höhere Einheit entdecken der Lebenskräfte beider Zeiten und ein Schatzmeister alter und neuer Reichtümer werden, wie es seine Zeitgenossen Goethe und Schleiermacher geworden sind? Man kann auf alle diese Fragen mit Ja oder mit Nein antworten. Aber das Ja und das Nein wird nicht mehr sein als eine Vermutung. Denn der Weg und das Werk des Novalis sind da abgebrochen, wo er selber uns klare Antwort hätte geben können. Der Novalis, den wir *kennen*, steht jenseits von gut und böse[2], von wahr und unwahr, von alt und neu. Er gleicht einem Wanderer auf schwindelnd hohem Bergfirst. Ist er ein Nachtwandler, der dem Tod geweiht ist, oder ein geübter Steiger, der sein Ziel und seinen Weg kennt? Wir wissen es nicht. Wir blicken in ein Paar tiefer, leuchtender

---

[1] Vgl. C. F. Meyer, *Huttens letzte Tage. Eine Dichtung.* XXXII. Luther («Sein Geist ist zweier Zeiten Schlachtgebiet»), Sämtliche Werke. Historisch-kritische Ausgabe, Bd. VIII, Bern 1970, S. 67.
[2] Vgl. Fr. Nietzsche, *Jenseits von Gut und Böse. Vorspiel einer Philosophie der Zukunft*, Leipzig 1886.

Kinderaugen. Werden es die Augen eines Schwärmers sein oder eines Propheten? Wir wissen es nicht. Aber vielleicht ist es gerade die Unverständlichkeit und Fragwürdigkeit dieses in der Blüte abgerissenen Lebens, die es immer wieder anziehend macht. Denn sie ist im letzten Grunde echt menschlich. Die Art derer, die lieber auf den Bergen wandern als in den Tälern, haben die Andern nie klipp und klar definieren können, und wer selber dazu gehört, wird in seinem eigenen inneren Leben bei allen Verschiedenheiten das Doppelgesicht des Novalis wiedererkennen.

Das alles gilt nun auch von seinen «geistlichen Liedern».[3] Die vorsichtige Auswahl, die unser Gesangbuch davon bietet (Nr. 135, 249, 250)[4], gibt von ihrem Gehalt nur einen ziemlich blassen Eindruck. Ob sie sich gerade zum Gemeindegesang eignen, ist überhaupt die Frage, und auch als Lektüre werden sie immer nur zu verhältnismäßig Wenigen reden. Die möchten es sich auch nicht verdrießen lassen, Novalis' Werke *selbst* zur Hand zu nehmen. Billige Ausgaben gibt es genug.

Man hat schon oft darüber den Kopf geschüttelt und hin und her geraten, wie dieser pantheistische Philosoph überhaupt dazu gekommen sei, zu dem feurigen und innigen *Christus*dichter zu werden, als der er in diesen Liedern vor uns steht. Zu erklären ist hier nichts. Es handelt sich um eines der vielen Rätsel, die er uns aufgibt. Immerhin haben wir einen Fingerzeig zur Lösung in der Tatsache, daß neben seinen 13 Christusliedern[5] – 2 Marienlieder[6] stehen. Ich setze das zweite davon hieher:

> Ich sehe dich in tausend Bildern,
> Maria, lieblich ausgedrückt,
> Doch keins von allen kann dich schildern,
> Wie meine Seele dich erblickt.
> Ich weiß nur, daß der Welt Getümmel

---

[3] Geistliche Lieder, Nr. I–XV, in: Novalis, *Schriften. Die Werke Friedrich von Hardenbergs*, hrsg. von P. Kluckhohn und R. Samuel, Bd. I: *Das dichterische Werk*, Stuttgart 1977³, S. 159–177.

[4] GERS (1891) 135: «Ich sag' es jedem, daß er lebt» (GERS [1952] 170; Geistliche Lieder, Nr. IX, a.a.O., S. 169f.); GERS (1891) 249: «Wenn alle untreu werden» (Geistliche Lieder, Nr. VI, a.a.O., S. 165f.); GERS (1891) 250: «Wenn ich ihn nur habe» (Geistliche Lieder, Nr. V, a.a.O., S. 164f.).

[5] Geistliche Lieder, Nr. I–XIII, a.a.O., S. 159–175.

[6] Geistliche Lieder, Nr. XIV und Nr. XV, a.a.O., S. 175–177.

> Seitdem mir wie ein Traum verweht,
> Und ein unnennbar süßer Himmel
> Mir ewig im Gemüte steht.⁷

Daneben seien nun einige Strophen aus einem Christuslied gestellt:

> Die Augen sehn den Heiland wohl,
> Und doch sind sie des Heilands voll,
> Von Blumen wird sein Haupt geschmückt,
> Aus denen er selbst holdselig blickt.
>
> Er ist der Stern, er ist die Sonn',
> Er ist des ew'gen Lebens Bronn,
> Aus Kraut und Stein und Meer und Licht
> Schimmert sein kindlich Angesicht.
>
> In allen Dingen sein kindlich Tun,
> Seine heiße Liebe wird nimmer ruhn,
> Er schmiegt sich seiner unbewußt
> Unendlich fest an jede Brust.⁸

Aus dem Vergleich ergibt sich zunächst, daß Novalis auch als christlicher Dichter wirklich *pantheistisch* gedacht hat (das tat in seiner Weise auch Tersteegen!). «In tausend Bildern» der Welt sieht er Maria oder den Heiland, und diese Bilder schenken und verheißen ihm den Himmel im Gemüte. Zweitens dürfte deutlich sein, daß es im Grunde *dasselbe* Wesen ist, das Novalis zuerst als Maria und dann als Heiland anredet. Es ist die lebendige Gottheit, die aus den tausend Bildern redet zu dem, der Augen hat zu sehen und Ohren zu hören. Bald heißt sie *Maria* und bald *Jesus*. Diese Vertauschung des religiösen Gegenstandes, die sich im Katholizismus in einer Jahrhunderte langen Entwicklung vollzogen, hat Novalis in einigen Jahren nacherlebt, um es so zu sagen, und nur *vielleicht* auch überwunden. Der Anlaß seiner religiösen Bekehrung war der Tod seiner Braut, *Sophie von Kühn* (1797). Ihm öffneten sich im Schmerz die wundervollen Tiefen des Lebens, von denen das vorlaute Licht des Tages nichts weiß. Da kleidet seine dichterische Phantasie das offenbar gewordene Geheimnis in die Gestalt der entschwundenen Geliebten. Er scheut sich nicht, auf den Blättern seines

---

⁷ Geistliche Lieder, Nr. XV, a.a.O., S. 177.
⁸ Geistliche Lieder, Nr. XII: «Wo bleibst du Trost», Strophen 8–10, a.a.O., S. 174f., Z. 29–40.

Tagebuches von «Gebet an Sophie»[9] zu reden. Es ist doch nicht das gestorbene Mädchen, das er im Grunde meint, sondern die Schönheit des Lebens, die er zur *ewigen* Schönheit erhebt, und die er verlieren mußte, um sie zu finden. Und so bekommt Gott, *wenn er von ihm redet*, zunächst die Züge eines Frauenwesens. Die Bezeichnung als *Maria* war von da aus naheliegend. Aber auch seine Verehrung *Jesu* hat in jenem schmerzlichen Ereignis seines äußeren Lebens Grund und Anlaß. Die «Hymnen an die Nacht»[10] deuten uns den Weg an, den Novalis gegangen ist. Der Tod seiner Braut hat ihn ins Dunkel geführt, aber nicht ins Grauen, sondern in die Herrlichkeit:

> Die Nacht ist da –
> Entzückt ist meine Seele,
> Vorüber ist der irdische Weg
> Und du bist wieder mein.
> Ich schaue dir ins tiefe dunkle Auge,
> Sehe nichts als lauter Lieb und Seligkeit.[11]

Nicht die Lebenden sind die *Lebendigen*, sondern die Toten; jauchzend und lockend rufen sie uns, ihren künftigen Genossen, zu:

> Helft uns nur den Erdgeist binden,
> Lernt den Sinn des Todes fassen
> Und das Wort des Lebens finden;
> Einmal kehrt euch um.
> Deine Macht muß bald verschwinden,
> Dein erborgtes Licht verblassen,
> Werden dich in kurzem binden,
> Erdgeist, deine Zeit ist um.[12]

Sofort muß auch diese lebendig machende Todeskraft dem Dichter Gestalt und Wesen annehmen:

> Unter tausend frohen Stunden,
> Die im Leben ich gefunden,

---

[9] *Journal*, in: Novalis, *Schriften. Die Werke Friedrich von Hardenbergs*, hrsg. von P. Kluckhohn und R. Samuel, Bd. IV: *Tagebücher, Briefwechsel, Zeitgenössische Zeugnisse*, Stuttgart 1975, S. 29–49, S. 43, Z. 4.
[10] Hymnen an die Nacht, Nr. 1–6, a.a.O., Bd. I, S. 130–157.
[11] Hymnen an die Nacht, Nr. 1: «Welcher Lebendige», a.a.O., S. 132 (Versfassung nach der Handschrift).
[12] Paralipomena zum «Heinrich von Ofterdingen»: «Das Lied der Toten» («Lobt doch unsre stillen Feste»), Strophe 15, a.a.O., Bd. I, S. 354f.

> Blieb nur eine mir getreu;
> Eine, wo in tausend Schmerzen
> Ich erfuhr in meinem Herzen,
> Wer für mich gestorben sei.[13]

Es ist das «Wunderkind»[14], das, als die alte Welt sich zu Ende neigte, «ein neues fremdes Leben»[15] dem Menschen brachte.

> Der Jüngling bist du, der seit langer Zeit
> Auf unsern Gräbern steht in tiefem Sinnen,
> Ein tröstlich Zeichen in der Dunkelheit,
> Der höhern Menschheit freudiges Beginnen;
> Was uns gesenkt in tiefe Traurigkeit,
> Zieht uns mit süßer Sehnsucht nun von hinnen.
> Im Tode ward das ewge Leben kund,
> Du bist der Tod und machst uns erst gesund.[16]

Und damit hat nun Novalis den Ton gefunden, der in seinen Liedern der bestimmende und bezeichnende wird:

> Was wär ich ohne dich gewesen,
> Was würd ich ohne dich nicht sein?[17]

> Wenn ich ihn nur habe,
> Laß ich Alles gern.[18]

> Ich habe dich empfunden,
> O, lasse nicht von mir;
> Laß innig mich verbunden
> Auf ewig sein mit dir.[19]

> Ich sag es jedem, daß er lebt
> Und auferstanden ist,
> Daß er in unsrer Mitte schwebt
> Und ewig bei uns ist.[20]

---

[13] Geistliche Lieder, Nr. IV, Strophe 1, a.a.O., S. 164.
[14] Hymnen an die Nacht, Nr. 5: «Über der Menschen», a.a.O., S. 146, Z. 550 (Handschrift) bzw. S. 147, Z. 9 (Athenäumsdruck).
[15] A.a.O., S. 146, Z. 537 bzw. S. 147, Z. 5.
[16] A.a.O., S. 146, Z. 551–558 bzw. S. 147, Z. 10–17.
[17] Geistliche Lieder, Nr. I, Strophe 1, a.a.O., S. 159.
[18] Geistliche Lieder, Nr. V, Strophe 2, a.a.O., S. 165 (GERS [1891] 250).
[19] Geistliche Lieder, Nr. VI, Strophe 4, a.a.O., S. 166 (GERS [1891] 249).
[20] Geistliche Lieder, Nr. IX, Strophe 1, a.a.O., S. 169f. (GERS [1891] 135).

Es ist allgemein anerkannt, daß diese Christuslieder zu den Perlen nicht nur der religiösen Dichtung, sondern der deutschen poetischen Literatur überhaupt gehören. Aber es wäre sehr oberflächlich zu meinen, sie seien doch «nur poetisch» empfunden und darum auch «nur poetisch» wertvoll. Für den echten Dichter ist die Form und die Sache immer eins gewesen, und Novalis war einer von den Echten. Mit innerer Notwendigkeit ist die Christusliebe, von der seine Lieder voll sind, aus seiner innern Entwicklung hervorgewachsen, so undeutlich der Weg, der ihn dahin führte, im Einzelnen erscheinen mag, und so wird man sie wohl oder übel als echt anerkennen müssen, wenn man nicht angesichts dieser Dichtungen überhaupt Gescheiteres zu tun weiß, als solche Fragen überhaupt zu stellen. – Ob nicht trotzdem eine gewisse Konkurrenz übrig bleibt zwischen dem Bilde *Christi* und dem Bilde der *Maria*, in denen seine Seele hintereinander und nebeneinander (?) die Gottheit angeschaut und empfangen hat? Die naive Nebeneinanderstellung: «Christus und Sophie», die sich in seinem Tagebuch ohne weitere Erklärung einmal findet[21], scheint darauf hinzuweisen. Ebenso ist nicht zu bestreiten, daß der ausgesprochen *weibliche* Charakter seines Gottesglaubens auch auf seine Christuslieder abgefärbt hat. Hierher gehört die fast peinlich berührende Selbstgewißheit, die in dem:

Wenn Alle untreu werden
So bleib ich dir doch treu[22]

liegt, hierher ein gewisses optimistisches Leichtnehmen der Sünde: «Seitdem *verschwand* bei uns die Sünde ...»[23], hierher die mädchenhaft fromme Stimmung des «Nur selig!»[24], die z. B. in dem wundervoll empfundenen:

---

[21] *Journal*, a.a.O., Bd. IV, S. 48, Z. 31.
[22] Geistliche Lieder, Nr. VI, Strophe 1, a.a.O., Bd. I, S. 165 (GERS [1891] 249).
[23] Geistliche Lieder, Nr. I, Strophe 9, a.a.O., S. 161, Z. 65.
[24] Der Kehrvers des Liedes «Mein Gott, wie bist du so verborgen» von Salomo Franck (GERS [1891] 272, GERS [1952] 284) lautet:
Mein Vater, führ' mich immerdar
Nur selig, wenngleich wunderbar!
Die Losung «Nur selig» galt als charakteristisch für die pietistische Frömmigkeit; vgl. A. Meyer, Art. «Seligkeit», in: RGG¹ V, Sp. 588. In dieser Tradition steht das Lied «In den blauenden Morgen hinein» von Rudolf Kögel, dessen Refrain «Jesu, mache mich selig, o Jesu!» in der letzten Strophe zu «mach mich nur selig ...» abgewandelt wird.

> Lasse still die Andern
> Breite, lichte, volle Straßen wandern²⁵

zum Ausdruck kommt. Immerhin fehlt es auch an entgegengesetzten, männlichen, ernsthaften und nicht egoistischen Klängen keineswegs, und man darf vielleicht schon aus dem Zahlenverhältnis der Christuslieder zu den Marienliedern schließen, auf welche Seite Novalis innerlich im letzten Grund den Nachdruck legte.

Im Dunkel, im Tode, im Untergang des Erdgeistes ist ihm Christus begegnet. Damit tritt Novalis in die Reihe der Verkündiger der erlösenden Selbstverleugnung, an die Seite eines Tersteegen.²⁶ Um so wichtiger ist es, daß er eine andere Antwort gibt als Tersteegen auf die Frage: Was wird aus der *Welt*, aus dem äußern sichtbaren Leben, wenn die Erlösung Selbstverleugnung ist?* Was unser Gesangbuch in Strophe 3 des Liedes 250 bietet:

> Wenn ich ihn nur habe,
> *Lass ich gern die Welt*

ist leider das genaue Gegenteil von der ausdrücklichen Meinung des Novalis. Die Strophe lautet in Wirklichkeit so:

> Wenn ich ihn nur habe,
> *Hab ich auch die Welt.*
> Selig, wie ein Himmelsknabe,
> Der der Jungfrau Schleier hält.
> Hingesenkt im Schauen
> Kann mir vor dem Irdischen nicht grauen.²⁸

Denn ihm gibt seine Christusliebe nicht die Losung zur Flucht vor der Welt, sondern umgekehrt: Der Sieg Christi am Ostermorgen sei uns ein *«Weltverklärungsfest»*²⁹:

---

* Vergl. den letzten Abschnitt des Artikels über Tersteegen, *Gemeindeblatt* Nr. 40.²⁷

²⁵ Vgl. Geistliche Lieder, Nr. V, Strophe 2, a.a.O., S. 165 (GERS [1891] 250).
²⁶ In dem im Karl Barth-Archiv, Basel, erhaltenen Exemplar dieser Nummer des Gemeinde-Blattes hat Barth diesen Satz angestrichen und daneben an den Rand geschrieben: «Oh!».
²⁷ K. Barth, *Unser Gesangbuch. II. Gerhard Tersteegen*, s. oben S. 261.
²⁸ Geistliche Lieder, Nr. V, Strophe 4, a.a.O., S. 165.
²⁹ An der angegebenen Stelle des Gesangbuches (Nr. 135, Strophe 8) heißt es freilich: «Weltverjüngungsfest» (Erstdruck [nach Novalis, *Schriften,* Bd. I,

>   Jetzt scheint die *Welt* dem neuen Sinn
>   Erst wie ein *Vaterland*
>   (Nr. 135, Str. 8 und 3).[30]
> oder: Der *Himmel* ist bei uns auf *Erden*,
>   Im Glauben schauen wir ihn an.[31]
> denn: Hat Christus sich mir kundgegeben
>   Und bin ich seiner erst gewiß,
>   O! wie verzehrt ein lichtes Leben
>   Nicht schnell die bange Finsternis.
>   *Mit ihm bin ich erst Mensch geworden*,
>   Das Schicksal wird verklärt durch ihn,
>   Und Indien muß selbst im Norden
>   Um den Geliebten fröhlich blühn.[32]

Weite Ausblicke tun sich hier auf: Erlöst werden heißt nicht ein Engel werden, sondern ein Mensch werden. Das Reich Gottes liegt nicht in den Wolken, sondern es ist die Welt, die zur *Gottes*welt wird. Diese Stellungnahme des Novalis zeigt, daß er bei Goethe und Schiller etwas gelernt hat, was viele Christen meinen versäumen zu dürfen. Sie ist aber eine Erneuerung von christlichen Gedanken, die schon das Johannesevangelium vertreten hat.

Und in dieser Verbindung von Höhen und Tiefen, von Altem und Neuem ist Novalis in seinem Christentum wie in seinem übrigen Lebenswerk letzten Grundes eine zeitlose, undefinierbare Erscheinung. Selig ist, wer sich nicht daran ärgert [vgl. Mt. 11,6].

---

a.a.O., S. 170]: «Weltverjüngungs-Fest»). Druckfehler im Gemeinde-Blatt oder Versehen Barths?

[30] Geistliche Lieder, Nr. IX, a.a.O., S. 170.
[31] Geistliche Lieder, Nr. I, Strophe 5, a.a.O., S. 160.
[32] Geistliche Lieder, Nr. I, Strophe 3, a.a.O., S. 159.

POUR LA DIGNITÉ DE GENÈVE
1911

Unter diese Überschrift war der Bericht gestellt, den die Genfer Zeitung «La Suisse. Dernières Nouvelles de la Nuit» am 29. April 1911 (14. Jg., Nr. 101, S. 9) über die «imposante manifestation populaire» brachte, die Barth im folgenden (mit den Initialen K. B. gezeichneten) Artikel für die «Basler Nachrichten» schildert.

Die Sache, um die es geht, wird im einzelnen in diesem und dem danach abgedruckten Aufsatz (wozu thematisch auch die in dem Band «Vorträge und kleinere Arbeiten 1914–1921» folgenden Texte Barths zur Initiative gegen Spielbanken gehören) in Text und Anmerkungen beleuchtet.[1] Hier genügt deshalb der eine Satz, daß der Schweizer Bundesrat im April 1911 die Schließung des Cercle des Etrangers im Genfer Kursaal verfügte, weil er Glücksspielen Raum bot und so gegen das Spielbankverbot der Schweizer Bundesverfassung verstieß. Die Stimmung an der gegen diese Verfügung veranstalteten Protestdemonstration beschreibt Barth seinen Eltern in einem Brief vom 30. 4. 1911: «Ich war am Freitag in der Kursaalversammlung und wäre bei einem Haar geprügelt worden, weil ich mit noch 10–12 Andern gegen die 8 000 (gegen die Resolution) stimmte. Daß ich ein Mômier sei, weiß ich nun aus vieler Zeugen Mund!!!» Am 7. 5. sendet er ihnen seine am Morgen gehaltene Predigt über Joh. 8,34 und 36, «die sich ‹voll und ganz› noch einmal» mit den Vorgängen «beschäftigt u. zw. in etwas heftiger Sprache, die auf der Kanzel noch heftiger klang, da ich mich unvermutet in Zorn redete, sodaß ich selbst zuletzt das Gefühl hatte, einer feuernden Batterie zu gleichen, und» einen Zuhörer «nachher zu dem Ausspruch veranlaßte, ‹diesmal (!!!) sei es mir Ernst gewesen›.[2] Ich befinde mich

---

[1] Einen zusammenfassenden Überblick gibt der unten S. 320, Anm. 1, genannte Artikel von W. Wyss.

[2] In der Predigt (Mskr. im Karl Barth-Archiv, Basel) heißt es etwa: «Das Wort ‹Sünde› ist m. W. in den Kämpfen, die uns bewegt haben u. noch bewegen, weder von der einen noch von der andern Seite gefallen. Und doch habe ich noch keine Angelegenheit des öffentlichen Lebens hier od. anderswo erlebt, wo man mit solcher Bestimmtheit und Klarheit wie diesmal sagen konnte: es handelt sich um einen Kampf für oder gegen die Sünde.» «Hier handelt es sich klipp und klar darum was gelten soll in unserem privaten u. öffentlichen Leben, die Sünde oder die Wahrheit.»

aber auch in wesentlicher Aufregung über diese Sache und nahm darum gestern gegen meine sonstige Gepflogenheit» an einer Gegendemonstration «teil». «Ich hatte aber nichts dabei zu thun, als hörbar Bravo zu rufen bei den Kraftstellen. Man hörte aber auch pfeifen!!» Zusammenfassend: «Mich hat dieser Gang in politische Wälder sehr erquickt, gerade weil es ein Fall war, wo mit Mystik leider gar nichts anzufangen war. Ich kann nun zufrieden in meine Hütten zurückkehren. Der Artikel [in den ‹Basler Nachrichten›] fand hier u. auswärts die Billigung aller Gutgesinnten. Sogar in den Kreisen Onkel Ernsts [s. oben S. 47.268] bin ich dadurch in einen etwas angenehmeren Geruch gekommen. Offenbar beginnen sie zu ahnen, daß zwischen moderner Theologie und grober Unmoral doch nicht so direkte Beziehungen bestehen, wie sie manchmal thun.» An Loew schickte Barth den Zeitungsbericht am 2. 5. mit der Bemerkung: «Dieser Revolverartikel wird dir auch Freude machen. Dies lerne wohl verstehn, dies ist die Kunst mit Hexen umzugehn, nämlich mit einer republikanischen Regierung!!!» Was Barth von den Genfer Regierenden hielt, macht ein später getroffener Vergleich noch deutlicher: In dem von E. Stähelin herausgegebenen Band Johannes Calvin. Leben und ausgewählte Schriften *(Leben und ausgewählte Schriften der Väter und Begründer der reformirten Kirche, IV. Theil), 1. Hälfte, Elberfeld 1863, S. 291, strich Barth die «Schilderung der Männer» an, die 1539, also nach der Vertreibung Farels und Calvins, in Genf «die Regierungsbehörde bildeten» («Jedes sittenlose Treiben erschien unter solchen Regenten wieder erlaubt und autorisirt»), und notierte dazu am Rande: «Conseil d'état 1911!»*

Daß Barth einen zweiten Artikel zu den Genfer Vorgängen gerade im «Kirchenblatt für die reformierte Schweiz» erscheinen ließ, dem damals von Pfarrer Max Rüetschi (Stettlen bei Bern) redigierten Organ der Schweizerisch-Kirchlichen Gesellschaft, d. h. der theologischen Mittelpartei, nötigt ihn, den Eltern in einem Brief vom 13. 5. zu erklären: «In die Gefolgschaft der berner Vermittler denke ich beileibe nicht zu geraten. Aber den Artikel über die Kursaalbewegung habe ich ihnen eben geschrieben, das verpflichtet zu nichts.» Wie wenig Anlaß zu jener Befürchtung bestand, zeigte übrigens nachträglich die Anmerkung, die Max Rüetschi Barths Aufsatz anfügte[3]*: «ein paar persönliche Bemer-*

---

[3] KBRS, Jg. 26 (1911), S. 83.

kungen», die den unterschiedlichen Standort deutlich machen, indem sie, bei aller Zustimmung zu Barths Anliegen, doch auch die «Gefahr» ins Bewußtsein rücken wollen, «eine ‹pastorale Ethik› aufzubauen, d. h. sittliche Forderungen auszusprechen, welche dem bescheiden Fixbesoldeten selbstverständlich sind, von dem auf Erwerb angewiesenen Mitbürger [scil. von den ‹Geschäftsleuten›] aber eine sehr große sittliche Energie verlangen».

Wegen ihres Themas fanden die Artikel wohl eine weitere Beachtung. Daher schreibt Barth, nachdem er im Berner «Bund» wegen seines Mott-Aufsatzes angegriffen worden war (s. oben S. 268), amüsiert an Loew: «Meine verschied. Artikel zur Spielhäuserfrage haben mich jetzt ohnehin zu einer schweizer. Berühmtheit gemacht» (Karte vom 11.6. 1911 [Poststempel]).

Freitag[4] abends nach 8 Uhr. Auf der Place Neuve und vor dem Bâtiment électoral[5] drängt es sich in immer schwärzeren Massen. Das Genf der *Gasse*, ich betone gleich zu Anfang das letztere Wort, hat wieder einmal einen Anlaß, zu schreien, die Hände zu verwerfen, zu pfeifen und seine alten und neuen Refrains zu singen. Ein Stück vom Betrieb der Eskalade[6] ist im Gang, angefacht und getragen von ein paar der schlagkräftigsten und handgreiflichsten Losungswörter, die man dem französischen Gemüt und dem Gassengemüt überhaupt bieten kann: Liberté und Progrès gegen Mômiers[7] und Vertuistes[8]! Hu, hu, wen sollte *diese* Parole nicht auf die Beine bringen, auch wenn er sonst sein ganzes Leben die öffentlichen Angelegenheiten verschlafen hätte?

[4] 28. April 1911.
[5] Das heute nicht mehr bestehende «Wahlgebäude», erbaut 1855, enthielt einen großen Saal für Volksabstimmungen, Wohltätigkeitsbazare usw.; vgl. B. Lescaze/B. Lochner, *Genève 1842–1942. Chronique photographique d'un ville en mutation*, Lausanne 1976, S. 137.
[6] Siehe oben S. 11, Anm. 3.
[7] «Mucker», Spottname für die Anhänger der Genfer Erweckungsbewegung. Vgl. unten, S. 321f., und Art. «Mômiers», in: RGG¹ IV, Sp. 454.
[8] «Vertuist» ist eine herabziehend-scherzhafte Ableitung von «la vertu», wie sie etwa Jules Perréard in seiner im folgenden erwähnten Rede verwendete (s. *La question de Jeux. Une grande Manifestation populaire*, Discours de M. Perréard, in: Le Genevois. Quotidien du soir, 37. Jg., Nr. 101 vom 30. 4. 1911 [S. 1, Sp. 5 – S. 2, Sp. 1; dort: S. 2, Sp. 1]).

Man weiß in der übrigen Schweiz seit einer Woche, was die Enfants terribles der Eidgenossenschaft diesmal in Aufregung versetzt. Mutter Helvetia hat den Finger erhoben, der Bundesrat hat der flagrantesten Übertretung des berühmten § 35 der Verfassung[9] ein Ende gemacht[10], den Cercle des Etrangers im Kursaal geschlossen, weil er kein Cercle, sondern eine so ziemlich für jedermann offene Spielhölle war, in der sich die Einsätze zwischen 100 und 500 Franken bewegten, der Direktor des Kursaals hat darauf sehr gewandt geantwortet, indem er die Schließung seines Etablissements überhaupt in Aussicht stellte, und nun lärmen die bewußten Kinder um ihr bedrohtes Spielzeug. Worum es sich eigentlich handelt, verstehen die Wenigsten und wollen es nicht verstehen – mit dem Verstehenwollen würde ja bereits die Mômerie anfangen. Aber das haben sie begriffen: Es droht irgendwo ein Ende zu nehmen mit einem Ort, wo's lustig zuging. Der Tingel-Tangel, das Café, das Rößlispiel[11], «les femmes», kurzum die heiligsten Güter eines freien Volkes sind in Gefahr, die Pagode am Quai des Pâquis[12] wird am Ende gar auf Abbruch verkauft. Und an alle dem sind die fatalen «Mômiers» schuld! La dignité de Genève est angegriffen. Alarm! Zu den Waffen! Und die Schläfer erwachen, *wie* gern, das Volk

---

[9] *Bundesverfassung der schweizerischen Eidgenossenschaft vom 29. Mai 1874,* Art. 35, Abs. 1: «Die Errichtung von Spielbanken ist untersagt.»
[10] Beschluß des Bundesrates in Bern vom 21. April 1911; vgl. Bundesblatt der schweizerischen Eidgenossenschaft, Jg. 63 (1911), Bd. II, S. 1047. Vgl. auch den *Bericht des Bundesrates an die Bundesversammlung betreffend das Initiativbegehren um Abänderung des Art. 35 der Bundesverfassung (Verbot der Errichtung von Spielbanken),* in: Bundesblatt der schweizerischen Eidgenossenschaft, Jg. 68 (1916), Bd. III, S. 1–73, bes. S. 33f.; O. Sigg, *Die eidgenössischen Volksinitiativen 1892–1939* (Helvetia Politica. Schriften des Forschungszentrums für schweizerische Politik an der Universität Bern, Series B, Bd. VIII), Bern 1978, S. 119.
[11] Das Rößlispiel (jeux des petits chevaux) wird mit Hilfe eines drehbaren Speichenrades gespielt, an dessen neun Speichen jeweils ein Pferdchen montiert ist; wenn das Rad zur Ruhe kommt, hat dasjenige Pferd gewonnen, das der Gewinnstelle am nächsten steht. Der Spieler kann entweder auf ein Pferd oder auf eine Gruppe von vier Pferden setzen. Gewinnt das Pferd Nr. 5, so geht der gesamte Einsatz an die Bank. Vgl. J.Ph.Jones, *Gambling yesterday and today. A complete History,* Newton Abbot 1973, S. 48.
[12] Der Kursaal stand am Seeufer des Stadtteils Pâquis; vgl. die Photographie in B. Lescaze / B. Lochner, *Genève 1842–1942,* a.a.O., S. 16.

steht auf, der Sturm bricht los[13]. Als die Savoyarden damals über die Mauer kletterten[14], kann die Entrüstung nicht größer gewesen sein, wenigstens versicherten es gestern gewichtige Stimmen, sie hätten das Volk von Genf noch nie in solcher Einmütigkeit gesehen.

Wir lassen uns also mit der in ihrer Seele verletzten Menge ins Innere des Bâtiment électoral schieben oder tragen, ein Raum von respektabelsten Dimensionen, dessen verfügbare Sitzplätze doch im Nu genommen sind. Der Zufluß ist nun ununterbrochen und dauert bis gegen die Mitte der erhebenden Demonstration an, das Gehen und Kommen im Einzelnen bis zuletzt, denn auch auf der Straße stehen die Bürger Kopf an Kopf und füllen jede Lücke, die im Saal entsteht, wieder aus. 8 000 Mann wurden zuletzt nur im Innern gezählt! Die Sache ermangelt entschieden nicht des dramatischen Elementes. Auf der Tribüne sind die Helden des Tages vorläufig zur Schau ausgestellt. Henri Fazy, Vizepräsident der Regierung, etabliert sich in malerischer Haltung am Tisch des Hauses und wird mit frenetischem Jubel begrüßt. Da ist die mächtige Gestalt Perréards, des Regierungspräsidenten, da sind die Boveyron, Willemin, Triquet[15] – wunderliches Zusammentreffen! Sind wir denn in einer gouvernementsradikalen[16] Parteiversammlung? Doch nicht, aber es scheinen zwischen diesem «Radikalismus» und der Rößlibegeisterung ebenso mysteriöse als intime Wahlverwandtschaften zu bestehen. Jedenfalls interessante Personalunionen: Regierungshäupter, radikale Parteihäupter, Rößlihäupter – viel auf einmal, aber sehr interessant. Die Zeitung «ABC» hat deshalb gut getan, uns ihre Bildnisse beim Eingang in den Saal gegen 5 Cts. in die Hand zu drücken.[17] Es lohnt sich. Auch an solchen Erscheinungen fehlt es auf der Tribüne neben den würdigen Gestalten der großen Männer nicht, die man an an-

---

[13] Mit diesen Worten beginnt Th. Körners Gedicht «Männer und Buben» (*Körners sämtliche Werke in vier Bänden*, Bd. I, Stuttgart 1893, S. 77).
[14] Siehe oben S. 11, Anm. 3.
[15] Henri Fazy, vice-président du Conseil d'État; Jules Perréard, président du Conseil d'État; Henry Boveyron, vice-président du Conseil administratif; Georges Willemin, député au Grand Conseil; Alexandre Triquet, député au Grande Conseil, ancien conseiller national.
[16] In Genf regierte 1897–1918 ein überwiegend aus Mitgliedern der «Parti radical Suisse» (in der deutschsprachigen Schweiz: «Freisinnig-demokratische Partei der Schweiz») gebildeter Staatsrat.
[17] ABC. Journal de midi, 3. Jg., Nr. 99 vom 28. 4. 1911, S. 1 [Sp. 1–3].

dern Orten als in Genf als catilinarische bezeichnen würde[18], ich rede nur von den Erscheinungen, aber sie drängen sich dort und im Saale dem Auge auf. Vor mir sitzt eine ganze Reihe richtiger Gassenbuben. Auch sonst scheint die charakteristische Mehrzahl der Versammlung dieser Region anzugehören.

Und nun beginnen die verschiedenen *«Festzüge»* einzutreffen. Denn die Vororte Carouge, Eaux Vives, vor allem aber das heute besonders wichtige Pâquis[19], haben es sich nicht nehmen lassen, sich in besondern Cortèges, tambour battant oder mit Blech begleitet, einzufinden. Große Laternen vertreten die Stelle der Fahnen, sie tragen Inschriften im Sinn und Geist der folgenden:

    Les Pâquis sont bâtis sur pierre

    Les Pâquis ne périront pas.

oder: «Assez de mômiers! A bas les mômiers!», während das kräftigere: «A *l'eau* les mômiers!» nur mündlich zu hören ist.

Die Handlung kann beginnen. Gleich der erste Redner, Großrat *Triquet*, weiß den richtigen Ton anzuschlagen: Genf, das verkannte Stiefkind der eidgenössischen Behörden; es bekommt keine Eisenbahnen[20], es bekommt keine Soldaten[21], und jetzt nimmt man ihm auch noch seine Rößli. Was soll aus der Welt noch werden? Und mit welchen Gefühlen sollen wir das Jubiläum von 1914 feiern?[22]

Dann der erste Glanzpunkt des Abends: *Perréard*, das derzeitige Staatsoberhaupt. Er wendet sein Schwert gegen den Neger[23] des Tages,

---

[18] Mit Anspielung auf die von Cicero aufgedeckte und vereitelte Verschwörung des Catilina prägte O. von Bismarck in einer Kommissionssitzung des preußischen Abgeordnetenhauses am 30. Sept. 1862 die Wendung «catilinarische Existenzen»; vgl. *Die politischen Reden des Fürsten Bismarck. Historisch-kritische Gesammtausgabe*, besorgt von H. Kohl, Bd. II, Stuttgart und Berlin 1903², S. 29.

[19] Siehe oben Anm. 12. Barth war im besondern für dies Quartier zuständig, s. oben S. 1.

[20] Vgl. P.-E. Martin, *De la Séparation à la Guerre. 1907–1914*, in: *Histoire de Genève de 1798 à 1931*, publiée par la Société d'histoire et d'archéologie de Genève, Genève 1956, S. 382–386.

[21] Genauer: keine «écoles militaires»; vgl. den Bericht *Une grande manifestation populaire*, in: Le Genevois. Quotidien du soir, 37. Jg., Nr. 101 vom 30.4.1911 [S. 1, Sp. 3–S. 2, Sp. 4; dort: S. 1, Sp. 4].

[22] Hundert Jahre Zugehörigkeit Genfs zur Eidgenossenschaft.

[23] Die Bedeutung «Bösewicht, Übeltäter» ist wohl von Q. Horatius Flaccus,

gegen den «Erbfeind», den Mômier, der Genf wieder zum Genf Calvins machen will, den Ankläger und Stänker, der den hehren Namen der Vaterstadt im Ausland (!) beschmutzt, den Pietisten, der sich sogar an den Bundesrat herangeschlichen hat, um ihm seine Verleumdungen gegen die Zustände in Genf zuzuraunen. Gegen Genf, man denke! Dies Kind, kein Engel ist so rein ...[24], und wer tut das alles? Das «Journ. de Gen.»[25] und die hinter ihm stehen, die Ultraprotestanten und Ultrapuristen. Ihnen muß jetzt das Handwerk gelegt werden. Der Angriff auf den Cercle des Etrangers ist ein Angriff auf die Freiheit Genfs und seiner Bürger. Mit Rührung in der Stimme erinnert sich Perréard daran, wie er selbst schon mit Georges Favon sel.[26] zusammen im Kursaal verkehrt. Aber es handelt sich um ein Prinzip. Gestern hat man an unsrer Intelligenz gezweifelt und uns den Absinth genommen.[27] Heute geht es gegen den Kursaal – «demain nous aurons la question des femmes, car nous verrons reprendre la campagne pour la suppression des maisons de tolérance. Nous aurons bientôt aussi une loi contre le concubinage (bravos!), la fermeture des cafés à 10 heures du soir.»[28] Man denke, was das alles für Schläge gegen die dignité de Genève wären!! Und wie bewunderungswürdig ist in diesem Augenblick das Genfer Volk, das sich wie ein Mann erhebt für seine Heiligtümer! Toi, o bâtiment électoral – der Redner apostrophierte hier wirklich den alten Bau – du erlebst in dieser Stunde das herrlichste, was du je gesehen!

Sermones (Satirae), I, 4, 85, her zu verstehen («... hic niger est, hunc tu, Romane, caveto»).

[24] Aus der letzten Strophe von Fr. von Schillers Ballade «Der Gang nach dem Eisenhammer».

[25] Der «Journal de Genève. Nationale, politique et littéraire. Organe quotidien» wurde 1846 von einem konservativen Komitee erworben und war das einzige Organ der konservativen Rechten; vgl. Art. «Journal de Genève (Le)», in: HBLS IV, S. 415.

[26] Einflußreicher Publizist und Politiker (1843–1902), Gründer des «Le Petit Genevois» (später als «Le Genevois» das offizielle Organ der radikalen Partei); vgl. H. Friderich, Art. «Favon. 3. Georges», in: HBLS III, S. 122f.

[27] Das Absinth-Verbot trat am 7. Okt. 1910 in allen Kantonen der Schweiz in Kraft. In der Volksabstimmung vom 5. Juli 1908 hatte sich einzig in den Kantonen Neuenburg und Genf eine Mehrheit gegen das Verbot ergeben; vgl. J. Grellet, Art. «Absinth», in: HBLS I, S. 71f.

[28] Barth zitiert nach dem Bericht in «La Suisse» (s. oben S. 310), S. 9 [Sp. 3].

Aber diese Rede muß man nicht lesen, sondern gehört und gesehen haben, das Auf- und Abschwellen des männlichen Basses, das Donnern und Säuseln, die Himmel und Erde umspannenden Gesten, das ergreifende Zittern der Kinnladen und des Schnauzes[29] in den Erregungspausen – alles Mittel, wie sie eben nur einem begeisterten Welschen zur Verfügung stehen.

Nachher ließ sich ein Herr mit dem gemütlichen Namen *Zbären*[30] hören, im Auftrag des Genfer Handels gleichsam. Schade, daß er seinen Spruch zu schnell und leise heruntergelesen hat; es hat wohl kein Mensch etwas davon verstanden, und doch wären gerade hier zweifellos die tiefsten Seelentöne, die den brummenden Choral des ganzen Musikstückes bilden, zu vernehmen gewesen: Der Kursaal, unser bester Kunde! Hinc illae lacrimae![31] Hätte er doch etwas lauter geredet, dann hätte im letzten Grund auch er allein reden können. Denn neben den Apachengestalten war das Auditorium überreich an Gastwirtsphysiognomien, und der Rest der 8 000 schien mindestens eng mit diesen mit Recht so entrüsteten Trägern der dignité de Genève zusammen zu gehören.

Weiter erging sich Großrat *Willemin* in kräftigen Ausfällen gegen «Bern» (dies für den Genfer der Inbegriff eidgenössischer Zwingherrschaft) und gegen das Genfer Komité[32], das die Schuld an dem Vorgehen des Bundesrates trage und dessen Namen er daher wie eine Art Proskriptionsliste dem Volke preisgab. Gemeinderat *Boveyron* nahm die einleuchtende Argumentation des Herrn Zbären auf, indem er schonend hinwies auf die Steuerkraft des Kursaales, auf die unvergleichliche Klientele, die er für die Elektrizitäts- etc. Werke darstelle, und malte das Gespenst der Steuererhöhung in unheimlichen Andeutungen an die Wand.

Endlich der zweite Hauptclou, zugleich der letzte der ganzen Reihe: Henri *Fazy*, l'honorable magistrat (das sind sie alle, *alle* ehrenwert). Er ergeht sich in kräftiger Wiederholung des Bernermotivs, des Mô-

---

[29] = Schnurrbart.
[30] Alexandre Zbären, négociant.
[31] P. Terentius Afer, *Andria*, I, 1, 99.
[32] Zum Genfer Aktionskomitee gegen die Spielhäuser vgl. *Bericht des Bundesrates*, a.a.O., S. 33, und P.-E. Martin, *De la Séparation à la Guerre. 1907–1914*, a.a.O., S. 375–377.

miersmotivs und des Geldsackmotivs und erklärt, daß er (darin ähnlich dem Bâtiment électoral) in den 40 Jahren seiner politischen Karriere keine Manifestation von solcher Pracht wie die heutige erlebt habe. Der Enthusiasmus für die gute Sache hat seinen Siedepunkt erreicht. Da – ein Blitz – ein Puff – eine Rauchwolke – ein Gestank! Hat ein Pietist eine Bombe geworfen? Zuzutrauen wäre es den Leuten, aber diesmal war's nur eine Blitzlichtaufnahme, die den denkwürdigen Moment auch für das Auge der Nachwelt aufbewahren soll.

Auch die Rede von Fazy hört dann auf, wie alles Schöne auf Erden. Eine saftige Resolution[33] wird dem Volk vorgelegt. Ein Wald von Händen erhebt sich für ihre Annahme. Contre-Epreuve! Hier eine Hand, dort eine, im ganzen Saal gut gezählt vielleicht ein Dutzend, rari nantes in gurgite vasto[34]. Aber ein gefundenes Fressen für das mit Mômiers-Komplexen nachgerade übersättigte Unter- und Oberbewußtsein der freien Bürger! Ich kann mich jetzt den Redensarten der Herren Perréard und Fazy anschließen und bewundernd bekennen, daß ich noch nie ein so kräftiges, harmonisches und andauerndes Pfeifen, Schreien und Schimpfen gehört habe, wie gestern Abend. Eine Genfer Zeitung von heute Morgen wollte wissen, wir seien hinausgeworfen worden[35], und mein Nachbar, ein gutmütiger Bourgeois, flüsterte mir in seiner Seelenangst sogar zu: Vous vous ferez assommer! Aber ich kann versichern, daß keines von beiden wahr ist. Hei lebet noch![36]

Dies erledigt, wälzt sich die Masse auf die Straße. Es handelt sich jetzt nach dem Programm noch darum, das Redaktionsgebäude des «Journal de Genève»[37] und das Hotel de l'Angleterre anzuschreien, dessen Besitzer sich in der Sache besonderer Unbeliebtheit erfreut[38].

---

[33] Abgedruckt als «L' ordre du jour» in: Le Genevois. Quotidien du soir, 37. Jg., Nr. 101 vom 30. 4. 1911 [S. 2, Sp. 3].
[34] Vgl. P. Vergilius Maro, *Aeneis*, I, 118.
[35] La Suisse, a. a. O., [Sp. 4].
[36] Mit dieser Wendung pflegte man in Mölln auf die Frage nach dem der Überlieferung zufolge dort begrabenen *Till Eulenspiegel* zu antworten, wenn man solcher Fragen überdrüssig wurde.
[37] Dem Komitee gegen die Glücksspiele stand Jean Martin, ein Redakteur des «Journal de Genève», vor; vgl. P.-E. Martin, *De la Séparation à la Guerre. 1907–1914*, a. a. O., S. 376.
[38] Anscheinend gehörte er zu den maîtres d'hotel, die eine Petition gegen den

Nachdem auch dieses Geschäft abgewickelt ist, begibt sich Regierung und Volk nach den verschiedenen Wirtshäusern, wie es der tapfere Kasperl zum Schluß seiner Taten bekanntlich auch zu tun pflegt.

Der Vorhang fällt. Ich habe nichts hinzuzufügen.

Cercle des Etrangers initiierten (vgl. G. Fatio, *Nos maisons de jeu*, Zürich/Genf 1911, S.30), und jedenfalls galt er als Gegner der Glücksspiele im Kursaal (s. z. B.: Le Genevois, 37. Jg., Nr. 96 vom 25. 4. 1911 [S. 3, Sp. 2]).

WIR WOLLEN NICHT, DASS DIESER ÜBER UNS HERRSCHE!
1911

Der mit K. B. gezeichnete Aufsatz ist der zweite von zwei Beiträgen, die unter die Gesamtüberschrift «Spielhäuser und Glücksspiele» gestellt sind. Unter dieser Gesamtüberschrift steht deshalb vor dem aus Lk. 19, 14 entlehnten speziellen Titel: «2. Eine Entscheidung». Vgl. unten Anm. 1 und im übrigen die Einleitung zum vorigen Stück, S. 310–312.

Der Artikel, den das «Kirchenblatt» in seiner letzten Nummer zu der Spielhäuserangelegenheit gebracht[1], hat zum Schluß die Hoffnung ausgesprochen, daß «die Kirche» in dem bevorstehenden Kampf um die Hasardspiele wissen werde, was sie zu tun habe.[2] In der Tat! Wenn irgendwo, so haben wir es hier mit einer Frage zu tun, die *keine* Frage ist, sondern wo es a priori feststeht, daß und wie wir Partei zu ergreifen haben. Denn hier handelt es sich nicht um die sogenannte christliche Weltanschauung, bei der die Ja und die Nein, die Für und die Gegen bekanntlich auch unter den Christen und Theologen wunderlich durcheinander gehen, sondern hier handelt es sich klipp und klar um das eigentliche Lebensgut, das wir zu pflegen, zu verbreiten und zu verteidigen haben, um das Reich Gottes in den Herzen, um den christlichen Charakter, um das an den Normen Jesu orientierte sittliche Gewissen. Wer weiß, was das Hasardspiel ist, der weiß auch a priori, daß es die Gesinnung verdirbt, und er weiß, was er zu tun hat. Wenn wir's nicht wüßten, täten wir besser, zusammenzupacken.

Aber vielleicht ist es doch nicht überflüssig, den Beweis des Satzes, daß das Hasardspiel den Charakter verdirbt, auch a posteriori zu erbringen. Die Bewegung gegen den bekannten Bundesratsbeschluß[3], die wir hier in *Genf* erlebt haben, soll dafür das Material liefern. Denn ich halte dafür, daß die geistigen Manifestationen der Protektoren und Trabanten des Tripots[4] in Beziehung auf den sittlich-religiösen Kern

---

[1] Vgl. W. W[yss], *Spielhäuser und Glücksspiele, 1. Die Vorgeschichte*, in: KBRS, Jg. 26, Nr. 20 vom 20. Mai 1911, S. 79f.
[2] A.a.O., S. 80.
[3] Siehe oben S. 313, Anm. 10.
[4] = Spielhölle.

der Sache die deutlichere Sprache reden als alles, was sich über die Wirkungen des Spiels auf die Spieler von moralischen, ökonomischen und volkspädagogischen Gesichtspunkten aus mit guten Gründen sagen läßt. Sage mir, mit wem du umgehst, und ich will dir sagen, wer du bist![5] Eine Darstellung der denkwürdigen Volksversammlung vom 28. April habe ich in den «Basler Nachrichten» vom 2. Mai (2. Beilage) gegeben[6] und gedenke mich darin nicht zu wiederholen, sondern greife aus den dort gefallenen Voten und aus der Fülle bedruckten Papiers, das vor mir liegt, nur einige Punkte heraus, auf die es hier ankommt.

Den Anfang möge ein Wort von Staatsrat *Henri Fazy*[7] machen, das in seiner Weise zum geflügelten Wort zu werden verdient: «Nous respectons la religion, mais qu'on nous laisse en repos!»[8] Der geheimnisvolle Sinn des Nachsatzes wird sich uns gleich entschleiern. Der Vordersatz tönt gut: die freie Kirche im freien Staat[9], wer wollte da nicht dabei sein? Nur daß das Feldgeschrei des Volkes an jenem Abend: «A bas les mômiers!» etwas ehrlicher ausspricht, was seine Meinung ist. Die Bewegung für den vermeintlich bedrohten Kursaal war in ihrem Wesen eine antireligiöse Kundgebung, nicht in dem harmlosen Sinn des Wortes, wie man das etwa von den Demonstrationen der Freidenker zu sagen pflegt, sondern hier hat schlechterdings die *Sünde* geredet. Denn was heißt Mômiers[10]? So hießen bis jetzt die Freikirchler und Pietisten – Stündeler würde man in der deutschen Schweiz sagen –, jetzt hat es einen weitern Sinn: Mômiers heißen jetzt auf einmal alle die, die von allerlei Standpunkten und Anschauungsweisen aus der Überzeugung leben, Gerechtigkeit erhöhe ein Volk, aber die Sünde sei der Leute Verderben [Spr. 14,34]. Diese Überzeugung und ihre Betätigung will man

---

[5] Vgl. K. Fr. W. Wander, *Deutsches Sprichwörter-Lexikon. Ein Hausschatz für das deutsche Volk*, Bd. III, Leipzig 1873, Sp. 1834 (Nr. 95), und J. W. von Goethe, *Betrachtungen im Sinne der Wanderer (Wilhelm Meisters Wanderjahre, 2. Buch)*, Goethes Werke, hrsg. im Auftrag der Großherzogin Sophie von Sachsen, I. Abth., Bd. 42/II, S. 168, Z. 13–15.

[6] Siehe oben S. 312–319.

[7] Siehe oben S. 314 mit Anm. 15 und S. 317f.

[8] Es ist nicht festzustellen, ob dieser Ausspruch aus Fazys Rede vom 28.4. stammt oder bei anderer Gelegenheit gefallen ist.

[9] Vgl. zu dieser Wendung aus einer Rede des Grafen C. B. di Cavour vom 27. März 1861 Z. Giacometti, *Quellen zur Geschichte der Trennung von Staat und Kirche*, Tübingen 1926, S. 665; dazu auch a. a. O., S. XXIIIf.

[10] Vgl. oben S. 312, Anm. 7.

nicht. «Nous respectons la religion» heißt auf deutsch: Wir kümmern uns den Teufel um eure dogmatischen Schrullen, aber wehe euch, wenn ihr wirkliche Religion habt und damit im privaten und öffentlichen Leben Ernst macht. Dieses Vergehen lag nun in den verschiedenen von Genf ausgegangenen Petitionen[11] gegen die Hasardspiele vor, und darum: «nous respectons la religion!» lies: «A bas les mômiers!» (Variante aus der Hitze des Gefechts: «A l'eau les mômiers!») Man kann in gewissem Sinne dankbar sein für diese Zuspitzung der Frage; sie hat uns wieder einmal zeigen können, daß die berühmte Demarkationslinie zwischen «Gläubigen» und «Ungläubigen» wesentlich anders läuft, als wir es uns in der Regel vorstellen. Aber vielleicht bilde ich mir doch etwas ein, wenn ich so brutal sage, es habe sich bei der großen Verteidigung des Tripots um eine Demonstration der Sünde und um nichts anderes gehandelt, und auf der andern Seite seien Mômiers und anständige Leute in diesem Fall einfach ein und dasselbe? Wir wenden uns zum zweiten Teil unseres Textes: «... mais qu'on nous laisse en repos!» Die Herren, die so geredet, geschrieen und geschrieben haben, wissen *persönlich* sehr genau, warum sie es tun. Staatsratspräsident Perréard hat sich in seiner besonders berüchtigten Rede im Bâtiment électoral coram populo als Habitué des Cercle des étrangers bekannt[12], andere Mitglieder der Regierung müssen sich öffentlich (z. B. Signal de Genève vom 6. Mai[13]) vorhalten lassen, daß sie in der hierorts immer noch üblichen Umgehung des Absinthverbotes mit dem guten Beispiel vorangehen, der Autor unseres geflügelten Wortes – – – «das Weitere verschweig ich, doch weiß es die Welt»[14]. Halten wir uns an das, was von den Freunden des Hasards gesagt oder geschrieben worden ist. Was

---

[11] Solche Petitionen von verschiedenen gesellschaftlichen Gruppen in Genf wurden 1909–1911 beim Bundesrat eingereicht; vgl. *Bericht des Bundesrates an die Bundesversammlung betreffend das Initiativbegehren um Abänderung des Art. 35 der Bundesverfassung (Verbot der Errichtung von Spielbanken)*, in: Bundesblatt der schweizerischen Eidgenossenschaft, Jg. 68 (1916), Bd. III, S. 1–73, bes. S. 33.
[12] Vgl. *La question des Jeux. Une grande manifestation populaire*, Discours de M. Perréard, in: Le Genevois. Quotidien du soir, 37. Jg., Nr. 101 vom 30. April 1911 [S. 1, Sp. 5–S. 2, Sp. 1].
[13] *Du baccara à la Roche tarpéienne*, in: Le Signal de Genève. Social, national, independant, 17. Jg., Nr. 18 vom 6. Mai 1911, S. 1 [Sp. 1f.].
[14] L. da Ponte / W. A. Mozart, *Die Hochzeit des Figaro*, IV, 8 (Nr. 26) (deutsche Übersetzung von H. Levi).

heißt denn das: «Qu'on nous laisse en repos»? Ein kleiner Artikel des Hauptorgans der gouvernementsradikalen Partei[15] (= der Protektoren des Tripots) (Le Genevois vom 29. April) mag darauf die Antwort geben. Wir geben ihn um seiner kulturhistorischen Bedeutung willen am besten unverkürzt wieder:

Le règne de Tartufe.

Boire de l'eau, réserver sa sève pour des noces légitimes, ne pas toucher à un jeu de cartes: voilà la vie idéale que nous convient de mener des gens que je veux croire bien intentionnés. Mais voilà! Irez-vous demander à une vache les trilles du rossignol, et prétendrez-vous traire un oiseau? Non! Et vous entendez que l'arbre d'humanité produise des fruits de vertu! L'étrange illusion ... Les hommes ont des penchants que les moralistes cataloguent sous le nom conventionnel de vices. Ils aiment les boissons fermentées, ils aiment les femmes, ils aiment risquer gagner quelque argent en taquinant la chance. Ces goûts sont si fort ancrés en leur imparfaite nature qu'on a résumé la vie joyeuse en ce triptyque: «Les femmes, le jeu et le vin». Or, c'est à mener joyeuse vie que la plupart des hommes sont enclins. Que voulez-vous y faire?

Vous les conviez à travailler à leur salut. L'immense majorité ne croit pas au salut des âmes. C'est déplorable, dites-vous. Déplorable ou non, le fait est que vous n'arriverez jamais à obtenir des hommes qu'ils se rendent l'existence amère afin que le lendemain de leur mort ouvre pour eux une ère de bénédictions et de joies. Ils aiment mieux, comme on dit, tenir que courir. Tous les efforts qu'on fait pour les brider sont aussi efficaces que le travail des Danaïdes emplissant leurs tonneaux.

Depuis qu'il y a des hommes, et qui pensent, les lois morales ont couvert d'un voile les passions; croire qu'elles les ont endiguées c'est une étrange erreur. Les femmes, le jeu, le vin, seront toujours objets recherchés de consommation – si l'on ose dire. On ne fait que consommer plus ou moins discrètement, selon le degré de civilisation – et par discrètement j'entends secrètement, non modérément. Nous ne sommes capables que d'hypocrisie; c'est le seul hommage que nos vices rendent à la vertu. Et nous prêcher le renoncement aux joies de ce monde, c'est, au fond, nous dire de nous cacher pour les goûter, c'est-à-dire travailler à nous rendre de plus en plus hypocrites. Lorsque le monde ne sera peuplé que de Tartufes, en serons-nous meilleurs ou plus gras? Trilby.[16]

Ich denke, das Gewässer dieser trüben Quelle zeigt bereits mit erquickender Deutlichkeit, wer und was da von der Religion «in Ruhe gelassen» sein wollte. Aber vielleicht sind das die Ergüsse eines radikalen

---

[15] Vgl. oben S. 314, Anm. 16, und S. 316, Anm. 25.
[16] Le Genevois. Quotidien du soir, 37. Jg., Nr. 100 vom 29. April 1911 [S. 1, Sp. 4].

Artikelschreibers und doch nicht die Gesinnungen, die der Kursaalbewegung als Hebel dienten? Herr Perréard, den man in dieser Sache als klassischen Zeugen aufrufen darf, hat uns darüber eines bessern belehrt. Gibt sich der reproduzierte Artikel als Verteidigung der «ehrlichen Schwachheit» der menschlichen Natur, so hat uns Herr Perréard belehrt, daß diese Schwachheit keine Schwachheit, sondern ein herrliches *Prinzip* sei, um dessen Aufrechterhaltung jetzt gekämpft werde. Ich zitiere seinen Gedanken mit dem beifälligen Kommentar seines Leibblattes. (Genevois vom 30. April.)

> Le président du Conseil d'Etat, M. Jules Perréard, a parfaitement posé la question lorsqu'il a montré que la campagne menée par nos mômiers genevois, et momentanément couronnée d'un si regrettable succès, n'était qu'un nouvel assaut contre la liberté. Menées abolitionistes, interdiction de l'absinthe, lois contre le concubinage, comité d'action contre les prétendues maisons de jeu: autant de formes d'activité de ce hideux Protée qu'on appelle le mômier. Nous ne saurions tolérer de telles intrigues sans renoncer à notre indépendance morale. Et l'on avouera que cette indépendance est aussi précieuse que nos libertés politiques.[17]

Dem Leser ist beim Anhören dieser Expektorationen zweifellos schon lange die Parallele aus der genferischen Reformationsgeschichte[18] eingefallen. Man höre, wie sich diese naheliegende Reminiszenz im Munde unserer Spielfreunde gestaltet. (Le Peuple Genevois vom 28. April.) «Auch ein Calvinjubiläum», könnte man darüber schreiben:

> Eh bien, c'est assez! Genève ne sera pas la proie d'une secte. Genève appartient aux Genevois, à tous les Genevois. Notre vieille et belle cité ne secondera pas les menées d'une poignée d'agitateurs mômiers. Genève s'est constamment rebellée contre les tentatives des chevaliers de la triste figure, qui la choisirent un jour comme champ d'expériences pour leur doctrine contre nature. Une fois de plus, elle se dresse contre une bigoterie d'importation étrangère qui, assombrissant la vie, noircissant le ciel, détestant la beauté, voudrait nous abreuver de fiel et nous nourrir de cendres. A bas les pattes, démoniacles! Genève aux Genevois, aux descendants de ceux que l'étranger Calvin prétendit asservir à sa règle et qu'il terrorisait par les menaces, les persécutions, l'espionnage, et par le crime. Genève aux Genevois![19]

---

[17] *Après l'assemblée*, in: Le Genevois. Quotidien du soir, 37. Jg., Nr. 101 vom 30. April 1911 [S. 1, Sp. 1f.].
[18] Vertreibung J. Calvins und W. Farels aus Genf am 23. April 1538; vgl. z. B. R. Pfister, *Kirchengeschichte der Schweiz*, Bd. II: *Von der Reformation bis zum zweiten Villmerger Krieg*, Zürich 1974, S. 206f. Siehe auch oben S. 311.
[19] Le Peuple Genevois. Social, politique et littéraire, paraissant le mardi et le

Wenn es auf Grund der mitgeteilten Texte deutlich sein dürfte, daß das Hasardspiel zugleich Vehikel und Panier des unverfrorensten Libertinismus ist und mit dem Absinth und den schlechten Häusern auf eine Stufe gehört (vgl. das Votum vom Perréard!), so haben wir im Mammonismus die andere Gesinnungsqualität vor uns, die es offenkundig seinen Pflegern und Vertretern einflößt. Man kann sogar mit Bestimmtheit sagen, daß *hier* die letzten und wirksamsten Motive des ganzen Rummels liegen. Wenn die radikale und sozialistische Presse die Sache besprochen hat unter den Titeln wie «Lassaut contre Genève»[20] oder «Pour la dignité de Genève»[21], wenn die Redner im Bâtiment électoral peroriert haben, als ob der Feind vor den Toren stände, so war's für jeden, der sich auch nur ein wenig aufs Zeichendeuten verstand, ganz klar, was man im letzten Grunde meinte. Die wohlüberlegte Rede des Hrn. Zbären (in extenso wiedergegeben im Genevois vom 30. April[22]) war zur Aufklärung des Sachverhalts nach dieser Seite sehr verdankenswert. Der Kursaal behauptet, den Cercle für seine Existenz nötig zu haben. Manche Geschäftsleute (worunter die Stadt Genf selbst!) haben für ihre Existenz den Kursaal nötig, wenigstens die Fremden, die er anlockt und festhält – folglich haben die Geschäftsleute den Cercle nötig. Das war so die simple Überlegung, die z. B. das halbe Pâquis-Quartier[23] an jenem Abend auf die Beine gebracht hat. Man wird in der übrigen Schweiz gut tun, darauf zu achten, wie hier das πρῶτον ψεῦδος, die *eine* scheinbar geringfügige Konzession an das Widersittliche, das im Hasardspiel vorliegt, Hunderte und Tausende fast rettungslos in die Arme einer unsittlichen Erwerbspolitik getrieben hat. Ähnliche Zusammenhänge dürften anderswo auch da sein, diese Zusammenhänge aber bedingen schließlich die moralische Gesundheit oder Krankheit eines arbeitenden Volkes, und *wegen* dieser Zusammenhänge (nicht trotz ihrer!) sagen wir: Principiis obsta![24]

---

vendredi. Organe des Radicaux-Socialistes et Socialistes-Unifiés Genevois, 15. Jg., Nr. 376 vom 28. April 1911, S. 2 [Sp. 4].

[20] Schlagzeile auf der ersten Seite von «Le Peuple Genevois», a. a. O.

[21] Siehe oben S. 310.

[22] *La question des Jeux. Une grande manifestation populaire,* Discours de M. Zbären, in: Le Genevois. Quotidien du soir, a. a. O. [S. 2, Sp. 1].

[23] Siehe oben S. 313, Anm. 12, und S. 315, Anm. 19.

[24] P. Ovidius Naso, *Remedia amoris,* 91.

Ich will mich nicht damit aufhalten, meine These durchzuführen an Hand einer Schilderung der Art, wie für das Hasardspiel bei uns gekämpft worden ist und gekämpft wird, der Gassenbubenstimmung, die an jenem Abend herrschte, der gedankenlosen Phraseologie, in der sich die Spitzen unseres Staates gefielen, der pöbelhaften Zeitungsangriffe, die gegen die Besten, die wir in Genf haben, gerichtet wurden. Zwei kleine Proben, die ich dem Tierbuch[25] entnehme, das ich mir für den Anlaß angelegt, mögen dem Leser einen Begriff von der Sache geben. Erstens ein Wisch, der am 28. April in allen Häusern verteilt worden ist:

> *Appel.* Toute la population, les industriels, les commerçants, les ouvriers, les vrais patriotes, las des injures, répandues en Suisse et à l'étranger contre Genève et les Genevois, par les meneurs mômiers et vertuistes, sont invités à se recontrer au *Bâtiment Electoral*, Vendredi 28 avril, à 8 h. ½ du soir, pour protester contre les manœuvres de l'ennemi intérieurs de la prospérité de Genève.

Zweitens der Anfang eines Couplet, wie sie hier bei solchen Anlässen gedichtet werden: (Es wurde auf den Straßen als «Chanson contr' les Môôôôômiers!» ausgerufen und um 10 Cts. verkauft):

> Messieurs les suppressionistes
> Mômiers et capitalistes
> Décidèrent en un discours
> D'abolir un tas de choses
> Au pauvre peuple qui n'ose
> Crier, mais se plaint toujours.

Ich bemerke zu den letzten zwei Zeilen, daß das «arme Volk» einzig am 28. April mindestens 5 Stunden lang ununterbrochen geschrieen hat.

Manche haben das Bedauerlichste der Erscheinungen, die wir erlebt haben, darin finden wollen, daß die Majorität unserer *Regierung* in der bekannten Weise die Sache des Libertinismus und des Mammonismus zur ihrigen gemacht hat. Viel bedauerlicher scheint mir das andere, daß wir wieder einmal die *sozialistische Partei* mit diesen Großmächten ha-

---

[25] «Tierbuch» ist in der Schweiz geläufig als Ausdruck für eine Sammlung vornehmlich polemischer Dokumente in einer den Sammler meist auch persönlich betreffenden oder engagierenden Angelegenheit. Leider ist das «Tierbuch», das Barth hier erwähnt, nicht erhalten. Ein Vergleich der beiden im folgenden zitierten Texte, die auch sonst, in den konsultierten Bibliotheken und Archiven, nicht mehr zu finden sind, war daher nicht möglich.

ben Arm in Arm gehen sehen müssen.[26] (Gleichzeitig sind die bernischen Sozialdemokraten für das Schänzli eingetreten!)[27] Und wenigstens hier ist aus diesem Lager keine Stimme gehört worden, die gesagt hätte: es ist nicht recht! [vgl. Mt. 14,4; Mk. 6,18] «Gott hat sie ...??»[28] Weniger erstaunlich war die Haltung der *Ultramontanen*. Einerseits befand sich unter den Petitionen gegen die Spiele die des hiesigen Generalvikars der römisch-katholischen Kirche.[29] Andrerseits sind Pilatus und Herodes, Radikalismus und Rom, bekanntlich bei uns gute Freunde.[30] Da befanden sich nun der Courrier de Genève[31] und der einflußreiche G.-Korrespondent der Freiburger Liberté[32] in der wenig beneidenswerten Rolle von Buridans Esel.[33] Aber siehe da, die Sache

[26] A. Triquet (s. oben S. 314 mit Anm. 15) zählte zu den Sozialisten. Im «Journal de Genève» (82. Jg., Nr. 117 vom 30. 4. 1911, S. 1 [Sp. 3f.]) wird deshalb ironisch hervorgehoben: «Le ‹Cercle des étrangers› où des messieurs en habit noir jouent le baccara et qui réalise chaque soir une moyenne de 9 000 fr. de bénéfices, n'a pas de défenseur plus convaincu et plus infatigable que M. Triquet, un socialiste ardent, dont la devise est: tout pour le prolétariat.» Die gleiche Zeitung (a. a. O., S. 1 [Sp. 5]) notiert, daß in einem cortège vor der Protestversammlung die «Internationale» gesungen worden sei: «C'est la première fois qu'elle est chantée en l'honneur d'un tripot.» Vgl. weiter a. a. O., Nr. 116 vom 29. 4. 1911, S. 1 [Sp. 3f.].

[27] In der Volksabstimmung über die stadträtliche Vorlage über ein Hypothekendarlehen zur Erhaltung des Kursaals «Schänzli» in Bern, in dem ebenfalls Hasardspiele betrieben wurden, setzten sich die Sozialdemokraten für diese Hypothek ein. Vgl. den zusammenfassenden Bericht in: Der Bund, 62. Jg., Morgenblatt vom 26. 4. 1911, S. 1 [Sp. 1–4]. Zur Erläuterung und zur Kritik s.: Der freie Schweizer Arbeiter, Jg. 4, Nr. 27 vom 7. 4. 1911, Beilage [S. 2]; Nr. 29 vom 21. 4. 1911 [S. 1f. 3f.].

[28] Anspielung auf Röm. 1,24.26.28?

[29] Abgedruckt bei G. Fatio, *Nos maisons de jeu*, Zürich/Genf 1911, S. 32. Vgl. im übrigen oben Anm. 11.

[30] Vgl. Lk. 23,12. Zur Kritik an der Haltung des Generalvikars: Journal de Genève, 82. Jg., Nr. 121 vom 4. 5. 1911, S. 4 [Sp. 2f.].

[31] *La question des jeux*, in: Courrier de Genève, Organe catholique de la Suisse romande, 45. Jg., Nr. 102 vom 2. 5. 1911 [S. 1, Sp. 1–3].

[32] *Deux poids et deux mesures. Réponse au «Journal de Genève»*, in: La Liberté. Journal politique, religieux, social, 41. Jg., Nr. 103 vom 6. 5. 1911 [S. 2, Sp. 5–S. 3, Sp. 1].

[33] Vgl. zu Geschichte und Vorgeschichte dieser Redewendung A. Schopenhauer, *Die beiden Grundprobleme der Ethik. Behandelt in zwei akademischen Preisschriften*, Sämtliche Werke, hrsg. von A. Hübscher, Bd. IV, Wiesbaden 1950², S. 58f. Siehe außerdem A. Maier, *Die Vorläufer Galileis im 14. Jahrhundert* (Storia e letteratura, Bd. 22), Rom 1949, S. 249f., Anm. 53, S. 297f., die den

wurde zu einem neuen Triumph der alten Ja- und Nein-Theologie. Die Ehrwürdigen brachten es fertig, abwechselnd den Suppressionismus «prinzipiell» zu loben und den «Suppressionisten» in Einklang mit den Radikalen und Sozialisten in den Rücken zu fallen. Dem entsprach es auf der andern Seite, daß die sämtlichen antiklerikalen Donnerwetter auf die Häupter der «ultra – – – protestants» niedergingen!![34] Ich denke, das Schauspiel dieser Allianz dürfte das Bild vollständig machen und der Beweis a posteriori dürfte erbracht sein. –

Und nun? Was soll die «Kirche» bei der Sache? Petitionen und Resolutionen in die Welt schicken? Schön und gut. Wichtiger dürfte es sein, daß die «Kirche», d. h. vor allem die H. H. Pfarrer bei dem Anlaß einmal unerbittlich den Finger auf die Tatsache legen, daß, wer Sünde tut, der Sünde Knecht ist [Joh. 8,34]. Die Hasardspiele sind ja nur ein Punkt in der gegnerischen Linie, die Zusammenhänge mit dem Alkoholismus, mit der sexuellen Unsittlichkeit, schließlich und zuoberst mit der geistigen Verlotterung der Selbstsucht liegen ja äußerlich und innerlich auf der Hand. Den Gemeinden zu helfen, sich dieser Motive und Zusammenhänge, die weit über den besondern Anlaß hinausgehen, bewußt zu werden, durch entschiedene *Negationen* das Reich Gottes geltend zu machen, *das* ist's, was «die Kirche» jetzt vor allem zu tun hat. Wenn die Genfer Vorgänge möglichst Vielen in folio demonstriert haben, warum wir *wollen, daß dieser über uns herrsche*, dann werden sie eine Etappe sein, durch die wir vorwärts gekommen sind.

Buridanschen Esel, «der bisher in der Literatur des 14. Jahrhunderts noch nicht nachgewiesen worden ist, in der Gestalt eines Hundes zwischen zwei Broten» bzw. «zwischen zwei Fleischstücken» aufgespürt hat.
[34] Siehe oben S. 316. Übrigens bemerkt «Le Genevois» (a. a. O., S. 1 [Sp. 2]), es sei «l'élément ultra-protestant», dem H. Fazy entgegengetreten sei.

LA RÉAPPARITION DE LA MÉTAPHYSIQUE
DANS LA THÉOLOGIE
1911

Auf eine im Jahre 1836 von der Pfarrerschaft des Kantons Zürich eingeleitete Initiative hin bildete sich die Schweizerische reformierte Predigergesellschaft, ein Verein der evangelischen Prediger und theologischen Lehrer der Schweiz zur Förderung theologisch-wissenschaftlicher und praktischer Zwecke der Kirche, und trat erstmals 1839 in Zürich zu einer Versammlung zusammen. Es folgten nahezu jährlich im Sommer weitere Versammlungen an wechselnden Orten. (Diese Tradition wird von der Nachfolgeinstitution, dem Schweizerischen reformierten Pfarrverein, mit zweijährlichen Versammlungen bis heute fortgesetzt.) Der jeweils für das betreffende Jahr aus Mitgliedern der gastgebenden Kantonalkirche gewählte Zentral-Vorstand hatte im Winter die Verhandlungsthemen – meist ein theologisches und ein kirchlich-praktisches – und für jedes Thema einen Referenten und einen Korreferenten zu bestimmen.[1] *Von den kantonalen Zweigvereinen oder Sektionen, die die kollektiven Mitglieder der Predigergesellschaft waren, wurde erwartet, daß sie das theologische Hauptthema, bevor es auf der gemeinsamen Versammlung zur Sprache kam, zunächst im eigenen Kreise behandelten. Es war dann anscheinend in das Belieben der kantonalen Referenten gestellt, ihre Ausarbeitung dem ersten Referenten der Hauptversammlung zugänglich zu machen. Eröffnungspredigt, Ansprachen, Vorträge, Diskussionsberichte u. a. von den zentralen Versammlungen wurden nachher jeweils in einer am Konferenzort gedruckten Broschüre unter dem Titel «Verhandlungen der Schweizerischen reformierten Prediger-Gesellschaft» publiziert. Eine Liste der kantonalen Referate enthält diese Publikation nicht, doch werden die dem Vortragenden eingesandten Stücke meist von ihm dankend erwähnt.*

Für das Jahr 1911 hatte der damals von der Pfarrerschaft des Kantons Appenzell Außer-Rhoden gestellte Zentral-Vorstand das Thema «Der Wiedereinzug der Metaphysik in die Theologie» bestimmt. Das Referat in der Genfer Sektion wurde nach längeren Beratungen schließlich Karl Barth übertragen (der zwei Jahre später im Aargau wieder die entspre-

---

[1] Vgl. C. Stuckert, *Kirchenkunde der reformierten Schweiz*, Gießen 1910, S. 70f.

chende Aufgabe übernahm) und von ihm am 31. Mai 1911 im Casino de St-Pierre gehalten. Dem Referenten der Hauptversammlung, dem Basler Systematiker Johannes Wendland (dessen Lehrstuhl Barth 1938 übernehmen sollte), lag neben sieben anderen auch Barths Referat vor. Er beginnt seinen Vortrag mit der Feststellung, daß die Rolle der Metaphysik in der Theologie sehr umstritten sei, und fährt dann fort: «Diese Sachlage spiegeln auch die Referate und Korreferate der Einzelvereine wieder, die mir in dankenswerter Weise zugestellt sind. Ich nenne die Arbeiten der Herren Pfarrer Barth in Genf, Pfarrer [Heinrich Anton] Giovanoli in Mollis [Glarus], Pfarrer Ernst Schweizer in Limpach [Bern], Pfarrer Walter Hoch in Schloßrued [Aargau], Pfarrer Lic. [Karl] Zickendraht in Veltheim [Aargau], Pfarrer [Ulrich] Gutersohn in Degersheim [St. Gallen], Pfarrer [Walter] Kuhn in Winau [Bern] und Pfarrer [Diethelm] Meyer in Weinfelden [Thurgau]. Die eine Hälfte dieser Referate trat für die Unmöglichkeit oder für den problematischen Wert und die Bedeutungslosigkeit der Metaphysik ein; die andere Hälfte forderte mit Entschiedenheit eine theologisch-philosophische Metaphysik.»[2]

Die Vorbereitungen in Genf begannen im Februar 1911. Barth berichtet darüber laufend seinen Eltern. 6.2.1911: «Die Genfer Geistlichkeit ist ziemlich verblüfft über das Thema der schweizerischen Predigergesellschaft ‹Die Wiederaufnahme der Metaphysik in der Theologie›. Man hat hierorts noch nichts davon gehört. Ich bin nun ehrenvollerweise in eine kleine Kommission gewählt ‹pour étudier la question de plus près›, wie sie zu sagen pflegen. Es wird das sehr heiter werden. Wenn ich mich sehr sachverständig gebärde, bekomme ich vielleicht auch noch das Korreferat.» 26.2.: «Letzten Dienstag habe ich etwas höchst Bedauerliches erlebt, nämlich eine Sitzung der Kommission, die über die réapparition der Metaphysik etc. verhandeln sollte. Es kamen aber nur der alte Prof. [Alfred J.] Porret[3] *(der Präsident), welcher sich von mir auf französische theologische Dinge erst aufmerksam machen lassen mußte und offen erklärte, den Namen Wobbermin noch nie gesehen (!) zu haben: Je ne connais pas ce monsieur. Ferner waren da ein Pfarrer [Emmanuel]*

---

[2] *Verhandlungen der Schweizerischen reformierten Prediger-Gesellschaft. Siebenundsechzigste Jahresversammlung in Herisau 14., 15. und 16. August 1911*, Herisau 1911, S. 22.

[3] Professeur auxiliaire in Genf.

Christen und ich. Es war höchst dürftig. Die 2 Welschen erzählten einander Anekdoten aus der Praxis und Sticheleien über Kollegen, man vernahm, daß der Freimaurer [Ernest] Rochat, den man zum Professor für ‹Théologie moderne› gemacht hatte, sich dem Thema nicht gewachsen fühlte und ablehnte. Fulliquet[4] *wird es jetzt nehmen müssen. Die zwei zeigten großen Respekt vor den Suisse Allemands, die so knifflige Themata zu stellen wüßten. Porret meinte übrigens, es handle sich um ‹Metaphysik› im Sinn der nicänischen Christologie u. dgl., was mich so erheiterte, daß ich ihn ohne Widerspruch eine Rede über réapparition dieser Metaphysik halten ließ! Es war aber ein klägliches Schauspiel, solche Bonzen auf den Lorbeeren Calvins herumsitzen zu sehen.» 19. 3.: «Das schweizerische Pastoralthema droht mir doch noch zu blühen, dann hätte ich neben der Ostertätigkeit eine gehörig theologische Periode vor mir. Aber es ist noch nicht sicher.» 21. 3.: «Nun bin ich richtig vom Präsidenten des Pastoralvereins für die Réapparition de la métaphysique angefragt worden und habe zugesagt, was mir aber viel Arbeit verursachen wird. Die Sache soll Ende Mai steigen.» 8. 4.: «Ich bin sehr mit Arbeit überladen zur Stunde. Die Metaphysik giebt beträchtlich zu verdauen (z. T. sehr Schwerverdauliches).»*

Einen genaueren Einblick in Barths Werkstatt gibt ein Brief vom 9. April an W. Loew: «Ich bin kantonaler Referent über das Schweizerpfarrercentraldiskussionsthema ‹Der Wiedereinzug der Metaphysik in die Theologie› geworden. Die Genfer Theologen (Fakultät inbegriffen!) haben aus durchsichtigen Gründen einer nach dem andern versagt und so ists an mich gekommen. Ende Mai soll der Scherz steigen und zwar auf französisch!! *Wüßte ich nur erst, was ich auf deutsch mit diesem verfluchten Wiedereinzug machen soll. Selbstverständlich werde ich Troeltsch, Wobbermin und Lüdemann entsetzlich schlecht machen, mich als reaktionärster Ritschlianer gebärden, um dann zum Schluß auf das System der Zukunft zu reden zu kommen, das sich in französischen Zungen noch zungenrednerischer ausnehmen wird, als es deiner schwachen Fassungskraft erscheint. Es will eben weder σωματικῶς noch ψυχικῶς, sondern πνευματικῶς gewürdigt sein. Ich verspreche mir von der Sache ein großes Fest, muß aber begreiflicher Weise die verschiede-*

---

[4] Georges Fulliquet, Dr. sc., Dr. theol., Pfarrer an der Kathedrale Saint-Pierre in Genf.

nen Menschen erst resp. wieder lesen, um volltönend über sie schimpfen zu können. Mein Abscheu vor Troeltsch wurde durch Aarau wesentlich verstärkt. Er sieht aus wie ein Bierbrauer. Wenn er nur nicht so gescheit wäre. Er wälzte sich dort mit wunderbarer Intelligenz in wunderbar plumpen Konsequenzmachereien einher. ... Alte orthodoxe Schwulitäten (Synergismus, d. h. die blöde Auseinanderhaltung von Subjekt und Objekt im Glaubensvorgang, Kirchentum, Intellektualismus) kehren in neuen Prachtgewändern zurück und werden von diesen Heidelbergern (ich war in Aarau Zeuge, wie diese jungen Leute den Troeltsch nicht nur zum Mittel, sondern zum Gegenstand des Kultus machten) als Offenbarungen modernster Theologie angestaunt. Me piget pudet paenitet und ich habe beträchtliche Lust, positiv zu werden.»

Am 7. Mai seufzt er: «Die Metaphysik liegt noch sehr im Argen. Ich werde meine Inkompetenz hinter kühnen Behauptungen (die Frl. O[stermann] ins Französische übersetzt) verbergen.» (Frl. Ostermann war ein älteres Gemeindeglied in Genf, das sich viel um Barth kümmerte.) Das wichtigste Thema der Briefe an die Eltern in diesen Tagen ist jedoch der von diesen im voraus gebilligte Heiratsantrag an Nelly Hoffmann, den er im Sinne hatte. So schreibt er am 15. Mai: «Ich halte dafür, es sei doch besser, jetzt loszugehen[5], und werde es dieser Tage thun. Die Metaphysik wird mir besser von der Hand gehen, wenn so oder so eine Entscheidung da ist, und ebenso steht es mit der Konfirmation. Übrigens ist das Manuskript der erstern in gutem Gang. Wenn eine Antwort da ist, d. h. wenn es eine erfreuliche ist, so telegraphiere ich es.» Das Telegramm folgte zwei Tage später, und am selben 17. Mai schreibt er: «Die Metaphysik leidet unter dem Allem schweren Schaden, es ist nicht zu leugnen, trotzdem mir sehr metaphysisch zu Mute ist. Aber es ist jetzt gleichgiltig. Ich werde ihnen in schlechtem Französisch etwas vorsohlen[6] über meine derzeitige Ansicht von der Sache und fühle mich im Stillen unverantwortlich. Einen Lüdemann haben wir ja nicht hier, der über mich kommen könnte wie ein gewappneter Mann.»

Inzwischen hatte Barth offenbar seinem Marburger Lehrer W. Herrmann von seiner Wahl in das Pfarramt von Safenwil und von dem bevorstehenden Vortrag berichtet. Auf einer Postkarte vom 28. 5. 1911

---

[5] Mit dem Heiratsantrag.
[6] = vorplaudern.

gratuliert Herrmann zu der Wahl und äußert sich dann zu dem Vortragsthema: «Was werden Sie mit der Metaphysik anfangen? Wenn die Leute nicht einsehen können, daß es eine Wissenschaft von übernatürlichen Dingen nicht geben kann, so muß man ihnen das Vergnügen lassen, daß sie davon als von etwas Möglichem reden. Nur wenn sie mit der dreisten Behauptung kommen, das sei zur Begründung der Religion nötig, müssen wir fordern, daß sie uns diese Art von Begründung vormachen. Eine Religion, die sich nicht igendwie des Grundes ihrer Zuversicht bewußt werden könnte, verdient ihren Namen nicht. Wir meinen den Grund unseres Glaubens an Gott zu kennen. Wir können ihn freilich nicht andern nachweisen oder ihn zum Objekt wissenschaftlicher Erkenntniß machen. Aber wir selbst kennen ihn und wir meinen, andern Menschen zeigen zu können, wie sie für sich selbst den Grund einer Zuversicht zu Gott finden können. Behauptet man nun, durch Metaphysik könne ein wissenschaftlich faßbarer Grund dieser Zuversicht erwiesen werden, so hat man die Pflicht, uns das vorzumachen. Solange man sich aber, wie Tr[oeltsch], damit begnügt, nur das Programm zu publizieren und mit der Vorstellung nicht anzufangen, bereitet man eine Katastrophe der schwersten Enttäuschung vor. – Die römische Kirche wird sich über dieses Geschrei nach M[etaphysik] freuen. Denn darin jammert ja ein Glaube, der die Würde selbständiger Gewißheit nicht besitzt. Ein solcher Glaube aber gehört in die Pflege des h. Thomas und der andern römischen Destitute. Mit herzlichem Gruß Ihr W. Herrmann.»

Die nächste Nachricht Barths von dem Vortrag nach dem 17. Mai ist zugleich die letzte. Am 31. Mai schreibt er den Eltern: «Heute von 4–6 Uhr ist nun die Metaphysik gestiegen vor etwa 20 ältern und jüngern Geistlichen, Frl. v. Haltenhoff, Frl. Burkhardt, Schwägerin, Braut, Prof. [Th.] Flournoy (!!). Ich im Gehrock. Das definitive Manuskript habe ich gestern in heißer Nachtarbeit (bis ½ 3 Uhr!) noch fertiggestellt. Es war ein richtiges Abenteuer – besonders in Anbetracht des Verlobungszwischenfalles –, aber es freut mich nun doch, es erlebt zu haben. Ich rasselte mein von Frl. O. etwas frisiertes Französisch mit beträchtlicher (eher wieder zu großer!) Mundfertigkeit herunter, bewies, erläuterte, widerlegte, verurteilte, daß es eine Freude war. Von der ganzen Metaphysik blieb kein gutes Haar übrig. Ich hatte dann das Vergnügen, von Flournoy, der zuerst das Wort ergriff, höchlichst belobt zu werden, er hielt eine jubelnde Widerlegungsrede gegen die M. von seinem James-Standpunkt aus, mit dem ich mich da ungeahnt Arm in Arm sehen mußte. Die übrige Diskussion war gräßlich. Sie hatten eben vorher alle nur von der Sache läuten hören, verstanden nun sozusagen gar nicht, worum es sich handle, und fuhren mit der Stange im Nebel herum, daß es traurig war anzusehen. Chaponnière[7] behauptete, unlängst in einem Artikel etwas über Fries gelesen zu haben, und meinte, die wiederauftauchende M. und der Neufriesianismus seien ganz dasselbe. Es wäre doch nett, wenn es eine Met. gäbe, mais je remercie M. Barth infiniment de nous avoir ... Die ältern Geistlichen gaben ganz arge Sprüche von sich, die jüngern leider auch, sogar der gescheite Georges Berguer redete ganz unkontrollierbare vage Worte.»

Das Manuskript ist auf 10 vierseitigen Doppelblättern, 22,5 × 18 cm groß, geschrieben. Die im Druck in Petitsatz eingefügten deutschen Zwischenüberschriften stehen im Manuskript am Rand, ohne daß dort jedesmal ein neuer Absatz begänne. Wo der neue Absatz vom Herausgeber eingeführt ist, wird das durch einen senkrechten Strich am Absatzende kenntlich gemacht.

Der Text wurde freundlicherweise von mehreren Beratern mit französischer Muttersprache kritisch durchgesehen, zuletzt von Herrn Jean-Marc Tétaz in Lausanne, der ihm die im folgenden abgedruckte Gestalt gegeben hat. Darin sind gelegentlich orthographische Fehler Barths stillschweigend korrigiert und die Komma-Setzung den französischen Regeln angepaßt. Stilistische Unebenheiten, die Barths von ihm selbst in der Einleitung des Vortrags beklagte mangelnde Übung im Gebrauch der französischen Sprache dokumentieren, sind selbstverständlich bei der Korrektur unangetastet geblieben. Doch wurde im Falle syntaktischer Fehler und offensichtlicher Mißgriffe in der Wortwahl der Text verbessert und der abweichende Wortlaut des Manuskripts in den mit Buchstaben bezeichneten Anmerkungen des ersten Apparats festgehalten.

Für die freundliche Hilfe beim Lesen der Korrektur danken wir Herrn Pfarrer Olivier Perregaux in Basel.

---

[7] Francis Chaponnière, Dr. theol., Redaktor der Zeitschrift «Semaine religieuse».

MM. et chers collègues,

Je tiens tout d'abord à remercier M. votre président de la haute confiance qu'il a témoignée à mon égard en m'invitant à[a] vous présenter le travail sur le sujet proposé par la Société pastorale suisse. Mais tout en le remerciant chaleureusement de ce grand honneur, il me faut m'excuser auprès de vous, MM., d'avoir eu l'audace d'accepter cette invitation. Vous reconnaîtrez dans quelques instants les raisons d'être de cette excuse.

En effet, pour parler dignement de la question qui doit nous occuper aujourd'hui, il faudrait ici un homme ayant derrière lui quelques dizaines d'années d'études, possédant une culture théologique aussi étendue qu'approfondie et des connaissances très vastes en matière de philosophie. Inutile de vous dire, MM., que cet homme, je ne le suis pas. Il y a deux ans, je me trouvais encore sur les bancs de l'université et je vous avoue franchement que je ne me trouve pas du tout compétent pour traiter une question de l'importance de celle d'aujourd'hui et où il faut prendre position. Ce que je vous apporte ne sera donc ni un résumé complet de ce qui a été dit et écrit sur la métaphysique dans la théologie pendant les dernières dix années, ni un système bien organisé de mes propres idées à ce sujet. L'état actuel de mes études et de ma pensée ne me permettent ni l'un ni l'autre. Avec les connaissances que j'ai en[b] ce moment, je tâcherai donc, non pas de vous donner des réponses, mais de vous faire voir la manière dont je pose les questions. Evidemment, en essayant ceci, je donnerai aussi des réponses, parfois même très catégoriques, mais je vous prie de ne pas les regarder comme des décisions définitives de ma part, mais comme des essais provisoires de poser les problèmes.

Ma seconde excuse porte sur la *forme* de mon travail. J'ai dû le faire en français, dans une langue dont l'esprit m'est parfaitement étranger, et je crains d'avoir torturé votre langue d'une manière qui vous sera douloureuse. En conséquence, je vous prierai de sourire, MM., sans vous gêner quand surviendront des passages obscurs et des emplois de mots inaccoutumés. Je suis navré de ne pas mieux savoir mon français – mais que celui parmi vous, MM., qui s'est essayé à traiter de la métaphysique *en allemand,* prenne parmi vous ma défense.

[a] Mskr.: «en».
[b] Mskr.: «dans».

Die Metaphysik
Le problème de la métaphysique, c'est le problème d'une science objective nécessaire et réelle. Je souligne dans cette définition le mot *science*. Car il ne s'agit pas de savoir s'il y a un objet, une nécessité, une réalité et si nous y touchons dans un sens quelconque, mais il s'agit strictement de la question s'il y a un objet su, nécessité sue, réalité sue, si nous touchons à une ultime et suprême vérité au moyen de la faculté théorique[c], coordonnante et réfléchissante de notre esprit. La métaphysique, d'apres la célèbre définition d'*Aristote*, c'est la science qui suit, qui vient μετά, après les sciences physiques.[8] Donc, et ceci nous intéresse pour le moment, c'est une science et non pas autre chose (un sentiment esthétique ou un acte morale p[ar] e[xemple]). C'est du reste l'opinion authentique des représentans de la métaphysique depuis Aristote jusqu'à nos jours.

Die Metaphysik in der Theologie
Le problème de la métaphysique dans la théologie serait d'après ceci le problème d'une science religieuse objective, nécessaire et réelle. La religion, qui est l'objet de la théologie, prétend en elle-même représenter, posséder, renfermer l'absolu, être l'absolu, la suprême vérité. Est-ce qu'il y a – non pas un moyen quelconque, mais une science qui permette de constater et de vérifier cette prétention? Voilà la question. Il s'agit de savoir si la théologie ou une de ses disciplines est elle-même cette science dite métaphysique. Car s'il y a une métaphysique, il n'y en a, vu son objet, pas deux ou plusieurs, mais il n'y a qu'une. Appeler cette science théologie ou n'importe quoi, ce serait alors une affaire de mots. Ce qui serait important, ce serait, dans ce cas-là, le fait que nous aurions, pour atteindre l'absolu, deux voies différentes, non seulement la voie de la foi, de la croyance, de la révélation, de l'inspiration ou quel que soit le terme dont nous nous servirions[d] pour désigner l'expérience

[c] Mskr.: «théorétique».
[d] Mskr.: «servions».

[8] Von einer «Definition» der Metaphysik durch Aristoteles spricht Barth sehr abgekürzt und damit unkorrekt – sicher nicht aus Unwissenheit. Er besaß seit dem Winter 1908/09 die *Geschichte der Philosophie* von K. Vorländer und hatte in Bd. I, Leipzig 1908² (PhB 105), S. 121 die Erklärung des Terminus «Metaphysik» als Buchtitel bei Aristoteles unterstrichen: «... der Name rührt von dem ganz äußerlichen Umstande her, daß sie hinter den physikalischen Schriften, μετὰ τὰ φυσικά, veröffentlicht wurde».

religieuse proprement dite, mais encore la voie purement théorique[e] de cette science dite métaphysique.

Die konsequente Metaphysik

Voilà du moins la conséquence logique qui ressort de l'existence d'une science métaphysique. Mais il faut ajouter tout de suite qu'on n'a que très rarement tiré cette conséquence nettement et que, là où on l'a tirée, on ne s'y est pas tenu. Tel était le cas dans les systèmes du *néo-platonisme* et de la philosophie de *Hegel*. Ces deux grandes conceptions d'une métaphysique admettaient en effet les deux voies différentes et équivalentes pour atteindre la vérité suprême: la croyance ou l'inspiration religieuse d'un coté, la vision immédiate et théorique[f] de l'autre. Mais vous savez qu'on n'en est pas resté là. *Origène* aussi bien que *Hegel* ont élevé sur la thèse de la différence et de l'équivalence celle de l'unité des deux voies. La croyance religieuse, d'après eux, n'est qu'une forme compréhensible et populaire de la science métaphysique, accessible à l'intellectuel, au spirituel, au philosophe. L'intérêt théorique[g] qu'ils prenaient à l'absolu leur faisait voir la religion, elle aussi, comme une sorte de science de l'absolu, moins parfaite cependant, et, vu cette affinité qualitative et cette différence seulement quantitative et graduelle, il n'y a rien d'étonnant à ce que chez eux la science développée et meilleure ait dévoré et pour ainsi dire absorbé la science primitive et inférieure. La religion pour eux n'est pas autre chose que la théologie, et la théologie menée à fond n'est en effet pas autre chose que la science métaphysique.[9]

---

[e] Mskr.: «théorétique».
[f] Mskr.: «théorétique».
[g] Mskr.: «théorétique».

[9] a) Zu *Origenes:* vgl. A. Harnack, *Lehrbuch der Dogmengeschichte,* Bd. I, Tübingen 1909⁴, S. 650–697. Harnack betont beide Momente: 1. die sachliche, wesensmäßige Gleichheit des «allen Menschen» im Christentum «dargebotenen Heils» – die Kirche hat «in ihrer Glaubensregel den Inhalt des Glaubens zutreffend zusammengefasst» – mit der theologischen Erkenntnis (S. 654); 2. die relative Überlegenheit der christlichen Metaphysik gegenüber dem «der Menge verständlichen Christentum» (S. 657, Anm. 6, nach Origenes, *Contra Celsum* III 78; s. auch S. 660f.).

b) Nach *Hegel* haben Religion und Philosophie denselben Inhalt: das Absolute, unterscheiden sich aber formell als Vorstellung und Erkenntnis. Siehe u. a. G. W. Fr. Hegel, *Vorlesungen über die Philosophie der Religion* (1824–

Il est bien compréhensible que du côté de la religion, même en admettant la métaphysique et en en faisant usage, on se soit débattu contre cette conséquence tirée de l'existence d'une science de l'absolu. Non seulement parce que, pour l'église, elle comportait un formidable appauvrissement de son enseignement ou bien un dualisme fâcheux entre la religion de l'homme cultivé et la religion dite populaire – vous connaissez les reproches qu'on faisait à ce sujet déjà à *Origène*[10] et qu'on faisait p[ar] e[xemple] il y a 40 ans à la théologie de M. *Al. Em. Biedermann*[11]. Je dis que non seulement on a toujours senti ces difficultés extérieures et, notez bien, sans importance décisive quant à la vérité – mais des obstacles provenant du fond des choses surgissaient vis-à-vis de ce métaphysicisme conséquent et logique.

D'un coté, on se débattait, et avec raison, contre cette identification de la religion avec la science. La religion vit de la révélation non immanente et générale mais actuelle, historique et individuelle. La vie religieuse est primordialement vie réceptive. Nous touchons par elle à la suprême vérité, parce que par elle nous sommes touchés nous-mêmes

1827), 1. Teil: *Begriff der Religion*, hrsg. von G. Lasson (PhB 59), Berlin 1925 (Neuausgabe 1974), S. 291–302. Vgl. auch Fr. Ueberweg, *Grundriß der Geschichte der Philosophie*, Bd. IV, bearbeitet von Tr. K. Oesterreich, Berlin 1923¹², S. 98.

[10] Zur polemischen Auseinandersetzung mit Origenes zwischen dem Ende des 4. und der Mitte des 6. Jahrhunderts vgl. A. Harnack, a.a.O., Bd. II, Tübingen 1909⁴, S. 499ff.507ff. Die Texte der offiziellen Verurteilungen des Origenes durch Kaiser Justinian (543) und durch das Konzil zu Konstantinopel (553) sind griechisch und deutsch abgedruckt in: *Origenes de principiis libri IV*, ed. H. Görgemanns et H. Karpp, Darmstadt 1976, S. 824–831.

[11] Eine Kritik an Biedermann, auf die Barths Datierung ungefähr zutrifft, findet sich bei R. A. Lipsius, *Dogmatische Beiträge* I, in: Jahrbücher für Protestantische Theologie, Jg. 4, Leipzig 1878, S. 216f.: «Denn auch, wenn man mit Biedermann sich bestrebt, den philosophischen Begriff des Absoluten exact logisch zu bestimmen, die religiöse Vorstellung von Gott aber, so oft sie mit diesen Bestimmungen sich nicht reimen will, einfach als inadäquat und sinnlich bei Seite zu stellen, so ist damit die Schwierigkeit nur scheinbar gehoben. Die philosophische Sprache und die religiöse Sprache gehen dann völlig getrennt neben einander her; und während der Philosoph letzterer das niedere Gebiet der Vorstellung überlässt, erhebt das religiöse Bewußtsein gegen seine exact logischen Bestimmungen immer wieder den Vorwurf, die religiösen Aussagen in abstracte Metaphysik verflüchtigt zu haben.» – Vgl. auch ders., *Ein Vorwort zu einem Vorwort*, in: Protestantische Kirchenzeitung für das evangelische Deutschland, Jg. 23 (1876), Sp. 641–651; dort: Sp. 644–649.

par la suprême vérité, parce que nous *recevons* et non: *faisons* quelque chose. La transformer en science serait identique à lui ôter son principe: la révélation que l'homme ne fait pas comme il fait la science, la morale ou l'art, mais qu'il *subit*. – De l'autre coté, déjà au moyen-âge, la science refusait d'être la science d'un absolu. La notion, peu à peu se rectifiant, de ce que c'est que la connaissance, la science humaine, le lui défendait. Il est remarquable que cette tendance à rendre la science athée n'est pas du tout sorti d'un milieu «incroyant» comme nous disons, mais du mouvement philosophique et théologique de l'ordre de St. François d'Assise.[12] Ce n'est pas l'irréligion, mais la religion qui a produit les germes de la pensée libre moderne. Et ce parallèle historique nous permet d'admettre que le grand effondrement de la métaphysique conséquente que le XIXe siècle a vu, est dû, même sans mentionner ici le mouvement théologique, à un réveil du sens de la vérité de la raison, qui, dans ses[h] origines, est profondément religieux, quoique l'apparence en semble démontrer le contraire.

Die unkonsequente Metaphysik

Cette double opposition à l'application conséquente et totale d'une science de l'absolu ou de la réalité dernière à la religion, à l'absorption de la théologie par la métaphysique, a fait naître une seconde forme de métaphysique. On pourrait l'appeler la métaphysique inconséquente. Son procédé est en principe celui de la première, seulement il est appliqué moins résolument et, à cause de cela, il semble à première vue être moins compromettant pour les deux partis engagés, la religion et la pensée. Cette métaphysique ne veut pas *trouver,* mais seulement *prouver* un objet qui est donné ailleurs. Elle soutient d'abord, elle aussi, la thèse de deux voies allant à l'absolu, mais elle la soutient avec hésitation et avec des réserves. |

A. Vorkantische Metaphysik

La réalité de l'Absolu, de Dieu, est donnée par la religion, soit par la révélation historique. Mais il s'agit de vérifier cette donnée religieuse par les moyens de la science. Il faut démontrer la réalité de cette Réalité

[h] Mskr.: «ces».

[12] Barth denkt vermutlich an Wilhelm von Ockham (ca. 1285–1349) und seine Schule. Vgl. z. B. A. Harnack, a.a.O., Bd.III, Tübingen 1910[4], S. 524, und R. Seeberg, Art. «Ockam», in: RE[3] XIV, S. 260–280, bes. S. 269f.

dans l'univers du monde. Il faut prouver le Dieu trouvé. Non pas Dieu tout entier. Il y a des mystères de la Divinité qui ne sont accessibles qu'à la foi, donc par la révélation, la Trinité et la Rédemption p[ar] e[xemple]. Mais il faut prouver certaines de ses qualités, entre lesquelles son existence. Voilà la tâche de la métaphysique, qui, d'après ce programme, n'est pas une ennemie ou une concurrente, mais une compagne ou, pour employer un terme célèbre, une servante et de la religion et de la théologie.[13] Vous reconnaissez dans ce type la métaphysique classique de la scolastique du moyen-âge. Elle prouvait l'existence de Dieu au moyen des trois arguments connus, non parce qu'elle en doutait, mais parce qu'il s'agissait d'établir la théologie au moins en partie sur la base d'une science, de fixer à son objet sa place dans l'univers du monde connu.[14] Ce programme de la métaphysique de la scolastique: *prouver l'objet absolu trouvé ailleurs – pour donner à la théologie le caractère d'une science* – voilà l'idée et le programme du métaphysicisme théologique depuis Thomas d'Aquin jusqu'à la métaphysique réapparaissant maintenant, dont nous devrons nous occuper plus spécialement cet après-midi. Voilà l'idée fondamentale de l'ancienne théologie protestante orthodoxe avec sa notion de révélation générale qui sert à poser les fondements de la révélation spéciale et à la soutenir vis-à-vis de la science. Voilà l'idée du supranaturalisme rationaliste du XVIIIe et du XIXe siècle avec sa théologie naturelle, qui sert de fondement[i] à la théologie de la révélation. Alors pour un temps, toute science de l'absolu quelle qu'elle soit, semble disparaître dans l'abîme de la critique de la raison pure. |

B. Nachkantische Metaphysik

Mais ce n'est pas qu'une apparence. L'absolu qu'on a perdu comme objet μετὰ τὰ φυσικά, on le retrouve πρὸ τῶν φυσικῶν, dans les lois

[i] Mskr.: «substruction».

[13] Vgl. z. B. Petrus Damiani, *De divina omnipotentia*, c. 5 (MPL 145, Sp. 603 D): «Quae tamen artis humanae peritia, si quando tractandis sacris eloquiis adhibetur, non debet jus magisterii sibimet arroganter arripere; sed velut ancilla dominae quodam famulatus obsequio subservire, ne si praecedit, oberret, et dum exteriorum verborum sequitur consequentias, intimae virtutis lumen et rectum veritatis tramitem perdat.» Siehe auch: G. Ebeling, Art. «Theologie und Philosophie: II. Historisch», in: RGG³ VI, Sp. 802.

[14] Vgl. dazu Barths Vortrag «Der kosmologische Beweis für das Dasein Gottes», in: *Vorträge und kleinere Arbeiten 1905–1909*, S. 373–410.

de la connaissance humaine elle-même, dans l'apriorisme de la raison pure. A peine la critique de *Kant* achevée et comprise (ou mal comprise!), nous voyons surgir les systèmes des *Fichte, Schleiermacher, Fries, Schelling, Hegel,* proclamant l'un après l'autre: C'est dans la conscience qu'il faut chercher l'absolu. La théologie, elle aussi, cesse d'être la science de Dieu pour devenir la science de l'expérience religieuse. Mais l'ancien problème va se poser sous une forme nouvelle: comment constater, comment prouver la vérité de cette expérience? L'idéalisme kantien prouvait la vérité de l'expérience scientifique, morale et esthétique par la découverte de l'a priori de la raison, qui précède non psychologiquement, mais virtuellement toute expérience, qui rend accessible et possible à l'esprit tout ce que nous appelons expérience, qui est la forme nécessaire et objective de tout ce qui est et qui peut devenir contenu de la raison. Il est bien compréhensible que l'idee devait se présenter de chercher un critère analogue pour la vérité de l'expérience religieuse. Trouver ce critère, c'était démontrer le caractère scientifique de la théologie, c'est-à-dire la nécessité de son objet dans l'univers de l'esprit. Nous trouvons la philosophie religieuse de *Kant* aussi bien que celle de *Schleiermacher* dominée[j] par cette idée d'apriori. *Kant* le croyait identique avec l'a priori de la morale. *Schleiermacher,* allant plus au fond, affirme l'existence d'un a priori spécial de la religion qu'il appelait sentiment, «Gefühl». Je répète: voilà l'ancien problème sous la forme nouvelle. Car il s'agissait là comme auparavant d'un fondement général[k] pour vérifier la donnée chrétienne spéciale. Avant Kant, on prouvait Dieu, après Kant, on prouvait la religion. Avant Kant, c'était la métaphysique naïve, embrassant l'univers avec une confiance inébranlée en la vigueur de la pensée, après Kant, c'était, pour me servir de l'expression de M. *Troeltsch,* «la métaphysique de l'esprit»[15].

[j] Mskr: «prédominée».
[k] Mskr.: «d'une substruction générale».

[15] Barth bezieht sich vielleicht auf die Charakterisierung der nachkantischen Metaphysik bei E. Troeltsch, *Wesen der Religion und der Religionswissenschaft,* in: P. Hinneberg (Hrsg.), *Die Kultur der Gegenwart,* Teil I, Abt. IV, 2. Hälfte, Berlin/Leipzig 1906, S. 476f. (wieder abgedruckt in: E. Troeltsch, *Gesammelte Schriften,* Bd. II, Tübingen 1913, S. 481): Das Wesen der Lehre Hegels «ist, daß sie den von Kant nur als End- und Grenzbegriff der Bewußtseinsanalyse gewonnenen Begriff ‹Vernunft überhaupt› wieder voll entschlossen metaphysisch verwendet ... Ein solcher Begriff der Vernunft läßt sich metaphysisch hyposta-

Mais avant et après Kant, c'est la métaphysique inconséquente et hésitante. On reconnaît d'un côté que la réalité suprême, si elle peut être touchée, ne peut être touchée que dans la vie, dans le fait de l'expérience religieuse, et qu'il n'y a pas de vérité religieuse sauf pour la religion elle-même. Mais on veut de l'autre côté, par une argumentation qui est scientifique et non pas religieuse, démontrer la nécessité, la réalité, l'objectivité de la donnée religieuse. Les représentants actuels de cette métaphysique ont des hésitations très sensibles quant à la méthode à employer pour obtenir ce résultat et quant à la sûreté de l'application de leur méthode. Ce qui ne saurait être étonnant, vu l'hésitation qui se trouve dans ce principe métaphysique lui-même. Malgré ces hésitations, on peut parler d'une réapparition de la métaphysique dans la théologie comme d'un phénomène suivi. Il s'agit d'une métaphysique prouvante sur la base de l'idéalisme kantien renouvelé.

Nous essayerons maintenant de comprendre plus en détail les motifs, l'essence et les conséquences de cette apparition et de prendre position vis-à-vis d'elle.

L'idée primordiale de la métaphysique ancienne et nouvelle est celle de démontrer la nécessité et la réalité de la donnée religieuse soit dans l'univers du monde soit dans l'univers de l'esprit – ceci pour établir le caractère scientifique de la théologie. Il est évident que c'étaient et que ce sont des motifs plus profonds que ce désir pour ainsi dire académique qui ont fait et qui font toujours à nouveau, naître le besoin de prouver ce qui est sûr en soi-même.

Das Bedürfnis nach Metaphysik

Rappelons-nous le chemin psychologique qui conduit à ce besoin. La religion dans la vie de l'individu et dans celle de la société n'a jamais été un fait isolé. Au contraire, elle s'est montrée toujours comme une force créatrice[1] dans la domaine de la pensée, de l'action et de l'art. Et ce qu'el-

---

[1] Mskr.: «procréatrice».

sieren ... So ... ist insbesondere der menschliche Geist nur das uns bekannte entwickeltste Stadium der Vernunft, wo sie durch Selbstbesinnung die ganze auf sie hinführende und sie hervorbringende Entwicklung aus sich heraus analysieren und rekonstruieren kann.» Troeltsch selber fordert demgegenüber «eine Metaphysik des Rückschlusses aus den Tatsachen und nicht eine deduktive Metaphysik des Absoluten» (a. a. O., S. 467 = G. S. II, S. 495).

le créait^m dans tous ces domaines, c'étaient des valeurs qui prétendaient toujours être des valeurs absolues, non pas en elles-mêmes, mais dans leur qualité religieuse, dans leur qualité de pensée *religieuse*, d'action *religieuse*, d'art *religieux*. C'est à cette forme créatrice^n, qui embrasse la vie tout entière, que les phénomènes appelés par la religion^o le dogme, la vie nouvelle, le culte doivent leur existence. Nous n'avons à faire ici qu'avec le premier de ces phénomènes, avec le dogme, c'est-à-dire avec la pensée religieuse. Nous voilà déjà vis-à-vis du fait d'une apparente dualité de la donnée absolue de la religion: 1. l'absolu dans l'état intérieur, 2. l'absolu dans la pensée qui reflète cet état intérieur. Dieu se manifeste avec le plein absolutisme de son être dans mon âme et cet absolutisme se traduit immédiatement dans l'absolutisme de ma pensée de Dieu. |

M. *Wobbermin*, à côté de M. *Troeltsch* l'un des principaux promoteurs du métaphysicisme renouvelé, a tort, à mon avis, de dire que la métaphysique commence déjà avec cette traduction.[16] Car, et c'est ce que M. *Aug. Sabatier* me semble avoir très bien montré, la pensée religieuse n'est pas absolue et ne veut pas l'être comme *pensée*, mais comme pensée *religieuse*.[17] Elle tient son absolutisme de^p son rapport génétique

^m Mskr.: «procréait».
^n Mskr.: «procréatrice».
^o Mskr.: «que la religion appelle».
^p Mskr.: «au moyen de».

[16] G. Wobbermin, *Theologie und Metaphysik. Das Verhältnis der Theologie zur modernen Erkenntnistheorie und Psychologie*, Berlin 1901, z. B. S. 29: «Alle Sätze des christlichen Glaubens haben irgendwelche Beziehung auf Gott … Nun ist aber Gott eine metaphysische Größe … Also sind alle Sätze des christlichen Glaubens im letzten Grunde metaphysische Sätze, Aussagen metaphysischer Art.» – S. 40f.: «Auch solche Sätze, die sich auf Grund religiös-sittlicher Erfahrung ergeben, und folglich auch die Sätze, welche der christliche Offenbarungsglaube, eben als solcher, als Offenbarungsglaube aufstellt, sind metaphysische, sobald ihr Object das Transcendente ist; auch das Wissen, das der christliche Offenbarungsglaube in sich schließt, ist ein metaphysisches, sobald bezw. sofern sein Object ein transcendentes ist.»

[17] A. Sabatier, *Essai d'une théorie critique de la connaissance religieuse*, in: Revue de théologie et de philosophie, Jg. 26 (1893), p. 197–240. Kritisches Referat darüber bei G. Wobbermin, a.a.O., S. 100–102. Folgende Sätze, mit denen Wobbermin (S. 101) die von ihm abgelehnte Position Sabatiers wiedergibt, hat Barth in seinem Exemplar angestrichen und mit der Randbemerkung «gut» versehen: «Die wissenschaftliche Erkenntnis soll Objekte haben, die durchweg

avec l'absolu, qui – en soi-même indépendant de toute pensée – jaillit dans la conscience-de-soi[q] de l'individu religieux, donc[r] de son caractère d'expression et de symbole de quelque chose qui n'est pas du tout une pensée, mais qui est vie. Aussitôt ce rapport génétique interrompu, la pensée religieuse se pétrifie, se transforme en[s] pure fantaisie ou en[t] pure mythologie. Etant simplement la manifestation de l'absolu trouvé et non pas un acte de recherche de l'absolu, elle ne peut donc elle-même avoir l'aspiration de prouver l'absolu; elle n'est pas une science de l'absolu, de la suprême réalité, elle n'est pas métaphysique. Mais je sais que, in concreto, cet état des choses se complique. La pensée religieuse se heurte à la pensée non-religieuse. Cette dernière, elle aussi, connaît des données suprêmes ultimes, ou croit en connaître, des données qu'elle réclame comme résultats du travail inductif ou déductif de l'esprit théorique[u]. C'est au moment de ce heurt que la pensée religieuse devient facilement pensée prouvante, que le symbole de l'absolu montre une tendance plus ou moins distincte à[v] devenir science de l'absolu. Voilà le moment de l'engendrement de la métaphysique. L'individu religieux éprouve tout naturellement le besoin d'expliquer entre elles les deux vérités suprêmes reconnues. Il ne peut pas conformer la vérité de la donnée scientifique à la vérité religieuse. Car la science en elle-même ne connaît pas la source de la vérité religieuse. Au contraire, la vérité religieuse, en se traduisant en pensée religieuse, est entrée dans le domaine naturel de la science. Donc, pour prouver la vérité religieuse, il faut transformer la pensée religieuse en[w] pensée scientifique. Il faut, tout en appliquant les méthodes de cette[x] dernière, atteindre les positions de la

[q] Mskr.: «conscience de soi-même».
[r] Mskr.: «au moyen donc».
[s] Mskr.: «dans la».
[t] Mskr.: «dans la».
[u] Mskr.: «théorétique».
[v] Mskr.: «de».
[w] Mskr.: «dans la».
[x] Mskr.: «la».

außerhalb des Ich liegen, insofern selbst die subjektiv gegebenen (d. h. die psychischen Daten) zum Zweck der wissenschaftlichen Erforschung objektiviert werden. Dagegen soll das Objekt der religiösen Erkenntnis dem Subjekt stets immanent sein, insofern es abgesehen von der religiösen Bethätigung des Subjekts nicht existiert.»

première. C'est ainsi que l'ancienne métaphysique a prouvé scientifiquement la réalité de Dieu dans le monde. Et c'est ainsi que la nouvelle métaphysique prouve la réalité, c'est-à-dire la nécessité, de la religion dans l'univers de l'esprit. Quelle est l'importance de cette entreprise pour la théologie?

Bedeutung A. Ritschls

C'était *Albrecht Ritschl* qui, le premier, a soulevé nettement le reproche que cet étayement scientifique était la pire destruction de la théologie.[18] La méthode dont il s'est servi pour soutenir cette critique à fond vis-à-vis de presque toute la théologie de tous les temps n'est pas irréprochable dans les détails. Sa théorie de la connaissance laisse beaucoup à désirer. Il a établi un dualisme entre la croyance et la science (Glauben und Wissen)[19], qui n'est soutenable ni du point de vue théologique ni du point de vue philosophique. Il tenait lui-même à souligner que son intention n'était pas de[y] supprimer la métaphysique, mais seulement la fausse métaphysique.[20] Lui-même, et plus que lui encore son disciple

---

[y] Mskr.: «n'allait pas à».
[z] Mskr.: «ante-kantienne».

[18] Vgl. A. Ritschl, *Theologie und Metaphysik. Zur Verständigung und Abwehr*, Bonn 1887², S. 11f.: «... wenn ein Christ sich auf metaphysische Erkenntniß Gottes einläßt, so giebt er damit seinen christlichen Gesichtskreis auf, und tritt auf einen Standpunkt, welcher im Allgemeinen der Stufe des Heidenthums entspricht. Denn dieses setzt Größen, die nach christlichem Maße zur Welt gehören, als göttliche Wesen.»

[19] A. Ritschl entfaltet seine Erkenntnistheorie in der genannten Schrift *Theologie und Metaphysik*, bes. S. 32ff.; vgl. ferner ders., *Die christliche Lehre von der Rechtfertigung und Versöhnung*, Bd. III, Bonn 1895⁴, S. 193–215. Zum Dualismus von Glauben und Wissen vgl. z. B. a.a.O., Bd. III, S. 24: «Die Theologie ... kann weder einen directen noch einen indirecten Beweis der Wahrheit der christlichen Offenbarung dadurch antreten, daß sie deren Übereinstimmung mit irgend einer philosophischen oder juristischen Weltanschauung zu erweisen sucht. Denn zu dieser steht eben das Christenthum in Gegensatz.»

[20] A. Ritschl, *Theologie und Metaphysik*, a.a.O., S. 40f.: «Demgemäß ist es eine unüberlegte und unglaubliche Behauptung, daß ich alle Metaphysik aus der Theologie ausschiede. Denn wenn ich in der Theologie wissenschaftlich befähigt bin, und das ist mir im Allgemeinen noch nicht bestritten worden, so werde ich eine Erkenntnißtheorie befolgen, welche in der Bestimmung der Erkenntnißobjecte sich nach einem Begriff vom Dinge richten, also metaphysisch sein wird. Deshalb wird der Streit zwischen Luthardt und mir richtig nur so formulirt, welche Metaphysik in der Theologie berechtigt ist.»

Julius Kaftan, sont plus ou moins retombés dans les sentiers de la théologie prouvante.[21] Mais tout ceci n'empêche pas la profonde raison de son principe, et on a l'impression que ceux qui croient maintenant inaugurer une voie théologique essentiellement nouvelle auraient mieux fait d'approfondir la méthode critique de *Ritschl,* dont les arguments principaux, appliqués à la situation nouvelle, se dirigent maintenant contre eux aussi. Ils ont essayé de le surpasser sans essayer d'abord d'apprendre à fond qu'il y a à apprendre chez lui.

Vorkantisches

Parlons d'abord de ce que, dans la métaphysique moderne, il y a encore ou de nouveau de métaphysique prékantienne[z], de cette métaphysique qui croit pouvoir embrasser non seulement l'univers de ce qui est dans l'esprit, mais l'univers de ce qui *est,* dans le sens strict et absolu de ce mot. Or cette métaphysique n'a pas du tout disparu, ni par suite de la critique philosophique de *Kant,* ni par suite de la critique théologique de *Ritschl.* Pour ne parler de *Schelling* ou de *Hegel,* les représentants de la métaphysique dans la théologie moderne, eux aussi, dans leurs derniers résultats, prennent des positions métaphysiques nettement prékantiennes.[aa]

bei *Lüdemann*

M. *Lüdemann,* à Berne, affirme la réalité scientifiquement compréhensible et démontrable d'un être illimité et absolu, relatif à une pluralité infinie d'entités spirituelles limitées.[22] |

bei *Troeltsch*

M. *Troeltsch,* à Heidelberg, croit qu'il est possible non pas de démontrer, mais de conclure scientifiquement que le Moi individuel n'est qu'une forme de manifestation d'un Moi universel.[23] Ce Moi universel entre

---

[aa] Mskr.: «ante-kantiennes».

[21] Ebenso urteilt G. Wobbermin, a. a. O., S. 32ff. 61 über J. Kaftan, mit Bezug auf dessen *Dogmatik* (Tübingen/Leipzig 1901³⁻⁴).

[22] H. Lüdemann, *Erkenntnistheorie und Theologie,* 14teilige Aufsatzfolge in: Protestantische Monatshefte, Jg. 1 und 2 (1897/98), dort: Teil XIII, Jg. 2, S. 179ff., bes. S. 187–191. Vgl. auch ders., *Das Erkennen und die Werturteile,* Leipzig 1910, S. 60–70.

[23] Barth schöpft hier und im folgenden offensichtlich u. a. aus einer Nachschrift von Troeltschs Vorlesung «Religionsphilosophie» (Heidelberg, SS 1908), die er im WS 1908/09 aus dem Kollegheft seines Kommilitonen Hans Spahn ab-

par une sorte de limitation de soi-même dans une nature psychique limitée et emprisonnée par la causalité psychologique. C'est en reconnaissant alors les lois aprioristiques de la conscience que ce Moi rompt les liens du processus psychologique purement causal et rentre dans le monde de la liberté.[24] On peut donc dire que la conscience aprioristique et objective qui se dégage peu à peu de la conscience naturelle et subjective, n'est pas autre chose que l'action de la conscience absolue dans la conscience limitée. C'est spécialement l'a priori religieux qui représente cette action dans laquelle Dieu prend conscience de soi-même dans l'homme, qui représente en d'autres termes la révélation.[25] |

geschrieben hatte. Diese Abschrift (im folgenden zitiert: Nachschrift) befindet sich im Karl Barth-Archiv, Basel. Dort heißt es in § 10: «In den Einzelbewußtseins [sic] ist der Bewußtseinsinhalt in einer lediglich kausalpsychologisch zusammenhängenden zufällig verknüpften Weise enthalten, und erst die davon sich losreißende Freiheit steigt von hier auf zu einer Ordnung, Beurteilung u. Bearbeitung nach dem von ihr anerkannten u. in der Anerkennung auszugestaltenden apriorischen Gesetze des Bewußtseins überhaupt. Das setzt voraus eine mit der pluralist. Zerteilung zusammenhängende Selbstverwandlung des absoluten Ich in eine lediglich kausalpsychologisch zusammenhängende Seelennatur durch die Freiheit zu der Welt der gültigen Gesetze. ... Die Objektivität der apriorischen Erkenntnis beruht in letzter Linie auf dem Denken des absoluten Bewußtseins im endl. Bewußtsein, aber so, daß das endliche Denken immer ein von dem natürlichen psychologischen u. zufällig bestimmten Ablauf sich losreißender, immer nur annähernder Versuch ist, sich in die Richtung des absoluten Bewußtseins, seiner Gesetze und Werte einzustellen.»

[24] Vgl. E. Troeltsch, *Psychologie und Erkenntnistheorie in der Religionswissenschaft*, Tübingen 1905, S. 40: «Es muß möglich sein, daß in dem phänomenalen Ich durch schöpferische Tat des in ihm latenten intelligiblen Ich die Persönlichkeit als Verwirklichung der autonomen Vernunft geschaffen und entwickelt werde, wobei das Intelligible aus dem Phänomenalen, das Rationale aus dem Psychologischen hervorbricht, es in der Zeit bearbeitet und gestaltet und zwischen beiden ein Verhältnis der geordneten Wechselwirkung, aber nicht des kausalen Zwanges stattfindet.»

[25] Nachschrift, § 10: «Das relig. Apriori ist ein Denken des Absoluten im endl. Bewußtsein. Und zwar dasjenige Denken, in dem das erstere seinen eigenen Zusammenhang mit dem endlichen Bewußtsein sich denkt. Anders ausgedrückt ist es das Selbstbewußtsein Gottes im endlichen Geiste u. als solches die Offenbarung Gottes im endlichen Geiste, in der Seele. Die Bezeichnung, die die Religion selbst für das Wesen ihrer Erkenntnis hat, nämlich der Begriff eines in der Offenbarung stattfindenden Handelns Gottes, ist daher auch der letzte Endbegriff einer Theorie der relig. Erkenntnis, wie dies in letzter Hinsicht den Sinn der Lehre *Hegels* darstellt. Aber auch *Malebranche* u. *Spinoza* sind auf der Spur des gleichen Denkens. Nur ist dieses Handeln Gottes zugleich ein Handeln der

bei *Wobbermin*

Enfin M. *Wobbermin*, à Breslau, entreprend, moins hardiment que *Troeltsch* et *Lüdemann* peut-être, mais sans doute plus naïvement qu'eux, la démonstration de la possibilité au moins d'une réalité transconsciente. Semblable dans la disposition de sa pensée à M. *Lüdemann*, il admet qu'il y ait une objectivité non seulement transscendentale mais transscendante de l'apriorisme de la raison.[26] Mais tandis que M. Lüdemann croit pouvoir en[ab] conclure la réalité de la connaissance de soi[ac], donc de cette entité spirituelle qui fait partie du pluralisme spirituel relatif à l'absolu, – M. *Wobbermin* en conclut, hésitant quant à la sûreté de ses dires, mais très nettement quant à sa méthode, la réalité de la donnée non seulement formelle mais substantielle de la conscience, spécialement de la conscience théorique[ad] – la réalité donc de la nature dans l'espace et dans le temps. Il rétablit au moyen des catégories aprioristiques de l'action réciproque, de la tendance finale de l'identité, les trois preuves, non pas de l'existence cette fois, mais de la possibilité de l'existence de Dieu, la preuve cosmologique, téléologique et ontologique.[27]

[ab] Mskr.: «croit en pouvoir».
[ac] Mskr.: «de soi-même».
[ad] Mskr.: «théorétique».

Seele, ein Gesuchtwerden aus dem Wirrsal des psycholog. Ablaufs heraus. Und so ist von der letzten Seite her die religiöse Erkenntnis ein Streben nach Verdeutlichung und Erfüllung des in der Seele stattfindenden göttlichen Handelns.» – Vgl. auch E. Troeltsch, *Psychologie und Erkenntnistheorie* ..., a.a.O., S. 52f.

[26] Barth scheint in diesen Sätzen den Ertrag des oben Anm. 16 genannten Buches von G. Wobbermin zu resümieren.

[27] G. Wobbermin, a.a.O., S. 120: «Daß das [scil. die Auseinandersetzung der Theologie mit philosophischen Einwänden] noch immer sehr praktisch im Rahmen der sog. Beweise für das Dasein Gottes geschehen könne, ist meine Ansicht.» – Vgl. ders., *Der christliche Gottesglaube in seinem Verhältnis zur heutigen Philosophie und Naturwissenschaft*, Berlin 1907², S. 47: «Mir scheinen die den Hauptformen jener Beweise zugrunde liegenden Motive und Tendenzen bedeutsame Wahrheitsmomente von bleibender Gültigkeit zu enthalten; ja, meine Meinung geht gerade dahin, daß wir diese Motive und Tendenzen heute auf Grund unseres heutigen Wissens und Erkennens eine viel stärkere Beweiskraft gewinnen lassen können, als es den alten Theologen und Philosophen möglich war.» In Kapitel III dieses Buches («Die Kosmologie und der christliche Gottesglaube», S. 49–73) greift Wobbermin den kosmologischen, in Kapitel IV («Die Biologie und der christliche Gottesglaube», S. 74–109) den teleologischen, in Kapitel V («Die Psychologie und der christliche Gottesglaube», S. 110–143) den ontologischen Gottesbeweis auf.

Kritik

Est-ce que les principes de la critique théologique que *Ritschl* et *Herrmann* ont soulevée vis-à-vis de la métaphysique[28] sont surannés vis-à-vis de cette réapparition? Pour ma part, j'estime qu'on a eu bien tort d'oublier si vite ce qu'ils ont objecté.

Neutralisierung des Gottesbegriffs
Le Dieu de la métaphysique prouvante est une neutralisation de l'esprit et de la nature, voilà le grand reproche de *Ritschl*[29], qui renferme tous les autres. C'est-à-dire: La notion de Dieu, que la science spéculative formule, est indifférente vis-à-vis de la lutte dans laquelle l'individu concret se trouve avec son entourage naturel, avec le monde, comme Ritschl disait, avec tout ce qui n'est pas ou pas encore esprit.[30] Le Dieu de la conclusion métaphysique, l'absolu, est une idée parfaitement indifférente vis-à-vis de cette situation pratique de l'homme. Elle est trouvée par une argumentation théorique[ae] qui ignore et qui doit igno-

[ae] Mskr.: «théorétique».

[28] Zu A. Ritschl vgl. oben Anm. 18. – W. Herrmann, *Die Metaphysik in der Theologie* (1876), in: ders., *Schriften zur Grundlegung der Theologie*, hrsg. von P. Fischer-Appelt, Teil I (ThB 36/I), München 1966, S. 1–80; ders., *Die Religion im Verhältnis zum Welterkennen und zur Sittlichkeit. Eine Grundlegung der systematischen Theologie*, Halle 1879.

[29] Vgl. A. Ritschl, a.a.O. (wie Anm. 18), S. 13: «Das kosmologische Argument hat seine Art darin, daß es die Dinge als Ursachen und Wirkungen, abgesehen von ihrem Unterschied als Natur und Geist, auffaßt.» – S. 30f.: «Metaphysische Begriffe sind die elementaren Erkenntnisse, in welchen man die Objecte des Erkennens eben nur als solche, als Dinge im Allgemeinen fixirt, in ihrer Einzelheit und weiter in ihrer gegebenen Stellung zu einander. In dieser Betrachtungsweise enthält man sich der Unterscheidung der Erkenntißobjecte als Natur und als Geist. Man erkennt also geistige Größen in metaphysischer Methode nur oberflächlich, unvollständig, nicht in ihrer eigenthümlichen Wirklichkeit.» – S. 39: Der Mythus «stellt Naturdinge als Träger geistigen Lebens vor. Die falsche Metaphysik setzt blasse und schwankende Erinnerungsbilder oder Gattungsbegriffe als wirklich ... Dieses ganze Verfahren ist in sich weder folgerecht noch klar, es ist endlich außer allem Verhältniß zu dem praktischen Verhalten, das wir zu den Naturdingen und den geistigen Personen einnehmen.»

[30] Vgl. z. B. A. Ritschl, a.a.O., S. 9: «Hieran aber ergiebt sich der Abstand der metaphysischen Kosmologie von jeder religiösen Weltanschauung. ... Alle Religion ist Deutung des in welchem Umfang immer erkannten Weltlaufs, und zwar in dem Sinne, daß die erhabene Macht, welche in oder über demselben waltet, dem persönlichen Geiste seinen Werth gegen die Hemmungen durch die Natur oder die Naturwirkungen der menschlichen Gesellschaft bestätigt.»

rer cette lutte. Lui attribuer une importance religieuse, c'est ériger une idole («einen Götzen aufrichten und anbeten») selon l'expression qui revient souvent sous[af] la plume de *Ritschl*[31] et de *Herrmann*[32]. La suprême cause, le principe téléologique, l'entité trouvée au moyen de la conclusion ontologique, ce n'est pas Dieu. Car la réalité de Dieu, c'est objectivement une action que nous subissons, c'est subjectivement une élévation de l'âme. Cette action ou cette élévation ne présuppose[ag] pas l'harmonie théorique[ah] de l'esprit et de la nature établie dans la notion métaphysique de Dieu, mais au contraire le conflit pratique entre les deux, qui n'existe pas a priori, il est vrai, mais qui existe dans la vie, dans l'histoire. La religion, c'est justement cette vie luttante de l'homme dans l'histoire. Or, l'essence du Dieu de la religion vivante, ce n'est pas son absoluité, ce n'est pas cette harmonie pensée de la conclusion métaphysique, mais c'est son amour qui nous cherche et qui nous soutient dans notre conflit pratique.

En effet, c'est une destruction de la théologie que d'y introduire cette idée abstraite de Dieu. Il ne faut pas croire que c'est un plaisir inoffensif que de construire a priori une pareille base de la connaissance de Dieu

[af] Mskr.: «dans».
[ag] Mskr.: «présume».
[ah] Mskr.: «théorétique».

[31] Vgl. A. Ritschl, *Die christliche Lehre von Rechtfertigung und Versöhnung*, Bd. III, Bonn 1895⁴, S. 226: «Am großen Katechismus gemessen ist dieses von Frank bezeugte Vertrauen schwerlich richtig, weil es ein Idol anstatt Gottes aufrichtet.»

[32] In Barths Nachschrift von W. Herrmanns Vorlesung «Dogmatik I», Marburg, WS 1908/09 (im Karl Barth-Archiv, Basel) heißt es in § 7 im Zuge einer Polemik gegen den Wunsch, «die Wissenschaft möchte die Spuren eines Gottes in der Welt nachweisen»: «Der Weg zu Gott wird dem frei, der in der Welt verzweifelt. Bei allen Andern stehen neben oder über Gott die sinnlichen Thatsachen, auf die er sich verläßt. In der hl. Schrift heißt solche Stellung *Götzendienst:* neben Gott andre Götter. Die Seele haftet an einem Teil der Welt.» – Vgl. W. Herrmann, *Religion und Sittlichkeit* (1905), in: ders., *Schriften zur Grundlegung der Theologie*, Teil I, a.a.O., S. 279: «Das Vertrauen, das die von uns erfahrene Macht sittlicher Güte in uns schafft, ist der Glaube an Gott, die wirkliche Religion. Jede andere Vorstellung von Gott muß schließlich von dem Menschen verlassen werden, dessen sittliche Erkenntnis sich entwickelt, und wird ihm dann ein Götzenbild.» – Ders., *Gottes Offenbarung an uns* (1908), in: ders., *Schriften zur Grundlegung der Theologie*, hrsg. von P. Fischer-Appelt, Teil II (ThB 36/II), München 1967, S. 155: «Denn ein bewiesener Gott ist Welt, und ein Gott, der Welt ist, ist ein Götze.»

pour y adjoindre plus tard les éléments de la connaissance donnés dans la révélation. |

Intellektualismus

1. Cet étayement entraîne la religion dès le commencement sur la fausse route de l'intellectualisme. Pour la doctrine ainsi étayée, Dieu devient essentiellement une idée logique dont il faut développer les différentes qualités logiques pour le comprendre. La doctrine ne peut alors que devenir doctrinaire, et c'est le principe irréligieux de l'orthodoxie que s'en suit.

Künstlicher Monismus

2. Cet étayement éveille presque nécessairement l'idée que la vérité se compose de deux étages ou de deux moitiés: la vérité de la raison et la vérité de la révélation. On a pu maintenir la fusion des deux pendant des siècles, et pourtant la scission entre les deux n'a jamais pu se dissimuler tout à fait. Ou bien la notion métaphysique de la vérité suprême se dégageait de la notion religieuse proprement dite pour manifester alors très vite son vide religieux – tel était le cas dans la théologie du siècle philosophique –, ou bien avec l'écroulement de la notion métaphysique s'écroulait aussi la notion religieuse de Dieu; tel est le cas p[ar] e[xemple] dans la théologie athée de la libre pensée de nos jours. Le monisme artificiel de la métaphysique rendait fâcheux et intolérable le dualisme nécessaire de la religion.

Spekulat[ive] Fälschung der rel[igiösen] Lehre

3. Cet étayement introduit nécessairement dans la doctrine des éléments irréligieux qui font remplacer la vie religieuse par des intérêts spéculatifs, intéressants peut-être, mais qui ne rendent personne meilleur et qui ne font que faire surgir des différences de doctrine inutiles et fâcheuses. Nous avons l'exemple fameux de cette influence destructive de la métaphysique dans l'histoire de la christologie, dans ces abominables discussions sur la «vraie» divinité du Sauveur qui, jusqu'à nos jours, déroutent toujours de nouveau la compréhension de l'évangile. Car, quelle était et quelle est cette «vérité» de la divinité du Christ? C'était et c'est son égalité avec le Père. Et «l'essence» du Père, on l'a cru trouver dans son [caractère] illimité, dans son éternité temporelle, dans sa qualité de causa sui et de causa omnium, dans son omnipotence et omniprésence, bref dans des attributs qui ont de la valeur 1. comme

idées régulatives, comme Grenzbegriffe de la science[33], 2. comme expressions et symboles secondaires et accessoires de la vie religieuse[34] – mais qui n'en ont *aucune* pour la connaissance constitutive et essentielle du Dieu agissant dans notre vie, qui n'ont *aucune* importance constitutive et essentielle pour cette élévation pratique de l'âme qui est l'essence de la religion. *Melanchthon* déjà l'a très bien formulé: «Hoc est Christum cognoscere, beneficia ejus cognoscere, non, quod isti docent, ejus naturas, modos incarnationis contueri.»[35] «... *beneficia ejus cognoscere*», voilà le principe de la connaissance non seulement de la christologie, mais de la pensée religieuse en général.

Parmi[ai] les représentants de la métaphysique renouvelée, ce sont surtout MM. *Lüdemann* et *Wobbermin*, qui me semblent être gravement compromis par cette critique. |

Gegen Lüdemann

Le système de M. *Lüdemann* est du spiritualisme tout pur. Au moyen de la théorie critique de la connaissance, il supprime la réalité de l'espace et du temps pour faire l'apothéose, alors, de ce qui reste du moi de la donnée immédiate. Et c'est là-dessus qu'il construit la réalité d'une

---

[ai] Mskr.: «Entre».

[33] Vgl. z.B. G. Wobbermin, a.a.O., S. 13: «Und es wird dann darauf ankommen, von der Basis erkenntnistheoretischer und psychologischer Untersuchungen aus zur Erörterung derjenigen metaphysischen Grenzbegriffe zu schreiten, mit denen die Theologie notwendig arbeiten muß.»

[34] Vgl. E. Troeltsch nach der oben in Anm. 23 erwähnten Nachschrift (§ 10): «Aber sie [scil. die vollendetste Religion] erkennt zugleich, daß diese Gedankenbildungen nicht dogmatische Aussagen, sondern Symbole sind, in denen der relig. Gefühlsgehalt ausgesprochen u. verdeutlicht wird ohne eine stattfindende adäquate Erkenntnis. Die Aufgabe ist dann, diese Symbole möglichst derart zu bearbeiten, daß sie nicht zu Trägern vermeintlich adäquater dogmatischer Erkenntnis werden, sondern zu Mitteln, religiöse Lebensgehalte zu versinnbildlichen u. mitzuteilen ... Die relig. Erkenntnis ist niemals eine wissenschaftlich adäquate, sondern eine symbolisch-mythische, die zunächst von den verschiedenen Anregungspunkten der Aktualisierung her die transzendente Realität in mythischer Weise erfaßt u. den Kult dementsprechend gestaltet, dann aber ihren Mythus als Symbol erkennt u. dieses Symbol möglichst rein zum Ausdruck des relig. Lebensgehaltes gestaltet.»

[35] Ph. Melanchthon, *Loci communes* (1521), ed. Th. Kolde, Leipzig 1900, S. 63, bzw. CR 21,85. Vgl. dazu auch A. Ritschl, *Theologie und Metaphysik*, a.a.O., S. 60.

pluralité spirituelle[aj], la réalité de Dieu en dernier lieu. La conséquence de cette idée serait une métaphysique non pas seulement prouvante, mais trouvante. La rédemption par la foi serait inutile vis-à-vis de la rédemption achevée par la saine et vraie théorie de la connaissance, c'est-à-dire par celle de M. Lüdemann. Il ne tire pas lui-même cette conséquence, mais elle me semble inévitable. Son Dieu est un présupposé[ak] et non pas la réalité de l'expérience religieuse. Car cette expérience est en elle-même une *tendance* vers l'esprit universel et non pas un fait accompli spirituel. Et c'est dans cette tendance et non pas dans son but présumé qu'il faut chercher la réalité de Dieu vivant.

Gegen Wobbermin

Quant à la réapparition des trois preuves pour l'existence de Dieu dans la théologie de M. *Wobbermin*, il suffit de répéter ce qu'on a dit de l'ancienne forme de ces preuves: ce qu'elles croient prouver: la cause suprême, le principe téléologique, l'idée nécessaire et réelle, ce sont des hypothèses très utiles, très nécessaires même à la science, mais ce n'est pas le Dieu de l'expérience religieuse.[36] Car l'entité dont elles prouvent l'existence ou la possibilité, c'est une abstraction à faire et non pas une action à subir.

Gegen Troeltsch

Il faut avouer que la métaphysique de M. *Troeltsch* évite cette faute principale, mais, dans la mesure où elle[al] l'évite, elle cesse d'être métaphysique pour devenir de la fantaisie religieuse. L'absolu, selon lui, est la conscience rationelle et aprioristique qui se dégage de la conscience psychologique et fortuite.[37] On peut en effet reconnaître dans cette description la réalité de l'expérience religieuse. Car il s'agit là en effet non pas d'une présupposition[am] spéculative, mais de cette action de la réalité divine vis-à-vis d'un élément irrationel, dont le caractère n'est pas seulement «radikal-böse» mais aussi «radikal-dumm», selon l'ex-

---

[aj] Mskr.: «d'un pluralisme spirituel».
[ak] Mskr.: «une présomption».
[al] Mskr.: «mesure qu'elle».
[am] Mskr.: «présomption».

[36] Zu dieser Kritik an den Gottesbeweisen vgl. A. Ritschl, a.a.O., S. 12–15.
[37] Vgl. oben Anm. 23 (zweite Hälfte des Zitats) sowie Anm. 24f.

pression de M. Troeltsch.[38] Avec cette constatation bienfaisante, nous nous retrouvons dans la réalité de la vie religieuse. Mais, se demande-t-on, à quoi bon alors le costume de [la] métaphysique, qui dans ses détails ressemble beaucoup aux systèmes gnostiques du 2ième siècle[39] et qui en somme n'est pas une métaphysique, mais une analogie mythologique de la pensée religieuse. A quoi bon cette prétention et ce déguisement?!

Das religiöse Apriori

Mais M. *Troeltsch* dirait que cette spéculation du Moi universel et individuel etc., n'est pas un élément essentiel de son système, plutôt une sorte de transgression du principe de la métaphysique kantienne, de l'apriorisme. En effet, voilà l'idée centrale de la philosophie religieuse de M. Troeltsch: l'idée d'un «a priori religieux». L'expérience religieuse matérielle serait virtuellement précédée, d'après lui, d'une forme général, d'une idée nécessaire, a priori, c'est-à-dire immanente à la conscience comme il y a un a priori de la science, de la morale, de l'art.[40] Cette norme rationelle serait à trouver au moyen d'une analyse critique de la religion, de sa psychologie et de son histoire. En démontrant cette norme aprioristique, psychologique et historique à la fois, on aurait démontré la réalité de la religion dans la vie de l'esprit. Voilà la forme caractéristique de métaphysique prouvante de nos jours. Mais quelle est cette preuve? Est-ce que la théologie aurait raison de s'en servir? Sans doute est-il bien juste que pour prouver la réalité de la science, on démontre l'a priori théorique[an], pour prouver la réalité de la morale, on démontre l'a priori moral de l'esprit. Car qu'est-ce que cela veut dire: la

[an] Mskr.: «théorétique».

[38] Mit dieser literarisch nicht nachweisbaren Wendung, die Troeltsch etwa in der Diskussion nach seinem Vortrag am 15. März 1911, «Die Bedeutung der Geschichtlichkeit Jesu für den Glauben», auf der Aarauer Studentenkonferenz, an der Barth teilnahm (vgl. oben S. 152.332), gebraucht haben mag, wandelt er den bekannten Ausdruck von I. Kant ab, in dessen *Die Religion innerhalb der Grenzen der bloßen Vernunft* (1793) das «Erste Stück» überschrieben ist: «Von der Einwohnung des bösen Princips neben dem guten: oder über das radicale Böse in der menschlichen Natur» (Kant's gesammelte Schriften, hrsg. von der Königlich Preußischen Akademie der Wissenschaften, Abth. 1, Bd. VI, Berlin 1907, S. 19).

[39] Vgl. oben Anm. 23, erste Hälfte des Zitats. Der letzte dort zitierte Satz ist von Barth in der Nachschrift angestrichen, und am Rand steht: «Gnostisches».

[40] Vgl. E. Troeltsch, *Psychologie und Erkenntnistheorie* ..., a.a.O., S. 44–48.

réalité de la science ou de la morale? Cela veut dire la nécessité purement formelle de telle ou telle action de l'esprit. La philosophie critique ne pose pas la question: est-ce qu'il y a (psychologiquement) de la science, de la morale? Mais: s'il y en a, quelle est sa forme nécessaire et donc aprioristique, sa ratio cognoscendi? Elle ne demande pas non plus s'il y a une vérité trans-consciente, absolu, dernière – avec des questions pareilles, elle quitterait le terrain solide de sa recherche –, mais elle demande tout simplement: qu'elle est la disposition de l'esprit scientifique ou moral, et c'est dans cette disposition qu'elle trouve la réalité.

Kritik

Il en est tout à fait autrement de la religion. La religion, aussi d'après les constatations de M. *Troeltsch*, prétend être une *relation réelle* («Realitätsbezug»)[41], et la réalité de cette relation n'est pas cette fois la réalité formelle et aprioristique, mais la réalité actuelle et vécue.

Vom Begriff des Apriori aus

C'est une contradictio in adjecto que de parler d'un a priori religieux. Un a priori ne saurait être qu'une forme, qu'une possibilité de la conscience. La religion en est la réalisation, l'actualisation, et il ne faudrait pas parler d'un a priori religieux parce que cela signifierait l'a priori de la réalisation et il faudrait rechercher un nouveau principe qui nous assurerait de la réalisation de cette possibilité aprioristique de réalisation. En effet, M. *Troeltsch* fait appel à une suprême confiance qu'il faut avoir vis-à-vis de l'organisation de notre raison, la raison religieuse y comprise[42], et c'est au moyen de cet acte bien modeste de confiance seulement qu'il réussit à affirmer la vérité métaphysique. Il me semble bien plus simple de borner l'application de la méthode de l'apriorisme kantien au système de la raison théorique[ao], morale et esthétique. Là on n'a pas besoin d'avoir recours à cette confiance vis-à-vis de la raison, puisqu'on n'a pas de prétentions métaphysiques. L'apriorisme ne veut pas être plus qu'il n'est: une simple méthode de la recherche de la vérité, non pas

---

[ao] Mskr.: «théorétique».

[41] Vgl. Nachschrift, § 10: «Das Apriori der Religion thut sich in erster Linie kund in dem Bewußtsein um ihre innere Notwendigkeit u. verpflichtende Würde. Das ethisch-teleolog. Vertrauen zu der Sinngemäßheit unserer Bewußtseinsorganisation wirkt von hier aus zur Anerkennung der Objektivität und d. h. des Realitätsbezuges eines solchen Apriori.»

[42] Vgl. die vorige Anmerkung.

la vérité elle-même. Il ne le veut pas, et il ne le peut pas. *Zwingli* déjà a limité la compétence de la raison d'une manière aussi nette que drastique: «Quid Deus sit, tam ex nobis ipsis ignoramus, quam ignorat scarabaeus quid sit homo.»[43] L'a priori religieux de M. *Troeltsch* est une réapparition de cette ancienne confusion entre la connaissance du scarabée et celle de l'homme.

Vom Begriff der Religion aus

De l'autre côté, je répète que la religion ne peut se joindre dans ce système de l'apriorisme parce qu'elle est vérité, réalité, actualisation, parce qu'elle est le principe créateur[ap] de l'histoire et non pas seulement une norme aprioristique. Elle ne peut pas être considérée comme une fonction transscendentale, parce qu'elle n'est pas une méthode de vivre, mais la vie même[aq] de l'individu. Elle ne peut pas être mise à côté de la science ou de la morale comme fonction de la conscience analogue à celles-là, parce qu'elle ne représente pas une fonction, mais le fonctionnement de la conscience, non pas de la conscience a priori, mais de la conscience vécue, de cette conscience par laquelle un individu vivant prend connaissance de soi[ar]. Le système de l'apriorisme marque les formes de la vie; la religion, c'est la vie elle-même. C'est pourquoi il me semble impossible de ranger cette dernière sous le principe du premier. Il s'agit là de deux ordres de connaissance essentiellement différents.

Vom Verhältnis von Religion und Kultur aus

Différents, mais non pas séparés. Statuer un a priori spécial de la religion, ce serait justement établir cette séparation naïve de Glauben und Wissen, ce serait dire que l'actualisation de la connaissance juste, de la bonne volonté ou du sentiment parfait dans l'individu sont autre chose que la religion, ce serait dire que l'expérience religieuse est autre chose que cette suprême atteinte du vrai, du bien et du beau, ce serait éterniser le dualisme par la tendance d'un faux monisme. C'est la religion elle-même qui refuse *et* cette coordination avec les a priori de la raison *et* cette séparation de leur fonctionnement dans la vie individuelle qui y est

---

[ap] Mskr.: «procréateur».
[aq] Mskr.: «le vie elle-même».
[ar] Mskr.: «de soi-même».

[43] H. Zwingli, *De vera et falsa religione commentarius* (1525), CR 90 (Huldreich Zwinglis sämtliche Werke, Bd. 3), S. 643, Z. 1f.

cachée. – L'actualisation de la religion n'est pas la mystique, comme M. *Troeltsch* le fait croire[44], mais la tendance progressive, c'est-à-dire transscendante de l'esprit individuel, qui crée[as] et la science et la morale et l'art. Les phénomènes mystiques de la vie religieuse ne sont pas des actes spéciaux de la conscience, mais des simples *germes* de la pensée, de l'action, du sentiment, ce qui est prouvé par leur affinité tant intérieure qu'extérieure[at] avec la disposition de ces actions de l'esprit.

Der Realitätsbegriff
Nous avons dit auparavant que le Dieu de la métaphysique prouvante n'est pas le Dieu de la religion vivante. Nous ajoutons maintenant, que la religion prouvée par la métaphysique critique moderne n'est pas la religion du Dieu vivant. Elle prouve toutes les choses possibles, sauf ce qui est le plus important, la *réalité* de l'expérience religieuse. Je ne crois pas que la théologie aurait raison d'accepter cet étayement scientifique, pas plus[au] que ses prédécesseurs.

Ceci d'autant moins que du côté philosophique que je n'ai pas encore mentionné jusqu'ici, cette métaphysique est aussi gravement compromise du côté théologique. Elle entreprend de constater une réalité réelle, c'est-à-dire trans-consciente. Pour ma part, je ne vois pas par quel moyen la philosophie deviendrait autre chose qu'une méthodologie de l'esprit, c'est-à-dire de la science, de la morale et de l'art. Les méthodes de l'esprit sont celles de la conscience. Parler de faits trans-conscients, c'est dire que la philosophie touche à sa fin. En effet, chez les trois théologiens modernes que j'ai nommés comme représentants de la métaphysique renouvelée, on peut constater que la philosophie est à sa fin et qu'ils étayent la vérité de leur science des faits trans-conscients par une méthode parfaitement autre que celle de la philosophie critique dont ils se déclarent adhérents.

[as] Mskr.: «procrée».
[at] Mskr.: «tant in- que extérieure».
[au] Mskr.: «non plus».

[44] Vgl. Nachschrift, § 5: «Die Frage ist also, ob es überhaupt ein Spezifikum des relig. Bewußtseins giebt. Es könnte nicht schon in der subjektiven Religion als solcher liegen, sondern müßte in einem bestimmten Momente derselben enthalten sein. Ein solches liegt nun in der That vor in der Empfindung der Präsenz des Übermenschlichen; an ihr haftet alles eigentlich charakteristisch Religiöse. Nennt man diese Präsenzempfindung Mystik, so ist das Urphänomen der Religion die Mystik.»

gegen *Lüdemann*

L'introspection transscendentale de M. *Lüdemann* finit par la constatation d'un Moi, comme d'une réalité réelle *non* seulement pour la conscience.[45] Il est parfaitement juste que dans l'action vitale qui forme le Moi, nous touchons la réalité transscendante, mais ceci ne dit pas que nous la touchons par la pensée, qu'il y a une science de cette réalité. Car ce qui peut devenir objet de la science, ce n'est toujours que l'apparence psychologique d'un Moi, un fait donc qui n'est qu'un fait de la conscience et non pas une réalité réelle, c'est-à-dire trans-consciente.

gegen *Wobbermin*

M. *Wobbermin* soutient la preuve de la réalité de la religion dans le monde de l'esprit par la démonstration de sa possibilité. Il prouve qu'il n'est pas exclu scientifiquement qu'il y ait un Moi, une immortalité de l'âme, une liberté d'action, qu'il y ait un Dieu créateur enfin.[46] Il a seulement l'air d'oublier qu'avec cette catégorie de la possibilité, il ne quitte pas du tout la périphérie des faits de conscience, donc des faits non pas réels, mais tels qu'ils apparaissent. Mais outre cette[av] objection: qu'est-ce que cela veut dire: «possibilité» scientifique de faits trans-conscients, d'une âme, d'une liberté, d'un Dieu? Est-ce que la science peut admettre vraiment la possibilité de faits pareils? Est-ce que ce n'est pas justement sa méthode de coordonner tout ce qui est et peut être possible par les lois infrangibles de la conscience, sa méthode qui existe et tombe avec son exactitude et son application complète? Est-ce que ce n'est pas corrompre la science [que] de lui imposer à la manière de la

---

[av] Mskr.: «à part de cette».

[45] H. Lüdemann, *Erkenntnistheorie und Theologie* (vgl. oben Anm. 22), Teil XII, Jg. 2, S. 129ff., bes. S. 135–138.

[46] Zu diesen vier Punkten vgl. jeweils die resümierenden Sätze bei G. Wobbermin, *Theologie und Metaphysik*, a.a.O., S. 179: «Es darf ... auf Grund unserer psychologischen Analyse gesagt werden: das Ich ist ein dauerndes, wirkendes Reales.» – S. 205: «... so bleibt für unsere Auffassung *die Möglichkeit* der Fortdauer des Ich als individuellen Bewußtseinscentrums auch nach dem Tode.» – S. 278: «Psychologisch muß die Möglichkeit der Wahlfreiheit in diesem Sinne [scil. als Selbstaktivität des menschlichen Subjekts] zugegeben werden. Diese selbst psychologisch aufweisen zu wollen, ist freilich unmöglich.» – S. 201: «Wir haben uns die wissenschaftliche Berechtigung zu einer solchen Anwendung bezw. zur Beibehaltung des Begriffs eines persönlichen Gottes auch innerhalb des Rahmens der heutigen Denkweise erworben.»

vieille et fausse apologétique, des possibilités qui pour elle ne peuvent être que des impossibilités?!

gegen Troeltsch

Il en est de même de cette infraction de la vie rationnelle et absolue dans l'ordre psychologique et relatif qui, d'après M. *Troeltsch,* serait le fait scientifiquement compréhensible de la religion. Il faut qu'il y ait quelque chose de pareil: «Es *muß* möglich sein», s'écrie M. Troeltsch à plusieurs endroits.[47] Mais je vous en prie, nous n'en doutons pas, la question est seulement [de savoir] comment constater quelque chose de pareil. De nouveau, nous avons dans ce «il faut» du prétendu métaphysicien une présupposition[aw] religieuse, très juste d'ailleurs, mais qui a tort de prendre le masque d'un résultat scientifique. C'est une prétention métaphysique, mais ce n'est pas la métaphysique réelle, cette science dont M. Troeltsch ne se lasse pas depuis bien des années de nous annoncer le programme.[48]

Ablehnung

A quelle conclusion arrivons nous? La métaphysique renouvelée aussi bien que l'ancienne nous semble une entreprise infructueuse aussi bien que dangereuse pour la théologie. Il est impossible à la religion d'admettre la réalité atteinte par la métaphysique comme réalité divine. Et il est impossible à la philosophie d'admettre la réalité prétendue par la métaphysique comme réalité scientifique. Cette «science de la religion» n'est donc ni *science* ni science de la *religion,* et la théologie suivant les traces de la philosophie de *Kant* et de la théologie de *Ritschl* et de *Herrmann* ferait mieux de renoncer complètement à cette entreprise qui ne devient nullement plus digne par son âge vénérable et par ses infatigables réapparitions.

Korruptheit des Problems

Nous avons vu naître la métaphysique dans le heurt de la pensée religieuse et la pensée scientifique. Mais est-ce que c'est vraiment une nais-

---

[aw] Mskr.: «présomption».

[47] Vgl. oben Anm. 24. Weitere Stellen, an denen Troeltsch die Wendung gebraucht, waren nicht zu finden.

[48] Vgl. z. B. E. Troeltsch, *Gesammelte Schriften,* Bd. II, S. 225f. 497–499. 669–672. Vgl. auch W. Herrmanns Postkarte an Barth, oben S. 333.

sance légitime qui se produit ici? Ou est-ce qu'il y aurait là une erreur très nette quoique très compréhensible?

Nous avons remarqué que la religion n'est pas autre chose que la tendance transscendante dans la science aussi bien que dans la morale et dans l'art. C'est dans cette tendance créatrice[ax] que l'individu religieux vit la réalité divine. Cette réalité, il la traduit en pensée religieuse. Dans ce moment, il est extrêmement facile de confondre la réalité intérieure avec la réalité de la pensée. Et c'est cette confusion qui est la mère de toute métaphysique. On croit ébranlée la réalité divine vécue dans la tendance interne de l'esprit individuel, ébranlée par les soi-disants résultats opposés de la science, au lieu de remarquer que la méthode de la science et cette tendance interne religieuse vont parfaitement ensemble, qu'elles s'appellent réciproquement à la seule condition qu'on n'essaie pas de les soumettre au joug d'une soi-disant science générale. Qu'on ne craigne pas tant ce heurt[ay] de la pensée religieuse et de la pensée scientifique. Il ne peut être que passager, vu le caractère variable *et* du symbole religieux *et* du «résultat» scientifique. Qu'on conforme avec tact et précaution l'apparence extérieure du premier à la forme actuelle du dernier, comme on l'a fait depuis bien des siècles maintenant. Ce procès ne peut qu'approfondir en la spiritualisant l'expression symbolique de l'âme religieuse. Mais qu'on n'essaie pas d'égaliser les deux au moyen de cette science, impossible en soi[az], dite métaphysique. Il [y] a bien union entre la science et la religion, mais ce n'est non pas la métaphysique, c'est la vie. Est-ce que vous voulez prouver la réalité de la vie? Essayez! A mon avis, la vie possède une *autopistie* qui ne sera jamais complète, mais dont justement les luttes et les progrès prouvent mieux que toute science qu'elle est vie vivante et non pas pensée. C'est dans le fait de cette vie ascendante que la réalité de Dieu peut être non pas démontrée mais *vue*. «Si quelqu'un veut faire la volonté de Dieu ...» [Joh. 17, 7].[49] Voilà la base réelle *et* de la religion *et* de la théologie.

[ax] Mskr.: «procréatrice».
[ay] Mskr.: «heurtement».
[az] Mskr.: «en soi-même».

[49] Im gleichen Sinne rekurriert auf diese Bibelstelle auch A. Ritschl, *Die christliche Lehre von der Rechtfertigung und Versöhnung*, Bd. III, Bonn 1895⁴, S. 25 und 215.

MENSCHENRECHT UND BÜRGERPFLICHT
1911

In dem aargauischen Dorf Safenwil, wo Barth am 9. Juli 1911 als Pfarrer eingeführt worden war, wurde er durch die Verhältnisse, die er in der Gemeinde vorfand, «mit dem Sozialismus bekannt und zu genauerem Überlegen und Studieren der Sache getrieben»[1]. *Diese Beschäftigung führte ihn bald zu einer ausgedehnten Vortragstätigkeit im örtlichen Arbeiterverein und dann auch auswärts. Von 699 Berufstätigen des Dorfes arbeiteten 1910 deren 499 in der Industrie, 10 Jahre später 587 von 780*[2], *überwiegend in den Textilunternehmen der Familien Hüssy und Hochuli*[3]. *Der Safenwiler Arbeiterverein – die lokale Basisorganisation der Sozialdemokratischen Partei der Schweiz (ursprünglich unterschieden von den politisch neutralen Gewerkschaften als berufsständischer Interessenvertretung der Arbeiter)*[4] *– hatte zu Barths Zeit 20 (1912), 32 (1915) bzw. 20 (1917) Mitglieder*[5].

1912 schlossen die Sozialdemokratische Partei und die Gewerkschaften in der Schweiz ein Übereinkommen zur gegenseitigen Unterstützung. Sie vereinbarten geschlossenes Vorgehen bei Agitationen, Propaganda und Bildungsarbeit. Zuvor war von den Gewerkschaften um 1910 der Impuls zu einer planvollen Bildungsarbeit unter den Arbeitern gekommen. Barths Vorträge vor den Arbeitervereinen in Safenwil und an anderen Orten sind Teil eines Vortragsprogramms, das ab 1911/12 anlief. Im «Freien Aargauer» vom 7.10.1911 findet sich dazu folgende Meldung des Safenwiler Arbeitervereins: «Safenwil. In der Sitzung vom 13. September wurde auf Abhaltung einer Novemberfeier zu Gunsten des Arbeiter-Männerchors verzichtet. Um aber den Mitgliedern des Arbeitervereins dennoch etwas Nützliches zu bieten wurde beschlossen

---

[1] Siehe unten S. 731.
[2] *50 Jahre «Freier Aargauer» 1906–1956*, hrsg. von der sozialdemokratischen Pressunion des Kantons Aargau, Aarau 1956, S. 302; Busch, S. 81.
[3] Zur Familie Hüssy vgl. auch die Einleitung zu dem Vortrag «Jesus Christus und die soziale Bewegung», unten S. 382f.
[4] Zum Verhältnis von Sozialdemokratie und Gewerkschaften in der Schweiz vgl. E. Schenker, *Die sozialdemokratische Bewegung in der Schweiz von ihren Anfängen bis zur Gegenwart*, Bern 1926, S. 35–38.64–67.
[5] *Jahrbücher der Sozialdemokratischen Partei der Schweiz und des Schweizerischen Grütlivereins*, Zürich 1913ff.

im Laufe des Winters einige öffentliche Vorträge zu veranstalten. Es haben uns in verdankenswerter Weise die Herren Pfarrer Karl Barth in hier und Pfarrer Sutermeister aus Feuerthalen (Kt. Zürich) Referate zugesichert. Als erstes das gehalten wird am Sonntag den 15. Oktober nächsthin, nachmittags 3 Uhr im alten Schulhaus von Herrn Pfarrer Karl Barth über ‹Menschenrecht und Bürgerpflicht› dürfte allgemeines Interesse finden ... Der Vorstand».
Ein anderes Zeitungsinserat unbekannter Herkunft schickte Barth, aufgeklebt auf einer Postkarte, am 14.10.1911 an Pfarrer Paul Walter in Genf: «Safenwil. Oeffentl. Vortrag. Sonntag den 15. Oktober, nachm. 3 Uhr, im alten Schulhaus. Referat von Herrn Pfarrer K. Barth in hier über das Thema Menschenrecht u. Bürgerpflicht. Jedermann, somit auch das zartere Geschlecht ladet freundlich ein Der Arbeiter-Verein.» Darunter von Barths Hand: «So gehts jetzt bei mir zu! Dein K. Barth.» Am 22.10.1911 schrieb Barth an seinen Freund Wilhelm Loew in Marburg: «Ferner wirke ich im sozialist. Arbeiterverein als Dauer- und überhaupt -Redner. Ist es nicht nett, daß diese Leute ihren Pfarrer zu Vorträgen auffordern? Heute vor 8 Tagen sprach ich über ‹Menschenrecht und Bürgerpflicht› unter reichlichem Pflügen mit den Kälbern Cohens natürlich, was das Volk mit Staunen und Lust erfüllte. Im November redet ihnen ein anderer Pfarrer über Abstinenz. Im Dezember komme ich wieder über ‹Jesus Christus u. die soziale Frage› (Thema von den Arbeitern gestellt!!) im Januar über: Religion u. Wissenschaft, im Februar über: Katholisches u. protestantisches Denken. Sind das nicht armsdicke Themata?» (Die für Dezember und Januar angekündigten Vorträge siehe unten S. 380-409; 418-438; der für den Februar 1912 vorgesehene Vortrag hat aus unbekannten Gründen nicht stattgefunden.) Am 24.10.1911 berichtete Barth seinem Vater über das Echo auf seinen Vortrag: «Ich hörte von ein paar Seiten, daß auch die bürgerlichen Safenwiler Freude hatten, ‹weil der Pfarrer doch nicht nur den Sozialisten recht gegeben habe›.»

«Menschenrecht und Bürgerpflicht» – so lautet das Thema meines heutigen Vortrags, wie es Ihnen durch Ihren Vorstand bekannt gegeben worden ist. Der Gegenstand, mit dem ich mich unter diesem Titel mit Ihnen beschäftigen möchte, ist die Frage nach der *Entstehung und Bedeutung des Staates*, die mir von Ihrem verehrl[ichen] Herrn Präsidenten zur Behandlung vorgeschlagen wurde. Sie wundern sich vielleicht, wie ich dazu gekommen sei, diesem Gegenstand gerade diese Überschrift: «Menschenrecht und Bürgerpflicht» zu geben. Die Antwort auf diese Verwunderung können nur meine Ausführungen selbst sein. Ich will aber soviel vorausschicken: Die zwei Begriffe: *Menschenrecht* und *Bürgerpflicht* und die 4 Begriffe[,] aus denen sie selbst zusammengesetzt sind, sie bilden das unumgänglich notwendige Material[,] aus dem der Gedanke des Staates, über den wir reden wollen[,] mit allen seinen Voraussetzungen und Konsequenzen *entstanden* ist, aus denen er bei aller politischen Tätigkeit immer wieder *aufzubauen* ist und aus denen er – und das ist unsre heutige Aufgabe – allein *verstanden* werden kann.[6] *Nicht* an Hand der Tatsachen der *Geschichte*, vielleicht der Urgeschichte der Menschheit denke ich Ihnen also Entstehung und Bedeutung des Staates vorzuführen. Dies thue ich darum nicht, weil uns die Geschichte der Vergangenheit der Menschheit, auch wenn wir sie viel genauer kennen würden, als es der Fall ist, immer nur zu der Erkenntnis anleitet: Es ist einmal so und so *gewesen*. Wir wollen aber hier nicht kennen lernen, was vielleicht einmal gewesen ist, sondern was wahr *ist* und was *gelten soll*. Wir treiben hier nicht Geschichte[,] sondern wir treiben hier Politik. Zu einer klaren Grundlegung der Politik aber, um die es sich handelt, werden wir nur kommen, indem wir, natürlich an Hand von *Beispielen* aus der Geschichte u. aus dem Leben[,] die Entwicklung zu belauschen versuchen, in der sich mit innerlich logischer *Notwendigkeit* aus den Begriffen Menschenrecht und Bürgerpflicht der Gedanke des Staates in seiner Grundform auferbaut. Es ist kein einfacher Prozeß, mit dem wir es da zu thun haben, und sein Verständnis erfordert scharfes Nachdenken. Denn Menschenrecht und Bürgerpflicht sind selbst wieder keineswegs eindeutige[,] selbstverständliche Begriffe, sondern

---

[6] Vgl. H. Cohen, *System der Philosophie, Zweiter Teil: Ethik des reinen Willens*, Berlin 1904, S. 582: «Das Recht der Gerechtigkeit wird das *Menschenrecht* im Staate. Das Menschenrecht im Staate ist das Naturrecht des Rechtes und des Staates. *Ohne den Staat kein Menschenrecht. Aber auch ohne das Menschenrecht kein Recht des Staates, als des Staates der Gerechtigkeit.*» Den Begriff «Bürgerpflicht» verdankt Barth nicht einem «Pflügen mit den Kälbern Cohens» (vgl. oben die Einleitung). Überhaupt ist seine Anlehnung an Cohens Ethik nicht so eng, wie jene Formulierung vermuten lassen könnte. Einige mehr oder weniger deutliche Berührungen werden in einigen der folgenden Anmerkungen nachgewiesen.

zunächst vielmehr Probleme, die bei oberflächlichem d. h. unrichtigem Anfassen gegeneinander zu streiten, ja den Gedanken eines Staates unmöglich zu machen scheinen. Wir werden uns gerade mit diesem Streit zu beschäftigen, d. h. zu zeigen haben, wie der richtige Gedanke des Staates *nicht* entstehen kann. Durch Schaden klug geworden, werden wir dann die beiden Probleme aufs Neue anpacken, werden versuchen sie zu Ende [zu] denken[,] und wenn sich dann ihr Streit auflöst in ein irgendwie ehrbares Verhältnis, wird der *Staat* dasein, so wie er notwendig gedacht werden muß. Es bleibt uns dann nur noch übrig, aus dieser Grundlegung die *Grundsätze* zu entnehmen, die den Katechismus der richtigen Politik ausmachen.

Wir betrachten zunächst das unerbauliche Schauspiel des *Streites* zwischen den beiden Begriffen. Die Bezeichnung «unerbaulich» bitte ich ganz wörtlich zu verstehen: Solange Menschenrecht u. Bürgerpflicht im Streit liegen, kann der Staat nicht gebaut werden. Der Streit zwischen den beiden rührt aber immer davon her, daß das eine oder das andre oberflächlich d. h. unrichtig verstanden wird. Und dies oberflächliche und unrichtige Verständnis besteht, wie wir nun gleich festnageln wollen, darin, daß man *1.* von Menschenrechten redet[,] ohne diesen Gedanken in eine klare Beziehung zum Gedanken der Bürgerpflicht zu setzen[,] und daß man *2.* Bürgerpflichten behauptet[,] ohne das notwendige Verhältnis dieses Gedankens zum Gedanken des Menschenrechts zu berücksichtigen. Beide Gedanken sind aufeinander angewiesen. Reißt man sie auseinander, so ist der politische Fehler da, das unerbauliche Schauspiel[,] von dem ich redete.

Wir machen den Anfang mit dem *Menschenrecht*. Der sog. gesunde Menschenverstand scheint uns zu belehren, daß wir in erster Linie Menschen sind und erst in zweiter Linie Bürger. Das Hemd liegt mir näher als der Rock.[7] Meine Person liegt mir näher als die Gesellschaft, als der Staat. Damit ist noch nicht gesagt, daß ich den Staat gering schätze, aber der Nachdruck meines Interesses liegt nicht bei ihm, sondern bei mir selbst. Der Staat, die Gesellschaft ist mir vielleicht sogar sehr wichtig, aber doch nur weil er ein sehr wichtiges Mittel ist, um mich zu fördern und zu unterstützen, weil ich es in der Praxis ohne die Gesellschaft nicht machen kann. Was bedeutet nun auf diesem politi-

---

[7] Vgl. Plautus, *Trinummus*, V, 2,30: «Tunica propior palliost.»

schen Standpunkt der Gedanke des Menschenrechtes? Ganz einfach das: Ich fordere vom Staat[,] von der menschlichen Gesellschaft Bewegungsfreiheit, Gelegenheit mich zu entfalten[,] und das Recht dieser Forderung begründe ich damit, daß ich ein Mensch bin. In was dies Menschenrecht besteht, das ich fordere, ist gleichgiltig: es kann sich um politische Rechte im Sinn von Verfassungsrechten handeln oder um wirtschaftliche, gesellschaftliche oder intellektuelle Rechte. Das Wesentliche an der Sache ist immer die Freiheit. Ich wünsche mich auf irgend einem Gebiete frei u. ungehindert zu entfalten[,] und ich verlange diese Freiheit im Namen meiner Menschenwürde. Wir verstehen jetzt, daß das «Menschenrecht» das Schlagwort der *Revolution* zu allen Zeiten ist. Verstehen Sie «Schlagwort» wieder ganz wörtlich: mit dem Wort Menschenrecht schlägt die Revolution ihre Gegner. Sie vertritt die Forderung nach Freiheit im Namen der Menschenwürde. Und so fern sie *nur* Revolution ist, weiß sie auch *nur* Freiheit zu fordern vom Staat. Was wird aus dieser Forderung nach Menschenrecht, die darin besteht, daß der Staat mir irgendwelche Freiheit verschaffen soll? Es steht mit ihr so, daß man sie wohl an den Staat stellen, d. h. daß man mit ihr wohl Revolution machen, daß man aber auf sie nie und nimmer den Staat stellen und begründen kann. Dies aus dem einfachen Grund, weil es nicht *ein* solches Menschenrecht giebt, sondern unzählige. Die Bewegungsfreiheit, die ich für meine Person vom Staate fordere, muß nach demselben Prinzip der Revolution auch der Nachbar fordern. Nun brauchen Sie sich aber blos äußerlich einmal vorzustellen, wie das ist, wenn eine Anzahl Leute, die dicht nebeneinander stehen[,] durch Armkreisen ihr zweifelloses Menschenrecht geltend machen. Wir wollen vom Staat vorläufig nicht mehr voraussetzen, als daß er ein friedliches Zusammenleben der Menschen möglich machen sollte. Sie sehen aber, daß das Menschenrecht im vorhin beschriebenen Sinn schon diese bescheidene Voraussetzung mit absoluter Sicherheit zu nichte macht. Wo eine Anzahl Leute durch Armkreisen ihr Menschenrecht durchsetzt, da kommt es nicht zum Staat, sondern da kommt es zu einer Prügelei. M. a. W.: die Revolution, die nicht *mehr* ist als Revolution, die also nur in der Forderung von Bewegungsfreiheit für den Einzelnen besteht, sie ist für die Entstehung des Staates unfruchtbar, ja sie wirkt direkt schädlich[,] insofern sie zersetzt und auflöst[,] was an Ansätzen zur Staatsbildung im Gebiete der Revolution vielleicht vorhanden wäre.

Lassen Sie mich an zwei absichtlich recht verschieden gewählten Beispielen erläutern, was ich meine. Sie wissen, wie die große französische Revolution angehoben hat mit der Proklamation der Menschenrechte gegenüber staatlicher und kirchlicher Gewaltherrschaft, wie sie dann aber ausgelaufen ist in eine immer wilder und sinnloser um sich schlagende Pöbelherrschaft. Dies Um sich Schlagen konnte eine Weile angehen, dann mußten die Kartätschen des Konsuls Napoleon Bonaparte den Pöbel belehren, daß es noch andere Menschenrechte gebe als die seinigen. Die Revolution wurde unmöglich, weil sie nicht über die Revolution hinauskam. Das Menschenrecht kam in Konflikt mit sich selbst, weil es sich selbst nicht verstand und *nur* Freiheit sein wollte. Und so brachte es die Revolution nicht zur Erzeugung eines Staates, gegründet auf das Menschenrecht[,] sondern mußte sich ablösen lassen von einer Staatsform, die gegenüber ihrem ursprünglichen Programm einen gewaltigen Rückschritt bedeutete. Und nun ein ganz anders geartetes Beispiel, nicht aus der politischen[,] sondern aus der wirtschaftlichen Geschichte diesmal. Es wird Ihnen besser geläufig sein als mir, daß das moderne kapitalistische Unternehmertum hervorgegangen ist aus einer Revolution gegen die zunftmäßige Gliederung und Reg[u]lierung des Handwerks. Das Menschenrecht, das man hier anstrebte, war die Handels- u. Gewerbefreiheit, ein Prinzip, das auf den ersten Blick lauter Recht u. Billigkeit zu sein scheint. Und doch ist es gerade dieses Menschenrecht der persönlichen Freiheit auf wirtschaftlichem Gebiet, das[,] sobald es durchgeführt wurde, hart zusammengestoßen ist mit dem Menschenrecht des proletarischen Arbeiters. Menschenrecht des Arbeitgebers scheint es[,] mit seinem Gut nach seinem Willen zu schalten und zu walten, Lohn und Arbeitszeit und Arbeitsverhältnisse nach seinem Gutdünken zu bestimmen, Menschenrecht des Arbeitnehmers scheint es ebenso bestimmt[,] über alle diese Dinge mitzuverfügen. Wessen Menschenrecht gilt nun? Um diese Frage dreht sich der sog. *Klassenkampf*. Es ist vollständig richtig, wenn von sozialistischer Seite gesagt wird, daß dieser Kampf nicht vom Proletariat, sondern vom Unternehmertum eröffnet worden ist – dies geschah eben durch das Hervorstellen jenes Menschenrechts der Handels- u. Gewerbefreiheit im Sinne des schrankenlosen Wettbewerbs. Es war die Anarchie von oben[,] auf die die Anarchie von unten nur die Antwort war. Ungehinderte Entfaltung dieser Anarchie müßte den Staat längst aufgelöst haben[,] und der moderne Staat wehrt sich darum für sein eigenes Dasein[,] indem er seine soziale Gesetzgebung ausbaut, was aber an allen Punkten eine *Einschränkung* des Grundsatzes der Handels- u. Gewerbefreiheit d. h. des «Menschenrechtes» bedeutet. Das «Menschenrecht» ohne diese Einschränkung wäre auch hier die Katastrophe des Staates.

Daß das Menschenrecht im bisherigen Sinn mit dem Gedanken einer *Bürgerpflicht* nicht zusammengehen kann, braucht nicht erst gesagt zu werden. Die Bürgerpflicht begegnet dem Menschenrecht der unbedingten Bewegungsfreiheit immer erst in dem Augenblick[,] wo es mit andern «Menschenrechten» Krieg anfängt und deshalb zur Ordnung gerufen werden muß. Um noch einmal unsre Beispiele reden zu lassen: Die Kartätschen Napoleons und die moderne soziale Gesetzgebung müssen dem Menschenrecht beibringen[,] was Bürgerpflicht ist. Rein von sich aus würde es zu dieser Erkenntnis nicht kommen. Denn es ist ja von Haus aus begründet auf die Auffassung, daß das Hemd uns näher liege als der Rock, daß der Staat nur ein Mittel sei für die Förderung der eigenen Person. Durchgeführt würde diese Auffassung in Wirklichkeit die Auflösung des Staates bedeuten.

Es gibt nun aber eine Auffassung der Bürgerpflicht, die politisch ebenso gefährlich ist wie die eben gezeichnete vom Menschenrecht. Wie es sich dort um das Prinzip der bürgerlichen und wirtschaftlichen Revolution handelt[,] so hier um das Prinzip des *Konservatismus*. Wir wollen uns hier kürzer fassen, da uns die Frage praktisch weniger interessiert. Das konservative Prinzip lautet: Unterordnung des Einzelnen unter die Ordnungen der Gesellschaft und darum Erhaltung dieser Ordnungen. Wo es sich um das Erhalten handelt, da muß etwas gegeben sein, was erhalten werden soll[,] und in der Tat meint der Konservativismus mit dem[,] was erhalten werden soll, eine bestimmte politische oder wirtschaftliche Einrichtung der Gesellschaft[,] also z. B. die mecklenburgische Ständeverfassung[8] oder die preußischen Schutzzöl-

---

[8] In Mecklenburg wahrten die Landstände, deren Anfänge ins 13. Jahrhundert zurückgehen, gegenüber den verschiedenen fürstlichen Teilungen die Einheit des Landes. 1523 schlossen sie in Rostock eine Union, die Grundlage des mecklenburgischen Ständestaats. Der Landesgrundgesetzliche Erbvergleich mit Christian Ludwig II. im Jahr 1755 vollendete den Ständestaat in seiner schärfsten Form. Während in den meisten anderen deutschen Ländern in der zweiten Hälfte des 19. Jahrhunderts Volksvertretungen neben die obrigkeitlichen Behörden traten, scheiterten die von den Großherzögen von Mecklenburg-Schwerin und

le[9]. Die Unterordnung des Einzelnen bezieht sich dann auf diese bestimmten Einrichtungen[,] und es ist Ruhe nicht nur die erste Bürgerpflicht[10], sondern die Bürgerpflicht besteht überhaupt in der Ruhe d. h. in der Respektierung jener Ordnungen der Gesellschaft. Es ist leicht, diese Auffassung zu kritisieren. Es handelt sich auch hier wieder um eine Auflösung des Staatsgedankens. Denn wenn wir noch einmal auf unsre vorläufige Definition zurückgreifen wollen, wonach der Staat ein Zusammenleben der Einzelnen ist, so erhellt sofort, daß das konservative Prinzip dieses Zusammenleben innerlich unmöglich macht. Woher haben Einzelne[,] und wenn es die Mehrheit wäre[,] geschweige denn wenn es sich um eine Monarchie oder Aristokratie handelt, woher haben Einzelne das Recht, die definitive Erhaltung gewisser Einrichtungen den übrigen Einzelnen als Bürgerpflicht aufzuerlegen? Ist es nicht ebensosehr Erfüllung der Bürgerpflicht, wenn diese übrigen Einzelnen vielleicht ganz andre Einrichtungen erhalten oder einführen möchten? Vernachlässigt der Sozialdemokrat seine Bürgerpflicht deshalb[,] weil er eine andre Ordnung des Staates anstrebt als die eben bestehende? Nach konservativer Anschauung vom Staate: Ja! Aber eben dieses Ja! ist staatsauflösend, denn es macht das Zusammenleben innerlich unmöglich. Die Bürgerpflicht im Sinn einer Verpflichtung auf bestimmte bürgerliche Ordnungen streitet mit dem Menschenrecht. Denn das Menschenrecht strebt nach persönlicher freier Entfaltung über alle Schranken bürgerlicher Ordnung hinaus, es kann sich mit keinem bestimmten Staatsorganismus begnügen, wenn es sich auch in alle auf Zeit zu finden weiß. Es ist Menschenrecht, jede bestimmte Einrichtung des Staates in Frage zu stellen. Die Bürgerpflicht, die diesem Menschen-

Mecklenburg-Strelitz unterstützten Bemühungen um eine Verfassungsreform in ihrem Land an dem Widerstand der Ritterschaft. Fr. Naumann schrieb in: Die Hilfe, Jg. 20 (1914), S. 297, unter der Überschrift *Die mecklenburgische Verfassungsfrage:* «Man muß schon recht weit aus Europa herausgehen, um ein Land zu finden, dessen Verfassung dem Volke weniger Recht böte als die Verfassung von Mecklenburg.» Erst die Novemberrevolution 1918 beseitigte die feudale Verfassung in den beiden Großherzogtümern.

[9] 1878 von O. von Bismarck gegen den Freihandel durchgesetzte Gesetze.

[10] Öffentlicher Anschlag des Berliner Stadtkommandanten Graf von der Schulenberg-Kehnert nach dem Sieg Napoleons über Preußen in der Schlacht bei Jena und Auerstädt am 14. 10. 1806: «Der König hat eine Bataille verloren. Jetzt ist Ruhe die erste Bürgerpflicht» (G. Büchmann, *Geflügelte Worte*, Berlin 1972^{32}, S. 701).

recht wehren wollte, stellt den Staat selbst in Frage. Und in der Aufrichtung dieser Bürgerpflicht liegt der politische Fehler des Konservativismus.

Wir sind nun durch Schaden klug geworden, wie ich sagte. Menschenrecht muß etwas Anderes sein als schrankenlose Bewegungsfreiheit[,] und Bürgerpflicht muß etwas Anderes sein als Festlegung auf bestimmte gesellschaftliche Ordnungen.

Wir gehen nun noch einmal aus vom Gedanken des *Menschenrechtes*. Was heißt denn das: Menschenrecht? Hüten wir uns jetzt vor Allem davor, *Recht* und *Interesse* durcheinander zu werfen.[11] Ist mein Interesse ohne Weiteres mein Recht, dann bestünde allerdings mein Menschenrecht darin, mein Interesse möglichst ungehindert durchzusetzen. Recht und Interesse ist aber sehr zweierlei. Soll es Grundsatz sein[,] aus Interesse zu handeln, dann handeln die Menschen notwendig verschieden, möglicher- und wahrscheinlicherweise sogar gegeneinander. Soll es dagegen Grundsatz sein, nach Recht zu handeln, dann wird das Handeln der Menschen einheitlich. Denn das Wort Interesse besagt, daß ich thue[,] was *mir* zuspricht, das Wort Recht dagegen bedeutet ein Thun[,] das seinen Maßstab hat an einer Regel, die jedenfalls für eine Mehrzahl anderer Menschen auch gilt. So ist kaufmännisches Recht etwas anderes als kaufmännisches Interesse, so ist Staatsrecht etwas anderes als Staatsinteresse, so Menschenrecht etwas Anderes als Menscheninteresse. Immer ist Interesse das[,] was die Menschen trennt, Recht das[,] was die Menschen verbindet. Sie merken wohl bereits, daß wir jetzt mit dem ungebärdigen Begriff des Menschenrechts auf dem Weg sind, der zum Staatsgedanken führen muß.

Aber wir wollen von einem andern Punkt ausgehen. Sagen wir Menschenrecht, so meinen wir unzweifelhaft damit eine bestimmte Möglichkeit des *Handelns*. Gegensatz zum Menschenrecht wäre menschenunwürdiger Zwang. *Insofern* ist es also ganz richtig, daß das Menschenrecht in Bewegungs- oder sagen wir besser: in *Handlungsfreiheit* besteht. Insofern hat die Revolution recht und der Konservativismus unrecht. Aber wohlverstanden: diese Freiheit ist nicht Willkür; sie ist *Freiheit des Handelns* und nichts weiter. Und fügen wir gleich hinzu:

---

[11] Vgl. H. Cohen, a. a. O., S. 217f.

Menschenrecht kann nur bestehen in der *Freiheit[,] als Mensch zu handeln*. Die Freiheit[,] sich wie ein Tier zu gebärden[,] kann niemals Menschenrecht werden, diese Möglichkeit fällt von vornherein weg. Alles kommt nun für die Bestimmung des Menschenrechts an auf den Sinn des Wortes *Handlung*. Und zwar ist die Frage die: Läßt sich die Handlung oder das Handeln auf einen *Begriff* bringen oder nicht? Giebt es ein notwendiges Gesetz des Handelns oder ist der Sinn dieses Wortes der, daß Müller dies tut und Meyer jenes? Ist das Letztere der Fall, dann sind wir doch wieder bei der Willkür angelangt. Das würde aber einfach bedeuten, daß wir darauf verzichten[,] über das Handeln zu *denken*. Sowie wir uns einen Gedanken darüber machen, bringen wir es auch unter irgend einen einheitlichen Gesichtspunkt. Wir gruppieren die möglichen Handlungen in rechte und unrechte. Denn Denken heißt immer: Ordnen, unter Einheiten bringen. Mit der Bezeichnung *rechte* oder *gute* Handlung bestimmen wir aber[,] was eine Handlung überhaupt ist. Eine unrechte oder böse Handlung ist überhaupt keine Handlung, wenn man es genau nimmt. Wenn wir sie doch so nennen, so ist es eine Nachlässigkeit unsres Denkens und Redens, aber nicht mehr. Wenn der Schreiner einen Stuhl macht, der den Fehler hat, daß er nicht stehen kann, so mag man dies Gebilde immerhin einen Stuhl nennen; es ist in Wirklichkeit keiner, denn es fehlt ihm das[,] was zum Begriff eines Stuhls gehört. Handlung können wir nur denken als *rechte Handlung*. Dieses «recht» nun hat jedenfalls den Sinn, daß wir meinen, so müßten auch die Handlungen *anderer* Menschen beschaffen sein. Das unterscheidet ja das Recht vom Unrecht. Das Recht betrachten wir als die *Regel* nicht nur für uns selbst, sondern auch für die Andern. Das Unrecht dagegen, selbst wenn wir selbst es thun, betrachten wir als Ausnahme. Rechtmäßiges Handeln oder wie wir also sagen können: Handeln überhaupt ist immer ein einheitliches Thun. Ich handle, d. h. ich handle recht, wenn ich thue[,] was ich auch für Andre als Regel ansehe, wenn ich mit meinem Thun nur ein Glied bin in dem Organismus der andern Menschen[,] mit denen ich durch diese Regel verbunden bin. Ich handle recht, wenn ich mich verhalte[,] als stünde ich als Soldat in einer Schlachtlinie. D. h. aber: ich handle recht, wenn ich *pflicht*gemäß handle, denn die Pflicht ist die Regel[,] durch die ich mit den Andern verbunden bin. Mein Recht besteht in meiner Pflicht und nur in meiner Pflicht, genauer gesagt: in meiner Bürgerpflicht. Das will sagen: mein

Recht verpflichtet mich dazu, Bürger zu sein. Wenn ich überhaupt als Mensch handeln will, muß ich Bürger werden, d. h. ich muß handeln als Mit-Glied anderer Glieder, die zusammen verbunden sind als Organismus, ich muß – nicht willkürlich – sondern mit-gliedmäßig handeln. Dies mit-gliedmäßige Handeln ist meine Bürgerpflicht. *Ein anderes Menschenrecht habe ich nicht als die Bürgerpflicht, denn ich habe keine andre Freiheit zu handeln.* Mein Menschenrecht ist meine Bürgerpflicht. Jeder andere Gebrauch meiner Freiheit wäre eben nicht mehr Menschenrecht[,] sondern Menschenunrecht oder Tierrecht. So führt ein direkter Weg vom Menschenrecht zum Staat: *Indem ich mein Menschenrecht ausübe in der Bürgerpflicht, betätige ich den Staatsgedanken.* Der Staat[,] von dem da die Rede ist, ist selbstverständlich zunächst weder der aargauische noch der schweizerische noch der deutsche od. französische Staat, sondern der Staat überhaupt, der Staat als menschliche Gemeinschaft und daher als Organismus menschlichen Handelns. Und weiter: der Staatsgedanke[,] zu dem wir da gelangt sind, ist zunächst durchaus nicht eine politische Idee, die als solche *neben* den moralischen Ideen stünde, die etwas Anderes wäre als sie. Vielmehr haben wir den Staatsgedanken selbst als eine moralische Idee aufgefunden. Die Begründung der Moral selbst, der Begriff der Handlung hat uns auf den Staat geführt. Wir können direkt sagen: Moral und Politik darf nicht zweierlei sein, sie sind eins und dasselbe. Eine Moral[,] die nicht politische Moral wäre, ist überhaupt keine Moral. Denn das Wesen des Moralischen ist gerade das Politische, das Bürgerpflichtmäßige. Und eine Politik, die nicht moralisch ist, verdient ihren Namen nicht, denn was könnte das für eine Erfüllung der Bürgerpflicht sein, die etwas Anderes als Ausübung des Menschenrechts, also vielleicht Menschenunrecht oder Tierrecht wäre!?

Der Staat ist der Organismus menschlichen Handelns. Denn alles menschliche Handeln[,] das sich durch das Denken rechtfertigen läßt[,] kann nicht anders als bürgerpflichtmäßig sein. Wir können als denkende Menschen nicht anders handeln denn als Staatsbürger.[12] Es ist also

---

[12] Vgl. H. Cohen, a. a. O., S. 242: «*Nur der Staat stellt das Selbstbewusstsein des Menschen dar.* Unter der Leitung des Staatsbegriffs der juristischen Person lerne ich es verstehen und ausüben, dass ich nicht in meiner natürlichen Individualität das Selbstbewusstsein des Willens produciren kann; ... sondern dadurch allein, dass ich in derjenigen Bestimmtheit und Exaktheit, welche das

nichts mit der Redensart: das Hemd liegt mir näher als der Rock. Ich bin zuerst Mensch und dann Bürger. Der sog. gesunde Menschenverstand erweist sich als ein ganz schlechter Führer, wenn er uns dgl. vorredet. Ich bin überhaupt nur dadurch Mensch, daß ich Bürger werde. Mein Handeln ist unrechtes d. h. überhaupt kein Handeln, wenn es nicht soziales[,] staatsbürgerliches Handeln ist. Damit ist die Revolution als politisches Prinzip ausgeschaltet[,] u. zw. sowohl die Revolution von unten, die Willkür des Pöbels[,] als die Revolution von oben, die Willkür des Kapitalismus. Das Menschenrecht steckt sich selbst eine Grenze dadurch, daß es nichts Anderes sein will als Bürgerpflicht. Ebendamit ist aber auch der Konservativismus als politisches Prinzip ausgeschaltet. Indem ich als denkender Mensch staatsbürgerlich handle, bin ich damit doch keineswegs an eine bestimmte Form des Staates oder der gesellschaftlichen Ordnung gebunden. Denn wenn das rechte staatsbürgerliche Handeln besteht im Thun dessen, was ich als die Regel ansehe, so bin ich nicht nur Mit-Glied des Staates, d. h. Mit-Gehorchender, sondern ebensowohl Mit-Gesetzgebender. Die Regel, die ich mir zur Pflicht mache, kann die höhere u. bessere sein als die eben zufällig in Staat und Gesellschaft in Geltung stehende. Ja, was sage ich sie *kann*, sie *soll* besser und höher sein. Das staatsbürgerliche Denken und Handeln des Einzelnen soll der Gesetzgebung des Staates immer voraus sein. Ist es aber wirklich staatsbürgerliches Denken und Handeln, dann hat der Einzelne auch das Recht, nein die Pflicht, darauf zu dringen, daß die bestehenden Formen seines Staates besser werden[,] d. h. daß eine höhere Pflichtregel die allgemeine wird. Das Recht des Fortschritts – denn so sagen wir besser statt Revolution – das Recht des Fortschritts läßt sich aber auch noch anders begründen gegenüber dem Prinzip des Konservativismus. Alle bestimmten Staats- und Gesetzesformen sind Pflichtregeln für einzelne bestimmte Kreise von Menschen. Die monarchische Verfassung mag z. B. für die heutigen Deutschen das Angemessene sein, ob sie es in hundert Jahren noch sein wird[,] ist eine ganz andre Frage, ob sie es für uns Schweizer wäre, ist wieder eine ganz andre Frage, über die wir wohl Alle unsre ziemlich bestimmte Meinung ha-

---

Recht allein ermöglicht, und gemäss derjenigen Allheit, welche der Staat allein als Einheit vollzieht, alles Selbstischen mich begebe, und mein Ich nur in der Correlation von Ich und Du denken und wollen lerne.»

ben. Das schweizerische Fabrikgesetz hat seiner Zeit gewiß einen Fortschritt bedeutet, für die Verhältnisse der Gegenwart genügt es nicht mehr[13], in England wäre es vielleicht schon viel früher als ungenügend empfunden worden. Eine bestimmte Staats- oder Gesetzesform gilt also immer nur für bestimmte Menschen einer bestimmten Zeit. Eben darum kann sie nicht ewig giltig, kann ihre definitive Erhaltung nicht Bürgerpflicht sein. Die Pflicht, der ich mich als Staatsbürger unterordne[,] ist nicht die Pflicht eines einzelnen Kreises von Menschen, sondern die Pflicht der Allheit der Menschen.[14] Die Verfassung oder das Gesetz[,] bei dem ich mich beruhigen dürfte, wäre aber erst das, welches für ausnahmslos alle Menschen Giltigkeit hat, die Regel, welche ausnahmslos alle Menschen miteinander verbindet. Davon sind wir nun noch unendlich weit entfernt, nicht nur wegen der Scheidung der Menschen in Völker, sondern wegen der innerhalb der Völker vorhandenen unendlichen sozialen und intellektuellen Unterschiede. Ja selbst wenn wir die unmögliche Annahme machen wollten, es werde sich einmal die ganze Bewohnerschaft unsres Planeten einigen auf eine bestimmte politische Verfassung, so dürfte die Erhaltung dieser Verfassung nicht zur Bürgerpflicht gemacht werden. Denn zu der Allheit der Menschheit gehören auch die ungeborenen Geschlechter der Zukunft. Auch die herrlichste Staatsform kann nicht endgiltig sein. Sondern die Bürgerpflicht besteht vielmehr gerade darin, die Form des Staates immer aufs Neue zu revidieren, zu erneuern und zu verbessern, sie in unendlichem Streben jenem unendlichen Ziel entgegen zu führen, das darin bestehen würde, daß sie in allen ihren Bestimmungen wirklich Pflichtregel der Allheit der Menschen wäre. Nicht im Träumen von diesem Staatsideal,

[13] Vgl. *Das Bundesgesetz betreffend die Arbeit in den Fabriken vom 23. März 1877. Kommentiert durch seine Ausführung in den Jahren 1878–1899*, hrsg. vom schweizerischen Industriedepartement, Bern 1900. Die Revision dieses Gesetzes war seit der von Nationalrat Studer im Juni 1903 eingereichten Motion in Arbeit und wurde in der schweizerischen Sozialdemokratie fortlaufend diskutiert (vgl. beispielsweise für das Jahr 1911 *Jahrbuch der Schweiz. sozialdemokratischen Partei und des Schweiz. Grütlivereins 1911*. Zusammengestellt und bearbeitet vom Partei- und Vereinssekretariat in Zürich, Zürich 1912, S. 156–158.164f.). Erst 1914 wurde ein neues Fabrikgesetz verabschiedet. Zu Barths Beteiligung an der Diskussion vgl. «Die Arbeiterfrage» (s. das Begriffsregister, Stichwort «Fabrikgesetz») und «Das neue Fabrikgesetz» (1914; erscheint in *Vorträge und kleinere Arbeiten 1914–1921*).
[14] Vgl. H. Cohen, a.a.O., S. 458–460.

aber in der sittlichen und politischen *Arbeit*, die dieses Ziel beständig vor Augen hat, besteht der Fortschritt.[15] In diesem Fortschritt oder sagen wir noch präziser in diesem *Fortschreiten* betätigen wir den *Staatsgedanken*, betätigen wir unsre *Bürgerpflicht* und eben damit unser *Menschenrecht*.

Zum Schluß einige Aufstellungen praktisch-politischer Natur, gemeint als Grundsätze eines Katechismus der richtigen Politik. Ich will das Resultat unsrer bisherigen Untersuchung zusammenfassend auf einige Formeln bringen: Mein Menschenrecht übe ich aus, indem ich meine Bürgerpflicht thue. Meine Bürgerpflicht besteht also in der Erfüllung meines Menschenrechts. Im Fortschreiten vom einen zum andern entsteht der Staatsgedanke.

Im Fortschreiten sage ich. Es giebt also keinen fix und fertigen Staatsgedanken, das sahen wir soeben, sondern er muß immer neu erzeugt werden in der Spannung zwischen Menschenrecht und Bürgerpflicht. Eins erfüllt sich im andern, aber doch geht keines der beiden Momente unter, sondern beide betätigen sich auf immer höhern Stufen immer aufs Neue: das Moment der Freiheit und das Moment der Unterordnung. In der Spannung zwischen beiden oder wie wir auch sagen können: im Fortschreiten vom einen zum andern u. wieder vom andern zum einen wird der Staat erzeugt. Hier ist der Ausgangspunkt der politischen Probleme und Aufgaben. Nur die großen Linien können und wollen wir hier andeuten:

Ist es richtig, daß es kein anderes Menschenrecht giebt als die Erfüllung der Bürgerpflicht, dann steht auch Alles, was in irgend einem Sinn Menschenrecht heißen kann[,] unter der Kompetenz des Staates. Ich behaupte damit selbstverständlich nicht, daß irgend ein gegenwärtiger Staat, der aargauische z. B.[,] fähig und berechtigt wäre, diese Kompetenz auszuüben. Dafür würden wir uns Alle bedanken. Aber vom Staat wie er sein sollte gilt, daß es nichts Menschenrechtes geben kann, was seiner Kompetenz sich entziehen darf. Diese umfassende Kompetenz des Staates muß sich zunächst darin äußern, daß wirklich Allen Gelegenheit geboten wird, in der Bürgerpflicht ihr Menschenrecht auszuüben. Die Demokratie steht deshalb zweifellos dem reinen Staatsge-

---

[15] Vgl. H. Cohen, a. a. O., S. 388–390. 594 f.

danken näher als die Monarchie, um von der Despotie nicht zu reden, die in Wirklichkeit noch gar keine Staatsform genannt werden kann. Aber auch die Demokratie bedarf noch eines weitern Ausbaus durch Heranziehung der *Frau* zur Mitausübung des Bürgerrechts. Solange die Bürgerpflicht blos Männerrecht ist, ist sie noch nicht[,] was sie sein soll, Betätigung des reinen Staatsgedankens.

Diese Ausdehnung der Kompetenz des Staates muß sich nun vor Allem erstrecken auf die materielle Grundlage des Menschenlebens, auf *Produktion* und *Konsum*. Ich bin in der glücklichen Lage, mich mit meiner politischen Anschauung in diesem Punkt in Übereinstimmung mit dem Programm der Partei zu finden, die Ihr Verein bei uns vertritt.[16] Es darf nicht heißen, daß Produktion u. Konsum Sache des Einzelnen seien und den Staat nichts angingen. Ist Produktion u. Konsum ein Menschenrecht, dann muß sie auch eine Ausübung der Bürgerpflicht darstellen. Das tut sie nun zweifellos nicht, solange nicht eine wirkliche Gleichmäßigkeit – nicht Gleichheit – besteht in Bez. auf den Ertrag zwischen den zwei beteiligten Faktoren: Kapital u. Arbeit. Es wird der politische Fortschritt auf wirtschaftlichem Gebiet nicht zur Ruhe kommen dürfen[,] bis der Staatsgedanke, die verbindende Pflichtregel sich im Verhältnis zwischen beiden durchgesetzt hat. Ihre Partei ist der Ansicht, daß das eintreten werde durch eine mehr od. weniger gewaltsame Expropriation der Produktionsmittel seitens des Staates. Ich bin da andrer Meinung. Ich setze größere Hoffnungen als Sie auf

---

[16] Im *Programm der Sozialdemokratischen Partei der Schweiz* von 1904 (abgedruckt als Anhang zum *Protokoll über die Verhandlungen des Parteitages der Schweizerischen sozialdemokratischen Partei abgehalten in der Tonhalle in Zürich am 20. und 21. November 1904*, Zürich 1905, S. 77–84) heißt es unter Punkt 6 (S. 81): «In der sozialistischen Gemeinwirtschaft hören die Produktionsmittel auf, Kapital, das heißt Mittel zur Ausbeutung und Beherrschung der besitzlosen Klasse zu sein. Die sozialistische Gesellschaft wird befähigt sein, alle Produktionsmittel voll auszunützen, alle Arbeitskräfte nützlich und am richtigen Orte anzuwenden, die Produktion dem Bedarf anzupassen und alle Bedürfnisse des Einzelnen wie der Gesellschaft in reichlichem Maße zu befriedigen.» S. 84: «Die Schweizerische sozialdemokratische Partei fördert das *Genossenschaftswesen*, mit dessen Hilfe die Arbeiter auch als Konsumenten Einfluß auf die wirtschaftliche Entwicklung zu erlangen im stande sind. Die Genossenschaft hat die Aufgabe, nicht nur preisregulierend zu wirken und die Konsumenten vor Ausbeutung zu schützen, sondern auch die durch den Absatz gesicherte Produktion der Bedarfsartikel in die Hand zu nehmen, um auch auf diesem Wege die Sozialisierung der Produktion anzubahnen.»

den Fortschritt sozialen Verständnisses in *allen* Klassen[,] der da ruht auf der Macht der Tatsachen. Der organisierten Arbeit steht schon heute das organisierte Kapital gegenüber. Wie wenn eines Tages diese zwei Gewalten verstehen, daß sie nicht Feinde sein dürfen, sondern zusammengehören? Jetzt glaubt jede von beiden ihr Menschenrecht auszuüben. Werden sie einmal verstehen lernen, daß dies nur geschehen kann in der Bürgerpflicht? Dann ist der «rote Kladderadatsch»[17] da, aber anders[,] als viele Rote und viele ihrer Gegner es sich vorstellen.

In die Kompetenz des Staates gehört ebenso zweifellos die leibliche *Gesundheit*. Es besteht durchaus kein Menschenrecht, wonach es mir zustände, die Gesundheit anderer *oder meine eigene* zu zerrütten. Wenn ich es thue[,] so übe ich Tierrecht u. nicht Menschenrecht. Der Staatsgedanke hat in Bez. auf die Gesundheit *Anderer* schon zweifellose Fortschritte gemacht. Das neue Fabrikgesetz sollte uns aber ganz andre Fortschritte bringen[,] als es den Anschein hat. Man wird in Safenwil verstehen[,] was ich meine. Aber wie steht es mit der Pflicht gegen die *eigene* Gesundheit? Gilt es nicht noch immer als Menschenrecht, daß man sich besaufen *darf,* daß man geschlechtlich unrein leben *darf,* daß man ungesunde[,] degenerierte Nachkommen erzeugen *darf?* Wann werden wir einsehen, daß es sich bei diesem «Dürfen» um Tierrechte handelt? Lassen Sie mich herzlich[,] aber offen mein Bedauern aussprechen darüber, daß man Ihre Partei manchmal[,] aber nicht immer auf Seiten des Menschenrechts gefunden hat, des Menschenrechts[,] das in der Bürgerpflicht besteht, gesund zu sein.

Weiter hat der Staat in Anspruch zu nehmen die *Erziehung* im weitesten Sinn des Wortes. Die Erziehung ist ihrem Wesen nach nicht Privatsache[,] sondern Staatssache, denn nicht für sich selbst wird der Mensch erzogen, sondern für den Staat[,] für die Gemeinschaft. Wenn ich dabei nur an die Schule denken würde, so würde ich im K[an]t[on] Aargau Selbstverständlichkeiten sagen, denn man muß es unserm Volk rüh-

---

[17] August Bebel sprach von dem erwarteten Zusammenbruch des bestehenden Systems gern als von dem «großen» oder «allgemeinen Kladderadatsch». So z. B. in einem Brief an Fr. Engels vom 11. 2. 1881, in: A. Bebel, *Ausgewählte Reden und Schriften,* hrsg. von H. Bartel u. a., Bd. II/2, Berlin 1978, S. 57, und in einer Reichstagsrede vom 2. 12. 1892, zitiert bei W. Jung, *August Bebel. Deutscher Patriot und internationaler Sozialist. Seine Stellung zu Patriotismus und Internationalismus,* Pfaffenweiler 1986, S. 273.

mend nachsagen, daß es politisches Verständnis hat für die Schule. Aber die Erziehung ist unendlich viel mehr als die Schule. Die Erziehung hört nicht auf mit dem 15. Jahr, sondern sie fängt damit an[,] und hier eröffnen sich unabsehbare Felder für den Fortschritt. Kann der Staat es verantworten, wenn er die jungen Leute in der Weise sich selber oder andern Führern überläßt, wie es heute noch der Fall ist? Kann er es verantworten, wenn er nicht Alles unterdrückt oder schadlos macht, was die Jugend *und* die Erwachsenen abhält davon, pflichtbewußte Staatsbürger zu werden? Müßte er, der doch ganz auf dem Fortschreiten beruht, wie wir sahen, müßte er nicht ganz anders darauf bedacht sein, aus seinen Gliedern wirklich fortschreitende Menschen zu machen durch Kultur wahrhaftig nicht nur ihres Verstandes[,] sondern ebensowohl ihres Willens und ihres Charakters? Wie kann man davon reden, die *Kirche* vom Staate abzutrennen?[18] Entweder sie ist das *Organ*, das sich jene Erziehung der Jungen u. Alten in umfassendster Weise zur Aufgabe macht[,] und dann ist sie ebendarum Organ des Staates. Oder sie besorgt diese Aufgabe nicht, dann widerspricht sie der Aufgabe des Staates[,] und dieser wäre berechtigt, sich von ihr nicht nur zu trennen, sondern sie zu *unterdrücken*. Was wirkliche Erziehung ist, das gehört aber darum in die Hand des Staates. Wohlverstanden: es mag der derzeitige Zustand des Staates *oder* der Kirche hier u. dort eine solche Trennung wünschbar machen. Vielleicht daß wir ihr aus *solchen* Gründen auch entgegen gehen. Aber man soll sich darüber klar sein, daß die Trennung für d. Staat oder für die Kirche ein *Armutszeugnis* ist[,] und soll nicht thun[,] als wäre sie ein in der Sache berechtigtes und notwendiges Prinzip.

Bürgerpflicht ist es, mitzuarbeiten an der Verwirklichung dieser Ziele[,] d. h. an der Durchführung der Allmacht des Staatsgedankens. Ich deutete schon an, daß dies zunächst durchaus keine spezifisch politische, sondern eine einfach moralische Aufgabe ist. Indem ich mein Privatleben im genannten Sinn einrichte, betätige ich bereits den Staatsgedanken. Aber in mein Privatleben hinein ragen nun die Gemeinschaftsformen des sozialen Lebens[,] und wenn ich fortschreiten will als Glied

---

[18] Das stichwortartige *Arbeitsprogramm der Sozialdemokratischen Partei der Schweiz* im Anhang zum Parteitagsprotokoll von 1904 (s. Anm. 16), S. 85–88 nennt gleich zu Beginn unter «Ausbau der Demokratie»: «Trennung von Kirche und Staat» (S. 85).

des Staates, muß ich auch teilnehmen an den politischen Gebilden, in die ich äußerlich und vorläufig hineingehöre. Ich darf nicht vorbeigehen an der *Gemeinde*, denn sie ist die kleinste Einheit des Staatslebens. Es ist meine Bürgerpflicht, die Solidarität der *Klasse* oder der beruflichen Gemeinschaft, der ich angehöre[,] zu wahren. Es gilt nun endlich mit allem Nachdruck das Wort:

Ans *Vaterland*[,] ans teure[,] schließ dich an[,]
Das halte fest mit deinem ganzen Herzen![19]

Es handelt sich da immer um die gesellschaftlichen Gebilde, in die wir hineingeboren werden. *In* diesen Gebilden haben wir unsre Bürgerpflicht zu erfüllen[,] und wir werden sie nicht ungestraft außer acht lassen. Denn wie soll ich den Staatsgedanken betätigen, wenn nicht zunächst als Bürger der Gemeinde Safenwil, wenn nicht zunächst als Glied der Arbeiterklasse meinetwegen, wenn nicht zunächst als Schweizerbürger. «*Hier* sind die starken Wurzeln deiner Kraft»[20][,] und *hier* haben wir unsre Aufgaben. Aber vergessen wir nicht, was wir gegenüber dem Konservativismus bereits festgestellt: *Höher* als *jede* solche bestehende gesellschaftliche Form steht die Idee des Staates, die in keiner von ihnen erfüllt sein kann. Würden wir bei ihnen stehen bleiben, so würden wir unser Menschenrecht verletzen zu gunsten einer falsch verstandenen Bürgerpflicht. Was *Kirchturm*politik ist, brauche ich Ihnen nicht auseinanderzusetzen. Ich denke[,] es versteht sich für uns Alle von selbst: Mein Vaterland muß größer sein[21] als Safenwil und seine Interessen. Aber lassen Sie mich aussprechen[,] werte Freunde vom sozialist. Arbeiterverein, was mir der schwerwiegendste Einwand gegen die Grundsätze Ihrer Partei scheint: Sie haben den Begriff der *Klasse* nach konservativer Weise zu einer definitiven Gesellschaftsform erhoben. Viele Ihrer Führer und Wortredner wenigstens thun so, als ob es sich bei der politischen Aufgabe Ihrer Partei wesentlich um einen Kampf und Sieg Ihrer Klasse handle. Das ist auch Kirchturmspolitik, wenn Sie mir diesen Ausdruck erlauben. Der Begriff «Arbeiterklasse»

---

[19] Fr. von Schiller, *Wilhelm Tell*, V. 922f. (II,1).
[20] Ebd., V. 924.
[21] Vgl. den Refrain der ersten fünf Strophen des Gedichts «Des Deutschen Vaterland» (1813) von E. M. Arndt: «Sein Vaterland muß größer sein», in: *Arndts Werke*, Erster Teil: *Gedichte*, hrsg. von A. Leffson, mit einem Lebensbild [Arndts] von W. Steffens, Berlin/Leipzig/Wien/Stuttgart o. J. [1912], S. 126f.

ist im Lichte des reinen Staatsgedankens genau so wichtig wie der Begriff «Gemeinde Safenwil». Beides sind äußerst wichtige und wertvolle *Vorstufen,* die dazu da sind, den Staat in einem bestimmten Kreis zu verwirklichen. Aber etwas Definitives haben Beide nicht in sich, eben weil sie[,] wie wir früher gezeigt, nicht die Allheit[,] sondern nur Einzelheiten vertreten. Ganz dasselbe gilt aber auch vom Begriff des *Vaterlandes.* Ich glaube kein schlechter Schweizer zu sein, wenn ich das sage. Das höchste Ziel politischen Strebens kann nicht das Vaterland sein.[22] Gewiß[,] *im* Vaterland hat es zunächst – und das wird für Jahrtausende so bleiben – den Ort seiner Entfaltung. Aber über das Vaterland hinaus streckt es sich aus nach einem Staatsgedanken, nach einer gemeinsamen Pflichtregel, die nicht nur die Menschen in der Schweiz, die Menschen der germanischen Rasse, die Menschen Europas unter sich vereinigt, sondern die Menschen überhaupt. Mit den internationalen Verträgen über Krieg u. Frieden[,] über Handel u. Verkehr hat diese Organisation der Welt ihren Anfang genommen. Ein kleiner Anfang u. doch groß genug[,] um unser politisches Denken zu erheben hinaus auch über die Grenzen, die uns die selbstverständlichsten zu sein scheinen.

Wie es vorhin die Bürgerpflicht war, die dem Menschenrecht den Weg weisen mußte, so ist es hier das Menschenrecht, das der Bürgerpflicht immer wieder das Heft korrigieren muß. Eines nicht ohne das andere, Eines verschränkt mit dem Andern, wir kommen von allen Seiten darauf zurück, das ist Wesen und Bedeutung, das ist immer wieder die *Entstehung* des Staates.

Wir sind zu Ende. Ich möchte[,] der Ertrag der gemeinsamen Arbeit dieser Stunde wäre der[,] daß jeder von uns sich, sich persönlich fragt[,] was *für ihn* Menschenrecht und was *für ihn* Bürgerpflicht ist. Wir werden dann vielleicht entdecken, daß Politik nicht eine Sache des Redens und Zeitungslesens und Agitierens ist, sondern eine Charaktersache.

---

[22] Vgl. H. Cohen, a. a. O., S. 223. 594f.

JESUS CHRISTUS UND DIE SOZIALE BEWEGUNG
1911

Zwei Monate nach dem ersten Vortrag im Safenwiler Arbeiterverein, am Sonntag, den 17. Dezember 1911, sprach Barth dort über «Jesus Christus und die soziale Bewegung». Am 15. 12. hatte er seiner Mutter darüber geschrieben: «Der Vortrag schreitet munter vor. Er wird sehr lang und z. T. sehr heftig.»

Barth scheint sofort an eine Veröffentlichung in der Zeitung «Der Freie Aargauer» (s. S. 422, Anm. 21), dem offiziellen Organ der Arbeiterpartei des Kantons Aargau, gedacht zu haben. Am 20. 12. sendet sein Vater ihm das Vortragsmanuskript zurück: «... das Meiste darin hat uns sehr erfreut», rät jedoch zu sorgfältiger Überarbeitung vor einer Weitergabe an die Zeitung: «Ich finde nämlich deine Formulierungen nicht selten überstürzt und unrichtig, und es kommt gerade in diesen wichtigen Fragen viel darauf an, daß man sich richtig ausdrückt, so daß man dann nichts zurücknehmen muß.» Doch der Sohn hatte schon gehandelt. Er antwortet am 22. 12.: «Besten Dank für deine Karte, aber das Unheil war bereits geschehen, als ich den Vortrag dir schickte – ich hatte ein anderes Exemplar für den Druck ausgearbeitet und bereits abgeschickt und eben komme ich davon eine ganze Sündflut von Korrekturbogen zu verbessern. Deine Beanstandungen betreffen doch in der großen Mehrzahl den Ausdruck, der dir zu scharf ist. Zurückzunehmen werde ich nichts haben, aber auch im Ausdruck mußte ich einmal etwas einseitig sein, um verstanden zu werden. Du hättest am Sonntag einen Arbeiter sollen reden hören über die ‹Schlangenwindungen›, die die Pfarrer gewöhnlich machten. Er hat mir aus der Seele gesprochen. Mit dem ewigen ‹Sowohl – als auch› kommen wir keinen Schritt weiter.»

Am 26. 12. schreibt er seinem Bruder Peter in Hamburg: «Von den Sozzen willst du hören und von den bei ihnen erzielten Effekten. Viel kann ich noch nicht berichten. ... In der Diskussion nach dem Vortrag hörte man eigentlich nur den einen Ton: die Arbeiter wollten es durchaus nicht ohne die Religion machen, wohl aber ohne die Kirche, wenn diese es mit dem Kapitalismus halte. Die Anführer des hiesigen Vereins sind denn auch von meinen regelmäßigen (d. h. hier etwa alle 14 Tage) Predigthörern. Nur muß man sich nicht täuschen: die Arbeiterbewegung ist nicht eine wuchtige Bewegung, sondern sie wird hier (wie sicher überall) *von einer Anzahl Eifriger getragen (gerade wie ‹die Kirche› bisher auch), die Andern folgen im Schlepptau. Man muß froh sein, die Eifrigen, die Echten zu gewinnen, nicht für ‹die Kirche›, sondern für die bewußte ‹Fortsetzung› ihrer eigenen Bestrebungen. Die Andern trinken eben vorläufig noch ihr Bier und sitzen hinterm Ofen gerade wie die ‹andern› Christen auch!»*

Unterdessen hatte die Veröffentlichung des Vortrags angefangen. Er erschien im «Freien Aargauer» in vier Fortsetzungen.[1] *Exemplare davon versandte Barth u. a. an einige seiner Lehrer und Freunde aus der Marburger Studienzeit. Karl Bornhausen und Wilhelm Loew reagierten mit heftiger Kritik*[2]*, aus den höheren akademischen Regionen erfolgte kein Echo. «Herrmann hat mir noch nicht geantwortet, ich befürchte aber das Schlimmste», schrieb er am 14.1.1912 an Loew. Am 15.2.1912 berichtete seine Mutter nach einem Besuch in Marburg: «In Marburg ist allgemeines Kopfgeschüttel. Hingegen haben Rades trotzdem mit großer Liebe und Interesse von dir geredet.» Und der Vater sah sich durch das, was er in Marburg gehört hatte, in seiner Meinung bestätigt: «... über so wichtige Fragen darf man nicht so prima vista in die Welt hinaus schreiben; ein Vortrag ist kein Gedicht.»*[3]

In Safenwil selbst hatte sich Barth dagegen, wohl nicht zuletzt durch seinen Vortrag, so sehr das Vertrauen der Arbeiter erworben, daß er einige von ihnen von Mitte Januar bis Ende März 1912 fast allwöchentlich zu einem Leseabend bei sich versammeln konnte. Gegenstand der Lektüre waren Abschnitte aus Werner Sombarts «Sozialismus und Soziale Bewegung». Nach dem ersten Abend berichtete er dem Vater von einer «sehr belebten und sachlichen Unterhaltung» mit den «Häuptern der hiesigen Sozialisten»: «Ich konstatierte wieder mit Vergnügen die Lebhaftigkeit und geistige Regsamkeit unsres Aargauer Volkes. Von den sieben Mann, die da waren, blieb kein Einziger stumm.» Und in demselben Brief (vom 18.1.1912) heißt es: «Mein Vortrag hat bei den Aargauer Sozialisten ziemlich Furore gemacht, die Nummern waren nach einigen Tagen schon ausverkauft, sogar eine Broschüre (das fehlte

---

[1] In den Nummern 153-156 vom 23., 26., 28. und 30.12.1911. Im folgenden Abdruck sind die vier Teile durch vom Herausgeber eingefügte römische Ziffern kenntlich gemacht.

[2] Vgl. unten Anm. 31.

[3] Brief vom 18.1.1912.

noch!) wollten Einige daraus machen (ich habe aber abgewunken!) und für die nächsten Vorträge ist uns Zuzug aus dem Kanton verheißen worden.»

Mit einiger Verspätung setzte auch eine Reaktion anderer Art ein. Am 3.2.1912 erschien im (bürgerlichen) «Zofinger Tagblatt» ein offener Brief an Barth von Walter Hüssy, einem Angehörigen der Familie Hüssy, die in Safenwil eine Weberei und Färberei sowie eine Dampfsäge betrieb[4] und damit einer der beiden großen dortigen Arbeitgeber war. Dieser Brief wird zusammen mit Barths am 9.2. ebenda veröffentlichter Antwort und Hüssys Gegenantwort (ebenda, 10.2.1912) unten im Anschluß an den Vortrag abgedruckt. Einen neuen Schrecken im Elternhaus voraussehend schrieb Barth am 6.2. seinem Vater: «Ich hoffe nur, der offene Brief von Walter Hüssy habe Euch nicht zu sehr Eindruck gemacht. Der Mann ist nämlich nicht etwa einer der alten Herren Hüssy, sondern ein Sohn von H[errn] Hüssy-Peri, und wohnt in Aarburg. Er ist erst 32jährig und darum durchaus keine Majestät. Daß er keine geistige Autorität ist, hat euch wohl der Artikel selbst gezeigt. Morgen kommt nun meine geharnischte Antwort im Zofinger Tagblatt. Ihr findet sie vielleicht etwas scharf, aber er war auch scharf, ich mußte mich meiner Haut wehren.» Am 6.2.1912, dem Abfassungstag seiner Antwort an W. Hüssy, hatte Barth in der Absicht vorsorglicher Schadensbegrenzung den Vater seines Kontrahenten brieflich von dem Vorgang verständigt, ihn gebeten, seine prinzipielle Stellungnahme nicht als eine solche «gegen das Haus Hüssy» aufzufassen, und der Hoffnung Ausdruck gegeben, «die bisherigen freundlichen Beziehungen» zwischen diesem Haus und dem Pfarramt möchten «durch diesen Zwischenfall keine Störung erleiden».

Am Sonntag nach dem Abschluß des offenen Briefwechsels zeigte sich, daß das ganze Dorf davon redete: «Die Kirche war gestern ganz besetzt wie an einem Festtag fast. Ganz zuletzt kam auch noch ein Hüssy herein, der Bruder meines Angreifers, ging scheltend durch die ganze Kirche und setzte sich vorn an. Es gab ein großes Rauschen und Köpferecken in der Versammlung. Ich hatte (ohnehin!) den Text Matth. 4,2-4, redete aber nicht vom Kapitalismus, sondern über Gottessinn und Erwerbssinn bei den gewöhnlichen *Leuten.*»[5]

---

[4] Vgl. Busch, S. 82.
[5] An den Vater, 12.2.1912.

Am Montag folgte im Zofinger Tagblatt ein eingesandter anonymer Artikel «Zur roten Gefahr in Safenwil», in dem Barth «agitatorischer Wühlarbeit» beschuldigt und als «sonderbarer Kauz», «Safenwiler Messias» und «roter Apostel» bezeichnet wird. Der Brief, in dem Barth am nächsten Tag (13.2.) die Stimmung im Dorf schildert, ist der letzte an seinen Vater, der zwölf Tage später an einer akuten Krankheit starb. Er verdient es, in größeren Teilen zitiert zu werden:

«Ich muß euch doch rasch weiter berichten, was sich hier unten zuträgt, nur damit ihr euch kein falsches Bild von der Situation macht. Sie ist Gott Lob absolut nicht so gefährlich, wie sie wohl von Weitem aussehen mag. Im Gegenteil: ich kann gerade auf Grund der Beobachtungen des heutigen Tages sagen, daß ich in der ganzen Sache in ganz erstaunlicher Weise Rückhalt bei meiner Gemeinde, jedenfalls bei den anständigen und intelligenten Gliedern aller Lager finde. Viel mehr als ich geahnt hätte. Es herrschte gestern und heute im ganzen Dorf eine zornige Entrüstung über den Artikel «Die rote Gefahr ...» Verschiedene Leute erklärten, die ganze Nacht nicht geschlafen zu haben vor Verdruß!! ... Eben komme ich aus der Sitzung der Kirchenpflege, die durch den Weibel schleunigst war zusammenberufen worden. Ich kann nur staunen, wie die Leute redeten, obwohl Alles Bauern und nicht Arbeiter sind. Alle taten Sprüche gegen den Kapitalismus, daß es eine Art hatte; es ist wie wenn ich einen 50jährigen Zapfen vom Faß gezogen hätte, vom Faß der Safenwiler Volksseele nämlich. Gegen den Artikel von gestern wollten sie nun absolut vorgehen, der eine wollte Klage erheben bei Gericht, der andre einen Artikel schreiben des Inhalts, die Angreifer in Zofingen sollten am Sonntag herauskommen und sich die volle Kirche ansehen, der dritte wollte durch eine List den Namen des Verfassers auskundschaften, um ihn ‹an den Pranger zu stellen›. Ich glaube wirklich, der würde augenblicklich wüst verprügelt hier, wenn er sich blikken ließe. Ich habe sie dann aber beschworen, von Allem gar nichts zu thun, und setzte ihnen auseinander, daß ich ihnen für ihren Zorn dankbar sei, daß ich aber den Moment für gekommen halte, sich in vornehmes und christliches Schweigen zu hüllen. Sie schüttelten zwar ziemlich den Kopf über diese Lehre, lassen aber nun wirklich jede Aktion bleiben.»

Und weiter unten in demselben Brief: «Es ist viel Erstaunliches an der ganzen Sache. Erstens wie aufmerksam die Leute Hüssys Brief und meine Antwort gelesen und verglichen haben. Es reut mich nicht, daß ich eine halbe Nacht daran geschrieben habe, denn sie hat sehr erfreulich aufklärend gewirkt. Hüssy hat da eine Agitation für die Soziale Sache heraufbeschworen, die man sich wirksamer und dramatischer kaum denken könnte. Die Leute fangen jetzt ganz von selbst davon an mit mir und ich muß ihnen vom Sozialismus reden, ohne daß ichs will. ... Zweitens ist erstaunlich zu sehen, wie diese Bevölkerung für den Sozialismus reif war. ‹Wenn einmal Einer kommt und uns es sagt ...›, das hörte ich jetzt ein paarmal. Natürlich werden sie deshalb noch keine Sozialisten, aber das ist ja auch nicht nötig, wenn sie nur einmal ‹sozial› werden. Drittens ist da noch ein Respekt vor der geistlichen Amtsperson als solcher, wie ich ihn nie gesucht hätte bei den Aargauern. Das war eben doch das Schändlichste an der ganzen Schreiberei, einen Pfarrer *so anzugreifen ... Aber es ist doch auch viel* persönliches *Vertrauen mir gegenüber dabei, das empfinde ich sehr dankbar. Ich hörte erst jetzt, die volle Kirche letzten Sonntag habe eine* Demonstration *bedeutet zu meinen Gunsten. Wenn sie nur chronisch würde, diese Demonstration!* ‹Predigend dir numm witer!›[6], *meinte der letzte Kirchenpfleger, der hinausging. Das werde ich nun in der Tat tun müssen, mit und ohne sozialistischen Einschlag. Jedenfalls aber mit dem Gefühl, von allen rechten Leuten in der Hauptsache verstanden zu sein.»*

Obwohl Barth mit dem Versand seines Vortrags nach auswärts keine angenehmen Erfahrungen gemacht hatte, schickte er nach mehr als zwei Monaten noch einmal ein Exemplar davon samt dem offenen Briefwechsel an einen damals von ihm geschätzten akademischen Theologen, den Basler Neutestamentler und Kirchenhistoriker Paul Wernle. Im Begleitbrief vom 26. 4. 1912[7] *heißt es: «Zum Inhalt will ich nichts weiter bemerken. Ich freue mich wie gesagt auf Ihre Mitteilungen darüber. Nur zu dem, was Sie meine ‹Wandlung› nennen, möchte ich anmerken, daß ich selbst erstaunt war, mich ein halbes Jahr nach meiner Ankunft in Safenwil und im Reiche des Herrn Hüssy u. A. mitten unter den Sozialisten vorzufinden, ebensosehr wie z. B. als Ortspräsident unter den Blaukreuzlern. In Genf habe ich über Beides die Achsel gezuckt und in einer wohldurchdachten Dogmatik das beste und sozusagen einzige Ar-*

---

[6] «Predigen Sie nur weiter!»
[7] Original in der Universitätsbibliothek Basel.

beitsmittel des Pfarrers gesehen. ... Diese meine Vergangenheit verleugne ich nun auch jetzt durchaus nicht. ... Aber das Achselzucken über das bewußte Stellungnehmen zu den praktischen Fragen habe ich ganz aufgegeben. Das geht in Safenwil absolut nicht. Ich entdeckte, daß ich von meinen eigenen theolog. Voraussetzungen aus gar nicht anders könne, als, statt über den Wolken zu schweben, zum Kapitalismus wie zum Alkoholismus Ja oder Nein zu sagen. Ich käme mir einfach unmöglich vor, wollte ich diesen Dingen vom Fenster meines Pfarrhauses aus zugucken und ein neutrales ‹Evangelium› predigen.»

Wernle antwortete (am 6. 5. 1912) freundlich, aber entschieden ablehnend, vor allem im Blick auf Barths Umgang mit dem Neuen Testament: «Ich kann in Ihrem Vortrag nur eine ganz enorme Selbsttäuschung und unfreiwillige Täuschung der Arbeiter erblicken, die mich von seiten eines so gebildeten Mannes, wie Sie es sind, wahrhaft erschreckt hat. Jedenfalls Ihre historischen Studien müssen Sie ganz vergessen haben, wenn Sie die Zöllner mit den armen Arbeitern in Parallele stellen oder wenn Sie ein Wort wie das: welcher der Kleinste ist unter euch allen, der wird groß sein, sozial ausnützen können, mehr aber noch im Ganzen, wenn Sie sich und andern vorsagen, Jesus habe ungefähr dasselbe gewollt wie unsre sozialdemokratische Arbeiterschaft, er habe es lediglich anders gemacht.» Die härteste Kritik Wernles trifft Barths Brief an W. Hüssy: «Daß Sie menschlich erregt und erbost waren über diesen Ton, begreife ich völlig. Aber wozu in aller Welt ist dann Jesus überhaupt für uns vorhanden, wenn er uns nicht so in seiner Gewalt hat, daß wir nicht Roheit mit Roheit und Grobheit mit Grobheit vergelten. Ihr Brief steht auf dem Standpunkt des niedrigsten Vergeltungsprinzips, und wenn Sie damit diesen Fabrikanten zu keinem Christen machen, dürfen Sie sich nicht wundern.»

In der Hauptsache blieb Barth unnachgiebig. Doch gab er in seiner Gegenantwort[8] Wernles Kritik an seinem offenen Brief recht: «... ich möchte Ihnen vor Allem sagen, worin ich Ihnen zustimme: nämlich in der Beurteilung meiner ‹offenen Antwort› als unter dem Niveau der Bergpredigt stehend. Das sehe ich in der Tat ein. Aber eine Einschränkung zu meinen Gunsten muß ich auch hier vornehmen. Sie reduzieren die Motive und den Inhalt dieser Antwort auf ‹das alte Lied: Wie du

---

[8] Vom 31. 5. 1912. Original in der Universitätsbibliothek Basel.

mir, so ich dir!› Diese Kategorie kann ich nicht anerkennen. Ist es Ihnen wohl noch nie ergangen, wie mir mit Walter Hüssy?? Als ich seinen Angriff las, da empfand ich wirklich wissentlich nichts von einem persönlichen Beleidigtsein, sondern eine ganz konzentrierte sachliche Kampflust: Also so seid ihr? Auf sie mit Grimm! Hie Schwert des Herrn und Gideon! Und dann habe ich losgeschlagen, wie ichs gethan habe. Ich weiß noch, wie es mir beim Schreiben war, als stünde jemand hinter mir und kommandierte: Schnellfeuer! Schnellfeuer! Ich meinte wirklich nichts Anderes zu thun, als einen Feind der guten Sache über den Haufen zu rennen, wie sichs gehörte. Aber schon 14 Tage später, als der Pulverdampf sich verzogen hatte, mußte ich in der Tat einsehen, daß ich alttestamentlich gehandelt habe. Meine Geste kam mir weniger heroisch vor und ich spürte all das Egozentrische, das dabei mitgespielt hatte. Sie haben mir das nicht zuerst gesagt, aber ich danke Ihnen, daß Sie es mir auch gesagt haben, und hoffe es ein ander Mal besser zu machen.»

Von den beiden Manuskripten ist keines erhalten. Der Abdruck folgt dem Erstdruck im «Freien Aargauer».

[1.]

Ich habe mich darauf gefreut, in Ihrer Mitte über *Jesus* zu reden. Dies besonders darum, weil die Anregung dazu von Ihrer Seite ausgegangen ist. Das Beste und Größte, was ich als Pfarrer Ihnen bringen kann, wird immer Jesus Christus sein und ein Stück von den Kräften, die von seiner Person ausgegangen sind in die Geschichte und ins Leben. Da deute ich es mir als ein Zeichen von gegenseitigem Verständnis zwischen uns, daß Sie Ihrerseits mit dem Verlangen nach diesem Besten und Größten an mich gekommen sind. Ich kann Ihnen aber sagen, daß die andere Hälfte des Themas, wie es Ihnen angekündigt worden ist, mir ebensosehr am Herzen liegt: Die *soziale Bewegung*. Ein bekannter Theologe und Schriftsteller der Gegenwart hat sich geäußert, man dürfte eigentlich gar nicht Beides so *nebeneinander* stellen, wie es in meinem Thema geschehen ist: Jesus Christus *und* die soziale Bewegung, als ob das überhaupt so zweierlei wäre, das man erst mehr oder weniger künstlich zusammenstellen müßte.[9] Beides sei *eines und dasselbe:* Jesus *ist* die so-

---

[9] H. Kutter, *Sie müssen! Ein offenes Wort an die christliche Gesellschaft*, Jena 1902; 9. Tausend 1910, S. 192f.: «Wer die Synthese fertig bringt: Christus *und*

ziale Bewegung und die soziale Bewegung *ist* Jesus in der Gegenwart. Ich kann mir diese Meinung mit gutem Gewissen aneignen, wenn ich mir auch vorbehalte, näher zu zeigen, in welchem Sinn ich dies tue. Der eigentliche Inhalt der Person Jesu läßt sich in der Tat in die beiden Worte: *soziale Bewegung* zusammenfassen, und auf der andern Seite glaube ich wirklich, daß die soziale Bewegung des 19. und 20. Jahrhunderts nicht nur das größte und eindringlichste Wort Gottes an die Gegenwart ist, sondern im Besondern ein ganz direkter Forttrieb der, wie ich sagte, mit Jesus in die Geschichte und ins Leben getretenen Geisteskraft.

Aber gegen diese Gedanken erhebt sich nun von zwei Seiten *Widerspruch*, und ich vermute, beide Seiten sind auch in unserer Versammlung vertreten. Die eine Seite wird gebildet von den im engern Sinne sogenannten «*christlichen*» Kreisen, zu denen sich in diesem Falle die Mehrzahl der bürgerlichen Kirchenbesucher überhaupt gesellen. Sie werden sich, wenn sie die Zusammenstellung: «Jesus und die soziale Bewegung» lesen oder hören, mehr oder weniger energisch dagegen verwahren, daß man Christus zu einem Sozialdemokraten mache. «Aber nicht wahr, Sie machen den Heiland nicht zu rot», sagte mir ein werter Kollege, als ich ihm mein heutiges Thema nannte. Man pflegt dann fast mit einer gewissen Begeisterung darzulegen, es sei überhaupt unmöglich, Jesus mit einer politischen Partei zusammen zu stellen. Seine Gestalt stehe unparteiisch, ja teilnahmslos *über* den sozialen Kämpfen. Seine Bedeutung sei ewig und nicht zeitlich beschränkt wie die der sozialdemokratischen Partei. Und so sei es eine Unwahrheit und eine Profanation, ihn in der Weise, wie es in unserm Thema geschieht, in den Streit des Tages hinein zu ziehen. Man kann es sich aber *noch* bequemer machen auf «christlicher» Seite, und gewöhnlich geschieht das – leider sogar von vielen meiner Kollegen. Man weist mit ausgestrecktem Finger hin auf diesen und jenen krassen Fehler und Irrtum, der von sozialdemokratischer Seite begangen wird. Da haben Arbeiter einen Streikbrecher verprügelt, da hat einer einen giftigen haßstrotzenden

---

die soziale Frage, in dem Sinn, daß es wertvoll sei, zu untersuchen, was sich alles für oder gegen die soziale Frage aus den Worten Jesu eruieren lasse, der hat ... weder von Jesus noch von der sozialen Frage *den* Begriff, auf den es allein ankommt ... Neben Jesus gibt es kein ‹Und›. ... Jesus hat nicht nur geredet. Er ist etwas gewesen. Er ist das gewesen, was *allem* Guten, *allem* Fortschritt, *allem* Ideal – und mag es scheinbar noch soweit von ihm abliegen – zugrunde liegt.»

Zeitungsartikel verbrochen, da hat Herr Nationalrat Naine sich durch antimilitaristische Tiraden und Anderes etwas lächerlich gemacht.[10] «Was hat das Alles und noch mehr und Ärgeres, was Sozialisten tun, was hat das mit Jesus Christus zu schaffen?», fragt man im Tone tiefster Entrüstung. Ich antworte: Das Alles hat mit Jesus Christus selbstverständlich gar nichts zu schaffen – so wenig wie das, was von freisinniger oder konservativer Seite an spießbürgerlicher Beschränktheit, an brutaler Selbstsucht, an selbstherrlicher Gewalttätigkeit geleistet wird, etwas mit ihm zu schaffen hat. Fehler und Irrtümer von Persönlichkeiten gibts hüben und drüben, ich möchte nicht die Hand umdrehen! Aber wir haben es hier nicht mit den *Persönlichkeiten* zu tun, sondern mit der *Sache*. Es ist eben so wohlfeil als ungerecht, immer wieder darauf zu pochen: Seht, so und so *machen* es die Sozialisten! Gerade Christen sollten wissen, daß *wir Alle* zu kurz kommen, wenn darauf gesehen wird, wie wir es *machen*. Wenn ich von der sozialen Bewegung rede, so meine ich damit nicht das, was dieser und jener und meinetwegen *alle* Sozialdemokraten *machen,* sondern was sie *wollen*. Als Christen möchten wir ja auch von Gott und den Menschen nach dem beurteilt sein, was wir *wollen,* nicht nach dem, was wir *machen*. Wir haben es also nicht mit den Worten und Taten von Bebel[11] oder Jaurès[12], von Greu-

---

[10] Charles Naine (1874–1926), aus dem schweizerischen Jura stammender Jurist und Sozialist, 1911–1926 Nationalrat (Mitglied des eidgenössischen Parlaments). R. M. Högger schreibt in seiner Biographie *Charles Naine. 1874–1926,* Zürich 1966, ausführlich über den Antimilitarismus Naines (z. B. S. 80–89). Als Naine im November 1911 in den Nationalrat gewählt wurde, geriet sein Antimilitarismus in die Schlagzeilen der Presse. «Die Neue Zürcher Zeitung äußerte schwere Bedenken über den ‹seltsamen Friedensapostel›, in dessen Antimilitarismus und faustrechtlichen Gepflogenheiten sie einen Ausdruck des revolutionären, anarchistischen Geistes des Juras zu erkennen meinte» (R. M. Högger, a. a. O., S. 132; Zitat aus NZZ, Nr. 308 vom 6. 11. 1911).
[11] August Bebel (1840–1913), mit Wilhelm Liebknecht zusammen 1869 Gründer der Sozialdemokratischen Partei Deutschlands und bis zu seinem Tod ihr Vorsitzender.
[12] Jean Jaurès (1859–1914), französischer Philosoph und Politiker, Abgeordneter im Parlament 1885–1889 (für die Linksrepublikaner), 1893–1898 und 1902–1914 (für die Sozialisten), glänzender Redner und Journalist (1904 Gründer der Zeitung «L'Humanité»). Jaurès förderte den Zusammenschluß der französischen Sozialisten zur Section Française de l'Internationale Ouvrière 1905 und war bis zu seinem Tod ihr Wortführer.

lich[13] oder Pflüger[14] oder Naine und auch nicht mit den Worten und Taten der Sozialisten im Aargau und in Safenwil zu tun, sondern mit dem, was allen diesen Menschen *gemeinsam* ist, mit dem, was übrig bleibt, wenn man alles Persönliche, Zufällige, Gutes wie Böses, in Abrechnung bringt, mit dem, was sie Alle mit ihren Worten und Taten *wollen*. Das sind denn einige sehr einfache Gedanken und Motive, die zusammen eine geschichtliche Erscheinung ausmachen, die in sich geschlossen ist, unabhängig vom Benehmen der Sozialisten und von der Taktik der sozialistischen Parteien, die durchaus *über* dem Streit des Tages steht. Das ist die soziale Bewegung. Ich sehe nicht ein, wieso es eine Profanation des Ewigen sein soll, diese Bewegung mit Jesus Christus zusammen zu stellen. Wir sagten ja eben, daß wir dabei nicht an das Zeitliche und Zufällige an dieser Bewegung denken wollen. Im selben Sinn, in dem wir gewohnt sind, etwa «Jesus und die Reformation» oder «Jesus und die Mission» in Zusammenhang zu bringen, im selben Sinn sagen wir jetzt: Jesus und die soziale Bewegung. Wir wollen nicht Jesus zum deutschen, französischen oder aargauischen Sozialdemokraten machen – das wäre natürlich ein Unsinn –, aber wir wollen die innere Verbindung aufweisen, die besteht zwischen dem Ewigen, Bleibenden, Allgemeinen in der modernen Sozialdemokratie und dem ewigen Wort Gottes, das in Jesus Fleisch geworden ist.

Aber ich muß noch den Widerspruch nennen, der von der *andern* Seite kommt. Von Ihnen, werte Freunde vom Arbeiterverein, oder doch von Ihren Genossen im Kanton draußen hat ganz sicher bei der Ankündigung dieses Themas wenigstens der Eine oder Andere wenigstens ganz im Stillen gedacht: O weh! Jesus Christus und die soziale Bewegung! Da will man uns Sozialisten wieder einfangen für eine vorsündflutliche Weltanschauung oder doch für die Kirche. Ein sozialde-

---

[13] Hermann Greulich (1842–1925), aus Breslau nach Zürich zugewanderter Gewerkschafter und Sozialist, Anhänger der ersten und zweiten Internationale, 1870 Gründer einer ersten sozialdemokratischen Partei in der Schweiz, 1873 Gründer eines ersten schweizerischen Arbeiterbundes. Von 1902 bis zu seinem Lebensende war Greulich sozialdemokratischer Nationalrat. Er galt ein Menschenalter lang als unbestrittener Führer der schweizerischen Arbeiterbewegung.
[14] Paul Pflüger (1865–1947), Zürcher Pfarrer und sozialdemokratischer Stadtrat, 1911–1918 Nationalrat, 1912 Zentralpräsident des Grütlivereins (s. S. 683).

mokratischer Schriftsteller, *Joseph Dietzgen*[15], hat die Zusammenstellung von Christentum und Sozialismus ein konservatives Manöver genannt und davor gewarnt.[16] Und in der Tat mutet einen manches «christliche» Entgegenkommen gegenüber dem Sozialismus an als ein «Manöver», darauf berechnet, die Leute «herumzubringen», sie wieder zu «frommen Schäflein» zu machen. Der Sozialismus war das Mittel, die christliche Kirche und Weltanschauung der eigentliche Zweck, für den man arbeitete. Es sollte mich gar nicht wundern, wenn Sie auch mir ein leises kleines Mißtrauen in dieser Richtung entgegenbrächten. Und da darf ich mich nun nicht damit begnügen, Ihnen zu versichern, daß ich wirklich niemand «herumbringen» will, sondern ich muß Ihnen auch die Gründe sagen, warum es nicht so ist: Warum ich reden möchte von der innern Verbindung zwischen Jesus und dem Sozialismus, und wenn es allerdings der Zweck meines Vortrages ist, Sie dieser Verbindung recht deutlich bewußt werden zu lassen, so hat das mit Ihrer Stellung zur Kirche gar nichts zu tun. Sie können die Verbindung zwischen Jesus und dem Sozialismus, von der ich reden will, eingesehen haben, Sie können – und das wünsche ich Ihnen – in ein persönliches inneres Verhältnis zu diesem Manne getreten sein, und Sie können nach wie vor in weitem Bogen um die Kirche, auch um die Safenwiler Kirche herumgehen. Die Kirche kann Ihnen in Ihrem Verhältnis zu Jesus *beistehen*, dienen, mehr nicht. Es hat zu allen Zeiten Menschen gegeben, die ohne diesen Beistand ausgekommen sind. Vielleicht gehören Sie zu diesen Menschen. Die Kirche hat ihren Dienst oft schlecht ausgeübt. Das gilt ganz sicher auch von unserer Kirche und von mir. Ich kann Ihnen also von der Kirche nur sagen: Sie ist da, um Ihnen zu dienen – tun Sie, was Sie für richtig halten. Die Kirche ist nicht Jesus und Jesus ist nicht die

---

[15] Joseph Dietzgen (1828–1888), Lohgerber, materialistischer Philosoph, Sozialdemokrat und Mitglied des Bundes der Kommunisten.
[16] J. Dietzgen, *Die Religion der Sozialdemokratie*, in: ders., *Sämtliche Schriften in drei Bänden*, hrsg. von E. Dietzgen, Bd. I, Stuttgart 1919, S. 120: «Öfter zeigt sich, daß im Verlauf der Geschichte Dinge zu anderen Dingen werden, die dennoch ihren Namen behalten. Dem Unwissenden werden damit dann die veränderten neuen als die unveränderten alten Dinge vorgestellt. So Religion, Christentum und Kanzel. Durch dieses konservative Manöver wird eine heillose Konfusion der Geister angeregt. Auch werte Parteigenossen ertappe ich manchmal dabei. Da heißt es: Christus war der erste Sozialist. Sozialismus und Christentum sind so verschieden wie Tag und Nacht.»

Kirche. – Ganz dasselbe gilt von der sog. christlichen *Weltanschauung*. Wenn Sie die Verbindung einsehen zwischen Ihrer sozialistischen Überzeugung und der Person Jesu und wenn Sie jetzt Ihr Leben einrichten wollen, wie es dieser Verbindung entspricht, so will das durchaus nicht sagen, daß Sie dies und das «glauben», d. h. annehmen müßten. Was Jesus uns zu bringen hat, sind nicht Ideen, sondern eine Art zu leben. Man kann die christlichen Ideen haben über Gott und die Welt und den Menschen und seine Erlösung und bei alledem ein vollkommener Heide sein. Und man kann als Atheist und Materialist und Darwinist ein echter Nachfolger und Jünger Jesu sein. Jesus ist nicht die christliche Weltanschauung und die christliche Weltanschauung ist nicht Jesus. Wenn ich Sie heute für Jesus interessieren möchte, so kann ich Ihnen darum fröhlich sagen, daß ich nicht daran denke, Sie für die christlichen Ideen einzufangen und «herumzubringen». Ja ich lade Sie geradezu ein, sie einmal ganz auf der Seite liegen zu lassen und mit mir Ihre Blicke auf den einen Punkt zu konzentrieren, von dem wir reden wollen: auf jene Brücke zwischen Jesus und dem Sozialismus. Mehr möchte ich nicht mit meinem Vortrag, als daß Sie Alle, meine verehrten Zuhörer, diese Brücke *sehen* und versuchen, darauf zu *gehen*, die Einen herüber und die Andern hinüber.

Nun aber lassen Sie uns mitten in die Sache hineintreten. Der Sozialismus ist eine Bewegung von unten nach oben. In der Diskussion nach meinem letzten Vortrag fiel der Ausspruch: «Wir sind die Partei der armen Teufel!» Wenn ich Sie so vor mir sehe, so scheint mir das allerdings etwas viel gesagt; Sie nehmen es wohl auch selbst nicht allzu wörtlich damit – aber wir verstehen beide, was damit gemeint ist. Der Sozialismus ist die Bewegung der ökonomisch Unselbständigen, derer, die gegen Lohn für einen Andern, Fremden arbeiten, die Bewegung des *Proletariats,* wie man das in der Literatur nennt. Der Proletarier ist nicht immer arm, aber er ist immer abhängig in seiner Existenz von dem Vermögen und dem guten Willen seines Brotherrn, des Fabrikanten. Hier setzt der Sozialismus ein: er ist und will sein eine proletarische Bewegung. Er will die Abhängigen unabhängig machen mit allen Konsequenzen für ihr äußeres, sittliches und geistiges Leben, die das mit sich führen müßte. – Man kann nun nicht sagen, daß Jesus genau an diesem Punkte auch eingesetzt habe – ganz einfach darum nicht, weil es vor 2000 Jahren ein Proletariat im heutigen Sinne des Wortes noch gar nicht gab, weil es noch keine Fabriken gab. Und doch muß es jedem, der sein Neues Testament vorurteilslos liest, auffallen, daß das, was Jesus Christus war und wollte und erreicht hat, von der menschlichen Seite gesehen durchaus eine *Bewegung von unten* war. Er kommt selbst her aus den untersten Schichten des damaligen jüdischen Volkes. Sie alle erinnern sich aus der Weihnachtsgeschichte an die Krippe von Bethlehem [Lk. 2,7]. Sein Vater war ein Bauhandwerker in einem Winkel von Galiläa, er selbst war es während seines ganzen Lebens mit Ausnahme des letzten Jahres. Jesus war nicht ein Pfarrer, sondern Jesus war ein Arbeiter. In seinem dreißigsten Jahr legte er sein Werkzeug nieder und fängt an, von Ort zu Ort zu ziehen, weil er den Menschen etwas zu sagen hat. Aber wieder ist seine Stellung eine grundsätzlich andere als die von uns heutigen Pfarrern. Wir müssen für Alle da sein, für hoch und niedrig, für reich und arm, unser Charakter leidet oft genug unter dieser Doppelspurigkeit unseres Berufes. Jesus fühlte sich gesandt zu den Armen und Niedrigen, das ist etwas vom Allersichersten, was uns aus der evangelischen Geschichte entgegen tritt. Über seinem Wirken steht jenes Wort, in dem wir noch heute das Feuer des echten sozialen Geistes spüren: Ihn jammerte, da er das Volk sah, denn sie waren wie Schafe, die keinen Hirten haben (Marc. 6,34). Wir hören gelegentlich auch von reichen Leuten, die sich ihm anschlossen, aber wenn sie nicht nach einer kurzen Begeisterung wieder zurückblieben, wie der reiche Jüngling (Matth. 19,16 – 22) – er wußte warum! –, so fühlten sie sich doch in seiner Umgebung mehr als Gäste denn als eigentlich zu ihm Gehörige. Jener Nikodemus (Joh. 3,1 – 2), «ein Oberster unter den Juden», der des Nachts zu ihm kam, ist ein charakteristisches Beispiel dafür. Ja, in den letzten Wochen seines Lebens hat Jesus sich auch an die Reichen und Gebildeten gewandt mit dem, was ihn bewegte: er ist von Galiläa nach Jerusalem gegangen – aber Sie wissen, daß dieser Versuch geendigt hat mit dem Kreuz auf Golgatha. Was er brachte, das war eine frohe Botschaft an die Armen, an das Volk der Abhängigen und Ungebildeten: Selig ihr Arme[n], denn euer ist das Reich Gottes! (Luc. 6,20). Welcher der Kleinste ist unter euch Allen, der wird groß sein! (Luc. 9,48). Sehet zu, daß ihr nicht einen von diesen Kleinen gering schätzet, denn ich sage euch, ihre Engel im Himmel sehen allezeit das Antlitz eueres Vaters im Himmel! (Matth. 18,10). Man darf solche Aussprüche durchaus nicht auffassen als Trostesworte eines menschenfreundlichen Mannes, der so von oben herab redet. Euer ist das Reich Gottes! sagte Jesus und meint damit: ihr sollt euch freuen, zu den Geringen zu gehören, ihr seid dem Heil näher als die Hohen und Reichen. Ich danke dir, Vater des Himmels und der Erde, daß du dieses verborgen hast vor den Weisen und Verständigen und hast es den Unmündigen geoffenbart! (Matth. 11,25). Das war ganz deutlich Jesu eigenes Verhalten: Er hat seine Freunde unter den Fischern vom galiläischen Meer, unter den verachteten Zöllnern im Dienste der Römer, ja unter den Dirnen der Seestädte gefunden. Tiefer kann man in der Auswahl seines Umgangs nicht steigen auf der sozialen Leiter, als Jesus es getan hat. Es war ihm nach unten Keiner zu tief und zu schlecht. Und ich wiederhole: das war nicht ein behäbiges Mitleiden von oben nach unten, sondern der Ausbruch eines Vulkans von unten nach oben. Nicht die Armen haben Mitleid nötig, sondern die Reichen, nicht die sogen. Gottlosen, sondern die Frommen. Nach *oben* hat Jesus das unerhörte Wort gerichtet: die Zöllner und Dirnen kommen vor euch in das Reich Gottes! (Matth. 21,31) und das andere: Wehe euch Reichen, denn ihr habt euren Trost dahin! (Luc. 6,24), während es nach *unten* heißt: Kommt her zu mir, die ihr mühselig und beladen seid, ich will euch erquicken! (Matth. 11,28).

[II.]

Das Reich Gottes ist zu den Armen gekommen. Aber was ist «das Reich Gottes»? Ich höre die Einrede: Die Sozialdemokratie will nur die äußere, *materielle* Besserstellung der Menschen, das Reich Gottes dagegen, das Jesus verkündigte, ist *Geist* und Innerlichkeit. Die Sozialdemokratie predigt die *Revolution*, das Evangelium predigt die *Bekehrung*, das Reich Gottes der Sozialdemokratie ist *diesseitig, auf Erden*, das Reich Gottes ist jenseitig, es heißt nicht umsonst das *Himmelreich*. Und so sind Jesus und Sozialismus so verschieden wie Tag und Nacht. Ja, da scheint nun in der Tat viel daran zu sein. Ein ausgezeichneter und unparteiischer Kenner des Sozialismus, *Werner Sombart*, hat gesagt, es sei die «Quintessenz aller sozialistischen Heilslehren» in jenem frivolen Gedicht von *Heinrich Heine* enthalten:[17]

---

[17] W. Sombart, *Sozialismus und Soziale Bewegung*, Jena 1908⁶, S. 26: «Alles

> Ein neues Lied, ein besseres Lied
> O Freunde, will ich euch dichten:
> Wir wollen hier auf Erden schon
> Das Himmelreich errichten.
>
> Wir wollen auf Erden glücklich sein
> Und wollen nicht mehr darben;
> Verschlemmen soll nicht der faule Bauch
> Was fleißige Hände erwarben.
>
> Es wächst hienieden Brot genug
> Für alle Menschenkinder
> Auch Rosen und Myrthen, Schönheit und Lust
> Und Zuckererbsen nicht minder.
>
> Ja Zuckererbsen für jedermann
> Sobald die Schoten platzen!
> Den Himmel überlassen wir
> Den Engeln und den Spatzen.[18]

Und da stelle man nun daneben Worte Jesu wie die: der Mensch lebt nicht von Brot allein, sondern von einem jeglichen Wort, das aus dem Munde Gottes gehet! (Matth. 4,4), oder: Ihr sollt nicht sorgen und sagen: was sollen wir essen, was sollen wir trinken, was sollen wir anziehen. Um solches alles kümmern sich die Heiden. Euer himmlicher Vater weiß ja, daß ihr dies alles bedürft. Trachtet aber zuerst nach Gottes Reich und Recht, so wird euch solches Alles zugelegt werden! (Matth. 6,31–34), oder: Was hülfe es dem Menschen, wenn er die ganze Welt gewönne und nähme doch Schaden an seiner Seele! (Matth. 16,26). Da stelle man nun neben das unaufhörliche Drängen der Sozialdemokratie nach ökonomischer Gerechtigkeit jene abweisende Antwort Je-

---

was je ein sozialistischer Prediger der gläubigen Masse hat verkündigen können, steht eingeschlossen in den famosen Heineschen Strophen, die gleichsam die Quintessenz aller sozialistischen Heillehren [sic] enthalten: ‹Ein neues Lied ...›». Bei Sombart ohne die letzten beiden Zeilen zitiert.

[18] H. Heine, *Deutschland. Ein Wintermärchen.* Caput I, Strophen 9–12, in: *Heinrich Heines Werke*, Bd. I: *Gedichte*, mit einer Einleitung von H. Mayer, ausgewählt und hrsg. von Chr. Siegrist, Frankfurt a. M. 1968, S. 424f. Die Interpunktion übernimmt Barth weitgehend von Sombart; nach diesem wurde sie an einigen Stellen ergänzt. Ein Satzfehler des Zeitungsdrucks («Und Rosen ...» in der 3. Strophe) wurde berichtigt.

su: Mensch, wer hat mich zum Richter und Erbschlichter über euch gesetzt? (Luc. 12,13-14) und sage dann noch: Jesus und der Sozialismus, als ob nicht der Eine das schnurstracke Gegenteil des Andern wäre!

Das scheint nun Alles sonnenklar zu sein; und doch ist die Christenheit vielleicht in keinem Stück so sehr vom Geiste ihres Herrn und Meisters abgefallen wie gerade in dieser Schätzung des Verhältnisses von Geist und Materie, von Innerem und Äußerem, von Himmel und Erde. Man darf wohl sagen: 1800 Jahre lang hat die christliche Kirche gegenüber der sozialen Not immer auf den Geist, auf das innere Leben, auf den Himmel verwiesen. Sie hat gepredigt, bekehrt, getröstet, aber sie hat *nicht geholfen*. Ja, sie hat zu allen Zeiten die Hilfe der sozialen Not gegenüber empfohlen als ein gutes Werk christlicher Liebe, aber daß Helfen *das* gute Werk sei, das hat sie nicht gewagt zu sagen, sie hat nicht gesagt: die soziale Not *soll nicht sein*, um dann ihre *ganze* Kraft für dieses *es soll nicht sein* einzusetzen, sie hat sich hinter ein falsch verstandenes, aus dem Zusammenhang gerissenes Jesuswort verschanzt: Arme habt ihr allezeit (Joh. 12,8), sie hat die soziale Not als eine vollendete Tatsache hingenommen, um dafür vom Geist zu reden, das innere Leben zu kultivieren und Kandidaten für den Himmel zu präparieren.[19] Das ist der große, schwere Abfall der christlichen Kirche, der Abfall von Christus. Und als dann die Sozialdemokratie kam mit ihrem Evangelium vom Himmel auf Erden, da hat es diese Kirche gewagt, über sie zu Gericht zu sitzen, weil sie den Geist verleugnet habe, sie hat mit behaglichem Entsetzen hingewiesen auf das Verslein von den Engeln und den Spatzen und auf ähnliche Ausbrüche, sie hat die Sozialdemokratie des schnöden Materialismus bezichtigt und sich selbst in die Brust geworfen: Herr wir danken dir, daß wir nicht so sind [vgl. Lk. 18,11], wir sind doch noch Idealisten, denen der Geist das Höchste ist und die an den Himmel glauben. So redeten und so schrieben die Herren Pfarrer, und dann – aß man sehr gut zu Mittag.

Das ganze Bild des Verhältnisses von Geist und Materie, von Him-

---

[19] Vgl. den Schlußsatz von L. Feuerbach, *Vorlesungen über das Wesen der Religion*, in: ders., *Sämmtliche Werke*, Bd. VIII, Leipzig 1851, S. 370: «... und wünsche nur, daß ich die mir in diesen Vorlesungen gestellte ... Aufgabe nicht verfehlt habe, ... Sie aus Gottesfreunden zu Menschenfreunden, aus Gläubigen zu Denkern, aus Betern zu Arbeitern, aus Candidaten des Jenseits zu Studenten des Diesseits ... zu machen.»

mel und Erde wird ein völlig anderes, wenn wir zu Jesus kommen. Für ihn gibt es nicht jene zwei Welten, sondern nur die eine Realität des Gottesreichs. Der Gegensatz zu Gott ist nicht die Erde, nicht die Materie, nicht das Äußere, sondern das Böse oder, wie er in der kräftigen Weise jener Zeit sagte: die Dämonen, die Teufel, die in dem Menschen wohnen. Und darum ist nicht das die Erlösung, daß der Geist von der Materie sich löse, daß der Mensch «in den Himmel komme», sondern das, daß Gottes Reich *zu uns komme* in die Materie und auf die Erde. Das Wort ward Fleisch (Joh. 1,14) und nicht umgekehrt! Die Liebe und Gerechtigkeit des himmlischen Vaters gewinnen die Herrschaft über das Äußere und Irdische. Der Wille geschehe wie im Himmel, *so auch auf Erden* (Matth. 6,10). Alle jene oft gegen den Sozialismus angewendeten Worte von der überragenden Bedeutung des Geistes, des Inwendigen bestehen völlig zu recht: Jesus kennt und anerkennt nur das Reich Gottes, das *inwendig* in uns ist [vgl. Lk. 17,21]. Aber es muß Herrschaft werden über das Äußere, über das tatsächliche Leben, sonst verdient es seinen Namen nicht. Es ist nicht *von* dieser Welt [vgl. Joh. 19,36], weil es von Gott ist, aber es ist *in* dieser Welt, denn *in* dieser Welt soll Gottes Wille geschehen. Menschlich betrachtet ist das Evangelium eine Bewegung von unten nach oben, sagte ich. Von der göttlichen Seite gesehen ist es ganz und vollständig eine Bewegung von oben nach unten: Nicht wir sollen in den Himmel, sondern der Himmel soll zu uns kommen. –

Dieses Himmelreich, das auf Erden kommt, ist aber keineswegs «nur geistig», wie man etwa sagt. Da heißt es sehr drastisch, daß wir im Reiche Gottes *zu Tische sitzen* werden (Luc. 13,29). Selig, die ihr jetzt hungert, denn ihr werdet *gesättigt werden* (Luc. 6,21). Selig sind die Sanftmütigen, denn sie werden *das Land erben!* (Matth. 5,5). Denen, die um des Evangeliums willen Alles verlassen haben, wird verheißen, daß sie *Häuser* und *Äcker* hundertfältig in dieser Zeit wieder empfangen werden (Matth. 19,29). Der Weg zum Reich Gottes ist aber keineswegs ein bloß geistig-innerliches Herr, Herr! sagen, sondern an ihren Früchten sollt ihr sie erkennen (Matth. 7,16 und 21). Die Frucht aber ist schlechterdings und immer wieder die soziale Hilfe in materieller Beziehung. Diese Meinung Jesu geht klar hervor aus dem großen Gleichnis vom Weltgericht: nicht nach der Beschaffenheit ihres «Geistes» werden da die Menschen zur Rechten und zur Linken gestellt, sondern: Ich habe gehungert, und ihr gabt mir zu essen, ich habe gedürstet, und ihr habt mich getränkt, ich war fremd, und ihr habt mich eingeladen, ich war bloß, und ihr habt mich gekleidet, ich war krank, und ihr habt nach mir gesehen, ich war im Gefängnis, und ihr kamt zu mir.[20] Denn was ihr einem von diesen meinen geringsten Brüdern getan habt, das habt ihr mir getan, und was ihr ihnen nicht getan habt, das habt ihr auch mir nicht getan (Matth. 25,32–46). Der Geist, der vor Gott gilt, ist der *soziale* Geist. Und die soziale Hilfe ist *der* Weg zum ewigen Leben. So hat aber Jesus nicht nur geredet, sondern so hat er gehandelt. Wenn man die Evangelien aufmerksam liest, kann man nur staunen, wie es möglich gewesen ist, aus Jesus einen Pfarrer oder Lehrer zu machen, der es sich zum Ziel gesetzt hätte, die Menschen über den rechten Glauben oder das rechte Leben zu unterrichten. Es ging Kraft von ihm aus, die heilte jedermann (Luc. 6,19). Das war seine wesentliche Wirksamkeit. Mag man sich seine Krankenheilungen mehr nach übernatürlicher oder mehr nach natürlicher Art erklären – Tatsache ist jedenfalls, daß er geheilt hat und daß diese Tüchtigkeit weit mehr im *Mittelpunkt* seines Lebens stand, als man gewöhnlich denkt. Er ist umhergezogen und hat wohlgetan und gesund gemacht (Apostelgesch. 10,38). Es kam zu ihm viel Volks, die hatten mit sich Blinde, Stumme, Krüppel und viel andere und warfen sie Jesus vor die Füße, und er heilte sie (Matth. 15,30). Ähnliches hören wir immer wieder.

Ich betrachte diese jedem Bibelleser bekannten Tatsachen und glaube nicht, daß man ein Recht hat, die Sozialdemokratie unchristlich und materialistisch zu nennen, weil sie sich die Einführung einer den materiellen Interessen des Proletariats besser dienenden Gesellschaftsordnung zum Ziele gesetzt hat. Jesus hat der materiellen Not jenes: *sie soll nicht sein* in Wort und Tat entgegengehalten. Ja wohl: er hat das getan, indem er dem Menschen den Geist einflößte, der die Materie verwandelt. Er hat dem Gichtbrüchigen in Kapernaum zuerst gesagt: deine Sünden sind dir vergeben! Und dann: stehe auf, nimm dein Bett und wandle! [Mk. 2,5.9]. Er hat von innen nach außen gearbeitet. Er hat neue Menschen geschaffen, um eine neue Welt zu schaffen. In dieser Richtung hat die heutige Sozialdemokratie noch unendlich viel von Jesus zu lernen. Sie muß zur Einsicht kommen, daß wir Zukunftsmen-

---

[20] Im Erstdruck: «... und ihr gebt ... und ihr kommt ...».

schen brauchen, um den Zukunftsstaat zu bekommen, nicht umgekehrt. Aber im Ziel ist sie mit Jesus eins: Sie hat jenes: *sie soll nicht sein* der materiellen Not gegenüber mit einer Energie aufgenommen, wie es seit Jesus nicht wieder geschehen ist. Sie ruft uns zurück von der heuchlerischen und trägen Verehrung des Geistes und von jenem unnützen Christentum, das nur «in den Himmel kommen» will. Sie sagt uns, daß wir wirklich glauben sollen, was wir alle Tage beten: dein Reich komme! Sie predigt uns mit ihrem «Materialismus» ein Wort, das nicht von Jesus selbst stammt und doch ganz aus seinem Geiste – das Wort lautet: *das Ende der Wege Gottes ist die Leiblichkeit.*[21]

[III.]

Dem Kommen des Reiches Gottes auf Erden steht aber etwas im Wege, sagt Jesus. Jawohl, antwortet die Sozialdemokratie: was im Wege steht, das ist der Kapitalismus. Der Kapitalismus ist das Erwerbssystem, das den Proletarier zum Proletarier, d. h. zum abhängigen und seiner Existenz ewig unsicheren Lohnarbeiter macht. Die zum Arbeitsbetrieb erforderlichen Mittel (Betriebskapital, Fabriken, Maschinen, Rohstoffe)[22] sind *Privateigentum* des einen Mitarbeiters, nämlich des Meisters oder Fabrikanten. Der andere Mitarbeiter (der «Arbeiter») besitzt nichts als seine Arbeitskraft, die er gegen ein bestimmtes Engelt an den Fabrikanten abgibt, während der Reinertrag der gemeinsamen Arbeit ohne weiteres zum Kapital, d. h. aber zum *Privateigentum* des Letztern geschlagen wird. Der Sozialismus erklärt: es ist eine Ungerechtigkeit, daß der eine Mitarbeiter für seine Leistungen eben nur so abgefunden wird, während der andere den ganzen eigentlichen Gewinn der gemeinsamen Leistung einstreicht. Es ist eine Ungerechtigkeit, daß

[21] Vgl. Fr. Chr. Oetinger, *Biblisches und Emblematisches Wörterbuch, dem Tellerischen Wörterbuch und Anderer falschen Schrifterklärungen entgegen gesezt,* o. O. 1776, S. 407: «Leiblichkeit ist das Ende des Werkes GOttes, wie aus der Stadt GOttes erhellet Offenb. 20.»

[22] Vgl. *Programm der Sozialdemokratischen Partei der Schweiz* (abgedruckt im Anhang zum *Protokoll über die Verhandlungen des Parteitages der Schweizerischen sozialdemokratischen Partei abgehalten in der Tonhalle in Zürich am 20. und 21. November 1904*, Zürich 1905, S. 77–84), S. 81: «Die Trennung des Arbeiters von den Produktionsmitteln – Arbeitsstätten, Maschinen, Rohstoffen – und die Monopolisierung der letzteren in den Händen der Kapitalisten macht den Arbeiter zum Gegenstand der Ausbeutung ...»

der eine ein vornehmer Herr wird, Kapital an Kapital häuft, in einem schönen Hause wohnt und sich alle Genüsse des Lebens gestatten kann, während der andere von der Hand in den Mund leben muß, im besten Fall einige Ersparnisse macht und, wenn ihm dies aus irgend einem Grunde nicht möglich ist, ein «armer Teufel» bleibt, der zuletzt auf die Wohltätigkeit angewiesen ist. Dieser klaffende Widerspruch, sagt der Sozialismus, ist das tägliche Verbrechen des Kapitalismus. Dieses Erwerbssystem muß darum *fallen*, vor allem seine Grundsäule: das *Privateigentum*, nicht das Privateigentum überhaupt, aber das Privateigentum an Produktionsmitteln.[23] Wie die Arbeit kollektiv, gemeinsam ist, so muß auch der Reinertrag der Arbeit ein gemeinsamer werden. Dazu muß aber die schrankenlose *Konkurrenz* zwischen den einzelnen Produzenten fallen, der Staat, die Gesamtheit muß selbst Produzent werden und darum Eigentümer der Produktionsmittel. Dies in kürzesten Worten der Inhalt der antikapitalistischen Theorie der Sozialdemokratie. Wir könnten natürlich lange suchen, bis wir eine derartige Theorie oder auch nur Andeutungen davon in den Evangelien finden würden. Wir wollen auch gar nicht darnach suchen. Das kapitalistische Wirtschaftssystem ist eine moderne Erscheinung, und dasselbe gilt von der sozialistischen Gegentheorie. Aber wir haben es in diesen modernen Erscheinungen zu tun mit einem Problem, das so alt ist wie die Menschheit selbst, nämlich mit der Frage des *Privateigentums*. Wie stellt Jesus sich dazu? Das dürfen wir mit Fug und Recht fragen und von da aus dann auch seine Stellung zu Kapitalismus und Sozialismus der Gegenwart ableiten.

Wir sehen uns zuerst wieder um: Was sagt die christliche Kirche dazu? Und was der Staat, der sich durch Unterhalt einer Landeskirche doch auch in gewissem Sinne als christlicher Staat ausgibt? Da merken wir, daß beide den Begriff des Privateigentums mit allen möglichen Schranken der Heiligkeit und Unverletzlichkeit umgeben haben. Uns allen ist es mehr oder weniger in Fleisch und Blut übergegangen, daß, was mein ist, mein bleiben muß. In unserm Strafrecht genießt das Eigentum weit höhern Schutz als z. B. der gute Ruf oder die Sittlichkeit.

---

[23] Vgl. a. a. O., S. 81: «Der Sozialismus fordert nicht die Beseitigung des Privateigentums überhaupt und schlechthin, sondern nur soweit, als es unverträglich geworden ist mit dem Interesse der großen Mehrheit des Volkes, d. h. des *Privateigentums an Produktionsmitteln.*»

Was mein ist, ist mein, und niemand darf davon rütteln! – An diesen Satz haben sich die Christen nicht nur gewöhnt, weil es vielleicht vorläufig noch nicht anders ginge, sondern sie tun, als ob er ein göttliches Gesetz wäre, und sind in höchstes Befremden geraten über die Absicht der Sozialdemokratie, das Eigentum zum großen Teil aufzuheben, den Privatkapitalismus in Sozialkapitalismus umzuwandeln.

Das Befremden könnte auf der andern Seite sein. Läßt man nämlich die Worte Jesu sagen, was sie wirklich sagen, ohne sie zu verwässern und abzuschwächen, so findet man, daß sie genau diesen Begriff: was mein ist, ist mein, in einer Schärfe verurteilen, wie es vielleicht in der ganzen sozialistischen Literatur nirgends der Fall ist. Jesus ist sozialistischer als die Sozialisten. Sie kennen das Wort: Es ist leichter, daß ein Kamel durch ein Nadelöhr eingehe, denn daß ein Reicher ins Reich Gottes eingehe (Matth. 19,24). Da haben nun kluge Theologen die Entdeckung gemacht, das Nadelöhr sei eigentlich gar kein Nadelöhr, sondern ein kleines Stadttor, die man in Palästina so genannt habe. Ein Kamel könne sich mit knapper Not durch ein solches Törchen hindurchdrücken, so könne ein Reicher mit knapper Not ins Reich Gottes gelangen, wenn er sich im Übrigen gut stelle.[24] So verwässert man die Bibel! Nein, nein, Nadelöhr ist und bleibt Nadelöhr, und Jesus wollte fatalerweise wirklich sagen: ein Reicher, ein Besitzender kommt *nicht* ins Reich Gottes. Sie kennen die Geschichte vom reichen Mann und vom armen Lazarus. Mit keinem Wort ist da gesagt, daß der reiche Mann irgendwelche besonderen Schlechtigkeiten begangen habe und dafür nun in die Hölle und in die Qual kam. Nein, sondern das war die Folge des Kontrasts, des klaffenden Widerspruchs in seinem Leben, der darin bestanden hatte, daß er reich war und es gut hatte, Lazarus aber war arm. Jetzt wird er getröstet, du aber leidest Qual! (Luc. 16,19–31). Und erinnert es nicht unwillkürlich an den modernen Kapitalismus, was wir von dem reichen Mann hören (Luc. 12,16–21), dessen Feld so wohl getragen hatte, daß er keinen Raum mehr hatte, die Früchte aufzuheben, und der nun seine Scheunen abbrach, um größere zu bauen?

---

[24] Zahlreiche Belege für diese Interpretation vom 9. (Paschasius Radbertus) bis zum 19. (F. Chr. Baur u. a.) Jahrhundert und eingehende Kritik bei: G. Aicher, *Kamel und Nadelöhr. Eine kritisch-exegetische Studie über Mt. 19,24 und Parallelen* (Neutestamentliche Abhandlungen, hrsg. von A. Bludau), Münster i. W. 1908, S. 16–21.

Warum sollte er nicht? Sein Erwerb war doch sein Eigentum! Und wir hören nichts Böses von ihm, als daß er so zufrieden war über seinen Besitz! Und doch fährt das Gleichnis fort: Du Narr, heute Nacht wird man deine Seele von dir fordern, und wem wird dann gehören, was du bereitet hast? Da ist jener reiche Jüngling (Matth. 19,16–22), der alle Gebote gehalten hat von seiner Jugend an. Dem sagt Jesus: eins ist dir noch übrig, verkauf, was du hast, und gib es den Armen. Als er aber das hörte, ging er bekümmert davon, denn er war sehr reich. Weiter jener ganze Abschnitt aus der Bergpredigt, der anfängt mit den Worten: sammelt euch nicht Schätze auf Erden! (Matth. 6,19), wo wir hören, daß dieses Schätze sammeln das innere Licht im Menschen zur Finsternis werden läßt, wo wir vor das große Entweder – Oder gestellt werden: Niemand kann zwei Herren dienen; entweder wird er den einen hassen und den andern lieben oder er wird jenem anhangen und den andern verachten. Ihr könnt nicht Gott dienen und dem Mammon (Matth. 6,23–24). Man kann nur immer wieder staunen, wenn man sich vergegenwärtigt, wie leicht es die Christenheit aller Konfessionen und Parteien mit diesen Worten genommen hat, während sie in den dogmatischen Fragen, die im Leben Jesu gar keine Bedeutung hatten, oft so übereifrig streng und genau war. Jesus verpönt den Begriff des Eigentums, daran scheint mir kein Zweifel möglich. Er verpönt gerade jenen Grundsatz: Was mein ist, ist mein! Unsere Stellung zum materiellen Vermögen soll die jenes berühmten Verwalters im Gleichnis (Luc. 16,1–12) sein: Machet euch Freunde mit dem Mammon der Ungerechtigkeit! Wir sollen ihn nicht besitzen, sondern wir sollen damit «treu sein». Und dieses «treu sein» bedeutet an jener Stelle ganz deutlich: wir sollen die andern zu Miteigentümern machen. Als Privateigentum ist und bleibt es eben Mammon der Ungerechtigkeit. Daß das Jesu Meinung war, erhellt schließlich wieder am deutlichsten aus der Stellung, die er selbst praktisch einnahm und die er auch seinen Jüngern anbefohlen hat. Da war einer, der sich freudig bereit erklärte, ihm nachzufolgen, wo er auch hingehe. Jesus antwortete ihm: Die Füchse haben Gruben und die Vögel des Himmels Nester, aber des Menschen Sohn hat nicht, da er sein Haupt hinlege! (Luc. 9,57–58). Ja, die Abstreifung allen Privatwesens geht noch weiter. Seine Mutter und seine Brüder lassen ihn rufen, wie er eben unter der Menge sitzt. Aber er kennt auch keine Familienbande mehr, die etwas Persönliches, Privates an sich hätten: Wer ist meine Mutter und meine Brüder? Und er sah um sich auf die, welche rings um ihn her saßen, und sagte: Siehe, meine Mutter, meine Brüder! [Mt. 12,48f.]. Gerade so soll es für die Jünger gelten: Schaffet euch kein Geld, noch Silber, noch Münzen an in eure Gürtel, keine Tasche auf den Weg, keine zwei Röcke noch Schuhe, noch Stock! [Mt. 10,9f.]. Wollen wir uns etwa auch wieder ausreden, solche Worte hätten bloß denen gegolten, die als Missionare der ersten Zeit das Evangelium verkünden mußten, oder spüren wir in ihnen den Herzschlag dieses Evangeliums selbst? Es sagt uns: ihr sollt frei werden von allem, was mit «Ich» und «Mein» anfängt, absolut frei, um frei zu sein für die soziale Hilfe. Gehn die beiden zusammen: Jesus und der Kapitalismus, das System des schrankenlos wachsenden Privateigentums? Der bereits genannte Joseph Dietzgen, seinen Worten nach ein entschlossener Verächter Jesu und des Christentums, sagt einmal: «Die wahre Erbsünde, an der das Menschengeschlecht bisher leidet, ist die Selbstsucht. Moses und die Propheten, alle Gesetzgeber und Moralprediger zusammen haben nicht vermocht, davon zu befreien ... Keine schöne Redensart, keine Theorie und Satzung konnte sie ausmerzen, weil die Konstitution der ganzen Gesellschaft an diesem Nagel hängt. Die bürgerliche Gesellschaft fußt auf dem selbstsüchtigen Unterschiede von Mein und Dein, fußt auf dem sozialen Krieg, auf der Konkurrenz, auf der Überlistung und Ausbeutung des Einen durch den Andern.»[25] Dieser Verächter Jesu hat Jesus *recht* verstanden. Jesu Meinung über das Eigentum lautet: Eigentum ist Sünde, denn Eigentum ist Selbstsucht. Was mein ist, ist durchaus nicht mein!

[IV.]

Aber die Sozialdemokratie sagt nicht nur: die materielle Situation des Proletariats muß eine andere, bessere werden, sie sagt nicht nur: zu diesem Zwecke muß die menschliche Arbeit aufhören, eine bloße Vermehrung des Privatkapitals zu sein, sondern sie ergreift und handhabt ein Mittel, um diese Ziele der Verwirklichung entgegen zu führen. Das Mittel heißt *Organisation*. Die historische Programmschrift des Sozialismus, das kommunistische Manifest von 1848, schließt mit den be-

---

[25] J. Dietzgen, a.a.O., S. 203.

rühmten Worten: Proletarier aller Länder, vereinigt euch![26] Der Sozialismus geht aus von der *Solidarität*, die tatsächlich durch das kapitalistische System dem Proletariat bereits auferlegt ist. Die moderne Fabrikarbeit im Unterschied zum Handwerk der alten zünftigen Art ist kollektive, solidarische Arbeit. Zwanzig und mehr Paar Hände sind beteiligt an der Entstehung eines einzigen Schuhes! Nun will der Sozialismus dem Arbeiter diese an sich notwendige Solidarität zum Bewußtsein bringen als etwas Stolzes und Schönes, als die Quelle seiner Kraft und seines Fortschritts. Er soll kollektiv, solidarisch, gemeinsam, sozial *denken* lernen, wie er tatsächlich längst sozial gearbeitet hat. Er soll ein klassenbewußter Arbeiter werden. Es ist die Redensart entstanden von den «Arbeiterbataillonen».[27] Der einzelne Arbeiter vermöchte nichts, aber die Arbeiterbataillone werden in unablässigem Ansturm die Festungen des Kapitalismus zu Fall bringen. Ein Sozialist sein heißt ein «Genosse» sein: im Konsumverein, in der Gewerkschaft, im politischen Parteiverein. Er hört auf, ein Einzelner, etwas für sich zu sein, er macht ernst mit dem schönen Schweizerwort: Einer für Alle, Alle für Einen.[28] Er denkt und empfindet und handelt nicht mehr als Privatmann, wenn er ein rechter Sozialist ist, sondern als Glied der aufwärtsstrebenden kämpfenden Gesamtheit. Solidarität – das ist das Gesetz und das Evangelium des Sozialismus. Oder um noch einmal mit *Joseph Dietzgen* zu reden: «Bewußte, planmäßige Organisation der sozialen Arbeit nennt sich der ersehnte Heiland der neuern Zeit.»[29]

---

[26] K. Marx / Fr. Engels, *Manifest der Kommunistischen Partei* (1848), in: dies., *Werke*, hrsg. vom Institut für Marxismus-Leninismus beim Zentralkomitee der SED, Bd. IV, Berlin[-Ost] 1959, S. 493.
[27] Auf dem Gründungsparteitag der SPS 1888 sagte der Berner Rechtsanwalt Friedrich Albert Steck, von dem auch das damalige Parteiprogramm stammte (R. Grimm, *Geschichte der sozialistischen Ideen in der Schweiz*, Zürich 1978², S. 150): «Wir wollen ein besonderes sozialdemokratisches Bataillon bilden, das vorausgeht im Kampfe. Wir können Sturm laufen vermöge unserer Volksrechte. ... Wollt ihr einen sozialistischen Staat und nicht nur eine Verbesserung des bestehenden, dann herbei zum revolutionären, wenn auch gesetzlichen Kampfe!»
[28] Vgl. *Leitfaden für die Sektionen und Mitglieder des Schweiz. Grütlivereins auf dem Gebiete der innern und äußern Vereinsthätigkeit. Zugleich kurze Geschichte des Grütlivereins*, Zürich 1900. Das dort S. 162 abgebildete Briefkopfformular des Schweizerischen Grütlivereins (s. S. 683) zeigt die drei Männer des Rütlischwures und darüber als Motto: «Einer für Alle, Alle für Einen!»
[29] J. Dietzgen, a. a. O., S. 194.

Wir werden als Christen zunächst geneigt sein, zu sagen: das Evangelium und der Heiland des Neuen Testamentes sind etwas ganz anderes. Da handelt es sich nicht um eine Angelegenheit der Masse, sondern der einzelnen Seele. Hören wir nicht aus Jesu Mund von dem Hirten, der die 99 Schafe in der Wüste läßt, um dem einen verlorenen nachzugehen, bis er es findet (Luc. 15,3-7)? Die sozialistische Lehre von der Solidarität und der Ruf Jesu: Tut Buße und glaubet an das Evangelium! [Mk. 1,15] stehen einander recht fremd gegenüber. Leider tun sie das in der Tat – aber nicht bei Christus, sondern bei denen, die sich nach seinem Namen nennen. Es ist auch so eins von den landläufigen Mißverständnissen, als sei die Religion das Mittel, den einzelnen Menschen in den Nöten des Lebens ruhig und fröhlich und nachher womöglich selig zu machen. Weil Jesus gesagt hat: Wenn du betest, so gehe in dein Kämmerlein (Matth. 6,6), so tun wir, als sei das Christentum überhaupt nur eine Sache des Kämmerleins, und zwar *unseres* Privatkämmerleins. Mit den andern Menschen findet man sich etwa zusammen in der Kirche, um sich gemeinsam des Trostes und der Freude des Evangeliums zu versichern, aber weiter langt die Gemeinschaft nicht: vorher und nachher ist die Religion wieder eine Angelegenheit zwischen Gott und der Seele, der Seele und Gott[30] und nur das. Diese Stimmung und Auffassung findet sich heute noch ganz besonders bei den Christen Deutschlands, vor allem soweit sie unter dem Einfluß *Luthers* stehen. Sie zeichnen sich denn auch samt und sonders aus durch eine ganz hervorragende Verständnislosigkeit gegenüber der Sozialdemokratie.[31]

[30] Vgl. A. von Harnack, *Das Wesen des Christentums* (1900), 53. Tausend, Leipzig 1906, S. 36 (Neuauflage mit einem Geleitwort von R. Bultmann, Stuttgart 1950, S. 34): «Nehmen Sie welches Gleichnis Sie wollen, vom Säemann, von der köstlichen Perle, vom Schatz im Acker – das Wort Gottes, Er selbst ist das Reich, und nicht um Engel und Teufel, nicht um Throne und Fürstentümer handelt es sich, sondern um Gott und die Seele, um die Seele und Gott.» Vgl. auch a.a.O., S. 22 (Neuauflage S. 21). Vgl. unten S. 549 bei Anm. 137.

[31] Zu diesem Passus gibt Barth in einem Brief vom 14.1.1912 an seinen Freund Wilhelm Loew eine Erläuterung. Loew hatte auf einer Postkarte vom 7.1.1912 an Barths Vortrag Kritik geübt und u.a. geschrieben: «Ich will nichts zu dem Historischen sagen, das ist nie Deine starke Seite gewesen. Es soll aber doch Leute gegeben haben, die in ernster sozialer Arbeit stehend diese merkwürdig bequemen Brücken nicht recht gangbar fanden. Doch vielleicht gehört deren Auffindung auch zu den besonderen Intuitionen, kraft deren der Pfarrer in Safenwil über den ungelesenen Luther Enthüllungen zu machen versteht. Der

Wir Schweizer sind darin, auch wenn wir es nicht wissen, durch unsre Reformatoren *Zwingli* und *Calvin* anders erzogen worden. Diesen Männern war die Religion von vornherein etwas Genossenschaftliches, etwas Soziales, nicht nur äußerlich, sondern innerlich. Es ist darum kein Zufall, daß es zwischen Christentum und Sozialismus bei uns nie zu dem Riß gekommen ist, wie gerade in Deutschland. Immer deutlicher fängt man vielmehr auf beiden Seiten an, sich der Zusammengehörigkeit, ja der *Einheit* beider bewußt zu werden.

Diese Einheit findet sich schon bei Jesus. Wir glauben ihn darin, ohne andere geringschätzen zu wollen, besser zu verstehen als unsere Mitchristen in Deutschland. Jawohl: Jesus wollte der Seele den Vater im Himmel bringen und die Seele zum Vater. Aber wie beten wir doch? *Mein* Vater! oder: *Unser* Vater!? Ist damit nicht schon Alles gesagt? Daß es für Jesus nur einen solidarischen, sozialen Gott und darum auch nur eine solidarische, soziale Religion gibt! Haben wir nach seiner Meinung das ewige Leben in einer Einsiedlerklause, oder haben wir es im *Reiche* Gottes? Ist wirklich *das* das Evangelium, daß *ich* das Leben, das ewige Leben, die Seligkeit mir erwerbe? Was sagt Christus? Wer sein Leben erhalten will, der wird es verlieren, wer aber sein Leben *verliert* um meinet- und des Evangeliums willen, der wird es *erhalten* (Marc. 8,35). Nicht um unserer selbst willen sind wir berufen, nicht um der Selbstsucht der Seele willen soll der Mensch Buße tun, sich bekeh-

---

Ärmste hat offenbar nichts von Religion verstanden; oder ist der Sermon von den guten Werken nebst seinen andern Hauptschriften und Predigten gefälscht?» Barth antwortete darauf: «ad Luther. Dein Zorn ist gegenstandslos. Ich habe keine Enthüllungen über den Ungelesenen (lies: wenig Gelesenen) gemacht. Ich habe nur gesagt, die Lutheraner (ich dachte, als ich es schrieb, an den Kreis Rade) seien gegenüber der *Sozialdemokratie* verständnislos. Ist das etwa nicht so? Habt ihr für eure Sozen etwas Anderes als ein liebenswürdiges Kopfschütteln vom Standpunkt eures lebensfremden Religionsgehäuses aus? In B.s Manifest» – gemeint ist eine Postkarte von Karl Bornhausen an Barth vom 4.1.1912, ebenfalls zu seinem Vortrag – «steht der geradezu klassische Ausspruch: ‹Der Sozialismus wird gut dabei fahren; die Religion wird aber wenig davon haben.› Frage: was ist das Ziel der Religion? Antwort: *lutherisch:* die Seligkeit des individuellen Lebens. *reformiert:* die Ehre Gottes in der Welt. Du wirst doch nicht abstreiten, daß die verschiedene Stimmung in dieser Grundfrage die verschiedene religiöse Wertung des Sozialismus bedingt hat. Mehr habe ich aber auch nicht behauptet. Was für einen Elefanten von einer Anklage gegen Luther hast du daraus gemacht!»

ren und an Gott glauben, sondern: Folget mir nach – ich will euch zu *Menschenfischern* machen (Marc. 1,17). Ihr seid das Licht der *Welt!* Ihr seid das Salz der *Erde!* (Matth. 5,13–16). Den Pharisäern, die es mit dem Frommsein wahrhaftig ernst genug nahmen, hält Jesus das Prophetenwort entgegen: Barmherzigkeit will ich und nicht Opfer (Matth. 9,13). Es heißt das Gesetz Gottes «austun», fromm sein zu wollen statt Liebe zu üben (Matth. 15,3–6). Wehe Euch, ihr Schriftgelehrten und Phärisäer, die ihr verzehntet Minze[32] und Kümmel und lasset dahinten das Schwere am Gesetz: das Recht, die Barmherzigkeit und die Treue (Matth. 23,23). Es gibt vor Gott keine andere Größe als die Größe des Helfens: wer unter euch groß sein will, der soll euer Diener sein (Matth. 20,26). Das Alles aber steht *nicht neben* dem Glauben an Gott den Vater im Himmel als etwas, was auch noch so dazu gehörte, sondern es ist unlöslich mit ihm zusammengeschmiedet. Auf die Frage, welches «das allergrößte Gebot sei», nennt Jesus zwei: Du sollst lieben den Herrn deinen Gott von ganzem Herzen und du sollst deinen Nächsten [lieben] wie dich selbst (Marc. 12,29–31). Aus dem Bewußtsein des kollektiven, solidarischen, genossenschaftlichen, sozialen Gottes fließt ganz von selbst die Regel eines dem entsprechenden Handelns: Was ihr wollt, daß euch die Leute tun sollen, das sollt ihr auch ihnen tun (Matth. 6,12). Und Jesus fügt hinzu: das ist das Gesetz und die Propheten. Gottes Liebe soll in uns einströmen, um uns in Liebe zu den Menschen verwandelt wieder zu verlassen. Und jetzt sehen wir noch einmal von Jesu Worten auf sein eigenes Leben. Wir treten hier in das Allerheiligste unseres Glaubens. Über unserer Religion steht das Zeichen des *Kreuzes.* Dieses Zeichen stand zuerst über dem Leben Jesu: Des Menschen Sohn ist nicht gekommen, daß er sich dienen lasse, sondern daß er diene und gebe sein Leben zum Lösegeld für Viele (Marc. 10,45). Er gibt sein Leben hin – in den Tod, nicht um seiner selbst, nicht um seiner Seligkeit willen, sondern um den Vielen zu helfen. Sie kennen die Erzählung, wie Jesus den Seinen die Füße gewaschen: Ein Beispiel habe ich euch gegeben, daß ihr tut, was ich euch getan habe (Joh. 13,4–19). Sie kennen die Worte bei der Einsetzung des Abendmahls: Nehmet, das ist mein Leib![33] und: das ist mein *Bundesblut*, das für Viele vergossen wird (Marc. 14,22–24). Das war der Gipfel und das Ende seines Le-

[32] Im Erstdruck: «Münze».
[33] Im Erstdruck irrtümlich: «meine Liebe!»

bens, ein Akt der *Treue* den Seinen gegenüber. Haben wir das Wort vom Kreuze verstanden, solange wir uns so stellen, als gebe es im Leben etwas *noch* Höheres als den *Einsatz* des Lebens für die andern, als dieses Solidaritätsbewußtsein, das den Nächsten sich selbst gleichstellt? Jawohl, dies Wort vom Kreuz ist und bleibt ein Ärgernis und eine Torheit, wie es das schon zur Zeit des Paulus gewesen ist (I. Corinth. 1,18). Wer es fassen kann, der fasse es, daß man sein Leben verlieren muß, um es zu finden, daß man aufhören muß, etwas für sich zu sein, daß man ein Gemeinschaftsmensch, ein Genosse werden muß, um überhaupt ein Mensch zu werden. «Denen aber, die selig werden, ist das Wort vom Kreuz eine Gotteskraft.» Etwas von dieser Gotteskraft finde ich in dem Organisationsgedanken der Sozialdemokratie. Ich finde sie auch anderswo, aber ich finde sie hier deutlicher und reiner, und ich finde sie hier so, wie sie in *unserer* Zeit wirken muß.

Und nun erlauben Sie mir zum Schluß ein paar ganz persönliche Worte, wie ich sie als Pfarrer dieser Gemeinde wohl an Sie richten darf.
Zuerst an diejenigen unter den anwesenden Freunden, die sich dem Sozialismus gegenüber bis dahin gleichgültig, abwartend oder *abgeneigt* verhalten haben. Ihr habt vielleicht in diesem Augenblick das Gefühl einer mehr oder weniger lebhaften Enttäuschung und Beunruhigung, und es wäre nicht ausgeschlossen, daß der Eine oder Andere hinginge und draußen meldete: Er hat den Sozialisten recht gegeben. Es wäre mir leid, wenn das gesagt würde. Ich wiederhole noch einmal: ich habe von dem geredet, was die Sozialisten *wollen,* und nicht von der Art, wie sie es *machen. Von dem, was sie wollen, sage ich: das wollte Jesus auch.* Von der Art, wie sie es *machen,* könnte ich nicht dasselbe sagen. Es wäre mir ein Kinderspiel, eine große Kritik zu geben von der Art, wie die Sozialisten es machen. Aber ich sehe nicht ein, wozu dieses Kinderspiel gut wäre. Also ich habe den Sozialisten nicht recht gegeben!! Aber damit will ich nicht sagen, daß ihr Nicht-Sozialisten nun beruhigt und getröstet nach Hause gehen sollt. Wenn ihr euch beunruhigt fühlt, dann ist's recht. Wenn ihr das Gefühl habt: o weh, das Christentum ist eine harte und gefährliche Sache, wenn man ihm auf den Grund geht, dann habt ihr mich – nicht *mich,* nein *Jesus* recht verstanden. Denn ich wollte euch nicht meine Meinung sagen, sondern die Meinung Jesu, wie ich sie in den Evangelien gefunden habe. Dann besinnt euch,

ob ihr nicht als Jünger Jesu der sozialen Bewegung unserer Zeit mehr Verständnis, mehr guten Willen, mehr *Teilnahme* entgegenbringen solltet als bisher.

Und nun zu meinen anwesenden *sozialistischen* Freunden. Ich sagte: Jesus wollte, was ihr wollt: er wollte den Geringen helfen, er wollte das Reich Gottes auf dieser Erde aufrichten, er wollte das selbstsüchtige Eigentum aufheben, er wollte die Menschen zu Genossen machen. Eure Sache liegt in der Linie der Sache Jesu. Der *rechte* Sozialismus ist das rechte Christentum in unserer Zeit. Das darf euch mit Stolz und Genugtuung für eure Sache erfüllen. Aber ich hoffe, ihr habt auch den Vorwurf herausgehört, der in der Unterscheidung liegt, die ich [gemacht habe zwischen dem, was ihr *wollt*, und der Art,][34] wie ihr es *macht*. Da habt ihr den Unterschied zwischen Jesus und euch! Er wollte, was ihr wollt, aber er *tat* es auch, wie ihr gehört habt. Das ist ja überhaupt der Unterschied zwischen Jesus und uns Andern, daß bei uns das Meiste Programm ist, während bei Jesus Programm und Ausführung eins waren. Darum sagt euch Jesus ganz einfach, daß ihr euer Programm ausführen, daß ihr *machen* sollt, was ihr *wollt*. Dann seid ihr Christen und rechte Menschen. Laßt die Oberflächlichkeit und den Haß, den Mammonsgeist und die Selbstsucht, die es auch in euern Reihen gibt, dahinten: sie gehören *nicht* zu eurer Sache. Laßt die Treue und die Energie, den Gemeinschaftssinn und den Opfermut Jesu wirklich walten in euch, in euerm ganzen Leben, dann seid ihr rechte Sozialisten.

Aber die Beunruhigung und Gewissensschärfung, die Jesus in dieser Stunde hoffentlich uns Allen gebracht, soll nun doch nicht das letzte Wort sein in dieser schönen Weihnachtszeit. Ich denke, wir stehen Alle unter dem Eindrucke, daß Jesus etwas ganz anderes gewesen ist als wir. Fremdartig, groß und hoch steht sein Bild vor uns Allen, Sozialisten und Nicht-Sozialisten. Gerade darum hat er uns etwas zu sagen. Gerade darum kann er uns etwas sein. Gerade darum berühren wir den lebendigen Gott selbst, wenn wir den Saum seines Kleides berühren [vgl. Mk. 6,56 u. ö.]. Und wenn wir jetzt unsere Blicke auf ihm ruhen lassen, wie er von Jahrtausend zu Jahrtausend geht in immer neuen Offenbarungen seiner Herrlichkeit, dann erfüllt sich an uns etwas von

---

[34] Zeilenausfall im Erstdruck. In eckigen Klammern ein Rekonstruktionsversuch.

dem alten Verheißungswort, das auch von der sozialen Bewegung unserer Tage geschrieben sein könnte: *Das Volk, das im Finstern wandert, sieht ein großes Licht* [Jes. 9,2].

Offener Brief
an Herrn Karl Barth, Pfarrer in Safenwil

Safenwil, 1. Februar 1912

Sehr geehrter Herr Pfarrer!

Es ist mir gestern Ihr Vortrag vom 17. Dezember 1911, gehalten im Schoße des Arbeitervereins Safenwil, zu Gesicht gekommen. Darin suchen Sie in einer langen, mit einer unheimlichen Menge religiöser Zitate gespickten Agitationsrede, Ihre Zuhörer «aufzuklären». Gestatten Sie mir nun, daß ich mich einen Augenblick mit dieser Rede beschäftige:

Von der Fülle philosophischer und sophistischer Betrachtungen hat wohl der Großteil Ihrer Zuhörer nicht viel behalten. Was ihnen jedoch geblieben ist, ist folgender Passus, den ich hier wörtlich wiedergebe: Das Privateigentum muß fallen, nicht aber das Privateigentum überhaupt, sondern das Privateigentum an Produktionsmitteln. Damit wollen Sie also sagen, das Privateigentum unselbständig Erwerbender wird gesichert, dasjenige der selbständig Erwerbenden konfisziert und verteilt. Danach muß aber auch jedem unselbständig Erwerbenden zugunsten der andern wieder der Garaus gemacht werden, so bald er sich, kraft seiner Intelligenz und seines Arbeitsgeistes, zum selbständig Erwerbenden erhebt.

Ihre weitere Bemerkung, «das Eigentum werde nach dem heutigen Strafrecht besser geschützt als der gute Ruf und die Sittlichkeit» beweist ja zur Genüge die Richtigkeit meiner Auffassung über Ihre Auslassungen. Sie waren allerdings klug genug, dieselbe in den Mund einer Allgemeinheit des «Wollen des Sozialismus» zu legen. Da Sie dieselben jedoch stark apostrophiert haben, repräsentieren sie jedenfalls Ihre höchst eigenen Gedanken und frommen Wünsche.

Der Sozialismus ist, wie Sie sagen, eine Bewegung von unten nach oben; danach verlangen Sie aber auch eine Gegenströmung von oben nach unten, vergessen es bloß zu erwähnen. – Viele der größten Arbeitgeber aller Zeiten waren in ihrer Jugend unselbständig Erwerbende, man hätte sie also beizeiten, getreu Ihrer Theorie, herunterzerren sollen, damit sie nicht zu hoch kommen. Wie viele hunderttausende von Familien dann nicht die behagliche Existenz erhalten hätten, derer sie sich jetzt erfreuen, das zu beurteilen überlasse ich denen, die ein objektiveres Urteil haben, und die ich auch unter den Leuten finde, denen Sie jetzt den Kopf zu verdrehen trachten.

Sie wollen also nicht nur den selbständig Erwerbenden vernichten, sondern auch dem unselbständig Erwerbenden, dessen Los Ihnen jetzt so am Herzen liegt, den Weg nach oben, den ihm niemand versperrt, und den auch niemand versperren kann, gewaltsam limitieren. Sie wollen also jegliche Initiative im Keime unterdrücken. Wer zieht aber dann den Karren? Die Räder laufen nicht von selbst und diejenigen, die den Karren ziehen, müssen eine gewisse Ellbogenfreiheit haben, sonst kommt der Karren nicht vom Fleck und diejenigen, die in die Räder greifen, sowie diejenigen, die darauf sitzen, erst recht nicht.

Das ist also Ihr Ideal eines Zukunftsstaates! Hr. Pfarrer, Sie sind noch sehr jung. Lassen Sie sich deshalb von einem Älteren sagen, daß selbst im 20. Jahrhundert immer noch ein Unterschied zwischen Theorie und Praxis besteht, über den uns auch die ältesten, und deshalb nicht mehr zeitgemäßen Bibelsprüche, nicht hinweghelfen.

Was Sie wollen, ist übrigens praktisch schon erprobt worden, doch haben die Versuche jeweilen in einigen Jahren mit einem kläglichen Fiasko geendet. Ich erinnere Sie nur an Zion City.[35] Das war ein kommunistischer Staat unter dem Deckmantel der Religion. – Warum haben Sie Ihre Zuhörer nicht über solche Fälle aufgeklärt?

Soviel über das Allgemeine Ihres Vortrages, das sich mehr wie Zukunftsmusik anhört. Ich finde aber darin einen noch mehr aktuellen Wunsch, den, vorläufig sich mit der Teilung des Reingewinnes zufrieden zu geben. Gestatten Sie mir auch hierüber noch folgendes: Die zeitweiligen Gewinne sind für den Fabrikanten unbedingt notwendig, um die bei schlechtem Geschäftsgange unvermeidlichen und manchmal ganz enormen Verluste zu kompensieren. Denn wenn Sie die Gewinne in guten Zeiten verteilen wollten, so wären sie bald verflogen, und wenn Not am Mann, nicht mehr aufzutreiben, selbst wenn Sie von den Arbeitern Gegenrecht verlangten. Haben Sie auch schon darüber nachgedacht?

Dann besteht ein Fabrikat nicht bloß aus Arbeitslöhnen. Zu dessen Herstellung ist auch Material nötig, ebenso Maschinen und eine Menge anderer Sachen. Zudem ist die Industrie längst gezwungen, die Arbeitslöhne so in Berechnung zu ziehen, wie sie dieselben bezahlt hat. Auf den Arbeitslöhnen wird deshalb im günstigsten Falle nichts verdient.

Wenn nun überhaupt bei einem Betriebe ein Gewinn erzielt wird, so gehört das Verdienst lediglich der kaufmännischen Leitung desselben. Kauf, Verkauf und rationeller Betrieb sind die Faktoren, die da bestimmend in Betracht fallen. Was trägt aber der Arbeiter dazu bei? Mit welchem moralischen Rechte verlangen die Arbeiter, oder besser gesagt, Sie und Ihre Gesinnungsgenossen, für dieselben einen Anteil an etwas, zu dem sie nicht das Mindeste beigetragen haben? Herr Pfarrer, von einem gebildeten Menschen im allgemeinen *darf* man verlangen, daß er sich nur über solche Materien öffentlich ausläßt, die er auch vollkommen beherrscht. Von einem Seelsorger im Speziellen aber *kann* man verlangen, daß er vermittelnd wirkt und nicht mit solchen, allem gesunden Menschenverstande hohnsprechenden Mitteln Zwietracht unter Arbeitgeber und Arbeitnehmer zu säen sucht.

Die Mehrzahl der Zuhörer konnte Ihre Rede nicht auf den innern Wert analysieren. Sie nahmen das Gesagte deshalb für bare Münze. Das wissen Sie, damit rechnen Sie, das ist eben das Saubere an der ganzen Geschichte.

Noch eins. Wenn Sie wieder einmal Lust haben, Ihre unbändige Wut über den Kapitalismus auszulassen, so ziehen Sie die Industrie nicht in Mitleidenschaft.

---

[35] Zu der 1896 von J. A. Dowie gegründeten «Christian Catholic Apostolic Church», seit 1901 mit eigener Ansiedlung in «Zion City» am Michigansee, vgl. O. Eggenberger, Art. «Dowie, John Alexander», in: RGG³ II, Sp. 257f.

Denn Kapitalismus und Industrie sind zwei ganz verschiedene Begriffe. Ich hätte Ihnen zugetraut, daß Sie das wissen.

Hochachtungsvoll
W. Hüssy

ANTWORT AUF DEN OFFENEN BRIEF
DES HERRN W. HÜSSY IN AARBURG

Safenwil, den 6. Februar 1912

Sehr geehrter Herr!

Mein Dezembervortrag im Safenwiler Arbeiterverein hat Sie veranlaßt, am 1. Februar den Kriegspfad gegen mich zu betreten und mir etwas anzuwerfen. Ich teile Ihnen mit, daß Sie mich nicht getroffen haben. Und weil Sie mir dabei in so erquickender Deutlichkeit gesagt haben, was Sie von mir halten, nehmen Sie es mir sicher nicht übel, wenn ich den Kampf trotz der herrschenden Kälte nicht im Gehrock, sondern in Hemdsärmeln aufnehme und Ihnen mit der Deutlichkeit Gegenrecht halte.

Hören Sie zuerst das Vorspiel! Sie machen mir den ebenso grundlosen wie groben Vorwurf, ich habe meinen Zuhörern berechnenderweise etwas als «bare Münze» geboten, was es gar nicht gewesen sei, und das sei «eben das Sonderbare[36] an der ganzen Geschichte». Herr Hüssy, auf derartige aus der Luft gegriffene *Beschimpfungen* antworte ich *nicht;* sie gehören zu den Pfeilen, die nicht das Ziel treffen, sondern den Schützen. – Sie nennen meinen Vortrag eine «Agitationsrede», die den Zweck gehabt habe, «Zwietracht unter Arbeitgeber und Arbeitnehmer zu säen». In Wirklichkeit habe ich völlig objektiv über den Kapitalismus als solchen geredet und jede persönliche Zuspitzung auf bestimmte Kapitalisten peinlich vermieden. Nun haben *Sie* durch Ihren «offenen Brief» das allgemeine Interesse auf sich und Ihren Namen gelenkt und damit meinem Vortrag eine Spitze gegeben, die er nicht haben sollte. Das bedaure ich, aber *Sie* tragen die *volle* Verantwortung dafür. *Ich* habe Sie nicht geheißen, sich betroffen zu fühlen und aller Welt davon Kenntnis zu geben. – Sie halten mir die paar Jahre vor, die Sie älter sind als ich, und ermahnen und belehren mich auf Grund dieser Tatsache im

---

[36] Im gedruckten Text von Hüssys Brief: «das Saubere».

Ton eines Schulmeisters. Damit haben Sie sich lächerlich gemacht; denn Ihr «offener Brief» flößt mir und Andern keinen sonderlichen Respekt vor Ihrer Altersweisheit ein. – Sie reden mir in meiner Eigenschaft als Pfarrer zu, ich solle «vermittelnd wirken». Ach ja, so wie *Sie* das verstehen, nicht wahr? Das könnte Ihnen passen! Mit Ihrer Erlaubnis stelle ich mir aber als Pfarrer ein anderes Programm, über das ich *Ihnen* keine Rechenschaft schuldig bin. – Sie wissen endlich mit erstaunlicher Sicherheit zu sagen, die Großzahl meiner Zuhörer habe meinen Vortrag nicht verstanden, und geben sogar ganz genau an, was Ihnen davon geblieben und nicht geblieben sei. Ich könnte Sie um Ihren Scharfsinn beneiden, muß Ihnen aber antworten, daß *Sie*, geehrter Herr, *auf alle Fälle* von meinem Vortrag *gar nichts verstanden* haben. Ich bezweifle ernstlich, ob Sie ihn auch nur ganz gelesen haben. Die Menge der «religiösen Zitate» war wohl zu groß, und es war Ihnen wohl auch zu schwer. (Zu «philosophisch oder sophistisch», würden Sie sagen.) Den Grundgedanken meines Vortrags berühren Sie nämlich mit keinem Wort, sondern von Allem, was ich sagte, haben Ihnen nur einige Sätze über das Privateigentum Eindruck gemacht. Sie haben zwar auch diese mißverstanden; aber sie haben Ihnen sichtlich den roten Schrecken eingejagt, als ob wir morgen schon an das große «Verteilen» gehen wollten. Und *daraufhin* haben Sie zur Feder griffen.

Das war das Vorspiel. Nun kommt das Stück. Also: *«Das Privateigentum an Produktionsmitteln muß fallen»*, habe ich gesagt und Sie damit außer Fassung gebracht. Sie haben daraus gemacht: *«Das Eigentum der selbständig Erwerbenden wird konfisziert und verteilt.»* Geehrter Herr, darf Ich Ihnen ein paar gute Bücher leihen oder angeben, aus denen Sie sich über das Wesen der modernen sozialistischen Theorie unterrichten könnten? Oder muß ich diese meine Antwort zu einer Abhandlung darüber anschwellen lassen? Ich muß Ihnen nämlich sagen, daß Sie mit dieser Deutung meines Satzes unwiderleglich bewiesen haben, daß Sie von dem Sinn meines jedem auch nur einigermaßen Sachkundigen ganz geläufigen Gedankens keine blasse Ahnung haben. Sie gebärden sich, wie wenn Sie auf den Passus meines Artikels hin, der Ihnen geblieben ist, zum ersten Mal über den Sozialismus nachgedacht hätten. Ich fürchte, dem ist wirklich so, so rührend naiv plaudern Sie Ihre Einwände dagegen aus. Darf ich Sie an das erinnern, was Sie mir am Schluß Ihres «offenen Briefes» über den «gebildeten Menschen» gepredigt haben? Aber ich will Ihnen, soweit es in der Kürze geht, gerne Auskunft geben. Wo in aller Welt haben Sie in meinem Vortrag die Meinung ausgesprochen gefunden, die Sie mir unterschieben, als ob es sich um das «Konfiszieren und Verteilen» des Privateigentums handle? So etwas sagt man doch höchstens kleinen Kindern, wenn man sie vor dem roten Mann will graulen machen. Und wie können Sie sich die Blöße geben, den Sozialismus mit dem Kommunismus von Zion City zusammenzustellen?! Haben Sie noch nie etwas von der *Verstaatlichung der Produktionsmittel* gehört? Lassen Sie sich, weil Sie es noch nicht zu wissen scheinen, nach dem Wortlaut des offiziellen Programms der sozialdemokratischen Partei der Schweiz[37] sagen, was damit gemeint ist. Es handelt sich darum, daß die Gesellschaft die Produktionsmittel (d. h. Betriebskapital, Arbeitsstätten, Maschinen, Rohstoffe[38]) und die Leitung der Produktion in die Hände nimmt[39]. Es handelt sich um den «Ersatz der kapitalistischen Wirtschaft, die zum Zweck des Profits produziert, durch eine Gemeinwirtschaft, deren Zweck in der Deckung des gesellschaftlichen Bedarfs besteht».[40] Das gegenwärtige Wirtschaftssystem ist eine Anarchie von oben.[41] Denn «jeder einzelne Kapitalist steht unter dem von der Konkurrenz diktierten Zwangsgebot, stets auf die Verbilligung seines Produkts und die Erweiterung seines Absatzes bedacht zu sein und seinen Konkurrenten zu schlagen, um nicht geschlagen zu werden. Da aber diese fieberhafte wirtschaftliche Tätigkeit die Erzielung von Profit zum Zweck hat, ohne Rücksicht auf den gesellschaftlichen Bedarf, so führt sie mit Notwen-

---

[37] *Programm der Sozialdemokratischen Partei der Schweiz* (abgedruckt im Anhang zum *Protokoll über die Verhandlungen des Parteitages der Schweizerischen sozialdemokratischen Partei abgehalten in der Tonhalle in Zürich am 20. und 21. November 1904*, Zürich 1905, S. 77–84).
[38] Siehe oben Anm. 22.
[39] A.a.O., Punkt 6 (S. 81): «Die bisherige Entwicklung, wie das Interesse aller ausgebeuteten Klassen – Arbeiter und Kleinbauern – drängt darauf hin, daß die Gesellschaft die Produktionsmittel und die Leitung der Produktion in ihre Hände nimmt.»
[40] Ebd.
[41] Vgl. a.a.O., Punkt 4 (S. 80): «Mit der kapitalistischen Wirtschaft untrennbar verbunden ist die *Planlosigkeit und Anarchie der Produktion*. Die besitzende Klasse hat die Herrschaft über die Produktionsmittel verloren, sie sind ihr über den Kopf gewachsen.»

digkeit zur Überproduktion und zu periodischen Krisen.»[42] Muß ich Sie, geehrter Herr, erst noch erinnern an die Folgen dieser Erscheinungen für das ganze Volk und ganz besonders für die Arbeiterschaft? Sie reden von Hunderttausenden von Familien, die durch das gegenwärtige System eine «behagliche Existenz» erhalten hätten. Gut, angenommen es sei so, aber den Hunderttausenden stehen Millionen gegenüber, von denen das Gegenteil gilt. (Ich bemerke noch, daß Sie diese ganze Explikation mit etwas andern Worten schon in meinem Vortrag hätten finden können, wenn Sie ihn recht gelesen hätten.) Und darum wollen wir die Verstaatlichung der Produktionsmittel, von der wir eine Regelung der Produktion und damit eine Vermeidung jener Erscheinungen erwarten. Wie? Sie fürchten von etwas Derartigem für den Einzelnen eine «Versperrung des Wegs nach oben», eine «Unterdrückung der Initiative im Keime», wohl gar eine Unterbindung «seiner Intelligenz und seines Arbeitsgeistes», auf alle Fälle eine Beschränkung seiner «Ellenbogenfreiheit»? Ja, wenn Sie mit dem «Weg nach oben» den Weg der Streber meinen, der über die Köpfe Anderer hinaufführt, und mit der «Ellenbogenfreiheit» die Freiheit, Andern den Ellenbogen in die Rippen zu drücken, um selbst vorwärts zu kommen, dann haben Sie allerdings Recht mit Ihrer Angst. Da bin ich allerdings der Ansicht, daß das einmal aufhören muß und aufhören wird. Ich meine aber, daß sich die Menschen zu einer Arbeit, zu einer Initiative, zu einer Freiheit werden erziehen lassen, die sich freudig und willig in den Dienst der Gesamtheit stellen wird, wie sie jetzt bloß vom Privatinteresse geleitet ist. Nicht wahr, ich bin ein Träumer, geehrter Herr? Sehen Sie, dieser Ansicht bin ich, weil ich an einen sittlichen Fortschritt in der Menschheit glaube. Ich könnte statt des Wortes «Fortschritt» hier auch ein anderes, tieferes Wort aussprechen, aber *Sie* würden es vermutlich doch als «unzeitgemäß» betrachten. Und dann ist es mir überhaupt zu gut für einen Zeitungsartikel. Gerade das hat mich als Pfarrer dazu geführt, mich auf Seite des Sozialismus zu stellen (der *Partei* gehöre ich aus bestimmten Gründen bis auf weiteres *nicht* an), daß ich in der Idee des sozialistischen «Zukunftsstaates», über die Sie zu spötteln beliebten, diesen Glauben ausgesprochen finde an einen Fortschritt vom wirtschaftlichen Egoismus zum wirtschaftlichen Gemeinschaftssinn. Ich gehe darin ei-

---

[42] Ebd. (Fortsetzung des in Anm. 41 zitierten Passus).

nig mit einer großen Anzahl schweizerischer Christen und Pfarrer. Erklären Sie nur offen, daß sie an diesen Fortschritt nicht glauben. Dann ist die Lage klar zwischen uns. Alles Übrige ist Beiwerk.

Nun wollen Sie aber neben dieser «Zukunftsmusik» in meinem Vortrag auch einen «noch mehr aktuellen Wunsch» entdeckt haben, nämlich den, «vorläufig sich mit der Teilung des *Reingewinnes* zufrieden zu geben». Ich kann nur staunend den Kopf schütteln über den Abgrund von Verständnislosigkeit, der sich in dem Worte *«vorläufig»* auftut, das Sie da brauchen. Sie meinen: «vorläufig» wird nur der Reingewinn verteilt, zuletzt aber geht es unter den Klängen der Zukunftsmusik an das große Konfiszieren, worauf dann Jeder seinen Teil am gemeinsamen Vermögen in die Tasche steckt und nach Hause geht, um sich damit lustig zu machen. Merken Sie denn gar nicht, daß das, was Sie so plump die «Teilung des Reingewinnes» nennen, gerade das *Endziel* des sozialistischen Gedankens ist und nicht etwas «Vorläufiges»? Daß es sich hier um den springenden Punkt handelt zwischen Kapitalismus und Sozialismus? Der reine Ertrag der gemeinsamen Arbeit von Unternehmer und Arbeiter geht zum Privateigentum des Erstern, weil er Privatbesitzer der Produktionsmittel ist. Das ist das Wesen des kapitalistischen Wirtschaftssystems. (Sie wissen recht gut, daß die gesamte *Industrie kapitalistisch organisiert* ist, und der Vorwurf einer Begriffsverwirrung zwischen Kapitalismus und Industrie, den Sie mir zuletzt machen, ist eine sachlich völlig belanglose Haarspalterei.) Dieses Wirtschaftssystem bekämpft der Sozialismus, und das mit Recht. Denn diese Einstellung des Reinertrages in das Privatvermögen des Unternehmers ist durchaus nicht ein Äquivalent für dessen persönlichen Beitrag zu der gemeinsamen Arbeitsleistung. Die kaufmännische Leitung, die in der Regel in seinen Händen liegt, ist zwar das letzte und darum gewiß ein äußerst wichtiges Glied des Produktionsprozesses. Aber sie ist nur ein Glied neben andern. Es ist starker Tabak, den Sie uns serviert haben mit der Behauptung, der Arbeiter habe zum Reinertrag «nicht das Mindeste» beigetragen. Das sieht denn doch jedes Kind ein, daß eine industrielle Unternehmung weder Reinertrag noch überhaupt Ertrag haben würde ohne die Mitwirkung des Arbeiters. Warum bekommt er vom Unternehmer nur Lohn statt Anteil am Ertrag? Es gibt keinen andern Grund dafür als die Tatsache, daß die Produktionsmittel Privateigentum des Unternehmers sind und daß der Arbeiter daher froh sein muß, für seine Arbeit wenigstens Lohn zu bekommen. Diese Ungleichheit und diese Abhängigkeit ist eben das Unrecht, das wir nicht wollen. – Aber nun machen Sie den altbekannten Einwand von den guten Zeiten mit hohem Reingewinn, die die Verluste der schlechten Geschäftsjahre kompensieren müßten. Ja, glauben Sie denn, daß man nach der Verstaatlichung des Produktionsbetriebes den Reingewinn restlos unter Direktoren und Arbeiter verteilen würde, daß es dann kein Anlegen von Reserven mehr gäbe, wie es doch schon jetzt in allen Staatsbetrieben üblich ist? Aber auch abgesehen davon ist dieser Einwand ein Fechterkunststück, kein Grund. Oder wollen Sie im Ernst behaupten, daß die Kapitalisierung des Reingewinns nur zur Kompensation schlechter Geschäftsjahre nötig und dienlich sei? Das glaubt Ihnen in *Safenwil* niemand, verehrter Herr Hüssy!

Zum Schluß noch ein Wort über Ihre *Phrase,* daß zwischen *Theorie und Praxis* ein Unterschied bestehe. (Denn Sie werden doch selbst nicht den Mut haben, diesen Gemeinplatz als einen *Gedanken* zu bezeichnen?) Sie wollen damit sagen, daß man die Praxis mit der Theorie möglichst ungeschoren lassen solle. Dieser Wunsch ist in Ihrem Munde höchst begreiflich. Was Sie mit der Praxis meinen, das ist der *Privatnutzen,* und was ich mit der Theorie meine, das ist die *Gerechtigkeit.* Sie tun sehr klug daran, dem Privatnutzen die Gerechtigkeit möglichst vom Leibe zu halten und gewisse fatale Bibelsprüche als «alt und deshalb nicht mehr zeitgemäß» zu erklären. Aber wir wollen es abwarten, wessen Licht länger brennt, dasjenige Ihrer Klugheit, die die Theorie von der Praxis trennt, oder dasjenige des Sozialismus und der Bibel, die an die Stelle des Privatnutzens die Gerechtigkeit setzen.

Sie können mir noch mehr «offene Briefe» schreiben, geehrter Herr, wenn Sie Lust dazu spüren; aber verlassen Sie sich darauf, daß Sie damit den Gang der Dinge in der Welt nicht aufhalten werden und auf die Länge nicht einmal im Bezirk Zofingen. Der Ausgang der deutschen Reichstagswahlen[43] hätte Sie daran erinnern dürfen, was «zeitgemäß» ist, um in Ihrer Sprache zu reden. Darf ich Ihnen jetzt auch noch einen

---

[43] Bei der Reichstagswahl vom 20./21. 1. 1912 gewann die Sozialdemokratie 110 Mandate (gegenüber 81 bei der Wahl von 1903 und 43 bei der von 1907) und wurde damit zur stärksten Fraktion. Vgl. A. Dix, *Die deutschen Reichstagswahlen 1871–1930 und die Wandlungen der Volksgliederung* (Recht und Staat in Geschichte und Gegenwart, Heft 77), Tübingen 1930, S. 21.

Rat erteilen? Dann wäre es der, sich doch ja nicht in Ihren jetzigen reaktionären Standpunkt zu verbohren, bis Sie nicht mehr herauskönnen. Sie sind zwar älter als ich, wie Sie bemerkten, aber doch immer noch jung genug, um sich zu besseren Einsichten zu entwickeln. Das wünsche ich Ihnen aufrichtig.

Hochachtungsvoll
Karl Barth, Pfr.

*Offener Brief
an Herrn Karl Barth, Pfarrer in Safenwil*

Safenwil, den 9. Februar 1912

Sehr geehrter Herr Pfarrer!

Vor mir liegt Ihre Antwort auf meinen Brief vom 3. crt.[44] Ich vermisse darin eine gewisse Logik. Namentlich in einer Beziehung: Furcht vor dem roten Mann, und somit auch vor Ihnen, kann mich doch unmöglich veranlaßt haben, denselben an Sie zu richten. Ich verzichte, auf die Materie näher einzutreten, da Ihnen ja die Fähigkeit abzugehen scheint, ruhig und sachlich darüber nachzudenken, ob das, was Sie anstreben, auch wirklich durchführbar sei. Ich muß bloß in aller Form gegen den Vorwurf protestieren, mit Ihnen einen öffentlichen Streit, aus rein persönlichen Motiven, vom Zaune gerissen zu haben, den Sie aber auf dieses Gebiet hinüberleiten. *Sie* haben mit der Publikation Ihres Vortrages im «Freien Aargauer» und durch Boykott-Reden den Industriellen im allgemeinen den Handschuh hingeworfen, ich habe denselben bloß aufgegriffen. Daß Sie deswegen jetzt die beleidigte Unschuld spielen, hat wahrhaftig keinen Sinn. Zweck meines Briefes war lediglich, Sie weitern Kreisen vorzustellen. Dafür scheinen Sie mir begreiflicherweise nicht dankbar zu sein.

Hochachtungsvoll
W. Hüssy

---

[44] Erscheinungsdatum von Hüssys am 1.2.1912 geschriebenem Brief.

RELIGION UND WISSENSCHAFT
1912

Der dritte von Barths Vorträgen im Safenwiler Arbeiterverein (über deren Programm vgl. die Einleitung zu «Menschenrecht und Bürgerpflicht», oben S. 362), gehalten am Sonntag, den 4. Februar 1912 im alten Safenwiler Schulhaus, hat in seinem erhaltenen Briefwechsel sehr viel weniger Spuren hinterlassen als der zweite («Jesus Christus und die soziale Bewegung»). Am 30.1.1912 schreibt er seinem Bruder Peter: «Jetzt sitze ich gebückt über einem Vortrag ‹Religion und Wissenschaft›, der am 4. Febr. nachm. 3 Uhr steigen soll. Ich muß mich z. T. an ein Buch von Dodel ‹Moses oder Darwin?› halten, weil die Soz. das Alle gelesen haben. Es ist unglaublich naiv-roh und darum schwer zu besprechen. Es fehlen einfach alle Voraussetzungen. Da werde ich wohl oder übel auch wieder in Hemdsärmeln auftreten müssen. Eben habe ich zum vierten Mal von vorn angefangen!!» Ferner ist der Vortrag im letzten Brief und auf der vorletzten Briefkarte von Prof. Fritz Barth an seinen Sohn Karl je einmal kurz erwähnt. Am 9.2.1912 heißt es: «Schicke uns ‹Religion und Wissenschaft› bald, aber lieber geschrieben als gedruckt», und am 13.2.: «Deinen Vortrag haben wir gelesen; die Synthese am Schluß ist wieder recht kühn.»

Wie ich gehört habe, haben sich Viele von Ihnen im letzten Winter längere Zeit mit einem Buch des verstorbenen Zürcher Professors für Botanik, A. Dodel[,] beschäftigt. Das Buch ist betitelt: *Moses oder Darwin?*[1] Unter «*Moses*» ist nach des Verfassers Worten zu verstehen «die mosaische Auffassung von der Weltschöpfung, wie sie etwa drei Jahrtausende lang von jüdischen und christlichen Priestern als unantastbare göttliche Offenbarung von Generation zu Generation immer wieder gelehrt worden».[2] Bei dem Namen «*Darwin*» dagegen soll der

---

[1] A. Dodel-Port, *Moses oder Darwin? Eine Schulfrage. Allen Freunden der Wahrheit zum Nachdenken vorgelegt*, Zürich 1889. Im folgenden wird zitiert nach: ders., *Aus Leben und Wissenschaft. Gesammelte Vorträge und Aufsätze.* Dritter Theil: *Moses oder Darwin?*, Stuttgart/Berlin 1922[14].

[2] A.a.O., S. 2: «Zwei grundwesentlich verschiedene Weltanschauungen stehen sich derzeit im zivilisirten Theil der ganzen bewohnten Erde gegenüber: *einerseits* die *mosaische* Auffassung ...»

Leser denken an «die naturwissenschaftliche Lehre von der allmäligen und langsamen Entwicklung der Dinge, die Lehre von der fortschreitenden Weiterentwicklung der lebendigen Welt allein durch die Aktion der heute noch tätigen Naturkräfte».[3] Denn «diese Lehre ist erst durch Darwins Werke in der Forscherwelt sieghaft durchgedrungen».[4] Der Verfasser erklärt dazu schon im Vorwort sehr resolut: «Entweder Moses oder aber Darwin! Ein Drittes giebt es nicht.»[5] Der Inhalt seines Buchs ist nun eine Beschreibung des Kampfs dieser beiden Lehren gegeneinander oder, genauer gesagt: eine Beschreibung des Siegs von «Darwin» über «Moses». Denn der Kampf ist für Dodel entschieden[,] bevor er begonnen hat.

Nach der Lehre des Moses ist die Welt in sieben Tagen aus dem Nichts *geschaffen* worden durch einen außerweltlichen persönlichen Gott. Nach der Lehre Darwins ist die Welt überhaupt nicht geschaffen, sondern ewig.[6] Ihre Entstehung verdankt sie nicht einer Wirkung von außen[,] sondern einer naturgesetzlichen Entwicklung aus sich selbst. Und von einem persönlichen Gott zu reden, ist menschliche Einbildung. Der Naturforscher von heute kennt nur das räumlich und zeitlich unbegrenzte Weltall[.]

Nach der Lehre des Moses wäre das erste Geschaffene das *Licht* gewesen [Gen. 1,3]. Aber die Naturwissenschaft kennt kein andres Licht, als das von Körpern ausgehende od. reflektierte.[7] Wie kann «Gott» sprechen: Es werde Licht! bevor die Gestirne geschaffen waren?

Nach Moses war das Werk des dritten Tages die *Pflanzen*welt [Gen. 1,11ff.]. Aber das ist eine «natürliche Unmöglichkeit»[8], denn zur Erhaltung von Pflanzen müßte die Sonne am Himmel stehen.

Am vierten Tag erscheint nach Moses die *Sonne*, dann Mond und

---

[3] Ebd.
[4] Ebd.
[5] Vorwort zur 3. Auflage von 1890, a.a.O., S. V: «Seien wir ehrlich! Seien wir in Ansehung der Wahrheit furchtlos! Seien wir *Ganze*, nicht blos *Halbe*! ... denn *niemals* werden sich Moses und Darwin in Kompromisse einlassen: entweder – oder! *Entweder* Moses ...»
[6] A.a.O., S.9: «Der Naturforscher unserer Tage würde sagen: Das Weltall (‹Himmel und Erde› Mosis) hat nicht Anfang und nicht Ende, ist zeitlich und räumlich unendlich. Aus Nichts entsteht Nichts, und was *ist*, das kann nicht in ein Nichts verschwinden. Das Weltall war ewig und wird ewig sein.»
[7] Vgl. a.a.O., S. 10.
[8] Vgl. a.a.O., S. 11.

Sterne [Gen. 1,14ff.]. Aber nach der Theorie von Kant-Laplace wissen wir, daß die Sonne lange Zeit *vor* der Erde und die Erde vor dem Mond und daß unzählige Sterne Milliarden von Jahren früher im Weltall waren als unsre Sonne mit ihren Planeten und deren Trabanten.⁹

Am fünften Tag schuf Gott nach Moses die *Wassertiere* und die *Vögel* [Gen. 1,20ff.]. Das ist unrichtig, denn die Naturwissenschaft weist nach, daß die Tierwelt sich gleichzeitig mit der Pflanzenwelt entwickelt hat und daß den Vögeln die Landtiere vorangegangen sind.¹⁰

Diese letzteren treten nach Moses erst am sechsten Tag ins Dasein zugleich mit der *Erschaffung des Menschen* [Gen. 1,24ff.], nämlich des Adam aus einem Erdenkloß und der Eva aus einer Rippe des Adam [Gen. 2,7.21]. Nach Darwin steht es aber so, daß vom «ersten Menschen» überhaupt nicht geredet werden darf; denn der Mensch ist in seiner Eigenart nicht auf einmal erschaffen worden und dagewesen, sondern er hat sich als Endglied einer Reihe von minderwertigeren Wesen durch die natürliche Zuchtwahl im Kampf ums Dasein zu dem geistig u. körperlich hochstehenden Geschöpf entwickelt, das er heute ist.¹¹

Und nun gehts weiter zur Geschichte vom Sündenfall der ersten Menschen mit der redenden Schlange [Gen. 3], zu Kain mit seiner berühmten Frau, die er sich genommen hat[,] ohne daß man weiß woher [Gen. 4,17], zur Sündflut und zu Noah mit seinen Tieren in der Arche [Gen. 6–9]. Alles Dinge, die mit der modernen Naturerkenntnis in schauderhaftem Widerspruch stehen, erklärt Dodel. Und dasselbe gilt von Vielem, das sich daran anschließt[,] von den 3 Engeln, die Abraham besuchen [Gen. 18], von den ägyptischen Schlangenwundern und den 10 Plagen [Ex. 7], von der redenden Eselin des Bileam [Num. 22] und von der Sonne, die auf Befehl des Josua stillsteht zu Gibeon und dem Mond im Thale Ajalon¹² [Jos. 10,12f.]. Das Alles und noch viel mehr

---

⁹ Vgl. ebd. – Die Kant-Laplacesche Theorie von der Entstehung der Planeten erläutert Dodel, a.a.O., S. 73–75.

¹⁰ Vgl. a.a.O., S. 12.

¹¹ Vgl. a.a.O., S. 14; ferner S. 44: «Es gab nie einen ersten Menschen, ebenso wenig als es je einen ersten Germanen oder einen ersten Franzosen oder einen ersten Spanier gegeben hat. Alles was ist, das ist *geworden*, aus Anderem hervorgegangen in natürlicher, allmäliger Entwicklung.»

¹² Beispiele der bei Dodel, a.a.O., S. 48, erwähnten in Schulbüchern zur Darstellung gebrachten Wunder.

Ähnliches hat man nun aber zur *Grundlage des Christentums* gemacht[,] sagt Dodel.[13] Aus der Lehre vom Sündenfall im Paradies ist nach seiner Meinung die Lehre von der Erbsünde entstanden und aus dieser wieder die Ideen von der Erlösung, von der Sendung des Gottessohnes und von der Versöhnung durch seinen Opfertod am Kreuz.[14] Die christliche Lehre bildet nach Dodel ein Ganzes mit der mosaischen Lehre.[15] Fällt diese[,] so fällt auch jene. Er läßt denn auch keinen Zweifel übrig[,] daß er das Christentum durch eine neue Religion ersetzt wissen will, deren Grundsatz lautet: Der Mensch ist ein Naturwesen unter anderen.[16] Laut Darwin'schem Naturgesetz darf er sich aber wie diese andern Naturwesen in langsamem aber stetigem Fortschritt vom Guten zum Bessern entwickeln. Dieser Gedanke des Fortschritts ist «das Evangelium der Naturerkenntnis»[17] und Dodel wünscht schließ-

---

[13] A.a.O., S. 15: «Dagegen würde sich wohl nicht so großer Widerstand von theologischer Seite gebildet haben, wenn der mosaische Schöpfungsbericht nicht zu einer dogmatischen Grundlage, zur Basis der vollkommensten aller bis jetzt erschienenen Religionen, zur *Unterlage des Christenthums* umgeprägt worden wäre.»
[14] Ebd.: «Aus der Lehre vom Sündenfall im Paradies und aus der verzweifelten Einsicht, daß wir Alle mit der *Erbsünde* behaftet seien und dem Verderben entgegenrennen, entsprang die Idee einer Rettung und Erlösung durch überirdische, durch übernatürliche, durch göttliche Hilfe. So entsproß dem Judaismus der Gedanke einer Sendung des Gottessohnes vom Himmel und weiterhin krystallisirte sich daran die Idee des erlösenden Opfertodes am Kreuz.»
[15] A.a.O., S. 15f.: «Das Christenthum ist anerkanntermaßen nach der Auffassung der orthodoxen Kirche die natürliche Tochter des Mosaismus, es ist die mystische Lösung des Räthsels vom Sündenfall und von der Erbsünde.»
[16] A.a.O., S. 42–44: «So häufig wird uns von den unwissenden Gegnern der naturwissenschaftlichen Aufklärung vorgeworfen, *daß wir keine Religion haben* und *daß wir die Religion aus der Welt schaffen wollen.* – Nichts ist unbegründeter als dieser Vorwurf. ... Anch' io sono pittore! – auch wir haben Religion! – ‹Wie? ein Naturforscher der Darwin'schen Schule soll auch Religion haben?› Was heißt denn *Religion?* ... *wir* verstehen darunter die Erkenntnis, daß wir von der Außenwelt, von den Nebenmenschen, von Natur und Weltall abhängig sind, daß wir nicht absolut frei, sondern mit dem Ganzen durch das *Band* der natürlichen Verhältnisse verbunden sind. Dieses Bewußtsein der Abhängigkeit von dem, was außer uns ist und die daraus sich ergebende Art des Denkens gegenüber Anderen, das ist nach unserer Auffassung Religion. ... Der Mensch ist das Produkt der immer wieder neugestaltenden Natur und seiner Erziehung. Kraft dieser Erkenntnis erfassen wir den Nebenmenschen als ein Natürlich-Gewordenes ...»
[17] A.a.O., S. 47: «*Das Prinzip der fortschreitenden Entwicklung,* das sich als

lich, daß dieses «Evangelium» in Bälde an Stelle von «Moses» zur Grundlage des religiösen Jugendunterrichts gemacht werden möchte.[18]

Ich habe Sie an den wesentlichen Inhalt des Dodelschen Buches erinnert, um an etwas Ihnen einigermaßen Bekanntes anzuknüpfen. Ich wollte Ihnen zeigen, wie über *Religion und Wissenschaft*, unser heutiges Thema, in der Regel geredet und geschrieben wird, gerade wo es sich um populäre Aufklärung über diesen Gegenstand handelt. Andere machen es ein wenig anders als *Dodel*. Der bekannte Jenenser Professor *Ernst Häckel* z. B. geht in seinen «Welträtseln»[19] um einige Grade umsichtiger u. geistreicher vor als Dodel, obwohl ich damit seinem Buch ja nicht die Bezeichnung «umsichtig u. geistreich» erteilt haben wollte. Umgekehrt arbeitete der vor einigen Jahren auch in allen Schweizerstädten tätige Freidenkeragitator Ingenieur *Richter*[20] mit einem womöglich noch gröberen Pinsel als Dodel, und was man in manchen Zeitungen, leider manchmal auch im «Freien Aargauer»[21] an Artikeln

leitender Faden durch die Gedankenreihe des Darwinianers hinzieht, *dieses Naturgesetz des steten, wenn auch langsamen Fortschreitens zum Besseren: das ist die Frohbotschaft, das Evangelium der Naturerkenntniß*. Nun mögen Sie selbst urteilen, ob wir Darwinianer religionslos oder aber religiös sind.»

[18] Am Schluß des ersten der drei Vorträge (a.a.O., S. 62–65) stellt Dodel Postulate auf, die er «bei einer gründlichen Reform des Volksschulwesens an die gesetzgebende Behörde adressiren möchte: *1. Aller confessionelle Religions-Unterricht hat um des religiösen Friedens willen aus der staatlichen Volksschule wegzubleiben. ... 2. Alle Volksschullehrer sollen eine gründliche Bildung erhalten. ... 3. An Stelle des staatlichen confessionellen Religions-Unterrichtes hat ein auf naturwissenschaftlicher Basis fußender Unterricht in Ethik und Moral zu treten. ... 4. Aller Unterricht in der staatlichen Volksschule soll im Einklang stehen mit den thatsächlich erforschten Gesetzen der Natur. In aller Mannigfaltigkeit soll die Einheit der Wahrheit sein.*»

[19] E. Haeckel, *Die Welträthsel. Gemeinverständliche Studien über Monistische Philosophie*, Bonn 1899, 1928[14].

[20] Nach dem Titelblatt der ersten Auflage von *Moses oder Darwin?* war Dodel «Vicepräsident des deutschen Freidenkerbundes». Durch den Münchner Ingenieur August Richter wurde die Freidenkerbewegung in den Jahren 1908/09 in die Schweiz gebracht. Richter, in Zürich Herausgeber der Zeitschrift «Freidenker», erregte 1909 in der ganzen Schweiz Aufsehen, als er in Luzern wegen Gotteslästerung angeklagt und verurteilt, vom Bundesgericht, an das er appellierte, dann aber freigesprochen wurde.

[21] «Der Freie Aargauer», die im Mai 1906 gegründete Zeitung der aargauischen Sozialdemokratie, erschien bis Mitte Dezember 1910 zweimal wöchent-

oder gelegentlichen Bemerkungen zu dieser Materie lesen kann, das ist dann öfters weder mit der Feder noch mit dem Pinsel[,] sondern mit der Keule gearbeitet![22] Aber wir haben es heute weder mit Häckel noch mit Dodel noch mit Richter zu thun, sondern mit der Sache selbst, mit der Frage nach dem Verhältnis von Religion und Wissenschaft[,] und was uns an jenen interessiert, das ist nur die *Methode,* mit der man in ihrem Kreis, dem Kreis der Aufklärer, Freidenker, Atheisten oder wie man sie nennen will an diese Frage herantritt.

---

lich, vom 20. 12. 1910 bis zum 21. 3. 1912 dreimal wöchentlich, ab 23. 3. 1912 unter dem neuen Namen «Neuer Freier Aargauer» täglich außer montags. Die Mitglieder der sozialdemokratischen bzw. gewerkschaftlichen Verbände waren gehalten, diese Zeitung zu beziehen.

[22] Im «Freien Aargauer» war am 19. 9. 1911 unter der Überschrift *Kapitel zur christlich-sozialen Bewegung. Plauderei* ein mit J. Z. gezeichneter Artikel erschienen, in dem es u. a. heißt: «Statt katholische Jünglings-, Jungfrauen-, christlich-soziale, Musik-, Gesang- und wie die Vereine alle heißen, zu gründen, täte es Not, an der Gedankenarbeit der heutigen Menschheit teil zu nehmen, sich mit den Wissenschaften zu beschäftigen und deren Fortschritt und Erfolge anzueignen. Aber eben, sie dürfen es nicht, die Aermsten der Armen, sie haben ihre geistige Freiheit einem italienischen Kuttenmanne eidlich verschreiben müssen und haben deshalb nicht mehr das Recht, aufmerksam und erwartungsvoll am Rande des Schachtes, aus dem der Menschengeist zu jeder Stunde neue Schätze zutage fördert, zu stehen. Sie haben nicht das Recht, ihre Lehre der Entwicklung der Menschheit anzupassen und für das Christentum erweiterte Grenzen und neue Reiche zu erhoffen, Reiche im Sinne des Meisters. ... Ihr könnt wohl euere Leute durch die Gründung aller möglichen Vereine anscheinend zusammenhalten und für Rom begeistern, Haß und Zwietracht von der Kanzel herab verkünden, und für die Kirche und Beichtstuhl anspornen, allein das sind bloß Paliativmittel, die der Zug der Zeit und die Wissenschaft unbeachtet auf die Seite schieben. Die Massen haben andere Bedürfnisse. In der heutigen Zeit und noch viel weniger in spätern Jahren kann man dem Volke nicht mehr mit ‹Hokuspokus› aufwarten und es mit Ablaßzetteln etc. abspeisen, es will etwas haben für den Geist und für die Seele. – Nein, nein, ihr Gründer christlich-sozialer Vereine, nicht im Sozialismus liegt die Gefahr für euere Kirche, sondern die Gefahr liegt in der Unechtheit und Rückständigkeit euerer Lehre, in der Abwendung zur freien Wissenschaft und in der Knechtschaft des Geistes. – Euere Kirche hängt zu viel Fett an den Leib, es fehlt ihr an gesundem Blut; sie wird mit ihren kläglichen Empfindungen nie und nimmer imstande sein, dem arbeitenden Volke für ein menschenwürdigeres Dasein zu sorgen. – Auch kann eine Kirche mit den obigen Grundsätzen auf die Dauer nicht hoffen, das Volk an sich zu ziehen, sie geht langsam dem Verfall entgegen und wohlverstanden aus eigener Schuld und nicht aus Schuld von anderen.»

Wir haben es bei Dodel gesehen und sehen es in den Grundzügen übereinstimmend bei ihnen allen bis herab zum kleinen eifrigen Zeitungsschreiber: Die Methode besteht darin, daß man zwei Gedankenmassen feindselig gegen einander aufmarschieren läßt: hier Moses, die religiösen, christlichen Gedanken oder was man dafür hält[,] hier Darwin, die naturwissenschaftlichen Gedanken oder was man dafür hält. Dann stellt man sich mitteninne und erklärt mit energischer Gebärde: Entweder – Oder! Moses *oder* Darwin! Religion *oder* Wissenschaft! Ein Drittes giebt es nicht. Und dann entscheidet man sich jubelnd für das Oder, für Darwin, für die Wissenschaft. Ist dann diese Entscheidung gefallen, so sind diese Freidenker in der Regel so frei[,] mit dem Denken über diese Fragen aufzuhören. Höchstens daß sie uns zum Schlusse noch ganz unvermerkt versichern, die Naturerkenntnis selbst sei das wahre Evangelium, – ein Stücklein Pfaffenrock, das gar wunderlich unter ihrem modernen Frack hervorguckt.

Wir wollen gleich feststellen, daß dieses Verfahren einen großen Vorzug vor allen andern hat. Es ist nämlich prächtig *klar,* klar und durchsichtig wie Wasser. Jeder Einfaltspinsel kann wissen, was er zu thun hat, wenn man ihn beim Rockknopf nimmt und ihn fragt: Entweder – Oder! Moses oder Darwin! Entweder es giebt ein Licht ohne leuchtende Körper, was noch nie vorgekommen ist[,] oder der liebe Gott hat sich geirrt als er sagte: Es werde Licht! bevor es eine Sonne gab. Entweder der Mensch ist, aus einem Erdenkloß gemacht, auf einmal dagewesen oder er hat wie alle Naturwesen seine leiblichen Vettern im zoologischen Garten. Entweder Bileams Eselin hat geredet oder es bleibt dabei, daß kein vierbeiniger Esel es so weit gebracht hat. Entweder die Sonne ist stillgestanden zu Gibeon oder aber sie ist sicher-sicher noch alle Abende zur gewohnten Stunde untergegangen. Entweder $2 \times 2 = 5$ oder $2 \times 2 = 4!$[23] Es giebt nur zwei Schulbladen, auf der einen steht *falsch* und auf der andern *wahr.* Ich wiederhole, daß die ganze

---

[23] Vgl. A. Dodel, a.a.O., S. 66: «Es wäre kindisch, wenn hier eingewendet werden wollte, es sei unthunlich, in der Volksschule Abstammungslehre, ‹Darwinismus›, kleinen Kindern zu lehren. ... Man lehrt die Schüler in einer richtigen Schule genau das, was ihrer Fassungskraft zugänglich ist; aber man lehrt sie in der ersten und zweiten Klasse nicht, daß 2 mal 2 gleich 5 und daß 3 gleich 1 sei, um dann ein paar Jahre später richtig zu lehren, daß 2 mal 2 gleich 4 und daß 3 niemals 1 sein kann.»

Art die Sache anzugreifen imponiert durch ihre auffallende Reinlichkeit. Die Frage nach dem Verhältnis von Religion u. Wissenschaft löst sich sehr einfach so, daß die Wissenschaft offenkundig recht hat und die Religion unrecht. *Häckel* wird denn auch nicht müde, seine Gegner zur «Ehrlichkeit» und «Aufrichtigkeit» aufzufordern, zum «furchtlosen Ziehen der Konsequenzen»[,] wie er öfters sagt. Ich zweifle gar nicht daran, daß sogar Bileams Eselin freudig in diese Predigt einstimmen würde, wenn ihr das nicht von wissenschaftswegen eine «natürliche Unmöglichkeit»[24] wäre.

Aber wer sich von dieser wasserklaren Art hat imponieren lassen, der möge sich nun überlegen[,] ob dieses ganze unentwegte Entweder-Oder-Denken uns auch nur in einem kleinen Punkt helfen kann, das Wesen von Religion und Wissenschaft besser zu verstehen. Ich behaupte: Nein! Sondern es führt uns in eine Sackgasse[,] aus der wir zuerst rückwärts müssen, wenn wir wieder vorwärts wollen. Denn diese «Klarheit» ist in Wirklichkeit die denkbar größte Konfusion der Begriffe.

Zunächst möchte ich erklären, daß ich, wenn man mich nach Dodel'scher Manier fragte: Moses oder Darwin? an einer ganzen Anzahl von Punkten fröhlich antworten würde: Darwin! Ich meine auch, daß es zum Licht leuchtender Körper bedarf, daß eine Pflanzenwelt ohne Sonne undenkbar ist, daß die Sonne vor der Erde und die meisten Sterne vor der Sonne da waren, daß es zuerst Wassertiere, dann Landtiere, dann Vögel gab. Ich zweifle auch gar nicht daran, daß wir Menschen irgendwie mit den Affen verwandt sind. – In andern Punkten würde ich zu den Darwin'schen Behauptungen ein Fragezeichen machen. Daß sich der Mensch durch natürliche Zuchtwahl aus dem Affengeschlecht entwickelt habe[25], das ist z. B. bis zum heutigen Tag eine sehr geniale aber noch nicht bewiesene Behauptung der Schule Darwins. Denn gerade das Mittelglied[,] der Affenmensch, dessen Dasein die Lehre Darwins beweisen müßte, hat sich bis jetzt noch in keiner geologischen Schicht auffinden lassen. Bis dahin ist es aber etwas voreilig, schon eine neue Religion auf diese Lehre gründen zu wollen. – Noch in andern Punkten endlich würde ich Darwin, dem Dodel'schen Darwin direkt

[24] Siehe oben bei Anm. 8.
[25] Dargestellt im dritten Vortrag bei Dodel, a. a. O., S. 91–121: «Der Darwinismus im engern Sinn: Die künstliche Züchtung und das Wesen der natürlichen Zuchtwahl im Kampf ums Dasein». Vgl. a. a. O., S. 8of.

widersprechen, so wenn er von der räumlichen u. zeitlichen Ewigkeit der Welt redet[26] und von ihrer Entwicklung rein aus sich selbst heraus. Das sind Behauptungen, die sich ihrer Art nach überhaupt nicht auf die Erfahrung stützen können[,] sondern genau so willkürlich, so dogmatisch sind wie die Annahme einer Schöpfung aus dem Nichts. Ich habe aber zwischen diesen beiden gleich willkürlichen Annahmen religiöse Gründe, mich auf Seite des Moses zu stellen. – Sie sehen: hier stimme ich «Darwin» zu, hier setze ich ein Fragezeichen, hier widerspreche ich ihm, je nach dem Stande meiner Einsicht in die Dinge. Ganz dasselbe thue ich selbstverständlich «Moses» gegenüber; wenn ich die Bibel vom naturwissenschaftlichen Standpunkt aus lese, so gebe ich ruhig zu, daß sie über dies u. jenes nach der Weise ihrer Zeit redet d. h. aber für unsre Begriffe unrichtig. Ich lese sie dann genau wie ein anderes Buch mit der selbstverständlichen Freiheit anzunehmen u. abzulehnen, so gut ich es verstehe. Aber ist denn damit der Unwert der Bibel erwiesen, daß sie in naturwissenschaftlichen Dingen weniger weiß als Darwin? Wer heißt uns denn die Bibel zu einem naturwissenschaftlichen Lehrbuch machen? Was haben die naturwissenschaftlichen Erkenntnisse des Moses oder Darwins mit meiner Religion zu thun? – Da haben wirs! würde nun ein sog. Freidenker einfallen – da haben wir wieder einen von den Unehrlichen, Inkonsequenten, Halben! Wenn die religiöse Lehre an einem Punkt von der Wissenschaft durchlöchert werden kann, wie wird es dann mit dem Rest stehen? Ist die Vermutung nicht berechtigt, daß es diesem Rest über kurz oder lang auch so gehen wird, – daß die Religion vor der Wissenschaft das Feld räumen muß? Gewiß, würde er sagen, noch sind nicht alle unsre Behauptungen über den Ursprung der Welt bewiesen. Aber wir *werden* sie beweisen. Noch ist überhaupt nicht Alles erforscht und verstanden, die Begriffe der Kraft und des Lebens z. B. sind uns Rätsel bis heute – aber wir *werden* sie erforschen und verstehen. Immer weiter dringt die Wissenschaft vor, immer weniger werden der Fragezeichen. Unterdessen befindet ihr Religiösen euch ganz in der Lage der Rothäute in Nordamerika, die von der europäischen Zivilisation immer mehr zurückgedrängt jetzt noch in ihren Reservationen leben, eines Tages aber vom Erdboden verschwinden werden. So ungefähr würde mir von dieser Seite auf meine Behauptung ge-

---

[26] Siehe oben Anm. 6.

antwortet werden, über Moses u. Darwin könne man ruhig verhandeln, ohne daß die Religion davon berührt werde. Und nun kommt dazu u. muß hier auch erwähnt werden, daß viele *Freunde* der Religion ganz vom entgegengesetzten Standpunkte aus die gleiche Stellung einnehmen. Sie sagen gleichfalls: Entweder die ganze christlich-religiöse Lehre[,] wie wir sie verstehen[,] oder dann gar nichts mehr. Ist erst ein Loch geschlagen in die unbedingte Autorität der Bibel und ihrer Berichte u. Lehren, dann wird der Rest der Mauer bald auch einstürzen. Und dann stellen sie entweder trotzig Moses Darwin entgegen und behaupten gegen allen Augenschein: er hat doch recht! Oder aber sie versuchen mit wissenschaftlichen Gründen diese Behauptung zu rechtfertigen[,] indem sie nachweisen, daß sich die biblischen Berichte irgendwie wissenschaftlich begründen lassen. Auf jeden Fall hangen sie daran wie jene Andern, daß es bei der religiösen Wahrheit heiße: Alles oder nichts! nur daß sie bestrebt sind, dieses «Alles» aufrechtzuerhalten, während die Andern es stürzen wollen.

Wir wollen nun weder mit diesen noch mit jenen rechten darüber, ob damit, daß man *Etwas* aufgibt von der christlich-religiösen Lehre, auch das *Ganze* fallen muß. Im Grunde machen sie ja Beide Zukunftsmusik[,] indem sie uns nur versichern können: Ihr werdet schon sehen – so und so kommt es. Ich glaube nicht, daß es großen Wert hat über diese *Möglichkeiten* zu streiten. Die Erfahrung zeigt, daß dabei in der Regel von beiden Seiten die vorgefaßte Meinung und ihre Schwester die Phantasie an die Stelle des nüchternen Nachdenkens tritt. Wohl aber lohnt es sich, die Frage einmal ins Auge zu fassen, wie es denn mit der *Voraussetzung* dieses Entweder-Oder-Denkens steht, das Religion und Wissenschaft so schneidig einander gegenüberstellt und entweder Alles oder gar nichts will gelten lassen. Die Voraussetzung lautet, wie wir bereits gesehen haben, daß die beiden nebeneinander gestellten Größen, die Religion u. die Wissenschaft als zwei kompakte in sich geschlossene Massen von Gedanken oder Erkenntnissen betrachtet werden. Gedanke steht dann gegen Gedanke, Erkenntnis gegen Erkenntnis, Lehre des Moses gegen die Lehre des Darwin[.]

Ist die Voraussetzung richtig, daß man, wenn es sich um Religion und Wissenschaft handelt, in dieser Weise eine zusammenhängende Gedankengruppe neben eine andre zusammenhängende Gedankengruppe stellt, eine Lehre neben eine Lehre und dann fragt: welche hat recht? *Ist die Religion überhaupt eine Lehre?* Und *ist die Wissenschaft überhaupt eine Lehre?* Nur wenn diese Voraussetzung zutrifft, hat die «freidenkerische» Methode überhaupt einen Sinn. Ich wiederhole nur meine Behauptung, daß diese Methode keinen Sinn hat[,] und das darum[,] weil ihre Voraussetzung nicht zutrifft.

Wir wollen zuerst reden von der zweiten Hälfte des «freidenkerischen» Entweder-Oder, also von der *Wissenschaft*. Die Vertreter des Standpunktes[,] den wir eben kennen gelernt haben, leben des frohen Glaubens, es gebe eine *wissenschaftliche Lehre,* nenne man sie nun nach Darwin oder anders, d. h. ein Gebäude von Gedanken und Erkenntnissen, begründet auf Vernunft und Erfahrung, in denen die Wahrheit u. zw. die letzte oberste Wahrheit enthalten wäre. U. zw. verstehen sie unter Wahrheit die Wirklichkeit. Die naturwissenschaftliche Lehre ist also nach ihrer Meinung *die zutreffende Darstellung der Wirklichkeit.* Sie erforscht zunächst *die Welt unsrer Sinne*[,] soweit ihr das möglich ist, sie weiß aber auch, daß *die Welt unsrer Sinne die Welt überhaupt,* die Wirklichkeit ist[,] und giebt darum Auskunft nicht nur über das[,] was sie direkt erfahren und beobachtet hat, sondern, *nach denselben Regeln des Erkennens*[,] auch über die Welt überhaupt. Sie gründet z. B. auf die Erfahrungstatsache, daß es in der sichtbaren Welt, in der Natur kein schlechthin Neues, keine absoluten Anfänge giebt[,] sondern nur Entwicklung, nur Ursachen u. Wirkungen, die Behauptung, daß die Welt, die Wirklichkeit überhaupt eine ewige Entwicklung sei. Sie beobachtet, daß es in der Erfahrungswelt keinen Raum giebt, hinter dem nicht neue Räume wären, und keine Zeit[,] vor der und nach der nicht andre Zeiten wären, daß also Raum u. Zeit unendlich sind. Darauf stützt sie die Behauptung, daß die Welt überhaupt räumlich und zeitlich ewig sei. Sie beobachtet[,] daß Alles[,] was wir erkennen können, mechanische Welt ist, daß weder mit dem Fernrohr noch mit dem Mikroskop etwas entdeckt werden kann[,] das nicht mechanische Welt wäre. Und daraufhin redet sie fröhlich von einem Welt*all* d. h. sie behauptet, daß in der Wirklichkeit überhaupt Alles Welt, sichtbare, hörbare, meßbare, wiegbare Wirklichkeit sei, daß es also Geist und Gott nicht gebe[,] weil sie schlechterdings nicht wahrnehmbar sind. – Man kann sagen: die sog. wissenschaftliche Lehre, die eine Darstellung der Wirklichkeit sein will, kommt zustande durch eine *Verallgemeinerung.*

Sie verallgemeinert ihre Erkenntnis von der Erfahrungswirklichkeit zu einer Erkenntnis der Wirklichkeit überhaupt. Oder anders ausgedrückt: sie behauptet, die Wahrheit zu besitzen, während sie nur Erfahrungswahrheit besitzt. Sie meint mit der Erkenntnisregel, die für die wahrnehmbar wirkliche Welt gilt, auch die Welt selbst, auch die «Welt an sich», wie der Philosoph sagt[27], begriffen zu haben. Durch diese Verallgemeinerung erst wird sie eine «Lehre»[,] ein Gebäude von abgeschlossenen Erkenntnissen, das mit andern «Lehren» in der angeführten Weise in Konkurrenz treten könnte.

Gerade in dieser Verallgemeinerung liegt nun aber der Trugschluß. Wer sagt uns denn, daß die Welt unsrer Sinne, die Welt[,] von der wir Erfahrung haben, die Wirklichkeit ist? Wir können nur sagen, daß sie *die* Welt ist[,] von der wir durch unsern Verstand Kenntnis nehmen können. Aber die Art selbst, wie wir von dieser Welt Kenntnis nehmen, beweist, daß sie nicht die wirkliche Welt ist, sondern nur, um es so zu sagen[,] die vorläufige d.h. die bis jetzt erkannte Welt. Das wissenschaftliche Kenntnisnehmen besteht nämlich immer irgendwie in der Feststellung von *Größen*. Die Wissenschaft tritt an die Welt der Sinne heran mit dem Willen, die ihr begegnenden Objekte zu messen, zu zählen, zu wägen, ihre Verhältnisse zu einander zu erforschen. Sie ist gerade darum *exakte* Wissenschaft, weil sie alle ihre Erkenntnisse in *Zahlen* ausdrücken kann. Gäbe es nun eine exakte Wissenschaft[,] die wirklich eine zutreffende Darstellung der Wirklichkeit wäre, dann müßte sie im Stande sein[,] zweierlei Größen festzustellen, in Zahlen festzustellen, nämlich zuerst die kleinste wirkliche Größe, die kleinste Einheit[,] aus der sich diese angeblich wirkliche Welt aufbaut[,] und zweitens die Größe des Ganzen, die Totalität oder Summe all dieser Einheiten. Nur dann könnte von einer exakten Erkenntnis der wirklichen Welt die Rede sein, wenn wir ihren kleinsten Teil und ihre Gesamtheit zahlenmäßig kennen würden. Das ist nun aber *nicht* der Fall. U. zw. nicht, weil wir es noch nicht so weit gebracht hätten, sondern weil die Art unsres wissenschaftlichen Erkennens selbst es uns verbietet, uns bei irgend einer festgestellten Größe zu beruhigen. Auch *das kleinste Kleine*[,] das wir

---

[27] Vgl. I. Kant, *Kritik der reinen Vernunft*, B 532, Kant's gesammelte Schriften, hrsg. von der Königlich Preußischen Akademie der Wissenschaften, Abth. 1, Bd. III, Berlin 1911, S. 346.

uns denken können, müssen wir uns immer noch kleiner denken. Unser Denken zwingt uns[,] auch das kleinste Atom wenigstens in Gedanken noch in hundert Millionen Teile zu zerlegen und so weiter ins Unendliche[,] ohne daß wir jemals bei einer Größe anlangen würden[,] von der wir sagen könnten: das ist nun die Zahl eins in der ungeheuren Summe des Weltalls. Und ebenso müssen wir uns *das größte Große*, das wir uns denken können, immer noch größer denken. Auch wenn unsre Fernrohre bis zum entferntesten Stern der Milchstraße trügen, wir könnten uns ein Ende der Größe der Welt, wir könnten uns ihre Summe, wir könnten uns eben dies sog. Weltall nicht denken.

Ich will das Bisherige nochmals in 4 kurzen Sätzen zusammenfassen: Wissenschaft ist Erkenntnis von Größen in Zahlen. Wissenschaft von der Wirklichkeit wäre eine Erkenntnis ihrer kleinsten u. größten Größen in Zahlen. Erkenntnis der kleinsten u. größten Größen ist in ihrem Begriff unmöglich. Darum giebt es keine Wissenschaft von der Wirklichkeit.

Damit ist aber bereits gesagt, was es mit jenem Begriff einer *wissenschaftlichen Lehre* auf sich hat. Ein abgeschlossenes Gebäude wissenschaftlicher Erkenntnisse, das den Anspruch erheben will, eine zutreffende Darstellung der Wirklichkeit zu sein, ist das denkbar *unwissenschaftlichste* Unternehmen. Denn gerade die Wirklichkeit dargestellt zu haben, wird die echte Wissenschaft nie behaupten, weil die Wirklichkeit mit ihren kleinsten u. größten Größen immer jenseits aller möglichen Erkenntnis liegt. *Die Wissenschaft ist ihrem Wesen nach ein Suchen und nicht ein Gefundenhaben.* Sie erforscht die Erfahrungswelt, die Welt unsrer Sinne nach der Erkenntnisregel des Bewußtseins. In der unerbittlichen Anwendung dieser Erkenntnisregel liegt ihre Wahrheit. Sie folgt dem Trieb, das unendliche Feld dieser Welt ganz auszumessen, von Stufe zu Stufe, von Erkenntnis zu Erkenntnis, von Größe zu Größe, von Zahl zu Zahl[,] ohne ein Ende abzusehen (absehen zu *können!*) und doch ohne zu ermüden. Die Wissenschaft ist eine *Arbeiterin* und das ist ihre Größe. – Bei Dodel u. Cons[orten] dagegen tritt sie auf als eine *Besitzerin* und das ist ihr Untergang. Wenn sie meint gefunden zu haben, zu besitzen, dann hört sie auf Wissenschaft zu sein. Wirkliche Wissenschaft kennt keine Erkenntnis[,] die definitiv wäre[,] sondern jede Erkenntnis ist nur ein Anlauf, eine Abschlagszahlung auf neue Erkenntnisse, ein vorläufiger Versuch[,] Ordnung in die uns durch die

Sinne zugekommenen Erfahrungstatsachen zu bringen. Eine solche Ordnung[,] die in Zahlen ausdrückbar ist[,] nennt man dann ein *Naturgesetz*. Aber dies Naturgesetz ist nicht starr und «unverbrüchlich»[,] wie man oft gesagt hat, sondern es wird sich auf jeder neuen Stufe der Erkenntnis reinigen u. vertiefen. Es ist niemals eine Beschreibung der Wirklichkeit, sondern immer nur eine Beschreibung der bis jetzt erkannten Wirklichkeit. Selbstverständlich treten wir an jede neue Tatsache der Erfahrungswelt heran mit dem vorläufig bewährten Ordnungsversuch, wir suchen sie[28] naturgesetzlich zu begreifen. Nicht aber dürfen wir sagen, auf Grund unsres vorläufig bewährten Naturgesetzes die Welt schon verstanden zu *haben*. Nicht dürfen wir das Naturgesetz als ein *Dogma* auffassen d. h. als eine Beschreibung der Wirklichkeit überhaupt, wenn wir nicht ein Gebäude von phantastischer Bodenlosigkeit u. Bedeutungslosigkeit aufrichten wollen[.]

Das geschieht aber, wenn man von ewiger Entwicklung der Welt, von ihrer räumlichen u. zeitlichen Unendlichkeit redet, wenn man sie zu einem geist- und gottlosen Mechanismus machen will und wenn man das Alles – eine «*wissenschaftliche Lehre*» nennt.

Also: die Wissenschaft ist keine Lehre und ihre Erkenntnisse sind keine Katechismussätze, die ein für allemal gelten wollen.

Aber ihr Gegensatz zur Religion, wie er von mancher Seite behauptet wird, müßte sich nur noch verschärfen, wenn es sich nun zeigen sollte, daß *die Religion* ihrerseits in der Hauptsache eine *Wahrheitslehre*, eine Summe von richtigen Gedanken, eine zutreffende Darstellung der Erkenntnis der Wirklichkeit wäre, wobei sie ihren Anspruch Wahrheit zu sein auf eine vor Alters stattgefundene Offenbarung ihrer Sätze gründen wollte. Ein umsichtiger Gegner der Religion würde ganz anders vorgehen als Dodel u. Cons. Er würde nicht die wissenschaftliche Lehre gegen die religiöse ausspielen, sondern er würde zeigen[,] wie die Wissenschaft als unermüdliche Sucherin und Arbeiterin sich nicht versöhnen könne mit [einer] in trägem zufriedenem Besitz der Wahrheit sich sonnenden Religionslehre. Er würde der Religion nicht diese und jene Behauptung der Naturerkenntnis von heute ins Gesicht schleudern, sondern das alte prachtvolle Wort *Lessings:* Wenn Gott vor mich

---

[28] Mskr.: «ihn»; Änderung vom Hrsg.

träte und hielte in seiner rechten Hand alle Wahrheit und in seiner linken Hand den ewigen Trieb nach Wahrheit obgleich mit dem Zusatz mich ewig zu irren, ich fiele ihm demütig in die Linke u. spräche: Vater die Rechte ist nur für dich allein.[29] Und er würde mit *Hermann Cohen* hinzufügen, daß die Gabe der rechten Hand in der linken, daß alle Wahrheit in dem ewigen Trieb nach Wahrheit verborgen liegt.[30]

Wo der Angriff auf die Religion in *diesem* Sinn geführt wird, da kann man im eigensten Interesse der Religion nur seine helle Freude daran haben. Denn wir sehen aus der Geschichte, wie der in diesem Sinn geführte Angriff eines *Lessing*, eines *Kant*, eines *Fichte* dazu gedient hat, die Religion zur Besinnung über sich selbst zu nötigen. Jener Angriff und diese Selbstbesinnung mußten kommen. Wie es nämlich eine Auffassung von der Wissenschaft gab u. giebt, die sie zu einer froh-behaglichen Besitzerin der Wahrheit macht, so gab u. giebt es eine Auffassung der Religion[,] die das Wesen dieser Erscheinung in der Kenntnis u. Annahme gewisser höchster Wahrheiten sieht. Die Sätze des Katechismus kennen u. annehmen, das war auch bei uns jahrhundertelang das Kennzeichen der Religion und auch heute ist die Auffassung nicht ausgerottet, daß das die Grundlage der Religion ausmache, daß man dies u. das «glaube», wie man sagt. In der römisch-katholischen Kirche ist diese Auffassung sogar die offiziell giltige. Ein Christsein fängt damit an, daß [man] glaubt d. h. mit seinem Verstand für wahr hält, was die Kirche als offenbarte Lehre darbietet.

Wir stellen uns also wieder die Frage: Ist die Religion in ihrem Wesen eine solche *Wahrheitslehre* über die Wirklichkeit? Auf den ersten Blick scheint es so zu sein. Denn fast in jeder Religion begegnen wir einer kürzeren oder umfangreicheren *Dogmatik*, d. h. einer Reihe von Lehren, in denen die Erkenntnis Gottes und der Welt und des Menschen in der Auffassung der betreff[enden] Religion vorgetragen wird. Die Zustimmung zu diesen Lehren scheint dann in der Tat das Merkmal der

---

[29] G. E. Lessing, *Eine Duplik*, Werke, hrsg. von H. G. Göpfert, Bd. VIII, München 1979, S. 33: «Wenn Gott in seiner Rechten alle Wahrheit, in seiner Linken den einzigen immer regen Trieb nach Wahrheit, obschon mit dem Zusatze, mich immer und ewig zu irren, verschlossen hielte, und spräche zu mir: wähle! Ich fiele ihm mit Demut in seine Linke, und sagte: Vater gib! die reine Wahrheit ist ja doch nur für dich allein!»

[30] Vgl. H. Cohen, *System der Philosophie*, Zweiter Teil: *Ethik des reinen Willens*, Berlin 1904², S. 86.

Zugehörigkeit zu einer Religion zu sein. Aber es scheint doch nur so. Das Wesen aller Religionen besteht im Grunde ganz und gar nicht in ihren Wahrheitslehren, in ihren Dogmen. – Wir wollen der Kürze halber nur vom *Christentum* reden. Und die Frage stellen, ob es dann überhaupt eine Lehre giebt, von der man sagen könnte, daß sie den Inhalt des Christentums authentisch wiedergiebt. Da stoßen wir nun auf die Tatsache, daß es wohl mancherlei christliche Lehren giebt[,] aber keine[,] von der man sagen könnte: das ist nun *die* christliche Lehre. Ja, da ist die römisch-katholische Kirche mit ihrer fest umrissenen[,] sorgsam gehüteten Kirchenlehre. Da gab es ihr gegenüber in früherer Zeit eine lutherische und eine reformierte Kirchenlehre. Da giebt es die Sonderlehren der griechisch-orthodoxen Kirche und der zahllosen protestantischen Sekten. Aber wir sehen: bereits keine einheitliche Lehre[,] auf die man die Hand legen u. sagen könnte: das ist nun das Christentum. Denn Christen wollen alle diese Gruppen sein. – Aber wenn man genauer zusieht, lösen sich auch diese Gruppen auf. Selbst in der *römisch-katholischen Kirche* kann man nicht von einer fertigen, d. h. ein für alle Mal abgeschlossenen Wahrheitslehre reden. Theoretisch ist hier freilich das depositum fidei, das religiöse Erkenntnisgut der Kirche ein für allemal anvertraut und der päpstliche Stuhl in Verbindung mit dem allgemeinen Konzil hat blos die Kompetenz, dieses fertige Erkenntnisgut zu erklären und fortzubilden. Aber in der Praxis bedeutet das doch, daß auch in der katholischen Kirche jederzeit neue Dogmen d. h. bis jetzt nicht gekannte oder anerkannte religiöse Erkenntnissätze eingeführt werden können. Es giebt also auch hier keine tote d. h. keine für immer abgeschlossene u. etwa in einem Buch niedergelegte Wahrheitslehre, sondern auch die katholische Wahrheit ist an jedem Punkt der Veränderung fähig, mag dies immerhin unter dem vorsichtigen Titel der Erklärung und Fortbildung geschehen. – Noch viel mehr gilt das aber von den *protestantischen* Lehrgruppen, bei denen bekanntlich die Bibel zur Grundlage und Norm der Gedankenbildung gemacht wurde: die Bibel allein, ohne Papst u. Konzil, die etwa die Bibel authentisch auszulegen hätten. Denn auch die sog. Bekenntnisschriften der alten lutherischen u. reformierten Kirchen, die ja in Deutschland offiziell noch heute in Geltung sind, waren nie Kirchenlehre im römisch-katholischen Sinn, sondern eine Zusammenfassung derjenigen Gedanken[,] die sich die Generation[,] in der sie entstanden[,] zur Richtschnur ihres Verständnisses der Bibel nehmen wollte. Den Inhalt des Christentums meinte man nicht in den Bekenntnissen zu finden, sondern in der Bibel und nur in der Bibel. Gerade diese Berufung auf die Bibel und nur auf sie hat nun aber in den vergangenen 4 Jahrhunderten dazu dienen müssen[,] innerhalb des Protestantismus die grundsätzliche und schrankenlose *Lehrfreiheit* zu schaffen. Denn der erste las die Bibel lutherisch, der zweite calvinisch, der dritte pietistisch und der vierte aufklärerisch, der fünfte philosophisch und der sechste religionsgeschichtlich. Wer wollte u. konnte es verwehren, nachdem Papst u. Konzil nicht mehr galten, daß jeder die Bibel auf seine Weise las[,] oder anders gesagt, daß die Bibel zu jedem auf seine Weise redete? Heute sind wir grundsätzlich so weit, daß es ebensoviele christliche Lehren geben kann, als es evangelische Christen giebt. Über diese Willkür u. Zersplitterung mögen unsre katholischen Mitchristen in Entsetzen geraten und viele Protestanten mit ihnen – wir haben es hier mit einer *Tatsache* zu tun, an der nichts zu ändern ist: Wo man den Inhalt des Christentums wirklich in der Bibel gesucht hat, da hat man wohl christliche Lehren daraus genommen, aber nicht eine und dieselbe Lehre, sondern da hat jeder *seine* christliche Lehre daraus genommen. Bis in die strengsten Gemeinschaften und Sekten hinein beobachten wir immer dasselbe: Jeder macht sich auf Grund der Bibel seine *eigenen* Gedanken über Gott u. die Welt u. den Menschen. Das wollten wir aber auch nicht ändern. Es könnte nicht anders sein. Das[,] was all die Kirchen, Konfessionen, Gemeinschaften, Richtungen u. all die einzelnen Menschen in der Bibel finden, der Inhalt des Christentums, das ist offenbar etwas ganz Anderes als die Lehren, als die Erkenntnisse, die sie daraus entnehmen. Denn die Lehren u. Gedanken, die sie daraus nehmen[,] sind unendlich verschieden. Und doch beobachten wir, daß überall bei aller Verschiedenheit etwas aus der Bibel genommen wird, das Allen *gemeinsam* ist. Wir finden nämlich unter der Fahne all der verschiedenen christlichen Lehren Menschen, die gelernt haben[,] das Leben und seine Aufgaben ernst u. schwer zu nehmen, die mit sich selbst u. ihrem Können gründlich unzufrieden geworden sind und die dann eine Kraft gefunden haben, auf den natürlichen menschlichen Egoismus zu verzichten, ihr Leben in den Dienst der Andern zu stellen und dann in stillem innerm Frieden und doch mit trotzigem Mut durchs Leben zu gehen in der bescheidenen aber festen Gewißheit, daß ihr Weg der rechte sei und daß er sie zwar oft ins Dunkel[,] aber sicher ans Ziel führen müsse. Solche Menschen sind *Christen*. Ich wiederhole[,] daß sie überall sind, unter allen Fahnen. Sie sind eine zerstreute Schar und doch gehören sie zusammen. Sie marschieren getrennt und doch schlagen sie vereint.[31] Die christliche Lehre[,] der sie anhangen, kann sie nicht zu dem Gemeinsamen gemacht haben, das sie sind, denn die ist ja gerade das Verschiedene an ihnen. Der Inhalt des Christentums, das diese Menschen in sich aufgenommen haben, muß etwas Anderes sein, als eine Reihe von katholischen oder protestantischen, orthodoxen oder modernen Katechismussätzen. Was sie in sich aufgenommen haben[,] das ist nicht eine Lehre, sondern das ist ein neues überlegenes *Leben,* wie es andre Menschen nicht haben. Es hat sie berührt und erfaßt und umgestaltet. Dieses Leben ist der Inhalt des Christentums. Und dieses Leben verdanken sie direkt oder indirekt der Bibel. Nicht einer biblischen Lehre, sondern der biblischen Lebenswelt. Denn es war unvollkommen, annähernd in den Propheten u. Aposteln, es war vollendet in Jesus Christus. Diese Menschen der Bibel sind den Christen die Offenbarung Gottes, nicht in dem was sie gelehrt haben, sondern in dem was sie gewesen sind, in der Kraft[,] die von ihnen ausgegangen ist. In dieser Kraft spüren wir nämlich etwas von jener Welt der *Wirklichkeit,* die die Wissenschaft ewig sucht und ewig nicht findet. Und wir erfahren es, daß unser eigenes Leben in diese Welt der *Wirklichkeit* versetzt wird, wenn wir uns von ihrem Leben erfassen und verwandeln lassen. Ich sage Wirklichkeit, aber was ich meine ist *Gott.* Die Gottesoffenbarung, die uns in dem Leben der biblischen Menschen entgegentritt[,] und die Gotteserfahrung[,] die wir erfahren, wenn wir uns unter ihre Wirkung stellen – das ist der Inhalt des Christentums.

Und nun die religiöse *Lehre* oder[,] wenn wir beim Christentum bleiben wollen: die *christlichen Lehren,* wie verhält es sich mit ihnen? Wir denken an die biblische Erzählung von der Weltschöpfung, an die Wundererzählungen des alten u. neuen Testamentes, an das Gesetz und an die Weissagung, an die Lehren über Gott und über die Person Jesu, über die Sünde u. die Erlösung, über die Kirche u. über die Sakramen-

---

[31] «Getrennt marschieren – vereint schlagen» gilt als Grundsatz des deutschen Feldmarschalls Helmuth Graf von Moltke (1800–1891). Das Wort scheint auf Gerhard Joh. David von Scharnhorst (1756–1813) zurückzugehen (vgl. G. Büchmann, *Geflügelte Worte,* Berlin 1972³², S. 739).

te[,] an Alles das[,] was wohl wir Alle etwa als *die christliche Lehre* betrachtet haben. Wir haben jetzt gesehen: *die* christliche Lehre sind sie nicht, eine solche giebt es gar nicht, denn gerade in diesen Dingen sind die Christen[,] auch die aufrichtigen wahren Christen[,] nicht einig. Einig sind sie nur in der christlichen Gotteserfahrung selbst, nicht in der Art[,] wie sie darüber zu einander reden wollen. Alle diese Lehren, auch die wichtigsten u. grundlegendsten[,] verhalten sich zu jenem eigentlichen Inhalt des Christentums nur wie das Kleid zum Körper, wie die Schale zur Frucht, wie der Reflektor zum Licht. Es ist nicht wahr, was von übelbelehrten Feinden u. Freunden der Religion gesagt wird: diese Lehren seien die Grundlage des Christentums. Sondern umgekehrt: das Christentum ist die Grundlage dieser Lehren.

Damit ist nicht gesagt, daß diese sog. christl[iche] Lehre gering zu achten sei. Ganz im Gegenteil. «Wir richten sie auf!»[,] wie schon der Apostel Paulus gesagt hat, als man ihm die Abschaffung des alttestamentlichen Gesetzes zum Vorwurf machte [Röm. 3,31]. Wir würdigen alle die großen Gedanken, die in dieser Lehre enthalten sind[,] als bedeutende und z. T. unvergängliche Versuche, die innere Lebenserfahrung der Religion auszudrücken. Man kann von Gott nicht zutreffender reden[,] als es Jesus getan hat, indem er ihn «Unser Vater im Himmel» [Mt. 6,9] genannt hat. Man kann die befreiende und versöhnende Lebensoffenbarung[,] die dem Christen widerfährt[,] nicht genauer bezeichnen, als indem man sie mit Paulus «Gnade» nennt[,] und wenn er von dem neuen Leben des erlösten Menschen redet als von der «Freiheit»[,] dann empfinden wir Alle den Wahrheitsgehalt dieses Wortes. Man kann die helfende Bedeutung der Person Jesu nicht besser aussprechen, als indem man sie auf den Ausdruck bringt[,] daß er «für uns gestorben» [vgl. Röm. 5,6 u. ö.] ist. Und so finden wir Schritt für Schritt in der Gedankenwelt der christlichen Dogmatik eine wahre Fülle von Tiefe u. Schönheit u. Wahrheit. Auch das scheinbar Fremdeste kann einem lieb werden als eine eigenartige Äußerung des ewig gleichen Evangeliums. Auch die Dogmen und auch die Wundergeschichten, an denen unser Verstand Anstoß nehmen mag, können uns ein Mittel werden, uns das Leben[,] das in Jesus u. seinen Getreuen war, zugänglich zu machen. – Aber eben: ein *Mittel*. Wir stehen dem Allem *frei* gegenüber. Wir brauchen es, aber wir sind nicht daran gebunden. Wir verehren es, aber wir sind nicht darunter geknechtet. Denn es ist nicht die Sache selbst. Die Sache selbst ist die innere Gottesoffenbarung u. Gotteserfahrung, die darin vor Tausenden von Jahren ihren Ausdruck gefunden hat. Deshalb wird es uns nicht stören oder kränken, wenn wir beobachten, daß dieser Ausdruck den Schranken seiner Zeit unterworfen, daß er kein ewig giltiger[,] sondern ein menschlicher u. darum veränderlicher Ausdruck ist. Es wird uns nicht befremden, wenn die Wissenschaft diese und jene Angabe der Bibel[,] z. B. den Schöpfungsbericht[,] berichtigt, wenn sie nachweist, daß an den biblischen Erzählungen die Sage einen großen Anteil hat, wie in den Erzählungen andrer Religionen. Es wird uns nicht entrüsten, wenn wir an dem verschiedenartigen geistigen u. sittlichen Gehalt der einzelnen biblischen Bücher wahrnehmen, daß es auch in der Bibel schon unterschiedliche Höhenlagen des innern Lebens, der Religion gegeben hat. Das Alles lassen wir uns von der Wissenschaft gelassenen Herzens konstatieren. Hier werden wir ihr zustimmen, dort werden wir zweifeln, dort werden wir abwehren – aber das Alles hat mit unsrer Religion selbst wirklich nichts zu thun. Die wissenschaftliche *Richtigkeit* od. *Unrichtigkeit* des biblischen Ausdrucks macht mir die Offenbarung[,] die in der Bibel verborgen ist, weder wertvoller noch wertloser. Höre ich, daß $2 \times 2 = 4$ ist, so mag das *richtig* sein, es läßt mich aber auch völlig kalt, höre ich dagegen die biblische Schöpfungsgeschichte, so mag die zwar in mancher Beziehung *unrichtig* sein, aber ich höre darin die frohe Botschaft[,] daß ich nicht in einer Welt des blinden sinnlosen Schicksals lebe[,] sondern in einer Welt[,] die der Vater geschaffen. Eine sog. wahre Geschichte kann mich unendlich langweilen, während eine sog. Sage ein Gotteswort zu mir reden kann. Wer es unternimmt[,] die Religion zu bestreiten, weil er ihre Lehren u. Erzählungen für unrichtig hält, der weiß nicht[,] was er tut, um es kurz zu sagen. Er rennt offene Thüren ein in einem Haus[,] in dem er jederzeit freundlich empfangen sein könnte.

Und nun noch ein Wort zum Schluß über das Verhältnis zwischen Religion und Wissenschaft, so wie wir beide nun kennen gelernt haben. Ich kann mich kurz fassen. Das Entweder-Oder, von dem wir ausgegangen sind, hat sich als eine große Konfusion erwiesen. Es beruhte auf der Voraussetzung[,] daß eine Lehre einer andern Lehre gegenüberstehe, zwischen denen dann zu entscheiden sei. Diese Voraussetzung ist falsch. Die Wissenschaft ist keine Lehre und die Religion auch nicht.

Sondern die *Wissenschaft* ist das unendliche Suchen nach Wahrheit. Sie sucht die Wahrheit durch Erkenntnis der Welt, der wir uns durch unsre Sinne bewußt sind. Sie kann wohl diese Erkenntnis ins Unendliche ausdehnen und ihr Ziel bleibt immer[,] die Wirklichkeit zu erkennen. Aber sie vermag es nie[,] diese Wirklichkeit zu berühren, weil in diesem Moment unsre Erkenntnismittel versagen müßten. So versetzt die Wissenschaft den Menschen in eine ungeheure Spannung, sie stellt ihn vor die Aufgabe[,] die Wirklichkeit d. h. Gott selbst zu erkennen[,] um ihm im selben Augenblick das Angesicht Gottes zu verhüllen. Wird es einen Menschen geben, der diese Spannung erträgt, der die selig-unselige Aufgabe antritt[,] ewig nach der Wahrheit zu suchen? Ja solche Menschen giebt es. Das sind die, denen es klar geworden, daß im ewigen Suchen nach der Wahrheit die Wahrheit selbst liegt, die etwas von der Wirklichkeit in sich tragen, die sie erkennen möchten, die den Gott haben, den sie suchen. Solche Menschen erzieht die *Religion*. Denn in der Religion erfüllt sich der Mensch mit der Wirklichkeit, die ihm die Wissenschaft zu erkennen aufgibt. Hier wird ihm Gott gegenwärtig, den ihn die Wissenschaft suchen heißt[,] um ihm zugleich zu verbieten, den Schleier von seinem Bilde zu nehmen.[32] Ohne die Religion wäre und bliebe die Wissenschaft ein Jagen nach einem Schattenbild, das Keiner über sich nehmen wollte. Alle echte Wissenschaft ist vielmehr getragen u. getrieben von Religion. Daß es Menschen giebt[,] die die unendliche Aufgabe der Wissenschaft auf sich nehmen, das verdankt sie dem, daß es eine Tatsache giebt, die den Menschen den Mut und die Bescheidenheit, deren es dazu bedarf, verleiht. Und das ist eben die Tatsache der Religion. Wir wissen jetzt[,] was sie ist: sie ist das ewige schöpferische Leben erlöster Menschen in Gott. Solche Menschen sind im Stande, Wissenschaft zu treiben.

---

[32] Vgl. Fr. von Schillers Gedicht «Das verschleierte Bild zu Sais».

VERDIENEN, ARBEITEN, LEBEN
1912

Mit diesem Vortrag vom 28. April 1912, einem Sonntag, trat Barth zum ersten Mal außerhalb von Safenwil in einer Versammlung von politisch organisierten Arbeitern auf: in Fahrwangen, einem etwa 20 Kilometer östlich von Safenwil gelegenen Ort im aargauischen Seetal, der 1910 1186 Einwohner zählte.

Über die näheren Umstände von Barths Einladung in dieses Nachbardorf sind keine Nachrichten erhalten. In seinen noch vorhandenen Briefen findet der Vortrag nur einmal Erwähnung. Am 16.4.1912 schreibt er an Wilhelm Loew: «Sonntag in 8 Tagen rede ich an einer Agitationsversammlung der Textilarbeitergewerkschaft in Fahrwangen, wahrscheinlich über ‹Arbeit und Reich Gottes›. Mit den schweiz. Textilern bin ich nun überhaupt gut Freund, sogar Ehren-Abonnent ihres Wochenblattes, das sehr gut redigiert ist. Die Familie Hüssy und die mit ihr alliierten Preßkosaken sind nun seit 2 Monaten wieder ruhig. Dagegen wird in der Strickerei Hochuli scheints jeweilen am Montag nachgefragt, ob und was ‹er› in der Predigt über den Kapitalismus gesagt habe. Komm u. sieh dir das bald wieder aus der Nähe an.»

Die gastgebende Organisation hatte damals eine erst einjährige, aber bewegte Geschichte hinter sich. In den Dörfern Fahrwangen und Meisterschwanden war seit langem die Stroh- bzw. Feingeflechtsindustrie beheimatet. Die bedeutendsten Unternehmen – Gebrüder Fischer, Henry Schlatter und Hans Fischer & Cie. – machten im Jahre 1911 von sich reden, als weithin bekannt wurde, unter welchen Bedingungen die bei ihnen beschäftigten Arbeiter produzierten: «Die nominelle Arbeitszeit dauerte 11 Stunden; lange Zeit mußten die Arbeiter und Arbeiterinnen aber ohne jeden Lohnzuschlag 12 Stunden schuften. Und dann gab man ihnen noch Geflecht zum Reinigen mit nach Hause, für welche Arbeit die Familien auch noch je eine bis drei Nachtstunden aufwenden mußten. Und die ‹Löhne›: Stundenlohndurchschnitt 22 Rappen! Bei 13- bis 15 stündiger Fabrik- und Heimarbeit konnte man es also auf den fürstlichen Taglohn von 4 Franken bringen. Kam einmal eine Arbeiterin eine Viertelstunde zu spät, so hatte sie 50 Rappen Buße zu zahlen, also mehr als der Lohn für zwei Arbeitsstunden ausmachte. Ein Großteil der

Arbeiterinnen ‹verdiente› in 11 Stunden zwischen Fr. 1.90 bis Fr. 2.50.»[1] *Als Verhandlungsangebote der Arbeiter von seiten der Unternehmer abschlägig beschieden wurden, begann eine 31 Wochen dauernde Auseinandersetzung. Der Textilarbeiterverband wurde um Hilfe angegangen. «Am 9. April 1911 fand eine Versammlung statt; es wurde eine Gewerkschaft gegründet, die bald 250 Mitglieder zählte.»*[2] *Die Unternehmer reagierten darauf mit einem «Mahnruf an die Arbeiterschaft», dessen Wortlaut Barth in seinem Dossier «Die Arbeiterfrage» vom Winter 1913/14 festgehalten hat.*[3] *Danach wurde den bereits dem Verband Beigetretenen mit Kündigung auf den 15. April gedroht, falls sie nicht austräten; alle später Beitretenden hätten mit ihrer Entlassung zu rechnen. Die Arbeiter beriefen sich auf das in der Verfassung gewährte Vereinsrecht. Zwar nahmen die Unternehmer «auf den Rat der Regierung die Kündigung gegen alle Organisierten zurück, weil diese mit erpresserischen Bedingungen verknüpften Kündigungen ungesetzlich waren»*[4]; *später sprachen sie aber erneut zahlreiche Kündigungen aus, «so daß wiederum rund hundert Arbeiter ausgesperrt waren und die übrigen Organisierten jeden Tag mit der Entlassung rechnen mußten. Schließlich wurde eine Großaktion gestartet: Fabrikanten höchst persönlich, Meister und gekaufte Subjekte mußten sich an die einzelnen Arbeiter und Arbeiterinnen heranmachen, ihnen auf den Fabrikbüros geschriebene Austrittserklärungen vorlegen und sie zur Unterzeichnung überreden.»*[5] *Von den nunmehr 270 Verbandsmitgliedern traten jedoch nur 28 aus. Die Zusammenkünfte während der Auseinandersetzungen fanden in einem Schuppen statt, da den Arbeitern die Versammlungslokale gesperrt waren.*

Wir Pfarrer fangen unsern Konfirmandenunterricht gerne an etwa mit der Frage: Was meint ihr Kinder, *wozu seid ihr auf der Welt?* Wozu leben wir Menschen? Darüber haben Viele von den Kindern freilich noch nie nachgedacht. Aber wenn dann das Erstaunen über die unge-

---

[1] E. Marti, *50 Jahre Schweizerische Textil- und Fabrikarbeiter-Organisationen 1903–1953*, Zürich 1954, S. 211.
[2] Ebd.
[3] Siehe unten S. 596f.
[4] E. Marti, a.a.O., S. 212.
[5] A.a.O., S. 212f.

wohnte Frage vorüber ist, dann gibt ganz sicher das Erste oder Zweite, das sich zum Wort meldet, die fröhliche und tapfere Antwort: *Wir sind auf der Welt[,] um zu arbeiten!* Es hat jedesmal etwas Elektrisierendes, Begeisterndes auch für den Lehrer, wenn dieser Kernschuß kommt, diese einfache und doch so tiefsinnige Lösung des großen Lebens- und Welträtsels. Man spürt in dieser Kinderantwort etwas davon, daß die Menschheit nicht herunterkommen[,] sondern aufwärtssteigen will, etwas vom Herzschlag eines gesunden zukunftsfrohen Volkes. Man empfindet es dankbar, daß man Echo und Verständnis finden wird, wenn man sich nun bemüht, der Jugend, die so antworten kann, den Weg in die Welt und durch die Welt der Arbeit zu zeigen. Aber ein einsichtiger Lehrer wird sich durch die Freude an dieser Antwort nicht hindern lassen, weiter zu fragen: Was meint denn ihr Andern? Und dann wird sich ebenso sicher ein anderes Kind finden, vielleicht eines mit einem blassen Gesicht und mit einem sorgenvollen Ausdruck in den jungen Zügen, das giebt mit schüchterner bedenklicher Stimme zur Antwort: *Wir sind auf der Welt[,] um zu verdienen!* Jetzt ists[,] wie wenn ein Schatten über die Sonne gegangen wäre. Lehrer und Kinder werden unwillkürlich nachdenklich, um einen Grad weniger freudig. Ein unreiner Ton ist in den vollen Klang der ersten Antwort hineingekommen. Leben um zu arbeiten! Das wäre so schön. Aber Leben um zu verdienen? Da haben Alle unbewußt das Gefühl, daß die Welt auch eine weniger schöne, eine dunklere Seite hat. Sie ahnen, daß es nicht nur Freude, Fortschritt, Tapferkeit giebt im Leben, sondern auch hindernde, drückende, müde machende Gewalten, die den Menschen unten halten wollen. Und der Religionslehrer wird sich erinnern an die Bedeutung, die diese Gewalten aus der Tiefe schon für die jungen Seelen haben, er wird sich sagen, daß er damit rechnen muß, daß das Steine sind, die den Weg der allermeisten der Kinder[,] die er vor sich hat[,] schwer machen und die ihn in vielen Fällen verrammeln werden.

Wir leben[,] um zu *arbeiten* – Wir leben[,] um zu *verdienen*. Aber ist denn nicht Beides eins und dasselbe? Haben nicht mindestens beide Kinder bei ihren Antworten an dieselben Dinge gedacht, an den Vater, der in die Fabrik geht, an die Mutter, die das Haus besorgt und nachher vielleicht irgend eine erwerbbringende Heimarbeit, an sich selbst, die eben die Schule verlassen haben und nun entweder zu Hause oder auf dem Feld helfen müssen oder aber bereits ihrerseits die ersten Gänge zur Fabrik getan haben, denen nun durch ihr ganzes Leben oder doch durch einen großen Teil davon unzählige weitere folgen werden? Kann man nicht alle diese Dinge ebenso gut Arbeiten nennen wie Verdienen, Brotverdienen, Geldverdienen? Ists nicht wirklich eins und dasselbe: Arbeiten und Verdienen? Das ist nun in der Tat richtig, daß beide Kinder an dieselben Dinge gedacht haben bei ihren Antworten, ans «Schaffen» mit einem Wort. Allein ich habe bereits darauf hingewiesen: ein unmittelbares, zunächst vielleicht uns selbst unerklärliches Gefühl sagt uns, daß es einen tiefen[,] wesentlichen *Unterschied* ausmacht, ob man dieselben Dinge Arbeiten nennt oder Verdienen. Und diesen Unterschied finden wir nun durchaus bestätigt, wenn wir über die beiden Worte gründlicher nachdenken. Wir entdecken dann, daß hier nicht nur zwei verschiedene Worte einander gegenüberstehen, sondern zwei verschiedene, ja miteinander absolut unversöhnliche Lebensauffassungen und Weltanschauungen. Unbewußt und unentwickelt liegt dieser große Gegensatz schon in den genannten beiden Kinderantworten. Über diesen Gegensatz wollen wir heute zusammen nachdenken.

Was meint denn das erste Kind, wenn es antwortet: Wir sind auf der Welt, um zu *arbeiten*? Wir wollen jetzt natürlich die ganze kindliche Vorstellungsweise bei Seite lassen und aus der Antwort das herausnehmen, was in Wirklichkeit[,] wenn auch unentwickelt darin liegt. Unzweifelhaft ist damit gemeint, daß die Arbeit zwar etwas *Schweres* sei[,] aber auch etwas *Schönes*. Und dieses Schwere und doch Schöne sei nun der rechte Inhalt für ein Menschenleben. Die Arbeit ist etwas *Schweres;* denn wir arbeiten zunächst durchaus nicht[,] weil es uns angenehm ist so, sondern weil wir uns dazu verpflichtet fühlen. Auch braucht es immer wieder neue Anspannung, neue Energie unsres Willens, um die Lust zur Untätigkeit, zum Müßiggang zu überwinden. Aber jedesmal wenn wir dieses Hindernis hinter uns haben – und es kann uns zur Gewohnheit werden[,] an dieses Hindernis gar nicht mehr zu denken – kommen wir zur Erkenntnis des unvergleichlich *Schönen*, das in der Arbeit liegt. Wir müssen uns selbst eingestehen, daß wir die Arbeit nötig haben, um nicht innerlich zu verkommen, daß wir Arbeiter sein müssen, um überhaupt Menschen zu sein. Es ist ja wohl uns Allen schon passiert, daß wir einen neidischen Seitenblick geworfen haben auf Leute, die fast oder gar nichts Anderes zu thun haben als Coupons zu schneiden, im Automobil spazieren zu fahren oder auf einem Lehnstuhl am Schatten zu sitzen, ja vielleicht sogar auf den vagabundierenden Zigeuner, dessen Tätigkeit auch wesentlich darin besteht, sich von der Sonne bescheinen zu lassen. Aber wenn wir ehrlich sind, müssen wir doch sagen, daß wir im Grunde den Rentier und seinen Geistesverwandten[,] den Vagabunden[,] um ihr Los durchaus nicht beneiden. Zu deutlich haben wir die Empfindung, daß der Wert des Menschen darauf beruht, daß er nach seiner Anlage und seinen Kräften etwas Rechtes[,] Ernsthaftes schafft in der Welt. Vor Leuten, die nicht arbeiten, haben wir im Grunde keinen Respekt[,] auch wenn wir vielleicht noch so tief den Hut vor ihnen abziehen. Und umgekehrt giebt uns das Bewußtsein: ich arbeite! Respekt vor uns selbst, wir fühlen, daß wir etwas wert sind. Der Acker[,] den der Landmann bestellt hat, das Mittagessen[,] das nahrhaft und appetitlich unter den Händen der Hausfrau hervorgegangen ist, das Produkt, das der Fabrikarbeiter der Vollendung entgegengeführt hat, die Kinderschar[,] die der Lehrer in die Geheimnisse des Einmaleins eingeführt hat, daß es läuft vorwärts und rückwärts, die Predigt[,] die durchgedacht, disponiert und niedergeschrieben vor mir auf dem Tisch liegt – alle diese Dinge, an denen wir gearbeitet haben und weiter arbeiten, sie rufen uns zu: ich bin dein Werk, es ist die Welt an einer kleinen Ecke um ein ganz klein bischen besser, vollkommener geworden durch *deine* Überlegung[,] durch *deine* Kraft, es ist ein Ruck nach vorwärts geschehen und *du* hast gerückt oder doch mitgerückt dabei. Das Bewußtsein von einem wenn auch noch so geringen Wert unsrer Werke strahlt gleichsam zurück auf uns selbst. Wir fühlen uns gehoben dadurch[,] daß wir etwas gewirkt, etwas geschaffen haben, was vorher noch nicht da war. Dieses Bewußtsein gibt jeder Arbeit Schönheit. Ich sage ausdrücklich: *jeder* Arbeit. Denn wenn wir bei dem Worte Arbeit an dieses Schaffen denken wollen und an den Wert[,] der von jedem menschlichen Werk auf seinen Urheber zurückstrahlt, dann werden wir nicht mehr unterscheiden zwischen höherer und niederer, zwischen schönerer und weniger schöner Arbeit. Es besteht freilich ein Unterschied zwischen den Produkten oder Teilprodukten, die mechanisch und gleichförmig aus den Händen eines Fabrikarbeiters hervorgehen[,] und der Konstruktion[,] die der Ingenieur in mühsamem[,] eindringendem Geistesringen entworfen, zwischen dem Haufen Holz, den mir Freund So und So gesägt und gespalten[,] und der Predigt, die ich in derselben Zeit zu Faden geschlagen habe. Aber es braucht kein Unterschied zu bestehen in der Freude, die wir Alle an unsrer Arbeit haben. Wir Alle können in gleicher Weise unsre Arbeit schön finden, können in gleicher Weise das Bewußtsein haben: ich habe nach *meiner* Anlage und mit *meiner* Kraft etwas Rechtes geschafft. Es gibt keine Aristokratie innerhalb des Reiches der Arbeit, sondern jeder arbeitende Mensch ist als solcher ein Aristokrat der Menschheit. Pöbel, Menschen zweiten Ranges sind immer nur die[,] die nicht nach ihrer Anlage und Kraft mitarbeiten wollen.

Aber wir müssen nun gleich noch tiefer eindringen in dieses veredelnde[,] erhebende Wesen der menschlichen Arbeit. Ich habe schon darauf hingedeutet, daß es zusammenhängt mit der besondern Anlage jedes Einzelnen. In der Arbeit betätigt und entfaltet sich die Seele, die *Persönlichkeit* des Menschen, das ist das Erste und Grundlegende, was wir von ihr zu sagen haben. Durch die Arbeit und in der Arbeit entsteht das[,] was man den Charakter des Menschen nennt. Das heißt: da wird er ein bewußtes[,] in sich geschlossenes Wesen[,] weil er die Grenzen seiner Leistungsfähigkeit ermessen lernt und sich nun in fortschreitendem Maße betätigt bis an diese Grenzen. Ein Mensch, der nicht arbeiten will, bleibt seiner Lebtage ein Fragezeichen, ja ein Nichts. Er will sich nicht klar werden über das[,] was er leisten könnte[,] und darum leistet er es auch sicher nicht. Wogegen ein arbeitender Mensch eben durch diese Selbstbesinnung und Selbstbetätigung etwas Bestimmtes, Bewußtes, Abgeschlossenes wird. Und doch nicht etwas Beschränktes. Die Persönlichkeit betätigt sich nicht nur[,] sondern sie entfaltet, sie erweitert sich in der Arbeit. Wohl erinnert uns die Arbeit zunächst an die Grenzen unsres Könnens. Wir Alle haben einmal unten anfangen müssen, beim ABC, bei den ersten einfachsten Handgriffen. Aber wenn wir unsre Arbeit rechtschaffen getan haben, dann sind wir über das ABC[,] über die einfachen Handgriffe hinausgekommen. Die Grenzen unsres Könnens wurden weiter, ganz von selbst, nachdem wir sie erreicht hatten. Diese vorwärtsstrebende entwickelnde Kraft behält aber die Arbeit für unser ganzes Leben. Ein rechter Bauer z. B. kann nicht stehen bleiben bei den paar Anweisungen und Gewohnheiten, die er vom Vater überkommen u. gelernt hat, sondern wenn es ihm ernst ist, wird seine Arbeitsweise sich in steigendem Maß vervollkommnen. Ein rechter Handwerker wird nicht Alles über denselben Leisten schlagen, sondern er wird sich beständig umsehen nach Verbesserung und Verfeinerung seines Betriebes. Ein rechter Fabrikarbeiter weiß mit seiner Maschine in steigendem Maß hurtig und geschickt und zweckmäßig umzugehen, ja der Fall ist möglich und auch schon dagewesen, daß er die Anregung giebt zur Vervollkommnung der Maschine selbst[,] an der er arbeitet. Selbst bei der einfachsten Arbeit stellt sich dieser Drang nach Verbesserung, dieser Aufwärtstrieb ein. Wenn ich z. B. heute Holzhacker werden sollte, so würde ich mich dabei ohne Zweifel sehr ungeschickt benehmen, ich hoffe aber lebhaft[,] daß es mindestens übers Jahr um diese Zeit schon besser mit mir stehen würde. Wir schreiten vorwärts[,] indem wir arbeiten. Die Arbeit selbst erzieht uns und [es] macht uns Freude[,] uns erziehen zu lassen. Ich weiß nun zwar sehr wohl, daß für Unzählige dieses Fortschreiten, diese Erziehung in der Arbeit ihre sehr bestimmten Schranken hat, die einmal erreicht[,] dann aber nicht mehr oder nur noch in sehr geringem Maß überschritten werden können[,] u. zw. liegt das nicht an ihnen, sondern an der Art der Arbeit. So könnte ich z. B. in der Fertigkeit des Holzspaltens Fortschritte machen bis zu einem gewissen Punkt, aber dann hörts auf aus dem einfachen Grund, weil es dann im Holzspalten keine weitern Fortschritte zu machen giebt. Und das gilt nun ganz bes[onders] von der Maschinenarbeit, nicht von aller[,] aber von der meisten. Wenn man da die nötigen Griffe einmal «los» hat, dann giebts im Großen und Ganzen nichts mehr zu lernen, die Arbeit bleibt im Wesentlichen immer dieselbe, der Mensch braucht nicht mehr dabei zu sein, nur noch seine Hände. Solche Arbeit[,] bei der sich die Persönlichkeit des Arbeiters nicht mehr oder fast nicht mehr entfalten und entwickeln kann, nennen wir dann langweilige Arbeit. Aber nun machen wir eine merkwürdige Beobachtung: Wo der rechte Arbeitsgeist in einem Menschen wirklich vorhanden ist, da läßt er sich auch durch die langweiligste Arbeit nicht abtöten. Sondern wenn er in der Berufsarbeit keinen genügenden Raum mehr findet zur Entfaltung, dann greift er instinktiv über die Berufsarbeit hinaus in irgend ein anderes Gebiet, in dem es etwas zu lernen giebt, in dem man Fortschritte machen kann. Ich habe schon mehr als einmal einfache Fabrikler angetroffen, die nach 10 oder 11stündiger Arbeitszeit schon in der Eisenbahn, die sie nach Hause führte, sich an das Studium eines wissenschaftlichen Buches machten. Andre leben auf im Gesang-[,] Musik- oder Turnverein. Andre werden Mitarbeiter der

Abstinenzbewegung. Andre stürzen sich in die Politik. Es hat für mich immer etwas Ergreifendes, wenn ich alle die Leute an all diesen sog. Nebenbeschäftigungen sehe. In Wirklichkeit sind sie für die Betr[effenden] durchaus nichts Nebensächliches, sondern gerade ihr eigentlichstes persönlichstes Leben, das danach dürstet, vorwärts zu schreiten, sich zu entfalten, das in der Fabrik, hinter der Maschine nicht zu seinem Rechte kommt und das sich nun in allen diesen Tätigkeiten auswirkt.

Wir müssen nun noch von der andern Seite der Arbeit reden. Arbeit bedeutet nicht nur Entstehung des Charakters, Betätigung und Entfaltung der Persönlichkeit; in einem noch höhern Sinne ist es wahr[,] was ich gesagt habe, daß wir Arbeiter sein müssen, um Menschen zu sein. Wenn wir nämlich vorläufig einmal vom Lohn absehen wollen, sondern nur an die Arbeit selbst denken, die wir verrichten, so machen wir die überraschende Entdeckung, daß gerade in unserm modernen Leben die allermeisten Menschen *gar nicht oder nur zum geringsten Teil für sich selbst* arbeiten. Die Zeiten sind längst vorbei, wo jeder sein eigener Kornbauer, Müller und Bäcker, sein eigener Milch- und Fleischlieferant, sein eigener Baumeister und Handwerker war. Die letzten Spuren dieses Zustandes, die sich noch hie und da auf dem Lande finden, sind heute im Schwinden, und an seine Stelle ist in jahrhundertelanger Entwicklung der Grundsatz der *Arbeitsgemeinschaft* getreten. Die Produkte oder Teilprodukte, die der Bauer, der Handwerker, der Arbeiter von heute schafft, dienen gar nicht oder nur im allergeringsten Maße seinem persönlichen Bedarf, sondern dem Bedarf aller möglicher naher oder ferner[,] ihm selbst meistens ganz unbekannter Mitmenschen. Und umgekehrt ist sein eigener Lebensbedarf das Produkt einer ganzen Reihe unbekannter arbeitender Menschen diesseits und jenseits des Weltmeeres. Denkt einmal nach darüber[,] wer Alles Gebrauch machen mag von den Dingen, die ihr in der Fabrik oder in der Hausindustrie fertigstellt. Und denkt einmal nach darüber[,] woher Alles das stammt, was euch selbst zum täglichen Gebrauch dient, vom Filzhut auf eurem Kopf bis zu den Schuhen an euren Füßen, vom Kochgeschirr in eurer Küche bis zum Stumpen, den ihr euch nachher anzünden werdet. Ihr arbeitet nicht für euch selbst, sondern für den Gebrauch Andrer[,] und alle möglichen andern Leute haben auch nicht für sich selbst gearbeitet, sondern[,] wie ihrs mit Händen greifen könnt, für euch. Da habt ihr den Grundsatz der Arbeitsgemeinschaft, der bis auf die ältesten Zeiten der menschlichen Kultur zurückgeht, der sich im Lauf der Jahrhunderte durchgesetzt hat und in unsrer modernen Zeit in beschleunigtem Tempo und der heute kaum noch in der abgelegensten Hütte des australischen Wilden etwas ganz Unbekanntes ist. Dieser Grundsatz bedeutet aber zweifellos einen gewaltigen Fortschritt, vor Allem darum, weil er zu dem Bilde der menschlichen Arbeit, wie wir es bis dahin gezeichnet haben, einen neuen Zug von überragender Bedeutung hinzufügt. Arbeiten heißt nicht oder nur zum allergeringsten Teil für sich selber sorgen. Sondern Arbeiten – was für eine Arbeit es immer sei – heißt seine Bürgerpflicht erfüllen in dem ungeheuren menschlichen Arbeitsstaat, der sich über die ganze civilisierte Erde erstreckt. Dieser Arbeitsstaat[,] in den wir eingefügt sind[,] ist nichts als eine Anwendung derselben natürlichen Gottesgesetze, die wir im Ameisenbau oder im Bienenkorb wirksam sehen oder auch in jedem andern lebendigen Organismus der Natur, sei es ein Blatt am Baum oder ein Glied unsres menschlichen Körpers. Da treffen wir auch kein lebendiges Atom an, das nur für sich selbst existierte, das nur in sich selbst seinen Zweck hätte. Sondern da lebt immer eins vom andern und hilft zugleich allem Andern zum Leben. So lebt auch von uns Menschen keiner aus eigener Kraft, sondern immer verdanken wir Alles oder das Meiste zugleich der Arbeit Anderer. Und so arbeitet keiner von uns für sich selbst, sondern unsre Arbeit ist immer ganz oder zum größten Teil ein Dienst, den wir Andern erweisen. Das ist die natürliche, die göttliche Bedeutung der Arbeit, daß sie uns zu bewußten Mitmenschen macht, daß sie uns anleitet[,] dankbar zu sein gegen die Andern und zugleich fruchtbar für die Andern. Und nun hängt mit der Arbeitsgemeinschaft aufs Engste zusammen der Grundsatz der *Arbeitsteilung*. Man arbeitet nicht mehr für sich selbst und darum arbeitet man auch nicht mehr allein. Jeder Einzelne hat von dem[,] was die Menschen überhaupt zum Leben bedürfen[,] gleichsam ein Stück zur Besorgung übernommen. Dieses Stück ist sein Beruf. Auch in dieser Hinsicht hat[6] die Geschichte der Menschheit eine fortschreitende Entwicklung durchgemacht und macht sie noch durch. Es war ein Fortschritt gegenüber der Willkür älterer Zeiten, in denen Alle Alles machen konnten, als im Zunftwesen des Mittelalters Ordnung in

---

[6] Mskr.: «weist»; Änderung vom Hrsg.

die gemeinsame Arbeit gebracht wurde. Aber die alten zunftmäßigen Berufe konnten sich nicht halten und sind heute gleichfalls im Absterben begriffen. Die Arbeitsteilung schritt vorwärts, die Stücke gemeinsamer Arbeit, die der Einzelne zur Besorgung übernahm, wurden kleiner und kleiner. Ein Schuh der in der Budike des Handwerkers von zwei Händen fertiggestellt wurde und wird, geht bei Bally & Co.[7] durch 60 Hände. Ganz dieselbe Erscheinung ist aber auch auf dem Gebiete der geistigen Arbeit aller Art wahrzunehmen. Ein Albrecht v. Haller[8] im 18. Jahrh. konnte sich noch rühmen, das gesamte Wissen seiner Zeit zu beherrschen. Das wäre heute auch nur auf einem Teilgebiet der Natur- oder Geschichtswissenschaft ein Ding der Unmöglichkeit. Alle Arbeit, sei es welche es wolle, wird heutzutage in steigendem Maße Spezialarbeit. Was wir schaffen, ist nie etwas Ganzes, Totales, sondern immer nur ein Teilstück, wir arbeiten Andern in die Hände. Man kann heute vielfach klagen hören über diesen Zustand der zunehmenden Arbeitsteilung. Es ist daran auch richtig, daß die schon erwähnte Langweiligkeit der Fabrikarbeit gegenüber der Handwerkerarbeit in dieser Arbeitsteilung ihren wesentlichen Grund hat. Immer und immer nur dasselbe Teilstück eines Schuhs oder eines Leibchens produzieren, das ist auf die Länge eintönig. Aber es läßt sich wohl bedenken, ob die Lichtseite der modernen Spezialarbeit ihre Schattenseiten nicht überwiegt. Ihr erinnert euch vielleicht einer Erscheinung, der man noch vor 10–15 Jahren auf den Jahrmärkten begegnen konnte: des Musikanten, der mit den Händen Geige spielte, mit dem einen Bein die Pauke schlug, mit dem andern eine Drehorgel in Gang setzte und mit dem Kopf ein Glok-

---

[7] Im aargauischen Schönenwerd ansässiges Werk der schweizerischen Schuhindustrie. Zur Geschichte des Unternehmens und seiner zahlreichen in- und ausländischen Filialen vgl. A. Rey, *Die Entwicklung der Industrie im Kanton Aargau* (Diss. phil. Basel), Aarau 1937, S. 107–110.
[8] In Barths Besitz befindet sich *Albrecht von Haller. Darstellung seines Lebens nach den Briefen seiner Freunde und nach seinen eigenen Aufzeichnungen*, Basel 1878, wo der «unbegreifliche Umfang von Hallers Wissen» (S. 59) geschildert wird. «... Naturwissenschaften ..., alte und neue Geschichte, Reisebeschreibungen, Theologie, Philosophie, Poesie streiten sich um seine Gedanken, seine Prüfung, sein Urteil. Es ist unglaublich, wie viel und wie reißend geschwind er gelesen haben mußte. Einer seiner Söhne redet allein von 2000 Romanen, die er gelesen habe, und von 50,000 wissenschaftlichen Schriften. ... Seine Bibliothek bestand aus ungefähr 25,000 Bänden» (S. 58).

kenspiel schüttelte, das auf seinem Hut angebracht war. Das ist das Bild des Handwerkers alter Art. Man wird aber einverstanden sein damit, daß von einem kleinen Orchester[,] in dem jeder *sein* Instrument spielt[,] erfreulichere Musik zu erwarten ist, als von einem solchen Geigenpaukenglockendrehorgelmann. Und so wird man sagen dürfen, daß der Grundsatz der Arbeitsteilung die Qualität der menschlichen Arbeitsprodukte günstig beeinflussen dürfte, daß in dem Maß[,] als er sich einlebt, diese Produkte feiner u. zweckmäßiger ausfallen werden. Aber wiederum hat dieser Grundsatz vor Allem seine Bedeutung für den arbeitenden Menschen selbst. Noch einmal wird hier der Begriff der Arbeit deutlich auf eine höhere Stufe erhoben. Nicht nur arbeiten wir nie für uns selbst, sondern unsre Arbeit ist auch immer nur ein Teilstück der Arbeit, die überhaupt gethan werden muß. Nicht nur leben wir von der Arbeit Anderer, sondern wir könnten nicht einmal arbeiten, wenn nicht Andre vor uns gearbeitet hätten, und neben uns und uns in die Hände arbeiten würden. Ich meine, im Lichte dieser Tatsache muß uns unsre Arbeit[,] und wäre es die geringste[,] als etwas unaussprechlich Weihevolles, Großes erscheinen. Sie flößt uns die demütige Erkenntnis ein, daß wir kleinen Menschen namens So und So hinter unsern Maschinen oder hinter unserm Studierpult gar nichts sind gegenüber der arbeitenden, zusammenarbeitenden Menschheit im Ganzen. Sie giebt uns aber zugleich das stolze Bewußtsein, daß wir an unsrer kleinen Arbeitsstelle wichtig u. nötig u. unentbehrlich sind, damit das Werk der Menschheit im Ganzen getan werde. Wir lernen uns bei diesem Gedanken fühlen als Soldaten in der großen Armee der Arbeit, als Bausteine des großen lebendigen Tempels, als Wellen in dem unendlichen Ozean des wahren[,] des göttlichen Lebens.

Und nun? Wenn wir an Alles das denken, was uns die Arbeit sein kann, ists dann nicht wahr, wenn wir sie etwas unvergleichlich Schönes genannt haben? Müssen wir nicht gestehen: Ja, es gibt nichts Größeres und Besseres als die Arbeit, ja, wir sind auf der Welt, wir leben, um zu arbeiten?

Allein nun hat vielleicht bereits der Eine oder Andre von Euch im Stillen den Gedanken gehabt: Das wäre wohl Alles recht schön … aber … aber! Und nun kommt die Antwort des andern Unterweisungskindes: *Wir sind auf der Welt[,] um zu verdienen!* Wir müssen auch dieser

Stimme Gehör schenken. Was liegt denn nun in diesem Wort «Verdienen»? Ach, eine ganze Menge und was gar nicht zu all dem eben Gesagten passen will. Schon der Klang des Wortes erweckt in uns die Empfindung von etwas Saurem, Mühsamem, Notgedrungenem. «Man muß doch gelebt haben. Und um zu leben, muß man verdienen.[»] Und um zu verdienen, muß man freilich arbeiten, aber dabei denken wir weder an die Betätigung und Entfaltung unsrer Persönlichkeit, noch an das Wirken für die Andern und mit den Andern zusammen, wir denken also überhaupt nicht an die Arbeit selbst, sondern an den *Lohn*, den wir nachher dafür beanspruchen können. Ja, bei *dieser* Auffassung des Lebens sind wir nun freilich wie in eine andre Welt versetzt, obwohl sie mit jener ersten Auffassung bei den meisten Menschen in einer Brust vereinigt ist. Dieselbe Sache, die wir bis jetzt Arbeit genannt haben, erscheint uns da plötzlich in einer ganz andern[,] fahlen Beleuchtung. Wir sehen nicht mehr aufwärtsstrebende, fortschreitende, ihre Kräfte und Anlagen entfaltende freie Wesen. Wir sehen nicht mehr Menschen, die einander gegenseitig zum Leben dienen wollen, die einander gegenseitig in die Hände arbeiten. Sondern jetzt sehen wir Scharen von Männern, die des Morgens in der Dunkelheit aufbrechen müssen, um an ihre Arbeitsstelle zu kommen, und die erst mit einbrechender Dunkelheit mit erschreckend gleichgiltigen Gesichtern und eingesunkenen Knieen wieder in ihr Heim u. zu den Ihrigen zurückkehren, wenn sie es nicht vorziehen[,] den Weg ins Wirtshaus einzuschlagen, um da über den Unsinn des Lebens hinwegzukommen. Jetzt sehen wir unzählige Mädchen[,] die mitten in den Jahren der entscheidenden körperlichen und geistigen Entwicklung Tag für Tag 10 Stunden u. mehr hinter eine Maschine gebannt sind. Jetzt sehen wir Familienmütter, die vielleicht mit Bedauern im Herzen, aber entschlossen, nicht nachzugeben, ihre Kinder vom Kleinsten bis zum Größten in der schulfreien Zeit für die Heimarbeit in Anspruch nehmen. Verdienen! heißt das große Wort, das über diesem ganzen Bild geschrieben steht. Alle diese Menschen können zu keiner rechten Freude an ihrer Arbeit gelangen, auch wenn sie es möchten. Einmal darum[,] weil ihre Arbeit für die große Mehrzahl von ihnen langweilige Arbeit ist. Dem ließe sich abhelfen, wir haben gesehen wie. Aber nun ist die tägliche Arbeitszeit so ausgedehnt, daß jene *Nebenbeschäftigungen*, in denen sich der *Geist wieder entfalten* könnte[,] für die Meisten ungemein erschwert, für Viele unmöglich werden.

Wer wird sich wundern, daß es immer nur wenige Idealisten sein werden, die nach der Fabrik noch zu einem Buche greifen oder Trompete spielen oder ernsthaft die Zeitung lesen oder Abstinenzpropaganda treiben mögen. Die Meisten sind zu stumpf dazu geworden. Und das sind sie, weil sie um des Verdienstes willen den ganzen Tag an der Maschine sein müssen. Die Arbeit macht ihnen aber auch darum keine Freude, weil sie dabei durchaus nicht jenes reine Gefühl der Arbeit *für die Andern* haben können. Jawohl, die Produkte ihrer Tätigkeit kommen irgendeinmal Andern zu Gute. Aber das ist zunächst ein sehr fernliegender Gedanke. Das[,] was sie vor sich sehen und mit Händen greifen können, das ist, daß all ihr Arbeiten zunächst einem einzelnen Menschen oder einigen Wenigen in ganz unverhältnismäßiger Weise zu Gute kommt[,] und das ist derselbe oder dieselben, die ihnen nur gegen die Leistung eines 11stündigen Arbeitstags hinter der Maschine den sog. Verdienst[,] d. h. aber die Möglichkeit zum Leben für sich u. ihre Familie zukommen lassen. Es ist freilich etwas Anderes, rein als Bürger des menschlichen Arbeitsstaates, für den Bedarf, für das Leben der Andern zu arbeiten, wie sie für uns arbeiten[,] oder aber für die Privattasche einiger Weniger. Da muß freilich das Interesse an der Arbeit selbst verschwinden vor dem Interesse an dem[,] was aus der Privattasche der Wenigen für den Arbeiter abfällt. Ohne diesen Abfall würde er wahrscheinlich überhaupt nicht arbeiten. Aber er hat ihn nötig und darum arbeitet er, muß er arbeiten. Endlich fließt auch jener dritte Gedanke, der die Arbeit schön machen sollte, für ihn auf einen geringfügigen[,] ja nichtigen Rest zusammen, der Gedanke, daß alle Arbeit ein wichtiges und *notwendiges Teilstück* in der menschlichen Arbeit überhaupt sei. Denn wie kann sich die Würde, die jedem Arbeiter gebührt[,] behaupten gegenüber der Tatsache, daß es von der Gnade oder Ungnade jenes Einzelnen oder jener Wenigen abhängt, ob er überhaupt mitarbeiten darf, daß er sich von ihnen kränken und beleidigen und in den einfachsten Freiheiten einschränken lassen muß, nur weil es in ihrer Macht steht[,] ihm seinen Verdienst[,] d. h. aber seinen Brotkorb nach Belieben höher zu hängen? So hat die Arbeit für unzählige Menschen unsrer Zeit ihren Wert und ihre Schönheit ganz oder völlig eingebüßt, weil sie gar nicht dazu kommen, im rechten Sinne zu arbeiten und sich als arbeitende Menschen zu fühlen, sondern darauf angewiesen sind, im Verdienen den Sinn und Zweck ihres Lebens zu finden. Sie fühlen sich gelangweilt, sie fühlen sich entrechtet, sie fühlen sich entwürdigt in ihrer Arbeit[,] und doch kommen sie von dieser Arbeit nicht los, weil sie verdienen müssen.

Wir wollen darüber nachdenken, wie es gekommen ist, daß das Verdienen diese unheilvolle Bedeutung für die Arbeit Unzähliger gewonnen hat. Wir haben beschrieben[,] was die Arbeit in ihrer reinen Form für die Menschheit sein sollte: Einerseits die Betätigung und Entfaltung der Persönlichkeit eines Jeden, andrerseits das gemeinsame, eingeteilte Schaffen Aller für Alle. Ich habe dabei gar nicht ausgesprochen, was ich als selbstverständlich voraussetze[,] nämlich den Grundsatz: wer nicht arbeitet, der soll auch nicht essen [2. Thess. 3,10][,] d. h. wer nicht mitschafft, der hat auch nicht das Recht[,] mit zu genießen[,] was geschaffen wird. Damit ist aber nichts von einem *Lohn* gesagt, nichts von einem verdienten Essen, das durch das Mitschaffen erworben werde. Dieser Grundsatz bedeutet vielmehr eine Strafe, besser ein Erziehungsmittel für solche[,] die noch nicht verstanden haben, daß der Mensch arbeiten muß. Der Sinn u. Zweck des Lebens und der Arbeit bleibt dabei nach wie vor derselbe: Man arbeitet nicht um zu essen, sondern man arbeitet um zu arbeiten, weil Arbeiten u. Leben dasselbe ist. Das Essen, der Brotkorb ist nur die selbstverständliche Folge der Arbeit. Man redet nicht davon. So sollte es sein.

Diese reine Form der Arbeit sehen wir nun auf das Verhängnisvollste gestört durch die Tatsache, daß Einzelne[,] Wenige sich in den Besitz des Brotkorbs gesetzt haben, an dessen Füllung doch Alle mitarbeiten. Und seitdem vollzieht sich der gegenseitige Austausch der Güter, deren wir zur Existenz bedürfen[,] nicht mehr frei und gleichmäßig, sondern nach der Willkür dieser Wenigen. Ich beabsichtige nicht[,] hier eine Schilderung zu geben, wie das verwickelte Gebilde, das wir *Kapitalismus* nennen[,] entstanden ist. Nur die Grundzüge gehen uns hier an. Zur Erleichterung jenes Austauschs der Arbeitsprodukte ist schon im Altertum das *Geld* eingeführt worden. Wir können uns heute das Geld aus unserem Leben und darum leider auch aus unserer Arbeit kaum mehr wegdenken. Aber im Grunde ist dabei bereits ein unreines Element in den menschlichen Arbeitsstaat hineingekommen. Jesus hat gewußt, was er sagte, als er das Geld schlankweg den «Mammon der Ungerechtigkeit» [Lk. 16,9] nannte. Es war eine Lüge, die das Geld zu etwas an sich selbst Wertvollem gemacht hat. Es trat damit etwas Unpersönliches[,] Zweideutiges in den Verkehr der Menschen hinein, während die Arbeit und der gegenseitige Austausch der Arbeitsprodukte doch etwas durchaus Persönliches, Klares ist. Diese Lüge hat sich gerächt. Geld konnte durch geschickte Operationen, die mit dem Zinsnehmen anfingen, gesammelt und in einer Hand vereinigt werden, durch Operationen, die mit Arbeit im eigentlichen Sinn nichts mehr zu thun haben. Das ist denn auch geschehen. Und weil das Geld kraft jener ersten Lüge immer noch Arbeitsprodukt bedeutete, weil die Arbeitsprodukte des Einen dem Andern immer mehr nur noch gegen Geld zugänglich waren, deshalb wurde das Geld zur Weltmacht ersten Ranges in der Hand derer[,] die es besaßen. Und von da an bekam die menschliche Arbeit jenen andern Sinn. Die das Geld hatten[,] konnten die Andern, die das Geld nicht hatten[,] gegen Geldlohn in Arbeit stellen, um sich dann ihre Arbeitsprodukte anzueignen und damit neues Geld zu gewinnen. So ist der unreine Gedanke des Lohnes in die menschliche Arbeit hineingekommen. An die Stelle des selbstverständlichen Anteils an dem gemeinsamen Arbeitsertrag trat die nach Gutdünken des Geldbesitzers bemessene Auszahlung, während der Arbeitsertrag selbst unter seinen Händen wieder zu Geld wurde. Und das bedeutet nun für den, der nichts hat als seine Arbeitskraft, daß er, statt zu arbeiten im rechten großen Sinn, sich einspannen lassen muß in den Dienst dessen[,] der das Geld hat. Das bedeutet[,] daß er die ganze Gefahr[,] die die Industriearbeit unter den heutigen Umständen für ihn bedeutet, daß er die Ungerechtigkeit[,] auf der sie beruht, daß er die beständig drohende persönliche Entwürdigung in den Kauf nehmen muß, um nur den Lohn zu bekommen, um existieren zu können. Kein Wunder[,] wenn ihm der Sinn für die höhere[,] die reine Bedeutung der Arbeit vielfach verloren gegangen ist.

Aber nun dürfen wir uns füglich zum Schluß die Frage stellen, ob wir uns mit der Feststellung dieses Tatbestandes begnügen wollen. Wollen wir uns damit beruhigen, daß das nun einmal so ist? Daß wir nichts thun können, als uns in diese böse Welt zu schicken? Oder aber uns so gut als möglich damit abzufinden, mit den Wölfen zu heulen und[,] weil denn Alles in der Welt aufs Geldverdienen eingerichtet ist, selber im Geldverdienen das höchste Ziel unsres Lebens zu suchen, um dann[,] wenns gelingt, die Not und die Ungerechtigkeit und die Unwürdigkeit der Lage des Arbeiters zu vergessen? So kann mans machen. Es hat schon mancher einfache Arbeiter den Weg aufwärts in die Welt der Geldbesitzer gefunden und ist dann gewöhnlich ärger geworden als die[,] von denen er einst abhängig war. Aber ich denke, wenn wir aufgefaßt haben[,] was es Großes und Schönes ist um die Arbeit[,] wie sie sein sollte, dann werden wir diesen Weg des Aufwärtssteigens und Vergessens ebenso als einen Verrat an der heiligen Sache der Arbeit empfinden wie den andern Weg, der gar kein Weg ist, nämlich das dumpfe[,] gedankenlose[,] ziellose Dahinleben unter den Zuständen[,] wie sie einmal sind.

Sondern da ist nun das Einzige[,] was sich angesichts dieses traurigen Tatbestandes thun läßt, das, daß der Arbeiter lernt in den Kampf ziehen für den Wert, für die Gerechtigkeit, für die Würde der menschlichen Arbeit, in den Kampf gegen die gegenwärtige böse Welt und für die zukünftige bessere Welt, in den Kampf für den Arbeitsgedanken und gegen den niedrigen unreinen Lohn- und Verdienstgedanken. Ich brauche Euch nicht zu reden von den Waffen[,] die ihr in diesem Kampf gebrauchen müßt. Was der politische Sozialismus, was die Gewerkschaftsbewegung, was das Konsumvereinswesen für diesen Kampf bedeutet, das wißt ihr und darüber können euch Andere besser unterrichten als ich. Aber einige Ratschläge oder Wünsche darf ich euch vielleicht noch mitgeben, die mir besonders am Herzen liegen, über die Art[,] wie ihr diesen Kampf führen sollt.

1. Dieser Kampf ist ein heiliger Kampf. Wo die Macht der Arbeit gegen die Macht des Geldes steht, da handelt es sich um den ewigen Krieg zwischen Gut u. Böse. Macht[,] daß man Euch das anmerke, daß ihr die Kämpfer für das Gute seid. Laßt keine unreinen persönlichen Interessen darin mitspielen. Wenn der Sozialist im Stillen selbst blos geldgierig und darum neidisch ist, dann heißt es: Pack schlägt sich, Pack verträgt sich! Laßt auch alles Krakehlen und Wüsttun bleiben, auch wenn es euch manchmal sehr naheliegen sollte. Es ist doch nur ein Zeichen von Schwäche, durch das ihr euch schadet. Laßt vor Allem den Alkohol. Wer für das Recht der Arbeit streitet, müßte vor Allem einsehen, daß die geistigen Getränke die schlimmsten Verbündeten der Geldmacht sind. Wer in diesen Dingen nicht sauber ist, den solltet ihr in euren Reihen nicht dulden. Die Unreinheit wird nur durch reine Menschen überwunden.

2. Dieser Kampf ist ein allgemein-menschlicher Kampf. Das bedeutet, daß er nicht gegen bestimmte Personen gerichtet sein kann, sondern gegen eine falsche Richtung des Menschenherzens überhaupt. Vergeßt das nie. Auch in der Brust eurer Gegner redet eine Stimme zu Gunsten eurer Sache. Es hat mir selbst ein sehr eifrig anti-sozialistischer Fabrikant gesagt: Wenn ich Arbeiter wäre, wäre ich auch Sozialist! An dieses Bewußtsein vom Recht eurer Sache, das auch der Gegner hat, müßt ihr appellieren. Ihr müßt ihn behandeln wie einen, der nächstens zu besserer Einsicht kommen wird, auch wenn das oft recht unwahrscheinlich sein mag.

3. und letztens. Dieser Kampf ist ein Kampf um Gott. Ich meine damit, daß die letzten und tiefsten Kräfte im Menschen mobil gemacht werden müssen, um diesen Kampf recht zu kämpfen. Ein Sozialist sein heißt ein tiefdenkender und gründlich selbstloser, ein ewig hoffnungsvoller Mensch sein. Mit Phrasen und Schlagworten kommt man da nicht aus. Und ich meine, daß man da ohne Gott nicht auskommt. Ich weiß nicht[,] was ihr euch bei diesem Worte denkt. Vielleicht daß euch das, was ihr bis jetzt in der Kirche darüber gehört habt, nicht gefällt. Dann möchte ich euch nur das bitten, das[,] was in der Kirche darüber gesagt wird, nicht mit der Sache selbst zu verwechseln. Gott ist da[,] wo tief u. selbstlos u. hoffnungsvoll gekämpft wird. Gott ist da[,] wo gearbeitet wird.

Und nun möchte ich das, was ich euch über Verdienen, Arbeiten, Leben sagen wollte, noch einmal zusammenfassen in die strömenden Verse[,] in denen der Dichter Friedrich Schiller einmal über Bedeutung u. Inhalt der menschlichen Arbeit geredet hat:

> Tausend fleiß'ge Hände regen[,]
> Helfen sich in munterm Bund[,]
> Und in feurigem Bewegen
> Werden alle Kräfte kund.
> Meister rührt sich und Geselle
> In der Freiheit heilgem Schutz[;]
> Jeder freut sich seiner Stelle[,]
> Bietet dem Verächter Trutz.
> Arbeit ist des Bürgers Zierde[,]
> Segen ist der Mühe Preis[;]

> Ehrt den König seine Würde[,]
> Ehret *uns* der Hände Fleiß.⁹

Ich wünsche Euch u. mir, daß etwas von dem schlichten u. doch so selbstbewußten Geist dieser Worte in uns übergehe u. in uns lebendig werde. Und daß die Arbeit einmal das werde, als was sie da beschrieben ist, das sei unsre Hoffnung u. unsre Zuversicht.

---

[9] Fr. von Schiller, «Das Lied von der Glocke», Zeile 300–311.

«GRUPPE 44 IV KIRCHENWESEN»
1912

Seit Anfang des Jahres 1909 wurde (nach Zürich 1883 und Genf 1896) die dritte schweizerische Landesausstellung vorbereitet, die vom 15. Mai bis Anfang November in Bern durchgeführt wurde. Gegenüber den früheren Ausstellungen wurden in Bern «einige Gebiete, namentlich solche, die nicht greifbare Waren erzeugten und den Ausstellungen bisher ferngeblieben waren, neu in die nationale Schau einbezogen: so der Sport, die Kirchen, die Banken, der Heimatschutz und die internationalen Büros»[1]. *Der Beschluß über die Teilnahme der reformierten Kirche fiel am 18.6.1912 auf einer Abgeordnetenkonferenz der reformierten Kirchenbehörden der Schweiz in Zürich. Ein ausführlicher Bericht der «Neuen Zürcher Zeitung» über diese Konferenz, erschienen am 23.6. 1912, veranlaßte Barth zur Niederschrift einer sarkastischen Glosse, die er den «Basler Nachrichten» zum Abdruck anbot und von deren Redaktion postwendend mit einer auf den 26.6.1912 datierten gedruckten Karte folgenden Wortlauts zurückerhielt: «Für die beiliegende Einsendung haben wir keine Verwendung und senden Ihnen daher das Manuskript mit bestem Dank zurück. Wegen der grossen Zahl der Zusendungen ist es uns unmöglich, im Falle der Ablehnung die Gründe unserer Entscheidung mitzuteilen. Mit vollkommener Hochachtung Redaktion der ‹Basler Nachrichten›.» Am selben Tag schickte Barth das Manuskript an seinen Bruder Peter weiter und schrieb dazu: «Ferner ... ein Artikel von mir, dem die Basl. Nachr. soeben den Schuh gegeben*[2] *haben. Soll ich ihn anderswohin schicken und wohin? oder soll ichs verheben*[3] *und in meine Schublade legen, damit doch auch noch Stoff da ist für posthume Publikationen?» Der folgende Abdruck dieses Textes ist in der Tat der Erstdruck des vollen Wortlauts.*[4]

Der Artikel der «Neuen Zürcher Zeitung», der Barths Reaktion auslöste, trägt die Überschrift «Schweizerisch-reformierte Kirchenkonferenz»

---

[1] H. Büchler, *Drei schweizerische Landesausstellungen* (Diss. phil. Bern 1968), Zürich 1970, S. 113.
[2] Anscheinend ein Ausdruck aus der familiären Sprache unter den Brüdern Barth.
[3] = zurückbehalten.
[4] Teilabdruck unter dem redaktionellen Titel *Kirchlicher Klimbim* in: Kirchenblatt für die reformierte Schweiz, Jg. 142 (1986), S. 211f.

und ist mit A.N. gezeichnet. Der die Landesausstellung betreffende Passus hat folgenden Wortlaut:

«*Von der Generaldirektion der* Schweizerischen Landesausstellung *in Bern 1914 war entgegenkommenderweise eine Beteiligung an dieser auch durch die schweizerischen Kirchen gewünscht worden, weswegen die Frage an das Bureau der Kirchenkonferenz gerichtet wurde, wie sich die reformierten Kirchen diesem Desiderium gegenüber verhalten. Herr Prof. Dr. G. von* Schultheß-Rechberg, *der hiefür als Referent gewonnen war, nachdem er bereits im Februar 1912 mit Herrn Kirchenratspräsidenten Herold an einer vorberatenden Konferenz in Bern teilgenommen hatte, machte interessante Mitteilungen über den Verlauf dieser Konferenz, die neben der Generaldirektion der Landesausstellung und dem Vorstand der Gruppe ‹Kirchenwesen› auch je von einem Delegierten der römisch-katholischen und der christ-katholischen Kirche beschickt war. Er legte dann in einem sehr eingehenden, vortrefflichen Votum die Gründe auseinander, die für eine Ausstellungsbeteiligung auch der reformierten Kirche sprechen. Unter den verschiedenen lebendigen Kräften unseres Volkslebens, die an der Landesausstellung in allerlei symbolischen Äußerungen zur Darstellung kommen, dürfen auch die der protestantischen Kirche nicht fehlen. Die Gefahr, daß durch eine Ausstellung unsere reformierte Kirche ihrem Wesen untreu werde und der Veräußerlichung anheimfalle, liege nicht vor, und wenn wir auch den Geist der evangelischen Kirche nicht ausstellen könnten, so könnte dies doch kein Hindernis sein, warum wir dessen sichtbare Formen, Erzeugnisse und Instrumente nicht bei dem gegebenen Anlaß auch dokumentieren und repräsentieren dürften und sollten, so gut wie Erziehung, Unterricht, Berufsbildung, Wohltätigkeit usw., die ja ihren Geist und ihre innersten Motive ebenfalls nicht ausstellen können und die doch mit allem Rechte ihre Bestrebungen in besonderen Gruppen zur Ausstellung bringen. Jedenfalls würden unter den Besuchern der Ausstellung diejenigen wenig zahlreich sein, die das Fernbleiben der evangelischen Kirche von der Landesausstellung lediglich auf Rechnung ihres innersten Wesens schrieben und als durchaus angemessenes Zeichen ihrer Geistigkeit deuten, während es von den meisten protestantischen Besuchern in hohem Grade als unangenehm empfunden würde, wenn da, wo andere Konfessionen ausstellen, unsere evangelische reformierte Kirche gänzlich fehlen würde. Aus jener Konferenz und dem seither erschienenen Plane der Landesausstellung habe sich nun ergeben, daß in Gruppe 54 ‹Kirchliche Kunst› die Errichtung einer evangelischen und einer katholischen Kirche mit Kreuzgang, Friedhof und einem Pfarrhaus in Aussicht genommen sei und daß in dem letzteren die Gruppe 44, IV ‹Kirchenwesen› die nötigen Räume erhalten würde. Als Ausstellungsobjekte hiefür denke man sich kirchliche Literatur, kirchliche Gesetze, Verordnungen, Berichte, Lehrmittel, Gesangbücher, Bibeln, Liturgien, Gemälde, Modelle von alten und neuen Kirchen, konfessionelle Landkarten, Denkmäler in Photo- oder Lithographie, Ausstattungsgegenstände der äußeren und inneren Mission, der kirchlichen Liebestätigkeit und des Protestantisch-kirchlichen Hilfsvereins usw. Gemäß diesen Ausführungen von Herrn Prof. Dr. von Schultheß und wertvollen ergänzenden Mitteilungen von Herrn Synodalrat* Ryser *in Bern – der bernische Synodalrat hat in verdankenswertester*

Weise sich bereit erklärt, die mühevollen Vorarbeiten zur Gruppe 44 ‹Kirchenwesen› zu übernehmen –, beschloß die Kirchenkonferenz einstimmig, die kantonalen reformierten Kirchenbehörden zu ersuchen, sich unter der Gruppe ‹Kirchenwesen› an der Schweizerischen Landesausstellung zu beteiligen und sich zu diesem Zwecke mit der Ausstellungskommission des bernischen Synodalrates (Präsident: Herr Pfarrer Ryser) in Verbindung zu setzen. Zur Erudierung, Sammlung und Sichtung der zweckentsprechendsten, schönsten und geschichtlich wertvollsten Ausstellungsobjekte sollte in jedem Kanton ein mit den literarischen und künstlerischen Sehenswürdigkeiten vertrauter Fachmann bezeichnet werden.»

In der bewußten Schublade landete Barths Manuskript noch nicht sofort, nachdem er es von seinem Bruder zurückerhalten hatte. Vorerst zeigte auch seine Mutter Interesse daran. Er schrieb ihr am 11.7.1912: «Ferner sende ich dir auf deinen Wunsch den nichtgedruckten Artikel. Du siehst übrigens, daß das Thema auch in der Predigt vorkommt. Es ist doch schade, bes. auch weil der Artikel so schön geschrieben ist.»[5]

Die erwähnte Predigt vom vorausgegangenen Sonntag (7.7.1912), deren Manuskript Barth gleichzeitig an seine Mutter schickte, hat Mt. 5,29 zum Text. Auf das Thema seines Artikels kommt er darin folgendermaßen zu sprechen: «Das Christentum ist in unserm Leben vorhanden wie ein mehr oder weniger schönes Gartenbeet neben allerlei andern Gartenbeeten. Es ist recht bezeichnend, daß man auf den Gedanken gekommen ist, an der schweizerischen Landesausstellung 1914 auch eine Ausstellungsgruppe für das Kirchenwesen zu veranstalten. Es werden also in 2 Jahren in Bern neben den Produkten des Handels und der Landwirtschaft, der Fabrik- und der Fremdenindustrie auch zwei Kirchen, aus Holz und Karton gemacht[6]*, zu sehen sein, ferner ein gan-*

---

[5] Die letzte Bemerkung bezieht sich auf die außerordentliche Sorgfalt, die Barth auf die Entzifferbarkeit seiner Handschrift verwandt hatte. Das Manuskript ist in deutscher Schrift auf 9 Blättern vom Format 18 × 22,5 cm geschrieben.

[6] Hinsichtlich der Anzahl der Kirchen wurde der ursprüngliche Plan reduziert; was das Baumaterial betrifft, täuschte sich Barth teilweise. Es wurde nur eine Kirche (für beide Konfessionen) errichtet, und zwar in solider Holzbauweise. Der Architekt war der Präsident des bernischen Heimatschutzes Karl InderMühle. Vgl. B. Hensel, *Die Ausstellungsarchitektur der Schweizerischen Landesausstellungen von Bern 1914 und Zürich 1939. Die architektonischen Erscheinungsbilder als Folge von Ausstellungsorganisation und Ausstellungsprinzip. Ein Vergleich zwischen 1914 und 1939* (Diss. phil. Zürich), Eigenverlag B. Hensel, 1983, S. 113.117f.

zes Pfarrhaus und sogar ein Friedhof. Und wenn man sich in den andern Abteilungen satt gesehen hat am Vieh und an den Maschinen, an den Schnitzereien, Uhren und St. Galler Seidenstoffen, dann kommt man auch noch in die beiden Kirchen und findet in der einen Heiligenbilder, Beichtstühle und Meßgewänder und in der andern Bibeln, Liturgieen, Gesangbücher und Konfirmandensprüche. Das stellt dann den Katholizismus und den Protestantismus vor und das Ganze ist die Ausstellung der Religion, die unter vielem Andern auch noch in unserm Schweizervolk vorhanden ist. Und wenn man dann auch das noch sich angesehen hat, dann geht man in die Ausstellungswirtschaft und erholt sich von all dem Vielerlei, das man betrachtet hat. Gerade wie an dieser Ausstellung, so sieht es nun auch tatsächlich in unzähligen Herzen und Köpfen aus. Da giebt es auch dies und das und jenes und schließlich etwas Religion und Alles soll gelten und Keines soll das Andre beeinträchtigen.» Und etwas weiter in der Predigt heißt es: «So ist Jesus ein entschiedener Gegner von jenem Nebeneinander des Guten und allerlei anderer Dinge. Er würde höchst befremdet sein, an der berner Landesausstellung die Bibeln, Gesangbücher und hölzernen Kirchen seiner Religion zu sehen neben allerlei andern Erzeugnissen, die mit dem Himmelreich nur in einem sehr unklaren, wenn nicht verdächtigen Zusammenhang stehen.»

Zwei Jahre später besuchte Barth dann selber zweimal – am 2.6.1914 mit seinem Bruder Heinrich und am 3.6.mit seiner Schwester Gertrud – die Landesausstellung[7] und entdeckte der Zusammenhänge zwischen deren Exponaten und dem Himmelreich mehr, als er 1912 vorausgesehen hatte, so daß er die Ausstellung am folgenden Sonntag (7.6.1914) zum Thema einer ganzen Predigt machte und diese in der Zeitschrift der schweizerischen Religiös-Sozialen veröffentlichte.[8] Eine Kritik an dem kirchlichen Teil der Ausstellung kehrt auch in dieser Predigt wieder, wenn auch gegenüber 1912 deutlich gemäßigt.[9]

---

[7] Laut Eintragung in seinem Terminkalender.
[8] K. Barth, *Landesausstellung. Predigt, gehalten in Safenwil am 7. Juni 1914*, in: Neue Wege. Blätter für religiöse Arbeit, Jg. 8 (1914), S. 304–313; wieder abgedruckt in: K. Barth, *Predigten 1914*, hrsg. von U. und J. Fähler (Gesamtausgabe, Abt. I), Zürich 1974, S. 301–314; Originalfassung nach dem noch nicht für den Druck überarbeiteten Mskr. a.a.O., S. 287–301.
[9] *Predigten 1914*, a.a.O., S. 302f. bzw. S. 289.

In der offiziellen Ausstellungspublikation, einem Buch von 560 Seiten, sind der Gruppe 44 («Öffentliche Verwaltung, Städtebau») insgesamt im deutschen und französischen Text zusammen zwei Seiten gewidmet[10] *und davon der Abteilung (nach der definitiven Zählung:) 3: «Kirchenwesen» sechs bzw. fünf Zeilen, außerdem ein ganzseitiges Photo «Kirche mit Friedhof und Kreuzgang im Dörfli»*[11]*.*

Aus Zürich kommt eine sonderbare Kunde. Die am 18. Juni tagende schweizerisch-reformierte Kirchenkonferenz hat ernsthaft und sogar einstimmig beschlossen, die kantonalen Kirchenbehörden zu ersuchen, sich unter der Gruppe «Kirchenwesen» an der schweizerischen Landesausstellung 1914 zu beteiligen. Wir hatten schon seit Langem gehört, daß von etwas Derartigem die Rede war, hatten uns aber vertrauensvoll der Hoffnung hingegeben, dieser beabsichtigte schlechte Witz werde von der obersten Vertretung unsrer Kirchen als solcher erkannt und mit der gebührenden Geste höflich dankender Ablehnung verhindert werden. Aber nein! Nun droht er unter dem Segen unsres höchsten Rates und unter dem Patronat legitimster Verwalter des Erbes Zwinglis tatsächlich zu Stande zu kommen.

«Entgegenkommenderweise», hört man nämlich, habe die Generaldirektion eine solche Beteiligung der Kirchen an der Landesausstellung gewünscht.[12] Man raunt sich nun zu, daß es eine große Aufmerksamkeit und Anerkennung der Kirche gegenüber bedeute, daß das geschehen sei. Darüber müsse man sich freuen! «Ach, ach!» würde Hermann Oeser sagen.[13] Man denke: «Die Generaldirektion wünscht»!! – Nicht nur das Hotel-, Fabrik-, Vieh-, Schul-, Gefängnis- und Irrenwesen – nein auch das Kirchenwesen soll an der Ausstellung vertreten sein. Von

---

[10] *Schweizerische Landesausstellung in Bern. Illustriertes Ausstellungs-Album*, hrsg. mit Genehmigung und Unterstützung des Zentralkomitees der schweizerischen Landesausstellung, Bern/Genf o. J. (1914), S. 517f.

[11] A.a.O., S. 545.

[12] Barth zitiert hier und im folgenden aus dem Bericht *Schweizerisch-reformierte Kirchenkonferenz* in: NZZ, Nr. 173 (23. 6. 1912), der oben in der Einleitung auszugsweise wiedergegeben ist.

[13] Hermann Oeser, geb. 1849, Schriftsteller und seit 1882 Seminardirektor in Karlsruhe, regelmäßiger Mitarbeiter der «Christlichen Welt», war am 3. 2. 1912 gestorben. In Nr. 8 vom 22. 2. 1912 brachte die «Christliche Welt» die Predigt zu Oesers Beerdigung von Paul Jaeger (CW, Jg. 26, Sp. 179–183), in den Num-

der Aare bis zur Limmat geht ein seliges Lächeln über die Züge erfreuter, sich beehrt fühlender Kirchenfürsten. Gruppe 44 IV! Das tönt so stattlich und so staatlich! Wir sind auch noch da! Es giebt in der Schweiz neben vielen andern Wesen und Unwesen z. B. auch ein Kirchenwesen. Gruppe 44 IV! Ja, ja, noch ist das Christentum eine Macht in unserm Volk! Unter den verschiedenen lebendigen Kräften unsres Volkslebens (siehe oben!) die an der Landesausstellung in allerlei symbolischen Äußerungen zur Darstellung kommen, dürfen auch die der protestantischen Kirche nicht fehlen[,] so belehrt uns (nach Nr. 173 der N. Z. Z.) der Referent der Kirchenkonferenz, einer unsrer angesehensten Theologen.[14] Man fragt sich gespannt nach den «symbolischen Äußerungen», die die protestantische Kirche ausstellen wird. Einige Mißvergnügte murmeln etwas vom sog. Geist, der doch das Wesen der evangelischen Kirche ausmache[,] und fragen sich verwundert, ob der ebenso leicht auszustellen sein werde wie die symbolischen Äußerungen der übrigen lebendigen Kräfte unsres Volkslebens. O, da sind sie zu spät aufgestanden, darüber hat die Generaldirektion samt den leitenden Kirchenmännern längst nachgedacht. Sie sagen uns, daß die Mehrzahl der protestantischen Ausstellungsbesucher es schmerzlich vermissen würde, wenn die reformierte Kirche, wo andre Konfessionen ausstellen, ganz fehlte. Die Wenigsten würden das «auf Rechnung ihres innersten Wesens schreiben und als durchaus angemessenes Zeichen ihrer Geistigkeit deuten». Das glauben wir gerne, nur wußten wir nicht, daß

---

mern 11 (14. 3.), 12 (21. 3.) und 13 (28. 3.) jeweils unter dem Titel *Aus dem Nachlaß Hermann Oesers* Sentenzen aus seiner Feder. In der ersten Folge (Sp. 264) steht der Aphorismus:
Tischgebete – – – ach!
Schon das bloße Wort *Tisch*gebete – ach – ach!!
Die dritte Folge endet (Sp. 300) folgendermaßen:
Bekehrung.
«Bekehrung.»
Ach!
Bußbank? Elias Schrenk? Samuel Keller?
Ach, ach!
Arbeit, ehrliche, treue Arbeit – das ist das Mittel, durch das Gott bekehrt.
Wenigstens heute.
Wie er es früher machte, geht *uns* nichts an.
[14] Gustav von Schultheß-Rechberg (1852–1916), seit 1890 Professor für Systematische Theologie in Zürich.

es unsre Kirchenbehörden in ihren Entschließungen darauf abgesehen hätten, den katholischen Instinkten der protestantischen Mehrzahl noch extra entgegenzukommen. Aber freilich: sie haben ja mit ihren eigenen katholischen Instinkten bei der Generaldirektion auch Entgegenkommen gefunden! Und nun höre man, mit welchem Resultat die in Zürich versammelten Säulen unsrer Kirche über die Ausstellungsfähigkeit des Geistes nachgedacht haben: «Wenn wir auch den Geist der evangelischen Kirche nicht ausstellen können, so kann dies doch kein Hindernis sein, warum wir *dessen sichtbare Formen, Erzeugnisse und Instrumente* nicht bei dem gegebenen Anlaß auch dokumentieren und repräsentieren dürften und sollten.» Ach natürlich, der Geist hat doch Formen! Daß wir daran nicht gedacht hatten! Aber nun steigt unsre Spannung zur Siedehitze bei der Frage, was denn bei diesen «Formen, Erzeugnissen und Instrumenten» des evangelischen Kirchengeistes gemeint sein könnte. Manche sind nämlich der Ansicht, seit einer gewissen Reformation könnten als «Formen, Erzeugnisse und Instrumente» des sog. Geistes in der evangelischen Kirche *ausschließlich* lebendige *Persönlichkeiten* in Betracht kommen, die dieser Kirche ihr Bestes verdanken und die dann ihr Bestes wieder irgendwie in den Dienst andrer Menschen stellen. Sie vermuten, die Kirche «dokumentiere und präsentiere» sich im Glauben und in der sittlichen Arbeit[15] und nur in diesen. Diese «Formen» des Geistes wären freilich schwer auf die Landesausstellung zu bringen, erstens weil sie schwer zu konstatieren und zweitens weil sie leider selbst wieder nicht sichtbar[,] sondern Geist sind. Aber die so denken, haben sich eben in ihrer Voraussetzung übel geirrt. Der Prospekt von Gruppe 44 IV gibt uns über das Wesen der Kirche ganz andre Aufschlüsse. (Nun kommt's!) «Als Ausstellungsobjekte hiefür denke man sich kirchliche Literatur, kirchliche Gesetze, Verordnungen, Berichte, Lehrmittel, Gesangbücher, Bibeln, Liturgieen, Gemälde, Modelle von alten und neuen Kirchen, konfessionelle Landkarten, Denkmäler in Photo- und Lithographie, Ausstattungsgegenstände der äußern und innern Mission, der kirchlichen Liebestätigkeit und des protestantisch-kirchlichen Hilfsvereins u.s.w.» Auch Abendmahlsgeräte, Taufgeschirre, Talare und Bäffchen sollen herbei, nichtwahr? Nun

---

[15] Zu dem Begriff «sittliche Arbeit» vgl. H. Cohen, *Ethik des reinen Willens*, Berlin 1904, S. 388.401.508.

gehn uns aber die Augen auf und über! Ja, wenn *das* die Instrumente des Geistes sind, dann kann der Geist füglich auf die Ausstellung gehen. Und wie wohnlich wird es ihm dort gemacht! In Gruppe 54 «Kirchliche Kunst» ist nämlich die Errichtung einer evangelischen und einer katholischen Kirche mit Kreuzgang, Friedhof und einem Pfarrhaus in Aussicht genommen – Alles in Holz, Pappe und Kleister natürlich – und in diesen Baulichkeiten soll dann Gruppe 44 IV «Instrumente des Kirchengeistes» ihre Behausung finden. O nun verstehen wir, «voll und ganz» sogar! Sollen wir den Veranstaltern gleich noch mit einigen Vorschlägen zur Vermehrung und Belebung der Ausstellung unter die Arme greifen? Bei den Lehrmitteln versäume man doch ja nicht, die fünf Dutzend verschiedenen Leitfäden für den Konfirmandenunterricht aufzulegen, die in der Schweiz gebräuchlich sind.[16] Das wird für die Fremden ein wahrer Spektakel sein! Bei den Gesangbüchern verdienen die Verbesserungen der Tersteegen- und Novalislieder[17] als charakteri-

---

[16] Vgl. C. Stuckert, *Kirchenkunde der reformierten Schweiz (Studien zur praktischen Theologie*, Bd. IV, Heft 2 = *Kirchenkunde des evangelischen Auslandes* I), Gießen 1910, S. 104: «Meist wird dem Konfirmandenunterricht ein Katechismus zugrunde gelegt. Früher war es allgemein der Heidelberger. Jetzt ist die Wahl des Katechismus in den meisten Kantonen freigegeben. Im Kt. Zürich wurden im Jahre 1904 von 163 Pfarrern 18 verschiedene Leitfäden benützt, und 18 Pfarrer lasen nach eigenen Heften. Im Kt. Aargau 14 verschiedene Katechismen; im Kt. Bern (1906) in 233 Gemeinden 26 verschiedene Katechismen; daneben in 34 Gemeinden die Bibel und in vier eigenes Diktat. Der Kt. Thurgau hat einen eigenen Katechismus erstellt, welcher für alle Pfarrer obligatorisch ist. Damit ihn alle gebrauchen können, waren an der Bearbeitung alle verschiedenen kirchlichen Richtungen beteiligt.»

[17] Im *Gesangbuch für die evangelisch-reformirte Kirche der deutschen Schweiz* (eingeführt 1891) sind 5 Lieder von G. Tersteegen (Nr. 99: Jauchzet, ihr Himmel; Nr. 151: O Gott, o Geist, o Licht des Lebens; Nr. 174: Gott ist gegenwärtig; Nr. 247: Allgenugsam Wesen; Nr. 327: Kommt, Brüder [original: Kinder], laßt uns gehen) und 3 von Novalis (Nr. 135: Ich sag es jedem, daß er lebt; Nr. 249: Wenn alle untreu werden; Nr. 250: Wenn ich ihn nur habe) enthalten, z. T. unter Weglassung einiger Strophen (Extremfall Nr. 327: von 19 auf 10 Strophen gekürzt). Zu den von Barth gerügten Textveränderungen vgl. auch oben S. 256, Anm. 83f., und S. 308. Hier einige Beispiele (linke Spalte: Originalwortlaut nach Ausgaben, die sich in Barths Besitz befanden: *Gerhard Tersteegen's geistliches Blumengärtlein inniger Seelen, nebst der Frommen Lotterie*, nach der Ausgabe letzter Hand berichtigt und mit einigen Zusätzen vermehrt, sammt dem Lebenslauf des sel. Verfassers, Stuttgart o. J.; *Novalis' ausgewählte Werke in drei Bänden*, hrsg. von W. Bölsche, Bd. I, Leipzig o. J.; rechte Spalte: das genannte Gesangbuch):

stische Äußerungen schweizerischen Kirchengeistes in besonderer Weise bemerkbar gemacht zu werden; ferner als Kuriosum Nr. 61 im Schweizerischen Kirchengesangbuch.[18] Der vor einigen Jahren sensationell gewesene Unterrock, der aus einem in schöner Begeisterung abgeschafften Zürcher Talar hergestellt wurde, muß entschieden der Vergessenheit entrissen und in Gruppe 44 IV ausgehängt werden – «als negatives Erzeugnis des Kirchengeistes» soll es im Katalog heißen. Im

Tersteegen S. 262 (Strophe 7):
Süßer Immanuel, werd auch geboren inwendig,
Komm doch, mein Heiland, und laß mich nicht länger elendig!
Wohne in mir,
Mach mich ganz eines mit dir,
Und mich belebe beständig.

Nr. 99 (Strophe 7):
Treuer Immanuel, werd auch in mir nun geboren!
Komm doch, mein Heiland; Denn ohne dich bin ich verloren.
Wohne in mir,
Mache mich eines mit dir,
Der mich zum Leben erkoren!

Tersteegen S. 240 (Strophe 8):
Laß mich, Herr, mit Freuden
Mich von allem scheiden,
Todt der Kreatur,
Innig an dir kleben,
Kindlich in dir leben,
Sei mein Himmel nur.
...

Nr. 247 (Strophe 6):
Laß von dir mich scheiden
Freuden nicht, noch Leiden,
Keine Kreatur;
Stets nach dir verlangen,
Kindlich an dir hangen,
Sei mein Himmel nur
...

Novalis S. 66 (Strophe 4):
Wenn ich ihn nur habe,
Hab ich auch die Welt.
Selig, wie ein Himmelsknabe,
Der der Jungfrau Schleier hält.
Hingesenkt im Schauen
Kann mir vor dem Irdischen nicht grauen.

Nr. 250 (Strophe 3):
Wenn ich ihn nur habe,
Laß ich gern die Welt;
Was er beut, ist ew'ge Gabe.
Selig, wer an ihn sich hält!
Tief versenkt im Schauen
Will ich siegen über Todesgrauen.

[18] Nr. 61 in dem in Anm. 17 genannten Gesangbuch ist ein Lied des Basler Theologieprofessors Christoph Johann Riggenbach (1818–1890). Die erste Strophe lautet:
> Wir danken dir, o Vater, heut,
> Daß du die Frucht der Reben,
> Den Wein, der unser Herz erfreut,
> Von neuem uns gegeben.
> Dein ist die Kraft,
> Die alles schafft,
> Daß an den reichen Gaben
> Sich Leib und Seel' erlaben.

Kanton Bern giebt es einen Pfarrer, der bis auf den heutigen Tag die altprotestantische Radkrause trägt – diese Krause muß selbstverständlich herbei. Vielleicht könnte man auch einige rein präparierte «subliminale Hemmungen» vorweisen als Spezimina der Zürcher Freud-Schule[19] und zum Zeichen, wie wir's zuletzt so herrlich weit gebracht.[20] In das Studierzimmer des Pfarrhauses aber gehört auf alle Fälle ein Pfarrer. Ich schlage vor, daß er zur allgemeinen Bewunderung in Permanenz im hebräischen alten Testament lesen muß. Vielleicht auch abwechselnd je im «Kirchenfreund»[21][,] in den «Neuen Wegen»[22]

---

[19] Über Psychoanalyse und ihre Anwendung in der kirchlichen Seelsorge scheint Barth vornehmlich durch Adolf Keller, seit dem Herbst 1909 Pfarrer an St. Peter in Zürich, orientiert gewesen zu sein. Mehrere Briefe Kellers aus dem Jahr 1912 lassen erkennen, daß Barth ihn als Kenner dieser Materie in Safenwiler Seelsorgefällen bei psychisch Kranken zu konsultieren pflegte. Einer dieser Briefe ist vom 19. 6. 1912 datiert. – Im übrigen könnte bei der «Zürcher Freud-Schule» an den von 1902 bis zu seiner Emeritierung im Jahre 1939 an der Predigerkirche in Zürich wirkenden Pfarrer Dr. phil. Oskar Pfister (1873–1956) zu denken sein, der vor allem als praktizierender und forschender Psychoanalytiker hervorgetreten ist. Pfisters Bekanntschaft mit Sigmund Freud datiert nach eigener Angabe (in: *Die Pädagogik der Gegenwart in Selbstdarstellungen*, hrsg. von E. Hahn, Leipzig 1927 – Pfisters Beitrag dort S. 161–207 –, S. 169) von 1908. Im Jahre 1914 trat er aus der von ihm mitgegründeten Zürcher Gesellschaft für Psychoanalyse aus, nachdem diese mit Freud gebrochen hatte (vgl. a. a. O., S. 173). Zum Stichwort «subliminale Hemmungen» vgl. a. a. O., S. 181: «Die analytische Pädagogik gab nun den Anlaß dazu, die verschiedenen Formen von Bindungen, die der freien Entfaltung seelischer Kräfte im Wege standen und zu Fehlentwicklungen führen mußten, zum Gegenstand sorgfältiger wissenschaftlicher Untersuchungen zu machen. Sie selbst aber befaßte sich keineswegs mit allen diesen Verwicklungen, sondern, und dies macht ihr Spezifikum aus, *nur mit denjenigen, die unter der Schwelle des Bewußtseins liegen, oder aus solchen subliminalen Verknotungen hervorgegangen sind.*» A. a. O., S. 188–193 beschreibt Pfister Beispiele von «neurotischen Denkhemmungen und Aufmerksamkeitsstörungen» (der Ausdruck S. 190f.).
[20] Vgl. J. W. von Goethe, *Faust I*, V. 573 (Nacht).
[21] Der «Kirchenfreund», mit dem Untertitel «Blätter für evangelische Wahrheit und kirchliches Leben», war die 1866 gegründete, vom Evangelisch-Kirchlichen Verein herausgegebene Zeitschrift der positiven (orthodoxen) Richtung im schweizerischen Protestantismus. Vgl. C. Stuckert, a. a. O., S. 81.
[22] Die Zeitschrift «Neue Wege. Blätter für religiöse Arbeit» war 1906 zunächst als richtungsfreies Blatt nach dem Muster der «Christlichen Welt» von einem Freundeskreis um den Basler Professor Paul Wernle gegründet worden, entwickelte sich aber bald unter dem Einfluß von Leonhard Ragaz, einem der führenden Mitarbeiter, zum Organ der Religiös-Sozialen. Vgl. M. Mattmüller,

und in den «Reformblättern»[23], mit wechselndem Gesichtsausdruck natürlich; denn auch die Richtungen mit ihren resp[ektiven] «Geistern» müssen doch symbolisch zur Darstellung kommen. Auch des Pfarrers Kinder verdienen um ihrer sprichwörtlichen Eigenschaften willen passende Zurschaustellung; um von der Frau Pfarrer nicht zu reden!! In der Kirche läßt sich – widerwillig aber doch – eine Gruppe von Solchen besichtigen, die zur Kirche hinausgepredigt worden sind – zum abschreckenden Exempel natürlich. Im Kreuzgang ist eine Anzahl von Lehrern, Ärzten und Hausfrauen damit beschäftigt, «Laienwünsche an die reformierte Landeskirche» auszudenken und vorzubringen. Auf dem Friedhof aber ergehen sich mehrere «zerstreute Protestanten». Wird sie nicht wundervoll werden, liebe Leser, unsre «Gruppe 44 IV Kirchenwesen»? Wird sie nicht in allen ernsthaften Besuchern als schönsten Erfolg der darauf verwandten Bemühungen und Comitesitzungen ein herzliches Gelächter auslösen? Wird sie nicht beweisen, was ja nach der Mitteilung des schon genannten Theologen der Zürcher Konferenz bewiesen werden soll: daß unsre evangelische Kirche im kindlich vergnügten Ernstnehmen ihrer «Formen, Erzeugnisse und Instrumente» ebenbürtig mit der katholischen Kirche wetteifert? Auf nach Bern 1914! Das müssen wir uns auch ansehen!

Ich thue vielleicht Unrecht, daß ich in diesem Ton von der Sache rede. Unrecht darum, weil es vielleicht angebrachter wäre darüber zu weinen als zu lachen. Ob die verehrten leitenden Kirchenmänner (den Herren der Generaldirektion ist das nicht zuzumuten) wohl einen Augenblick daran gedacht haben, sich z. B. den Apostel Paulus oder den heiligen Franz oder Schleiermacher oder Kierkegaard als Besichtiger ihrer Ausstellungs-Pappkirche mit dem darin aufgespeicherten kirchlichen Klimbim zu denken? «Symbolische Äußerungen» – «lebendige Kräfte unsres Volkslebens» – «Formen, Erzeugnisse und Instrumente» – «Kirchenwesen» – noch einmal: Ach, ach!

Leonhard Ragaz und der religiöse Sozialismus. Eine Biographie, Bd. I, Zollikon 1957, S. 127–135.
[23] Das Organ des kirchlichen Freisinns in der Schweiz wechselte mehrmals den Namen. Von 1866/67 bis 1871 erschien es unter dem Titel «Reformblätter aus der bernischen Kirche», ab 1872, nach einer Fusion mit den «Zeitstimmen», hieß es «Reform. Zeitstimmen aus der schweizerischen Kirche», ab 1880 «Schweizerische Reformblätter».

Ich vermute, daß das Unheil bereits im Zuge ist[,] und vermesse mich nicht, es aufhalten zu wollen. Aber mit innigem Vergnügen höre ich, daß der Kirchenrat des Kantons Aargau die Beteiligung an der Ausstellung bereits abgelehnt hat[24][,] und hoffe, daß er, entgegen der einstimmigen Entscheidung in Zürich, noch Nachfolger finden werde. Den Fernerstehenden aber, die 1914 über «Gruppe 44 IV» die Achsel zucken werden, sei es hiermit gesagt, daß es Freunde der auszustellenden Kirche giebt, die mit ihnen einig sind, dieses Unternehmen für einen feierlichen Unfug zu erklären.

K. B.

---

[24] Diese Nachricht, die Barth erreicht hatte, scheint nicht zuzutreffen. Im Protokollbuch des aargauischen Kirchenrates (im Archiv der Evangelisch-reformierten Landeskirche des Kantons Aargau, Aarau) wird die geplante Landesausstellung erstmals in der Niederschrift über die Sitzung vom 17.7. 1912 erwähnt. Die Notiz lautet: «Nachdem die Schweiz. K[irchen-]Konferenz die Beschickung der Landesausstellung 1914 Abteilung KWesen beschlossen hat, ersuchte als Präsident der Kommission für diese Abteilung, Hr Pfr Ryser in Bern, um Bezeichnung einer Vertrauensperson, mit der er direkt in Sachen verkehren könne, mit dem Bemerken, daß bis zum 30 Sept. man bereits sollte angeben können, was vor Allem man auszustellen beabsichtige. Der Herr Präsident hat hierauf am 10. Juli den Sekretär als Vertrauensperson bezeichnet & dieser sich dazu bereit erklärt. Er möchte sich nun vorbehalten, wo er es für angezeigt erachtet, jeweilen jenen zu Rate zu ziehen & ihn auf dem Laufenden zu erhalten, womit die Behörde übereinstimmt.» Ein zweites Mal wird das Thema erwähnt im Protokoll der Sitzung vom 19.9. 1912: «Von einem ersten Entwurf der bern. synodalrätl. Subkommission für die schweiz. Landesausstellung, Abt Reform. Kirchenwesen, wonach 7 Rubriken vorgesehen sind, wird Einsicht genommen. (Literatur, Architektur, kirchl. Kunst, Liebestätigkt, Protest.-kirchl. Hülfsverein, Mission, Vorträge).»

REZENSION VON K. HEIM, DAS GEWISSHEITSPROBLEM IN DER SYSTEMATISCHEN THEOLOGIE BIS ZU SCHLEIERMACHER 1912

Barths Besprechung von Karl Heims Abhandlung über «Das Gewißheitsproblem» geht letzlich auf eine allgemeine Einladung zurück, die der Redaktor der «Schweizerischen theologischen Zeitschrift», Pfarrer August Waldburger, ausgesprochen hatte, als er Barth am 31. 10. 1910 die Annahme des Vortrages «Der christliche Glaube und die Geschichte» zum Abdruck mitteilte (s. oben S. 152). «Würden Sie sich auch an der Besprechung neuer Erscheinungen beteiligen?», fügte Waldburger an. «Sie besitzen genügend eignes Urteil, um den Lesern der Schw. th. Z. gute Dienste leisten zu können.» Barth sagte offenbar zu, so daß Waldburger ihm am 4. 11. 1910 versprach: «Betr. Rezensionen werden Sie von mir hören.» Es kam dann freilich nur zu dieser einen Rezension des «Gewißheitsproblems».

Heims Darlegungen und so auch die Aufgabe, sie kritisch darzustellen, mußten Barth freilich besonders fesseln. Barth fand hier sein Thema: das Problem des Verhältnisses von Glaube und Geschichte, das ihn seit der ersten Beschäftigung mit Kant, Schleiermacher und Herrmann nicht mehr losgelassen hatte, in ihm zum Teil neue historische Perspektiven gerückt. Hatte dies Thema ihn implizit wohl schon bei den studentischen Arbeiten zur historischen Theologie beschäftigt, so war es ausdrücklich der Gegenstand mancher Gespräche, Aufzeichnungen und Briefe in der Marburger Zeit. In Genf kreisten einige der kleineren Artikel und die beiden größeren systematischen Vorträge (s. oben S. 149–212 und S. 329–360) um dieses Thema, das damals durch Troeltschs Versuch einer historistischen Überbietung Ritschls und Herrmanns – so verstand Barth den Troeltschschen Entwurf – seine spezifische Aktualität empfing. W. Fresenius hatte dem Problem gerade mit seiner Untersuchung «Mystik und geschichtliche Religion» die systematische Formel zu geben versucht (Göttingen 1912). In seinem Vortrag «Der christliche Glaube und die Geschichte» sah Barth in diesem Verhältnis «das Problem der protestantischen Theologie der Gegenwart», ja das «Problem der christlichen Theologie überhaupt» (s. oben S. 155). Sein Referat war nach längerer Verzögerung in den ersten beiden Heften des Jahrgangs 1912 der «Schweizerischen Theologi-

schen Zeitschrift» erschienen. So lag es für A. Waldburger jedenfalls nahe, gerade Barth um eine Rezension von Heims Buch zu bitten.

Barth empfand die Belehrung durch Heims weit ausholende historische Studien – der Bedenken ungeachtet, die er gegen dessen Schleiermacher-Deutung hegte – als einen wichtigen Schritt auf dem ihm dadurch offenbar deutlicher werdenden eigenen Weg. Das Echo des, wie die Rezension berichtet, nur mit Mühe unterdrückten Freudenausbruchs ist in den Briefen an Wilhelm Loew deutlich zu vernehmen. Am 11. 6. 1912: «Kennst du Karl Heim Das Gewißheitsproblem in der systemat. Theol. bis Schl.? Ich muß es für die Schw. Th. Zsch. rezensieren und finde es sehr schön.» Am 7. 8. 1912: «Ich lese eben (aber mit Hindernissen) Heim, Das Gewißheitsproblem in der system. Theologie. Kennst dus? Es stehen armsdicke Wahrheiten darin über die ‹einlinige› Denkweise: Plato – Augustin – Franziskaner – Reformatoren – Schleiermacher. Man sieht mit erfreulicher Deutlichkeit, daß es zu allen Zeiten eine vernünftige Theologie gab. Troeltsch offenbart sich aufs Neue als ein Simpel.»

Wie sich in dieser Zeit die Besprechung der Studie Heims, die Vergewisserung über den eigenen Standort und – die Ablehnung Troeltschs verbinden, zeigt ein weiterer Brief an W. Loew (vom 13. 11. 1912): «Im Dezember schicke ich dir eine längere Rezension über Heim, Das Gewißheitsproblem etc. Übrigens hatte ich auch am Göttingerkränzchen Anlaß meinen ‹Standpunkt› (ach, ach!) gegen einen kleinen Angriff des Referenten (Goetz von Basel) zu verteidigen.» Diese Tagung des «Schweizerischen Göttinger-Kränzchens» (ein jährliches Treffen ehemals Göttinger Theologie-Studenten, das aber auch sonstigen Interessenten offenstand) fand am 7. 10. 1912 in Baden statt. Nach einem Bericht von Max Rüetschi im «Kirchenblatt für die reformierte Schweiz» vom 19. 10. 1912 (S. 167f.) sprach auf dieser Sitzung Privatdozent D. Karl Goetz, Basel, über das Thema: «Was liegt für die Praxis des Christentums daran, ob wir von Jesus geschichtlich zuverlässige Kunde haben oder nicht?» Aus dem Bericht über die Diskussion scheinen die folgenden Sätze Barths «Standpunkt» (wenn auch nicht seine Argumentation und seine Sprache) zu reflektieren: «Auch ist es Manchem, besonders Schülern von Herrmann, nicht möglich, wissenschaftliche und religiöse Erkenntnis einander soweit anzunähern. Und dem Glauben muß doch absolute Gewißheit zugesprochen werden; und die Geschichtswis-

senschaft führt eben nur bis an die Schwelle.» Barth fährt in seinem eigenem Bericht über die Aussprache in seinem Brief an W. Loew fort: «Er zeigte sich (der Standpunkt nämlich) wiederum in seiner ganzen esoterischen Größe. An einer Pastoralkonferenz muß ich ein 2tes Referat 10–15 Minuten lang ... halten, weiß aber noch nicht über was! Ich habe mir eben zur Anregung bestellt: Theodor Kaftan, Ernst Troeltsch, Eine kritische Zeitstudie [Schleswig 1912]. Vielleicht läßt sich daraus eine 10–15minütige theologische Humoreske machen.»
Im folgenden Abdruck sind Fehler des Erstdrucks nach Barths Handexemplar berichtigt. Die Seitenzahlen aus dem Erstdruck sind zwischen senkrechten Strichen in den Text eingefügt.

K. Heim, *Das Gewißheitsproblem in der systematischen Theologie bis zu Schleiermacher*, Leipzig 1911.

Das Gewißheitsproblem in der systematischen Theologie ist orientiert an dem Lessingschen Gegensatz: Ewige Vernunftwahrheit – zufällige Geschichtswahrheit.[1] Hier die Denknotwendigkeiten der Axiome, der apriorischen Normen des Bewußtseins, dort die Glaubensnotwendigkeiten der biblisch-kirchlichen Tradition. Die Geschichte der systematischen Theologie in den letzten 800 Jahren ist zu begreifen als eine Reihe gesetzmäßig sich folgender Varianten dieses einen Themas, als die fortlaufende Auseinandersetzung einer «einlinigen» mit einer «zweilinigen» Denkweise.[2] *Entweder* nämlich wird der Ausgangspunkt des theologischen Denkens gesucht in einem Indifferenzpunkt zwischen Subjekt und Objekt, zwischen Denken und Sein[3], aber auch zwischen dem theoretischen und praktischen Apriori[4] und zwischen Gott und dem Einzelich[5] *oder* aber in einem so oder so konstruierten Doppelschema der Wirklichkeit. *Entweder* ist dann die Gewißheitsbegründung ein inniti primae veritati propter se ipsam[6], und die Historie

---

[1] Vgl. K. Heim, a.a.O., S. 345f.; G. E. Lessing, *Über den Beweis des Geistes und der Kraft*, Werke, hrsg. von H. G. Göpfert, Bd. VIII, München 1979, S. 13.
[2] Vgl. K. Heim, a.a.O., S. 377–379; S. 44–49.73–77 u. ö.
[3] Vgl. a.a.O., bes. S. 45–49.
[4] Vgl. a.a.O., bes. S. 64–67.
[5] Vgl. a.a.O., bes. S. 75f.
[6] Vgl. a.a.O., S. 17f. u. ö.

hat nur noch die Bedeutung einer symbolischen Verhüllung bzw. eines pädagogischen Mediums der «Wahrheit»[7], *oder* aber die Gewißheit kommt überlogisch zu Stande durch ein irgendwie vorzustellendes Aufnehmen historischer, d. h. «von außen» an das Subjekt herankommender Wahrheitsdaten[8]. Dieses Entweder – oder geht letztlich zurück auf den Gegensatz von Platonismus und Aristotelismus und wird darum für die christliche Theologie aktuell mit dem sukzessiven Eindringen des letztern im Mittelalter.[9]

Der Stammbaum der einlinigen Denkweise geht von Augustin über die ältere Franziskanerschule, über Anselm und die großen Mystiker zum Schleiermacher der Reden 1. Auflage und der Dialektik. Ahnherr der zweilinigen Denkweise innerhalb der christlichen Theologie ist Thomas von Aquino, sie gipfelt in Duns Scotus und erlebt eine Renaissance in der protestantischen Spät-Orthodoxie. Die geschichtliche Entwicklung zeigt nun einerseits deutlich die Tendenz auf Ausmerzung des einlinigen Faktors, aber andrerseits ebenso deutlich sein immer neues Auftauchen gerade bei konsequenter Durchführung des zweilinigen Standpunktes. Diese Spannung wiederholt sich aber |263| auch innerhalb der einlinig oder zweilinig angelegten Systeme selbst. Hüben und drüben macht sich die Tatsache geltend, daß die beiden logisch widerstreitenden Gedankenreihen nicht ausschließende Gegensätze sind, sondern divergierende Reihen, die einen gemeinsamen Schnittpunkt haben.[10] Als Konsequenz der einlinigen Gedankenreihe würde sich die reine logische Evidenz, als Konsequenz der zweilinigen Gedankenreihe der reine Autoritätscharakter der Wahrheit ergeben. Aber diese Konsequenzen werden auf beiden Seiten nicht gezogen, sondern vielmehr als «verbotene Grenzwerte» behandelt.[11] Wohl entstehen hüben und drüben annähernd reine Formen, z. B. Eckehart und Seuse hier, Duns und Calov dort, aber es kommt nicht weiter als bis zu annähernder Reinheit: Der Lauf der Theologie bleibt, wie von unsichtbaren Zügeln geleitet, innerhalb jener Schranken. *Einerseits* stellten sich schon die ältesten einlinigen Systeme eines Bonaventura, Halesius, Aquasparta die Auf-

---

[7] Vgl. a.a.O., bes. S. 23.74.138f.
[8] Vgl. a.a.O., S. 152–155 u. ö.
[9] Vgl. a.a.O., S. 16.33 u. ö.
[10] Vgl. a.a.O., bes. S. 223–229.
[11] Vgl. a.a.O., S. 161f.189 u. ö.

gabe, den einlinig aufgefaßten Heilsweg (zeitlos, apriorisch, immer gegeben) in das biblisch-kirchliche Schema (zeitlich, aposteriorisch, geschichtlich bedingt) einzufügen durch Einführung der nur vom zweilinigen Denken aus verständlichen Schnittlinie zwischen Natur- und Gnadenstufe.[12] Diesem Kompromiß folgten im Protestantismus besonders Melanchthon mit seiner Koordination von Vernunft und Offenbarung[13] und, so meint Heim, der Schleiermacher der Glaubenslehre mit seinem unentschiedenen Antagonismus zwischen mystischem Idealismus und der absoluten Geltung der kontingenten empirischen Größe Christus[14]. Diese Umbiegungen sind nicht bloß kirchenpolitisch zu erklären. Kein Mystiker hat die Einheitssphäre isoliert festhalten können. Gleichzeitig mit dem Indifferenzpunkt leuchten auch immer wieder die Urunterscheidungen (Subjekt-Objekt, Abstraktum-Konkretum etc.) auf und treten zu jenem in ein Verhältnis unauflöslicher Antinomie. (Deutlich bei Bonaventura und Fichte.)[15] *Anderseits* vermag auch die zweilinige Denkweise die sachlich notwendige Tendenz auf jenen Schnittpunkt mit der einlinigen hin nirgends ganz zu verleugnen. Für ein rein in die Subjektivität eingeschlossenes Ich wäre auch der bloße Begriff einer Objektivität unmöglich. Es muß also auch bei der exklusivsten Unterscheidung beider Gebiete ein diakritischer Punkt vorhanden sein, in welchem sie noch nicht von einander unterschieden *sind*, sondern erst unterschieden *werden*.[16] Thomas bricht freilich mit der Anschauung Bonaventuras, wonach der menschliche Glaube eine Teilnahme am Denken Gottes sei; und doch bricht er nicht *ganz* mit diesem einlinigen Gedanken, indem er wenigstens eine «Entlehnung» aus dem Wissen Gottes und der Seligen in der fides infusa festhält.[17] Diese gebrochene Stellung zeigt sich auch in seiner Definition Gottes als des ens universalissimum, das somit auch die menschliche Subjektivität umfaßt.[18] Noch schmäler wird die Brücke bei dem konsequenteren Duns, der auch den Begriff der «Entlehnung» streicht und Gott

---

[12] Vgl. a.a.O., S. 140–152.
[13] Vgl. a.a.O., S. 262–266.
[14] Vgl. a.a.O., S. 371–377, bes. S. 373f.
[15] Vgl. a.a.O., S. 223.349ff.
[16] Vgl. a.a.O., S. 223f.
[17] Vgl. a.a.O., S. 185; S. 24.91 u. ö.
[18] Vgl. a.a.O., S. 181f.202–204.

vielmehr als ens singularissimum beschreibt[19] – und doch ist noch immer eine Brücke da, nämlich die den beiden exklusiven Gebieten gemeinsame Basis des gegenüber dem Unterschied zwischen Endlichem und Unendlichem indifferenten Esse[20]. In der protestantischen Theologie aber hat sich diese Brücke erhalten in der Lehre vom testimonium spiritus sancti internum, das selbst bei den Ausläufern der Orthodoxie (Hollaz, Baier, Buddeus) mit der Selbstevidenz der Axiome als αὐτόπιστον und ἀναπόδεικτον (wenn auch nicht als ἄμεσον und ἀναντίρρητον!) |264| gleichgesetzt wird.[21] – So kompromittiert das einlinige Denken widerstrebend mit einem zweilinigen Element und das zweilinige ebenso widerstrebend mit einem einlinigen. Widerstrebend, aber *doch!* Denn kompromißlose Konsequenz wäre hier der Tod der kirchlichen und dort der wissenschaftlichen Brauchbarkeit. Ja noch mehr: Würden sich beide Gedankenreihen als exklusive Formen gegenübertreten, so wäre die Möglichkeit vorhanden, daß *beide* sich mit heterogenem, nicht-christlichem Inhalt füllten, die eine mit dem indischen Versinken ins Nichts (Christusmystik!), die andre mit jüdischer Gesetzlichkeit (vulgärer Kirchen- und Schriftautoritätsglaube).[22]

Es fragt sich nun, ob das Konkurrenzverhältnis, das doch wieder hüben und drüben zu Inkonsequenzen nötigt, das einzig mögliche Verhältnis ist zwischen den beiden ringenden Tendenzen. Auf Grund der beobachteten Sachlage muß geantwortet werden: Nein! Sie scheinen sich auf Leben und Tod zu bekämpfen, und sie können doch nicht ohne einander sein. Einliniges Denken strebt stets danach, sich zu einer Zweiheit zu entfalten, und zweiliniges Denken hat stets einen einlinigen Indifferenzpunkt zur Voraussetzung. Sollten nicht beide in einem *polaren* Verhältnis zu einander stehen? Dann befänden wir uns gegenüber dem Phänomen, das Kant als die «Antithetik der reinen Vernunft» beschrieben hat, und man hätte sich danach zu richten.[23] Das ist denn nun in der Tat in der Geschichte der Theologie geschehen, und zwar

---

[19] Vgl. a.a.O., S. 184f.194.204.209.
[20] Vgl. a.a.O., S. 182.
[21] Vgl. a.a.O., S. 336–338.342.
[22] Vgl. a.a.O., S. 229f.
[23] Vgl. a.a.O., S. 223–230, bes. S. 225f.; I. Kant, *Kritik der reinen Vernunft*, A 407 bzw. B 433f., Kant's gesammelte Schriften, hrsg. von der Königlich Preußischen Akademie der Wissenschaften, Abth. 1, Bd. III, Berlin 1911, S. 282.

auf den Höhepunkten des *reformatorischen* Denkens. Wie eine neue Intuition bricht hier die korrelative Zusammengehörigkeit der beiden divergierenden Richtungen hervor.[24] *Luther* hat freilich das Thema nie isoliert-theoretisch besprochen, aber umso deutlicher nimmt er praktisch dazu Stellung durch seine Behandlung des Zentralproblems der Heilsgewißheit. Hier besteht die Antinomie: Gott will als absoluter Alles (einlinig) und: Gott will als inhaltlich bestimmter nur den ihm konformen Inhalt (zweilinig). Statt nun die eine Seite zu ungunsten der andern zu verabsolutieren, erklärt Luther beide für absolut und beide für relativ. Je von der *einen* Seite gesehen ist der Inhalt der *andern* das erkenntnis-theoretisch Transzendente, das verborgene Innerste Gottes. In der fides liegen beide als notwendige Antinomie ineinander: einerseits die Transzendenz des Heilswillens und die subjektive Erfahrung des absoluten Doppelwillens, andrerseits die Transzendenz des absoluten Doppelwillens und die subjektive Erfahrung des unbedingten Heilswillens.[25] *Diese «unheimlich-paradoxe Synthese»*[26], die der Licht- und Nachtseite eines der Sonne zugekehrten Gestirns gleicht, ist das reformatorische Neue gegenüber den beiden Gedankenreihen des Mittelalters. Die moderne Alternative aber: persönliche Gottesgewißheit *oder* Autoritätsglaube an die Schrift entsteht für Luther überhaupt nicht. (Dies gegen die seit Ritschl übliche Beurteilung Luthers.)[27] Sachlich übereinstimmend ist die Stellung des Systematikers *Calvin*. Auch er vollzieht jene Zusammenschau der mittelalterlichen Antinomie. Und zwar so, daß er die Selbstevidenz der Axiome und das testimonium spir[itus] s[ancti] unter sich und mit der Autopistie der Schrift in eins setzt, d. h. daß er, bei voller Wahrung des Gegensatzes, den ganzen Inhalt der einlinigen Denkweise (Unmittelbarkeit, Gottinnigkeit, Indifferenzpunkt von Subjekt und Objekt, Wahrheit und Wert, Erkennen und Wollen) auf den konkreten, kontingenten Schriftinhalt überträgt. (Zentralinhalt der «Schrift» ist für ihn wie für Luther Christus.)[28] Bei beiden |265| Reformatoren also die «unheimlich-paradoxe Synthese» als letztes Wort der theologischen Gewißheitsbegründung. –

---

[24] Vgl. K. Heim, a.a.O., bes. S. 230.
[25] Vgl. a.a.O., S. 253–256.
[26] Vgl. a.a.O., S. 256.
[27] Vgl. ebd.
[28] Vgl. a.a.O., S. 281f.

Ich muß vor Allem bekennen, daß ich mit Mühe einen gewissen Freudenausbruch unterdrücken konnte, als ich mich in Heims Buch vertiefte und zu merken anfing, wo es hinauswolle. Es gibt sich ja freilich bloß als eine historische Übersicht dieses Grundproblems der Theologie, der die systematische Durchführung erst folgen soll. Man darf gespannt sein darauf, wie sie auch ausfallen möge. Aber ich habe mich schon über diese historischen Prolegomena gefreut; denn ich glaube, da kommt endlich Licht in die gegenwärtige verfahrene Situation der prinzipiellen Theologie. Wer sich auch nur ein wenig mit den derzeit üblichen Problemstellungen abgegeben hat, der weiß, wie müde man es werden kann, bald den «Einlinigen» und bald den «Zweilinigen» und bald den Viertels- und Halbleuten von beiden Seiten zu folgen (elenchus nominalis ist wohl unnötig!), um dann jedesmal gegen Ende ihrer Gedankenreihen hin (wenn sie ein solches haben) zu der vagen Erkenntnis zu kommen, es könnte an der ganz entgegengesetzten Beobachtungsweise «auch etwas» sein. Wer in diesem Spital krank ist, und das sind wir alle, dem sei H.s Arbeit empfohlen als eine wahre Medizin. Schon darum, weil sie klar und streng und ohne irgendwelches pektoral-theologisches Pathos (wir haben zuviel davon gegenwärtig) geschrieben ist. Zweitens darum, weil sie einem so lebhaft vor Augen führt, daß unsre heutige theologische Not nur ein neuer Spezialfall ist der alten Not, an der schon 8 Jahrhunderte laboriert haben. Man verlernt das Wichtigtun mit unsern «modernen» Problemen und lernt, sich wieder in Reih und Glied zu stellen mit unsern theologischen Vätern und Vorvätern. Das wirkt zuerst deprimierend und dann wahrhaft erlösend. Drittens darum, weil H. uns anleitet, aus dem Gerede über mystische und historische Religion einen Weg zu finden, ohne einem der beiden beteiligten Faktoren Gewalt anzutun. Der Verf. hat sich zwar darüber das letzte Wort noch vorbehalten; aber es wird irgendwie lauten: daß es gilt, *beide* Gedankenreihen konsequent zu Ende zu gehen. Dann werden die beiden divergierenden Linien sich irgendwo schneiden und die beiden Gewißheitskriterien kraft ihrer Verschiedenheit in eins zusammenfallen. –

H. verfügt über eine systematisch-historische Kombinationskraft ersten Ranges, die einem imponiert, weil sie sich nirgends bloß in geistvollen Aperçus ergeht, sondern auf solidester Kenntnis des Materials beruht. Und was für eines weitschichtigen Materials! Es graust einem beim Gedanken an all die «Summen» und «Compendien», die er durchgearbeitet haben muß. Eben darum hält es schwer, mit ihm zu rechten über dies und das, was man bei Übereinstimmung mit seiner Grundansicht anders beurteilt. Ich möchte also zum Schluß nur vorsichtiger Weise ein paar Fragezeichen setzen. Vermißt habe ich erstens eine Besprechung der *enthusiastischen* und verwandten Richtungen der reformatorischen und nachreformatorischen Zeit. In ihrer dezidierten «Einlinigkeit» ist doch wohl ein wesentlicher Grund erstens für die strikte Durchführung der «unheimlich-paradoxen Synthese» der Reformatoren (H. weist bei Calvin darauf hin)[29], zweitens für das Wiederaufkommen der Zweilinigkeit in der Folgezeit zu suchen. Warum fehlt bei Calvin jeder Hinweis auf Osiander, der dem Synthetiker durch seine Einlinigkeit so viel Mühe gemacht hat? Im |266| Weitern möchte es mir der Verf. nicht bloß als Lokalpatriotismus auslegen, wenn ich ihn interpelliere, warum wir über *Zwingli* gar nichts zu hören bekommen? Über *Melanchthon* wird geurteilt, es habe ihm jeder Einschlag einlinigen Denkens gefehlt und er habe das axiomatische und das empirisch-historische Gewißheitsfundament friedlich koordiniert.[30] Das mag vom spätern Melanchthon gelten. Aber verhält es sich nicht in den Loci von 1521 anders? Hier liegen doch Vernunft und Offenbarung noch nicht neben einander, sondern ineinander in der Antinomie der justificatio, wenn sich auch die Zweilinigkeit bereits stark ankündigt. Auch bei *Calvin* (wie bei Melanchthon) hat sich H. vielleicht zu sehr an die ausdrücklich erkenntnis-theoretischen Ausführungen des Reformators gehalten, statt seine erkenntnis-theoretischen Ansichten mindestens *auch* seiner Gnadenlehre zu entnehmen, wie er es bei Luther so glücklich getan hat. Dasselbe Resultat hätte sich dann noch deutlicher herausgestellt. Nicht einig gehe ich mit H. in der Beurteilung *Schleiermachers*, dessen Gewißheitsbegründung er als einen «konfusen Widerstreit zweier Gedankenreihen»[31], der apriorischen und der historischen, beschreibt. Gewiß, der Schein liegt bekanntlich vor. Aber ob sich H. bei diesem Urteil nicht erinnert fühlte an das, was er selbst früher bei Anlaß eines ähnlichen Urteils von Denifle über Luther aus-

---

[29] Vgl. a.a.O., S. 271–275.
[30] Vgl. a.a.O., bes. S. 279.
[31] A.a.O., S. 368.

führt?[32] Ich glaube, Schleiermacher ist gerade so «konfus» und gerade so wenig «konfus» wie Luther. Seine systematische Tendenz (nicht bloß eine «unbestimmte beunruhigende Ahnung», wie H. sagt)[33] ging in den «Reden» und in der Glaubenslehre auf Entgegenstellung und Ineinanderstellung der beiden heterogenen Gewißheitsgründe. Gewiß: «Die apriorische Form jedes möglichen Bewußtseins verwandelt sich in ein empirisches Bewußtseinserlebnis» (S. 369), nur daß ich Schl.'s Meinung präziser ausdrücken würde: «aktualisiert sich in einem empirischen B.» Denn es ist in dieser bei Schl. eintretenden Gleichstellung nicht die unklare Einführung eines zweiten Religionsbegriffs zu sehen[34], sondern in seinem einheitlichen Religionsbegriff haben wir wieder jenen Schnittpunkt vor uns der konsequent mystischen und der konsequent historischen Reihe. Ich meine: (hier greift allerdings das systematische in das historische Urteil über) wenn der Begriff des Apriori nicht psychologistisch verflacht wird, sollte es nicht so schwer sein, Schl. zu verstehen: Nicht ein Sondergebiet neben andern ist für ihn das religiöse Bewußtsein[35] – diese Annahme paßt zu Schl.'s Persönlichkeit so gut wie die Auffassung der Rechtfertigung als bloße praesumptio zu Luther[36] –, sondern das die apriorischen Möglichkeiten des Bewußtseins realisierende Leben. Wo Schl. von religiösem oder schlechthinigem Abhängigkeitsgefühl als von etwas Besonderem redet, ist es immer cum grano salis, d. h. in diesem Zusammenhang zu verstehen. Insofern kann er nun in der Tat sagen (und in der Dialektik der Gedanken durchführen), daß der «geheimnisvolle Augenblick» der Einheit von Anschauung und Gefühl bei *jeder* sinnlichen Wahrnehmung vorkommt.[37] Aber diese Feststellung der 2. Rede ist nun ja nicht empirisch zu verstehen; denn damit wäre die «natürliche Religion» gesetzt, die Schl. bekanntlich ablehnt[38], sondern *immer noch apriorisch,* als Um-

---

[32] Vgl. a.a.O., S. 228.247f.; s. auch S. 379.
[33] A.a.O., S. 377.
[34] Vgl. a.a.O., S. 370.
[35] Vgl. a.a.O., S. 371f.
[36] Vgl. a.a.O., S. 241–248.
[37] Vgl. a.a.O., S. 368; Fr. Schleiermacher, *Über die Religion. Reden an die Gebildeten unter ihren Verächtern* (1799), hrsg. von H.-J. Rothert (PhB 255), Hamburg 1958, S. 41 (Originalausgabe S. 73).
[38] Vgl. Fr. Schleiermacher, *Über die Religion,* a.a.O., S. 144.151–155 (Originalausgabe S. 259.272–279).

schreibung der Beziehungspunkte *jeder möglichen* Religion. *Empirisch realisiert sich das Bewußtsein immer nur da, wo sich Sinn und Universum in einem bestimmten Punkt berühren,* der sich aber zu den andern Wahrnehmungen *nicht exklusiv,* sondern als ihr *Zentral- und Kristallisations-*|267|*punkt* verhält. Das ist der klare Sinn der 5. Rede. Von einem solchen Zentralpunkt aus ist nun die ganze Glaubenslehre entworfen, die «einfach und ehrlich nur empirisch sein will»[39]. Es ist mir nicht recht verständlich, wie H. dazu kommt, zu sagen, daß Schl. nur «unter der Hand» den apriorischen mit dem historischen Standpunkt vertausche (S. 367). Schl. selbst sagt doch darüber: «Wahrlich es wäre mir bei tausend Meilen nicht eingefallen, daß irgend jemand mich anders verstehen könnte; vielmehr war das der Punkt, über den ich in allervollkommenster Sorglosigkeit war. Und nichts hätte ich mir weniger versehen, als daß ich mit den spekulativen Dogmatikern so mannigfaltig zusammengestellt werden sollte» (Sendschr. an Lücke ed. Mulert S. 21). Entweder wir müssen diese «Sorglosigkeit» als eine unbegreifliche Kopflosigkeit Schl.'s auffassen oder als ein Wiederauftauchen der Intuition, der folgend Luther mutatis mutandis ebenso gehandelt hatte.[40] Ich ziehe das letztere vor: Wenn wir beachten, daß Schl. einerseits als einziges dogmatisches Gewißheitskriterium den «alten λόγος ἀναπόδεικτος» (l. c. S. 18) bezeichnet hat und daß er andrerseits mindestens ebenso kräftig wie Luther den Philosophen ein «timeo Danaos et dona ferentes»[41] zugerufen und gesagt hat, die Darstellung der christlichen Glaubenslehre sei zugleich ihre Begründung[42] (l. c. S. 66 und 56), so werden wir ihm zuerkennen müssen, daß in seiner Position die «unheimlich-paradoxe» reformatorische Gegenüberstellung und Ineinssetzung von Vernunft- und Offenbarungsgewißheit in genialer Weise erneuert ist: das Polaritätsverhältnis von «einliniger» und «zweiliniger» Denkweise.

---

[39] K. Heim, a.a.O., S. 371; nach *Dr. Schleiermacher über seine Glaubenslehre, an Dr. Lücke. Erstes und Zweites Sendschreiben* (1829) (= *Schleiermachers Sendschreiben über seine Glaubenslehre an Lücke*, hrsg. von H. Mulert [Studien zur Geschichte des neueren Protestantismus, 2. Quellenheft], Gießen 1908, S. 21).
[40] Vgl. K. Heim, a.a.O., S. 230.252f. u. ö.
[41] P. Vergilius Maro, *Aeneis,* II, 49; Fr. Schleiermacher, *Über seine Glaubenslehre,* a.a.O., S. 66.
[42] Fr. Schleiermacher, *Über seine Glaubenslehre,* a.a.O., S. 56.

FRÖMMLER
1912

Der Artikel über den «Frömmler» für «Die Glocke», das monatliche Organ des Christlichen Vereins junger Männer in Zürich, markiert den Beginn einer Bekanntschaft, die zu einer für Barth und seine Weggenossen überaus wichtigen Freundschaft werden sollte: Der Aufsatz geht nämlich auf eine Einladung und Anregung zurück, die Rudolf Pestalozzi *an Barth richtete.*

R. Pestalozzi (1882–1961) wurde geistig und geistlich wesentlich durch die Erfahrungen geprägt, die er während einer kaufmännischen Lehrzeit in England mit der religiös-sozialen Bewegung machte. 1907 nach Zürich zurückgekehrt und in die väterliche Eisenhandlung eingetreten, versuchte er, seine Ideen im C.V.J.M. zu verwirklichen, indem er eine «soziale Gruppe» gründete, «soziale Abende für Männer» organisierte und das kleine Vereinsblatt zur «Glocke» umformte, die er mehr als sieben Jahre redigierte. In dieser Arbeit gewann er Eduard Thurneysen und dann Karl Barth zu seinen nächsten Freunden. Mit Barth trat er am 3. 11. 1912 durch einen Brief in Kontakt: «Herr Thurneysen, Sekretär unseres C.V.J.M., gab mir kürzlich einige Ihrer Artikel zu lesen, und diese haben mir so gut gefallen, dass ich möchte, Sie würden uns auch einmal einen für die ‹Glocke› schreiben ...» Als Überschrift schlägt Pestalozzi eben den Übernamen vor, «mit welchem ... die zu uns kommenden Burschen ... oft gehänselt werden. Die Ausführungen selbst denke ich mir in der Art Ihres Artikels über ‹Tue recht und scheue niemand› [s. oben S. 288–292] oder des humorvollen Aufsatzes über das Nichtindiekirchegehen [s. oben S. 213–218], und zwar etwa so dass Sie ...» Dies seien, schränkt Pestalozzi die recht detaillierten Anregungen am Ende ein, «natürlich nur ein paar Gedanken um Ihnen zu zeigen, wie ich's meine». Aber als er am 11. 12. 1912 Barth für den «famosen Artikel» dankt, fügt er doch an: «Sie haben sich ja meinen Wünschen fein angepasst. Gelesen wird dieser Artikel auf alle Fälle ... Ich werde mir erlauben, öfters bei Ihnen anzuklopfen.» – Barth veröffentlichte noch einmal, 1915, eine Betrachtung in der «Glocke», die in den «Vorträgen und kleineren Arbeiten 1914–1921» abgedruckt wird (s. Bibliographie Karl Barth, Bd. I, Nr. 88. Vgl. auch Nr. 89*).*

Wir wollen derselben Sache noch ein paar andere Namen geben: Stündeler, Mucker, Betbruder (auch Betschwester), Heiliger (auch Scheinheiliger), Heuchler, Pietist ... was noch? Der Leser weiß vielleicht noch mehr. Es kommt ja alles aufs selbe heraus: Es handelt sich da um etwas sehr Übles. Und um etwas, von dem ein Junge, der etwas auf sich hält, auf alle Fälle nichts wissen will. Nein, gar nichts – nur kein Frömmler werden! Du hast im Konfirmandenunterricht ein paar Mal – du erinnerst dich noch an die Stunden – einen Eindruck empfangen, es handle sich da um Großes, Wichtiges. Aber diesem Eindruck nachgeben? Darüber nachdenken? Nein. Pah, ich bin doch kein Frömmler! Und wenn du selber nicht gleich zu diesem Nein kamst, dann hat dir gewiß ein Kamerad, ein älterer oder schon ein gleichalteriger, sofort dazu verholfen: Du wirst doch kein Frömmler werden wollen! Nein, wirklich nicht. Und dann hast du dir eins gepfiffen; und jener Eindruck war wirklich überwunden. Jetzt liegt die Konfirmation glücklich hinter dir; nicht ganz ohne Rührung und feierliches Gefühl ging alles vorüber. Die neue Kleidung trug wohl auch etwas dazu bei. Aber jetzt? Was willst du jetzt? Am Sonntag Morgen läuten die Glocken. Sie läuten schön, die Glocken der Stadt Zürich. Wo hörst du sie? Gar nicht, weil du noch schläfst? Oder eben erwacht im Bett? Oder im Begriff, einen schönen Spaziergang anzutreten? Oder bereits unterwegs – aus sicherer Ferne? Oder aber unterwegs nach – der Kirche? Nicht wahr, da kommt's auch wieder darauf an, ob man ein Frömmler ist oder nicht. Und weil du keiner sein willst, hörst du die bewußten Glocken lieber vom Bett oder vom Ütliberg[1] aus. Nun kommt eine Gesellschaft an dich, heißt christlicher Jünglingsverein oder Philadelphia oder so etwas. Man redet dir von Freundschaft, Bildung, Unterhaltung, Förderung, die da für dich zu finden sei, man bringt dich mit ein paar Kameraden ins Vereinshaus oder man drückt dir ein Blatt in die Hand, etwa wie dieses, und das sollst du lesen. Gut, du gehst mit, du liesest. Man kann sich ja den Rummel ansehen! Und was du siehst und hörst, gefällt dir nicht übel. Aber das fatale Wort «christlich»! Du hörst reden von Bibelstunden und andern religiösen Versammlungen. Du blätterst in einem Liederbuch, und da ist wahrhaftig auch von «solchen Dingen» die Rede. Ich will doch kein Frömmler werden! Fort, das ist nichts für

---

[1] Im Bereich der Stadt Zürich gelegen.

mich. Nur das nicht! Und so hast du schon wieder Nein gesagt. Tausende machen es wie du. Ein Trotz, ein Zorn, eine Leidenschaft erwacht in Vielen, wenn sie das versichern: Ich bin *kein* Frömmler!

Wir wollen einmal darüber nachdenken. Es gibt Leute, die haben den Kopf voll frommer Gedanken und den Mund voll frommer Worte, aber sie sind schlechte Arbeiter und unerfreuliche Kameraden. Das ist schlimm. Es gibt Leute, die laufen alle Sonntag Morgen in die Kirche und alle Sonntag Nachmittag und Abend in eine Versammlung und in der Woche noch zwei- oder dreimal, aber daneben sind sie nicht ganz ehrlich und richten durch ihr Geschwätz Zank und Verwirrung an. Das ist sehr schlimm. Es gibt Leute, die tun in jungen Jahren, als ob die Welt ein Kloster wäre. Sie machen nie etwas Dummes, sie lachen nicht, sie können sich weder für Sport, noch für Politik, noch für Musik ereifern, sie wissen von Goethe und Gottfried Keller nur das, daß sie keine rechten Christen gewesen seien. Überall sehen sie Tafeln, auf denen geschrieben steht: Verboten! Das ist ganz schlimm. Und es gibt Leute, die reden vom Heiland und von der Sünde und von der Bekehrung in einem Ton und mit einer Kopfhaltung, daß es einem schlecht wird und man am liebsten davonrennen möchte. Ja, das ist furchtbar, und da renne ich auch davon, wenn ich kann. Aber nicht wahr, es gibt auch Schuhmacher, die einem unbequeme drückende Schuhe herstellen? Und Bäcker, deren Brot keinen «Chust»[2] hat? Und nicht wahr, es kommt vor, daß die Zigarre, die du dir gekauft hast und vertrauensvoll anstecken willst, nicht «zieht»? Und ein andermal wolltest du telephonieren, aber da war ein Heidenlärm im Rohr und du konntest kein Wort verstehen und mußtest abläuten. Und als du nach Hause fahren wolltest, da war plötzlich die Tramlinie gesperrt und du mußtest zu Fuß gehen und die Suppe wurde kalt. Das alles ist *auch* sehr schlimm. Aber hast du dann auch gesagt: nur keine Schuhe mehr anziehen, kein Brot mehr essen, keine Zigarre mehr rauchen, nie mehr telephonieren, nie mehr Tram fahren? Hast du dann auch gesagt: Nur *das* nicht! Das ist nichts für mich!? Also: Daran ist gar kein Zweifel, es gibt fromme Leute, die machen's mit ihrem Frommsein herzlich ungeschickt, die lassen recht Vieles zu wünschen übrig. Wenn es dir Spaß macht, kannst du ihnen einen von den am Anfang erwähnten Namen geben. Aber

---

[2] = Geschmack.

wieso soll das für dich ein Grund sein, dich um Frommsein, Religion, Christentum, Glaube nichts zu kümmern oder dich sogar darüber zu entrüsten? Ist das verständig? Oder ist das nicht eine faule Ausrede, zu sagen: *Weil* es Frömmler, Mucker, Scheinheilige, Langweiler ... gibt, *darum* geht mich die Religion nichts an?

Ei, geht sie dich wirklich nichts an? Wovon ist denn die Rede in der Bibel oder in der Kirche oder im christlichen Verein, in den man dich einladet? Von Gott, nicht wahr? Und wo von Gott die Rede ist, da wird dem Menschen eine ungeheure *Aufgabe* gestellt. Sein Leben soll nicht mehr ein Durcheinander sein; es soll *eine* Richtung bekommen, die Richtung auf Wahrheit, Reinheit, Liebe. Alles Andere soll nichts gelten dürfen daneben. Eines soll ihn Tag und Nacht beschäftigen: sich mit zu bewegen in der großen Bewegung des Reiches Gottes. Geht dich das nichts an? Laß jetzt die bösen Frömmler ganz bei Seite – willst du fernerhin zerstreut, zersplittert, untätig sein, oder willst du Gottes Aufgabe anerkennen und in Angriff nehmen? Aber weiter: Diese Aufgabe bringt einen tiefen *Ernst* in jedes Leben. Sie richtet uns. Sie zeigt uns Dinge in unserem Leben: Gedanken, Gewohnheiten, Taten, die nicht so sein sollten, wie sie sind; sie fordert alle Tage eine Erneuerung unseres Wesens. Wenn wir uns dieser Forderung entziehen, dann macht uns Gott unglücklich. Ein Christ wandert auf einer Bergeshöhe; das ist sein Stolz, aber zugleich sein Schrecken. Wer steht, der sehe zu, daß er nicht falle! [vgl. 1. Kor. 10,12]. Hältst du diesen Ernst für überflüssig? Laß die Frömmler bei Seite – aber glaubst du, es sei richtiger, das Leben leichter zu nehmen als so? Endlich: Gott bringt *Freude* in unser Leben, rechte Freude. Etwas Leuchtendes erfüllt einen Menschen, der ihn wirklich kennt. Etwas, das den Sieg gewinnen muß über alle Schwierigkeiten und Unschönheiten und Erbärmlichkeiten des Daseins. Freude an dir selbst: Begeisterung für die höchsten Ziele, Zuversicht, auch wenn nicht alles so einfach ist, wie man es sich zuerst wohl einbildet, Tapferkeit gegen Alles, was dich hindern will. Freude an deinen Mitmenschen: Zutrauen, daß du das Gute bei Jedem suchst, offene Augen, daß du es bei jedem findest, Willigkeit, daß du jedem dazu helfen möchtest. Freude an der Welt schließlich: Reife Einsicht in die Tiefe und Bedeutung dessen, was täglich um uns vorgeht im Kleinen und im Großen, reine feine Hände, die das Ewige zu erfassen wissen, wo und in welcher Hülle es uns auch beggene, ein reiches Herz, das den heiligen

Gott, von dem Alles herkommt, in Allem wiederfindet. Kennst du solche Freude, und wenn du sie noch nicht kennst, begehrst du wirklich nichts davon? Sieh, das alles fließt aus Gott: des Lebens Aufgaben, des Lebens Ernst, des Lebens Freude. Wer die aus der Nähe kennt, der ist ein frommer Mensch. Nach ihnen sich ausstrecken, das heißt leben. Von ihnen etwas besitzen, das heißt glauben. Und wer sie bei Jesus sucht und findet, der darf sich ein Christ nennen. Etwas davon möchte man dir zeigen und geben in der Kirche und im Vereinshaus. Wir wollen die Frömmler ganz aus dem Spiel lassen. Niemand verlangt von dir, daß du ein Frömmler werdest. Sie sind unvollkommene Christen. Wenn du selber einmal angefangen hast, wirst du merken, wie schwer es ist, ein vollkommener Christ zu sein. Vielleicht wird deine Aufregung über sie sich dann etwas legen. Aber jedenfalls sind sie dir keine Entschuldigung, wenn du jetzt auf Gottes Ruf antwortest: Ich *will* nicht! [vgl. Mt. 21,29f.].

GEGENREDE BETREFFEND MILITÄR-FLUGZEUGE
1913

«Gegenrede betreffend Militär-Flugzeuge» ist die redaktionelle Überschrift für zwei «Antwortartikel», die am 14. 3. 1913 im «Freien Schweizer Arbeiter» (Jg. 6, Nr. 24) als Entgegnung auf die beiden unten in Anm. 3 und 4 aufgeführten Artikel von P. B. [P. Baumgartner] und H. Beglinger erschienen. Der Text Karl Barths, mit seinem vollen Namen und dem Zusatz «Safenwil» unterzeichnet, wurde an zweiter Stelle abgedruckt; ihm geht eine Stellungnahme voraus, die mit Dr. C. B. gezeichnet ist. Barths «Gegenrede» hat eine öffentlich-politische, daneben aber auch eine persönlich-familiäre Vor- und Nachgeschichte.

Im politischen Zusammenhang steht der Aufruf an das Schweizervolk am Anfang, den die Schweizerische Offiziersgesellschaft am 1. 12. 1912 beschlossen und am 1. 1. 1913 erlassen hatte und mit dem eine «allgemeine Nationalsammlung für die Militäraviatik» eingeleitet wurde. Die Sammlung, die schließlich durch Kollekten, Flugtage, Sportveranstaltungen, Konzerte usw. mehr als 1,7 Millionen Franken erbrachte, erschien den Initianten notwendig, weil «eine wesentliche Vermehrung der [etatmäßigen] Militärausgaben ... voraussichtlich heftigen Widerstand hervorrufen und als Folge eine Verzögerung der Anschaffung der ersten Flugzeuge herbeiführen» würde, «welche mit Rücksicht auf die allgemeine politische Lage sehr gefährlich sein könnte». Denn «heute ist das Flugzeug zu einer unentbehrlichen Waffe geworden». «In den meisten unserer Nachbarstaaten» seien die Mittel «durch nationale Sammlungen und Spenden» zusammengebracht worden. In der Schweiz sollten «die eingehenden Beträge» entsprechend «als besonderer Nationalfonds für Militäraviatik in der Nationalbank zur Verfügung des schweizerischen Militärdepartments angelegt werden».[1] Die Sozialdemokratische Partei erklärte sich bald gegen eine eidgenössische Luftflotte.[2] Bedenken wurden auch in den zwei Artikeln geäußert, die «Der freie Schweizer Arbeiter», das «Offizielle Organ der evangelisch-sozia-

---

[1] Abgedruckt bei E. Wetter, *Werden und Wachsen der Fliegertruppen*, in: *50 Jahre Schweizer Flugwaffe. Unsere Flugwaffe und Fliegertruppe gestern – heute – morgen*, Bern 1964, S. 14–18.

[2] Siehe etwa: Neuer Freier Aargauer, Jg. 8, Nr. 10 vom 13. 1. 1913, S. 2 [Sp. 4]–S. 3 [Sp. 1], und Nr. 12 vom 15. 1. 1913, S. 2 [Sp. 2].

len Arbeitervereine der deutschen Schweiz», am 21. 2. (Nr. 21) und 7. 3. 1913 (Nr. 23) veröffentlichte (s. unten Anm. 3 und 4). Barths «Gegenrede» schlägt, obwohl er zu dieser Zeit schon in enger Fühlung mit Aargauer Sozialdemokraten und Gewerkschaftlern stand, einen ganz anderen Ton an, vielleicht deshalb, weil er dem nach seinem Urteil falschen Gebrauch theologischer Argumente vor allem im zweiten der vorangehenden Artikel meinte widersprechen zu sollen.

In seiner Beurteilung des Problems, die durch einen eigentümlich geltend gemachten Pflichtbegriff bestimmt ist, wurde Karl Barth durch seinen Bruder Heinrich bestärkt (offenbar bei dessen Besuch in Safenwil am 5. 3. 1913) – sehr zum Mißfallen Anna Barths, die ihrem Sohn Karl am 18. 3. unumwunden schreibt: «Dein Artikel im Fr. Arbeiter hat mich nicht sehr gefreut. Es wäre mir lieber gewesen, du hättest ihn nicht geschrieben. Dieser kleine aviatische Streit ist so vieler Worte u. Hiebe nicht werth. Du machst dir so unnötig Feinde ... Heiner hat mir gestanden, daß er dich dazu aufgemuntert hat. Ihr thut einander nicht gut. Doch nun ist es geschehen ...» Betroffen antwortet Barth am 20. 3. auf einer Postkarte: «Ich bin ganz betrübt, daß du meinen Artikel so vernichtet hast. Es ist mir ja leid. Und es ist sicher sicher nicht bös gemeint. Aber man muß doch auch manchmal etwas sagen.» Und auf einer zweiten Postkarte vom gleichen Tag wiederholt er: «... das Vernichtungsurteil über meinen Artikel geht mir sehr nach. Ich hielt ihn doch für ganz ausgezeichnet und nun hast du ihn einfach hinweggefegt und zertrümmert. Ich bin ganz betrübt über diesen Erfolg.»

Es blieb nicht bei dieser familiären Kritik. In den folgenden Nummern des «Freien Schweizer Arbeiters» wurde die Kontroverse lebhaft weitergeführt. Nachdem sich in Nr. 25 (21. 3. 1913) ein mit G. gezeichneter Artikel für die Sammlung ausgesprochen und unterstrichen hatte, «gerade die schweizerischen Sozialdemokraten hätten alle Ursache, für den Weiterbestand der schweizerischen Demokratie Opfer zu bringen», erschien in Nr. 26 (28. 3. 1913) eine Antwort von H. Beglinger auf die «beiden Widerreden» in Nr. 24. Beglinger, der Disputant von Nr. 23, bekennt sich «offen zum Antimilitarismus». Auf Barths Artikel zielend, bemerkt er: «Wir sagen nicht A, darum auch nicht B – Es dünkt mich, man könne dem Kaiser (dem Weltgeist) zuviel geben und Gott zu wenig.» In einem «Nachwort der Redaktion» pflichtet der Redaktor Otto Lauterburg (nicht identisch mit Barths Jugendfreund gleichen Namens) *einem Argument Barths bei. Zwar findet er den «starken moralischen Druck» bedenklich, als bedeute eine Spende für die Flugzeuge «einen besonders deutlichen Beweis wahrer Vaterlandsliebe». Aber: «Entweder wollen wir gar keine Armee, oder dann eine rechte.» Nr. 28 (11. 4. 1913) brachte von Paul Baumgartner, dessen Artikel in Nr. 21 die Diskussion ausgelöst hatte, eine ausführliche Entgegnung: «Noch einmal: Die Flugzeugsammlung.» «Die Herren Dr. C. B., Karl Barth und G. haben ... mir so übel mitgespielt, daß ich von rechtswegen mausetot sein sollte», heißt es zu Beginn. Er könne nur «Lebenszeichen», nicht eine «Widerlegung» geben – «gegen die logische und dialektische Ueberlegenheit namentlich des Hrn. Barth richte ich armer Wurm von vornherein nichts aus». Alle Gegenredner sagten: «Wir können nicht anders, als ein Heer, und zwar ein wohlausgerüstetes, auch mit Flugzeugen versehenes Heer haben. Wir können nicht anders! Ich finde die Behauptung kühn. Wir können sehr wohl anders: wir können unser Heer abschaffen.» Das Heer sei um der Erhaltung der schweizerischen Kultur willen notwendig? «Kann ein Stück Kultur durch ein Stück Unkultur ... überhaupt gestützt werden? Kann je ein heiliger Zweck durch ein unheiliges Mittel erreicht werden? Kann man den Willen Gottes erfüllen, indem man ihn nicht tut?» Wer sich einmal all diese Fragen stelle, «der gelangt unweigerlich zu ‹verzweifelten Halbheiten›. Aber vielleicht ist es noch die verzweifelte Halbheit, einerseits zu bekennen: der Krieg ist ein Greuel vor Gott, und andrerseits einzuschränken: aber muß unter Umständen doch sein.» «Herr Barth kommandiert: Man wage das Entweder-Oder. Es ist angenehm, zu kommandieren, wenn man sicher steht und das Problem bewältigt hat. Nein, das wage ich eben nicht, bis ich dessen gewiß bin, daß ich den einen oder den andern Weg vor meinem Gewissen verantworten darf.» In Nr. 31 (2. 5. 1913) und Nr. 33 (16. 5. 1913) erschienen weitere Debattenbeiträge; u. a. hatte Baumgartner seine These von Nr. 28 zu verteidigen, daß der Verlust der staatlichen Unabhängigkeit zwar schrecklich, aber nicht das Schrecklichste wäre – «schrecklicher» wäre z. B. «der Rück- und Untergang einer der Bewegungen, die wir Reichsgottesbewegungen heißen, der Mission, des Sozialismus, der Abstinenz». Übrigens meldete Nr. 40 (4. 7. 1913) dann den Tod Pfarrer Baumgartners. Um anzudeuten, wie ernst Baumgartner das mit Barth diskutierte Problem als Gewissensfrage gewesen sei, notiert Lauterburg in seinem Nachruf, daß*

Baumgartner bis zum Eintritt in den Pfarrdienst «mit Leib und Seele Militär und Unteroffizier» der schweizerischen Armee gewesen sei.

Wenn ich hier den Anti-Luftschiff-Artikeln in Nr. 21[3] und 23[4] des «Fr. Schw.-Arb.» widersprechen will, so möchte ich mich vor allem verwahren gegen den schwarzen Verdacht, ich sei vielleicht Feldprediger oder wolle es wahrscheinlich werden. Ich stehe als Staatskrüppel bei der Landsturmsanität zweiter Güte und komme daher für diese Ehre lebenslänglich nicht in Betracht.[5] Auch will ich keine Hölzer herbeitragen zu einem Scheiterhaufen für P. B., obwohl dieser sich bereits dazu in Positur gesetzt hat.[6] Fällt mir gar nicht ein; sein Artikel war recht anregend und enthielt wichtige Wahrheiten, wenn ich ihn darob auch nicht gerade als «Seher» apostrophieren würde, wie es sein Echo in Nr. 23 tut.[7] Zwischen der Prophetenmacherei und der Ketzermacherei gibt es ja wohl noch gewisse Zwischenstufen, nicht wahr? Wir wollen uns ruhig unterhalten über die Sache.

In der Empfindung, daß das Vorhandensein des Militarismus eine Rückständigkeit unsrer Kultur bedeutet, weiß ich mich mit P. B. rückhaltlos einig.[8] Ebenso mit H. Beglinger in der Erwartung eines neuen Himmels und einer neuen Erde [2. Petr. 3,13], wo es keinen Krieg mehr

---

[3] P. B., *Ketzerische Gedanken*, in: Der freie Schweizer Arbeiter, Jg. 6, Nr. 21 vom 21. Febr. 1913 [S. 1, Sp. 1–3]. P. B., der später mit seinem vollen Namen Paul Baumgartner zeichnete, spricht sich gegen «eine Sammlung zur Anschaffung von Flugzeugen für unser Heer» aus (a.a.O. [S. 1, Sp. 1]).

[4] H. Beglinger, *Noch eine Stimme gegen die Sammlung von Geld für die Kriegsluftschiffahrt*, in: Der freie Schweizer Arbeiter, Jg. 6, Nr. 23 vom 7. März 1913 [S. 2, Sp. 3–S. 3, Sp. 1].

[5] Das «Dienstbüchlein» Karl Barths (im Karl Barth-Archiv, Basel) weist als «Verfügung der Untersuchungskommission» auf Grund der «Sanitarischen Untersuchung» am 18.9.1905 in Neuchâtel aus: wegen «Visusinsuffisance» («Myopie») «Exemption absolue A». Daraufhin wurde Barth zum «Landsturm» («Unterabteilung: B Troupes sanitaires») eingeteilt.

[6] Der Schlußsatz des Artikels von P. B., *Ketzerische Gedanken*, a.a.O. [S. 1, Sp. 3], lautet: «Und jetzt zum Scheiterhaufen mit ihm!» [sc. P. B.].

[7] H. Beglinger, a.a.O. [S. 3, Sp. 1]: «Gott segne den Verfasser P. B.! Er gebe diesem ‹Seher› Leser und Hörer, die auch so empfinden wie er und zwar viele, damit der Volkswille da wirklich Gotteswille werde!»

[8] Vgl. P. B., a.a.O. [S. 1, Sp. 1 f.].

gibt.[9] Das ist für einen Christen, der die zweite Bitte des Unser-Vaters [Mt. 6,10; Lk. 11,2] ernsthaft betet, doch einfach selbstverständlich. Und weiter gehe ich mit P. B. einig in der Folgerung, daß es ein Verbrechen gegen die Humanität bedeutet, wenn das geistige Interesse unseres Volkes beständig von den Zielen sittlich-politischer Bildung abgelockt wird auf Mord und Mordwaffen und Mordtechnik.[10] Es ist ein Elend, wie wenig Schamgefühl in dieser Beziehung bei unsern leitenden Männern vorhanden ist, um von den Offizierskreisen nicht zu reden. Als ob es nicht anders sein könnte, wird da über dem Schutz des Vaterlandes das, was eigentlich im Vaterland geschützt werden soll: die sittliche Arbeitsgemeinschaft eines freien Volkes, in die zweite Linie gestellt. Dagegen wollen wir protestieren, bis man uns hört. Ich bin auch dabei.

Aber die Auflehnung gegen die Sammlung für die Militäraviatik halte ich dazu für herzlich wenig zweckdienlich. Und zwar darum, weil ihr, wie P. B. selbst zart andeutet, mehr Empfindungen, Gefühle, Stimmungen zu Grunde liegen als klare, folgerichtige sittlich-politische Gedanken.[11] «Ketzerische *Gefühle*» hätte P. B. seinen Artikel überschreiben müssen, wenn er denn Wert darauf legt, als Ketzer aufzutreten. Man verstehe mich nicht unrecht: ich gehöre nicht zu den Liebhabern der Phrase, das Gefühl habe in der Politik nichts zu schaffen. Es hat sehr viel darin zu schaffen, aber es darf nicht unbekleidet oder schlecht bekleidet auftreten, sonst blamiert es sich. Es muß zum lebendigen Inhalt deutlicher und bestimmter und zu Ende gedachter Gedanken werden. Fehlt ihm die Kraft dazu, in solcher Weise Gestalt anzunehmen, dann hat es in Gottes Namen zu schweigen in der Politik. Und wenn es nicht schweigt, dann darf man sich nicht wundern, wenn es im Kampf der Meinungen nicht beachtet wird. Es gleicht dann dem vierjährigen Kind im Schlachtgetümmel vor Adrianopel, und nicht immer findet sich dann ein edler Bulgare, der das Kind vor sich auf den Sattel nimmt.[12]

---

[9] Vgl. H. Beglinger, a.a.O. [S. 3, Sp. 1].
[10] Vgl. P. B., a.a.O. [S. 1, Sp. 1].
[11] Vgl. a.a.O. [S. 1, Sp. 2].
[12] Barth spielt hier auf eine Episode aus dem Zweiten Balkankrieg an, die der «Neue Freie Aargauer» am 14. 12. 1912 (Jg. 7, Nr. 290, S. 1 [Sp. 3f.]) unter der Überschrift: «Ein Kind in der Schlacht...» meldete (und kritisch kommentierte). Das «Aargauer Tagblatt» brachte die Kriegsanekdote leicht variiert am gleichen Tag (Jg. 66, Nr. 341, S. 2 [Sp. 1]) unter dem Titel: «Das Kind in der Schlacht».

An dieses Kind erinnerten mich die Explosionen der Herren P. B. und Beglinger. Bitte um Entschuldigung, aber so selbstherrlich und sprunghaft und ungeordnet reden sonst nur (zum Glück nicht alle!) Damen. *So kann man nicht politisieren.* Und wenn wir es doch tun, erregen wir damit nur Achselzucken.

Herrn P. B. ist die Aviatik unsympathisch, er zieht ihr andere Geistestaten vor.[13] Ich auch. Aber nicht wahr, das ist für die Frage, ob unsere Armee die Aviatik braucht und ob das Volk dazu beitragen soll, vollständig belanglos. Warum so etwas überhaupt vorbringen? P. B. vermutet wohl mit Recht, daß die Flugzeuge im Krieg nicht bloß der Aufklärung, sondern auch dem Angriff auf eine sehr wirksame Weise dienen werden, und nennt das sein Hauptbedenken gegen die Sammlung.[14] Aber bitte: auch die Aufklärung dient doch dem Angriff – Krieg ist Krieg –, und für das sittliche Urteil macht es doch nicht das Geringste aus, wie das anzuschaffende Material dann taktisch verwendet wird. Ein Trainkarren ist so gut eine Kriegsmaschine wie ein Schnellfeuergeschütz, und es braucht doch viel Naivetät, um sich gegen *ein* Stück unsrer Kriegsrüstung aufzulehnen, weil von ihm eine für die Feinde besonders betrübliche Wirkung zu erwarten ist. Die Notwendigkeit der Militäraviatik steht und fällt mit der Notwendigkeit des Militärs überhaupt. Wer A sagt, muß auch B sagen. Über die Notwendigkeit, A zu sagen, nachher ein paar Worte. P. B. wenigstens scheint [mit] mir darin einig zu sein, daß es vorläufig zu unserm großen Bedauern nicht anders geht. Nun aber bitte auch Ernst machen und nicht mit einem Seufzer halbwegs stehen bleiben! Und auch nicht bei solchen unbeträchtlichen Redensarten wie die, es handle sich hier bloß um «Nachäfferei», um ei-

---

Barths Formulierung läßt vermuten, daß er die Begebenheit in der Version des «Neuen Freien Aargauer» zur Kenntnis genommen hatte: «Dieser Tage wurde erzählt, es sei während den Kämpfen um Adrianopel mitten im Kanonendonner und den Stürmen der Bulgaren auf die Forts ein Kind vor eine heransprengende bulgarische Kavallerieabteilung gelaufen und unter die Pferde geraten. Der Kommandant der Abteilung sprang vom Pferde, hob das Kind unverletzt auf und schwang sich mit ihm aufs Pferd. Da kam eine türkische Granate geflogen und riß dem Kommandanten das Pferd unter dem Leibe weg. Er selbst und das Kind blieben unversehrt. Nach der Schlacht ließ der Kommandant das Kind ... zu seiner eigenen Familie nach Sofia bringen ...»

[13] Vgl. P. B., a.a.O. [S. 1, Sp. 1].
[14] Vgl. ebd.

nen «Modeartikel», um «Äußerlichkeiten», um «Großtuerei», um das «Bestreben, den kleinen Gernegroß zu spielen».[15] Ich weiß nicht, wer Herr Beglinger ist; aber Hand aufs Herz, versteht er denn etwas von diesen Dingen? Ist er ein Fachmann, der in der Bedürfnisfrage kompetent ist? Zehn gegen eins: er ist es nicht, so wenig wie ich. Warum redet er denn darüber, als ob er Vollmacht hätte? Wie bringt er es weiter fertig, öffentlich einen solch wundervollen logischen Bock zu schießen wie den: Bricht der Krieg *jetzt* los, dann sind wir «so wie so zu spät mit der Einführung der neuen Waffe» – bricht der Krieg erst *später* los, dann ist das darauf verwendete Geld «ein Unrecht wie Ehebruch und Diebstahl, Lüge und Mord».[16] Wer in aller Welt soll denn solche Raketen ernst nehmen? Etwa unsre politischen und militärischen Kreise? Dergleichen ist doch einfach viel zu *lustig*, als daß man noch ein Wort hinzufügen müßte. Und weiter: was hat die beklagenswerte Verständnislosigkeit unsrer hohen Behörden gegenüber der Alkoholnot[17], was hat das in der Tat «filzige» Verfahren bei der Vergebung der 10 000 Militärsocken[18], was haben solche Erscheinungen mit unsrer Stellung zur Anschaffung von Kriegsflugzeug zu tun? Ist die Notwendigkeit dafür einmal da, so könnten die Behörden noch ganz andere Fehler begehen, wir hätten darum nicht das mindeste sittlich-politische Recht, zum Staat zu sagen: Jetzt mach ich auch nicht mit! (wie es die Kinder beim Spielen tun, wenn ein anderes sie «taub»[19] gemacht hat). Was hat es ferner mit der sittlichen Frage zu tun, daß hauptsächlich Militär- und Sportvereine mit der Durchführung betraut worden sind?[20] Ist es wirklich nötig, sich jetzt auch noch darüber zu ärgern? Daß der Sport häufig zur Gesinnungsknoterei führt, weiß ich auch, aber was geht uns das hier an? (Ich persönlich bin übrigens als Präsident eines Blaukreuzver-

---

[15] Vgl. H. Beglinger, a.a.O. [S. 2, Sp. 1 – S. 3, Sp. 1].
[16] Vgl. a.a.O. [S. 3, Sp. 1].
[17] Vgl. P. B., a.a.O. [S. 1, Sp. 2].
[18] Vgl. H. Beglinger, a.a.O. [S. 3, Sp. 1]: «Liegt darin nicht auch ein Unrecht, daß die Militärbehörde Geld betteln will für einen Luxus und dann die Anfertigung von 10 000 Paar Socken dem ‹Schweizerischen gemeinnützigen Frauenverein› zuspricht zu *70 Rp. Arbeitslohn für das Paar*? Handelt da der Staat besser als ein filziger Privatarbeitgeber?»
[19] = zornig, erbost.
[20] Vgl. P. B., a.a.O. [S. 1, Sp. 2].

eins[21] in die Lage gekommen, mich praktisch mit der Sache auseinanderzusetzen – sie wird also wohl nicht überall bloß eine Angelegenheit der Unteroffiziere und der Fußballspieler sein.) Und nun noch die Gefühle höherer Ordnung, die in den Artikeln geltend gemacht werden. Hr. Beglinger hat offenbar Lust, alle und jede Förderung des Militärwesens als Hochmut und Mangel an Gottvertrauen zu diskreditieren. Das ist sehr großzügig, aber es ist nicht wahr. Unser Volk könnte nicht auf sein Heer verzichten, ohne sein bißchen Kultur in Frage zu stellen. (Daß es auch noch auf allerlei *andere* Weise in Frage gestellt werden kann, ist richtig, aber es ist das kein Gegenargument!) Streben wir nach einer nationalen und internationalen Geisteskultur, die das Heer überflüssig macht! Das soll die erste Aufgabe jedes Vaterlandsfreundes sein, und wer uns wieder in die Landsknechtskultur zurückführen wollte, der ist ein Vaterlandsverräter schlimmster Sorte. Aber vorläufig können wir nicht anders als unser Heer ausrüsten und ausbilden so gut als möglich – einfach um zu verhindern, daß unser Land zum Schlachtfeld fremder Armeen wird oder daß wir eines Morgens in einer preußischen oder italienischen Provinz erwachen müssen. Es ist eine fatale «Restanz aus der Barbarenzeit»[22], daß es nicht *anders* geht; aber *weil* es nicht anders geht, müssen wir es als sittliche Pflicht auf uns nehmen. Und nur, wenn wir sie auf uns nehmen, können wir mit ruhigem Gewissen an Gott appellieren, der im Regimente sitzt und Alles wohl führt[23]. Jesus fehlte es auch nicht an Gottvertrauen, als er sagte: Gebt dem Kaiser, was des Kaisers ist! [Mt. 12,17 par.]. Er stellte eben auch ganz nüchtern eine bedauerliche vorläufige Pflicht auf, die aber nicht umgangen werden dürfe. Sollte es einfältige Menschen geben, die auf unsre Aeroplane, wenn sie einmal da sind, «stolz»[24] sein werden, so ändert das nicht das Geringste an der vorläufigen Pflicht des Schweizervolkes, sich so gut als möglich zu rüsten auf alle Eventualitäten. – Endlich das Gefühl P. B.'s, Sammlungen von Haus zu Haus seien «rein der Menschlichkeit zu re-

---

[21] Im Oktober 1911 eingetreten, war Barth seit Januar 1912 Präsident des Blaukreuzvereins Safenwil.
[22] P. B., a.a.O. [S. 1, Sp. 1].
[23] Vgl. P. Gerhardt, «Befiehl du deine Wege», Strophe 7 (GERS [1891] 266; EKG 294; GERS [1952] 275), von H. Beglinger, a.a.O. [S. 2, Sp. 3 – S. 3, Sp. 1], zitiert.
[24] Vgl. H. Beglinger, a.a.O. [S. 3, Sp. 1].

servieren»[25]. P. B. gibt zu, daß die Anschaffung «wahrscheinlich» nötig sei und daß das Geld dazu irgendwoher kommen müsse.[26] Aber er will das Militärwesen nur im Rahmen der bestehenden Gesetze («mit aller Hingabe») unterstützen, eine freiwillige Spende zu diesem Zweck dagegen soll vom Übel sein.[27] Das sind doch wieder verzweifelte Halbheiten! Es kann doch für ein klares sittliches Urteil keinen Unterschied von gesetzlicher und freiwilliger Pflicht geben?! *Entweder* die Militärausgaben sind als solche «ein Greuel vor Gott»[28]; dann wage man es, glatt und ohne Wenn und Aber dagegen zu protestieren, wenn man es verantworten kann. *Oder* aber sie sind vorläufig notwendig, und es muß für die entsprechenden Mittel dazu gesorgt werden. Dann wage man aber auch, dazu zu stehen, und lasse das kleine weinerliche Fündlein von «gesetzlich» und «freiwillig»[29] dahinten. Sind die gesetzlichen Mittel erschöpft, dann müssen eben die freiwilligen dran. Deutschland wäre vielleicht heute noch unter der Knute des Auslands, wenn das Preußenvolk 1813 vor *freiwilligen* Opfern für den notwendigen *Krieg* zurückgeschreckt wäre. Es hat sie auf sich genommen, und man hört nichts davon, daß Fichte oder Schleiermacher gegen diese Grenzüberschreitung protestiert hätten. Im Gegenteil.[30] Und die Beiden verstanden doch auch etwas von christlichem Vertrauen und christlichem Gehorsam.

[25] Vgl. P. B., a.a.O. [S. 1, Sp. 2].
[26] A.a.O. [S. 1, Sp. 1f.].
[27] A.a.O. [S. 1, Sp. 2].
[28] H. Beglinger, a.a.O. [S. 3, Sp. 1].
[29] Vgl. P. B., a.a.O. [S. 1, Sp. 2].
[30] Fichte las im Sommer 1813 in Berlin «Ueber den Begriff des wahrhaften Krieges»; sein Anerbieten, als Feldprediger oder religiöser Redner im königlichen Hauptquartier zu wirken, wurde nicht angenommen; vgl. K. Fischer, *Geschichte der neuern Philosophie*, Bd. VI: *Fichtes Leben, Werke und Lehre*, Heidelberg 1900³, bes. S. 205–209. Über Schleiermachers Teilnehmen an den Ereignissen von 1813 u. a. als Redner und als Prediger («So haben auch wir Verkündiger des Friedens zur scharfen Waffe, der des Wortes, gegriffen und an heiliger Stätte zum Kampf auf Leben und Tod aufgerufen.») vgl. J. Bauer, *Schleiermacher als patriotischer Prediger. Ein Beitrag zur Geschichte der nationalen Erhebung vor hundert Jahren. Mit einem Anhang von bisher ungedruckten Predigtentwürfen Schleiermachers* (Studien zur Geschichte des neueren Protestantismus, Bd. IV), Gießen 1908, S. 90–101, Zitat: S. 95.

DER GLAUBE AN DEN PERSÖNLICHEN GOTT
1913

Die Schweizerische reformierte Predigergesellschaft[1] *bestimmte für ihre Jahresversammlung von 1913, die, von der kantonalen Sektion Graubünden ausgerichtet, Anfang September in Chur stattfand, als theologisches Hauptthema: «Der Glaube an den persönlichen Gott». Wie schon zwei Jahre zuvor für den kantonalen Zweigverein in Genf, so hatte 1913 auch für denjenigen des Aargau Karl Barth als Referent über das Hauptthema auf der kantonalen Konferenz kurzfristig einzuspringen. Eingeladen wurde er von Pfarrer Lic. Karl Zickendraht in Veltheim, der ihm am 24. 3. 1913 schrieb: «Es wird gegenwärtig für die Sitzung des Gesamtpastoralvereins, Mitte Mai ein Referent gesucht, der das erste Thema: Der Glaube an den persönl. Gott behandeln würde. Ursprünglich hatte sich Pfr. [Julius Friedrich] Müller in Birrwyl verpflichtet; er ist aber erkrankt und damit kam die Anfrage an Pfr. Schäfer*[2] *und mich. Da wir aber beide noch neulich geredet haben, möchte ich im Auftrag von Pfr. Schäfer Sie einmal anfragen, ob Sie uns nicht über den bezeichneten Gegenstand reden können. Es handelt sich ja nur um die Vorbereitung auf die Predigergesellschaft, gewissermaßen ‹Auflockerung› des geistigen Bodens. Um Antwort, sobald wie möglich bittet mit freundlichem Gruße K. Zickendraht, Pfr.»*

Barth muß in der Tat sofort zugesagt haben; am 26. 3. bittet er in einem Brief aus Bern den sozialdemokratischen Nationalrat Howard Eugster-Züst um eine Aussprache «vielleicht Ende Mai oder Anfang Juni ... Vorher kann ich nicht, da ich durch eine theologische Arbeit in Anspruch genommen bin.» Doch konnte er diese Arbeit nicht sofort aufnehmen. Am Tage von Zickendrahts Brief, dem Ostermontag, fuhr er von Safenwil nach Bern, wo am 26. März seine Ziviltrauung und am 27. seine kirchliche Trauung mit Nelly Hoffmann stattfand, so daß sich die Entstehungsverhältnisse des Vortrags von 1911 ungefähr wiederholten, war doch damals in die Vorbereitungszeit seine Verlobung gefallen. Kaum war er nach kurzer Hochzeitsreise am 9. April mit seiner Frau,

---

[1] Vgl. die Einleitung zu «La réapparition de la métaphysique dans la théologie», oben S. 329f.
[2] Pfarrer Albert Schäfer in Schinznach.

von der Dorfbevölkerung mit einem Ständchen begrüßt, im Safenwiler Pfarrhaus eingezogen, da wandte er sich neben einer dichten Folge pfarramtlicher Pflichten der neuen theologischen Aufgabe zu; sein Kalender vermerkt unter dem 11. April das Vortragsthema, also den Beginn der Arbeit.

Der Zeitdruck war erheblich; Barth bat um eine Verschiebung des Vortragstermins. Trotz einer konditionierten Zusage Zickendrahts (vom 18. 4.) – Präsident und Vorstand des kantonalen Pfarrvereines müßten erst noch zustimmen – scheint es nicht dazu gekommen zu sein; der Vortrag wurde am 19. Mai gehalten, ganz im Rahmen der ursprünglichen Terminangabe «Mitte Mai». Zickendraht versuchte Barth aber gleichzeitig hinsichtlich der knappen Vorbereitungszeit zu beruhigen: «Ich wage es aber jetzt gerade doch noch, Sie zu bitten, Ihr Referat nicht zu schwer und umfassend zu machen, weil ich nämlich seinerzeit bei einem Referat am gleichen Ort den besagten Fehler gemacht und nachher bereut habe. Die Diskussion wird ja ohnehin gewöhnlich ein Allerlei; das Referat tut uns aber sicher den besten Dienst, wenn es uns blos klarmacht, um welche Fragen es sich handelt. Ob dies oder jenes fehlt, merken wir kaum.»

Eine zutreffende Voraussage – und eine vergebliche Bitte. Barth hatte sich bereits reichlich mit Literatur eingedeckt, fürchtete aber immer noch, er könne etwas übersehen. Am 28. April schrieb er an W. Loew, er müsse seine «Nase in jedem freien Augenblick in den Büchern haben ... Wenn du etwas Beachtliches weißt zu meinem Thema, so schreib mirs! Ich habe bereits Strauß, Biedermann, Lotze, Lipsius, Ritschl, Kaftan, Reischle, Siebeck, Wobbermin, Haering, Cohen, Schlatter, Simmel, Ragaz.» Die Bitte um Literaturempfehlungen muß Barth schon vorher an den Marburger Professor Horst Stephan gerichtet haben. Dieser schrieb ihm am 24. 4.: «Sie haben ja schon fast zu viel Lit.! Natürlich haben Sie doch außerdem Herrmanns Kolleg. Eins fehlt noch, das Beste, was es über die Frage gibt: Reischle, Erkennen wir die Tiefen Gottes? ... Das führt Sie weiter, auch auf Lotze.» Und am Rand nennt Stephan einige Briefstellen Schleiermachers, die Barth denn auch in seinem Vortrag aufgegriffen hat.

«Herrmanns Kolleg»: das dürfte sich auf die Nachschrift von W. Herrmanns Vorlesung «Dogmatik II» beziehen, die sich in Barths Besitz befand und in der denn auch das einzige Herrmann-Zitat in dem

Vortrag zu belegen ist.[3] *Doch hat sich Barth überdies bei seinem Marburger Lehrer ein Manuskript ausgeliehen, das er ihm am 5. 6. 1913 «mit bestem Dank» zurücksendet; es habe ihm «gute Dienste geleistet».*[4] *Bei diesem Manuskript dürfte es sich, da von Herrmann aus der Zeit um 1913 sonst nichts vorliegt, was sich mit dem Thema von Barths Vortrag berührt, um die entsprechenden Partien aus der damals jüngsten Fassung seiner Dogmatik-Vorlesung gehandelt haben.*[5]

Aus der knappen Vorbereitungszeit, in der Barth wohl überhaupt kaum zum Korrespondieren kam, findet sich in seinen erhaltenen Briefen nur eine knappe Erwähnung des Vortrags.[6] *Erst nachdem er am 19. Mai «das dialektische Ergebnis in der ‹Krone› zu Lenzburg»*[7] *vorgetragen hat, kommt er wiederholt in Briefen darauf zu sprechen. Dem Redner der Churer Hauptversammlung, Pfarrer Benedikt Hartmann in Malans, stellte er sein Manuskript nicht zur Verfügung*[8]*; er hatte anderes damit vor. Am 7. Juni schickt er es seinem Bruder Peter: «Hier bekommst du das standard work u. zw. in dem Sinne daß du es ganz (z'ganz!) lesen und mir dann mitteilen sollst, ob du die Einsendung resp. die Anbietung an Rade für thunlich hältst (möglichst z'schnell!). Die Aargauer Pfärrer waren samt und sonders platt, ich werde noch jetzt immer wieder gefragt, ob ich mich ‹gut erhole› von dieser Arbeit.*

[3] Siehe unten Anm. 76.

[4] Brief Barths an W. Herrmann, abgedruckt in: Bw. R., S. 83–85; Zitat: S. 83. Das Original des Briefes befindet sich in der Universitätsbibliothek Marburg im Nachlaß von Martin Rade. Daher ist der Text in der genannten Ausgabe irrtümlich als Brief an Rade bezeichnet. Daß diese Zuschreibung nicht stimmt, beweist u. a. ein Brief Barths vom 11. 6. 1913 an seinen Bruder Peter, wo es heißt: «Ich habe Herrmann 10 Thesen übermittelt und daraufhin haben er und Rade die Aufnahme in die Z. Th. K. bewilligt.» Außer Rades Antwort (a.a.O., S. 85) liegt im Karl Barth-Archiv auch diejenige Herrmanns vor (s. u.).

[5] Diese Vermutung hat Prof. Dr. Michael Beintker in Halle in einem ausführlichen Gutachten vom 23. 12. 1988 zuhanden des Herausgebers geäußert und begründet.

[6] An Pfarrer Gottlob Wieser in Nußbaumen, 11. 5. 1913: «Ich sitze seit 4 Wochen an der Vorbereitung des Referats über den ‹Glauben an den persönlichen Gott› für die aargauischen Pfarrer. Wer macht es bei euch [d. h. im Kanton Thurgau]?»

[7] Brief an W. Loew, 16. 7. 1913.

[8] Hartmann zählt am Anfang seines Vortrags fünf ihm zugegangene Referate auf; dasjenige Barths ist nicht darunter. Siehe *Verhandlungen der Schweizerischen reformierten Prediger-Versammlung.* Chur 1.–3. September 1913. 69. Jahresversammlung, Chur 1913, S. 33.

Die Reformer freuten sich nur über das öfters wiederkehrende Wort ‹Biedermann› und schlossen scheints daraus, es bleibe also Alles beim Alten!»
Peter Barth scheint seine Aufgabe in der Tat schnell und gründlich erfüllt zu haben. Seinen nicht erhaltenen Brief nennt Karl Barth – nachdem er die Druckzusage von Herrmann und Rade für die «Zeitschrift für Theologie und Kirche» schon erhalten hat[9] *– eine «Rezension», offenbar von recht fundamentaler Art: «Nun muß ich noch einmal ans Werk. Um alle deine Anfragen zu beantworten, müßte ich aber die Sache zu einer Rel[igions-]Phil[osophie] erweitern» (Brief vom 11.6.1913).*
Die Reaktion der Marburger Lehrer auf Barths Bitte um Veröffentlichung seines Vortrags erfolgte so prompt wie einhellig positiv. Auf seinen Brief vom 5. Juni an Herrmann, den dieser mit einer empfehlenden Bemerkung an seinen Mitherausgeber Rade weitergab[10]*, antwortete letzterer am 7. Juni*[11]*, und am selben Tage, noch ohne Rades Stellungnahme zu kennen, schrieb Herrmann an Barth folgende Postkarte: «Lieber Herr Pfarrer, ich bin sehr einverstanden u. hoffe, daß Rade wegen der Vorgänger*[12] *nichts einzuwenden hat. Sie werden ja nicht verschwiegen haben, welche Kraft gerade in dem offen eingestandenen Paradoxon steckt, wenn es kein willkürliches Gebäude ist, sondern aus der Sache stammt.»*
Über das unbeabsichtigte Echo des Vortrags unter den Aargauer Pfarrern berichtet Barth in der Folgezeit noch zwei Freunden. Am 20.6.1913 an W. Spoendlin: «Der mündliche Vortrag hatte die unerwünschte Folge, daß mich die aargauischen Reformer nun als Einen der Ihrigen ansehen – nur weil ich den Professor Biedermann an einigen Stellen für seinen Scharfsinn belobt habe!! Nun bekomme ich eine Einladung zum ‹relig. freis[innigen] Pfarrverein›!! Die können mir aber in die Schuhe oder sonst wohin blasen.» Und am 16.7. an W. Loew, er werde «das Zeug d.b.v.» in der ZThK «zu Gesicht bekommen. Es wird wohl wieder so gehen, daß ich bei den Kennern ein freundliches Lächeln und bei den Nicht-Kennern die Bemerkung ernte, es sei ‹gelehrt› und

---

[9] Siehe oben Anm. 4.
[10] Bw. R., S. 85.
[11] Ebd.
[12] Barth hatte (a.a.O., S. 84) selber darauf hingewiesen, daß das Thema erst kürzlich in der ZThK behandelt worden sei: 1911 von G. Simmel (siehe unten Anm. 47) und 1913 von W. Bornemann (siehe unten Anm. 22).

‹schwer›. *Im aargauischen Klerus genieße ich seitdem ziemlichen Respekt als der Systematiker und die Reformer zählen mich (wegen des Biedermann gespendeten Lobes) zu den Ihrigen.»*

Auf die Drucklegung mußte Barth länger warten, als ihm lieb war. Um die Monatswende September/Oktober 1913 reiste sein Bruder Peter nach Marburg, um dort um die Hand von Rades Tochter Helene anzuhalten. Kurz vorher (auf einer undatierten Briefkarte) schrieb ihm der Safenwiler Bruder: «Drittens bitte ich dich, dich bei deinem Schwiegervater in spe zu erkundigen, wie es mit dem Druck meiner Arbeit steht – respektive, falls du wirklich Schwiegersohn wirst, dafür zu sorgen, daß sie – als Festartikel [scil. zur Verlobung] – wirklich gedruckt wird. Ich begehre dann nicht, daß sie bei der bei euch herrschenden Unordnung schließlich ruhmlos in einer der alten Schachteln untergeht.»

Während das Manuskript in Marburg auf den Druck wartete, waren Barths Gedanken mittlerweile durch ganz andere Gegenstände in Anspruch genommen. Im Herbst 1913 begann er mit der Ausarbeitung seiner Materialsammlung «Die Arbeiterfrage». Am selben Tage, an dem ihm Rade endlich die Weitergabe des Vortragsmanuskripts an die Druckerei meldete[13], am 15. 12. 1913, schreibt Barth an W. Loew: «Die Theologie schiebt sich bedenklich in den Hintergrund; ich fürchte, die Sache über die Persönlichkeit Gottes, die jetzt dann einmal in der Z.Th.K. erscheinen soll, wird für längere Zeit mein letztes derartiges Wort sein.»

Barths Anmerkungen, im Erstdruck seitenweise (jeweils mit 1 beginnend) numeriert, werden im ersten Apparat (mit Buchstaben) wiedergegeben. Die Seitenzahlen des Erstdrucks sind zwischen senkrechten Strichen in den Text eingefügt.

Dem Abdruck des Vortrags seien der Übersicht halber die zehn Thesen vorangestellt, in denen Barth dessen Inhalt in seinem Brief an W. Herrmann zusammenfaßt[14]:

Der Glaube an den persönlichen Gott

I. *Persönlichkeit ist individuelles (werdendes) geistiges Ich.*
II. Persönlichkeit *in diesem Sinn (und nicht bloß im allgemeinen Sinn von Geistigkeit!) wird im Glauben Gott zugesprochen.*

---

[13] Bw. R., S. 85. Der Vortrag erschien, in zwei Teile zerlegt, in der ZThK in den ersten beiden Nummern des Jahrgangs 1914.
[14] Bw. R., S. 84.

III. *Das andere Moment im Gottesbegriff ist der (religiöse!) Gedanke des* Erhabenen *(= des Absoluten, Macht über Alles).*
IV. *Die Anwendung des Gedankens des* Erhabenen *auf den Gedanken der Persönlichkeit löst aber das letztere Moment des Gottesbegriffs auf* (Pantheismus).
V. *Umgekehrt zerstört die Anwendung des Persönlichkeitsgedankens auf den Gedanken des Erhabenen diesen letzteren* (Deismus).
VI. *Der Begriff einer «absoluten Persönlichkeit» ist somit nicht vollziehbar (gegen* Lotze!)
VII. *Die Wahrheit des religiösen Gottesgedankens ist* nicht *durch den Hinweis auf die Tatsache des menschlichen* Selbstbewußtseins *zu erhärten; der auf dieser Grundlage gebildete Gottesgedanke entartet immer entweder zum* idealistischen Pantheismus *oder zum* anthropomorphistischen *Deismus (gegen* Lotze *und* Siebeck).
VIII. *Die Wahrheit des religiösen Gottesgedankens ist irrational: die beiden in ihm ausgesprochenen Momente sind wohl* zusammenzustellen (Schleiermacher, Lipsius), *aber nicht zusammen zu denken.*
IX. *Die Wahrheit des religiösen Gottesgedankens beruht auf dem Wesen der religiösen* Erfahrung *und tritt in ihrer irrationalen Vollständigkeit am deutlichsten hervor in der am* Evangelium Jesu *zu machenden religiösen Erfahrung.*
X. *Das Evangelium Jesu (das innere Leben Jesu selbst) enthält die nicht aufzulösende Spannung zwischen dem Gedanken des* Reiches Gottes *als dem Inbegriff des Erhabenen und dem Gedanken des* Kindes Gottes *als dem Inbegriff der Persönlichkeit.*

Die Behandlung einer Frage aus dem Gebiet der speziellen Dogmatik und nun gar noch einer Frage, die so sehr eine crux theologorum darstellt wie die der Persönlichkeit Gottes, begegnet heutzutage schwerwiegenden Stimmungsbedenken. Die Zeit der religiösen Formel und des Streites darüber ist vorbei. Das Pathos, mit dem man noch vor einem Menschenalter für oder gegen dogmatische Begriffe kämpfte, vermöchten wir nicht mehr aufzubringen. Wir sind den Worten gegenüber gelassen geworden. Wir trauen ihnen nicht mehr die Fähigkeit zu, dem

Leben in seine Tiefen zu folgen, und darum nehmen wir sie auch nicht mehr so tragisch. Ja, wir fürchten die nutzlose Dialektik, in die wir uns durch ihren Gebrauch verwickeln und durch die wir uns von bessern Aufgaben und Zielen abhalten lassen können. Wir finden die Wahrheit der Religion in ihrem Erlebnisgehalt, in der Erfahrung, in der Praxis, in ihrem Unmittelbaren, um nur einige der Bezeichnungen zu nennen, durch die wir die innere Tatsächlichkeit des Lebens aus Gott und in Gott von seinem gedanklichen Ausdruck unterscheiden. Speziell vor[15] unserem Problem hat es *Schleiermacher*, der Vater dieser Anschauungsweise in der neueren Theologie, zu verschiedenen Malen ausgesprochen, die Religion hange nicht davon ab, ob die Metaphysik Gott das Prädikat der Persönlichkeit beilege oder nicht, nicht um Elemente der Religion handle es sich dabei, sondern bloß um zwei verschiedene Arten, das Universum individuell zu denken. «In der Religion steht die Idee von Gott überhaupt nicht so hoch als ihr meint.»[a] Da könnten wir uns ja die Mühe einer solchen Un-|22|tersuchung ersparen. Aber auch *Schleiermachers* Ansicht war es bekanntlich durchaus nicht, daß wegen

---

[a] Briefe III, S. 283.[16] Reden bei Otto ¹S. 141 und 72, ²S. 159 und 81.[17]

[15] Druckfehler für «von»?

[16] *Aus Schleiermacher's Leben. In Briefen,* Bd. III, hrsg. von W. Dilthey, Berlin 1861, S. 283 (aus einem undatierten Brief von 1801 an Fr. S. G. Sack): «Habe ich denn ... von dem Glauben an einen persönlichen Gott mit Verachtung geredet? Gewiß nirgend. Ich habe nur gesagt, daß die Religion davon nicht abhange, ob man im abstracten Denken der unendlichen übersinnlichen Ursach der Welt das Prädicat der Persönlichkeit beilege oder nicht. ... Allein dieser [scil. ein gewisser unvermeidlicher Anthropomorphismus] bleibt nicht in den Schranken des metaphysischen Begriffs der Persönlichkeit Gottes, hängt also auch von diesem nicht ab, und muß auch in der Religion auch dem erlaubt sein, dem seine Metaphysik dieses Prädicat für die Gottheit nicht gestattet. Wiederum ist aus dem Begriff der Persönlichkeit Gottes keine Religion zu entwickeln, er ist nicht die Quelle der Andacht ...»

[17] Fr. Schleiermacher, *Über die Religion. Reden an die Gebildeten unter ihren Verächtern* (1799), hrsg. von R. Otto, Göttingen (1899¹) 1906², S. 159 (Originalausgabe S. 257): «Ja, wenn die Idee von einer persönlichen Gottheit eine einzelne religiöse Anschauung wäre, dann freilich wäre der Personalismus in jeder von den drei Arten der Religion eine völlig bestimmte Form, denn aller religiöse Stoff wird in ihm auf diese Idee bezogen: aber ist er denn das?» – S. 81f. (Originalausgabe S. 130): «In der Religion also steht die Idee von Gott nicht so hoch als Ihr meint, auch gab es unter wahrhaft religiösen Menschen nie Eiferer, Enthusiasten oder Schwärmer für das Dasein Gottes ...» Ausgabe von H.-J. Rothert (PhB 255), Hamburg 1958, S. 143 bzw. 72.

dieses Minderwertes des Wortes gegenüber dem Leben in der Religion das Wort der Willkür zu überlassen sei. Sonst hätte nicht auch er in seiner Glaubenslehre «Formeln geschmiedet»[18], die nun schon so mancher Theologengeneration die gediegenste Anleitung zum religiösen Denken gewesen sind.[b] Wir bringen es nicht fertig, über die zentrale Angelegenheit unsres Lebens, über unser Verhältnis zu Gott, *nicht* zu denken und nicht zu reden. Die Kraft des unmittelbaren religiösen Erfahrens selber zwingt uns dazu. Tun wir das aber, und wäre es auch noch so ansatzweise, so ist die Dogmatik prinzipiell da. Es kann sich jetzt nur noch darum handeln, ob wir sie im Ansatz belassen, ob wir sie verworren und sprunghaft entwickeln oder ob wir sie zur Einheit und Klarheit bringen wollen. Wählen wir das Letztere, so werden wir auch nicht umhin können, trotz der Einsicht in den sekundären Charakter des religiösen Gedankens seine Bearbeitung ernster zu nehmen, als es unter Berufung auf die Irrationalität der Religion häufig zu geschehen pflegt. So ist auch die Frage der Persönlichkeit Gottes eine Frage der bessern oder schlechtern Dogmatik. Wer sie darum für überflüssig hält, der hat über die Aufgaben der Theologie[21] noch wenig nachgedacht.

Dieses zugleich exklusive und inklusive Verhältnis zwischen Religion und Dogma äußert sich aber auch bei der Arbeit selbst. Die Aufgabe

---

[b] Es ist freilich auffallend, daß gerade die Kontroversfrage der Persönlichkeit Gottes in der ganzen Glaubenslehre nicht einmal erwähnt ist. Ebenso hat es Schleiermachers Schüler *Alexander Schweizer* in seinem dogmatischen Hauptwerk[19] gehalten. *Schleiermacher* hat nur gelegentlich seine milde Antipathie gegen die Vorstellung eines persönlichen Gottes zu erkennen gegeben. Vgl. *Heinrich Scholz*, Christentum und Wissenschaft in Schleiermachers Glaubenslehre², S. 170f.[20]

[18] Bei dem Ausdruck «Formeln schmieden» scheint es sich um eine seinerzeit geläufige Redewendung zu handeln, die positiv oder auch abwertend gebraucht werden konnte. Vgl. z. B. einerseits M. Rade, Art. «Ritschlianer», in: RGG¹ IV, Sp. 2337, wo es in einer Wiedergabe von Gedanken J. Kaftans heißt: «Es gilt ‹Formeln zu schmieden›, welche die Wahrheit so bieten, daß der Christ seinen Glauben in ihnen erkennt, daß dieser Glaube in jedem dadurch geweckt wird», andererseits R. Seeberg, *Lehrbuch der Dogmengeschichte*, Bd. II, Erlangen/Leipzig 1898, S. 384: «Mel[anchthon] schmiedete behältliche Formeln, Calv[in] entwickelte innere Zusammenhänge.»

[19] A. Schweizer, *Die christliche Glaubenslehre nach protestantischen Grundsätzen*, 2 Bde., Leipzig 1877².

[20] Leipzig 1911², S. 170–173.

[21] Erstdruck: «Theologen»; Korrektur von Barth in seinem Handexemplar.

der dogmatischen Erörterung eines solchen Einzelpunktes kann nur darin bestehen, das religiöse Erleben nach einer bestimmten Seite hin zusammenhängend und deutlich zu Worte kommen zu lassen. Das Erleben, die Praxis, oder wie man es nennen will, ist also die selbstverständliche Voraussetzung, die Quelle aller religiösen Aussagen. Aber eben weil es so ist, selbstverständlich so ist, so muß die religiöse Aussage ihren eigenen geradlinigen Weg gehen, darf sich nicht ein zweites Mal von «Erleben» usw. dreinreden, |23| [sich] korrigieren oder überbieten lassen. Wenn das sich als nötig erweist, dann ist eben die religiöse Aussage von Haus aus nicht richtig gebildet, und der Weg muß noch einmal von vorn angetreten werden. Aber es darf nicht das tumultuarische Bild entstehen: Zuerst die Erfahrung, das Erleben, dann der Versuch, von dieser Erfahrung in den Kategorien des Verstandes zu reden, dann – wenn sich dabei Schwierigkeiten zeigen, noch einige weitere Behauptungen auf Grund – – der religiösen Erfahrung, so daß also diese letztere als zweite Erkenntnisquelle neben – – sich selbst tritt.[c] Sondern es muß das Ganze Darstellung, Erklärung und Begründung eines Gedankens aus dem religiösen Erleben heraus sein und nur aus ihm. Es darf dann aber die Ernsthaftigkeit des religiösen Gedankens nicht nach-

---

[c] Es scheint mir, daß die Arbeit von *Bornemann* in ZThK 1913, Heft 2[22], die sonst manche Vorzüge hat, unter dieser tumultuarischen Verwendung des «Praktischen» leidet. Vgl. S. 100: «Das Problem der Persönlichkeit Gottes kann im letzten Grunde (sic!) nicht durch rein theoretische Gedankenreihen und Beweise, durch Nachsprechen oder Fürwahrhalten, durch Disputieren oder durch den einfachen Zwang und die Unterwerfung gelöst und uns nahe gebracht werden, es will praktisch gelöst werden.» Entweder, die «theoretischen Gedankenreihen» zur Lösung des Problems, um die sich Bornemann selbst auf den vorhergehenden Seiten bemüht, stammen anderswoher als aus der Tatsächlichkeit des religiösen Erlebens, dann wäre es berechtigt, sie durch den Hinweis auf eine besondere «praktische» Lösung zu überbieten oder zu ersetzen. Das ist aber offenbar nicht Bornemanns Meinung von diesen «theoretischen Gedankenreihen», obwohl er sie so verächtlich neben Nachsprechen, Fürwahrhalten, Disputieren, Zwang und Unterwerfung stellt. Sind sie aber aus Aussagen religiösen Erlebens – und daß Bornemann es so meint, geht aus dem Inhalt von S. 97–99 deutlich hervor –, dann bilden die als etwas Neues hinzutretenden «praktischen» Erwägungen S. 100f. eine willkürliche Verdoppelung der *einen* Erkenntnisquelle.

[22] W. Bornemann, *Die Persönlichkeit Gottes*, in: ZThK, Jg. 23 (1913), S. 81–103. Im Zitat (S. 100) Wortumstellungen von Barth (bei Bornemann abhängiger Satz).

träglich angezweifelt oder abgeschwächt werden durch den Hinweis auf die Praxis, die zu entscheiden habe und nicht die Theorie, es darf die Konsequenz der Erlebnis-Gedanken nicht umgebogen werden unter Berufung auf das «Erleben». Haben wir einmal angefangen nachzudenken über das, was ja an sich selber höher ist als alle Vernunft [vgl. Phil. 4,7], dann müssen wir auch hindurch und zu Ende gehen, unbekümmert darum, wo wir dabei anlangen. Die Wissenschaftlichkeit der Dogmatik kann nicht in der Widerspruchslosigkeit eines möglichst harmonischen Systems bestehen, sondern darin, daß ihre Sätze möglichst genaue Interpreta-|24|tionen der religiösen Wirklichkeit sind, und darin, daß sie möglichst reinlich und vollständig zu Ende gedacht werden. Darum ist die Institutio *Calvins* wissenschaftlicher als das meiste, was seither über Dogmatik geschrieben worden ist.

1.

Die bisherigen Bearbeitungen unsrer Aufgabe leiden mit wenigen Ausnahmen[d] darunter, daß man es nicht für nötig befunden hat, den Sinn des vielseitigen Begriffs der *Persönlichkeit* vorgängig aller anderen Überlegungen zu untersuchen. Die Auffassung der zahlreichen Autoren, die in der Frage mitgeredet haben, kommt meistens bloß beiläufig und in Form irgend einer selbstverständlichen Voraussetzung zum Ausdruck, während ihre Begründung billigerweise den Ausgangspunkt für alles Folgende bilden müßte. Daher denn auch zahlreiche Mißverständnisse in den Folgerungen, die den Gang der Diskussion nicht ersprießlicher gestalten konnten.

Fast allgemein ist man darin einig, daß das, was mit Persönlichkeit bezeichnet wird, irgendwie in einem Zusammensein von Denken und Wollen zu suchen ist. «Selbstbewußtsein und Selbstbestimmung»[e],

[d] Zu denen die erwähnte Abhandlung von *Bornemann* zu rechnen ist. Vgl. a.a.O., S. 85–90.
[e] *D. Fr. Strauß*, Glaubenslehre I, S. 502.[23]

[23] D. Fr. Strauß, *Die christliche Glaubenslehre in ihrer geschichtlichen Entwicklung und im Kampfe mit der modernen Wissenschaft*, Bd. I, Tübingen/Stuttgart 1840, S. 502: «Dass Gott ein persönlicher sei, Persönlichkeit im Sinne des in sich identischen Selbstbewusstseins und intelligenter Selbstbestimmung genommen, ist so sehr die Grundvoraussetzung der christlichen Gotteslehre, dass Belegstellen für diese Vorstellung ... anzuführen, ein Ueberfluss wäre.»

«Bewußtsein und Tätigkeit»^f, «Selbstbewußtsein und Freiheit»^g, «Macht und Wissen»^h, so und ähnlich wird definiert. Die Frage mag offen bleiben, ob nicht noch eine dritte Grundfraktion des Geistes, das Fühlen, in diese Einheit miteinbezogen werden müßte. Dringender wäre es, zu wissen, ob wir uns eigentlich mit solchen und ähnlichen Definitionen auf dem Boden der *Psychologie* oder der reinen *Logik-Ethik* befinden. Es fällt auf, daß man dieser Frage in der ganzen Literatur nicht begegnet, geschweige denn einer bewußten Entscheidung darüber. Der Begriff wird abwechselnd, je nachdem es gerade paßt, jetzt psychologisch gehandhabt, jetzt doch wieder mit transszendentalem[27] Gehalt erfüllt, ohne Nachweis der Berechtigung des einen oder des anderen Ver-|25|fahrens. Diese Unklarheit hat nun allerdings ihren Grund in einer eigentümlichen Sachlage. Der Begriff der Persönlichkeit ist für die transszendentale wie für die psychologische Betrachtungsweise unentbehrlich und doch zugleich von beiden Seiten unmöglich zu vollziehen. *Logik* und *Ethik* als transszendental-kritische Disziplinen stoßen in ihrer Grundlegung nicht nur auf das Problem der Wahrheit, das in

---

^f *Richard Rothe*, Ethik I, S. 119f.[24]
^g *Otto Pfleiderer*, Religionsphilosophie, S. 420.[25]
^h *Adolf Schlatter*, Das christliche Dogma, S. 32.[26]

[24] R. Rothe, *Theologische Ethik*, Bd. I, Wittenberg 1867², § 31 (S. 119–123). S. 120: «Wir finden also auf der *einen* Seite an Gott dem absoluten Geiste als seine Bestimmtheit das absolute *Selbstbewußtsein* oder die absolute *Vernunft*. Fürs andere die *setzende* Bestimmtheit, m. a. W. *Thätigkeit*, und zwar *setzende* Thätigkeit.» – S. 121: «Diese ihre absolute Einheit [scil. von absoluter Vernunft und Freiheit] aber ist das *Ich* oder die *Persönlichkeit*, die selbstverständlich wieder als *absolute* zu denken ist.»

[25] O. Pfleiderer, *Religionsphilosophie auf geschichtlicher Grundlage*, Berlin 1878, S. 420: «Blicken wir ... auf die obige Frage zurück, ob sich die Anwendung des Begriffs der ‹Persönlichkeit› auf Gott empfehle, so müssen wir jetzt diese Frage offenbar *verneinen*. Denn es ist nicht zu leugnen, daß wir unter einer Persönlichkeit doch nicht blos Selbstbewußtsein und Freiheit im Allgemeinen verstehen – *dann* allerdings wäre jene Frage zu bejahen – sondern beide in derjenigen Form, wie wir sie *an uns* finden und wie wir sie ... bei Gott gerade *nicht* denken dürfen.»

[26] A. Schlatter, *Das christliche Dogma*, Calw/Stuttgart 1911, S. 32: «Wir einigen dann im Gottesgedanken immer die Vorstellungen Macht und Wissen ... Die Verbundenheit von Macht und Wissen benennt die Formel Geist.»

[27] Zu der Schreibweise «transszendental» (neben «transzendent») vgl. die Anfrage von Martin Rade, dem Schriftleiter der ZThK, an Barth und dessen Antwort vom 17. bzw. 19. 2. 1914 in: Bw. R., S. 87f.

ihrem gegenseitigen Aufeinanderbezogensein seine Lösung findet[i], sondern auch auf das Problem des Subjektes, auf die Frage: Wer denkt und wer will? Eine positive Antwort darauf ist nicht möglich, ohne durch Anwendung eines Substanzbegriffs außerhalb der Grenzen der raumzeitlichen Erfahrung das Grundgesetz der kritischen Methode zu durchbrechen. Andrerseits gibt es keine Logik und Ethik ohne die Voraussetzung einer Einheit der Wahrheit nicht nur, sondern auch eines denkenden und wollenden Ich, das die Einheit in sich vollzieht. Als Grenzbegriff, aber nur als Grenzbegriff, als einen Gedanken, der nicht vollzogen, aber auch nicht vermieden werden kann, muß die transszendentale Betrachtungsweise den Gedanken der Persönlichkeit anerkennen. Und ganz analog steht es, wenn wir von der *Psychologie* herkommen. Wir mögen noch so weit gehen in der Atomisierung oder sogar Materialisierung der Bewußtseinsphänomene, wir setzen doch immer ein «Ding an sich» voraus, an dem diese Erscheinungen erscheinen, ein Substrat dessen, was wir als gesetzt und gewollt im empirischen Bewußtsein beobachten, d. h. wiederum ein Ich, das ihre innere Einheit bildet. Die wissenschaftliche Psychologie wird sich davor hüten, diesen Gedanken zu vollziehen, aber sie kann ihn ebensowenig vermeiden. Als Grenzgedanke behält er auch hier sein Recht und seine Notwendigkeit. Der Gedanke der Persönlichkeit, das, was uns das Gewisseste vom Gewissen ist, nämlich daß *ich* denke und will, daß *ich* Geist bin, dieser Gedanke ist somit wissenschaftlich heimatlos, anderseits besitzt er in den beiden Reichen der Wissenschaft vom Geiste eine Art Ehrenbürgerrecht. Diese seine eigentümliche Stellung im luftleeren Raum zwischen Logik-Ethik und Psychologie, die zugleich den eigentümlichen Doppelcharakter seiner Beziehungen zu beiden ausmacht, muß nun wohl im Auge behalten werden, wenn wir den Versuch machen, tiefer in sein Wesen einzudringen. Betrachten wir nämlich diese Einheit des Denkens und Wollens in |26| einem denkenden und wollenden Subjekt von der *transszendentalen* Seite seines Charakters, so gelangen wir auf die Vorstellung einer Totalität, eines in seinen Funktionen unbegrenzten Wesens. Denn Denken und Wollen, transszendental betrachtet, haben ihre Grenze nur in einem im Ewigen liegenden Ideal. Betrachten

---

[i] Dies nach *Hermann Cohen* der Sinn des Gottesgedankens![28]
[28] Vgl. H. Cohen, *Ethik des reinen Willens*, Berlin 1904, S. 405–441.

wir den Persönlichkeitsbegriff dagegen *psychologisch*, so entsteht unvermeidlich die Vorstellung von etwas Einzelnem, Besonderem, Beschränktem, von einem Wesen mit bestimmt umschriebener Funktionsfähigkeit. Mit dem Wort Persönlichkeit können wir unserm Ich geistige Ewigkeit zuschreiben, aber auch kleinmenschliche Endlichkeit. Es ist offenbar Beides wahr und Beides nicht wahr, je nach dem Sinn, in dem der Begriff eben gebraucht wird. Aus dieser doppelten Möglichkeit der Orientierung sind nun die verschiedenen Ansichten über die weitere Bestimmung des Persönlichkeitsbegriffs nicht schwer zu erklären. Wenn z. B. *R. Rothe* Persönlichkeit definiert als «absolute Formbestimmtheit des aktuellen Seins», als «Unterscheidung und Zusammenfassung des Seins in sich selbst»[j], so ist leicht zu erkennen, daß damit der transszendentale Charakter der Persönlichkeit gemeint ist. Wenn dagegen *O. Pfleiderer* definiert: «Selbstbewußtsein und Freiheit, wie wir sie an uns finden»[k], wenn *Strauß* sagt: Persönlichkeit ist «sich zusammenfassende Selbstheit gegen Andres, welches sie damit von sich abtrennt»[l], so ist es ganz klar, daß damit die psychologische Persön-

---

[j] Ethik I, S. 136 und 152.[29]
[k] Religionsphilosophie, S. 420.[30]
[l] Glaubenslehre I, S. 504.

[29] R. Rothe, a.a.O., S. 136: «... die Einheit der Persönlichkeit (des Ich) und einer ihr zugehörigen Natur konstituirt den Begriff der Person. Das *aktuelle* Sein Gottes oder sein Geistsein steht also darin, daß er die absolute geistige *Person*, der *persönliche* absolute Geist ist. Die *Personalität* (d. h. die *persönliche* Bestimmtheit, die Bestimmtheit als Person,) weist sich so als die höchste, als die absolute Formbestimmtheit des aktuellen Seins aus.» – S. 151f.: «Die Persönlichkeit beruht ja eben darauf, daß *in einem Sein*, welches eine Mehrheit von besonderen Bestimmtheiten in sich enthält, *eine einzelne* von diesen alle übrigen durchgreifend *teleologisch* auf sich bezieht, wodurch sie sich dann als *centrale* konstituirt, und eben damit zugleich die Vielheit in die Einheit zusammenschließt; sie ist eben die absolute *Centralität* eines in eine Vielheit von Unterschieden auseinandergegangenen Seins, welche dieselben wieder in die Einheit zurücknimmt und zu einer in sich geschlossenen Totalität zusammenfaßt. ... Das *persönliche* Sein ist ein Sein, das von sich als Subjekt, d. i. als Ich oder Persönlichkeit, sich als Objekt, d. i. als Natur, näher beseelten Leib, unterscheidet, unmittelbar zugleich aber dadurch, daß es sich als Objekt *teleologisch* auf sich als Subjekt bezieht, also seine Natur als den *Organismus* seines Ichs bestimmt, sich auch wieder in diesem seinem Unterschiede von sich mit sich selbst schlechthin als Eins setzt.»
[30] Siehe oben Anm. 25.

lichkeit beschrieben ist. Mit gutem Recht kann man dem Begriff der
«absoluten Formbestimmtheit» Rothes und ähnlichen den Vorwurf der
idealistischen Leerheit machen. Aber mit ebenso gutem Recht kann
man mit *Haering* gegen Straußens Begriff der «Selbstheit» den Einwand erheben, damit sei der Begriff der geistigen, geschweige sittlichen
Persönlichkeit gar nicht richtig bezeichnet[m], oder noch schärfer mit
A. Ritschl, das sei der Begriff der schlechten Individualität, ja der geistigen Krankheit[n]. Jede Formulierung bloß von der einen Seite her muß
eben ungenügend ausfallen und ruft dem berechtigten Protest von der
Gegenseite. |27|

Einen besonders lehrreichen Beitrag zu dieser Dialektik der beiden
Betrachtungsweisen verdanken wir *A. E. Biedermann*. Er will unterschieden wissen zwischen dem Geist-sein des Menschen und seiner
Persönlichkeit. Sein *Geist-sein* besteht in der Subjektivierung der für
das Ich vorhandenen Objektivität, in der Objektivierung seiner Subjektivität, in seinem Insichsein als Subjekt-Objekt oder populär ausge-

[m] Der christliche Glaube, S. 208.[31]
[n] Rechtfertigung und Versöhnung III, S. 198.[32]

[31] Th. Haering, *Der christliche Glaube (Dogmatik)*, Calw/Stuttgart 1906,
S. 208: «Seine [scil. des Einwandes gegen den Satz von der Persönlichkeit Gottes] *zweite* Wendung lautet so: Persönlichkeit sei in sich selbst sich zusammenfassende, alles andere von sich ausschliessende Einheit und also Gegensatz zum
Absoluten als dem Allumfassenden, das nichts als eben jenes Sichinsichzusammenfassen ausschliesse. Allein damit ist der Begriff der geistigen, geschweige sittlichen Persönlichkeit gar nicht richtig bezeichnet.»

[32] A. Ritschl, *Die christliche Lehre von der Rechtfertigung und Versöhnung*,
Bd. III, Bonn 1874, S. 198 (= 1895[4], S. 221): «Allein die Eigenthümlichkeit einer
Person bezeichnet ihre erworbene Verschiedenheit von allen anderen Personen;
eben deshalb fällt sie nicht zusammen mit jener formalen und ursprünglichen
Selbstunterscheidung des Individuums von *allem Andern*, worauf *Strauß* seine
Vorstellung von Persönlichkeit beschränkt. Diese Ausübung der Persönlichkeit
wird nämlich unter allen Umständen von jedem gesunden Menschen überschritten, so wie er irgend welchen Stoff zu seiner geistigen Entwickelung sich aneignet. Wer so in sich verschlossen bleiben könnte, daß er sich immer nur gegen alles Andere zusammenfaßte, würde überhaupt kein geistiges Leben in sich beobachten lassen ... Entweder kommen diese Erscheinungen in einem erkennbaren
Grade bei geistiger Gesundheit durch den selbstsüchtigen Widerspruch gegen
die gemeinsamen Bedingungen des sittlichen Handelns zu Stande, so spricht
man von schlechter Individualität; oder sie treffen mit geistiger Krankheit zusammen, so hat noch Niemand in dem Wahnsinnigen oder dem Blödsinnigen die
Muster der Persönlichkeit erkannt.»

drückt: in seinem Denken, Wollen und Gefühl, alle drei als einheitlicher Prozeß zu verstehen. Diese Beschreibung des menschlichen Geist-seins trifft nun nach Biedermann ohne Weiteres auch zu auf das Wesen des absoluten Geistes. «Dies *ist* der Geist.»° Wir haben hier deutlich die *transszendentale* Definition der Persönlichkeit. Biedermann will aber von diesem seinem besonderen Begriff des Geist-seins den Begriff der *Persönlichkeit unterscheiden*. Persönlichkeit ist die spezifische Subsistenzweise des endlichen Geistes. «Sie hat zum konstituierenden Moment ihres Wesens die Voraussetzung eines sinnlichen, zeitlich-räumlichen Daseins als eines in sich einheitlichen leiblichen Organismus.»ᵖ Hier stehen wir deutlich vor der *psychologischen* empirisch-deskriptiven Definition der Persönlichkeit. Dieser Vorschlag Biedermanns hat etwas Bestechendes. Alle transszendentalen Bestandteile werden aus dem Persönlichkeitsbegriff hinausgeworfen und dem Begriff des Geistes zugeschrieben, dafür wird dem erstern noch das Bleigewicht des leiblichen Organismus als konstitutives Element angehängt. Nun ist er wirklich von all seiner unangenehmen Zweideutigkeit

---

° Dogmatik, S. 633f.[33]
ᵖ Dogmatik, S. 642.[34]

[33] A. E. Biedermann, *Christliche Dogmatik*, Zürich 1869, S. 633 (= Bd. II, Zürich 1885², S. 531): «Das *Geist-sein* des Menschen besteht in dem actus purus, in welchem die *Seele*, das geistige Princip seines individuellen räumlich-zeitlichen Lebensprocesses, zum *Für-sich-sein* kommt und darin sich der Aussenwelt und seiner eigenen sinnlichen Existenzbasis gegenüber als *Ich*, als *wirklicher Geist*, als *für-sich-seiendes In-sich-sein* verwirklicht. Dieser Process hat *drei* Momente, die in ihrer Einheit das Geist-sein des Menschen ausmachen: die Subjectivirung der für das Ich vorhandenen Objectivität; die Objectivirung seiner Subjectivität, und das für sich seiende In-sich-sein als Subject-Object in jedem Moment dieser zwei Processe oder Acte ... – was vom populären, vorstellungsmässigen Bewusstsein als die Functionen der drei Grundvermögen der Seele, Denk-, Willens- und Gefühlsvermögen, beschrieben wird.» – S. 634 (2. Aufl. Bd. II, S. 532): «Im einheitlichen Wesen dieser drei Processe als der Momente Eines actus purus besteht das Wesen, die Substanz des Geist-seins: diess *ist* der Geist. Darin besteht also auch das Wesen des Geist-seins Gottes.»

[34] A.a.O., S. 642 (2. Aufl. Bd. II, S. 541): «*Persönlichkeit* dagegen ist die Subsistenzweise des *endlichen* Geistes. Sie hat zum constituirenden Moment ihres Wesens das, was am endlichen Geiste die Endlichkeit, d. h. das Nicht-geistsein an ihm ausmacht, die Voraussetzung eines sinnlichen, zeitlich-räumlichen Daseins als eines in sich einheitlichen leiblichen Organismus, dem als solchem die Potenz des Geist-seins immanent ist.»

befreit, und es kann später bei der Entscheidung über die Frage der Anwendung auf den Gottesgedanken kein Zweifel mehr übrig bleiben. Aber die Klarheit, die da entsteht, ist fast zu schön. Was sollen wir uns denken bei einem Geist-sein, das als absolutes ein abgesondertes Dasein führt, gleichsam schwebt, bis es ihm gefällt, in der Subsistenzweise der Persönlichkeit im Menschen Wohnung zu nehmen? Was uns Biedermann da anzunehmen zumutet: dieses Denken, Wollen, Fühlen, abgesehen von Menschen, hypostasenartig existierend, aber als eine Hypostase, der wir dann doch wieder die Fähigkeit zutrauen sollen, Daseinsgrund des endlichen Daseins und damit des endlichen Geistes zu sein, das ist Begriffsmythologie, über deren Willkür uns auch ihre blendende |28| dialektische Klarheit nicht hinwegtrösten kann. Und wie der Begriff des Geist-seins bei Biedermann willkürlich nach oben alteriert wird, so der Begriff der Persönlichkeit willkürlich nach unten. Trotz des Protestes, den Biedermann gegen diesen Einwand erhebt, ist es nämlich nicht zu verkennen, daß er den Persönlichkeitsbegriff hinunterdrückt auf das Niveau dessen, was man sonst Individualität nennt: die mit einem bestimmten leiblichen Organismus parallele Form des Geist-seins. Das ist auch daran zu erkennen, daß er den Individualitätsbegriff seinerseits hinunterdrückt und ihn mit Leiblichkeit ohne Weiteres identifiziert.[35] So trefflich sich diese sukzessiven Entleerungen der Begriffe den systematischen Gedanken Biedermanns einordnen mögen, so wenig sind sie sachlich berechtigt. Oder woher nimmt er die Kompetenz, unter einseitiger Berücksichtigung der psychologischen Betrachtungsweise die endliche Beschränktheit als das entscheidende Moment am Persönlichkeitsbegriff zu bezeichnen? Die oben beschriebene Entstehung dieses Begriffs am Rande der *beiden* Betrachtungsweisen nötigt nun einmal dazu, die transszendentale Definition, das unbeschränkte Geist-sein eben so ernst zu nehmen wie die psychologische Definition, die das Merkmal der Besonderheit und Beschränktheit betonen muß.

Drei Fragen sind es indessen, deren Beantwortung wir an die Auseinandersetzung mit Biedermann anreihen müssen.

1. Die Abgrenzung des Persönlichkeitsbegriffes gegenüber dem *Geistbegriff*. Geist ist das transszendentale Merkmal der Persönlichkeit. Geistige Persönlichkeit wird das Ich, sofern seine Funktionen sich der

---

[35] A.a.O., S. 642f. (2. Aufl. Bd. II, S. 542).

ewigen Gesetzlichkeit der apriorischen Begriffe des Wahren, Guten und Schönen annähern. Die ewige Gesetzlichkeit dieser Funktionen ist zugleich ihre ewige Möglichkeit. Geist ist die Aufgabe der Bewußtseinsaktion nach Maßgabe dieser ewigen Gesetzlichkeit und Möglichkeit. Geist ist die gedachte Einheit von Denken und Wollen. Persönlichkeit ist der Vollzug dieser Einheit im Ich, ist das die Aktionsaufgabe ausführende Subjekt oder also die Aktualisierung des Geistes durch das Subjekt. Persönlichkeit ist Geist-sein. Geist und Persönlichkeit verhalten sich zueinander wie das Gebot oder der Vorsatz zu dem, der danach handelt, oder wie die Frage zu dem, der die Antwort darauf weiß. Und so bedeutet «Geist» das Prädikat der vernünftigen Aktion am Persönlichkeitsbegriff.

2. ist zu überlegen die psychologische Voraussetzung des |29| Persönlichkeitsbegriffs, das Charakteristische seines empirischen Merkmals. Haben wir das transszendentale Merkmal im Anschluß an den Sprachgebrauch «Geist» genannt, so nennen wir das psychologische Prädikat am besten *Individualität*. Individualität ist die besondere Form der Aktualisierung des Geistes. Diese Besonderheit geht parallel mit der Besonderheit eines bestimmten körperlichen Organismus, darf aber nicht einseitig als «Bedingtheit» durch diesen letztern aufgefaßt werden. Es ist ebenso wahr, daß es der Geist ist, der sich den Körper schafft[36], wie daß die Form des Geist-seins durch den Körper und seine Zustände bestimmt ist. «Schafft» und «bestimmt» können für dieses Verhältnis überhaupt nur als bildliche Ausdrücke angewandt werden. Der richtige psychologische Terminus dafür ist bekanntlich der des Parallelismus.[37] Keinenfalls darf der tierische Organismus mit *Biedermann* als konstitutives Moment des Persönlichkeitsbegriffs bezeichnet werden. Konstitutiv ist nur das Prädikat der Individualität, d. h. der subjektiven Eigenart. Der tierische Organismus ist die raumzeitliche Erscheinung der Individualität, nicht ihr Ursprung. Die Besonderheit des Geist-seins, die wir mit dem Begriff Individualität bezeichnen, hat ihren Realgrund in dem Subjekt, an dem Geist-sein und Individualität Prädikate sind, nämlich im Ich selber. Es ist die Einzelheit, das Fürsichsein des Subjektes,

---

[36] Vgl. Fr. von Schiller, *Wallensteins Tod*, V. 1813 (3. Aufzug, 13. Auftritt):
    Es ist der Geist, der sich den Körper baut ...
[37] Vgl. Th. Steinmann, Art. «Parallelismus, psychophysischer», in: RGG¹ IV, Sp. 1199–1202.

kraft welchem der Geist in ihm als *ein* Geist, als ein in ganz bestimmter Weise sich aktualisierender Geist erscheint.

Damit stehen wir 3. vor dem Substrat des Persönlichkeitsbegriffs, dessen transszendentales und psychologisches Merkmal wir soeben kennen gelernt haben, vor dem *Ich*. Für sich genommen, kann dieser Begriff nichts Anderes bedeuten als eben die reine Subjektivität, deren wir uns unmittelbar bewußt sind, die wir uns als Voraussetzung jeder Bewußtseinsaktion von der transszendentalen wie von der psychologischen Seite her denken müssen. In der reinen Subjektivität des unmittelbar erlebten Ich faßt sich beides zur Einheit der *Persönlichkeit* zusammen: das Geist-sein als die Aktion des Bewußtseins und die Individualität als die besondere Form dieser Aktion. – Der Begriff der Persönlichkeit bezeichnet die Einheit des Denkens und Wollens in einem Einzelnen. Beides ist in ihm enthalten, der Satz: ich *denke* und *will*, und: *ich* denke und will. In der Einheit beider Sätze steht der Begriff genau auf der Grenze transszendentaler und psychologischer Betrachtungsweise. |30| Wir fassen daher das Gesagte zusammen in der Definition: *Persönlichkeit ist das individuell geistige Ich.*

Bei der Frage der Anwendung dieses Begriffs im Gottesgedanken dreht sich alles um den Streit, ob Persönlichkeit notwendig eine *Beschränktheit* involviere oder nicht. Aus dem Gesagten dürfte schon jetzt klar hervorgehen, daß darauf nicht mit einem eindeutigen Ja oder Nein zu antworten ist. Es ist gerade an diesem Punkt von beiden Seiten viel zu zuversichtlich drauflos behauptet worden. Der Begriff der reinen Subjektivität, den wir vorhin als das Substrat des Persönlichkeitsbegriffs bezeichnet haben, führt im Persönlichkeitsbegriff zu einer innern Dialektik, die bei diesem Anlaß zum Ausbruch kommen muß. Transszendental betrachtet als *geistiges* Ich schlechthin, ist Persönlichkeit zweifellos ein unendliches Setzen und Umfassen. Es ist besonders von *Hermann Lotze*[q] und in seiner Nachfolge von vielen Andern betont worden, daß dieser Satz begrifflich nicht nur unanfechtbar, sondern notwendig ist. Geistige Subjektivität ist völlige Aufgeschlossen-

---

[q] Mikrokosmus III, 2. Aufl., S. 565–568.[38]

[38] H. Lotze, *Mikrokosmus. Ideen zur Naturgeschichte und Geschichte der Menschheit. Versuch einer Anthropologie*, Bd. III, Leipzig 1872², S. 565–568 (= Leipzig 1880³, S. 569–572).

heit, endlose Potenz des Ich. Auf die geistige Subjektivität schlechthin bezogen, hat somit sogar der absolute Personalismus eines *Rothe* sein gutes Recht. Aber nun heißt Persönlichkeit *individuell* geistiges Ich, und es ergibt sich von der psychologischen Seite gesehen, daß die Funktionen des Bewußtseins immer ein Insichzusammenfassen, ein Aufsichselbstbeziehen oder, anders ausgedrückt: ein Abgrenzen und Ausschließen darstellen. Und hier haben die Bemerkungen, die schon *Fichte*[39] und *Schleiermacher*[40] und nach ihnen *Strauß*[41], *Pfleiderer*[42] und Andere über die Beschränktheit des Persönlichkeitsbegriffs gemacht haben, ihr ebenso gutes Recht wie dort der Protest *Lotzes*[43] gegen diese Beschränktheit.

Es wird sich nun darum handeln müssen, die beiden einander schein-

---

[39] J. G. Fichte, *Über den Grund unsers Glaubens an eine göttliche Weltregierung* (1798), in: ders., *Die philosophischen Schriften zum Atheismusstreit*, hrsg. von Fr. Medicus, Leipzig o. J., S. 13: «Was nennt ihr denn nun Persönlichkeit und Bewußtsein? Doch wohl dasjenige, was ihr in euch selbst gefunden, an euch selbst kennen gelernt, und mit diesem Namen bezeichnet habt? Daß ihr aber dieses ohne Beschränkung und Endlichkeit schlechterdings nicht denkt, noch denken könnt, kann euch die geringste Aufmerksamkeit auf eure Konstruktion dieses Begriffs lehren.»
[40] Vgl. *Aus Schleiermacher's Leben. In Briefen*, Bd. II, Berlin 1858, S. 344 (Brief an Fr. H. Jacobi, 1818): «Können Sie Gott als Person irgend besser anschauen, als Sie ihn als natura naturans anschauen können? Muß Ihnen eine Person nicht nothwendig ein *Endliches* werden, wenn Sie sie sich beleben wollen? Sind ein unendlicher Verstand und ein unendlicher Wille etwas anderes als leere Worte, da Verstand und Wille, indem sie sich unterscheiden, auch nothwendig sich begrenzen? Und fällt Ihnen nicht, indem Sie Verstand und Willen zu unterscheiden aufgeben wollen, auch der Begriff der Person in sich selbst zusammen?»
[41] D. Fr. Strauß zitiert a.a.O., S. 504 die in Anm. 39 angeführten Sätze Fichtes zustimmend und fährt dann fort: «Als Personen fühlen und wissen wir uns nur im Unterschiede von andern gleichartigen Personen ausser uns, von denen wir uns unterscheiden, mithin als endliche; in diesem Gebiete der Endlichkeit und für dasselbe gebildet, scheint folglich der Begriff der Persönlichkeit ausserhalb derselben jeden Sinn zu verlieren, und ein Wesen, welches kein anderes seinesgleichen ausser sich hat, auch keine Person sein zu können.»
[42] O. Pfleiderer, a.a.O., S. 420f. (Fortsetzung der oben Anm. 25 zitierten Sätze): «Das persönliche Selbstbewußtsein ist ein solches, das sich als Einzelwesen von andern solchen unterscheidet, sich als Theilganzes andern Theilganzen koordinirt und dem absoluten Ganzen untergeordnet weiß; das göttliche Selbstbewußtsein hingegen weiß sich als eins mit dem Welt-Ganzen.»
[43] Vgl. H. Lotze, a.a.O., S. 565–575 (3. Aufl. S. 569–579).

bar entgegengesetzten Thesen zu einer weitern Näherdefinition des Persönlichkeitsbegriffs zu verarbeiten. «Individuell geistiges Ich» sagten wir. In dieser Definition bezeichnet also «geistig» das Moment der Unbeschränktheit. Aber es handelt sich um «individuelle» Geistigkeit. «Individuell» enthält das Moment der Beschränktheit. Beide Bestimmungen sind richtig und enthalten in Wirklichkeit keinen Gegensatz. Einerseits ist die *Unendlichkeit des Geist-seins* zu verstehen als Potenz, nicht als Zustand. Wir haben ja |31| Geist-sein definiert als Aktion. Diese Aktion enthält in sich die Tendenz auf ein im Ewigen zu denkendes Ideal. Diese Tendenz ist das Wesen des Geistes. An diesem Wesen des Geistes, an seiner ewigen Zielstrebigkeit wird nun nichts geändert durch die empirisch-psychologische Beobachtung, daß die Aktion des Geistes immer und überall nur eine endlich-beschränkte ist. Und es gilt darum gegenüber der einseitigen Handhabung dieser psychologischen Beobachtung der Satz *Lotzes*[r]: «Die Endlichkeit der Persönlichkeit ist nicht eine erzeugende Bedingung für sie, sondern eine hindernde Schranke ihrer Ausbildung.» Der Geist ist in seinem Wesen grenzenlos, obwohl er am Ich nie anders als begrenzt vorkommt. Diese Grenzenlosigkeit muß sonach im Persönlichkeitsbegriff mitgedacht werden. Andrerseits ist die empirische *Endlichkeit des Geist-seins* eben als empirische ein Zustand, nur ein Zustand und darum ein veränderlicher Zustand und nicht eine Wesensbeschreibung des Geist-seins. Sie bezeichnet nur einen einzelnen Moment in der an sich grenzenlosen Aktion des Geistes. Aber indem wir mit der Bezeichnung «individuelles» geistiges Ich gerade das Moment der Einzelheit im Persönlichkeitsbegriff ausgesprochen haben und aussprechen mußten, sind wir genötigt, nun auch die von der Einzelheit unzertrennliche Endlichkeit in den Persönlichkeitsbegriff aufzunehmen, eben als empirische Endlichkeit. Transszendental unendlich, empirisch endlich! muß unser Urteil lauten. Versuchen wir es, diese beiden Resultate zu *vereinigen*, so erhalten wir einerseits die Vorstellung einer in sich grenzenlosen Aktion des Geistes in der Richtung des ewigen Ideals, andrerseits die Vorstellung einer Reihe

---

[r] Mikrokosmus III, S. 576.[44]

[44] H. Lotze, a.a.O., S. 576 (= 3. Aufl. S. 580): «Vollkommene Persönlichkeit ist nur in Gott, allen endlichen Geistern nur eine schwache Nachahmung derselben beschieden; die Endlichkeit des Endlichen ist nicht eine erzeugende Bedingung ...»

von endlichen Zuständen, die normalerweise so verläuft, daß das Ende des Geist-seins immer weiter hinaus verschoben wird, und zwar kraft der Gesetzlichkeit und Möglichkeit des Geistes ebenfalls in der Richtung des ewigen Ideals, die aber in jedem einzelnen Moment der Betrachtung in einem endlichen geistigen Zustand ihren Abschluß hat. Es liegt nahe, diese beiden Vorstellungen, die beide am Ich ihr Substrat haben, zusammenzufassen im Begriff des *Werdens* und diesen Begriff des Werdens als weiteres Prädikat auf den Persönlichkeitsgedanken zu übertragen. Im Begriff des Werdens liegt beides, was das Charakteristische des Persönlichkeitsgedankens in bezug auf das ewige Ideal ausmacht: die Zielstrebigkeit und das |32| Noch-nicht-erreicht-haben, die ewige Aufgabe und die immer bloß annähernde Leistung, das Sollen und das Sein, die Spannung zwischen Gegenwart und Zukunft. Wir ergänzen darum unsere Definition: *Persönlichkeit ist individuell geistiges (werdendes) Ich.*[5] |65|

2.

Der religiöse Gottesglaube verwendet, wo er sich ausspricht, den Begriff der Persönlichkeit zur Bezeichnung eines Wesensmerkmals Gottes. Wir fragen zunächst noch nicht danach, wie dieser Satz: *Gott ist Persönlichkeit,* der zahllosen biblischen und außerbiblischen Äußerungen der Religion unausgesprochen zugrunde liegt, logisch durchgeführt werden kann. Wir haben vorläufig nur festzustellen, *wie er gemeint ist.*

---

[5] Das ist in der *Sache* auch das Ergebnis, zu dem *Lotze*[45] und *A. Ritschl*[46] bei der Untersuchung dieser Vorfrage gelangt sind. Ebenso beschreibt *Bornemann* die Persönlichkeit als «eine Idee von festem und sicherem Gehalt, aber von unabsehbarer Tragweite und von einem unendlichen Horizont» (a.a.O., S. 90). *Georg Simmel* hat in einem anregenden Aufsatz (ZThK 1911, Heft 4)[47] freilich mehr in aphoristischer Weise als in strengem Gedankengang diese Spannung im Persönlichkeitsbegriff beschrieben: als den Prozeß der nie vollendeten Wechselwirkung zwischen dem Ich und seinen Inhalten, als das ewige Gegenspiel von Trennung und Verschmolzenheit, als den nie ganz aufgelösten Gegensatz von Einheit und Vielheit, Subjekt und Objekt. – Mein *Weg* zu diesem Ergebnis und besonders meine *Folgerungen* daraus sind aber andre als die dieser Autoren.

[45] Vgl. H. Lotze, a.a.O., S. 574f. (3. Aufl. S. 578f.).
[46] Vgl. A. Ritschl, a.a.O., S. 201 (4. Aufl. S. 224).
[47] G. Simmel, *Die Persönlichkeit Gottes. Ein philosophischer Versuch,* in: ZThK, Jg. 21 (1911), S. 251–269.

*Biedermann*ᵗ hat die Behauptung aufgestellt, bei der Frage, ob Gott Persönlichkeit beizulegen sei oder nicht, handle es sich letzten Endes bloß um einen *Wortstreit*. Bei der bejahenden Beantwortung dieser Frage sei die Absicht im Grunde nur die, das wirkliche Geist-sein Gottes sicherzustellen, während man keineswegs eine Verendlichung Gottes damit aussprechen wolle. Da nun das Geist-sein Gottes auf andre Weise sicherzustellen sei, während mit der Anwendung des Persönlichkeitsbegriffs nolens volens eine Verendlichung Gottes prädiziert werde, sei der Wortstreit im Sinne der Verneinung zu entscheiden, der Begriff der Persönlichkeit sei für das reine Denken fallen zu lassen, und es bleibe als Wahrheitsgehalt der christlichen Gotteslehre die Definition: Gott ist Geist, absoluter Geist im Unterschied zum endlichen Menschengeist, dem die Subsistenzform der Persönlichkeit vorzubehalten sei. Das ist wieder eine von den Aufräumungsarbeiten von jener wundervollen Konsequenz und Klarheit, die der Biedermannschen Dogmatik für alle Zeiten einen Ehrenplatz unter den klassischen Leistungen der systematischen Theologie sichern. Aber die Hochachtung vor Biedermanns Scharfsinn kann uns nicht hindern, schon die Voraussetzung seines Gedankengangs, und mit dieser haben wir es hier zu tun, in Abrede zu stellen. *Das Interesse des Gottesglaubens am Persönlichkeitsbegriff erschöpft sich keineswegs in dem, was Biedermann als das Geistsein Gottes beschreibt:* Denken, Wollen und Gefühl als einheitlicher absoluter Prozeß.[49] Nehmen wir einmal an, diese Biedermannsche Abstraktion des absoluten Geistes sei etwas Denkbares, können wir in diesem Etwas das Wesen des im Glauben erfaßten Gottes erkennen? Einen wesentlichen Bestandteil dessen, was der Glaube erfaßt, finden wir darin in der Tat wieder, nämlich die absoluten «Eigenschaften» Gottes: Ewigkeit, Allgegenwart, Allmacht, Allwissenheit, Heiligkeit usf. Das alles läßt sich zur Not in dem Begriff «absoluter Geist» finden, und Biedermann weiß mit großer Akribie die sämtlichen Attribute der kirchlichen Gotteslehre über den Gedanken des Absoluten einerseits und die Funktionen des absoluten Denkens, Wollens und Fühlens and-

---

ᵗ Dogmatik¹, S. 639ff.[48]

[48] = 2. Aufl. Bd. II, S. 537ff.
[49] A. E. Biedermann, a.a.O., S. 635–638 (2. Aufl. Bd. II, S. 534–537): § 712: Gefühl; § 713: Wille; § 714: Bewußtsein.

rerseits zu verteilen." Ein wesentlicher Bestandteil des Gottesgedankens ist somit tant bien que mal da; aber es fehlt etwas: Dieses schöne System von absoluten Eigenschaften ist noch nicht Gott. Der «absolute Geist», der in diesem System sich entfaltet, ist und bleibt ein Neutrum, eine Sache, wenngleich eine absolute und geistige Sache. Dasselbe muß gelten von *Fichtes* Begriff der sittlichen Weltordnung[51], von *Spinozas* Substanz[52], von *H. Cohens* Idee der Einheit von Logik und Ethik[53], von Begriffen wie «Weltkraft» und «Weltgeist» und von ähnlichen unpersönlichen Umschreibungen des Gottesgedankens, so unähnlich sie sich sonst untereinander sein mögen. Eine lebendige Frömmigkeit wird niemals zugeben, daß mit solchen neutralen Definitionen, und wenn sie noch so absolut und klangvoll wären, alles gesagt sei, was von Gott zu sagen ist, so sicher damit vieles gesagt ist, was in der Tat von ihm zu sa-

---

u Dogmatik, S. 627ff. und 635ff.[50]

[50] = 2. Aufl. Bd. II, S. 524ff.534ff.

[51] Vgl. z. B. J. G. Fichte, a. a. O., S. 12: «Jene lebendige und wirksame moralische Ordnung ist selbst Gott; wir bedürfen keines anderen Gottes, und können keinen anderen fassen.» – S. 13f.: «Es ist daher ein Mißverständnis, zu sagen: es sei zweifelhaft, ob ein Gott sei, oder nicht. Es ist gar nicht zweifelhaft, sondern das Gewisseste, was es gibt, ja der Grund aller anderen Gewißheit, das einzige absolut gültige Objektive, daß es eine moralische Weltordnung gibt, daß jedem vernünftigen Individuum seine bestimmte Stelle in dieser Ordnung angewiesen, und auf seine Arbeit gerechnet ist; daß jedes seiner Schicksale, inwiefern es nicht etwa durch sein eigenes Betragen verursacht ist, Resultat ist von diesem Plane; daß ohne ihn kein Haar fällt von seinem Haupte, und in seiner Wirkungssphäre kein Sperling vom Dache; daß jede wahrhaft gute Handlung gelingt, jede böse sicher mißlingt, und daß denen, die nur das Gute recht lieben, alle Dinge zum Besten dienen müssen.»

[52] B. de Spinoza, *Ethica ordine geometrico demonstrata*, edd. J. van Vloten et J. P. N. Land, Hagae Comitis 1905, p. 1: Pars Prima, DE DEO, Definitio III: «Per substantiam intelligo id, quod in se est, et per se concipitur: hoc est id, cujus conceptus non indiget conceptu alterius rei, a quo formari debeat.» – Def. VI: «Per Deum intelligo ens absolute infinitum, hoc est, substantiam constantem infinitis attributis, quorum unumquodque aeternam et infinitam essentiam exprimit.» – p. 8: Propositio XIV: «Praeter Deum nulla dari neque concipi potest substantia. Demonstratio: Cum Deus sit ens absolute infinitum, de quo nullum attributum, quod essentiam substantiae exprimit, negari potest (per Def. 6), isque necessario existat (per Prop. 11); si aliqua substantia praeter Deum daretur, ea explicari deberet per aliquod attributum Dei, sique duae substantiae ejusdem attributi existerent, quod (per Prop. 5) est absurdum; adeoque nulla substantia extra Deum dari potest, et consequenter non etiam concipi.»

[53] Vgl. oben Anm. 28.

gen ist. Gott, wie ihn der Glaube erfaßt und beschreiben muß, ist *Einer*. Er ist nicht nur Prädikat, sondern auch Subjekt. Dem Geistbegriff Biedermanns fehlt zum Gottesbegriff gerade das, |67| was der Gedanke der Persönlichkeit *mehr* enthält als der Geistbegriff, nämlich die *Individualität*.ᵛ Wir glauben nicht nur an die Allmacht, sondern an einen Allmächtigen, wir glauben nicht nur an die Ewigkeit, sondern an einen Ewigen, nicht nur an die Heiligkeit und Gerechtigkeit, sondern an einen Heiligen und Gerechten, nicht nur an die Liebe, sondern an den lieben Gott. Wir glauben auch nicht nur an eine sittliche Weltordnung, sondern an einen Gesetzgeber und König, der, wie *Lotze*ʷ treffend bemerkt, die Fähigkeit hat, zu wirken und zu leiden. Wir glauben überhaupt nicht nur an ewige Wahrheiten, sondern an einen «in Gedanken unauflöslichen Kern» (Lotze)[56], an ein Ich, das Subjekt dieser ewigen Wahrheiten ist. Wenn wir von Gottes Gedanken und Willen reden, so meinen wir damit: *Er*, ein ganz bestimmter Er denkt und will. Wenn Gott Forderungen an uns stellt, wenn er uns richtet und frei macht, wenn wir zu ihm beten, so stehen wir damit zu ihm in einem Verhältnis von Ich und *Du*. Nicht mit einem neutralen, sondern mit einem charakterisierten individuellen Geist stehen wir in Beziehung in der Religion. Was die Religion meint, wenn sie das Wort «Gott» ausspricht, das ist gerade das, was wir vorhin als Persönlichkeit beschrieben haben: ein individuelles geistiges Ich, allerdings ein absolut geistiges, aber ein individuelles absolut geistiges Ich.

In der Religion fühlen wir uns berührt und erfaßt von einer Lebendigkeit, die wir nicht anders denn als persönliche Lebendigkeit empfin-

---

ᵛ Es fällt auf, daß dieser grundlegende Unterschied von Geist und Persönlichkeit auch manchen Verfechtern der Persönlichkeit Gottes entgangen zu sein scheint. Vgl. z. B. die Abhandlung von *Ragaz* «Pantheismus oder Glaube an den persönlichen Gott?» (Neue Wege 1912, Heft 2, 3, 4)[54], wo beständig promiscue vom persönlichen und vom geistigen Gott die Rede ist. Das *muß* zur Quelle endloser Zweideutigkeiten werden.
ʷ Mikrokosmus² III, S. 570.[55]

[54] L. Ragaz, *Pantheismus oder Glaube an den persönlichen Gott?*, in: Neue Wege. Blätter für religiöse Arbeit, Jg. 6 (1912), S. 53–61.84–91.133–146.
[55] = 6. Aufl. S. 574.
[56] Ebd.: «Nur dieser in Gedanken unauflösliche Kern, dessen Sinn und Bedeutung wir eben nur in der unmittelbaren Selbsterfahrung unseres geistigen Daseins erleben und stets mißverstehen, wenn wir ihn irgendwoher zu construiren versuchen, ist das lebendige Subject der Persönlichkeit ...»

den.ˣ *Biedermann* bestätigt das denn auch durch die Bemerkung, der Wechselverkehr des unpersönlichen absoluten Geistes mit dem endlichen Geist *in der Religion* sei immer ein persönlicher, und zwar in objektiver Wahrheit, weil er ja innerhalb des menschlichen Geisteslebens vor sich gehe. Ferner bleibe die Erlaubnis, Gott als Persönlichkeit *vorzustellen,* wenn nur im *reinen Denken* diese Vorstellung aufgehoben |68| werde in den Begriff des absoluten Geistes.ʸ Biedermann ergänzt also seinen Gottesbegriff dahin, Gott sei unpersönlicher absoluter Geist gleichsam bis an die Schwelle des religiösen Bewußtseins, diesseits der Schwelle werde er persönlich. Demgemäß sei er im Begriff unpersönlich, in der Vorstellung persönlich zu denken. Der unpersönliche absolute Geist wäre somit der Inhalt, die Persönlichkeit die Form des religiösen Gottesgedankens. Die Frage ist jetzt für uns die: Läßt sich der religiöse Gottesgedanke so in Form und Inhalt zerlegen? Kann der Glaube eine Beschreibung Gottes als zutreffend anerkennen, die besagt, daß Gott eigentlich ein Neutrum sei, das dem Menschen aber in Form der Persönlichkeit nahetrete und das persönlich sich vorzustellen ihm unbenommen sei, wenn er nämlich keinen Anlaß habe, sich zu der Höhe des reinen Begriffs aufzuschwingen? Die Frage richtet sich nicht nur an Biedermann, sondern auch an *R. Rothe,* der in Gott unterscheiden will das, was er ist, sein «Wesen», nämlich das Absolute, und das, als was er sich setzt, nämlich den absoluten Prozeß der Persönlichkeit.ᶻ Ebenso an *Haering,* der in Gott den Inhalt, die unbedingte Liebe, von der persönlichen Form unterscheiden will.ᵃᵃ Da kann nun nicht zwei-

ˣ Vgl. *Siebeck*, Religionsphilosophie¹, S. 363.[57]
ʸ Dogmatik, S. 647 und 645.[58]
ᶻ Ethik² I, S. 74ff. und 99ff.
ᵃᵃ Der christliche Glaube¹, S. 207.[59]

[57] H. Siebeck, *Lehrbuch der Religionsphilosophie*, Freiburg i. B./Leipzig 1893, S. 363: Das religiöse Bewußtsein «hinsichtlich des Gottesbegriffs ... verlangt sich nicht lediglich an die Vorstellung von Gott als dem Prinzip des Ethischen und der sittlichen Freiheit zu halten, sondern es soll mit der in jener einbeschlossenen Vorstellung seiner Lebendigkeit auch in dem Sinne Ernst gemacht werden, dass Gott nach Analogie des Begriffs der *Persönlichkeit* gefasst, mithin das Ethische als Inhalt seines *Willens* angesehen wird, eine Auffassung, bei der somit das Wesen des Persönlichen aus dem Bereiche der Erfahrung in das Transzendente projiziert erscheint.»
[58] = 2. Aufl. Bd. II, S. 547.544.
[59] «Sobald man sich vor ein Entweder-Oder gestellt denkt: Gott absolute Per-

felhaft sein, daß diese Absonderung von Form und Inhalt in Gott der Wahrheit der religiösen Erfahrung *nicht* entspricht. In der religiösen Wirklichkeit ist uns die Persönlichkeit Gottes nie bloß ein dem absoluten Geist anhaftendes Prädikat, ebensowenig wie wir den absoluten Geist bloß als Prädikat der Persönlichkeit Gottes auffassen können. Nicht ist uns das Eine bloß das Substrat, von dem dann das Andre erst nachträglich auszusagen wäre (Biedermann[60]), oder der verborgene Hintergrund, aus dem es emanieren müßte (Rothe[61]), oder der Inhalt, von dem es als seine Form zu unterscheiden wäre (Haering). Sondern beide: das Absolute und die Persönlichkeit in ihrer Einheit, d. h. in ihrer logischen Gleichgesetztheit, ergeben den Gedanken Gottes der religiösen Erfahrung. In jeder religiösen Aussage über Gott ist irgendwie beides enthalten: der Gedanke, daß das Absolute, der ewige allgegenwärtige Grund aller Dinge in all seiner Fülle, meinem Ich gegenübersteht als ein Du, als ein individuell Denkender und Wollender – aber auch der andre Gedanke, daß der, der mir persönlich begeg-|69|net als Einer, der sich meiner annimmt, der mir zürnt und mir gnädig ist, der mich hört und mit mir redet, daß dieser Eine zugleich das Absolute ist, der allmächtige Gott, Schöpfer Himmels und der Erde. Die Religion lebt gerade in der Spannung, in dem offenbaren Geheimnis des Gegensatzes, der in diesen beiden Gedanken zum Ausdruck kommt. Wer die-

sönlichkeit oder Liebe zu nennen, so ist es zugunsten der Liebe sofort entschieden. Liebe ist der Inhalt, Persönlichkeit die Form. ... Wir glauben an die (unbedingte) persönliche Liebe, nicht an die (liebende) unbedingte Persönlichkeit. ... Kurz also: die Liebe ist Gottes Wesen; aber allerdings können wir diese nur in der Form der geistigen Persönlichkeit erfassen.»

[60] A.a.O., S. 645 (2. Aufl. Bd. II, S. 545): «Wenn wir aber alle essentiellen Momente der Gottesidee ... zum einheitlichen Begriff des *absoluten Geistes* zusammenfassen, so erhält der Inhalt dieses Begriffs für unser Vorstellen nur in der Vorstellung einer absoluten Persönlichkeit seinen vollen entsprechenden Ausdruck.»

[61] Vgl. etwa *Ethik*, Bd. I², S. 103: «Der Begriff von Gott als dem göttlichen Wesen, d. h. als dem absoluten *reinen* Sein, kann demnach nur *so* gesetzt werden, daß man ihn, indem man ihn setzt, ausdrücklich *als einen sich selbst negirenden und somit über sich selbst hinaustreibenden* setzt. ... Indem Gott mit Nothwendigkeit als die absolute Potenz oder Macht *rein als solche* gedacht wird, muß er, unbeschadet dessen unmittelbar zugleich *auch* als das gerade Gegentheil hiervon gedacht werden, nämlich als aus jener *bloßen* und *reinen* Potenzialität heraustretend, d. h. als sich *aktualisirende* absolute Macht.»

se Spannung auflöst, indem er den einen Gedanken dem andern subordiniert, der entleert und verarmt den religiösen Gottesbegriff.

Pfleiderer hat den Einwand erhoben, daß «erfahrungsgemäß immer gerade die tiefere mystische Frömmigkeit auf die persönliche Vorstellung Gottes wenig Gewicht gelegt hat»[ab]. Wir können das Werturteil, das in der Bezeichnung «*tiefere* Frömmigkeit» liegt, auf sich beruhen lassen. Tatsache ist, daß es eine Frömmigkeit gegeben hat und noch gibt, der über der Anschauung des Absoluten in Gott das personalistische Moment im Gottesgedanken stark, teilweise fast ganz in den Hintergrund getreten ist. Pfleiderer verschweigt aber, daß es noch nie und nirgends eine Frömmigkeit, die wirklich Frömmigkeit war, gegeben hat, die auf die Dauer, wenn sie von Gott reden und über ihn nachdenken wollte, ohne irgendwelchen Personalismus ausgekommen wäre.[ac] Und ebenso verschweigt er die Tatsache, daß es Frömmigkeit gegeben hat und noch gibt, die den Personalismus im Gottesgedanken so kräftig in den Vordergrund rückt, daß ihr das Absolute in Gott zu entschwinden droht, ja daß sie es bewußt aufgibt, womit sie freilich auf die Dauer ebensowenig Ernst machen kann wie die Mystik mit ihrem reinen Absolutismus.[ad] «Erfahrungsgemäß» ist somit nur zu sagen, daß es Typen von Frömmigkeit gibt, bei denen das Absolute, und andre, bei denen die Persönlichkeit im Gottesgedanken das beherrschende Element ist. Ebenso ist die eingangs zitierte Bemerkung *Schleier-*|70|*machers*, «daß die Religion davon nicht abhange», ob Gott im abstrakten Denken persönlich oder unpersönlich gedacht werde, und die weitere, daß auch der ein Christ sein könne, der in seiner Philosophie den Gedanken der Per-

---

[ab] Religionsphilosophie[1], S. 422.

[ac] Vgl. in der Theologie, die ja wohl im Sinne Pfleiderers der «tiefsten» Frömmigkeit entsprechen müßte, den doppelten Begriff des Brahma als unpersönlicher Geist der Natur und Keim der Welt einerseits, als höchster männlicher Gott und Weltschöpfer andrerseits, *Orelli*, Allgemeine Religionsgeschichte[62], S. 427f.

[ad] Ich nenne als Beispiele die Frömmigkeit von Männern wie *Kutter* und *Ragaz*. Es ist das schmerzliche Problem der *Theodizee*, das immer wieder diesem Extrem rufen wird. Vgl. *Th. Flournoy*, Le Génie religieux (Foyer Solidariste, St. Blaise et Roubaix 1904), S. 38–41.

[62] C. von Orelli, *Allgemeine Religionsgeschichte* (Sammlung theologischer Handbücher, 1. Teil, 2. Abteilung), Bonn 1899.

sönlichkeit aufhebe^{ae}, dahin zu interpretieren resp. richtig zu stellen, daß es selbstverständlich lebendige, hochstehende, christliche Religiosität gibt, die in ihrem gedanklichen Ausdruck die Persönlichkeit Gottes negiert, ja daß dieser Negation historisch und relativ gegenüber einer deistischen Verendlichung Gottes eine gewisse religiöse Wahrheit zukommt. In diesem Sinn können wir der Einladung *Schleiermachers* folgen, den Manen des heiligen verstoßenen *Spinoza* mit ihm ehrerbietig eine Locke zu opfern, weil er voll Religion war und voll heiligen Geistes.[64] Und erst recht wäre es natürlich töricht, Männern wie *Fichte*, *Schleiermacher* und *Biedermann* wegen ihres unpersönlichen Gottesbegriffs die Christlichkeit abzusprechen. Aber daß die Religiosität eines Menschen nicht abhängt von seiner Bejahung des persönlichen Gottesbegriffs, das involviert noch nicht, daß der unpersönliche der richtige sei. Man kann voll heiligen Geistes sein und in seiner Dogmatik doch daneben fahren. Lassen wir die religiöse Erfahrung in ihrer Allgemeinheit und unter vergleichender Würdigung der beiderseits möglichen extremsten Fälle und nicht in der Zufälligkeit einzelner Individuen zu Worte kommen, so darf es nach dem Gesagten als erwiesen gelten, daß sie Gott denkt in dem *Nebeneinander* der beiden Sätze: *Das Absolute ist Persönlichkeit* und: *Eine Persönlichkeit ist das Absolute*. Es handelt sich somit bei der Behauptung oder Verneinung der Persönlichkeit Gottes nicht um einen Wortstreit, wie *Biedermann* gemeint hat. Denn die Sätze: Das Absolute ist Geist, und: Der Geist ist das Absolute, sind zwar richtig und sind wesentliche Elemente des Gottesgedankens, aber sie drücken nicht seinen ganzen Gehalt aus. Der religiöse Gottesgedan-

---

[ae] Briefe III, S. 284.[63]

[63] *Aus Schleiermacher's Leben. In Briefen*, Bd. III, S. 284 (Brief an Fr. S. G. Sack, 1801): «Und wenn man manche Christen genannt hat, welche die Unendlichkeit Gottes aufhoben, ob man nicht auch ein Christ sein könnte, wenn man in seiner Philosophie eins von den andern beiden [scil. die Außerweltlichkeit oder die Persönlichkeit Gottes] aufhebt?» Vgl. oben Anm. 16.

[64] Fr. Schleiermacher, *Über die Religion*, a.a.O., S. 35 (Originalausgabe S. 54f.): «Opfert mit mir ehrerbietig eine Locke den Manen des heiligen verstoßenen Spinoza! Ihn durchdrang der hohe Weltgeist, das Unendliche war sein Anfang und Ende, das Universum seine einzige und ewige Liebe, in heiliger Unschuld und tiefer Demut spiegelte er sich in der ewigen Welt, und sah zu, wie auch er ihr liebenswürdigster Spiegel war; voller Religion war er und voll heiligen Geistes ...» Ausgabe Rothert S. 31.

ke enthält ihnen gegenüber ein Plus. Dieses Plus besteht in dem Satz: Gott ist individuelles geistiges Ich.

3.

Um nun darüber klar zu werden, was dieser Satz: Gott ist Persönlichkeit, oder: Gott ist individuelles geistiges Ich – innerhalb |71| des religiösen Gottesgedankens bedeutet, müssen wir zunächst *die andere Komponente dieses Gottesgedankens*[af], die wir bis dahin stillschweigend als gegeben vorausgesetzt haben, in ihrem Wesen ins Auge fassen. Ich habe diese andere Komponente herkömmlicherweise und im Anschluß an den Sprachgebrauch von *Rothe*[65], *Biedermann*[66], *Pfleiderer*[67], *Lipsius*[68],

---

[af] Es ist schon vom formal-logischen Gesichtspunkt aus bedenklich, wenn *Bornemann* der Untersuchung des Persönlichkeitsbegriffs eine solche *des Gottesbegriffs* gegenüberstellt, um dann über die Verbindung beider in der Vorstellung eines persönlichen Gottes zu entscheiden. Ob der Persönlichkeitsbegriff *mit einem andern* zum Gottesbegriff zu verbinden ist, das steht ja in Frage. Und dieses *Andere* muß daher das nächste Objekt der Überlegung bilden.

[65] R. Rothe, a.a.O., S. 74: «*Gott ist das Absolute:* dieß ist der *Gedanke*, in welchem die (evangelisch-christliche) Gotte*sahnung* ihren Gehalt in *allumfassender* Weise, aber auch noch ganz unentwickelt, *am unmittelbarsten* verstandesmäßig ausspricht, und somit der *allerabstrakteste*, und folgeweise auch der *allerelementarste* Begriff von Gott.»

[66] A. E. Biedermann, a.a.O., S. 621 (2. Aufl. Bd. II, S. 517): «Darum wird unser Denken sicherer von dem rein logisch-metaphysisch zu gewinnenden Begriff der *Absolutheit* des göttlichen Seins ausgehn. Dieser führt uns durch sich selbst auf das andere Moment, das reine Geist-sein, dass dieses und das Absolut-sein eins sind: das *Absolut*-sein das Moment der *Formal*bestimmung, das *Geist*-sein das Moment der *Real*bestimmung des in sich einheitlichen Begriffs *absoluter Geist*.»

[67] O. Pfleiderer, a.a.O., S. 415: «‹Das Absolute› ist in Wahrheit so wenig ein bloß negativer Begriff, daß es vielmehr der allerpositivste, ja der allein schlechthin positive Begriff ist, denn es ist die Position des Seins schlechthin. Das Absolute ist das allgemeine Sein, welches der Grund ist seiner selbst und alles in ihm enthaltenen besonderen Seins; es ist als das unbeschränkt Allgemeine zugleich das Allerbestimmteste, denn es ist durch und durch von sich selbst bestimmt und alles Andere von sich aus bestimmend.»

[68] R. A. Lipsius, *Lehrbuch der evangelisch-protestantischen Dogmatik*, Braunschweig 1876, S. 184–197 («Der philosophische Begriff des Absoluten»). Ferner S. 206: «Der philosophische Begriff des Absoluten, für das reflexionelle Denken nicht minder unvollziehbar als die religiöse Idee der Persönlichkeit Gottes, aber für den Aufbau einer einheitlichen Weltanschauung eine immer wieder

Kaftan[69] und *Haering*[70] «das Absolute» genannt. Der Begriff bezeichnet aber nicht genau, was er innerhalb des Gottesgedankens zu bezeichnen die Aufgabe und den Anspruch hat. Er bezeichnet nur die *negative Seite* dieser andern Komponente des Gottesgedankens. Das «Absolute» ist das von der im Raum und in der Zeit zu erfassenden (zu denkenden und zu wollenden) «Wirklichkeit» Abgelöste. Es ist das reine bestimmungslose Sein nach Aufhebung der «Wirklichkeit». Es ist das Nichtgegebene: «nicht dies und das, nicht nun, nicht ichts, nicht nichts», wie die Mystiker sagten.[71] In der kirchlichen Gotteslehre kam der Gedanke des Absoluten in diesem Sinn zum Ausdruck in den sog. metaphysischen Attributen der *Allgegenwart* und der *Ewigkeit* Gottes. Die Vorstellung einer unbeschränkten Örtlichkeit und einer endlosen Zeitlichkeit führt ja sofort weiter zum Begriff der Raum- und Zeit*losigkeit*, damit eben zur Negation alles zu denkenden und wollenden Seins. Das sind unmittelbar religiöse Aussagen. Wir müssen Gott von aller Endlichkeit und Bedingtheit, wie sie mit Raum und Zeit notwendig verbunden ist, freisprechen. Die Polemik *A. Ritschls* gegen die

sich aufnöthigende Hypothese ..., hat für die Dogmatik den Werth eines regulativen Kanons, der zur fortschreitenden Vergeistigung der religiösen Vorstellung dient, ohne jedoch mehr als eine annäherungsweise Läuterung derselben sicher zu stellen.»

[69] J. Kaftan, *Dogmatik*, Tübingen/Leipzig 1901³⁻⁴, S. 166: «Der Satz, dass Gott das Absolute ist, bezeichnet das Schema der Gotteserkenntniss in der christlichen wie in jeder geistigen Religion. Er bedeutet, dass wir unter Gott ... das absolute Ziel alles menschlichen Strebens und die absolute Macht über alles Wirkliche verstehen. Nicht was Gott ist, sondern welche Stelle die Gotteserkenntniss in unserem geistigen Leben einnimmt, kommt darin zum Ausdruck.»

[70] Th. Haering, a.a.O., S. 205: «Solange wir die Welterhabenheit und Weltbeherrschung Gottes überhaupt nicht streng fassen ..., macht uns der Gedanke wenig Schwierigkeit. Aber in dieser Unbestimmtheit genügt er nicht für die christliche Gottesidee, ja überhaupt nicht, sobald die Idee des Einen Gottes erreicht ist. Dann bedeutet er, dass Gott nicht über irgend welche Welt, wie sie von irgend einem beschränkten Standpunkt aus erscheint, erhaben und ihrer mächtig ist, sondern schlechthin über alle Welt, dass er unbedingtes Ziel der Welt und unbedingter Grund der Welt ist. Eben das ist der ursprünglich religiöse Sinn des Wortes das *Absolute*.»

[71] Angelus Silesius, *Cherubinischer Wandersmann* (1657), Zweites Buch, Nr. 55 (in: Angelus Silesius, *Sämtliche poetische Werke*, hrsg. von H. L. Held, Bd. III, München 1924², S. 78):

Die Ewigkeit
Was ist die Ewigkeit? Sie ist nicht dies, nicht das,
Nicht Nun, nicht Ichts, nicht Nichts, sie ist, ich weiß nicht was.

Verwendung dieses Begriffs des «Absoluten» in der Theologie ist nur insofern berechtigt, als sie sich gegen die einseitige Betonung der damit bezeichneten Negativität Gottes durch die Mystik wendet. Es ist dagegen durchaus unzutreffend, wenn Ritschl behauptet, «daß das Absolute kein Produkt der religiösen Reflexion sei, sondern ein metaphysischer Begriff, welcher den Christen im ganzen fremd» sei.[ag] Es gibt doch wohl keine ernsthafte |72| religiöse Reflexion, die auf die Negation der Beschränktheit in Gott auf die Dauer verzichten könnte. Aber freilich, wenn man beim Wortsinn des «Absoluten» stehen bleibt: bei dem von der gegebenen «Wirklichkeit» abgelösten Sein, dann hat man ein Mythologumen gedacht; ein richtiger Gedanke ist da auf halbem Weg erstarrt. Einen klaren Sinn gewinnt dieses nur negativ (im Gegensatz zum «Wirklichen») zu beschreibende Sein erst, wenn es verstanden wird nicht nur als die Negation, sondern zugleich als die *Position* alles dessen, was gedacht und gewollt werden kann. Die Grundlegung des «Wirklichen» als solche in Abrede stellen, das heißt zugleich sie bejahen. Aufhebung von Raum und Zeit ist zugleich Herrschaft darüber. Die «Ungrundlegung»[ah] wird zum Grund der Grundlegung des Ge-

---

[ag] Theologie und Metaphysik³, S. 44.[72]
[ah] *H. Cohen*, Ethik, S. 406.[73]

[72] A. Ritschl, *Die christliche Vollkommenheit. Ein Vortrag / Theologie und Metaphysik. Zur Verständigung und Abwehr*, Göttingen 1902³, S. 43f.: «Aber das Absolute, das außer allen Beziehungen zu Anderem als das bloße Fürsichsein gedacht wird, kann nicht mit Recht als ‹der Fels der uns erzeugt und der Gott der uns geboren› [vgl. Dtn. 32,18] bezeichnet werden. Denn das sind Beziehungen auf Andere, welche entweder in dem Begriff des Absoluten ausgeschlossen sind, oder als richtige Prädicate die eben festgestellte Bedeutung des Absoluten aufheben. In beiden Fällen erweist sich, daß das Absolute kein Product der religiösen Reflexion ist, sondern ein metaphysischer Begriff, welcher den Christen im Ganzen fremd, und nur den Mystikern in den genannten Religionsgenossenschaften geläufig ist.»

[73] «Wir wissen aus der Logik, wie der Begriff des Absoluten bei *Platon* in innerlichstem Zusammenhange mit der *Hypothesis* entstanden ist; als Ausdruck verzweifelnder Demut des tiefsten Menschengeistes, der Selbstironisierung der Vernunft. Da alles Sein auf der Grundlegung des Denkens beruht, so erhebt sich das tiefsinnige Verlangen nach einem Grunde, der von dieser Grundlegung unabhängig sei. Die Ungrundlegung (ἀνυπόθετον = ἀνυπόθεσις), so möchte man das objektive Wort, welches den Inhalt bezeichnet, durch das methodische Wort übersetzen, an welches das Wort des Inhalts sich doch anschmiegt, um sogleich die Paradoxie des Ausdrucks unverkennbar zu machen.»

dachten und Gewollten, die reine Abgezogenheit zum reinen Ursprung. Es ist die in sich ruhende Wahrheit und Gültigkeit des Apriori, die sich hier als die positive Seite dieser Komponente des Gottesgedankens erweist.[ai] Nun bekommen auch die Attribute der Allgegenwart und Ewigkeit ihren positiven Sinn als «die mit allem Zeitlichen und Räumlichen auch die Zeit und den Raum selbst bedingende schlechthin zeit- und raumlose Ursächlichkeit Gottes»[aj]. Zur Bezeichnung dieser Positivität Gottes genügt aber der Begriff des Absoluten jedenfalls nicht mehr. Wir könnten *Lipsius* folgen, der das Absolute in direktem Gegensatz zum Wortsinn erklärt als den Real- und Idealgrund des endlichen Seins, als lebendige in sich geschlossene Kausalität[ak], oder *Herrmann*, der den Terminus «Macht über Alles»[76] an seine Stelle setzt. Beide Formulierungen vermeiden glücklich die Unfruchtbarkeit, die der Begriff des Absoluten erfahrungsmäßig an sich hat, haben aber den

---

[ai] Die Entwicklungsgeschichte dieser Komponente ist dargestellt worden von *Karl Heim:* Das Gewißheitsproblem in der systematischen Theologie bis zu Schleiermacher, Leipzig 1911. Vgl. ferner *Heinrich Barth,* Descartes' Begründung der Erkenntnis, Bern 1913, S. 80–89.

[aj] *Schleiermacher*, Der christliche Glaube, § 52 und 53.[74]

[ak] Dogmatik, S. 184ff.[75]

[74] § 52, Leitsatz: «Unter der Ewigkeit Gottes verstehen wir die mit allem zeitlichen auch die Zeit selbst bedingende schlechthin zeitlose Ursächlichkeit Gottes.» – § 53, Leitsatz: «Unter der Allgegenwart Gottes verstehen wir die mit allem räumlichen auch den Raum selbst bedingende schlechthin raumlose Ursächlichkeit Gottes.»

[75] Lipsius definiert das Absolute 1. «als den unendlichen *Realgrund* alles endlichen Daseins überhaupt» (§ 245, S. 186), 2. «als den unendlichen *Idealgrund* alles endlichen Daseins» (§ 247, S. 188), 3. «als das *unendliche teleologische Princip* alles endlichen Daseins» (§ 248, S. 189). § 255 (S. 194) beginnt: «Seinem positiven Gehalte nach ist daher der Begriff des unendlichen Geistes die lebendige, mit dem raumzeitlichen Dasein zugleich alles in Raum und Zeit sich entwickelnde Geistesleben begründende, selbst aber raum- und zeitfreie, in sich selbst geschlossene und selbstmächtige Causalität ...»

[76] «Gott als Macht über Alles» lautet die Überschrift von § 25 in W. Herrmanns Vorlesung «Dogmatik II» im WS 1907/1908 in Marburg. Barth zitiert nach S. 8 der Abschrift, die er im Juni 1908 von der Vorlesungsnachschrift seines Kommilitonen Werner Häberli hergestellt hatte (im Karl Barth-Archiv, Basel). In der posthum veröffentlichten späteren Version der Vorlesung: *Dogmatik,* Gotha/Stuttgart 1925, S. 47, lautet die Überschrift des entsprechenden § 29: «Gott als der Herr der Welt».

Nachteil, daß sie die Wahrheit der Negativität Gottes nicht zum Ausdruck bringen.

Es muß eine Bezeichnung gewählt werden, die beiden Seiten des Begriffs gerecht wird, die aber auch wirklich nicht mehr besagt als die reine Einheit von Negation und Position des |73| endlichen Seins, damit volle Klarheit herrsche gegenüber den Bestimmungen des Persönlichkeitsgedankens. *R. Rothe* braucht einmal beiläufig für den herkömmlichen Begriff des Absoluten die Bezeichnung: *das Majestätische*[al]. Ich möchte dafür den deutschen gleichbedeutenden Ausdruck *«das Erhabene»* als den umfassenderen und doch nicht zuviel besagenden Begriff an die Stelle des Absoluten treten lassen, obwohl ich weiß, daß er bereits bei *Kant* und *Schiller* in anderem Sinn Verwendung gefunden hat.[78] Ich möchte im Anschluß an R. Rothe betonen: das Erhabene *als Neutrum*[am], denn es muß deutlich sein, daß es sich hier schlechterdings um das unpersönliche oder, wenn man den unglücklichen Ausdruck verwenden will: überpersönliche Moment im Gottesgedanken handelt. «Das Erhabene» bezeichnet im religiösen Gottesgedanken genau und vollständig das, was «das Absolute» nur einseitig und darum irreführend bezeichnet. *Gott ist das Erhabene,* will sagen: Gott ist über das im Raum und in der Zeit zu Denkende und zu Wollende schlechthin erhoben und *überlegen*. Er steht dem Geist schlechterdings gegenüber als das unveräußerliche, aber unerreichbare Ideal. Es heißt von ihm:

[al] Ethik I, S. 76.[77]
[am] Ethik I, S. 74.[79]

[77] «Als das *Unbedingte* ist Gott ja auch in der Gottesahnung, deren verstandesmäßiger Ausdruck der Gedanke Gottes als des Absoluten (im neutralen Sinne) ist, mitgesetzt. Denn sie ist am allerunmittelbarsten Ahnung Gottes als des schlechthin Mächtigen und damit Majestätischen, als dessen, der die absolute Fülle der Kausalität schlechthin in sich selbst besitzt.»

[78] Vgl. I. Kant, *Kritik der Urteilskraft,* bes. 1. Teil, 1. Abschnitt, 2. Buch: Analytik des Erhabenen, Kant's gesammelte Schriften, hrsg. von der Königlich Preußischen Akademie der Wissenschaften, Abth. 1, Bd. V, Berlin 1913, S. 244–266; Fr. von Schiller, *Über das Erhabene* (1801).

[79] «Es kommt sonach vorerst darauf an, für die Gottesahnung den *allumfassenden* verstandesmäßigen Ausdruck aufzufinden, – denjenigen *Gedanken,* der sie auf *noch ganz abstrakte* Weise, aber richtig und genau bezeichnend, wiedergibt. ... Dieser Gedanke nun ist der des *schlechthinigen,* des *absoluten* Seins, des *Absoluten,* dieses Wort als *Neutrum* genommen.»

O du Brunnen ohn' Ergründen,
Wie will doch mein schwacher Geist,
Ob er sich gleich hoch befleißt,
Deines Grundes Tiefe finden![80]

Denn unser Geist mag seine Welt erkennend und wollend noch so sehr erweitern: Gott steht ihm doch immer wieder gegenüber als die reine Negativität alles Endlichen, als der Überlegene, der in einem Lichte wohnt, da niemand zu kann [1. Tim. 6,16]. Aber nicht nur diese Überlegenheit liegt im Begriff des Erhabenen, sondern ebenso der Inbegriff der *Herrschaft,* den wir im Gottesgedanken ja vor allem mitdenken. Gott ist schlechthinige Potenz. Das meinen offenbar *Lipsius* und *Herrmann,* wenn sie von «lebendiger Kausalität» und von «Macht über Alles» reden. Gott ist die schlechthinige Möglichkeit der unserm Geist gegebenen Welt. Und so gilt das Paradoxon, daß derselbe, der in einem Lichte wohnt, da niemand zu kann, nicht ferne ist einem jeglichen unter uns; denn in ihm leben, weben und sind wir [Act. 17,28]. Im Begriff des Erhabenen ist das in eins ge-|74|setzt, was gemeinhin als die Transzendenz und Immanenz Gottes beschrieben wird: Seine Transzendenz ist seine schlechthinige Überlegenheit, seine Immanenz ist seine schlechthinige Herrschaft.

4.

Zu dem Begriff des *Erhabenen,* der im Gottesgedanken der Religion ausgesprochen ist, tritt nun hinzu der Begriff der *Persönlichkeit:* Das Erhabene ist Persönlichkeit, und eine Persönlichkeit ist das Erhabene. Die Einheit dieser beiden Sätze konstituiert den religiösen Gottesgedanken.

Es sei betont, daß die *beiden* Begriffe, die in diesen Sätzen vorkommen, die Persönlichkeit *und* das Erhabene, *Ausdrücke religiösen Erlebens* sind. Auch das Erhabene vulgo Absolute, wie von *Lipsius* und *Kaftan* wenngleich in verschiedener Meinung richtig hervorgehoben, von *R. Rothe* als selbstverständliche Voraussetzung angenommen wur-

---

[80] Aus Strophe 3 des Liedes «Sollt ich meinem Gott nicht singen» (1653) von P. Gerhardt (EKG 232) nach der Textfassung im *Gesangbuch für die evangelisch-reformierte Kirche der deutschen Schweiz* (1891), Nr. 3.

de^(an) im Gegensatz zu *A. Ritschl,* der die Meinung vertrat, es handle sich bei der Zusammenstellung der beiden Begriffe um eine Kombination eines |75| aus dem Platonismus übernommenen philosophischen Sche-

^(an) *Rothe,* Ethik I, S. 69ff.[81] – *Lipsius* und *Kaftan* befinden sich übrigens in diesem Punkt in einem merkwürdigen Selbstwiderspruch. *Lipsius* betont in seiner Dogmatik S. 185 zuerst ganz sachgemäß, der Begriff des Absoluten sei religiösen Ursprungs, er stamme aus der «Reflexion über den geistigen Gehalt der religiösen Weltbetrachtung». S. 205 aber, bei der Darstellung der Auseinandersetzung zwischen dem Absoluten und der Persönlichkeit in Gott, hören wir plötzlich, es sei das wissenschaftliche Interesse im Gegensatz zum religiösen, das zur Prävalenz des Absoluten tendiere.[82] Auch *Kaftan* (Dogmatik, 3.–4. Aufl., S. 168) nennt den Gedanken des Absoluten religiösen Ursprungs, ja er sagt sogar m. E. viel zu weit gehend: «Der Gedanke des Absoluten ist nichts anderes als eine abstrakte Formulierung dessen, was das Wesen und die innere Spannung (höchster Wert = oberste Macht) des praktisch begründeten religiösen Gottesgedankens ausmacht.» S. 174ff. aber, in der Polemik gegen Biedermann, wird dann doch die Persönlichkeit gegen das Absolute ausgespielt mit der Alternative: Aristoteles oder Evangelium, theoretische oder praktische Tugend?, die durch Werturteil zugunsten der zweiten Möglichkeit entschieden wird.[83] Lip-

[81] Bes. S. 71: «In der empirischen nichtspekulativen bloßen Vorstellung von Gott ist nämlich der Gedanke Gottes einerseits, ja zu alleroberst, als der des *Absoluten* gefaßt, anderserseits aber mit einer *Vielheit von besonderen Bestimmtheiten* behaftet, die Gott als Prädikate beigelegt sind ...»
[82] R. A. Lipsius, a.a.O., S. 205: «Die Forderung ist diese doppelte, Gott einerseits wirklich als lebendigen Geist, andrerseits ihn wirklich als absolut zu denken. Das unmittelbar religiöse Interesse verlangt, Gott in seiner realen Unterschiedenheit von der Welt und vom Menschengeiste als in sich lebendigen aufzufassen, wofür die ‹Persönlichkeit› Gottes die nächstliegende, der Analogie des menschlichen Geisteslebens entlehnte Bezeichnung ist. Umgekehrt das wissenschaftliche Interesse verlangt, diese Unterschiedenheit Gottes von der Welt und dem Menschengeiste nicht doch wieder in Kategorien zu denken, welche ihn verendlichen, also seine Absolutheit aufheben.»
[83] J. Kaftan, a.a.O., S. 168: «Der Gedanke des Absoluten ist kein spezifisch christlicher Gedanke. Noch weniger lässt sich behaupten, dass er der allen Religionen gemeinsame Gedanke von Gott sei. ... Dennoch ist der Ursprung des Gedankens auf dem Gebiet der Religion zu suchen. ... Was einem Menschen als der höchste Werth leuchtet, das setzt er als die absolute Macht in allem Wirklichen: es ist so, weil es so sein soll und nicht anders sein darf. Der Gedanke des Absoluten, so verstanden, ist nichts Anderes als eine abstrakte Formulirung dessen, was das Wesen und die innere Spannung des praktisch begründeten, des religiösen Gottesgedankens ausmacht.» – S. 174: «Gott ist persönlicher Geist oder geistige Persönlichkeit – so lautet in der christlichen Gotteserkenntniss die nähere Bestimmung des Satzes vom geistigen Wesen Gottes. Sie bedeutet die Ueberordnung des geistig-persönlichen Willens über das Denken und Erkennen. Die Frage, die dadurch entschieden wird, ist die, ob wir mit *Aristoteles* das

mas mit dem Inhalt der christlichen Gottesidee[20]. *H. Cohen* sagt sehr fein: «Der Begriff des Absoluten ist entstanden als Ausdruck verzweifelnder Demut des tiefsten Menschengeistes, der Selbstironisierung der Vernunft. Da alles Sein auf der Grundlegung des Denkens beruht, so

sius-Kaftan I dürften gegenüber ihrer eigenen Ansicht II im Recht sein. Es sind genau ebenso lebhafte religiös-praktische Interessen, die *beiden* Gedanken rufen, dem der Persönlichkeit *und* dem des Absoluten in Gott, und es geht nicht an, das Interesse an dem letztern als «nur» wissenschaftlich und theoretisch gegenüber dem ersteren zu diskreditieren. Gilt auch von *Bornemann*, S. 100f.![84]
[20] Rechtfertigung und Versöhnung¹ III, S. 193.[85]

geistige Wesen Gottes in das Denken seiner selbst (ἑαυτὸν νοεῖν) zu setzen und dem entsprechend die theoretische Tugend als die eigentliche Bestimmung des Menschen zu erkennen haben, oder ob Gott die höchste Energie des persönlichen Wollens ist, und die praktische Tugend der dianoetischen übergeordnet werden muß. Der christliche Glaube entscheidet in letzterem Sinn.» – S. 175f.: «Die oben erwähnte Alternative, ob wir in der näheren Bestimmung des geistigen Wesens Gottes *Aristoteles* oder dem Evangelium zu folgen haben, ist eine der grossen Grundfragen der Philosophie und Theologie, der Moral und des Glaubens. Zunächst schon in dem Sinn, dass sie wirklich zu den letzten Fragen gehört, bei denen man schliesslich anlangt, die man in einem persönlichen Urtheil, einem Werthurtheil so oder so beantworten muss, ohne die Antwort aus Anderem ableiten oder direkt als nothwendig erweisen zu können. ... Eine *Werthfrage* ist es, es fragt sich, worin einer das Wesen des Geistes vor allem erleben will und erleben zu sollen glaubt: im persönlichen Willen, dem das Erkennen untergeordnet bleibt, oder im Erkennen, das sich als das ‹wahre Handeln› über alles gemeine praktische Wollen und Handeln erhebt. Denn je nachdem wird auch das Wesen Gottes so oder so erkannt.»
[84] Vgl. W. Bornemann, a.a.O., S. 101: «Die hochtrabenden theoretischen Namen, die früher erwähnt worden sind, z. B. ‹das Absolute›, ‹die Weltordnung›, ‹die Weltvernunft› und dergleichen, wirken in der religiösen Erziehung in der Regel irreführend. Es ist viel besser, streng darauf zu achten, daß man den Namen Gott durch die Worte ‹das Gute› und ‹die Liebe› erklärt, von wo aus der Übergang zum christlichen und persönlichen Namen ‹der himmlische Vater› ohne weiteres gefunden werden kann.»
[85] «Mit der platonischen Formel war freilich nichts zu erreichen. Die Abstraction von der Welt, die darin ausgedrückt ist, dient natürlich zu nichts weniger als zur Erklärung der Welt. Ihr wurde also der Begriff der Ursache untergeschoben, und diese wieder durch die Unterschiebung des Endzweckes der Welt zur Persönlichkeit erhoben, sofern die Vollkommenheit desselben nach Aristoteles in dem Denken seiner selbst besteht. Endlich wird diesem formalen Schema der Persönlichkeit der ganze Inhalt der christlichen Gottesidee zugerechnet, obgleich kein nothwendiger Zusammenhang zwischen dem in sich verschlossenen Denken seiner selbst und den Attributen der Offenbarung und Menschenliebe nachgewiesen werden konnte.» (In Bd. III, 1895⁴, S. 216, geringfügig verändert.)

erhebt sich das tiefsinnige Verlangen nach einem Grunde, der von dieser Grundlegung unabhängig sei.»^ap Mit dieser «verzweifelnden Demut» und diesem «tiefsinnigen Verlangen» ist aber die eigentümliche Fragestellung des kritischen Idealismus, die sich eben auf die Grundlegung des Denkens und Wollens bezieht, aufgehoben; sie räumt den Platz dem Problem der Religion: «inquietum est cor nostrum, donec requiescat in te.»[87] *In te,* sagt die unmittelbare religiöse Empfindung und setzt damit das Erhabene als ein Du dem Ich gegenüber.

Wir stehen nun vor der Aufgabe, die Einheit der Begriffe des Erhabenen und der Persönlichkeit, die im religiösen Gottesgedanken zusammengestellt werden, wirklich zu vollziehen. Das Erhabene, der *Inbegriff der Überlegenheit und der Herrschaft,* soll gleich sein einem *individuell geistigen (werdenden) Ich.* Sofort bei den ersten Schritten, die wir zu tun versuchen, verwickeln wir uns in unauflösliche Schwierigkeiten.

Wohl ist es begrifflich möglich, das Erhabene als *geistig* zu bezeichnen, d. h. ihm das transszendentale Merkmal des Persönlichkeitsbegriffs beizulegen. Als Negativität ist ja das Erhabene die schlechthinige Grenze, als Positivität die schlechthinige Quelle unsres Geistes, das könnte es aber nicht sein ohne eigene Geistigkeit. Insofern darf man mit *Lipsius* den Satz wagen, Gott sei das Urbild des vollkommenen Geisteslebens.^aq Auch *Biedermann* gewinnt ja den Inhalt seines Gottesbegriffs, indem er dem Erhabenen das Merkmal der Geistigkeit zuspricht.[89]

---

^ap Ethik, S. 406.[86]
^aq Dogmatik, S. 174.[88]

[86] Vgl. oben Anm. 73.
[87] Augustinus, *Confessiones,* I, 1,1, MPL 32, Sp. 661: ‹Tu excitas, ut laudare te delectet, quia fecisti nos ad te et inquietum est cor nostrum, donec requiescat in te.»
[88] «Hierdurch [scil. durch die Übertragung des Glaubens an Gott als Persönlichkeit auch auf das Verhältnis Gottes zur sittlichen und natürlichen Welt] bestimmt sich die religiöse Vorstellung von Gott näher zum Glauben an Gott als das Urbild des vollkommenen Geisteslebens, oder an seine weltschöpferische Allmacht, seine weltordnende Allweisheit und seine weltregierende Gerechtigkeit und Güte.»
[89] Bes. a.a.O., S. 631 (= 2. Aufl. Bd. II, S. 529): «So hat der Formalbegriff *absolutes Sein,* reines *In-sich-* und *Nicht-da-sein,* zum unmittelbaren Correlat als *Real*begriff, als das, was sein Sein nur in dieser Form hat, den Begriff des *Geistes. Positiv in sich und nicht da-sein* und *Geist-sein* ist identisch.»

Aber das ist im Grunde nichts als eine selbstverständliche Explikation des Wesens des Erhabenen. Dem Verständnis des Gedankens, daß das Erhabene Persönlichkeit sein soll, sind wir damit um keinen Schritt näher gerückt. Und ebenso geht es uns, wenn wir umgekehrt dem Geist *Erhabenheit* zuschreiben, wenn wir seine schlechthinige |76| Idealität und Potentialität behaupten. Damit haben wir bloß seinen transszendentalen Charakter bezeichnet, das, wodurch der Geist eben Geist ist. Wir kommen so oder so nicht hinaus über den Satz: Gott ist Geist, oder: Der Geist ist Gott, der, wie wir gesehen haben, nicht den vollen Inhalt des religiösen Gottesgedankens wiederzugeben vermag.

Wir gehen nun einen Schritt weiter und versuchen es, *das Erhabene als geistiges Ich* zu beschreiben. Sagen wir aber Ich, so müssen wir außer dem transszendentalen Prädikat des Geistes sofort auch das psychologische Prädikat der Individualität denken. Ein Ich, das bloß geistig und nicht individuell wäre, das wäre eine ganz willkürliche Abstraktion, durch die der Begriff der Persönlichkeit aller Anschaulichkeit entrückt würde. Der Begriff der Persönlichkeit entsteht auf der Grenze des Transszendentalen und des Psychologischen und nur dort und kann darum in keinem Sinn etwas Anderes bedeuten als individuell geistiges Ich. Als solches hätten wir somit das Erhabene zu denken und ein Ich als das Erhabene. Versuchen wir zuerst das Letztere, *ein Ich unter den Merkmalen des Erhabenen* vorzustellen, als die reine Negativität und Positivität. Die kirchliche Eigenschaftslehre gibt zunächst die Prädikate der *Ewigkeit* und *Allgegenwart* an die Hand. Was bedeuten sie auf ein Ich angewandt? Sofort erweitert sich das Moment des Werdenden am Ich zur restlosen Aufhebung und Erfüllung jedes Raum- und Zeitteiles. Es verschwindet jedes Noch-nicht-erreicht-haben, damit aber auch jede Zielstrebigkeit und damit das Werden selbst. Mit dem Werden ist aber das psychologische Merkmal der Individualität am Persönlichkeitsgedanken ausgeschaltet, und dieser löst sich auf in die Vorstellung eines den unendlichen Raum erfüllenden Äthers oder eines durch die unendliche Zeit hindurchklingenden gleichen Tones. Wie ein solcher Äther unsichtbar und ein solcher Ton unhörbar wäre, so wäre ein so zu denkendes Ich eben kein Ich, keine Persönlichkeit mehr, sondern, wenn man sich keiner Verdoppelung der Begriffe schuldig machen will, eben – das Erhabene selbst. *Macht* und *Wissen* als Prädikate des Erhabenen! «Sind ein unendlicher Verstand und ein unendlicher Wille etwas Anderes als leere Worte, da Verstand und Wille, indem sie sich unterscheiden, auch notwendig sich begrenzen? Und fällt Ihnen nicht, indem Sie Verstand und Willen zu unterscheiden aufgeben wollen, auch der |77| Begriff der Person in sich selbst zusammen?»^ar Aber auch im Einzelnen erweist sich beides als unmöglich zu vollziehen: ein allmächtiges Ich erweitert sich unaufhaltsam zur schlechthinigen Potenz; das Nochnicht-können, das wir im Begriff eines wollenden Ich unvermeidlich mitdenken, verschwindet, damit auch das Werden; und das wollende Ich geht rettungslos unter im Inbegriff der Potenz, d. h. des Erhabenen selber. Und ebenso verfließt ein allwissendes Ich, ein Ich, das nicht stückweise, diskursiv erkennt, sondern intuitiv – im Teil alle Teile und das Ganze und im Ganzen jeden einzelnen Teil und alle Teile durchschaut –, ein solches «allwissendes» Ich verfließt im Begriff des reinen Erkennens, damit aber im Vermögen des Erkennens. Alles Nochnicht, alles Werden, alle Individualität verschwinden, und das Ich verschwindet gemeinsam mit dem «allmächtigen» Ich im Inbegriff der Potenz oder im Erhabenen. *Heiligkeit* als erhabene Heiligkeit! Wir gelangen zur Vorstellung eines Ich, das restlos will, was es soll, und soll, was es will; der heilige Wille dieses Ich wird identisch mit dem Sittengebot selbst; das Moment des Sollens und damit die Spannung zwischen Sein und Sollen und damit die Individualität fallen dahin, und das Ich löst sich auf in der reinen Idealität des Wollens, d. h. im Erhabenen.^as Oder um noch ein Beispiel zu nennen: ein Ich, dem erhabene *Liebe* zukäme. Was kann das Erhabene lieben als sich selber? Es kann ja nichts geben,

---

^ar *Schleiermacher,* Briefe II, S. 344 (an Jacobi).[90]

^as *Bornemann* meint, der richtige Weg zum Gedanken eines persönlichen Gottes sei der, «daß man das Gute als die höchste Macht alles Daseins und als die entscheidende innerste Kraft der menschlichen Persönlichkeit anerkennt und pflegt, so daß mit der Zeit diese praktische Kraft des Guten mit innerer Notwendigkeit wie eine lebendige Persönlichkeit vor uns steht und über uns waltet» (S. 100). Wenn dieser dunkle Vorgang wirklich ein gangbarer Weg wäre, warum ist ihn dann ein *Fichte,* der doch gewiß «das Gute» anerkannt und gepflegt hat, nicht gegangen? Es steht eben so, daß auch das Nachdenken über «das Gute» (nicht nur dasjenige über die von *Bornemann* und Andern so gering geschätzten «theoretischen» Bestimmungen des Erhabenen[91]) vom Gedanken eines persönlichen Gottes ab- und nicht dazu hinführt.

[90] Vgl. oben Anm. 40.
[91] Bes. a.a.O., S. 91f.

was von seiner Liebe nicht erreicht würde; alle Spannung, alle Individualität verschwinden aus diesem liebenden Ich. Seine Liebe verfließt in seiner eigenen Seligkeit, und das Ich geht unter im reinen Gefühl oder im Erhabenen.

In Summa: Wird der Begriff des Erhabenen ernsthaft auf |78| den Persönlichkeitsgedanken angewendet, so wird der letztere, wie ein Boot, das dem Niagarakatarakt entgegentreibt, von dem ersteren Begriff im eigentlichsten Sinn verschlungen.[at] Je nach dem Grade von Konsequenz, mit dem dabei vorgegangen wird, gravitiert der Gottesgedanke stärker oder schwächer gegen den verbotenen Grenzwert des *Pantheismus* hin: verboten, weil die religiöse Erfahrung gegen die Streichung der Persönlichkeit, wie gezeigt, Einspruch erheben muß, weil die Durchführung des religiösen Gedankens des Erhabenen oder auch nur eine zu starke Betonung dieses Gedankens zu Ungunsten der Persönlichkeit in Gott einer Erstarrung und Entwertung des Gottesbegriffs gleichkommt. Der Schwung und die Kraft des religiösen Denkens wird Einzelne immer wieder dazu führen, daß sie den Konsequenzen nachgehen bis gegen jenen Grenzwert hin. Ebenso sicher wird dann die Religion selbst gegen diese Konsequenzmacherei immer wieder reagieren. Tragisch kann der Konflikt werden, wenn in der «Konsequenzmacherei» die höhere religiöse Genialität von der korrekt kirchlichen Mittelmäßigkeit angegriffen und vielleicht erdrosselt wird. Und es braucht keiner auf seine Rechtgläubigkeit oder auf sein gesundes Denken stolz zu sein, der, ohne Lust an der Einseitigkeit, harmlos und mittelmäßig, ohne die Kraft eines *Jatho*[93] auch von seiner Schuld frei bleibt. Aber ei-

---

[at] Vgl. zu dieser Erörterung *Strauß*, Glaubenslehre¹ I, S. 525–609, und *Biedermann*, Dogmatik, S. 558–569.[92]

[92] 2. Aufl. Bd. II, S. 458–470.

[93] Der Kölner Pfarrer Karl Jatho (1851–1913) wurde 1911 wegen seiner zum Pantheismus neigenden Verkündigung des Amtes enthoben. Charakteristisch etwa seine gegenüber dem Oberkirchenrat abgegebene Erklärung vom 26. 1. 1911: «Ich glaube an die Immanenz Gottes in der Welt, weil ich an eine unendliche und ewige Welt glaube. Gott hat die Welt aus sich entwickelt und gestaltet, nicht von außen her ins Dasein gerufen. Ich kann mir keinen zeitlich bestimmten Schöpfungsakt denken, sondern Gottes Walten ist ewige Schöpfung. ... Gottinnigkeit ist mir wichtiger als Gotteserkenntnis, Bezeugung seiner Kraft wertvoller als ein in Worte faßbares Bekenntnis zu irgendeiner Vorstellungsform seines Wesens.» In: *Aktenstücke zum Fall Jatho*, Beilage zur «Christlichen

ne Schuld, eine intellektuelle Schuld trägt der Pantheismus darum doch, und es ist grundsätzlich nur normal, wenn sich die Religion gegen ihn zur Wehr setzt.

Wir versuchen nun zweitens, *das Erhabene als individuell geistiges Ich* zu erfassen, in dem Sinn, daß wir, wie vorhin mit dem Erhabenen, jetzt mit den Gedanken des Ich vollen Ernst machen. Das bedeutet: daß wir das psychologische Noch-nicht-erreicht-haben am Ich nicht erweichen lassen durch seine transszendentale Idealität. Dann kommen wir zur Vorstellung eines Ich, das zwar schon sehr viele, aber noch nicht alle Raum- und Zeitteile erfüllt; das sehr viel weiß und kann, aber noch nicht alles; das heilig ist, aber sein heiliges Wollen bedeutet eine Auswahl zwischen dem Guten und der Möglichkeit seines Gegenteils; das die Liebe ist, große Liebe, die aber doch begrenzt ist durch einen Zustand der Gleichgültigkeit oder des Hasses. Denken wir so, dann haben wir wirklich eine Persönlichkeit gedacht, ein Ich, |79| das Individualität hat, das Zielstrebigkeit und Noch-nicht-erreicht-haben in sich vereinigt, ein werdendes Ich. Die eine Aussage des religiösen Gottesgedankens: «Gott ist Persönlichkeit» – sie ist wirklich durchgeführt. Aber was ist darüber aus der andern Aussage: «Gott ist der Erhabene» geworden? Sie ist zusammengeschrumpft zur Vorstellung einer ganz beträchtlichen und zudem ins Unendliche anwachsenden Quantität, die aber doch in jedem einzelnen Moment im Werden befindlich ist. Wir warten darauf, daß Gott sein wird alles in allem [vgl. 1. Kor. 15,28]. Gott beherrscht den Raum und die Zeit nicht, sondern er geht dieser Herrschaft erst entgegen, wenn er sie nicht gar vorläufig mit andern, feindseligen, demiurgischen Gewalten teilen muß. Sobald wir aussagen würden, daß Gott alles in allem schon ist, sobald wir das Werden umschlagen lassen würden in ein Gewordensein, wäre es ja um seine Persönlichkeit getan. Wollen wir aber dies vermeiden, so hat Gott zwar ganz beträchtlich viel mehr von Erhabenheit an sich als wir – kraft der Idealität des Geistes ist ein solches Übermenschentum sehr wohl denkbar –, aber kraft seiner Individualität gilt auch von ihm:

    Uns bleibt ein Erdenrest
    Zu tragen peinlich,

Welt» (Sonderabdruck der Beilage Nr. 7 der «Christlichen Freiheit») 1911, Sp. 3f.; auch bei K. Kupisch, *Quellen zur Geschichte des deutschen Protestantismus (1871–1945)*, Göttingen/Berlin/Frankfurt 1960, S. 108.

Und wär er von Asbest,
Er wär nicht reinlich!⁹⁴

Wir können ihn dann nicht denken, ohne wenigstens die Möglichkeit gewisser Schranken des Wissens, des Könnens und Wollens, des Temperaments und Charakters an ihm einzuräumen.[au]

Ob wir's wollen oder nicht, wir landen mit der Durchführung des Persönlichkeitsbegriffs am Gedanken des Erhabenen beim *Deismus,* bei der Vorstellung eines Gottes, der mit dem Stoff noch zu ringen hat um die Geltendmachung seiner Erhabenheit. Auch da stehen wir wieder vor einem «verbotenen Grenzwert»: verboten, weil das Ziehen der deistischen Konsequenz zu Ungunsten des Erhabenen in Gott ebensowohl zum Zerflattern des Gottesgedankens führen muß, wie der Pantheismus zu seiner Erstarrung. Hier |80| ebensogut wie dort wird es immer Einzelne geben, die es sich nicht nehmen lassen, dem Schwung des reli-

---

[au] Ich verweise für diese Beobachtung nochmals auf den Gottesgedanken der führenden schweizerischen Religiös-Sozialen, in dem z. T. ganz bewußterweise eine Einschränkung des reformatorischen und altkirchlichen Gedankens der All- und Alleinwirksamkeit Gottes vorgenommen wird.⁹⁵ Ähnliche Wege geht *Wilfred Monod;* vgl. die Darstellung von *Willy Lüttge,* ZThK 1913, Ergänzungsheft, S. 83f.⁹⁶

⁹⁴ J. W. von Goethe, *Faust II,* V. 11954-11957 (5. Akt): ... er ist nicht reinlich.

⁹⁵ Barth dürfte an die Betonung der menschlichen Mitarbeit an der Weltveränderung im Sinne des revolutionär verstandenen Gottesbegriffes bei H. Kutter und L. Ragaz gedacht haben. Vgl. z. B. H. Kutter, *Sie müssen! Ein offenes Wort an die Christliche Gesellschaft* (1903), 8. Tausend Jena 1910, z. B. S. 93: «Die Sozialdemokraten sind revolutionär, weil Gott es ist.» – L. Ragaz, *Das Evangelium und der soziale Kampf der Gegenwart,* Basel 1906, S. 23: «Gott ist noch am Werke und wir sollen mit ihm arbeiten, daß die Welt seiner Herrlichkeit voll werde.»

⁹⁶ W. Lüttge, *Religion und Dogma. Ein Jahrhundert innerer Entwicklung im französischen Protestantismus,* Tübingen 1913, S. 83f.: «So ist Gott [nach Monod]: der Wille, die Wirklichkeit umzugestalten, und die Liebe, die im Grunde der Dinge gegen die dunkle Notwendigkeit ankämpft. Doch Monod verzichtet darauf, die Welt durch Gott erklären zu wollen. An sich ist Gott alles möglich, denn er ist weltüberlegener persönlicher Geist; daher ist Glaube und Gebet und Mitarbeit mit Gott ungehemmt; nur die Wirklichkeit kann jedesmal ihre Schranken setzen, daher wird die Allmacht Gottes erst am Ziel der Weltentwicklung offenbar (alles in allem). Damit verbindet Monod die Hypothese einer Entstehung der Welt durch eine untergeordnete und doch in gewissem Grade selbständige Kausalität (Demiurg).»

giösen Gedankens bis zu diesem verbotenen Grenzwert hin zu folgen. Die *Mönche der nitrischen Wüste*, die sich gegenüber Origenes für Gottes Ohren, Augen, Füße und Hände vereiferten[97], bilden zu einem *Jatho* das geziemende Pendant. Und eine gewisse theologische Mittelmäßigkeit, die nur aus religiöser Schwachheit vor der deistischen Konsequenz zurückschreckt, täte besser, ehrfurchtsvoll zu jenen wackern Männern der Wüste aufzublicken, statt über ihren «Aberglauben» den Kopf zu schütteln. Aber freilich: sachlich ist auch hier der Protest der Religion durchaus im Recht, obwohl die Kirche im ganzen von jeher und aus leicht begreiflichen Gründen dem Deismus mehr Verständnis entgegengebracht hat als seinem Gegenpart. Es ist keineswegs böser ungläubiger Monismus, oder mystische Spielerei, oder bloß eine Verallgemeinerung ästhetisch-lyrisch-musikalischer Empfindung[av], was in dem berühmten «Omnis determinatio est negatio» des *Spinoza*[99] oder

[av] Wie *Ritschl* in einer ganz verfehlten Diatribe gegen *Strauß* gemeint hat (Rechtfertigung und Versöhnung III, S. 195 f.).[98]

[97] Verwechslung von Barth. Diejenige Partei unter den ägyptischen Mönchen um die Wende vom 4. zum 5. Jahrhundert, die, «den spiritualistischen Ansichten des Origenes am schroffsten gegenüberstehend ..., Gott Körper und menschliche Gestalt beilegte», waren die «im Rufe großer Heiligkeit stehenden Mönche der sketischen Wüste». Sie kamen, durch das ihnen entgegentretende Osterschreiben des Bischofs Theophilus von Alexandria im Jahre 399 aufgeschreckt, «nach Alexandrien ... und schüchterten Theophilus so ein, daß er eine Verurteilung der Werke des Origenes zusagte.» Die Mönche der nitrischen Berge dagegen waren Origenisten. Sie wurden von Theophilus, nachdem dieser sich zur Verurteilung des Origenes hatte bewegen lassen, unter Einsatz militärischer Mittel verfolgt. Siehe N. Bonwetsch, Art. «Origenistische Streitigkeiten», in: RE³ XIV, 491,15-42.

[98] S. 196 (= 4. Aufl., S. 128): «Ein Universum, welches [nach D. Fr. Strauß] Ursache und Wirkung, Inneres und Aeußeres zugleich ist, wird durch diese Aussagen den Bedingungen des wissenschaftlichen Erkennens entzogen. Es ist ein Object der Einbildungskraft, eine Verallgemeinerung ästhetischer Empfindung, und zwar der lyrischen, insbesondere der musikalischen Ausgleichung von Gefühlen der Lust und der Unlust, welche zugleich, das heißt ohne deutliche Zeitgränze zwischen ihnen und aus der Beziehung auf identische Objecte angeregt werden. Da verschwimmen Ursache und Wirkung, Inneres und Aeußeres in einander!»

[99] B. de Spinoza, *Epistolae doctorum quorundam virorum ad B. de S. et auctoris Responsiones*; Ep. 50 vom 2. 6. 1674 (in: H. Ginsberg, *Der Briefwechsel des Spinoza im Urtexte*, Leipzig 1876, S. 151f.): «Quantum ad hoc, quod figura negatio, non vero aliquid positivum est; manifestum est, integram materiam indefinite consideratam nullam posse habere figuram, figuramque in finitis ac deter-

in den bekannten Versen *Goethes*: «Was wär ein Gott, der nur von außen stieße ...»[100] zum Ausdruck kommt, sondern es ist die lebendige Religiosität, die hier gegen die Verkümmerung des Erhabenen im Gottesgedanken und damit gegen seine Zerbröckelung Verwahrung einlegt. Der *Gegensatz* zwischen dem Erhabenen und dem Persönlichen im religiösen Gottesgedanken ist unversöhnlich. Wird das Eine durchgeführt, so wird das Andre aufgelöst und damit der Gottesgedanke entleert und entwertet. Die Konsequenz des religiösen Gedankens führt von beiden Seiten her zu einem unauflöslichen Widerspruch. Was tun? Man kann versuchen, mit kühnen Behauptungen und weniger kühnen kleinen Vertuschungsversuchen Brücken zu schlagen über den Abgrund, etwa indem man mit der Schuldogmatik den rührend kindlichen Begriff einer «absoluten Persönlichkeit» konstruiert. Nonsens! bemerkt dazu *Strauß*[aw]; Contradictio in adjecto! *Biedermann*[ax]; und ich

[aw] Glaubenslehre I, S. 505.[101]
[ax] Dogmatik, S. 643.[102]

minatis corporibus locum tantum obtinere. Qui enim se figuram percipere ait, nil aliud eo indicat, quam se rem determinatam, et quo pacto ea sit determinata, concipere. Haec ergo determinatio ad rem iuxta suum esse non pertinet; sed econtra est eius nonesse. Quia ergo figura non aliud quam determinatio, et determinatio negatio est ...»

[100] Was wär' ein Gott, der nur von außen stieße,
Im Kreis das All am Finger laufen ließe!
Ihm ziemt's, die Welt im Innern zu bewegen,
Natur in sich, sich in Natur zu heben,
So daß, was in ihm lebt und webt und ist,
Nie seine Kraft, nie seinen Geist vermißt.

Dieser Vers ist der sechste unter den 43 «Sprüchen» der zuerst 1815 im 2. Band der 20bändigen Stuttgarter Ausgabe veröffentlichten Sammlung «Gott, Gemüt und Welt» von J. W. von Goethe (*Goethes Sämtliche Werke*. Jubiläums-Ausgabe in 40 Bänden, Bd. IV, Stuttgart/Berlin o. J., S. 3; s. dazu a.a.O. im Anmerkungsteil S. 256) und wurde später aufgenommen in das Gedicht «Prooemion», das die Sammlung «Gott und Welt» eröffnet (Jubiläums-Ausgabe, Bd. II, S. 239).

[101] S. 504f.: «Persönlichkeit ist sich zusammenfassende Selbstheit gegen Anderes, welches sie damit von sich abtrennt; Absolutheit dagegen ist das Umfassende, Unbeschränkte, das nichts als eben nur jene im Begriff der Persönlichkeit liegende Ausschliesslichkeit von sich ausschliesst; absolute Persönlichkeit mithin ein *non ens*, bei welchem sich nichts denken lässt.»

[102] = 2. Aufl. Bd. II, S. 543: «Aber *absolute* Persönlichkeit ist nur ein von den Bedingungen seiner Existenz losgelöst vorgestellter verunendlichter endlicher Geist: eine contradictio in adjecto.»

brauche nun nicht mehr zu beweisen, daß sie recht haben. Man kann sich auch durch energische Willenserklärungen für das größere Recht des Gravi-|81|tierens nach der einen oder andern Seite aussprechen.^ay Das ist eine Methode, die in der Theologie von jeher Freunde und reichen Beifall gefunden hat. Dabei läuft man freilich die Gefahr, bei näherer Überlegung hinterher einräumen zu müssen, daß der Gegenseite auch eine gewisse, ja genau genommen die ganze Wahrheit zukomme. Alles das kann man, und wer's nicht lassen kann, der mag es tun. Aber wenn man von solchen theologischen Schleichpartien oder Husarenritten herkommt, ist es eine wahre Erquickung, die schon zitierten kritischen Abschnitte über die göttlichen Eigenschaften bei *Strauß* und *Biedermann* nachzulesen, die gerade mit dem grundehrlichen Sic et non, das darin zum Vorschein kommt, m. E. das Beste darstellen, was über das Problem geschrieben worden ist.

Das Hervorragendste zur Vermittlung der beiden widerstrebenden Gedankenreihen ist gesagt worden von *Hermann Lotze,* und der betreffende Abschnitt in seinem Mikrokosmus^az ist von den Theologen von *Rothe*[107] und *Ritschl*[108] bis zu *Ragaz*[109] mit solchem Jubel aufgenommen und ausgebeutet worden, daß ihm eine Art klassischer Bedeutung für diesen Gegenstand zukommt. Wir dürfen deshalb nicht weiter gehen, ohne kurz zu seinen Gedanken Stellung zu nehmen. Lotze geht aus von der Feststellung, daß das Wesen des Ich nicht beruhe auf der Entgegensetzung gegen ein Nicht-Ich, sondern daß es umgekehrt selber den Grund der Möglichkeit jenes Gegensatzes, da wo er auftrete, bilde. Damit beschreibt er ganz richtig das transszendental-geistige Moment im Persönlichkeitsgedanken, richtig gegenüber dem reinen Psycholo-

---

^ay Etwa wie *Schleiermacher* in den «Reden» zu Gunsten des Pantheismus[103], oder *Ragaz* (Neue Wege 1912, Heft 2ff.) zu Gunsten des Deismus[104].
^az Mikrokosmus III, S. 559–576[105], vgl. Grundriß der Religionsphilosophie³, S. 39–45[106].

[103] Vgl. oben Anm. 17 und 64.
[104] Vgl. oben Anm. 54.
[105] = 3. Aufl. S. 563–580.
[106] H. Lotze, *Grundzüge der Religionsphilosophie. Diktate aus den Vorlesungen,* Leipzig 1894³.
[107] R. Rothe, a.a.O., S. 150–153.
[108] A. Ritschl, a.a.O., S. 199–203; 4. Aufl., S. 222–227.
[109] L. Ragaz, a.a.O. (oben Anm. 54), S. 138f., Anmerkung.

gismus, mit dem etwa *Biedermann*[110] und *Pfleiderer*[111] diesen Gedanken behandeln. Aber indem er nun das Ich nur nach den Merkmalen beschreibt, die ihm zukommen, bevor es in den Gegensatz zum Nicht-Ich tritt, oder anders ausgedrückt: nur nach den Merkmalen, die ihm zukommen, abgesehen von seiner empirischen Endlichkeit; indem Lotze also abstrakt das transszendental-geistige Ich beschreibt, übersieht er, daß er noch gar kein anschauliches wirkliches Ich beschrieben hat, gar nicht den transszendental-psycho-|82|logischen Begriff der Persönlichkeit, sondern eine Abstraktion, der die Bezeichnung Ich nur willkürlich beigelegt ist, weil ja keine Individualität mitgedacht ist. Lotze fährt nun fort: es sei sehr wohl ein Ich denkbar, das nicht im Gegensatz zu einem Nicht-Ich stehe, dem also die psychologische Endlichkeit des menschlichen Ich nicht zukomme und das doch, als ein wirkliches Ich, in Fortschritt und Bewegung begriffen sei. Es könne ein Ich geben, das den Anstoß seiner Bewegtheit nicht in etwas ihm Fremdem, sondern in sich selbst habe, also in unsrer Terminologie: ein erhabenes werdendes Ich. «Wenn wir das innere Leben des persönlichen Gottes, den Strom seiner Gedanken, seiner Gefühle, seines Willens als einen ewigen und anfangslosen, nie in Ruhe gewesenen und aus keinem Stillstand zur Bewegung angeregten bezeichnen, so muten wir der Einbildungskraft keine andere und größere Leistung zu als die, welche ihr von jeder materialistischen oder pantheistischen Ansicht angesonnen wird.»[ba] Nur schon diese letztere Bemerkung Lotzes hätte gegen seine Konstruktion bedenklich stimmen müssen, zeigt sie doch deutlich, in welcher Nachbarschaft wir uns plötzlich befinden, wenn wir ihm Folge leisten. Man kann sich wirklich nur wundern über den Beifall, der ihm theologischerseits zuteil geworden ist.[bb] Es scheint mir eine Ehrenrettung unsrer Wissenschaft darin zu liegen, daß *Max Reischle* schon 1891 den Unwert dieser apologetischen Fundgrube erkannt und gegen die Vorstellung dieses Stroms von Gedanken, Gefühl und Willen Einspruch

---

[ba] Mikrokosmus III, S. 573.[112]
[bb] Als Kuriosum mag verzeichnet werden, daß noch *Ragaz*, a.a.O., den Lotzeschen Gedanken ganz kritiklos wiedergibt und belobt.[113]

[110] Vgl. oben bei Anm. 34.
[111] Vgl. oben bei Anm. k.
[112] = 3. Aufl. S. 577.
[113] Siehe oben Anm. 109.

erhoben hat mit der Begründung, daß ein nach Lotze zu denkendes Erkennen und Wollen notwendig verschwimmen müßte in der ewigen Ruhe eines intuitiven Schauens und Sich-selbst-genießens.[bc] Die *Lotze*sche Argumentation dürfte wirklich nachgerade aus Abschied und Traktanden fallen; sie gibt keine Lösung, sondern nur eine neue Verundeutlichung der von *Strauß* und *Biedermann*[115] unwiderleglich aufgezeigten Antinomie: Auch das Lotzesche werdende Ich löst sich eben bei energischer Überlegung auf im Erhabenen.

Schade, ich meine methodisch sehr schade ist es, daß auch die beiden Heroen der theologischen Aufrichtigkeit, Strauß und |83| Biedermann, zuguterletzt dann doch noch den Versuch gemacht haben, zwischen den Begriffen des Erhabenen und der Persönlichkeit einen halben Frieden zu schließen. *Strauß,* indem er in einigen wenigen Schlußsätzen seines Paragraphen über die Persönlichkeit Gottes andeutet, Gott sei zwar nicht Einzelpersönlichkeit, aber «Allpersönlichkeit», die als das ins Unendliche sich selbst Personifizierende begriffen werden müsse.[bd] Daß der scharfsinnige Mann, der fremde Halbheiten so erbarmungslos zu zerpflücken wußte, nicht gemerkt hat, wie er sich mit diesem Ausspruch selber ins Gesicht geschlagen hat! Hat er doch selber das Absolute definiert als «das Umfassende, Unbeschränkte, das nichts als eben nur jene im Begriff der Persönlichkeit liegende Ausschließlichkeit von sich ausschließt»[be]. Soll diese Ausschließlichkeit etwa dadurch aufgehoben sein, daß Strauß ein All- vor das Wort Persönlichkeit setzt? Allpersönlichkeit ist entweder nicht das Absolute oder nicht Persönlichkeit. Wie soll sie vollends dazu kommen, sich ins Unendliche zu perso-

---

[bc] In der trefflichen Abhandlung: «Erkennen wir die Tiefen Gottes?», ZThK 1891, S. 299ff.[114]

[bd] Glaubenslehre I, S. 523f.[116]

[be] A.a.O., S. 504f.

[114] M. Reischle, *Erkennen wir die Tiefen Gottes? Eine Untersuchung über Adäquatheit und Inadäquatheit der christlichen Gotteserkenntnis,* in: ZThK, Jg. 1 (1891), S. 287–366; wieder abgedrückt in: ders., *Aufsätze und Vorträge,* hrsg. von Th. Häring und Fr. Loofs, Tübingen 1906, S. 11–90.

[115] Vgl. oben Anm. at.

[116] Der Schlußsatz (S. 524) lautet: «Oder, die Persönlichkeit Gottes muss nicht als Einzelpersönlichkeit, sondern als Allpersönlichkeit gedacht werden; statt unsrerseits das Absolute zu personificiren, müssen wir es als das in's Unendliche sich selbst personificirende begreifen lernen.»

nifizieren? Mit Worten läßt sich ja trefflich streiten[117], aber dieser Begriff und die ihm zugeschriebene Funktion sind so dunkel, daß man sich schwer vorstellen kann, daß Strauß überhaupt etwas Klares dabei gedacht habe. Und so muß sich der große Brückenzerstörer zum Schlusse selber ein entschiedenes: Kein Weg! zurufen lassen. Auf eine andre Weise schließt *Biedermann* diesen halben Frieden.[bf] Er fährt nämlich, nachdem er in vorzüglicher Weise nachgewiesen, wie der Gedanke einer «absoluten Persönlichkeit» notwendigerweise in seine Komponenten zerfällt, indem eine die andre ausschließt, er fährt nach dieser durch ihre Reinlichkeit wohltuenden Kritik zu unserm Erstaunen fort: Die *Erlaubnis,* eine absolute Persönlichkeit uns *vorzustellen,* bleibe darum doch, ja noch mehr: «Wenn wir Gott recht und vollständig als absoluten Geist denken, so *können* wir ihn, wenn wir ihn überhaupt uns auch noch vorstellen wollen, dann allerdings *nur* als absolute Persönlichkeit vorstellen.» Die pantheistischen Vorstellungen einer durch das All ausgegossenen Lebenskraft oder Weltseele werden von Biedermann ausdrücklich abgelehnt. Also absoluter Geist im reinen Begriff, absolute Persönlichkeit in der Vorstellung. Ich erinnere demgegenüber an das |84| bereits Gesagte, daß die religiöse Erfahrung mit einer Persönlichkeit Gottes, der nur subjektive Wahrheit zukommt, während dahinter als wirklichere Wirklichkeit ein unpersönliches Absolutes steht, unmöglich sich begnügen kann. Die beiden Komponenten des religiösen Gottesgedankens vertragen keine solchen Subordinationen. Zweitens aber ist zu bemerken, daß die Biedermannsche Unterscheidung von Begriff und Vorstellung überhaupt erkenntnistheoretisch höchst bedenklich ist. Näher kann das hier nicht ausgeführt werden. Ich verweise nur auf den auffallendsten Fehler, der dabei unterläuft.[bg] Bieder-

---

[bf] Dogmatik, S. 645f.[118]
[bg] Vgl. *Biedermann,* Dogmatik, S. 41–53[119], und dazu *Reischle,* a.a.O., S. 302–307[120].

[117] Vgl. J. W. von Goethe, *Faust I,* V. 1997 (Studierzimmer).
[118] = 2. Aufl. Bd. II, S. 544f.
[119] «Excurs über das Wesen der Vorstellung». In der 2. Auflage ist der erste, prinzipielle Teil des Werkes vollständig umgearbeitet und wesentlich erweitert. Dem Exkurs der 1. Auflage entspricht nun der Abschnitt «Das Vorstellen und die Vorstellung», Bd. I, 1884², S. 121–137.
[120] Im Wiederabdruck (s. oben Anm. 114) S. 26–31.

mann verspricht, aus der Vorstellung, d. h. aus der sinnlich-geistigen Anschauung, den geistigen Gehalt als «wirklich geistigen» zu gewinnen im reinen Begriff.[121] Allein worin soll diese wirkliche Geistigkeit des Begriffs bestehen? Biedermann muß selber einräumen, daß auch das abstrakteste Denken nicht ganz vom Sinnlichen loskommen könne. Und in der Tat: man erinnert sich aus der Lektüre seines Werkes sofort an Begriffe wie: «In sich sein», «Für sich sein», «Aus sich» und «Außer sich setzen», die unzweideutig die Anschauungsform des Raumes voraussetzen, oder an einen Begriff wie Durch-sich-selber-bestimmt-sein, in dem die Kategorie der Kausalität angewendet wird, die ihrerseits[122] wieder die Anschauungsform der Zeit voraussetzt. Die verheißene wirkliche Geistigkeit dieser Begriffe ist somit nur eine Vereinfachung der Vorstellungen auf ihre logische Grundform. Die «Begriffe» Biedermanns sind gleichsam die Skelette früherer Vorstellungen, aber sie sind ihrer Art nach immer noch Vorstellungen, sinnlich-geistige Anschauungen. Es kann keine Rede davon sein, daß der Begriff etwa eine erkenntnistheoretisch höherstehende Form des Gedankens darstelle als die Vorstellung; er mag andre Vorzüge haben vor ihr, aber diesen hat er nicht. Beide sind nur quantitativ verschieden. Wenn aber Begriff und Vorstellung wieder in eine Linie rücken, so hat sich Biedermann gegenüber dem ganzen Gewicht seiner eigenen Einwände zu verantworten, wenn er den Gedanken einer absoluten Persönlichkeit, den er als Begriff als contradictio in adjecto verurteilt[123], hinterher für die Vorstellung doch wieder «erlaubt», ja sogar empfiehlt. Nenne man das Ding nun Begriff oder Vorstellung, denke man sich's abstrakt oder konkret, der Gedanke ist und bleibt eben schlechterdings unvollziehbar. |85|

[121] A.a.O. (1. Aufl.), S. 48: Auf der Suche nach dem Geistigen geht das Ich entweder «um einige Schritte zurück ... oder denn *vorwärts*, indem der Verstand nun selber *Vernunft* annimmt, nämlich grad aus seiner Auflösung aller sinnlichen Vorstellung vom Geistigen, das doch *ist*, sich das Licht aufgehen lässt, dass er selbst eben bisher das Geistige nicht wie es ist, sondern sinnlich genommen habe. Geht dem Ich dieses Licht auf, so bemüht es sich auch mit seinem *Verstand vernünftig* zu werden, das Geistige wirklich geistig zu fassen: mit den vorher vorstellungsmässig angeschauten Vernunftideen nicht mehr bloss äusserlich zu rechnen, sondern sie ihres Widerspruchs von sinnlicher Anschauungsform und Vernunftsgehalt verstandesmässig, d. h. durch logisches Denken zu entkleiden und sie so rein geistig, rein vernünftig zu *denken*.»
[122] Erstdruck: «seinerseits»; Korrektur vom Hrsg.
[123] Siehe oben Anm. 102.

Ich sagte, es sei *methodisch* bedauerlich, daß *Strauß* und *Biedermann* im letzten Moment den geraden Weg der Kritik dann doch noch verlassen, um gleich ihren wissenschaftlichen Gegnern, nur weniger vernehmlich und mehr im Halbdunkeln, etwas zu murmeln von «absoluter Persönlichkeit». Ihre Kritik wäre noch lehrreicher und fruchtbarer gewesen, wenn sie mit einem definitiven: Non possumus! den Schluß gemacht hätten. Aber *sachlich* ist es ja nun allerdings sehr interessant, daß ausgerechnet gerade diese beiden, die ja wohl gegen den üblichen Vorwurf der kirchlichen Akkommodation gefeit sein dürften, diesen letzten Schritt nicht tun, sondern die soeben mit anatomischer Genauigkeit getrennten Begriffe des Erhabenen und der Persönlichkeit doch wieder, wenn auch nur in vager Weise und unter scheuen Kautelen, zusammenzukoppeln suchen. Es wird hier deutlich offenbar, daß von dem Problem, wie von jedem echten Problem, eine Art Zwang ausgeht, und zwar hier der Zwang, beides, obwohl es sich gegenseitig ausschließt, doch und trotz allem von Gott auszusagen: die Erhabenheit *und* die Persönlichkeit.

5.

Von der Notwendigkeit beider Begriffe im religiösen Gottesgedanken haben wir auf Grund der religiösen Erfahrung geredet. Die ernsthafte Durchführung beider führte uns auf den fundamentalen Widerspruch im Gottesgedanken. Es bleibt uns nun nur noch übrig, auf Grund der religiösen Erfahrung auch die innere *Notwendigkeit* dieses festgestellten *Widerspruchs* zu untersuchen, die Notwendigkeit, *zusammenzustellen,* was wir doch in Eins *zusammenzudenken* nicht vermögen.[bh]

Aber bevor wir an diese letzte Aufgabe herantreten, müssen wir einen Seitenweg prüfend zu Ende gehen, der sich an dieser Stelle öffnet.

[bh] Die Formulierung stammt von *Schleiermacher* (vgl. Briefe IV, S. 305), der es aber bei der Zusammenstellung nicht belassen, sondern, ähnlich wie etwa *Biedermann,* in dem Ausdruck Person «nur ein Bild für Gott» finden wollte.[124] – Ei-

[124] *Aus Schleiermacher's Leben. In Briefen,* Bd. IV, hrsg. von W. Dilthey, Berlin 1863, S. 305 (Brief an K. H. Sack, 28. 12. 1822): «... Person kann immer nur ein Bild für Gott sein, weil wir zwar die Wörter unendlich und unbegrenzt mit dem Wort Person zusammenstellen können, beides aber in Eins zusammenzudenken vermögen wir nicht.» Zu Biedermann s. oben S. 541 bei Anm. bf/bg.

Es ist der Versuch gemacht worden, die Wahrheit des Ge-|86|dankens der Persönlichkeit Gottes, obwohl er sich angewandt auf das Erhabene nicht durchführen läßt, zu begründen durch den Hinweis auf die Tatsache der *menschlichen Persönlichkeit*. Man weist darauf hin, daß schon im Gedanken der menschlichen Persönlichkeit das Erhabene mitgedacht werde als die ewige Idealität und Potentialität des Geistes, daß sich der Geist und die ihm anhaftende Individualität, durch die er zum persönlichen Geist, zum Geist eines Ich wird, auch in uns nicht widerspruchslos zusammendenken lassen. «Zwei Seelen wohnen, ach, in meiner Brust!»[126] Sollte, sagt man, die Analogie nicht erlaubt sein, dem Erhabenen, das wir doch nur in Form der Persönlichkeit kennen, auch an sich selber Persönlichkeit zuzuschreiben? Ja, man geht dann kühn noch einen Schritt weiter und erklärt: Die Persönlichkeit, das werdende individuell-geistige Ich ist überhaupt das Erhabenste, was wir kennen – also muß doch wohl auch das Erhabene selbst Persönlichkeit sein. Wichtig sind hier die Gedankengänge von *H. Siebeck* und *H. Lotze*.

Die innere Entwicklung des Menschen, sagt *Siebeck*, geht einem Höhepunkt entgegen, der darin besteht, daß er sich als Einheit gegenüber der Welt weiß: einerseits als Teil, andrerseits selbst als Zentrum der Welt. Auf Grund dieses letztern Momentes darf er die Welt als Mittel seiner Selbsterhaltung und Selbstbetätigung betrachten, ja noch mehr: die Persönlichkeit erkennt ihre sittliche Eigentümlichkeit als begründet im Grunde der Gesamtwelt, die Welt muß auf das Hervortreten der Persönlichkeit angelegt sein. M. a. W. das Erhabene muß selbst Persönlichkeit sein. Nach Analogie des Persönlichen ist der Gottesbegriff zu konstruieren.[bi] Oder an andrer Stelle: «Das Wesen des Persönlichen

---

ner «unvermittelten Nebeneinanderstellung», wie wir sie als das Richtige ansehen, hat *Lipsius* das Wort geredet (Dogmatik S. 201[125]), nur daß er, wie oben erwähnt, nicht unzweideutig ausgesprochen hat, daß es beiderseits sich widersprechende *religiöse* Aussagen sind, die im Gottesgedanken unvermittelt nebeneinandergestellt werden müssen.

[bi] *Siebeck*, Religionsphilosophie, S. 168–174.

[125] «Die Kluft, welche in der kirchlichen Gotteslehre zwischen den metaphysischen Bestimmungen und den auf rein religiösem Boden erwachsenen Aussagen besteht, ist freilich unleugbar. Es fragt sich nur, ob die Zurückstellung der Einen Seite zu Gunsten der andern das dogmatische Interesse besser befriedigt, als ihre unmittelbare Nebeneinanderstellung.»

[126] J. W. von Goethe, *Faust I*, V. 1112 (Vor dem Tor).

wird aus dem Bereich der Erfahrung in das Transzendente projiziert.»[bj] Siebeck weiß freilich, daß alle einzelnen Seiten der empirischen Persönlichkeit, auf ein absolutes Wesen angewandt, ihrer diskursiven Denkbarkeit verlustig gehen; aber er meint sich darüber beruhigen zu können durch die Erwägung, daß ohne die wirkliche Persönlichkeit Gottes die ganze Religionsgeschichte als eine Illusion erklärt werden müßte, und durch den besonders bestechenden Umstand, daß alle mächtigen geistigen Bewegungen der Geschichte «immer aus dem Tiefgehalt des Lebens bestimmter geistesmächtiger Persönlichkeiten heraus» geboren worden |87| seien.[bk] Ähnlich hat *Lotze* argumentiert: «Der Sehnsucht des Gemütes, das Höchste, was ihm zu ahnen gestattet ist, als Wirklichkeit zu fassen, kann keine andere Gestalt des Daseins als die der Persönlichkeit genügen oder auch nur in Frage kommen. Sie ist davon überzeugt, daß lebendige, sich selbst besitzende und genießende Ichheit die unabweisliche Vorbedingung und die einzige mögliche Heimat alles Guten und aller Güter ist».[bl] Wer würde da nicht an *Goethe* erinnert:

Volk und Knecht und Überwinder,
Sie gestehn zu jeder Zeit:
Höchstes Glück der Erdenkinder
Sei nur die Persönlichkeit![129]

Und wer wäre da heute, im Zeitalter der Persönlichkeitskultur, nicht freudig dabei, auch Gott neben seiner Erhabenheit dieses höchste Glück zuzuschreiben! Da ist die Bemerkung *R. Rothes* an die Adresse der Gegner des persönlichen Gottesbegriffs wirklich *nicht* mehr vonnöten: es sei «ein borniter Wahn, zu meinen, man müsse sich den lieben Gott so vornehm denken, daß ihm auch alles das abzusprechen sei, was gerade die eigentümlichen Vorzüge des menschlichen Wesens ausmacht»[bm], denn diese Religionsphilosophen sind ja freudigst und geflissentlichst bemüht, die «eigentümlichen Vorzüge des menschlichen Wesens» auf Gott zu übertragen. Aber auf diese ganze Herrlichkeit fällt

---

[bj] A.a.O., S. 363.[127]
[bk] A.a.O., S. 364f.
[bl] Mikrokosmus III, S. 559.[128]
[bm] Ethik I, S. 122.

[127] Siehe oben Anm. 57.
[128] = 3. Aufl. S. 563: «... So sehr ist sie davon überzeugt ...»
[129] *West-östlicher Divan*, Buch Suleika.

der Schatten der Gedanken *Ludwig Feuerbachs*. Mit triumphierender Kälte reihen sich seine Sätze an an die eines Siebeck und Lotze: «Jeder Gott ist ein Wesen der Einbildung, ein Bild, und zwar ein Bild des Menschen, aber ein Bild, das der Mensch außer sich setzt und als ein selbständiges Wesen vorstellt.»[bn] ... «Dem Christen ist der *Geist*, das fühlende, denkende, wollende Wesen sein höchstes Wesen, sein Ideal, darum macht er es auch zu dem ersten Wesen, zur Ursache der Welt, d. h. er verwandelt *seinen* Geist in ein gegenständliches, außer ihm existierendes, von ihm unterschiedenes Wesen[131] ... Ist also ihr Gott etwas Anderes als das Vor- und Musterbild von dem, was sie einst selbst werden wollen, das Urbild und Abbild ihres eigenen, in der |88| Zukunft sich entfaltenden Wesens?»[bo] Was wollen wir darauf antworten, wenn wir von den Argumentationen *Siebecks* und *Lotzes* herkommen? Haben wir da nicht gerade das getan, was *Feuerbach* meint, nämlich einen «eigentümlichen Vorzug des *menschlichen* Wesens», ein «höchstes Glück der *Erdenkinder*», einen Zustand, der *uns* als höchst wertvoll erscheint, «aus dem Bereich der Erfahrung *in das Transzendente projiziert*» nach *Siebecks* eigenem Geständnis? Erinnert uns *Lotzes* Beschreibung der Persönlichkeit, die er auf Gott angewendet wissen will («lebendige, sich selbst besitzende und genießende Ichheit»), nicht peinlich an *Feuerbachs* These, daß der letzte verborgene Grund der Religion der Egoismus sei?[bp] Was beweist der ganze Verlauf der Religionsgeschichte? Feuerbach würde eben kaltlächelnd antworten, sie sei tatsächlich eine Illusionsgeschichte. Und sogar der Hinweis auf die großen persönlichen Heroen der Geschichte kann ebensogut für die

---

[bn] *Feuerbach,* Wesen der Religion, 20. Vorlesung.[130]
[bo] A.a.O., 28. Vorlesung.[132]
[bp] A.a.O., 10. Vorlesung.[133]

[130] L. Feuerbach, *Vorlesungen über das Wesen der Religion*, Sämmtliche Werke, Bd. VIII, Leipzig 1851, S. 241.
[131] A.a.O., S. 338: «Weil also dem Christen der Geist ... sein Ideal ist, so macht er es auch ...»
[132] A.a.O., S. 340: «Ist also ihr Gott, ihr unendlicher Geist etwas Anderes ...»
[133] A.a.O., S. 101: «Das Abhängigkeitsgefühl führte uns aber auf Grund *der* Tatsache, daß der Mensch die Natur, überhaupt einen Gott nur verehrt wegen seiner Wohlthätigkeit oder, wenn auch wegen seiner Schädlichkeit und Schrecklichkeit, doch nur deswegen, um diese seine Schädlichkeit von sich abzuwenden, auf den *Egoismus* als den letzten verborgenen Grund der Religion.»

Entstehung der Apotheose des Menschen wie für die Persönlichkeit Gottes sprechen. Lehnen wir die irreligiöse Theologie Feuerbachs mit gutem Grund ab, dann müssen wir auch auf den Analogiebeweis nach Siebeck-Lotze verzichten. Diesen zulassen, heißt jener das Tor öffnen.

Aber der illusionistische Verdacht, in den der ganze Gottesgedanke gerät, ist nicht das Einzige, was gegen den Analogiebeweis aus der menschlichen Persönlichkeit zu sagen ist. Angenommen, wir widersetzen uns mit dem Sic volo sic jubeo[134] der religiösen Erfahrung den negativen Konsequenzen Feuerbachs. Bietet denn die menschliche Persönlichkeit wirklich ein Analogon zum Gottesgedanken? Der wesentliche Unterschied zwischen Gott und Mensch ist doch der, daß wir in Gott das Erhabene als *nicht* beschränkt durch das Individuelle seiner Persönlichkeit denken, daß wir bei ihm beides unvermittelt nebeneinander stellen müssen, während es beim Menschen einen Kompromiß miteinander eingeht, einander beschränkt und relativ aufhebt. Gerade das bezeichnende Bild jenes Nebeneinander bietet uns die menschliche Persönlichkeit *nicht*. Von welcher Seite wir sie betrachten mögen, die Analogie führt uns immer nur auf jene sattsam erörterte Alternative: Entweder wir gehen idealistisch vor, betonen und isolieren an der menschlichen Persönlichkeit das Moment des Erhabenen, d. h. ihre Geistigkeit – |89| dem entspricht dann als Analogon ein Gottesgedanke neutralen Inhaltes, dem die Vorstellung einer Individualität nur zögernd und tastend angeklebt werden kann. Oder wir gehen psychologistisch vor, betonen an der menschlichen Persönlichkeit das Moment der Individualität, dann wird der Gottesgedanke notwendig anthropomorph: sein Inhalt wird ein Übermenschentum, dem die Prädikate der Erhabenheit nur als Heiligen*schein* zukommen können. Eine Analogie zum wirklichen Inhalt des religiösen Gottesglaubens ist in der menschlichen Persönlichkeit so oder so nicht zu finden. Das Verhältnis der zwei Seelen in unsrer Brust ist von beiden Seiten gesehen etwas Anderes als der Reichtum und der fundamentale Widerspruch des Erhabenen und der Persönlichkeit, die wir in Gott denken müssen.

Ein Gottesgedanke, der zugestandenermaßen zustande kommt durch die Projektion des menschlichen Selbstbewußtseins ins Transzendente, ein solcher Gottesgedanke kann die Wirklichkeit Gottes gar nicht errei-

---

[134] Juvenal, Satire 6,223: «Sic volo, sic iubeo; sit pro ratione voluntas!»

chen, geschweige denn erschöpfend beschreiben. Nicht etwas aus uns hinaus Projiziertes kann der Gottesgedanke der Religion sein, sondern nur die Spiegelung einer Tatsache, die in uns hinein geschaffen ist. Diese Tatsache ist das *Leben aus Gott*, das uns geschenkt wird durch unsern *Zusammenhang mit der Geschichte*. Diese unsre innere Bedingtheit durch die Geschichte ist die *religiöse Erfahrung*. In ihr haben wir Gott, und auf Grund ihrer können wir von Gott reden. Wie wir die geschilderten einzelnen Momente des Gottesgedankens ihr entnommen haben, so muß nun in ihr auch der Grund der eigentümlichen Antinomie dieser Momente zu finden sein. An sich müßte diese Antinomie in *jeder* religiösen Erfahrung nachzuweisen sein. Wir halten uns aber an dasjenige in der Geschichte wirksame Leben aus Gott, das durch das Evangelium Jesu geweckt worden ist und geweckt wird, weil der innere Gegensatz, der zu jener Antinomie im Gottesgedanken führt, hier seine tiefste, vollständigste und klarste Ausprägung gefunden hat.[bq] |90|

Im Mittelpunkt des Evangeliums steht die Persönlichkeit, ihr Wert und ihre Aufgabe. Nicht um den Geist als Abstraktum handelt es sich dabei, sondern um die *Seele*, um das wirkliche individuell-einzelne Ich. Dieses Ich wird rückhaltlos und unbegrenzt ernst genommen. Es wird

---

[bq] Wie werde ich mich mit dem Folgenden gegenüber den berufenen Interpreten der neutestamentlichen Religionsgeschichte verantworten können? Hundertstimmig rufen sie uns ja zu, daß wir nicht mit modernen Problemen an die Evangelien herantreten, daß wir sie nur «aus sich selbst» und ihrem geschichtlichen Zusammenhang verstehen sollen. Ich möchte denn[135] auch dem, was an diesem sehr zweideutigen Dogma richtig ist, nicht zuwider handeln. Die Spannung zwischen dem Erhabenen und der Persönlichkeit im Gottesgedanken hat Jesus und die Synoptiker nicht bewegt, so wenig wie sie z. B. die heutige soziale Frage bewegt hat. Aber das halte ich für durchaus zulässig, in ihrer Religion, die ja bei allen äußern Wandlungen die unsrige ist, den Kern auch solcher religiöser Probleme nachzuweisen, die als solche erst Jahrhunderte oder Jahrtausende nach ihnen zum Ausbruch gekommen sind. Es gibt eine Kontinuität der religiösen Probleme, deren Feststellung in der Kompetenz der systematischen und nicht der historischen Theologie liegt, wenn die erstere auch selbstverständlich der Vorarbeit der letzteren nicht entraten kann. Das Folgende will keine historische Darstellung sein, sondern das Resultat einer systematischen Befragung des historischen Stoffes. Die Frage, die an die Evangelien gerichtet wird, lautet: welche Momente in der in Jesus lebendigen und an ihn sich anschließenden religiösen Erfahrung sind es, die im christlichen Gottesgedanken mit besonderer Energie dem aufgezeigten Gegensatz gerufen haben?

[135] Erstdruck: «dann»; Korrektur von Barth in seinem Handexemplar.

ergriffen und in den Mittelpunkt der Welt gestellt. Es erkennt sich selber plötzlich in seinem unendlichen Wert.[136] «Gott und die Seele, die Seele und ihr Gott.»[137] Das ist die große Beziehung, die Jesus schaffen wollte. Gott wird mein Vater, und ich werde sein Kind. Ich darf mich darauf verlassen, daß jedes Haar auf meinem Haupt von ihm gezählt ist [vgl. Mt. 10,30]. Ich darf jederzeit zu ihm kommen und ihn angehen, wie der bittende Freund um Mitternacht [vgl. Lk. 11,5ff.]. Was kein Hirte tun würde, das tut er: er läßt die 99 Schafe in der Wüste und geht dem einen nach, das verloren ist [vgl. Lk. 15,3ff.]. Was für eine gewaltige Verantwortung nehme ich auf mich, wenn meine Seele vor Gott etwas so Großes ist! Gehet ein durch die enge Pforte, es handelt sich um Leben oder Verdammnis! [vgl. Mt. 7,13]. Was hülfe es dem Menschen, wenn er die ganze Welt gewönne und nähme doch Schaden an seiner Seele? und was kann der Mensch geben, daß er seine Seele wieder löse? [Mt. 16,26]. Wenn das innere Licht in dir zur Finsternis wird, wie groß muß die Finsternis sein! [vgl. Mt. 6,23]. Kein Almosengeben, Beten, Fasten ist vor Gott etwas wert, wenn es nicht aus persönlicher Wahrhaftigkeit und Liebe entspringt [vgl. Mt. 6,1–18]. Aber auch die Beziehungen zur Persönlichkeit des Andern rücken unmittelbar ans Zentrum der Religion heran. Vorbedingung des Friedens mit Gott ist der Friede mit dem Bruder [vgl. Mt. 5,23f.]. Und das höchste Vorrecht der Jünger Jesu besteht darin, Andern ihre Sünden zu vergeben [vgl. Joh. 20,23]. Umgekehrt sollen alle Be-|91|ziehungen zu den Andern in das unmittelbare Licht des unendlichen Wertes jeder Seele vor Gott gerückt werden. Der Sabbat und alles Gute ist um des Menschen willen geschaffen [vgl. Mk. 2,27]. Was gelten die 2000 Schweine der Gergesener gegenüber dem Einen, der von den bösen Geistern befreit ist [vgl. Mk. 5,1ff.]? Was für ein fürchterlicher Frevel, einem der Geringsten Anstoß zu geben: der Geringste ist ja der Größte im Himmelreich [vgl. Mt. 18,6.4]! – So dreht sich alles im Evangelium, Forderung, Drohung und Verhei-

---

[136] Nach A. von Harnack, *Das Wesen des Christentums* (1900), 53. Tausend, Leipzig 1906, S. 33.40ff. (Neuauflage mit einem Geleitwort von R. Bultmann, Stuttgart 1950, S. 31.38ff.) ist «Gott der Vater und der unendliche Wert der Menschenseele» der zweite der drei Hauptthemenkreise in der Verkündigung Jesu.
[137] A. von Harnack, a.a.O., S. 22.36 (Neuauflage S. 21.34). Vgl. oben S. 404, Anm. 30.

ßung um die Persönlichkeit. Alles kommt darauf an, daß man ganz persönlich den Ruf hören und mit Freuden hören könne: Selig ihr Armen, ihr Leidtragenden, ihr, die ihr reines Herzens seid, ihr Friedfertigen, ihr wegen der Gerechtigkeit Verfolgten, selig seid ihr, mitten in der argen Welt dürft ihr das Himmelreich erwarten und besitzt es schon! [vgl. Mt. 5,3ff.]. Daß ich, ich ganz persönlich, vom Schlaf erwache und von der Welt, von Sorge und Mammon und Gewalt frei und zum Himmelreich geschickt werde, das ist der Inhalt der frohen Botschaft. Und was ist das Leben Jesu selbst, das seinen Jüngern immer mit dem Evangelium zusammengeflossen ist, Anderes als die reinste Darstellung der Persönlichkeit? Zeitlich und räumlich beschränkt, sammelt er doch alle Brennstrahlen der Sonne Gottes wie in einem Brennspiegel in sich selber. Rätselhaft und doch so durchsichtig und einfach, allem Kleinmenschlichen entrückt und doch mitten im Leben drinstehend, so bleibt er den Seinen in Erinnerung. Was ist das für Einer, der den Ausspruch wagen kann: Alle Dinge sind mir übergeben von meinem Vater! [Mt. 11,27] und dem man das abnimmt, weil man bezwungen ist von der Hoheit persönlichen Lebens, das man bei ihm sieht und das er einem mitteilt? Was für eine Intensität des Verkehrs mit den Seinigen, der durch seinen Tod nicht zerstört werden kann: Ich bleibe bei euch alle Tage! [vgl. Mt. 28,20], Ecce homo! [Joh. 19,5]. Und wenn man alles überlegt, was hier nur angedeutet werden konnte, kann man wohl mit *Reischle* den Ausspruch wagen, Persönlichkeit sei uns die Zusammenfassung der Erfahrungen, die uns im Glauben an Christus zugänglich sind.[br] – Der selbstverständliche Ausdruck dieser Erfahrungen ist der Gedanke: Gott ist Persönlichkeit. Gott fordert von uns und schenkt uns, was er selber ist. Ohne sich durch die möglichen Konsequenzen dieses Gedankens irre machen zu lassen, erkennt der Glaube den Gott,

[br] ZThK 1891, S. 343.[138]

[138] «... Strauß mit seinem philosophischen Intellektualismus ist von der Voraussetzung beherrscht, daß wir, wenn wir von einem persönlichen Gott sprechen, eben darauf ausgehen, die Form des göttlichen Daseins zu erkennen und eine Erklärung der Welt aus Gott zu erreichen. Darüber geht er an der Hauptsache vorüber, daß wir mit jenem Worte [scil. Gott als Persönlichkeit] vielmehr die Erfahrungen zusammenfassen, welche uns im Glauben an Christum zugänglich sind, die Erfahrungen unserer Abhängigkeit von einer Macht, welche uns innerhalb einer Gemeinschaft der Glaubenden zu unserem Heil erzieht.» Wiederabdruck (s. oben Anm. 114), S. 67.

der solches persönliches Leben weckt und pflegt und vollendet, selbst als persönlich |92| Lebendigen. Wenn sich die Tatsache des ewigen Lebens der einzelnen Seele in Gott spiegelt im erkennenden, ausdruck- oder symbolsuchenden Bewußtsein, dann kommt es zum Gedanken des persönlichen Gottes.

Aber nun finden wir merkwürdigerweise ein zweites Element im Evangelium, einen religiösen Erfahrungsinhalt, der sich dem Schema der Persönlichkeit durchaus nicht restlos eingliedern lassen will, so sicher er von der darin ausgesprochenen Erfahrung unzertrennlich ist. Mit und neben der Botschaft vom Vater, der auf den verlorenen Sohn wartet [vgl. Lk. 15,11ff.], verkündigt Jesus das unpersönliche, d. h. von allen Gedanken an bestimmte menschliche Individuen freie *Reich Gottes*. Wo ist es? Was ist es? Es ist nicht hier und nicht da und doch gegenwärtig «mitten unter euch» [Lk. 17,21]. Es ist kein Menschenreich, kein Verband der gläubig Gewordenen, der Gerechten und dergl., sondern die Königsherrschaft Gottes selbst, seine Kraft und Herrlichkeit. Es ist nahe herbeigekommen [Mk. 1,15] und doch noch fern. Es kommt zu den Menschen, und doch ist es der Beruf der Menschen, hineinzukommen. Es ist Voraussetzung und Ziel des Weges, den Jesus ihnen zeigt. Es ist nichts Anderes als die unergründliche wirksame Macht Gottes, die in den Menschenherzen und im Menschenleben Ordnungen schafft, wie sie dem ewigen Willen Gottes entsprechen. Wie unendlich klein und unbedeutend steht jetzt plötzlich das Ich da, das wir vorhin in den Mittelpunkt der Welt gestellt sahen. Ich bin ja nur ein so verschwindend kleines Stück von dem ungeheuren Gebiet, auf dem die Herrschaft Gottes aufgerichtet werden soll. Auf mich kommt es gar nicht so an. Nachdem ich eben noch Gott angerufen als das Kind den Vater, soll ich sofort mich selber vergessen und Gottes Ehre, Gottes Reich und Gottes Willen zum Gegenstand meines Gebets machen [vgl. Mt. 6,9f.]. Neben das Gebet der Bitte tritt das Gebet der reinen Verehrung, das Gebet des Gelübdes eines vertrauensvollen Gehorsams gegenüber der Übermacht Gottes. Wozu bin ich da? Um meine Seele zu retten, um als Einsiedler Gott zu genießen? Nein, sondern um ein Licht zu sein, ein Salz der Erde, nicht für mich persönlich, sondern damit die Leute den Vater im Himmel preisen. Und wenn ich dazu nicht tauge, dann werde ich eben wie schlechtes Salz hinausgeworfen und bin gerade wert, zertreten zu werden [vgl. Mt. 5,13–16]. Mein Lebensinhalt ist meine Funktion im Reiche Gottes. Ich werde gebraucht von Gott. Ich bin nicht das Kind, das Rechte und Ansprüche geltend zu machen |93| hat, sondern der Knecht, dem etwas anvertraut ist und von dem Rechenschaft gefordert wird [vgl. Mt. 25,14ff.], der, wenn er des Abends müde vom Feld zurückkehrt, erst seinen Herrn bedienen muß und dann erst selber sich stärken darf, der, wenn er alles getan, was er zu tun schuldig ist, sich für einen unnützen Knecht halten soll [vgl. Lk. 17,7–10]. Nicht etwa, als ob das Reich mich nötig hätte. Das Reich wird nicht von Menschenhänden erbaut, es baut sich selber. «Automatisch» bringt die Erde, die den göttlichen Samen empfangen, Frucht; der Mensch kann bloß zusehen und sich wundern [vgl. Mk. 4,26–29]. Ja noch mehr: die Stellung des Menschen angesichts des kommenden Reiches wird beschrieben in den immer wieder unbegreiflichen Worten, daß man seine Seele verlieren müsse um des Evangeliums willen, um sie zu retten, die bei Markus unmittelbar vor dem Wort von dem einzigartigen Wert der Menschenseele stehen [Mk. 8,35f.]! Grenzt das nicht an den unmöglichen Gedanken, daß der Untergang der Persönlichkeit in der Sache, der sie zu dienen hat, ihre wahre Bestimmung sei? Jesus selbst ist mit dieser unpersönlichen, streng sachlichen Lebensauffassung vorangegangen. Es geht ein Hauch von eisigem militärischem Gehorsam durch das Evangelium: Des Menschen Sohn *muß!* [Mk. 8,31 u. ö.]. Das Wort: Meine Speise ist, daß ich den Willen tue meines Vaters im Himmel! [vgl. Joh. 4,34] ist ganz aus seinem Geiste geredet. Er fühlt sich nur wie ein Instrument in Gottes Hand. Alles jenes Hochgefühl einer freien, starken, in sich ruhenden Persönlichkeit scheint verschwunden, wenn er den berühmten Ausspruch tut: Was nennest du mich gut? Niemand ist gut denn Einer: Gott! [Mk. 10,18], der wahrhaftig von dieser Seite noch viel merkwürdiger ist als unter dem üblichen christologischen Gesichtspunkt. Und was ist Gethsemane und Golgatha anderes als das Opfer der Persönlichkeit an die Sache? – Der Ausdruck dieser zweiten Gruppe von Erfahrungen, die vom Evangelium ausgehen, ist der Gedanke der reinen Erhabenheit in Gott. Wieder können wir den, der solches «wesentliches» Leben, solches Leben in der Sache in uns erweckt und fördert, nur als das «Wesen», als die reine Sache, als das innere Prinzip und die höchste Macht des Lebens beschreiben. Der Begriff der Persönlichkeit genügt nicht mehr, um diesen Inhalt in Worte zu fassen; unwillkürlich treibt er das religiöse Denken darüber hinaus zu neutralen, «sachlichen» Definitionen.

Selbstverständlich stehen die beiden Gruppen religiöser Erfahrung, die wir hier beschrieben haben, in mannigfachster *Beziehung* zueinander. Die eine fordert die andre und wäre für sich |94| allein eine Entartung. Ja, es beruht gerade der einzigartige Reichtum und die Kraft der evangelischen Erfahrung darauf, daß hier alles darauf ankommt, daß der Mensch zum Menschen, d. h. zur Persönlichkeit wird, und daß er sich von großem, objektivem, alles Individuelle überragendem und überstrahlendem Inhalt erfüllen läßt, keines nur halb, sondern beides ganz. Diese doppelte Orientierung der Erfahrung, die doch im unmittelbaren Erlebnis, aber auch nur da, zur Einheit wird, ist schließlich das Geheimnis aller Religion; aber sie ist nirgends so klar in der Geschichte lebendig geworden wie in Jesus und seinem Evangelium. Die Geschichte des christlichen Geistes könnte als Geschichte dieser doppelten Orientierung geschrieben werden. Allein das Gefühl der Zusammengehörigkeit beider Momente, so richtig es ist, darf doch, wenn man religiös klar denken will, nicht dazu führen, die *innere* Spannung zwischen beiden zu verwischen. Es ist durchaus nichts Selbstverständliches, daß das Evangelium zugleich die Botschaft von der Menschwerdung ist *und* die Botschaft von jenem großen objektiven Inhalt, über dem wir uns selbst vergessen sollen; daß es uns uns selber finden läßt, indem es uns über uns selbst hinausweist auf den ewigen Grund unsres Lebens; daß die Kultur der Persönlichkeit *und* die Kultur der objektiven sozialen Werte zu gleicher Zeit und mit gleichem Recht aus dieser Quelle schöpfen können. In dieser Spannung der Momente liegt immer wieder die Möglichkeit von Widersprüchen, die sich denn auch in der Praxis des religiösen Lebens immer geltend gemacht haben und geltend machen werden. Um sie zu beherrschen und ihren Gefahren zu entgehen, müssen wir diese Spannung anerkennen und verstehen.

Aus dieser Einheit und Spannung in der religiösen Erfahrung erklärt sich denn auch die Einheit und die Spannung zwischen der Persönlichkeit und dem Erhabenen im *Gottesgedanken*. Beide Aussagen sind von der Erfahrung gefordert. Die Auflösung des Einen zu Gunsten des Anderen wird immer dem berechtigten Protest der Erfahrung rufen. Beide fordern einander, und erst durch das Eine wird das Andere überhaupt zu einer spezifisch religiösen Aussage. In der innern Bewegung, in der nie ganz aufhörenden Unruhe, die durch diese Doppeltheit erzeugt wird, besteht der Reichtum, die Fruchtbarkeit des Gottesgedankens. Aber die Einheit beider kann nur aufgestellt, nicht vollzogen werden. Die der Sache entsprechende religiöse Formel kann nur lauten: |95| *Behauptung* beider Momente, aber *Verzicht* auf eine Einheitsformel. Die Behauptung beider und ihrer Einheit ist gerechtfertigt durch die Einheit beider in der religiösen Erfahrung, der sie entspringen; der Verzicht auf die Einheitsformel entspricht der nicht aufzulösenden Spannung in eben dieser Erfahrung.

Ich brauche nicht erst zu betonen, daß die Wege, die in der historischen Wirklichkeit von der vorwiegend so oder so bestimmten Erfahrung zu einem vorwiegend persönlichen oder sachlichen Gottesgedanken, zum «Deismus» oder «Pantheismus» geführt haben, unendlich viel komplexer und darum undeutlicher sind, als es hier geschildert wurde. Denn die Ströme der beiden Typen religiöser Erfahrung haben sich in der Geschichte unendlich verschlungen, und dementsprechend ist auch die Ausprägung des Gottesgedankens im einen oder andern Sinn ein sehr verwickelter und in manchem einzelnen Fall auf den ersten Blick schwer erklärbarer Vorgang. Diesen Wegen nachzugehen wäre eine Aufgabe für sich. Hier handelte es sich nicht um einen historischen Nachweis, sondern um die Aufzeigung einer prinzipiellen Linie in der Entstehung des religiösen Gedankens.

PAULUS
1913 [?]

Für die Datierung der – nur mit «Paulus» überschriebenen, mit Tinte auf Vorder- und Rückseite eines Quartblattes notierten – Stichworte zu einem Vortrag gibt es zwei Anhaltspunkte: Zum einen benutzt Barth für seine Darstellung – außer der Nachschrift einer Vorlesung über «Leben und Schriften des Paulus», die er im Sommer-Semester 1906 in Bern bei seinem Vater gehört hatte – vor allem das Paulusbuch von Adolf Deissmann[1]. *Barths Exemplar (im Karl Barth-Archiv, Basel), das zahlreiche Anstreichungen und Unterstreichungen zeigt, ist mit der Widmung versehen: «Der Pfarrer zu Laupen [Peter Barth] / demjenigen zu Safenwil / unter herzlicher Weihnachtsbegrüßung / 1912». Die Vortragsnotizen fallen demnach doch wahrscheinlich in das folgende Jahr 1913.*

Barths Eingangsaussage über zwei Gemeinsamkeiten zwischen Amos und Paulus gibt einen zweiten Datierungshinweis: Vielleicht knüpft Barth mit dieser Bemerkung für seine Zuhörer eine Verbindung zu den Amos-Predigten, die er im April/Mai 1913 hielt[2]. *Vermutlich waren die Aufzeichnungen für eine Gemeindebibelstunde bestimmt. In deren Reihe hatte Barth laut Notiz in seinem Kalender am 9. 10. 1912 schon einmal über Paulus gesprochen.*

Obwohl die Schrift und die Anlage des Manuskripts eher gegen eine Datierung in spätere Jahre sprechen, kann man immerhin fragen, ob die Bemerkungen zu Amos möglicherweise eine Verbindung nicht zu den erwähnten Predigten, sondern zu einem Vortrag schlagen sollten, den Peter Barth am 14. 11. 1915 in Safenwil über Amos hielt[3].

Mit Amos gemeinsam: a) *Gottesgehorsam* = Gotteskraft b) Freudigkeit u. Fähigkeit zum *Wahrheitszeugen*
Außer X̱ρ̱ [Christus] die gewaltigste Persönlichkeit des NT. Sein Werk: *innerlich:* die Befreiung des Chr[isten]t[um]s von den Schranken

---

[1] *Paulus. Eine kultur- und religionsgeschichtliche Skizze*, Tübingen 1911.
[2] K. Barth, *Predigten 1913*, hrsg. von N. Barth und G. Sauter (Gesamtausgabe, Abt. I), Zürich 1976, S. 169–194.207–221.235–261. Vgl. im übrigen A. Deissmann, a. a. O., S. 3.
[3] Notiz in Karl Barths Kalender; Bw. Th. I, S. 101.

des Judentums *äußerlich:* missionar. Verbreit[un]g d. Chrts über das ganze röm. Reich

Cilicien: die Durchgangspforte zwischen östl. u. westl. Welt. Tauruspässe (Zugvögel, Alex[ander] d. Gr., Pompejus, Kreuzfahrer, Islam, Handel u. Verkehr) Vegetation: Ölbaum, Feigenbaum, Anemonen, Getreide, Baumwolle. Fiebergegend. Relig. Fanatismus (Armenier)[4]

Tarsus. Handelsstadt, Schiffahrt, Gericht, Militär, Herren u. Sklaven, Theater, Stadion[5]

Saulus – Paulus. Jüd. Eltern aus Stamm Benjamin[,] röm. Bürgerrecht. Mit 10 J[ahren] in Synag[ogen-] Schule. Auch zieml. griech. Bildung. *Enger strenger Geist* im Elternhaus, viel Befehlen u. Verbieten, S[au]l[us] sieht das Berechtigte darin ein, er möchte gut sein, erreicht aber das Gegenteil. Neigung zum Verbotenen, weil es verboten ist.[6] Aus eigner Wahl u. nach elterl. Willen zum Beruf des *Rabbi* bestimmt. Erlernt nach damal. Übung dazu das *Zeltweberhandwerk.* Dann nach Jerusalem geschickt.[7]

Charakter: Kein Bild. Unansehnlich. Jedenfalls glänzend begabt.[8] Ein Zug zum Ganzen: Hingabe an eine Sache = Aufopferungsfähigkeit = Willensmensch. Im Übrigen aus *Kontrasten* zus[ammen]gesetzt[9]

  a) Schwächlich, krank, oft unsicher – leistungsfähig u. unerbittlich[10]
  b) Depressionszustände – Selbstgefühl, Unbedingtheit, Autorität[11]
  c) Gefühlsweichheit (Fürsorge, Mitleid, Liebe, Begeisterung) – Härte (Urteil, Konsequenz, starr)[12]

---

[4] A. Deissmann, a.a.O., S. 19–23.26–28, vgl. S. 44f.139.
[5] A.a.O., S. 51.
[6] A.a.O., S. 62–67, vgl. S. 37.56.
[7] A.a.O., S. 35f. 65, vgl. oben S. 82.
[8] A.a.O., S. 39–42.
[9] A.a.O., S. 42f.
[10] A.a.O., S. 43–46.
[11] A.a.O., S. 46f.
[12] A.a.O., S. 47f.

Kein Heiliger[13], ein Mensch mit s[einem] Widerspruch[14], aber gewaltig auch in s. Fehlern. Hat Zeitlebens mit sich zu kämpfen u. tut es.

Paulus als Pharisäer. In der Schule des Gamaliel. Stolz auf sein Volkstum. Eifer zur Erfüll[un]g des ganzen Gesetzes. Freudigkeit z[um] Märtyrertod. – Aber es bleibt d. Bewußtsein der Kluft zwischen Wollen u. Vollbringen.[15]

Die urchristl. Gemeinde. Der Jüngerkreis Jesu zersprengt durch seinen Tod, wieder versammelt durch die Auferstehungserscheinungen.[16] Eine Sekte unter andern, unter hartem Druck lebend. Petrus. Jakobus[.] Stephanus. Die Verfolgung verursacht Gründung auswärtiger Gemeinden (Antiochien, Italien) – Juden[,] die das Gesetz beobachten, aber an Jesus als den Messias glauben[17]

Paulus der Verfolger. Der gekreuzigte Messias ist ihm ärgerlich. Und doch schon innerlich berührt von dem was er von ihm wußte. Dazu jene innere Unruhe. Das Resultat des Konflikts ist die Verfolgung d[er] Christen. Zugleich Gewissenssache u. Gewissensübertäubung. Schon jetzt Apostel![18]

Die Bekehrung. P[au]l[us] «sieht» und «hört» Jesus, verbunden mit einer gewaltigen körperl. Erschütterung. Seine innere Not und die Größe dessen, den er verfolgt, überwältigen ihn. «Erschien mir» [1. Kor. 15,8], «gesehen» [1. Kor. 9,1], «ergriffen worden» [Phil. 3,12], «offenbart im Innern» [Gal. 1,16], «kundgemacht» [Eph. 3,3], jedenfalls: Licht nach Finsternis wie am ersten Schöpfungstag [2. Kor. 4,6].

---

[13] A. a. O., S. 41.
[14] C. F. Meyer, *Huttens letzte Tage. Eine Dichtung.* XXVI. Homo sum, Sämtliche Werke. Historisch-kritische Ausgabe, Bd. VIII, Bern 1970, S. 55:

Homo sum
... ich bin kein ausgeklügelt Buch,
Ich bin ein Mensch mit seinem Widerspruch.

Meyer hat diese Verse von der 3. Auflage an zugleich als Motto der ganzen Dichtung vorangestellt (a. a. O., S. 260).
[15] A. Deissmann, a. a. O., S. 65–69.
[16] A. a. O., S. 78.
[17] Karl Barth folgt hier seiner Nachschrift der Vorlesung «Leben und Schriften des Paulus (Prof. D. Barth) [Bern] S. S. 1906» (im Karl Barth-Archiv, Basel), S. 16.19f.
[18] A. Deissmann, a. a. O., S. 83.118, vgl. oben S. 83.

Jesus ist der Herr – Er ist der Geist (von Gott) – Er lebt in Paulus.[19] – Einführung in die christl. Gemeinde durch Ananias in Damascus [Act. 9,17–19][20].

Die Vorbereitungszeit[.] 3 J[ahre] in *Arabien* (Hermongebirge) dann wieder in *Damascus*[,] wo er nun gegen die Juden für Jesus auftritt u. verfolgt wird. Nach Jerusalem (14 Tage) mißtrauisch aufgenommen. Barnabas führt ihn ein. Komplott der Juden. Auch hat er das Gefühl, hier sei nicht sein Wirkungskreis. Nach *Tarsus* 4 J. gründet Gemeinde. Im J. 43 von Barnabas nach *Antiochien* abgeholt («Christen«) Predigt gegen heidn. Aberglauben, führt zum einen wahren Gott hin. Sünden bis jetzt geduldet, jetzt Heilszeit. Sonst Gericht. Darum Heiligung; Reinheit, Arbeit, Bruderliebe[21]

Die erste Reise. Nach *Cypern*. Sergius Paulus. Bar Jesus [Act. 13,1–12]

---

[19] A.a.O., S. 81–87.111f.
[20] Fr. Barth (Vorlesungsnachschrift), S. 40.
[21] A.a.O., S. 41–45 («§4 *Die Zeit der Vorbereitung*»).

[EINLADUNG ZUM AARGAUISCHEN ABSTINENTENTAG]
1913

1877 gründete der damalige Pfarrvikar Louis-Lucien Rochat in Genf die «Société suisse de tempérance». Sie führte von 1883 an in Anlehnung an das Rote Kreuz, dessen Wurzeln ja ebenfalls in Genf (und genauso wie bei Rochats Gründung im französisch-westschweizerischen Réveil) liegen, das blaue Kreuz auf weißem Grund als Symbol und nannte sich im deutschsprachigen Bereich «Mäßigkeitsverein des blauen Kreuzes».[1] Die Mitglieder waren zunächst keine gewesenen Alkoholiker, sondern eben «Temperenzler», die als solche auf Branntweingenuß verzichtet hatten, sich aber nun auf totale Alkoholabstinenz verpflichteten, um Suchtkranken wirklich beistehen zu können. Es ging dabei nicht um Askese, sondern um Hilfe durch vorbehaltlose Teilnahme an der Not der Gefährdeten. Die eigentümliche Bedeutung dieser besonders in der Schweiz, aber auch in Frankreich und Deutschland schnell wachsenden evangelischen Bewegung zur Rettung der Opfer der Trunksucht ergibt sich aus der sozial- und medizingeschichtlichen Situation: Einerseits war der Alkoholismus zu einer wirklichen Bedrohung für die Gesellschaft geworden (zwischen 1830 und 1880 hatte sich der Jahresprokopfverbrauch an Branntwein in der Schweiz fast vervierfacht)[2]. Andererseits galt die Sucht als unheilbar; den Ärzten schien nur das eine möglich: die Trinker in Nervenheilanstalten einzuweisen. Zu zeigen, daß es tatsächlich Heilung, und zwar – aus der Hoffnung auf Gott und sein Wort – als Bekehrung, geben könne, war der besondere Beitrag des Blauen Kreuzes in dem dann auch von Wissenschaftlern[3] und Politikern[4] aufgenommenen Kampf gegen den «Teufel des 19. Jahrhunderts»[5]. Diese gelegentlich gebrauchte Wendung ist in der Sprache und im Denken der Blaukreuzbewegung durchaus nicht nur bildlich

---

[1] Siehe R. Hercod, Art. «Antialkoholismus», in: HBLS I, 387; Th. Greyerz, Art. «Blaues Kreuz», in: HBLS II, 270; E. Schwarz/E. Lehmann, Art. «Enthaltsamkeit», in: RE³ V, 395–400.

[2] M. Mattmüller, *Der Kampf gegen den Alkoholismus in der Schweiz. Ein unbekanntes Kapitel der Sozialgeschichte im 19. Jahrhundert* (Helfen und Heilen 7), Bern/Wuppertal 1979, S. 17.

[3] M. Mattmüller, a.a.O., S. 30–33, vgl. unten S. 700.

[4] M. Mattmüller, a.a.O., S. 26–30, vgl. unten S. 699.

[5] M. Mattmüller, a.a.O., S. 5.

gemeint. Der Gedanke steht als theologisches Motiv wohl auch hinter dem bemerkenswerten Engagement der Pfarrerschaft für die Abstinenzidee.[6]

Karl Barth nahm seit September 1911 regelmäßig an den Versammlungen des Blaukreuzvereins in Safenwil teil. Vom Januar 1912 bis zum Mai 1916 war er auch dessen Präsident. Daß er zu dieser Beteiligung auch ganz praktische Veranlassung hatte, zeigen die Namen von Einwohnern Safenwils in seinen Blaukreuzvorträgen[7], *an deren Lebensumständen er offenbar die Gefahren der Trunksucht sehr unmittelbar illustrieren konnte. Die erhaltenen Präparationen für Vorträge im Blauen Kreuz und im «Hoffnungsbund», dem Kinderwerk des Blauen Kreuzes, und darüber hinaus Barths Kalendereinträge belegen seine ständige, intensive Mitarbeit.*

Über die Bedeutung, die die Versammlungen des Safenwiler Blaukreuzvereins für seine Gemeindearbeit hatten, schreibt Barth am 7. 8. 1912 an Wilhelm Loew: «Recht munter gehts fortwährend im Blauen Kreuz, das mir vorläufig die andern üblichen christlichen Vereine ersetzt. ... Hier ist es fast überall das sehr erwünschte Mittelstück zwischen Landeskirche und Gemeinschaftskreisen und zugleich eine Gelegenheit, wo man im populär-kultischen Rahmen einer ‹Stunde› praktisch über Alles reden kann, gewöhnlich mehr oder weniger aus dem Stegreif, resp. in der Art einer Konfirmandenstunde. Dazu singt man schmetternde Lieder englischen Charakters, die aber dem Volk sehr lieb sind. Die Pfarrer machen darum meistens mit, wenigstens ‹wir Positiven›, nur die immer seltener werdenden Reformer (im Aargau fast lauter würdige Greise!) halten sich mißtrauisch fern.» Wie eine solche Blaukreuzstunde im einzelnen verlief, kann man beispielsweise der Beschreibung entnehmen, die Barth am 7. 12. 1914 E. Thurneysen von einer Versammlung am Vorabend gibt.[8]

Im Jahre 1913 war die Gemeinde Safenwil Gastgeberin des (VIII.) kantonalen Abstinententages. Die Organisation lag weitgehend in den Händen Barths, der an jenem Sonntag, dem 24. August, auch die Pre-

---

[6] Siehe unten S. 710.
[7] Siehe unten S. 710 mit Anm. 3, S. 711 mit Anm. 4 und S. 736 mit Anm. 13.
[8] Bw. Th. I, S. 22.

digt hielt[9]. *Die Vorbereitungen begannen bereits im Juni mit einem weitgestreuten öffentlichen Hinweis auf das bevorstehende Treffen. Am 17. 6. 1913 berichtet Barth seiner Mutter: «Ich mußte 26 Zeitungsartikelchen schreiben dafür für alle aargauischen Blätter!! Ferner verschiedene Aufrufe ans Volk. Ich bin froh, daß das erledigt ist, aber es giebt noch viel zu thun. Lukas Christ wird reden.» Die wohl an die örtlichen Blaukreuzvereine gerichteten «Aufrufe» sind nicht erhalten. Von den Zeitungsnotizen – die Zahl 26 mag humoristisch übertrieben sein – konnten drei ausfindig gemacht werden. Sie lassen darauf schließen, daß Barth, sofern er nicht bei einem bestimmten Blatt eine spezifische Leserschaft im Auge hatte, einen Grundtext benutzte, den er beim vielfachen Abschreiben geringfügig variierte.*

Im folgenden kommen zwei der kurzen Texte zum Abdruck, der erste aus: «Aargauer Nachrichten. Freisinnig-demokratisches Organ des Kantons Aargau» vom 19. 6. 1913, der zweite aus: «Neuer Freier Aargauer. Sozialdemokratisches Tagblatt. Offizielles Publikationsorgan der Sozialdemokratischen Partei der Schweiz und des Kantons Aargau» vom 20. 6. 1913. Der dritte der aufgefundenen Texte, am 19. 6. 1913 im «Aargauer Tagblatt» erschienen, stimmt mit dem aus den «Aargauer Nachrichten» wörtlich überein, mit der einen Ausnahme, daß hier statt von der «anregenden» von der «interessanten Tagung» die Rede ist. Der Abdruck der Einladung, jeweils unter dem eingezogenen Titel bzw. der Überschrift «Safenwil», ist in den «Aargauer Nachrichten» mit «Eingesandt», in den beiden anderen Blättern mit «Korr.» gekennzeichnet.

[I.]

Am 24. August soll hier der *aargauische Abstinententag* stattfinden. Die immer wachsende Bedeutung der Antialkoholbewegung in allen Kreisen und Schichten der Bevölkerung erlaubt uns, auf einen stattlichen Aufmarsch der Freunde und Gesinnungsgenossen im Kanton zu hoffen. Möchten schon jetzt recht viele das Reislein zu dieser anregenden Tagung in unserm freundlich gelegenen Dorf in ihr Sommerprogramm aufnehmen!

[9] K. Barth, *Predigten 1913*, hrsg. von N. Barth und G. Sauter (Gesamtausgabe, Abt. I), Zürich 1976, S. 417–429.

[II.]

Am 24. August soll hier der aargauische *Abstinententag* stattfinden. Die denkende Arbeiterschaft ist durch ihre Presse längst auf die immer wachsende Bedeutung der Anti-Alkoholbewegung aufmerksam gemacht worden. Möge sie durch einen stattlichen Aufmarsch aus dem ganzen Kanton beweisen, daß sie die Forderung der Zeit begriffen hat. Man nehme den Besuch dieser sicher anregenden Tagung schon jetzt auf sein Sommerprogramm!

NOCH EINMAL: JESUS UND DIE PSYCHIATRIE
1913

Der Schriftsteller, Journalist und zeitweilige Zürcher Dozent der Philosophie Dr. Johannes Kreyenbühl (1846–1929) beschäftigte sich in historisch-kritischer Absicht auch mit theologischen Fragen.[1] So veröffentlichte er im «Aargauer Tagblatt» vom 7. 9. 1913 unter dem Titel «Jesus und die Psychiatrie» einen Aufsatz, in dem er im Anschluß an die im Frühling des gleichen Jahres in erweiterter Fassung im Druck erschienene medizinische Dissertation Albert Schweitzers «Die psychiatrische Beurteilung Jesu» (Tübingen 1913) die Einschätzung der Person Jesu durch Psychopathologen wie W. Hirsch und Ch. H. L. J. Binet-Sanglé[2] referiert. Kreyenbühl möchte aber vor allem die «großen und begründeten Bedenken» zum Ausdruck bringen, die er gegen den «Abriß der Wirksamkeit Jesu» hegt, den Schweitzer selber in seiner psychiatrischen Studie gibt. «Schweitzer hat gegenüber den Pathographen Jesu Recht: Die psychiatrische Beurteilung Jesu ist mißlungen. Aber ebenso sicher ist: Schweitzers Versuch eines Lebens Jesu auf Grund der eschatologischen Phantastik ist ebenfalls mißlungen.» Denn indem Schweitzer Jesus so «zum Phantasten, Schwärmer, Abenteurer, zu einer ganz unmöglichen Figur macht», hebt er die geschichtliche Realität Jesu auf: «Das Bewußtsein Jesu ist ein abnormes und in sich selbst unmögliches, wenn es ein messianisches gewesen ist.» Ganz dasselbe geschieht freilich auch da, wo man umgekehrt – trotz der zahlreichen überlieferten Jesus-Worte eben dieses Inhalts – annimmt, der «geschichtliche Jesus» habe sich nicht für den «apokalyptischen Messias» gehalten. Denn dann ist eine Scheidung echter und unechter Worte Jesu in den Quellen überhaupt nicht mehr durchzuführen, «und das ganze synoptische Jesusbild stürzt zusammen».

Als Barth (laut Eintragung in seinem Taschenkalender) am 16. 9. 1913 seine Replik auf Kreyenbühl niederschrieb, die am 20. 9. im «Aargauer Tagblatt» mit der Autorenangabe «Karl Barth, Pfarrer in Safenwil» erschien, war dort bereits (am 14. 9. 1913) eine mit -r-a. gezeichnete erste

---

[1] Vgl. HBLS Supplement, S. 98; s. auch A. Schweitzer, *Geschichte der Leben-Jesu-Forschung*, Gesammelte Werke in fünf Bänden, Bd. III, München o. J., S. 337, Anm. 22.
[2] Vgl. auch A. Schweitzer, *Geschichte*, a.a.O., S. 525–529.

«Entgegnung auf den Artikel des Hrn. Dr. Kreyenbühl» unter dem Titel «Das Jesusproblem in anderer Beleuchtung» voraufgegangen, die Barth freilich abrückend als eine «kleine Predigt» bezeichnet. Er selber bemüht sich grundsätzlicher darum, das «böse Entweder-Oder» aufzulösen, das Kreyenbühl als das «große Dilemma» der Jesusfrage dargestellt hatte. Sein Versuch, der zuletzt zu einer Kritik des «Bildungsphilisters», einer «gewissen bürgerlichen Vernünftigkeit», des «bürgerlich-vernünftigen Maßes» des «ehrenwerten Bürgers» in seiner «bürgerlichen Mittelmäßigkeit» führt, fußt wesentlich auf dem im Text auch zitierten RGG-Artikel «Jesus Christus» I.–III. von W. Heitmüller und auf dem Artikel «Menschensohn im AT und Judentum» von A. Bertholet im selben «Handwörterbuch» (s. unten Anm. 12).

Der Artikel trug Barth ein spontanes Lob von Paul Wernle ein: «Es ist schön & tapfer von Ihnen», schrieb ihm Wernle am 22. 9. 1913 auf einer Postkarte, «wie Sie in der Tage[s]zeitung diesen Kampf durchfechten & es wäre nicht gut, wenn hier geschwiegen würde. Aber freilich ist es bedenklich genug, vor diesem Forum eine so zarte Sache behandeln zu müssen ... Ich finde aber, was Sie sagen, ist das Beste, was sich unter diesen Umständen sagen läßt.»

Zu meinem Bedauern ist mir erst jetzt der interessante Artikel von Dr. J. Kreyenbühl in Nr. 243 (7. September) dieses Blattes[3] in die Hände gekommen. Es ist mir zwar nicht ganz klar, welchen *Zweck* der Verfasser mit dieser Publikation in einer politischen Tageszeitung im Sinne gehabt hat. Der *Erfolg* konnte jedenfalls bei einer Leserschaft, die in ihrer großen Mehrzahl den Zusammenhang der Diskussion dieser schwierigen Fragen nicht überblickt, nur der einer Verblüffung mehr oder weniger sensationeller Art sein. Die in Nr. 250 vom letzten Sonntag als «Entgegnung» veröffentlichte kleine Predigt[4] dürfte Herrn Dr. K. darüber bereits aufgeklärt haben. Aber nun seine Rede an dieser

---

[3] J. Kreyenbühl, *Jesus und die Psychiatrie*, in: Aargauer Tagblatt, 67. Jg., Nr. 243 vom 7. Sept. 1913, S. 1 [Sp. 4] – S. 2 [Sp. 2].

[4] -r-a., *Das Jesusproblem in anderer Beleuchtung. Entgegnung auf den Artikel des Hrn. Dr. Kreyenbühl «Jesus und die Psychiatrie» in Nr. 243 des «Aargauer Tagblattes»*, in: Aargauer Tagblatt, 67. Jg., Nr. 250 vom 14. Sept. 1913, S. 1 [Sp. 3] – S. 2 [Sp. 1].

Stelle und vor diesem Publikum einmal geschehen ist, darf eben um des verblüfften Publikums willen auch die Gegenrede nicht ausbleiben.

Wer den Artikel von Dr. K. gelesen hat, wird sich erinnern, daß die Darlegungen, auf die der Verfasser offenbar hinaus wollte, im zweiten Teil seiner Arbeit enthalten waren. Er wollte dort zeigen, daß die Leben-Jesu-Forschung vor einem bösen Entweder – Oder stehe. Entweder, meint er, man hält die Überlieferung der drei ersten Evangelien, nach der sich Jesus für den Messias gehalten hat, für richtig. Dann folgt daraus, daß die ganze Jesusgestalt dieser Evangelien ein Geschöpf der dichtenden Sage und nicht ein Element der wirklichen Geschichte gewesen ist. «Denn ein Mensch, der sich für den apokalyptischen Messias hält, ist kein normaler, kein geschichtlicher Mensch.»[5] Oder aber, meint Dr. K., man streicht die Überlieferung, daß Jesus sich als Messias betrachtete, als ungeschichtlich, aber damit wird dann so viel anderes in den evangelischen Berichten unsicher, daß überhaupt kein bestimmtes Wissen über den geschichtlichen Jesus übrig bleibt.[6] Mit anderen Worten: Dann folgt daraus erst recht, daß die ganze Jesusgestalt ein Geschöpf der dichtenden Sage ist. – So Dr. K. Es soll keinen Augenblick bestritten sein, daß in dem Messiasanspruch Jesu ernste psychologische und geschichtliche Probleme vorliegen. Aber ich möchte versuchen, in kurzem deutlich zu machen, warum die moderne neutestamentliche Wissenschaft (als deren berufenen Vertreter ich mich aber ja nicht aufspielen will!) dieses böse Entweder-Oder nicht anerkennen kann.

1. Nach Dr. K.'s an D. Fr. Strauß sich anschließender Darlegung[7] bekommt man den Eindruck, als sei der Messiasanspruch ein in Jesu Bewußtsein unvermittelt auftauchender und nachher hölzern-dogmatisch dastehender Komplex von ebenso starren wie abenteuerlichen Vorstellungen gewesen. Dr. K. entsetzt sich über den Gedanken, daß eine konkrete geschichtliche Persönlichkeit die[8] Natur und die Funktionen der Messiasfigur der spätjüdischen Spekulation und Phantasie auf sich

---

[5] J. Kreyenbühl, a.a.O., S. 2 [Sp. 2].
[6] Vgl. ebd.
[7] Vgl. a.a.O., bes. S. 1 [Sp. 4] und S. 2 [Sp. 1]; [D. Fr. Strauß,] *Das Leben Jesu*, kritisch bearbeitet von D. Fr. Strauß, 2 Bde., Tübingen 1835/1836 [= Darmstadt 1969]; [ders.,] *Das Leben Jesu*, für das deutsche Volk bearbeitet von D. Fr. Strauß, Leipzig 1864.
[8] Erstdruck: «der»; Korrektur vom Hrsg.

übertragen haben sollte. Aber wer heißt uns denn, diesen Anspruch Jesu so schemenhaft als logischen resp. logisch unmöglichen Lehrsatz hinzustellen? *So* ist es freilich nicht schwer, zu einem so viereckigen Entweder – Oder zu kommen wie dem von Dr. K. behaupteten. In Wirklichkeit ist dieser Anspruch Jesu ein organischer Vorgang gewesen, der sich freilich (wie alle organischen Vorgänge, in der Natur so gut wie in der Geschichte!) nicht restlos erklären, wohl aber *annähernd* verständlich, innerlich *wahrscheinlich* machen läßt. Warum sagt uns Dr. K. nichts davon, daß der Messiasanspruch nur eine *Einkleidung* oder *Spiegelung* war der vom Messiasgedanken zunächst ganz unabhängigen und sachlich viel wichtigeren Überzeugung Jesu, er sei der Vermittler einer neuen und einzigartigen Offenbarung Gottes? Stellen wie Mark. 8,27–30 oder Mark. 14,62 sind nur zu verstehen, wenn man Matth. 11,25–27; Luk. 10,21–24 daneben hält; und um diese zu verstehen und nicht aus einem Kopfschütteln ins andere zu geraten, müssen wir die Bergpredigt und die Gleichnisse Jesu nicht nur lesen, sondern auf uns wirken lassen. Kurzum, wir müssen diesen Anspruch Jesu von innen, und nicht schablonenhaft von außen, zu begreifen suchen; in dieser Meinung bin ich mit dem Einsender vom letzten Sonntag ganz einig.[9] «Wollte Jesus das eigenartige hohe Bewußtsein, das in ihm lebte, die Überzeugung, Träger einer einzigartigen abschließenden Offenbarung Gottes zu sein, seiner Umgebung mitteilen und klar machen, so mußte er eine ihr geläufige Vorstellung wählen, und da bot sich unvermeidlich und unwillkürlich die Vorstellung des Messias. Nicht als ob das ein Ergebnis kühlen Nachdenkens gewesen wäre. Ihm, der selber im Gewande seiner Zeit lebte, wuchs diese Hülle ohne weiteres zu, er mußte sie annehmen. Aber es war eben nur eine seiner Zeit entsprechende Schale für jenen Kern» (W. Heitmüller, Art. «Jesus Christus» im Lexikon «Die Religion in Geschichte und Gegenwart», Bd. 3 [1912], Spalte 381). Ohne den Hinweis auf diesen Zusammenhang von Kern und Schale ist es überaus billig, von «abenteuerlichen Vorstellungen» zu reden.[10] Warum sagt uns Dr. K. weiter nichts davon, daß die Messiasidee des damaligen Judentums eine ungemein *vieldeutige* und *mannigfaltige* gewesen ist und daß keine Rede davon sein kann, als sei sie

---

[9] Vgl. -r-a., a.a.O., S. 1 [Sp. 4].
[10] Vgl. J. Kreyenbühl, a.a.O., S. 1 [Sp. 4] und S. 2 [Sp. 1].

von Jesus einfach als ein geschlossenes dogmatisches Ganzes übernommen und auf seine eigene Person angewandt worden?! Hier fangen doch die Probleme der Forschung erst an; *in welchem Sinn* hat sich Jesus als der Messias betrachtet? Erst wenn das ausgemacht ist, können wir mit unserem Werturteil daherkommen. Nun dürfte aber gerade in der Tatsache, daß Jesus nach der evangelischen Überlieferung die populäre Idee des «Sohnes David[s]» zurückgestellt, wo nicht abgelehnt (Mark. 12,35–37) und dafür an zahlreichen Stellen die aus dem Buche Daniel bekannte Vorstellung des «Menschensohnes» [Dan. 7,13] übernommen und auf sich angewandt hat, der Hinweis darauf liegen, daß er bei seinem Messiasanspruch gerade *gegen* das im eigentlichen, nämlich im *ethischen* Sinn abenteuerliche jüdisch-nationale Messiasideal Stellung genommen hat.[11] Denn die Vorstellung des *«Menschensohnes»* bezeichnete in der jüdischen, ja vielleicht überhaupt in der damaligen vorderasiatischen religiösen Gedankenwelt den vergöttlicht wiederkehrenden ersten Menschen, wie ja überhaupt in der erwarteten Endzeit die Urzeit erlöst (idealisiert würde man wohl heutzutage sagen) wiederkehren sollte.[12] Wer wollte leugnen, daß auch bei dieser Vorstellung die schnörkelbildende orientalische Phantasie kräftig mitgewirkt hat, aber was soll denn das beweisen? Wäre es nicht oberflächlich, die darin enthaltene religiöse Tiefe zu verkennen und diese Vorstellung in einem Atemzug mit der in der Tat, wie sie damals verstanden wurde, kleinlich-partikularistischen Davidssohn-Idee als «abenteuerlich» zu verwerfen? Endlich: warum sagt uns Dr. K. nichts von dem eigentümlichen Vorgang des *Hervortretens* des messianischen Bewußtseins Jesu, den wir uns gerade nach den Einsichten der neueren Forschung als einen *allmählichen* zu denken haben, gleichviel ob er nun in der Taufe am Jordan [Mk. 1,9–11 par.] oder in dem Petrusbekenntnis vor Cäsarea Philippi [Mk. 8,29 par.] gegipfelt hat? Warum nichts davon, daß Jesus sehr wahrscheinlich nur im engsten Kreise und in einzelnen außerordentlichen Augenblicken kurz vor seinem Tode und im Hinblick darauf[13] selber über diesen seinen Anspruch *geredet* hat? Warum nichts von der merkwürdig keuschen *Zurückhaltung*, die er dabei bis zuletzt

---

[11] W. Heitmüller, a.a.O., Sp. 378–380, vgl. Sp. 364f.
[12] A. Bertholet, Art. «Menschensohn im AT und Judentum», in: RGG¹ IV, Sp. 296.
[13] Erstdruck: «daraufhin»; Korrektur vom Hrsg.

beobachtet hat? Es sei rundweg zugegeben, daß dieser Anspruch auch bei Erwägung aller dieser Umstände etwas Außergewöhnliches an sich hat. Aber ist es nicht eine arg grobe Psychologie und Logik, einfach zu konstatieren: Jesus soll ein Mensch gewesen sein, der sich für den Messias hielt, das ist «abnormal», folglich kann er es nicht gesagt haben, folglich ist er überhaupt keine geschichtliche Persönlichkeit?![14] Ist es nicht sachgemäßer, diesen Anspruch, so ungewöhnlich er ist und so dunkel uns seine Entstehung im Einzelnen sein mag, zunächst aus dem Zusammenhang des im übrigen doch wahrhaftig nicht pathologischen inneren Lebens Jesu, seines Verhältnisses zu den Jüngern, seiner eigentümlichen Auseinandersetzung mit dem Judentum, die in sehr verwikkelten Anziehungen und Abstoßungen verlaufen sein muß, zu verstehen zu suchen? Sieht er dann nicht etwas anders aus, als wenn man es einfach so patzig hinstellt: er hielt sich für den Messias? – Ich meine nicht, Herrn Dr. K. belehren zu müssen. Er kennt alle diese Dinge so gut oder besser als ich. Ich weiß auch, daß man in *einem* Artikel nicht *alles* sagen kann. Aber wenn er einmal seine These den Lesern des «Aarg. Tagblattes» unterbreiten wollte, dann wäre es m. E. seine wissenschaftliche Pflicht gewesen, dem nicht fachkundigen Publikum wenigstens anzudeuten, daß *der Reichtum der geschichtlichen Möglichkeiten viel größer ist, als es nach seinem bösen Entweder – Oder aussehen könnte.*

2. Die ganze neutestamentliche Wissenschaft ist mit Dr. K. einig darin, daß der Messiasanspruch Jesu, wie er auch im Einzelnen zu deuten sei, etwas *Ungewöhnliches* darstellt. Und noch viel ungewöhnlicher ist ja schon sein über das Maß des Prophetischen durchaus hinausgehendes Berufsbewußtsein, zu dem sich der Messiasanspruch nur wie Schale, Kleid oder Spiegelbild verhält. Aber bei der *Beurteilung* dieses Ungewöhnlichen gehen nun unsere Wege auseinander. Dr. K. kann sich zwar der Meinung, es lasse sich daraus die geistige Abnormalität Jesu beweisen, nicht anschließen, aber er hält dieses Selbstbewußtsein Jesu für «in sich selbst unmöglich»[15] und spricht ihm daraufhin – die geschichtliche Existenz ab. Im Grunde ist er also doch auch der Ansicht, der Messiasanspruch involviere eine geistige Abnormalität, und nur je-

---

[14] Vgl. J. Kreyenbühl, a.a.O., S. 2 [Sp. 2].
[15] Ebd.

ne Streichung seiner geschichtlichen Existenz rettet Jesus in seinen Augen vor diesem Urteil. Was ist das Fundament dieser weittragenden Behauptungen? Ich habe in Dr. K.'s Artikel kein anderes entdecken können als die Mitteilung, bereits *David Friedrich Strauß* habe an den messianischen Ansprüchen und Aussprüchen Jesu Anstoß genommen und von abenteuerlichen Vorstellungen, Schwärmerei, von dem Wahnsinn ganz nahestehenden Ideen gesprochen. «Strauß war aber ein feiner, ein gelehrter und höchst kritischer und dabei besonnener Kopf, der sich um die Leben Jesu-Forschung die allergrößten Verdienste erworben hat. Wenn dieser Mann an dem messianischen Bewußtsein Jesu so starken Anstoß genommen hat, so ist das ein sicherer Beweis, daß etwas faul ist im Staate Dänemark.»[16] Mit Verlaub, Herr Dr., das ist für uns andere nun gerade *kein* sicherer Beweis, ganz im Gegenteil! Ich habe mit Ihnen großen Respekt vor dem ehrlichen kritischen Scharfsinn und den wissenschaftlichen Verdiensten des genannten Gelehrten, aber wenn es sich um die *Psychologie des Genius* handelt, dann werde ich mir bei D. Fr. Strauß *zu allerletzt Rat holen*, denn dafür, gerade dafür hat er bei aller Gelehrsamkeit, man kann ruhig sagen, *kein Verständnis* gehabt. Was für unzutreffende Bemerkungen hat er sich z. B. in seinem Buche «Der alte und der neue Glaube» über *Beethoven* im allgemeinen[17] und über seine neunte Symphonie im besonderen[18] erlaubt und wie hat er sich dafür und für sein ganzes Buch von *Friedrich Nietzsche* auslachen lassen müssen als der Typus des Bildungsphilisters[19], der ewig nur dem Geiste gleicht, den er begreift[20]. Dr. K.'s böses Entweder – Oder hinkt, denn es beruht völlig auf einem nach Maßgabe einer gewissen bürgerlichen Vernünftigkeit ersonnenen Begriff von «normal» und «abnormal», der nun einmal auf den Genius nicht paßt. Was für den

---

[16] A.a.O., S. 2 [Sp. 1]; s. auch S. 1 [Sp. 4]. Die Schlußwendung des angeführten Textes ist ein Zitat aus W. Shakespeare, *Hamlet, Prinz von Dänemark*, I, 4 (nach der deutschen Übersetzung von A. W. von Schlegel).
[17] D. Fr. Strauß, *Der alte und der neue Glaube. Ein Bekenntniß*, Leipzig 1872, S. 353–360.
[18] Vgl. a.a.O., S. 359.
[19] Vgl. Fr. Nietzsche, *Unzeitgemässe Betrachtungen*, Erstes Stück: *David Strauss der Bekenner und Schriftsteller* (1873), Nietzsche Werke. Kritische Gesamtausgabe, hrsg. von G. Colli und M. Montinari, Abt. 3, Bd. I, Berlin/New York 1972, S. 153–238, vgl. bes. S. 161ff. und S. 180–183.
[20] Vgl. J. W. von Goethe, *Faust I*, V. 512 (Nacht).

ehrenwerten Bürger von Aarau, Brugg oder Zofingen «abnormal» wäre, das kann für den Genius sehr wohl «normal» sein und *ist* es in hundert Fällen. Daran müssen wir uns gewöhnen, wenn wir einen Genius und nun gar einen wie Jesus begreifen wollen. Es wäre ein Kinderspiel, mit dem Maßstab der Straußschen Normalität in der Hand der Reihe nach die größten Geister der Menschheit der «Krankhaftigkeit» und der «Schwärmerei» zu bezichtigen.[21] *Luther* z. B. hat ein Sendungsbewußtsein entwickelt, das einem messianischen sehr nahe kommt, und er hat sich deswegen in jüngster Zeit von dem Jesuiten Grisar eine ganz ähnliche Beurteilung gefallen lassen müssen[22], wie sie von Dr. K. und seinen Gewährsmännern gegenüber Jesus angewandt wird. Der sonst so nüchterne *Kant* hat sich ausdrücklich für den Kopernikus der Philosophie gehalten.[23] *Goethe* hat besonders in seinen letzten Jahrzehnten aus einer Wolkenhöhe herunter über alles und jedes geredet, wie sie der Normalität des Durchschnittsvernünftigen durchaus nicht entsprechen dürfte. Und ebenso hat *Richard Wagner* in einem Dunstkreis von künstlerischem Selbstbewußtsein gelebt, der bei allen Propheten und Gläubigen der allein selig machenden Normalität nur Kopfschütteln erregen kann. Man lese einmal eine Biographie des *Franz von Assisi* oder des schon genannten *Beethoven* oder ein Gedicht aus der Jugendperiode *Schillers* oder die «Monologen» *Schleiermachers* oder ein paar Seiten *Novalis* oder eine der Schriften des nordischen Denkers *Kierkegaard* oder ... man lese das alles mit dem dem Artikel von Dr. K. zu Grunde gelegten Begriff von «normal» und «abnormal» im Sinn – was für eine Reihe von sichtlich überspannten Köpfen müßte da nach Königsfel-

---

[21] Vgl. J. Kreyenbühl, a.a.O., S. 1 [Sp. 4]; S. 2 [Sp. 1. Sp. 2].
[22] H. Grisar, *Luther*, Bd. I: *Luthers Werden. Grundlegung der Spaltung bis 1530*, Freiburg im Breisgau 1911; Bd. II: *Auf der Höhe des Lebens*, Freiburg im Breisgau 1911[1.2]; Bd. III: *Am Ende der Bahn – Rückblicke*, Freiburg im Breisgau 1912[1.2]; s. bes. Bd. II, S. 648–661 («Luther über seine Unantastbarkeit und Größe») und Bd. III, S. 650–673, wo Grisar u. a. über den «verschiedene pathologische Erscheinungen» zeigenden Gedankenkreis spricht, «in dessen Banne» sich Luther «in Bezug auf *seine eigene Person*» befinde (S. 650–653), und über «Luthers Seelenleben im Urteil von Ärzten und Historikern» berichtet (S. 661–673).
[23] I. Kant, *Kritik der reinen Vernunft*, Vorrede zur zweiten Auflage, B XVI, vgl. B XXII, Anm. *, Kant's gesammelte Schriften, hrsg. von der Königlich Preußischen Akademie der Wissenschaften, Abth. 1, Bd. III, Berlin 1911, S. 14f.

den[24] wandern!! Auch Dr. Kreyenbühl dürfte vielleicht vor dieser Diagnose diesen Leuten gegenüber zurückscheuen, und auch dazu dürfte er kaum Lust haben, ihnen die geschichtliche Existenz abzusprechen, weil sie seinen Anforderungen an Normalität sicher nicht genügen. Gut, dann dürfen wir aber auch das messianische Bewußtsein Jesu nicht an diesem *unserem* bürgerlich-vernünftigen Maß messen. Kraft seiner eigentümlichen religiösen Genialität, die ihn von unseresgleichen noch viel weiter entfernt, als die genannten Geister von unseresgleichen entfernt sind, durfte er jenen Ausdruck zu seiner Selbstbeurteilung anwenden, der im Munde von unseresgleichen in der Tat eine Narrheit gewesen wäre. Ob und wie wir diese Selbstbeurteilung mit seiner konkreten geschichtlichen Person «glaubwürdig zu verknüpfen», d. h. wohl psychologisch zu durchschauen vermögen, diese Frage, die Dr. Kreyenbühl so am Herzen liegt[25], kommt wirklich erst in zweiter Linie. Die Verknüpfung genialer Gedanken und Werke mit einem konkreten Menschen wird uns immer wieder als etwas Unglaubwürdiges vorkommen. Und doch liegt sie tatsächlich hundertfach vor, ob es uns freut oder nicht. Wenn wir in solchen Fällen unser Begrifflein «abnormal» zur Anwendung bringen wollen, so können wir es ja. Aber in Wirklichkeit dürfte es *so* stehen, daß *wir* mit unserer bürgerlichen Mittelmäßigkeit die *«Abnormalen»* sind gegenüber den großen «Normalen», die denken und tun können, wozu wir nicht fähig und berechtigt sind. Schließlich können wir ja auch noch die Naivetät begehren, ihnen die geschichtliche Existenz streitig zu machen, weil sie wirklich anders waren, als wir sind, und weil *wir* natürlich der Maßstab sind dessen, was überhaupt möglich ist! Aber ich denke, wir haben wirklich Besseres zu tun.

---

[24] Sitz der Aargauischen Heil- und Pflegeanstalt.
[25] J. Kreyenbühl, a.a.O., S. 2 [Sp. 1f.]: Es ist «unmöglich», «die Aussprüche und Ansprüche des apokalyptischen Messias ... mit den Eigenschaften, Schranken, Mängeln, Schicksalen einer konkret und geschichtlich-menschlichen Persönlichkeit zu verknüpfen. Noch keiner hat diese Verknüpfung innerlich, wahrhaft und glaubwürdig vollzogen und keiner wird sie jemals vollziehen. Hier ist die Achillesferse, wo der synoptische Jesus sterblich ist.»

SOKRATES
1913

Sokrates gehörte in diesen Jahren für Barth, wie schon die Genfer «Lebensbilder aus der Geschichte der christlichen Religion» zeigen, durchaus zum pastoralen Themenkanon. Als er nun – unter der Überschrift «Sokrates. Bl Kr. 28. IX 13» – Stichworte für eine Stunde im Blauen Kreuz – mit Tinte auf einem Oktavblatt aus einem Notizheft oder dergl. – niederschrieb, orientierte er sich an den gleichen Quellen wie zuvor in Genf, benutzte vielleicht sogar die Aufzeichnungen von damals, um den Abend über «Leben und Sterben des Sokrates» (Brief an Peter Barth vom 29. 9. 1913) vorzubereiten. Es erübrigt sich daher, hier die Nachweise zu wiederholen (s. oben S. 73–77).

Ein Heide? Ja, aber ein edler. Zwingli: im Himmel[.] Ein Vorläufer Xϱ'i [Christi] wie die A[lt-]T[estament]l[ichen] Propheten

Athens Glanzzeit. Kunst. Wissenschaft. Theater. Aber Dekadenz: Faulheit, Geschwätz, Laxheit, Frauenverachtung, Unsicherheit in sittl. Dingen. Civilisation oft hohl

Sokrates klein u. häßlich[,] geht umher um sich zu «belehren» dh. um zu zeigen, daß die Leute o [nichts] wissen. Zorn u. Prügel

Sohn des Sophroniskus u. der Phänarete. geb. 469. Bildhauer. Soldat. Xanthippe (wenig Verdienst, daher zänkisch) Charakter: Selbstbeherrschung, Reinheit, Tiefe. o [Kein] Freund der Schwätzer u. der Mehrheit. Sein «Daimonion». Gratis Unterricht u. freiwillige Schüler. Erkenne dich selbst!

Anklage 70 J[ahre] alt, will o [nicht] schmeicheln, stolz. Pflicht. o [Nicht] bewiesen. Schuldig! Sein Strafantrag. Todesurteil[.] *Mir* o [nichts] Schlimmes! 30 T[age] Aufschub. Gespräche mit Schülern[.] Rechttun gut! Tod zuträglich. Befreiung abgelehnt[.] Sonnenuntergang. Ruhe.

Tod von großer Wirkung

Verhältnis zu Xϱ [Christus]: Frage, Antwort. Liebe!

DIE ARBEITERFRAGE
1913/14

Während des Winterhalbjahrs 1913/14 nahm Barth einen großen Anlauf, seiner seit rund zwei Jahren bestehenden und nun zunehmend über die Grenzen des Dorfes hinausgreifenden praktischen Bindung an die Bestrebungen der Sozialdemokratie bzw. ihrer örtlichen Organisation, des Safenwiler Arbeitervereins, eine solide theoretische Grundlage zu geben. Er tat dies, indem er aus den Früchten seiner Lektüre einiger Standardwerke der zeitgenössischen Fachliteratur und einschlägiger Presseorgane mit teilweise eigener Systematik eine reiche Materialsammlung zusammentrug. Sie besteht aus 61 eng beschriebenen, durchnumerierten losen Blättern im Format 23 × 18 cm, die in dem gleichformatigen Umschlag eines Schulheftes zusammengelegt sind. Beschrieben sind mit dem durchlaufenden Text die Vorderseiten der Blätter, doch sind die Rückseiten häufig für Ergänzungen benutzt. In den Hauptteil sind verschiedentlich Zeitungsausschnitte, öfters ganze Artikel eingeklebt; weitere Zeitungsartikel sind gelegentlich auf den Rückseiten befestigt.

Barth arbeitete offensichtlich nach einem vorgefaßten Plan. Denn die «Übersicht», die er auf einem ersten, nicht paginierten Blatt nach der Gesamtüberschrift «Die Arbeiterfrage» und der Angabe der Entstehungszeit «Winter 1913/14» der Ausarbeitung voranstellte, greift in jedem der beiden Hauptteile mit einem vorgesehenen dritten Kapitel über das tatsächlich Ausgeführte hinaus, wie denn auch die Teilüberschriften im Wortlaut meist von der Disposition abweichen. Das Grundgerüst übernimmt Barth, jedoch in veränderter Reihenfolge, aus Teilen der 761 Seiten starken Monographie «Die Arbeiterfrage. Eine Einführung» (Berlin 1908[5]) von Heinrich Herkner (1863–1932), Professor der Nationalökonomie an der Königlichen Technischen Hochschule zu Berlin. Dazu kommen als weitere durchgehend benutzte Werke das Bändchen «Die gewerbliche Arbeiterfrage» aus der Sammlung Göschen (Berlin/Leipzig 1910[2]) von Werner Sombart (1863–1941), Professor an der Handelshochschule Berlin, und «Die Arbeiterfrage. Eine Einführung» (Zürich 1910) von Paul Pflüger (1865–1947), früherem Pfarrer in Zürich-Außersihl, 1911–1918 sozialdemokratischem Nationalrat.

Die Inangriffnahme dieser Arbeit, die außer der Konsolidierung von

Barths eigenen Kenntnissen auch einem unmittelbar praktischen Zweck diente, dürfte auf ein ihn stark beschäftigendes Ereignis im Sommer 1913 zurückgehen. Am 11. Juni erhielt er Besuch von dem vollzähligen fünfköpfigen Vorstand des Safenwiler Arbeitervereins, der ihm die Bitte vortrug, er möge dem Verein (und damit der Sozialdemokratischen Partei) als Mitglied beitreten und zugleich dessen Präsidium übernehmen. In den folgenden Tagen schreibt Barth darüber an seinen Bruder Peter, an seine Mutter, an W. Spoendlin und an E. Thurneysen (Bw. Th. I, S. 4f.), schließlich am 16. Juli an W. Loew: «... eines Abends stieg mir der ganze Vorstand des Arbeitervereins auf die Bude, um mich einzuladen, nun auch äußerlich Vereins- d. h. soz. demokr. Parteimitglied zu werden. Ich habe nach 4 Wochen Überlegung schließlich abgelehnt. Nicht prinzipiell, sondern vorläufig, aus praktischen Erwägungen: Man begehrt mich hauptsächlich als Redner u. Agitator im Kanton *herum, wo die Partei außer einem ganz jungen Dr. jur. und einem alkoholunsichern Pfarrer keine gebildeten Vertreter hat. Die Aufgabe, diese Rolle im christlichen Sinn zu übernehmen u. durchzuführen, wäre sehr schön; ein theologisches Hindernis scheint mir nicht vorzuliegen, im Gegenteil, aber ich fühle mich der Unternehmung noch nicht gewachsen 1. hinsichtlich der politischen Kenntnisse u. Gewandtheiten, die dazu nötig sind, 2. hinsichtlich der Vereinigung dieser Aufgabe mit denen des Pfarramts – ich möchte beidem auf eine anständige Weise leben können. So bin ich aus Opportunität vorderhand noch nicht vollständiger Sozi, es kann aber sicher noch geschehen. Klaus und Heiner redeten mir heftig zu, anzunehmen.»*

Die beiden Ratgeber sind Barths Brüder Peter – mit studentischem (?) Spitznamen Klaus – und Heinrich. Anderer Meinung scheint die Mutter gewesen zu sein, der Barth von seiner Absage am 9. Juli – dem Tage, an dem die vierwöchige Bedenkfrist ablief – folgendermaßen Mitteilung macht: «Eben habe ich nun dem Arbeiterverein geschrieben, daß ich vorläufig ihrem Begehren noch nicht entsprechen könne, da ich mir noch nicht genügend Kenntnis der Fragen zutraue, um so an die große (aargauische!) Öffentlichkeit zu treten als Politiker, was der Eintritt in den A.V. zweifellos zur Folge hätte, und da ich auch fürchte, das Pfarramt könnte unter der Arbeit für die Partei leiden. Ich bin sehr unfreudig *zu diesem Entschluß gekommen, es ist gar nichts Großzügiges darin, sondern Anpassung an das elende ‹praktische Leben›, an die ‹Wirklich-*

keit› u. wie diese Götzen alle heißen. Ich bin auch nahe daran, sagen zu müssen: ich habe gegen mein Gewissen gehandelt mit diesem Nein. Ich fasse es denn auch nur als eine vorläufige Lösung auf und hoffe, es triumphiere niemand (auch in der Familie niemand) über meine vernünftige Einsicht. Mir ist die Sache eine Niederlage.»

Barth empfand also das Bedürfnis, wenigstens den ersten Grund seiner Absage, den Mangel an Sachkenntnis, möglichst rasch aus der Welt zu schaffen. Ob er sich um dieses Bedürfnisses willen einen äußeren Anlaß dazu suchte oder ob der anderweitig entstandene Anlaß willkommene Gelegenheit bot, diesem Bedürfnis nachzugehen, ist aus den erhaltenen Nachrichten nicht zu ersehen. Nachdem im Sommer zwei Safenwiler Gemeindeglieder, ein Schreiner und ein Heizer, eine Zeitlang auf eigenen Wunsch allwöchentlich zu Barth gekommen waren, um sich von ihm über Grundzüge der Kirchengeschichte unterrichten zu lassen (bezeugt in Barths Brief vom 20. 6. 1913 an W. Spoendlin), zeichnete sich im Herbst ein ähnliches Unternehmen mit größerer Teilnehmerschaft und anderer Thematik ab. Am 29. 9. schreibt er seinem Bruder Peter: «Es entsteht vielleicht diesen Winter eine sozialpolitische Jünglingsgruppe von hiesigen Lehrlingen, angehenden Geschäftsmännern und Gymnasiasten. Aber es ist erst in den Anfängen.»

Vier Wochen später, am 26. Oktober, trat diese Gruppe – «ein halbes Dutzend lerneifriger Leute» (Bw. R., S. 89) – zum ersten Mal zusammen, und es folgten in nicht ganz regelmäßigen Abständen neun weitere Zusammenkünfte bis zum 20. 3. 1914, meist an Sonntagnachmittagen, dreimal aber auch freitags abends (nach Barths Notizkalendern von 1913 und 1914). Leider ist nirgends ersichtlich, in welcher Weise genau Barth dort von seinen im Entstehen begriffenen Aufzeichnungen zur Arbeiterfrage Gebrauch machte. Zwischen dem zweiten und dem dritten Treffen, am 20. 11. 1913, berichtet er seiner Mutter: «... ich war in der letzten Zeit sonst sehr in Anspruch genommen. Hauptsächlich durch soziale Studien: ich muß einen Kurs für eine Gruppe von Männern u. Jünglingen ausarbeiten, die alle 14 Tage am Sonntag Nachmittag auf $1^1/_2$ Stunden zu mir kommen. Dazu muß ich das Material von allen Seiten zusammentragen und dabei lerne ich Vieles. Auch Nellchen nimmt teil ... Nach den Gemeinderatswahlen vor 3 Wochen, in denen die Arbeiter wieder wüst majorisiert wurden, wäre ich beinahe als Protest sofort zur Partei übergetreten, habe es dann aber nicht getan, um nicht ‹des Menschen Zorn› *[Jak. 1,20] walten zu lassen. Aber über kurz oder lang kommts doch dazu. Liebes Mamchen, du mußt dich mit dem Gedanken vertraut machen, eines Tages rote Kinder u. Großkinder zu haben. Was mich noch zurückhält ist eigentlich nur eine gewisse Scheu vor der Parteinahme als solcher, die bes. auch das gute Nellchen empfindet, aber meiner Lebtage wird mich diese Scheu doch nicht zurückhalten, offen dorthin zu treten, wohin ich nach meinen Überzeugungen nun doch einmal gehöre. Die ‹bürgerliche Gesellschaft› jedenfalls habe ich gründlich satt.» Und im folgenden teilt er der Mutter den soeben mit «Nellchen» – seiner Frau Nelly – «ausgesonnenen» Plan mit, mehrere Zeitungen und Zeitschriften abzubestellen und dafür gewerkschaftliche Blätter u. ä. zu abonnieren, welche «Sozialisierung zugleich eine erhebliche Verbilligung unserer Lektüre» bedeute. Sollte diese Umstellung nicht von vornherein in der Absicht geschehen sein, der Sammlung «Die Arbeiterfrage» weiteres Material zuzuführen, so tat sie jedenfalls faktisch diesen Dienst.*

Der Wechsel der Periodica ist u. a. auch Thema in einer an W. Loew gerichteten Situationsschilderung vom 15. 12. 1913: «Der Sozialismus hat dies Jahr, zunächst in mir selbst, stark überhand genommen. Ich kann dir nicht ausführen, wie es so gekomen ist, ich spüre nur, daß eine innere Konsequenz mich dieser Sache zuführt. Die Verhältnisse in meiner Gemeinde tragen mehr indirekt dazu bei, ausschlaggebend ist mir das, was ich langsam erstudiere auf diesem weiten Gebiet. Du würdest mich von einer kuriosen Literatur umgeben finden hier. Die Theologie schiebt sich bedenklich in den Hintergrund; ich fürchte, die Sache über die Persönlichkeit Gottes, die jetzt dann einmal in der Z.Th.K. erscheinen soll, wird für längere Zeit mein letztes derartiges Wort sein. Im Sommer las ich Troeltschs Soziallehren, sonst nur noch Gelegentliches aus [und?] Zeitschriften. Auch da werfe ich auf Neujahr noch Ballast über Bord, das biedere ‹Kirchenblatt› und die schweizer. theol. Zeitschrift. Dafür bin ich nun Leser der ‹Gewerkschaftl. Rundschau›, des ‹Textilarbeiters›, eines Konsumvereinsblattes u. einer Bauernzeitung. Ich verwünsche es jetzt oft, daß ich mich auf der Universität u. auch in Genf so wenig um diese Dinge gekümmert habe. Nun muß ich eben das Versäumte nachholen so gut es geht. Daß ich die Gemeinde nun mit entsprechenden Predigten überschwemme, das brauchst du deshalb nicht zu befürchten. Immerhin wurde die Haltung entschiedener in Verbindung mit etwas lebhafterer Abstimmungspropaganda noch dazu.» Und am 22. 12. 1913 macht er auch W. Spoendlin mit den Neuerungen bekannt: «Neuerdings bin ich auch Abonnent einer in jeder Beziehung sehr stallduftenden Bauernzeitung geworden! Den Handelsteil der Basl. Nachrichten erforsche ich jetzt täglich mit vielem Fleiß, freilich oft ohne Erfolg, da mir Vieles noch recht dunkel ist. Meine geringe mathematische und finanztechnische Begabung kennst du ja. Wie thöricht, daß ich es in Berlin versäumt, bei Wagner Nationalökonomie zu nehmen! Ich wäre jetzt über Alles so froh, was ich schon wüßte. Nun muß ich Alles so gelegentlich zusammenraffen.»

War die ursprüngliche Niederschrift der Sammlung, wie man annehmen darf, wohl mit dem Ende jenes Winterkurses abgeschlossen, so trug Barth noch bis 1916 an den Rändern und auf den Rückseiten der Blätter Hinweise auf Presseveröffentlichungen und andere Notizen sowie aufgeklebte Zeitungsausschnitte nach. Auch machte er noch einmal im Safenwiler Arbeiterverein – inzwischen seit dem 26. 1. 1915 dessen Mitglied – praktischen Gebrauch von seiner Sammlung. Am 1. 1. 1916 schrieb er an E. Thurneysen: «Denk mit den hiesigen Arbeitern habe ich nun doch wieder einen Kurs über die ordinären praktischen Fragen (Arbeitszeit, Kassenwesen, Frauenarbeit etc.) im Gang alle Dienstage unter Ausschlachtung meines einst gesammelten Dossiers über diese Dinge. Ich mache es ohne Begeisterung einfach weil es notwendig ist und weil ich das Primär-Notwendige doch noch nicht so an sie heranbringen kann, wie es geschehen müßte» (Bw. Th. I, S. 122). Diesmal handelte es sich um fünf Zusammenkünfte (am 11. und 18. 1., 1. und 14. 2., 6. 3. 1916), die im Notizkalender als «Diskussionsabende» gekennzeichnet sind.

Sofern Zusätze, die von Barth auf Ränder oder Rückseiten geschrieben sind, von ihm selbst als in den fortlaufenden Text einzuordnen gekennzeichnet sind, werden sie in dieser Ausgabe in den Haupttext integriert und jeweils in einer Anmerkung als Zusatz kenntlich gemacht. Andere Zusätze, auch Herkunftsangaben für Materialien und eingeklebte Zeitungsausschnitte, werden in einem mit Buchstaben bezeichneten ersten Apparat wiedergegeben. Erläuterungen des Herausgebers innerhalb dieses Apparates stehen in eckigen Klammern. Der zweite Apparat weist, wo immer das möglich ist, die von Barth benutzten Quellen nach und greift nur ausnahmsweise auf andere zurück. Für einiges aus der Fülle des gesammelten Datenmaterials ließen sich keine Nachweise beibringen. Für Kurztitelangaben s. das Abkürzungsverzeichnis.

Übersicht

I *Lage und Lebensverhältnisse der Arbeiter*
   a) Stellung des Arbeiters
   b) Lebensverhältnisse des Arbeiters
   c) Der Klassengegensatz

II *Versuche, die Arbeiterfrage zu lösen*
   a) Versuche der Arbeitgeber
   b) Versuche des Staates und der Gemeinden
   c) Versuche der Arbeiter
      α) Gewerkschaften
      β) Konsumvereine
      γ) Sozialdemokratie[1]

---

[1] I a und b entspricht bei Herkner (im Inhaltsverzeichnis S. VIIf.):
1. Teil. Die Grundlagen der Arbeiterfrage
1. Kapitel. Die Stellung der gewerblichen Lohnarbeiter in der modernen Gesellschaft
2. Kapitel. Die sozialen Zustände der Arbeiterklasse
Der von Barth nicht ausgeführte Teil I c hat keine Vorlage bei Herkner. Barth notierte in seinem Exemplar (im Inhaltsverzeichnis S. VIII) des Buches: «Es *fehlen* Abschnitte über Bußenwesen, Vereinsrecht, allgemeine Existenzunsicherheit des Arbeiters.»
Teil II a–cβ entspricht bei Herkner (im Inhaltsverzeichnis S. VIII–XIII):
2. Teil. Die soziale Reform
1.–2. Kapitel: Prolegomena und individueller Arbeitsvertrag
3.–6. Kapitel: Die Arbeiterberufsvereine (Gewerkschaften)
7. Kapitel: Sozialpolitische Bestrebungen der Arbeitgeber
8. Kapitel: Wege zum gewerblichen Frieden (zwischen Gewerkschaften und Arbeitgeberverbänden)
9.–12. Kapitel: Sozialpolitische Bestrebungen des Staates und der Gemeinden (der Staat als Arbeitgeber, die Arbeiterschutzgesetzgebung, die Arbeiterversicherung, die gemeindlichen Wohlfahrtseinrichtungen)
13. Kapitel: Der Arbeiter als Konsument (Konsumvereine)
Zum Titel von Teil II bei Barth vgl. Sombart I, S. 30ff. (2. Kap.: Die Lösungsversuche).
Dem von Barth nicht ausgeführten Teil IIcγ entspricht bei Herkner (S. XIII):
3. Teil. Soziale Theorien und Parteien.

I Teil
Lage und Lebensverhältnisse des Arbeiters

1. Kapitel
Die Stellung des Arbeiters

Der Arbeiter – Seine Stell[un]g z[um] Arbeitgeber – zur übr[igen] Gesellsch[aft]

Der Arbeiter. «A[rbeiter]» im allg[emeinen] Sinn ist jeder anständ[ige] Mensch. Hier ist gemeint: *der im Dienst u. Lohn einer industriellen Unternehmung stehende A.*[2]

Nicht dazu gehörig: Bauernknechte, Dienstboten, Eisenbähnler, Kaufmannsgehilfen[3]

Praktisch fallen auch weg: die am Gewinn beteiligten Direktoren, auch die höhern Angestellten

Ihre *Zahl* ist in der Neuzeit ungeheuer gewachsen: Industrieller Aufschwung, andrerseits Bodenverschuldung[4], Übergang vom Ackerbau zur Viehzucht u. Weidwirtschaft, geschlossene Hofgüter mit Anerbenrecht, Überbevölkerung und Erreichung der Grenze der Bodenproduktivität, Konkurrenz[,] die die Industrie dem Handwerk bereitete, Lumpenproletariat[5]

Beispiele: Flußeisenbetrieb in Deutschland[6]
1895: 75 080 Arb[eiter]
1905: 159 172 Arb.

Dem Fabrikgesetz unterstellte Betriebe in der Schweiz[7]

III. Kreis		II. Kreis
1890: 72 276 }	Vermehr[ung] 84 %	1890: 20 672
1911: 133 000 }		1911: 78 717

---

[2] Vgl. Herkner, S. 4f.
[3] Ebd., S. 5.
[4] Zur Bodenverschuldung: Pflüger, S. 119f.
[5] Dieser Abschnitt nach Herkner, S. 1–3.
[6] Dieses Beispiel: Herkner, S. 3.
[7] Fabr. Insp. 1910/11, S. 75.146. Die Zahlen beziehen sich auf die in den Betrieben beschäftigten Arbeiter. – Die Arbeit der eidgenössischen Fabrikinspektion war 1913/14 geographisch in drei Kreise unterteilt.

Total Fabrikarbeiter in der Schweiz 1911: 328 841[8], dazu die Angehörigen, also mindestens 1 Million unsres Volkes

1912
- Sulzer (Winterthur) 3 590
- v. Roll (Gerlafingen) 3 571
- Brown Boveri (Baden) 2 544
- Maschinenfabr[ik] Oerlikon 2 104
- Bally (Schönenw[erd]) 2 000
- Krupp (Essen) 80 000[9]

In *Deutschland* 1895: Handel, Industrie[,] Verkehr: 3 500 000
 in Betrieben von über 20 Pers[onen], ohne höhere Angestellte u. ohne Staats- u. Gemeindearbeiter
 Landwirtschaft: 1 500 000
 Industr[ie-] etc. Betriebe
 von 6–20 Pers. 1 350 000
 d[it]o Landwirtschaft 650 000
 7 000 000
 = 1/5 bis 1/3 der Gesamtbevölkerung[10]

Verhältnis zum Arbeitgeber. Der Arbeiter ist besitzlos d. h. er ist zu seinem Unterhalt auf den *Unternehmer* angewiesen, der durch den *Arbeitsvertrag* des A's Arbeitskraft erwirbt u. bezahlt.[11]

Der *Unternehmer* (Arbeitgeber, Fabrikant, Industrieller) ist zu diesem Vertrag befähigt als Besitzer der Produktions*mittel* (Fabriken, Maschinen, Rohmaterial) und darum des Produktions*ertrags*[12]

Arbeitsvertrag[13]: Obligation zwischen 2 gleichberechtigten Kontra-

---

[8] *Schweizerische Fabrikstatistik* nach den Erhebungen vom 5. Juni 1911, Bern-Bümpliz 1912, S. VI.
[9] Diese Statistik nach: TA, Jg. 11, Nr. 35 vom 29. 8. 1912, *Die größten Fabrikbetriebe der Schweiz* (keine Zahlenangabe für Krupp).
[10] Diese Statistik nach Sombart II, S. 5f. Sie ist auf der Rückseite des Mskr.-Blattes nachgetragen.
[11] Herkner, S. 5f.
[12] Vgl. Herkner, S. 7.
[13] Die Ausführungen zum «Arbeitsvertrag» mit den Punkten a) bis d) nach Herkner, S. 6–9.

henten, scheinbar ganz klar u. gerecht, in Wirklichkeit ergiebt sich eine Reihe von
Nachteilen auf Seiten des Arbeiters
   a) *Der Arbeiter ist zum Leben auf den Arbeitsvertrag angewiesen,* während der Unternehmer von Vermögen, Rente od. eigener Arbeit leben kann[a]
   b) *Der Arbeiter engagiert im Arb[eits]vertrag seine Person,* der Unternehmer engagiert (u. riskiert!) seine Sachen
   c) *Der Arbeiter kann seine «Produktion»[,] das Arbeitsangebot nicht einschränken* ohne zu Grunde zu gehen, während jede andre Produktion eingeschränkt werden kann. Sinkt der Lohn, so muß er länger u. intensiver arbeiten. Beides zusammen ruiniert ihn oder setzt doch seine Lebenshaltung herab. Dadurch vielleicht Gleichgewicht hergestellt zwischen Angebot u. Nachfrage
   d) *Der Arbeiter ist im Ganzen an einen zufälligen Markt gebunden* zum Absatz seiner «Ware», kann oft nicht übersiedeln, nie «Proben» schicken, das Angebot ist nicht organisiert
Hoffstott (Stahlwerke in Pittsburg[h] 1909 zu Lohnerhöhung fordernden Arbeitern:) «Nachfrage u. Angebot bestimmen die Löhne hier wie auch anderswo ... Wir kaufen die Arbeit am billigsten Markt. Wenn ein Mann mit s[einem] Lohn oder den Verhältnissen[,] unter denen er arbeitet, nicht zufrieden ist, kann er gehen. Dagegen läßt sich nichts sagen.»[14]
Natürlich: *gute* Arbeiter werden unter diesen Nachteilen des A[rbeits-]V[ertrags] nicht leiden, die Unternehmer haben ein Interesse daran, sie zu halten u. gut zu halten[,] während *schlechte* Arbeiter für den Unternehmer Risiko u. Verlust bedeuten. Aber man muß sich zur richtigen Beurteilung an den *Durchschnitt* halten. Die industrielle Entwicklung (Arbeitsteilung, Maschinen) tendiert übrigens auf die Durchschnittsarbeit![15]
Ebenso giebt es ritterliche Unternehmen, in deren Hand der A. V. ungefährlich ist, andrerseits solche[,] die ihre Vorzugsstellung noch verschärfen. Auch hier muß man sich an den Durchschnitt halten.

---

[a] [Randnotiz nach Herkner, S. 9:] Hier Lebensfrage, dort Geschäftsinteresse!
[14] Pflüger, S. 11.
[15] Dieser Abschnitt nach Herkner, S. 9f.

Durch das Zunehmen des internat[ionalen] Wettbewerbs, der Unternehmerverbände, der Aktiengesellschaften wird übrigens der einzelne Unternehmer relativ unfrei.[16]

So haben wir es nicht mit zufälligen Erscheinungen zu thun, sondern mit einem *allgemeinen Problem*, das seinen Grund im Charakter des Arbeitsvertrags [hat][17], der *zwei ungleich starke Kontrahenten: Kapital u. Arbeit, einander «gleichberechtigt» gegenüberstellt*. Die Wurzel davon ist die (römische) Rechtsauffassung, wonach der Begriff des *Eigentums an Sachen* die Voraussetzung der Obligation ist.[18]

Gesellschaftliche Stellung u. Beurteilung. Der Arbeiterstand ist geschichtlich hervorgegangen aus dem *Gesellenstand* des zunftmäßig geordneten Handwerks des M[ittel]A[lters]. Hier war der Geselle zukünftiger Meister, daher die eingeschränkte persönl. Freiheit u. die politische Rechtlosigkeit, auch die materielle Dürftigkeit der Lage begreiflich u. erträglich.[b] Der moderne Arbeiter ist *ewiger Geselle*[,] als Nicht-Besitzer des Kapitals ist ihm die gesellschaftl. Stellung des Unternehmers verschlossen. Daraus ergeben sich Situationen, die der Arbeiter als *ungerecht u. niederdrückend* empfinden muß[19]

a) Der Begriff «meine» Arbeiter. Der Fabrikant fühlt sich als «*Herr*» auch über Lebensverhältnisse des A.[,] die nicht auf das Arbeitsverhältnis Bezug haben: Eheschließung, Wareneinkauf, Wirtshausbesuch, bei uns bes. Vereinsrecht![20] Oft mit Wohltaten verknüpft: Wohnungswesen. An Stelle der relativen im Handwerk tritt die absolute Unterordnung in der Industrie[21]

---

[b] [Randnotiz:] Gesellen verachten die Fabrikarbeiter (Bebel ca. 1850!)

[16] A.a.O., S. 10.

[17] Mskr.: «... Arbeitsvertrags zu thun».

[18] Dieser Abschnitt nach Herkner, S. 6.

[19] Zu diesem Abschnitt vgl. Herkner, S. 11f.; Sombart I, S. 17f.

[20] Dieser Abschnitt bis hier nach Herkner, S. 11f. Die Worte «bei uns bes.» von Barth eingefügt; vgl. Anm. 21 und 23.

[21] Herkner, S. 44: «Die Arbeiter wurden durch Darlehen zur Erbauung eigener Häuser verleitet und gerieten so, teils durch das Schuldverhältnis, teils durch den Hausbesitz, in eine vollkommene Knechtschaft gegenüber dem Manne, der ihnen allein an dem betreffenden Ort Arbeit bieten konnte. Und wenn sie auch nur in Häusern zur Miete wohnten, die der Arbeitgeber erbaut hatte, so mußte doch schon die mit der Entlassung aus dem Arbeitsverhältnis eintretende

b) In Preußen ist die *politische Rechtlosigkeit* des einstigen Gesellen verewigt durch das Dreiklassenwahlrecht, das dem Arbeiter – nicht als intellektuell Niedrigerstehendem[,] sondern als Nicht-Kapitalbesitzer – den polit. Einfluß aufs Stärkste beschneidet.[22] Bei uns ist er mindestens stark gebunden durch das sub a Gesagte.[23] In der französ. Verfass[un]g von 1791 sind die serviteurs à gage vom Stimmrecht ausgeschlossen, dann Census. 1850 Wahlrecht an 3jähriges Domizil gebunden. Indirekte Steuern![24]

c) Die herrschenden Klassen sehen es als selbstverständlich an, daß der A. sich *in seine durch den «freien» A[rbeits]Vertrag bestimmte Stellung finde*. In mißverstandener Deutung des christl. Begriffs von Unterordnung hält man die auf den Kapitalbesitz sich gründende Überlegenheit des Unternehmers für göttliche Ordnung, Auflehnung dagegen für «*Empörung*», «Umsturz» etc. Typisch dafür ist die Haltung von Staat u. Gesellschaft bei Streiks («Faulheit», «Störung des wirtschaftl. Lebens», Ausnahmegesetze[25]) Für den Arb. soll das *Nötigste gut genug*

Obdachlosigkeit jeden Gedanken selbständiger Interessenvertretung ersticken.» Randbemerkung Barths zu dieser Stelle in seinem Herkner-Exemplar: «Bally» (Schuhfabrikant im schweizerischen Schönenwerd).

[22] Nach dem in Preußen für die Wahlen vom 30. 5. 1849 verordneten, 1850 in die Verfassung aufgenommenen und bis 1918 gültigen Dreiklassenwahlrecht wurden in indirekter Wahl zunächst von den Urwählern Wahlmänner, sodann von diesen die Abgeordneten gewählt. Die Urwähler wurden pro Wahlkreis nach Maßgabe der von ihnen aufgebrachten direkten Steuern in drei Klassen eingeteilt, von denen jede ein Drittel der Gesamtsteuersumme aufbrachte. Durchschnittlich gehörten in jedem Urwahlbezirk der ersten, 37 der zweiten und 207 der dritten Klasse an. Vgl. H. Rössler / G. Franz, *Sachwörterbuch zur deutschen Geschichte*, München 1958, S. 221.

[23] Siehe Anm. 21. – Herkner, S. 13: «Der Staat und die herrschenden Gesellschaftsklassen hielten auch immer noch an der Auffassung fest, die Arbeiter seien nach wie vor doch eigentlich zur Arbeit verpflichtet und verletzten diese Pflicht, wenn sie sich weigerten, einfach die Arbeitsbedingungen hinzunehmen, die aus dem freien Wettbewerbe hervorgingen.» Randbemerkung Barths dazu: «Sulzer-Ziegler!!» (Maschinenindustrieller aus Winterthur). – Vgl. A. Straessle, *Eduard Sulzer-Ziegler 1854–1913* (Diss. Zürich), Winterthur 1968, S. 190–202.

[24] Vgl. Sombart III, S. 147; F. Lassalle, *Die indirecte Steuer und die Lage der arbeitenden Klassen*, Zürich 1863.

[25] Vgl. das Gesetz zur Abwehr sozialdemokratischer Ausschreitungen von 1879 («Sozialistengesetz») in Deutschland und die sog. «Zuchthausvorlage» – ebenfalls in Deutschland –, die die Beteiligung an einem Streik mit Zuchthaus bis zu fünf Jahren bestrafen wollte (vgl. Herkner, S. 176f.).

sein, während man der Bereicherung des Unternehmers keine Grenzen zieht. Das *Wohl der Industrie* wird einseitig mit dem Gewinn des Unternehmers identifiziert (Fabrikgesetz) das Unternehmerrisiko moralisch sehr hoch eingeschätzt («Wikinger»)[26] während das Wohl u. das Risiko (Krisen, Unfälle) des Arbeiters jedenfalls in 2ter Linie steht.[27]

Ungünstige Stellung des *«Arbeiters»* sogar gegenüber den *Sklaven* von ehemals: der Herr fühlte sich den Sklaven gegenüber moralisch verantwortlich, dieser empfand Treue u. Hingabe gegenüber dem Herrn[.] Der kapitalist. Grundsatz zerstört dieses alte Dien[st]verhältnis, entfernt die sittlichen Potenzen und die gewisse ökonom. Sicherheit[,] die der Sklave dem Interesse seines Herrn an seiner Erhaltung verdankt (cf. «Existenzunsicherheit»!) Also ideelle u. materielle Verschlechterung der Situation.[28]

2. Kapitel
Die Lebensverhältnisse des Arbeiters

Der Lohn – Die Arbeitszeit – Bußen, Décompte, Vereinsrecht – Einfluß der Arbeit auf die Gesundheit – Kinderarbeit – Frauenarbeit – Unsicherheit der Existenz – Wohnungsverhältnisse – Haushaltung u. Erziehung – Der Arbeiter auf dem Lande – Sittlichkeit und Seelenleben.[29]

---

[26] Die NZZ veröffentlichte am 22. 8. 1912 einen Vortrag des schweizerischen Großunternehmers und Nationalrats Sulzer-Ziegler vom 18. 8. 1912 in Winterthur, in dem dieser die Widmung aus dem Buch von J. Wolf, *Die Volkswirtschaft der Gegenwart und Zukunft,* Leipzig 1912 zitiert: «Den Technikern, dies- und jenseits unserer Grenzen, die zusammen mit werk- und wagefreudigen Unternehmern, den Wikingernaturen in Volks- und Weltwirtschaft, dank dem Arbeitsfleiß der Millionen, den Reichtum unserer Tage in der Frist weniger Geschlechter-Folgen schufen, ist dieses Buch gewidmet.»

[27] Dieser Abschnitt nach Herkner, S. 13–15; dort (S. 13) jedoch nicht «göttliche Ordnung», sondern Ordnung der «Natur».

[28] Dieser Absatz, der auf der Rückseite des vorhergehenden Mskr.-Blattes nachgetragen ist, nach Sombart II, S. 56f.

[29] Die Gliederung lehnt sich an Herkner an. Keine Entsprechung bei Herkner haben die Abschnitte: Bußen, Décompte, Vereinsrecht – Unsicherheit der Existenz (dieser Titel nach Sombart I, S. 17). – Vgl. Anm. 1.

Der Lohn. Ist im Ganzen in den letzten 40 J[ahren] überall gestiegen. Aber immer gegen den Willen des Unternehmertums. Dieses hat selbstverständlich immer ein Interesse daran, die L[öhne] möglichst tief zu halten: *Minimum:* was der A. braucht, um mit s. Familie leben zu können.[30] Wo die L. *unter* dieses Minimum sinken, entsteht eine offene Notlage (Weber im schles. Gebirge)[31], aber oft ist das Minimum so angesetzt, daß tatsächlich eine Notlage da ist. (Safenwil vor 60 Jahren[32]) In Anbetracht der höhern Preise (die zum geringsten Teil mit den höhern Löhnen zus[ammen]hängen!) ist die Situation heute nur wenig besser geworden.[33] Die Löhne werden sich immer um das Lebensminimum herum bewegen, schon damit das Abhängigkeitsverhältnis zum Arbeitgeber erhalten bleibt.[34/c/d]

[c] [Randnotiz:] Die schweiz. Weberei schlug ca. 1830 ihre Konkurrenten wegen ihrer niedrigen Arbeitslöhne. Infolgedessen konnte sie viele Maschinen in Auftrag geben, was wieder dieser Industrie Aufschwung brachte (Sulzer)[35]

[d] [Nachtrag auf der Rückseite des vorhergehenden Mskr.-Blattes:] In den

[30] Vgl. Herkner, S. 141f.; daneben F. Lassalles Ausführungen zum «ehernen Lohngesetz», zitiert bei Herkner, S. 643f.
[31] Der TA berichtete am 27. 2. 1913 (Jg. 12, Nr. 9) unter der Überschrift *Wo das schlesische Weberlied entstand* (mit Bezug auf das *Lied der Weber in Peterswaldau und Langenbielau* in Nr. 29 vom 18. 7. 1912): «Zweimal wurden die schlesischen Hausweber zur Verzweiflung getrieben. Im Jahre 1793 kam es in verschiedenen Ortschaften des Landeshuter Kreises zum Aufstand. ... 1844 empörten sich die Peterswaldauer und Langenbielauer Weber gegen ihr unerträgliches Los. ... Beide Aufstände wurden, noch im Keime begriffen, erstickt.» Der Bericht enthält eine Schilderung des unsäglichen materiellen Elends im schlesischen Leinengewerbe, das den Hintergrund zu G. Hauptmanns Drama *Die Weber* (1892) bildete.
[32] Einen Hinweis bietet H. Staehelin, *Geschichte des Kantons Aargau*, Bd. II: *1830–1885*, Baden 1978, S. 297: «Daß die mechanische Baumwollweberei [im Kanton Aargau von 1830] bis 1860 so langsam voranschritt, lag ... wohl am Überangebot an Arbeitskräften, das die Löhne drückte und deshalb den Einsatz von Maschinen nicht lohnend erscheinen ließ. Längst hatte ja der Niedergang der Baumwollhandspinnerei ganzen Scharen von Heimarbeitern den gewohnten Verdienst entzogen, die Massenauswanderung ... setzte bekanntlich ... nach 1850 ein.»
[33] Vgl. Herkner, S. 146ff.
[34] Vgl. FSA, Jg. 9 (1915/16), Nr. 3 vom 22. 10. 1915: Th. Schaffner, *Lohnfrage und Existenzminimum*.
[35] Barths Gedankengang entspricht vielleicht nicht den Tatsachen. Vgl. Anm. 32; so auch Herkner, S. 150f. – Zum Aufstieg der Maschinenfabrik Sulzer vgl. A. Straessle, a. a. O., S. 10–13.

Verhältnis zum Unternehmergewinn u. Kapitalzins. Der größere Teil der erarbeiteten Werte kommt Solchen zu, die nur als Kapitalbesitzer resp. Verleiher Anteil an der Arbeit haben. Hier ein Punkt, der die Notlage der A. empörend macht. Beispiel: Aluminiumfabrik Neuhausen zahlt bei zehneinhalbstünd. Arbeitszeit u. schwier[igen] Umständen (50–60° Hitze) Fr. 3.75–4.-, Vorarbeiter höchstens 5.- Dagegen Dividenden in den letzten Jahren: 24, 26, 18, 20 %! – Andre Dividenden 1908: Schappe (Basel) 23,5 %[;] Nestlé 17,5 %[,] Akkumulation Oerlikon 20 %[.] Der Durchschnitt beträgt 9–10 %[37]

engl. Städten leben 7% der Bevölkerung in chronischer Dürftigkeit[,] 30% auf der Schwelle der Armut (Lloyd George)[36]
K[an]t[on] Zürich 1827   Kinder u. Frauen 25–80 rp. täglich
            Spinner Fr. 1.20–1.80   "
            Fr. 224 durchschnittlich im Jahr
Noch 1881 Durchschnittslohn eines Spinners Fr. 560 [Die Zahlen für 1827 und 1881 nach: F. Schuler/A. Burckhardt, *Untersuchungen über die Gesundheitsverhältnisse der Fabrikbevölkerung in der Schweiz*, Aarau 1889, S. 59f.]

[36] Der Waliser David Lloyd George (1863–1945) war vom liberalen Wahlsieg 1906 bis zum Zerfall der Weltkriegskoalition 1922 die beherrschende Figur der britischen Politik. Als Schatzkanzler (1908–1915) beschäftigte er sich mit der sozialen Spaltung Großbritanniens, begann 1909 mit dem Programm der Bodenbesteuerung die Umverteilung der großen Vermögen und führte nach dem Vorbild Deutschlands die Sozialversicherung ein: 1908 die Altersrente, 1911 die Zwangsversicherung gegen Krankheit und Arbeitslosigkeit. Barth besaß das Buch *Bessere Zeiten*, Jena 1912, in dem berühmte Reden Lloyd Georges bis 1911 gesammelt sind (vgl. oben S. 734–738). Ein Beleg für eine derartige Äußerung läßt sich nicht ermitteln. – Vielleicht hat Barth aber auch nicht an ein Wort von Lloyd George gedacht. Der TA, Jg. 13, Nr. 21 vom 22.1914 berichtet über ein Buch von S. und B. Webb, *Das Problem der Armut*, Jena 1912, das den Pauperismus in England beschreibt, und weist darauf hin, daß hier der Hintergrund für das Buch *Bessere Zeiten* von Lloyd George zu finden sei. Barth könnte die Prozentangaben dem Buch von S. und B. Webb entnommen haben, wenn auch nur indirekt: S. 4 heißt es, «daß im Vereinigten Königreich jederzeit zwischen 3 und 4 Millionen Menschen ... nachweisbar durch Entbehrung des notwendigsten Unterhalts an Seele und Leib geschädigt werden». S. 11 heißt es, daß «10 oder 12 Millionen der Bevölkerung Großbritanniens, die mit Wochenlöhnen unter einem Pfund den Familienunterhalt bestreiten», jederzeit am Rande des «Armutsumpfes» stehen. Großbritannien hatte 1910 etwa 45 Millionen Einwohner.
[37] Dieser Abschnitt nach Pflüger, S. 20–23.

Ad *Unternehmergewinn*.[38] Krupp 1912/13: 36,6 Mill. Mark
dazu vom Vorjahr: 6,6   "   "
43,2 "   "
Davon außer gesetzl. Reserve 2 Mill. als Sonderrücklage, Dividende von 12 auf 14 %, Pensions- u. Unterstützungskasse: 2 Mill., Arbeiterurlaubsfonds: 2 Mill., Weihnachtszuwendungen: 3 Mill.
Automobilfabrik Ford in Detroit (U. S. A.) 1914: 2 400 % Divid.[e]
Durchschnittl. Lohn. Schwer zu ermitteln. Als eine der bestlohnenden gilt die Metallindustrie. Nach Mitteilung des Arbeitgeberverbandes 1908 beträgt hier das durchschnittl. Jahreseinkommen eines Arbeiters Fr. 1451, also pro Arbeitstag Fr. 4.85.[39] Nach der folgenden Haushaltsrechnung eines Textilarbeiters:[40]

---

[e] [Auf der Rückseite des vorhergehenden Mskr.-Blattes ist folgender hierher gehöriger Zeitungsausschnitt (aus FSA, Jg. 9 [1915/16], Nr. 21 vom 3.3.1916) eingeklebt:]
Die Banken. Nach einer Zusammenstellung der «Zeitschrift für schweizerische Statistik» machten sechs große schweizerische Handelsbanken im Jahre 1914 folgende Geschäfte:
1. Schweiz. Kreditanstalt, zahlte den Aktionären 6 Millionen Franken Dividenden gleich 8 Prozent und den Verwaltungsräten als Tantiemen Fr. 202 000.
2. Schweizerischer Bankverein, Dividende 4 925 000 Fr. oder 6 Prozent, Tantiemen an die Verwaltungsräte Fr. 276 000.
3. Leu u. Co., A.-G., Dividenden Franken 2 160 000 oder 6 Prozent, den Verwaltungsräten Tantiemen Fr. 121 000.
4. Eidgen. Bank A.-G., Dividenden Fr. 2 520 000 oder 7 Prozent, den Verwaltungsräten Fr. 60 000.
5. Schweiz. Bankgesellschaft, Dividende Fr. 2 160 000 oder 6 Prozent, den Verwaltungsräten Fr. 36 000.
6. Basler Handelsbank, Dividende Fr. 2 100 000 oder 7 Prozent, den Verwaltungsräten Fr. 229 000.
Es stecken somit pro 1914 die Aktionäre der sechs Banken fast mühelos 20 *Millionen Franken* ein. Unter ihnen die Verwaltungsräte neben den Taggeldern an Tantiemen Fr. 944 000.–

[38] Der Absatz über den «Unternehmergewinn» ist auf der Rückseite des vorhergehenden Mskr.-Blattes nachgetragen. Die Zahl für die Fordwerke wird in der Meldung *Unsinnige Riesengewinne* im FSA, Jg. 8 (1914/15), Nr. 41 vom 27.8.1915 genannt. Den Gewinn des Kruppkonzerns gibt der NFA am 22.11.1913 *(Kornwalzerprofite)* etwas niedriger an.
[39] Dieser Abschnitt nach Pflüger, S. 21.
[40] Das Folgende ist ein in den Text eingeklebter Zeitungsausschnitt aus dem TA, Jg. 11 (1912), Nr. 3 vom 18.1.1912.

Haushaltsrechnung eines Appreturarbeiters.

Die Lohnverhältnisse in der Appretur kennzeichnet nachstehende Haushaltungsrechnung eines Kollegen in Herisau. Die Familie zählt außer den Eltern vier Kinder im Alter von 4–11 Jahren. Der Mann bezieht 48 Rp. Stundenlohn = Fr. 4.80 Taglohn (bei 10-Stundenarbeit), einer der höchsten Löhne.

Einnahmen.

Verdienst des Mannes, 300 Fabrikarbeitstage zu 4,80 = 1440; wegen flauen Geschäftsganges wurde aber im zweiten Semester nur selten über 8 ½, oft nur 5 Stunden täglich gearbeitet, so daß volle Fr. 140
in Abzug zu bringen sind . . . . Fr. 1300.–
Miterwerb der Frau neben den Hausgeschäften wöchentlich
höchstens Fr. 2.50 . . . . ". 130.–
Summa Fr. 1430.–

Ausgaben.

Hauszins, monatlich Fr. 28.– . . . . Fr. 336.–
Milch, täglich 3 ½ Liter zu 25 Rp. . . . . " 319.37
Spezereien und Kartoffeln, wöchentlich 7 Fr., Brot 5 Laib . . " 624.–
Für Kleider und Wolle . . . . " 80.–
Schuhwaren (Mann und Frau je 1 Paar, Kinder je 2 Paar[)] . . " 60.–
Schuh- und andere Reparaturen . . . . " 20.–
Krankenkasse (Mann und Frau, vierwöchentlich 4 Fr.) 4 × 13 " 52.–
Holz, Briketts . . . . " 60.–
Zeitung 8 Fr., Militärsteuer 9 Fr., Feuerwehrsteuer 4 Fr.,
Personalsteuer 2 Fr., Mobiliarversicherung Fr. 2.50 . . . . " 25.50
Ausgaben Fr. 1576.87

Dabei sind keine Auslagen berechnet für: Gemüse, Fleischwaren, Getränke, Apotheke, Arzt, Sterbefallverein, Abzahlung älterer Schulden, Rasieren, Fahrtaxen etc.

Einnahmen Fr. 1430.–
Defizit Fr. 146.87

Trotz der Mitarbeit der Frau, trotzdem keine Krankheit die Arbeit hinderte, trotzdem sich die Familie den Fleischgenuß und anderes sozusagen versagen mußte, und trotzdem die 6köpfige Familie sich nur 3½ Liter Milch täglich und 5 Laib Brot wöchentlich gestatten durfte, ein Defizit von 146 Franken!

Da und dort hört man etwa sagen: «4 Fr. 80 ist ein schöner Lohn.» Ob die, welche so reden, auch daran denken, oder es ausgerechnet haben, wieviel eine sechsköpfige Familie pro Mahlzeit berechnen kann?

Für Lebensmittel bleiben nach obiger Rechnung Fr. 943,37.

[Danach hat Barth notiert:] Gewerkschaftliche Rundschau, S. 22, 80, 115 [Die Seitenzahlen beziehen sich auf den Jg. 7 (1915) der GR, darin die Artikel: *Rendite schweizerischer Kreditinstitute* (S. 22–25), *Betriebsergebnisse schweizerischer Unternehmungen im Jahre 1914* (S. 80f.), *Betriebsergebnisse schweizerischer Unternehmungen für das Rechnungsjahr 1914/15* (S. 114–116)].

Bei 365 × 4 × 6 Mahlzeiten = 8760 Mahlzeiten entfällt auf *eine Mahlzeit für eine Person* der Betrag von 11 – sage *elf Rappen!*
Diese Rechnung zeigt, wie eine Arbeiterfamilie schauderhaft darben muß. Sie sei denen, welche so gerne von hohen Löhnen reden, zur Beherzigung empfohlen.[f]

Die Frage der Lohnform.[41] Von den Arbeitgebern wird, wo es möglich ist, immer mehr der sog. *Akkordlohn* bevorzugt, begreiflicherweise: das Interesse des Fabrikanten u. des Arb. scheinen sich dabei zu decken. Auch von Seiten der Arbeiter wird er geschätzt aus folgenden Gründen: [a] man sei dabei selbständiger, – [b] es sei die gerechtere Form, – [c] man verdiene mehr (Stundenlohn allein würde nicht genügen) – [d] es sei kurzweiliger. Gründlicher gedacht dürften die *Einwendungen* sein, die dagegen gemacht werden (bes. von Seiten der Gewerkschaften, Anfrage von A. Levenstein bei fünftausend Arbeitern) [a] «Ich bin für Stundenlohn, denn der freie Wille, mein Ehrgefühl u. die Liebe zur Arbeit sollen mich zur vollen Entfaltung meiner Arbeitskraft veranlas-

---

[f] [Anschließend an diesen Artikel finden sich die Eintragungen:]
Fr. Schw. A. [Jg.] 9 [1915/16], [Nr.] 4 [vom 29. 10. 1915; Barth könnte zwei Artikel meinen: *Ein Minimallohngesetz für Heimarbeiterinnen* und *Verhältnis von Lohn und Geburtenab- und -Zunahme;]* Gew. Rsch. 1914, S. 30 *[Die Mutterschaftsversicherung* (S. 30f.)], 45 [zwei Auszüge aus dem Buch von C. von Tyszka, *Löhne und Lebenskosten in Westeuropa im 19. Jahrhundert»,* München/Leipzig 1914: «Löhne und Lebenskosten in Großbritannien im 19. Jahrhundert» (S. 45–47), «Die Löhne und Lebenskosten in Spanien und in Belgien» (S. 47–49)]
[Hierher gehört auch die auf der Rückseite des vorhergehenden Mskr.-Blattes eingeklebte Aufstellung unbekannter Herkunft über die Tagesausgaben einer vierköpfigen Familie im April 1915:]
(Nach den Mitteilungen des Statistischen Amtes des Kantons Baselstadt).
Die Tagesausgaben einer vierköpfigen Familie in den 30 Gemeinden sind in ihrer Reihenfolge Zufälligkeiten unterworfen, die vielleicht auf unrichtiger Deklaration bei Fleisch beruhen. Für den April 1915 stehen die Tagesausgaben unter dem Einfluß der hohen Fleischpreise. Der Mittelwert beträgt Fr. 2.47, übertrifft demnach denjenigen von 1914 (Fr. 2.23) um 24 Cts. und den Mittelwert von 1913 (Fr. 2.31) um 16 Cts. Das Minimum ist um 21 Cts. höher als 1914, das Maximum um 19 Cts.
Maximum und Minimum differieren um 35 Cts. = 14% des Durchschnittes

[41] Dieser Abschnitt nach Herkner, S. 155–157; FSA, Jg. 6 (1912/13), Nr. 3 vom 17. 10. 1912: *Akkordlohn oder Stundenlohn.* Der FSA-Artikel behandelt das Buch von A. Levenstein, *Die Arbeiterfrage,* München 1912, das eine Umfrage unter 5 000 Arbeitern auswertet.

sen» [b] Die Arbeitsgelegenheit ist eine Masse, die der Gesamtheit der Kollegen Beschäftigung u. Lohn geben sollte. Akkordlohn verursacht ein allgemeines egoistisches Wettrennen, dadurch Reibereien u. Treibereien. Auch beim sog. Gruppenakkord nicht besser [c] Mehr Verdienst? Die Leistung ist größer als beim Stundenlohn, wird sie im Verhältnis besser honoriert? Die Gesundheit ist dabei unverhältnismäßig bedroht.

voneinander. Gegen 1914, wo die Differenz 20% des Mittelwertes betrug, ist also das Feld enger zusammengerückt.

Gemeinden	Wohnbe-völkerung (rund)	½ kg Fleisch Fr.	3 l Milch Fr.	1 ½ kg Brot Fr.	Total 1915 Fr.	1914 Fr.
Biel	24,000	−.95	−.63	−.70	2.28	2.07
La Chaux-de-Fds.	39,000	1.−	−.60	−.69	2.29	2.18
Sarnen	4,800	−.97	−.60	−.72	2.29	2.−
Altdorf	4,000	1.−	−.60	−.72	2.32	2.10
Freiburg	22,000	−.95	−.66	−.72	2.33	2.14
Lausanne	68,000	−.95	−.66	−.72	2.33	2.36
Genf	138,000	−.95	−.75	−.72	2.42	2.24
Le Locle	13,000	1.10	−.66	−.66	2.42	2.16
Sitten	7,000	1.−	−.75	−.68	2.43	2.22
Bern	95,000	1.05	−.66	−.72	2.43	2.23
Luzern	42,000	1.10	−.63	−.72	2.45	2.20
Schwyz	8,000	1.10	−.60	−.75	2.45	2.20
Liestal	6,300	1.05	−.66	−.75	2.46	2.12
Glarus	5,500	1.10	−.66	−.70	2.46	2.32
Frauenfeld	9,000	1.10	−.66	−.72	2.48	2.28
Neuenburg	24,000	1.10	−.71	−.68	2.49	2.28
Basel	142,000	1.10	−.72	−.69	2.51	2.18
Herisau	16,000	1.10	−.69	−.72	2.51	2.31
Zug	8,200	1.10	−.66	−.75	2.51	2.36
Yverdon	9,000	1.20	−.60	−.72	2.52	2.08
St. Immer	8,000	1.20	−.66	−.68	2.54	2.07
Aarau	10,000	1.10	−.72	−.72	2.54	2.25
Winterthur	26,000	1.10	−.69	−.75	2.54	2.32
Solothurn	12,000	1.10	−.72	−.75	2.57	2.19
Lugano	14,000	1.05	−.77	−.77	2.59	2.30
Schaffhausen	19,000	1.15	−.69	−.75	2.59	2.31
St. Gallen	70,000	1.15	−.69	−.75	2.59	2.45
Chur	16,000	1.15	−.72	−.75	2.62	2.37
Zürich	196,000	1.15	−.69	−.78	2.62	2.33
Vevey	14,000	1.20	−.68	−.75	2.63	2.44

Es kommt darauf an, wie die Tarife angesetzt u. ob die Sätze gehalten werden. Neben der Gewinn- steht die unverschuldete Verlustmöglichkeit.ᵍ Die Vorliebe für den Akkord beweist nur, daß der Stundenlohn ungenügend ist ᵈ Unterhaltender? Ja, aber was für eine Unterhaltung, egoistisch u. auf Kosten der eig[enen] Gesundheit. Dies Argument beweist nur, daß die Fabrikarbeit an sich meist sehr uninteressant ist, wovon später.

Die Arbeitszeit. Die Notwendigkeit[,] das in den Maschinen angelegte Kapital zu verzinsen, die «Gefahr» neuer Erfindungen, günstige geschäftl. Konjunkturen lassen *für den Fabrikanten* eine möglichst lange Nutzungszeit (effektive⁴²) wünschbar erscheinen.

a) entweder lange Arbeitszeit *für jeden Einzelnen:* in England um 1830 Arbeitszeiten von 16–23 Stunden, auch für Kinder u. zw. von Ärzten gebilligt!⁴³ Vater des Fabrikanten Abbe in Jena war ca. 1850 Spinnmeister in Eisenach, morgens 5 – abends 7 oder morgens 9 – abends 8 ohne Mittagspause, war mit 48 J[ahren] ein Greis.⁴⁴

b) oder *12stündige Schichten.* Nachtarbeit ist aber schwerer als Tagesarbeit, ferner beim Wechsel 24 Stundenschicht.⁴⁵ Folge für das Familienleben, wenn der Vater alle 14 Tage je 8 Tage tagsüber schläft! Die Arbeiter haben unter Umständen selbst schon Erhöhung der Arbeitszeit verlangt aus Lohninteressen. Im Ganzen aber ist der *Nachteil* der langen Arbeitszeit für sie noch größer als der der niedern Löhne⁴⁶

a) Jeder Mensch hat ein gewisses *Maximum von Arbeitskraft,* dieses ist sehr oft überschritten worden aus einseitigem Geschäfts- resp. Lohninteresse[.]⁴⁷ Auch die Fabrikanten selbst arbeiten

---

ᵍ [Randnotiz [nach Herkner, S. 31]:] Das durch die verschiedene Beschaffenheit der Roh- und Hilfsstoffe gegebene Risiko wird auf den Arbeiter abgewälzt!

⁴² Gemeint ist: Die hohe Verzinsung des in den Maschinen liegenden Kapitals wird umso leichter erreicht, «je mehr die effektive Nutzungszeit mit der natürlich verflossenen Zeit übereinstimmte» (Herkner, S. 21).

⁴³ Der Abschnitt über «Die Arbeitszeit» bis hierher nach Herkner, S. 21.

⁴⁴ Herkner, S. 135, zitiert E. Abbe, *Über die volkswirtschaftliche Bedeutung der Verkürzung des industriellen Arbeitstages,* in: ders., *Sozialpolitische Schriften,* Jena 1906, S. 203–249; Zitat S. 241.

⁴⁵ Herkner, S. 22.

⁴⁶ Vgl. Fabr. Insp. 1910/11, S. 44; 1912/13, S. 49.

⁴⁷ Vgl. Herkner, S. 130–134.

oft so lange (Sulzer-Neuffert von 4 M[orgen] bis 9 A[bend] – [48]) aber!

b) Maschinenarbeit ist je länger je mehr *anspannend* (Willen, Nerven) weil der Mensch nicht selbst das Arbeitstempo angeben kann[49]

c) In den 2 letzten Arbeitsstunden ist die *Unfallsgefahr* am Größten[50]

d) Mit der Arbeit von Bauern, Handwerkern, Gelehrten darf nicht verglichen werden, da diese lohnender, interessanter und gesünder ist.

e) Die lange Arbeitszeit ist notorisch eine Mit-Ursache des *Alkoholismus*, negativ: ein *Hindernis* für die Pflege des *Familienlebens*, der *Gesundheitspflege*, der *Bildung* der Arbeiter[51/h]

Verhältnisse in der Schweiz: Bis 1877 13–14stünd. Arbeitstag. 1877 das jetzt giltige Fabrikgesetz, normiert unter Protest der Industrie den 11-Stundentag.[52] 1906 das Samstagsarbeitsgesetz: 9 St[un]d[en]. Durch gewerkschaftl. Bewegungen haben gegenwärtig 65% unsrer Arbeiter den 10 Std.-Tag[,] in der Textilindustrie (der rückständigsten) erst 47,6%.[53] Das in Verhandlung stehende *Fabrikgesetz* bringt den 10 Std. Tag allgemein, also nur für 35% eine Besserung (§ 34). Ausnahme für 10 J.[54]: wo der Samstagnachmittag frei, darf 10 ½ Std. gearb[eitet] wer-

---

[h] [Randnotiz:] FSA [Jg.] 8 [1914/15], [Nr.] 35, 36, 37 [(16. 7., 23. 7. und 30. 7. 1915); in diesen drei Nummern ist ein Aufsatz von Fridolin Schuler (1832–1903) abgedruckt, dem Begründer der neueren schweizerischen Arbeiterschutzgesetzgebung und Fabrikinspektor der ersten Stunde: *Ist die Fabrikarbeit geisttötend?*]

[48] Der Gießer und Dreher Johann Jakob Sulzer-Neuffert (1782–1853) war der Vater der Gebrüder Sulzer, die 1834 die Maschinenfabrik in Winterthur gründeten, und der Großvater von Eduard Sulzer-Ziegler.

[49] Herkner, S. 137f.; Pflüger, S. 167f.

[50] Pflüger, S. 169.

[51] Zu den Punkten d) und e) vgl. F. Schuler, *Ist die Fabrikarbeit geisttötend?*, in: FSA, Jg. 8 (1914/15), Nr. 35–37 (17. 7.–31. 7. 1915).

[52] Pflüger, S. 174; *Bundesgesetz betreffend die Arbeit in den Fabriken* vom 23. 3. 1877, Art. 11. Zur Einführung des Gesetzes 1877: Th. Curti, *Die Geschichte der Schweiz im XIX. Jahrhundert*, Neuenburg 1902, S. 622f.

[53] Vgl. *Schweizerische Fabrikstatistik* von 1911, a.a.O., S. XXV.

[54] Im Fabrikgesetz 1914 heißt es dann: sieben Jahre.

den (§ 35). Zweischichtensystem zu je 8, höchstens 10 Std. Arbeitsdauer (mit Pausen bis 12) (§ 41 u. 47) Überstunden bis zu 2 Std. im Tag, im Jahr nicht mehr als an 80 Tagen (§ 42 u. 43)[55/i].

Erfreulich ist die sichtliche *Tendenz auf Herabsetzung der Arbeitszeit*, auch von den Gegnern zugegeben, unerfreulich sind folgende Punkte

a) 1910 hatten 12% der Arbeiter 10 Std. Tag *und* freien Samstag, die Gefahr ist da, daß sie den erstern durch § 35 wieder verlieren[56]

b) Die internationale Arbeiterschutzkonferenz 1913 bestimmte ein Maximum von 140 jährl. Überstunden, bei uns sind also 160 möglich (§ 42,43)[57]

c) Die kantonalen u. lokalen Behörden sind sehr freigebig im Bewilligen von Überstunden. 1910 und 1911 wurden für je ca. 27000 Arbeiter Bewilligungen nachgesucht, also für ca. 8%[58]

d) Vielfach werden Bewilligungen gar nicht nachgesucht, oder der Normaltag wird umgangen durch Reinigungs- u. Hilfsarbeiten (Geflechtputzen zu Hause in der aarg[auischen] Strohindustrie, Reparaturen in der Strick[industrie][59]) Soll verhindert werden durch § 39 (keine Arbeit nach Hause, auch nicht freiwillig in der Fabrik)[60]

Décompte (§ 22). Standgeld von meist 6 Tagen, das am Zahltag zurückbehalten wird; im Fall vertragswidriger Auflösung des Verhältnis-

---

[i] [Randnotiz:] Sigg (im N[ational]R[at] 1. X.)[:] Die radikale Partei ist der hinkende Bote in der Arbeiterschutzgesetzgebung. [Das Votum des sozialdemokratischen Nationalrates Johannes Sigg, dem das Zitat entnommen ist, findet sich in der Wiedergabe der Debatte um das neue Fabrikgesetz im Nationalrat in: BN 2. 10. 1913, 1. Beilage zu Nr. 458.]

[55] Vgl.: *Bundesgesetz betreffend die Arbeit in den Fabriken* vom 18. 6. 1914, Art. 40, 41, 47–49, 53. Die Paragraphenzahlen Barths beziehen sich hier wie im folgenden auf den *Verständigungsentwurf* des Gesetzes, dessen Diskussion im Nationalrat im Herbst 1913/14 Barth in Zeitungen verfolgte; vgl. S. 597f.604f. 698 u. ö.

[56] Fabrikgesetz von 1914, Art. 41.

[57] Fabrikgesetz von 1914, Art. 48, 49. Gegenüber dem Verständigungsentwurf kam Art. 67 neu hinzu, der die Überarbeitszeit auf maximal 140 Stunden jährlich festlegte.

[58] Vgl. Fabr. Insp. 1910/11, S. 226f. Statt «27000» heißt es dort: 21000; das sind etwa 6–7% jährlich.

[59] Vgl. E. Marti, *50 Jahre Schweizerische Textil- und Fabrikarbeiterorganisationen 1903–1953*, Zürich 1954, S. 211.

[60] Fabrikgesetz von 1914, Art. 45.

ses verliert der Arbeiter 3 Tage. (Der Arbeitgeber müßte, wenn er schuldig ist[,] 6 Tage bezahlen)[61] – Sachlich geringfügig, in einzelnen Industrieen scheint es schwierig, den Betrag z. B. auf 3 Tage zuvor festzustellen. Zeigt aber typisch die Ungleichheit der Situation: Arbeitgeber hat für den Fall ein Pfand in Händen, Arbeiter nicht, obwohl der Fall auch für ihn eintreten kann (Fallit) und er dann schwerer getroffen ist. Antrag *Burckhardt* (Hinterlegung bei einer Sparkasse) wurde abgelehnt.[62]

Bußen (§ 11). 1911 waren in der Schweiz 1 162 Betriebe mit, 6 684 ohne Bußen. Allerdings hatten
von den Betrieben mit bis 50 Arbeitern
417 Bußen   5 928 keine Bußen
von den Betrieben mit über 50 Arbeitern
745 Bußen   756 keine Bußen
Es scheint also bei größern Betrieben eine gewisse Neigung dafür vorzuliegen, immerhin kommen auch da 50 % ohne das aus.[63]
Gründe dafür:
   a) für junge Leute bes. unentbehrlich
   b) keine Bußen für die unordentl. wäre eine Ungerechtigkeit für die ordentl. Arbeiter
   c) bequemstes Disziplinarmittel
Gründe dagegen:
   a) wieder die Ungleichheit der Situation: der Richter ist zugleich Partei und Vollstrecker. Macht böses Blut. Arbeiter wie Schulkinder
   b) Gleich große u. leistungsfähige Fabriken (2 Brüder, 3 Schifflistickereien) bestehen nebeneinander mit u. ohne!
   c) Üble Dinge kommen trotzdem u. nicht weniger vor.
   d) Am Meisten Bußen da wo die Löhne am Geringsten, also Zeichen einer gewissen Rückständigkeit
Die ökonomische Tragweite der Bußenfrage für die Arbeiter ist gering[,] wohl aber ist das Bestehen der Bußen ein moral. Unrecht, das

[61] Fabrikgesetz von 1914, Art. 26.
[62] Vgl. BN vom 7. 10. und 8. 10. 1913: *Aus der Bundesversammlung*.
[63] Fabrikgesetz von 1914, Art. 13; vgl. GR, Jg. 5 (1913), S. 35 f.: *Fabrikarbeiterverhältnisse in der Schweiz*.

ihnen zugefügt wird. Fabrikinspektoren, Arbeiterbund u. Gewerkschaften sind darum dagegen.

Verwendung der Bußengelder (§ 11 al[inea] 4): Krankenkassen, an Arbeiter übergeben zur Unterstützung von Arbeitslosen. Wo keine Auskunft darüber, wieder böses Blut

Was könnte an die Stelle treten? Warnung, Mahnung, Kündigungsdrohung, Kündigung, Entlassung, Lohnentzug für versäumte Zeit, Rückversetzung im Stundenlohn, 1 Tag Ferien weniger pro 10 Verspätungen, Besorgung von unbeliebten Reinigungsarbeiten, Prämierung der Guten.[64]

Im neuen Fabrikgesetz: Nur zum Zweck der Aufrechterhaltung der Arbeitsordnung u. der Fabrikpolizei, muß in Fabrikordnung vorgesehen sein; darf nicht öffentl. angeschlagen werden (al. 1) (Antrag Schultheß)

Mitteilung an den Arbeiter u. Beschwerdemöglichkeit beim Chef seinerseits (al. 2).

Wenn über 25 C[entimes] schriftl. Begründung u. Unterschrift des Chefs (al. 3). (Antrag *Burckhardt:* Rekursmöglichkeit bei einer Amtsstelle – abgelehnt)

Nicht mehr als ¼ des Taglohns u. Verwendung im Interesse des Arbeiters (al. 4).[65]

Streichungsanträge der Demokraten u. Sozialisten wurden abgelehnt, doch sagt Bundesrat *Schultheß* am 2. X. [19]13[:] «Die Entwicklung wird über dies Gesetz zur Abschaffung der Bußen hinwegschreiten» (Basl. Nachr. 3. X. 13)[66]

Vereinsrecht (§ 18 bis ?)[67]. Eine der ältesten u. dringlichsten Beschwerden der Arbeiterschaft: die Organisation ist ihr sicherstes, oft ihr

---

[64] Zu Barths ganzer Erörterung des Bußen-Problems: Fabr. Insp. 1910/11, S. 41–44.

[65] Vgl. Fabrikgesetz von 1914, Art. 13; zu den Anträgen Schultheß und Burckhardt im Nationalrat siehe Anm. 66.

[66] BN 3. 10. 1913 (1. Beilage zu Nr. 460) und 4. 10. 1913 (1. Beilage zu Nr. 462): *Aus der Bundesversammlung.*

[67] Das Fabrikgesetz von 1914, Art. 20–22 (Verständigungsentwurf 1913: §§ 18–20) erklärt – im besonderen Hinblick auf Kündigungen –, daß das Arbeitsverhältnis auf Grund des Obligationenrechts geregelt ist. Der Arbeitsvertrag wird somit zwischen einem einzelnen Arbeitgeber und einem einzelnen Arbeit-

einziges Mittel, ihre Lage zu verbessern. Gerade darum wollen freilich viele Unternehmer nichts davon wissen, bes. auf dem Lande[,] wo man in Fabrik[anten]Kreisen noch sehr merkwürdige Vorstellungen von Arbeiterorganisation hat[,] und Frauen gegenüber die leicht einzuschüchtern sind.[68]

Beispiel: April 1911 traten 250 Arbeiter der Firmen Gebr. Fischer, Henri Schlatter u. Hans Fischer in Fahrwangen dem Schweiz[erischen] Textilarb[eiter]Verband bei. Sie erhielten von den Firmen folgendes Schreiben[:][69]

«Wir hören, daß Sie an der am 9. April stattgefundenen Versammlung im ‹Rößli› den Beitritt zu einer Arbeiter-Organisation erklärt haben. Die Erfahrung hat bewiesen, daß überall, wo solche Organisationen ins Leben gerufen wurden, das Verhältnis zwischen Arbeitgebern und den Arbeitern getrübt, sozusagen vergiftet wurde. Die Führer dieser Bewegungen haben gewiß nicht lediglich das Wohl der Arbeiter im Auge, denn die wöchentlichen Beiträge der Arbeiter haben einen anderen Zweck als dieses Wohl.

Die Vorspiegelung, die Löhne hätten nicht mit der Teuerung der Lebensmittel Schritt gehalten, ist – wie Ihr alle wißt – in unserer Industrie nicht wahr. Seit drei Jahren beweisen die Zahltage, daß gute fleißige Arbeiter auf den Stühlen bis 6 und 7 Fr. täglich verdienen.

Wenn Ihr bedenkt, daß von der Schule weg Knaben und Mädchen ohne jede Lehrzeit schon einen schönen Verdienst haben und alte gebrechliche Mütterchen noch einen anständigen Lohn haben, so könnt Ihr nicht sagen, daß Ihr gezwungen seid, durch eine Organisation bessere Löhne zu erzwingen.

Mit dem bessern Gang unserer Industrie haben wir die Löhne freiwillig von uns aus gesteigert. Wir werden es auch in Zukunft so halten, verbitten uns aber energisch jede Einmischung von dritter unbeteiligter Seite. Die Lohnkämpfe, die sich in den letzten Jahren in der Schweiz abspielten, haben bei uns keine Berechtigung. Die unter sozialistischer Fahne gegründeten Arbeiter-Organisationen haben erfahrungsgemäß nur Zwist und Unfrieden zwischen Arbeitgebern und Arbeitern gestiftet.

Das wollen wir vermeiden und *deshalb wehren wir uns der Anfänge. Wir sind fest entschlossen, keine fremde Einmischung zwischen uns und Euch zu dulden.*

Aus diesem Grunde ermahnen wir Sie, bis nächsten Samstag den 15. April, nachmittags 4 Uhr, wieder den Austritt aus derselben zu erklären, ansonst wir

---

nehmer vereinbart. Der Gesetzentwurf von 1910 enthielt noch einen Artikel, in dem die Kündigung wegen Ausübung verfassungsmäßiger Rechte (Vereinsrecht!) verboten wurde. Vgl. Anm. 72.

[68] Vgl.: TA, Jg. 12, Nr. 41 vom 9. 10. 1913: *Vereinsrecht und Nationalrat.*

[69] Das Folgende ist ein in den Text eingeklebter Zeitungsausschnitt aus TA, Jg. 12 (1913), Nr. 29 vom 17. 7. 1913: *9. Jahresbericht des Schweiz. Textilarbeiterverbandes. 8. Lohnbewegungen. – Konflikte. –* Zum Vorgang vgl. auch E. Marti, a.a.O., S. 211f.

Ihnen hiermit auf 14 Tage kündigen, d. h. auf nächsten Samstag über 14 Tage oder 29. April.

Wir wünschen wie bisher in Frieden und gutem Einvernehmen mit Euch zu bleiben, aber wie gesagt, *fremde Einmischung dulden wir nie und nimmer.*

Wir erwarten bis nächsten Samstag die schriftliche Erklärung der Beigetretenen über ihren Austritt aus der Organisation, worauf wir unsere Kündigung als ungeschehen betrachten werden.

Gegen diejenigen, welche unserem Mahnrufe nicht folgen, bleibt die Kündigung gelten.»

(9. Jahresbericht des Schweizerischen Textilarbeiterverbandes)

An andern Orten wird die Nichtbeteiligung an einer Organisation sogar im Arbeitsvertrag stipuliert, andre Industrielle legten den Arbeitern gedruckte Austrittsformulare vor[70], Hüssys sammelten in Ürkheim[71] die Mitgliederbüchlein ein u. sandten sie selbst retour!

Nun ist das freie Vereinsrecht eine Forderung der *Bundesverfassung.* Der Bundesrat (Deucher!) wollte es noch 1910 ins Fabrikgesetz aufnehmen, ebenso die Fabrikinspektoren. Nicht so der Bundesrat von 1913 (Schultheß!)[72/j]

[j] Randnotiz: Votum *Schultheß* NZZ 28. u. 29. X. [In der NZZ, 28. 10.–30. 10. 1913, steht ein dreiteiliger Artikel eines nicht genannten Autors: *Soll die Kündigung wegen der Ausübung «verfassungsmäßiger Rechte» im neuen Fabrikgesetz verboten werden?* Darin wird die Ansicht vertreten, daß der Entwurf des Bundesrats Deucher von 1910 (Art. 15: Verbot der Kündigung wegen der Ausübung verfassungsmäßiger Rechte, d. h. wegen Mitgliedschaft in einem Verein) über die gesetzgeberischen Befugnisse weit hinausgehe. Der Bund sei nicht berechtigt, die Mitgliedschaft in einer Gewerkschaft als Kündigungsgrund auszuschließen, weil es sich erstens beim Vereinsrecht um ein Recht des Einzelnen nur gegenüber dem Staat handele und weil sich der Staat damit zweitens im Falle eines Arbeitskampfes auf die Seite der Arbeitnehmer gegen die Arbeitgeber stelle.]

[70] Siehe Anm. 68.
[71] Ürkheim ist ein Nachbardorf von Safenwil.
[72] Der Entwurf des neuen Fabrikgesetzes von 1910, der unter Leitung von Bundesrat Deucher (s. unten S. 688, Anm. 12) entstand, enthielt einen Artikel 15: «Wegen der Ausübung eines verfassungsmäßigen Rechtes ... kann nicht gekündigt werden»; nach Art. 56 der Schweizer Bundesverfassung ist die Vereinsfreiheit garantiert. Die Botschaft des Bundesrates zum Gesetzentwurf 1910 kommentierte: «Kündigungen wegen Zugehörigkeit zu beruflichen Organisationen der Arbeiter sind nichts Seltenes; sie verstoßen gegen das Rechtsbewußtsein und erschweren die kollektive Interessenvertretung. Und doch ist auf diese der Arbeiter angewiesen, wenn er seine Lage verbessern will. Das nämliche Mittel wenden ja, mit demselben Rechte, die Unternehmer an ...» (Bundesblatt der schweizerischen Eidgenossenschaft, Jg. 1910, Bd. III, S. 603f.). Im Jahre 1913 wurde dann,

Juristisches Bedenken: Verletzung der Vertragsfreiheit.[73] Gewiß, es fragt sich nur, ob sie ein so heiliges Gut ist. Der Arbeiter ist dabei ohnehin unfrei. Übrigens wird sie durch § 20^b (Militärdienst)[74] in ganz analoger Weise eingeschränkt. Wo ein Wille ist, da ist auch ein Weg. Juristische Ordnung[en] müssen fixieren, was Rechtsbewußtsein geworden ist, nicht umgekehrt. Daß es sich hier um eine Forderung des Rechtsbewußtseins handelt, sagt nicht ein Arbeiterblatt[,] sondern der Bundesrat von 1910!

Erfreuliche *Kuriosa:* Eine «Blechemballagenfabrik» im I. Kreis[75] und die Tabak- u. Cigarettenfabrik Burrus in Boncourt haben für ihre Arbeiter die Zugehörigkeit zu einer Berufsorganisation obligatorisch gemacht.

Einfluß der Arbeit auf die Gesundheit.^{k} [...][76] jämmerliche Zustände in den Fabriken. (Fabr[ik]insp[ektor] Schuler [...] wenig Mittel zur Verfügung, alles nicht direkt Profit bringende [...].[77] Häufig Wohnhäuser

---

^{k} [Auf der gegenüberliegenden Seite ist notiert:]
[F.] *Schuler* u. [A.] *Burckhardt, Die Gesundheitsverhältnisse in der schweizer. Fabrikbevölkerung* (Aarau, Sauerlander 1889) [siehe Anm. d]
Textilarbeiter 9. IV. 14 Nr. 15 *[Die Gesundheitsverhältnisse der Arbeiterinnen in der Textilindustrie.]*
Gew. Rsch. 1914 S. 131[-133: *Der Einfluß der sozialen Lage auf die Tuberkuloseausbreitung]*
1915 S. 102 [S. 103-105: *Vom Schlachtfeld der Arbeit]*

vor allem auf Intervention von Deuchers Nachfolger Bundesrat Schultheß hin, diese Position verändert. In der Botschaft des Bundesrates zum Fabrikgesetzentwurf von 1913 heißt es: «Es muß aber namentlich daran erinnert werden, daß die Verfassung gewisse Rechte des einzelnen im Verhältnis zum Staate schützt, wie z. B. das Vereinsrecht, keineswegs aber ein Recht gegen Drittpersonen schafft. Es wäre ein großer Schritt, der offenbar nicht in einem Spezialgesetz getan werden könnte, den Schutz der Ausübung verfassungsmäßiger Rechte gegen Drittpersonen zu inaugurieren.» *(Bundesblatt der schweizerischen Eidgenossenschaft,* Jg. 1913, Bd. III, S. 615f.)

[73] Vgl. BN vom 4. 10. 1913, a.a.O. (Votum Schultheß); s. auch Anm. 72 und Anm. j.

[74] Art. 23 b des Fabrikgesetzes von 1914.

[75] Fabr. Insp. 1910/11, S. 39.

[76] Die Auslassungszeichen und Ergänzungen zwischen [ ] im folgenden Abschnitt entsprechen Stellen im Mskr., die durch Überklebung beschädigt sind.

[77] Entsprechende Ausführungen F. Schulers werden bei Herkner, S. 35f. zitiert.

in Fabriken verwandelt. Bei N[eubau]ten keine Rücksicht auf Hygiene.[78]

Heutzutage wird viel getan für *Hygiene* u. *Schutzvorrichtungen* (§ 4 des neuen Fabr. Ges.)[79], doch nimmt die Anzahl der *Unfälle* immer noch zu.[80] Betriebsunfälle 1905: 28 709[81], 1910: 35 866[82]/1

Ursachen: lange Arbeitszeit mit Übermüdung zuletzt, viel Arbeiterwechsel[,] zunehmend Zahl von Maschinen, dem einzelnen Arbeiter ist mehr übertragen als früher, Leichtsinn[.] «Es ist einer kein rechter Stanzer, der noch sämtliche Finger hat» – Alkohol! (Schutzvorricht[ungen] vernachlässigt[m], Maschinen im Lauf gereinigt u.s.f.)[83] *In Zeiten wirtschaftl. Aufschwungs vermehrte Unfälle:*[84]

1903	1904	1905	1906	aber 1910
53‰	55‰	64‰	65‰	62‰

Anlässe: Flüssiges Metall, heiße Flüssigkeiten, Explosionen, Fahrzeuge u. Zugtiere, Sturz, Fall von Gegenständen, «sich stechen!»[;] «hauen» etc.[85]

Bes. gefährdete Branchen: Bergarbeiter in Deutschland

	1886	1911	
			auch hier das
schwer od. tötl. verunglückt	6,6‰	14,57‰	beschleunigte
Unfälle	25,45‰	136,74‰	Arbeitstempo!

Von 1886–1911 59 978 schwere Unfälle 31 288 Todesfälle

---

[1] [Nachtrag auf der Rückseite des vorhergehenden Mskr.-Blattes:]
Im Jahre 1912 wurden in der deutschen Industrie verletzt 742 422 Menschen (69 461 mehr als 1910) von diesen *getötet:* 10 300
Die Unfälle haben in den letzten 20 Jahren um das Dreifache zugenommen. In den letzten 10 Jahren (1902–1912) zählte die deutsche Industrie:
    Verletzte: 10 351 951
    Schwerverletzte: 2 312 837
    Tote: 167 638
[FSA, Jg. 7 (1913/14), Nr. 27 vom 3. 4. 1914: *Vom Schlachtfeld der Arbeit*]

[m] [Anm. am Mskr.-Rand:] Fabr. Insp. 19[12/]13, S. 24. [Dort ist von einer Reihe von schweren Unfällen die Rede.]

[78] Vgl. Herkner, S. 19.   [79] Fabrikgesetz von 1914, Art. 5.
[80] Vgl. Fabr. Insp. 1912/13, S. 10-24.137-152.
[81] Pflüger, S. 170.
[82] Vgl. Fabr. Insp. 1910/11, S. 218-221.
[83] Pflüger, S. 170; Fabr. Insp. 1910/11, S. 26f.175-178.
[84] Diese Statistik nach Pflüger, S. 170; die Zahl für 1910: Fabr. Insp. 1910/11, S. 219.
[85] Vgl. Fabr. Insp. 1910/11, S. 28f.

Unfälle in der Schweiz 1909/10⁸⁶
    Chem. Industrie   139‰
    Metallindustrie   118,1‰
    Erde, Stein, Glas   116,7‰
    Holzindustrie   106,7‰
Tötliche Unfälle in der Schweiz 1909:⁸⁷
    Holzindustrie   21   } total 83
    Chem. Industrie   18   } in Fabriken, dazu
    Metallindustrie   12   } 121 Nichtfabrikunfälle.

Schuld trifft auch heute noch oft die *Betriebsleitung*.⁸⁸ In England wurde die Beobachtung gemacht, daß größere Unfälle in jeder Grube nur einmal vorkamen, weil man *dann* zu den Schutzmaßregeln griff
Vor Bestehen der Gerüstkontrolle in Zürich 1893–1896
    auf 17,8 Gerüste ein Unfall
Seit Bestehen der Gerüstkontrolle in Zürich 1896–1900
    auf 93,6 Gerüste ein Unfall
    Krankheiten bes. wo Bleiweiß u. nitrose Dämpfe im Spiel sind.⁸⁹ Der *Staub* (Textiler, Gips, Buchdrucker) befördert die *Tuberkulose* («Proletarierkrankheit») bes. natürlich bei jugendl. Personen.⁹⁰/ⁿ 1911 waren unter 589 gestorbenen deutschen Textilarbeitern 147 Lungenkranke. – Die Herstellung der Zündhölzchen geschieht jetzt auf einwandfreie Weise.⁹¹

1910⁹² sind von 13619048 Versicherten 42% durchschnittlich 20 Tage im Jahr krank. (Deutschland)⁹³

ⁿ [Randnotiz nach Pflüger, S. 169:] 1883–1902 wurden in Appenzell a[ußer] Rh[oden] von 7760 Dienstpflichtigen 921 = 118,6 ‰ (schweizerisches Mittel 59‰!) wegen zu geringer Körperlänge, zu wenig Brustumfang, Schwächlichkeit, Blutarmut u. mangelhafter Entwicklung zurückgestellt. Plattstichmalerei in Kellern etc.!

⁸⁶ Fabr. Insp. 1910/11, S. 218f.
⁸⁷ Ebd., S. 218–221.
⁸⁸ Vgl. Pflüger, S. 18.
⁸⁹ Vgl. Fabr. Insp. 1910/11, S. 17–20.31–33.179–185.
⁹⁰ Vgl. Fabr. Insp. 1912/13, S. 13–15.
⁹¹ Fabr. Insp. 1910/11, S. 185.
⁹² Der Text von hier bis zu der Zeile «Bei *Bergarbeitern* ...» ist auf der Rückseite des vorhergehenden Mskr.-Blattes nachgetragen.
⁹³ GR, Jg. 5 (1913), S. 77–79.97–99: Arbeiterferien. – Zu den ganzen folgenden Ausführungen über die Tabakarbeiter einschließlich der Tabelle: GR, Jg. 5

Ges[undheitliche] Verhältnisse bei den *Tabakarbeitern* (Gew. Rsch. 1913, 11)
Bezirk Merseburg:
496 Fabrikarb.   23,99% Nikotinismus   0,81% Tuberkulose
279 Heimarb.   23,66% Nikotinismus   3,94% Tuberkulose
Nach der Mitteil[un]g eines österr. Fabrikarztes erkrankten 72 von 100 jugendl. Tab[ak]arbeiterinnen in den ersten 6 Monaten nach Beginn d. Arbeit. In der *Schweiz* 10 163 T.arb. wovon 7% organisiert. Niedrige Löhne wegen Frauenarbeit, Landbevölkerung, Hausindustrie mit Kleinkinderarbeit. Von 100 T.arb. 62 militäruntauglich. Von 2 345 Kindern der elf Tabakgemeinden des Bez[irks] Kulm sind 831 (= 32,6% aller Schul- u. Kleinkinderschulkinder) industriell tätig. – 1889 Kindersterblichkeit im Amtsbez[irk] *Bruchsal* 31,8% (das Dreifache des Durchschnitts!)
Dresdener Ortskrankenkasse 1900/03:

Erkrankungsfälle in %	Tabakarbeiter	Übrige Kassenmitglieder
Tuberkulose	3,3	2,4
Blutarmut	2,1	1,2
Herz	2,1	1,6
Atmungsorgane	24,1	15,9
Verdauungsorg.	16,8	13,4
Harn- u. Geschlechtsorg.	2,8	1,5

Bei *Bergarbeitern* 70% [der] Todesfälle an Lungenschwindsucht!

Kinderarbeit.° In *England* «versorgten» ca. 1820 die Armenbehörden die Kinder bei der Industrie (Textil-) 16 Std. Arbeitszeit, aber auch mehr. «Betten werden nicht kalt.» Aufseher nach den Leistungen der Kinder bezahlt. Fluchtversuche mit Ketten bestraft. ca. 1830 4jähr. Kinder in Bergwerken, gewöhnlich 8–9jährig. Beschäftigung: Strekkenthüren hüten u. Karren ziehen[,] z. T. kriechend. Verdienst oft von Eltern vertrunken[.] Ähnliches im *Rheinland* u. in der *Schweiz*. Im C[an]t[on] *Zürich* ca. 1813 Kinder von 6 Jahren an, mit Arbeitszeit von

---

° [Randnotiz:] Vgl. *Sombart*, Gewerbl. Arbeiterfrage S. 5–13 (1913), S. 205–208: *Der Einfluß der Erwerbs- und Arbeitsverhältnisse der Tabakarbeiter auf ihre Gesundheit.*

5 M[orgen] bis 8 ½ A[bend]. Der Schule entzogen oder ungenügd geschult. 15–16jähr. können nicht lesen.[94] Christbaumschmuck- u. Spielzeugindustrie in *Thüringen* u. im *Erzgebirge*. *Nordamerika! Sizilien!* Tabakindustrie im *Ct. Aargau* (Menziken, Beinwil ...) 500 Kinder unter 10 ½, die meisten 3–6 Std., einige 8 Std., mit Schularbeit 13 Std., worunter Nachtarbeit.[95] Auf dem Gebiet der Heimarbeit überhaupt noch viel Unkontrolliertes.[P]

Kinderarbeit in zürcher[ischen] Fabriken 1813–1834. Im Alter von 7–12 J. Arbeitszeiten von bis zu 18 Std. (12 M.–6 M.!) Durchschnittlich 1 Gulden wöchentlich. Repetierschule am Sonntagnachmittag. Auch Sonntagsarbeit[.] «Maschinenkinder» erhalten 27 Privatstunden statt der «obligatorischen» 37. Verordnung von 1815: nicht vor 10. J. Arbeitszeit 12–14 Std. (Bittschrift von 120 Arbeitern dagegen! 1834)[96]

Die Kinderarbeit ist im *Zunehmen* begriffen.

In Deutschland unter 20 Jahren

	1882	1895	
Industrie	19,7%	21,9%	} aller Erwerbstätigen[97]
Handel u. Verkehr	11,7%	15%	

[P] [Auf der Rückseite des vorvorigen Mskr.-Blattes ist folgender hierher gehörender Zeitungsausschnitt (aus FSA, Jg. 7 [1913/14], Nr. 25 vom 20. 3. 1914) eingeklebt:]

In *Deutschland* nimmt die Zahl der *jugendlichen Arbeiter* in den Fabriken beständig zu. Nach den amtlichen Vierteljahrsheften zur Statistik des deutschen Reiches, 4. Heft, wurden in den der Fabrikaufsicht unterstellten Betrieben im deutschen Reich gezählt:

	Kinder unter 14 Jahren		Jugendliche von 14–16 Jahren	
	männl.	weibl.	männl.	weibl.
1908:	6677	5388	289,597	150,658
1911:	7734	5970	332,882	172,535
1912:	7780	6133	358,327	179,964

Von 1908 bis 1912 stieg die Zahl aller beschäftigten Kinder und Jugendlichen von 452 317 auf 552 204 oder um 99 887, d. h. *22,8 Prozent!* F. Sutermeister

[94] Der Abschnitt bis hierhin nach Herkner, S. 23–25.
[95] FSA, Jg. 6 (1912/13), Nr. 16 vom 17. 1. 1913: *Kinderheimarbeit in der aargauischen Tabakindustrie.* – Zu der folgenden Bemerkung über die Heimarbeit, vgl. J. Lorenz, *Richtlinien für gesetzlichen Heimarbeiterschutz in der Schweiz,* in: GR, Jg. 5 (1913), S. 150f.
[96] Dieser Absatz (nach TA, Jg. 13 [1914], Nr. 13 vom 26. 3. 1914: *Aus der Vergangenheit der «Wirtschaftsfriedlichen»)* ist auf der Rückseite des vorhergehenden Mskr.-Blattes nachgetragen.

Gründe *dafür:* Gut, wenn frühzeitig zum Arbeiten angehalten, der Verdienst für die Eltern! *Dagegen:* die körperl. u. geistige Ausbildung^q, Kinder machen in Wirklichkeit den Eltern Konkurrenz!⁹⁸

Schutzgesetze

Altersgrenze:	Schweiz seit 1877:	14 J. (15 weg[en] Schule)
	Belgien:	12 J.
	Frankreich:	13 J. (12)
	Deutschland:	13 J. halbe[,] 14 J. ganze Zeit
	England:	14 (13)
	Österreich:	14 (12)⁹⁹

«Schutz» wird von vielen Eltern noch jetzt mehr als Zwang empfunden. Versuche, bei der Altersangabe zu betrügen. Oder die Kinder werden bei Ankunft des Fabrikinspektors zum Fenster hinausbefördert! Oder man braucht die Ausrede, die Mitarbeit der Kinder sei für diese ein Vergnügen. Oder man meint, das Verbot beziehe sich nicht auf Italienerkinder.¹⁰⁰

Auch *innerhalb der gesetzl. Altersgrenze* ist die Kinderarbeit keine erfreuliche Erscheinung. Unter den 328 841 schweiz. Arbeitern sind 51 155 = 15,6% von 14–18 J. Bedeutend über dem Durchschnitt stehen

die *Kantone*		die *Industrieen:*	
St. Gallen	mit 6 220 = 19,2%	Baumwolle	mit 5 401 = 18,5%
Aargau	mit 5 689 = 20,4%	Bekleidung	mit 5 298 = 23,8%
Solothurn	mit 4 326 = 21,7%	Stickerei	mit 7 580 = 27%¹⁰¹
Tessin	mit 1 576 = 23,8%		

---

^q [Anm. am Mskr.-Rand nach Sombart I, S. 10–12:] 1840 England: ein 17jähriger wußte nicht, wieviel 2 × 2 ist, andre hatten nie von London gehört, ein 16jähriger erklärt: Jesus Christus war vor langer Zeit ein König von London. Abendgebet: Unser Vater! – [Zum letzten Stichwort Sombart I, S. 12: «Wenn Kinder ihr Abendgebet hersagen, wie es viele tun, so sagen sie nur die beiden ersten Worte des Vaterunsers her: ‹Unser Vater› – das ist alles, was sie wissen, und da viele unter ihrem Vater arbeiten, so ist dies wohl der einzig richtige Sinn, in dem sie die Worte gebrauchen können.»]

⁹⁷ Dieser Absatz (nach Sombart II, S. 54) ist auf der Rückseite des Mskr.-Blattes nachgetragen.
⁹⁸ Vgl. Sombart I, S. 10–12.
⁹⁹ Vgl. Herkner, S. 282f.; BN 2. 10. 1913 (1. Beilage zu Nr. 458): *Aus der Bundesversammlung.*
¹⁰⁰ Dieser Abschnitt nach Fabr. Insp. 1910/11, S. 54.198f.
¹⁰¹ Vgl. a.a.O., S. 216f.

Bestimmungen des neuen Fabr[ik]ges[etzes]
Nicht unter 14 J. od. tägl. Schulpflicht[,] auch nicht Aufenthalt in den Arbeitsräumen (§ 63)ʳ
Unter 18 J. nicht Nacht- u. Sonntagsarbeit, unter 16 J. keine Überzeit (§ 64)
Auch bei Zweischichtensystem wenigstens 11 aufeinander folg[ende] Std. Nachtruhe[,] worunter jedenfalls 10–5 [Uhr] (§ 65)
Fabrik + event. Schule + Religionsunterricht nicht mehr als 10 Std., Fabrik darf diese nicht hindern (§ 67)
Für berufl. Unterricht wöchentl. 5 Std. frei (§ 68)[102]

Frauenarbeit. Früher sogar in Bergwerken, heute hauptsächlich in Textilindustrie. Sittliche Gefahren bes. bei gemeinsamer Arbeit mit Männern.[103/s] Gesundheitl. Schädigungen entsprechend schwer.[104] Hauswesen! Erziehung![105] Für die Fabrikanten vorteilhaft weil billigeres Arbeitermaterial: die meisten Frauen brauchen den Lohn nur als Zuschußverdienst. So machen die Frauen den Männern (und sich untereinander!) Konkurrenz.[106/t]

In der Schweiz sind von 328 841 Arbeitern 117 764 = 36,1% weibl. Pers[onen]ᵘ

ʳ [Randnotiz:] N[ational]R[at] 2. XII. 13: Mädchen nicht unter 15 Jahren [Das Mindestalter für Mädchen wurde im Nationalrat während seiner Diskussion des Gesetzentwurfes auf 15 Jahre erhöht, vom Ständerat aber wieder auf 14 Jahre herabgesetzt; vgl. NZZ vom 4. 2. 1914.]
ˢ [Randnotiz nach Sombart II, S. 43:] In Deutschland an 1 Million Ehefrauen außerhause gewerblich tätig.
ᵗ [Nachtrag auf der Rückseite des vorhergehenden Mskr.-Blattes:] *Konkurrenz der weibl. Arbeit:* In Frankreich 1913 4 150 000 weibl. Erwerbstätige (Industrie 1 337 000, Hausarbeiterinnen 540 000, Handel 208 000[,] Angestellte 296 000[,] Dienstboten 772 000[)] Durchschnittslohn Fr. 2.20 (Heimarbeiterinnen nicht mitgerechnet) [GR, Jg. 5 (1913), Nr. 1, S. 20: *Frauen-Arbeitslöhne in Frankreich*] – In *England* geht in Folge der höhern (Männer-) Löhne die Frauenfabrikarbeit zurück [vgl. Herkner, S. 287].
ᵘ [Randnotiz:] + 69 000 Heimarbeit

[102] §§ 63–65, 67, 68 entsprechend Art. 70–72, 75, 76 Fabrikgesetz 1914.
[103] Sombart I, S. 22; Herkner, S. 26f.
[104] Vgl. F. Schuler/A. Burckhardt, a.a.O., passim.
[105] Pflüger, S. 55.
[106] Pflüger, S. 58.

Kantone:		Industrieen	
Zug:	1 041 = 37%	Wolle:	3 135 = 59%
Aargau:	11 794 = 38%	Leinen:	567 = 59%
Appenzell a. Rh.:	2 121 = 43%	Stickerei:	16 822 = 59%
St. Gallen:	14 640 = 47%	Übr[ige] Text[ilien]:	1 517 = 59%
Glarus:	4 044 = 55%	Baumwolle:	17 932 = 62%
		Bekleidung:	16 061 = 66%
		Seide:	23 802 = 76%[107]

Bestimmungen des neuen Fabr.Ges. Nacht[-] u. Sonntagsarbeit (§ 59)
Auch bei Zweischichtenbetrieb wenigstens 11 aufeinanderfolgende Std. Nachtruhe[,] worunter jedenfalls 10–5 [Uhr] (§ 60)
Für Hausmütter Mittagspause von 1 ½ Std., nach 5 J[ahren] freier Samstagnachm[ittag] (§ 61) Wöchnerinnen erst nach 6 Wochen wieder, in dieser Zeit nicht gekündigt werden[v], Schwangere dürfen auf bloße Anzeige hin vorübergehend die Arbeit verlassen (§ 62).[108]

Unsicherheit der Existenz[109]
a) *Entwertung des Geldes = Lebensmittelteuerung*[w]
Kosten für Nahrung, Kleidung, Miete, Heizmaterial sind in den letzten Jahren pro Kopf um ca. 100 Fr. gestiegen, das Steigen der Löhne hat nicht gleichen Schritt gehalten. Bei den kleineren Vermögen muß sich das stark fühlbar machen.
Natürliche Ursachen: Wetter: 1910: naß[,] 1911: trocken[,] 1912: naß[.] Ungenügende landwirtschaftliche Produktion (250 000 Kleinbetriebe) bei jährl. Bevölkerungszuwachs von 40 000 Seelen.
Künstliche Ursachen α) *wirtschaftliche* Die *Unternehmerorganisationen* (Kartelle, Syndikate, Trusts) mit ihren «Preisregulierungen».[x]

---

[v] [Randnotiz:] N. R. 2. XII. 13: 8 Wochen! + Kündigungsverbot! [Vgl. das Votum des Abgeordneten August Siegrist im Nationalrat, wiedergegeben in der NZZ vom 2.12.1913: «Siegrist stellt im Namen der Aerzte des Rates den Antrag, die Karenzzeit sei für Wöchnerinnen von sechs auf acht Wochen zu erhöhen.»]

[w] [Randnotiz:] (Dieser Abschnitt nach *Pflüger*)

[x] [Anm. am Mskr.-Rand nach Pflüger, S. 25–27:] Die 4 schweiz. Mühlensyndikate 78 Mühlen umfassend. In Amerika Trusts für Petrol, Zucker, Fleisch, Särge, Bibeln!! – Chinintrust!

[107] Vgl. Fabr. Insp. 1910/11, S. 216f.
[108] §§ 59–62 entsprechen Art. 65, 66, 68, 69 im Fabrikgesetz 1914.
[109] Dieser Titel nach Sombart I, S. 17.

(Kohlen, Milch) Herbst 1913 Preiskonvention in der Chokoladenindustrie: u. a. die Vorschriften: «Wer von anderen als Konventionsfirmen kauft, verliert den Anspruch auf Rabatt» «Neue Einkaufsvereinigungen u. Fusionen bestehender werden nicht anerkannt»[110] Über *Petroleum* cf. Gew. Rsch. 1913 Nr. 10 S. 195f.[111] Das *Spekulantentum*, das die Ernten im Voraus aufkauft. So ist der Aufschlag von Zucker u. Kaffee nur der Spekulation u. der Kartellierung zu verdanken. Oft von den Regierungen unterstützt. 1895 beschließt das griechische Parlament, die Hälfte der Korinthenernte zu vernichten. 1909 haben die brasilianischen Plantagenbesitzer unter Zustimmung der Regierung 2 Millionen Doppelcentner Kaffee verbrannt.[112] Die *wachsende Grundrente* bes. in den Städten (z. B. 1 m^2 in der Zürcher Bahnhofstraße 1878 Fr. 83[,] 1899 Fr. 1 490) bedingt Erhöhung der Mietzinsen und (infolge der Erhöhung der Spesen für Lokalitäten) der Warenpreise.[113] Der *Zwischenhandel*. Von 1850–1900 steigt die Zahl der sich durch Handel Ernährenden von 6,7% auf 9,1% der Gesamtbevölkerung. 1908 allein 33 727 Handelsreisende. Auf 135 Personen = 35 erwachsene Männer kommt in der Schweiz 1 Wirtschaft. Der Handelsgewinn beträgt 30–100%, im Durchschnitt 50%: eine Bettdecke in der Fabrik Fr. 9, beim Großhändler 10–12, beim Krämer 25 Fr. – 1 l Wein beim Weinbauern 25 cts., beim Weinhändler 45–50 cts., beim Wirt Fr. 1–1.20 – 1 Cigarre beim Fabrikanten: 2 cts., beim Grossisten 3 cts., beim Kleinhändler 5 cts. So wirkt der Handel parasitär d. h. auf die wirtschaftlich Schwachen.[114]/y *Erhöhung des Kapitalzinsfußes* (Hypothekarzinsen –

---

y [Auf der Rückseite des vorhergehenden Mskr.-Blattes sind folgende hierher gehörende drei Zeitungsausschnitte (aus FSA, Jg. 8 [1914/15], Nr. 41 vom 27. 8. 1915) eingeklebt:]
Wie Preise gemacht werden. Darüber schreibt ein österreichisches Arbeiterblatt: Fürst Schwarzenberg hatte kürzlich als Großgrundbesitzer in Böhmen seine Obsternte zu vergeben. Der Preis hiefür war mit rund 116 000 Kronen angeschlagen. Die werbenden *Händler* trieben den Preis durch gegenseitiges Überbieten auf 158 000 Kronen hinauf. Sicherlich waren [sic] schon in den

[110] Zu den Vorgängen in der Schokoladenindustrie: BV 30. 11. 1913: *Die Pläne des Schokoladentrusts;* dort auch die von Barth angeführten Zitate.
[111] Die letzten Sätze (ab «Herbst 1913») sind auf der Rückseite des Mskr.-Blattes nachgetragen.
[112] Die angeführten Beispiele finden sich bei Pflüger, S. 51.
[113] Pflüger, S. 51–53; statt Fr. 1 490,– heißt es dort Fr. 1 460,– (S. 52).
[114] Der Abschnitt über den Zwischenhandel: Pflüger, S. 29–36.

Mietpreise – Lebensmittelpreise – auch umgekehrt wirksam![)]¹¹⁵ *Lohnerhöhungen der Arbeiter*. Teuerung rührt aber nicht direkt von ihnen her, sondern davon, daß die Unternehmer die Differenz auf die Warenpreise schlagen. Ihr Anteil am Nationalvermögen hat sich vermehrt!¹¹⁶

β) *politische:* Militarismus lenkt Kapital und Arbeitskräfte von produktiven Zwecken ab. Verwüstungen. Nachher hohe Zinsen u. Steuern[.] *Schutzzölle* zur Finanzierung des Militarismus[.]¹¹⁷ Bei uns auf die Interessen der Großbauern zugeschnitten: Doppelcentner Kindermehl Fr. 20.–[,] Dc. Trüffeln Fr. 5.–[,] Kalbfleisch 15 Fr.[,] Schinken 14[,] Gefrierfleisch 25 Fr.!!ᶻ

116 000 Kronen der bürgerliche Gewinn ausreichend in Berechnung gezogen worden. Die Händler vermehrten diesen noch um 42 000 Kronen. Die Händler wollen natürlich auch noch ihre 50 bis 100 Prozent haben. So werden Lebensmittelpreise gemacht. –

Vom Zwischenhandel. Im Tagblatt der Stadt Zürich steht folgendes Inserat:
Zu verkaufen:
Familien-Existenz.

In Zürich: Altbekanntes, prima Milch-, Käse- und Buttergeschäft mit 2 Läden (Filiale) und zirka 800 Liter täglicher, prima Laden- und Straßenkundschaft (Detail).

Verdienst per Jahr zirka 20 000 Fr. Alles laut Bücher und Fakturen nachweisbar, trotz Kriegszeit. –

Zwischenhandelskosten.

Der Kaufmann Uhlenhorst (Uhlenhorst: «Kaufmann oder Schmarotzer?» Berlin 1890, S. 28) hat berechnet, daß in Deutschland jährlich rund sechs Millionen Kistchen Zigarren hergestellt und in den Handel gebracht werden; sie werden von den Rauchern mit 300 Millionen Mark bezahlt. Davon entfallen auf die Tabakpflanzer, die ersten Vermittler zwischen ihnen und der Fabrik, den Transport, die Zigarren- und Kistenfabrikanten und ihre Arbeiter, die Lieferanten der Etiketten, Umschläge und Nägel und schließlich – als zehntes Glied dieser Kette – den Transport zu den Verkaufsläden, rund 144 Millionen Mark, während 156 Millionen, also mehr als die Hälfte, den Detailverkäufern bloß dafür zufallen, daß sie den Konsumenten sechs Millionen Kistchen übermitteln. 200 000 mehr oder weniger nützliche Arbeiter werden mit 144 Millionen Mark entlohnt, und volle 156 Millionen Mark verschlingt ein Schwarm von Drohnen!

ᶻ [Randnotiz:] (Bis hier nach *Pflüger*)

[115] Pflüger, S. 38, beschreibt, wie erhöhte Hypothekarzinsen zu höheren Mietpreisen und höheren Lebensmittelpreisen führen.
[116] Vgl. Pflüger, S. 74.
[117] Pflüger, S. 77f.

b) *Ungenügende Arbeitsmöglichkeit oder Arbeitslosigkeit*
Im Sept. 1913 in Berlin 50 000 Arbeitslose.[118/aa] In dem wirtschaftlich günstigen I. Halbjahr 1913 wurden in England 16–18% der Versicherungspflichtigen ein oder mehrere Male arbeitslos (= ca. 400 000!) Ende Mai 670 000[,] Anfang Februar 118 000 Arbeitslose, Durchschnitt 84 000 (2,7% – 5,1% – 3,5% der Versicherten[)].[119] In Basel 1909/10 959 A[rbeitslose] mit einem Lohnausfall von ca. Fr. 133 500. Von der Arbeitslosenkommission Fr. 15 000. Von Vereinen etc. Fr. 10 000. Es bleiben zu decken Fr. 108 500. Woher nehmen? Schulden, Waren auf Kredit. Hauszinse stehen lassen, Pfandleihanstalt, Reduzierung der Lebenshaltung.[120]

Eine der fatalsten Erscheinungen der Arbeiterfrage. Das lange vergebliche Arbeitsuchen wirkt ermüdend u. verbitternd. Das drängende Sich[-]Anbieten drückt auf die Löhne der Beschäftigten. Der Müßiggang verleitet zum Wirtshaushocken oder zu zweifelhaften Unternehmungen. Die Almosen der Armenpflege degradieren u. deprimieren.[121] – Die Situation ist so unnatürlich als möglich: Im Sommer 1912 zündete ein unbescholtener 27jähriger Ziegeleiarbeiter aus Schwyz eine leere Scheune bei Kilchberg an[,] um in der Strafanstalt über den Winter versorgt zu werden u. zugleich dort einen Beruf zu erlernen, damit er später nicht mehr arbeitslos werde. So muß sich der Mensch aus unsrer

---

[aa] [Anm. am Mskr.-Rand:] Centralstelle des Verbandes der schweiz. Arbeitsämter: Okt. 1912: auf 100 offene Stellen 115,6 Arbeitssuchende[;] Oktober 1913: 125,9[.] Schweiz Okt. 13,

> Männer: 7 389
> Frauen: 2 333
> 9 722

In ganz Deutschland
> 13. VI. 1895: 143 166 Personen
> 2. XII. 1895: 479 000 Personen

1893 in England 7,5% der gewerkschaftlich Organisierten.
[Zu den Zahlen für die Schweiz: BV 27.11.1913: *Vom Schweizerischen Arbeitsmarkt;* zu den Zahlen für Deutschland und England: Sombart I, S. 123f.; Sombart II, S. 63.]

[118] Die Hilfe, Jg. 19 (1913), S. 543.
[119] Die Angaben über England sind auf der Rückseite des vorhergehenden Mskr.-Blattes nachgetragen.
[120] Vgl. F. Sutermeister, *Die Not der Arbeitslosigkeit und was bei uns dagegen getan wird,* in: FSA, Jg. 7 (1913/14), Nr. 3 vom 17. 10. 1913.
[121] Vgl. Sombart II, S. 61f.

«Rechts»ordnung in das Verbrechen flüchten, um sein Recht auf Arbeit zu erlangen!! Der moderne Arbeiter ist u. U. schlimmer dran als der antike Sklave, dessen dauernde Versorgung im Interesse seines Herrn lag, weil er zu seinem Inventar gehörte, schlimmer jedenfalls als der mittelalterliche Geselle, zu dessen Versorgung der Meister verpflichtet war.[ab]

Gründe dieser Erscheinung.

Arbeiter selbst schuld? Zum geringsten Teil, abnehmend seit Einführung der Fürsorge-Einrichtungen.

Basel	1903	1904	1905
Selbstverschuldet	9,5%	4,2%	2,1%
Unverschuldet	90,5%	95,8%	97,9%[122]

a) Die lohnunterbietende Frauen- u. Kinderarbeit (s. oben!) Es kam vor, daß die Frau in die Fabrik, sogar ins Bergwerk ging, während der Mann Kaffee kochte u. Strümpfe flickte!

b) Der Import resp. die Zuwendung von billigerem (kulturell niedriger stehendem) *ausländischem Arbeitermaterial*[ac]

1895	87,3% Schweizer	12,7% Ausländer
1901	83,5% "	16,5% "
1911	77,7% "	22,3% " [123]

Die Italiener bleiben je länger je mehr auch im Winter in der Schweiz![124/ad]!

c) *Abstoßung der ältern Arbeiter.*[ae] Untersuchungen durch das preußische Handelsministerium über die Verhältnisse in der Metallindustrie:

[ab] [Notiz auf der Rückseite des vorhergehenden Mskr.-Blattes:] «Aus den Erinnerungen eines Arbeitslosen» Gewerkschaftl. Rundschau 1913, [Nr.] 1 [S. 12–15]

[ac] [Randnotiz:] Fabr. Insp. 19[12/]13 S. 8[f.: Dort ist von einem Zustrom fremder Arbeiter, «Italiener, Böhmen, Polen beider Geschlechter» die Rede.]

[ad] [Randnotiz:] Bern[er] «Italienerkrawall» 1893!

[ae] [Auf der Rückseite des vorhergehenden Mskr.-Blattes ist folgender Zeitungsausschnitt unbekannter Herkunft eingeklebt:]
  Tausend Mann auf auf die Straße geschmissen!
  Tausend Arbeiter brotlos gemacht!

[122] Von der Episode in Kilchberg bis hierher nach: H. Eugster-Züst, *Die Arbeitslosenversicherung*, Bern 1913, S. 5.9f.

[123] FSA, Jg. 6 (1912/13), Nr. 17 vom 24. 1. 1913: *Ausländische Arbeiter in der Schweiz*.

[124] H. Eugster-Züst, a.a.O., S. 10.

Maschinenindustrie	35–40 J.	40–45 J.	45–50 J.
in Berlin	10,8%	6,6%	3,9%
in Minden	11,2%	7,7%	5,4%
in Köln	9,8%	6,5%	4,1%[125]

Erhebungen[126] der *preuß. Gewerbeaufsicht* 1912. Am zahlreichsten ist unter den Fabr. Arb. das Alter von 20–40 J. vertreten, nur in der Textilindustrie höhere Altersklassen in stärk[erem] Maß

In den Bezirken Arnsberg etc. 163 000 Eisenarbeiter. Von je 100 Beschäftigten gehören zu den Altersgruppen

	Arnsberg	Düsseldorf	Oppeln
bis 20 Jahre	19,2	17,4	25,8
von 20–45 J.	65,3	71,2	60,0
über 45 J.	15,5	11,4	14,2
über 55 J.	5,3	2,7	3,8

Ist eine Krise eingerissen?
Haben die Tausend ans Streiken gedacht?
Nichts von Allem! Ihr Brot erraffen
Wollten sie ehrlich, wie klein das Gehalt,
Aber sie sind zu alt zum Schaffen:
Mit fünfunddreißig Jahren zu alt!

Freilich mich dünkt, es nähme nicht Wunder:
Wie hier die Arbeit am Arbeiter saugt,
Würd' er schon vorher kraftlos wie Zunder,
Wär' er mit dreißig bereits verbraucht.
Doch jene Tausend – es tönt kein Klagen
Über ihr Nichtstun höhnisch und schrill;
Einziger Grund sie davonzujagen,
Ist daß man Jüngere haben will.

Fragt ihr: Was soll aus den Tausend werden?
Teufel, was geht das die Unternehmer an!
Helfe jeder sich selber auf Erden,
So gut oder schlecht er eben kann.
Mögen die einen ins Zuchthaus wandern!
– Gar kein so übler Aufenthalt –
Mögen bettelnd stöhnen die Andern:
Mit fünfunddreißig Jahren zu alt!

[125] FSA, Jg. 6 (1912/13), Nr. 41 vom 11. 7. 1913: *Der Fluch des Alters*.
[126] Der Text von hier bis einschließlich der nächsten Statistik (aus: FSA,

Oft werden über 40jähr[ige] gar nicht aufgenommen, oder zu niedrigerem Lohn u. geringerer Arbeit; diese «Alten» werden dann Gastwirte, Händler, Heimarbeiter, Fahrer – vermehren also z. T. die unproduktive Bevölkerung. – Im Durchschnitt stehen im Bezirk Potsdam 35,6% Arbeiter üb. 45 J. im Dienst, – in Staatsbetrieben 45,3%[,] in Privatbetrieben 24%[,] in Aktiengesellschaften 10%[127]
«In Krisenzeiten müssen die alten Sticker u. alten Maschinen eben fallen wie die faulen Äpfel von den Bäumen.»[128]
Vgl. J. Jb. Schenk v. Ürkheim † 11. X. 13![129]

d) *Überhandnehmen der Maschinen* gegenüber der menschl. Arbeitskraft[af]

Fabrikbrand von Uster 1832![130/ag]

Schweiz	1882	1911	Zunahme	
Arbeiter	134 862	328 841	193 979	143,8%
Pferdekräfte	59 505	712 622	653 117	1 097,5%[131]

[af] [Randnotiz:] Fabr. Insp. 19[12/]13, S. 9
[ag] [Nachträge auf der Rückseite des vorhergehenden Mskr.-Blattes:] «Erinnerungen an den Brand von Uster» Text. Arb. 1913 Nr. 33
«Ludditen», aufrührerische Banden unter Anführer *Ludd*, die 1811 und 1816 in der Grafschaft Nottingham in die Fabriken eindrangen und Maschinen zerstörten. Gesetz, das die Zerstörung von Webmaschinen mit dem Tod bestrafte! [1812 wurde in England die Zerstörung von Textilmaschinen mit der Todesstrafe bedroht, 1813 mit langjähriger Deportation.]

Jg. 7 [1913/14], Nr. 14 vom 2. 1. 1914, *Über das Alter der Fabrikarbeiter* ...) ist auf der Rückseite des vorhergehenden Mskr.-Blattes nachgetragen.
[127] Dieser Abschnitt nach dem Anm. 125 genannten Artikel.
[128] Der TA, Jg. 12 (1913), Nr. 1 vom 3. 1. 1913 schrieb unter der Überschrift *Der grausame Vers des Herrn Vetsch:* «Herr Vetsch in Grabs, Mitglied des Zentralkomitees des Stickereiverbandes, hält an seiner überlebten Theorie fest, daß in Krisenzeiten die alten Sticker und alten Maschinen eben fallen müssen wie die faulen Äpfel von den Bäumen.»
[129] Johann Jakob Schenk, gebürtig aus Ürkheim (s. Anm. 71), wohnhaft in Safenwil, gest. am 10. 10., bestattet am 13. 10. 1913. «Er erhängte sich im Walde wegen Arbeitslosigkeit» (Safenwiler Totenmatrikel; tel. Auskunft von Pfr. Michael Klamer, Safenwil, am 19. 12. 1990 an den Hrsg.).
[130] Zum Brand von Uster vgl. z. B.: Th. Curti, a.a.O., S. 439–444.
[131] TA, Jg. 12 (1913), Nr. 8 vom 20. 2. 1913: *Die Verunselbständigung der menschlichen Arbeitskraft.*

In der Nahrungsmittelind[ustrie] 11 ×, in der Ton[-] u. Erde[-]Ind. 4 ×, in der Textilind. 4 ×[,] in der Uhrenind. 9 ×, in der Metallind. 2 × so schnelles Anwachsen der Zahl der H. P.[132] als die Zahl der Arbeiter. Bei der Minderzahl der an Maschinen Arbeitenden handelt es sich um Qualitätsarbeit, die Mehrzahl ist leicht ersetzbar.

e) *Partielle Krisen.* Ursachen:[ah] z. B. ein *Modewechsel*[133]: das Abkommen der vielen Verzierungen auf den Uhren verursacht 1912/13 eine Krisis in der Uhrenindustrie. Oder: *ausländische Konkurrenz:* die Herstellung von Uhren in Japan etc. Oder: *geschäftliche Ereignisse* wie das folgende:

Im I. Halbjahr 1913 sank der Stickereiexport nach der nordamerikan. Union aus dem Konsularbezirk St. Gallen von 29 063 506 Fr. im I. Halbjahr 1912 auf 24 161 186 Fr. (Differenz: 4 902 320 Fr.) Infolgedessen schon auf Neujahr 1913 zahlreiche Arbeiterentlassungen[134]

Woher diese Krise?[135] Im Sommer 1912 stellt die Stickereiaktiengesellschaft Feldmühle (b. Rorschach, Loeb u. Schönfeld) ihre bis dahin nur in der Schweiz u. in Sachsen eingeführten Stickautomaten in Amerika auf. Dasselbe tut die Maschinenfabrik Saurer in Arbon. Gründung einer «Schweiz.[-]amerikan. Stickerei[-]Industriegesellschaft» zur Gewinnung des durch hohe Einfuhrzölle geschützten amerikan. Marktes. Dies gelingt, schon Herbst 1912 macht sich die Absatzstockung nach dort fühlbar. Trotzdem fährt die einheimische Industrie bis Neujahr fort, «Unmassen» (Ausdruck eines Unternehmersekretärs) zu produzieren u. immer neue Schifflistickmaschinen aufzustellen. Um Neujahr wird die Krise akut. Die Schifflisticker einigen sich nun auf die Einschränkung der Produktion um $^1/_4$ (am 10. II. 13) Die Feldmühle, die Urheberin der ganzen Krise macht aber *nicht* mit, dafür werden dort im Juli u. August je 300–400 Arbeiter entlassen (von 1 800) – Und mit der Verpflanzung der Automaten nach Amerika wird seitens der St. Galler

[ah] [Randnotiz:] Saison!

[132] H. P.: damals gebräuchliche Abkürzung für: Pferdestärke (Horse Power).
[133] Vgl. H. Eugster-Züst, a. a. O., S. 10.
[134] Dieser Abschnitt nach TA, Jg. 12 (1913), Nr. 38 vom 18. 9. 1913: *Stickerei-Export.*
[135] Die Hintergründe der Stickerei-Krise, die im Jahr 1913 die Zeitungen in der Schweiz füllte, schildert Barth hauptsächlich nach TA, Jg. 12 (1913), Nr. 34 vom 21. 8. 1913: *Massenkündigungen von Arbeitern.*

Firmen fortgefahren. Bereits ist geplant, auch Südamerika zu besetzen. – Also Ursache dieser Krise: a) Exportierung einer einheimischen Firma b) Anarchische Fortsetzung resp. Steigerung der übrigen einheimischen Produktion trotz jenes Umstandes c) Nicht-Beachtung des Produktionseinschränkungsbeschlusses seitens der hauptbeteiligten Firma. – Ist eine Gesellschaftsordnung, die solche «Ereignisse» möglich macht, wert erhalten zu werden?!

f) *Allgemeine Krisen.*[ai] Die privatkapitalist. Produktion verläuft nicht geradlinig, sondern in Wellen, nicht nur innerhalb der einzelnen Industriezweige, sondern auch im Allgemeinen:

Gesteigerte Bedürfnisse z. B. infolge des Endes eines Krieges (Mandschurei, Balkan) daher gesteigerte Tätigkeit bzw. Ausdehnung der Produktion. Dies erfordert Anspannung des Kredits und dies hat zur Folge das Steigen des Zinsfußes. Damit werden aber auch die Produktenpreise, die Miet[-] u. Hypothekarzinsen höher. Die allgemeine Preissteigerung verlockt wiederum zu größerer Produktion. Die Banken erhöhen die Zinsen wiederum. Schließlich Erschöpfung des Kredits u. Geldmangel (durch Erhöhung des Diskontsatzes auch auf andre Länder übertragen) Es folgt dann der Geldkrise notwendig die Produktionskrise.[136]

Wohnungsverhältnisse.[aj] 3/5 der Bevölkerung Deutschlands wohnt in Städten, 1/4 in Großstädten. Unterschied der *Großstadtwohnung* von der Landwohnung: Mietskasernen an der Peripherie der Stadt, geschmacklos gebaut, eng, kein Kontakt mit der Natur (Höfe) zuviel beständiger Kontakt mit den Mitmenschen (Immoralität u. Zank!) Kein Daheim für die Einzelnen, daher Alkoholismus. Verwahrlosung der Jugend. Oft direkt Unterbindung der Vermehrung des Volkes: «Zu vermieten an eine kinderlose Familie»[.] Woher Heimatgefühl u. Vaterlandsliebe?[ak/137]

[ai] [Randnotiz:] (Dies nach *Pflüger*)
[aj] [Nachtrag auf der Rückseite des vorhergehenden Mskr.-Blattes:] Gew. Rsch. 1913 Nr. 4 [S. 68–70] Arbeiterwohnungen u. Volksgesundheit in Genf.
[ak] [Randnotiz:] Fr. Schw. A. 29. V. 14 Nr. 35 *[Wohnungsnot und Kindernot statt Kindersegen. Dokumente.]* 7. IV. 16 Nr. 26 *[Wohnung und Wirtshaus.]*

[136] Vgl. Pflüger, S. 39–43.
[137] Zu diesem Abschnitt vgl. außer den in Anm. ak genannten Artikeln FSA, Jg. 6 (1912/13), Nr. 36 vom 6. 6. 1913: *Vom Wohnungselend.*

Enge des Raumes und *ungesunde Bedingungen*

Von 1 000 Einwohnern bewohnen eine *Einzimmerwohnung*		Es bewohnten *Kellerwohnungen* im Jahr 1900	
in Dresden:	374		
in Breslau:	409	in Berlin:	91 000 Personen
in Halle a. S.:	429	in Hamburg:	45 000
in Berlin:	430	in Breslau:	15 000
in Magdeburg:	454	in Altona:	12 000
in Görlitz:	462	in Posen:	8 000
in Barmen:	490	Es gab *Wohnungen ohne heizbares Zimmer*	
in Königsberg:	505		
in Chemnitz:	551	in Berlin:	15 000
in Plauen i. V.:	641	in Barmen:	8 000[138]

Überbevölkerung (in 1 Zimmer mehr als 5, in 2 Zimmern mehr als 10 Personen) Übervölkerte Wohnungen giebt es in Berlin 30 000[,] in Breslau 7 000, in Chemnitz 5 000[,] in Plauen i. V. 3 000[139]

Enquete 1913 über 1 260 «*Armenwohnungen*» in Charlottenburg (1 Stube + 1 Küche)[140]

Darunter waren:

162 von	5	Personen bewohnt	
68 von	6	"	"
4 von	7	"	"
25 von	8	"	"
11 von	9	"	"
2 von	10	"	"
1 von	11	"	"
2 von	12	"	" [[«Menschenställe»!]]

Mißverhältnis von *Menschen- und Bettenzahl:* Zürich 1896[:] Es benützten 26 770 Pers. mit weniger als je 10 m³ Schlafraum 17 872 Betten[.] Es benützten 44 832 Pers. mit 10–20 m³ Schlafraum 37 075 Betten[141]

Schlafgängerwesen. «Eine Stelle in einem Bett» (Mülhausen) *Nur*

---

[138] Diese Tabellen nach: Sombart II, S. 22f.
[139] Ebd.
[140] Chronik der CW, Jg. 23 (1913), Nr. 47, S. 584: *Armenwohnungen.*
[141] Herkner, S. 38f.

Schlafstelle, sonst kein Rechtsanspruch auf die Wohnung. Sittlicher Einfluß auf die Kinder! Auf die Schlafgänger selbst: Wohin des Abends? des Sonntags?

Es wurden gezählt 1895 in Berlin: 79 435 ⎫
                      in Dresden: 19 836 ⎬ Schlafgänger[142]
                      in Leipzig: 19 101 ⎭

In München 12 000 Wohnungen mit Schlafgängern (= 15%) wovon $1/4$ weiblich (Dirnen!) Unter den 12 000 Wohnungen 3 918 «überfüllt»[,] nur 858 mit mehr als 1 heizbaren Zimmer.[143]

Von 1 000 einzimmrigen Wohnungen haben in Plauen i. V. 596[,] in Berlin 391, in Breslau 370 Schlafgänger![144]

Gesundheitsverhältnisse.[a] Mangel an Luft u. Licht. Infolge der großen Bevölkerungsdichtigkeit größere Erkrankungsmöglichkeit. Infolge der hohen Mietpreise Unterernährung.

Vergleichende Enquete über 46 000 Schulkinder in *Stuttgart* und in der Wohnungskolonie *Ostheim*

	Stuttgart	Ostheim
Augenleiden	9,5%	8,5%
Ohrenleiden	5,4%	1,1%
Erkrank[ungen] d. Wirbels[äule]	6,1%	3,7%
Lungen	16,6%	3,3%
Größe des ältesten Jahrgangs im Durchschnitt:		
Knaben	145,6 cm	146,5 cm
Mädchen	146,9 cm	147,4 cm
Gewicht dito		
Knaben	34,9 kg	35,9 kg
Mädchen	36,5 kg	38,3 kg[145]

[a] [Randnotiz:] Fr. Schw. A. [Jg.] 7, [Nr.] 46 [vom 7. 8. 1914: *Tuberkulose und Wohnungselend]*

[142] Zum «Schlafgängerwesen» bis hierher: ebd.
[143] Sombart II, S. 24.
[144] Ebd.
[145] FSA, Jg. 6 (1912/13), Nr. 33 vom 16. 5. 1913: *Von der Bedeutung besserer Wohnungen.*

Mietpreise. Ihre Höhe trifft *relativ* den Arbeiter am Schwersten[.] In Hamburg bezahlten die Angehörigen der Einkommensklasse von 600–1200 M. für Wohnungsmiete:

1868: 18,77%
1874: 20,9 %   ihres Einkommens   in Dresden 1880: 26,8%
1882: 23,51%   und in Breslau 1880 sogar 28,7%[146]
1892: 24,71%

Aber auch *absolut* zahlen die armen Mieter die höchsten Mietpreise[.] Der m³ in der kleinen Wohnung kostet mehr als der m³ in der großen.

In den 10 größten Wohnungen in Lausanne kam 1894 der m³ auf 2,96 Fr. im Jahr[,] in den 10 kleinsten auf 5,34 Fr.

In einzimmrigen Wohnungen in Zürich kostete 1896 der m³ durchschnittlich 5,81 Fr.[,] in zweizimmrigen 4,81 Fr.[,] in zehnzimmrigen 4,29 Fr.[147]

Wohnungswechsel. In Deutschland ziehen jährlich ca. 4 Millionen Personen um. In Zürich lebten 1907 ca. 175 000 Einwohner. Von diesen zogen 1907 um: 70 661 Personen, nämlich 41 177 Einzelpersonen + 9 249 Familien mit 29 484 Angehörigen. In Berlin jährlich 2–300 000 Zuzügler.[148] Wir haben hier keine bleibende Stätte [Hebr. 13,14]!

Ursachen. Der Verkäufer des Bodens sucht Verkaufsgewinn. Der Käufer seinerseits muß amortisieren u. verzinsen u. möchte auch selbst Gewinn machen. Daher möglichst intensive Ausnutzung des Bodens und möglichst hohe Mietpreise. Der *Mehrwert des Bodens* fällt also in beiden Hinsichten zu Lasten des Mieters d. h. des armen Mieters: bei der Handänderung zu Bauzwecken wird die Gesundheit des Volkes zum Voraus bedroht, seine Arbeit zinspflichtig gemacht. Der Mehrwert ist nur fiktiv, d. h. er repräsentiert nur das Recht, von zukünftigen Mietern mehr Wert zu erpressen.[149] –

Ursache der Wohnungsmisere ist die *Boden-[,] Bau- u. Häuserspekulation.* Hinter dem einzelnen Käufer resp. Spekulanten resp. Wohnungsvermieter steht in der Regel die Bank d. h. die Organisation des

---

[146] Dieser Abschnitt nach Herkner, S. 38.
[147] Die letzten drei Absätze nach Pflüger, S. 53f.
[148] Die Zahl für Berlin nach Sombart II, S. 11.
[149] Pflüger, S. 49–53.

Großkapitals, das die betr. Summe vorstreckt. Der Vermieter ist somit nur Verwalter resp. Tributeinsammler![150]

Familienleben und Erziehung
Schlechte *Wohnungen* machen das Heim ungemütlich. *Schlafgänger* bringen ungünstigen fremden Einfluß. Niedrige *Löhne* erzeugen Mangel u. gedrückte gespannte Stimmung. Die Intensität des modernen *Arbeitsbetriebs* erzeugt Erschlaffung, die der Arbeiter auch nach Hause bringt, wenn er sie nicht ins Wirtshaus trägt. Die lange *Arbeitszeit* bedingt, daß der Vater seine Kinder kaum sieht, geschweige denn miterziehen kann. Oft gilt das auch von der Mutter. Die *Frauenarbeit* hat zur Folge, daß die Mädchen die Haushaltung nicht lernen, darum ist dann die Ernährung oft schlecht oder reizlos, treibt den Mann dem Alkoholismus zu. Auch die Kinder werden nicht recht ernährt, geschweige denn recht erzogen (Ersatzpersonen! Krippen!) Die *Kinderarbeit* erweckt in den Kindern das Gefühl des Ausgebeutetwerdens, pflanzt die spätere Pietätlosigkeit[.][151] – So arbeitet die ungehinderte «liberale»[152] Entwicklung an der Zerstörung der Familie[153]

Kindersterblichkeit. Früher bis zu 40% unter 1 Jahr in den Fabrikgegenden! Gründe: Vernachlässigung, falsche Pflege, Beschwichtigung durch Alkohol. Der nordamerikan. Krieg bewirkte durch Unterbindung der Baumwolleeinfuhr eine Verminderung der Kindersterblichkeit.[154] Erhebungen von *Lambelet* 1909[:] In der Schweiz jährlich 2 000 tötl. Unglücksfälle, davon 453 Kinder: 37 ertrinken in stehendem Wasser, 31 in Jauchegruben, 35 in fließendem Wasser, 106 werden verbrannt oder verbrüht. Die Fabrikgegenden weisen für Alles die höchsten Zahlen auf![155]

---

[150] Pflüger, S. 44f.
[151] Dieser Abschnitt ist eine Zusammenfassung von Sombart II, S. 20–56; vgl. daneben Pflüger, S. 55f.; Herkner, S. 34–36.
[152] Zum Liberalismus als Impuls hinter den neuen Lebensverhältnissen vgl. Herkner, S. 510f.
[153] Vgl. auch Sombart II, S. 75, der den Kapitalismus für die neuen Lebensverhältnisse verantwortlich macht; Barth hat in seinem Buchexemplar das Wort «Kapitalismus» mit einem Fragezeichen versehen und stattdessen an den Rand geschrieben: «Liberalismus».
[154] Vgl. Herkner, S. 34f.
[155] Pflüger, S. 56.

Vernachlässigung der Erziehung.[156] Eine Hausfrau schreibt in den Basl. Nachr. 14. VI. 13:[157]

Es ist schon längst mein Bedürfnis einmal zu reden über das Verdienen neben der Besorgung der Haushaltung. Ich meine nun nicht jene Frauen, welche um besser Staat und Putzsucht treiben zu können verdienen, sondern die, die gezwungen sind, da es das Einkommen des Mannes verlangt, daß sie verdienen müssen, zum Schaden der Kindererziehung.

Nun habe ich an mir selbst spüren müssen, wie das Verdienen nebst der Haushaltung für eine aufreibende Sache ist. Mein Mann ist Färber und hat seit 6 Jahren 30 Fr. Wochenlohn und wir sind eine fünfköpfige Familie, das jüngste Kind fünfjährig, das älteste 9. Als die Kinder klein waren, zettelte ich in ein Geschäft, mußte aber, wegen dem Lärm, welchen es verursachte, einigemal ausziehen. Ich kam nie an die Luft; das Gerassel des Zettelrädchens, das Geschrei der Kinder, welchen es auch nicht wohl dabei war, machten mich oft sehr nervös, so daß ich oft ungerecht, gegen die Kinder wurde, konnte auch nie bei der Arbeit bleiben, mußte immer wegspringen, die Kinder und die Haushaltung besorgen, waschen, [das Kleinste trocken machen][158] usw., jede Minute ausnützen, des Nachts aufstehen, es war eine Jagerei und doch mußte ich, wir wollten ehrlich sein, keine Schulden machen, die Kinder sauber halten und die Wohnung. Für die Kinder hatte ich keine Zeit, konnte sie nie auf den Arm nehmen, ging ich einen Augenblick hinaus mit ihnen, mußte ich sie vom Spiel wegreißen und nach Hause treiben. Wir hatten kein Familienleben, abends half mir der Mann, was er konnte, da er sah, daß ich mein möglichstes tat. Diese fremde Arbeit hockte in unserer Familie wie eine Kröte, die sich überall breit machte.

Bei diesem Schindleben wurde ich auch gereizt, wenn der Mann heim kam, müde von der Arbeit, gab es bei dieser Arbeitsüberbürdung oft Streit. Die Kinder zerrissen mir auch öfter die Zettelfäden, wenn ich einen Augenblick in der Küche war, so daß es öfters schlagen mußte, was wissen doch 2- und vierjährige Kinder. Die Kleinen kamen auch nie hinaus, als abends, wenn der Mann Feierabend hatte, wie jubelten da die Kinder, wenn der Papa heimkam, fast wurde ich eifersüchtig. So ging es eine zeitlang, verdiente ich doch dabei wöchentlich 5 Fr. durchschnittlich, aber was mußte ich diesem Fünfliber opfern. Dieses Arbeiten wurde uns beiden zuviel, wir wurden gereizt, eines konnte am andern nichts mehr ertragen, wir hatten öfters Zwist und die Kinder bekamen ungerechte Schläge. Eines Tages mußte ich die Kinder wieder vom Spiel wegreißen, da sah mich meine Älteste drohend an. «Weißt Mame, dich hab ich nicht lieb», sagte sie empört zu mir. «Warum», fragte ich erschrocken, «weißt, du arbeitest immer, immer», antwortete sie. Da sank ich wie gelähmt auf einen Stuhl, sie lieben mich nicht, und ich reibe mich für sie auf, sie lieben mich nicht, so tönte es mir in mei-

[156] Vgl. Herkner, S. 44f.
[157] Das Folgende ist ein in den Text eingeklebter Zeitungsausschnitt aus den BN vom 17. (sic) VI. 1913, 2. Beilage zu Nr. 275. Vgl. K. Barth, *Predigten 1913*, hrsg. von N. Barth und G. Sauter (Gesamtausgabe, Abt. I), Zürich 1976, S. 311–313.
[158] Diese vier Worte des Zeitungsblattes von Barth in eckige Klammern gesetzt.

nen Ohren, alles tue ich für sie, halte sie reinlich, pflege sie, sorge für sie, halte sie was fehlt denn noch? Aber du kannst dich nicht mit ihnen unterhalten, du hast keine Zeit für sie. Die Kinder haben nur eine arbeitende Frau, keine Mutter, welche spielt mit ihnen und lacht und scherzt. Die Zeit, die du dazu hättest, mußt du der fremden Arbeit widmen, so tönte es in mir; das ist das Verdienen. Wie haben es doch die Frauen schön, welche nur die Haushaltung machen können, und sich ihren Kindern ganz widmen können, sie wissen gar nicht, wie glücklich sie sind, und achten es nicht einmal.

Wie haßte ich die fremde Arbeit, haben denn die Kinder nicht ein erstes Anrecht an die Mutter, warum muß man auch verdienen, hab ich nicht einen fleißigen, bescheidenen Mann, ja wir wollen ehrlich sein, alles bar bezahlen, wir wollen keine Schulden. Wie muß man dieses ehrlich sein erkämpfen! Mein Mann wurde dieses Lebens überdrüssig, so beschloß ich das Verdienen aufzustecken.

Alle Tage wurde berechnet, was das billigste sei, dieses ecklige Geldabwägen, wenn man den Überfluß überall sieht. Da schämte ich mich fast, daß ich nichts verdiene. Nach einiger Zeit nahm ich wieder etwas an, alle Abend von 8 bis $10^{1}/_{4}$ putzen, diese Arbeit wurde sehr gut bezahlt und ich ging Abend für Abend fort; mein Mann besorgt die Kinder, bringt sie zu Bett, dann ist er allein, 9 Monate ging ich, vor Müdigkeit konnte ich kaum stehen. Wenn ich heimkam, schlief mein Mann, wenn er aufstand und sich das Morgenessen richtete, schlief ich. Auf unser Drängen bekamen wir eine Aushilfe, so daß ich immer nach 14 Tagen eine Woche aussetzen kann, da wir auch öfters krank und meine Müdigkeit steigert sich oft zur Raserei, so daß wir beschlossen, auch dieses aufzugeben. Es geht nicht mehr, wenn ich krank bin, haben wir gar nichts mehr. Den Monat Mai wollte ich noch fertig machen, da brach der Färberstreik aus, zum Glück hab ich noch nicht abgesagt. In jener Nacht schlief ich vor Aufregung gar nicht, ja wenn mein Mann nur 35 Fr. wöchentlich Lohn hätte, dann wollte ich nicht mehr verdienen, ganz wollte ich mich der Haushaltung und den Kindern widmen, alles sauber und ganz in der Ordnung halten, des abends könnten wir gemütlich beieinander sein, so machte ich in jener Nacht Pläne. Oder habe ich zuviel gemurrt, verliert mein Mann den Platz, daß ich erst recht verdienen muß? so stürmten meine Gedanken über mich her bis ich endlich einschlief. Seither sind Wochen verflossen, die Situation ist immer gleich. Wer hat Verständnis für das Volk? Eine Dame sagte einst zu mir, als ich ihr klagte: «Danken Sie Gott, daß Sie arbeiten können.» Traurig ging ich weg. Verlangt Gott von mir, daß ich mich so aufreibe. Jede Fiber an mir sagt nein, diese Überbürdung kommt von den Menschen. Immer frage ich mich, ist das meine Pflicht, nein, tönt es in meinem Innern. Nun dieser Streik wie kommt er mir vor. Mein Mann klagte immer, im Geschäft können sie nie genug schinden, mit eisernem Druck hält man sie darnieder, ein Schnellzug, der bei rasender Geschwindigkeit entgleißt und das Unglück ist da.

Was will ich bezwecken mit diesem Schreiben, nur den Wunsch habe ich, ein wenig Verständnis für verdienende Frauen. Die Damen haben es nicht; es heißt höchstens, richtet euch ein usw., gerade wie mein Mädchen, als es zu mir sagte «Mama brauchst du 5 Fr. in einer Woche»; ja, sagte ich, viel mehr. Entsetzt sah es mich an, und antwortete: «was du brauchst so viel Geld!»

Aus einem Artikel von Pfr. Tischhauser-Zürich in der «Glocke» XII.12[159]

Es ist eine nicht ernst genug zu nehmende Tatsache, daß weitaus die größte Zahl unserer Männer einen unzulänglichen Verdienst hat. Bei 4½–5½ Fr. – und das ist wohl der Durchschnitt unserer Löhne – kann man auch nicht die kleinste Familie ordentlich durchbringen. So müssen auch die Frauen noch dem Verdienste nachgehen. *Wohl 60–80 Prozent der Mütter* schulpflichtiger Kinder sind gezwungen, außer dem Hause Arbeit zu suchen. Wenn das Mädchen oder der Junge heimkommt, so ist keine Mutter da. Wie oft treffen wir's, daß die in öder Stube auf Tischen und Bänken herumspringenden Kinder, während sie gleichzeitig ein Stück Brot in der Hand oder im Munde haben, auf unsere Frage: «Wo ist die Mutter?», antworten: «Sie isch go schaffe.» 8–10jährige Mädchen müssen «z'Nacht» kochen, weil die Mutter erst gegen 9 Uhr nach Hause kommt, wenn sie mit dem Reinigen der verschiedenen Bureaux fertig ist. Kann man ermessen, was es zu bedeuten hat, *daß mehr als die Hälfte unserer Kinder ohne mütterliche Pflege und Aufsicht heranwachsen?* Jedermann wird zugeben, daß Jugendhort und Kinderkrippe ein ungenügender Ersatz sind; ja diese Institutionen bringen uns den ganzen Umfang dieses *mutterlosen Elendes* noch mehr zum Bewußtsein. Es schreit gen Himmel! Wie viel herrliches Gemütsleben kommt nicht zur Entfaltung, oder wird unterdrückt, weil zu viel fremde Hände ihre rohen Eindrücke zurückließen!

In der Religionsstunde. «Warum fehlt heute Hans X.?» – «Er hat gesagt, er komme nicht mehr, er sei jetzt im Z. G. V.» – «Was ist das, der Z. G. V.?» – Gelächter, Kichern, die Knaben stoßen sich mit den Ellbogen. «Nun?» Nach einigem Zögern: «Das ist der Zürcher Gaunerverein.» – «Ist das Ernst oder Spaß?» – «Nein, nein, das ist Ernst.» – «Was machen sie denn da?» – «Sie stehlen, so viel sie können; letzthin sind sie in ein Magazin eingebrochen.» – Nach und nach hatte ich ein ganzes Sündenregister beisammen. Die Polizei hatte sich einige Jungen bereits näher angesehen.

Als ich die Eltern meines Hans aufsuchte, klopfte ich zweimal an verschlossene Türen. Die Mutter mußte verdienen; es sind vier Kinder, der Vater hat nur 4.80 Fr. war mir alles klar. Wer will da schelten oder die Eltern ermahnen, besser auf den Jungen zu sehen? Dazu hätte man nur im Recht, wenn man ihnen täglich einen Zuschuß von 2–3 Franken geben könnte. Das ist leider kein vereinzelter Fall, sie zählen nach Hunderten.

Hier noch ein Bild: Ich komme zur Mutter eines Konfirmanden. Der Vater ist schon mehrere Jahre tot, sie hat sich mit den drei Knaben allein durchgeschlagen; zumeist arbeitete sie fern vom Hause. Da gerät einer der Jungen, zirka 15jährig, in schlimme Gesellschaft. Abends und nachts halten sie ihre Zusammenkünfte. Heute haben sie eine besondere Abmachung getroffen. Sie kommen nach Mitternacht in einer abgelegenen Straße zusammen. Es werden Vorposten aufgestellt, dann wird versucht, in den Schopf einzudringen. Plötzlich ertönt das

---

[159] Monatliches Organ des Christlichen Vereins junger Männer Zürich I; der C. V. J. M. Außersihl, Industriequartier, Neumünster, Wiedikon, Aarau, Neuhausen, Schwamendingen-Örlikon, Seebach; 20. Jg., Dezember 1912.

Warnungszeichen des Postens. Rasch entfernen sich alle nach verschiedenen Richtungen. Der Streich ist nicht gelungen. Die Mutter schalt den Knaben wegen des nächtlichen Ausbleibens. Der ältere Bruder schlug ihn einige Male in ähnlichen Fällen. Alles half nichts. Dabei handelte es sich keineswegs um einen besonders bösartigen, schlechten Charakter; es war im Grunde ein gutmütiger Junge. Überhaupt ist es unrichtig, in diesen Jugendstreichen eine unerhörte Roheit und Frechheit zu sehen und nach der Polizei zu rufen. Es handelt sich in den meisten Fällen um einen Trieb zum Abenteuerlichen, der in jedem gesunden Knaben steckt und nur in richtige Bahnen gelenkt werden muß. Wenn das aber nicht geschieht, dann wird dieses Treiben für die Entwicklung verhängnisvoll. Wir haben genug Beispiele von Verrohung und Verwilderung. Unsere Jugendhorte sind um 6 Uhr aus, nun beginnt für viele Knaben die Verlegenheit. Was sollen sie abends machen? Zu Hause ist's ungemütlich. Es winkt die Gasse, das Nachtleben mit seinen verführerischen Reizen.

Sittliche Zustände und Seelenleben
Zurücktreten des Autoritätsbewußtseins, schon durch das mangelhafte Verhältnis zu den Eltern (s. o.!), durch den nur materiellen Charakter des Arbeitsverhältnisses, durch das Gefühl eines beständig zu erleidenden Unrechts seitens des Arbeitgebers, des Staats u. der Gesellschaft[160]

«*Genußsucht*». Je monotoner die Arbeit, desto mehr Verlangen nach andrer Freude! Alkoholismus, Tingeltangel, Kino, Kleiderluxus – je krasser um so lieber. In den großen Centren der Industrie auch geschlechtl. Zügellosigkeit (Göhre, Holek etc.)[161]

Mangel an Verantwortlichkeitsgefühl, erklärlich durch die isolierende moderne Arbeitsweise. Frühe Heiraten. Verschwendung am Zahltag. Aussteuer auf Abzahlung[162]

Mangel an Arbeitsfreudigkeit. Viel weniger selbständige Existenzen und selbständige Arbeit. Detaillierte Arbeitsteilung. Maschinenarbeit. Daher kein Berufsbewußtsein mehr, sondern deprimierende Monotonie. Belebend wirkt nur der Gedanke an den Zahltag. Daher viel Stellenwechsel.[163]

[[Zweifellos hat die *Maschine* auch ihre sittlich erfreulichen Seiten: Sie kann anregend wirken auf den Arbeiter. Sie beseitigt viel

---

[160] Herkner, S. 45; Sombart II, S. 54f.
[161] Herkner, S. 46. – Herkner zitiert a.a.O.: P. Göhre, *Drei Monate Fabrikarbeiter und Handwerksbursche. Eine praktische Studie*, Leipzig 1891, S. 200; zu Holek vgl. unten Anm. an.
[162] Herkner, S. 46.
[163] Herkner, S. 27f.

langweilige, schwere, ungesunde Arbeit (z. B. Fädeln der Kinder) Gut, wo sie Helfer u. Diener ist (z. B. in der Metallindustrie) Nicht gut, wo sie Konkurrent u. Beherrscher des Arbeiters wird (z. B. in der Textilindustrie) oder wo sie das Interessante an der Arbeit beseitigt (z. B. Setzmaschinen) wo sie die Unterhaltung bei der Arbeit verhindert.]][164]

Am Meisten Arbeitsfreudigkeit immer noch da, wo die Individualität des Arbeiters noch am Meisten zur Geltung, wo es zu einer Beziehung zwischen ihm u. seinem Produkt kommt. «Lied von der Glocke». Aber solche Arbeit wird immer seltener.[165]

[[Fatale Wirkungen kann auch die *Fabrikdisziplin* haben. Gut wenn gerecht, aber wenn nicht? Die «Meister» mit ihrer Kompetenz der Arbeitszuteilung, Strafen, Entlassungen!]][166]

Die «*wissenschaftliche Betriebsführung*» *(Taylor-System)*[167]

Es handelt sich um zweckmäßige Regulierung der Nahrung, Bewegung, Zeiteinteilung des Arbeiters. Grundlage sind 30jährige Beobachtungen T's über Zeit, individuelle Gaben, Werkzeuge. Berechnung des einfachsten Vollzuges einer Leistung. – Zeitstudien an einem qualifizierten Arbeiter. Ermittlung der höchsten Tagesleistung eines erstklassigen Arbeiters. Diese wird als Tagespensum von Allen verlangt: Prämie, Abzug – Entlassung! Arbeiter soll sich dabei wohler befinden. Die Löhne nehmen zu. Der Produktionsertrag steigt ums 2–6fache!

Vorlesen: Gewerksch. Rundschau 1913 Nr. 5 S. 85f. (cf. Nr. 8 S. 149f.!)

Wie zu beurteilen?[168] a) Kräfteverschleuderung ist zweifellos, Konzentration der Arbeit ist darum zu begrüßen. Was die Produktion fördert, bildet auch einen Fortschritt für die Menschheit

b) Aber die Frage ist: Sind die so funktionierenden Arbeiter noch Menschen? Oder nur noch abgerichtete Arbeits-

---

[164] Der Abschnitt nach Herkner, S. 29f.

[165] Vgl. Herkner, S. 30f. Bei Fr. von Schillers «Lied von der Glocke» denkt Barth wohl an die Strophe V. 300–311; siehe oben S. 456, Anm. 9.

[166] A.a.O., S. 31f.

[167] Zu diesem Abschnitt vgl. GR 1913, S. 84–87.105–108: *Die wissenschaftliche Betriebsführung (Das Taylor-System)* und S. 149f.: *Die Wissenschaft gegen die «wissenschaftliche» Betriebsführung.* Ferner: Fr. Naumann, *Die menschliche Maschine*, in: Die Hilfe, Jg. 19 (1913), S. 438f.

[168] Siehe Anm. 167 (das Zitat in Abschn. b nach GR, Jg. 5 [1913], S. 87; ferner: FSA, Jg. 7 (1913/14), Nr. 3 vom 17. 10. 1913: *Der «Grütlianer» und das Taylorsystem.*

tiere? Die Arbeitsteilung u. Mechanisierung scheint hier auf die Spitze getrieben. Das System tritt völlig an die Stelle der Persönlichkeit. Das Ideal ist der Arbeiter mit möglichst geringen «persönlichen Koeffizienten». Die Gefahr der Nervosität u. die Unfallsmöglichkeit steigt ins Unabsehbare. Ist das nicht das prakt. Ziel der materialist. Weltanschauung?

c) Ja! solange dieses System (wie die moderne Arbeitsweise überhaupt!) im Dienst der kapitalist. Produktion steht. Sein ausgesprochener Zweck ist das Geldverdienen – des Aktionärs. Der Arbeiter wird zu einem egoistischen Automaten erzogen, er wird dem Arbeitgeber gegenüber in unwürdiger u. gefährlicher Weise isoliert. Mit dem persönl. Nachdenken u. Fühlen verliert er auch das Solidaritätsbewußtsein. Der Arbeiterstand muß unter diesem System moralisch sinken.[am]

Berliner «Vorwärts» 15. X. 13 (Unterhalt[ungs]Blatt)[:]

Das neue System.
Von Martin Proskauer.

Der Ingenieur Brockwith saß im Privatkontor des Herrn Harrison, des Eigentümers der großen Tonwarenfabrik in Tampa in Florida.

«Nun», sagte Harrison, «die 14 Tage, die Sie für das Studium meiner Fabrik forderten, sind um. Was können Sie tun?»

«Ihre Leute lehren», sagte Brockwith, ein großer breitschultriger Mann und sah Harrison aus kalten, klaren, grauen Augen an, «und zwar so zu lehren, daß sie in einem halben Jahr das doppelte wie bisher leisten!»

Harrison zuckte ungläubig die Schultern.

«Jawohl», betonte Brockwith, «das doppelte, ohne daß eine Maschine, ein Werkzeug neu gekauft wird!»

«Nun, wenn Sie das können, dann vermag das Taylor-System wirklich Wunder!»

«Das kann es auch, Sir», sagte Brockwith, und in seinem eckigen Gesicht leuchtete eine feste, zielbewußte Idee auf, «ich sage Ihnen, Taylors Idee, die größte Arbeitsleistung mit der kleinsten Anstrengung zu erzwingen, ist der Erfindung der Dampfmaschine an Wert ebenbürtig. Ich kenne Fabriken, welche

[am] [Randnotiz:] Vgl. W. Holek im Fr. Schw. Arb. 26. XII. 13. Nr. 13 u. 13. II. 14 Nr. 20 [Zwei Artikel über *Das Taylor-System*] 27. II. 14 Nr. 22 [ein Votum *Gegen das Taylorsystem.*] Naumann, Hilfe 1913 S. 438 [Ein Aufsatz Fr. Naumanns: *Die menschliche Maschine*] cf. 614 [Eine Zuschrift an Naumann von Siegbert Stern: *Die menschliche Maschine*] Basl. Nachr. 29. IV. 14 [1. Beilage zu Nr. 195: *Taylor-System.*] F. Sch. A. 8,22 [16. 4. 1915; Nachricht über den Beschluß des Repräsentantenhauses der Vereinigten Staaten: *Das Taylorsystem in Staatsbetrieben verboten!*] Text. Arb. 1914, 32 [7. 8. 1914; *Ein Arbeiter über das Taylorsystem*]

heute das dreifache ihrer früheren Arbeit schaffen, nur weil Taylor jedem einzelnen Mann gezeigt hat, wie er arbeiten und welche unnützen Bewegungen er unterlassen muß. Natürlich, Pfeifen und Tabakkauen und solche kleinen Scherze, gibt es dabei nicht; jede Sekunde ist mit nützlicher Arbeit ausgefüllt!

Hier, Mr. Harrison, sind die Zeugnisse über das, was ich in anderen Betrieben schon erzielt habe, hier ist ein Brief von Rockefeller; der Alte war so entzückt, daß er selber geschrieben hat. Sie können sich auf mich verlassen, Mr. Harrison.»

«All right», rief Harrison und sprang auf, «ich will's versuchen. Was fordern Sie?»

«Zweitausend Dollar den Monat und 15 Prozent vom Mehrgewinn!», sagte Brockwith mit klarer, harter Stimme.

Am anderen Morgen schrie die Fabrikpfeife ihren gellenden Ruf über die Stadt, schwarz und schwerfällig rann ein Menschenstrom durch das Tor, automatisch griff jede Hand nach den Marken auf dem Kontrollbrett; und ein paar Minuten später klang das gewaltige brausende Lied der Arbeit aus stählernen und eisernen Tönen, aus Feuer und Dampf und dem Ächzen menschlicher Muskeln komponiert, durch alle Räume. Karren voll Rohmaterial rollten auf Schienen den Pressen zu, Hebel klappten auf und nieder, Tonmengen preßten sich in eine Öffnung und glitten auf der anderen Seite, zu Tellern, Platten und Fliesen geformt, auf lange Bretter hinaus. Arbeiter hoben die Bretter auf ihre Schultern, aus Trockenräumen und Brennöfen wehte heißer Dunst und augenschmerzende Glut; in den oberen Sälen klirrten und klapperten die fertigen Stücke unter den nachprüfenden Händen der Arbeiterinnen.

Der Ingenieur Brockwith ging durch die Fabrik, Notizbuch und Stoppuhr in der Hand, stand stundenlang bei einem einzelnen Arbeiter, sah zu, schwieg und blickte auf die Uhr. Schließlich ging er in einen hinteren Saal, in dem die staubabsaugenden Ventilatoren laut heulten. Hier wurden die Ofenkacheln und Fliesen sauber viereckig gerichtet und geschliffen, bevor sie auf einem endlosen Band weiter in den Packraum liefen. Vor jeder Schleifscheibe, einem rasend schnell sich drehenden Rad, arbeiteten zwei Mann. Der erste schlug mit Meißel und Hammer die rauhen, zackigen Kanten der Kacheln ab und reichte sie dem zweiten, der die vorgearbeitete Platte auf das laufende Schleifrad preßte, Sand und Wasser spritzte hoch, dann war die Kachel glatt und genau.

Der Tür zunächst arbeitete Bob Killarney, ein Irländer von Geburt, ernsthaft und fleißig. Flink nahm er die Kacheln und beklopfte sie mit dem Hammer. Brockwith blieb bei ihm stehen und beobachtete ihn eine Weile. Dann hieß er ihn aufstehen und erklärte ihm verschiedene Handgriffe. Er ließ ihn die Platte hochstellen, statt sie wie bisher flach zu legen, suchte ihm einen schwereren Hammer aus und zeigte ihm, wie er mit vier Schlägen, richtig geführt, ebenso viel ausrichten könne als bisher mit zehn oder zwölf. Bob hörte ernsthaft zu, sein braunes Gesicht war voller Spannung und er bemühte sich, die neuen Handgriffe nachzuahmen.

Brockwith stand mit der Uhr in der Hand.

«Sehen Sie», sagte er befriedigt, «jetzt haben Sie in fünfzehn Minuten zehn Kacheln behauen, statt vorher sechs in derselben Zeit. Nun reichen Sie mir nicht jede Platte einzeln zu, legen Sie sie mit der linken Hand hier auf den Tisch und greifen Sie gleichzeitig mit der rechten nach einer neuen!» –

Bob Killarney, der an dem Fabriktor aus dem Anschlag gelesen hatte, daß dies hier keine störende Spielerei, sondern schöne blanke Dollars mehr für ihn bedeutete, arbeitete hart nach den neuen Regeln. Er pfiff nicht wie sonst, fröhlich vor sich hin, sondern sah starr auf die Arbeit, die Doppelbewegung der Hände, immer bemüht, seine Glieder genau im vorgeschriebenen Rhythmus des neuen Arbeitssystems zu bewegen.

Endlich schrie die Dampfpfeife. Bob zog sich den Arbeitsrock aus und wanderte mit den Hunderten anderer Arbeiter durch das Tor nach Hause. Auf der Straße sprach ihn ein Gefährte an:

«Hallo, Bob, was hat denn der lange Kerl heute den ganzen Tag bei Dir gemacht?»

«Eine neue Art zu arbeiten gezeigt, Billy, aber hol' der Teufel, wenn ich auch mehr dabei schaffe, ich fühl' mich wie gerädert. Und mein Kopf brummt wie ein Dampfkessel. Na, vielleicht ist das nur im Anfang so.» –

In den folgenden Tagen stand Brockwith bei vielen Arbeitern, immer wieder zeigte er neue, praktische Handgriffe, maß er mit der Uhr die Zeit, ersann er neue Methoden für Handreichungen, und abends kontrollierte er die Lieferzettel, bis er endlich nach Wochen dem Besitzer eine Statistik vorlegen konnte, die ein Anschwellen der Produktion um fast fünfzig Prozent anzeige.

Harrison nickte.

«Gut, gut. Ich habe es schon gemerkt.»

«In zwei Monaten haben wir das Doppelte», sagte Brockwith.

«Und die Arbeiter?», fragte Harrison kurz.

«Was ist mit ihnen? Die freuen sich, daß sie jetzt so und so viel Dollar mehr machen.»

«Ich weiß nicht», bemerkte Harrison, «ich finde, die Leute sehen schlecht aus. Sie arbeiten nicht länger, das ist wahr, aber sie bekommen alle so einen starren Blick und sind so still.»

Brockwith sah den Besitzer mißbilligend an:

«Das ist auch in der Ordnung. Entweder Ihre Leute singen oder sie denken an die Arbeit, eines von beiden geht nur. Das ist ja gerade die Stärke des Taylor-Systems, daß es alle Gedanken auf das Werk zusammenzwingt!»

Sie gingen zusammen den täglichen Inspektionsgang. Ein Fieber schien durch die Arbeitssäle zu wehen. Die Maschinen rollten wie früher, aber das Klappen der Hebel, das Aufstoßen der Werkzeuge klang schärfer, genauer und schneller als sonst. Kein Arbeiter hob den Kopf, als der Besitzer vorbeikam. Automatisch griffen die Hände zu, wie von Maschinen erfaßt glitten die Stücke von Tisch zu Tisch; ein ungeheurer, drohender, unsichtbarer Taktstock schien über allem zu schwingen und alle Körper, alle Glieder in seine grausame, zeitsparende Melodie zu pressen.

Die beiden kamen in den Schleifsaal.

Früher hatte Harrison oft eine Weile bei Bob Killarney gestanden und sich gefreut, wie dieser braune, blankäugige Irländer mit muskelfesten Armen seine Kachelstapel griff und dem Staub und zermalmenden Lärm der Arbeit zu widerstehen schien. Heute saß Bob mit glanzlosen Augen, den Kopf tiefer gebückt, und während der Hammer niederfuhr und die Glasursplitter flogen, schienen die Hände schon nach neuem Material zu greifen. Er erwiderte den Gruß des Fabrikherrn nicht, schien ihn überhaupt nicht zu hören. Um ihn rasselten Stöße von Kacheln, die bald hoch aufschwollen, bald zu wenigen zusammensanken. Unermüdlich, mit schmerzhaft genauen Schlägen, riß Bobs Hammer die Kanten entlang.

Harrison wandte sich wie in einem unangenehmen Gefühl ab. Am Abend stand er am Fenster seines Bureaus, als die Feierstunde pfiff. Langsam, einzeln tropften die ersten Arbeiter aus dem Tor, dann folgte mit einem Schwall der ganze Strom, und hunderte wanderten dahin, mit gesenkten Köpfen, die Schultern nach vorn gezogen, stumm und schwer, eine müde Menge, aus der kein lautes Wort, kein fröhlicher Zuruf klang. – –

Am nächsten Tage gab es einen kleinen Zwischenfall. An einer Fliesentreppe war ein Mann zusammengebrochen. Die anderen, die früher so schnell bei der Hand waren, hatten, wie in dumpfer Erstarrung festgekettet, sich nur langsam aufgerafft; und endlich lag der Kranke auf dem Bett in der Ambulanz, wo der Fabrikant kopfschüttelnd um den Bewußtlosen herumging.

«Ich weiß nicht», sagte er zu dem Werkführer, «krank ist er nicht, wenigstens körperlich nicht! Scheint mir mehr ein nervöser Zusammenbruch zu sein, eine totale Erschöpfung, so 'ne Art Gehirnklaps!»

Und er schüttelte wieder den Kopf.

In den folgenden Wochen brachen hier und da kräftige Männer zusammen, stürzten lautlos vor ihren Maschinen nieder oder zerstörten wie in einem Irrsinnsanfall mit rasenden klirrenden Schlägen ihre ganze Arbeit. Die andern schienen vor diesen Ausbrüchen zu erschrecken, ihre Köpfe neigten sich tiefer, die Hände arbeiteten rascher und automatisch klapperten die Werkzeuge.

Mit harten kalten Augen, aufrecht und unbewegt, ging Brockwith durch die Räume.

Eines Morgens stand er vor dem Schleifrad, an dem Bob Killarney arbeitete. Brockwith sah eine Weile zu, dann nahm er die Uhr aus der Tasche und rührte den Arbeiter an die Schulter.

Bob Killarney blickte zum ersten Male auf, aus seinen stumpfen Augen zuckte etwas, er hob gerade den Hammer. Und als der Ingenieur sich zu ihm beugte, schwang Bobs rechter Arm weit aus, und die Faust mit dem stählernen Hammer fuhr krachend auf den Schädel des Ingenieuers.

Ein Schrei gellte, alles Zischen der Scheiben und Heulen der Ventilatoren übertönend, und Brockwith stürzte schwer zu Boden.

Vor der Schranke des Schwurgerichts in Tampa stand der beste Advokat der Stadt, ein schmales, graubärtiges Gelehrtengesicht, in dem dunkle, kluge Augen von tiefem Verständnis und Weltwissen zeugten.

Vor ihm saß, ganz zusammengesunken, Bob Killarney zwischen zwei Sheriffs. Auf der andern Seite standen ein paar Männer, eine weinende Frau, und dahinter Kopf an Kopf fast die ganze Einwohnerschaft von Tampa. Der Advokat setzte sich das Barett auf und begann zu sprechen:

«Die Anklage behauptet, Bob Killarney habe den Mr. Brockwith, Ingenieur der Firma Harrison, vorsätzlich getötet. Meine Herren, ich will mich kurz fassen.

Eines Tages kam Mr. Brockwith und «taylorte» die Arbeiter des Mr. Harrison. Wie das gemacht wird, hat Mr. Harrison selbst zu erklären die Güte gehabt. Aus den Leuten wird alles Denken und Fühlen ausgeschaltet. Brockwith machte Automaten aus ihnen, mit der Uhr in der Hand kontrollierte er Bewegungen, die Gehirne der Arbeiter wurden nicht mehr gebraucht, durften nicht mehr funktionieren; nur die Sehnen und Muskeln, Arme und Schultern wurden bewegt und benutzt. Hätte Brockwith ein Mittel gewußt, um den Arbeitern die Köpfe abzuschneiden, ohne sie zu töten, er hätte es getan.

Meine Herren, Sie wissen alle, daß nicht benutzte Organe verkümmern. Brockwith schaltete systematisch die Gehirne aus, und sie verkümmerten. Frau Killarney hat uns vorhin unter Tränen erzählt, wie ihr Mann sich verändert hat, seit er «getaylort» wurde, wie sie erschrak, als er von Tag zu Tag stumpfer wurde, wie aus dem heiteren, liebevollen Gatten, dem sorgenden Vater ein gebrochenes Wesen wurde, das nicht mehr lachen und nicht mehr froh sein konnte, das stumpfsinnig aß und schlief und nichts Menschliches mehr hatte.

Nun, meine Herren, komme ich zum Hauptpunkt meiner Rede. Brockwith hat die Arbeiter entmenscht, er hat Automaten aus ihnen gemacht, die sinnlos und verstandslos arbeiteten, wie sein Wille, sein Verstand und seine Idee sie zwang.

Sehen Sie, meine Herren Geschworenen, eine Dampfmaschine an! Da fährt auch, wie ein Arm, an sich sinnlos, die Pleuelstange einher, vom Dampf getrieben, und nur in Bahnen gezwungen durch den überlegenen Willen des Technikers. Aber ein Fehler kann im Stahl liegen, tief verborgen, und eines Tages bricht eine Verschraubung, knickt die eiserne, scheinbar so feste Pleuelstange ein, reißt sich aus der erzwungenen Bahn los und erschlägt den Techniker, der ahnungslos in der Nähe stand.

So war es auch mit Bob Killarney. Sein Körper war eine Maschine, sein Arm eine leblose Stange, aus Muskeln statt aus Eisen; und ein tief verborgener Fehler, der im System lag, jenseits allen menschlichen Ermessens, riß seinen Arm aus der vorgeschriebenen Bahn und brachte solches Unglück über ihn.

Das System, das ihn bewegte und zwang, das aus einem denkenden Menschen eine herzlose Maschine machte, hat Schuld, nicht er.

Bob Killarney ist unschuldig, meine Herren, und ich bitte um seine Freisprechung!» – –

Der Advokat hatte unter lautloser Stille geendet. Die Geschworenen, zum großen Teil kleine Bürger von Tampa, gingen schwerfällig in das Beratungszimmer, und als sie zurückkamen, erklärte ihr Obmann im Namen der Geschworenen Bob Killarney für unschuldig ...

II Teil
Antworten und Lösungen

1. Kapitel
Die Unternehmer

Grundsätzliches – Wohlfahrtseinrichtungen – Abwehrbestrebungen[169]

Grundsätzliches. Es handelt sich um die Stimmungen u. Theorieen des ganzen Gesellschaftskreises; einzelne rühmenswerte Ausnahmen (Abbe[170], Brunner[171]) vorbehalten. Bei viel individueller Wohlmeinenheit (s. Wohlfahrtseinrichtungen) überwiegt im Ganzen die Ignorierung oder Verkleinerung der vorhandenen Übelstände und die Abneigung gegen Reformen seitens des Staates u. noch mehr seitens der Arbeiter selbst.

Einwendungen gegen das Bestehen des Übelstandes
a) *Es geht dem Arbeiter ja schon ganz gut*, nur zu gut! Im Jahre 1900 in Deutschland 10 Milliarden Löhne bezahlt, Summe steigt immer[.] Es erhielt durchschnittlich 1 Arbeiter 1897: 713,22 M.

1898: 742,52 M.
1899: 755,49 M.
1900: 781,47 M.

Ja aber was bedeutet das – absolut u. relativ (Teuerung!)? Und giebt es denn eine obere Grenze des Gutgehens? Geschieht die gemeinsame Arbeit zum Besten einiger Weniger oder Aller?[172]

---

[169] «Wohlfahrtseinrichtungen» und «Abwehr der wirtschaftlichen und politischen Bestrebungen der Arbeiterklasse durch die Arbeitgeber und deren Interessenverbände im allgemeinen» sind Gliederungspunke innerhalb des siebten Kapitels bei Herkner: «Sozialpolitische Bestrebungen der Arbeitgeber» (Herkner, S. 188ff.198ff.).

[170] Ernst Abbe (1840–1905), deutscher Physiker und Sozialreformer; Leiter der Carl-Zeiss-Werke in Jena. – Vgl. z. B. Herkner, S. 135–138.343–345.

[171] Johann Caspar Brunner (1813–1886), Fabrikbesitzer im aargauischen Niederlenz. – Vgl. FSA, Jg. 6 (1912/13), Nr. 23 vom 6. 3. 1913: *Soziale Gedanken eines schweizerischen Arbeitgebers*; *Biographisches Lexikon des Aargaus 1803–1957*, hrsg. von O. Mittler und G. Boner, Aarau 1958, S. 112.

[172] Zum Abschnitt a) vgl. Herkner, S. 211; dort aber nicht das von Barth angeführte Zahlenmaterial.

b) *Der Unternehmer hat auch seine Sorgen* – richtig! Die Anstrengungen der Unternehmer werden seitens der Arbeiter oft verkannt, das Kapital allein bringt nicht den Erfolg. Persönl. Tüchtigkeit spielt größte Rolle. Aber auch das Verdienst der Arbeiterschaft wird oft verkannt. Es handelt sich um Feldherr u. Truppen: beide sind aufeinander angewiesen. Und wessen «Sorge» ist beträchtlicher?

c) *Reichtum ist nicht das Glück* – gewiß nicht! aber warum dann die Bemühungen, die einseitige Ansammlung des Besitzes zu fördern u. aufrechtzuerhalten?

d) *Der Reichtum wird doch auch edel verwendet* (Kunst, Wissenschaft, Kirche, Schule, kulturelle u. charitative Zwecke)[an] Ja – aber *1.* betrifft das nur einen kleinen Teil, das meiste wird wieder in die Produktion gesteckt u. dient so dazu neue Arbeitsgelegenheit zu schaffen, aber auch die Macht des Kapitals zu stärken u. so die Notstände permanent zu machen. *2.* erreicht von diesem kleinen Teil (abgesehen von den Wohlfahrtseinrichtungen) wiederum nur das Wenigste die Arbeiter direkt, sehr oft erst wenn der Notstand zu groß geworden ist um dadurch gehoben werden zu können (Charitas, innere Mission) *3.* kann auch die beste nachträgliche Verwendung die Abnormalität des Erwerbsvorgangs nicht entschuldigen. Schon Amos forderte Gerechtigkeit, nicht Opfer [Am. 5,21–24].[173]

Einwendungen gegen die soziale Reform

a) Durch *Fleiß[,] Ordnung u. Sparsamkeit* kann es jeder zu etwas bringen. – Mancher! Viele unmöglich, viele werden durch die Verhältnisse entmutigt. Der Fleiß vergrößert die geleistete Arbeitsmenge, damit nimmt das Bedürfnis nach Arbeit u. die Vergütung dafür ab.[174]

b) Der Arbeitgeber muß *«Herr im Hause»* sein, kann bes. keine Einmischung Dritter dulden, der Arbeiter ist nur gesetzlich, nicht sozial und wirtschaftlich gleichberechtigt, die Arbeiter können nur Ver-

---

[an] [Randnotiz:] Carnegie! [Andrew Carnegie (1835–1919) kam 1848 aus Schottland in die USA, arbeitete zunächst in der Baumwollindustrie und erwarb sich dann in der Stahlindustrie ein großes Vermögen, das er seinen in *The gospel of wealth* (1889) aufgestellten Prinzipien gemäß in Stiftungen anlegte. – Vgl. z. B. TA, Jg. 11, vom 19. 12. 1912: *Ein Wohltäter;* GR, Jg. 4 (1912), S. 117ff.: *Ein geistiger Konkurrent Sulzer-Zieglers]*

[173] Die Abschnitte b) bis d) nach Herkner, S. 213–216.
[174] Herkner, S. 212.

trauen entgegenbringen, nicht fordern[ao], die deutsche Industrie hat vor der englischen (Trade Unions) den Vorsprung der größeren Disziplin[ap].
— Aber dieser Vorsprung hat andre Gründe (Thomasverfahren, Schutzzoll, billige Transporte in Deutschland[)], andrerseits drückt die in England übliche Ermäßigung der Akkordsätze auf die Arbeitsfreudigkeit. Industrielle Disziplin ist notwendig[,] aber sie muß von Menschenachtung getragen sein. Eine Fabrik ist ein sozialer Organismus wie der konstitutionelle Staat u. nicht ein Privathaus (Schmoller)[175] Politische Gleichberechtigung ruft nach der wirtschaftlichen. Ohne sie wäre auch der «freie» Arbeitsvertrag eine Ironie. Wirtschaftl. Gleichberechtigung verträgt sich sehr wohl mit technischer Unterordnung. Gegenüber dem Markt ist der Arbeitgeber doch auch nicht «H[err] im H[aus]»[,] mit welchem Recht dann gegenüber seinen Arbeitern?[176]

c) Arbeiterbewegung ist *Umsturz*. — Ein Gemütsargument, das aber umso kräftiger ist und sich als Denunziation gegen *alle* Richtungen der Arb.Beweg. richtet. Was ist Umsturz?[177]

d) *«Theorie und Praxis»* — aber die sozialreformerischen «Theorien» sind keine ausgeklügelten Schrullen, beruhen auf vielseitiger Statistik. Die «Praktiker» kennen oft über ihren besondern Verhältnissen nicht das Allgemeine. Dazu sind sie oft zu theoretisch u. werden durch die Praxis Lügen gestraft. (Arbeiterschutzgesetze!) Und warum stellten

---

[ao] [Randnotiz:] (Krupp) [Barths Satz gibt bis hierher einen bei Herkner S. 208 zitierten Aufruf des Industriellen Alfred Krupp an die Arbeiter der Gußstahlfabrik wieder.]

[ap] [Randnotiz:] (v. Stumm) [Herkner berichtet S. 208 von der in einer Rede des Industriellen Karl Freiherr von Stumm vor dem preußischen Herrenhaus am 28. 5. 1897 aufgestellten Behauptung, «daß der Aufschwung der deutschen Industrie gegenüber der englischen im wesentlichen auf der Disziplin beruhe, welche namentlich in der Eisen- und Kohlenindustrie noch herrsche. In England sei sie hingegen durch die Arbeiterorganisationen vollständig abhanden gekommen.»]

[175] Das Zitat, auf das Barth anspielt, stammt nicht von dem Volkswirtschaftler Gustav Schmoller (1838–1917), sondern von dem Juristen Otto von Gierke (1841–1921): «Die Fabrik ist nicht mehr das Haus des Arbeitgebers, sondern die Fabrik ist ein großer öffentlicher, sozialer Organismus» (Herkner, S. 209, Anm. 1). Ein Schmoller-Zitat steht jedoch hinter dem folgenden Satz Barths über politische und wirtschaftliche Gleichberechtigung (Schmoller bei Herkner, S. 207f., Anm. 2).

[176] Dieser Abschnitt nach Herkner, S. 207–210.

[177] Herkner, S. 204–207.

sich Praktiker wie Owen[178] etc. auf die Seite der Theorie. Ausschlaggebend ist nicht die theoretische oder praktische Stellung, sondern die Weltanschauung. Ferner kennen viele Arbeitgeber die Probleme auffallend wenig. (Sulzer-Ziegler behauptet, eine 8%-Dividende sei eine Ausnahme, redet von Verteilung des Unternehmergewinns unter die Arbeiter 100 000 Fr.: 1 000 u. viel Anderes!) Wieder andre verwechseln Privatprofit u. Sonderinteresse mit Praxis. Ihnen gegenüber muß allerdings die Theorie das Allgemeininteresse wahren.[179]

Wohlfahrtseinrichtungen. Dies die positive Antwort der Unternehmer auf die Arbeiterfrage. Anerkennenswerte Leistungen. Beispiel: *C. F. Bally:* Wohnungen und Vorschüsse zum Bau von solchen[180], Arbeiterzüge, Kosthaus, Suppenwagen, Volksbibliothek, 10% des Lohnes der ledigen Arbeiter in die Sparkasse (1881–1901: 1 763 000 Fr.) Fabrikkrankenkasse. Alterspensionen. Ferien. Haushaltungsschule. Badanstalt. Kleinkinderschule. 1901 beim 50. Jubiläum Rütlifahrt. Auch Gebr. *Sulzer* u. vor Allem *Krupp*[.][181] Wäre die Arb.Frage nicht gelöst, wenn Alle so handeln würden? Wir müssen uns klar werden über die Motive, die bei ihrer Einführung walten. Wohlfahrtseinrichtungen können seitens der Fabrikanten hervorgehen a) aus *Wohltätigkeitssinn* – dann sind sie ein erfreulicher Ersatz der Armenpflege, aber nicht mehr[.] b) aus Gefühl für *Interessengemeinschaft* zwischen Unternehmer u. Arbeiter – dann dienen sie dem soz[ialen] Frieden, aber nur wenn es möglich ist, sie ernsthaft auf dieser Grundlage zu führen. c) aus *Geschäftsinteresse* – dann mögen sie wohl Einzelnen ihr Los erleichtern, sind aber ein Hindernis des soz. Fortschritts. – Nach diesen Motiven ist von Fall zu Fall über ihren Wert zu urteilen.[182]

1. Arbeiterausschüsse[aq] (zur Aufrechterhaltung der Fabrikordnung,

---

[aq] [Randnotiz:] Fr. Schw. Arb. [Jg.] 9, [Nr.] 25 [31. 3. 1916: *Aus dem Protokoll einer Arbeiterkommission*]

[178] Über den englischen Unternehmer Robert Owen (1771–1858) siehe Herkner, S. 564–573.
[179] Der Abschnitt d) nach Herkner, S. 216–223; die Äußerung Sulzer-Zieglers ließ sich nicht nachweisen.
[180] Zu Bally vgl. Anm. 21.
[181] Zu Krupp vgl. Herkner, S. 387.392.
[182] Die Gliederung der Punkte a) bis c) im Anschluß an Herkner, S. 188f. (Ausführung dort S. 189–198).

zur Vertretung der Arbeiterinteressen, zur Verwaltung von Wohlfahrtseinrichtungen) Können der Arbeiterschaft das Gefühl geben, daß sie auch mitzureden habe. Können bei arbeiterfreundlichen Fabrikanten tatsächlich ein brauchbares Organ sein. Im Übrigen haben sie soviel reale Bedeutung als Macht hinter ihnen steht. Ist das im Willen des Fabrikanten? Sie sollen leisten, was die Gewerkschaften leisten, aber ohne die Machtmittel, die diesen zu Gebot stehen! Daher von der Arbeiterseite meist nicht sehr hoch eingeschätzt.[183]

2. *Kassenwesen* a) *Gewinnbeteiligung* (Z. B. in der Weise: als Reingewinn wird betrachtet der Bruttogewinn nach Abzug der Unkosten, Abschreibungen u. Zinsen; beteiligt ist jeder Arbeiter nach Maßgabe der bezahlten Lohnsumme. Oder 3% des Lohnes.) Guter Erfolg, wenn Reinertrag sicher zu ermitteln, wenn Geschäft von Konjunkturen relativ unabhängig, wenn Betriebsleitung nicht zu große Ansprüche stellt. In Japan 1913 der Vorschlag der Regierung: obligator. Gewinnbeteiligung für solche, die sich verpflichten, keinen Streik mitzumachen.[184] b) *Kranken- und Alterskassen*. Meist hauptsächlich von Fabrikanten gespiesen. Fonds bei Gebr. Sulzer von 1 ½ Mill. Fr. Krupp legte nur 1913 2 Mill. M. in die Pensionskasse. Aber die Beiträge an Pensionskassen müssen sicher gestellt sein. Bei Krupp bis 1913 die Bestimmung, daß bei Austritt alle Beiträge verloren gingen, betraf z. B. von 1894–1907 60 000 Arb.[185] Auch sollten die Arb. an der Verwaltung beteiligt sein, nicht nur Meister etc. Seit 1913 ist bei Krupp eine Abgangsvergütung in bar oder als Lebensversicherungsprämie eingeführt. Gebr. Sulzer bezahlen ihren Arbeitern ⅔ der Lebensvers[icherungs]prämie.[186] c) *Fabriksparkassen* mit höherem Zins. Fabr. Insp. berichten, daß gerade die kleinen Sparer selten sind, wogegen größere Summen anderwärts abgehoben u. dort angelegt werden! d) *Kinderzulagen* e) *Dienstalterszulagen* u. *Abfindungssummen* für aus Gesundheitsrücksichten Austretende.[187] f) *Gratifikationen* (Neujahr etc.) von 3–100. Wenn ein Arbeiter nach 50jähr. Dienst 100 Fr. erhält + 2 Wochen bezahlte Ferien, so

---

[183] Punkt 1 nach Herkner, S. 191–194.
[184] Zu Abschnitt a) vgl. Herkner, S. 190f.; Fabr. Insp. 1910/11, S. 67.
[185] Die letzten beiden Sätze nach Herkner, S. 196.
[186] Der Abschnitt b) nach FSA, Jg. 6 (1912/13), Nr. 16 vom 17. 1. 1913: *Die Krupp'schen Werkpensionskassen;* Nr. 22 vom 27. 2. 1913: *Gebrüder Sulzer Winterthur.*
[187] Die Abschnitte c) bis e) nach Herkner, S. 196; Fabr. Insp. 1910/11, S. 66f.

lohnt es sich nicht, davon ein großes Aufheben zu machen. Gebr. Sulzer gaben einem 60jährigen 10 000 M.[188]

3. Arbeiterwohnungen. Vom Fabrikanten oder mit seiner Hilfe erstellt. Gefährlich ist die Abhängigkeit, in die der Arbeiter in beiden Fällen hineingerät. Im Streitfall wurden schon zahlreiche Familien aufs Pflaster gesetzt. Unter Umständen freie Wohnung für langjähr. Arb.[189]
– *Arbeiterheime* bes. für weibl. Personen. Unterkunft mit geschlossenem Haushalt u. Hausordnung. Z. T. Erziehungsanstalten für Jugendliche. Nahrung u. Unterkunft meist gut. Unterricht. Kostgeld von Fr. 0–1,50, meist vom Verdienst abgezogen. Leitung von Hauseltern oder kathol. Schwestern. Aber Kontrolle der Korrespondenz u. oft Prügelpädagogik. (Anstalt Derendingen 1913 vor Bundesgericht mit 4 : 3 Stimmen freigesprochen – «übertrieben».[190]) Insassen entweder direkt vom Fabrikanten importiert (Italien, Polen etc.) unter Vorschuß des Reisegeldes u. Verpflichtung auf gewisse Zeit oder von Eltern u. Behörden versorgt.[191] 1911 in der Schweiz 57 Arbeiterheime mit 3 502 Insassen, wovon 46 männlich (Bekleid[un]gsindustrie) 3 456 weiblich, 1 320 Schweizer[,] 2 182 Ausländer

Baumwolle	23 Heime	1 269 Mädchen
Seide	13 "	776 "
Stickerei	10 "	968 "[192]

In den *Baracken* (Italiener) meist böse Zustände.[193]

4. Ferien.[ar] Die bei den Arbeitern beliebteste Wohlf[ahrts]Einricht[ung] (Fabr. Insp. 1910/11)[194] Vorzügl. geschäftl. Werbemittel (Schw[eizerische] Arbeitg[eber]zeit[un]g 1913)[195] Die Aufregung u. Monotonie

---

[ar] [Randnotiz:] Fr. Schw. Arb. [Jg.] 7, [Nr.] 41 [10. 7. 1914: *Fortschritte des freien Samstagnachmittags*]

[188] Zum Abschnitt f) vgl. Fabr. Insp. 1910/11, S. 213.
[189] Herkner, S. 194f.
[190] Vgl. TA, Jg. 12 (1913), Nr. 9 vom 27. 2. 1913: *Eine Erziehungsanstalt vor Gericht;* zum berüchtigten Mädchenheim Derendingen ferner TA, Jg. 11 (1912), Nr. 18 vom 2. 5. 1912: *«Erziehung» im Mädchenheim Derendingen (Kt. Solothurn).*
[191] («Versorgen» = Unterbringen); zu dem Passus über die Arbeiterheime vgl. Fabr. Insp. 1910/11, S. 69–73.178.210–213; 1912/13, S. 8f.
[192] Das Zahlenmaterial für 1911 nach Fabr. Insp. 1910/11, S. 232.
[193] A.a.O., S. 74; GR, Jg. 4 (1912), S. 35–38: *Zur Italienerfrage in der Schweiz.*
[194] Fabr. Insp. 1910/11, S. 61.208.
[195] Die Schweizerische Arbeitgeberzeitung schrieb am 24. 5. 1913 unter der

des modernen Arbeitsbetriebs macht sie notwendig. Und Krankheitsverhütung ist besser als Krankheitsheilung. 8 Tage ist ein Minimum, wenn F[erien] Erfolg haben sollen.

Schwierigkeiten: betriebstechnische in kleinern Betrieben u. bei Qualitätsarbeitern. Die Menge der katholischen Feiertage! Kann Militärdienst als Ferien gelten? Irrtümlich ist jedenfalls die Ansicht, junge Arbeiterinnen hätten Ferien weniger nötig als ältere.[196]

Ganze oder teilweise Lohnzahlung, in einzelnen Fällen sogar Ferienzulage (Krupp 1913 2 Mill. in den Arbeiterurlaubsfonds) oder eigene Ferienheime.[197]

1910 haben in der Schweiz 942 Betriebe (= 12%) Arbeiterferien u. zw. 166 für Alle, 776 teilweise. Es profitieren davon 26 158 Arb. (= 8%) Es bezahlen ganze Ferienlöhne 911 Betriebe an 25 367 Arb.[,] teilweise 38 Betr. an 791 Arbeiter, im Gesamtbetrag von 782 951,21 Fr. Doch haben nur ca. 2 300 Arb. mehr als 1 Woche Ferien.[198]

In der Textilindustrie des 2ten Kreises sind Ferien ganz unbekannt![199]
Es haben Ferien von den Arbeitern der graph. Gewerbe 40%

		Nahrungsmittel	10,9%
		Maschinen	10,5%
60% Frauen-	23,8% Kinderarbeit	*Bekleidung*	5,6%
76% Frauen-		*Seide*	3,2%
59% Frauen-	27% Kinderarbeit	*Stickerei*	2,6%
59% Frauen-		*Leinen*	1,9%
62% Frauen-	18,5% Kinderarbeit	*Baumwolle*	1,1%[200]

Überschrift *Den Fabrikarbeitern Ferien!* u. a.: «Der Arbeitgeber, der auf eine Gehilfenschaft zählt, die tüchtig und arbeitsfreudig, weil sie gesund ist, wird nicht bloß aus ideellen, sondern auch aus praktischen Gründen die Institution der Ferien einführen. Sie ist nämlich ein geschäftliches Werbemittel, weil Arbeitsstellen, für die der Urlaub durch Arbeitsvertrag vorgesehen ist, vor andern den Vorzug genießen. Arbeiter sollen nicht selten bessere Arbeitsbedingungen an einem andern Ort ausschlagen, weil sie bleiben wollen, wo ihnen Ferien gewährt sind.»

[196] Der Abschnitt 4 bis hierhin nach Fabr. Insp. 1910/11, S. 210; GR, Jg. 5 (1913), S. 77–79.97–99: *Arbeiterferien.*
[197] Vgl. Fabr. Insp. 1910/11, S. 61f.65.
[198] A.a.O., S. 230f.
[199] A.a.O., S. 137.
[200] Vgl. das Zahlenmaterial a.a.O., S. 216f., 230f.

Die Wohlfahrtseinrichtungen sind sicher eine Veredlung des Abhängigkeitsverhältnisses. Aber sie bieten *prinzipiell keine Lösung*. Die Notlage ist ja nicht durch die Unternehmer persönlich geschaffen worden, darum kann sie auch nicht einseitig durch sie gehoben werden. An die Stelle der Wohltat müßte das Recht treten. Allzuoft ist aber die Wohltat das Hindernis des Rechtes!^{as/201}

Abwehrbestrebungen. Die Antwort des Unternehmertums auf die Arbeiter«frage» besteht hauptsächlich in der tatkräftigen Abwehr der Arbeiterforderungen.[202] Für eine weitschauende Betrachtung hat doch auch diese Abwehr, so bedenklich u. gefährlich sie oft erscheint u. ist, ein erfreuliches fortschrittliches Symptom.

1. Die Arbeitgeberorganisationen.^{at} Ihre geistigen Urheber:
Freiherr v. Stumm in Neunkirchen. Erbitterter Gegner der Gewerkschaften (aller!). Lehnt auch Einigungsämter ab. Verbietet seinen Arbeitern das fortschrittl. «Neunk[irchener] Tageblatt», boykottiert die betr. Wirtschaften, bedroht das «Evang. Wochenblatt», empört sich über einen Vortrag von Prof. Wagner!

H. F. Bueck, (Geschäftsführer des *Zentralverbandes deutscher Industrieller*[,] gegr. 15. II. 1876[)]. Für Schutzzoll, gegen alle Sozialreform (Kinder- u. Frauenschutz, Sonntagsruhe, Einschränkung der Nachtarbeit, sogar Versicherung nur ungern[)]. Standpunkt: Bis hierher u. nicht weiter! «Der Arbeiter wird immer ein ungebildeter, wenig Verständnis zeigender Mensch bleiben, u. nach seiner ganzen Erziehung kann er auch nicht anders sein ... Daß die Parteien gleichberechtigt sind, das giebt es nicht» (1884 bei Unfallversicherung) Der Zentralverband erstrebt u. A. Abschaffung des Reichstagswahlrechtes, Beibehaltung des Sozialistengesetzes, Verschärfung des Koalitionsrechtes – umsonst, auch der Arbeiterschutz schreitet vorwärts.

Etwas fortschrittlicher ist der *«Bund der Industriellen»*. Der deut-

---

^{as} [Randnotiz:] Fr. Schw. Arb. [Jg.] 8, [Nr.] 8 [8. 1. 1915: *Die Haltung der Stickerei Feldmühle]*
^{at} [Randnotiz:] cf. Hilfe 1913, S. 594[-596; dort berichtet Fr. Naumann unter dem Titel *Industrielle Strömungen* über den deutschen Arbeitgeberbund.]

[201] Dieser Abschnitt nach Herkner, S. 197f.; Sombart I, S. 33-37.
[202] Vgl. Herkner, S. 198-204.

sche Buchdruckverein (gegr. 1869) u. der Verband deutscher Schuh- u. Schäftefabrikanten anerkennen die Arbeiterorganisationen.²⁰³

Seit einigen Jahrzehnten nun immer mehr *beruflich gegliederte Verbände*[,] erst lokal, dann über das ganze deutsche Reich. 1903/4 Weberstreik in Crimmitschau, 7 000 Weber kämpfen um den 10 Stundentag und werden von auswärts stark unterstützt. Als Antwort darauf Hilfsaktion der Arbeitgeberverbände für die betroffenen Kollegen.²⁰⁴

Hauptstelle deutscher Arbeitgeberverbände gegr. 12. IV. 1904 großindustriell[,] *Verein deutscher Arbeitgeberverbände* gegr. 23. VI. 1908 auch Handwerker. – Einigen sich im X [Okt.] 1904 in Bez. auf Arbeitswilligenschutz, Arbeitsnachweise, Streikklausel, Rechtsschutz. – Akademisch gebildete Geschäftsführer etc. «Deutsche Arbeitgeberzeitung» – Jahresbeiträge von ½‰ bis 1‰ der Jahreslohnsumme²⁰⁵

Status auf Ende 1911 in Deutschland: 3 085 Verbände
Bekannte Mitgliederzahl von 2 019 Verbänden :   132 485
Bekannte Arbeiterzahl   "   1 547   "   : 4 378 275
(1 280 Verbände gehören dem Baugewerbe an, 536 in bes. Arbeitgeb.Verbänden organisiert, 514 davon umfassen 500 924 Arbeiter!)²⁰⁶

Berufsgruppe	Beschäftigte	Bei Mitgl. der Arbeitgeberverbände Beschäftigte	In den Gewerkschaften organisiert
Bergbau	903 156	469 982	208 402
Steine und Erden	644 604	209 248	69 140
Metalle, Maschinen	1 694 111	796 288	627 312
Textilindustrie	856 522	490 026	178 123
Lederindustrie	158 413	16 034	44 274
Holzindustrie	571 549	70 137	217 114
Nahrungs- und Genußmittel	789 615	182 355	133 811
Bekleidungsgewerbe	707 143	146 729	123 546
Baugewerbe	1 571 154	500 924	496 836
Polygr. Gewerbe	164 322	77 006	106 239

---

²⁰³ Der Abschnitt über die Arbeitgeberorganisationen bis hierhin nach Herkner, S. 199–204. Dort H. F. Bueck statt H. A. Bueck (vgl. unten S. 669, Anm. 299).
²⁰⁴ Herkner, S. 224f.
²⁰⁵ Dieser Abschnitt nach Herkner, S. 225–227. Die Jahresbeiträge sind dort mit «½‰–1%» der Jahreslohnsumme angegeben (S. 227).
²⁰⁶ Zu dem vorhergehenden Abschnitt vgl. FSA, Jg. 6 (1912/13), Nr. 44 vom 1. 8. 1913: *Der Gegensatz zwischen Kapital und Arbeit;* die folgende Statistik ist

Anfang 1913 verbinden sich «Hauptstelle» u. «Verein» zur *Vereinigung deutscher Arbeitgeberverbände.*

Es umfaßten Arbeiter	1909	1910	1911	1912
die Arbeitgeberorganisationen	3,9 Mill.	4 Mill.	4,4 Mill.	5,5 Mill.
die Gewerkschaften (alle)			2,77 Mill.	3,03 Mill.[207]

Herbst 1913 Gründung der *United Kingdom Employers Defence Union* für England mit 50. Mill. Pf[un]d St[erling] (1 250 000[000] Fr.) Garantiefonds gegen Übergriffe der Trade Unions. Wird aber auch in der liberalen Presse (Times, Daily Mail) bekämpft als Verschärfung der Gegensätze. (Basl. Nachr. 2. X. 13)[208]

2. *Zwecke und Kampfmittel.* Maßregeln gegen renitente Kollegen: Konventionalstrafen, Kautionen beschlagnahmt, Verruf mit Boykott, bes. Materialboykott

Beeinflussung der Behörden: Verbot von Koalitionen, Tarifbruch, Streik u. Streikpostenstehen.

Bekämpfung der Arbeiterorganisationen u. deren Maßregeln

a) *Gegen die Organisationen im Allgemeinen.* Führung eines *Personalstatus* (Schweiz: mit 100 000 Namen![209]) und besondrer *schwarzer Listen* über «Hetzer» u. «Berufsstreiker». *Reverse* wie der folgende: «Ich, Unterzeichneter, erkläre hiemit, daß ich nicht Mitglied irgend einer Arbeiterorganisation bin u. das Vorgehen der sogenannten Arbeiterführer auf das schärfste verurteile, weil beide nur Unzufriedenheit zwischen Arbeitgebern u. Arbeitnehmern hervorrufen. Ich erkläre, daß ich weder Streikende noch ausgesperrte Arbeiter mit Beiträgen unterstützen werde u. genehmige ausdrücklich die Veröffentlichung dieser meiner Erklärung und Unterschrift» (Herkner S. 228)[210]

ein in den Text eingeklebter Zeitungsausschnitt (aus GR, Jg. 5 [1913], S. 74), von Barth mit dem Vermerk «Ende 1911» versehen.

[207] Vgl. FSA vom 1. 8. 1913 (s. Anm. 206); ferner FSA, Jg. 7 (1913/14), Nr. 10 vom 5. 12. 1913: *Die Organisation der deutschen Arbeitgeber.*

[208] BN vom 2. 10. 1913: «Tagesbericht» zum 1. Oktober.

[209] Diese Zahlenangabe läßt sich nicht belegen. A. Straessle, a.a.O., S. 189 berichtet von einer 1907 eröffneten Auskunftei des schweizerischen Arbeitgeberverbandes der Maschinenindustriellen, die 1910 schon über 70 000 Auskunftskarten umfaßte.

[210] Der Abschnitt 2 bis hierhin nach Herkner, S. 227–233: «Zwecke und Kampfmittel der Arbeitgeberverbände».

Arbeitsnachweise[211/au]: Hamburger System, Arbeiter melden sich beim Nachweisbureau[,] werden an bestimmte Firmen versandt
 Berliner System, Arbeiter erhält vom Bureau bloß einen Ausweis u. Adressen, muß sich die Stelle selber suchen.
Allgemeine Haltung: Sehr selten Bereitwilligkeit zum Verkehr auf gleichem Fuß. Wenn Unterdrückung nicht möglich, dann möglichst starker Ausbau der eigenen Organisation; womöglich Ablehnung von Verhandlungen mit der Gewerkschaft u. von Tarifverträgen. Diese Haltung erzeugt viel Verbitterung auf der andern Seite.[212]

«*Baselland.* Ein schwerer Konflikt droht zwischen den basellandschaftlichen Heimarbeitern (Posamentern) und ihren Arbeitgebern in Basel auszubrechen. Die Posamenter sind seit acht Jahren im ‹Posamenterverband›, einer durchaus bürgerlichen und gar nicht stürmisch vorgehenden Organisation, vereinigt; sie gibt auch ein eigenes Fachblatt, den ‹Posamenter›, heraus. Seit Jahren bemühte sich dieser Verband, der an die 3 000 Mitglieder zählt und auch im unteren Fricktal seine Sektionen hat, mit den Seidenbandfabrikanten in Basel einen annehmbaren Lohntarif zu vereinbaren. Langwierige Verhandlungen haben stattgefunden; die Fabrikanten verschoben den Entscheid von Jahr zu Jahr. Endlich, als den Posamentern die Geduld auszugehen drohte, versprachen sie einen solchen Tarif, erklärten sogar, die Bogen seien bereits im Druck. Als dann aber der Vorstand des Posamenterverbandes um Vorlage des Tarifs für die Delegiertenversammlung ersuchte, erklärte der baselstädtische Bandfabrikantenverband, daß er den Tarif lediglich *von sich aus festlegen* und ihn der Begutachtung der Posamenter nicht unterbreiten werde, daß er überhaupt dem Vorstand des Posamenterverbandes keinerlei Mitteilungen über den Tarif mache, da er ihn nicht als Vertreter der Arbeiterschaft anerkenne. Hierzu bemerkt der ‹Posamenter›: ‹Wenn man diese Zuschrift auch nur oberflächlich behandelt, so fühlt man sich unwillkürlich in eine Zeit vor 200 Jahren zurückversetzt, als die Schlösser zu Homburg und Farnsburg noch ihre Boten und Gebote ins Land sandten.›

Die Delegiertenversammlung findet am 11. Januar statt. Präsident des Verbandes ist Oberrichter Grieder in Runenberg, ein Mann, dessen ruhiges Wesen das brüske Vorgehen der Basler Fabrikanten nicht verschuldet hat.»

Im katholisch-christlichsozialen «*Luzerner Volksblatt*» vom 1. Januar findet sich folgende Nachricht:

[au] [Randnotiz:] Vermittelte Arbeitsstellen:
 1909:   523 136
 1912: 1 121 425

[211] Zu den Arbeitsnachweis-Einrichtungen der Arbeitgeberverbände vgl. Herkner, S. 228.
[212] Dieser Abschnitt nach Herkner, S. 229–233; vgl. ferner FSA, Jg. 7 (1913/14), Nr. 13 vom 26. 12. 1913: *Eine Anleitung für organisierte Arbeitgeber.* – Das Folgende ist ein in den Text eingeklebter Zeitungsausschnitt (Herkunftsangabe von Barth unter dem Artikel: FSA vom 23. 1. 1914).

«Die Arbeiterinnen der Zigarrenfabrik in Brissago, Kt. Tessin, im katholischen Arbeiterinnenverein organisiert, gelangten im vorigen Jahre durch das christlich-soziale Sekretariat an die Fabrikleitung mit der höflichen Bitte, es möchte ihnen von der Fabrik aus ein Beitrag an die Krankenkasse bezahlt werden, um so der eidgenössischen Krankenversicherung teilhaftig zu werden. Es sind, wie berichtet wird, viele unter diesen Arbeiterinnen, welche nur Fr. 1,50 Taglohn erhalten, und zwar manche solche, die schon 40 und 50 Jahre in der Fabrik arbeiten und die in ihrer Jugend für eine zwölfstündige Tagesarbeit nur 60 Rappen Taglohn erhielten, während für die Aktionäre 100 bis 120 Prozent (!) Gewinn abfiel. Da schien es billig, daß diesen Arbeiterinnen und dann auch den übrigen wenigstens die Hälfte für die Krankenversicherung bezahlt werde. Und das umso mehr, da die Geschäfte der Fabrik sehr blühende sind und die Aktionäre im letzten Jahr 19 Prozent, dieses Jahr sogar 24 Prozent (!) Dividenden erhalten haben. Aber für die Arbeiterinnen hat man nicht einmal 3 000 Fränklein aufgebracht, die genügt hätten, um ihre Krankenkasse zu bezahlen, ja nicht einmal einer Antwort auf ihre höfliche Eingabe wurden die armen Arbeiterinnen von seiten der Direktion gewürdigt!»

(Fr. Schw. Arb. 7, Nr. 17)

Vgl. zum erstern Fall auch Text. Arb. 1914 Nr. 2.[213]

b) *Gegen Streiks im Besondern. Allgemeines:* Der Fall wird vom Verband aus untersucht (dies ein heilsamer Druck auf rückständige Betriebe!) ergiebt es sich, daß der Streik «unberechtigt» oder «frivol» unternommen ist, so erfolgt die Unterstützung. Die *Namen der Streikenden* werden sofort allen Firmen d. Verbandes mitgeteilt, keiner erhält auswärts Arbeit. Ebenso werden Arbeiter von gesperrten Betrieben behandelt. *Arbeitsnachweise* vermitteln Ersatz, weigern sich die betr. Arbeiter, als Streikbrecher zu wirken, so werden sie selbst als Streikende behandelt. Heranziehung ausländ[ischer] Arbeitskräfte. (s. d[ort]) Gegenseitige Übernahme von *Streikarbeit* (1913 Ursache des Basler Färberstreiks[214]) *Streikklausel* bei Lieferungen (bei Staats- und Gemeindebehörden schwer zu erlangen) *Kundenschutz. Streikversicherung*[.] Bes. aber *Aussperrung* zur Durchkreuzung der gewerkschaftl. Teilstreiktaktik. Gefährlich wegen der mitbetroffenen Unorganisierten, die dadurch leicht der Organisation zugetrieben werden. (Sie werden darum unter Umständen unterstützt) Auch Prozentualaussperrungen (ABC oder Altersklassen) Strafweise Aussperrung wegen Beteiligung

---

[213] In TA, Jg. 13, Nr. 4 (sic) vom 22. 1. 1914 findet sich ein Artikel: *Zur Posamenterbewegung im Kanton Baselland.*

[214] Zum Ablauf des Streikes der Färberarbeiter in Basel vgl. z. B. GR, Jg. 5 (1913), S. 79–82 (*Der Kampf der Färbereiarbeiter in Basel, Zürich und Thalwil*).

an unbeliebigen Demonstrationen (1. Mai, Generalstreik) Angriffsaussperrungen.[215]

Vgl. das Normal-Streikregulativ des Schweiz[erischen] Gewerbevereins[,] Gewerkschaftl. Rundschau 1913 Nr. 3

3. «Gelbe» Arbeiterorganisationen.[av] Haben mit der Arbeiterbewegung nichts zu thun, sondern gehören, wie aktenmäßig (Szell-Fröhlich, Die Gelben) feststeht, zu den Kampfmitteln des Unternehmertums.[216]

Der *Name:* 1899 Streik bei Creuzot in Monceau les Mines[.] Gründung eines «Syndikat Nr. 2»[.] Krawall. Gelb verklebte zerschlagene Scheiben.[217]

Prinzipielles[218]: «Gegen Klassenkampf u. für friedl. Verständigung».
– Aber die Sozialisten haben ja den *Klassengegensatz* nicht geschaffen. Er ist das Produkt der gegenwärtigen Wirtschaftsordnung: «Freier» Arbeitsvertrag auf Grund des Privateigentums an Produktionsmitteln. Durch diese Ordnung wird ein Teil der Gesellschaft prinzipiell abhängig gemacht u. praktisch ausgebeutet. Der *Klassenkampf* d. h. der Kampf um die Macht der Arbeiterklasse bezweckt die Überwindung jenes Gegensatzes d. h. den Frieden. *Einen andern Frieden als den der Neuordnung der Verhältnisse giebt es nicht für den, dem es mit der Hebung des Arbeiterstandes ernst ist.*[aw/ax] Der «Wirtschaftsfriede», den

[av] [Randnotiz:] Hilfe 1913, S. 95 *[Wissenschaft und gelbe Arbeiterbewegung.],* 270 *[Die Minderachtung der Gelben.]*

[aw] [Randnotiz:] Fr. Schw. A. 24. IV. 14 Nr. 30 *[Ein Urteil über die Gelben Arbeiterorganisationen;* ein Auszug aus einem Artikel von Richard Calwer in der Berliner Zeitschrift «Die Konjunktur» vom 23. 4. 1914 *(Die Gelben).*

[ax] Auf der Rückseite des vorhergehenden Mskr.-Blattes ist folgender Zeitungsausschnitt (aus TA, Jg. 13, Nr. 26 vom 26. 6. 1914) eingeklebt, ein Nachdruck eines weiteren Artikels von R. Calwer mit gleichem Titel in «Die Konjunktur» vom 5. 3. 1914:]

Die «Gelben.»

Richard Calwer schreibt in der «Konjunktur» über die gelben Brüder:
«Die verheerenden Wirkungen einer Arbeitsmarktkrise sind fast unübersehbar, ganz abgesehen davon, daß Tausende von Familienvätern brotlos und ihre Angehörigen der schwersten Not preisgegeben sind. Weit schlimmer in ihrer Bedeutung für die Gesamtheit der Arbeiterbevölkerung sind die demoralisierenden und zersetzenden Wirkungen, die zu einer Verminderung des Solidaritätsge-

[215] Der Abschnitt b) nach Herkner, S. 229–233.
[216] Vgl. Fr. Szell-Fröhlich, *Die Gelben,* Bern 1913, S. 12–18.
[217] TA, Jg. 11 (1912), Nr. 13 vom 28. 3. 1912: *Woher kommt der Name «Die Gelben»:* vgl. den gleichnamigen Artikel im TA vom 26. 2. 1914.
[218] Zum folgenden vgl. Fr. Szell-Fröhlich, a.a.O., S. 11f.

die Gelben proklamieren, wird immer etwas Zufälliges, Relatives

fühls führen und Zwiespalt in die Reihen der Arbeiter tragen. Die Überlastung des Arbeitsmarktes wird erfahrungsgemäß von einem Teil der Unternehmer immer wieder dazu ausgenutzt, nach dem Prinzip «Teile und herrsche» zu verfahren. Um den Einfluß derjenigen Organisationen zu verringern oder ganz auszuschalten, die es mit der Wahrung der Arbeiterinteressen ernst nehmen, gründen findige Unternehmer die bekannten «gelben» Werkvereine, in denen die Schützlinge der Direktion das große Wort führen und deren Zweck die völlige Irreführung der Arbeiter ist. Derartige Pseudoarbeiterorganisationen schießen gerade jetzt wie Pilze aus der Erde. Ihnen werden von den Werksleitungen die Mitglieder systematisch zugetrieben. Wer nicht «gelb» wird, kann jederzeit darauf rechnen, daß er bei erster Gelegenheit entlassen wird. Leider sind es nicht nur Gesinnungslose und Streber, die auf diese Weise in die Reihen der Gelben getrieben werden. Es befindet sich mancher mannhafte Arbeiter darunter, der vielleicht 10 oder 15 Jahre einer unabhängigen Organisation angehört hat, der aber aus Not in den gelben Verein eintritt, um für seine Frau und Kinder auch weiterhin sorgen zu können. Gar mancher hat auf kranke Familienmitglieder, sieche Eltern usw. Rücksicht zu nehmen. Der Terrorismus feiert jetzt wahre Orgien. Er macht nicht beim Arbeiter halt! Auch die kaufmännischen Angestellten, Techniker, Ingenieure usw. werden in Harmonieverbände gepreßt. Allenthalben das gleiche Prinzip! Es ist ganz selbstverständlich, daß die unabhängigen Organisationen ihren Mitgliedern den Beitritt zu den gelben Vereinen verbieten und durch Aufklärung eine Abwanderung zu verhindern suchen. In manchen Betrieben wird die emsige Aufklärungsarbeit von Erfolg gekrönt. In andern aber liegen die Verhältnisse oft so ungünstig, daß die Arbeiter der Willkür der Werkleitung vollkommen preisgegeben sind. Hier läge der Gedanke nahe, den Mitgliedern der unabhängigen Gewerkschaften vorübergehend den Eintritt in die gelben Vereine zu gestatten. Es wäre ja vielleicht denkbar, daß sie dort aufklärend wirken und den Einfluß der Protektionskinder eindämmen könnten, so daß schließlich aus dem gelben Verein etwas ganz anderes würde, als die Direktion haben wollte. Eine solche Taktik hat aber auch ihre Schattenseiten. Man kann nicht in dem einen Betriebe die Gelben bekämpfen und im andern die Zugehörigkeit zur gleichen Sippe billigen. Die freien Arbeiterorganisationen haben bisher noch nie eine derartig zweideutige Taktik befolgt und würden zweifellos auch damit keine guten Erfahrungen machen. Das einzige Mittel gegen den gelben Terror bleibt eine unermüdliche Werbetätigkeit für die echten Arbeiterorganisationen und unausgesetztes Streben nach bessern gesetzlichen und tariflichen Garantien der Koalitionsfreiheit. Außerdem muß auch die breitere Öffentlichkeit und besonders der Unternehmer darüber aufgeklärt werden, von welcher Qualität die führenden Geister der gelben Bewegung sind. Die Arbeiter, die sich das Zuckerbrot der Betriebsleitung gut schmecken lassen und an den Interessen ihrer Berufsgenossen Verrat üben, sind unter allen Umständen minderwertige und für jedermann, der Geld in den Beutel tut, zugängliche Kreaturen. Aus diesem Holz werden die Spitzel der Konkurrenzfirmen und die feilen Werkzeuge der Schmiergelderkorruption geschnitzt. An solchen Läusen, die sich der Unternehmer selbst in den Pelz setzt, erlebt er keine dauernde Freude.» J. L.

sein.[ay] Wenn es zum Gegensatz kommt zwischen den prinzipiell einander immer, wenn auch oft nur latent, zuwiderlaufenden Interessen von Arbeitgebern u. Arbeitnehmern, dann müssen die Gelben entweder Verrat üben an der Ehre u. dem Interesse ihrer eigenen Klasse, oder sie müssen [in] den Kampf um die Macht gegenüber dem Kapital ebenfalls eintreten. Tertium non datur. In der Regel wählen sie das erstere. (*Streiks* sind entweder grundsätzlich ausgeschlossen oder sie werden als «das allerletzte Mittel» erklärt. Gilt das erstere, so beweisen die G[elben] damit, daß es ihnen mit der Hebung des Arbeiterstandes nicht ernst ist, denn ohne den Willen zur Macht u. deren Ausübung ist diese Hebung nicht möglich – gilt das letztere, so beweisen die G. damit, daß sie überflüssig sind, denn die Streiktaktik der Gewerkschaften ist vorsichtig genug und es mehren sich ohnehin die «trockenen» Lohnbewegungen gerade wo die Gewerkschaften wirksam sind.)

Praktisches: Die Auseinandersetzung über «Kampf» u. «Frieden» den Gelben gegenüber ist ganz lehrreich, aber im Grunde überflüssig[,] wenn man weiß, wer u. was sie eigentlich sind: *Sie sind ein Organ der Arbeitgeberorganisationen u. dienen dem Kampfe gegen die eigentlichen, ernst zu nehmenden Arbeiterorganisationen.* Daß sie ihr Entstehen fast immer der Initiative der Unternehmer u. ihrer Beamten verdankten[,] war bekannt. Auch der Beifall[,] mit dem sie von der freis[innig]-kapitalist. Presse begrüßt wurden, war immer verdächtig. *Szell* hat die Beweise geliefert. 1912 entstehen in Zürich die *«Freie Arbeiterzeitung»* u. der *«Freie Arbeiterbund»*. Hinter der erstern steht *Sulzer-Ziegler,* der Zentralverband schweiz[erischer] Arbeitg[eber-]Organis[ationen], Verbände der Maschinenindustrie, der Textilindustriellen. Sulzer-Ziegler war es ehrlich (subjektiv!) um eine «freie» Arbeiterbewegung zu tun, ebenso[,] d'après son dire, dem Redakteur Szell.[219] Immerhin wird das Blatt unter Hochdruck seitens der Industriellen u. der freisinn. Kreise verbreitet. Von 4 000 Abonnenten 1 300 von ihren Fabrikherren «beschenkt»! Die Übrigen Fabrikanten, Werkmeister, Post[-]

[ay] [Randnotiz:] cf. [J.] *Hüppy,* Gesch[ichte] des schweiz[erischen] Gew[erkschafts]Bundes [, Zürich 1910,] S. 74! [Dort ist von der Ablehnung des Streiks durch die gelben Gewerkschaften die Rede.]

[219] Fr. Szell-Fröhlich, a.a.O., S. 57.76f.

etc. Beamte, Lokom[otiv]Führer, 400 Mitgl. des «Arb. Bundes», 11 sonstige Arbeiter! Also schon hier verdächtige Verhältnisse.[220] – Anders stand von vornherein der *«Freie Arbeiterbund»* u. die ihn protegierenden Kreise.[az] Diese planten ganz ausdrücklich die Schaffung einer Waffe gegen die Gewerkschaftstaktik. Die «Passivmitglieder» sichern sich durch ihre Beiträge u. durch Statutenbestimmungen den größten Einfluß. Der Freie Arb.Bund vermittelt Streikbrecher nach St. Gallen u. sucht solche in Hamburg u. Wien. Nach dem Tode von Sulzer-Ziegler wird Blatt u. Bund vereinigt. Blatt heißt nun «Arbeiterpost».[221] Szell wird unmöglich[,] erhält 3 000 Fr. Schweigegeld angeboten, schlägt es aber aus und erzählt Alles dem «Volksrecht»!![222] Seine Persönlichkeit spielt keine Rolle, die Enthüllungen selbst genügen.[223]

– In New-York starb der bekannte amerikanische Streikbrecherführer *James Farley.*
Von diesem interessanten Berufsstreikbrecher berichtet man der «Fran[k]f. Ztg.»: Er war nur 36 Jahre alt geworden, hat aber ein Vermögen von *über vier Millionen* Mark hinterlassen, das er als «Streikbrecher-Organisator» sich erworben hatte. James Farley wohl eine der bekanntesten Persönlichkeiten der amerikanischen Arbeiterwelt. Er war der erste, das Streikbrecherwesen zu einem Gewerbe machte und es geschäftlich organisierte. So gefürchtet war er, daß schon das bloße Gerücht, «Farley kommt», zuweilen die Streiker wieder zur Arbeit brachte. Eine eigenartige Geschichte wird erzählt, wie Farley Streikbrecher wurde. Früher war er Straßenbahnangestellter in Philadelphia. Die Straßenbahner streikten, der Ausstand verlief jedoch zu ihren Ungunsten, und Farleys *Frau* starb an den Folgen der Entbehrungen während der Streikzeit. Von dem Tage an beschloß Farley, den Trade-Unionismus zu bekämpfen. Zuerst bot er sich selbst als Streikbrecher an; bald sah er, was für ein Kapital daraus geschlagen werden könnte, wenn die Sache im großen betrieben würde. Er organi-

---

[az] [Randnotiz:] I. [= Januar] 1914: 2 000 Mitgl. 11 Sekt[ionen] cf. Fr. Schw. Arb. 1914 Nr. 21 [20. 2. 1914: *Die gelbe Bewegung in der Schweiz;* hier der Beleg] u. 23 [6. 3. 1914, gleicher Titel], 26 [27. 3. 1914: *Die Arbeitgeberverbände und der «Freie Arbeiterbund»]*

[220] A.a.O., S. 119f.
[221] Auf der Rückseite des Mskr.-Blattes hat Barth die Kopfzeile einer Beilage-Nummer dieser Zeitung befestigt. Siehe das Faksimile Seite 644f.
[222] Fr. Szell-Fröhlich, a.a.O., S. 93.110f.122–133.
[223] Das Folgende sind drei in den Text eingeklebte Zeitungsausschnitte unbekannter Herkunft. – Den aus der Frankfurter Zeitung übernommenen Bericht über James Farley zitiert auch der BV am 23. 9. 1913 unter der Überschrift *Ein Lump weniger.* Die Meldung zum Ausstand in der Basler Firma Affolter, Christen & Co. deckt sich mit dem Bericht des BV vom 25. 1. 1914 *Zum Streik bei Affolter, Christen & Cie. AG.*

Samstag, den 7. Februar 1914.

sierte einen Stab von Leuten, die nicht nur geschickte Arbeiter, sondern auch kräftige Gesellen waren. Zu einer Zeit sollen ihm sogar tausend Mann zur Verfügung gestanden haben, die alle festen Kontrakt mit ihm abgeschlossen hatten. Außer diesen hatten sich aber noch weitere zwanzigtausend verpflichtet, ihn, wenn nötig, sofort zu unterstützen. Alle Sorten von Arbeiten übernahm er und führte sie auch erfolgreich durch.

Zum Ausstand in der Firma Affolter, Christen & Co.

Unter einem *Aufgebot von 50 Polizisten* geführt von 2 Offizieren wurden 25 *aus Deutschland bezogene Arbeitswillige* Freitag Nacht nach 11 Uhr in das Etablissement der Firma Affolter, Christen & Cie. verbracht, bei welcher seit dem 12. Jan. etwa 80 Arbeiter streiken. Die Streikbrecher sollen von der bekannten Berliner Firma Hintze bezogen worden sein. Es kam zu keinen Zusammenstößen mit den Streikenden, die erst nachträglich von dem Transport Kenntnis erhielten.

Löbl. Arbeitgeberverband der Marmor- und Granitschleifer in Kopenhagen.

Unter Berücksichtigung des in Ihrem Betriebe ausgebrochenen Streikes gestatte ich mir, Ihnen zur Beschaffung von geeigneten unorganisierten Ersatzkräften meine Dienste ergebenst anzubieten.

Bin in der angenehmen Lage, Ihnen binnen kürzester Frist anständige, brauchbare Leute in jeder beliebigen Anzahl zusenden zu können, mit deren Leistungen Sie sicher zufrieden gestellt würden.

Für die in Frage kommenden Leute würde eine Vermittlungsprovision von 8 Mark pro Kopf in Anrechnung bringen, ferner würden Sie Reise- und Fahrgeld

Nr. 6 des II. Jahrgangs.

nach dem Bestimmungsort der Leute zu tragen haben und müßte dieser Betrag zu dem Abfahrtszuge hier eingesandt werden.

Ferner würde es zweckmäßig sein, wenn meinen Leuten Unterkunft und Verpflegung im Werke selbst oder sonst geeigneten Orten gewährt werden, um unnötigen Zusammenstößen mit den Streikenden aus dem Wege zu gehen.

Der Lohn richtet sich nach den dort üblichen Verhältnissen, muß aber vorher hier angegeben werden.

Zur Beaufsichtigung meiner Leute stelle auf Wunsch einen Kontrolleur, letzterer muß gleichzeitig für Ruhe und Ordnung sorgen.

Zu jeder weiteren, näheren Auskunft gerne bereit; komme auf Wunsch persönlich nach dort.

Indem Ihren werten baldigen Rückäußerungen mit Vergnügen entgegensehe, empfehle mich Ihnen und zeichne in ergebener Hochachtung

Zentralarbeitsnachweis der gelben Gewerkschaft
Inhaber: *Karl Blankenburg*
Hamburg, Humboldtstr. 35/I.

Trotz Allem wirken auch die *Abwehrbestrebungen* der Arbeitgeberschaft nicht nur unheilvoll. Die Arbeitgeberorganisationen stellen als solidarische Aktion trotz ihrer Zwecke u. Mittel eine sittlich höhere Stufe dar als der reine Standpunkt des «Herrn im Hause». Sie wirken erzieherisch auf ihre Mitglieder u. machen viel Rückständiges unmöglich. Die beiden sich entgegenstehenden Mächte werden sich, je mehr sie wachsen, desto eher einst zu gemeinsamer wirklich wirtschaftsfriedlicher Aktion auf dem Boden einer neuen Ordnung die Hand reichen können. Alles, was jetzt an beiden Seiten zur Organisation geschieht, ist Vorarbeit auf die neue Ordnung.

2. Kapitel
Der Staat

Der Staat als Arbeitgeber – Arbeitsnachweiseinrichtungen – Versicherung (Kranken-, Unfall-, Alters-, Arbeitslosigkeits-) – Arbeiterschutz – Gewerbegerichte – Einigungsämter[224]

Der Staat als Arbeitgeber[ba]
a) *unmittelbar. Einerseits* muß von den Staatsbetrieben verlangt werden, daß sie sozialreformatorisch mit dem guten Beispiel vorangehen (Wilhelm II.: «Musteranstalten der Arbeiterfürsorge» 4. II. 1890) Der Staat ist auch in der Lage, auf diesem Gebiet Erfahrungen zu sammeln, die dann den privaten Betrieben u. ihren Arbeitern zu gute kommen.

Andrerseits ist auch der Staat oft fiskalisch gehemmt, muß Rücksicht nehmen auf die private Konkurrenz auf dem Arbeitsmarkt, deren Bedingungen er nicht zu sehr überholen darf, ohne ungesunde Verhältnisse zu schaffen. Muß teilweise wegen der Natur der Betriebe eine erhöhte Disziplin von den Arbeitern fordern.[bb]

[ba] [Randnotiz:] Dieser Abschnitt wesentlich nach *Herkner* S. 264f.
[bb] [Notiz auf der Rückseite des Mskr.-Blattes:]
Gew. Rsch. 1915 S. 49[–51: *Dokumente zum Kapitel Lohnreduktionen]* Fr. Schw. Arb. 7. IV 16 Nr. 26 [Der Artikel *Der Bund als Arbeitgeber* berichtet über eine Veröffentlichung der Zürcher sozialistischen Zeitung «Volksrecht» vom 6. 3. 1916: Arbeiter in staatlichen Werkstätten arbeiteten wegen des Krieges 11 statt 9 ½ Stunden, ohne Lohnzulage und zum Teil Sonn- und Feiertags. Neben Barths Notiz ist folgender Zeitungsausschnitt (aus FSA, Jg. 9, Nr. 5 vom 5. 11. 1915) aufgeklebt:]
Ein Vergleich ohne Kommentar. Schweizerisches Militärdepartement. Antwort des Schweizer. Militärdepartements auf die Eingabe vom 31. Dezember 1914 des Schweizerischen Militärschneider-Verbandes betreffend Festsetzung des Arbeitslohns für Militärkonfektion:

[224] Die einzelnen Gliederungspunkte nach Herkner (vgl. S. X–XII), aber in geänderter Reihenfolge.

Erfreuliche Leistungen bes. in Bez. auf *Stabilisierung des Arbeitsverhältnisses:* Beamtencharakter bei befriedigenden Leistungen, sicheres Einkommen, Pensionsberechtigung, Urlaub. – So in Österreich (Eisenbahnen, Salz, Tabak, Münze, Druckerei) Preußen, Baden (Eisenbahnen) Nordamerika, England, Frankreich. Es stehen im Beamtenverhältnis auf den Staatsbahnen von Sachsen 36,9%[,] Preußen 38,4%[,] Württemberg 46,4%[,] Bayern 55,8%[,] Schweiz 59,7%. *Andere günstige Bedingungen:* In Nordamerika, England, Frankreich 8 Stundentag auf den Staatsbahnen, in Preußen 9 Stundentag, hohe Löhne, Urlaub, Arbeiterwohnungen[.] Schwierig ist die Frage des *Organisations[-] resp. Streikrechtes.* Erhöhte Disziplin ist nötig, aber sollen die Staatsarbeiter (im kapitalistischen Staate!) schlechter gestellt sein als die Privatarbeiter?![225] (Vgl. Gewerksch. Rundschau 1913 S. 166f.) Es kam schon vor, daß Staatsarbeiter in bestreikte Privatbetriebe abkommandiert wurden.[226] In Preußen-Deutschland auch Unterdrückung der politischen und Konsumfreiheit. *Herkner* befürwortet Streikverbot, verlangt aber, daß die Staatsbetriebe musterhaft sein müßten. Wenn sie es aber nicht sind? *Herkner* fordert weiter nicht nur abhängige Arbeiterausschüsse u. gesellige Vereinigungen sondern freie Berufsvereine der Angestellten. Aber ohne Streikrecht sind die ein Messer ohne Schneide![227]

«Den Konfektionären bei Vergebung von Arbeiten spezielle Bedingungen und Vorschriften betreffend Arbeitslöhne an ihre Arbeiter zu machen ist zurzeit ausgeschlossen. Wir müssen den Privatunternehmern in dieser Hinsicht freie Hand lassen, wenn nicht die Lieferungen noch weiter verzögert werden sollen.
Decoppet,
Vorsteher des Militärdepartements.»

Deutsche Armeeverwaltung. Die deutsche Armeeverwaltung hat folgende Verfügung erlassen:
«Den Unternehmern und Lieferanten, die durch Zwischenhändler und Vermittler bei Anfertigung von Sandsäcken die Arbeiterinnen mit Herabdrücken der Stück-Nählöhne auszubeuten suchen, so daß es diesen nicht möglich ist, sich den ortsüblichen Tagesverdienst zu verschaffen, werden die Betriebe geschlossen.
Deutsches Kriegskommissariat.»

[225] Der ganze Abschnitt «a) *unmittelbar»* bis hier nach Herkner, S. 265–270.
[226] GR, Jg. 5 (1913), S. 166–168: *Das Streikrecht für Gemeinde- und Staatsarbeiter;* dort S. 167.
[227] Herkner, S. 265–267.

b) *mittelbar*. Das *Submissionsverfahren* ist sozialpolitisch[,] nicht blos fiskalisch zu ordnen. Zuerst in Nordamerika u. England. In Frankreich seit 1899 obligatorisch

a) *Angaben* über Arbeitsverhältnisse zu verlangen

b) *Vorschriften* über gewisse Minimalbedingungen (Ausnahmebestimmungen zugunsten älterer Arbeiter bei Minimallöhnen) Ausschluß oder Beschränkung der Ausländer. Ruhetage u. Versicherung. Haftbarkeit für die Subunternehmer

c) *Ausschließl. Berücksichtigung* von Firmen, die mit ihren Arbeitern in Tarifgemeinschaft stehen.

Schwierigkeit bereitet auch hier das Verhalten des Staates zu *Arbeitsstreitigkeiten*. Soll die Streikklausel bewilligt werden? Aber ist dann der Staat noch «unparteiisch»? Verbot des Kontraktbruchs? Fabrikinspektoren oder bes. Schiedsgericht als Urteilsinstanz?[228]

Arbeitsnachweiseinrichtungen. Die Beobachtung u. Regelung des Verhältnisses von Angebot u. Nachfrage nach Arbeitskräften (Arbeitsmarkt) liegt im Interesse von Arbeitnehmer *und* Arbeitgeber.

Diesem Ziele dient die *Stellenvermittlung*: durch Umschau, durch Inserat, durch gewerbsmäßige Vermittler. Bei ersterer zu wenig Überblick u. Publizität, bei letzterer Möglichkeit der Ausbeutung (Wirte!) Gewerbsmäß. Stell.Verm. seit 1869 in Preußen konzessionspflichtig und kontrolliert. In Frankreich wird sie aufgehoben. – Stellenverm. durch Herbergen, Armenvereine, Schutzvereine etc. erreicht nur die untern Schichten der Arbeiterschaft. – Gewerkschaftl. Nachweise in Verbindung mit der Arbeitslosenunterstützung. Nachweise der Arbeitgeberorganisationen (s. o.) Beide haben den Nachteil, zugleich Kampfmittel zu sein. In England mehr das erstere, in Deutschland das letztere. – Paritätische A.nachweise bei Tarifgemeinschaften.

Städtische u. staatliche Arbeitsnachweise. Bourse du travail in *Paris*, von der Arbeiterseite politisch mißbraucht (gewerkschaftl. Nachweise mit kommunaler Unterstützung) darum 7. VII. 1893 geschlossen[,] 7. XII. 1895 wiedereröffnet unter kommunaler Leitung. *Basel* u. *Bern*[,] dann *Frankfurt a. M., Stuttgart, Freiburg i. Br.[,]München*.

---

[228] Der ganze Punkt «b) *mittelbar*» nach Herkner, S. 271–273.

Jetzt in Deutschland mehr entwickelt als in d. Schweiz. 1906 in Preußen 216 kommunale A.nachweise mit 463 948 Vermittlungen.

Centralisation. In Württemberg 3mal-wöchentliche Publikation von Vakanzenlisten. Süddeutscher, Düsseldorfer, Rhein-, Main-, märkischer Verband von A.nachweisstellen. 1904 deutscher Verband[.] Dr. Jastrow. Organ: «Der Arbeitsmarkt»[.] Publikationen auch durch das kaiserl. statist. Amt in Berlin. Reichsgesetzgebung scheitert an Widerstand der Sozialdemokratie. In Österreich Verstaatlichung geplant.²²⁹ In der Schweiz seit 1909 mit Bundesunterstützung.

Verhältnisse in der Schweiz.^bc Verband gegründet 1903: Zürich, Winterthur, Bern, Biel, Basel, Schaffhausen, Aarau, Genf mit Zürich als Centrale. 1905 St. Gallen, 1906 Rorschach, Freiburg, 1911 Lausanne, Luzern, 1912 Chaux de Fonds. In Basel, Freiburg, Aargau, Genf kantonal, in den übrigen kommunal.

Zentralvakanzliste. Verbindung mit Süddeutschland. Fahrpreisermäßigungen um 50% seit 1905, seit 1907 nur für in der Schweiz Wohnhafte. 1907 Vereinheitlichung des Betriebs. 29. X. 09 Bundesbeschluß: finanzielle Unterstützung (1910–12: 124 330 Fr.) 1910 Anschluß des interkantonalen Nationalverpflegungsverbandes.

$$1905-12 \quad \left.\begin{array}{l} 471\ 270\ \text{offene Stellen} \\ 499\ 711\ \text{Arbeitsuchende} \end{array}\right\} \quad 313\ 590\ \text{Vermittlungen}$$

Probleme: Heranziehung der gewerkschaftl. Fachnachweise? Bekämpfung der privaten gewerbsmäß. Stellenvermittlung? Haltung bei Streitigkeiten? (in Deutschland Anschlag der beteiligten Firmen.)²³⁰

Stellung der organis[ierten] Arbeiterschaft dazu: Anfangs ablehnend. Dann, als Arbeitervertreter zugezogen wurden, zustimmend, da die staatl. Arbeitsnachweise eine Macht sind gegenüber denen der Unternehmerverbände.

---

^bc [Randnotiz:] Dies nach Gew. Rundsch. 1913 S. 203f. *[Entstehung und Organisation des Verbandes schweiz. Arbeitsämter]*

²²⁹ Der ganze Abschnitt «Arbeitsnachweiseinrichtungen» bis hier nach Herkner, S. 77–85: «Die Organisation des Arbeitsnachweises». – Ignaz Jastrow (1856–1937), von 1906 bis 1909 erster Rektor der Handelshochschule Berlin, veröffentlichte seit 1897 Berichte über die Entwicklungen am Arbeitsmarkt, die auch Mitteilungen über die Arbeitsnachweise enthielten.

²³⁰ Der Abschnitt über die «Verhältnisse in der Schweiz» nach der in Anm. bc genannten Quelle.

Der deutsche Gewerkschaftskongreß 1899 in Frankfurt a. M. stellte folgende Grundsätze für Arbeitsnachweise auf:

1. Paritätische Verwaltungskommission *2.* Geschäftsführung durch Leute aus dem Arbeiterstand. *3.* Nichtberücksichtigung rückständiger oder gegen die Arbeiterorganis[ationen] völlig ablehnender Arbeitgeber. *4.* Feststellung u. Veröffentlichung der Löhne *5.* Vertragl. Verpflichtung der Arbeitgeber zur Erfüllung der mitgeteilten Bedingungen. *6.* Gebührenfreiheit (Staats- oder Gemeindekasse)

Gegen Reichsarbeitsnachweis, da er diesen Bedingungen nicht entsprach.[231]

Versicherungen.[bd] Mittel zur Bekämpfung (nicht Beseitigung!) der Folgen (nicht der Ursachen!) mancher (nicht aller!) sozialer Schäden.[232] – Bis jetzt meist in Händen von *Aktiengesellschaften* (in der Schweiz 70) *Dividenden* (z. B. «Marine» London 1860–1907 24mal 44,4%, bad[ische] Assekuranzgesellschaft 1860–07 34mal 20% und mehr, Comp. d'asséc. génér.[233] sur la vie, Paris 1907: 201,4%, La Nationale, Paris 1907: 180%[,] Le Phénix[,] Paris 1907 104%[be] *Nicht-Rückbezahlung von Prämien* bei Austritt (1912 verloren in Deutschland 300 000 auf diese Weise ihr Einbezahltes) oft wesentliche Gewinnquelle. *Gegenseitigkeitsgesellschaften.*

Lebensversicherung. Zuerst London 1705. – 1906 in Deutschland 43 Gesellschaften mit 8 028 000 Policen u. 10 374 Mill. Kapital; 1907 in der Schweiz 6 einheimische[,] 27 fremde Gesellschaften mit 192 258 Policen und 944 Mill. Kapital. – Kapital- u. Rentenversicherung.

Mobiliarversicherung. In der Schweiz 1907 774 350 Haushaltungen mit 7 626 Mill. Versicherungswert, aber 150 000 Haushaltungen noch nicht![bf]

[bd] [Randnotiz:] Fr. Schw. A. 10. IV. 14 Nr. 28 *[Bedeutet die obligatorische staatliche Versicherung eine Belastung der Volkswirtschaft?]*

[be] [Randnotiz:] Auch im Kriegsjahr 1914 zahlen die schweiz. Vers[icherungs-]ges[ellschaften] 10–20% Div.!

[bf] [Randnotiz nach Pflüger, S. 106:] Waadt 1850, Glarus 1895 staatlich.

[231] Der ganze Abschnitt über die «Stellung der organisierten Arbeiterschaft» zu den staatlichen Arbeitsnachweiseinrichtungen wieder nach Herkner, S. 82–84.

[232] Vgl. Herkner, S. 302f.313f.

[233] Compagnie d'Assurances (sic) générales.

Brandversicherung. Staatl. Feuersozietäten schon nach dem 30jähr. Krieg in Deutschland. Kantonal im Thurgau 1806, in Zürich 1807, jetzt in 18 Kantonen obligatorisch.²³⁴

Volksversicherungen.^bg «Volksfürsorge» in Deutschland. 1. VII. 93 von Gewerkschaften u. Konsumvereinen begründet, für Tod, Alter, Schulaustritt, Militär, Aussteuern (sozialistisch) – «Deutsche Volksversicherungs-Aktiengesellschaft» (national) mit christl. und Hirsch-Dunkerschen Gewerkschaften, staatl. Beamten u. Angestellten.²³⁵

Krankenversicherung. Deutschland 1883. Österreich. Luxemburg. In England die Friendly societies (1904 mit 13 967 931 Mitgliedern und 30 458 297 Pf[und] St[erling] Vermögen)

Deutschland. Gesetz vom 15. VI. 1883 mit Erweiterungen von 1885, 1886, 1892, 1903. – 1907: 12,9 Mill. Pers[onen], 302 Mill. M[ark] Entschädigungen 1885–1907: 3 321 Mill. M. Entschädigungen.^bh

a) *Organisation:* Bestehende Krankenkassen der Arbeiter, Arbeitgeber u. Gemeinden wurden durch Obligatorium verallgemeinert. Versicherungszwang für alle Arbeiter und für die Beamten unter 6,66 M. pro Tag, 2 000 M. pro Jahr.^bi *Ortskrankenkassen.* Wenn über 100 von einem Gewerbe an einem Ort[,] *Berufskrankenkasse. Betriebskrankenkasse* bei über 50 Arbeitern, obligatorisch wenn Gemeinde resp. Ortskrankenkasse es wegen bes. Gesundheitsgefährlichkeit verlangt²³⁶. *Freie Hilfskassen,* deren Leistungen der Ortskrankenkasse ebenbürtig sein müssen. *Gemeinde* direkt für nicht sonst Versicherte.

b) *Leistungen: Arzt, Arznei, kleine Heilmittel + Krankengeld* (vom 3ten Tag an, = ½ Taglohn) Oder Krankenhaus + ½ Krankengeld als Angehörigenunterstützung. Alles bis 26 Wochen.

---

^bg [Randnotiz:] Hilfe 1913 S. 85f. [A. Erkelenz, *Die Politik in der Volksversicherung*]
^bh [Randnotiz nach Sombart I, S. 108f.:]
1909: 13,4 Mill. Pers. 337 Mill. Entschäd.
1885–1909: 3 972 Mill. M. Entschädigungen
^bi [Randnotiz nach Sombart I, S. 108:] 1885 waren 10%, 1909 21% der

²³⁴ Bis hierher alles (mit Ausnahme des Punktes «Nicht-Rückbezahlung von Prämien») nach Pflüger, S. 101–106.
²³⁵ FSA, Jg. 6 (1912/13), Nr. 43 vom 25. 7. 1913: *Volksversicherung.* Die «Volksfürsorge» hatte am 1. 7. 1913 ihren Betrieb aufgenommen.
²³⁶ Mskr.: «war»; Korrektur vom Hrsg. nach Herkner, S. 305.

Wöchnerinnenunterstützung = Krankengeld für 6 Wochen
Sterbegeld = 20 × Taglohn.

Abweichungen nach oben sind gestattet (z. B. über 26 Wochen, $^3/_4$ Taglohn, mehr Angehörigenunterstützung[)].

c) *Finanzierung:* Eintrittsgelder. Beiträge (1 $^1/_2$–6% des Lohnes, $^2/_3$ vom *Arbeiter selbst,* $^1/_3$ vom *Arbeitgeber* zu bezahlen. Entsprechende Vertretung im Kassenvorstand)[237/bj]

Schweiz: 1900 abgelehnt[238], angenommen 4. II. 1912[239]

a) *Organisation:* Der Bund unterstützt die bestehenden Krankenkassen, die Kantone können sie für obligatorisch erklären. Prinzip der Gegenseitigkeit u. der Freizügigkeit (§ 1 10)

b) *Leistungen:* Ärztl. *Behandlung u. Arznei oder* Krankengeld (bei gänzl. Erwerbsunfähigkeit mindestens 1 Fr.) Karenzzeit höchstens 3 Monate, Wartezeit höchstens 3 Tage. Leistungen während 180 T[agen] innerhalb 360 (Oder $^3/_4$ der Leistungen während 270 Tagen.) *Wöchnerinnen* Krankengeld 6 Wochen. *Stillgeld* 4 Wochen[,] 20 Fr. (§ 11–14)[bk]

c) *Finanzierung:* Bundesbeitrag an die Kassen. Für Kinder Fr. 3.50. Für Erwachsene: Wenn Arztkosten *und* Krankengeld bezahlt wurden: Fr. 5.–, wenn nur das eine oder das andre: Fr. 3.50. Für weibl. Personen Fr. 4.– Dazu Zuschlag von 50 cts. wenn innerhalb 540 Tagen 360 bezahlt werden. Für Wöchnerinnen Fr. 20.–[,] für Stillende Fr. 20.– (§ 35)

Unfallversicherung. Deutschland 1884. Österreich 1887. Norwegen 1894. Luxemburg 1902. *Versicherungszwang:* Finnland 1895. Italien 1898. Holland 1901. Schweden 1901. *Ausdehnung der Haftpflicht:* Eng-

---

Reichsbevölkerung gegen Krankheit versichert.

[bj] [Randnotiz:] Über Gefahr d. Simulation cf. Hilfe 1913, S. 239 *[Soziale Bewegung: Ein wertvolles Zugeständnis.]*

[bk] [Nachtrag auf der Rückseite des vorhergehenden Mskr.-Blattes:] Mutterschaftsversicherung. Gew. Rsch. 1914 S. 30

[237] Der ganze Abschnitt über die Krankenversicherung bis hierher nach Herkner, S. 303–306; die Zahlen für 1907 und 1885–1907 nach Pflüger, S. 108.

[238] Herkner, S. 306; Pflüger, S. 107.

[239] Zu den folgenden Ausführungen über die Krankenversicherung in der Schweiz vgl. das eidgenössische *Bundesgesetz über die Kranken- und Unfallversicherung* vom 13. Juni 1911, durch Volksabstimmung angenommen am 4. Februar 1912.

land 1897 u. 1900. Dänemark 1898. Frankreich 1898. Spanien 1900. Ungarn 1900. Rußland 1903.[240]

Deutschland: Gesetz vom 6. VI. 1884 mit Ergänzungen von 1885, 1886, 1887, 1900 bringt den Grundsatz der öffentlich-rechtlichen Fürsorge für die Verunfallten anstelle des Schadenersatzes.[241] – 1907: 19,6 Mill. Versicherte[,] 151 Mill. M. Entschädigungen. 1886–1907: 1 488 Mill. M. Entschädigungen, 1886–1909: 1 808,3 Mill. M. 1909: 161 Mill. M. Entschädigungen.[242]

a) *Organisation:* Versicherungszwang für alle Lohnarbeiter u. für die Beamten mit weniger als 3 000 M. jährlich (ausgenommen Handel u. Kleinbetriebe ohne Motoren) – Berufsgenossenschaften der Unternehmer als Versicherungsträger.

b) *Leistungen: Heilverfahren* + *Angehörigenrente* (bis zu 66,66% des Jahresverdienstes[)] oder: Anstaltspflege und Angehörigenrente (= Todesfallrente) Bei über 13wöchiger Störung geht der Fall an die Krankenkassen. Im Todesfall: *Beerdigungskassen* (bis 20 × Taglohn) *Hinterbliebenenrente:* Witwen u. Kinder bis 60%, bedürftige Eltern bis 20% des Jahresverdienstes.

c) *Finanzierung:* Beiträge der Unternehmer im Verhältnis zu den ausbezahlten Löhnen.[243]

Schweiz. Verworfen 1900[244], angenommen 4. II. 1912[245].

a) *Organisation.* Schweizer[ische] Unfallversicherungsanstalt in Luzern. Verwaltungsrat von 40 Mitgliedern. Vom Bund ausgestattet mit 5 Mill. Betriebskapital u. 5 Mill. Reservefonds. Bund bezahlt ½ Verwaltungskosten. (§ 51) Versichert sind alle in der Schweiz Arbeitenden (§ 60) für Betriebsunfälle (bei Handlungen aus Auftrag od. im Einverständnis des Arbeitgebers oder vor, während oder nach der Arbeit) u. für Nichtbetriebsunfälle (§ 67) Unfallmeldung beim Betriebsinhaber (§ 69) Die Anstalt kann außergewöhnl. Wagnisse u. Gefahren bei den

---

[240] Dieser Abschnitt nach Herkner, S. 307–309.
[241] Ebd., S. 307f.
[242] Pflüger, S. 108; Sombart I, S. 113f.
[243] Die Abschnitte a) bis c) nach Herkner, S. 307–309; Sombart I, S. 110–113.
[244] Herkner, S. 309; Pflüger, S. 107.
[245] Zu den folgenden Ausführungen über die Unfallversicherung in der Schweiz vgl. das Anm. 239 genannte Gesetz.

Nichtbetriebsunfällen ausschließen. Eidg[enössisches] Versicherungsgericht in Luzern (§ 122) Mitwirkung der Krankenkassen (§ 54–59)

b) *Leistungen: Krankenpflege* sofort und *Krankengeld* (= 80% des Lohnes[)] vom 3ten Tag an. *Invalidenrente* bis zu 70% des Lohnes. Veränderlich bei Veränderung der Erwerbsunfähigkeit. *Bestattungskosten,* höchstens Fr. 40.– *Hinterlassenenrente:* Witwen 30% des Lohnes bis zu ihrem Tode oder bis zur Wiederverehelichung. Jedes Kind 15% des Lohnes bis zum 16. Jahr. Eltern oder Geschwister, je zusammen 20% des Lohnes. Zusammen dürfen die Hinterbliebenenrenten 60% des Lohnes nicht übersteigen. Bei Wiederverehelichung erhält die Witwe den dreifachen Betrag der Jahresrente als Abfindung (§ 72–88) – *Schweizer* und *Ausländer* aus Staaten mit gleichwertigen Versicherungsleistungen sind gleichgestellt, andre Ausländer erhalten Krankenpflege und Krankengeld u. ³/₄ der Invaliden- u. Hinterlassenenrente (§ 90) Maßnahmen zum Schutz der richtigen Verwendung der Leistungen (§ 96) Absichtliche Unfälle bewirken Verlust, grobfahrlässige Kürzung der Leistungen (§ 98)

c) *Finanzierung:* Gefahrenklassen u. Gefahrenstufen. Prämientarif im Verhältnis zum Verdienst. *Die Prämie bezahlt der Betriebsinhaber* (anderweitige Abreden sind ungiltig) – Die Prämie für Nichtbetriebsunfälle bezahlen ³/₄ der *Versicherte*[,] ¹/₄ der *Bund,* Das Erstere vom Lohn abgezogen (§ 101–111)

Invaliditäts- und Altersversicherung. Wichtigste Grundlage zur Reform des Armenwesens![246]
Deutschland. Gesetz vom 22. VI. 1889 (ergänzt 1899)[247] 1910 15,6 Mill. Versicherte[,] 1 008 246 laufende Invaliden[-], 113 974 Altersrenten. 196,8 Mill. M. Entschädigungen. 1889–1910: 2 000 Mill. M.

---

[246] Vgl. die Rede Bismarcks zur Einführung der Invaliditäts- und Altersversicherung am 18. 5. 1889 im Reichstag, aus der Herkner S. 489 zitiert.
[247] Vgl. Herkner, S. 310. Die folgenden Zahlen für 1910 sind nicht zu belegen; GR, Jg. 5 (1913), S. 77–79.97–99 liefert unter der Überschrift «Arbeiterferien» andere Zahlen: 187 004 000 Mk für 1 152 985 Versicherte (nach: *Arbeiterferien unter besonderer Berücksichtigung der Verhältnisse in der Metallindustrie.* Nach einer Erhebung von 1912 hrsg. vom Vorstand des deutschen Metallarbeiterverbandes, Stuttgart 1913; L. Heyde, *Urlaub für Arbeiter und Angestellte in Deutschland,* München 1912).

a) *Organisation:* 31 territoriale Versicherungsanstalten + 10 zugelassene Kasseneinrichtungen als Versicherungsträger. Versicherungspflichtig alle Arbeiter u. Beamte unter 2 000 M. Freiwillig für solche mit 2–3 000 M., für Betriebsunternehmer mit 1–2 Arbeitern, Hausgewerbetreibende[248]

b) *Leistungen* α) *Invalidenrente. 1.* «Wer nicht mehr imstande ist, durch eine Tätigkeit, die seinen Kräften u. Fähigkeiten entspricht und ihm unter billiger Berücksichtigung seiner Ausbildung und seines bisherigen Berufs zugemutet werden kann, ein Drittel dessen zu erwerben, was körperl. u. geistig gesunde Personen derselben Art mit ähnlicher Ausbildung in derselben Gegend durch Arbeit zu verdienen pflegen.»[249] *2.* Vorübergehend Invalide nach Wegfall des Krankengeldes (26 Wochen)[bl] Beides also ohne Rücksicht auf das Lebensalter![250] – Berechnung der Rente: Reichszuschuß 50 M. + Grundbetrag von 60–100 M. + Steigerungssätze nach Lohnklassen. Minimum 116,40 M. Maximum 450 M.[251] Durchschnitt 1910: 176 M.

β) *Altersrente:* vom 70. Altersjahr an ohne Rücksicht auf die Erwerbsfähigkeit. Wartezeit 1 200 Beitragswochen. Berechnung: Reichszuschuß 50 M. + Grundbetrag von 60–180 M.[252] Durchschnitt 1910: 176 M.

γ) *Hinterbliebenenversicherung:* Witwen[-] und Witwerrenten (bei Invalidität der Hinterbliebenen!) Waisenrente für vaterlos gewordene oder uneheliche Kinder oder elternlose Enkel bis zum 15. Lebensjahr – Witwengeld für versicherte Witwen, Waisenaussteuer ihrer Kinder nach Vollendung des 15. Lebensjahres.

a) *Finanzierung* α) *Reichszuschuß* von jährlich 50 M. für jede Invaliden- Alters-Witwen[-] (Witwer)rente. 25 M. für Waisenrente. 50 M. an jedes Witwengeld, 16,66 M. an jede Waisenaussteuer.

[bl] [Randnotiz nach Sombart I, S. 117:] Wartezeit: Wenn 100 Wochenbeiträge bezahlt: 200 Wochen, sonst 500 Wochen.

[248] Dieser Abschnitt nach Sombart I, S. 116.
[249] Zitat nach Sombart I, ebd.: «Als Invalide gilt, wer ...»
[250] Ebd.
[251] Herkner, S. 310f.
[252] A.a.O., S. 311; Sombart I, S. 117.

β) *Beiträge von Arbeitgeber u. Arbeitnehmern*, je ¹/₂. Vom Arbeitgeber wöchentlich zu klebende Marken («Klebegesetz») im Wert von 16-48 Pf[ennig][253]

Frankreich: Früher ohne Obligatorium (1850), keine guten Erfahrungen. Seit 1910 obligatorisch. Berechtigungsalter 65 J[ahre,] für Bergarbeiter u. Eisenbahner 55[.] Minimum 267 Fr. jährlich.[bm]

Italien: Ohne Obligatorium. 1899-1905 nur 199 399 Personen, statt 10 Mill.! Berechtigungsalter: 55 J. (nach 10 J. Beitrag)

Spanien: Ohne Obligatorium (1908)

Österreich: 1909 Oblig. für Angestellte

Belgien: Oblig. für Staatsarbeiter

Niederlande: d[it]o

Neuseeland: 1898. Nach 65 J. 26 Pf[und] St[erling] (ca. 650 Fr.) jährl. Rente, wenn weniger als 34 Pf. St. Einkommen u. weniger als 50 Pf. St. Vermögen, reduzierte Rente bei Einkommen bis zu 52 Pf. St. u. Vermögen bis zu 270 Pf. St.

Ähnlich *Victoria* u. *Neusüdwales*

England: 1909 staatl. Alterspension für 70jähr. Arbeiter von 5 sh[illing] (= 6 Fr.) wöchentlich[,] wenn nicht über 21 Pf. St. (Fr. 525) Einkommen jährlich. Keine Prämien!

Australien: 10 sh. wöchentlich[,] wenn über 25 J. im Lande.[254]

Waadt 1908 Caisse cantonale des retraites populaires. Grundsatz der Freiwilligkeit. Bezugsberechtigung fakultativ zwischen 50 u. 65. Staatsbeiträge zu den Prämien von 6-10 Fr. jährlich.

Neuenburg. Freiwillig, nur 9 163 Versicherte bei 139 000 Einwohnern!

In vielen Kantonen in Vorbereitung: *Glarus:* Fonds seit 1904[,] zu äufnen[255] bis auf 1 Mill., jährlich Fr. 10 000 aus Brandassekuranz. *Genf:* Fonds seit 1909 von 500 000 Fr. *Zürich:* Fonds von Fr. 700 000 seit 1910. *Aargau:* Seit 1907 10% der Wasserwerksgebühren. *Solothurn* 1909 Fonds von 60 000 (Erbschaft) + jährlich Fr. 40 000 (seit 1912)

[bm] [Randnotiz:] 1912: 2 235 184 Personen[,] 6 Mill. Fr. Ausgaben.

[253] Die letzten drei Abschnitte nach Sombart I, S. 117f.

[254] Zur Invaliditäts- und Altersversicherung in den verschiedenen Ländern vgl. Pflüger, S. 108f.; Herkner, S. 312. Barth schöpft aber offenbar nicht nur aus diesen beiden Quellen.

[255] = mehren.

St. Gallen Fonds von Fr. 300 000 seit 1909 + ¹/₇ jährl. Bettagssteuer u. gelegentl. Budgetzuweisungen. Geplant in Bern, Zug, Baselstadt.
3. VIII. 1909 interkantonale Konferenz in St. Gallen.
Eidgenöss. Gesetz mit Hilfe des Tabakmonopols? (10–15 Mill. Fr.!)

Arbeitslosenversicherung. Von *Bismarck* gewünscht als vierter Zweig der Reichsversicherung. Er sah in der Existenzunsicherheit den wichtigsten Punkt der Arbeiterfrage.[256]
1. Prinzipielles.[bn]
A. *Andere Maßnahmen* gegen die Arbeitslosigkeit:

a) *Notstandsarbeiten,* seit anfangs der 90er Jahre üblich. Aber die Veranstaltung solcher ist oft unpraktisch u. unrentabel. Besser ist es, wenn Staat u. Gemeinde bei Vergebung ihrer regulären Aufträge sich vorsehen, daß auch für die flaue Geschäftszeit Arbeitsgelegenheit übrig bleibt.

b) *Unterstützung,* wobei darauf zu achten, daß vor Allem Frauen u. Kinder bedacht, daß die Beiträge in natura ausgerichtet, daß sie nicht als Almosen betrachtet werden. Aber wie soll dies letztere verhindert werden? Solche Beiträge *sind* eben ein Almosen.[257]

c) *Rücktransport aufs Land* (Vorschlag des konservativen «Bern[er] Tagbl[atts]»!!) Aber ernährt denn das Land seine besitzlosen Bewohner besser? Und wenn Industrie u. Baugewerbe die Leute im Sommer in die Stadt ziehen?[258]

B. *Argumente gegen* das Prinzip der Arbeitslosenversicherung.[bo]

a) Sie bedeutet eine *Prämie für Arbeitsscheue*

b) *Sie macht den Arbeiter lässig* in der Erfüllung seiner Pflichten. Beide Gefahren können aber dadurch vermieden werden, α) daß die Versicherten selbst ein Interesse an der Kontrolle u. reellen Durchführung der Versicherung haben[,] β) daß mit der Versicherung der Arbeitsnachweis möglichst unmittelbar verbunden wird.

[bn] [Randnotiz:] Fr. Schw. A. 8,5 [4. 12. 1914: O. Lauterburg, *Die Beschäftigung der Arbeitslosen]*
[bo] [Randnotiz:] Hilfe 1913, S. 767 *[Gegen eine Arbeitslosenversicherung]*

[256] Bismarcks Haltung beschreibt Barth nach Herkner, S. 320.
[257] Die Abschnitte a) und b) nach Sombart, S. 130f.
[258] Dieser Abschnitt nach FSA, Jg. 6 (1912/13), Nr. 51 vom 19. 9. 1913: *Wer soll für die Arbeitslosen sorgen?* Dort auch Nennung des Berner Tagblatts.

c) Sie *nimmt dem Arbeiter die Selbstverantwortlichkeit*[,] dadurch die Spannkraft u. die sittl. Energie. – Aber setzt denn die Versicherung bei uns Andern die Spannkraft herab? Ist nicht eine gewisse Existenzsicherheit die Voraussetzung für die rechte Arbeitsfreude?[259]

Winston Churchill: «Es ist wenig Aussicht vorhanden, das Volk zur Selbstverantwortlichkeit zu erziehen, indem man es vor Gefahren und Aufgaben stellt, die zu überwinden ihm einfach unmöglich ist. Man macht einen Mann nicht widerstandsfähiger, indem man ihn unter eine Dampfwalze legt. Nichts von Allem, was wir vorgeschlagen haben, wird das Volk von der Notwendigkeit befreien, jede Anstrengung zu machen, um sich selbst zu helfen, und wir sind überzeugt, das Volk wird arbeitsfroher werden, wenn es sieht, daß die Voraussetzungen dafür geschaffen sind, daß es auch die Früchte seiner Arbeit ernten kann.»[260]

C. *Hauptprobleme* der Arbeitslosenversicherung: Obligatorium oder Freiwilligkeit? Wenn Obligatorium, wie läßt sich die allgemeine Beitragspflicht versöhnen mit der Tatsache, daß manche Arbeitgeber ihren Arbeitern nur selten kündigen und daß manche Arbeiter nie arbeitslos werden? Ist die Versicherung auf einzelne Gewerbezweige oder auf die ganze Lohnarbeiterschaft auszudehnen? Unterstützung der gewerkschaftl. Kasseneinrichtungen oder (und?!) staatliche Institute? Wenn nur das erstere, wie lassen sich möglichst weite Kreise der Arbeiterschaft erreichen? Wie ist verschuldete u. unverschuldete Arbeitslosigkeit zu unterscheiden? Ist Verschlechterung der Arbeitsbedingungen ein Kündigungsgrund? Verhalten der Versicherung gegenüber Arbeitslosigkeit infolge von Streik u. Aussperrung? Wenn Arbeitsnachweis: was ist eine «passende Stelle»? Ist der Nachweis peremptorisch auch bei bestreikten offenen Plätzen?

2. Die wichtigsten Systeme

Genter System. Gent 1901 20 000 Arb. = 55% beruflich organisiert. Arbeitslosenfonds der Gemeinde, aus dem die *Gewerkschaften* Zuschüsse erhalten, doch nicht mehr als Fr. 1.– pro Tag u. Empfänger resp. Fr. 50.– pro Jahr u. Empfänger. Das System steigert die von den

---

[259] Zum ganzen Punkt «B. Argumente gegen ...»: *Grundsätzliches zur Arbeitslosenversicherung*, in: Die Hilfe, Beilage für Oktober 1913, S. IIIf.; FSA, Jg. 7 (1913/14), Nr. 6 vom 7. 11. 1913 *(Die englische Arbeitslosenversicherung)*.
[260] Zitiert in: *Grundsätzliches zur Arbeitslosenfrage*, a.a.O., S. IV.

Gewerkschaften selbst gewährten Unterstützungen in 3½ J[ahren] von Fr. 17 875 auf Fr. 38 607. Dazu kommunale Unterstützung der *Unorganisierten*[,] die Sparkassenguthaben besitzen: bei Abhebungen 50–70%ige Zuschüsse aus dem Arbeitslosenfonds. Die letztere Einrichtung wurde aber wenig benützt und reizte zum Betrug. – 1906 in Straßburg eingeführt (ohne den Zuschuß an die Unorganisierten)[261] 〚Nur der Sparkassenabhebungszuschuß in Mannheim 1911–13.〛 Außerdem in Freiburg i. Br., Köln, Schöneberg b. Berlin, Baselstadt, Genf, St. Gallen (gesetzlich) Appenzell a. Rh., Thurgau, Zürich (gelegentlich)[262] – Von *Sombart* empfohlen als das beste System, da die Gewerkschaften am Meisten Sachkenntnis u. Interesse an einer glückl. Lösung haben.[263]

System Schanz (Würzburg) Keine eigentl. Versicherung, aber ein *Sparzwang* durch Vermittlung der Krankenkassen. Grundstock des Guthabens von M. 100.– nur bei Arbeitslosigkeit anzugreifen, in wöchentlichen Abhebungen von M. 5–7 (von M. 8.– wenn Guthaben von über M. 100.–)[bp] Wöchentliche Einzahlungen von 30 Pf., wovon 10 Pf. vom Arbeitgeber zu entrichten. Das Letztere ist im Prinzip natürlich berechtigt, doch ist der Umstand bedenklich, daß die Arbeitgeber dann u. U. Streiks unterstützen müßten, die ja formell auch Arbeitslosigkeit. *Schanz* will daher den Unternehmerbeitrag im Streikfall sperren, ja im Fall der Ablehnung eines Einigungsverfahrens seitens der Arbeiter sogar das ganze Guthaben. – Es fehlt die Heranziehung der Gesamtheit, der Gedanke der Solidarität![264]

System Adler: Größere Stadtgemeinden sind zur Zwangsversicherung zu befugen. – Aber werden das Alle tun? Nur das Problem besteht doch nicht nur für die großen Städte! Das Obligatorium berücksichtigt das verschiedene Risiko der verschiedenen Arbeitgeber, Arbeiter u. Gewerbszweige nicht![265]

[bp] [Randnotiz nach Herkner, S. 324f.:] Nach Abhebung der ganzen Summe noch Zuschüsse bis zu M. 30.–

[261] Der Abschnitt bis hierhin nach Herkner, S. 321f.
[262] Die Hilfe, Jg. 19 (1913), S. 255f.; FSA, Jg. 7 (1913/14), Nr. 3 vom 17. 10. 1913: *Die Not der Arbeitslosigkeit und was bei uns dagegen getan wird.*
[263] Vgl. Sombart I, S. 131.
[264] Dieser Abschnitt nach Herkner, S. 323–325.
[265] A.a.O., S. 325f.

System Herkner: Obligator[ische] Versicherung in Anlehnung an die Berufsgenossenschaften der Unfallversicherung (Unverschuldete Arbeitslosigkeit ist «ökonom. Unfall») Jeder Gewerbszweig trägt s[ein] eigenes Risiko. Keine Prämien für die Arbeiter. Beiträge d. Unternehmer nach Maßgabe der durch ihre Entlassungen verursachten Ausgaben. Keine Abstufungen der Unterstützungen nach Lohnhöhe. 2 – 3-wöchentl. Wartezeit. Die letztern beiden Maßregeln sollen den Gewerkschaften Spielraum geben u. das Ganze vor Mißbrauch schützen. Verbindung mit beruflichem Arbeitsnachweis.[266] – Aber damit wird zuviel Kompetenz (bes. auch über den Arbeitsnachweis) in die Hände der Arbeitgeber gelegt

System Freund: Anschluß an einen paritätisch-centralist. organisierten Arbeitsnachweis.[267]

3. Die bisherige Praxis

Baselstadt[bq] 1. III. 1789 «Armenkasse für alle Bandfabriken» zur Unterstützung der Posamenter und Seidenweber mit anderweitiger Arbeit in verdienstlosen Zeiten. Durch die Revolution Frühling 1798 beseitigt, ansehnliche Kasse unter die Arbeiter verteilt. – 100 Jahre Pause! – 18. II. 1900 Gesetz verworfen. – 2. V. 1910 Gesetz betr. Errichtung einer staatl. Arbeitslosenkasse u. betr. Unterstützung privater Arbeitslosenkassen. (Promotor Pfr. Benz) Jährl. Kredit von Fr. 35 000.

a) *Die staatl. Kasse.* Prinzip der Freiwilligkeit. Die Mitgliedschaft kann erwerben, wer 6 Monate in B. wohnhaft, unselbständig erwerbend, 17jährig, arbeitsfähig, 3 Monate in B. in Arbeit ist. Beiträge von 60–100 rp[,] Taggelder von Fr. 1.80–2.80 während 70 Tagen im Jahr. 1913: 1 327 Mitglieder. Auszahlungen 1910/1913 Fr. 50 771.10 wovon Fr. 18 589.80 = 36,6% von den Mitgliedern selbst aufgebracht, der Rest vom Staate. Aus dem Bericht pro 1911: «... ohne empfindliche Einschränkungen, ja in den wenigsten Fällen ohne bittere Tage der Entbehrung u. der Not ist es auch bei unsern Versicherten nicht abgegan-

---

[bq] [Randnotiz:] Fr. Schw. A. 26. IV. 14 Nr. 39 *[Die staatliche Arbeitslosenkasse in Basel]*
Text. Arb. 1914, Nr. 25 *[Die Arbeitslosenversicherung in Basel]*
Gew. Rsch. 1914 S. 88 *[Die Arbeitslosenversicherung in Basel]*

[266] A.a.O., S. 326–328.
[267] Vgl. Sombart I, S. 133f.

gen»[.] Immerhin Vermeidung der Inanspruchnahme der Wohltätigkeit u. der allzu großen Schuldenlast.

b) *Subvention der Gewerkschaften* doppelt: 20–40% an die einbezahlten Beiträge, 30–60% an die ausbezahlten Unterstützungen.[268]

Bern (-Stadt) Freiwillige Versicherungskasse. Monatl. Beiträge von Fr. 1–1.50. Gemeinde giebt jährlich Fr. 12 000. Dazu Beiträge der Meister. Taggelder: Fr. 1.– für ungelernte alleinstehende, Fr. 3.– für gelernte verheiratete Versicherte. Je nach dem Stand d. Kasse Reduktion möglich. Karenzzeit von 6 Monaten. – 1893–1913 Fr. 74 398 Arbeiterbeiträge, Fr. 21 266 Arbeitgeberbeiträge[,] Fr. 205 735 Gemeindebeiträge. – Ausbezahlte Taggelder: 257 685[269]

Zürich (-Stadt) Arbeitslosenunterstützung zwischen 15. Dez. u. 15. März (= 90 Tage) Keine Beiträge. Bedingungen: Schweizerbürger seit 9 Monaten, Ausländer seit 1 Jahr in Z. ansäßig u. in Arbeit. Ledige werden nur ausnahmsweise, Armengenössige gar nicht unterstützt. Unterstützung geschieht in natura: Täglich 1 Bon à 80 rp für Erwachsene[,] à 40 rp für Kinder. So während 6 Wochen, dann Verminderung um 25% während 4 Wochen, dann Schluß. – 1902–1909 durchschnittlich Fr. 30 228 Ausgaben (Fr. 69.70 pro Person) jährlich. Im Ganzen Fr. 211 589.60. Seit 1908 auch Unterstützung der Gewerkschaften. (1908–1912: Fr. 9 400)[270/br]

Genf. Seit Ende 1909. Reine Anwendung des Genter Systems. Die Gewerkschaften erhalten 60% an die von ihnen ausbezahlten Unterstützungen, dürfen aber davon nicht profitieren, sondern haben ihre eigenen Beiträge um den Betr[ag] zu erhöhen. Sie müssen sich ins Han-

---

[br] [Randnotiz:] Neuer Entwurf 1913. cf. Gew. Rsch. 1913, S. 188f. *[Versicherung gegen Arbeitslosigkeit]* Basl. Nachr. [1914] Nr. 327–28 [beide vom 17. 7. 1914: *Die Einführung der Arbeitslosenversicherung in der Stadt Zürich]* Text. Arb. 1914, [Nr.] 30 [24. 7. 1914: *Die Arbeitslosenversicherung in der Stadt Zürich]*, 31 [31. 7. 1914: *Die Leistungen der Arbeitslosenversicherung in der Stadt Zürich]*

[268] Die Ausführungen über die Arbeitslosenfürsorge im Kanton Basel-Stadt nach BN 2. 10. 1913 (1. Beilage zu Nr. 458): *Basel. Staatliche Fürsorge für Arbeitslose.*; H. Eugster-Züst, a.a.O., S. 16–18.
[269] Dieser Abschnitt nach H. Eugster-Züst, a.a.O., S. 15.
[270] A.a.O., S. 14f.20; FSA, Jg. 7 (1913/14), Nr. 4 vom 24. 10. 1913: *Der Kampf gegen die Arbeitslosigkeit.*

delsregister eintragen lassen, ihre Statuten deponieren, gesonderte Rechnung über diese Unterstützungen führen. Unterstützungsberechtigt ist, wer mindestens 1 J. in G. oder Mitglied einer gewerkschaftl. Kasse gewesen ist. Die Unterstützungen eines Arbeiters werden während höchstens 60 Tagen jährlich subventioniert. Streik, Krankheit u. Unfall sind ausgeschlossen. – 1910/11: 11 Arbeitslosenkassen, 1911/12 13 subventioniert[271]

St. Gallen. Stickereikrise Winter 1891/92. Gesetz 1894, das den Gemeinden Kompetenz giebt, die Versicherung obligatorisch einzuführen. St. Gallen-Stadt tut dies 1895, doch scheitert das Gesetz nach 2 Jahren, da das Obligatorium nicht durchführbar. – Seither Arbeitslosenunterstützung durch Bons à 50 rp (1912: Fr. 10 243) Notstandsarbeiten (1912: Fr. 37 993) Dazu Unterstützung der Arbeitsloseninstitute der Gewerkschaften (35% ihrer Auslagen, seit 1912 50%)[272]

Thurgau budgetiert seit 1910 jährl. Fr. 500 zur Unterstützung der Arb.l.Versich. der Textilarbeiter

Appenzell a. Rh. 1908–11 Fr. 4 533 an die Sticker u. Weber

Neuenburg. Obligatorium für die 14 000 Uhrenmacher. Fonds seit 1908/09 (jährlich + 10 000 Fr.)

Bern-Jura. Uhrenarbeiter. Unverzinsliche Vorschüsse des Staates an die Gemeinden mit Versicherung (Fr. 50 000) Arbeitslosenfonds von Fr. 80 000 durch Lotterie zusammengebracht + Staatsbeitrag von Fr. 5 000 jährlich

Eidgenossenschaft: V [Mai] 1894 Postulat in der B[undes]V[ersammlung] angenommen. Bundesrätl. Botschaft 8. XI. 1904 auf Grund der Berichte der Kantonsregierungen, des Gewerbevereins, des Handels- u. Industrievereins u. des Arbeitersekretariats. Bundesbeschluß 6. VI. 1905: Eine Vorlage noch nicht möglich, aber Auftrag an den B[undes]R[at]: er soll Antrag einbringen über Bundesunterstützung, über Zusammenwirken von Bund, Kantonen und Gemeinden behufs zweckmäßiger Einteilung öffentl. Arbeiten, über Arbeitsnachweis (realisiert 1910) Gutachten von N[ational]R[at] Hofmann. Entwurf des Industriedepartements. Botschaft des B.R. vom 7. XII. 1909: will auf den Entwurf noch nicht eintreten. Soz.demokr. Motion im Sommer 1913

---

[271] H. Eugster-Züst, a. a. O., S. 18f.
[272] FSA, a. a. O. (Anm. 270); GR, Jg. 5 (1913), S. 159: *Staatsbeiträge an die Arbeitslosenunterstützung im Kanton St. Gallen;* H. Eugster-Züst, a. a. O., S. 19f.

Pflicht des Bundes zur Beteiligung: Er ist der Schöpfer der liberalen Institutionen (Gewerbefreiheit, Freizügigkeit etc.) die die Ursachen der Arbeitslosigkeit geschaffen haben. (cf. Votum von N.R. Speiser von 1894 Eugster-Züst, Arbeitsl.versich. S. 31–32)[273]

4. *Das englische Gesetz*[bs] vom 11. XI. 1911, giltig seit 15. I. 1913.[274] Tendenz, nicht nur den Arbeitslosen die Existenz zu sichern, sondern auch die Unterstützungseinrichtungen der Gewerkschaften zu fördern, den Arbeitsnachweis auszubauen, statistisches Material zu sammeln, die Unternehmer zur ständigen Beschäftigung ihrer Arbeiter u. die Arbeiter zum Bleiben an ihren Stellen resp. zu einem entspr. Verhalten zu ermuntern

a) *Organisation: Obligatorium* für Hoch- u. Tiefbau, für Schiffbau und Maschinenindustrie, für Wagenbau u. Eisengießerei. Versicherungspflichtig sind alle Arbeiter mit einem Einkommen unter Fr. 3750.– jährlich (= $2^{1}/_{2}$ Mill.) *Verwaltung:* Eine Abteilung des Handelsministeriums: (neben der Abteilung für Arbeitsnachweis: Labour exchange) Zentralamt, 8 Divisionsämter, 1496 lokale Verwaltungsämter. *Beteiligung der Gewerkschaften:* Die G[ewerkschaft] tritt für ihre Mitglieder an die Stelle des lokalen Amtes unter der Bedingung a) daß sie ein wirksames System besitzt, um ihre arbeitslosen Mitglieder täglich zu kontrollieren. b) daß sie einen brauchbaren Arbeitsnachweis hat c) daß der Staat ihre Bücher revidieren darf. – Gewerkschaften aus nicht obligat[orisch] versicherten Gewerben können mit dem Staat bes. Verträge abschließen. (von 1,1 Mill. Arb. benutzt!)

b) *Leistungen:* Bei Arbeitslosigkeit *Anmeldung* beim Lokalamt (oder Gewerkschaft) Kontrolle der Ansprüche (unter Anfrage beim letzten

---

[bs] [Randnotiz:] cf. Hilfe 1913, S. 22f. [E. Hildebrandt, *Zur englischen Arbeitslosenversicherung*, 672f. [P. Helbeck, *Die englische Arbeitslosenversicherung*, in: Die Hilfe, Beilage für Oktober 1913, S. I–III. In Barths Exemplar eingebunden nach S. 672.]

[273] Zu den Ausführungen über die Eidgenossenschaft sowie die Kantone Thurgau, Appenzell, Neuenburg, Bern: H. Eugster-Züst, a.a.O., S. 21f.26–34. Das Votum Speisers dort S. 33f.

[274] Das englische Gesetz über die Arbeitslosenversicherung trat am 15. 7. 1913 in Kraft. Barths Informationen darüber sind folgenden Quellen entnommen: P. Helbeck, *Die englische Arbeitslosenversicherung* (siehe Anm. bs); FSA, Jg. 7 (1913/14), Nr. 5 vom 31. 10. 1913: *Das erste Jahr der englischen Arbeitslosenversicherung*.

Arbeitgeber[)] durch das Divisionsamt. *Auszahlung* durch Lokalamt oder Gewerkschaft. Wöchentlich 7 sh. = Fr. 8.75 für die Maschinenindustrie, 6 sh. = Fr. 7.50 für das Baugewerbe. *Karenzzeit:* Unterstützung beginnt erst nach 26wöchiger Arbeitszeit in den letzten 5 Jahren im betr. Beruf. Für je eine Woche Unterstützung müssen 5 Wochen Beiträge vorausgehen. 1 Woche Wartezeit. *Unterstützung* während 15 Wochen im Jahr. Arbeiter unter 17 J. erhalten nichts, solche von 17–18 J. die Hälfte des Betrags. Keine Unterstützung: im Fall von Streik oder Aussperrung, wohl aber nach Beendigung solcher gewerblicher Kämpfe, – im Fall von Entlassung wegen schlechten Betragens. Wenn Entlassung aus eigenem Verschulden oder Austritt ohne genügenden Grund: 6 Wochen Wartezeit. *Gewerkschaften* erhalten höchstens ¾ der eigenen Leistungen vergütet, solche aus nicht obligatorisch versicherten Gewerben ⅙. Auch über die Ansprüche der Gewerkschaftsmitglieder entscheidet das Divisionsamt. *Arbeitsnachweis:* Die angemeldeten Arbeiter müssen sich für offene Stellen bewerben, dürfen sie nur aus triftigen Gründen (z. B. Streikbruch oder Stellen mit weniger als Normallohn!) ablehnen. Das Amt besorgt die Vermittlung. Ungeschickte oder unausgebildete u. darum arbeitslose Arb. können zum Besuch eines entspr. technischen Kurses angehalten werden. *Rekursinstanzen:* Versicherungsbeamter, paritätisches Schiedsgericht (entscheidet definitiv, wenn übereinstimmend mit der 1. Instanz) Oberschiedsrichter

c) *Finanzierung.* Arbeitgeber klebt wöchentlich 50 rp in ein für je 1 Jahr ausgestelltes, bei Entlassung dem Arbeiter mitzugebendes «Arbeitslosenbuch», zieht dem Arbeiter dafür 25 rp vom Lohn ab. (Für Jugendliche unter 18 J. werden 20 rp geklebt, 10 abgezogen) Der Beitrag wird beschränkt, wenn der Fabrikant in Krisenzeiten, statt Arbeiter zu entlassen, die Arbeitszeit verkürzt. Wenn ein Arbeitgeber einen Arbeiter oder die angemeldete Zahl von Arbeitern das ganze Jahr hindurch beschäftigt, kann er am Ende d. Jahres ⅓ der von ihm bezahlten Beiträge zurückverlangen. Der Arbeiter kann im Alter von 60 J. Rückzahlung seiner sämtl. Beiträge + 2½% Zinsen – [275] erhaltene Unterstützungen verlangen. – Der Staat giebt an die Kosten der Versicherung einen Zuschuß von ¼ der Arbeitgeber- u. Arbeiterbeiträge.

---

[275] Der Strich bedeutet ein Minuszeichen.

Arbeiterschutz. Gesetzgeberische Maßnahmen, durch die der Staat die Freiheit beider Teile im Arbeitsvertrag im Hinblick auf das Wohl des Arbeiters modifiziert. Widerspricht dem Geiste des Liberalismus, der Alles dem freien Spiel der Kräfte überlassen will. Trotzdem heute fast in allen Kulturstaaten solche Rechtsnormen für das Arbeitsverhältnis eingeführt. Immer wieder [?] der Einwand dagegen: «Polizeimaßregel», Eingriff in die persönl. Freiheit auch des Arbeiters u.s.f. Fällt bei richtiger Anwendung des Staatsgedankens in sich selbst zusammen. Arbeitern, die seinen Zweck noch nicht verstehen, muß er eben oktroyiert werden. Der Arbeiterschutz schützt «Arbeiter» u. «Unternehmer» vor den üblen Folgen des freien Wettbewerbs. Er geschieht im Interesse des Ganzen.[276]

Der Weg der Arbeiterschutzgesetzgebung geht gewöhnlich von einzelnen, bes. gefährdeten Gewerben (Bergbau, Textilindustrie) zu den übrigen, von einzelnen Arbeiterkategorien (Kinder, Frauen) zur ganzen Arbeiterschaft, von der Fabrik zum Gewerbe zur Hausindustrie.[277]

Den Anfang machte 1802 England (Schon 1674 u. 1675 Lohnfestsetzungen der Zürcher Regierung für die Hausindustrie) Heute am Fortgeschrittensten England, Österreich, die Schweiz – dann Deutschland.[278]

Ausdehnung. Deutschland: Werkstätten mit Dampfkraft, Hüttenwerke, Zimmerhöfe u. Bauplätze, Werften, bleibende Ziegeleien, Brüche u. Gruben – aber auch Werkstätten ohne Motoren. Der Schutz kann auf Handwerk u. Hausindustrie erstreckt werden. (Z. B. Kleider- u. Wäschekonfektion.)[279] Bes. Hausarbeitgesetz vom 20. XII. 1911[280]

Schweiz: Gesetz von 1877: alle Betriebe mit über 10 Arbeitern – alle Betriebe mit über 5 Arb. mit mechan. Motoren, Personen unter 18 J. u. gewissen Gefahren für Gesundheit und Leben.[281]

---

[276] Dieser Abschnitt nach Herkner, S. 274–276; Sombart I, S. 77–85.
[277] Herkner, S. 276; Sombart I, S. 91.
[278] Sombart I, S. 89–92.
[279] Herkner, S. 277.
[280] Sombart I, S. 95–97.
[281] Barth zitiert das *Bundesgesetz betreffend die Arbeit in den Fabriken* vom 23. 3. 1877, Art. 1 nach Herkner, S. 277, Anm. 1.

Neues Gesetz[282]: «jede industr. Anstalt, die eine Mehrzahl von Arb. außerhalb ihrer Wohnräume beschäftigt, sei es in den Fabrikräumen u. auf den dazu gehörigen Werkplätzen, sei es anderwärts bei Verrichtungen, die mit dem industr. Betrieb in Zusammenhang stehen» (§ 1) B[undes]R[at] entscheidet über Unterstellung (§ 2)

Neuseeland: jede Stelle, wo 2 Personen (Unternehmer inbegriffen!) beschäftigt sind, um Waren für den Verkauf herzustellen.[283]

Arbeitsordnungen. Früher nur Polizeianordnungen zugunsten des Unternehmers. – *Deutschland:* Keine Strafbestimmungen gegen Ehrgefühl u. gute Sitte, Strafgelder sind zum Besten der Arbeiterschaft zu verwenden, Arbeiter sollen sich über Arb[eits]ordnungen *vorher* aussprechen dürfen. Im preuß. Berggesetz: Arbeiterausschüsse.[284]

Schweiz (neues Gesetz) Fabrikordnung über Arbeitsordnung, Fabrikpolizei u. Lohnzahlung obligatorisch (§ 9)[bt] Vorübergehender Ausschluß als Strafe verboten (§ 10)[285]

Bußen:[bu] Nur zum Zweck der Aufrechterhaltung der Arbeitsordnung u. der Fabrikpolizei, müssen in Fabr.Ordn. vorgesehen sein, dürfen nicht öffentl. angeschlagen werden.

Mitteilung an den Arbeiter u. Beschwerdemöglichkeit beim Fabr.inhaber seinerseits.

Wenn über 25 cts.[,] schriftl. Begründung u. Unterschrift des Fabr.inhabers.

Nicht mehr als ¼ des Taglohns u. Verwendung im Interesse des Arbeitnehmers. (§ 11)

Genehmigung: durch die Kantonsregierung nach Anhörung der Arbeiter (§ 12 u. 13)[286]

Auszahlung des Lohnes. Verbot des Warenkreditierens («Trucksystem» – es kam vor, daß Arb. in Regenschirmen ausbezahlt wurden!)

[bt] [Randnotiz:] Werden unter dem Einfluß des Fabrikinspektorats u. der Berufsverbände immer einheitlicher.

[bu] [Randnotiz:] cf. 6 u. 7 [Die Zahlen bezeichnen die Mskr.-Blätter; diese Ausgabe: oben S. 594f.]

[282] Vgl. Anm. 55.
[283] Herkner, S. 277 (Anm. 1).
[284] Dieser Abschnitt nach Herkner, S. 277f.
[285] Fabrikgesetz von 1914, Art. 11 und 12 (im Entwurf: §§ 9 und 10).
[286] Vgl. im Fabrikgesetz von 1914 Art. 13–15 (im Entwurf: §§ 11–13).

und der Auszahlung in Wirtschaften. In England gesetzl. Sicherung einer richtigen Ermittlung des Arbeitsquantums bei Akkordarbeit.[287]

Schweiz: Zahlung alle 14 T[age], in bar, unter Beifügung einer Abrechnung, in der Fabrik, innert d. Arbeitszeit, an einem Werktag, nur ausnahmsweise Samstag, Standgeld von 6 Tagen (bei vertrags[-] od. gesetzwidr. Auflösung d. Arb.verhältnisses verliert d. Arbeitgeber 6, der Arbeiter 3 Tage[)].[288]

Sonntagsruhe. Nicht strikte durchzuführen. Vorübergehende u. dauernde Ausnahmen unentbehrlich. Grundsatz: a) nur ausnahmsweise u. mit bes. Bewilligung, wenn dauernd[,] vom B[undes]R[at]. Die Kantonsregierungen bestimmen 8 weitere Feiertage, die den Sonntagen gleichgestellt sind (§ 45 u. 47)[289] b) auf 6 Arbeitstage 1 Ruhetag (§ 48 al 2: jeder 2te Sonntag u. für jeden Arbeitssonntag ein Werktag frei!).[290]

Frauenarbeit.[bv] *Gründe* für bes. Schutz: Geringere Widerstandsfähigkeit des weibl. Körpers, Mangel an rationeller Körperbewegung, unprakt. Kleidung, Geschlechtsleben, Haushaltung u. Kinder. – Dazu weniger Initiative zur Selbsthilfe u. schlechtere berufl. Ausbildung. *Einwände* seitens der Frauenrechtlerinnen: Beschränkung der Erwerbsfähigkeit, Arbeiterschutz sei Maßregel der Männer gegen die weibl. Konkurrenz – die guten Löhne gerade der Nachtarbeit! Der Feministenkongreß 1900 fordert daher logisch den allgemeinen 8Std.Tag. – Aber der Frauenschutz ist politisch leichter durchzusetzen u. es wäre thöricht, dies nicht vorläufig zugunsten der Frauen zu benützen. Der höhere Lohn der Nachtarbeit läuft übrigens auf eine Illusion hinaus!

Bes. schwierig ist das Problem der *Eheweiblichen Arbeit*. In Deutschland waren 1899 von 884 239 Fabr.Arbeiterinnen 229 334 verheiratet. *Gründe für* Fabrikarbeit der Ehefrauen: Mann krank, invalid, arbeitslos, arbeitsscheu, trunksüchtig, liederlich, durchgebrannt, im Militär, im Gefängnis, zu wenig Lohn – also vielfach unentbehrlich. Ein Verbot brächte die Gefahr der Abwanderung in die Hausindustrie u. die Zu-

---

[bv] [Randnotiz:] cf. Bl. 11 [= oben S. 604f.]

[287] Herkner, S. 279; Sombart I, S. 78.93.
[288] Fabrikgesetz von 1914, Art. 25 und 26.
[289] Ebd., Art. 52 und 58 (im Entwurf: §§ 45 und 47).
[290] Ebd., Art. 54, Absatz 2 (im Entwurf: § 48, Absatz 2).

nahme illegitimer Verhältnisse. Andrerseits sprechen genug *Gründe dagegen:* die erhöhte Krankheitsgefährdung:

	Barmen	Unterfranken
Ledige	auf 100: 500	auf 100: 496 Krankheitstage
Verheiratete	auf 100: 852	auf 100: 745 Krankheitstage

Der Dualismus zwischen Hausmutter- u. Berufspflichten[;] Arbeiterschutz, Versicherung, Kinderfürsorge kann ihn wohl lindern, aber nicht aufheben. Das Problem ist *nur* zu lösen durch die Erhebung der Männerlöhne zu einem genügenden Familieneinkommen. Genossenschaftliche Familienhaltung?!

Auch bei den *Unverheirateten* besteht aber die schwere gesundheitliche Gefährdung und das Problem der Selbständigkeit gegenüber der Familie mit ihren Vor- und Nachteilen.[291]

England hat seit 1847[292], Deutschland seit 1908 den 10Std.Tag[293], ebenso Frankreich seit 1904.[294] Meist auch das Verbot der Nachtarbeit.[295]

Schweiz (§ 59–62) Keine Nacht[-] u. Sonntagsarbeit, Nachtruhe von mindestens 11 Std., Zeit von 10 A[bends] – 5 M[orgens] inbegr., nicht zu Hilfsarbeiten außer der Arbeitszeit herangezogen, dürfen Arbeit am Mittag ½ Std. früher verlassen, nach 5 J[ahren] auf Wunsch freien Samstag, Wöchnerinnen während 8 Wochen nicht in der Fabrik, darf nicht gekündigt werden auf diese Zeit, Schwangere dürfen auf bloße Anzeige jederzeit Arbeit verlassen.[296]

Kinderarbeit.[bw] Früher Beginn der technischen Arbeit ist vorteilhaft für die Leistungsfähigkeit – wird aber besser erreicht durch Handfer-

---

[bw] [Randnotiz:] cf. Bl. 10 [= oben S. 601–604]

[291] Der ganze Abschnitt über die «Frauenarbeit» bis hierher nach Herkner, S. 283–289.

[292] S. Bauer, *Arbeiterschutz und Völkergemeinschaft*, Zürich 1918, S. 64.

[293] W. Schiff, *Der Arbeiterschutz der Welt. Eine Uebersicht der Arbeiterschutz-Vorschriften aller Länder* (Archiv für Sozialwissenschaft und Sozialpolitik, Ergänzungsheft 16), Tübingen 1920, S. 12.

[294] Herkner, S. 287.

[295] Vgl. S. Bauer, a.a.O., S. 65–69; ferner ebd., S. 148–151: «Internationales Übereinkommen betreffend das Verbot der industriellen Nachtarbeit der Frauen» vom 26. 9. 1906 in Bern.

[296] Fabrikgesetz von 1914, Art. 65, 66, 68, 69 (im Entwurf: §§ 59–62).

tigkeitsunterricht in der Schule. – Wirtschaftliche Notwendigkeit für manche Familie? Ja, aber bei höherm Alter u. erhaltener Gesundheit bessere Leistungen als vorher u. ohne! Beweist wieder nur die Notwendigkeit höherer Männerlöhne. – Bedürfnis der Industrie? Konkurrenzfähigkeit? Es hat sich gezeigt, daß es auch ohne geht.[297] (Engl. Textilindustrie meinte schon 1820 ruiniert zu sein!!)[298]

Bueck führt die vermehrte Kriminalität der Jugendlichen auf die Verminderung der Fabrikarbeit zurück.[299]

Altersgrenze. Österreich 18. II. 1787: 9 Jahre, England 1819 9 Jahre, 1842 10 J. für Bergwerke[300], Rheinland 1839 10 J.[301]

Jetzt: England, Frankreich, Belgien, Bulgarien, Niederlande, Luxemburg[,] Schweden, Norwegen, Rußland, Italien, Österreich für Handwerk: 12 J.,

Deutschland: 13 J.

Österreich, Schweiz: 14 J.[302]

Besonderer Schutz im jugendl. Alter: England 1819: 9–16jährige höchstens 12 Std.[303]

Jetzt: Deutschland: 14–16jährige: 10 Std. – England: 10 Std., in der Textilindustrie $5 \times 10 + 6^{1/2}$ in der Woche. – Frankreich: 10 Std. – Österreich 11 Std. – Schweiz (bis jetzt) 11 Std. – Belgien 12 Std. (kennt auch noch die Kindernachtarbeit u. Frauenarbeit in Bergwerken!) – Bulgarien: 12–15jährige: 8 Std.[304]

Schweiz (Neues Gesetz) § 63–69[305] 14, für Mädchen 15 J.[306], auch nicht Aufenthalt in den Arbeitsräumen. Unter 18 J. nicht Nacht- u. Sonntagsarbeit, unter 16 J. keine Überzeit. Bei Zweischichtensystem mindestens 11 Std. Nachtruhe, worunter die Zeit von 10–5. Fabrik +

---

[297] Bis hier nach Herkner, S. 281f.
[298] Vgl. Sombart I, S. 82, 91.
[299] Henry Axel Bueck (1830–1916), Generalsekretär des Zentralverbandes deutscher Industrieller und zeitweise Berater Wilhelms II. in der Sozialpolitik. Die erwähnte Ansicht Buecks bei Herkner, S. 282, Anm. 1.
[300] Die Altersangaben bis hier nach Sombart I, S. 90f.
[301] Vgl. Sombart I, S. 86.93f.
[302] Die Aufzählung der Länder nach Herkner, S. 280f.
[303] Sombart I, S. 91.
[304] Dieser Abschnitt nach Herkner, S. 283.
[305] Fabrikgesetz von 1914, Art. 70–77 (im Entwurf: §§ 63–69).
[306] Siehe Anm. r.

event. Schule + Religionsunterricht nicht mehr als 10 Std., Fabrik darf diese nicht hindern. Für berufl. Unterricht wöchentl. 5 Std. frei
Schutz gegen anderweitige Ausbeutung. Deutsches Reichsgesetz vom 30. III. 1903 betr. Kinderarbeit in gewerbl. Betrieben:
«Kein fremdes oder eigenes Kind darf zwischen 8 Uhr abends u. 8 Uhr morgens und vor dem Vormittagsunterricht gewerblich arbeiten, um Mittag hat eine 2stündige Pause u. nach dem Nachmittagsunterricht 1 Std. Pause stattzufinden. Eigene Kinder dürfen in der Wohnung bez. Werkstätte für die Eltern vom zurückgelegten 10. Lebensj. arbeiten, für Dritte erst nach dem 12. J. u. nur durch 3 Std., in den Ferien durch 4 Std.»[307]

Konrad Agahd, Vorkämpfer der Kinderschutzbewegung in Deutschland[308]

Arbeitszeit im Allgemeinen.[bx] Vom Arbeiterstandpunkt aus ist zu sagen, daß die Verkürzung der Arbeitszeit unter allen Umständen ein sicherer Gewinn für den Arbeiter ist, während Lohnerhöhungen oft wieder ausgeglichen werden durch Preissteigerungen.[309] Und vom allg[emein] menschlichen u. polit. Standpunkt aus ist zu sagen: «Der Abkürz[un]g der Arbeitszeit ist die wichtigste Vorbedingung für die geistige u. sittl. Hebung des Arbeiterstandes» (Herkner, S. 291) Sie ist für die Arbeiter gleich wichtig zur Pflege seines körperl. u. geistigen Lebens, zur Ausübung seiner polit. Rechte u. Pflichten, zur Entfaltung u. Vertiefung des Familienlebens.

Die Arbeiterschaft und – die staatl. Arbeiterpolitik ist umso reifer, je mehr sie die Berechtigung u. Notwendigkeit gerade dieses Postulats einsieht. Bauarbeiterstreik in Genf 1868: von 13 auf 11 Std. (Vgl. die Tabelle Gew. Rsch. 1913, S. 127[310]) Internat[ionaler] Arbeiterkongreß

[bx] [Randnotiz:] cf. Bl. 5 u. 6 [= oben S. 591f.]

[307] Zitiert nach Herkner, S. 280f.

[308] Konrad Agahd (1867–1926) war der Vorkämpfer des deutschen Reichsgesetzes betr. Kinderarbeit vom 30. 3. 1903; vgl. Sombart I, S. 95.

[309] Vgl. Pflüger, S. 146.165

[310] GR, Jg. 5 (1913), S. 102–105.124–127: *Der Kampf um die Verkürzung der Arbeitszeit in der Westschweiz.* Die Tabelle S. 127 trägt die Überschrift: «Zusammenstellung der wichtigsten Arbeitszeitverkürzungen seit 1868 in der Westschweiz.»

1889 in Paris beschließt demonstrative Feier des 1. Mai unter der Devise: 8 Std. Arbeit, 8 Std. Muße, 8 Std. Schlaf, ein Postulat der Ethik, der Hygiene u. der Wirtschaftspolitik![311] – Arbeitszeitverkürzung ist im Ganzen leichter durch gewerkschaftl. Arbeit zu gewinnen, in Frankreich haben schon jetzt 85%, in der Schweiz 65% aller Arbeiter, meist auf diesem Weg den 10Std.Tag gewonnen. Aber um der Unorganisierten u. schwer Organisierbaren willen (Textilindustrie, Frauen!) – und damit diese nicht den allgemeinen Fortschritt hintanhalten, sind bes. staatl. Eingriffe auch hier notwendig.

a) *Verhältnis von Arbeitszeit und Arbeitsleistung*. Arbeit ist Energieverbrauch, bei längerer Dauer stellen sich daher Ermüdungserscheinungen ein. Jeder Muskel hat einen gewissen natürlichen Arbeitsrhythmus, durch Maschinen- u. bes. durch Akkordarbeit wird dieser überholt, es fehlen die natürlichen Erholungspausen (Herzmuskel!) Dann entsteht Anhäufung von nicht beseitigten Stoffwechselprodukten und Sauerstoffmangel, beides von vergiftender Wirkung. («Erschöpfung»). – Sowohl mechan. Bewegungen als geistige Arbeit stellen solchen Energieverbrauch dar. Bei der Fabrikarbeit werden immer dieselben Muskelgruppen u. Nervenzentren in Anspruch genommen, daher die raschere Ermüdung. Warnungssignale: unzulängliche Arbeitsresultate, Unlust- u. Schmerzempfindungen, können überhört werden, aber auf die Länge nicht zum Vorteil des Arbeiters *und* der Arbeit (Zwang, Alkohol!) Es muß ein «Optimum»[,] ein normales günstigstes Verhältnis geben zwischen Arbeitszeit u. Arbeitsleistung – selbstverständlich verschieden für die verschiedenen Arten von Arbeit.[312]

Versuche von *Ernst Abbe* (Leiter des Zeiß-Werkes in Jena)[313] Erst 9 Std.[,] dann 8 Std. Tag (auf Anfrage u. Wunsch von 7/8 der Arbeiterschaft) Die Arbeitsleistung, die sich, wenn der Ertrag gleich bleiben sollte, vor u. nach der Arbeitszeitverkürzung verhalten müßte, wie 100:112,5, verhielt sich in Wirklichkeit wie 100:116,2, erhöhte sich also um 1/30! Zuerst schien die Erschöpfung bei der neuen Arbeitsweise größer

---

[311] Pflüger, S. 173f.
[312] Dieser Abschnitt nach Herkner, S. 130–134.
[313] Die folgenden Ausführungen über das Zeiß-Werk nach Herkner, S. 135–138. An die Rückseite des Mskr.-Blattes ist außerdem ein sechs Spalten langer Artikel aus dem Sonntagsblatt der BN vom 10. 8. 1912 von J. M. K. angeheftet: *Wie das Zeißwerk in Jena den Achtstundentag einführte*.

zu werden, dann erfolgte automat. Anpassung. Grundsatz: Kräfteverbrauch = Kräfteersatz, statt Defizit auf Seiten d. letztern. Die Ermüdung ist bedingt a) durch die Größe des Arbeitsprodukts b) durch die Arbeitsgeschwindigkeit c) durch den Kraftverbrauch für Bewegung. *Größere Leistung bei kürzerer Arbeitszeit entsteht, wenn der Kräfteersatz in der längern Ruhezeit und die Ersparnis an Kraftverbrauch für Bewegung zusammen größer sind als der Kraftverbrauch für Beschleunigung des Arbeitstempos.* Dazu muß dann kommen eine mit der Verkürzung der Arbeitszeit parallel gehende *Vervollkommnung der Maschinen u. der Betriebsweise.* Unter diesen beiden Bedingungen ist die Verkürzung der Arbeitszeit nicht ein Nachteil, sondern ein Vorteil für die Industrie. – Abbe hielt den 8Std.Tag für die vorteilhafteste Fabrikarbeitszeit.

Erfahrungen in den *österreich. Tabakfabriken:* (Fr. Schw. A. 6,25)[314]

Jahr	Beschäftigte	Einnahmen	Fabrikationskosten	Reingewinn	Jahresdurchschnittsverdienst d. Arbeiter
1901	41364	220076106 K.[315]	67317997 K.	132758109 K.	480,73 K.
1906*	41445	245743947 K.	87801182 K.	159972765 K.	777,64 K.
1910**	40339	287384930 K.	110528098 K.	176856832 K.	708,13 K.

* 5/4 Std. weniger täglich ** weitere Verkürzung d. Arbeitszeit

Französische Artilleriewerkstätten (s. Rede von Bourgeois 1912)[316] 1906 Verkürzung von 10 auf 9, 1908 von 9 auf 8½ Std. ohne fühlbare Minderung des Gesamtertrages u. ohne fühlbare Erhöhung der Kosten.

Englische Baumwollspinnerei arbeitet mit 8–9 Std.[,] hat doppelt so hohe Löhne als die schweizerische Konkurrenz. Beide importieren den Rohstoff aus Amerika u. Ägypten. Trotzdem leidet die Schweiz unter der engl. Konkurrenz. Grund: Lohnerhöhungen u. Arbeitszeitverkür-

---

[314] FSA, Jg. 6 (1912/13), vom 21. 3. 1913: *Arbeitszeit und Arbeitsleistung.*
[315] Kronen: österreichische Währungseinheit bis 1924.
[316] An die Rückseite des Mskr.-Blattes ist ein vier Spalten langer Artikel aus dem TA, Jg. 11 (1912), Nr. 14 vom 4. 4. 1912 angeheftet: *Eine Ministerrede für den Zehnstundentag,* die über die Rede des Arbeitsministers Bourgeois in der französischen Kammer berichtet. Dorther die Daten dieses Abschnitts.

zungen erhöhen die Arbeitsintensität und zwingen die Unternehmer zur Verbesserung der Technik. – *Mundella* (engl. Textilindustrieller): «Die lange Arbeitszeit des Kontinentes schützt uns am besten vor seiner Konkurrenz.»[317]

Kleinere *chem. Waschanstalt* in d. *Schweiz* Kreis III (Fabr. Insp. 1910/11 S. 192) Geschäftsumsatz 1910 um Fr. 2 940.40 > als 1909, Reingewinn 1910 um Fr. 1 910.26 > als 1909 – bei im Übrigen gleichen Verhältnissen u. ohne Preissteigerung! Gesamtlohnsumme 1910 um Fr. 414.55 > als 1909. – Alles bei 8Std.Tag.[318/by] –

Es ist also der Einwand, der Arbeiterschutz störe oder vernichte die *Konkurrenzfähigkeit einer Industrie[,]* gerade in diesem wichtigsten Punkt nichtig. Beweis: die Vermehrung des deutschen u. schweizerischen Nationalvermögens in den letzten 20 J. trotz zahlreicher Arbeitszeitverkürzungen. Oft ist die wirkliche Erhöhung der Kosten minimal, oft wird sie wettgemacht durch die geringere Abnützung des Materials, durch intensivere Arbeit, durch Betriebsverbesserungen. Wo das nicht möglich ist, da konnten sie sehr oft auf den Profit, bei Luxusartikeln auf die Konsumenten abgewälzt werden.[319] Schwieriger u. allzu raschem Vorgehen Einhalt gebietend, ist die Frage des *Verdienstausfalls für die Arbeiter*. Wo ein solcher durch die höhere Arbeitsintensität nicht zu vermeiden ist, muß die Bewegung zur Abkürzung der Arbeitszeit Hand in Hand gehen mit einer Lohnbewegung seitens der Arbeiter oder mit der gesetzlich zu regulierenden Aufstellung eines «Mindestlohnes» wie in den engl. Bergwerken. Im Allgemeinen aber ist die Verkürz[un]g d. Arbeitszeit auch im Hinblick auf den Verdienst des Arbeiters zu begrüßen, weil durch sie für eine größere Anzahl Leute Verdienstmöglichkeit geschaffen und weil dadurch die Verdienstgelegenheiten auch für den Einzelnen über längere Zeitspannen verteilt (statt zu seinem Schaden angehäuft!) werden.

b) *Die Benutzung der freiwerdenden Zeit*. Allgemeine Faulheit und Trunksucht? ein beliebtes Argument auf bürgerlicher Seite. Aber es

---

by [Randnotiz:] Fabr. Insp. 19[12/]13 S. 48–49 [Dort ein Abschnitt über das Verhältnis von Arbeitszeit und Produktion.]

317 Zitiert bei Herkner, S. 140.
318 Dieser Abschnitt nach der von Barth genannten Quelle (S. 191f.).
319 Dieser Abschnitt bis hier nach Sombart I, S. 82–85; zur Vermehrung des deutschen und schweizerischen Nationalvermögens: Pflüger, S. 61–74.

handelt sich nicht um Freiheit zum Nichtsthun, sondern zu andersartiger Arbeit (im Freien, politisch, gemeinnützig, Bildung, Erziehung etc.) Und die Trunksucht unter Arbeitern herrscht nicht da wo kurze, sondern da wo lange Arbeitszeiten sind.[bz] In England wurde schon 1891 festgestellt, daß der 8Std.tag den Abstinenzvereinen neue Mitglieder zuführte: [(]in Westcumberland Vermehrung um 50%) In Australien sinkt der Alkoholismus trotz hoher Löhne und Arbeitszeitverkürzung, ebenso die Zahl der Polizisten, wogegen Bücherkonsum zunimmt (Pflüger, Soz. Fr. S. 177) Es wird sich nur darum handeln, die Gelegenheiten zu richtiger Verwendung der freien Zeit reichlicher und wirksamer zu machen.[320] Ferner gleichzeitige Wohnungsreform![321] – Und schließlich ist die ganze Bewegung undurchführbar ohne gleichzeitige intensive religiös-moralische Erziehung, daher nicht in Sprüngen sondern schrittweise vorzugehen.[322]

Einen eigentl. gesetzl. *Maximalarbeitstag* kennen nur die Schweiz, Frankreich u. Österreich.

Frankreich: 10½ Std. (10 Std. wenn Arbeiterinnen u. Jugendliche beteiligt) – Österreich: 11 Std. – Preußen, Bergbau: 6 Std. wenn mehr als 28° C. – Deutschland (1891)[:] Der Bundesrat kann bei gesundheitsgefährl. Betrieben generell u. in einzelnen Fällen Beginn, Dauer u. Ende der Arbeit regeln.[323] – England (1. VII. 1909)[:] 8Std.Tag für Bergarbeiter[324] – Vereinigte Staaten (1. I. 1913)[:] 8Std.Tag für Staatsarbeiter[325]

Schweiz (Neues Gesetz § 34–58) 10Std.Tag, 10½Std.Tag wenn freier Samstagnachmittag während 10 J. Zweischichtensystem zu je 8, höch-

---

[bz] [Randnotiz:] Aber Fabr. Insp. 19[12/]13 S. 39! [Dort wird berichtet, daß eine große Stickerei den freien Samstagnachmittag abgeschafft hat, «weil die Frauen einer Anzahl Arbeiter sich beklagt hätten, daß ihre Männer die freie Zeit im Wirtshaus zubrachten».]

[320] Abschnitt b) bis hier nach der von Barth genannten Quelle (S. 177f.).
[321] Vgl. Sombart I, S. 146–148.
[322] Vgl. Pflüger, S. 178; Sombart I, S. 79f.
[323] Die Ausführungen über den Maximalarbeitstag bis hierher nach Herkner, S. 289f.
[324] Vgl. S. Bauer, a.a.O., S. 79.
[325] Vgl. W. Schiff, a.a.O., S. 301f.

stens 10 Std., mit Pause von 2 Std.: 12 Std.^ca Überstunden bis zu 2 Std. im Tag, im Jahr nicht mehr als an 80 Tagen.[326] (25% Lohnzuschlag obligatorisch[327])

Der freie Samstagnachmittag.^cb Notwendig als Garantie der Sonntagsruhe: für die Frauen zur Besorgung des Haushalts, für die Männer zur Erledigung politischer, militärischer, gesellschaftlicher etc. Pflichten. Wichtig auch als Entlastung mancher Gewerbetreibender (Coiffeure![328]) Einwände und Antwort darauf dieselben wie bei der Verkürzung der Arbeitszeit im Allgemeinen. – Allgemeine Verkürzung der Arbeitszeit ist freilich, wenn nur eines möglich, dem freien Samstagnachmittag vorzuziehen.

In *England* allgemeine Regel (durch Gewerkschaften erkämpft) («Englische Arbeitswoche»)

Im Staat *New York* ist der Samstag seit 1875 gesetzl. Halbfeiertag.

In *Australien* 8 Std. Tag und freier Samstag![329]

Schweiz: Samstagsruhegesetz vom 1. IV. 1905.[330] § 34 al 1 im neuen Gesetz: 9 Std. § 61 al 3: Arbeiterinnen, die ein Hauswesen besorgen, haben nach 5 J. freien Samstagnachmittag.[331]

Fabrikstatistik von 1911: Es haben 43,2% aller Betriebe = 53,5% der Arbeiter weniger als 9 Std. am Samstag.

---

^ca [Randnotiz:] Vgl. aber Fabr. Insp. 19[12/]13, S. 47 [Dort wird berichtet, daß für viele Schichtarbeiter eine zwölfstündige Präsenzzeit gleichbedeutend ist mit einer zwölfstündigen Arbeitszeit.]

^cb [Randnotiz:] Fr. Schw. Arb. 7, 41 [10. 7. 1914; *Fortschritte des freien Samstagnachmittags*]

[326] Fabrikgesetz von 1914, Art. 40–64 (im Entwurf: §§ 34–58).

[327] Ebd., Art. 27.

[328] Nach einer Meldung der GR, Jg. 5 (1913), S. 146, dauerte die Arbeitszeit der Coiffeure Samstag bis 23 Uhr!

[329] Der Abschnitt über den freien Samstagnachmittag nach einem vierteiligen Artikel im TA (Jg. 12, Nr. 50ff. vom 12.[ff.] 12. 1912), der einen Vortrag von Kl. Kühn wiedergibt: *Der freie Samstagnachmittag und der Zehnstundentag.* Die Angaben für England, New York und Australien finden sich in Nr. 52 vom 26. 12. 1912.

[330] Vgl. *Bundesgesetz betreffend die Arbeit in den Fabriken vom 18. 6. 1914,* hrsg. von F. Studer, Zürich 1915, S. 10.

[331] Fabrikgesetz von 1914, Art. 40 und 68, Absatz 3 (im Entwurf: §§ 34 und 61,3).

Es haben regelmäßig (z. T. nur alle 2 Wochen oder nur im Sommer) bis 6½ Std. am Samstag 7,8% aller Betriebe (= 607) und 20,53 % aller Arbeiter (= 67 515)[332]

	Etablissemente	Arbeiter
Textilindustrie	143	18 165
Bekleidung und Ausrüstung	61	8 826
Nahrungs- und Genußmittel	32	5 083
Chemische Industrie	21	1 044
Zentralanlagen für Kraft-, Gas- und Wasserlieferung	1	3
Papierfabrikation u. graphische Gewerbe	22	789
Holzbearbeitung	130	3 016
Metallbearbeitung	59	4 503
Maschinen, Apparate und Instrumente	96	23 193
Bijouterie, Uhrenmacherei	33	2 383
Industrie der Erden u. Steine	11	510
	609*	67 515

* Nach der Fabrikstatistik 607.

Am meisten verbreitet ist der freie Samstagnachmittag,
a. soweit die Zahl der *Etablissemente* in Betracht fällt in der Industriegruppe:
1. Maschinen, Apparate und Instrumente 14,98%
Dann folgen:
2. Chemische Industrie 10,66%
3. Holzbearbeitung 10,28%
4. Metallbearbeitung 9,47%
5. Bekleidung und Ausrüstung 9,27%
6. Textilindustrie 9,03%
7. Nahrungs- und Genußmittel 4,62%
8. Bijouterie und Uhrenmacherei 3,84%
9. Papierfabrikation und graphische Gewerbe 3,57%
10. Industrie der Erden und Steine 2,48%
11. Zentralanlagen für Kraft-, Gas- und Wasserlieferung 0,38%
Durchschnitt 7,80%

[332] Schweizerische Fabrikstatistik von 1911, S. XXVI. – Die folgenden Statistiken sind in den Text eingeklebte Zeitungsausschnitte aus dem TA, Jg. 12 (1913), Nr. 45 und 46 (vom 6. und 13. 11. 1913): *Der freie Samstag Nachmittag in der Schweiz mit besonderer Berücksichtigung der Textilindustrie.*

b. Soweit die *Zahl der Arbeiter* in Betracht gezogen wird, ebenfalls in der Industriegruppe:
1. Maschinen, Apparate und Instrumente 49,94%

Dann folgen:
2. Bekleidung und Ausrüstung 35,52%
3. Nahrungs- und Genußmittel 19,51%
4. Metallbearbeitung 19,30%
5. Textilindustrie 18,13%
6. Holzbearbeitung 12,69%
7. Chemische Industrie 12,01%
8. Bijouterie und Uhrenmacherei 6,81%
9. Papierfabrikation und graphische Gewerbe 4,34%
10. Industrie der Erden und Steine 2,81%
11. Zentralanlagen für Kraft-, Gas- und Wasserlieferung 0,07%

Durchschnitt 20,53%

Kantone in der Schweiz	Von 100 Etablissementen bezw. Arbeitern			
	die den Samstagnachmittag frei haben, sind im Kanton		des Kantons haben den Samstagnachmittag frei	
	Etabl.	Arbeiter	Etabl.	Arbeiter
Zürich	43,1	45,6	21,6	46,8
Bern	4,6	4,5	25,8	7,4
Solothurn	2,5	6,2	5,6	20,7
Basel-Stadt	10,2	3,5	21,6	14,9
St. Gallen	2,3	3,3	1,5	7,0
Aargau	9,7	13,0	11,3	31,2
Thurgau	7,1	4,1	9,8	14,8
Waadt	3,5	3,8	3,8	15,6
Genf	10,2	5,1	11,9	25,7
Obwalden	–	–	–	–
Nidwalden	–	–	–	–
Appenzell A.-Rh.	–	–	–	–
Appenzell I.-Rh.	–	–	–	–
Graubünden	–	–	–	–
Tessin	–	–	–	–
Übrige Kantone: Luzern, Uri, Schwyz, Glarus, Zug, Freiburg, Baselland, Schaffhausen, Wallis, Neuenburg: Zusammen	6,8	10,9	2,1	9,5
Schweiz total	100	100	7,8	20,5

Kantone	Total der Betriebe mit freiem Samstagnachmittag	
	Etablissemente	Arbeiter
Zürich	262	30 812
Bern	28	3 038
Luzern	2	103
Uri	1	82
Schwyz	3	551
Unterwalden ob dem Wald	–	–
Unterwalden nid dem Wald	–	–
Glarus	8	1 397
Zug	5	1 005
Freiburg	2	1 083
Solothurn	15	4 158
Basel-Stadt	62	2 336
Basel-Landschaft	8	1 080
Schaffhausen	1	23
Appenzell A.-Rh.	–	–
Appenzell I.-Rh.	–	–
St. Gallen	14	2 206
Graubünden	–	–
Aargau	59	8 823
Thurgau	43	2 762
Tessin	–	–
Waadt	21	2 599
Wallis	1	17
Neuenburg	10	1 999
Genf	62	3 441
Schweiz total	607	67 515

2. *Wie aber verhält sich in den Betrieben mit freiem Samstagnachmittag die Arbeitszeit an den andern Wochentagen?* Wird neben dem freien Samstagnachmittag in der Regel lange gearbeitet? Ist er eine Kompensation für lange Arbeitszeit an den andern Tagen, oder finden wir ihn auch im Verein mit kurzer Arbeitszeit am Montag bis Freitag? Die Antwort kann kurz in folgende Zahlen und Sätze zusammengefaßt werden:

Von 100 Betrieben und Arbeitern, die den Samstagnachmittag frei haben, arbeiten Montag bis Freitag Stunden:

Industrien	11		10½		10		unter 10	
	Etabliss.	Arbeiter	Etabliss.	Arbeiter	Etabliss.	Arbeiter	Etabliss.	Arbeiter
Baumwolle	47,5	31,3	42,5	55	10	13,7	–	–
Seide	19,3	19,8	40,3	51,5	35,1	27,7	5,3	1
Textil total	27,2	22,7	42	51,8	23,1	23,5	7,7	2
Holz	–	–	6,2	4,4	15,4	10,2	78,4	85,4
Maschinen	2,1	0,3	55,2	84,7	32,5	11,1	10,4	3,9
Schweiz total	9,1	7,9	33,4	54,2	29,5	29,1	28	8,8

Die große Mehrzahl derer, die den Samstagnachmittag frei haben, arbeiten also auch an den andern Tagen weniger als 11, meist über 10 bis 10½ Stunden.

Prüfen wir, wie der freie Samstagnachmittag sich speziell zum Zehnstundentag verhält, so finden wir ihn in Verbindung mit einer Arbeitszeit von

	mehr als 10 Stunden	10 und weniger Stunden
in Etablissementen	42,5 %	57,5 %
mit Arbeitern	62,1 %	37,9 %

Wir können das Problem noch von einer anderen Seite anfassen und uns fragen: *Wie viele Etablissemente und Arbeiter, die Montag bis Freitag 11, 10½, 10 usw. Stunden arbeiten, haben den Samstagnachmittag frei?* In bezug auf die gleichen Gruppen wie vorhin, erhalten wir folgende Antwort:

Von 100 Betrieben und Arbeitern, die Montag bis Freitag arbeiten:

Industrien	11		10½		10		unter 10	
	Stunden, haben den Samstagnachmittag frei:							
	Etabliss.	Arbeiter	Etabliss.	Arbeiter	Etabliss.	Arbeiter	Etabliss.	Arbeiter
Baumwolle	17,2	22,9	13	17	5,2	9,3	–	–
Seide	30,6	63,5	32,8	47,6	20,2	19,6	33,3	44,9
Textil total	6,3	21,9	15,6	28	6,3	9,5	14,9	13,1
Holz	–	–	12,1	12,6	2,7	2,1	39,3	45
Maschinen	6,3	8,2	53	94,2	7,7	14,4	9,3	13,1
Schweiz total	4	14,5	20,1	47,4	4,5	11,4	12	13,8

Es zeigt sich, daß von allen Betrieben in der ganzen Schweiz, die noch den Elfstundentag haben, nur ein kleiner Teil den Samstagnachmittag frei gibt; wiederum kommt zum Ausdruck, daß er am häufigsten mit dem Zehneinhalbstundentag zusammengeht. Am schärfsten ist der Gegensatz in der Holzbearbeitung. Von den 2 434 Arbeitern, die an 5 Tagen 11 Stunden arbeiten, hat keiner den Samstagnachmittag frei, von den 5 718, die weniger als 10 Stunden schaffen, genießen ihn 45 Prozent! Die hohen Zahlen in der Elfstundenrubrik der Baumwoll- und Seidenindustrie sagen uns, daß in diesen Fabriken der freie Samstagnachmittag an den andern Tagen eingebracht werden muß.

Durchführung der Gesetze. Sombart (Arb.frage S. 97)[:] «Es giebt 2 Arten von Arbeiterschutz: Arbeiterschutz auf dem Papier und Arbeiterschutz in der Praxis.»[333]

Der letztere ist schwierig wegen der Unerfahrenheit des Publikums, wegen der Abhängigkeit der Arbeiter selbst und wegen der Stärke u. Wirkungskraft des Widerstandes seitens der Unternehmer.

Am Besten bes[onderen] *Staatsbeamten* (Inspektoren) übertragen, die möglichst unabhängig sein sollten. In England schon 1802 zwei ehrenamtliche Visitors, seit 1833 permanente Einrichtung, heute 200 Gewerbeinspektoren, dazu bes. Sanitätsinspektion. England das «Musterland der Gewerbeaufsicht» (Sombart).[334] Der Verkehr dieser Beamten mit den Arbeitern ist aber schwierig wegen der Furcht vor Maßregelungen bei diesen, bes. bei den Arbeiterinnen.[335]

Fabrikinspektorinnen in England, Nordamerika, Dänemark, Frankreich, Baden, Bayern, Preußen, Sachsen-Kob[urg]-Gotha, Württemberg.[336] In der Schweiz bei § 75 vom B[undes]R[at] versprochen.[337]

Mitwirkung der *Arbeiterschaft* ist aber unerläßlich, auch aus diesem Grund ist Organisation wünschbar.[338]

Schließlich die normalen *Polizeibehörden!!*[339]

Internationale Vereinbarungen. Wegen der Konkurrenz unter den

---

[333] Sombart I, S. 97: «Zum Schlusse ist darauf hinzuweisen, daß es zwei Arten von Arbeiterschutz gibt: ...»
[334] Dieser Abschnitt nach Sombart I, S. 98. Dort: «Nach heute ist Großbritannien ... das Musterland einer wohlorganisierten und wirksamen Gewerbeaufsicht.»
[335] Vgl. Herkner, S. 294.
[336] A.a.O., S. 293f.
[337] Art. 84 des Fabrikgesetzes von 1914 (§ 75 des Entwurfes) lautet: «Die Oberaufsicht über den Vollzug des Gesetzes liegt dem Bundesrate ob. Als Kontrollorgane werden eidgenössische Fabrikinspektorate eingerichtet. Der Bundesrat kann für einzelne technische Zweige des Aufsichtsdienstes Fachinspektorate zur Mitwirkung herbeiziehen.»
[338] Vgl. Herkner, S. 292.
[339] A.a.O., S. 293; Sombart I, S. 96.

einzelnen Staaten – die Humanität möchte sonst zum Ruin des Gewerbefleißes werden.[340]

Herkner (S. 295f.) dagegen: Mangel an Arbeiterschutz ist kein wirtschaftlicher Vorteil. Das Interesse eines Landes an der Internationalität des Arbeiterschutzes steht im umgekehrten Verhältnis zu s[einer] eigenen Fabrikgesetzgebung. Beim Arbeiterschutz handelt es sich nicht um verwaltungstechnische Maßnahmen, sondern um Machtfragen der gesellschaftlichen u. politischen Entwicklung, die nicht international-diplomatisch zu erledigen sind. Zu den gemeinsamen Vereinbarungen müßte eine gemeinsame Kontrolle treten d. h. aber eine Einmischung des Auslands in innere Angelegenheiten. Leicht könnten die Staaten mit besserer Gesetzgebung ins Schlepptau der schlechteren kommen.

Initiative der Glarner Regierung 1855, der Eidgenossenschaft 1880 u. 1889[341]

Arbeiterschutzkonferenzen

Berlin 1890, infolge der Erlasse des Kaisers Wilhelm II., ein Mißerfolg

Zürich u. *Brüssel* 1897

Paris 1900: Schaffung einer Internat[ionalen] Verein[igun]g f. gesetzl. Arbeiterschutz u. Internat. Arbeitsamt in Basel (seit 1901) Angeschlossen 16 Regierungen.

Bern Mai 1905. Verbot der Verwendung von weißem Phosphor. beigetreten: Dänemark, Deutschland, Frankreich, Italien, Luxemb[urg,] Niederlande, Schweiz, die das Verbot meist schon besaßen! – Nicht beigetreten: Japan, Österreich, Ungarn, Belgien, Großbritannien, Portugal, Schweden.

Bern Sept. 1906 Beseitigung der industriellen Nachtarbeit der Frauen: in Betrieben von über 10 Pers[onen]. Nachtruhe von 11 Stunden, worunter 10 A.–5 M. Ausnahmsweise nur 10 Std. zulässig an 60 T[agen] im Jahr. Beigetreten: Die Staaten mit Phosphorverbot + Belgien, Großbritannien, Österreich-Ungarn, Portugal, Spanien, Schweden – die das Verbot meist schon besaßen. Immer noch Arbeitszeit von 13 Std. möglich.[342]

---

[340] Vgl. Sombart I, S. 82f.
[341] Sombart I, S. 86.
[342] Der Abschnitt «Arbeiterschutzkonferenzen» bis hierher nach Herkner, S. 298–301; Sombart I, S. 86–89. – Vgl. Anm. 296.

Bern Sept. 1913 Verbot d. industr. Nachtarbeit f. Jugendliche bis z. 16. J. 60Std.Woche (= 10$^{1}/_{2}$ Std.Tag) für Frauen, Überstunden bis zu 140 im J.[343]

---

[343] Vgl. FSA, Jg. 7 (1913/14), Nr. 2 vom 10. 10. 1913: *Die internationale Arbeiterschutzkonferenz ...*

FESTREDE AN DER NOVEMBERFEIER DES GRÜTLIVEREINS OBER-ENTFELDEN
1913

Am 31. August 1913 erging an Barth folgendes Schreiben:
«An den Herrn Pfarrer Barth.
Vielgeehrter Herr!
Wir sind so frei, an Sie heranzutreten mit der Bitte, uns an unserer Novemberfeier mit einem Vortrag zu beehren. Dieselbe findet den 1. oder den 8. November statt. Es soll die Novemberfeier dazu dienen, die Ziele u. Bestrebungen nach Vorwärts u. Aufwärts dem werktätigen Volke zu erläutern und im besondern unsere heutigen wirtschaftlichen u. politischen Zustände im Klassenstaate zu streifen.
Da wir Sie als unerschrockener Kanzelredner gehört haben, der nach der Devise handelt: ‹Tue recht und scheue niemand›, haben wir beschlossen, an Sie diese Anfrage zu stellen. Es würde uns wirklich freuen, wenn Sie uns eine zusagende Antwort geben könnten.
Hochachtungsvollst zeichnet
Grütliverein Ober-Entfelden
Rudolf Widmer, Aktuar»

Der Grütliverein ist ein 1838 in Genf gegründeter Verein demokratisch-nationaler Zielsetzung. Der Vereinsname «Grütli» – ältere Variante von Rütli – erinnert an den Rütlischwur von 1307. Um 1890 war der Grütliverein stärkster politischer Verein der Schweiz. Er kämpfte um Durchsetzung von Arbeiterinteressen, bei wechselndem, auch örtlich unterschiedlichem Verhältnis zur sozialistischen Bewegung. Zwischen 1906 und 1916 war die Zeitung des Vereins gleichzeitig Organ der Sozialdemokratischen Partei der Schweiz. Im Parteistatut der SPS vom 6.11.1901 wird der Grütliverein an erster Stelle aller die Partei bildenden Einzelorganisationen genannt. Auf dem SPS-Parteitag von 1925 wurde die Auflösung des Vereins beschlossen. – Der Grütliverein repräsentierte innerhalb der Sozialistischen Bewegung der Schweiz eine nationale und antirevolutionäre Linie, innerhalb der SPS deren rechten Flügel.
Die Gemeinde Oberentfelden ist etwa 6 km nordöstlich von Safenwil gelegen. 1910 zählte der Ort etwas über 1 800 Einwohner. Nach dem Jahrbuch der Sozialdem. Partei der Schweiz und des Schweiz. Grütliver-

eins 1912, zusammengestellt und bearbeitet vom Partei- und Vereinssekretariat in Zürich, Zürich 1913, S. 192f. verzeichnete der Grütliverein der Sektion Oberentfelden Ende 1912 32 Mitglieder.
In seinen eigenen erhaltenen Briefen erwähnt Barth diese November-Rede erstmals am 14. 10. 1913 auf einer Postkarte an seinen Bruder Peter, der seit dem Sommer 1912 Pfarrer in Laupen (Kanton Bern) war. Er meldet sich bei ihm zu einem «Landaufenthalt» an (der nach Barths Kalender vom 16. bis 19. Oktober stattfand) und erklärt («hoffentlich wird der Geist von Laupen mich recht dazu anregen») seine Absicht, dort diese Rede sowie den Reitnauer Vortrag für den 23. November, «Der Segen eines christlichen Elternhauses», zu schreiben. Der Vortrag fand dann am 1. November statt, und zwar «von einer Theaterbühne mit grünem Waldhintergrund!!» (Brief vom 22. 12. 1913 an W. Spoendlin). Am 20. 11. 1913 berichtet er seiner Mutter: «Am 1. November habe ich in Oberentfelden dem Grütliverein eine einstündige Festrede gehalten über Sozialismus und wie man dafür arbeiten soll. Es sind jetzt auch mehrere im Blauen Kreuz hier, die anfangen Verständnis zu bekommen, zwei davon + 2 Sozen [= Sozialisten, d. h. Mitglieder des Safenwiler Arbeitervereins] begleiteten mich nach Entfelden.»

Ein Pfarrer statt Nat[ional]rat Greulich[1]! Schade, hätte lieber ihn gehört. Komme aus Studierzimmer u. aus einem Dorf, das sozial wenig fortgeschritten. Dank für Einladung. Sozial[istische] Arbeiter u. Pfarrer müssen sich verstehen. «Vorwärts u. aufwärts» wollen wir beide. In Deutschland nicht möglich. Gutes Zeichen für die Zukunft?!
Novemberfeier.[2] Was ist das? Zofingia: *Rütli.*[3] Gutes Symbol für die

---

[1] Vgl. oben S. 389, Anm. 13. Es war in den einzelnen Sektionen des Grütlivereins üblich, anläßlich der alljährlichen Novemberfeiern bekannte Mitglieder der Parteispitze zu Vorträgen einzuladen.
[2] Aus den Statuten des Grütlivereins vom 10. 3. 1839 (*Leitfaden für die Sektionen und Mitglieder der Schweizerischen Grütlivereins ... Zugleich kurze Geschichte des Grütlivereins*, Zürich 1900, S. 15): «Der 17. November eines jeden Jahres wird als Gedächtnistag der Stiftung des Schweizerbundes im Grütli und als Namensfeier des Vereins von diesem festlich begangen.»
[3] Über die 1819 gegründete Studentenverbindung Zofingia und Barths Mitgliedschaft darin siehe die Einleitung zu «Zofingia und Sociale Frage» (1906) in: *Vorträge und kleinere Arbeiten 1905–1909*, S. 61–70. Jede Sektion der Zofingia

schweiz[erische] Sozialdemokratie: durch Solidarität zur Freiheit. Der Rütligeist ist auch heute nötig. Oder ist schon Alles erreicht? Die *nationale Freiheit* ist erreicht, brauchts nun nichts mehr als sie militärisch zu verteidigen u. sie beim Becher zu feiern? Falsch, auf den Rütlischwur folgten lange dunkle Jahrhunderte, in denen das Volk wohl sein Blut vergießen durfte, im Übrigen aber einer Herrenkaste gehorchen mußte. Bauern stehen unter Städtern, Bürger und Adligen, politisch fast oder ganz rechtlos. Die Revolution brachte die *politische Freiheit:* Vorrechte des Standes aufgehoben, Demokratie durchgeführt. Jetzt zufrieden? In Deutschland heißts: wären wir nur schon so weit! Wir sehen deutlich: polit[ische] Freiheit genügt nicht.

Die Revolution brachte die Freiheit der wirtschaftlich Starken. Eine Aristokratie empörte sich gegen die andre: Geld gegen Geburt. Was ist besser?

19. Jahrh[undert] wurde Jahrh. der Gewaltherrschaft des Besitzes = des *Kapitalismus.* In 4 Formen: Unternehmertum, Hochfinanz, Handel, Bodenspekulation. Ausbeutung des eigentlich arbeitenden Volkes.

Folgen dieses Systems (guter Herrscher?)
    Niedrige Löhne
    Hohe Mietzinse u. Lebensmittelpreise
    Arbeitslosigkeit
    Krieg

Moral[ische] Folgen:
    Gegensatz v. Reichtum u. Armut
    Unsicherheit der Existenz
    Gier oder Sorge

Wir sehen das *Unrecht* ein u. rufen auf zum Kampf dagegen.

Ziel: zur politischen muß die wirtschaftl. soziale Demokr[atie] kommen[.] *Lassalle!*[4]

veranstaltete alljährlich am 17. November zum Gedenken an den Rütlischwur einen festlichen «Rütli»- oder «Grütlicommers». Von den welschen Sektionen Lausanne und Genf berichtet Barth in dem genannten Vortrag (a.a.O., S. 79): «... Arbeiterdelegierte nahmen an den Grütlicommersen teil.»

[4] Ferdinand Lassalle (1825–1864), Mitbegründer und erster Vorsitzender des 1863 gegründeten Allgemeinen Deutschen Arbeitervereins, eines Vorläufers der 1869 gegründeten Sozialdemokratischen Arbeiterpartei Deutschlands. Lassalle sah die parlamentarische Demokratie, die sich in der Französischen Revolution

Nicht: keine Unterschiede mehr – doch[,] aber n[icht] künstliche!
Nicht: Eigentum zerstören – jedem sein Eigentum sichern
Nicht: Schlaraffenland – aber keine arbeitslose Ausnütz[un]g starker u. guter Arbeiter ...
Nicht: der Himmel auf Erden, aber eine notwend[ige] Stufe in der Entwicklung: Gemeinsames Arbeiten u. Genießen

Wer kämpft?
Alle Rechtdenkenden, Alle leiden, es geht Alle an. Tatsächlich gewinnt das soziale Prinzip immer mehr Boden, auch in den Kreisen des Bürgertums, bes[onders] der Intelligenz
> Verstaatlichungen[5]
> Versicherungen
> Arbeiterschutzkonferenzen u. Gesetze
> Genossenschaftsprinzip (Unternehmer, Bauern, Katholiken)[6]

1789 und hernach auch in anderen Teilen Europas durchgesetzt hatte, beeinträchtigt durch ein undemokratisches Klassenwahlrecht. Er wies darauf hin, daß infolge des Zensus die errungene bürgerliche Freiheit hauptsächlich eine Freiheit der besitzenden Klasse sei. Er forderte anstelle des Klassenwahlrechtes das allgemeine und direkte Wahlrecht für alle Bürger eines Staates. Er betonte, Demokratie sei nicht nur ein politisches, sondern auch und entscheidend ein soziales Prinzip. Vgl. seine Rede *Über den besonderen Zusammenhang der gegenwärtigen Geschichtsperiode mit der Idee des Arbeiterstandes*, gehalten am 12. April 1862 in Berlin im Handwerkerverein der Oranienburger Vorstadt, in: F. Lasalle, *Auswahl von Reden und Schriften*, hrsg. von K. Renner, Berlin 1923, S. 158–189. Die in Anm. 11 genannte Ausgabe befand sich in Barths Besitz.

[5] Im Aargau wurde seit längerer Zeit die Frage der Verstaatlichung der Beznau-Löntsch-Werke (Wasserkraftwerk) verhandelt. Das «Gesetz über die kantonale Elektrizitätsversorgung vom 30. Oktober 1913», das in einer Abstimmung mit großer Mehrheit vom aargauischen Volk gutgeheißen wurde, brachte die Lösung: «§ 1,1. Zum Zwecke der Beschaffung und Abgabe elektrischer Energie kann der Staat selbst Elektrizitätswerke ankaufen oder erstellen und betreiben ...» «§ 3,1. Die kantonale Elektrizitätsversorgung ist ein selbständiges Unternehmen des Staates.» (*Aargauische Gesetzessammlung*, Bd. II: *1912–1938*, Aarau 1960, S. 59). Im November 1915 wurde das staatliche «Aargauische Elektrizitätswerk» (AEW) geschaffen.

[6] Diese Stichworte entsprechen den Themenkomplexen bei P. Pflüger, *Einführung in die soziale Frage*, Zürich 1910: «Der Staatssozialismus» (S. 87–101; die Unterthemen sind hier «Verstaatlichungen» und «Arbeiterschutzgesetzge-

Die Arbeiterklasse selbst! Wo das Leiden am Stärksten ist, daher muß die Hilfe kommen

Aber nicht egoistisches Klasseninteresse: Arbeiterstand ist Träger des höhern sittl. Prinzips

Kampfmittel der Arbeiterklasse: Organisation

a) als Produzenten b) als Konsumenten c) als Staatsbürger

Kampf um höhere Stufe in der Menschenwürde Aller, ein Stück vom Kommen des Reiches Gottes

Wie kämpfen? a) Vor Allem sich dessen bewußt sein, daß es sich *nicht um Magenfragen* handelt, nicht Begehrlichkeit geg[en] Begehrlichkeit, sonst wird das Übel schlimmer. Haltung von solchen[,] die an der Spitze der Menschheit marschieren! Sich in Acht nehmen vor denen[,] die nur um ihres *Vorteils* [willen] oder aus *Ärger* mitmachen, sich prüfen[,] ob man nicht selbst in dies[em] Falle ist! Wenn du Fabrikant wärest! – Bebel![7]

b) sich nicht bürgerl[icher] Gemütlichkeit überlassen: Trinken, Jassen[8], Vereinsmeierei[.] Arbeiter haben Besseres zu thun. Bes[onders] Alkohol sollte mit der Zeit ganz gemieden werden, er ist keine Stärk[un]g im Kampfe der Arbeiterklasse

c) dafür privatim *lesen:* Zeitung *gründlich,* bes. Gewerkschaftsblätter, *Pflüger* Einführung[9], *Bebel,* Leben[10], *Lassalle* Arbeiterprogramm[11]. Wo die Leute studieren[,] verschwinden die Un-

---

bung» mit internationalen Arbeiterschutzkonferenzen); «Der Versicherungssozialismus» (S. 101–110); «Der Genossenschaftssozialismus» (S. 156–165). Zu den «Katholiken» vgl. H. Herkner, *Die Arbeiterfrage. Eine Einführung,* Berlin 1908⁵, S. 497–502. Im dortigen 75. Kapitel geht es um «Katholisch-soziale Bewegung und Zentrumspartei in Deutschland».

[7] Vgl. oben S. 388, Anm. 11. Vgl. auch Barths Würdigung Bebels nach dessen Tod (gest. am 13. 8. 1913) in seiner Predigt vom 31. 8. 1913 in: K. Barth, *Predigten 1913,* hrsg. von N. Barth und G. Sauter (Gesamtausgabe, Abt. I), Zürich 1976, S. 434.438.

[8] Eine schweizerische Variante des Skatspiels.

[9] Siehe Anm. 6.

[10] A. Bebel, *Aus meinem Leben,* Bd. I, Stuttgart 1910, 1911²; Bd. II, 1911. Ein dritter Band erschien posthum (1914), hrsg. von K. Kautsky.

[11] F. Lassalle, *Arbeiterprogramm. Über den besonderen Zusammenhang der gegenwärtigen Geschichtsperiode mit der Idee des Arbeiterstandes,* Zürich 1887.

selbständigen, die Kritisierer, die Mutlosen. (Bildungsgelegenheiten: Vorträge u. dgl. benützen!)
        d) die *Vereine sollten mehr thun.* Wenn nichts Anderes[,] Leseabende, Einzelne sollen sich ausbilden zu Leitern. Blaues Kreuz läuft anders!! Wo nichts geht, darf man auch nicht Erfolge erwarten
            e) wo gekämpft wird, muß *nobel gekämpft* werden
                α) *nicht* jedermann als Feind ansehen, der nicht Sozialist ist u. werden will (Deucher[12], Burckhardt-Schatzmann[13] u. A.)
                β) *nicht* Kleinigkeiten u. Persönlichkeiten zerrupfen, sondern sachlich sein.
                γ) *nicht* so barbarisch schimpfen in der Zeitung
          Das Alles bewirkt das Gegenteil

---

[12] Adolf Deucher (1831–1912), Arzt in Steckborn und Frauenfeld, Nationalrat 1869–1873, seit 1878 in Verbindung mit den Radikal-Demokraten, wieder Nationalrat 1879, Nationalratspräsident 1882/83, Bundesrat (Mitglied der eidgenössischen Regierung) 1883–1912, seit 1887 an der Spitze der Abteilungen für Landwirtschaft, Industrie und Handel, Bundespräsident 1886, 1897, 1903, 1909. Unter seiner Leitung fand in Bern eine internationale Arbeiterschutzkonferenz statt, die zur ersten internationalen Übereinkunft auf diesem Gebiet führte (Berner Übereinkunft von 1906). In seine Amtszeit fiel die Revision des schweizerischen Fabrikgesetzes (Entwurf von 1909) und 1911 die Einführung der Unfall- und Krankenversicherung. Vom hohen Ansehen Deuchers in der schweizerischen Arbeiterschaft zeugt z. B. ein Nachruf in der Gewerkschaftlichen Rundschau, Jg. 4 (1912), S. 108: «... Die Postulate der Arbeiter fanden in ihm einen wohlwollenden Magistraten. Die Vorarbeiten zur Revision des Fabrikgesetzes hat er umsichtig und alle Interessenten berücksichtigend in die Wege geleitet. Leider war es ihm nicht vergönnt, das soziale Werk zu Ende zu führen. Mit Deucher ist einer der populärsten Bundesräte aus dem Leben geschieden. Die Arbeiterschaft wird ihm ein dankbares Andenken bewahren.»
[13] Carl Christoph Burckhardt-Schatzmann (1862–1915), Zivilgerichtspräsident, dann Professor des römischen Rechts in Basel, später Zentralpräsident der liberal-demokratischen Partei, Nationalrat 1911–1915. «Bei seinem selbständigen, oft oppositionellen Temperament schloß er sich bisweilen dem Vorgehen der sozialistischen Partei an» (C. J. Burckhardt, *Carl Christoph Burckhardt*, in: *Basler Jahrbuch 1916*, hrsg. von A. Geßler und A. Huber, S. 41f.).

Kampf schwierig. Fortschritt geht sehr langsam. Widerstände groß (Unfallversicherung[14], Fabrikgesetz[15], Fahrwangen[16]! Gem[einde-]Ratswahlen) Gerade daran erkennen wir, daß unsre Sache gut ist.

Das Beste in der bisher[igen] Menschheit treibt auf den Soz[ialismus] hin, sorgen wir dafür[,] daß die große Aufgabe Männer u. Frauen findet, die ihr gewachsen sind

---

[14] Am 4. Februar 1912 hatte die Mehrheit der Schweizer Stimmbürger ein «Gesetz betr. Kranken- und Unfallversicherung» gutgeheißen. Vgl. oben S. 652.
[15] Vgl. *Das neue Fabrikgesetz*, in: *Vorträge und kleinere Arbeiten 1914–1921*.
[16] Im April 1911 waren 250 Arbeiter in Fahrwangen dem schweizerischen Textilarbeiterverein beigetreten. Sie erhielten daraufhin von ihren Firmen ein mit einer Kündigungsdrohung verbundenes Ultimatum, innerhalb weniger Tage schriftlich ihren Austritt aus dem Verein zu erklären. – Vgl. die Einleitung zu «Verdienen, Arbeiten, Leben», oben S. 439f. sowie S. 596 bei Anm. 69.

DER JETZER HANDEL
1913

Am ersten Sonntag im November begeht man in der Schweiz das Gedächtnis der Reformation. 1913 fiel der Sonntag auf den 2.11. Am Morgen predigte Barth ausgehend von 2. Kor. 5,16, dem Leitspruch des Berner Synodus von 1532, über Paulus den «Reformator» und sein «Geisteschristentum».[1] *Das Thema, das er sich für den Blaukreuzabend an diesem Sonntag stellte, stand ebenfalls im Zeichen des Gedenkens der Reformation – insbesondere derjenigen der «Bernerkirche, zu der damals ja auch unsre aargauischen Gemeinden gehörten»*[2]. *Denn der sogenannte Jetzerhandel «wird als eine der Gelegenheitsursachen betrachtet, durch welche die Anhänglichkeit des Volkes an die alte Kirche gelockert und der Reformation der Boden bereitet wurde», wie Rudolf Steck feststellt, auf dessen Aufsatz über den Berner Jetzerprozeß Barths Referat fußt.*[3] *Schilderte Barth an diesem Abend also die Vorgeschichte der Berner Reformation, so schloß sich deren Geschichte an weiteren Blaukreuzabenden in den folgenden Monaten an (s. unten S. 693–703).*

Die farbigen Einzelheiten der Geschehnisse mag man sich mit Hilfe der Schilderung vergegenwärtigen, die Barth selber benutzte. Hier sei nur noch angemerkt, daß Barth den neueren Forschungsstand wiedergab, indem er den «Handel» nach Stecks Abhandlung referierte. Hatte man bis zu den Untersuchungen von N. Paulus und R. Steck Jetzer für das unschuldige Opfer von mönchischen Betrügern gehalten, so ergab nun die Prüfung der Quellen, daß vielmehr «Jetzer der Betrüger und die 4 Dominikaner die leichtgläubigen Betrogenen waren». Dadurch bekommt die scheinbar geläufige historische Feststellung, die W. Ha-

---

[1] *Predigten 1913*, hrsg. von N. Barth und G. Sauter (Gesamtausgabe, Abt. I), Zürich 1976, S. 555–570, s. bes. S. 563.

[2] A.a.O., S. 555.

[3] R. Steck, *Der Berner Jetzerprozess in neuer Beleuchtung nebst Mitteilungen aus den noch ungedruckten Akten*, in: SThZ, Jg. 18 (1901), S. 13–29. 65–91.129–151.193–210; Zitat: S. 14. (Der Aufsatz erschien auch in einem Separat-Abdruck Bern 1902.) Barth kannte und benutzte die Arbeiten Stecks zum Jetzerhandel schon als Student; s. *Vorträge und kleinere Arbeiten 1905–1909*, S. 9.31.43.

dorn in seinem Artikel zum «Jetzerhandel» (RGG¹ III, Sp. 435f.) trifft, «nichts» habe «in Bern den Boden für die Reformation so sehr vorbereitet, wie der J[etzerhandel], der die Ohnmacht der im stärksten Aberglauben befangenen katholischen Kirche dem Volke offenbarte», ein anderes Gesicht: Die Mönche erscheinen nicht mehr als Verführer zum Aberglauben, sondern als im Aberglauben Verführte. Eben um dieses Befangensein im Aberglauben wird es Barth im Blauen Kreuz bei seiner Gegenüberstellung von «Glaube» und «Aberglaube», «Christentum» und «Heidentum» gegangen sein.

Die Stichworte sind mit Tinte auf Oktavblatt notiert. Die Überschrift lautet: «Der Jetzer Handel. Bl. Kr. 2 XI 13».

Reformation. Wiedererkenntnis: Gott ist Geist [Joh. 4,24]
Glaube gegen Aberglaube. Christentum an Stelle d. Heidentums

1506 *Hans Jetzer*, Schneider aus Zurzach 23jähr[ig] Laienbruder im Dominikanerkloster in Bern[4]

Krank. Ins «Siechenstüble». *Geistererscheinung*. Beobachtungsmaßregeln. Nennt sich Heinrich Kallburger, Prior u. Student! Ihm wird ein Brief vorgelegt[5]

hl. Barbara kündigt Maria an, Brief beantwortet[6]

hl. Jungfrau. Nägelwunde. Wiederholt Besuche. Ungern beobachtet![7]

Rote Hostie entdeckt[.] 4 andre Wundmale, die am Freitag bluten, Passionsdarstellungen[8]

Von Engeln in Mariakapelle getragen (verschlossen, Staub, Schuhe verloren, Thränen[,] Magistrate. Volk strömt zu)[9]

Zeichen des Mißtrauens[.] Provinzial. Bischof. Schweigegebot. Dominikaner predigen[.] Mißbilligung der Maria. Wunden verschwinden[10]

[4] R. Steck, a.a.O., S. 65.
[5] A.a.O., S. 65–67.
[6] A.a.O., S. 67.
[7] A.a.O., S. 67–69.
[8] A.a.O., S. 69–71.
[9] A.a.O., S. 71–73.
[10] A.a.O., S. 73f.

Erscheinung bei nächtl. Messe[.] Verdacht. Jetzer erwischt, geißelt sich, «Einziges Mal»[11]

Reise nach Rom[12], *Spott im Volk*[13]. Patres gefangen[,] Vermögen beschlagnahmt[14]

Prozeß in Lausanne u. Bern. Jetzers Aussagen: Zuerst Alles echt, nur letzte Erscheinung Betrug der *Väter*[15] – dann Alles Stigmata, Hostie, Thränen[16], Maschinerie mit Engeln, Besenschmalz[17], Gift[18], Kampf mit Messer u. Hammer[19]

Anwendung d. Folter geg. – die Patres. Rede Schinners. Unruhen drohen, Papst muß gefällig sein. Jetzt erst Augenschein[.] Degradation u. Verbrennung, Jetzer entwischt[20]

---

[11] A.a.O., S. 75f.
[12] A.a.O., S. 76, vgl. S. 68.74.
[13] A.a.O., S. 77.
[14] A.a.O., S. 81.
[15] A.a.O., S. 77–81.
[16] A.a.O., S. 82.
[17] A.a.O., S. 85.
[18] A.a.O., S. 82.89.147.
[19] A.a.O., S. 145f.
[20] A.a.O., S. 130–136.

REFORMATION IN BERN
1913/1914

An den «Jetzerhandel», von dem Barth am Reformationssonntag erzählt hatte (s. oben S. 690–692), schlossen sich im Blauen Kreuz zwischen dem 9. 11. 1913 und dem 15. 2. 1914 Vorträge über die Berner Reformation an. Es mag hier angemerkt werden, daß diese Reformationsreihe jedoch gleich am 16. 11. 1913 durch einen Vortrag des katholischen Nachbarpfarrers unterbrochen wurde – Barth schreibt am 20. 11. an seine Mutter: «Im Blauen Kreuz behandle ich bernische Reformationsgeschichte. Am letzten Sonntag hat Grolimund wieder einmal geredet bei uns u. zw. über Konstantin, etwas steif u. akademisch zwar, aber mit einer guten gemein-christlichen Nutzanwendung über: ‹In diesem Zeichen wirst du siegen!› und unter großer Aufmerksamkeit. Er setzt auch seine Besuche bei uns getreulich fort und zieht jedesmal etwas Merkwürdiges aus seiner Rocktasche. Dafür las ich ihm dann jüngst meine Reformationspredigt wenigstens in den wichtigsten Partieen vor. Es ist ein rechtes Idyll, dieses Verhältnis.»

Zur Reformation in Bern fanden insgesamt sechs Abende statt, da der Stoff des dritten der fünf Teile erst an einem Fortsetzungsabend zu Ende zu bringen war. Das hing damit zusammen, daß Barth am 11. 1. 1914 besonders zahlreiche Mitteilungen weiterzugeben hatte, die mit Fortgang und Hindernissen der «Abstinenzbewegung» zu tun hatten. Gleichartige Nachrichten hat Barth auch seinen Notizen für den vierten und fünften Teil der Reformationsgeschichte angehängt. An den ersten beiden Abenden dieser Reihe wie an den übrigen Blaukreuzabenden werden solche Mitteilungen nicht gefehlt haben. Sie waren vielleicht auf besonderen Zetteln notiert, die nicht erhalten sind. Die Aufzeichnungen zu Berner Reformation III–V sind deshalb die einzigen Stücke, die Barths Verständnis des inneren Zusammenhangs seiner verschiedenen Tätigkeitsfelder anschaulich dokumentieren, wie er es beispielsweise in seiner Rede vor dem Blauen Kreuz in Rupperswil zum Ausdruck gebracht hat (s. unten S. 710): Das Blaue Kreuz ist eine von verschiedenen Abteilungen eines Heeres gegen einen Feind, der sich etwa im Heidentum zeigt, dem auch schon der Kampf der Reformation galt (s. oben S. 691), oder in den sozialen Ungerechtigkeiten, der schlechten Erziehung, dem Alkoholismus.

Die Vortragsstichworte, für deren historischen Teil Barth neben verschiedenen gedruckten Darstellungen auch eine eigene Vorlesungsnachschrift benutzte, liegen, tintengeschrieben, auf einzelnen Oktavblättchen vor. Die Überschriften lauten:
«Reformation in Bern *[nachgetragen:] I. Bl. Kr. 9. XI 13*»; «Berner Reformation *II. Bl. Kr. 7. XII 13*»; «Berner Reformation *III. Bl. Kr. 11. [nachgetragen:] 25. I 14*»; «Reformation *IV. Bl. Kr. 1. II 14*»; «Berner Reformation *IV [richtig: V]. Bl. Kr. 15. II 14*».

I

Um 1520 in Bern eine Reihe starker religiöser Persönlichkeiten: der Gelehrte *Thomas Wyttenbach*[,] der Pfarrer *Berchtold Haller*, der Arzt *Val[erius] Anshelm*[,] der Mönch *Sebastian Meyer*, der Maler u. Dichter *Niklaus Manuel*.[1] An solchen Leuten fehlte es in den Urkantonen. Der Geist weht wo er will [Joh. 3,8]! Evang[elische] Predigt 1522 Benedikt Tischmacher in Brittnau[2][,] *Georg Brunner* in Kl[ein-] Höchstetten[3]. Rat lehnt seine Citation nach Lausanne ab. Gericht. Anklagen: Papst Antichrist, Ungehorsam geg. Bischof, Messe kein Opfer.[4] Was sagt ihr dazu? wollen o [nicht] disputieren! Wird eingesetzt ohne bischöfl. Bestätigung. Kläger müssen zahlen.[5]

Pfarrer von *Suhr*. Verhandlungen in *Fraubrunn*[6]

In Bern: Hallers M[a]t[thäus]predigten. Erklärung an die Tagsatz[un]g[,] Visitation d. Bischofs abgelehnt.[7]

Mandat von Viti et Modesti 15. VI 23 Gschrift nicht Stempeneien.[8]

---

[1] E. Egli, *Schweizerische Reformationsgeschichte*, Bd. I: *Umfassend die Jahre 1519–1525*, im Auftrag des Zwinglivereins in Zürich hrsg. von G. Finsler, Zürich 1910, S. 175–178.
[2] A.a.O., S. 178.
[3] A.a.O., S. 179.
[4] A.a.O., S. 178f.181f.
[5] A.a.O., S. 180f.
[6] A.a.O., S. 183.
[7] A.a.O., S. 184f.
[8] A.a.O., S. 170.185; vgl. W. Hadorn, *Kirchengeschichte der reformierten Schweiz*, Zürich 1907, S. 60; H. Bullinger, *Reformationsgeschichte*, hrsg. von J. J. Hottinger und H. H. Vögeli, Bd. I, Frauenfeld 1838, S. 111.

Gegenbewegung. Alte Frauen, Priester, Adlige (Angst vor den Bauern z. T. mit Grund[)]. «evanhellisch»[9]
Wunderfitzige Frauen in *Königsfelden* werden frei[10]
Pfarrer *Hunold* in Aarau: Anklage: Ev[an]g[elium] o [nicht] recht ausgelegt, Mt frei gepredigt, Chorherren – Torherren, Pfarrer von Lerau wüstgesagt, Doktoren Strohbutzen. Ausgewiesen[11]
Frau *Anshelm* «Maria eine Frau wie sie» 20 Pf[un]d Buße[12]

II

1. Zwischenfall: die *Spiriteusen oder Täufer.* Separatistisch, perfektionistisch, libertinistisch, revolutionär[13]
17. I 1525 Disputation. Dann staatl. Unterdrückung.[14] Erste Fälle in Zofingen. «Schwemmungen»[15]
Bauernaufstand (gegen Leibeigenschaft, kl[einen] Zehnten, Jagdverbote, Bußen, für freie Pf[ar]rwahl u. Freizügigkeit) Teils in Güte teils mit Gewalt erledigt[16]
2. Die Badener Disputation.[17] In Bern Bürger gegen Adel. Abstimmung über alte oder neue Religion: Mehrheit bes. im Oberland u. Aargau für die *alte.* Unter Druck der 7 Orte!
15. V 1525 beschworen:
1. beim alten Glauben bleiben wie beim Mandat von Viti u. Modesti ausgemacht

---

[9] E. Egli, a.a.O., S. 184–187.
[10] A.a.O., S. 188f.
[11] A.a.O., S. 189f.
[12] A.a.O., S. 190.
[13] W. Hadorn, *Kirchengeschichte*, a.a.O., S. 68f.
[14] A.a.O., S. 70.73.
[15] Barth stützt sich von dieser Stelle an (auch) auf seine Nachschrift der Vorlesung «Lic. Hadorn Bernische Reformationsgeschichte [Bern] W. S. 1905/6» (im Karl Barth-Archiv, Basel), hier S. 80: «Auf bernischem Gebiet die ersten Fälle in *Zofingen.*» Vgl. Th. de Quervain, *Kirchliche und soziale Zustände in Bern unmittelbar nach der Einführung der Reformation (1528–1536)*, Bern 1906, S. 120ff.
[16] W. Hadorn, *Kirchengeschichte*, a.a.O., S. 71f.
[17] Das Referat fußt auf W. Hadorn (Vorlesungsnachschrift), S. 82–90; vgl. als Quelle vor allem H. Bullinger, a.a.O., bes. S. 331–361.

2. nicht Zank, nicht Parteinamen, nicht Büchlein
3. verheiratete Priester verbannt.

Im Mai 1526 Badener Disputation zur Konstatierung, daß die Schweiz katholisch sei. Von Bern *Haller*. Leider Zwingli nicht (wegen Fall Hügli-Lindau) Bote mit Bericht u. Antworten Zürich-Baden: Katholische Leitung, Nachschreiben verboten[,] täglich Messe.

Thesen von *Eck* (aus Ingolstadt) über Abendmahl, Meßopfer, Maria u. Heilige, Bilder, Fegfeuer, Erbsünde u. Taufe. Haller verteidigt sich unglücklich. Oekolampad allein zu schwach. Abstimmung: 82 Stimmen für Eck, 10 für Ökolampad[.] So ist der neue Glaube widerlegt u. verboten samt den Schriften Zwinglis. Ein glänzender Sieg. Brief an d. Herzog v. Bayern.

3. Der Umschwung.[18] Eck u. Genossen sind übermütig, rühmen sich. Die Akten der Disputation erscheinen nicht. Daher Spottschriften von Manuel. Erst 18. V 27 erscheinen die Akten, aber nun glaubt man ihnen nicht mehr.

Kathol. Orte verlangen Ausschluß Zürichs, Bern protestiert (der Bär geht zwar langsam vorwärts, aber er beginnt doch)[19] Drohung seitens der Orte (wir ermahnen euch, euch dessen zu müßigen)[20] Neuwahlen in reform[atorischem] Sinn.

7. VI Bevogtung der Klöster, Beginn der Säkularisation. Blos weltl.-finanz[ieller] Grund? Nein 50 000 Pf[und] Schaden (Auskauf, Ersatz etc.) dann 1 700 Pf[und] Mehreinnahmen. Mag *mit* gewirkt haben.

---

[18] Das Referat fußt auf W. Hadorn (Vorlesungsnachschrift), S. 90–97; vgl. als Quelle vor allem H. Bullinger, a.a.O., bes. S. 390–394.
[19] Berchtold Haller an Vadian (24. 12. 1526), in: *Die Vadianische Briefsammlung der Stadtbibliothek St. Gallen. IV*, hrsg. von E. Arbenz (Mitteilungen zur Vaterländischen Geschichte. Herausgegeben vom Historischen Verein in St. Gallen, Bd. 28 [= Dritte Folge, Bd. VIII]), St. Gallen 1902, S. 46. Das Berner Wappen zeigt einen aufwärtssteigenden Bären.
[20] Bern an Luzern (7. 3. 1527), in: *Aktensammlung zur Geschichte der Berner-Reformation 1521–1532,* hrsg. von R. Steck und G. Tobler, Bern 1923, Nr. 1142, S. 382.

III[21]

Badener Disputation siegreich für die Katholiken. Verfrühter Übermut, literarisch u. politisch. Bern beginnt die Klöster zu säkularisieren. Ende 1527 beschließt Bern ein neues *gemeinsames Gespräch* «um den Grund göttlicher Wahrheit hervorzubringen».[22] Bischöfe u. Eidgenossen eingeladen, bern[ische] Priester bei Verlust ihrer Pfründe[,] hl. Schrift als Grundlage, Redefreiheit, 10 Schlußsätze von Haller, von Zwingli bearbeitet
    Eidgenossen u. Bischöfe *lehnen ab.* Karl V will hindern, wird abgewiesen. Haller an Zwingli: wir haben den Wolf bei den Ohren, können ihn aber nicht packen. Ökolampad hat schon zu Baden gebadet, will nicht mit dem Bären tanzen.[23] Sammlung 1. I 28
    Auszug zur Berner Disputation. Bürgermeister Röust, Komtur Schmid, S. Hofmeister, Bullinger, Megander, Zwingli, 40 Pf[arre]r, 100 Süddeutsche u. Ostschweizer, 300 Bewaffnete bis Lenzburg[.] In Mellingen der Fall Setstab.[24] In Bern Ökolampad, Buzer, Capito – von Gegnern Buchstab, Hutter
    Disputation: Kirche gegründet auf Gotteswort u. hat keine andern Gesetze – Xϱ [Christus] alleiniger Grund der Seligkeit – o [keine] leibl[iche] Gegenwart – o [kein] Opfer – o [kein] Fegfeuer – o [keine] Bilder – o [kein] Cölibat[.] Niederlage der Katholiken infolge geringer Gelehrsamkeit. Predigten der Gäste. Meßpriester im Münster[25]

---

[21] Das Referat fußt auf W. Hadorn (Vorlesungsnachschrift), S. 88f.92f.96–107.110f.; vgl. als Quelle vor allem H. Bullinger, a.a.O., bes. S. 395–417.426–446, s. auch W. Hadorn, *Kirchengeschichte*, a.a.O., S. 77f.
[22] W. Hadorn (Vorlesungsnachschrift), S. 98; *Ausschreiben und Thesen der Disputation* (17. 11. 1527), in: *Aktensammlung*, a.a.O., Nr. 1371, S. 519.
[23] (Berthold) Haller an Zwingli (19. 11. 1527), in: CR 96 (Huldreich Zwinglis sämtliche Werke, Bd. 9), S. 307, Z. 5; S. 308, Z. 16 (mit Anm. 32).
[24] W. Hadorn (Vorlesungsnachschrift), S. 99f.; zum Fall Set[z]stab vgl. H. Bullinger, a.a.O., S. 427f.; hier könnte Barth auch die Angabe über die Zahl der Süddeutschen und Ostschweizer entlehnt haben, die in seiner Nachschrift der Vorlesung Hadorns wie auch in dessen gedruckter *Kirchengeschichte* nicht vorkommt (vgl. H. Bullinger, a.a.O., S. 427).
[25] W. Hadorn, *Kirchengeschichte*, a.a.O., S. 78.

Folgen: Entfernung der Bilder (jüngstes Gericht!)[26] Bischöfe «abgesetzt», Taufbüchlein, Kirchengüter eingezogen, Chorgerichte, Schutz- u. Trutzbündnis zwischen Zürich u. Bern. In Zürich Alleinherrschaft Zwinglis. Spannung mit den alten 7 Orten (Hinrichtung des Weibels Wehrli) Gewitterstimmung[27]

Abstinenzbewegung[28]

I § 70 des neuen Fabrikgesetzes. Fabrikwirtschaften dürfen Alkohol nur an volljähr. männl. Arbeiter verabfolgen. Keine Zufuhr von Alkohol. (abgelehnt: kein Genuß in d. Fabrik!) 93 : 21[29]

[26] W. Hadorn (Vorlesungsnachschrift), S. 106: «Die *Bilder* werden in aller Ordnung entfernt ... Beinahe wäre das jüngste Gericht am Berner Münster verschwunden, der in die Hölle fliegende Papst rettete es.» Vgl. die ausführliche Beschreibung des Hauptportals und seiner Figuren bei L. Mojon, *Das Berner Münster* (Die Kunstdenkmäler der Schweiz: Die Kunstdenkmäler des Kantons Bern, Bd. IV), Basel 1960, S. 174–194.

[27] W. Hadorn (Vorlesungsnachschrift), S. 110f.; W. Hadorn, *Kirchengeschichte,* a.a.O., S. 81–83.

[28] Die folgenden Mitteilungen stehen auf der Rückseite des Manuskripts «Berner Reformation III».

[29] In der Sammlung von Zeitungsblättern mit Berichten von der parlamentarischen Beratung des neuen schweizerischen Fabrikgesetzes, die sich Karl Barth angelegt hatte (Karl Barth-Archiv, Basel), ist der ausführlichste Bericht zur Erörterung des § 70 im Aargauer Tagblatt, 67. Jg., Nr. 330 vom 4. Dez. 1913, S. 1 [Sp. 4] – S. 2 [Sp. 1] zu finden. Die am 3. Dez. 1913 vom *Nationalrat* angenommene Fassung des Artikels 70 des Fabrikgesetzes lautet:

«Anstalten, die der Fabrikinhaber für die Unterkunft und Verpflegung seiner Arbeiter unterhält, sollen den Forderungen des Gesundheitsschutzes entsprechen. Solche Anstalten sollen alkoholische Getränke nur zu den Mahlzeiten und nur an Volljährige abgeben dürfen.

Es ist untersagt, den Arbeitern während der Arbeitszeit alkoholische Getränke abzugeben.»

Der zweite Satz des Alinea 1 und das Alinea 2 wurden in der Beratung der Vorlage eingefügt. Hingegen verfiel der folgende Absatz des Zusatzantrags der Ablehnung:

«Der Genuß alkoholhaltiger Getränke ist sowohl in den Fabrikräumen als auf den dem Fabrikgesetze unterstellten Arbeitsplätzen während der Arbeitszeit verboten.»

Das erwähnte Stimmenverhältnis bestand bei der Entscheidung zwischen zwei Varianten des zweiten Satzes des Alinea 1. Die Ablehnung des Verbotes des Alkoholgenusses erfolgte mit 85 gegen 42 Stimmen (Neue Zürcher Zeitung, 134. Jg., Nr. 335 vom 3. 12. 1913 [Drittes Abendblatt], S. 1 [Sp. 1–3]).

Antrag Grimm: 2 000 Fr. für Centralstelle in Lausanne[30]
Aarg[auer] Trinkerfürsorgegesetz[31]

II Schärfere Kontrollierung des Tingeltangels im C[an]t[on] Zürich[32]
Gesuch der Zürcher Wirte wegen Maul[-] u. Klauenseuche[33]

[30] Der sozialdemokratische Nationalrat Robert Grimm (1884–1958) – selber «überzeugter Abstinent» (Chr. Voigt, *Robert Grimm. Kämpfer Arbeiterführer Parlamentarier. Eine politische Biographie*, Bern 1980, S. 35) – hatte beantragt, «dem Schweizerischen Abstinenzsekretariat, jetzt genannt Zentralstelle zur Bekämpfung des Alkoholismus, sei ein Beitrag von 2 000 Fr. zu gewähren». Der Antrag wurde am 16. 12. 1913 nach lebhafter Diskussion mit 65 gegen 41 Stimmen angenommen. Vgl. Basler Nachrichten, 69. Jg., Nr. 588 vom 17. 12. 1913 (Zweites Blatt), S. 1 [Sp. 3], sowie den Bericht in der Rubrik «Rundschau» in: Die Freiheit. Blätter zur Bekämpfung des Alkoholgenusses, Jg. 22, Nr. 1 vom 10. 1. 1914, S. 5.
[31] Das Aargauer Tagblatt, 67. Jg., Nr. 342 vom 16. 12. 1913 (Zweites Blatt), S. 1 [Sp. 4] – S. 2 [Sp. 1], referiert über den «soeben» erschienenen «Bericht und Entwurf des Regierungsrates zu einem Gesetz zur Bekämpfung der Trunksucht». «Die Anregung» zu einem solchen Gesetz ging «vom aargauischen reformierten Kirchenrate» aus (Postulat vom 8. 1. 1906; s. auch unten S. 705f.). «Der vorliegende Gesetzesentwurf geht ... von der Auffassung aus, daß die Trunksucht als eine Krankheit zu betrachten sei, gegen die der Staat durch zwangsweise Anwendung geeigneter Heilmittel einschreiten soll. Als solche sollen dienen die Versorgung der Trunksüchtigen in einer Heilanstalt oder deren Beitritt in einen Enthaltsamkeitsverein.» «Ferner will der Entwurf durch die Förderung des Ausschankes alkoholfreier Getränke die abstinente Lebensweise erleichtern.»
[32] Der Schweizer Abstinent. Wochenzeitung für die Volkswohlfahrt, 9. Jg., Nr. 1 vom 1. 1. 1914, S. 1 [Sp. 2f.] berichtet in der Rubrik «Wochenschau» unter dem Titel «Gegen die Tingeltangel»: Im Kanton Zürich konnten «sogenannte Künstlertruppen, wie sie vielfach in Wirtschaften auftreten, von der Entrichtung einer Patentgebühr befreit werden», «sofern» ihre «Produktionen von ‹größerem künstlerischem Interesse› sind». In der «Praxis der Patentbefreiung» hatten sich Mißstände ergeben, so daß die Justiz- und Polizeidirektion beschloß, daß alle bestehenden sogenannten Kunstscheine «auf 31. März 1914 außer Kraft zu erklären seien». Der Artikel hebt hervor, daß «die eigentlichen Schuldigen an dem Unfug» *die Brauer, als Besitzer vieler Wirtschaften*, seien: «Sie verlangen von den Wirten, daß sie eine bestimmte Hektoliterzahl Bier vertreiben; um dieser Forderung zu genügen und nicht auf's Pflaster zu fliegen, greifen die Wirte zu allen möglichen Animiermitteln, mit Vorliebe zu den Tingeltangel.»
[33] Der kantonale Wirteverein unterbreitete der Finanzdirektion das Gesuch, «es sei denjenigen Wirten, deren Wirtschaften wegen der *Maul- und Klauenseuche* für eine gewisse Zeit geschlossen bleiben mußten, auf ein ... begründetes Ge-

Wirtschaftsschluß in Bern u. Interlaken am 24.[34]
Siegreiches Vorgehen der Wirte gegen Lehrer Schöpp in Mainz[35]
Neujahr in Baden[36]

19. I 14 *Bunge*feier in Basel. 1886 Grundsatz der Abstinenz wissenschaftlich aufgestellt[37]
Spielsaalinitiative[38]

such hin, ein den Verhältnissen angemessener Teil der Patenttaxe zurückzuerstatten»; vgl. Der Schweizer Abstinent, a. a. O., S. 1 [Sp. 3] (in der Rubrik «Wochenschau»), und Die Freiheit, a. a. O., S. 5 (in der Rubrik «Allerlei»).
[34] Der Schweizer Abstinent, a. a. O., S. 1 [Sp. 4] (Rubrik: «Wochenschau»): «In *Bern* und *Interlaken* haben eine Anzahl Wirte am Vorabend vor Weihnachten ihre Wirtschaften geschlossen und – die Welt ging nicht unter.»
[35] Der Schweizer Abstinent, a. a. O., S. 1 [Sp. 4] – S. 2 [Sp. 1], referiert in der «Wochenschau» mit Bezug auf die «Schweiz. Wirtezeitung» als Quelle «über ein *‹erfolgreiches Vorgehen des Rhein-Main-Gastwirtsverbandes gegen einen Abstinenzapostel›»:* es richtete sich gegen den Mainzer Volksschullehrer G. Schöpp, welcher, von der Regierung beauftragt und unterstützt, «in den Schulen gegen den Alkoholmißbrauch Vorträge» hielt. Der Verband machte geltend: «Da ... dieser Herr Mitglied des Blauen Kreuzes ist, wäre zu befürchten, daß derselbe gänzliche Enthaltsamkeit predige.» Hierdurch würden Gastwirtgewerbe, Weinbau und Weinhandel und der Staat in einer Steuereinnahmequelle geschädigt; «infolge des eingelegten Protestes» zog «die oberste Schulbehörde» den «dem erwähnten Lehrer» zu Vortragszwecken «erteilten Urlaub» zurück.
[36] Der Schweizer Abstinent, 9. Jg., Nr. 2 vom 8. 1. 1914, S. 5 [Sp. 4] (Rubrik: «Wochenschau»), berichtet mit Bezug auf die «Schweizer Freie Presse»: «Wie anderwärts, so ist auch in *Baden* im Aargau der Jahreswechsel recht skandalös gefeiert worden». «Die Arrestlokale reichten kaum aus, um die wegen Trunkenheit, Skandalisierens, Herausforderung der Polizei und Widersetzlichkeit Verhafteten unterzubringen» usw.
[37] Der 70. Geburtstag Gustav von Bunges (1844–1921) wurde am 19. 1. 1914 «im großen Saal der Burgvogtei» in Basel von den «verschiedenen hiesigen Abstinenzorganisationen» gefeiert: Basler Nachrichten, 70. Jg., 1. Beilage zu Nr. 33 vom 21. 1. 1914, S. 2 [Sp. 2–4]. Die *Worte eines Siebzigjährigen an die Jungen*, die Bunge bei der Feier sprach, sind abgedruckt in: Die Freiheit, 22. Jg., Nr. 3 vom 7. Februar 1914, S. 1f. Bunge hatte am 23. 11. 1886 mit seiner öffentlichen Antrittsrede als Ordinarius der physiologischen Chemie in Basel (*Die Alkoholfrage. Ein Vortrag*, Leipzig 1887) die moderne Antialkoholbewegung wissenschaftlich begründet (vgl. G. Schmidt, *Das geistige Vermächtnis von Gustav v. Bunge*, Diss. med. Basel 1973, [Dissertationsdruck:] Zürich 1973, S. 4.55–60).
[38] Basler Nachrichten, 69. Jg., Nr. 598 vom 23. 12. 1913 (Zweites Blatt), S. 2 [Sp. 1]: «Am 22. 12. 1913 kamen Vertreter aus den verschiedenen Teilen der

IV[39]

1. Heimliche Gegner d. Ref. in Bern. Rosenkranz. «Die alten Stück»[.] Diesbach u. Metzgerzunft. Reformation auf d. Lande vollzieht sich glatt, außer im *Oberland.* Dialekt. Abstammung, Charakter. Unterwalder Sympathien. Konservativ. Klosterleute von Interlaken für Säkularisation, um zu teilen, verweigern die Zinsen. Berner Vogt zieht auf. Keine Beute (geflüchtet nach Thun!)[40] Die Reform. reut sie!!
IV 1528 Aufstand. Schultheiß v. Erlach muß fliehen. Unterw[alder] am Brünig. Belagerung von Thun! Rückzug aber Verbreit[un]g der Beweg[un]g. Stadt bedroht u. besetzt. Messe in Frutigen u. in Hasli. Zins geschenkt. Kath[olischer] Pf[arre]r angeschleppt, ref[ormierter] verjagt. *Hasli:* nur mit Gewalt Trennung v. d. Messe. *Obersimmenthal:* bern[er] Gesandte zur Reverenz vor d. Fronleichnamsprozess[ion] gezwungen. *Frutigen* etc. «Böswillige» gegen «Gutwillige». Gönner in Bern. Vögte in Aarau u. Zofingen. Freche trotzige Stimmung an der unterwalder Landsgemeinde. Offener Aufruhr u. Einfall d. Unterwalder (doch geteilte Gesinnung im Oberland[)]. Niederwerfung u. Bestrafung. Männerversammlung in Interlaken. Kanonenschüsse u. Rede d. Schultheißen an die Treulosen, Lob der Treuen, Gotteshausleute verlieren ihre Freiheiten

Wirtschaftsgesetz in Zürich[41]

Schweiz in Bern zusammen und sprachen sich für eine Initiative aus mit dem Zwecke, die strikte Durchführung des Art. 35 der Bundesverfassung betr. die Glücksspiele zu sichern.» S. oben S. 313, Anm. 9, und unten S. 708, Anm. 16.

[39] Das Referat fußt auf W. Hadorn (Vorlesungsnachschrift), S. 112–117. Zum genaueren Verständnis der von Barth in Stichworten angedeuteten Vorgänge vgl. vor allem die maßgebliche Quelle: *Die Berner-Chronik des Valerius Anshelm,* hrsg. vom Historischen Verein des Kantons Bern, Bd. V, Bern 1896, S. 259–315; s. weiter H. Specker, *Die Reformationswirren im Berner Oberland 1528. Ihre Geschichte und ihre Folgen* (Zeitschrift für Schweizerische Kirchengeschichte, Beiheft 9), Freiburg/Ue. 1951.

[40] Die «Klostersilbergeschirre» waren nach Thun «geflüchtet», d. h. in Sicherheit gebracht worden (W. Hadorn [Vorlesungsnachschrift], S. 114).

[41] Der vom Regierungsrat des Kantons Zürich vorgelegte Entwurf für ein «Gesetz über das Wirtschaftsgewerbe und den Kleinverkauf von geistigen Getränken» hatte u. a. die Verminderung der Zahl der Wirtschaften zum Ziel, die alkoholische Getränke ausschenkten (Basler Nachrichten, 70. Jg., Nr. 45 vom 28. 1. 1914 [Erstes Blatt], S. 1 [Sp. 3f.]).

Polizeistunde in Sitten[42]
Stockholmer System[43]

V

Bern u. Zürich verlangen Bestrafung Unterwaldens wegen *Oberländer* Wirren. Protest gegen unterwalden[er] Vogt im *Freiamt*. Spott u. Hohn seitens der Urkantone[.] Mai 1529 Verhaftung des Pfr. Jakob Kayser von Schwerzenbach. Verurteilt u. verbrannt. Zwingli drängt zum Krieg. Bern hält zurück[.] 9. VI 29 Kriegserklär[un]g Zürichs, 4 000 Mann gegen Kappel[.] Der Glarner Landammann *Hans Äbli* vermittelt. I Kappeler Landfriede (Bern bei Bremgarten) Zwingli mißbilligt ihn, sieht Schlimmes voraus. Krieg nicht populär. Milchsuppe.[44] Herr nun heb ...[45] Bund mit Österreich aufgehoben. Freiheit der Reformation in den Untertanenländern, wo Mehrheit. «Niemand zum Glauben gezwungen»[46][.] Pensionen u. Reislaufen abgestellt.[47]

---

[42] «Auf ein Gesuch des Wirtevereins von Sitten hat der Gemeinderat beschlossen, daß die *Polizeistunde* auf 11 Uhr abends festgesetzt bleibe ...» (Basler Nachrichten, 70. Jg., Nr. 41 vom 25. 1. 1914, S. 2 [Sp. 1]). Der Schweizer Abstinent, 9. Jg., Nr. 5 vom 29. 1. 1914, S. 21 [Sp. 2], kommentiert: «Vom ‹schwarzen[›] Kanton Wallis *könnte* im Wirtschaftswesen mancher mit Fortschritte[n] prahlende Kanton noch etwas lernen.»

[43] Das im Februar 1913 versuchsweise in Stockholm (und 1917 in ganz Schweden) eingeführte (auch nach dem Stockholmer Arzt Dr. I. Bratt benannte) System erlaubte den Verkauf von Branntwein nur auf Grund eines jedem unbescholtenen erwachsenen Einwohner zustehenden Einkaufsbuches. Vgl. J. Bergman, *Geschichte der Nüchternheitsbestrebungen. Ein Überblick über die alkoholgegnerischen Bestrebungen aller Kulturländer seit den ältesten Tagen bis auf die Gegenwart*, übersetzt, bearbeitet und hrsg. von R. Kraut, (2. Halbband) Hamburg 1925², S. 327f.; vgl. I. Bratt, *Die Leitgedanken des Systems Bratt*, in: Die Alkoholfrage. La Question Alcoolique. The Alcohol Question, Jg. 9 (1913), S. 225f.; vgl. auch: Der Schweizer Abstinent, 9. Jg., Nr. 5 vom 29. 1. 1914, S. 21.

[44] W. Hadorn, *Kirchengeschichte*, a.a.O., S. 83f.

[45] Das sog. *Kappeler Lied* Zwinglis; vgl. W. Hadorn, *Kirchengeschichte*, a.a.O., S. 85. Text bei M. Jenny, *Luther, Zwingli, Calvin in ihren Liedern*, Zürich 1983, S. 207–210.

[46] Bestimmung aus dem 1. Artikel des sog. Ersten Kappeler Landfriedens vom 25. 6. 1529; vgl. W. Hadorn, *Kirchengeschichte*, a.a.O., S. 85.89; *Der Landtsfrid zů Cappell uffgericht*, in: H. Bullinger, a.a.O., Bd. II, Frauenfeld 1838, S. 186.

[47] W. Hadorn, *Kirchengeschichte*, a.a.O., S. 85.

Ungünstiger Ausgang des Marburger Gesprächs. Konflikt in St. Gallen. Zürich breitet die Reformation sehr energisch aus. Solothurn will protest[antisch] werden. 5 Orte sperren Basel die Zinsen. Rufen Österreich zu Hilfe. Zwingli in Verbindung mit Hessen, Württemberg und Frankreich[.] März 1531 Überfall des Kastellans von Musso. In Bern Abneigung gegen den Krieg. In Zürich selbst Opposition gegen Zwingli. Sein Vorschlag, Krieg zu erklären, abgelehnt, dagegen Sperre gegen 5 Orte 16. Mai 1531[48]

Bedenklicher Plan Zwinglis gegen die 5 Orte (Bern will das nicht, hat kein Geld u. andre Interessen, befürwortet doch die Sperre[)]. Überall fehlt Zielbewußtsein.[49]

9. X 31 5 Orte Kriegserklär[un]g. In Zürich Unsicherheit. Vorhut unter Göldli nach Kappel, ihm folgen 700, darunter Zwingli. Unordnung und Planlosigkeit[.] Göldli läßt sich gegen Befehl (verräterisch) auf ein Gefecht ein, Zürcher von 2 Seiten angegriffen, Zwingli u. Komtur Schmid fallen, ¼ der Zürcher mit[.] «Müssen wir gleich leiden so ist unsre Sache doch gut»[50][.] Berner bei Gubel geschlagen, 16. u. 24[.] XI – II Kapp[eler] Friede. – Parität, Appenzell Glarus geteilt. Solothurn katholisch, St. Gallen evangelisch[51]

Schaffhausen Polizeistunde (Spahn, freis[innig])[52]
§ 70 des Fabr[ik-]Gesetzes[53]

---

[48] A.a.O., S. 88–91.
[49] A.a.O., S. 91f.
[50] A.a.O., S. 92–94; den Ausspruch Zwinglis überliefert H. Bullinger, a.a.O., Bd. III, Frauenfeld 1840, S. 127.
[51] W. Hadorn, *Kirchengeschichte*, a.a.O., S. 95–98.
[52] Der Schaffhauser Große Rat beriet in seiner Sitzung vom 3. 2. 1914 über die Einführung einer kantonalen Polizeistunde. Stadtpräsident C. A. Spahn, der der Freisinnig-demokratischen Partei angehörte, «trat der Motion entgegen», die schließlich mit 38 gegen 13 Stimmen abgelehnt wurde (Basler Nachrichten, 70. Jg., 2. Beilage zu Nr. 61 vom 6. 2. 1914, S. 1 [Sp. 4]).
[53] Barth wollte vermutlich berichten, daß die Fabrikgesetzkommission des *Ständerates*, die am 6. 2. 1914 ihre Arbeit beendete, gegenüber dem Beschluß des *Nationalrates* in § 70 die beiden Sätze gestrichen hatte, die sich auf geistige Getränke bezogen, wie z. B. die Neue Zürcher Zeitung, 135. Jg., Nr. 181 vom 6. 2. 1914 (Erstes Abendblatt), S. 1 [Sp. 3], meldete.

AARGAUISCHE REFORMIERTE KIRCHENSYNODE [I]
1913

Am 15. 12. 1913 schreibt Karl Barth an Wilhelm Loew: «Ich bin Berichterstatter der Basl. Nachrichten über die aargauische Synode u. benütze das zu rücksichtslosem Kampf gegen die herrschende freisinnige Richtung. Gottlob findet die Synode nicht so oft statt, sodaß ich erst zwei solche Kriegserklärungen schreiben konnte. Besorgte Mütter warnen mich im Hinblick auf meine spätere Laufbahn.» Der folgende Artikel ist die erste dieser «Kriegserklärungen» (vgl. im übrigen unten S. 716f.). Sie waren jeweils nur mit den Initialen K. B. gezeichnet. Die Honorare kamen übrigens in eine Kasse, die das Ehepaar Barth im Blick auf die Geburt seines ersten Kindes einrichtete. Einen schweizerdeutschen Ausdruck für «kleines Kind» gebrauchend, schreibt Karl Barth am 9. 12. 1913 an seine Mutter: «Im Buschifonds sind jetzt schon 300 Franken beieinander ... Die Erträgnisse meiner Zeitungsartikel wandern in diese Kasse!!!»

Die diesjährige Synode fand am 6. November statt[1] und wurde durch einen Gottesdienst in der Aarauer Stadtkirche mit Predigt von Pfr. *Vischer* in *Rupperswil* eröffnet. Sie behandelte in einer durch feine Schlichtheit wohltuenden Weise die Erzählung von Maria und Martha [Lk. 10,38–42], die auf das Viele und auf das Eine, was der Kirche und besonders ihren Dienern nottut, gedeutet wurde. Leider mußte sich Pfarrer Vischer wegen plötzlicher Erkrankung vertreten lassen, er fand aber in Pfr. *Schäfer* einen gediegenen Vorleser für sein Manuskript.

Das Haupttraktandum der ordentlichen Herbstsitzung der Synode bildet jeweilen der *Geschäftsbericht des Kirchenrates*.[2] Die diesjährige Besprechung stand unausgesprochen unter dem Gedanken einer vielleicht in naher Zukunft zu erwartenden Trennung von Kirche und

---

[1] Vgl. das Protokoll der reformierten Synode des Kantons Aargau. 1894–1919 (im Archiv der Evangelisch-reformierten Landeskirche des Kantons Aargau, Aarau), S. 372–384.
[2] *Geschäftsbericht des reformierten Kirchenrates an die reformierte Synode des Kantons Aargau vom 1. Aug. 1912 bis 31. Juli 1913*, Aarau 1913.

Staat.³ Die wichtige Neuerung der letzten Jahre, die Gründung einer besondern kirchlichen Zentralkasse⁴, wird offensichtlich als Schritt auf dem Wege zu diesem Ziele aufgefaßt. Diese Konsolidierungs- und Zentralisierungstendenz hat sich auch gestern wieder auf allerlei Weise Ausdruck verschafft. Es wurden in empfehlendem Sinn an den Kirchenrat weitergeleitet ein Antrag, die Kirchen- und Pfrundgüter in den einzelnen Gemeinden zu verschmelzen, ein Antrag, die verschiedenen Fonds für kirchliche Zwecke (Alterszulagen, Vikariat, Helfer, Pension und Sterbesemester) zu vereinigen und aus der staatlichen in eigene Verwaltung zu nehmen; ein Antrag, die kleine und schlechtbesoldete Gemeinde Densbüren mit der Diasporagenossenschaft Frick zu vereinigen. Der Kirchenrat, der zartfühlend nicht allzu viele Zirkulare an die Kirchenpflegen erlassen wollte, wurde mit großer Mehrheit ermutigt, nur tapfer ein solches zu verschicken betr. allgemeine Einführung des sonntäglichen Kirchenopfers. Auch soll er mit dem Organistenverband Fühlung zu bekommen suchen.⁵ Mit Befriedigung wurde die Mitteilung entgegengenommen, daß, entsprechend dem Verlangen der Synode und wohl noch mehr der starken Abstinentenorganisationen, endlich etwas geschieht in Sachen eines Gesetzes zur *Bekämpfung der*

---

³ Zwar kam es erst 1927 zu einer Trennung von Kirche und Staat, d. h. zur Anerkennung der evangelisch-reformierten, der römisch-katholischen und der christkatholischen Konfession als unabhängiger kantonaler Landeskirchen mit selbständiger Organisation «unter der Hoheit des Staates» (W. Gautschi, *Geschichte des Kantons Aargau*, Bd. III: *1880–1953*, Baden 1978, S. 100). Doch bedeutete die 1906/07 auf Grund der Staatsverfassung von 1885 erfolgte Übergabe der Pfrund- und Kirchengüter an die Kirchgemeinden und die darin vollzogene finanzielle Entflechtung von Kirche und Staat (vgl. a.a.O., S. 98f.) einen Markstein in der Entwicklung von den zwei «Staatskirchen» des neu gegründeten Kantons 1803 über die Autonomie der Bekenntnisse als Landeskirchen unter einer festen staatlichen Aufsicht nach der Verfassung von 1885 (a.a.O., S. 98) zu der Entstaatlichung der Kirchen und der Entlastung des Staates von den Resten des alten Staatskirchentums, die 1927 erreicht wurde. Sie war seit 1885 immer wieder gefordert worden und schien seit den Maßnahmen von 1906/07 in den Bereich konkreter Entscheidungen gerückt (s. auch J. Kaufmann, *Die Rechtsstellung der röm.-kath. Landeskirche und Kirchgemeinden im Kanton Aargau* [Freiburger Veröffentlichungen aus dem Gebiete von Kirche und Staat, Bd. V], Freiburg/Schweiz 1943, S. 21–33).
⁴ *Geschäftsbericht*, a.a.O., S. 19f.
⁵ Protokoll, S. 375f.378f.

Trunksucht[6] und daß auch dem Verlangen der Synode nach Erlaß einer Verordnung gegen das *Kinematographenunwesen* von der Regierung Folge gegeben worden ist[7]. Besser unterblieben wären mehrere Anfragen betr. die Ausrichtung der neueingeführten Alterszulagen.[8] Ein Laienmitglied der Synode meinte nachher im Privatgespräch: «Kommt man zu den Lehrern, so ist von den Besoldungen die Rede, und kommt man zu den Pfarrern, so ist auch von den Besoldungen die Rede!» Der Verwalter der kirchlichen Zentralkasse, auch ein «Laie», schloß seine Beantwortung einer dieser Anfragen mit den Worten: «Geduld, meine Herren, der Goldregen kommt!» Und auf der Tribüne waren als einzige (!) Zuhörer zwei Sozialisten anwesend. Kurz, die Situation war eher peinlich, und es ist zu hoffen, daß wir nun für einige Zeit mit unnötigen Verhandlungen über den schnöden Mammon verschont bleiben.

Interessanter hätte die Diskussion über die Interpellation des Herrn *J. Bossart* in *Buchs* über die *politische Betätigung der Pfarrer*[9] werden können. Der Interpellant begründete seine Anfrage mit dem Hinweis auf die allgemeine Dekadenz der modernen Zeit. Alltäglichkeit, Blasiertheit, profane Genußsucht beherrschen das Volksleben. An der Tagespolitik darf und soll zwar ein jeder teilnehmen, aber die edleren Regungen der Seele werden dabei doch niedergehalten, wo nicht erstickt. Die Kirche ist dazu da, die Volksseele zu heben. Unsere Kirchen stehen ja schon äußerlich gerne auf Anhöhen. «Da oben soll der Geist des Christentums ruhen!» Eine «ewig grüne Insel im Strom des Lebens» soll die Kirche sein, ein seelischer Ruhepunkt, wo einem jeden Genüsse

---

[6] *Geschäftsbericht*, a.a.O., S. 18; s. oben S. 699 mit Anm. 31.
[7] Ebd.; Protokoll, S. 376f.; die *Verordnung des Regierungsrats des Kantons Aargau vom 18. 4. 1913 betreffend die Einrichtung und den Betrieb von Kinematographentheatern* trifft bau-, sicherheits- und sittenpolizeiliche Maßregeln (Gesetzes-Sammlung für den eidgenössischen Kanton Aargau, Neue Folge, Bd. IX, Brugg 1914, S. 452f.).
[8] *Geschäftsbericht*, a.a.O., S. 19f.; Protokoll, S. 376.379.
[9] Der Text wurde unter der Überschrift «*Aus den Verhandlungen der reformierten Kirchensynode. Rede des Herrn J. Bossard-Bächli in Buchs betreffend die Betätigung der Pfarrer in der Tagespolitik*» veröffentlicht in: Aargauer Tagblatt, 67. Jg., Nr. 311 vom 15. 11. 1913, Zweites Blatt, S. 2 [Sp. 3f.]; Nr. 312 vom 16. 11. 1913, S. 3 [Sp. 4]–S. 4 [Sp. 1f.]; vgl. bes. Nr. 312, S. 4 [Sp. 1]; Protokoll, S. 380f.; vgl. den Bericht Karl Barths in seiner Predigt vom 9. 11. 1913, in: *Predigten 1913*, hrsg. von N. Barth und G. Sauter (Gesamtausgabe, Abt. I), Zürich 1976, S. 571f.

edelster Art geboten werden. So muß vor allem der Pfarrer dastehen als ein Leuchtturm in der Brandung. Politische Ärzte liebt das Volk nicht, was soll es aber erst denken von einem Seelenhirten, der im Dunst des Alltäglichen drinsteht, der als «Genosse» den Klassenkampf mitkämpft, der sich dem Alkohol und dem Kartenspiel ergibt, der nicht mehr steht zu dem, was er predigt, der ein ärgerliches Leben führt? Der Interpellant ist der Überzeugung, der «Volksstimme» Ausdruck zu geben, die gleicherweise protestiert gegen Abstinenzfanatiker, Politikerpfarrer, Mucker und Leisetreter. Oberrichter *Müri* bezeichnete kurz und juristisch den Standpunkt des Kirchenrates: Dieser wird sich erst dann einmischen, wenn Gefahr vorliegt, daß ein Pfarrer wegen seiner politischen Tätigkeit sein Amt vernachlässigt.[10]

Nach ihm redete lang und pastoral Pfarrer *Schüepp*. An einen kinderlehrartigen Rückblick auf die Meinungen des Aristoteles, der Propheten, Jesu und Zwinglis über das einschlägige Gebiet schlossen sich eine Reihe von Mahnungen: der Pfarrer darf, kann und soll sich zwar an der Politik beteiligen, aber er soll sich nicht hervordrängen, keine Ausschreitungen begehen, nicht hausierengehen mit seinen Ansichten, nach dem Kampf jeweilen wieder für Frieden sorgen, vor allem aber sich still halten, solange er noch ein junger Pfarrer ist.[11] Gespannt war man auf das Votum des zur sozialdemokratischen Partei gehörigen Pfr. *Büchi* (Erlinsbach). Leider redete er zu sehr pro domo statt zur Sache. Sehr richtig war die Bemerkung: gegen freisinnig politisierende Geistliche wurde nie Widerspruch erhoben (fünf dieser Richtung sind gegenwärtig Mitglieder des Großen Rates[12]), erst seit es sozialistisch gerichtete Pfarrer gibt, ist die Volksseele entrüstet. Würden nur mehr Leute von gebildetem Stande sich auf diese Seite stellen! Wer die Sozialisten kennt, weiß, daß man sehr gut mit ihnen verkehren kann. Konflikte bekommt ein Pfarrer so wie so in seiner Gemeinde, nicht nur wegen der Politik.[13] Der *Interpellant* erinnerte zum Schluß daran, daß ein gewisser Pfarrer letzthin im Großen Rat zu wenig Idealismus gezeigt habe, ein anderer (nicht mehr im Amte stehender) sei ein arger Trinker gewesen usw.[14]

[10] Protokoll, S. 381f.
[11] Protokoll, S. 382.
[12] D. h. der Legislative, des Kantonsparlaments.
[13] Protokoll, S. 382f.
[14] Protokoll, S. 383.

Damit war die für dies Traktandum übrige Zeit vorbei. Daß die Verhandlung auf bedeutender geistiger Höhenlage stattfand, dürfte von keiner Seite behauptet werden.

Ein Antrag des Kirchenrates auf Erhöhung der Helferbesoldungen wurde gutgeheißen.[15]

Zum Schluß der Sitzung wurde eine Motion *Epprecht* und Gen[ossen] verlesen und begründet betr. eine Resolution der Synode gegen die bundesrätliche Verordnung über die Glücksspiele.[16] Pfr. *Epprecht* (Schöftland) zeigte, daß wir allen Anlaß haben, gegen die Bedrohung der Volkswohlfahrt wie gegen die Aufstellung einer doppelten Moral durch genannte Verordnung energisch Stellung zu nehmen. Er machte dabei die Bemerkung, die Moral des Bundesrates, die vorschreibe, der Ertrag der Glücksspiele müsse gemeinnützigen Unternehmungen zugute kommen, gleiche der Moral italienischer Banditen, was ihm ein entrüstetes Murren auf unserer gouvernementsfrommen Linken eintrug.

Einige weitere Geschäfte wurden auf die in vier Wochen stattfindende außerordentliche Sitzung verschoben, die zur Entgegennahme des

---

[15] Protokoll, S. 380.
[16] Am 12. 9. 1913 hatte der Bundesrat beschlossen, daß die in den Kursälen betriebenen Hasardspiele unter Voraussetzung der Beachtung bestimmter Grundsätze nicht unter das Verbot des Art. 35 der Bundesverfassung der schweizerischen Eidgenossenschaft (vgl. oben S. 313, Anm. 9) fielen; vgl. Bundesblatt der schweizerischen Eidgenossenschaft, Jg. 65 (1913), Bd. IV, S. 198–201.
Die dagegen vorgeschlagene Resolution hatte nach dem Protokoll, S. 383f., folgenden Wortlaut: «Die aarg. reform. Synode schließt sich den Protesten gegen den *Bundesratsbeschluß vom 12 Sept 1913* über die *Hazardspiele* an. Sie sieht darin eine Gefahr für die allgemeine Volkswohlfahrt in ökonomischer & vor allem in sittlicher Beziehung. Sie verwirft die doppelte Moral dieses Beschlusses, der das absolute Verbot des Art. 35 der B. V. in eine reglementierte Erlaubnis verwandelt, der ein besonderes Recht für die Fremden schafft, der eidgn. Beamten, Angestellten & Militärs in Uniform die Teilnahme an den Spielen untersagt, aber doch das auf verwerfliche Weise gewonnene Geld für den Fremdenverkehr oder gemeinnützige Zwecke bestimmt.
Die Synode sieht in dem Beschluß des Bundesrats ein eigenmächtiges verfassungswidriges Vorgehen, eine willkürliche Umgehung der B. Verf. resp. eine ungesetzmäßige Verfassungsänderung & damit eine schwere Gefährdung des öffentl. Rechtsbewußtseins. Sie fordert die aarg. Vertreter in der Bundesversammlung auf, die Angelegenheit gehörigen Orts zur Sprache zu bringen.»

vierjährigen Generalberichtes anberaumt ist.[17] Dort wird dann auch über die erwähnte Resolution Beschluß gefaßt werden.

[17] Der Generalbericht betraf die *acht* Jahre zwischen 1905 und 1913; vgl. unten S. 718 und dort Anm. 3.

[REDE BEIM BLAUKREUZFEST IN RUPPERSWIL]
1913

Die Vorgeschichte und die eventuelle Nachgeschichte der Rede vom 16. 11. 1913 in Rupperswil sind nicht dokumentiert. Barth bemerkt lediglich in einem Brief an die Mutter vom 20. 11. 1913, daß er «in Rupperswil ... in der Tat eine Blaukreuzfestrede gehalten» habe. Das Dorf liegt ungefähr 7 km östlich von Aarau und hatte etwa 950 Einwohner. Für den Vortrag hatte Barth sich Stichpunkte und -sätze mit Tinte auf einem – nur am Rande mit «Rupperswil 16. XI 13» gekennzeichneten – Oktavblatt notiert.

Einladung. Freude. *Stärkung* einen lebend[igen] Verein zu sehen. So auch von Mitarbeitern zu hören. Einsamkeit bei schöner Aufgabe ist traurig. Anruf der Posten. Drahtlose Meldungen auf dem Ozean.[1]

Vom Bl[auen] Kr[euz] wie ich es auffasse. Eine Abteilung in dem großen Heer, das *gegen die selbstgeschaffene Not in der Welt* kämpft. [[Not die direkt von Gott kommt, nicht von uns bekämpft werden kann, sond[ern] angenommen werden muß (Unfall, Krankheit, Tod)]] Gegen die selbstgeschaffene Not muß unser guter Wille (aber von Gott geleitet!) sich aufstellen (das Heidentum, die sozialen Ungerechtigkeiten, die schlechte Erziehung – *der Alkoholismus*[)]. Also nur *eine* Abteil[un]g gegen *einen* Feind. Macht uns bescheiden, bewahrt uns vor Fanatismus, macht uns aber auch stark u. sicher, wir fühlen uns als Mitkämpfer in der größten Sache: Gott gegen Teufel

Die Alkoholnot. (Gesundheit, Gedächtnis, Verbrechen, Nachkommenschaft)

macht *selbstsüchtig*. Gemütlichkeit. Harmloses od. grobes an sich selbst denken. Höhere Funktionen ausgeschaltet. Studenten: des Weltalls ...[2] Familienvater: N. N., N. N.[3]

---

[1] Nach den bahnbrechenden Experimenten G. Marconis (1895/96) gab es seit 1901 drahtlose Telegraphie über dem Atlantik.

[2] Barth wollte wohl aus einem Studentenlied zitieren, wie es etwa bei einer «Sitzung» oder bei einem «Kneipabend» einer Studentenverbindung gesungen wurde (vgl. *Vorträge und kleinere Arbeiten 1905–1909*, S. 93ff.). Vermutlich schwebten ihm die Schlußzeilen der 2. Strophe des «Abendliedes» von H. Chr. Andersen vor: «Das Weltall gross und herrlich mit seinen Welten klein,

macht *ehrlos*. Kein Respekt vor sich selbst (N. N., N. N., N. N.[)]⁴

macht *gedankenlos*. Studenten. Hüssy.⁵ Freude an den blödesten Witzen. Jassen.⁶ Politischer Sumpf. Auch kein Gottesgedanke hätte Platz.

Also *Kampf dagegen*. Gott muß Raum gewinnen. Geht es nicht anders[,] so muß eben der Alkohol weichen. Mäßig? a) Wirklich? b) und die Andern? Also Abstinenz. Liebe[,] Freiheit, Wahrheit gedeihen besser, sicherer ohne als mit

Aber *was heißt* da *kämpfen*? Nicht nur Nein sagen. Das Falsche durch Besseres ersetzen (Mission, Ev[an]g[elium], Erziehung) Gotteskräfte an die Stelle der Sünde. *Das* will das Bl. Kr.

Man beachte dabei a) nicht zänkisch b) nicht langweilig sein c) sichs nicht gleich verleiden lassen d. h. den Gotteskampf wirklich mit Gott kämpfen, das «Menschelige» auf die Seite stellen

Dann Sicherheit u. Freudigkeit. Wir sind noch schwach u. wenige. Trotzdem schon dieser Erfolg im Aargau u. in der Schweiz.⁷ Unsre Sache ist Gottes Sache, wenn wir sie recht vertreten. Vexilla regis prodeunt.⁸

---

und aller Himmel Himmel nimmt ja mein Busen ein», *Liederbuch für die schweizerische Studenten-Verbindung Zofingia (deutsche Sektionen)*, Bern 1903⁵, Erster Teil, S. 213–215.

⁳ Zwei in Safenwil häufig vertretene Familiennamen. Sie stehen vermutlich für je ein Beispiel, das Barth aus eigener Anschauung erzählen wollte.

⁴ Drei nicht sicher entzifferbare Namen, wohl in ähnlicher Funktion wie der in Anm. 3 vermuteten.

⁵ Vgl. oben S. 361.382ff. u. ö.

⁶ Eine schweizerische Variante des Skatspiels.

⁷ Die Mitgliederzahlen des Blauen Kreuzes stiegen im Aargau von 80 im Jahre 1888 auf 2150 im Jahre 1913 und waren weiter im Steigen begriffen (G. Witzemann, *Im Kampf gegen Trunksucht & Trinksitten. 50 Jahre Blaues Kreuz im Aargau, 1887 bis 1937*, Unterkulm 1938, S. 5.78). Ähnlich war die Entwicklung in der gesamten Schweiz, wo das Blaue Kreuz 1912 28 887 Mitglieder zählte (*Jahrbuch des Blauen Kreuzes 1913. XXII. Bericht über die Jahre 1911–1912*, Bern o. J., S. 53).

⁸ Die Anfangsworte eines Prozessionshymnus des Venantius Fortunatus, vgl. H. Lausberg, Art. «Vexilla Regis prodeunt», in: LThK² X, Sp. 760.

DER SEGEN EINES CHRISTLICHEN ELTERNHAUSES
1913

Der Vortrag Karl Barths für die Kirchgemeinde von Reitnau im Aargau geht auf eine Anregung des dortigen Pfarrers Gustav Adolf Fischer zurück. Von ihm wurde Barth zu einem Abend in der Gemeinde eingeladen, in der sein Vater Fritz Barth von 1879 bis 1886 Pfarrer gewesen war. Zum Gegenstand des Vortrags schreibt Fischer am 4. 10. 1913 an Barth: «Sie waren eine Zeitlang Stadtpfarrer in Genf. Vielleicht ergäbe sich daraus ein Thema etwa wie folgt: Das Evangelium in Stadt & Land. Oder vielleicht läge Ihnen dasjenige Gebiet noch mehr, das sich umschrieben ließe mit den Worten: Der Segen eines christl. Elternhauses, worüber Sie ja aus eigener Erfahrung so vieles erzählen können.»

Eigentlich wollte Barth den Vortrag während eines «Landaufenthalts» bei seinem Bruder in Laupen verfassen: «Hoffentlich wird der Geist von Laupen mich dazu recht anregen», schreibt er am 14. 10. 1913 an Peter Barth. Vielleicht ist es dazu nicht gekommen. Eine ausgearbeitete Niederschrift liegt jedenfalls nicht vor. Nach dem Vortrag, am 1. 12., berichtet Karl Barth seiner Mutter: «In Reitnau wars nett. Den Vortrag habe ich aber nur in Stichworten aufgeschrieben, die dir nicht viel bieten würden ... Pfr. Fischer schätze ich jetzt auch mehr, aber er ist entsetzlich konservativ u. pessimistisch ... Er war mit meinem Vortrag zufrieden, obwohl er zuletzt noch deutlich sozial wurde.»

Wenn Barth vermutet, seine – unter der Überschrift: «Der Segen eines christl. Elternhauses. Reitnau, 23. XI 1913» mit Tinte auf Vorder- und Rückseite eines Quartblattes notierten – Stichworte könnten seiner Mutter «nicht viel bieten», so gilt diese Befürchtung natürlich erst recht im Blick auf den heutigen Leser. In der Tat fallen die Unterlagen für den Reitnauer Vortrag insofern aus der Reihe der anderen nicht ausgearbeiteten Texte heraus, als die Stichworte schwerer zu lesen sind (einige nicht sicher zu entziffernde Stellen sind mit [?] markiert) und nur teilweise eine deutliche Vorstellung von den Gedanken und dem Gedankengang vermitteln können, wie er Barth vorgeschwebt und wie er ihn vorgetragen haben mag. In den anderen Stücken dieser Art sind die Notizen selbst eindeutiger oder ergeben doch zumindest im Rückgang auf die zugrundeliegende Quelle ein klareres Bild. Immerhin sind manche Bemerkungen des Reitnauer Vortrags doch auch in der vorliegenden Form sprechend genug.

Da Nachweise der üblichen Art hier nicht angebracht scheinen, mögen einige Anspielungen vorweg notiert werden: Daß Barth am Anfang an seines Vaters Zeit in Reitnau erinnern und an seine eigene und an seines Bruders Peter «Installation» durch den Vater[1] *erinnern wollte, dürfte deutlich sein; ebenso, daß im Abschnitt b) des zweiten Hauptteils die Bemerkung: «jedenfalls in der Hauptsache: Jesus – Papa» auf eines der «letzten vernehmlichen Worte» Fritz Barths auf dem Sterbebett zielt, «wie im Hörsaal zu den Studenten gesprochen»: «Den Herrn Jesum lieb haben, das ist die Hauptsache, nicht Wissenschaft, nicht Bildung, nicht Kritik. Es braucht eine lebendige Verbindung mit Gott, und darum müssen wir Gott den Herrn bitten.»*[2] *Im ersten Hauptteil wird unter a) im Abschnitt β) daran gedacht sein, daß Bernhard Duhm Ps. 1, 2b auf «das Brummeln, Murmeln eines Mannes» bezieht, «der in seiner unpunktierten Thorahandschrift mühsam Wort um Wort entziffert».*[3] *In I b) spielt Barth wohl auf das bekannte Tischgebet und am Anfang des zweiten Hauptteiles vermutlich auf den Spottvers über das seltene Gedeihen von Pfarrerskindern an.*

Freude – diese Stelle – Wehmut – *Reitnau* – schönste Zeit Papas – wir Brüder – ich – Installation – nicht ersetzen – nicht vergleichen – Gruß – unter uns.
Thema. Keine Praxis – empfangen – schreibe mir nicht zu – nicht Muster! – nicht dasselbe.
I *Was ist ein chr. E.?*
 a) *ein Haus mit chr. Sitte?*
  α) *Beschreibung* Kein [?] Sein – würdig – Augenblick, Sonntage, Bibel: Geist – Friede – Zucht. Freudigkeit
  β) *chr. H.?* nicht sicher – Wahrhaftigkeit – Anderes – vor Augen! – (trocken – Judentum – nicht lebendig – Gebrummel – christliche nicht! – Kirchgang) (eifrig – stimmt nicht – dopp. Buchführ. Zank – Böses sagen – Geldgeist – einstellen! – getünchte Gräber [Mt. 23,27] – *kann* sein![)]

---

[1] Siehe Busch, S. 72, sowie das Vorwort von M. Lauterburg in: Fr. Barth, *Christus unsere Hoffnung. Sammlung von religiösen Reden und Vorträgen,* Bern 1913, S. XVII.
[2] M. Lauterburg, ebd.
[3] B. Duhm, *Die Psalmen* (KHC 14), Freiburg/Leipzig/Tübingen 1899, S. 3.

γ) *Haus ohne Sitte* Menschen verschieden – nicht: ungläubig – Jesus nichts geboten – Zurückhaltung – nicht Plappern [vgl. Mt. 6,7] – keine Uhr! – Glaube nicht an der Wand! – erwidern – Geltung – viele Wohnungen [Joh. 14,2] – Maßstab

b) *was dann* – Tun nach *Jesus* – Kinder – Nachbar – Geschäft – Sonntag – fremd dabei – chr. H. – Jesus Meister – Komm Herr Jesu …

α) *Eltern einander lieb haben* – wie dich selbst [vgl. Lev. 19,18; Mt. 19,19] – redet von Gott – nicht d. Seinige [vgl. 1. Kor. 13,5] – Achtung – scheue [?] sich – Männer [?]! – rücksichtsvoll – erleichtern – nicht bedienen lassen [–] solidarisch – Stück [?] christl. Geistes – Wirkung – wichtiger

β) *Leben Zweck* – Ziel – Gott – lieb haben!

αα) *Mamma* 1.–2.! – Reihenfolge – nicht vorlesen – Hausgottesdienst d. Tat – Papa eingeprägt – Gespräche! – Rechnen und heil. Leichtsinn – Erklärung von Matth 6

ββ) *Versuchung* – Kinder merken – nicht gut zu machen – scharfe Augen: es geht anders – chr.: geht nicht anders – Gott vertrauen – auf Anderes?!

γγ) *böse Zeiten* – Jesus am † – nicht reden von Blut – Kreuz tragen – Ruhe – Freudigkeit – nicht selbstsüchtig – Liebe doppelt – chr. H. – Gotteskraft – gesehen – Luft: in Gott Alles sehen

γ) *Stellung zur Sünde* – wie Jesus

αα) *verwerfen* – beim Namen – kein Kompromiß – Kinder hören – Achselzucken – Entrüstung – selbst – Kampf – kein chr. H.

ββ) *nicht hassen* – suchen [?] selig – Feindschaft – schlecht. Einfluß – Pharis. Leidenschaft – krank – gegen böse Macht – erster Gedanke: helfen – stramme Ablehnung – nicht Hochmut, nicht Gift.

δ) *Erziehung.* Viel geschrieben – selbst erzogen – Einfluß des Lebens – aus Gott – zu Gott hin – Fragen – Erwägung

αα) *die Kinder kennen* – Seele – nicht kommandieren – Doktor – sich abgeben – sich Zeit nehmen – sich vorsehen – ist das Kind schuld? – Jesus

ββ) *der rechte Gehorsam: Eines* fordern: Gottesgehorsam – im Übrigen Freiheit – nicht Vorteil der Eltern – nicht eigener Wille der Eltern – nicht Zwängerei bes. bei ältern Kindern.

γγ) *ein rechter Mensch* werden – nicht zu hoch hinaus [–] vor Gott gilt alle rechte Arbeit – nicht das Rechte versäumen: Gaben brauchen – in Allem Gott

[II] *Der Segen eines chr. E.*

a) *nicht: fertige Tugend und Religion* – Pfarrerskinder etc.

α) Der Mensch ist frei – Verantwortlichkeit – Geheimnis der Erwählung

β) Oft zuerst Widerspruch – gefährliches Alter – freie Gedanken – freies Leben? [–] nicht erschrecken

b) *eine starke Richtung auf Gott hin.* Widerspruch und Erfahrungen oft nötig – eigenes Gottesleben nicht ererbtes – Richtung stellt sich wieder her – oft auch Übereinstimmung in äußern Fragen – jedenfalls in der Hauptsache: Jesus – Papa

c) *Bedeutung für das Reich Gottes* – chr. E. liefert Bausteine – Keimzelle der neuen Welt – Verantwortung der Erzieher – der Erzogenen

d) *Was können wir thun?*

α) Um solche Familie zu sein: Gott suchen: Gebet, Kirche, Bibel, Jesus

β) die Andern! – Gutes Beispiel! – gegen Alkoholismus – gegen Sonntagsarbeit – gegen niedrige Löhne – gegen lange Arbeitszeit – gegen schlechte Wohnungen

AARGAUISCHE REFORMIERTE KIRCHENSYNODE [II]
1913

Dem zweiten der als «Kriegserklärungen» gegen den in der Kantonalkirche dominierenden Freisinn (s. oben S. 704) abgefaßten Synodenberichte war in Safenwil auf kommunaler Ebene ein Vorgang vorausgegangen, der nicht dazu angetan war, Barth gegenüber diesem Gegner milder zu stimmen. Er berichtet darüber am 22. 12. 1913 in einem Brief an seinen Freund Willy Spoendlin: «In der Gemeinde Safenwil hat es auch Geschichten gegeben in letzter Zeit. Wir hatten Kirchenpflege- und Synodalwahlen. Unsre Freisinnigen wollten einen großen Schlag führen u. gründeten einen Ortsverein (der zuerst neutral sein sollte) In der Gründungssitzung gab es eine große Szene. Ich war nämlich auch hingegangen, um mich für die Neutralität der Sache zu wehren. Als die Vorstandswahlen dann ergaben, daß die Gründung zweifellos freisinnig sei, marschierte ich samt den Roten u. Blauen ab. Ich sollte freundlicher Weise aus der Synode hinausgeworfen werden.» Ähnlich lautet der Bericht in einem Brief an die Mutter vom 1. 12. 1913: Wie er von zuverlässigen Blaukreuzlern wisse, die es in der «Höhle des Löwen», d. h. in einem Wirtshaus, bezechten Mitgliedern jenes Kommunalvereins abgelauscht hätten, sei dessen Gründung «in der Hauptsache gegen mich» gerichtet. «Sogar aus der Synode soll ich am nächsten Sonntag unter dem Jubel höherer Sphären hinausgewählt werden, was mir nun allerdings kein solches Unglück wäre.» Und gegen Ende des Briefes: «Am Donnerstag ist wieder Synode (für mich also vielleicht zum letztenmal!) Darüber berichte ich dann in den Basl. Nachr.» Barth wurde am 7. 12. 1913 dann doch erneut (mit 156 von 244 Stimmen) in die Synode gewählt.

Sein Bericht über die letzte Sitzung der alten Synode fand ein kräftiges Echo erwarteter, aber auch unerwarteter Art. Am 10. 12. 1913 schreibt Barths Vetter Albert Barth aus Schaffhausen: «Dein Loblied auf Aargau und Staatsreligion hat mir im Herzen wohlgetan ... ‹Zu persönlich›, ‹unvorsichtig› werden die klugen Leute sagen. ‹Damit ärgert man nur, man hilft nicht›, die siebenmal Weisen. Aber ich kann Dich vollkommen verstehen.» In der Tat gibt Pfarrer Richard Preiswerk Barth am 16. 12. 1913 zu bedenken, die Wahrheit dürfe «nie nur ‹gut eingerieben› sein, sie muß immer auch ‹frei machen.› Man muß immer nicht nur fragen: sitzts, sondern ganz energisch auch: hilfts? Sonst ist al-

les nichts nütze, dh. den Nutzen hat der Tertius gaudens.» In bestimmtem Sinn gab es diesen Dritten tatsächlich schon. Barth schreibt in dem bereits erwähnten Brief an Willy Spoendlin: «Könntest du nicht wenigstens die Bekämpfung des schweizerischen Freisinns irgendwie auf dein Lebensprogramm nehmen? Dann wären wir doch in etwas einig ... Sie ist im Aargau bes. wichtig. Neulich schrieb ich einen Bericht über die letzte Synode in die Basl. Nachrichten, der so gesalzen ausfiel, daß – – die Ultramontanen ihn mit größter Freude abdruckten. Das war ein ungesuchter Erfolg natürlich. Aber ich fühle mich wirklich mit den Schwarzen verwandter als mit dem Freisinn.» Der ungesuchte Erfolg bestand darin, daß das katholische «Aargauer Volksblatt» am 11. 12. 1913 den ersten und den letzten Absatz des Artikels aus den übrigens als «orthodox protestantisch» und «kernprotestantisch» bezeichneten «Basler Nachrichten» leicht gekürzt und mit kräftigem Kommentar versehen unter der Überschrift «Eine Krisis in der aarg. reformierten Synode» abdruckte. In einem «schwarzen Heft», «das sich unterdessen prächtig gefüllt hat mit Kulturdokumenten», wie Barth in dem Brief an W. Spoendlin schreibt, bewahrte Barth außerdem einen Artikel aus dem «Freien Schweizer Arbeiter» auf, der am 19. 12. 1913 den Abdruck des letzten Absatzes des Synodenberichts mit einem scharfen Kommentar gegen den «faulen kirchlichen ‹Freisinn›» verband. Dazu kam freilich noch eine kritische Glosse gegen das «Aargauer Volksblatt» aus dem «Monatsblatt für das reformierte Volk des Aargaus» (Jg. 24, Nr. 1, Januar 1914): «Wenn ... in einer katholischen Zeitung der Schluß gezogen wird, es vollziehe sich in unserer Kirche gegenwärtig eine Krisis, so hat sie dafür keinen Grund als den etwas temperamentvollen Bericht über die Sitzung, der in einer außerkantonalen Zeitung zu lesen war.»

Jämmerlicher hat wohl noch selten eine Behörde geendigt als die Synode in unserm Kulturstaat[1], die gestern, 4. Dezember, die letzte Sit-

---

[1] Mit dem Ausdruck «Kulturstaat» spielt Barth auf die bis heute übliche Bezeichnung des Aargaus als «Kulturkanton» an, die auf die in der übrigen Schweiz teils bewunderte, teils beneidete oder auch bespöttelte kulturelle und soziale Tätigkeit der 1811 in Aarau gegründeten «Gesellschaft für vaterländische Kultur im Aargau» (später «Aargauische Gemeinnützige Gesellschaft») zurück-

zung ihrer laufenden Amtsperiode abhielt.[2] Zur Beratung lag zuerst vor der *Generalbericht des Kirchenrates* über die letzten 8 Jahre.[3] Herr *J. Bossart*-Bächli in Buchs, der Interpellant betr. politisierende Pfarrer vom letzten Mal[4], wirkte diesmal als Kommissionsreferent. Einleitend sprach er über Volksseele, Kirche und Generalbericht im Allgemeinen. Die Kirche wurde verglichen mit einem Eisenbahnzug. Die Christen sind darin die Passagiere. Kirchenrat und Synode sind die Weichenwärter, Streckenarbeiter usw., die den Zug vor äußern Gefahren bewahren. Freilich kommen auch innere Gefahren in Betracht. (Streit mit dem Konducteur? Belästigung durch Mitreisende?) Vielleicht haben wir schon etwas zuviel kirchliche Freiheit, was z. B. im Streit der kirchlichen Richtungen zum Vorschein kommt, von dem die Volksseele nichts wissen will. Nötig ist vor allem eine kirchliche Zentrale zur all-

geht. Vgl. N. Halder, *Geschichte des Kantons Aargau 1803–1953*, Bd. I, Aarau 1953, S. 174–179.
[2] Vgl. das Protokoll der reformierten Synode des Kantons Aargau. 1894–1919 (im Archiv der Evangelisch-reformierten Landeskirche des Kantons Aargau, Aarau), S. 384–395.
[3] *Generalbericht über die Verhältnisse und Zustände der evangelisch-reformierten Kirche des Kanton Aargau in den Jahren 1905–1913. Erstattet vom Kirchenrat an die reformierte Synode*, Brugg 1913. – Der in regelmäßigen (damals acht-, später zehnjährigen) Abständen zu erstattende «Generalbericht» basiert auf entsprechenden Berichten, die die einzelnen Pfarrer bzw. Kirchenpflegen der Kantonalkirche – in Form von Beantwortungen vorgegebener Fragen – dem Kirchenrat (d. h. der kantonalen Kirchenleitung) einzureichen haben. Der entsprechende Bericht aus Barths Feder für die Periode 1913–1921 vom Mai 1921 ist in zwei Abschriften erhalten und wird in dem Band *Vorträge und kleinere Arbeiten 1914–1921* gedruckt werden. Nicht erhalten ist Barths Bericht von 1913, der dem Kirchenrat bei der Abfassung seines Generalberichts zusammen mit den Berichten seiner Kollegen vorgelegen hat. Barth schrieb darüber am 13. 6. 1913 an seinen Bruder Peter: «Hier schicke ich dir den Orbis pictus meiner Gemeinde, so wie ich ihn eben verfaßt und an den Kirchenrat abgeschickt habe, zur Einsicht und nachherigen Rücksendung. Ich habe ihn, wie du merkst, mit ziemlicher Lust verfaßt und freue mich auf die Gesichter, die die Kirchenräte zu einzelnen Stellen machen werden.» – Übrigens referiert das Protokoll, S. 391, auch eine Frage, die Karl Barth in der Synode zum *Generalbericht* vorgebracht hatte: «Dem H Pfr *Barth* v. *Safenwil*, der im Generalbericht umsonst über den Einfluß der Hausindustrie aufs kirchliche Leben, über den Aberglauben, über das Verhältnis der Katholiken & a. m. etwas gesucht habe, antwortet der Berichterstatter [J. Bossart], auf die bezüglichen Fragen seien ihm von den Pfarrern nur kurze od. keine Antworten eingegangen.»
[4] Vgl. oben S. 706f.

gemeinen Regulierung, Temperierung usw. Möge sich der Kirchenrat zu einer solchen Zentrale entwickeln.[5] (Bahnhofvorstand?)

Aus der Detailberatung des Berichts ist nur *ein* Punkt der Erwähnung wert. Einige etwas scharfe Stellen über den sog. *konfessionslosen Unterricht* aus den zitierten pfarramtlichen Berichterstattungen[6] gaben nämlich Anlaß zu einer regelrechten kleinen Religionsunterrichtsdebatte.[7] Pfarrer *Widmer* (Gränichen, freis[innig]) protestiert gegen diese Angriffe auf den Unterricht in aargauischer Staatsreligion.[8] Er persönlich als Bezirksschulinspektor habe nichts davon gemerkt, daß dieser Unterricht ein «Unsinn» sei, wie man da lese.[9] Soll denn «das Dogma» wieder einziehen in die Schule? Will man sich denn in die Geistesgemeinschaft ultramontaner Schulpolitik begeben? Kirche und Schule sollten zusammenarbeiten. Nun habe aber die Kirche dem Nachbar bereits die Scheiben eingeworfen, d. h. sie habe die Lehrer beleidigt durch jene Stellen des Generalberichts. Es werde nun zu spät sein zu gütlichen Unterhandlungen über eventuelle Wünsche unsererseits. Dem gegenüber konstatieren die Pfarrer *Benz* (Kirchberg), *Witzemann* (Rothrist), *Müller* (Birrwil) und *Preiswerk* (Umiken), daß es wenn auch nicht überall, so doch namentlich unter der jüngern Lehrerschaft unseres Kantons nicht stimmt mit diesem Unterricht. Er wird entweder verständnislos, oder widerwillig, oder direkt in antireligiösem Sinn erteilt, schon im Seminar Wettingen[10] wird systematisch gegen die Religion Stimmung gemacht. Als Besserungsvorschläge wurden geltend gemacht: Veranstaltung von Religionslehrerkursen, Freigabe des Religionsunterrichts für die einzelnen Lehrer, bessere, d. h. fachmännische seminaristische Vorbereitung – jedenfalls Fühlungnahme mit den Schul-

---

[5] Protokoll, S. 386.
[6] Vgl. den *Generalbericht*, a.a.O., S. 11–13, bes. S. 13.
[7] Protokoll, S. 388–390.
[8] Der Begriff «Staatsreligion» ist in den siebziger Jahren des 19. Jahrhunderts im Zusammenhang der Auseinandersetzungen um die Einführung eines «von den Konfessionen unabhängigen, freien und allgemeinen Religionsunterrichtes» im Aargau als Bezeichnung für diese staatlich gelehrte Religion aufgekommen; vgl. E. Heer, *Das aargauische Staatskirchentum von der Gründung des Kantons bis zur Gegenwart* (Broschüren des Kantonal-Verbandes der aargauischen katholischen Volks-Vereine), Wohlen 1918, S. 187–196, bes. S. 188–191.
[9] *Generalbericht*, a.a.O., S. 13.
[10] Aargauisches Lehrerseminar, 1822 zur Ausbildung der Landschullehrer gegründet.

behörden. Diese Anregungen gehen zur Begutachtung an den neuen Kirchenrat.

Als zweiter Gegenstand war auf der Traktandenliste eine *Motion* von Pfarrer *Jahn* (Brugg, freis.) betr. Abhaltung einer jährlichen *Frühlingssynode* zwecks *Besprechung allgemeiner kirchlich-religiöser Tagesfragen*.[11] Der Motionssteller stellt sich vor als genauer Kenner des aargauischen Volkes und als besonders Befreundeter seiner «führenden Kreise». Er hofft den Indifferentismus dieser Kreise zu bekämpfen durch Diskussionen.[12] Kirchenrat *Ammann* erklärt den Antrag für gesetzlich unmöglich.[13] Die Synode ist eine Behörde und nicht ein Verein. Doch können solche Diskussionen jederzeit durch Motionen, Interpellationen usw. provoziert werden. Mit dieser Erklärung ist die Motion Jahn erledigt.

Pfr. *Preiswerk* (Umiken) vertrat einen Antrag des Kapitels[14], es sei jedem Pfarrer das Recht zu erteilen, jährlich 2 Wochen Ferien zu machen, wobei er für Stellvertretung selbst zu sorgen hat. Dieser Antrag wurde ohne Widerspruch angenommen.[15]

Und nun kam die Motion *Epprecht* an die Reihe, die eine *Resolution gegen den Bundesratsbeschluß* betr. *Hazardspiele*[16] vorschlug, ähnlich wie sie in Zürich und Neuenburg beschlossen worden sind.[17] Gar erfreulich klang die Erklärung des Kirchenrates, er sei einverstanden und empfehle die Resolution zur Annahme. Aber schon die Art, wie Pfarrer

---

[11] Protokoll, S. 391f.
[12] Protokoll, S. 392.
[13] Zur Begründung wurde auf § 25 der *Organisation der evangelisch-reformierten Kirche des Kantons Aargau* vom 27. 9. 1893 verwiesen, der die Befugnisse und Pflichten der reformierten Synode regelt (Gesetzes-Sammlung für den eidgenössischen Kanton Aargau, Neue Folge, Bd. IV, Brugg 1896, S. 132–141, S. 138f.); vgl. Protokoll, S. 392f.
[14] Protokoll, S. 393. Zu den «Verrichtungen des Kapitels», der Korporation der im Kanton wohnenden aargauischen reformierten Geistlichen, vgl. § 30 der *Organisation*, a.a.O., S. 140.
[15] Protokoll, S. 393.
[16] Vgl. oben S. 708, Anm. 16.
[17] *Protokoll der Kirchensynode des Kantons Zürich. Sechste Amtsdauer. IV. Die Verhandlungen der ordentlichen Versammlung vom 26. November 1913*, S. 37–44; *Eglise National du Canton de Neuchâtel: Rapport du Synode sur sa gestion pendant les Années 1913 à 1915*, Colombier 1915, S. 10f. (Beschluß vom 13. 11. 1913).

Graf (Aarau, freis.) für den Kirchenrat redete, war geeignet, diese Freude rasch zu dämpfen. Der Simson [vgl. Ri. 16, 4–21] der Spielleidenschaft sei doch durch die 15 bundesrätlichen Paragraphen ganz ordentlich eingeschnürt[18], immerhin nicht ganz solid genug. So groß sei am Ende der Schade nicht, wenn den wohlgespickten Portemonnaies der Fremden ein paar Fränklein abgeknöpft werden, immerhin sei es fatal, daß dabei die Bundesverfassung übertreten werde. Die Resolution Epprecht klinge auch gar hart und bitter gegen unsere höchste Landesbehörde, die Saite der Geige sei überzogen und töne darum schrill (ein etwas dunkler violinistischer Vorgang!), immerhin könne sie in etwas gemilderter Form am Ende angenommen werden. So Pfarrer *Graf*.[19] Auch eine etwas gedämpfte Resolution wäre am Ende besser gewesen als gar nichts. Die Sordine ist ja zu allen Zeiten und in allen Religionen das wichtigste Instrument der Kirchenmusik gewesen, um wie viel mehr in der aargauischen Staatsreligion. Aber das schmähliche Ende, das nun kam, hatte doch niemand erwartet. Als man nämlich eben zur Abstimmung schreiten wollte, stellte Pfr. *Raschle* (Würenlos, freis.) die Frage, ob die Synode überhaupt noch beschlußfähig sei. Und siehe da, das war nicht mehr der Fall.[20] Ungeahnt rasch befanden sich die Synodalen im Hausflur, schmunzelnd die Einen, scheltend die Andern. Die Freunde der *Motion Stettler in der Berner Synode*[21] mögen sich mit uns Aargauern trösten. Die sozialpolitische Charakter – – haftigkeit gewisser kirchlicher Kreise hat bei uns wie bei ihnen in derselben Sache denselben Sieg davongetragen. Und so zogen wir heim von der Synode.

---

[18] Die «Grundsätze», bei deren Beachtung der Bundesrat «die in den Kursälen betriebenen *Hasardspiele* als nicht unter das Verbot des Art. 35 der Bundesverfassung fallend» betrachtet, sind in dem erwähnten Beschluß in 15 Punkten aufgeführt (Bundesblatt der schweizerischen Eidgenossenschaft, Jg. 65 [1913], Bd. IV, S. 198–201).
[19] Protokoll, S. 394.
[20] Protokoll, S. 395.
[21] Pfarrer A. Stettler reichte in der Kirchensynode der evangelisch-reformierten Kirche des Kantons Bern vom 11. 11. 1913 eine Motion gegen den erwähnten Bundesratsbeschluß ein. Die Synode vertagte die Entscheidung darüber auf die nächste Session. Vgl. die Verhandlungen der Kirchensynode vom 11. 11. 1913 in: *Evangelisch-reformierte Kirche des Kantons Bern. 1913*, Bern 1913, S. 3–27, bes. S. 9 und S. 25f.

Noch ein weiteres Traktandum blieb unerledigt.[22] O Aargau! O Staatsreligion![23] Daß Gott erbarm![24]

[22] Protokoll, S. 395. – Die Motion Epprecht kam in der Aargauischen reformierten Kirchensynode vom 16. 4. 1914 erneut zur Sprache; vgl. K. Barth, *Aargauische reformierte Kirchensynode* [III], in: Basler Nachrichten, 70. Jg., 3. Beilage zu Nr. 179 vom 19. 4. 1914, S. 1 [Sp. 2f.]; Wiederabdruck in: *Vorträge und kleinere Arbeiten 1914–1921*.
[23] Barth konnte die von der Synode eingenommene Haltung aus zwei Gründen mit der «aargauischen Staatsreligion» (s. oben [bei] Anm. 8) in Verbindung bringen – das Stichwort bedeutet hier eine doppelte Spitze: Zum einen beschränkte sich die von Staats wegen gelehrte «aufgeklärte» Religion (vgl. H. Staehelin, *Geschichte des Kantons Aargau*, Bd. II: *1830–1885*, Baden 1978, S. 139) naturgemäß auf ganz allgemeine Grundsätze, ermangelte also ebenfalls der Eindeutigkeit und Entschiedenheit, wie Barth sie hier in der reformierten Synode schmerzlich vermißte. Zum andern hatte sich das aargauische «Staatskirchentum» bei allen Wandlungen, denen es – von der Kantonsgründung 1803 bis zur finanziellen Trennung der Kirche vom Staat 1906/07 (vgl. W. Gautschi, *Geschichte des Kantons Aargau*, Bd. III: *1885–1953*, Baden 1978, S. 98f.; s. auch oben S. 705, Anm. 3) – unterlag, doch immer in einer stärkeren Affinität zwischen Staat und reformierter Kirche als zwischen Staat und katholischer Kirche ausgeprägt, obwohl diese die gleiche Rechtsstellung hatte. Die reformierte Kirche konnte insofern eher als die «Staatskirche» erscheinen, als die Widerstände bei den Reformierten geringer waren, «ohne weiteres als staatliche Institution behandelt» zu werden (N. Halder, *Geschichte des Kantons Aargau 1803–1953*, Bd. I, Aarau 1953, S. 139), aber auch insofern, als sie weit stärker als die Katholiken und weithin aus eigenen Grundsätzen mit den Prinzipien der liberalen Kirchenpolitik und der «Förderung der Zwecke des Staates in und durch die Kirche und dieser in und durch den Staat» übereinstimmten (a.a.O., S. 293).
[24] Vielleicht denkt Barth an die Zeile aus Clemens Brentanos Gedicht «Die lustigen Musikanten»: «Sind wir nicht froh? daß Gott erbarm» (Cl. Brentano, *Godwi oder das steinerne Bild der Mutter*, Sämtliche Werke und Briefe, Bd. XVI, Stuttgart/Berlin/Köln/Mainz 1978, S. 502, Z. 5).

WEIHNACHTSFEIER DES ARBEITERVEREINS ROTHRIST
1913

Im Oktober 1913 hatte die Stadtzürcher Gemeinde Wipkingen, ein Stadtteil mit überwiegend sozialdemokratischer Bevölkerung, Anstalten gemacht, Barth für die dortige Pfarrstelle zu gewinnen. Doch Barth lehnte ab. Am 15. Dezember schreibt er darüber an W. Loew: «Es ist besser, das Alles» – gemeint ist: die soziale Problematik – «vorläufig in Safenwil in kleinerem Rahmen durchzuarbeiten, und den Safenwilern tut es vielleicht auch gut, noch einige Zeit in mir einen Stein des Anstoßes zu haben. Aber als Referent in sozialist. Versammlungen wirke ich jetzt ab u. zu wenigstens im Aargau herum, nächstens an 2 Weihnachtsfeiern von Arbeitervereinen. Die eine, in Rothrist, findet in der Kirche statt.»

Von einer zweiten Arbeitervereinsweihnachtsfeier außer der in Rothrist – einer 8 km südwestlich von Safenwil gelegenen Gemeinde mit damals ca. 3 000 Einwohnern – findet sich jedoch weder in Barths Terminkalender noch in weiteren Briefen eine Spur. Ebensowenig ist über die Umstände von Barths Einladung nach Rothrist bekannt.

Barth redete dort am 21. 12. 1913. Zwei Tage vorher schreibt er seiner Großmutter Johanna Maria Sartorius und seiner Tante Elisabeth Sartorius in Basel: «Am Sonntag nachmittag muß ich bei einem sozialdemokratischen Weihnachtsbaum in der Kirche von Rothrist eine Ansprache halten. Es ist oft schwierig, den verschiedenen Bedürfnissen zu genügen und doch Allen das Eine zu sagen, worauf es ankommt.» Diese Schwierigkeit schien ihm im Falle Rothrist dann wohl befriedigend bewältigt. Am 22. 12. schrieb er an W. Spoendlin: «Immerhin trete ich ab u. zu als Wanderredner auf, gestern z. B. an einer roten Weihnachtsfeier, bei der es aber durchaus christlich zuging.»

Das Manuskript besteht aus einem auf allen 4 Seiten beschriebenen Doppelblatt vom Format 18 × 11,4 cm.

Lc 2,1–20 vorlesen. *Reichtum* der Weihnachtsbotschaft. Immer wieder Neues. Jedes Jahr. Für jede Menschenseele. Für jede Menschenart. Die verschied[enen] Charaktere in den alten Weihnachtsspielen. Weihnachtsgedanken u. -erfahrungen bilden zusammen eine Weltgeschichte:

die Denker, die Künstler, die Traurigen, die Armen, die Kinder – *die Sozialisten*

Friede auf Erden unter den Menschen des Wohlgefallens! [Lk. 2,14b]
a) *bedeutete damals:* α) *Friede:* Gegenteil von Krieg, sich z'Leid leben, wehe tun. Welt voll Krieg: Eroberungen der Römer, Aufstände, harter Druck, nationaler Haß. Miteinander auskommen auf Grund der inneren Einigkeit derer, die wollen[,] was Gott will: Liebe, Wahrheit, Gerechtigkeit

β) *auf Erden:* Die Aussicht auf eine solche Menschheit hatte sich ins Jenseits geflüchtet, für diese Erde war man hoffnungsarm. «Wir heißen euch hoffen»![1] Der Menschheit wird der Mut zu sich selbst trotz Allem zurückgegeben.

γ) *unter den Menschen d. Wohlgefallens.* Gott erwählt sich Menschen, die solchen Frieden haben u. verbreiten dürfen: die Christengemeinde, aber nicht als still genießende Sekte, sondern als Salz [Mt. 5,13] u. Senfkorn [Mt. 13,31]. – Seitdem schied sich die Menschheit in zwei kämpfende Hälften: die einen kennen den Frieden Gottes nicht u. wollen ihn nicht, weil er der Selbstsucht zuwider ist, – die andern sehnen sich danach u. arbeiten dafür, obwohl sie auch schwache irrende sündigende Menschen sind.
b) *bedeutet heute:* α) Ist diese Botschaft u. dieser Kampf heutzutage noch nötig? Ja, mit dem Sieg gehts langsam. In Vielem hat es der Weihnachtsfriede schon gewonnen: Grundsatz der Vergeltung, Sklaverei, politische Ungleichheit, Alkoholismus, Prostitution, Krankheit u. Gebrechen. Ist nun Friede da? Nein, der Hauptfeind steht noch: *der wirtschaftliche Egoismus:* ich muß für mich sehen! Hat sogar stark zugenommen. Im Mittelalter mehr Rücksicht nötig. Es kam die Zeit der sog. Freiheit. Sie wurde zur Freiheit der Besitzenden, noch mehr zu erwerben. Wirtschaftliches Ziel für den Einzelnen wird seine eigene Bereicherung, die Andern sind blos Mittel zum Zweck. – Sich nicht täuschen lassen durch einzelne wohlgesinnte Vertreter dieses Systems. Dieser Grundsatz der Freiheit der Geldmacht ist der Feind, denn er bedeutet für Unzählige Unfreiheit, Benachteiligung, Elend, er bedeutet den beständigen *Krieg* unter den Menschen.

---

[1] J. W. von Goethe, «Symbol», aus dem Gedichtzyklus «Loge».

Arbeitslosigkeit, Wohnungselend, Frauen- u. Kinderarbeit, Überproduktion u. Krisen, Lebensmittelteuerung, Krieg! –
Frage: Gilt hier das «Friede ...!»[?] Christentum der Gleichgiltigkeit, – der Resignation.

β) *Wir glauben daran!* – Die soz[iale] Frage ist uns nicht nur Magenfrage; weil wir an Gott glauben, müssen wir an bessere Verhältnisse glauben

Wir schwärmen nicht, wir glauben nicht an ein Traumland ohne Unterschiede, ohne Arbeit, ohne Eigentum. Aber an einen Zustand der Gemeinsamkeit von Arbeit u. Ertrag, von Recht, von Frieden

Die Weihnacht sagt uns, daß wir ein Recht haben daran zu glauben u. fordert uns dazu auf, Botschaft an *alle* Stände!

Wer wird ein Kämpfer für den Frieden? Wer es versteht: *Ehre sei Gott* ... [Lk. 2,14a] Menschen mit erhobenem Herzen[,] feinem Gewissen

α) inachtnehmen vor dem Sozialismus aus Unzufriedenheit u. Egoismus. So wird der soz[iale] Kampf zu einer gottlosen Balgerei. Es handelt sich um das Recht u. zw. um das *Recht Gottes*, um eine hl. Sache!

β) inachtnehmen vor dem Tröster *Alkohol!* Er hilft nicht, sondern hindert im sozialen Kampf (Lohn, Familie, geistiges Leben!) Die Arbeiterschaft hat eine hohe Mission an der ganzen Menschheit, würdig an der Spitze stehen!

γ) *Rein kämpfen.* Wir dürfen u. sollen k[ämpfen]! Aber sauber! Nicht Kleinliches. Nicht immer schimpfen. Hilft nichts, u. wenn es hilft, zu nichts Gutem!

Diese Dinge nicht gleichgiltig. Kampf schwer u. lang. Widerstände groß. Weil Sache groß.

Weihnacht. Glauben wir? Das ewige Licht[2]

---

[2] Vgl. Jes. 60,19 und den Anfang der vierten Strophe von Martin Luthers Weihnachtslied «Gelobet seist du, Jesu Christ» (1524): «Das ewig Licht geht da herein ...» (GERS [1891] 367 [Basler Anhang]; EKG 15; GERS [1952] 114).

WEIHNACHT SCHULE 1913
1913

Die Ansprache, auf die sich Barth mit den folgenden – auf einem Oktavblatt mit Tinte notierten, am Schluß mit: «(Weihnacht Schule 1913)» gekennzeichneten – Stichworten vorbereitete, gehörte zu den Fest- und Feierpflichten, die er zwischen dem 23. und dem 28. 12. 1913 – außer den Predigten am 25. und am 28. 12.![1] – zu bestehen hatte: Sonntagsschulweihnacht am 23. 12.; Schulweihnacht am 25. 12.; Konfirmandenweihnacht am 26. 12.; Weihnachtsfeier des Blauen Kreuzes am 28. 12. In einem leider nicht vollständig erhaltenen Brief an seine Mutter vom 29. 12. berichtet Barth von der Feier am 26. 12.: «Am Freitag Abend kamen die Konfirmanden [ins Pfarrhaus]. O du liebes Mamchen, ich habe noch ganz vergessen, dir für die Lebkuchen zu danken. Es war ein rechtes Freudenfest. Fünf Mädchen führten die Weisen aus dem Mohrenland, den König Herodes und den in der Bibel nicht erwähnten ‹Mohrenkönig› auf, eine seltsame alte Safenwiler Sitte, von der ich noch nichts wußte. Andre Mädchen sangen unter Nellys Leitung, wieder andre u. manche Buben deklamierten mit viel Feuer. ... Die Lebkuchen und die Büchlein, die wir dazu verabfolgten, erregten Freude u. wieder wurden muntere Spiele gemacht, fast bis 11 Uhr.» Und über den 28. 12.: «Am Abend hatten wir Blaukreuzweihnacht. Wir sangen Ave verum corpus von Mozart, etwas falsch[,] aber doch! Ferner: Tochter Zion! und ‹Es ist ein Ros entsprungen›. Ferner traten auf: die Weisen aus dem Morgenland, 1 Engel, die Liebe, eine Waldfee, eine Witwe u. ihr Kind, meistens in weißen Kleidern u. mit offenen Haaren. Zum Schluß sollte die rührende Gruppe bengalisch beleuchtet werden ... Da hatte ihnen der Krämer aus Versehen eine Art Bombe gegeben statt dem bengal. Licht, es gab ein großes Feuerwerk und einen mächtigen Gestank und Alles mußte husten. Doch endete der Abend im Übrigen sehr froh.» Die Schulfeier vom 25. 12. wird man sich vielleicht weniger glanzvoll als die entsprechende Veranstaltung in Genf 1909 (s. oben S. 16–18), jedoch durch noch reichere Darbietungen belebt als die Konfirmandenweihnacht vorzustellen haben. Aus welcher offenkundig populären Quelle Barth die Erzählung geschöpft haben könnte, die er zu

---

[1] K. Barth, *Predigten 1913*, hrsg. von N. Barth und G. Sauter (Gesamtausgabe, Abt. I), Zürich 1976, S. 669–697.

der Feier beitrug, ist nicht bekannt. Er selber scheint, wenn seine (in der 4. Zeile nach der gemeinten Stelle eingefügte) Anmerkung als Kritik zu deuten wäre, mit dem moralistischen Ton der etwaigen Vorlage (nachträglich) nicht ganz einverstanden gewesen zu sein. Doch ist auch im Blick auf gewisse historische Ungenauigkeiten nicht auszuschließen, daß Barth – in seiner Jugend einmal in einer Aufführung von «Wallensteins Lager» der erste der beiden Holkischen Jäger (Busch, S. 38) – die Erzählskizze selber improvisiert hat.

Wallenstein belagert Stralsund. Winter 1627.[2] Und wär sie mit Ketten ... umsonst![3] Wut, Kälte, Hunger [[*Heinz der Trompeter*. Aus Erfurt. Sohn einer frommen Mutter. Gut veranlagt, aber leichtsinnig u. leidenschaftlich. Trompeten u. herumstreifen, allerlei hinter dem Rücken! Kameraden. 16jährig läuft er aus der Sattlerlehre, folgt den kaiserl. Werbern, wird Trompeter bei den Holkischen Jägern, führt ein wildes Leben in schlechtester Gesellschaft]]
Verläßt am 24. Abends das Lager um zu marodieren, findet eine Fischerhütte. Alter Mann mit 5 Kindern. Mutter tot, Vater hilft auf dem Meer den Stralsundern[.] Sieht zum Fenster hinein: klares Licht, kärgliche Mahlzeit, aber frohe Gesichter. Weihnachtsevang[elium]. Lied: Lobt Gott ihr Christen ...[4] Erinnerung an zu Hause, an Gott. Trompeten? – Nein Haß gegen diese Leute. Gedanke an Kameraden, an eignes verfehltes Leben, an frühere Streiche.* Will das Haus anzünden – verwundet durch den Schuß einer stralsund[er] Streifpatrouille. Gefunden mit Brandfackel, Angst vor Rache[.] Aufgenommen u. ver-

* dummes Zeug!

[2] Barth schrieb versehentlich 1527. Aber schon seine Vorlage wäre nicht exakt gewesen, wenn sie denn die 1628 unternommene Belagerung um der erbaulichen Erzählung willen auf den *Winter 1627* datierte, ebenso wenn sie die Holkischen Jäger Stralsund belagern ließ, während Holk, 1628 noch nicht auf kaiserlicher Seite, vielmehr zu den Verteidigern Stralsunds gehörte und sein Reiterregiment im übrigen erst 1632 aufgestellt wurde.
[3] Über die Bedeutung von Wallensteins Ausspruch, die Stadt müsse herunter, «und wäre sie mit Ketten an den Himmel gebunden», und über den Spott, der sich nach dem Abbruch der Belagerung gerade an diesen Satz heftete, vgl. z. B. G. Mann, *Wallenstein. Sein Leben erzählt*, Frankfurt am Main 1971, S. 563.569f.
[4] EKG 21; GERS (1952) 113.

pflegt. Das Lied noch einmal singen! Muß doch wahr sein! Macht der Liebe!⁵

Bleibt im Haus, dann nach Stralsund, wird ein tüchtiger Arbeiter u. Mensch. So hat H[einz] der Tr[ompeter] am Weihnachtsabend das Himmelreich gefunden!

---

⁵ Vgl. die Strophe «Ich bete an die Macht der Liebe» aus G. Tersteegens Choral «Für dich sei ganz mein Herz und Leben».

EVANGELIUM UND SOZIALISMUS
1914

Auf dem Manuskript dieses Vortrags hat Barth unter dem Titel notiert: «Vortrag im Arbeiterverein Küngoldingen 1. II 14». Küngoldingen liegt ca. 3 km südwestlich von Safenwil und gehört zur Gemeinde Oftringen. Nach dem Jahrbuch der Sozialdem. Partei der Schweiz und des Schweiz. Grütlivereins 1912, zusammengestellt und bearbeitet vom Partei- und Vereinssekretariat in Zürich, Zürich 1913, S. 81, hatte der Arbeiterverein Küngoldingen am 1. 6. 1913 25 Mitglieder. Im Jahrbuch für 1914 fehlen Angaben über Küngoldingen.

Eine Schilderung der Umstände seines Vortrags gibt Barth seiner Mutter in einem Brief vom 3. 2. 1914: «Denk am Sonntag fuhren wir zusammen im Schlitten nach Küngoldingen, wo ich im Arbeiterverein einen Vortrag hielt über ‹Evangelium und Sozialismus›. Es war eine sehr biedere Versammlung in einem Schulzimmer (über meinem Kopf prangte das Bild ‹Die Ziege›) und mein Vortrag war gewiß auch sehr wacker. Nelly freute sich an dem Idealismus der Arbeiter im Gegensatz zu den Gesinnungen der besitzenden Klassen. Die Diskussion drehte sich bes. um die praktische Frage, wie man in die Zeitung schreiben solle (ich hatte die übliche Schreiberei der soz. Blätter von der Bergpredigt aus ein wenig beleuchtet!) Nachher fuhren wir unter dem Jubel der Proletarier wieder heim!!»

Chr[isten]t[um] – Soz[ialismus]? *Ev[an]g[elium]!* – Anfrage: wichtig u. groß. *Für mich* (Lebensberuf: Evg. verkündigen – Soz. – Urteil der Leute über diese Vereinigung – Deutschland – bei uns: nicht einmischen) *Für euch* (Landläuf[iges] Urteil – christl. Kreise – manche sozialist. Blätter u. Reden – Gewissenskonflikt?)

1. Ein rechter Christ muß Freude haben am Soz. u. muß das Seine tun zum sozialen Fortschritt

2. Ein rechter Sozialist muß Freude haben am Evg., muß dort seine Richtlinien u. seine Kraft suchen

Nicht gelehrtes Vorgehen – Schwierige Fragen geschichtlicher und philos[ophischer] Natur (Troeltsch)[1] Vereinfachung – Kann darum nicht auf Alles eingehen – Eigenes Nachdenken u. Lesen

---

[1] Die Bemerkung bezieht sich wohl auf E. Troeltsch, *Die Soziallehren der*

Evg.: Nicht kathol[isches] nicht protest[antisches] Kirchentum, Pfarrer etc., nicht Sekten etc. Das ist «Christentum». Evg. («frohe Botschaft») ist das was Jesus in die Welt brachte (Gedanken, Kraft, Person) nicht was d. Menschen daraus gemacht. Kennen zu lernen im Vertrauens- u. Gehorsamsverhältnis zu ihm.

Sozialismus: Die große moderne Bewegung, die dahin geht, die gegenwärtig geltende, auf Selbstsucht u. Geringschätzung der Menschen beruhende Gesellschaftsordnung durch eine neue auf Solidarität u. Gerechtigkeit gegründete zu ersetzen. Die Gemeinschaft (societas) will sich auch wirtschaftlich selbst regieren, damit der Einzelne wieder zu Freiheit u. Würde komme. Verschiedene Arten Sozialismus (klares Erfassen des Endziels, schrittweise Reformen, soziale Verbesserungen der gegenwärtigen Ordnung) Und doch *eine* Bewegung, weit über die Grenzen der soz[ialistischen] Partei hinausgehend.

I

Wie bin ich dazu gekommen Evg. u. Soz. zu verbinden? Wurde dazu erzogen, Menschen nicht nach ihrem Geldwert zu beurteilen und die materielle Not Anderer als ein ernstes Problem anzusehen. Lernte als Student die satte Indifferenz der bürgerlichen Kreise kennen u. in Genf die Armut. Hielt damals noch die soziale Not für eine naturnotwendige Tatsache, unter die der Glaube blos eine starke aber unpraktische Hoffnung zu setzen habe. – Etwas Neues brachte mir *Calvins* Idee des *Gottesstaates* auf Erden[2] u. das führte mich darauf, daß *Jesus* das *Reich Gottes* als einen Zustand vollkommener Gottes- u. Bruderliebe be-

---

christlichen Kirchen und Gruppen, Gesammelte Schriften, Bd. I, Tübingen 1912. Barth hatte dieses Buch, das Hochzeitsgeschenk seiner Freunde Fritz Hoch, Wilhelm Loew, Eduard Thurneysen, Gottlob Wieser und Franz Zimmerlin, im Sommer 1913 gelesen (vgl. oben S. 576).

[2] Am 19. 1. (2. ?) 1914 berichtet Barth Martin Rade von seiner derzeitigen Beschäftigung «sehr weit weg von der systematischen Theologie ... ganz mit Sozialismus und Sozialpolitik», also von seinem Kurs über die Arbeiterfrage, und fährt fort: «Doch werde ich auf Umwegen schon wieder zur Theologie zurückkehren, wie ich ja von der Theologie, bes. Calvin, auf die sozialen Sachen gekommen bin» (Bw. R., S. 88f.). – Ein Niederschlag seiner in Genf betriebenen Calvin-Lektüre findet sich in dem dort entstandenen Vortrag *Der christliche Glaube und die Geschichte* (oben S. 149–212). Vgl. auch Barths Übersetzung eines Abschnitts aus Calvins Institutio oben S. 262–265.

schrieben hat. – Durch S[afenwil] mit Soz. bekannt u. zu genauerem Überlegen u. Studieren der Sache getrieben. Seitdem halte ich die sozialist. Forderungen für ein wichtiges Stück Anwend[un]g des Evgs., glaube allerdings auch, daß sie sich nicht ohne d. Evg. realisieren lassen.

II

Widerspruch von rechts: 1. eine *weltl. äußerliche Sache!* – So? Arbeitszeit von Familienvätern. Lohn 4,85 Divid[ende] 9–10% – 5 600 Kinder = 20% im Aargau – 36% Frauen – Arbeitslose (Kilchberg)[3] – Ältere Arbeiter – Konjunkturalgewinn – Übervölkerte Wohnungen – Familie u. Erziehung vernachlässigt – Freudigkeit zum Sparen – Alkoholismus[.][4] Die[,] die unter diesen Verhältnissen leiden[,] u. die[,] die sie anerkennen[,] können nicht in Gemeinschaft mit Gott stehen. Gerade darum!

2. Auflehnung! Gott läßt das so zu u. er wird es ändern. Ja aber die menschl. Sünde hat diese Verhältnisse geschaffen. Sie sind nun vor uns als Aufgabe. Gott will diese Dinge nicht, darum sollen wir sie auch nicht wollen. Auflehnung ist Gehorsam. Sie richtet sich nicht gegen Menschen, gegen Zustände

3. böse Mittel der Sozialisten. Das Mittel heißt «Einigkeit macht stark».[5] Aber Kampf?! Der Kampf gilt nicht den Unternehmern etc., geschieht auch für sie, Menschheitsbefreiung geht nicht ohne Wehtun, ist darum doch im Sinn des Evgs.

Widerspruch von links: 1. Evg. ist überholt, nichts für moderne Menschen etc. Nicht mit Kirche etc. verwechseln. Aber Evg.: Gehorsam, Liebe, Kreuz?! Das ist ewig, überholt uns, ohne das kein Sozialismus

---

[3] Vgl. oben S. 608, wo Barth von einem Ziegeleiarbeiter berichtet, der 1912 bei Kilchberg eine leere Scheune anzündete, um in der Strafanstalt den Winter über versorgt zu sein und dort einen Beruf zu erlernen, damit er später nicht mehr arbeitslos werde.
[4] Zu den einzelnen Stichworten vgl. die betreffenden Abschnitte oben in *Die Arbeiterfrage.*
[5] Vgl. L. Mackensen, *Zitate. Redensarten. Sprichwörter,* Stuttgart 1981², S. 235: «Einigkeit macht stark. – d[eutsches] Sp[rich]w[ort]. – Seine fr[anzösische] Fassung L'union fait la force gab der Belgierkönig Leopold I. dem von ihm gestifteten Leopoldorden (1832) als Sinnspruch.»

2. Evg. ist unwirksam. Nein, aber die Menschheit ist zähe. «Gott ist die Liebe» [1. Joh. 4,8.16] eine schwere Lektion. Erfolge: Familie, Rechtsanschauungen, Wert der Arbeit, Veredlung u. Aufhebung der Sklaverei. Gegenbeispiele beweisen nur *unsre* Unvollkommenheit. Jetzt sind wir am Aufwachen.

3. Evg. ist gefährlich. Kirche eine Institution der besitzenden Klassen zur Unterdrückung etc. . . . . Wirklich, bei uns in der Schweiz? – Und *wenn*, – das ist *nur* die Kirche. Im Evg. liegen vielmehr die Kräfte zu einem lebend[igen] ernsthaften Sozialismus

III

1. Warum wir uns als Christen des Soz. freuen sollen? Was hat der Soz. mit dem Evg. gemein? Jesus war nicht Sozialist – auch nicht Abstinent, richtete keine Haushaltungsschule ein. Selbstverständlich! Er lebte in s[einer] Zeit u. in s. Anschauungen (baldiges Weltende) wir in der unsrigen. Aber wenn wir auf ihn hören, werden wir auf den Soz. hingewiesen. Jesus kündigte die *neue Welt* der *Gottesordnung u. der Bruderliebe* an. Der Soz. realisiert davon nur ein Stück, bringt nicht d. Paradies a[uf] d. Erde (Neid, Zank, Kleinlichkeit, Stumpfsinn, Begehrlichkeit!!) aber doch ein *Stück*, das die Voraussetzung anderer ist. Vom «Endziel» des Evgs. ist das Endziel des Soz. eine Vorstufe.

2. Warum wir als Sozialisten uns des Evgs. freuen sollen, weil wir ohne die Gesinnung u. die Kraft des Evgs. nicht ins R[eich] G[ottes] kommen, nicht einmal bis zum soz[ialistischen] Endziel. Nur als Christen liefern wir die *Bedingungen* die uns die Fähigkeit zum Kämpfen u. das Recht zum Hoffen auf die soz. Ziele geben. Enge Pforte [Mt. 7,13f.], selig [Mt. 5,3ff.], verleugnet [Mt. 10,33], was hülfe es ... [Mt. 16,26] Soz. braucht nachdenkliche, reine, starke, selbstverleugnende Menschen, braucht einen großen Zug nach oben[,] eine große Liebe zur Menschheit. Die finden wir als Soz[ialisten] im Evg. u. haben es bitter nötig. Gott hat uns nicht nötig, aber wir ihn.

IV

Praktisches. 1. Wir dürfen mit gutem Gewissen für den Sozialismus werben und arbeiten u. ebenso uns dazu gewinnen lassen. Das letztere wird sogar jedem, der einmal die Dinge eingesehen hat, zur Gewissenssache werden. Es handelt sich um eine heilige, eine Gottessache.

2. Wir müssen sie aber auch *als solche behandeln.* Mehr ernste eifrige Sozialisten! Und mehr Reinheit u. Liebe in der Aktion. Bürger der zukünftigen Welt. Stellet euch nicht dieser Welt gleich! [Röm. 12,2]

3. Zu den *Quellen* gehen: Gottes Art in Jesus auf uns wirken lassen: N[eues] T[estament], Beten

«Vom Christen zum Sozialisten» – und umgekehrt! einsehen.

BESSERE ZEITEN
1914

Barths Überschrift über dem auf Vorder- und Rückseite eines Quartblattes mit Tinte geschriebenen Vortragsmanuskript lautet: «Bessere Zeiten. Vortrag im Bl[au-]Kr[euz-]Verein Biberist 8. II 14». Biberist liegt etwa 3 km südlich von Solothurn. Die Gemeinde hatte ungefähr 2900 Einwohner, das Dorf 540. Über die Veranlassung des Vortrags und über das Echo, das er fand, sind keine Nachrichten erhalten. Der Vortragstitel ist von einer Sammlung von Reden übernommen, die David Lloyd George zwischen 1903 und 1910 gehalten hatte: Better Times. Speeches, London 1910. Barths Exemplar der deutschen Übersetzung ist im Karl Barth-Archiv, Basel, erhalten: Lloyd George, Bessere Zeiten, übersetzt von H. Simon, hrsg. von E. Bernstein (Politische Bibliothek), 1.–4. Tausend Jena 1911 (s. auch oben S. 586, Anm. 36).

D. Lloyd George (1863–1945) wurde 1890 liberales Mitglied des Unterhauses, 1905 Präsident des Handelsamtes und 1908 Schatzkanzler. Das Kernstück der Sammlung «Better Times» ist die Rede, die Lloyd George am 29. 4. 1909 im Unterhaus zur Begründung des sogenannten «Budgets des Volkes», des Haushalts für das Verwaltungsjahr 1909/ 1910, hielt.[1] Der Herausgeber der deutschen Übersetzung, der sozialistische Theoretiker und Politiker Eduard Bernstein, sieht diesen Haushalt «durch die entschiedene Tendenz» ausgezeichnet, «die Steuerlast denen aufzubürden, die am ehesten imstande sind, sie zu tragen». Darin nehme er sich «gegenüber den Budgets der übrigen Großstaaten wie ein weißer Rabe aus».[2] Zwar würde «ein sozialdemokratisches Budget ... jedenfalls schärfer ausgefallen sein». Denn Lloyd George sei gewiß «das radikalste Mitglied der gegenwärtigen liberalen Regierung, die selbst wieder die radikalste Regierung ist, die das britische Weltreich bisher noch gehabt hat». Dennoch zeigten seine Reden «einen sehr entschiedenen Anwalt der auf dem Privateigentum und der freien Konkurrenz gegründeten bürgerlichen Gesellschaftsordnung». Trotzdem: «Alles in allem liegt ihr Schwergewicht und das des Lloyd Georgeschen Budgets doch im Abrechnen mit Feudalrechten des Bodeneigentums ...

---

[1] *Bessere Zeiten*, S. 37–106.
[2] A.a.O., S. III.

*Im Kampf gegen diese Privilegien stehen aber selbstverständlich Sozialismus und echter Liberalismus in gleicher Linie.»*³

*Barth konnte übrigens im Blauen Kreuz um so eher an Lloyd George anknüpfen, als dieser sich in seinen Reden auch mehrfach mit der Möglichkeit beschäftigt, der Trunksucht durch erhöhte und stärker differenzierte Abgaben auf Alkohol zu steuern.*⁴

Lloyd George, sieht die Mißverhältnisse[,] in denen die große Mehrzahl der engl[ischen] Bevölkerung lebt: zusammengedrängt in den Städten, Gefahr d[er] Arbeitslosigkeit, hohe Mieten u. Preise, Unsicherheit bei Krankheit u. Alter.⁵ Macht die *solidarische Verantwortlichkeit* zum polit. Prinzip: Altersrentenbill.⁶ Budget 1909/10 mit Bodenbesteuerung.⁷ 1912 Arbeitslosenversicherung.⁸ 1913 Ministerium des Landes.⁹ –

Ein Stück von der *Wirklichkeit Gottes:* nicht Gewalt, nicht Geld, sondern Gerechtigkeit soll herrschen. Vgl. Bismarck!!¹⁰ Anlaß auf ein R[eich] G[ottes] zu hoffen, das noch besser ist als alle Gesetzgebung. Wir wissen auch von *Nöten*[,] z. T. denselben wie dort: Schwierigkeit

³ A.a.O., S. IIIf. VIf.

⁴ A.a.O., S. 78–89.101–103 (hier Unterstreichungen und Anstreichungen in Barths Exemplar); s. auch a.a.O., S. 222–228.

⁵ A.a.O., S. 4f.30–33.40–43.46–50.94f. u. ö.

⁶ A.a.O., S. 5.30.41f.183 u. ö.; P. Rowland, *Lloyd George,* London 1975, S. 202f.

⁷ Zur Bodenbesteuerung Lloyd George, a.a.O., S. 88–100; P. Rowland, a.a.O., S. 210.215–223.234f.

⁸ P. Rowland, a.a.O., S. 246f.258f.

⁹ P. Rowland, a.a.O., S. 269f.: Im Rahmen der am 11. 10. 1913 von ihm eröffneten Kampagne für eine grundlegende Landreform gab Lloyd George am 22. 10. 1913 bekannt, «that the Government had decided to set up a Ministry of Lands which would have all the powers of the Board of Agriculture and a lot more besides».

¹⁰ Der Vergleich mit den Bismarckschen Sozialreformen, die für Lloyd Georges Pläne nicht ohne Bedeutung waren (Lloyd George, a.a.O., S. 44.180f.; P. Rowland, a.a.O., S. 206), wurde auch in Großbritannien angestellt – so z. B. von Churchill (P. Rowland, a.a.O., S. 260). Die doppelten Ausrufzeichen, mit denen Barth den (in der auf die gemeinte Stelle folgenden Zeile nachgetragenen) Hinweis auf Bismarck versieht, scheinen freilich darauf hinzudeuten, daß er weniger die Parallele in der Sache als vielmehr einen Unterschied in der Motivation zur Sprache bringen wollte.

sich durchzubringen, Arbeitslosigkeit[11], Tuberkulose[12]. Dürfen wir auf *bessere Zeiten* hoffen? ja wenn wir unsere *Bruderpflicht* tun. Je mehr *ganze* Arbeit, desto besser

I

Ein Stück Not ist der *Alkoholismus*. Ein Stück Not, nicht die ganze. Zu der Erreich[un]g d[er] bess[eren] Zeiten bedarf es noch andrer Arbeit. Aber wichtige Mitarbeit!

Worin besteht die *Alkoholnot?* Darin daß viel zu Viele ein Genußmittel unmäßig verwenden. «zu viel»! (Gesundheit, Gedächtnis, Nachkommenschaft, Vergehen, Verbrechen, Armut)

Dieses «zu viel» zerstört die Seele unsres Volkes, der Mensch geht seiner Würde u. seines göttl. Berufes verlustig: N. N., N. N., N. N., Wirt N. N.[13]

Und das mäßige Trinken? Viel von jenen Übeln geht auf mäß[iges] Tr[inken] zurück u. im Übrigen: Gemütliche Selbstsucht, Philisterei, Politikasterei, Vergnügungssucht, Klatsch, geistige Bedürfnislosigkeit, Mangel an Gottesgedanken.

Ist das keine Not?

Solls immer ärger werden?

Wollen wir zusehn?

II

Nein, wir glauben an *bessere Zeiten*.

a) Vor Allem Einsicht in die *Ursachen*, die zusammen wirken

α) die natürl. Trägheit im Menschen

β) die Trinksitten bei hoch u. niedrig

γ) das Alkoholkapital[14]

---

[11] Siehe oben S. 608ff. u. ö.

[12] Siehe oben S. 600f.

[13] Namen Safenwiler Bürger, an deren Lebensart und Lebensweg Barth offenbar seine vorangehende Behauptung illustrieren wollte.

[14] Das Stichwort diente häufig zur Bezeichnung der Produzenten von alkoholischen Getränken. Siehe z. B. die folgenden von Th. Schmidt verfaßten Artikel: *Vom allmächtigen Alkoholkapital*, in: Der freie Schweizer Arbeiter. Wochenblatt für Sozialgesinnte aller Stände, Jg. 6, Nr. 3 vom 18. 10. 1912 [S. 2]; *Vom Alkoholkapital*, in: a.a.O., Nr. 7 vom 15. 11. 1912 [S. 3]; *Wie sich das Al-*

δ) die wirtschaftl. Verhältnisse (Lohn, Arbeitsz[eit], Wohnung)
b) Die *Bekämpfung*

α) *Mäßigkeit?* Ja, wenn es sich um gewisse Einzelne handeln würde, dann gut, aber vor einer Volksnot u. zur Herbeiführung bess. Zeiten genügt sie nicht

β) *also Abstinenz*, als gutes Beispiel, als Kampfmittel gegen die Trinksitte u. gegen das Alkoholkapital. Grundsatz dringt durch. Im Aargau in 25 J[ahren] von 40 auf 2 000 Mitgl[ieder] Bl. † [Blaues Kreuz][15], Schweiz 28 000[16][.] Im Aarg[au] die ½ Pf[arre]r.[17] Andre Vereine![18] Soz[ial]dem[okratischer] Parteitag.[19] – Einsicht auch in nichtabstin[enten] Kreisen (Militär, Generalstreik[20], Sportsleute)

koholkapital wehrt, in: a.a.O., Nr. 9 vom 29. 11. 1912 [S. 2]; *Die Schweizer-Bundesbahnen und das Alkoholkapital,* in: a.a.O., Nr. 16 vom 17. 1. 1913 [S. 2]; weiter: Dr. med. E. K., *Arbeiter und Alkoholkapital,* a.a.O., Jg. 7, Nr. 15 vom 9. 1. 1914 [S. 3].

[15] Siehe oben S. 711, Anm. 7. Barths Ausgangszahl bezieht sich auf das Gründungsjahr 1887.

[16] Siehe oben S. 711, Anm. 7.

[17] Nach dem Mitglieder-Verzeichnis der «Vereinigung abstinenter Pfarrer in der Schweiz» waren 1913 im Aargau von 61 Pfarrern im Kirchendienst 27 Abstinente. Siehe auch: Der freie Schweizer Arbeiter, Jg. 6, Nr. 39 vom 27. 6. 1913 [S. 2f.], wo unter der Überschrift *Pfarrer und Abstinenz* berichtet wird, vor 15 Jahren seien im Aargau vier Pfarrer abstinent gewesen. «Heute sind es 25 (also zirka die Hälfte aller reformierten Pfarrer des Kantons)», die als Abstinente im Blauen Kreuz mitarbeiteten.

[18] Siehe die Liste der «schweizerischen Vereine, die den Alkohol bekämpfen» in: R. Hercod (Hrsg.), *Schweizerisches und internationales Jahrbuch des Alkoholgegners,* Jg. 6 (1914), Lausanne 1914, S. 226–265; R. Hercod, Art. «Antialkoholismus», in: HBLS I, S. 387f. Es gab besondere Abstinentenvereinigungen für Lehrer und Lehrerinnen, Sozialdemokraten, Eisenbahner, Pfarrer, Ärzte, Turner usw.

[19] Auf dem Schweizerischen sozialdemokratischen Parteitag in Aarau vom 7. bis 9. 11. 1913 wurden u. a. Thesen zur Alkoholfrage beraten. Die Beschlüsse des Parteitags beklagen den hohen Verbrauch alkoholhaltiger Getränke in der Schweiz. «Die Ueberflutung unseres Volkes mit Alkohol ist im wesentlichen eine Folge der kapitalistischen Produktionsweise»; für die daher notwendige «organisierte Bekämpfung des Alkoholismus» formulierte der Parteitag Forderungen, die sich sowohl an die Parteigliederungen als auch an «Staat und Gemeinde» richteten. Siehe R. Hercod (Hrsg.), *Jahrbuch des Alkoholgegners,* Jg. 6 (1914), a.a.O., S. 239–241; Neue Wege, Jg. 8 (1914), S. 46f.

[20] Am 12. 7. 1912 fand in Zürich ein Generalstreik statt, zu dem die Arbeiterunion aufgerufen hatte. L. Ragaz, der von der Disziplin tief beeindruckt war, mit der etwa 20 000 Arbeiter diesen Streik durchführten, schrieb in den «Neuen

γ) *Gesetzgebung in Alkoholsachen.* Trinkerfürsorgegesetze (Aargau)[21] Einschränkung des Detailhandels. Wirtschaftsreform.[22]

δ) *Hebung der wirtschaftl. Verhältnisse im Allgemeinen.* Löhne, Arbeitszeit, Wohnungen

III

Bessere Zeiten nur durch *bessere Menschen.*
Bruderliebe verankert in Gottesliebe.
    α) Die Liebe Christi dringet uns also [2. Kor. 5,14]
    β) Ohne mich könnet ihr nichts tun [Joh. 15,5]

Wegen» (Jg. 6 [1912], S. 292f.): «... *der Geist einer sittlich gebundenen Freiheit hat die Massen ergriffen*». Einen Beweis der «Macht des sittlichen Gedankens, der die Arbeiterbewegung trägt», hebt er besonders hervor: «‹Arbeiter, meidet den Alkohol, euern größten Feind› – lautete die Parole. Und wie wurde ihr gehorcht! Als der gewaltige Demonstrationszug nach langem Marsch durch die glühend heißen Straßen am Ziel ankam, da erscholl der hundertstimmige Ruf: ‹Bier her!›, aber siehe da – kein Bier durfte gereicht werden, Wasser und andere alkoholfreie Getränke mußten den Durst stillen, und diese Massen, deren Genußsucht ein steter Gegenstand bürgerlicher Klage ist, fügten sich fröhlich darein. Solches tut die Kraft einer Idee! Man darf die Frage aufwerfen, ob bürgerliche Massen einer solchen sittlichen Leistung fähig gewesen wären. Ich wage jedenfalls die Behauptung, daß schon diese eindrucksvolle Berührung der Arbeitermassen mit der Wahrheit des Abstinenzgedankens, die viel mehr wirkte, als Hunderte von Abstinenzvorträgen, drei Generalstreike wert war. Mit eigenen Augen habe ich es gesehen, daß die Wirtschaften in [dem Zürcher Arbeiterstadtteil] Außersihl an diesem Tage entweder ganz geschlossen oder fast leer waren.»

[21] Siehe oben S. 699 mit Anm. 31.
[22] Siehe oben S. 701 mit Anm. 41.

NACHWEIS FRÜHERER VERÖFFENTLICHUNGEN DES INHALTS DIESES BANDES

1909

Reformation, in: Gemeinde-Blatt für die Deutsche reformierte Gemeinde Genf, Jg. 6, Nr. 32, 2. 11. 1909, S. 1f.
Rezension von E. Schrenk, Seelsorgerliche Briefe für allerlei Leute, in: CW, Jg. 23 (1909), Sp. 1204.
Christ ist geboren!, in: Gemeinde-Blatt für die Deutsche reformierte Gemeinde Genf, Jg. 6, Nr. 33, 22. 12. 1909, S. 1.
Den Menschen ein Wohlgefallen!, in: Gemeinde-Blatt für die Deutsche reformierte Gemeinde Genf, Jg. 6, Nr. 33, 22. 12. 1909, S. 2–4.
[Ein altertümliches Weihnachtslied], in: Gemeinde-Blatt für die Deutsche reformierte Gemeinde Genf, Jg. 6, Nr. 33, 22. 12. 1909, S. 4 (ohne Titel in der Rubrik «Gemeinde-Nachrichten»).

1910

Aus einem Teller, in: Gemeinde-Blatt für die Deutsche reformierte Gemeinde Genf, Jg. 6, Nr. 34, 4. 2. 1910, S. 2–4.
französisch: Une seule assiette, in: Le Messager paroissial de Plainpalais, organe mensuel, Jg. 6, No. 3 = Mars 1910, p. 3 (Traduit librement du «Gemeindeblatt», journal de la paroisse réformée allemande).
Ein sonderbares Mißverständnis, in: Gemeinde-Blatt für die Deutsche reformierte Gemeinde Genf, Jg. 6, Nr. 34, 4. 2. 1910, S. 4f.
Zu den beiden Gedichten, in: Gemeinde-Blatt für die Deutsche reformierte Gemeinde Genf, Jg. 6, Nr. 34, 4. 2. 1910, S. 6.
Mit Christus gestorben, in: Gemeinde-Blatt für die Deutsche reformierte Gemeinde Genf, Jg. 6, Nr. 35, 10. 3. 1910, S. 1f.
Ob Jesus gelebt hat? Eine nachträgliche Osterbetrachtung, in: Gemeinde-Blatt für die Deutsche reformierte Gemeinde Genf, Jg. 6, Nr. 36, 23. 4. 1910, S. 2–4.
Konfirmanden-Abende, in: Gemeinde-Blatt für die Deutsche reformierte Gemeinde Genf, Jg. 6, Nr. 37, 30. 5. 1910, S. 1–3.
Gott im Vaterland, in: Gemeinde-Blatt für die Deutsche reformierte Gemeinde Genf, Jg. 7, Nr. 38, 14. 9. 1910, S. 1–3.
Spittler, Christian Friedrich, in: Die Religion in Geschichte und Gegenwart, Bd. V, 1913, Sp. 848.
Stockmeyer, Immanuel, in: Die Religion in Geschichte und Gegenwart, Bd. V, 1913, Sp. 928.
Der christliche Glaube und die Geschichte, in: Schweizerische Theologische Zeitschrift, Jg. 29 (1912), S. 1–18.49–72.
japanisch: Kirisutokyo Shinko to Rekishi, übersetzt von Katsuya Toka, in: Karl Barth Chosakushu, Bd. I, Tokyo 1968, S. 3–52.

Etwas über die Kirche! Speziell über die deutsche reformierte in Genf und was davon zu halten sei, in: Gemeinde-Blatt für die Deutsche reformierte Gemeinde Genf, Jg. 7, Nr. 39, 29. 10. 1910, S. 3–5.
Gemeinde-Nachrichten, in: Gemeinde-Blatt für die Deutsche reformierte Gemeinde Genf, Jg. 7, Nr. 39, 29. 10. 1910, S. 6.
Gerhard Tersteegen [Aufsatz], in: Gemeinde-Blatt für die Deutsche reformierte Gemeinde Genf, Jg. 7, Nr. 40, 10. 12. 1910, S. 2–4.

1911

Gott lenkt und der Mensch soll denken! Aus Calvins Institutio (1559), in: Gemeinde-Blatt für die Deutsche reformierte Gemeinde Genf, Jg. 7, Nr. 41, 28. 1. 1911, S. 1f.
John Mott und die christliche Studentenbewegung, in: Centralblatt des schweizerischen Zofingervereins, Jg. 51 (1910/11), Nr. 6, S. 487–502.
Unter diesem Titel, leicht gekürzt, auch in: P. Gruner, Menschenwege und Gotteswege im Studentenleben. Persönliche Erinnerungen aus der christlichen Studentenbewegung, Bern 1942, S. 437–447.
Unter diesem Titel auch in: K. Kupisch, Studenten entdecken die Bibel. Die Geschichte der Deutschen Christlichen Studenten-Vereinigung (DCSV), Hamburg 1964, S. 221–228.
englisch: Karl Barth on John R. Mott, in: The ecumenical review, Jg. 7 (1955), Nr. 3, S. 260f. [gekürzt].
Vorträge von John Mott, in: Basler Nachrichten, Jg. 67, 2. Beilage zu Nr. 47 vom 16. 2. 1911, S. 2.
Tue recht und scheue niemand! (Keine Abhandlung, aber sonst zum Nachdenken), in: Gemeinde-Blatt für die Deutsche reformierte Gemeinde Genf, Jg. 7, Nr. 42, 9. 3. 1911, S. 1–3.
Novalis [Aufsatz], in: Gemeinde-Blatt für die Deutsche reformierte Gemeinde Genf, Jg. 7, Nr. 43, 13. 4. 1911, S. 1–4.
Pour la dignité de Genève, in: Basler Nachrichten, Jg. 67, 2. Beilage zu Nr. 119 vom 2. 5. 1911, S. 1f.
Wir wollen nicht, daß dieser über uns herrsche!, in: Kirchenblatt für die reformierte Schweiz, Jg. 67 (1911), S. 81–83.
Jesus Christus und die soziale Bewegung, in: Der Freie Aargauer, Jg. 6, Nr. 153 vom 23. 12. 1911, S. 1f.; Nr. 154 vom 26. 12. 1911, S. 1f.; Nr. 155 vom 28. 12. 1911, S. 2; Nr. 156 vom 30. 12. 1911, S. 1.
Gekürzter Wiederabdruck in Faksimile unter dem Titel: «Eigentum ist Sünde», Jesus Christus und die soziale Bewegung, in: AKID, Aktion Kirchenreform Informationsdienst, Köln, 1971, Nr. 6 = Nov.–Dez., S. 14f. (in der Rubrik «Texte und Kommentare»).
englisch: Jesus Christ and the movement for social justice, transl. by George Hunsinger, in: Karl Barth and radical politics, ed. and transl. by George Hunsinger, Philadelphia, PA, 1976, p. 19–37.
Unter diesem Titel, als engl. Wiederabdruck, auch in: Karl Barth, theologian of

freedom, introd. and comments: Clifford Green, London 1989, p. 98–114 (The making of modern theology; 5).
japanisch: Iesu Kirisuto to Shakaiteki Undo, übersetzt von Hiroshi Murakami, in: Karl Barth Chosakushu, Bd. VI, Tokyo 1969, S. 3–24.
W. Hüssy, Offener Brief an Herrn Karl Barth, Pfarrer in Safenwil, in: Zofinger Tagblatt, Jg. 40, Nr. 29 vom 3. 2. 1912, S. 1.
Wiederabdruck in Faksimile in: AKID, Aktion Kirchenreform Informationsdienst, Köln, 1971, Nr. 6 = Nov.–Dez., S. 16 (in der Rubrik: «Texte und Kommentare»).
englisch: W. Hüssy, Open letter to Mr. Karl Barth, Pastor in Safenwil, in: Karl Barth and radical politics, ed. and transl. by George Hunsinger, Philadelphia, PA, 1976, p. 37–40.
Antwort auf den offenen Brief des Herrn W. Hüssy in Aarburg, in: Zofinger Tagblatt, Jg. 40, Nr. 34 vom 9. 2. 1912, S. 4.
W. Hüssy, Offener Brief an Herrn Karl Barth, Pfarrer in Safenwil, in: Zofinger Tagblatt, Jg. 40, Nr. 35 vom 10. 2. 1912, S. 4.

1912

«Gruppe 44 IV Kirchenwesen»
Teilveröffentlichung unter dem Titel: Kirchlicher Klimbim. Ein bisher unveröffentlichter, satirischer Text von Karl Barth, in: Kirchenblatt für die reformierte Schweiz, Jg. 142 (1986), S. 211f.
Rezension von K. Heim, Das Gewißheitsproblem in der systematischen Theologie bis zu Schleiermacher, in: Schweizerische theologische Zeitschrift, Jg. 29 (1912), S. 262–267.
Frömmler, in: Die Glocke. Monatliches Organ des Christl. Vereins junger Männer Zürich I, sowie der C.V.J.M. Aussersihl, Industriequartier (Philadelphia), Neumünster, Wiedikon und Schwamendingen-Oerlikon, Jg. 21 (1912/13), Nr. 4 = Januar 1913, S. 34.

1913

Gegenrede betreffend Militär-Flugzeuge, in: Der freie Schweizer Arbeiter. Wochenblatt für Sozialgesinnte aller Stände, Jg. 6, Nr. 24, 14. 3. 1913, S. 1f.
Der Glaube an den persönlichen Gott, in: ZThK, Jg. 24 (1914), S. 21–32.65–95.
japanisch: Jinkakuteki Kami ni taisuru Shinko, übersetzt von Kazuo Hasumi, in: Karl Barth Chosakushu, Bd. I, Tokyo 1968, S. 53–93.
[Einladung zum aargauischen Abstinententag]
Unter dem Titel: Safenwil (Eingesandt), in: Aargauer Nachrichten, Jg. 59, Nr. 163 vom 19. 6. 1913, S. 3.
Unter dem Titel: Safenwil (Korr.), in: Aargauer Tagblatt, Jg. 67, Nr. 163 vom 19. 6. 1913, S. 3.

Unter diesem Titel, leicht modifiziert, auch in: Neuer Freier Aargauer, Jg. 8, Beilage zu Nr. 141 vom 20. 6. 1913.
Noch einmal: Jesus und die Psychiatrie, in: Aargauer Tagblatt, Jg. 67, Nr. 256 vom 20. 9. 1913, S. 1f.
Aargauische reformierte Kirchensynode [I], in: Basler Nachrichten, Jg. 69, Nr. 525 vom 11. 11. 1913, 2. Beilage, S. 1.
Aargauische reformierte Kirchensynode [II], in: Basler Nachrichten, Jg. 69, Nr. 573 vom 9. 12. 1913, 3. Beilage, S. 1.

REGISTER

Seitenzahlen im Normalsatz beziehen sich auf Barths Text. Kursiv gesetzte Seitenzahlen verweisen auf die Anmerkungen der Herausgeber. Der Buchstabe E hinter der Seitenzahl besagt, daß die Stelle zu einer dem Haupttext vorangestellten Einleitung gehört. Der Buchstabe P («Partner») bezeichnet eine Stelle aus einem der mitabgedruckten Texte anderer Autoren.

I. BIBEL UND AUSSERKANONISCHES SCHRIFTTUM

Nicht eigens aufgeführt sind Versangaben, die sich innerhalb einer auf derselben Seite als ganze behandelten Perikope befinden.

Genesis (1. Mose)
1,3	419
3f.	142
11ff.	419
14ff.	420
20ff.	420
24ff.	420
2,7	420
18	22
21	420
3	420
4,17	420
6–9	420
15,6	200
18	420

Exodus (2. Mose)
7	420

Leviticus (3. Mose)
19,18	714

Numeri (4. Mose)
22	420

Deuteronomium (5. Mose)
32,18	524

Josua
10,12f.	420

Richter
16,4–21	721

Psalmen
36,10	182
51	29
133,1	22

Sprüche
1,20	201
14,34	321
16,9	262E, 263

Jesaja
1,16	29
9,2	409
55,11	198
60,19	725

Daniel
7,13	567

Amos
5,21–24	629
24	142

Jona
2	99

Matthäus
3,5ff.	550
4,2–4	382E
4	394
5,3ff.	550, 732
5	396
13	724
13–16	406
29	459E
6	714
1–18	549
6	404
7	714
9	436
9f.	551
10	64, 294, 396
12	406
15	551
19	401
23f.	401, 549
31–34	394
33	43
7,12	142
13	549
13f.	732
16.21	396

9,13	406	6,18	327
10,9f.	402	34	392
30	549	56	408
33	732	8,27–30	566
39	260	29	567
11,2–10	223	31	552
6	309	34	201
25	393	35	405
25–27	566	35f.	552
27	550	10,18	552
28	393	45	406
12,17	492	12,29–31	406
48f.	401f.	35–37	567
13,31	724	14,22–24	406
14,4	327	22–25	215, 223
15,3–6	406	26	566
30	397	34	108
16,16	223	16,1–8	295
18	204	5	64
26	394, 549, 732		
18,4.6	549	Lukas	
10	392	2,1–20	723
17	272, 278	7	392
20	204	14a	725
19,16–22	392, 401	14b	*11*, 724
19	714	6,19	397
24	400	20	392
29	396	21	396
20,26	406	24	393
21,31	392	9,48	392
23,23	406	57f.	401
27	713	10,21–24	566
29	191	27f.	290
25,14–30	222, 552	38–42	704
32–46	396f.	42	258
26,42	294	11,5ff.	549
28,1–20	295	12,13f.	395
20	550	16–21	400f.
		18	216f.
Markus		13,29	396
1,9–11	567	14,23	21
15	404, 551	15,1–10	223
17	406	3–7	404, 549
2,5.9	397	11ff.	551
27	549	16,1–12	401
4,26–29	552	9	452
5,1ff.	549	19–31	400

17,7–10	552	20,1–29	295
20	283	23	549
21	396, 551	21,1–23	295
18,11	395		
19,14	320E	Acta (Apostelgeschichte)	
22,42	35, 201		82
43	294	5,9	158
23,12	327	9,4f.	83
24,1–52	295	17–19	558
18ff.	43	10,38	397
25	43	13,1–12	558
		16,9	64, 85
Johannes		17,22–30	63
1,4	9	27f.	292
14	204, 396	28	182, 281, 527
3,1f.	392	18,9f.	85
8	694	21,14	294
19	9	22,7f.	83
36	90	17–21	85
4,20	90	23,11	85
24	90, 691	25,23–26,32	85
34	552	26,14f.	83
42	204	27,23f.	85
5,2ff.	72		
24	90	Römer	82, 84
35	*283*	1–2	86
6,35.40f.	90	1–8	292
45	*245*	1,1–17	52E, 54
47.50.56	90	16f.	86
8,34	310E, 328	17	142
36	310E	24.26.28	*327*
9,7.11	72	3,21	142
12,8	395	21–30	86
20–23	223	25f.	142
46	9	31	87, 436
13,4–19	406	4,5	*200*
8	9	5,1	*220*
34f.	90	1f.	86, 223, 294
14,2	714	6	436
15f.21	90	6–11	294
15,4f.7.12.17	90	8–21	86
5	738	6,1	87
16,14	203, 208	1–11	33E, 52E, 201
17,7	360	1–14	294
11.14	177	3–15	86
19,5	550	8	33
35	92	13–23	86

7,1–6	87
7–24	86
13	87
8,1–11.14–17	86
20–23	87
26f.	165
28	43
28f.	87
31	292E
34	294
9,3	85
10,3	142
12,2	733
3–6	24
5	87
13,8	44
13f.	198f.
14,23	87

1. Korinther	82, 84
1,10–13	24
18	34, 407
22–25	86
23f.	194
2,9f.	165
3,1–15	24
6,17	165
8,6	24
9,1	557
12,14–30	24
27	87
13	85, 87
5	252, 714
15	293E, 295
1–11	295
4f.	294E
8	557
22f.26–28	87
28	534

2. Korinther	82, 84
3,4–18	87
17	164f.
18	86
4,6	165, 260, 557
16–5,10	86
5,14	63, 738

14–21	201
15	294
16	164, 690E
17	86, 164
19–21	86
20	85, 165
21	142
11,23f.	84
12,4	205
7–10	85, 258
13,4	294

Galater	82, 84
1,12	164
15f.	83
16	293E, 295, 557
2,2	85
18–21	87
20	86, 165
3–4	86
3,1	209
22–27	87
26	197
26–29	86
27	198f.
5,1–13	87
6	123
6,14	294

Epheser	82
1,10	280
10b	281
2,1–13	294
5	289E
6	294
3,3	557
4,2–7	24
15f.	87

Philipper	82, 85
2,5–11	86, 201, 260
6.8	197
3,3–12	87
10f.	295
12	256, 557
4,7	155, 182, 503

Kolosser	82, 85
1,15–18	87
2,19	87

1. Thessalonicher	82, 84
4,9	*245*

2. Thessalonicher	82
3,10	452
4,15–17	87

1. Timotheus	82
1,10	157
15	174
6,16	527

2. Timotheus	82

Titus	82

Philemon	82, 85

1. Petrus	
2,9	42

2. Petrus	
1,16	212

1. Johannes	
1,1	164
3	204
5	143
3,20	256
4,8.16	732

Hebräer	
11,1	42
12,1–3	33E
13,8	164, 209
14	261, 616

Jakobus	
1,13–18	33E
17	143
20	576E

Apokalypse (Offenbarung)	
20	*398*

Ignatius	
ad Eph. 20,2	*99*
ad Smyrn. 8,2	*166*

II. NAMEN

Personen, Dokumente, Zeitschriften, Zeitungen
Geographische Namen siehe Register III

Unberücksichtigt bleiben die Namen von Herausgebern, Übersetzern, Briefempfängern, ferner die von biblischen Personen, sofern diese über das Bibelstellenregister auffindbar sind, sowie in Buchtiteln genannte Eigennamen. In Klammern nachgestellt werden die betreffenden Namen in der üblichen Schreibweise, sofern Barth von dieser abweicht.

Aargauer Elektrizitätswerk 686
Aargauer Nachrichten 561E, 561
Aargauer Tagblatt 561E, 563f.E, 564, 568, 698
Aargauer Volksblatt 717E
Abbe, Ernst 591, 628, 671f.
Achelis, Ernst Christian 20E
Adler, Georg 659
Äbli, Hans 702
Aellen, Eugen *283*
Affolter, Christen & Cie. AG *643*, 644
Agahd, Konrad 670
Aicher, Georg 400
Alexander von Alexandrien 110
Alexander der Große 42
Alexander von Jerusalem 104f.
Alexander Halesius 472
Alexander Severus 104
Algner, Caren XIII
Aluminiumfabrik Neuhausen 586
Ambrosius von Mailand 104, 121
Ammann, Guido 720
Ammonius Sakkas 104
Amos 555E, 555
Andel, Cornelis Pieter van 244
Andersen, Hans Christian *710f.*
Andrae, Paul Oskar Hugo *147*
Angelus Silesius (Johannes Scheffler) 71, 191, 202, 238, *250*, *255*, *523*
Annoni, Hieronymus (d'Annone) 20f.E, 29, 32
Anselm von Canterbury 472
Anshelm, Valerius 694
Anstein, Hans 48E
Antoninus Pius 93

Antonius 71
Apologie der Augsburger Konfession 173
Arbeiterpost 643–645
Aristides 74
Aristophanes 76
Aristoteles 81, 336, 528, *529*, 707
Arius 110–113
Arndt, Ernst Moritz 44, 378
Arnim, Hans von 79
Artemon 110
Athanasius 54, 71, 99, 109, 111–114, *116*, 119, 191
Augustinus, Aurelius 51f.E, 54, 83, 114, 118–123, 125, 166, 168, 192, 209, 470E, 472, 530
Autenrieth, Friedrich 68f.E., *70*

Bach, Johann Sebastian 209
Baco (Bacon), Francis (Sir) 62, 71, 178
Baer, Abraham 67
Bahrdt, Karl Friedrich 48E
Baier, Johann Wilhelm 474
Bally, Carl Franz 631
Bally & Co. 448, 580, *583*
Barbara (Heilige) 692
Barnabas 84, 558
Barth, Albert (Vetter von K. B.) 716E
Barth, Anna, geb. Sartorius (Mutter von K. B.) 381E, 459E, 486E, 574E, 576E, 714, 726E
Barth, Gertrud (Schwester von K. B.) 460E
Barth, Fritz (Vater von K. B.)

47E, 151E, 154E, 266E,
380–382E, 418E, 555E, 557f.,
712f.E, 713–715
Barth, Heinrich (Bruder von K. B.)
460E, 486E, 525, 574E
Barth, Nelly, geb. von Hoffmann
(Frau von K. B.) 494f.E, 575f.E,
704E, 726E, 729E
s. auch Hoffmann, Nelly von
Barth, Peter (Bruder von K. B.)
153E, 497f.E, 555E, 574E, 684E,
712f.E, 713
Basler Nachrichten 311E, 457,
577E, 593–595, 598, 603, 618f.,
623, 637, 661, 671, 704E, 716f.E
Basler Vorwärts 606, 608, 643
Bauer, Johannes 148, 493
Bauer, Stephan 668, 674
Baumgartner, Paul 485E, 487f.E,
488–493
Baur, Ferdinand Christian 77, 400
Bayle, Pierre 127E
Bebel, August 376, 388, 582, 687
Beethoven, Ludwig van 9, 209, 569f.
Beglinger, H. 485f.E, 488–493
Beintker, Michael 496
Benoit, Pierre von 267
Benz, Gustav 660
Benz, Heinrich 719
Bergman, Johan 702
Berguer, Georges 334E
Berner Tagblatt 657
Bernstein, Eduard 734f.E
Bertholet, Alfred 564E, 567
Beryll von Bostra 110
Beza, Theodor 215
Beznau-Löntsch-Werke 686
Biedermann, Alois Emanuel 158,
338, 495E, 497f.E, 507–510,
515–519, 521f., 528, 530, 533,
537–543
Binet-Sanglé, Charles Hippolyte
Louis Jules 563E
Bismarck, Fürst Otto von 231E,
315, 368, 654, 657, 735
Blankenburg, Karl 644f.
Blocher, Eduard 65

Blum, Werner XIV
Bodelschwingh, Friedrich von 209
Böhme, Jakob 241
Böhringer, Friedrich 92f.,
97–100, 101, 102–105, 106–108,
112, 119f., 120, 121–125
Bölsche, Wilhelm 250, 297
Bohnet, Jörg-Michael XIIIf.
Bombilo (König) 61
Bonaventura 282, 472f.
Bonifatius, Wynfrith 71
Bonwetsch, Nathanael 536
Bornemann, Wilhelm 146, 502f.,
514, 522, 529, 532
Bornhausen, Karl 126–128E,
381E, 405
Bossart, Johannes 706f., 718f.
Bourgeois, Léon Victor 672
Bousset, Wilhelm 191, 293E
Bovet, Pierre 274
Boveyron, Henry 314, 317
Bratt, Ivan 702
Bremer Protestantenverein 39E
Brentano, Clemens 722
Brink, Mat(t)hias 239
Brockhaus (Konversationslexikon)
226
Brown Boveri (Industrieunternehmen)
580
Brunner, Georg 694
Brunner, Johann Caspar 628
Buchstab, Johannes 697
Buddeus, Johann Franz 474
Büchi, Sigmund 707
Büchler, Hermann 457
Büchmann, Georg 117, 263E, 275,
368, 435
Bueck, Henry Axel 635, 669
Büsching, Anton Friedrich 63
Bullinger, Heinrich 74, 694–696,
697, 702
Bunge, Gustav 700
Burckard, Johann Jakob 244
Burckhardt, Albrecht Eduard 586,
598, 604
Burckhardt, Carl Christoph 594f.,
688

Burckhardt, Carl Jakob 688
Burckhardt, Johannes 20E
Burckhardt, Johannes Rudolf 20E
Burggraf, Julius 209
Burkhard, Emma 333E
Burrus (Tabak- und Cigarrettenfabrik) 598
Busch, Eberhard *361*, *382*, *713*, 727E
Buzer (Bucer), Martin 697
Byron, Lord George Gordon 77

Caecilian 124
Caelestius 122, *123*
Calov, Abraham 472
Calvin, Johannes 2f., 24, 37E, 50E, 71, *74*, 115, *135*, 141, 152–154E, 167–169, 171f., 176, 179, 185, 188f., 191f., 195–197, 199f., 205f., *211*, *215*, 229, 231E, 254, 262E, 263–265, 278, 281, 311E, 324, 331E, 405, 475, 477, *501*, 503, 730
Calwer, Richard 640
Capito, Wolfgang 697
Caracalla (Kaiser) 104
Carl-Zeiss-Werke *628*, 671
Carnegie, Andrew 629
Caroli, Peter *169*
Cassianus, Johannes 124
Cavour, Camillo Graf Benso di 321
Centralblatt des schweizerischen Zofingervereins 221E, 268E
Chaponnière, Francis 334E
Charpentier, Julie von 299
Christ, Lukas 561E
Christen, Emmanuel 330f.E
Christian Ludwig II. von Mecklenburg-Strelitz *367*
Christliche Welt, Die 1E, 6E, 37E, 145E, 150E, 227E, *275*
Chrysostomus (Johannes) 71
Churchill, Winston 658, *735*
Cicero, M. Tullius 75, 120, *315*
Claudius, Matthias *73*
Clemens von Alexandrien 104, 106

Cohen, Hermann 126f.E, *132*, 133, *134*, *135*, *136*, 362E, *363*, 369, *371*, *373f.*, 379, 432, *463*, 495E, 505, 516, 524, 529f.
Columbus, Christoph 72
Constantin der Große 71, 110–112, 693E
Constantius (Kaiser) 112
Cornelius, Friedrich 19E
Correvon, Charles *26*
Cromwell, Oliver 71
Curti, Theodor *592*, *611*
Cyprian von Karthago 166
Cyrill von Alexandrien *114*

Daily Mail 637
Daniel, Karl *25*
Dante Alighieri 71, 176
Darwin, Charles Robert 40, 418f., 421, 424–427
Deissmann, Adolf 555E, *556f.*
Demetrius von Alexandrien 105
Denifle, Heinrich Suso 477
Deskartes (Descartes), René 71, 168, 177
Deucher, Adolf 597f., 688
De Wette, Wilhelm Martin Leberecht 147
Dezius (Decius) (Kaiser) 105
Diederichs, Eugen 97
Diesbach, Sebastian von 701
Dietzgen, Joseph 390, 402f.
Diogenes Laertius 75
Dionys von Syrakus 78
Dix, Arthur *416*
Dodel-Port, Arnold 418E, 418–425, 430f.
Donatus 124
Dorner, Isaak August *158*
Dowie, John Alexander 410
Drews, Arthur 37E, 39E, 96, 157, 188f., 208
Drews, Paul 138
Dubach, A. G. 16E, 46E, 213E, 296E
Dürrenmatt, Peter *24*
Dufour, Guillaume Henri 225

Duhm, Bernhard 713E
Duns Scotus, Johannes 237, 472f.
Dunker, Franz 651
Durant-Pallot, Charles 228f.

Ebeling, Gerhard 340
Eck, Johann 696
Eck, Samuel 148
Eckehart 472
Eckermann, Johann Peter 195
Eggenberger, Oswald 410
Egli, Emil 694f.
Eichendorff, Joseph Freiherr von 32, 253, 261
Elias 178
Elisabeth (Heilige) 71
Engels, Friedrich 403
Epprecht, Robert 708, 720f., 722
Erkelenz, Anton 651
Ernst, Ferdinand 67, 69f.
Eucken, Rudolf Christoph 127E
Eugster-Züst, Howard 494E, 609f., 661f., 663
Eulenspiegel, Till 318
Euseb von Caesarea 104, 110, 111
Evangelisches Wochenblatt 635

Farel, Wilhelm 311E, 324
Farley, James 643f.
Fatio, Guillaume 319, 327
Faustus von Mileve 120
Favon, Georges 316
Fazy, Henri 314, 317f., 321, 328
Feldmühle (Stickereiaktiengesellschaft) 612f.
Felix von Aptunga 124
Feuerbach, Ludwig 38E, 40, 210, 395, 546f.
Fichte, Johann Gottlieb 178f., 181, 202, 298, 341, 432, 473, 493, 512, 516, 521, 532
Ficinus, Marsilius 77
Fischer, Gustav Adolf 712E
Fischer, Hans & Cie. (Stroh- und Feingeflechtsunternehmen) 439f.E, 596f.
Fischer, Kuno 493

Flournoy, Théodore 333f.E, 520
Flückiger, Ernst 3
Ford (Industrieunternehmen) 587
Formey, Alfred 286
Fotifin (Balifürst) 70
Frank, Franz Hermann Reinhold 158
Frank, Salomo 307
Frankfurter Zeitung 643
Franz I. 73
Franz von Assisi 71, 209, 237f., 282, 339, 467, 570
Franz, Günther 583
freie Aargauer, Der 380f.E, 422f.
Freie Arbeiterzeitung 642
freie Schweizer Arbeiter, Der 485f.E, 488, 585, 587, 589, 590, 592, 602f., 606f., 608–611, 613, 615, 622, 623, 628, 631, 633, 635–640, 643, 646f., 650, 651, 657, 658f., 660, 661–663, 672, 675, 682, 717E
Fresenius, Wilhelm 496E
Freud, Sigmund 466
Freund, Richard 660
Friderich, Henri 316
Friedemann, Hermann 298, 299, 300
Friedrich der Große 62, 243f.
Fries, Jakob Friedrich 334E, 341
Fulliquet, Georges 331E

Galilei, Galileo 177
Garega (Balifürst) 68
Gartenlaube, Die 226
Gassendi, Pierre 178
Gautschi, Willi 705, 722
Geisendorf, Th. 268f.E, 273f.
Gellert, Christian Fürchtegott 230E
Gemeindeblatt für die Deutsche reformierte Gemeinde in Genf 1E, 8f.E, 19f.E, 33E, 39E, 40, 213E, 214, 230E, 262E, 288E, 296E
Gerhard, Johann 169, 211
Gerhardt, Paul 71, 221, 230E, 232–236, 245, 250, 254, 257f., 261, 492, 527

Gewerkschaftliche Rundschau
    576E, 588f., 594, 598, 600–602,
    604, 609, 613, 622, 629, 633f., 637,
    639, 640, 646f., 652, 654, 660f.,
    662, 670, 675, 688
Giacometti, Zaccaria   321
Gierke, Otto von   630
Giovanoli, Heinrich Anton   330E
Glaue, Paul   266, 270
Glocke, Die   480E, 620f.
Gobat, Samuel   147
Godet, Frédéric   38E
Goebel, Max   239–249, 251, 253
Göhre, Paul   621
Göldli, Hans   703
Goethe, Johann Wolfgang von   5f.,
    32, 39E, 52E, 60, 71, 72f., 77, 78,
    79, 131, 140, 162, 168, 178, 180f.,
    186, 195, 202, 209, 255, 261, 280,
    282, 295, 296, 297–300, 302, 309,
    321, 466, 534f., 537, 541, 544f.,
    569, 570, 724
Goetz, Karl   470f.E
Goeze, Johann Melchior   268E
Graf, Ernst   721
Gregor VII.   71
Gregor von Nazianz   112
Gregor von Nyssa   114
Grellet, Jean   316
Greulich, Hermann   388f., 684
Greyerz, Hans von   143
Greyerz, Otto von   8E, 14
Greyerz, Theodor   559
Grimm, Robert   403, 699
Grisar, Hartmann   570
Grolimund, Arnold   693E
Groll, Wilfried   154
Grützmacher, Richard Heinrich   158
Gruner, Paul   266–268, 272f., 278,
    281, 283
Guillot, Alexandre   266, 271
Guyon, Jeanne Marie Bouvier de la
    Mothe-Guyon   242

Hadorn, Wilhelm   690f.E, 694–698,
    701–703
Häberli, Werner   116, 525

Haeckel (Häckel), Ernst   40, 250,
    422f., 425
Haering (Häring), Theodor   150E,
    154E, 162, 196, 495E, 507, 518f.,
    522
Halder, Nold   718, 722
Haller, Albrecht von   3f., 71, 448
Haller, Berchtold   694, 696f.
Haltenhoff, C. von   33E
Hardenberg, Erasmus von (Bruder
    von Novalis)   299
Hardenberg, Friedrich Wilhelm von
    (Onkel von Novalis)   298
Hardenberg, Heinrich Ulrich
    Erasmus von (Vater von Novalis)
    298
Hardenberg, Sophie von   296
Harnack, Adolf [von]   50E, 64, 82,
    93–100, 103, 105–114, 118, 158,
    166, 219E, 293E, 337–339, 404, 548
Hartmann, Benedikt   496E
Hase, Karl August [von]   77, 81–85,
    87f., 105f., 107, 108, 110, 111, 113,
    120, 124, 165
Hauptmann, Gerhart   585
Hausmann, Julie von   251
Hedio, Kaspar   167
Heer, Eugen   719
Hegel, Georg Wilhelm Friedrich
    97, 337, 341, 346, 347
Heidelberger Katechismus   140
Heim, Karl   469f.E, 471–479, 525
Heine, Heinrich   393f.
Heitmüller, Wilhelm   38f.E,
    87–92, 564E, 566, 567
Helbeck, Paul   663
Helms, Herbert   XII
Henrichs, Ludwig   219f.E, 222,
    230E, 266, 286
Henrichs, Samuel   219
Henrion, Mathieu-Richard-Auguste
    Baron de   59
Hensel, Benjamin   459
Hercod, Robert   559, 737
Herder, Johann Gottfried   71, 91
Herkner, Heinrich   573E,
    578–585, 589, 591f., 598f.,

753

602–604, 614, 616f., 621f.,
628–633, 635f., 637, 640, 646f.,
648–657, 659, 660, 665f.,
667–669, 670, 671, 673f., 680, 681,
687
Herold, Otto   458
Herrlinger, Albert   *169*
Herrmann, Wilhelm   37f.E, 39E,
43, 50f.E, *116f.*, *118*, 127E, *130*,
132f., *135*, *136*, 137f., 150E, *190*,
195, *196*, 211, 288E, 293E, 332f.E,
349f., *359*, 381E, 469f.E,
495–498E, 525, 527
Heyde, Ludwig   654
Heyer, Henri   20E
Hildebrandt, Else   663
Hilfe, Die   608, 622, 623, 635, 640,
651f., 657, 658f., 663
Hintze (Streikbrecher-Firma)   644
Hirsch, Max   651
Hirsch, William   563E
Hoch, Fritz   730
Hoch, Walter   330E
Hochuli (Textilunternehmen)   361E,
439E
Högger, Rudolf Martin   *388*
Hoffmann, Adolph   149E, 151E,
153E
Hoffmann, Nelly von   332f.E, 494E
s. auch Barth, Nelly
Hoffmann, Wilhelm   239, 243
Hoffstott (Stahlwerke)   581
Hofmann, Emil   662
Hofmann, Johann Christian Konrad
von   148, *158*
Hofmeister, Sebastian   697
Holek, Wenzel   621, 623
Holl, Karl   *155*, 184, *185*
Holk, Heinrich Graf von   727
Hollaz, David   *171*, 173, 176, 474
Homer   177
Hopkins, Charles Howard   *272*,
280
Horatius Flaccus, Quintus   *315f.*
Hüppy, Johann   642
Hüssy (Fabrikantenfamilie)   361E,
382E, 439E, 597, 711

Hüssy, Walter   XI, 382–386E,
409–411P, 411–417, 417P
Hüssy-Peri, Albert   382E
Hunold, Andreas   695
Hutter, Theobald   697

Ignatius von Antiochien   165, *166*
InderMühle, Karl   460
Innozenz I. von Rom   122
Irenäus von Lyon   50E, 53, 71, 95,
97–100, 103, 105, 111, 113
Israel, Christian Friedrich Gilbert
146

Jaeger, Paul   *461*
Jahn, Victor   720
Jakobus   557
James, William   127E
Jastrow, Ignaz   649
Jatho, Karl   533, 536
Jaurès, Jean   388
Jeanne d'Arc   71
Jenny, Markus   702
Jetzer, Hans   690f.E, 691f.
Johannes (Evangelist)   50E, 53,
87–91, 94f.
Johannes (Ältester in Kleinasien)   87
Johannes (Verf. der Apokalypse)   87
Johannes (Zebedaide)   91f.
Johannes der Täufer   77f.
Journal de Genève   316
Judas Ischarioth   246
Jülicher, Adolf   39E, 41, 52E
Jüngst, Johannes   110, *111*
Julian (Apostata)   112
Juliana   105
Jung, Wilhelm   *376*
Justin   50E, 53, 92–95
Justinian I. (Kaiser)   *338*
Juvenalis, Decius Junius   206, 547

Kähler, Heinrich   *147*
Kähler, Martin   *158*
Kaftan, Julius   *179*, *193*, *196*, 346,
495E, 501, *522*, 527–529
Kaftan, Theodor   471E
Kant, Immanuel   71, *134*, *135*, *142*,

159, 178-180, 207, 262E, 275f.,
277, 296, 298, 341f., 346, 354f.,
359, 420, 429, 432, 469E, 474, 526,
570
Karl V. (Kaiser) 697
Karl der Große 71
Karl der Kühne 2f.
Karl Emanuel (Herzog von Savoyen) 11
Kattenbusch, Ferdinand 158
Kaufmann, Jakob 705
Kayser, Jakob 702
Keller, Adolf 1E, 8E, 150E, 466
Keller, Gottfried 37E
Keller, Jakob 68-70
Keller, Samuel 286, 462
Kepler, Johannes 178
Kerlen, Gerhard 239, 246, 258
Keßler, Johannes 22
Kierkegaard, Sören 467, 570
Kirchenblatt für die reformierte Schweiz 311E, 576E
Kirchenfreund 466
Klamer, Michael 611
Knechtli (Chorpräsident) 221
Knopf, Rudolf 84
Knox, John 215
Kober, Johannes 147
Koch, Georg 275
Kögel, Rudolf 307
Körner, Theodor 41, 315
Kolumbus s. Columbus
Konjunktur, Die 640
Konkordienformel (Formula Concordiae) 171
Konstantin s. Constantin
Koopmans, Jan 169
Kopernikus, Nikolaus 178
Kreszenz 93
Kreyenbühl, Johannes 563f.E, 564-571
Kriton 76
Krupp (Industrieunternehmen) 580, 587, 631f., 634
Krupp, Alfred 630
Krupp, Friedrich K. 632
Kühn, Sophie von 299f., 304f., 307

Kühn, Klara 675
Kühne, Johannes 283
Kühner, Karl 147
Kutter, Hermann 279, 386, 520, 535

Lachenmann, Eugen 229
Laplace, Pierre Simon de 420
Lasch, Gustav 253
Lassalle, Ferdinand 279, 583, 585, 685, 687
Lausberg, Heinrich 711
Lauterburg, Moritz 713
Lauterburg, Otto (Redaktor des FSA) 486f.E, 657
Lehmann, Ernst Gottlob 559
Leibniz, Gottfried Wilhelm von 71
Leimbacher, Rudolf 69
Leisi, Ernst 61
Lenau, Nikolaus 54
Leonardo da Vinci 177f.
Leonides 104
Leopold I. von Anhalt-Dessau 286
Leopold I. von Belgien 731
Leopold II. von Belgien 61
Lescaze, Bernhard 312f.
Lessing, Gotthold Ephraim 71, 90, 117, 134, 178, 207, 208, 268E, 274, 296, 431f., 471
Levenstein, Adolf 589
Liberius von Rom 112
Liebknecht, Wilhelm 388
Liddell, Henry George 178
Lins, Joseph 66
Lipperheide, Franz Freiherr von 73, 226
Lipsius, Richard Adelbert 158, 338, 495E, 499E, 522, 525, 527-530, 544
Livius Andronicus 177
Lloyd George, David 586, 734f.E, 735
Lochner, Barbara 312f.
Loew, Wilhelm 19E, 33E, 38E, 126E, 128E, 153E, 381E, 404f., 730

755

Loofs, Friedrich   *123f.*
Lorenz, Jakob   602
Lotze, Hermann   495E, 499E, 511–514, 517, 538–540, 544–547
Ludd, Ned   611
Lücke, Friedrich   *158*
Lüdemann, Hermann   74, 153E, 331f.E, *346*, 348, 352f., *358*
Lueken, Wilhelm   *294*
Lüttge, Willy   535
Luthardt, Christoph Ernst   171, 173, 198f., *206*, *345*
Luther, Martin   3, *35*, 37E, 51E, 71, 74, 83, 91, 114f., *166*–168, *169*, 171f., 176, 179, 184, *185*, 195, 198–200, 205, 208f., 211, 231E, 250, 254, 261, 271, *291*, 404, 475, 477–479, 570, *725*
Luzerner Volksblatt   638f.

Mackensen, Lutz   *731*
Maier, Anneliese   *327*
Malebranche, Nicole   *347*
Mammaea (Julia Mammaea)   104
Mani   120
Mann, Golo   *727*
Manuel, Niklaus   694, 696
Marconi, Guglielmo   710
Mark Aurel   93
Marquardt, Friedrich-Wilhelm   XII
Marti, Ernst   *593*, *596*
Martin, Jean   *318*
Martin, Paul-Edmond   *315*, *317f.*
Marx, Karl   *403*
Maschinenfabrik Oerlikon   580, 587
Matthaeus ab Aquasparta   472
Mattmüller, Markus   *466*, *559*, *599*
Maximilla   100
Maximinus Thrax   105
Megander, Kaspar   697
Meisner, Balthasar   282
Melanchthon, Philipp   37E, 42, 169, 171, 179, *185*, 188, 192, 200f., *220*, 223, 352, 473, 477, *501*
Meyer, Anton   *307*

Meyer, Conrad Ferdinand   28, *302*, 557
Meyer, Friedrich   2, *144*
Meyer, Sebastian   694
Michelangelo Buonarotti   71, 209
Mirabeau, Gabriel de Riqueti Graf von   72
Mobbs, Arnold   88
Mojon, Luc   698
Moltke, Helmuth von   435
Monatsblatt für das reformierte Volk des Aargaus   717E
Monica (Monnica)   119–121
Monod, Wilfred   535
Montanus   100
Moses (Mose)   418–422, 424–427
Mott, John Raleigh   266–269E, 270–287
Mozart, Wolfgang Amadeus   209, *322*, 726E
Müller, Ernst Friedrich Karl   191, 262E
Müller, Johannes   275
Müller, Julius   *158*
Müller, Julius Friedrich   494E, 719
Müri, Paul   707
Mulert, Hermann   97, 145E
Mundella, Anthony John   673
Muralt, Leonhard von   24

Naine, Charles   388
Napoleon Bonaparte   42, 72, *275*, 366f., *368*
Natorp, Paul   127E, 133, *136*
Naumann, Friedrich   *368*, 622, 623, *635*
Nelle, Wilhelm   22, *243*, *246*
Nestlé (Industrieunternehmen)   586
Neue Wege. Blätter für religiöse Arbeit   466
Neue Zürcher Zeitung   584, 597, 604f., *698*
Neuer Freier Aargauer   561E, 562
Neunkirchener Tageblatt   635
Newton, Isaac   178
Nietzsche, Friedrich   23, 72, *225*, 275, *302*, 569

Nikolai (Nicolai), Philipp   235
Nippold, Friedrich   296
Nitzsch, Carl Immanuel   158
Noëtus   110
Novalis   IX, 10, 36, 181, 193, 230E, 296–309, 464, 570
Numa Pompilius   74

Ockham, Wilhelm von   339
Oehler, Theodor   67, 69f.
Oekolampad, Johannes   696f.
Oeser, Hermann   461
Oetinger, Friedrich Christoph   398
Orelli, Conrad von   520
Origenes   49f.E, 53, 71, 77, 103–110, 129E, 337f., 536
Osiander, Andreas   167, 189f., 477
Ostermann, M. L.   332f.E
Ovidius Naso, Publius   325
Owen, Robert   631

Pantaenus   104
Papias von Hierapolis   97
Pascal, Blaise   192
Paschasius Radbertus   400
Patricius   119
Paulus   24, 47E, 50E, 53, 71, 81–85, 87, 89, 92f., 98, 119, 121, 165–167, 189, 467, 555E, 555–558, 690E
Paulus Orosius   122
Paulus von Samosata   110
Paulus, Nikolaus   690E
Pelagius   122f.
Perréard, Jules   312, 314–318, 322, 324f.
Perregeaux, Olivier   334E
Pestalozzi, Rudolf   480E
Petrus   84, 98, 557
Petrus Damiani   340
Pfister, Oskar   26, 466
Pfister, Rudolf   26, 324
Pfleiderer, Otto   158, 504, 506, 512, 520, 539
Pflüger, Paul   389, 573E, 579, 581, 586f., 592, 599f., 604–606, 607, 613, 616f., 650–653, 656, 670f., 673, 674, 686, 687
Phänarete (Sokrates' Mutter)   572
Pius X.   157, 280f.
Plato   9, 46f.E, 53, 71, 75–81, 85, 93, 94, 96, 121, 136, 182, 470E, 524
Plautus   364
Plutarch   77
Polykarp von Smyrna   71, 97
Ponte, Lorenzo da   322
Porret, Alfred J.   330f.E
Praxeas   110
Preiswerk, Richard   716f.E, 719f.
Prisca   100
Proskauer, Martin   623–627
Protagoras   79
Ptolemäus   93

Quervain, Theophil de   3, 695

Rade, Dora   39E
Rade, Gottfried   128E
Rade, Helene   498E
Rade, Martin   35, 38f.E, 145E, 151E, 381E, 405, 496–498E, 501, 504
Ragaz, Leonhard   160, 466, 495E, 517, 520, 535, 538f., 737
Raschle, Johann   721
Reformblätter   467
Reichsbote, Der   37E
Reinhold, Karl Leonhard   298
Reischle, Max   495E, 539–541, 550
Rey, Adolf   448
Richter, August   422f.
Riggenbach, Johann Christoph   29f., 465
Rinn, Heinrich   110f.
Ritschl, Albrecht   158f., 202, 220E, 230f.E, 237, 240, 253f., 345f., 349f., 353, 359, 360, 469E, 475, 495E, 507, 514, 523f., 528f., 536, 538
Rochat, Ernest   331E
Rochat, Louis-Lucien   559E
Rockefeller, John Davison jr.   280
Römer, Christian   66

Rössler, Hellmuth *583*
Röust, Diethelm *697*
Roll, von (Industrieunternehmen) *580*
Rollier, Ariste *8*
Rothe, Richard *158, 504, 506f., 512, 518f., 522, 526–528, 538, 545*
Rousseau, Jean-Jacques *101, 127E*
Rowland, Peter *735*
Rüetschi, Max *311f.E, 470E*
Ryser, Emil *458f.E, 468*

Sabatier, Auguste *343*
Sabellius *110*
Saker, Alfred *66*
Sartorius, Ernst *47, 268E, 311E*
Satornil *96*
Saurer (Maschinenfabrik) *612f.*
Savonarola, Girolamo *71*
Schäfer, Albert *494E, 704*
Schaffner, Th. *585*
Schanz, Georg von *659*
Schappe (Industrieunternehmen) *586*
Scharnhorst, Gerhard Johann David von *435*
Schaufelberger, Walter *3*
Schelling, Friedrich Wilhelm Joseph von *341f., 346*
Schenk, Johann Jakob *611*
Schenker, Ernst *361*
Schiele, Friedrich Michael *145E*
Schiff, Walter *668, 674*
Schiller, Friedrich von *38E, 65, 71, 78, 140, 180, 209, 297–300, 309, 316, 378, 438, 455f., 510, 526, 570, 622*
Schinner, Matthaeus *692*
Schlatter, Adolf *38E, 52E, 495E, 504*
Schlatter, Henry (Stroh- und Feingeflechtunternehmen) *439f.E, 596f.*
Schlegel, August Wilhelm *298*
Schlegel, Friedrich *296, 298f.*
Schleiermacher, Friedrich *50f.E, 71, 91, 105, 116, 126E, 128E, 130, 132, 134, 136–138, 148, 153f.E, 157, 181–187, 189, 192f., 196–198, 202f., 209, 211, 231E, 254, 262E, 298, 302, 341, 467, 469f.E, 472f., 477–479, 493, 495E, 499E, 500f., 512, 520f., 525, 532, 538, 543, 570*
Schmid, Konrad *697, 703*
Schmid, Heinrich *211*
Schmidt, Gerhard *700*
Schmidt, Theodor *736*
Schmitt, Eugen Heinrich *97*
Schmoller, Gustav *630*
Schöpp, Georg *700*
Scholz, Heinrich *501*
Schopenhauer, Arthur *327*
Schott, Erdmann *229*
Schreiber, Alfred *26*
Schrenk, Elias *6f., 286, 462*
Schüepp, Johann *707*
Schulenberg-Kehnert, Friedrich Wilhelm Graf von der *368*
Schuler, Eugen *68*
Schuler, Fridolin *586, 592, 598, 604*
Schultheß, Edmund *595, 597f.*
Schultheß-Rechberg, Gustav von *458E, 462, 467*
Schuster, Hermann *51E*
Schwarz, Eduard *559*
Schwarzenberg (Fürst) *606*
Schweitzer, Albert *37, 96, 563E*
Schweizer, Alexander *158, 501*
Schweizer, Ernst *330E*
Schweizerische Arbeitgeberzeitung *633*
Schweizerische theologische Zeitschrift *576E*
Schweizerische Vereinigung für Heimatschutz *61*
Scott, Robert *178*
Seeberg, Reinhold *339, 501*
Seneca, Lucius Annaeus *73*
Servet, Michael *115*
Set[z]stab, Onophrius *697*
Seuse, Heinrich *472*
Severus, Alexander *104*
Shakespeare, William *215, 224, 569*

Siebeck, Hermann   495E, 499E, 518, 544–547
Siebeck, Paul   145E
Siegrist, August   605
Sigg, Johannes   593
Sigg, Oswald Georg   *313*
Simmel, Georg   495E, 497, 514
Socrates Scholasticus   *111*
Soden, Hermann von   41
Sohm, Rudolph   *165f.*
Sokrates   46f.E, 53, 71, 73–77, 81, 93, 227, 572
Sombart, Werner   381E, 393, 573E, *578*, 580, 582, 584, 601, *603–605*, 608, *614–617*, 635, 651, 653, 655, 656f., 659, 660, 665, 667, 669f., *673f.*, 680, 681
Sommer, Heinrich   242
Sophroniskus (Sokrates' Vater)   75, 572
Spahn, Carl   703
Spahn, Hans   *346*
Specker, Hermann   *701*
Speiser, Paul   663
Spellenberg, Friedrich   68
Spener, Philipp Jakob   71
Spinoza, Baruch de   295, *347*, 516, 521, 536
Spittler, Christian Friedrich   145, 146E, 146f.
Spoendlin, Willy   139E
Stache, Wilfried   177
Stadler, Peter   *11*
Stähelin, Ernst   311E
Staehelin, Heinrich   585, *722*
Steck, Friedrich Albert   *403*
Steck, Rudolf   690E
Steiger, Friedrich von   *219*
Steiger, Otto   26
Steiner, Paul   *61*, *65–68*
Steinkopf, Karl Friedrich Adolf   146
Steinmann, Ernst   26
Steinmann, Theophil   *510*
Stephan, Horst   145E, 495E
Stephanus   557
Stern, Siegbert   *623*
Stettler, Albert   *721*

Stockmeyer, Immanuel   146E, 148
Stockmeyer, Karl   148
Straessle, Arthur   *583*, *585*, *637*
Straßer, Otto Erich   26
Strauß, David Friedrich   495E, 503, 506f., 512, 533, 536–538, 540f., 543, 565, 569f.
Stuckert, Carl   *329*, *464*, *466*
Studer, Friedrich   *373*
Stumm, Karl Freiherr von   630, 635
Süskind, Hermann   154E
Sulzer (Industrieunternehmen)   580, 585, 592, 631–633
Sulzer-Neuffert, Johann Jakob   592
Sulzer-Ziegler, Eduard   583f., 592, 631, 642f.
Sundkler, Bengt   66
Sutermeister, Friedrich   362E, 602, 608
Symbolum Apostolicum   42
Symbolum Athanasianum   51E
Symbolum Nicaenum   111f., 114
Symbolum Nicaeno-Constantinopolitanum   113
Szell-Fröhlich, Franz   640, 642f.

Taft, William Howard   280
Taylor, Frederick Winslow   622
Terentius Afer, Publius   280, 317
Tersteegen, Gerhard   IX, XII, 44, 71, 201, 223, 230f.E, 232–235, *237*, 238–261, *304*, *464*, *506*
Tertullianus, Quintus Septimius Florens   53, 71, 100–103, 228
Tétaz, Jean-Marc   334E
Textilarbeiter, Der   576E, 580, 585–587, 588f., 596–598, 602, 611, *612*, 623, 629, 633, 639–641, 660f., *675*, 676–680
Theodosius der Große   112f.
Theodotus   110
Theoktistus von Cäsarea   105
Theophilus von Alexandria   536
Tholuck, August   236
Thomas von Aquino   170, 176, 333E, 340, 472f.
Thomas von Celano   282

Thomas a Kempis 242
Thomasius, Gottfried *158*
Thurneysen, Eduard 267E, 480E, *730*
Tieck, Ludwig *296*
Times, The 637
Tischmacher, Benedikt 694
Trautwein, Wilhelm 70
Trilby 323
Triquet, Alexandre 314f., *327*
Troeltsch, Ernst 60, *132f.*, 137, 150–154E, 156, 160, 169f., *179*, 202, 205, *211*, 231E, 331–333E, 341, 343, 346–348, *352*, 353–357, 359, 469–471E, 576E, 729
Tryphon 93
Twesten, August *158*
Tyszka, Carl von 589

Ueberweg, Friedrich 75f., *81*, *338*
Uhlenhorst, M. (Kaufmann) 607
Urbicus 93

Valens (Kaiser) 112
Valentinian II. (Kaiser) 121
Valerius (Bischof) 121
Venantius Fortunatus 711
Vergilius Maro, Publius 318
Vetter, Ferdinand 268E
Vetsch (Industrieller) 611
Viktor von Rom 97
Vischer, Eduard 704
Vischer, Friedrich Theodor 96
Voigt, Christian 699
Volksrecht 643, *646*
Voltaire (François-Marie Arouet) 77, 127E
Vorländer, Karl 74–*81*, *136*, *178*, *336*
Vorwärts 623

Wagner, Adolph 577E, 635
Wagner, Richard 570
Waldburger, August 151–153E, 469f.E
Wallenstein, Albrecht von 727
Walter, Paul 1f.E, 8E, 33E, 46E, 139E, 219f.E, 221–223, 230f.E, 232, 296E
Walther, Hans 282
Wander, Karl Friedrich Wilhelm 56, 262E, *321*
Warneck, Gustav *59f.*, *64f.*
Webb, Beatrice 586
Webb, Sidney 586
Wehrli, Max 698
Weiß, Johannes 294E
Wendland, Johannes 330E
Werner, Johannes *146*
Wernle, Paul 39E, 145E, 384f.E, 466, 564E
Wetter, Ernst 485E
Wetzstein, Otto *296*
Widmer, Gottlieb 719
Widmer, Leonhard *139*
Widmer, Rudolf 683E
Wieser, Gottlob *730*
Wildi, Hans Markus XIII
Wilhelm II. (Kaiser) 646, 669, 681
Willemin, Georges 314, *317*
Winkler, Ulrich XII, *XIII*
Witzemann, Gotthilf *711*, 719
Wobbermin, Georg 330f.E, *343*, 346, 348, *352f.*, 358, 495E
Wolf, Julius 584
Wollschläger, Armin *146*
Wrede, William 82f., 85
Würz, Friedrich 67
Wurm, Paul 66
Wyss, Walter *310*, *320*
Wyttenbach, Thomas 694

Xanthippe 75, 572

Zahn, Theodor 82, 84
Zbären, Alexandre 317, 325
Zeller, Christian Heinrich 146
Zickendraht, Karl 494f.E
Zigarrenfabrik Brissago 639
Zimmerlin, Franz *730*
Zintgraff, Eugen 68
Zinzendorf, Nikolaus Ludwig von 71, *159*, 202, 223, 230E, *253*
Zofinger Tagblatt 382f.E

Zosimus von Rom 122
Zwingli, Huldrych 3, 51E, 71, 73*f.*, 174, 356, 405, 461, 477, 572, 696–698, 702f., 707

III. BEGRIFFE

Nicht immer findet sich ein Registerstichwort auf den angegebenen Seiten wörtlich, da synonyme oder verwandte Termini gelegentlich für das Register unter einem gemeinsamen Schlagwort zusammengefaßt sind. Französische Stichworte wurden für das Register übersetzt, lateinische in der Regel dem deutschen Stichwort beigefügt.

Aarauer Studentenkonferenz 152E, 226E, 273, 283
Aargau 376, 381E, *717*
- Kirchenrat 468, 699, 704f., 707
- Kirchensynode 704E, 704–709, 716f.E, 717–722
- «Staatsreligion» 716E, 721f.
- Trinkerfürsorgegesetze 699, 738
Aberglaube 60, 691E, *718*
Absolute, das 182, 336–341, 343f., 349, 353, 498E, 518–526, 528f., 540f.
Abstinenzbewegung/Blaukreuzverein 384E, 446, 491, 559–561E, 561f., 572E, 674, 684E, 688, 690f.E, 693E, 699, 700, 701f., 705, 710f., 734E, 737, *738*
Ästhetik/ästhetisch 131–136, 161, 163, 186
Alkohol/Alkoholismus 328, 384E, 454, 491, 559E, 592, 599, 613, 617, 621, 671, 673f., 687, 693E, 699, 702, 706f., 710f., 715, 724f., 731, 736–738
Alkoholkapital 736f.
Altes Testament 47E, 81
Amerika 268f.E, 270, 276, 285
- Nordamerika, Wirtschaft 602, 647f., 674, 680
Anarchie 366, 413
Anschauung s. Jesus Christus (Anschauung); Religion (A.)
Anstoß s. Jesus Christus (Kreuz [Anstoß])
Apokatastasis 49E, 53E, 210
Apokryphen 118
Apologetik 40f., 92–95, 101, 106, 109, 116, 359, 539
Aposteriori 473

Apotheose 547
Apriori 133, 163, 180–182, 189, 194, 211, 341, 348, 354–356, 471, 473, 478f., 510, 525
–, religiöses 133, 162f., 347, 354f.
s. auch Mensch (apriorische Bestimmung)
Arbeit 375f., 399, 402, 441–456, 582, 621f., 628, 686f., 725
- Akkordarbeit 589–591, 630, 667, 671
- Frauenarbeit 440E, 601, 604f., 609, 617–620, 634, 647, 667–669, 671, 681f., 725, 731
- Heimarbeit/Hausindustrie 439E, 601–604, 618, 638, 665, 667, *718*
- Kinderarbeit 601, 609, 617, 622, 634, 668–670, 725, 731
–, sittliche 463
–, soziale 142, 403
s. auch Maschinen
Arbeiter 336, 380E, 398, 403, 409f.P, 414f., 442, 447, 450f., 685f., 731
- Alter 609–611, 731, 735
- - Alterspensionen 631
- Ausbeutung/Ausnützung 685f.
–, ausländische 603, 609, 633, 639, 648
- Bildung 592, 674, 687f., 725
- Disziplin 622, 630, 646f.
- - Bußen 439E, 594f.
- Erziehung 618–621, 633, 674, 693E, 731
- Familienleben 591f., 613, 617–620, 634, 670, 725, 731
- Freizeit 673f.
s. auch Arbeitszeit (freier Sams-

tag[nachmittag]); Arbeitszeit (Sonntagsruhe)
- Gesundheit 590–592, 598–601, 604, 615, 665, 668, 735f.
- Gewinnbeteiligung 399, 410P, 415f., 632f.
- Gleichberechtigung, wirtschaftliche 629f., 635
- Jugendkriminalität 620, 669
- Kinderfürsorge 668
- Kindersterblichkeit 617
- sittliche Zustände 604, 621
- Wohnungsverhältnisse 613–617, 631, 633, 674, 725, 731, 737f.
- - Schlafgänger 614f., 617
s. auch Arbeiterfrage; Arbeiterklasse; Proletariat
Arbeiterausschüsse 631f., 647, 666
Arbeiterbewegung 380f.E, 630, *738*
s. auch soziale Bewegung
Arbeiterbund, Freier 642f.
Arbeiterfrage 578–682
Arbeiterklasse 378, 640, 687
vgl. Klassenkampf
Arbeiterorganisation(en) 402f., 407, 595–598, 637, 641, 647, 649, 666, 680
- kath. Arbeiterinnenverein 639
-, «Gelbe» 640–642
- Posamenterverband 638
Arbeiterschutz 603, 630, 635, 665–670, 673f.
- Arbeiterschutzkonferenzen 593, 681f., 686, *688*
Arbeiterverein 361f.E, 378, 380E, 389, 418E, 573f.E, 577E, *685*, 689, 723E, 729E
Arbeitgeber s. Unternehmer
Arbeitsfreudigkeit 621f., 630, 658
Arbeitsgeist 445f.
Arbeitsleistung 671f.
Arbeitslosigkeit 595, 608–611, 663, 685, 725, 731, 735f.
- Maßnahmen gegen A. 657
vgl. Versicherungen (Arbeitslosenvers.)

Arbeitsnachweise 638f., 648–650, 657f., 660–664
Arbeitsteilung 447–449, 581, 621, 623
Arbeitsunfälle 592, 599f.
Arbeitsvertrag 580–583, 597, 630, 665
Arbeitszeit 439E, 591–593, 599, 601f., 617, 667, 670, 672–675, 681, 737f.
- Nachtarbeit 439E, 591, 602, 604f., 635, 667–669, 681f.
- Samstag(nachmittag), freier 592, 668, 674–680
- Sonntagsarbeit 602, 604f., 668f.
- Sonntagsruhe 667, 675
Arianismus 110–114
Aristokratie 368, 444, *685*
Aristotelismus 472
Armenpflege 608, 631
Armut *685*, 730, 735
s. auch Jesus Christus (Stellung zu arm und reich); Not, materielle/soziale
Atheismus 290, 391, 423
Aufklärung 297
- Dogmatik 178
-, populäre 422f.
Aussage, religiöse 502, 519, 544, 553
Aussperrung 639f., 658, 664
Australien, Wirtschaft 656, 674f.
Autopistie 211f., 360, 474f.
Autorität der Bibel 167–169, 179, 427, 474f.
Autoritätsgedanke, katholischer/hierarchischer/orthodoxer 166, 169f., 173, 176f., 201, 281f., 474
- Kritik 174–180
s. auch Bischofsamt; Lehramt; Lehrautorität

Banken 587, 616
Basel 609, 638, 660f.
Bauernhochzeit 19E, 21
Bekehrung 237, 253, 393

Bekenntnisse/Bekenntnisschriften
168f., 235, 433f.
vgl. Glaubensbekenntnis
Belgien, Wirtschaft 669
Bergpredigt 566, 729E
Bern 661
- Reformation 690E, 693f.E, 694-698, 701-703
Bewußtsein 132, 356, 504, 512
-, ästhetisches 131
- Autonomie 179f.
- Eigengesetzlichkeit 179f., 181
  s. auch Apriori
-, objektives/historisches 182, 198, 205
- Realisierung, empirische 478f.
-, religiöses 131, 478, 518
-, sittliches 131
-, theoretisches/logisches 131, 136
-, wissenschaftliches 129f.
  s. auch Kulturbewußtsein
Bibel 232f., 410P, 416, 426f., 435, 475, 483, 713, 715
- Autoren 204f., 207-209
- geistiger und sittlicher Gehalt 437
- Inspiration s. dort
- Norm 433f.
- Offenbarung(squelle) 167, 205
  s. auch Altes Testament; Autorität der Bibel; Kanon; Inspirationslehre; Neues Testament
Biblizismus 170, 201
Bildung 74
vgl. Arbeiter (Bildung)
Bischofsamt 165
  s. auch Lehramt (hierarchisches)
vgl. Autoritätsgedanke
Blaukreuzverein s. Abstinenzbewegung
«Bürgerlichkeit» 564E, 569, 571
Bürgerpflicht 362-364, 367-376, 378f., 447
Bürgertum 686, 730
Bundesrat, schweizerischer 597f.
Bundesverfassung, schweizerische 597, 598

Calvinfeier 1909 2, 24
Christ/Christen 23f., 434f., 483f., 520
- Elternhaus, christliches 712E, 713-715
- und Sozialismus 729, 732f.
- unvollkommene 482, 484
«Christentum» 730
Christentum 59, 82, 95, 184, 254, 258, 407, 459, 483
-, abendländisches 119
-, bewußtes/inneres 56f., 59,
-, gnostisches s. Gnosis
- Grundlage 421
- Inhalt 33, 82, 434-436
-, rechtes 408, 729
- als Religion neben anderen? 63
-, unbewußtes 34, 38E, 83, 288E
- Wahrheitslehre? 433
- Wesen 63, 253, 432f.
- Wissenschaft 103, 105, 109, 168, 172
Christlicher Verein junger Männer (C.V.J.M.) 480E, 481, 483f.
Christologie
- der Alten Kirche 109f., 114f., 165
- des Paulus 164f.

Darwinismus 391, 418-421, 424-427
Deismus/deistisch 499E, 521, 535f., 554
Demokratie 374f., 685, 685f.
Despotie 375
Deutschland 279, 282-284, 372, 404f., 493, 614-616
- Wirtschaft 579f., 599-602, 610, 636, 647, 649-651, 653-655, 659, 665-670, 674, 680, 684
Dialektik/dialektisch 496E, 500, 509, 511
Dividende 586f., 631, 639, 731
Dogma 34f., 95, 180, 235, 237f., 343, 436
-, katholisches 433
- und Religion 501

Dogma von der wesentlichen Gottheit Christi 95, 109f., 113–115
Dogmatik 156, 384E, 401, 432, 436, 501, 503
Dualismus 338, 351

Egoismus 687, 725
– wirtschaftlicher 414, 724
Ehe 21
Eigentum/Privateigentum 398f., 401f., 408, 409P, 412–415, 582, 686, 725, 734E
Einfühlung 131, 204
Einsamkeit mit Gott 246, 251, 257
Endliche, das 182, 186
England 603
– Wirtschaft 373, 586, 600f., 603, 647f., 656, 663–665, 667–669, 672–675, 680, 734f.E, 735
Erfahrung 428–431, 545, 550, 552f.
–, religiöse 336f., 341, 353f., 356f., 499E, 500–502, 519, 521, 533, 541, 543, 547–549, 551, 553f.
Erhabene, das/Gedanke des Erhabenen 498f.E, 526f., 535, 537
– als Ich 530–534, 539f., 544f., 547f., 552f.
Erkenntnis/Erkennen 177f., 181, 429–431
– Gottes s. Gotteserkenntnis
–, religiöse 470E
– der Welt 438
–, wissenschaftliche 428–430, 470E
vgl. Naturerkenntnis; Philosophie (Platos)
Erkenntnistheorie 352f.
Erlebnis
–, religiöses 182, 205, 287, 500, 502f., 527, 553
–, unmittelbares 553
vgl. Glaube (Erlebnis)
Erlösung 259, 308f., 396, 436, 438
Erlösungslehre, griechische 113, 115
Ernst 483f.
–, sittlicher 103, 108

Ertrag, wirtschaftlicher s. Unternehmer (Gewinn)
Erwählung 185f., 199
Erziehung 376f., 445, 711, 714f.
vgl. Arbeiter (Erziehung)
Ethik/ethisch 132–136, 161, 163, 178, 186, 504f., 516
Evangelien 146E, 195, 399, 407, 549
evangelisch 26f., 119, 124
Evangelium/frohe Botschaft 196, 392f., 396, 402, 404, 437, 549–552
– Inhalt 35
– Jesu 499E, 548, 553, 730
– und Sozialismus 729–733
Ewige, das 182, 483

Fabrik 630
Fabrikant s. Unternehmer
Fabrikgesetz, schweizerisches 584, 688
–, altes 373, 579, 592, 597
–, neues 376, 579, 592f., 597, 604f., 666, 669f., 674f., 689, 698
Fabrikinspektoren 579, 595, 597f., 603, 632, 648, 680
Fabriksparkassen 632
Fortschritt 372, 374–377, 403, 447, 622, 671, 689
–, sittlicher 414
–, sozialer 631
Frankreich, Wirtschaft 647f., 656, 668f., 671f., 674, 680
Franziskaner 470E, 472
Frau 375
Frauenrechtlerinnen 667
Frauenstimmrecht 18
Freidenker 422–424, 426
Freiheit 34, 59, 73, 186, 365f., 369–371, 374, 402, 436, 504, 506, 647, 665, 685, 686, 724, 730
– Handels- und Gewerbefreiheit 336f., 663
– Ellenbogenfreiheit 409f.P, 414
Freisinn/freisinnig 20E, 26, 222, 388, 497E, 642, 703, 704E, 707, 716f.E, 719f., 721

– Radikale 328, 593, *688*
Freude 22f., 444, 483f.
Friede 724f.
   s. auch sozialer Friede
Frömmigkeit/Frommsein 21E, 32, 137, 155, 200, 205, 233, 237, 247f., 252, 482, 484, 516, 520
–, mystische 250, 520
Frömmler. 480E, 481–484

Gebet/Beten 551, 603, 733
Gefühl s. Religion (Gefühl)
Gehorsam 10, 290, 493, 714, 730f.
– Liebesgehorsam, selbstverleugnender 195, 209
–, sittlicher 185f., 199, 277
   s. auch Glaubensgehorsam
Geist 4, 81, 85, 504, 508, 510f., 514f., 526f., 530f.
–, absoluter? 508, 515f., 518, 521, 541
– Denken und Wollen 510
–, sozialer 397
– Wesen 513
Geist und Materie 395–397
Geist, heiliger 4, 165
– testimonium spiritus sancti internum 474f.
   vgl. Inspiration; Kirche (reformierte [Geist])
Geistbegriff 509
Geistigkeit 498E, 513
   s. auch Persönlichkeit (Ich [individuell geistiges ‹werdendes›])
«Geist-sein» 507–511, 513
– Gottes 515
Geld 452f.
Gemeinde
–, bürgerliche 378
–, kirchliche 203f., 724
   vgl. Genf (Deutsche reformierte G.)
–, urchristliche 184, 557
Gemeindeabende 215, 221, 223, 230f.E, 232–256, 296–301
Gemeinschaft unter Christen 23f., 28, 731

Genf 11f., 56, 213E, 316, 576E, 661f., 730
– Deutsche reformierte Gemeinde 1E, 16E, 27, 213E, 214–216, 221–223
– – Kirchenverfassung 57
   vgl. Gemeindeabende; Konfirmandenabende
– Reformation 2, 324
Genius/Genialität 569–571
–, religiöse 533
   vgl. Jesus Christus (religiöse Genialität)
Gerechtigkeit (iustitia) 80f., 142, 194f., 200f., 730, 735
– in Sozialismus und Bibel 416
Gericht 291
Gesangbuch 232f.
Geschichte 56, 72f., 160, 251, 363, 548
– Dogmengeschichte 49E
– Gottesgeschichte 208
– Geheimnis 72f.
– historische Arbeit K. Barths 49f.E
– Wirksamkeit 208, 210, 212
   vgl. Glaube (und G.); Mensch (und G.); Mission (G.); Religionsgeschichte
Geschichtlichkeit Jesu s. Jesus Christus (G.)
Gesellschaft 364f., 413, 628, 730
–, bürgerliche 402, 576E
– Ordnungen 367–369, 372, 613
Gesetz (staatliches) 373
Gesetzgebung, soziale 367
Gesetzlichkeit
– gesetzliches Denken 117, 136
–, jüdische 474
Gesundheit 376, 710
Gewerkschaften 361E, 403, 454, 486E, 589, 595, 635–637, 641–643, 650f., 658f., 661, 663f.
– der Textilarbeiter in Fahrwangen 439f.E, 596f., 689
Gewissen 290f.
–, sittliches 320

Gewißheit 44, 123f., 137, 143, 189, 235, 250, 254, 257, 261, 278, 470E, 472
- Gottesgewißheit 182, 475
- Heilsgewißheit 190, 192, 475
- Heilsungewißheit 175
- Selbstgewißtheit 182
- Vernunft- und Offenbarungsgewißheit 479
Gewißheitsbegründung 471f., 475, 477f.
Gewißheitskriterien 476, 479
Gläubigkeit, rechte 235
vgl. Protestantismus (orthodoxer/ Rechtgläubigkeit)
Glaube (fides) 35, 42–44, 63, 109, 115, 182, 184–186, 188f., 191, 193f., 199, 237f., 291f., 336f., 391, 406, 463, 473, 475, 483, 498f.E, 517f., 550, 725
- Anschauung Jesu Christi 164, 188, 190, 192–194, 197f., 203f., 210, 252
vgl. Religion (Anschauung)
- apprehensio (Christi) 198, 201, 203f., 207
- Assensusglaube (assensus [intellectus]/organon receptivum) 171, 173–176, 201, 206
s. auch Glaube (Für-wahr-Halten?)
- Auferstehungsglaube 294f.
- als Befreiung 42f.
- mit Christus sterben 33, 35
- Entstehung 203, 210f.
- Erlebnis 210, 295
- - Gotteserleben/Gotteserlebnis 161, 163f., 174, 211, 255, 257
- - Jesu 38E, 137, 294
- fiducia (cordis) 173, 175, 185, 201
- Für-wahr-Halten? 34, 42, 86, 95, 108, 114, 117f., 170f., 295, 432
s. auch Glaube (Assensusglaube)
- Gefühl s. Religion (Gefühl)
- Gemeindeglaube 109
- und Geschichte 155–212, 251, 469E

- - bei E. Troeltsch 156, 205
- Grund 41–43, 170
- Leben im Gl. 35
vgl. Leben (christliches); Leben (neues); Individuum (individuelles Leben)
- Methodik 156, 160, 188, 192, 207f.
- Mittelpunkt 248–250
- notitia 175
- Objekt 158f., 184
s. auch Jesus Christus («objektiver»); Glaubensvorgang (Verhältnis von Subjekt und Objekt)
- Offenbarungsglaube 203
- Osterglaube 43f.
- und Patriotismus 141–143
-, rechter 289
-, rechtfertigender (fides iustificans) 151E, 173, 175, 185, 198, 201
- soziale Tatsache/Vermittlung des Gl. 161–163, 203, 205, 208–210
vgl. Glaubenszeugen/Glaubenszeugnisse
- Werk Gottes/gewirkter Gl. 193, 198, 200f., 203
vgl. Gewißheit; Gottesglaube, religiöser; Jesus Christus (Glaube); Mensch (Verhältnis zu Gott); Mensch (Verhältnis zu Jesus)
Glauben und Wissen 41, 345, 356
Glaubensbekenntnis 289f.
Glaubensgedanken 130f., 155, 182
Glaubensgehorsam (obedientia spiritus) 185, 201, 209
s. auch Gehorsam (Liebesgehorsam)
Glaubenslehre 95f., 129E
- Methodik 156, 160
- und Religionsphilosophie 129–131
Glaubensnotwendigkeiten 471
Glaubensregel 165f., 169
Glaubensvorgang 161, 184f., 201, 203, 205
-, psychologischer 161–163, 174, 203

767

- als religiöser Vorgang 201f., 211
- Verhältnis von Subjekt und Objekt 171f., 181, 184f., 190, 192f., 201, 211, 252, 332
Glaubenszeugen/Glaubenszeugnis 166, 204, 207, 209
Gleichnis 32
Glücksspiele/Hazardspiele 310–312E, 312–319, 700, 708, 720f.
Gnade 436
Gnosis/Gnostizismus 95f., 100, 102f., 105f., 113, 354
«Göttingerkränzchen, Schweizerisches» 470f.E
Götze 350
Gott 116–118, 129E, 249f., 255, 258–260, 292, 475, 483f., 492, 527, 530, 534, 710f., 714f., 731f.
- Definition, thomistische 473f.
- Eigenschaften: absolute/metaphysische Attribute 515f., 523, 531
- - Alleinwirksamkeit 124, 535
- - Allgegenwart 515, 519, 523, 525, 531
- - Allmacht 515, 517, 519
- - Allwirksamkeit 535
- - Allwissenheit 515
- - Ewigkeit 515, 517, 519, 523, 525, 531
- - Gerechtigkeit 517
- - Heiligkeit 515, 517, 532
- Führung 18
- Geist-sein s. dort
- Gemeinschaftswille 185, 194, 198
- in der Geschichte 73
- Herrschaft/Immanenz 527, 530, 534, 551
- Ideal 526, 546
-, lebendiger 259, 353, 357, 408
- Liebe 350, 406
- misericordia divina 194, 198
- Negativität 524, 526f.
- «objektiver» 234f.
- Persönlichkeit (Gottes) s. dort
- und Religionen 63
- Ruf 484

-, sozialer, solidarischer 405f.
- und Sozialismus 455, 732f.
- Subjekt 517
- Überlegenheit/Transzendenz 256, 527, 530
- im Vaterland 139–143
- Wesen 351f.
- Wille 396, 475, 517, 532, 724
- - Erfüllung 35
  s. auch Gott (Gemeinschaftswille)
- Wirksamkeit 161, 185–188, 194, 197f., 292, 551
  vgl. Jesus Christus (Wirksamkeit)
  s. auch Mensch (Verhältnis zu Gott); Offenbarung (Gottes); Persönlichkeit (Gottes); Recht (Gottes); Regiment Gottes; Reich Gottes; Vorsehung; Wirklichkeit (Gottes)
Gottesbegriff/Gottesgedanke 133, 349, 351, 498f.E, 509, 511, 516–523, 525–528, 530f., 533f., 537, 541, 548–551, 553f., 711
- nach Analogie des Persönlichen? 544–547
- Form und Inhalt 518f.
Gottesbeweise 340, 348, 353
Gottesbewußtsein 134, 350
Gottesdienst 246
Gotteserfahrung, christliche 260, 435–437
Gotteserlebnis s. Glaube (Erlebnis)
Gotteserkenntnis 40, 114, 247
Gottesgedanke s. Gottesbegriff
Gottesgesetze 447
Gottesglaube, religiöser 514f., 547
Gottesidee 351, 500
Gottesordnung 732
Grenzbegriffe 133, 352, 505
Griechentum 90, 95, 114, 119
-, christliches 113–115
Großstadt 11f.
Grütliverein 403, 683f.E
Grundrente 606

Handel 606f., 685, 738
Handeln 369–372
Heidentum 60, 691E, 693E, 710
Heiligung 200, 237f.
Heilsaneignung 171f., 174f.
Heilstatsache 198
«Heilstatsachen» 95, 175, 204
Heimarbeit s. Arbeit (H.)
Helfen/Hilfe 395–397, 402, 406
Heteronomie 181
Himmel und Erde 395f., 686

Ideal, ewiges 513f.
Idealismus
–, kritischer 180, 190, 228f., 504f., 530, 547
vgl. Rationalismus (kritischer)
–, sittlicher 277
Idealisten, theoretisch-korrekte 277f.
Idee 134, 136
–, metaphysische 178
Ideenlehre 79–81, 182
Imperativ, kategorischer *142*, 277f., 284
Individualität 509–511, 531–534, 539, 547
- individuelles Ich 513, 530
vgl. Persönlichkeit (Gottes[individuelles ⟨absolut⟩ geistiges Ich]);
Persönlichkeit (Ich [individuell geistiges ⟨werdendes⟩])
Individuum 129E, 129, 136, 181, 186, 344, 349, 356
- individuelles Leben/Lebendigkeit/Lebendigwerden 163, 180, 182f., 185, 194–196, 200, 203
vgl. Religion (individuelles Erleben)
Industrie 410f.P, 415
- Bergbau 599, 604, 665, 669
- Textil und Bekleidung 592, 596f., 600f., 603–605, 610, 612f., 622, 633f., 636, 642, 665, 669, 671, 676f., 678
- Uhren 612, 676f.
Innerlichkeit 255f., 258
–, deutsche 284

Inspiration (Theopneustie) 51E, 203–209
Inspirationslehre 168f., 172, 201, 206
Intellektualismus 95, 100, *172*, 332E, 351
Intoleranz, religiöse 62
Israel 142
Italien 656

Jesus Christus 45, 73f., 91, 140, 167, 193, 241, 251, 259, 301, 304f., 307f., 392–394, 396, 400–402, 406–408, 436, 460E, 492, 548, 553, 714f., 730, 732
- Anschauung Jesu Christi
 s. Glaube (A. Jesu Christi)
- «an sich» 188, 191, 201
- Auferstehung 33E, 52E, 54E, 194, 198, 200f., 203, 294f.
- «außer uns» (extra nos) 188, 192f., 197, 200, 259
- Autorität des Glaubens 165–167
- Bedeutung 52E, 54E, 91, 109f., 114
- Beweisbarkeit? 41
- Bewußtsein 197
- – abnormes? s. Jesus Christus (psychiatrische Beurteilung)
- Erwählung, Vehikel der 194, 198
- Frömmigkeit 200f.
- Geburt 9f., 17
- Gehorsam (obedientia) 10, 195
- – als fons gratiae 197
 vgl. Gehorsam (Liebesgehorsam)
- Geist 284, 387
- Genialität, religiöse 570f.
- Gerechtigkeit 200f.
- Geschichtlichkeit 37–39E, 40–44, 91, 563E, 565, 568f., 571
- Glaube 196f.
- Gottheit 351
 vgl. Dogma von der wesentlichen Gottheit Christi
- Grund/Quelle/Stoff des Glaubens 42, 164f., 167, 193f., 196, 198

s. auch Jesus Christus (Leben [Grund des Gl.])
- historischer 190, 196, 203
- «in uns»/innerer 165, 188–193, 197, 200f., 252
- Kraft 284, 386f.
- Kreuz 33f., 194, 197, 200f., 406f.
- - Anstoß 34
- Leben 9f., 35f., 42, 94f., 198, 203, 392, 406, 436, 550
- - äußeres 43, 194
- - inneres 43, 116f., 195, 197, 499E, 568
- - als Grund des Glaubens 42f., 199
  s. auch Jesus Christus (Grund des Gl.)
- Licht 9, 74
- Liebe 35, 95, 738
- Messiasanspruch 563E, 565–571
- «objektiver» 190, 192f., 234, 251
- Offenbarung 42, 44, 193, 196f., 203, 408, 435, 566
- Persönlichkeit 552
- psychiatrische Beurteilung 563E, 565, 568–571
- Selbstbewußtsein 195, 197, 199
- und Sozialismus/soziale Bewegung 386–398, 400f., 404–408, 732
- - J. Chr. als Arbeiter 392
- Stellung zu arm und reich 392f., 400f.
- Tod 33E, 35, 77, 198, 294f., 406, 436, 552
- - Heilsbedeutung 220E
- Vorbild/Ideal 18, 81, 278
- Weg zum Leben 10, 81, 292
- Wirksamkeit/Wirkungen 81, 190, 193f., 198f., 200f., 203f., 209f., 397
  vgl. Wunder
Johannesevangelium 88–91, 117, 309
- Verfasserfrage 87f., 91f.
Judentum 566–568, 713
  vgl. Gesetzlichkeit, jüdische; Israel

Kamerun 65–70
Kanon 165, 167, 173, 204, 206
  s. auch Autorität der Bibel; Inspiration
Kapital 375f., 398, 582f., 586, 591, 607, 617, 629, 642
Kapitalismus/kapitalistisch 366, 372, 384E, 398–400, 403, 410f.P, 411, 413, 415f., *439*, 452, 584, 613, 617, 642, 647, 685, 736f.
  vgl. Egoismus (wirtschaftlicher); Unternehmer/Unternehmertum
Karfreitag 33–36, 43
Katholizismus 57, 103, 119, 124, 165f., 202, 296, 304, 327, 717E, *718*
Kind Gottes 499E
Kirche 60, 95, 124, 215, 217, 320, 328, 390, 463, 483f., 536, 706, 718f., 731f.
- Abfall 395
-, katholische 25, 100, 165f., 432f.
- - Glaubensbegriff 170, 174
  vgl. Autoritätsgedanke; Bischofsamt; Lehramt; Katholizismus
-, lutherische 25
-, reformierte 25, 468
- - Geist 462f.
- - - «Formen»/Instrumente 458E, 463–467
- - Kirchenkonferenz 457–459E, 461–463, 467
  vgl. Aargau (Kirchensynode); Genf (Deutsche reformierte Gemeinde)
- und Sozialismus 455
- Trennung vom Staat? 377, 704f., 722
  vgl. Protestantismus; Unkirchlichkeit
Kirchenlehre, normative 203, 432
Kirchenlieder 296
Kirchentum 218, 730
Klassen 376, 378
-, besitzende/herrschende 583, 729E, 732
Klassenfrage 142

Klassenkampf 366, 454f., 640, 687–689, 707, 725, 731
Klassizismus 297
Konfirmandenabende 46–49E, 51E, 53f.E, 57–125, 215, 222f.
– Zweck 58f.
Konfirmandenunterricht 55f., 560E
Konkurrenz 21–23
Konservativismus 367–369, 372, 378, 388
Konsum 375
Konsumvereinswesen 454, 651
Konzentration 255
Konzil 433f.
Krieg 488, 490f., 493, 685, 725
Kündigung 440E, 597, 658
Kultur 62, 64, 74, 129E, 129, 132, 135, 181, 377
– und Religion 132–137, 553
Kulturbewußtsein 132–134, 136, 162f., 180–182, 186, 189, 211
– Methodik 134
Kulturkampf 217
Kunst 9f.

Leben 9f., 35, 129E, 162, 181, 189, 193, 284, 291, 356, 360, 551, 714
–, äußeres 57, 261, 308
– Aufgabe 483f.
–, christliches/in Gott 200, 261, 434f.
– und Denken 4
–, ewiges 405
– aus Gott 500, 548
– als Gottesgeschenk 23f.
– Gottesleben 715
–, gottgemäßes 255
– «Großstadtleben» 12
–, inneres 34, 57, 73, 75, 141, 395, 437
– – Lebensgrund 140, 553
vgl. Jesus Christus (Leben [inneres])
–, neues 201, 436
–, «persönliches L.» 275, 285
–, unmittelbares 205
–, wahres 259, 449

–, «wesentliches» 258
vgl. Frömmigkeit; Jesus Christus (Leben); Individuum (individuelles L.)
Leben-Jesu-Forschung 563E, 565, 569
Lebenserfahrung, christliche/innere der Religion 260, 436
Lebensoffenbarung 436
Lehramt, religiöses 157
–, hierarchisches 169
vgl. Bischofsamt
Lehrautorität 203
Lehre 351, 435
–, christliche 433–436
Lehrfreiheit 434
Leiblichkeit 398
Liberalismus 26, 617, 665
– liberal-demokratische Partei *688*
Libertinismus 325f.
Liebe 35, 64, 187f., 291, 406, 728, 731, 733
– Gottes- und Bruderliebe 43, 730, 732, 738
Logik/logisch 132–136, 161, 163, 186, 504f., 516
Logos 90
Logoslehre 109f.
vgl. Theologie (Justins)
Lohn/Verdienst 439f.E, 450–454, 581, 585, 587–591, 601, 604f., 607, 611, 617–620, 622, 634, 639, 642, 666–670, 672f., 725, 731, 737f.
– Décompte 593f.
– Tariffrage 637f.

Mammon 401, 452
Mammonismus 326, 408
Manichäismus 120
Maria 304f., 307, 691, 695f.
Markt 581, 630
Maschinen 581, 591f., 599, 611f., 621, 671f.
Materialismus 40, 72, 391, 398, 623
–, religiöser 103
Materie s. Geist und Materie

771

Metaphysik 500
–, findende («trouvant») 339f., 344
–, beweisende («prouvant») 339f., 342, 354, 357f.
s. auch Theologie (und Metaphysik)
Mensch 407, 442, 446, 553, 736
–, «alter» 22f.
– Begriff 186
– apriorische Bestimmung 195
–, guter 18, 74
– göttlicher Beruf 736
– und Geschichte 72f., 77, 251
– Ideal 78
– Verhältnis zu Gott 22f., 118, 251, 258, 501, 517
– Verhältnis zu Jesus 390, 730
– Wert 443
vgl. Individuum
Menschenrecht 362–369, 371f., 374–376, 378f.
Menschenwürde 365, 687, 730, 736
Menschheit 187f.
Menschwerdung 553
Militärflugzeuge/-aviatik 485E, 490f.
s. auch Schweiz (Armee/Heer [Nationalsammlung für Militäraviatik])
Militarismus 488f., 607
Mission/Missionskunde 46–48E, 57, 60–70, 146f., 280, 286
– Einwände gegen die M. 61–63
– Geschichte 47E, 64–70
Missionsgesellschaften 64
Missionspflicht 46E, 48E, 53E, 61, 63
Mittelalter 176, 302, 475
s. auch Zunftwesen, mittelalterliches
Moderne 91, 302, 339, 731
– modernes Denken 34, 168
Modernismus 155
vgl. Theologie (moderne)
Monarchie 368, 372, 375
Monismus 37E, 40, 296, 351, 356, 536
Montanismus/montanistisch 100f., 102f., 124

Moral 180, 371, 377
«Mosaismus» 419–422, 424–427
Mystik/mystisch 119, 201, 250–252, 357, 472f., 520, 523f.
– Christusmystik 474
Mythologie 182f., 190, 344, 354

Nachfolge Jesu 118
Natur 37E
Naturerkenntnis 420
– als Weg zu Gott 40
– «Evangelium der N.» 421–424
Naturgesetz 419, 431
– des geistigen Lebens 281
Neoplatonismus 106, 119, 337
Neues Testament 51E, 95, 109, 166, 204, 209, 733
Neuseeland, Wirtschaft 656, 666
Not, soziale/materielle 395, 397, 453, 535, 635, 641, 710, 730, 735–737
vgl. Alkohol/Alkoholismus; Ungerechtigkeit, soziale

Objekt s. Glaubensvorgang (Verhältnis von Subjekt und Objekt)
Objektivität 473
Österreich, Wirtschaft 647, 649, 656, 665, 669, 674
Offenbarung 42, 167, 203, 205, 207f., 336, 338–340, 347, 351, 435, 437
–, allgemeine 340
– und Geschichte 159f.
–, spezielle 340
– Gottes 431, 437
s. auch Jesus Christus (Offenbarung); Vernunft und Offenbarung
Offenbarungswahrheit 351
orthodox (evang.-theol.) 26
Orthodoxie/Rechtgläubigkeit 235f., 248, 251, 257f., 269E, 273, 533
Orthodoxie, protestantische s. Protestantismus, orthodoxer
Ostern 37E, 295
vgl. Glaube (Ostergaube)

Pantheismus/pantheistisch 303f.,
499E, 533–535, 541, 554
Papst 433f.
Pastoralkonferenz der Westschweiz
149E, 151E, 153E
Patriotismus 141–143, 492, 613
Personalismus 512, 520
Persönlichkeit/Persönlichkeitsbegriff/-gedanke 463, 499E, 503,
507, 509–514, 517, 522, 526f.,
530–535, 544f., 547
–, absolute? 499E, 537, 540–543
– Denken und Wollen 503, 505,
510f.
– – und Fühlen/Gefühl 504, 508f.,
515, 539
– Entfaltung 444–446, 450, 452
– im Evangelium 548–553
– Gottes 498E, 499–502, 511,
514f., 517–521, 527–530,
533–535, 539–541, 543–547,
550f.
– – individuell Denkender und
Wollender 517, 519
– – individuelles (absolut) geistiges
Ich 517, 522
vgl. Persönlichkeit (absolute?)
– Ich 505, 509f., 532, 538–540, 548
– –, individuell geistiges (werdendes)
498E, 511–514, 530, 544
vgl. Erhabene, das (als Ich)
– psychologisch 504–506,
508–514, 531, 534, 539, 547
vgl. Individualität
– transzendental/idealistisch
504–506, 508–511, 513f., 530f.,
534, 538f., 547
vgl. Gottesbegriff (nach Analogie
des Persönlichen?); Erhabene,
das; Individualität
Pfarrer 386, 392
– politische Betätigung 574f.E,
706f.
Pfarrerverein, relig.-freisinniger
497E
Pflicht 290f., 370, 372, 486E, 492f.
– Bruderpflicht 736

Philosophie 75, 78f., 177, 357, 359
– Platos 78–81, 178
– des Sokrates 74–76, 227
– Transzendentalphilosophie
129E, 136
vgl. Autoritätsgedanke, hierarchischer; Platonismus; Religionsphilosophie
Pietismus/Pietisten 21E, 32, 146E,
146, 201f., 230f.E, 236–239, 252,
481
– Brüdergemeine, herrnhutersche
253
– Gemeinschaftschristentum 6,
220E, 230E
– Mômier/Mucker 310E, 312f.,
315f., 317f., 321f., 324, 326, 481, 483
– subjektiv methodischer Ausgangspunkt 230E, 236f.
Platonismus 472
Pöbel 366, 372, 444
Politik 363f., 371, 374, 378f.
– und Gefühl 489
Prädestination 51E, 210
Predigergesellschaft, Schweizerische
reformierte 329–331E,
494–496E
Preise 585, 588–590, 606f., 613,
685, 735
– Mietpreise 615–617, 685, 735
s. auch Teuerung
Privateigentum s. Eigentum
Problem, religiöses 181, 549
Produktion/Produktionsprozeß 375, 410P, 414f., 581, 613,
629
vgl. Taylor-System
Produktionsertrag s. Unternehmer (Ertrag)
Produktionsmittel 398, 414, 580
– Expropriation/Verstaatlichung
375, 399, 412–414, 416
Proletariat/Proletarier 366, 391f.,
398, 402f., 729E
Propheten 74
Protestantismus 57, 167, 169, 433f.
–, liberaler 26, 115

773

–, positiver 26, 115, 560E
–, orthodoxer 176, 235–237, 340, 351, 472, 474
– – Glaubensbegriff 171, 173–176, 190
– – Rationalismus 177
s. auch Autoritätsgedanke
Psychoanalyse 466
Psychologie 504, 510
– des Genius 569–571
–, «transzendale» 128E, 136
vgl. Persönlichkeit (psychologisch)

Rationalismus
–, historischer 151
–, orthodoxer s. Protestantismus (orthodoxer [R.])
–, kritischer 192
vgl. Idealismus, kritischer
–, religiöser 133, 248
Realismus, naiver 228f.
Realitätsbeziehung 129E, 133–135, 137, 161, 163f., 174, 181f., 185f., 355
Recht 369–372, 598, 635, 725
– auf Arbeit 609
– Gottes 725
Rechtfertigung (iustificatio) 184–186, 188f., 193–195, 198, 200f., 477
– synthetisches und analytisches Urteil 184, 189
Reformation 2–5, 113–115, 119, 169, 176, 235, 297, 691, 693E
Reformationsfest 218
Reformatoren 3f., 51E, 78, 167, 185, 189, 231, 470E
– Theologie/Denken 114f., 184, 194, 233, 475
– – «unheimlich-paradoxe Synthese» 475, 477, 479
Reformer 498E, 560E
reformiert 25, 27
Reich Gottes 23f., 48E, 140f., 284, 309, 320, 328, 393, 396, 398, 400, 405, 408, 460E, 483, 499E, 551f., 687, 715, 728, 730, 732, 735

Reichsgottesarbeit 146E
Reichsgottesbetrieb 48E, 220E
Reinertrag/Reingewinn s. Unternehmer (Ertrag)
Religiös-Soziale (rel.-soz. Bewegung) 279, 480E, 535
– christlich-soziale Bewegung *423*
Religion 62f., 71f., 129E, 131, 156, 183, 233, 245, 249, 251–254, 322, 337–345, 351f., 354–360, 405, 438, 478f., 483, 501, 514, 517, 519, 521, 530, 533f., 536, 546, 548f., 553, 695
– als (schlechthiniges) Abhängigkeitsgefühl 129, 137, 163, 478
– allgemeines Faktum 130f.
– Angelegenheit zwischen Gott und der Seele? 404
– Anschauung 182–184, 186–190, 193f., 478
vgl. Glaube (A.)
– als Bewußtseinsform? 132f.
– Denken/Gedanke, religiöser 343f., 352, 354, 359f., 498E, 501f., 503, 533, 535–537, 554
– Erleben, individuelles 135–137, 298, 300
vgl. Individuum
– der Feierlichkeit («Eidgenossen-Religion») 141f.
– Gefühl 182–184, 186, 189, 193–195, 341, 478
– – als (schlechthiniges) Richtungsgefühl/Zielstrebigkeit 129, 133f., 163
–, «natürliche» 478
– der Wahrhaftigkeit/wahre 34, 108
– Wahrheitslehre? 426–428, 432f., 437
s. auch Naturerkenntnis («Evangelium der N.»)
– Wesen 63, 132, 356, 432f.
– als wissenschaftliches Objekt 129–131
s. auch Apriori, religiöses; Kultur (und Religion); Wort und R.

Religion oder Wissenschaft? 419, 424–427, 437f.
Religionsbegriff 38E
Religionsgeschichte 32, 155, 159, 208f., 548
– Lebensbilder 47E, 49f.E, 57, 71–125
religionsgeschichtliche Schule 157–160
– Methode 159–161, 207f.
Religionsphilosophie 126–129E, 129–137, 180–183
–, idealistische 50E
– Objekt 130f., 182
– als Prinzipienlehre der Religionswissenschaft 129–131
– Schleiermachers 137, 181–187, 478f.
Religionsunterricht, schulischer 55f., 719
Religiosität 521, 537
Renaissance 119, 180
– Wissenschaften und Theologie 176f.
Revolution 365, 367, 369, 393, 685
Revolution, französische 366, 685
«Römerbriefvorlesung» 52E, 54E
Romantik 180f., 184, 296, 298
Rütli/Rütligeist 403, 683E, 684f.
Rutschbahn 8f.E, 11–13

Safenwil 332E, 361f.E, 376, 378f., 380–384E, 560E, 575f.E, 585, 684, 710, 716E, 718, 723E, 726E, 731, 736
Schöpfung aus dem Nichts 426
vgl. Darwinismus; «Mosaismus»
Scholastik 340
Schrift, heilige s. Bibel
Schule 17, 62, 376f.
s. auch Religionsunterricht, schulischer
Schutzzölle 607, 630, 635
–, preußische 367f.
Schweiz 18, 372, 379, 404, 459f.E, 462, 489, 685

– Armee/Heer 487E, 490, 492
– – Nationalsammlung für die Militäraviatik 485–487E, 489
–, deutsche 279, 283f.
– Kultur 487E, 488, 492
– Wirtschaft 580, 599f., 647, 649f., 656f., 659, 662, 665–669, 671, 673f., 681
Schweizerische Landesausstellung 1914, Gruppe Kirchenwesen 457–461E, 461f., 467f.
Seele 404f., 548f., 551f.
Seelsorge 6f.
Selbstbewußtsein 298, 499E, 503f., 506
–, unmittelbares 136f., 181–183, 205
Selbstsucht 328, 402, 408, 724, 730, 736
Selbstverleugnung 252–254, 260f., 308
vgl. Gehorsam (Liebesgehorsam, selbstverleugnender)
Semipelagianismus 124
Sklaverei 584, 609, 724, 732
Solidarität 378, 403f., 407, 623, 641, 659, 685, 714, 730
Sozialdemokratie 326–328, 361E, 369, 375f., 387, 393–395, 397–400, 402, 403, 405, 407, 413f., 485f.E, 573E, 683E, 685, 688, 730
– Beitritt K. Barths? 574–576E
–, schweizerische 685
soziale Bewegung 386–389, 408f.
soziale Frage 725
sozialer Friede/Wirtschaftsfriede 631, 640, 645
soziales Prinzip 686
Sozialismus 366, 390f., 393, 395f., 398–400, 402–405, 408, 409P, 413–416, 454, 576E, 651, 684E, 689, 725, 730, 732
– kommunistisches Manifest 402f.
–, praktischer 279
– Theorie, moderne sozialistische 412

- «Theorie und Praxis» 410P, 416, 630f.
- Wertung, religiöse 404f., 733
- Zukunftsstaat 398, 410P, 414
  vgl. Welt (neue)
  s. auch Evangelium (und S.); Gott (und S.); Jesus Christus (und S.)
Sozialisten 384E, 388f., 400, 407f., 454f., 640, 724, 731–733
- Pfarrer 684, 707
Sozialreformen 628–630, 635, 646, 730, 738
Spekulantentum 606, 616, 685
Staat 362, 365, 367, 369, 373–376
- als Arbeitgeber 646–648
- – Submissionsverfahren 648
  vgl. Kirche (Trennung vom Staat?)
Staatsgedanke 363f., 368, 371f., 374, 378f., 665
- platonisch 80f.
Ständeverfassung, mecklenburgische 367
Stellenvermittlung s. Arbeitsnachweise
St. Gallen 662
Streik 583, 636f., 639f., 642, 647f., 659, 664, 737f.
Streikbrecher 643–645, 664
Studentenweltbund, Christlicher 266E, 270f., 278–280, 286
- Studentenkonferenz von Ste-Croix 284
  vgl. auch Aarauer Studentenkonferenz
Subjekt s. Glaubensvorgang (Verhältnis von Subjekt und Objekt)
Subjektivität 473, 511f.
Sünde 307, 321, 328, 402, 711, 714, 731
Supranaturalismus 340
Synergismus 171, 190, 201f., 206, 332E
- synergistische Kontroverse 193
Synoptiker 87–89, 91, 117, 548, 563E, 565
System, theologisches 108

Täufer 695
Taylor-System 622–627
Teuerung 605, 607, 613, 628, 670, 725
Teufel 559E, 710
Theologe, praktischer 157
  vgl. Pfarrer
Theologie 108f., 130, 470E
- der Alten Kirche 109f., 113f.
- – donatistischer Streit 124f.
- – pelagianischer Streit 52E, 122f.
  vgl. Christologie (der Alten Kirche)
-, atheistische 351
- Aufgabe 132, 501
- Augustins 119, 123, 125
- K. Barths theologische Entwicklung 33E, 37f.E, 50–53E, 127E, 269E, 470E, 730
- – Anknüpfung an W. Herrmann 38E, *116*, 132f., 135, 137f., 293E
- «einlinige»/«zweilinige» Denkweise 470E, 471–477, 479
-, französische und deutsche 228f.
- Grundproblem 469E, 476
-, historische 130f.
- des Irenäus 97–100
- Justins 93–95
- und Metaphysik 329–334E, 335–360
-, moderne 33E, 311E, 346
-, natürliche 340
- Objekt 158f.
- des Origenes 105–109
- des Paulus 85–87
  s. auch Christologie (des Paulus)
-, praktische 130f.
  s. auch Theologe, praktischer
- protestantische Th. der Gegenwart/neuere Th. 155, 157, 210f., 220E, 250, 469E, 476
-, systematische 549
- Tertullians 101–103
- Wissenschaftlichkeit 342
Theorie, religiöse 157, 274f.
Tingeltangel 13, 621, 699

Tod 305, 308, 710
Toleranz 62f.
Tout le monde, Monsieur 218, 224–226
Tradition 166, 168
–, biblisch-kirchliche Tr./Schema 471, 473
transzendental 133, 136, 168, 186, 227f.
vgl. Persönlichkeit (transzendental)
Transzendenz Gottes s. Gott (Überlegenheit/Transzendenz)
Trinitätslehre 49E, 51E, 53E

Ungerechtigkeit, soziale 398, 453, 693E, 710
vgl. Not, materielle/soziale
Universalismus 276, 280f.
Universalität 281
Unkirchlichkeit 216–218, 289
Unrecht 370
Unternehmer/Unternehmertum 366, 382E, 391, 409f.P, 415, 440E, 580–585, 589–592, 594, 596f., 604, 607, 623, 628–646, 648, 653, 656, 660, 663f., 680, 685, 731
– Ertrag/Gewinn 398, 410P, 415f., 580, 584, 586f., 622, 631, 725
– «Herr im Hause» 582, 629f., 645
– Wohlfahrtseinrichtungen 628f., 631–635
Unternehmerorganisationen 582, 605f., 636f.
– Kampfmittel 637–646, 648
Unterordnung, christlicher Begriff 583
Urlaub 633f., 647

Vaterland 139–141, 378f.
– Schutz 489
vgl. Gott (im Vaterland)
Vaterlandsliebe s. Patriotismus
Verdienen 441f., 449–453, 623
vgl. Lohn
Verfassung 372f.

vgl. Bundesverfassung, schweizerische
Vernunft 180–182, 341, 351, 356, 474
–, objektive 180
Vernunft und Offenbarung 473, 477, 479
Vernunftkritik 134, 178f., 340
Vernunftwahrheit 178, 339, 351, 471
Versicherungen 650f., 686
– Altersvers./Invaliditätsvers. 632, 654–657
– Arbeitslosenvers. 657–664, 735
– Krankenvers. 595, 631f., 639, 651f., *688f.*
– Unfallvers. 652–654, 660, *688*, 689
Verstaatlichung 686
s. auch Produktionsmittel (Expropriation)
Vorsehung 143

Wahlrecht 583, 686
Wahrheit 44, 74, 81, 85, 95, 134, 351, 428, 431f., 504
–, christliche 100
– Erfahrungswahrheit 429
–, höchste 336–339, 344, 351
–, religiöse 109, 234–238, 344
– System 135
Wallfahrt 34
Weihnachten 9f., 12–15, 16E, 17f., 723–725, 726E
– Weihnachtsfreude? 12f.
Welt 253f., 308
–, neue 715, 732f.
Weltall 428, 430
Weltanschauung 442, 623, 631
–, christliche? 320, 389–391
Welterkenntnis, historische 190
Weltordnung, sittliche? 516f.
Weltverleugnung 253f., 261
Werk, gutes 395
Werkgerechtigkeit 180
Wettbewerb 366, 582, 665

Wille
- Freiheit des W. 124
-, guter 136, 142f., 181, 269E, 273, 277f.
Willkür 369f., 372
Wirklichkeit
- Gottes 345, 350, 359f., 435, 438, 735
-, höchste 339, 342, 344, 348
-, transzendente 357f.
Wirtschaftsordnung 640
Wissenschaft 9f., 75, 196, 198, 227, 336, 338f., 344, 358–360, 426f., 435, 437
- Denken, wissenschaftliches 344, 359f.
-, exakte/wirkliche 429f.
- Lehre von der Wirklichkeit? 428–431, 437
- Methodik 129, 160, 192
- nationale Inklinationen 227f.

- Wesen 430, 438
  s. auch Christentum (als W.); Religion und W.
Wohlfahrtseinrichtungen s. Unternehmer (W.)
Wort Gottes 171f., 198, 387, 389, 437
Wort und Religion 499, 501
Wunder 52E, 54E, 83f., 116–118, 436
- Historizität? 117f.

Zinsen 606f., 613
Zion City 410P, 413
Zofingia 684
Zürich 661, 665
- Wirtschaftsgesetz 701
Zunftwesen, mittelalterliches 447, 582, 609
Zwangskultur s. Kultur